Ingo E. Fromm

Verteidigung in Straßenverkehrs-OWi-Verfahren

De Gruyter Praxishandbuch

Ingo E. Fromm

Verteidigung in Straßenverkehrs-OWi-Verfahren

2., neu bearbeitete und erweiterte Auflage

DE GRUYTER

Dr. iur. Ingo E. Fromm, Rechtsanwalt und Fachanwalt für Strafrecht, Koblenz

ISBN 978-3-11-035900-8
e-ISBN 978-3-11-035912-1

Bibliografische Information der Deutschen Nationalbibliothek
Die Deutsche Nationalbibliothek verzeichnet diese Publikation in der Deutschen Nationalbibliografie; detaillierte bibliografische Daten sind im Internet über http://dnb.d-nb.de abrufbar.

Einbandabbildung: Joegend/iStock/Thinkstock
Datenkonvertierung/Satz: jürgen ullrich typosatz, 86720 Nördlingen
Druck: Hubert & Co. GmbH & Co. KG, Göttingen
♾ Gedruckt auf säurefreiem Papier
Printed in Germany

www.degruyter.com

Vorwort zur 2. Aufl.

Auch die 2. Auflage setzt sich das Ziel, eine Hilfestellung für eine effektive Verteidigung zu geben. Das Handbuch enthält die nach der Veröffentlichung der 1. Aufl. erschienene neue Rechtsprechung und Literatur. Eingearbeitet wurde auch bereits die Punktereform zum 1.5.14, die weit gehende Folgen für die Gerichte und die Verteidigung haben wird. Das Buch ist ein thematisch geordnetes umfassendes Werk auf dem Gebiet der Verkehrs-OWis. Neue Kapitel wurden eingefügt (u.a.: Fahrerermittlungen, Nichteinhaltung des vorgeschriebenen Mindestabstands, Bußgeldverfahren nach Verkehrsunfällen, Konkurrenzen, Fahrtenbuchauflage, Kostentragungspflicht; öffentlich-rechtliche Erstattungsansprüche) und die bestehenden ausgebaut (Verjährungsregelungen, technische Messverfahren, Bedeutung von Sachverständigengutachten, Fahrverbot nach beharrlicher Pflichtverletzung etc). Der Autor befasst sich auch mit der anwaltlichen Tätigkeit in zweiter Instanz und gibt hierzu Tipps zur erfolgreichen Verteidigung im Rechtsbeschwerdeverfahren. Besonders ausführlich widmet sich das Handbuch der anwaltlichen Vergütung, die Neuerungen der RVG-Reform 2013 sind bereits berücksichtigt. Es hat die starke Ausrichtung an die Praxis beibehalten, diese sogar noch vertieft und enthält weitere Formulierungsbeispiele.

Inhaltsverzeichnis

Kapitel 4
Konkurrenzen

Kapitel 8
Zwischenverfahren, § 69 OWiG

Kapitel 9
Gerichtliches Bußgeldverfahren

Kapitel 10
Pflichtverteidigung

Kapitel 11
Halterpflichten und Delegationsmöglichkeiten

Kapitel 12
Verbandsbußgeldbescheid, § 30 OWiG

Kapitel 13
Vermögensabschöpfung im Ordnungswidrigkeitengesetz

Kapitel 14
Überleitung des Bußgeldverfahrens in ein Strafverfahren, § 81 OWiG

Kapitel 15
Die Rechtsbeschwerde

Kapitel 16
Wiederaufnahme des Verfahrens, § 85 OWiG

Kapitel 17
Vollstreckung von Bußgeldentscheidungen

Kapitel 18
Fahreignungsregister und Punktesystem

Kapitel 19
Eignungszweifel oder Ungeeignetheit zum Führen von Kraftfahrzeugen nach Begehung von Verkehrsverstößen

Kapitel 20
Bußgeldverfahren im Ausland

Kapitel 21
Fahrtenbuchauflagen gem. § 31a StVZO

Kapitel 22
Kostentragungspflicht im Bußgeldverfahren

Kapitel 24
Steuer- und sozialversicherungsrechtliche Aspekte

Kapitel 25
Öffentlich-rechtliche Erstattungsansprüche

Literaturverzeichnis

Albrecht, Frank, Reformüberlegungen zu den Bußgeldregelsätzen bei Verkehrsordnungswidrigkeiten, SVR 2007, 81ff.

ders., Das Unfallgeschehen im LKW-Bereich – eine Herausforderung an Gesetzgebung und Vollzug, NZV 2002, 153

ders., Das neue Wahlrecht für den Antritt von Fahrverboten (§ 25 IIa StVG), NZV 1998, 131

ders., Die Abgrenzung von Tateinheit und Tatmehrheit bei mehreren gleichzeitig begangenen Straßenverkehrsordnungswidrigkeiten, NZV 2005, 62

ders., Tateinheit und Tatmehrheit bei mehreren nacheinander begangenen gleichartigen Straßenverkehrsordnungswidrigkeiten, SVR 2007, 121

Bauer, Negative Strafverteidigung – Strafverteidigung zwischen „Kampf" und Konsens, StV 2008, 104

Baumann, Frank/Doukoff, Norman, Beck'sche Online Formulare, Prozessrecht, 2010

Baumgärtel, Gundel, Rechtsanwaltsvergütungsgesetz, 11. Aufl., 2006

Beck, Wolf-Dieter, Berr, Wolfgang, OWi-Sachen im Straßenverkehrsrecht, 6. Aufl., 2012

Beckmann, Roland Michael/Matusche-Beckmann, Annemarie, Versicherungsrechts-Handbuch, 2. Aufl. 2009

Benda, Ernst, Befangenes zur Befangenheit, NJW 2000, 3620

Blümich, Einkommensteuergesetz, Körperschaftsteuergesetz, Gewerbesteuergesetz, Nebengesetze, Kommentar, Heuermann, Bernd (Hrsg.), 104. Auflage 2009

Bohnert, Joachim, Teileinspruch im Ordnungswidrigkeitenverfahren, NZV 1988, 201

ders., Kommentar zum Ordnungswidrigkeitenrecht, 4. Aufl., 2010

Böhme, Wolfgang, Allgemeine Bedingungen für die Rechtsschutzversicherung (ARB), Kommentar, 12. Aufl., 2007

Borzym, Christian, Das neue Fahreignungsregister, SVR 2013, 167

Bouska, Wann muß auf Fahrbahnen mit mehreren Fahrstreifen für eine Richtung der linke Fahrstreifen für ein schnelleres nachfolgendes Fahrzeug freigemacht werden? DAR 1985, 137

Bouska, Wolfgang; Laeverenz, Judith, Fahrerlaubnisrecht, 3. Aufl. 2004

Brenner, Karl, Das Bruttoprinzip gilt für den Einzeltäter und für Unternehmen, nicht nur für den unschuldigen Täter oder Dritten, NStZ 2004, 256

ders., Gewinnabschöpfung, das unbekannte Wesen im Ordnungswidrigkeitenrecht, NStZ 1998, 557

Breyer, Steffen/Endler, Maximilian/Thurn, Bernhard, Strafrecht, 2006

Brüssow, Rainer/Gatzweiler, Norbert/Krekeler, Wilhelm Mehle, Volkmar, Strafverteidigung in der Praxis, Handbuch, 4. Aufl. 2007

Buck, Jochen, Krumbholz, Helmut (Hrsg.), Sachverständigenbeweis im Verkehrsrecht: Unfallrekonstruktion, Biomechanik, Messtechnik, Bildidentifikation, Alkohol und Drogen, 2008

Büttner, Manfred, Ermittlung illegaler Vermögensvorteile, 2005

Bull, Hans Peter, Sind Video-Verkehrskontrollen „unter keinem rechtlichen Aspekt vertretbar"? NJW 2009, 3279

Burhoff, Detlef, Abrechnung einer Gebühr unterhalb der Mittelgebühr, VRR 2008 119

ders./Olaf Neidel/Hans-Peter Grün, Messungen im Straßenverkehr, Fehlerquellen bei Geschwindigkeits- und Abstandsmessung, Rotlichtüberwachung, Bildidentifikation, 2. Aufl. 2010

ders., Beiordnung eines Pflichtverteidigers in Verkehrsstraf- und Bussgeldverfahren, VA 2012 34

ders., Rechtsprechungsübersicht zu § 14 RVG in Bußgeldsachen (Teil 5 VV-RVG), VRR 2008, 333
ders., Sind die Befriedungsgebühren Nr. 4114 VV-RVG bzw. Nr. 5115 VV-RVG Festgebühren? RVGreport 2005, 401
ders., Regelung der Verständigung im Strafverfahren, ZAP 2009, 477
ders., Notwendige Pflichtverteidigung bei zu erwartender Auseinandersetzung um Verwertbarkeit eines Blutalkoholgutachtens, VRR 2008, 317
ders., RVG REPORT 2006, 341
ders., Das Fahrverbot bei Verkehrsordnungswidrigkeiten, ZAP 2004, 739
ders., Entbindung vom Erscheinen in der Hauptverhandlung des Bußgeldverfahrens, VRR 2007, 250
ders. [Hrsg.], Handbuch für das straßenverkehrsrechtliche OWi-Verfahren, 3. Aufl., 2012
ders., [Hrsg.], Handbuch für das strafrechtliche Ermittlungsverfahren, 4. Aufl., 2006
ders. [Hrsg.], Handbuch für die strafrechtliche Hauptverhandlung, 5. Aufl., 2007
ders., Gebührenbemessung im straßenverkehrsrechtlichen OWi-Verfahren, RVGreport 2007, 252
Burmann, Michael, Gebhardt, Hans-Jürgen, Straßenverkehrsrecht von A–Z, 10. Aufl. 2006
Burmann, Michael/Heß, Rainer, Die Zustellung des Bußgeldbescheids, NJW-Spezial 2004, 255 ff.
Buschbell, Hans (Hrsg.), Münchener AnwaltsHandbuch Straßenverkehrsrecht, 3. Aufl., 2009
ders., Ausnahmen vom Entzug der Fahrerlaubnis und vom Fahrverbot, SVR 2010, 3

Cierniak, Jürgen, Prozessuale Anforderungen an den Nachweis von Verkehrsverstößen, zfs 2012, 664 ff.

Deutscher, Axel, Die Entwicklung des straßenverkehrsrechtlichen Fahrverbotes im Jahr 2008, NZV 2009, 111
ders., Das „Regelfahrverbot" bei Geschwindigkeitsüberschreitungen und Rotlichtverstößen, NZV 1997, 18
ders., Die Entwicklung des straßenverkehrsrechtlichen Fahrverbots im Jahr 2009, NZV 2010, 175 ff.
Dölling, Dieter/Duttge, Gunnar/Rössner, Dieter (Hrsg.), Gesamtes Strafrecht, 2. Aufl., 2011

Ebner, Stephan M., Die Rechtsbeschwerde im Bußgeldverfahren, SVR 2008, 129
Eisenberg, Ulrich, Beweisrecht der StPO, 6. Aufl. 2008
ders., Jugendgerichtsgesetz, 14. Aufl., 2010
Engelhardt, Hanns/App, Michael, VwVG und VwZG, Kommentar, 8. Aufl., 2008

Fehl, Elske, Empfiehlt sich eine Vier-Monats-Frist für das Wirksamwerden von Fahrverboten (§ 25 IIa StVG) auch bei § 44 StGB? NZV 1998, 439
Ferner, Wolfgang/Bachmeier, Werner/Müller, Dieter (Hrsg.), Fachanwaltskommentar Verkehrsrecht, 2009
Ferner, Wolfgang, Der Rechtsanwalt als Strafverteidiger, Anmerkungen zum Gebührenrecht, 2009
ders., Strategie und Taktik im verkehrsrechtlichen Ordnungswidrigkeitenverfahren, 2007
ders., Standardisierte Messverfahren zur Geschwindigkeitsermittlung, SVR 2007, 175
ders., Recht der Ordnungswidrigkeiten, 2006
ders. (Hrsg.), Kommentar zum Straßenverkehrsstrafrecht, 2009
Fischer, Thomas, Strafgesetzbuch und Nebengesetze, Kommentar, 55. Aufl., 2008
Freyberger, Dietrich/Lessing, Karen, Anwalts-Taschenbuch Verkehrsrecht, 2000
Fromm, Ingo E., Bußgeldrechtliche Verantwortlichkeit für Überladungen im Güterverkehr, NZV 2009, 534
ders., Neuigkeiten zu Geschwindigkeitsmessungen im Straßenverkehr, NZV 2013, 16 ff.
ders., Halterpflichten und Delegationsmöglichkeiten im Bußgeldverfahren, TranspR 2014, 105 ff.

ders., Überblick über neue Entscheidungen zum Entbinden des Betroffenen von der Erscheinungspflicht in der Hauptverhandlung, §§ 73 II, 74 I OWiG, DAR 2013, 368ff.
ders., Deals im Straßenverkehrs-Ordnungswidrigkeiten-verfahren, NZV 2010, 550
ders., Übersichtlichkeit des Flensburger Verkehrszentralregisters? SVR 2010, 410
ders., Arbeitsplatz oder Verkehrssicherheit? – Neue praktische Erfahrungen mit dem Wegfall von (Regel-)Fahrverboten gem. § 25 StVG wegen drohender Existenzgefährdung NZV 2010, 1
ders., Auf dem Weg zur strafrechtlichen Verantwortlichkeit von Unternehmen/Unternehmensvereinigungen in Europa? Zeitschrift für Internationale Strafrechtsdogmatik (ZIS) 2007, 279ff.
ders., Die Selbstladung im Ordnungswidrigkeitenverfahren, SVR 2011, 132
ders., Über Pkw-Fahrsicherheitstrainingskurse und ihr Nutzen in der bußgeldrechtlichen Praxis, VerkehrsRechtsReport (VRR) 2011, 131ff.
ders., „Standardisierte" Vorbereitung der Hauptverhandlung durch den Bußgeldrichter, NJW 2012, 2939f.
ders., Die Fahrtenbuchauflage gem. § 31 a StVZO nach Geschwindigkeitsüberschreitungen mit Firmenfahrzeugen, Polizei-Verkehr-Technik (pvt) 2012, 30ff.
ders./Schmidt, Roland, Die Beschränkung der verwaltungsbehördlichen Zuständigkeit nach § 3 I I 1 StVG – Der Vorrang des Strafverfahrens bei der Fahrerlaubnisentziehung, NZV 2007, 217ff.
ders./Schmidtke, Florian, Risiken der Einstellung des Strafverfahrens gem. § 153a StPO bei Verkehrsstraftaten, NZV 2007, 552ff.
Funke, Karsten, Die Reform des Punktsystems: – Das neue Fahreignungsregister, NZV 2013, 1ff.

Gehrmann, Ludwig, Grenzwerte für Drogeninhaltsstoffe im Blut und die Beurteilung der Eignung im Fahrerlaubnisrecht, NZV 2008, 377
Gerold, Wilhelm/Schmidt, Herbert, Rechtsanwaltsvergütungsgesetz (RVG), Kommentar, 18. Aufl., 2008
Göhler, Erich/Gürtler, Franz/Seitz, Helmut, Ordnungswidrigkeitengesetz, 15. Aufl., 2009, zit. Göhler, OWiG
Graf, Jürgen Peter (Hrsg.), Beck'scher Online-Kommentar StPO, 2009

Haase, Wolfgang/Sachs, Hans, Drogenfahrt mit Blutspiegeln unterhalb der Grenzwerte der Grenzwertkommission – Straftat (§ 316 StGB), Ordnungswidrigkeit (§ 24a StVG) oder Einstellung (§ 47 OWiG), NZV 2008, 221
Hamm, Rainer/Leipold, Klaus, Becksches Formularbuch für den Strafverteidiger, 5. Aufl. 2010
Hannich, Rolf, Karlsruher Kommentar zur StPO, 6. Auflage, 2008
Hansens, Heinz, Braun, Anton, Schneider, Norbert, Praxis des Vergütungsrechts, 2. Aufl., 2007
Hahn, Peter/Pichhardt, Klaus, Lebensmittelsicherheit, 2004
Hartmann, Peter, Kostengesetze (KostG), 40. Aufl., 2010
Hartung, Wolfgang/Römermann, Volker/Schons, Herbert P., Praxiskommentar zum Rechtsanwaltsvergütungsgesetz (RVG) 2. Aufl., 2006
Haubrich, Thomas, Verkehrsrowdytum auf Bundesautobahnen und seine strafrechtliche Würdigung, NJW 1989, 1197ff.
Heinrich, Thomas, Kein Richtervorbehalt nach § 81a II StPO bei Blutentnahmen zwischen 21.00 Uhr und 6.00 Uhr – kritische Anmerkungen zu OLG Bamberg, Az. 2 Ss OWi 1423/2009 und 2 Ss OWi 1283/2009 sowie Grundzüge der aktuellen Rechtsprechung zu § 81a II StPO –, NZV 2010, 278
ders., Die Verteidigung des Betroffenen eines Abstandsverstoßes nach § 4 III StVO auf der Rechtsfolgenseite, in DAR 2009, 670
Helmken, Dierk, Wider Schulmeisterei und Faustrecht auf deutschen Straßen – Kritik der revisionsgerichtlichen Rechtsprechung zur gewaltsamen Erzwingung normgerechten Verhaltens anderer Verkehrsteilnehmer, NZV 1991, 372

Hentschel, Peter/König, Peter/Dauer, Peter, Straßenverkehrsrecht, 40. Aufl. 2009
Hentschel, Peter, Die Bedeutung der Bußgeldkatalog – Verordnung für das Fahrverbot des § 25 Abs. 1 Satz 1 StVG, JR 1992, 139 ff.
Hering, Manfred, Die Halterhaftung in Europa, SVR 2010, 17
Hetzer, Wolfgang, Verbandsstrafe in Europa – Wettbewerbsverzerrung durch Korruption, EuZW 2007, 75
Hillmann, Frank-Roland, Verstöße gegen Verkehrsvorschriften über ordnungsgemäße Ladung im Straßenverkehr, ZfS 2003, 387
ders., Die Rücküberleitung in das Strafverfahren nach § OWIG § 81 OWiG – nicht nur ein Ärgernis? NZV 1995, 55
Himmelreich, Klaus/Halm, Wolfgang, Handbuch des Fachanwalts Verkehrsrecht, 3. Aufl., 2010
Hufnagel, Sven, Mehr Verkehrssicherheit durch das „Handy-Verbot"? NJW 2006, 3665

Janiszewski, Horst, Überblick über neue Entscheidungen in Verkehrsstraf- und -bußgeldsachen – Überblick I/1992 –, NStZ 1992, 269
Jagow, Joachim/Burmann, Michael, Heß, Rainer, Straßenverkehrsrecht, 20. Auflage. 2008
Jlussi, Dennis, Verkehrsverbot in der Umweltzone: Parken erlaubt? NZV 2009, 483

Karitzky Holger, Wannek, Felicitas, Die EU-weite Vollstreckung von Geldstrafen und Geldbußen, NJW 2010, 3393
Katholnigg, Oskar, Das Gesetz zur Änderung des Gesetzes über Ordnungswidrigkeiten und anderer Gesetze, NJW 1998, 568
Kindhäuser, Urs, Neumann, Ulfrid, Paeffgen. Hans-Ullrich (Hrsg.), Strafgesetzbuch, 3. Aufl. 2010
Köberl, Georg/Effner, Sabine/Schuff, Karl, Praxis der Kommunalverwaltung, Ordnungswidrigkeitengesetz
Koehl, Felix, Effektiver Rechtsschutz gegen Auferlegung eines Fahrtenbuchs, NZV 2008, 169 ff.
König, Peter, Fuhrparkmanagement, Delegation, polizeiliche Überwachung, Haftung, SVR 2008, 121
Kopp, Ferdinand O./Ramsauer, Ulrich, Verwaltungsverfahrensgesetz, 11. Aufl. 2010
Krekeler, Wilhelm, Der befangene Richter, NJW 1981, 1633
Krenberger, Benjamin, Beiordnung eines Pflichtverteidigers in Bußgeldsachen, zfs 2013 69
Krey, *Volker,* Deutsches Strafverfahrensrecht, Bd. 2, 2007
Krumm, Carsten, Verteidigungsstrategie: Ladungssicherungsverstöße des Fahrers, NZV 2008, 335
ders., Geschwindigkeitsmessungen mit dem neuen Messgerät LEIVTEC XV3, NZV 2012, 318
ders., OWi-Verfahren vor dem Jugendrichter – 10 Fragen und 10 Antworten, NZV 2010, 68
ders., Lichtschranken und Einseitensensoren des Herstellers ESO, SVR 2011, 91
ders., Geschwindigkeitsmessungen durch Nachfahren, NJW 2013, 842 ff.
ders., Verspäteter Verteidigungsvortrag als Kostenrisiko im OWi-Verfahren, VRR 2008, 289
ders., Terminierung, Verhinderung und Terminsverlegung, StV 2012, 177 ff.
ders., Augenblicksversagen bei Geschwindigkeitsverstößen im Bereich des Beginns einer Geschwindigkeitsbegrenzung, VRR 2005, 126
ders., Ausnahmen vom Entzug der Fahrerlaubnis und vom Fahrverbot, ZRP 2010, 11
ders., Grundlagenwissen: Rotlichtverstoß – 10 Fragen und Antworten, SVR 2006, 436 ff.
ders., Die Arbeitgeberbescheinigung zur Abwendung eines Fahrverbots, SVR 2006, 38
ders., Terminierung, Verhinderung und Terminsverlegung, StV 2012, 177
ders., Beweisverwertungsverbot bei Anordnung der Blutentnahme durch Staatsanwaltschaft und Polizei? SVR 2008, 297
ders., Richtervorbehalt bei der Blutprobe: „Weg damit!", ZRP 2009, 71
ders., Das Kostenrisiko des § 109a OWiG, SVR 2010, 295
ders., Verfahrenseinstellung nach § 47 OWiG (Teil 2), SVR 2011, 332

ders., Das Fahrverbot in Bußgeldsachen, 2. Auflage 2010
ders., Fahrverbot: Die wichtigsten Leitsätze 2010! SVR 2011, 170
ders., Abstandsmessverfahren, SVR 2005, 460
ders., Verkehrsordnungswidrigkeiten, 2012

Lampen, Alfred, Ladungssicherung, 2. Auflage, 2002
Langheid/Wandt
Langheid, Theo/Wandt, Manfred, Münchener Kommentar Versicherungsvertragsgesetz: VVG, 2011
Leipold, Klaus, Die Vermögensabschöpfung, NJW-Spezial 2004, 231
Löhle, Ulrich, Zur Physik der Messtechnik des Dräger Alcotest 7110 MK III Evidential, NZV 2000, 189 ff.
Löwe-Rosenberg, Strafprozessordnung und GVG, Rieß, Peter (Hrsg.), 2001
Lutje, Nikolaus/von Seltmann, Julia (Hrsg.), Beck'scher Online-Kommentar, 2009

Maatz, K. R., Blutalkohol 2002
Maurer, Hartmut, Allgemeines Verwaltungsrecht, 18. Aufl., 2011
Mayer, Hans-Jochem/Kroiß, Ludwig (Hrsg.), Rechtsanwaltsvergütungsgesetz, Handkommentar, 4. Aufl., 2009
Meurer, Dieter, Die Zulässigkeit der Rechtsbeschwerde gegen Beschlußentscheidungen in Bußgeldsachen – Rechtsprechungsüberblick zu §§ 72, 79 I 1 Nr. 5 OWiG und Kritik-, NStZ 1984, 8
Meyer, *Dieter* Kommentar zum Gerichtskostengesetz (GKG), 13. Aufl., 2012
Meyer-Goßner, Lutz, Strafprozessordnung (StPO), Mit GVG und Nebengesetzen, 52. Aufl., 2009
Mielchen, Meyer, Das Verfallsverfahren gem. § 29a OWiG im straßenverkehrsrechtlichen Bereich, DAR 2008, 417
Milke, Tile, Halterhaftung in Europa – rechtliche Grenzen in Deutschland, NZV 2010, 17
Mitsch, Wolfgang, Recht der Ordnungswidrigkeiten, 2. Aufl., 2005
Mollik, Rainer, Jugendstrafrecht, 2012
Müller, Dieter, Tateinheit bei Gurtverstoß mit Geschwindigkeitsverstoß, SVR 2005, 409

Neidhart, Hermann, Europäische Vielstimmigkeit bei der Halterhaftung, SVR 2010, 80
Nissen, Punktesysteme in Europa – eine Übersicht, DAR 2007, 564

Otto Palandt/Hartwig Sprau, BGB, 71, Aufl. 2012

Peglau, Jens, Richtervorbehalt bei Blutprobenentnahme – Anforderungen des BVerfG, NJW 2010, 2850
Petzold, Sascha, Ratgeber Bußgeld- Punkte- Fahrverbot: Was tun im Übertretungsfall?; mit dem aktuellen Bußgeld- und Punktekatalog, 2009, zit.: Petzold
Pfeiffer, Gerd, StPO, Kommentar, 5. Aufl., 2005
Pfordte, Thilo/Degenhard, Karl, Der Anwalt im Strafrecht, 2005
Piesker, Hans, Fahrverbot statt Entziehung der Fahrerlaubnis auch bei Trunkenheitsdelikten und anderen Katalogtaten des § 69 II StGB, NZV 2002, 297
Podolsky, Johann/Brenner, Tobias, Vermögensabschöpfung im Straf- und Ordnungswidrigkeitenverfahren, 2004, 2. Aufl.
Poller, Stefan, Teubel, Joachim, Gesamtes Kostenhilferecht, 2012

Quante, Andreas, Sanktionsmöglichkeiten gegen juristische Personen und Personenvereinigungen, Schriften zum Strafrecht und Strafprozessrecht Bd. 87, 2005

Quarch, Matthias, Aktuelle Entscheidungen zu Geschwindigkeits-, Rotlicht- und Abstandsmessungen im Straßenverkehr, SVR 2009, 327

Rauscher, Thomas/Wax, Peter/Wenzel, Joachim (Hrsg.), Münchener Kommentar zur Zivilprozessordnung, 2008
Rebler, Adolf, Ausnahmen vom Regelfahrverbot, SVR 2010, 161
Rebmann, Kurt/Roth, Werner/Herrmann, Siegfried, Gesetz über Ordnungswidrigkeiten, 3. Aufl., 2013
Rengier, Rudolf, Der Grundsatz der Öffentlichkeit im Bußgeldverfahren, NJW 1985, 2553
Rixecker, Roland, Säcker, Franz Jürgen, Oetker, Hartmut, Münchener Kommentar zum Bürgerlichen Gesetzbuch, 5. Aufl., 2009

Saller, Rudolf, Bußgelder und Geldstrafen als abzugsfähige Betriebsausgaben? – Erstattungszahlungen für übernommene Fahrer-Bußgelder –, DStR 1996, 534
Sannwald, Die Vorteilsabschöpfung nach § 17 IV OWiG bei Verstößen gegen handwerks- und gewerberechtliche Vorschriften, GewArch 1986, 86
Sarstedt, Werner/Hamm, Rainer, Die Revision in Strafsachen, 5. Aufl., 1983
Schall, Hero, Die richterliche Zumessung der Geldbuße bei Verkehrsordnungswidrigkeiten, NStZ 1986, 1
Sandherr, Urban, Die Versagung der Auslagenerstattung nach § 109a Absatz II OWiG, NZV 2009, 327
Schneider, Beweislast der Staatskasse für die Unangemessenheit der Anwaltsgebühren – Inaugenscheinnahme des Unfallorts als Zeitaufwand, AGS 2006, 130
Schönke, Adolf/Schröder, Horst, Strafgesetzbuch, Kommentar, 27. Aufl., 2006
Seibel, Matthias, Handy am Steuer – alles verboten!? NZV 2007, 178
Seier, Jürgen, Zur Reform des Ordnungswidrigkeitenrechts, NZV 1996, 17
Senge, Lothar, Karlsruher Kommentar zum OWiG, 3. Auflage, 2006
Sermond, Peter, Gebühren des Verkehrsrechtlers – Denkanstöße zum RVG, NZV 2004, 389
Scheffler, Uwe/Matthies, Denis, Zum Rechtlichen Gehör bei Verkehrsordnungswidrigkeiten, NZV 2007, 607
Scheidler, Alfred, Zurechenbarkeit umweltdeliktischen Verhaltens bei arbeitsteiligen Betriebsorganisationen, ZUR 2010, 16
Schmuck, Markus „Eine Absprache hat nicht stattgefunden“ und „offensichtliche Verfahrensverschleppung“ NJOZ 2013, 193
Schmuck, Markus/Jung, Alexander, Praxisrelevante Verjährungsfallen, ZfS 2003, 330
Schmuck, Markus/Kehr, Thomas, Die Berücksichtigung der wirtschaftlichen Verhältnisse bei der Zumessung der Geldbuße gem. § 17 III 2 letzter Halbs. OWiG – Einzel- oder (auch) Gesamtbetrachtung bei Geringfügigkeit? NJOZ 2010, 655 ff.
Schmuck, Markus/Gorius, Hanno, Der Rechtsprechungsautomat und die „Durchentscheidungskompetenz” des OLG, NZV 2011, 427
Schmuck, Markus/Steinbach, Christoph, Geldbußen gegen juristische Personen und Personenvereinigungen gem. § 30 OWiG – Unzulässigkeit einer isolierten Festsetzung, ZfS 2008, 366
dies., Neues von der Geschwindigkeitsmessanlage ESO Typ ES 3.0? SVR 2010, 46
Schneider, Jörg, Die Pflicht des Betroffenen zum persönlichen Erscheinen in der Hauptverhandlung des Bußgeldverfahrens – Zur Neuregelung des § 73 I OWiG in der seit dem 1. 3. 1998 geltenden Fassung, NZV 1999, 14
Schneider, Norbert, Die Zukunft der Rechtsanwaltsvergütung, NJW 2013, 1553 ff.
Schons, Herbert P., Das RVG und die Rechtsschutzversicherer oder: Das Imperium schlägt zurück! NJW 2004, 2952

Sobisch, Richtlinien der einzelnen Bundesländer zur Durchführung von Geschwindigkeitsmessungen, DAR 2010 48 ff.
Schwacke, P., Recht der Ordnungswidrigkeiten, 2006

Tepperwien, Ingeborg, Beschleunigung über alles? Das Beschleunigungsgebot im Straf- und Ordnungswidrigkeitenverfahren, NStZ 2009, 1
Ternig, Ewald, Handy im Straßenverkehr, ZfS 2007, 482
ders. 0,0‰ BAK-Grenze für Fahranfänger und Grenzwerte bei § 24a StVG, NZV 2008, 271
Thole, Larissa, § 29 a OWiG im Straßengüterverkehr – Vermögensabschöpfung bei teillegalisierten Güter-transporten, NZV 2009, 64
Trautmann, Sebastian, Das neue Europäische Geldsanktionsgesetz – Vollstreckung ausländischer Geldsanktionen zur Ahndung von Verkehrsverstößen, NZV 2011, 57

Wetekamp, Axel, Rechtsfragen der Verwarnung bei Verkehrsordnungswidrigkeiten, DAR 1986, 75
Widmaier, Gunter, Münchener Anwaltshandbuch Strafverteidigung, 2006

Zetzmann, Thomas, Vorsätzliche Geschwindigkeitsüberschreitung, DAR 2008, 37

Vorbemerkung

Die Ordnungswidrigkeit ist nach § 1 I des Gesetzes über Ordnungswidrigkeiten (OWiG) eine rechtswidrige und vorwerfbare Handlung, die den Tatbestand eines Gesetzes verwirklicht, das die Ahndung mit einer Geldbuße zulässt. Es handelt sich um einen Rechtsverstoß ohne kriminellen Charakter. Ordnungswidrigkeiten gehören mithin nicht zum Kernbereich „Kriminalstrafrecht", sondern sind nur „strafrechtsähnlich". Das Ordnungswidrigkeitenrecht zählt deshalb auch zum Strafrecht „im weiteren Sinne". Auch für das Bußgeldverfahren gilt Art. 6 Abs. 1 S. 1 EMRK.[1] Im Gegensatz zu Straftaten soll es bei Ordnungswidrigkeiten am Ernst staatlichen Strafens fehlen[2]. An dieser Abgrenzungsformel kommen Zweifel auf, wenn man sich zum einen vergegenwärtigt, dass Geldbußen, etwa im Fahrpersonalrecht, regelmäßig exorbitante Höhen erreichen, die Geldstrafen des Kriminalstrafrechts, die für wesentlich gefährlichere Verkehrsstraftaten, wie z.B. Trunkenheit im Verkehr verhängt werden, übersteigen.[3] Zum anderen sind regelmäßig die mit Ordnungswidrigkeiten verbundenen Belastungen für den Bürger umso schärfer, wenn man die vor allem Vielfahrer betreffende Punkteaufaddierung, die zu einer Entziehung der Fahrerlaubnis führen können, berücksichtigt. Faktisch können auf Verkehrs-Ordnungswidrigkeiten folgende Geldbußen und Nebenfolgen (wie Fahrverbote) daher zu einer beruflichen Existenzgefährdung führen, die typische strafrechtliche Sanktionen, wie Geldstrafen oder Bewährungsstrafen, die die Fähigkeit zur Berufsausübung nicht einschränken oder aufheben, an Härte deutlich übertreffen.

Eine Verkehrsordnungswidrigkeit wird vom online-Lexikon Wikipedia als ein „Spezialfall der Ordnungswidrigkeit (OWi)"[4] beschrieben. Das Institut des Verkehrs-Ordnungswidrigkeitenverfahrens nach deutschem Recht ist nicht vergleichbar mit der Ahndungsweise von Verkehrsübertretungen in anderen Mitgliedstaaten der EG. Wer beispielsweise in Österreich eine Geschwindigkeitsüberschreitung begeht, erhält keinen Bußgeldbescheid, sondern eine *Straf*verfügung. Die dort so genannten Verwaltungsübertretungen fallen unter das „Verwaltungsstrafrecht".

Im europäischen Vergleich sind die für Verkehrs-Ordnungswidrigkeiten angedrohten Geldbußen in Deutschland eher niedrig.[5] So betrugen die Geldbußen für Geschwindigkeitsverstöße in den Niederlanden bis Ende 2008 knapp das Doppelte

---

1 Hierzu: *Lampe*, in Karlsruher Kommentar zum OWiG, § 46, Rn 6 ff.

2 BVerfGE 22, 49, 79 = NJW 1967, 1219, 1220; 27, 18, 33 = NJW 1969, 1619, 1622.

3 So auch OLG Frankfurt a.M., Beschl. v. 13.7.2010 – 2 Ss-OWi 17/10, 2 Ss – OWi 17/10, BeckRS 2010, 17483.

4 http://de.wikipedia.org/wiki/Verkehrsordnungswidrigkeit (11.3.2011).

5 ADAC Motorwelt 6/2011, 28.

und in Schweden das bis zu Zehnfache der deutschen Sätze.[6] Vor dem Hintergrund dieser Lage hat der deutsche Gesetzgeber eine deutliche Erhöhung der Geldbußen im Straßenverkehr vorgenommen. Ab Februar 2009 wurden die Geldbußen im neuen Bußgeldkatalog teilweise sogar verdoppelt. Eine erneute Erhöhung der Geldbußen brachte die Reform zum 1.5.14 mit sich. Zu fragen ist, ob der Gesetzgeber den Hebel an der richtigen Stelle angesetzt hat und bloße Erhöhungen das richtige Verkehrskonzept sind. Flächendeckende Anhebungen von Bußgeldern, auch für Bagatellverstöße, erwecken den Eindruck, dass nur die Haushalte aufgebessert werden sollen. Für das Rechtsbewusstsein ist dies eher kontraproduktiv. Die durch Verkehrsordnungswidrigkeiten erzielten staatlichen Einnahmen sind immens hoch. Allein ein 369.666 Einwohner zählender Kreis im Westmünsterland erzielte 2010 vor allem durch Geschwindigkeitsüberschreitungen Einnahmen i.H.v. insgesamt 2,9 Millionen Euro.[7] 2008 zahlten Verkehrssünder 51,8 Mio. Euro an Verwarnungs- und Bußgelder in die Landeskasse Berlins.[8]

Eine neue Debatte über den Sinn und Unsinn von Geschwindigkeitsbegrenzungen und Blitzern hat der Herforder Richter Knöner mit einer Freispruch-Serie für Temposünder ausgelöst.[9] In den von der Staatsanwaltschaft jeweils angefochtenen Urteilen hielt der Richter viele Radarfallen bloß für Geldschneiderei. Dem folgten andere Richter.[10] Der Verdacht des „modernen Raubrittertums“ ist auch in der Bevölkerung verbreitet. Zweck von Tempolimits und Geschwindigkeitskontrollen soll die Erhaltung und Erhöhung der Verkehrssicherheit sein. Tatsächlich werden Radarfallen oft nur zum Abkassieren installiert. Die VwV-StVO zu Zeichen 274 (Zulässige Höchstgeschwindigkeit) bestimmen, dass „Geschwindigkeitsbeschränkungen, außer wenn unangemessene Geschwindigkeiten mit Sicherheit zu erwarten sind, nur auf Grund von Verkehrsbeobachtungen oder Unfalluntersuchungen ... angeordnet werden (sollten)“. Ländervorschriften bestimmen darüber hinaus, dass Geschwindigkeitsmessstellen nur errichtet werden sollen, wo dies Gefahren- oder Unfallhäufungsstellen erforderlich machen.

Wohlgemerkt geht es bei der Diskussion über die Legitimation von Radarfallen und Abzocke nicht um Geschwindigkeitsmessungen an Unfallhäufungsstellen, in gefährlichen Kurven und in sensiblen Bereichen wie vor Kindergärten, Spielstraßen, Schulen oder Seniorenheimen. Hiergegen ist nichts einzuwenden. Die Messanlagen werden eben oft nicht dort aufgebaut, wo sie am meisten Verkehrssicherheit schaffen können. Diverse Überwachungen der zulässigen Geschwindigkeit sind daher zurzeit nicht zulässig. Das Unrechtsbewusstsein für Geschwindigkeitsüberschrei-

6 *Albrecht*, SVR 2007, 81, 83.
7 NRZ v. 26.1.2011.
8 BZ v. 14. März 2009.
9 Fernsehbericht, RTL vom 11.11.2010 („SternTV“); AG Herford, DAR 2012, 478.
10 Autobild, Nr. 17, 27.4.12, S. 14.

tungen ist bei vielen Fahrern äußerst gering ausgeprägt. Dies liegt in erster Linie daran, dass nicht nachvollzogen werden kann, aus welchem Grunde ein Verhalten als Verfehlung eingeordnet wird, obwohl keine Gefährdung hiervon ausgeht, etwa bei Tempo 50-Zonen auf autobahnähnlich ausgebauten Straßen. Was bringen die fest installierten Starenfallen, etwa auf dem Ruhrschnellweg (Bundesautobahn A 40) zwischen Essen und Bochum, wenn die Verkehrsteilnehmer unmittelbar nach dem Passieren des überwachten Bereichs gleich wieder „Gas geben" und erst kurz vor dem nächsten wieder abbremsen? Von einem „Lerneffekt" kann bei einem solch regelmäßig vorkommenden Verhalten jedenfalls nicht ernsthaft die Rede sein. Die Studie der Universität Queensland in Brisbane/Australien will aufgedeckt haben, dass Fahrzeuggeschwindigkeiten, Unfälle und Verletzungen und Todesfälle im Straßenverkehr an Orten, an denen Radarfallen arbeiteten, allesamt reduziert werden. Zu diesem Ergebnis der australischen Forscher will jedoch nicht recht passen, dass (ausgerechnet) Deutschland als traditionelles „Raserparadies" ohne allgemeines Tempolimit auf Autobahnen vergleichsweise wenige Unfalltote und Verletzte im Straßenverkehr vorweisen kann bzw. die Unfälle mit Personenschaden sowie Verkehrstoten auch in den letzten Jahren sanken.[11] Ob von (erhöhten) Geldbußen überhaupt eine abschreckende Wirkung ausgehen kann, ist zu bezweifeln. Die Erfahrung zeigt, dass nur eine kontinuierliche Polizeipräsenz sowie ein Entdeckungsrisiko zur Erhöhung der Verkehrsdisziplin führen können.

Mit der Erhöhung der Geldbußen und der Zunahme der Einnahmen der Bußgeldstellen durch Ordnungswidrigkeiten im Straßenverkehr geht die Notwendigkeit der Verbesserung an Qualität in der Verteidigung einher. Das Werk möchte dazu beitragen und richtet sich an Praktiker und beleuchtet verkehrsrechtliche Bußgeldsachen in erster Linie aus der Perspektive des Rechtsanwalts. Dabei werden wertvolle Verteidigertipps gegeben und Musterschreiben, die das Ziel der anwaltlichen Vertretung in Bußgeldsachen erreichen sollen, angeboten. Da eine umfassende Mandatsbetreuung ein rechtsgebietsübergreifendes Wissen erfordert, sollen an verschiedenen Stellen die Auswirkungen der Verfehlung des Betroffenen auf weitere Gesetze außerhalb des Bußgeldrechts erörtert werden, wie die Konsequenzen auf die Fahreignung des Fahrerlaubnisinhabers (Straßenverkehrsgesetz und Fahrerlaubnisverordnung) sowie steuer- und sozialversicherungsrechtliche Aspekte bei der Zahlung der Geldbuße.

Als Verteidiger werde ich oft gefragt, ob ich die Tätigkeit mit meinem Gewissen vereinbaren könne und ob ich auch mit mir vereinbaren könne, Schuldige zu verteidigen. Kann ich damit leben, dass unter Umständen bei einem objektiv schmeichelhaft erscheinenden Freispruch oder einer Verfahrenseinstellung der Straßenverkehr durch eine schwerwiegende Verfehlung ungestraft beeinträchtigt wurde und viel-

11 Statistisches Bundesamt Deutschland, Pressemitteilung Nr.121 v. 26.3.2009; „Weniger Tote im Straßenverkehr", Rhein-Zeitung v. 6.2.10.

leicht sogar die Gefahr besteht, dass der Verdächtige ein solches Verhalten künftig fortsetzt? Diese Fragen beantworte ich unproblematisch mit Ja. Und: Ist nicht durchaus zu erwarten, dass der Betroffene künftig vorsichtiger fährt und durch das unverhofft gewonnene Verfahren dazu gelernt hat? Ferner gibt es vor der Rechtskraft einer Entscheidung keinen per se Schuldigen, sondern nur einen Tatverdächtigen. Schon nach der europäischen Menschenrechtskonvention, die die Demokratie schützt, ergibt sich, dass der Betroffene zu jedem Zeitpunkt des Verfahrens das Recht hat, sich von einem Verteidiger vertreten zu lassen (Art. 6 III lit. c EMRK).

Es mag richtig sein, dass sich die Fälle der Personenverwechselung, die Freisprüche erster Klasse zur Folge haben, auf wenige Fälle pro Jahr beschränken. Über diese Fälle hinaus kann den Betroffenen aber auch in scheinbar eindeutigen Angelegenheiten geholfen werden. Denken wir nur an die diversen Möglichkeiten, auch auf der Rechtsfolgenseite erfolgreich zu verteidigen: Der Betroffene hat im Schilderwald ein Verkehrszeichen übersehen, aber soll er infolge des Fahrverbots nun auch noch seinen Job verlieren und handelte er wirklich grob pflichtwidrig?

Der Richter sieht den Verteidiger oft nur als überflüssig wie ein Kropf an, wenn dieser den Richter etwa auf die ordnungsgemäße Belehrung eines Zeugen aufmerksam machen muss (§§ 52, 55 StPO), Beweisanträge stellt, die darauf abzielen, zu belegen, dass ein Fehlmessung vorlag, oder ihn wegen Besorgnis der Befangenheit ablehnt, wenn der Richter den Verdächtigen in nicht gebührlicher Art behandelt. Auch was die Einhaltung der in Deutschland recht kurzen Verjährungsfrist angeht, so lässt sich kontrovers darüber diskutieren, ob eine Verurteilung nur daran scheitern darf, dass der Bußgeldbescheid wegen eines Formmangels falsch zugestellt wurde. Wenn das Gesetz jedoch an eine fehlerfreie Verurteilung schon detaillierte verfahrensrechtliche Anforderungen stellt, so muss sich der Rechtsanwalt nicht rechtfertigen, wenn er darauf drängt, dass die Verfahrensbeteiligten diese ebenfalls einhalten und aufdeckt, wenn der Richter einem Rechtsirrtum unterlag. Dieses Verteidigerverhalten setzt sich nach der ersten Instanz fort, wenn der Rechtsanwalt Fehler der Entscheidung in der nächsten Instanz rügt. Dass die Verfahrenskosten bei Aufhebungen fehlerhafter Urteile die Staatskasse belasten, ist eine logische Folge. Kein Rechtsanwalt muss sich hier jedoch im Entferntesten vorwerfen lassen, auf Kosten der Steuerpflichtigen tätig geworden zu sein, selbst wenn nur die Verletzung von Formvorschriften erfolgreich gerügt wurde.

Oftmals ist der Betroffene vor der Polizei und vor Gericht als Laie völlig überfordert und kennt seine prozessualen Rechte nicht. Ein frommer Wunsch, dass die Polizei auch zugunsten des Betroffenen genauso intensiv ermittelt und alle Richter unvoreingenommen sind und ihm seine prozessualen Möglichkeiten aufzeigen. Er wird ohne Verteidiger im Massengeschäft Bußgeldsachen oft nur abgefertigt. Mancherorts besteht beim Gericht völliges Unverständnis, dass gegen einen Bußgeldbescheid ohne Fahrverbot überhaupt Einspruch eingelegt wurde. Dieser Einstellung folgend wird die Sitzung nur im 15 Minutentakt durchgezogen, entlastendes Material wird häufig nur widerwillig zur Kenntnis genommen. Beweisanträge, sollten sie auch ohne den Rechtsanwalt formuliert werden können, werden als Versuch der Prozessverschleppungsabsicht gewertet. Hier schafft der Rechtsanwalt einen Ausgleich für die Macht des Gerichts/der Staatsanwaltschaft. Es gibt genug Beispiele für rechtkräftige verurteilende Entscheidungen, die mir die Zornesröte ins Gesicht getrieben haben, da es diese mit professioneller Unterstützung durch einen Rechtsanwalt mit Sicherheit nicht gegeben hätten. Jeder Rechtsanwalt sollte daher seine Aufgabe auch als Beitrag zur Unterstützung eines Schwachen sehen.

Kapitel 1
Fahrerermittlungen der Polizei/Bußgeldstelle

Hält die Polizei den Betroffenen unmittelbar nach Begehung einer Ordnungswidrigkeit nicht an, so stehen die Personalien des Betroffenen nicht fest, es schließen sich regelmäßig umfangreiche Fahrerermittlungen durch die Polizei und die Bußgeldstelle an. Über das amtliche Kennzeichen kann die Verwaltungsbehörde zunächst nur den formellen Fahrzeughalter, nicht jedoch den Fahrer des Fahrzeugs zu einem bestimmten Zeitpunkt ermitteln. Bis auf wenige Ausnahmen (z.B. Halterhaftung bei Halt- oder Parkverstoß, § 25a StVG) ist aber – im Gegensatz zu anderen EU-Staaten – nur der Fahrer wegen der Ordnungswidrigkeit zur Verantwortung zu ziehen, die Behörde kommt leicht in Beweisnot. Die Praxis zeigt, dass bereits zu diesem Zeitpunkt, vor Einleitung eines förmlichen Bußgeldverfahren gegen einen Verdächtigen, Beratungsbedarf des Mandanten, des Halters oder noch nicht ermittelten Fahrers, besteht. Indem der Rechtsanwalt den Mandanten und etwaige Zeugen auf ihre Rechte hinweist, kann er die Einleitung eines Ermittlungsverfahrens vermeiden.

A. Erschwerung der Verteidigung durch fehlendes Akteneinsichtsrecht

Eine Tätigkeit des Verteidigers nach außen hin ist vor Einleitung eines Ermittlungsverfahrens gegen den Mandanten noch nicht erforderlich bzw. hat wenig Sinn: Die Wahrnehmung der Interessen ist nämlich dadurch erheblich erschwert, dass nach ganz h.M. noch kein Akteneinsichtsrecht des Verteidigers besteht, solange sein Mandant noch nicht Tatverdächtiger ist.[12]

B. Versendung von Zeugenfragebögen

Zunächst versucht die Bußgeldstelle den Fahrer genannt zu bekommen, indem sie an die Firmen Zeugenfragebögen versendet. Diese erhalten formularmäßig folgenden Wortlaut: „Sie wurden uns als Halter des Fahrzeugs benannt. Mit dem Fahrzeug wurde(n) folgende Ordnungswidrigkeit(en) begangen: (...). Bitte benennen Sie uns den Fahrer für die Ordnungswidrigkeit." Die Rückseite des Zeugenfragebogens enthält dann eine Spalte zur Angabe der Personalien des Fahrers. Zeugenfragebögen müssen nicht beantwortet werden. Handelt es sich bei dem Fahrzeughalter um eine

---

12 BGH NStZ-RR 2010, 246; a.A. Senge, in Karlsruher Kommentar zur StPO, 6. Aufl. 2008, StPO § 68b, Rn 9.

Firma oder eine juristische Person, so erhalten diese den Zeugenfragebogen. Bei der Adressierung von Zeugenfragebögen an juristische Personen ergibt sich ebenfalls keine Verpflichtung der juristischen Person zu Nennung des Fahrers, zumal generell nur natürliche Personen befragt werden können.[13] Allenfalls können – in den Grenzen von §§ 52 I, 55 StPO i.V.m. § 46 I OWiG – die gesetzlichen Vertreter der juristischen Person aussagen, diese werden jedoch selten im Zeugenfragebogen angeschrieben.

C. Abgleich des Beweisfotos mit Bildern der Einwohnermeldestellen

Die Bußgeldbehörde wird ferner von der Meldebehörde die Herausgabe eines beim Passregister hinterlegten Lichtbildes des Halters anfordern.[14] Bei Übereinstimmungen des Radarbildes mit dem Halter ist die Fahrereigenschaft geklärt.

D. Erforschung der Ordnungswidrigkeit durch die Polizei

Die Behörden und Beamten des Polizeidienstes haben gem. § 53 I OWiG nach pflichtgemäßem Ermessen Ordnungswidrigkeiten zu erforschen und „dabei alle unaufschiebbaren Anordnungen zu treffen, um die Verdunkelung der Sache zu verhüten". Sie haben bei der Erforschung von Ordnungswidrigkeiten grundsätzlich dieselben Rechte und Pflichten wie bei der Verfolgung von Straftaten. Ureigenste Aufgabe der Polizei ist dabei, die erforderlichen Maßnahmen zur Feststellung der Identität zu ergreifen (§ 163b I S. 1 StPO i.V.m. § 46 I OWiG), die Vernehmung des Betroffenen (§ 55 OWiG), sowie die Vernehmung von Zeugen (§ 163 II S. 2 StPO i.V.m. § 46 I OWiG).

Die Strafverfolgungsorgane wenden sich in der Regel – mangels anderweitiger Anhaltspunkte – zunächst an den Halter. Es wird ermittelt, ob Übereinstimmungen zwischen Halter und Fahrer vorliegen. Bei Ordnungswidrigkeiten durch Dienstwagen wird etwa ermittelt, ob der eingetragene Geschäftsführer als Fahrer in Betracht kommt.

I. Internetrecherche

Die Polizei wird zunächst versuchen, die Ordnungswidrigkeit durch eine Internetrecherche zu erforschen. So wird etwa bei Firmenfahrzeugen ermittelt, ob der Fahrer als Geschäftsführer oder in sonstiger Position auf der Web-Seite des Unternehmens

---

13 Rudisile, in Schoch/Schmidt-Aßmann/Pietzner, 21. Ergänzungslieferung 2011, VwGO § 98, Rn 39.

14 Auch ein Verstoß gegen § 2b Abs. 2 PersonalAuswG führt nach herrschender Rechtsprechung nicht zu einem Beweisverwertungsverbot: *OLG Frankfurt*, NJW 1997, 2963; BayObLG NJW 1998, 3656, 3657.

abgebildet ist. In Zeiten von sozialen Netzwerken wie „facebook" oder „Xing" greifen die Strafverfolgungsorgane auch dankbar auf freiwillig von den Geschäftsführern ins Netz gestellte Fotos zurück.

II. Ungebetene Besuche zu Hause und Schweigerecht

Bei nicht wunschgemäßer Nennung des Fahrers nach dem Ergehen von Zeugenfragebögen sollte dem Mandanten vor Augen geführt werden, dass es im Rahmen der Ermittlungen zeitnah zu ungebetenen Besuchen von Polizeibeamten zur Identitätsermittlung kommen kann. Von Mandanten wurde berichtet, dass in Einzelfällen sogar Anrufe von den Bußgeldstellen erfolgten, die darauf abzielten, den Fahrzeugführer genannt zu bekommen. Manche Polizeiinspektionen entfalten enormen Ermittlungseifer und statten der Familie des Halters gleich mehrere Hausbesuche – auch zu Sonn- und Feiertagen – ab.

Erscheinen die Strafverfolgungsorgane bei dem Halter zu Hause und wird der Halter und Fahrer beim Türöffnen angetroffen, so prüfen die Beamten sofort anhand des regelmäßig in den Akten befindlichen Radarfotos, ob er der Betreffende ist. Natürlich muss sich der befragte Zeuge nach § 55 StPO i.V.m. § 46 I OWiG nicht selbst belasten. Bei fehlendem Radarfoto wird gefragt, ob der Halter zur Tatzeit als Fahrer am Tatort gewesen bzw. üblicherweise mit diesem Fahrzeug unterwegs sei.

III. Betretungsrecht der Polizei

Zunächst stellt sich die Frage, ob der Hauseigentümer den ermittelnden Beamten Zutritt gewähren muss. Dies ist zu verneinen, da es für etwaige Zwangsmittel, dem Öffnen der Firmentür, keine Rechtsgrundlage gibt. Das Recht, sich in der Wohnung oder Gewerberäumlichkeit aufzuhalten, geht nur so weit, wie der Wohnungsinhaber damit einverstanden ist.[15] Zwar darf der Inhaber des Hausrechts die Polizeibeamten „vom Hof verweisen". Da der „Ton jedoch die Musik macht", wird sich eine derartige Taktlosigkeit rächen, spätestens wenn es darum geht, dass der Polizeibeamte der Führerscheinstelle die Anordnung eines Fahrtenbuchs vorschlagen darf. Daher sollte den Polizeibeamten freundlich gegenüber getreten werden.

Nur in den Fällen, in denen die Situation eskaliert, etwa bei erkennbar gesetzeswidrigem Verhalten von Polizeibeamten, die trotz Fehlens eines Durchsuchungsbeschlusses durch die Wohnung marschieren wollen, um im Rahmen ihres Rundgangs den Fahrer zu finden, sollten der Polizei ihre Grenzen aufgezeigt werden.

---

15 OLG Schleswig NJW 1956, 1570; Gürtler, in Göhler, § 53 OWiG Rn 16.

IV. Erste Maßnahmen nach dem Kontakt mit den Polizeibeamten

Die befragten Zeugen sollten sich zunächst diskret und ruhig verhalten. Namen und Dienstbezeichnungen der Ermittlungsbeamten sind dann anhand von Ausweisen tatsächlich zu prüfen und zu notieren. Der Frage nach dem Grund des Erscheinens kommt in der Regel der Polizist zuvor, der dem Zeugen ein Radarfoto unter die Nase hält.

V. Aussageverhalten von Zeugen

Es stellt sich die Frage, ob befragte Zeugen wahrheitsgemäß antworten müssen. Regelmäßig sind die Befragten derart überrascht und – auch dieses ist heutzutage noch häufig zu sehen – obrigkeitshörig, dass sie den Namen des Fahrers nennen, sofern er ihnen bekannt ist.

1. Keine Aussagepflicht gegenüber Polizei

Zeugen sind nicht verpflichtet, gegenüber den polizeilichen Ermittlungsbeamten auszusagen.[16] Die Polizei hat mangels gesetzlicher Grundlage keine Zwangsmittel, um eine Aussage zu erzwingen. Den Polizeibeamten gegenüber dürfen ohne jede Begründung jegliche Angaben verweigert werden („Ich möchte dazu nichts sagen"). Die wenigstens sind „routiniert" genug, sich hierauf zu berufen.

2. Zeugnis- und Auskunftsverweigerungsrecht gem. §§ 52 I, 55 StPO i.V.m. § 46 I OWiG

Handelt es sich bei den von der Polizei in der Firma befragten Personen um solche nach § 52 I StPO i.V.m. § 46 I OWiG, steht ihnen – über die grundsätzlich fehlende Aussagepflicht gegenüber der Polizei hinaus – ein Zeugnisverweigerungsrecht zu. Den Ehegatten, Verlobten, Lebenspartner oder Verwandten muss niemand belasten. Wichtig ist, dass sich der befragte Zeuge nach § 46 I OWiG i.V.m. § 55 StPO nicht selbst belasten muss. Jeder Zeuge kann übrigens gem. § 55 StPO i.V.m. § 46 I OWiG auch die Auskunft auf solche Fragen verweigern, deren Beantwortung einem der in § 52 I StPO bezeichneten Angehörigen die Gefahr zuziehen würde, wegen einer Straftat oder einer Ordnungswidrigkeit verfolgt zu werden (Auskunftsverweigerungsrecht).

---

16 Wache, Karlsruher Kommentar zum OWiG, 3. Aufl. 2006, § 53 Rn 22.

3. Verpflichtende Angaben (§ 111 OWiG)

Allein ist der von der Polizei befragte Zeuge gem. § 111 OWiG verpflichtet, seinen Vor-, Familien- oder Geburtsnamen, den Ort oder Tag seiner Geburt, seinen Familienstand, seinen Beruf, seinen Wohnort, seine Wohnung oder seine Staatsangehörigkeit zu nennen. Ansonsten droht eine Ordnungswidrigkeit gem. § 111 OWiG.

E. Kein Risiko der Strafbarkeit bei angeblichem Nichterkennen des Fahrzeugführers

Führen Zeugen aus, sie erkennten den Fahrzeugführer nicht oder schließen eine bestimmte verdächtigte Person als Fahrer aus, so machen sie sich wegen dieser Schutzbehauptung keiner „Falschaussage" nach § 153 StGB (keine zuständige Stelle) schuldig, es liegt auch keine Strafvereitelung gem. § 258 StGB vor, da nicht die Bestrafung eines anderen nach Strafgesetz vereitelt wird.

F. Falsche Fahrerbenennung

Die vorsätzlich falsche Fahrerbenennung ist strafrechtlich relevant,[17] zumal der Zeuge über einen anderen wider besseres Wissen eine sonstige Behauptung tatsächlicher Art aufstellt, die geeignet ist, ein behördliches Verfahren oder andere behördliche Maßnahmen gegen ihn herbeizuführen.

G. Zufällige Begegnung mit dem Verdächtigen

Läuft der Fahrer der Polizei zufällig in die Arme und wird er vom Polizisten gefragt, ob nicht er das Fahrzeug gesteuert habe, „die Ähnlichkeit mit dem Radarbild sei verblüffend", so greift – über die grundsätzlich fehlende Aussagepflicht gegenüber der Polizei hinaus – das gesetzliche Schweigerecht ein (§§ 69 II a.E. OWiG, 46 I OWiG, 136 I 2 StPO). Der Betroffene, zu dem er bei einem geäußerten Tatverdacht des Polizisten wird, muss weder zum Tatvorwurf Stellung nehmen noch in der Folge polizeilichen Vorladungen Folge leisten. Oftmals legen Polizeibeamte dem Betroffenen ein schnelles Geständnis nahe, welches nur selten sinnvoll ist. Von der Polizei ist der Betroffene vor seiner ersten Vernehmung über sein Aussageverweigerungsrecht zu belehren (§ 136 I 2 StPO i.V.m. § 46 I OWiG). Ein Verstoß gegen diese Belehrungspflicht führt nach nunmehr ständiger Rechtsprechung des BGH grundsätzlich

17 Lenckner/Bosch, in Schönke/Schröder, 28. Aufl. 2010, StGB § 164, Rn 13.

zu einem Verwertungsverbot.[18] Eine so genannte Spontanäußerung, die der nicht belehrte Betroffene von sich aus spontan macht und die nicht als Antwort auf eine Frage, als Vorwegnahme einer entsprechenden Frage oder nur als Reaktion auf eine Vernehmung oder Befragung angesehen werden kann, ist dagegen verwertbar.[19]

H. Ladung von Zeugen durch die Verwaltungsbehörde

Die Bußgeldstelle kann einen Zeugen, von dem sie sich einen sachdienlichen Hinweis auf die Person des Fahrers erwartet, auch vorladen. Anders als bei polizeilichen Vorladungen sind Zeugen rechtlich sogar verpflichtet, bei der Verwaltungsbehörde zur Vernehmung zu erscheinen (§§ 46 II OWiG, 161a I StPO), und zwar auch dann, wenn ihnen ein Zeugnis- oder Auskunftsverweigerungsrecht zusteht. Die Verfolgungsbehörde hat nämlich im Bußgeldverfahren dieselben Rechte und Pflichten wie die Staatsanwaltschaft bei der Verfolgung von Straftaten. Verletzt der Zeuge seine Pflichten zum Erscheinen und zur Aussage, kann die Verwaltungsbehörde gegen ihn ein Ordnungsgeld festsetzen; sind durch sein Nichterscheinen oder seine unberechtigte Aussageverweigerung Kosten entstanden, so können sie dem Zeugen auferlegt werden (§ 161a II S. 1 StPO i.V.m. § 46 I, II OWiG). Natürlich bleibt es dem Zeugen unbenommen, sich im Termin bei der Verwaltungsbehörde auf sein Zeugnis- bzw. Auskunftsverweigerungsrecht gem. §§ 52 I, 55 StPO i.V.m. § 46 I OWiG zu berufen.

J. Sonderfall: Ordnungswidrigkeiten durch Lkw-Fahrer

Für Fahrzeuge, die dem Anwendungsbereich des Fahrpersonalgesetzes unterfallen, gilt in Abweichung zum zuvor gesagten Folgendes: Der Unternehmer hat gem. § 4 Abs. 3 Satz 1 FPersG Auskunft zu erteilen, wer ein bestimmtes Fahrzeug gelenkt hat und muss insbesondere der Behörde die Personalien des Fahrers mitteilen. Zuwiderhandlungen sind sogar bußgeldrechtlich relevant (§ 8 Abs. 1 Nr. 1d FPersG).

Die Fahrerkarte, die die Lenk- und Ruhezeiten für 28 Tage sowie die Daten zur Identität des Fahrers speichert, unterliegt der Beschlagnahme und ist als Beweismittel verwertbar.[20] Auch beim Unternehmen kann die Beschlagnahme von Dokumenten erfolgen, zumal der Unternehmer die auf der Fahrerkarte gespeicherten Daten in regelmäßigen Abständen zu kopieren hat.

---

18 BGH, NJW 1992, 1463.

19 BayObLG, NStZ-RR 2001, 49.

20 OLG Düsseldorf, NStZ-RR 1996, 376; Mielchen, in Buschbell, MAH Straßenverkehrsrecht, 3. Aufl. 2009, § 54 Sozialvorschriften – Lenk- und Ruhezeiten, Rn 49.

K. Verjährung

Die im Bußgeldrecht gem. §§ 24, 26 III StVG geltende relativ kurze Verjährung von 3 Monaten ab Tattag spielt dem bislang nur als Halter beteiligten Zeugen und tatsächlichen, aber noch nicht bekannten Fahrzeugführer in die Karten. Die Strafverfolgungsbehörden sind gezwungen, eilig den Fahrer zu ermitteln, ansonsten ist das Verfahren gegen den Fahrzeugführer schnell verjährt. Die einzelnen Unterbrechungstatbestände gem. § 33 I S. 1 OWiG greifen erst, wenn feststeht, gegen wen sich die Ermittlungen mit Tatverdacht richten.[21] Zentraler Anknüpfungspunkt bei Verjährungsunterbrechungen i.S. des § 33 I Nr. 1 OWiG ist die Betroffeneneigenschaft.[22] Ein Zeugenfragebogen unterbricht daher die Verjährungsfrist nicht.[23]

L. Schulung des Empfangssekretariats

Angesichts der dargestellten rechtlichen Besonderheiten empfiehlt es sich, wenn es sich beim Halter um eine Firma handelt, die Mitarbeiter des Empfangssekretariats zu schulen, wie sie sich bei ungebetenen Besuchen durch die Polizei verhalten sollten.

M. Durchsuchung und Beschlagnahme

Versagen alle sonstigen Maßnahmen der Bußgeldstelle und Polizei, fragt sich, ob gegen den Willen des Betroffenen oder eines Dritten zur Klärung der Fahreridentität eine Durchsuchung der Wohnung bzw. der Wohnungs- und Geschäftsräume angeordnet werden darf. Hierdurch wird schwerwiegend in die Unverletzlichkeit der Wohnung (Art. 13 I GG) eingegriffen.[24] Es wird untersucht, unter welchen Voraussetzungen derartige Eingriffe gerechtfertigt sein können, insbesondere wann sie gegen den Verhältnismäßigkeitsgrundsatz verstoßen. Es wird in diesem Rahmen ein umfassender Überblick über die Rechtsprechung gegeben. Besprochen wird ebenfalls, mit welchen Rechtsbehelfen sich der Betroffene möglichst effektiv gegen den Durchsuchungsbeschluss zur Wehr setzen kann und welche verfahrensrechtlichen Hürden seitens des Verteidigers überwunden werden müssen.

---

21 OLG Dresden, DAR 2004, 535.

22 OLG Brandenburg, NZV 1998, 424; Seitz, in Göhler, OWiG. Vorb. § 59 Rdnr. 49.

23 OLG Hamm, NZV 1998, 340; OLG Hamburg, NZV 1999, 95; OLG Zweibrücken, Beschl. v. 26.8.2002 – 1 Ss 132/02, BeckRS 2002 30279333.

24 BVerfG NJW 2003, 2669; BVerfGE 42, 212 (219) = NJW 1976, 1735.

I. Rechtliche Grundlagen

Die in der Strafprozessordnung enthaltenen Vorschriften zur Durchsuchung von Wohnungen beim Beschuldigten oder Dritten gelten sinngemäß für das Bußgeldverfahren über § 46 I OWiG.[25]

1. Beschlagnahme beim Verdächtigen (§ 102 StPO)

Durchsuchungen sind zunächst bei einer Person, die einer Ordnungswidrigkeit verdächtig ist, zulässig. Die Rechtmäßigkeit einer solchen Durchsuchungsanordnung setzt voraus, dass der Anfangsverdacht für die Begehung einer Ordnungswidrigkeit vorliegt, die Durchsuchung der Ergreifung der Person des Betroffenen oder dem Auffinden von Beweismitteln dient und ihre Anordnung verhältnismäßig ist.

2. Durchsuchung bei dritten Personen (§ 103 StPO)

Auch die Durchsuchung der Räumlichkeiten einer Person, die nicht der Verkehrsordnungswidrigkeit beschuldigt oder verdächtig war, ist gem. § 103 I StPO i.V.m. § 46 I OWiG zulässig. Es besteht damit eine rechtliche Handhabe, beim Halter zu ermitteln, wer den Verstoß mit seinem Fahrzeug begangen hat.

Nach § 105 StPO dürfen Durchsuchungen nur durch den Richter oder bei Gefahr im Verzug auch durch die Verwaltungsbehörde angeordnet werden (§ 46 I OWiG i.V.m. §§ 105 I 1 StPO).[26] Wenn eine Durchsuchung der Wohnung oder der Geschäftsräume ohne Beisein des Richters oder des Staatsanwalts stattfindet, so sind ein Gemeindebeamter oder zwei Mitglieder der Gemeinde, in deren Bezirk die Durchsuchung erfolgt, zuzuziehen.

II. Zweck der Durchsuchung

Zweck der Durchsuchung ist in Fällen der Fahrerermittlung das Auffinden von Beweismitteln. Voraussetzung für die Anordnung der Durchsuchung ist die Vermutung, dass die Durchsuchung zur Auffindung von Beweismitteln führen werde.[27] Beweismittel müssen im Durchsuchungsbeschluss konkretisiert werden, so dass keine Zweifel beim Betroffenen oder den vollziehenden Beamten über zu be-

---

25 Seitz, in Göhler, vor § 59 Rn 109 f.; Bohnert, OWiG, 3. Aufl. 2010, § 46 Rn 90.

26 Schwacke, Recht der Ordnungswidrigkeiten, 4. Aufl., 2006, 125.

27 Meyer-Goßner, StPO, § 103 Rn 6.

schlagnahmende Gegenstände entstehen.[28] Bei einer Ordnungswidrigkeit mit einem Kraftrad kann etwa ein Durchsuchungsbeschluss darauf abzielen, die Motorradbekleidung beim Betroffenen aufzufinden. Bei einer Ordnungswidrigkeit eines Lastkraftfahrers kommt die Anordnung einer Durchsuchung der Geschäftsräume einer Spedition mit dem Ziel der Beschlagnahme einer Diagrammscheibe bzw. der im Betrieb ausgelesenen Fahrerkarten und Kontrollgeräte in Betracht. Begeht ein Außendienstmitarbeiter eine Ordnungswidrigkeit mit einem Firmenfahrzeug, das auf den Arbeitgeber zugelassen ist, so kommt die Beschlagnahme der Personalakten in Betracht, um zu ermitteln, auf welchen Mitarbeiter das Firmenfahrzeug zugeteilt ist, ebenfalls die Beschlagnahme von Terminkalendern/Auftragsbüchern. Ferner kann beim Verdacht einer Ordnungswidrigkeit der Zweck der Durchsuchung dahin gehen, das Kraftfahrzeug, mit dem die Verfehlung begangen worden sein soll, zu durchsuchen (Überprüfung der Sitzeinstellung, Suche nach persönlichen Gegenständen im Kfz).

III. Begrenzungsfunktion des Durchsuchungsbeschlusses

Für den Betroffenen muss erkennbar sein, welcher Tatvorwurf erhoben wird und mit welcher Sanktion zu rechnen ist. Daher bedarf es einer Konkretisierung des Tatvorwurfs,[29] insbesondere Darstellung des von den Ermittlungsbehörden angenommenen Tatzeitraums sowie eine Nennung der jeweiligen Rechtsgrundlage der Ordnungswidrigkeit.[30] Unterbleibt dies, wird der Betroffene nicht in den Stand versetzt, die Durchsuchung seinerseits zu kontrollieren und etwaigen Ausuferungen im Rahmen seiner rechtlichen Möglichkeiten von vornherein entgegenzutreten. Wird der Durchsuchungsbeschluss diesen Anforderungen nicht gerecht, wäre ein angegriffener Beschluss aufzuheben.

IV. Verhältnismäßigkeit des Zwangsmittels

Zentral kommt es bei Durchsuchungsbeschlüssen wegen einer im Raum stehenden Verkehrsordnungswidrigkeit darauf an, ob die Maßnahme gegen den Grundsatz der Verhältnismäßigkeit verstößt. Durch den anordnenden Richter muss eine – eigen-

---

28 Burhoff, in Burhoff, Handbuch für das straßenverkehrsrechtliche OWi-Verfahren, 3. Aufl., 2012, Rn 604.

29 Burhoff, in Burhoff, Handbuch für das straßenverkehrsrechtliche OWi-Verfahren, 3. Aufl., 2012, Rn 608.

30 BVerfG, Beschl. v. 4.3.2008 – 2 BvR 1866/03; Burhoff, Handbuch für das strafrechtliche Ermittlungsverfahren, 4. Aufl., Rn 536.

verantwortliche – hinreichende Verhältnismäßigkeitsprüfung stattfinden. Bei der Verfolgung von Ordnungswidrigkeiten ist zwar nicht grundsätzlich von Durchsuchungsanordnungen abzusehen.[31] Allerdings sind die Anforderungen an die Stärke des Tatverdachts umso höher, je weniger schwer die dem Betroffenen zur Last gelegte Tat wiegt. Ferner ist die Wahrscheinlichkeit des Auffindens von Beweismitteln bei der Abwägung zu berücksichtigen.[32] Bei einer nicht schwerwiegenden Verfehlung überwiegt das in der Verfassung verankerte Recht auf Unverletzlichkeit der Wohnung (Art. 13 I GG) gegenüber dem Verfolgungsinteresse des Staates.[33] Bei Eingriffen in einem Bußgeldverfahren ist ein angemessenes Verhältnis zu wahren zwischen Mittel und Zweck des Eingriffs sowie seiner Schwere einerseits und der Bedeutung des Verfahrens andererseits.[34]

1. Schwere des Verkehrsverstoßes

Dass eine „schwerwiegende Ordnungswidrigkeit" bei einer Überschreitung der zulässigen Höchstgeschwindigkeit um mehr als 100 km/h vorliegt,[35] bedarf keiner weiteren Erwähnung. Im Übrigen wird der Begriff von der Rechtsprechung höchst unterschiedlich ausgelegt. Keine schwerwiegende Verkehrsordnungswidrigkeit ist nach Auffassung des LG Itzehoe[36] eine Verfehlung ohne Fahrverbot. Gemessen hieran habe der Staat diesen Verstoß als eher minderes Unrecht eingestuft. Dem entgegnete das LG Tübingen[37]. Eine Wohnungsdurchsuchung zur Identifizierung des Fahrers könne auch verhältnismäßig sein, ohne dass ein Fahrverbot im Raume stehe. In einem weiteren Fall wurde schon bei einer Geschwindigkeitsüberschreitung eines Kraftradfahrers um 39 km/h, die zu seiner Zeit mit drei Punkten (heute nur ein Punkt) im Verkehrszentralregister geahndet wird, die Durchsuchung für verhältnismäßig gehalten.[38] Gegen die Verhältnismäßigkeit der Durchsuchung und Beschlagnahme spricht die fehlende Gefährdung anderer Verkehrsteilnehmer.[39] Bei

31 BVerfG, Beschl. v. 29.4.2007 – 2 BvR 532/02, BeckRS 2007, 23777; LG Itzehoe, Beschl. v. 10.10.2008 – 1 Qs 143/08, BeckRS 2009, 06856; Burhoff, Handbuch für das strafrechtliche Ermittlungsverfahren, 4. Aufl., Rn 527a.

32 BVerfG, Beschl. v. 21.4.2008 – 2 BvR 1910/05, BeckRS 2008, 35234; Beschl. v. 27.7.2007 – 2 BvR 254/07, ZfS 2007, 655 f.

33 LG Zweibrücken, NZV 1999, 222; Seitz, in Göhler, OWiG, vor § 59 Rn 108.

34 Seitz, in Göhler, OWiG, § 46 Rn 9.

35 BVerfG zfs 2007, 655.

36 Beschl. v. 10.10.2008 – 1 Qs 143/08, BeckRS 2009, 06856.

37 Urt. v. 29.12.2011 – 1 Qs 248/11 OWi, ADAJUR Dok.Nr. 98990.

38 AG Reutlingen, Beschl. v. 28.11.2011 – 7 OWi 24 Js 19990/11 ADAJUR Dok.Nr. 98989 (Ls.); a.A. LG Zweibrücken (NStZ-RR 1999, 339) bei einer Geschwindigkeitsüberschreitung von 33 km/h außerhalb geschlossener Ortschaften.

39 AG Landau, NStZ-RR 2002, 220.

dem Vorwurf des Nichteinhaltens eines ausreichenden Sicherheitsabstandes (Abstandsverstoß) wurde der Grundrechtseingriff nicht für angemessen im Verhältnis zur Schwere des Tatvorwurfs angesehen.[40]

2. Andere Ermittlungsmöglichkeiten ausgeschöpft

Gegen die Verhältnismäßigkeit des Grundrechtseingriffs kann sprechen, dass vor der Anordnung der Durchsuchung noch nicht alle anderen Ermittlungsmöglichkeiten ausgeschöpft waren, etwa die im gemeinsamen Haushalt mit dem Betroffenen lebenden Personen, die möglicherweise Angaben zur Nutzung des Fahrzeugs machen könnten, befragt wurden.[41] Auch wenn nicht unbedingt mit einem Erfolg solcher Befragungen gerechnet werden muss, liegt diese Maßnahme zumindest nahe, bevor die einschneidende Maßnahme der Wohnungsdurchsuchung ergriffen wird.

3. Folgen der Ordnungswidrigkeit

Schließlich ist noch zu berücksichtigen, dass auch bei einem Scheitern der Ermittlung des Fahrzeugführers der Geschwindigkeitsverstoß nicht zwangsläufig folgenlos bleiben muss, da z.B. auch die Anordnung zur Führung eines Fahrtenbuchs nach § 31a StVZO in Betracht kommt.[42] Dies lässt eine Durchsuchung als unverhältnismäßig erscheinen.

4. Voreintragungen

Fehlende Voreintragungen im Fahreignungsregister können gegen die Verhältnismäßigkeit des Zwangsmittels angeführt werden. Nach LG Itzehoe[43] ist eine Durchsuchung nicht notwendig, wenn der Betroffene nach dem Akteninhalt bisher nicht durch Verkehrsordnungswidrigkeiten auffällig geworden ist.

5. Ruf des Adressaten des Durchsuchungsbeschlusses

Eine Durchsuchung gegen den Halter eines Fahrzeugs (Firma) wird auch für rechtswidrig – da nicht verhältnismäßig – angesehen, wenn sie sich wahrscheinlich nachteilig auf das Ansehen der Firma und deren Inhaber und Geschäftsführer aus-

---

40 LG Erfurt, ZfS 2006, 349.

41 LG Itzehoe, Beschl. v. 10.10.2008 – 1 Qs 143/08, BeckRS 2009, 06856.

42 LG Itzehoe, a.a.O.

43 Beschl. v. 10.10.2008 – 1 Qs 143/08, BeckRS 2009, 06856.

wirkt, insbesondere, wenn dieser selbst weder einer Ordnungswidrigkeit noch einer Straftat verdächtig war.[44]

6. Durchsuchung von Kanzleiräumen

Zwar kommt auch die Beschlagnahme von Unterlagen in der Anwaltskanzlei gemäß § 46 I OWiG i.V.m. § 103 I 1, Alt. 3 StPO in Betracht, wenn konkrete Anhaltspunkte für die Annahme bestehen, dass die Durchsuchung der Kanzleiräume zum Auffinden des gesuchten Beweismittels führen wird und auch nicht das Beschlagnahmeverbot des § 97 I Nr. 3 i.V.m. § 53 I 1 Nr. 3 StPO entgegensteht. Die Durchsuchung von Kanzleiräumen des Verteidigers des Betroffenen steht zur Bedeutung der Tat in keinem angemessenen Verhältnis, sondern ist ein übermäßiger Eingriff, wenn der Betroffene nur einer nicht schwerwiegenden Ordnungswidrigkeit verdächtig ist.[45] Bei einem Parkverstoß stellt sich die Zwangsmaßnahme jedenfalls als völlig unverhältnismäßig dar.[46]

7. Benennung des Fahrzeugführers

Ein Verstoß gegen den Verhältnismäßigkeitsgrundsatz liegt vor, wenn der Halter über seinen Rechtsanwalt den Fahrer bereits benannt hat bzw. diesbezüglich eine geständige Einlassung vorliegt[47] und gleichwohl mit der Begründung, diese Angaben bedürften einer Überprüfung, eine Hausdurchsuchung vorgenommen wird.

V. Wirkung der Durchsuchungsanordnung

Die Verjährung der Ordnungswidrigkeit wird durch jede Beschlagnahme oder Durchsuchungsanordnung der Verfolgungsbehörde unterbrochen, § 33 I S. 1 Nr. 4 OWiG. Die Unterbrechung bezieht sich jedoch nur auf die Taten, die im Durchsuchungsbeschluss angeordnet sind. Werden erst durch die Hausdurchsuchung weitere Daten bekannt, so kann hinsichtlich dieser eine Unterbrechungswirkung nicht herbeigeführt werden. Der Verfolgungswille muss sich schon in der Durchsuchungsanordnung auf diese beziehen.[48] Die persönliche Reichweite einer nach Nr. 4 vorgenommenen Unterbrechung der Verjährung erstreckt sich nur auf die als Betroffene angegebene natürliche/juristische Person. Wird nur bei einer dritten Person

44 EGMR, NJW 2006, 1495.
45 BVerfG NJW 2006, 3411; LG Verden, NStZ 2005, 527.
46 BVerfG NJW 2006, 3411.
47 LG Zweibrücken, VRS 102, 378.
48 BGH, NStZ 2000, 85; *Gürtler*, in Göhler, OWiG, § 33 Rn 56 b.

durchsucht (§ 103 StPO i.V.m. § 46 I OWiG), kann keine verjährungsunterbrechende Wirkung gegenüber dem Betroffenen erfolgen. Wird mehrfach durchsucht, wird die Verjährung durch jede Beschlagnahme- und Durchsuchungsanordnung unterbrochen. Allerdings vermögen richterliche Durchsuchungs- und Beschlagnahmeanordnungen, die den verfassungsrechtlichen Mindestanforderungen an die Konkretisierung des Tatvorwurfs nicht genügen, wie bei verbleibenden Zweifeln über den Lebenssachverhalt, die Verjährung nicht zu unterbrechen.[49]

VI. Rechtsschutz nach Durchsuchungsanordnungen

1. Beschwerde gegen den Durchsuchungsbeschluss

Der Betroffene kann zunächst gegen den amtsgerichtlichen Durchsuchungsbeschluss fristungebunden Beschwerde gem. § 304 StPO einlegen. Über den Rechtsbehelf entscheidet das Landgericht. Der Zulässigkeit einer Beschwerde gegen die Durchsuchungsanordnung steht nicht entgegen, dass die Durchsuchung bereits vollzogen ist und deshalb aus tatsächlichen Gründen nicht mehr ungeschehen gemacht werden kann.[50] Grundsätzlich dienen Rechtsbehelfe zwar der Beseitigung einer gegenwärtigen, fortdauernden Beschwer. Nach der Rechtsprechung des Bundesverfassungsgerichts ist aber in Fällen tiefgreifender, tatsächlich jedoch nicht mehr fortwirkender Grundrechtseingriffe eine Beschwerde auch dann zulässig, wenn sich die Belastung durch die Maßnahme nach dem typischen Verfahrensablauf auf eine Zeitspanne beschränkt, in welcher der Betroffene die gerichtliche Entscheidung im Beschwerdeverfahren nicht erlangen kann.[51] Ein solcher Fall eines tiefgreifenden aber bereits abgeschlossenen Grundrechtseingriffs liegt insbesondere bei einer bereits vollzogenen Wohnungsdurchsuchung vor.[52] Hier ist trotz der prozessualen Überholung eine Beschwerde nicht unzulässig, sondern es ist die Rechtmäßigkeit der angefochtenen Maßnahme zu überprüfen und ggf. festzustellen. Mängel in der Durchsuchungsanordnung können im Beschwerdeverfahren nicht geheilt werden.[53]

2. Verfassungsbeschwerde

Hilft das Landgericht dem angegriffenen Beschluss des Amtsgerichts nicht ab, kann Verfassungsbeschwerde erhoben werden (Art. 93 Abs. 1 Nr. 4a GG, § 13 Nr. 8a BVerf-

---

49 BGH NStZ 2004, 275.
50 LG Zweibrücken, NZV 1999, 222.
51 BVerfG NJW 1997, 2163.
52 BVerfG NJW 1999, 273.
53 BVerfG NJW 2004, 3171.

GG). Hierauf prüft das Bundesverfassungsgericht, ob die angegriffenen Beschlüsse (Amts- und Landgericht) den Beschwerdeführer in seinem Grundrecht aus Art. 13 GG verletzten.

3. Beschwerde zum Europäischen Gerichtshof für Menschenrechte (EGMR)

Bleibt eine Verfassungsbeschwerde ohne Erfolg, kann sich der Beschwerte anschließend noch an den EGMR wenden und rügen, durch die Durchsuchung seiner Wohn- bzw. Geschäftsräume sei Art. 8 EMRK verletzt und gegen Art. 6 I EMRK verstoßen worden.

4. Bewertung

Selbst bei einem Erfolg der (Verfassungs-/Menschenrechts-) Beschwerde gegen die Durchsuchungs- und Beschlagnahmeanordnung stellt sich diese letztlich als „stumpfe Waffe“ dar.[54] So können diese Rechtsbehelfe nichts an der Verwertung der möglicherweise rechtswidrig erlangten Informationen ändern. Eine Rechtswidrigkeit einer Durchsuchung steht grundsätzlich der Verwertung nicht entgegen, soweit es sich nicht um einen besonders schwerwiegenden Rechtsverstoß handelt. Die Strafgerichte gehen in gefestigter Rechtsprechung davon aus, dass dem Strafverfahrensrecht ein allgemein geltender Grundsatz, dass jeder Verstoß gegen Beweiserhebungsvorschriften ein strafprozessuales Verwertungsverbot nach sich zieht, fremd ist, und dass die Frage jeweils nach den Umständen des Einzelfalls, insbesondere nach der Art des Verbots und dem Gewicht des Verstoßes unter Abwägung der widerstreitenden Interessen zu entscheiden ist.[55] Insbesondere die willkürliche Annahme von Gefahr im Verzug oder das Vorliegen eines besonders schwer wiegenden Fehlers können – müssen indes nicht in jedem Fall – danach ein Verwertungsverbot nach sich ziehen.[56] War also ein Beschluss, der auf die Klärung der Fahreridentität eines Außendienstmitarbeiters gerichtet war, rechtswidrig, ohne willkürlich gewesen zu sein, so mag der Adressat der Durchsuchung durch die Feststellung der Rechtswidrigkeit der Durchsuchung rehabilitiert sein, dies alles ändert aber nichts an der Verwertung der Ergebnisse der Durchsuchung. Die beschlagnahmten Gegenstände können nach dieser Rechtsprechung als Beweismittel zur Entlarvung des Fahrers verwertet werden.

---

54 Quedenfeld/Richter, in: Bockemühl (Hrsg.), Handbuch des Fachanwalts Strafrecht, 2002, S. 942.

55 BVerfG, NJW 2008, S. 3053; BGHSt 38, 214, 219 f.; 44, 243, 249; 51, 285, 289 f.

56 BGHSt 51, 285, 292; BGH, NStZ 2004, S. 449, 450.

VII. Verfahrensrechtliche Besonderheiten bei der Rechtsbeschwerde

Der Betroffene, der wegen der zugrunde liegenden Ordnungswidrigkeit erstinstanzlich verurteilt wurde, kann sich innerhalb einer Woche mittels der Rechtsbeschwerde gegen das amtsgerichtliche Urteil wehren. Ein derartiger Verstoß ist mit der Verfahrensrüge geltend zu machen,[57] die den strengen Anforderungen der §§ 79 III OWiG in Verbindung mit § 344 II 2 StPO genügen muss. Der Tatsachenvortrag zur Begründung der Verfahrensrüge muss so vollständig sein, dass das Oberlandesgericht als Rechtsbeschwerdegericht allein aufgrund der Begründungsschrift prüfen kann, ob ein Verfahrensfehler vorliegt, wenn das tatsächliche Vorbringen des Betroffenen zutrifft. Hierzu bedarf es jedenfalls der Wiedergabe des Aktenzeichens, Datums und der die Durchsuchungsanordnung tragenden Gründe.

Will der verteidigte Betroffene ein Verwertungsverbot geltend machen, so muss er nach der sog. „Widerspruchslösung" der Anordnung des Beweismittels widersprechen und gegebenenfalls einen Gerichtsbeschluss nach § 238 II StPO herbeiführen.[58] Zudem wird eine spezifizierte Begründung des Widerspruchs gefordert, in der zumindest in groben Zügen die Gesichtspunkte anzugeben sind, unter denen der Betroffene das Beweismittel für unverwertbar hält.[59] Hat er dies versäumt, so kann sich der verteidigte Betroffene in der 2. Instanz bei der Begründung seiner Rechtsbeschwerde auf diesen Verfahrensverstoß nicht mehr berufen. Oftmals hat sich auch der Verfahrensfehler nicht kausal auf eine Verurteilung ausgewirkt (§ 337 StPO). Der Richter muss die aus einer Durchsuchung gewonnenen Erkenntnisse nicht als Beweismittel verwenden: Liegt ein Radarbild vor und wird die Fahrereigenschaft in der Hauptverhandlung nicht zugestanden, so muss der Bußgeldrichter ohnehin unabhängig von den Erkenntnissen einer Durchsuchung den Betroffenen in der Sitzung als Fahrer wiedererkennen oder ein Gesichtsgutachten in Auftrag geben. Erkennt der Richter den Betroffenen wieder oder bestätigt ein anthropologisches Sachverständigengutachten die Identität mit dem Fahrzeugführer, so hat sich die möglicherweise rechtswidrige Hausdurchsuchung nicht kausal ausgewirkt.

Hat der Betroffene sich gleichzeitig mittels der Beschwerde gegen die Beschlagnahme oder Durchsuchungsanordnung gewehrt, so ist zu berücksichtigen, dass das Gericht, welches über die Rechtmäßigkeit der Durchsuchung zu entscheiden hat, von dem für die Ordnungswidrigkeit zuständigen Gericht abweichen kann. Eine vorherige Entscheidung des Amtsgerichts, das die Rechtswidrigkeit der Durchsuchung festgestellt hat, kann trotz Verwertbarkeit eines Beweismittels als Argument für eine Verfahrenseinstellung gem. § 47 II OWiG vorgebracht werden.

---

57 OLG Hamm, *Beschl.* v. 8.2.2005 – 2 Ss OWi 752/04, BeckRS 2005 30350545.

58 BGH NStZ 2006, 402; Burhoff, in Burhoff, Handbuch für das straßenverkehrsrechtliche OWi-Verfahren, 3. Aufl., 2012, Rn 450 ff.

59 *BGH*, NJW 2007, 3587 (3589).

N. Risiko einer Fahrtenbuchauflagen gem. § 31a StVZO

Finden weder Bußgeldstelle noch Polizei den Fahrzeugführer heraus, besteht das Risiko der Anordnung einer Fahrtenbuchauflage gem. § 31a StVZO. Allerdings rechtfertigt nur ein Verkehrsverstoß von einigem Gewicht eine solche Anordnung. Ein Fahrtenbuch droht nach der Rechtsprechung des Bundesverwaltungsgerichts schon bei erstmaliger Begehung eines wenigstens mit einem Punkt bewerteten Verkehrsverstoßes, ohne dass es auf die Gefährlichkeit des Verkehrsverstoßes erhöhende Umstände im Einzelfall ankomme.[60] Der Adressat dieses Verwaltungsaktes kann innerhalb von einem Monat Widerspruch gegen den Bescheid einlegen. Die Erfolgsaussichten einer Anfechtung einer Fahrtenbuchauflage sind allerdings reduziert,[61] zumal nach Bundesverwaltungsgericht[62] nicht einmal das Vorliegen eines Aussageverweigerungsrechts und Gebrauch machen vom Schweigerecht die Anordnung einer Fahrtenbuchauflage hindere. Vor dem Hintergrund dieser Rechtsprechung muss es umso mehr der Entscheidung der Mandantschaft überlassen bleiben, ob er eine Fahrtenbuchauflage im Falle des gescheiterten Ermittelns des Fahrers oder das Risiko von Punkten im Verkehrszentralregister auf sich nimmt.

Vorausschauend im Hinblick auf das drohende Risiko eines Fahrtenbuchs sollte der anwaltlich vertretene Halter etwa bei der Bußgeldstelle ein (besseres) Fahrerfoto anfordern. Tatsächlich liegen den versandten Zeugenfragebögen oftmals keine Radarbilder oder nur solche von schlechter schwarz-weißer Qualität bei. Die Auferlegung eines Fahrtenbuches ist nämlich dann nicht gerechtfertigt, wenn der Fahrzeughalter seinerseits das ihm Zumutbare und Mögliche zur Aufklärung des Sachverhalts beigetragen hat.[63] Erfahrungsgemäß folgt die Bußgeldstelle jedoch derartigen Wünschen gern, so dass sie im Anschluss vom Halter die Nennung des Namens des Fahrers erwartet.

O. Schriftsatz an Mandanten nach Erhalten eines Zeugenfragebogens

Herrn
Oliver H.
Hauptstraße 18
K.

60 *BVerwG*, NJW 1995, 2866 = NZV 1995, 460 = StVE § 31a StVZO Nr. 42.
61 Fromm, Polizei-Verkehr-Technik (pvt) 2012, 30 ff.
62 NZV 2000, 385.
63 VGH Mannheim, NZV 1992, 46.

Betrifft: Zeugenfragebogen der Bußgeldstelle vom 19.4.2013
hier: Geschwindigkeitsüberschreitung vom ...

Sehr geehrter Herr H.,

in der vorbezeichneten Angelegenheit nehme ich Bezug auf das Telefonat vom 26.4.2013.

Bisher ist nur ein Zeugenfragebogen an eine juristische Person versendet worden. Es wäre unüblich mich als Rechtsanwalt schon zu diesem Verfahrensstadium für den Vertreter der juristischen Person zu legitimieren. Im Rahmen des Zeugenbeistands hätte ich nach herrschender Meinung keinen Anspruch auf Akteneinsicht. Zurzeit besteht keine Verpflichtung „der Firma“ zur Bekanntgabe des Fahrers, da nur natürliche Personen Zeugen sein können. Auch wenn der Zeugenfragebogen an Sie als Vertreter der juristischen Person adressiert würde, bestünde Ihrerseits keine Verpflichtung, der Bußgeldstelle mitzuteilen, dass Sie gefahren sind. Sie dürften als Zeuge die Auskunft auf solche Fragen verweigern, deren Beantwortung Sie selbst oder einem der in § 52 Abs. 1 StPO bezeichneten Angehörigen die Gefahr zuziehen würde, wegen einer Straftat oder einer Ordnungswidrigkeit verfolgt zu werden. Wenn Ihnen der Vorwurf gemacht wird, gefahren zu sein, so müssten Sie sich nicht selbst belasten, Sie haben ein Schweigerecht.

Allerdings ist zu befürchten, dass die Polizei Maßnahmen durchführt, um den Fahrzeugführer festzustellen. Unter anderem kann es auch zu Besuchen der Polizei in der Firma kommen. Die Verkehrs-Ordnungswidrigkeit verjährt sonst am 4.7.2013. Angesichts der erheblichen Geschwindigkeitsüberschreitung kann es bei fehlgeschlagener Personenfeststellung später zur Anordnung eines Fahrtenbuchs kommen.

Sollte gegen Sie ein Anhörungsbogen ergehen oder ein Bußgeldbescheid erlassen werden, bitte ich um Mitteilung und Übersendung sowie Unterzeichnung anliegend beigefügter Vollmacht. Erst zu diesem Zeitpunkt liegt dann übrigens erst ein sog. Rechtsschutzfall vor mit der Folge, dass Ihre Rechtsschutzversicherung die Kosten des Falls übernehmen würde.

Bei weiteren Rückfragen stehe ich Ihnen gerne zur Verfügung.

Mit freundlichen Grüßen

Rechtsanwalt

Kapitel 2
Mandatsannahme und erste Tätigkeiten des Rechtsanwalts

Die Kontaktaufnahme des Betroffenen zum Verteidiger kann zu unterschiedlichen Verfahrensstadien erfolgen. Üblich ist eine Mandatierung des Rechtsanwalts nach Ergehen des Bußgeldbescheides, nach Zugang des Anhörungsbogens (§ 55 OWiG) oder nach einer Terminsladung zur Hauptverhandlung im Bußgeldverfahren durch das Amtsgericht. Seltener sind die Fälle, in denen der Betroffene den Verteidiger erst zweitinstanzlich zur Einlegung oder Begründung der Rechtsbeschwerde beauftragt. Denkbar ist auch eine Mandatierung des Rechtsanwalts unmittelbar nach Begehung der Ordnungswidrigkeit, wenn der Betroffene von seiner Verfehlung Kenntnis erlangt hat oder ihm unmittelbar nach Tatbegehung seitens der Verfolgungsorgane bekannt gegeben wurde, dass gegen ihn ein Ermittlungsverfahren eingeleitet wird (vgl. § 33 I S. 1 Nr. 1 OWiG).

Ob eine wirksame Bevollmächtigung zustande kommt, hängt zunächst davon ab, ob der Verteidiger das Mandat annehmen darf. Der Rechtsanwalt hat als einer der wichtigsten Grundsätze seiner Tätigkeit – nicht nur im Ordnungswidrigkeitenrecht – zu beachten, dass er keine sich widersprechenden Interessen wahrnehmen darf. Vor Annahme der Bußgeldsache muss daher eine Kollisionsprüfung erfolgen, um zu vermeiden, dass er selber oder ein Kollege der Kanzlei etwa (bereits) den Unfallgegner vertritt. Es dürfte auch keine unzulässige Mehrfachverteidigung gem. § 146 StPO, der auf das Ordnungswidrigkeitenverfahren anwendbar ist,[64] vorliegen. In der Praxis ist die Gefahr der Verletzung des § 146 StPO recht hoch, zum Beispiel bei Mandatsanfragen seitens des Halters und Fahrers. Für einen Verteidiger ist es anfangs oft schwierig zu erfahren, ob eine unzulässige Mehrfachverteidigung vorliegt, da er zunächst noch nicht den Akteninhalt kennt und er erst nach Akteneinsicht erkennen kann, ob es sich um dieselbe „Tat“ handelt. Unproblematisch ist dagegen die sukzessive Vertretung von Betroffenen. Wenn das Mandat zum Halter beendet ist, kann der Rechtsanwalt zum Fahrer wechseln, wenn dies vor der Hauptverhandlung geschieht und keine gegenläufigen Interessen vorhanden sind.[65] In der Diskussion ist, ob verschiedene Rechtsanwälte derselben Kanzlei Halter und Fahrer vertreten dürfen.[66] Dies ist nach einer Entscheidung des Bundesverfassungsgerichts uneingeschränkt zu bejahen.[67] Es ist mit Art. 12 I GG nicht vereinbar, § 146 StPO den

---

64 BVerfG, NJW 1977, 1629.

65 *Beck/Berr*, OWi-Sachen im Straßenverkehrsrecht, Rn 488 a.

66 *Laufhütte*, Karlsruher Kommentar, § 146 StPO, Rn 9 m.w.N.

67 *BVerfG*, NJW 1977, 1629; so auch LG Kempten, ZfS 2004, 285; AG Ulm, ZfS 2004, 286.

Sinn beizulegen, dass er die Verteidigung mehrerer Beschuldigter durch Rechtsanwälte einer Sozietät verbiete, wenn jeder der Anwälte einen anderen Mitbeschuldigten verteidigt. Dagegen wird argumentiert, dass das Verbot der Mehrfachverteidigung so faktisch ausgehebelt werden könne.[68] Zu achten ist jedenfalls darauf, dass sich der einzelne Rechtsanwalt für den Betroffenen bestellt und nicht die Sozietät als Ganzes. Im zuletzt genannten Fall wären alle Mitarbeiter der Sozietät für einen Mittäter gesperrt.

Das Pendant zum Verbot der Mehrfachverteidigung besteht in größeren Kanzleien in der Vorschrift des § 137 I 2 StPO i.V.m. § 46 I OWiG. Die Zahl der gewählten Verteidiger darf drei nicht übersteigen. Wenn eine Kanzlei aus einem Dutzend Partnern besteht, die jeweils namentlich im Vollmachtsformular aufgenommen sind, kann es zu Nachfragen des Gerichts kommen, welcher Rechtsanwalt nun den Betroffenen vertritt. Im äußersten Fall kann das Gericht alle Verteidiger sogar gem. § 146a StPO zurückweisen. Um Missverständnissen vorzubeugen, bieten sich für das Straf- und Bußgeldrecht gesonderte Vollmachten an, in denen der jeweilige Strafverteidiger namentlich konkret benannt ist. Im Unterschied zum Zivilrecht werden straf- und bußgeldrechtliche Bevollmächtigungen nicht auf die Kanzlei, sondern „ad personam" erteilt.

Eine Tätigkeit des Verteidigers nach außen hin ist jedoch noch nicht angezeigt bei Übersendung von Zeugenfragebögen, die von den Bußgeldstellen in der Regel an den Halter von Fahrzeugen versendet werden, um zu ermitteln, wer Fahrzeugführer am Tattag gewesen ist. Es besteht noch kein Akteneinsichtsrecht des Verteidigers (s.o.), da noch kein Tatverdächtiger, also „Betroffener", vorliegt. Die Verjährung wird noch nicht unterbrochen. Im Übrigen ist zu diesem Verfahrensstadium auch noch kein Rechtsschutzfall nach den Allgemeinen Rechtschutzbedingungen eingetreten, so dass die Tätigkeit des Rechtsanwalts seitens der oft vorliegenden Verkehrsrechtsschutzversicherung[69] nicht finanziell honoriert werden würde.

Im Zuge der Mandatierung sollte der Verteidiger unter anderem auch auf die Gebührenpflichtigkeit seiner Tätigkeit, genauer, dass sich diese nach dem Rechtsanwaltsvergütungsgesetz bestimmt, hinweisen. Derartige Belehrungen verlieren jedoch in Verkehrsbußgeldsachen an Bedeutung, da zu einem sehr großen Teil eine Rechtsschutzversicherung besteht. Ergibt sich aus dem Rechtsschutzversicherungsvertrag, dass der Mandant eine – über die üblichen Beträge von ca. 150,00 EUR hinaus gehende – hohe Selbstbeteiligung hat, die die Geldbuße um das Vielfache übersteigt, so sollte auch dies Inhalt der ersten Besprechung des Verteidigers mit seinem Mandanten sein, um späteren Konflikten aus dem Wege zu gehen. Bei aufwendigen Verkehrsbußgeldsachen mit exorbitanten Geldbußen und hoher Schwierigkeit der

68 *Laufhütte*, Karlsruher Kommentar, § 146 StPO, Rn 9 m.w.N.

69 *Schäpe*, in Buschbell, Verkehrsrecht, § 3 Rn 64, schätzt, dass im Verkehrsrecht in etwa 70% der Fälle eine Rechtsschutzversicherung und Kostendeckung besteht.

Sach- und Rechtslage sollte auch über gesonderte Gebührenvereinbarungen oberhalb des gesetzlichen Rahmens nachgedacht werden. Im Einzelfall ist mit der Rechtsschutzversicherung abzuklären, ob diese die Gebührenvereinbarung aus Kulanz übernimmt. Sollte keine Rechtsschutzversicherung bestehen, ist zum problematisieren, ob die Einschaltung eines Sachverständigen zur Verbesserung der Position des Betroffenen führen kann und ob die zu erwartenden hohen Kosten im Verhältnis zu den Erfolgsaussichten stehen.

Am Anfang der anwaltlichen Tätigkeit hat ein Hinweis des Verteidigers auf das gesetzliche Schweigerecht des Betroffenen zu erfolgen, welches dem Betroffenen auch im Bußgeldverfahren gem. § 69 II a.E. OWiG, § 46 I OWiG gem. § 136 I 2 StPO zusteht.

Wie auch in Strafverfahren beginnt die anwaltliche Tätigkeit mit der ordnungsgemäßen Legitimierung für den Betroffenen sowie dem Antrag auf Akteneinsicht bei der Bußgeldstelle (vgl. Formularschreiben, im Anschluss). Die Verwaltungsbehörde kann dem Betroffenen gem. § 49 I OWiG Einsicht in die Akten unter Aufsicht gewähren, soweit nicht überwiegende schutzwürdige Interessen Dritter entgegenstehen. Das Recht auf Akteneinsicht des Verteidigers im bußgeldrechtlichen Zwischenverfahren ist gesetzlich daneben in § 46 I OWiG i.V.m. § 147 I StPO, § 69 III 2 OWiG bestimmt.[70] Die beantragte Akteneinsicht wird in der Regel zwei bis sechs Wochen später gewährt. Dann sollte der Verteidiger die Ermittlungsakte fotokopieren und dem Mandanten die Kopie der Ermittlungsakte zur Verfügung stellen, falls dies die Verteidigung erleichtert. Natürlich darf der Mandant unter keinen Umständen einen Zeugen oder einen weiteren Betroffenen mit dem Inhalt der Akte konfrontieren. Die Akteneinsicht dient nur dem Mandanten zur Vorbereitung der eigenen Verteidigung.

Gesondert beantragen sollte der Verteidiger darüber hinaus auch die Übersendung des Videofilms, soweit eine dahingehende Messung stattgefunden hat. Der Verteidiger legt zu diesem Zweck in der Regel eine leere DVD oder VHS Kassette anbei, mit der Bitte um Überspielung auf diese Datenträger. Der Rechtsanwalt sollte schon aus diesem Grunde über einen Videorekorder, DVD-Player oder die notwendige Computer Software verfügen, die das Abspielen dieser Formate ermöglicht. Vor Auswertung der Akte sollte seitens des Verteidigers keine Stellungnahme abgegeben werden. Nach einer erneuten Besprechung der Angelegenheit in der Kanzlei, in der der Akteninhalt mit dem Mandanten erörtert wird, kann eine Verteidigereinlassung gefertigt werden. Häufig kann es aber auch sinnvoll sein, sich nicht zu äußern.

Hat der Mandant bereits einen Bußgeldbescheid erhalten, so sollte sich der Verteidiger im Rahmen der Mandatsaufnahme neben dem Bußgeldbescheid auch den Briefumschlag seitens des Betroffenen aushändigen lassen, zumal darauf hand-

---

70 *Ferner*, Strategie und Taktik im verkehrsrechtlichen Ordnungswidrigkeitenverfahren, Rn 34.

schriftlich das Zustelldatum vermerkt ist. Die Einspruchsfristen sind von den geschulten Rechtsanwaltsfachangestellten im Fristenkalender zu notieren.

Nach Übersendung der Akte der Bußgeldstelle muss der Verteidiger entscheiden, ob er für den Betroffenen eine schriftliche Einlassung abgibt. Ergeben sich bereits zu diesem Zeitpunkt Verfahrenshindernisse, so können diese vorgetragen werden, müssen jedoch nicht, zumal diese in jeder Lage des Verfahrens von Amts wegen zu prüfen sind.[71]

Ergibt sich aus der Bußgeldakte offenkundig ein Messfehler oder eine nicht gültige Eichung des Messgerätes, so sollte dies gerügt werden. Ebenso empfiehlt es sich, zu diesem Stadium sämtliche entlastende Anhaltspunkte unter Beweisantritt ausführlich darzulegen und bei Anhaltspunkten von Messfehlern ein technisches Sachverständigengutachten zu beantragen. Ergibt sich, dass der Betroffene nicht Führer des Pkw, mit dem eine Ordnungswidrigkeit begangen wurde, war, sondern ein naher Angehöriger, so muss der Betroffene entscheiden, ob er entlastende Umstände erst nach Verjährung der Tat gegen den wahren Fahrer vorträgt. Die Strategien des Verteidigers richten sich darüber hinaus nach dem jeweiligen Einzelfall.

Mandatsanzeige und Antrag auf Gewährung von Akteneinsicht

An die Bußgeldstelle

In dem Bußgeldverfahren
gegen
Herrn Martin M.

Az.

legitimiere ich mich unter Versicherung ordnungsgemäßer Bevollmächtigung als Verteidiger des Betroffenen.

Zwecks Information zur Sach- und Rechtslage beantrage ich

Akteneinsicht.

Erst nach Akteneinsicht und nachdem ich die Angelegenheit mit dem Betroffenen erörtern konnte, werde ich mich, soweit erforderlich, zur Sache schriftlich äußern.

---

71 Gem. § 109a Abs. 2 OWiG riskiert der Betroffene bzw. sein Rechtsanwalt allerdings bei spätem Vorbringen entlastender Umstände, dass davon abgesehen werden kann, die dem Betroffenen entstandenen Auslagen der Staatskasse aufzuerlegen (Krumm, SVR 2010, 295).

Es wird die Verfahrenseinstellung beantragt.[72]

Rechtsanwalt

Muster einer anwaltlichen Vollmacht

Dem gewählten Verteidiger der Rechtsanwaltskanzlei A & B, Rechtsanwalt A

wird in Sachen

Müller Bußgeldverfahren

Vollmacht – sowie Vertretungs- und Erklärungsvollmacht – zur Verteidigung/Vertretung in allen Instanzen erteilt. Die Vollmacht ist entsprechend § 137 I StPO auf die Rechtsanwälte beschränkt, die sich ausdrücklich oder

konkludent als Verteidiger bestellen.

I. Der Verteidiger wird außer zu den nach der Strafprozessordnung ihm zustehenden Befugnissen noch ausdrücklich ermächtigt:
   1. Rechtsmittel einzulegen und zurückzunehmen, auch auf dieselben zu verzichten, sowie der Zurücknahme zuzustimmen, Zustellungen aller Art, namentlich auch solche von Urteilen und Beschlüssen, mit rechtlicher Wirkung in Empfang zu nehmen.
   2. Vertreter zu bestellen und diese Vollmacht auf andere zu übertragen.
   3. Gelder, Wertsachen und Urkunden, insbesondere den Streitgegenstand, Entschädigungen und von der Justizkasse oder anderen Stellen zu erstattende Kosten und notwendige Auslagen in Empfang zu nehmen.
   4. Anträge jeder Art – insbesondere Strafanträge – zu stellen und zurückzunehmen, Beschwerden und Einsprüche zu erheben.
   5. Nebenklage zu erheben und im Unterbringungsverfahren tätig zu werden.
   6. zur Vertretung im Kostenfestsetzungsverfahren und zur Stellung der dazu erforderlichen Anträge.

II. Weitere Ermächtigungen:
   1. Die Verteidiger werden nach ihrem Ermessen gegenüber meiner/meinem Ehemann/Ehefrau, anderen nach § 52 StPO zeugnisverweigerungsberechtigten Personen sowie Pressevertretern von ihrer Schweigepflicht entbunden.

72 Allein dieser Antrag kann zur Auslösung der Gebühr Nr. 5115 I Nr. 1 VV-RVG führen.

2. Ich entbinde ausdrücklich meine kontoführenden Geldinstitute sowie die mich behandelnden Ärzte von Ihrer Schweigepflicht gegenüber meinen Verteidigern.
3. Die Verteidiger sind befugt, bei Freistellung des Angeklagten/Betroffenen vom persönlichen Erscheinen in der Hauptverhandlung, diesen zu vertreten. Vollmacht für das Stellen des Entbindungsantrags wird erteilt.
4. Die Vollmacht gilt auch zur Einholung des BZR-Auszuges und des FAER-Auszuges.

III. Besondere Erklärungen
1. Der dieses Verfahren betreffende Kostenerstattungsanspruch wird hiermit an die Verteidigung abgetreten.
2. Es wird zugesichert, dass an die Verteidigung gezahlte Geldmittel nicht aus einer rechtswidrigen Tat herrühren.

...., den ....

....
(Unterschrift)

Kapitel 3
Einzelne Ordnungswidrigkeitentatbestände

A. Geschwindigkeitsüberschreitungen

I. Einleitung

In der Praxis der Verteidigung in Verkehrs-Bußgeldsachen nehmen Geschwindigkeitsüberschreitungen einen großen Anteil ein. In Vergessenheit gerät oft, dass ordnungswidrig im Sinne des § 24 des Straßenverkehrsgesetzes handelt, wer vorsätzlich oder fahrlässig gegen eine Vorschrift über die Geschwindigkeit nach § 3 StVO verstößt. § 3 Abs. 1 StVO legt fest, dass der Fahrzeugführer nur so schnell fahren darf, „dass er sein Fahrzeug ständig beherrscht“. Er hat seine Geschwindigkeit insbesondere den Straßen-, Verkehrs-, Sicht- und Wetterverhältnissen sowie seinen persönlichen Fähigkeiten und den Eigenschaften von Fahrzeug und Ladung anzupassen (Nr. 8 BKat). Er darf nur so schnell fahren, dass er innerhalb der übersehbaren Strecke halten kann (§ 3 I S. 4 StVO). Weiter heißt es in Satz 5, dass der Fahrer auf Fahrbahnen, die so schmal sind, dass dort entgegenkommende Fahrzeuge gefährdet werden könnten, jedoch so langsam fahren muss, dass er mindestens innerhalb der Hälfte der übersehbaren Strecke halten kann.

Der Regelfall ist jedoch eine Überschreitung einer konkret angeordneten Höchstgeschwindigkeit. Ordnungswidrig im Sinne des § 24 des Straßenverkehrsgesetzes handelt nämlich ferner, wer vorsätzlich oder fahrlässig entgegen § 41 Absatz 1 ein durch Vorschriftzeichen angeordnetes Ge- oder Verbot der Anlage 2 Spalte 3 nicht befolgt, § 49 III Nr. 4 StVO. Die konkrete Sanktionierung von Geschwindigkeitsüberschreitungen ergibt sich aus Tabelle 1 des Anhangs zu Nr. 11 der Bußgeldkatalogverordnung. Die neben der Geldbuße ggf. noch anfallenden Punkte im Verkehrszentralregister in Flensburg sowie etwaige Fahrverbote sind je nach Höhe der Geschwindigkeitsüberschreitung aufgeteilt.

II. Erkennbarkeit und Gestaltung von Verkehrszeichen

Verkehrseinrichtungen müssen so gestaltet sein, dass sie für einen Verkehrsteilnehmer mit durchschnittlicher Aufmerksamkeit durch einen beiläufigen Blick deutlich erkennbar sind und eine möglichst gefahrlose Abwicklung des Verkehrs ermöglichen; sie dürfen weder irreführend noch undeutlich sein. Verkehrszeichen müssen deshalb so angebracht und – bei Schilderkombinationen – gestaltet sein, dass auch ein ortsunkundiger Verkehrsteilnehmer Sinn und Tragweite der getroffenen Regelung ohne Weiteres erkennen kann, ohne nähere Überlegungen hierüber anstellen zu müssen.[73] Eine unzweckmäßige oder irreführende Gestaltung von Verkehrszeichen kann je nach Sachlage entweder das Verschulden eines Verkehrsteilnehmers, der den Sinn des Zeichens missversteht, mindern und ein Mitverschulden des für die Gestaltung Verantwortlichen begründen oder aber zur Folge haben, dass dem Verkehrsteilnehmer aus der Fehldeutung des Zeichens überhaupt kein Schuldvorwurf zu machen ist.

Vorschriftszeichen nach § 41 StVO stellen Verwaltungsakte in der Form der Allgemeinverfügung dar und sind grundsätzlich verbindlich, solange sie aufgestellt sind.[74] Für unwirksam und damit unbeachtlich wurde bisher abweichend von der Entscheidung des OLG Jena lediglich ein nichtiger Verwaltungsakt gehalten; ein solcher soll insbesondere dann vorliegen, wenn er an einem besonders schweren Fehler leidet und dies bei verständiger Würdigung aller in Betracht kommenden Umstände offenkundig ist. Ein besonders schwerwiegender Fehler kann bei völliger Unbestimmtheit und Unverständlichkeit eines Verwaltungsaktes vorliegen. Ein zur Nichtigkeit der durch Vorschriftszeichen getroffenen Anordnungen führender Verstoß gegen das Verbot der Bestimmtheit und Eindeutigkeit soll allerdings nicht schon dann vorliegen, wenn ein Verkehrszeichen missverständlich ist;[75] es wurde stark restriktiv argumentiert, die Rechtsfolge der Nichtigkeit trete vielmehr nur ein, wenn das Zeichen objektiv unklar sei, wenn also sein Sinn von einem sachkundigen Betrachter auch im Wege der Auslegung nicht eindeutig ermittelt werden kann.[76]

Die Verteidigung sollte künftig durchaus in geeigneten Fällen eine unklare oder unnütze Verkehrsregelung für seinen Betroffenen im Bußgeldverfahren vortragen.

III. Standardisierte Messverfahren

Die weit überwiegende Anzahl der Geschwindigkeitsmessungen wird mittlerweile mit standardisierten Messverfahren[77] durchgeführt. Unter diesem Begriff ist ein durch Normen vereinheitlichtes (technisches) Verfahren zu verstehen, bei dem die Bedingungen seiner Anwendbarkeit und sein Ablauf so festgelegt sind, dass unter gleichen Voraussetzungen gleiche Ergebnisse zu erwarten sind.[78] Von einem standardisierten Messverfahren kann nur dann gesprochen werden, wenn das Gerät von seinem Bedienungspersonal auch wirklich standardmäßig, d.h. in geeichtem Zustand,

---

73 OLG Jena, VRR 2011, 29 ff.

74 OLG Karlsruhe, Beschl. v. 27.2.2001, 2 Ss 87/00, BeckRS 2001 30164538.

75 BayObLGSt 1999, 172.

76 BayObLGSt 1977, 192; BayObLG NZV 1989, 38; OLG Köln VRS 62, 310/311; OLG Düsseldorf, NZV 1991, 204.

77 BGHSt 39, 291 = NJW 1993, 3081; BGHSt 43, 277 = NJW 1998, 321.

78 BGHSt 43, 277, 284; dazu *Ferner*, SVR 2007 175.

seiner Bauartzulassung entsprechend und gemäß der vom Hersteller mitgegebenen Bedienungs-/Gebrauchsanweisung verwendet wird, und zwar sowohl beim eigentlichen Messvorgang als auch bei den ihm vorausgehenden Gerätetests.[79] Nur durch letztere kann mit der für eine spätere Verurteilung ausreichenden Sicherheit festgestellt werden, ob das Gerät in seiner konkreten Aufstellsituation tatsächlich mit der vom Richter bei standardisierten Messverfahren vorausgesetzten Präzision arbeitet und so eine zuverlässige Entscheidungsgrundlage zur Verfügung stellt.

1. Überblick über verbreitete technische Messverfahren

Messverfahren lassen sich in Radar-, Koaxialkabel-, Lichtschrankenmessungen, Einseitensensor-, das Lasermess-, Police-Pilot-, Vidista-Verfahren, sowie Messungen durch Vorausfahren sowie durch Auswertung von Schaublättern unterteilen. Die Radarmessverfahren MULTANOVA VR 6F[80] sowie TRAFFIPAX-SPEEDOPHOT[81] sind als standardisierte Messverfahren anerkannt. Messungen mit in die Fahrbahndecke verlegten Koaxialkabeln („Starenkasten"), wie Traffiphot-S,[82] TRUVELO M 4,[83] oder Traffipax Traffistar S 330,[84] zählen auch zu den „klassischen" standardisierten Messverfahren i.S. der BGH-Rechtsprechung,[85] genauso Lichtschrankenmessgeräte (auf der Basis einer Weg-Zeit-Messung) der Firma ESO.[86] Bei der Lasermessung mittels Laserpistole mit den Geräten Riegl FG21-P[87] und LEIVTEC XV[88] handelt es sich um ein standardisiertes Verfahren. Das Police-Pilot-System bzw. ProViDa[89], bei dem sich das erforderliche Messgerät im Polizeifahrzeug befindet,[90] stellt eine anerkannte standardisierte Messmethode bei Geschwindigkeitsüberschreitungen dar.[91] Das

---

79 *OLG Düsseldorf*, Beschl. v. 12.10.2011 – IV-4 RBs 170/11, BeckRS 2012, 01983; *OLG Koblenz*, DAR 2006, 101; *OLG Hamm*, NZV 2009 248.

80 *OLG Köln*, DAR 2001 421; *Beck/Berr*, OWi-Sachen im Straßenverkehrsrecht: mit OWi, Rn 531.

81 *OLG Hamm*, Urt. v. 25.5.2010 – III-3 RBS 119/10, ADAJUR Dok.Nr. 89154; *OLG Hamm* VA 2004,175; *Quarch*, in *Buck/Krumbholz*, Sachverständigenbeweis im Verkehrsrecht, 2008, § 9 Juristische Fragestellungen, Rn 21; *Beck/Berr*, OWi-Sachen im Straßenverkehrsrecht: mit OWi, 6. Aufl., Rn 527.

82 *OLG Hamm*, Beschl. v. 4.7.2002 – 3 Ss OWi 354/02, BeckRS 2002 30270606.

83 *Schäpe*, in *Buschbell*, Straßenverkehrsrecht, § 13 Feststellung von Verkehrsverstößen, Rn 53 ff.; *Quarch*, in *Buck/Krumbholz*, Sachverständigenbeweis im Verkehrsrecht, 2008, § 9 Juristische Fragestellungen, Rn 22.

84 *OLG Jena*, DAR 2009 40.

85 *OLG Köln* NZV 1994, 78.

86 Zu ESO Typ ES 1.0: *OLG Stuttgart* NZV 2008, 43; *Krumm*, SVR 2011, 91; zu ESO Typ ES 3.0: *OLG Brandenburg* NJW 2010, 1471; *OLG Koblenz*, Beschl. v. 16.10.2009 – 1 SsRs 71/09, BeckRS 2010, 01056.

87 *OLG Bamberg*, Urt. v. 17.10.2007 – 2 Ss OWi 725/2007, ADAJUR Dok.Nr. 90638.

88 *Krumm*, NZV 2012, 318, 321.

89 *OLG Brandenburg* NStZ 2005, 413.

90 *Krumm*, SVR 2008, 413 m.w.N. zur Rechtsprechung.

91 KG, Urt. v. 12.4.2001 – 2 Ss 28/01-3 WS B 92/01, ADAJUR Dok.Nr. 44747.

Messverfahren mittels des Messgeräts VIDISTA[92] (Weiterentwicklung des Police-Pilot-Verfahrens) ist auch als standardisiertes Messverfahren akzeptiert.[93] Bei einer Lasergeschwindigkeitsmessung auf Basis des PoliScan-Speed Verfahrens der Firma Vitronic ist neuerdings umstritten, ob es sich um ein standardisiertes Messverfahren handelt.[94]

Die Messung aus einem vorausfahrenden Polizeifahrzeug ist selten, aber prinzipiell möglich und verwertbar,[95] angesichts der möglichen Fehlerquellen sind jedoch besonders hohe Anforderungen zu stellen. Gelegentlich spielt auch eine Messung mittels Auswertung des Schaublatts eine Rolle,[96] im Regelfall ist durch den Bußgeldrichter kein Sachverständiger heranzuziehen.[97]

2. Toleranzwerte

Die in Ansatz zu bringenden Toleranzwerte ergeben sich aus den „Verkehrsfehlergrenzen", wie sie für Geschwindigkeitsmessgeräte in Anlage 18, Abschnitt 11 zu § 33 EichO normiert sind. Sie entsprechen den „Toleranzen", die immer zugunsten des Betroffenen berücksichtigt werden müssen.[98] Sie beträgt – vorbehaltlich anderweitiger Toleranzwerte nach den Zulassungsbestimmungen oder Angaben des Herstellers, wie bei ProViDa 5 km/h bei Messwerten bis 100 km/h und darüber 5%[99] – 3 km/h bei Messwerten bis 100 km/h und 3% des richtigen Wertes bei höheren Messergebnissen. Die Verkehrsfehlergrenze trägt der Unvollkommenheit der Messgeräte sowie der Tatsache Rechnung, dass im alltäglichen Einsatz auch bei genauer Einhaltung der Bedienungsanleitung Fehlerquellen auftreten können.[100]

3. Darstellung der Messung in den Urteilsgründen

Bei standardisierten Messverfahren sind im Rahmen der richterlichen Darstellung der Messung in den Urteilsgründen Vereinfachungen zu beachten. Ein bußgeld-

92 *Grün*, in *Burhoff/Neidel/Grün*, Messungen im Straßenverkehr, I Rn 720.

93 *Ferner* SVR 2007 175.

94 AG Tiergarten, DAR 2013, 589; a.A.: *OLG Frankfurt a.M.*, Beschl. v. 12.9.2011 – 2 Ss-OWi 558/11, BeckRS 2012, 10056; *OLG Schleswig*, Urt. v. 1.4.2010 – 2 Ss OWi 17/10 37/10, ADAJUR Dok.Nr. 97990; KG NStZ-RR 2010, 217; *OLG Düsseldorf*, Beschl. v. 20.1.2010 – IV-5 Ss-OWi 206/09 – (OWi) 178/09; i.E. str. *OLG Karlsruhe* NStZ-RR 2010, 155 m.w.N.

95 *BayObLG*, NZV 1997, 322.

96 *OLG Jena*, DAR 2005 44.

97 *Quarch*, in *Buck/Krumbholz*, Sachverständigenbeweis im Verkehrsrecht, 2008, § 9 Juristische Fragestellungen, Rn 55.

98 *OLG Koblenz*, VRR 2010, 123.

99 *Neidel*, in *Burhoff/Neidel/Grün*, Messungen im Straßenverkehr, I Rn 52, 2010.

100 *OLG Koblenz* NZV 2003, 495.

rechtliches Urteil ist nur eingeschränkt begründungspflichtig. Derlei Messverfahren nehmen die Vermutung der Richtigkeit und der Genauigkeit für sich in Anspruch.[101]

Bei einer mit einem standardisierten Messverfahren festgestellten Geschwindigkeitsüberschreitung müssen nur die angewandte Messmethode, die nach Abzug der Messtoleranz ermittelte Geschwindigkeit, und welcher Toleranzabzug berücksichtigt worden ist, mitgeteilt werden.[102] Nur wenn es an der Wiedergabe einer dieser Parameter fehlt, unterliegt das Bußgeldurteil aufgrund materiell-rechtlicher Unvollständigkeit der Aufhebung.[103] Ob dieser Toleranzwert berücksichtigt oder ob rechtsfehlerhaft ein geringerer Toleranzwert abgezogen wurde, kann ansonsten vom Rechtsbeschwerdegericht nicht nachvollzogen werden. Entbehrlich ist sogar die Angabe des Toleranzabzugs, wenn sich aus sonstigen Umständen ergibt, dass die vom Amtsgericht der Verurteilung zugrunde gelegte Geschwindigkeit bereits die um einen Toleranzabzug verminderte Geschwindigkeit ist;[104] ebenfalls, wenn das Messgerät genau bezeichnet wird, so dass bekannt ist, dass ein bestimmtes Messgerät eine Fehlerfrequenz von einer konkreten Prozentzahl aufweist. Dies ergebe sich aus der Gebrauchsanweisung und den Zulassungsurkunden der PTB. Es wäre reine Formsache, würde man zusätzlich verlangen, dass das Amtsgericht den Toleranzwert ausdrücklich nochmals angibt.[105]

Ansonsten dürfte die Formulierung, die vom Bußgeldrichter zu wählen ist, im Regelfall lauten: „Der Betroffene befuhr mit einem Pkw am 30.5.2009 um 16.28 Uhr die Bundesautobahn A 8 bei Kilometer 40,9 in Richtung M., wobei er die dort durch Zeichen 274 angeordnete zulässige Höchstgeschwindigkeit von 100 km/h aus Unachtsamkeit (abzüglich eines Toleranzabzuges von 5 km/h) um 34 km/h überschritt…“ Weiterer konkreterer Feststellungen bedarf es nicht.

Praxistipp

!

Erfüllt das Urteil des Bußgeldrichters diese Mindestanforderungen nicht, so sind die Ausführungen des Gerichts lückenhaft gem. § 267 StPO, so dass sich die Einlegung einer Rechtsbeschwerde empfiehlt. Es ist die Verletzung materiellen Rechts zu rügen.

---

4. Voraussetzung für die Einholung eines Sachverständigengutachtens

Regelmäßig versuchen Rechtsanwälte die Messung als fehlerhafte zu entlarven und beantragen zum Beleg ihrer Behauptung die Einholung eines Sachverständigengut-

---

101 *AG Rathenow*, Urt. v. 2.4.2008, Az: 9 OWi 451 Js-OWi 6383/08 (37/08).

102 *OLG Koblenz*, NZV 2013, 202; *OLG Bamberg*, NStZ-RR 2007, 321; *OLG Frankfurt a.M.*, NZV 2009, 404; *OLG Hamm*, NStZ-RR 2002, 20.

103 OLG Celle SVR 2012, 190.

104 *OLG Hamm*, DAR 2004, 464.

105 *OLG Hamm*, NZV 2000, 264.

achtens. Bei der Verwendung eines standardisierten Messverfahrens zum Beleg einer Geschwindigkeitsüberschreitung ist einzubeziehen, dass in diesem Fall nur eingeschränkte tatsächliche Feststellungen erforderlich sind.[106] Indes wird anerkannt, dass sich die weitere Beweisaufnahme zur Aufklärung bei einer auf ein standardisiertes Messverfahren gestützten Beweisführung aufdrängt oder diese doch nahe liegt, wenn konkrete Anhaltspunkte für technische Fehlfunktionen des Messgerätes behauptet werden.[107] Das OLG Hamm lässt es hierfür ausreichen, dass „für die spezifische Situation ... unter substantiierender Bezugnahme auf Fachliteratur dargelegt wird, dass eine Fehlerquelle des verwendeten Messverfahrens gerade in der auch vom Gericht angenommenen konkreten Messkonstellation existiert."[108] Das Gericht hat nur in diesem Fall die Korrektheit der Messung individuell zu überprüfen hat.[109]

5. Musterrechtsbeschwerde bei Verstößen gegen die Mindestangaben bei Verurteilung von Geschwindigkeitsüberschreitungen im Rahmen von § 80 OWiG

An das
Amtsgericht B.

22.10.09
Diktatzeichen

Sekretariat
Telefon
Telefax:
e-mail :

In der Bußgeldsache
g e g e n H

– OWi –

begründen wir den Antrag auf Zulassung der Rechtsbeschwerde gegen das Urteil des Amtsgerichts B. vom 6.5.2009 wie folgt und legen die Anträge vor:

---

106 BGHSt 39, 291ff. und für Laser-Messverfahren BGHSt 43, 277, 283f.
107 *OLG Hamm* NZV 2007, 155; dazu näher Cierniak, zfs 2012, 664 ff.
108 NZV 2007, 155, 156.
109 *OLG Koblenz*, DAR 2006, 101; *KG*, VRS 116, 446 f.; *OLG Celle*, NVZ 2010, 414 f.

1. Das Urteil des Amtsgerichts B. vom 6.5.2009 wird mit den ihm zugrundeliegenden Feststellungen aufgehoben.
2. Die Sache wird zur anderweitigen Verhandlung und Entscheidung auch über Kosten der Rechtsbeschwerde an eine andere Abteilung des Amtsgerichts zurückverwiesen.

Begründung:

Gerügt wird die Verletzung materiellen Rechts.

1. Darlegungsmangel bzgl. der tatrichterlichen Feststellungen

Bei einer mit einem standardisierten Messverfahren festgestellten Geschwindigkeitsüberschreitung müssen zumindest die angewandte Messmethode, die nach Abzug der Messtoleranz ermittelte Geschwindigkeit, und welcher Toleranzabzug berücksichtigt worden ist, mitgeteilt werden (OLG Bamberg, NStZ-RR 2007, 321; OLG Frankfurt a.M., NZV 2009, 404; OLG Hamm, NStZ-RR 2002, 20).

Ob dieser Toleranzwert berücksichtigt oder ob rechtsfehlerhaft ein geringerer Toleranzwert abgezogen wurde, kann ansonsten vom Rechtsbeschwerdegericht nicht nachvollzogen werden.

Erfüllt das Urteil diese Mindestanforderungen nicht, so sind die Ausführungen des Gerichts lückenhaft gem. § 267 StPO, so dass die Rechtsbeschwerde erfolgreich ist.

Vorliegend erwähnt die Tatrichterin nur die angeblich gefahrene Geschwindigkeit nach Abzug der Toleranz. Dies entspricht nicht den o.g. Anforderungen. Das Urteil leidet daher an einem Darlegungsmangel.

2. Zulassung der Rechtsbeschwerde

Die Rechtsbeschwerde ist auch zuzulassen unter dem Gesichtspunkt der Sicherung einer einheitlichen Rechtsprechung. Der Zulassungsgrund ist gegeben, wenn sonst schwer erträgliche Unterschiede in der Rechtsprechung entstehen oder fortbestehen würden, wobei es darauf ankommt, welche Bedeutung die angefochtene Entscheidung für die Rechtsprechung insgesamt hat. Dies trifft etwa zu, wenn entweder Verfahrensgrundsätze von elementarer Bedeutung verletzt sind oder wie hier das Urteil mit Fehlern behaftet ist und entweder die Gefahr der Wiederholung besteht oder der Fortbestand der Entscheidung zu krassen und augenfälligen, nicht mehr hinnehmbaren Unterschieden in der Rechtsprechung führen würde. Vorliegend hat die Tatrichterin gegen seit Jahrzehnten gefestigte Rechtsprechung, dass es neben der Mitteilung der angewandte Messmethode, der nach Abzug der Messtoleranz ermittelten Geschwindigkeit, noch der Nennung der Höhe des Toleranzwerts bedarf, verstoßen.

Die höchstrichterliche Rechtsprechung hat bereits einen Zulassungsgrund nach § 80 Abs. 1 Nr. 1, 2. Alt. OWiG bejaht mit der Begründung, wenn „die Gefahr der Nachahmung durch die Richterin selbst ..., die die Entscheidung getroffen hat, zum anderen durch ihre Kollegen" gegeben sei (OLG Hamm, Beschl. v. 7.7.2009 – 2 Ss OWi 646/09, BeckRS 2010, 11683; OLG Celle, SVR 2012, 190). Bei einer Herabsetzung der Mindestangaben bei Verurteilung von Geschwindigkeitsüberschreitungen wäre diese Gefahr naheliegend gegeben. Nach den Urteilsgründen handelt es sich bei dem Messgerät um eine stationäre Anlage in R. Es steht zu erwarten, dass auch in Zukunft vergleichbare Verfahren vor dem Amtsgericht verhandelt werden.

3. Ergebnis

Der Rechtsbeschwerde ist der Erfolg nicht zu versagen.

Rechtsanwalt

6. Qualifiziertes Geständnis

Auf die Angabe des Messverfahrens und des Toleranzwerts kann in den wenigen Fällen eines echten „qualifizierten" Geständnisses des Betroffenen verzichtet werden.[110] Ein solches liegt jedoch nur unter engen Voraussetzungen vor: Zwar ist es nicht schlechterdings ausgeschlossen, die Feststellung, die zulässige Höchstgeschwindigkeit in einer bestimmten – von dritter Seite gemessenen – Höhe überschritten zu haben, auf der Grundlage eines glaubhaften Geständnisses des Betroffenen zu treffen. Der Betroffene darf dann allerdings nicht nur die Umstände des Messvorgangs oder die Richtigkeit der vom Messgerät angezeigten Geschwindigkeit eingestehen, denn er wird im Regelfall nicht wissen, ob diese angezeigte Geschwindigkeit auch der tatsächlich mindestens gefahrenen entsprach. Voraussetzung ist daher vielmehr, dass der Betroffene in dem mitgeteilten Wissen um sein eigenes Fahrverhalten einräumt, die vorgeworfene Geschwindigkeit – mindestens – gefahren zu sein, und der Tatrichter von der Richtigkeit dieser Einlassung überzeugt ist.[111]

Bei fahrlässig begangenen Geschwindigkeitsüberschreitungen kann der Betroffene den zugestandenen Wert etwa durch einen Blick auf das Tachometer selbst gemessen haben, weil er seine Geschwindigkeit nach Bemerken der Überwachungsmaßnahme überprüft hat. Denkbar ist ferner, dass der Betroffene infolge Unaufmerksamkeit zwar die konkrete Geschwindigkeitsbegrenzung übersehen, jedoch bewusst

110 *OLG Bamberg*, NStZ-RR 2007, 321 ff.

111 BGHSt 39, 291, 303 f.; *Burhoff*, in: Burhoff [Hrsg.], Hdb. für das straßenverkehrsrechtliche OWi-Verfahren, 2005, Rn 1239, insbes. Rn 1241 ff.; *Janiszewski/Jagow/Burmann*, § 3 StVO Rn 86; *Hentschel*, § 3 StVO Rn 57 – jew. m.w.N.

eine bestimmte überhöhte Geschwindigkeit eingehalten hat. In beiden Fällen ist es deshalb gerechtfertigt, den Grad der Überzeugungskraft des Geständnisses (allein) nach der Zuverlässigkeit der jeweiligen Eigenmessung des Betroffenen zu bewerten.[112] Weiter kann ein Geständnis auf Erfahrungswerten eines geübten Kraftfahrers beruhen, die eigene Geschwindigkeit an Hand der Motorgeräusche des ihm vertrauten Fahrzeugs, der sonstigen Fahrgeräusche und der Schnelligkeit, mit der sich die vorbeiziehende Umgebung verändert, zuverlässig zu schätzen und dadurch zu erkennen, dass die erlaubte Geschwindigkeit wesentlich überschritten wird.[113] Immer setzt die Verurteilung wegen einer Geschwindigkeitsüberschreitung auf Grund eines glaubhaften Geständnisses des Betroffenen jedoch voraus, dass er eine bestimmte (Mindest-)Geschwindigkeit nicht nur tatsächlich eingeräumt hat, sondern zusätzlich nach den konkreten Umständen auch einräumen konnte, gerade die vorgeworfene Geschwindigkeit – mindestens – gefahren zu sein. Diese Voraussetzungen werden unabhängig von den Anforderungen an die Darstellung in den Urteilsgründen jedoch nur in wenigen Fällen zu bejahen sein, schon weil der Betroffene hierzu in der Mehrzahl der Fälle – von den anerkannten Fallgestaltungen sicherer Kenntnis bzw. zuverlässiger Schätzung abgesehen – aus mannigfachen Gründen (fehlende bzw. unzureichende Erinnerung an den Messvorgang, Nichtbeachtung der Geschwindigkeit, Unmöglichkeit der näheren Verifizierung der eigenen Geschwindigkeit auf Grund ungünstiger äußerer Bedingungen) schlechterdings nicht in der Lage sein wird. Bei einer im Urteil wiedergegebenen Einlassung etwa des Inhalts, dass die vorgeworfene Geschwindigkeitsüberschreitung seitens des Betroffenen – selbst in der festgestellten Höhe – nicht in Abrede gestellt oder eingeräumt worden sei,[114] wird deshalb häufig davon auszugehen sein, dass der Betroffene lediglich den ihm nachträglich bekannt gewordenen Messvorgang als solchen und die aus diesem resultierende, d.h. ihm bereits ‚als gemessen' präsentierte Geschwindigkeit zur Tatzeit und gerade nicht deren Richtigkeit als das Resultat eigener originärer Wahrnehmung bestätigt hat.[115]

Die pauschale Mitteilung im Urteil, dass der Betroffene „den Verkehrsverstoß eingeräumt" hat, genügt den Anforderungen an qualifizierte Geständnisse jedenfalls nicht. Wenn nicht mitgeteilt wird, mit welchem Messverfahren die Geschwindigkeitsüberschreitung festgestellt wurde, erweisen sich die Urteilsgründe in diesem Fall als lückenhaft i.S. von § 267 I StPO.

7. (Teil-)Schweigen

Betroffene sind nach § 46 I OWiG, § 136 I 2 StPO zu Beginn einer jeden – auch richterlichen – Vernehmung auf ihr Schweigerecht hinzuweisen und können von die-

112 BGHSt 39, 291, 303.

113 BGHSt 39, 291, 304 m.w.N.

114 *OLG Düsseldorf*, NZV 1994, 241.

115 *OLG Jena*, NJW 2006, 1075 f.; *OLG Hamm*, NZV 2002, 101, 102; NZV 2002, 282.

sem Recht Gebrauch machen, ohne befürchten zu müssen, dass sich dies zu ihren Lasten auswirkt.[116] Dieses Recht zu schweigen entstammt dem Grundsatz „nemo tenetur se ipsum accusare“, das zu den elementaren Wesensmerkmalen eines rechtsstaatlichen Verfahrens gehört. Es ist notwendiger Bestandteil eines fairen Verfahrens.

Legen die Gründe des angefochtenen Urteils die Annahme nahe, dass der Tatrichter das Schweigen des Betroffenen etwa im Rahmen der Bemessung der Geldbuße zu seinen Lasten gewertet hat, so hat der Richter dieses prozessuale Verhalten des Betroffenen rechtsfehlerhaft zu dessen Lasten berücksichtigt.

Dieses elementare Recht besteht in jedem Straf- oder Bußgeldverfahren und seine Verletzung führt, ob bewusst oder unbewusst bewirkt, zu nicht hinnehmbaren Unterschieden in der Rechtsprechung, wenn das prozessuale Verhalten Eingang in die Beweiswürdigung oder Rechtsfolgenbemessung findet. Daher wäre eine Rechtsbeschwerde auch zuzulassen, weil die Nachprüfung des Urteils zur Sicherung einer einheitlichen Rechtsprechung geboten ist (§ 80 Nr. 1 OWiG).[117]

Allerdings darf bei einer Teileinlassung des Betroffenen sein Schweigen zu einzelnen Fragen gegen ihn verwertet werden. Durch die Einlassung macht sich der Betroffene freiwillig zum Beweismittel.[118]

8. Eichung

Die Feststellung und Überzeugung von der ordnungsgemäßen Eichung des Messgerätes ist bei einem standardisierten Messverfahren erforderlich.[119] Nach § 25 Abs. 1 Nr. 3 EichG ist es verboten, Messgeräte für die amtliche Überwachung des Straßenverkehrs ungeeicht zu verwenden. Bei Geschwindigkeitsmessgeräten beträgt die Gültigkeitsdauer ein Jahr; siehe Anhang B, Nr. 18.3 zu § 12 EO. Die Eichung ist dann bis zum Ablauf des Folgejahres gültig. Allerdings beinhaltet § 25 Abs. 1 Nr. 3 i.V.m. Abs. 2 EichG kein Verwertungsverbot für das Ordnungswidrigkeitenverfahren,[120] denn Sinn und Zweck des EichG ist es eine besonders qualitative Sicherheit der Geschwindigkeits- und Abstandsmessung zu gewährleisten, die durch die Eichpflicht des § 2 Abs. 1 EichG garantiert ist. Diesem Zweck kann aber auch dadurch entsprochen werden, dass Bedenken gegen die Genauigkeit einer Geschwindigkeits- bzw. Abstandsmessung durch einen entsprechenden Sicherheitsabschlag ausgeglichen werden.[121]

---

116 Meyer-Goßner, StPO, § 261 Rdnr. 15.
117 KG, NJW 2010, 2900.
118 BGH, NStZ 2000, 494.
119 *OLG Hamm*, NZV 2010, 215.
120 *OLG Celle*, NZV 1996, 419; *KG Berlin*, NZV 1995, 456.
121 *OLG Thüringen* v. 31.7.2008 – 1 Ss 103/08; dazu *Quarch*, SVR 2009, 327.

Bedauerlicherweise verspricht ein Beweisantrag auf Vorlage des Eichscheins nicht unbedingt Erfolg. Erklärt der als Zeuge vernommene Polizeibeamte, dass das Geschwindigkeitsmessgerät zur Tatzeit in gültiger Weise geeicht war, dann soll die Ablehnung des Beweisantrags auf Vorlage des Eichscheins in einigen Bundesländern offenbar keinen rechtlichen Bedenken begegnen, zumal davon ausgegangen werden kann, „dass in Bayern die bei einer Geschwindigkeitsmessung eingesetzten Geräte geeicht sind".[122]

IV. Geschwindigkeitsüberschreitung im verkehrsberuhigten Bereich

Ein verkehrsberuhigter Bereich wird mit Z. 325 beschildert. Zweck eines verkehrsberuhigten Bereichs soll die Verbesserung des Wohnumfeldes und der Aufenthaltsqualität für Fußgänger in Straßenräumen sein. In diesem Bereich hat der Fahrzeugführer auch mit spielenden Kindern zu rechnen. Die klassische Trennung zwischen Fahrbahn, Geh- und Radweg ist hier aufgehoben. Uneinheitlich beantwortet wird, welche Höchstgeschwindigkeit hier gilt. Der Begriff „Schrittgeschwindigkeit" ist in der Rechtsprechung nämlich nicht genau definiert. Teilweise geht die Rechtsprechung davon aus, dass eine gefahrene („Netto-")Geschwindigkeit von bis zu 7 km/h noch als Schrittgeschwindigkeit gilt.[123] Diese Meinung stellt auf den Sprachgebrauch ab, nach der unter Schrittgeschwindigkeit die durchschnittliche Fußgängergeschwindigkeit zu verstehen sei. Andererseits wird abgestellt auf solche Geschwindigkeiten, die vom Kraftfahrer noch als Schrittgeschwindigkeit empfunden werde.[124] Schrittgeschwindigkeit liege also noch bei einer Geschwindigkeit von deutlich unter 20 km/h vor.[125] Demnach liege bei einer Geschwindigkeit von 15 km/h noch Schrittgeschwindigkeit vor.[126]

V. Nässe

Das Zusatzzeichen zu dem Zeichen 274 verbietet Fahrzeugführenden, bei nasser Fahrbahn die angegebene Geschwindigkeit zu überschreiten. Nass ist die Fahrbahn erst dann, wenn die gesamte Fahrbahn mit einem Wasserfilm überzogen ist. Nicht

---

122 *BayObLG*, DAR 2004, 533.

123 OLG Köln NJW 1989, 600; OLG Düsseldorf NZV 1993, 158; ähnlich OLG Stuttgart, VRS 70, 49 = StVE § 21a StVO Nr. 14: 4 km/h.

124 König, in Hentschel Straßenverkehrsrecht, § 42 StVO Rn 181.

125 LG Aachen, ZfS 1993, 114.

126 AG Leipzig DAR 2005, 703.

jedoch, wenn die Straße nur feucht ist oder lediglich Wasserreste in Spurrinnen stehen.[127]

VI. Kein standardisiertes Messverfahren

In der Rechtsprechung der Oberlandesgerichte herrscht Einigkeit darüber, dass in Fällen, in denen die abgeurteilte Überschreitung der zulässigen Geschwindigkeit durch eine Geschwindigkeitsmessung durch Nachfahren und Tachometervergleich ermittelt worden ist, die Feststellungen des tatrichterlichen Urteils die Nachprüfung zulassen müssen, ob die Voraussetzungen für eine verwertbare Messung vorlagen.[128] Insbesondere muss dem Urteil zu entnehmen sein, wie lange die Messstrecke war, wie groß der Abstand war und ob das verwendete Tachometer binnen Jahresfrist justiert war und welcher Sicherheitsabschlag vorgenommen wurde.[129] Wird die Messung zur Nachtzeit vorgenommen, müssen in der Regel besondere Feststellungen über die Beleuchtungsverhältnisse und Orientierungspunkte die Zuverlässigkeit der Messung erkennen lassen, weil die Einhaltung eines gleichbleibenden Abstands nachts besonders schwer zu überwachen ist. Bei einem Abstand von 100 m kann nicht ohne weiteres davon ausgegangen werden, dass der vorausfahrende Pkw des Betroffenen durch die Scheinwerfer des nachfahrenden Polizeifahrzeugs aufgehellt war und der gleichbleibende Abstand ausreichend sicher erfasst und geschätzt werden konnte.[130]

VII. Schuldform

Seit jeher bereitet die Feststellung vorsätzlichen Handelns bei Geschwindigkeitsüberschreitungen erhebliche Probleme. Trägt der Betroffene nämlich vor, er habe die Geschwindigkeitsbegrenzung nicht wahrgenommen, so ist diese Behauptung zunächst schwer widerlegbar. An der inflationären Anzahl von aktuellen obergerichtlichen Entscheidungen zum Thema der vorsätzlichen Begehungsweise bei Geschwindigkeitsüberschreitungen ist nicht nur abzulesen, dass die Thematik sehr praxisrelevant ist, sondern auch, dass offenbar „frischer Wind" in die Diskussion gekommen ist. Anlass genug, sich erneut damit zu befassen, unter welchen Voraussetzungen von einer vorsätzlichen Überschreitung der zulässigen Höchstgeschwindigkeit auszugehen ist. Die folgenden Ausführungen analysieren die neue Recht-

127 OLG Hamm, DAR 2001, 85; *BGHSt* 27, 318 = NJW 1978, 652.
128 *OLG Köln,* NZV 1994, 77; Krumm, NJW 2013, 842 ff.
129 *OLG Düsseldorf,* VRS 67, 129 = StVE § 3 StVO Nr. 68; *OLG Koblenz,* VRS 70, 38.
130 *OLG Hamm,* VerkMitt 1993 Nr. 90.

sprechung der Oberlandesgerichte und prüfen, welche neuen Tendenzen festzustellen sind. Zugleich werden sie einer kritischen Würdigung unterzogen. Es sollen aus Verteidigersicht zudem Strategien vorgestellt werden, ob und wie eine Vorsatzverurteilung vermieden werden kann und wie im Rahmen der 2. Instanz ggf. vorzugehen ist.

1. Vorsatz und Fahrlässigkeit

§ 10 OWiG bestimmt, dass als Ordnungswidrigkeit nur vorsätzliches Handeln geahndet werden kann, außer wenn das Gesetz fahrlässiges Handeln ausdrücklich mit Geldbuße bedroht. Bei Verkehrsordnungswidrigkeiten ist die fahrlässige Begehung stets bußgeldbewehrt. In § 24 StVG heißt es: „Ordnungswidrig handelt, wer vorsätzlich oder fahrlässig einer Vorschrift ... zuwiderhandelt, ...“. In § 49 I Ziff. 3 StVO wird in Bezug auf Geschwindigkeitsüberschreitungen (§ 3 StVO) konkretisiert, dass ordnungswidrig im Sinne des § 24 des Straßenverkehrsgesetzes handelt, wer vorsätzlich oder fahrlässig gegen eine Vorschrift über die Geschwindigkeit nach § 3 verstößt.

2. Abgrenzungskriterien

An Bedeutung gewinnen damit die Abgrenzungskriterien des Vorsatzes zur Fahrlässigkeit. Vorsatz heißt Wissen und Wollen der Tatbestandsverwirklichung, also Kenntnis der vorgeschriebenen Geschwindigkeit und deren Missachten. Der Vorsatz braucht sich dabei nicht auf die konkrete Höhe der Geschwindigkeitsüberschreitung zu beziehen.[131] Der Betroffene muss Geschwindigkeitsüberschreitung zumindest für möglich gehalten und diese auch billigend in Kauf genommen haben („dolus eventualis“). Lediglich fahrlässiges Handeln im Sinne des § 10 OWiG liegt vor, wenn der Täter die Sorgfalt, zu der er nach den Umständen und seinen persönlichen Fähigkeiten verpflichtet und im Stande ist, außer Acht lässt und deshalb entweder die Tatbestandsverwirklichung nicht erkennt bzw. nicht voraussieht – unbewusste Fahrlässigkeit – oder die Möglichkeit einer Tatbestandsverwirklichung zwar erkennt, aber mit ihr nicht einverstanden ist und ernsthaft darauf vertraut, diese werde nicht eintreten – bewusste Fahrlässigkeit.[132]

a) Hinweise auf vorsätzliche Begehungsweise

Die Fälle, in denen der Betroffene einräumt, vorsätzlich eine Geschwindigkeitsüberschreitung begangen zu haben, kommen verständlicherweise verhältnismäßig sel-

---

131 OLG Düsseldorf, NZV 1996, 463.

132 KG, Beschluss vom 4.1.2010 – 2 Ss 363/09 – 3 Ws (B) 667/09, 2 Ss 363/09, BeckRS 2010, 06842.

ten vor, so dass der Tatrichter für das Rechtsbeschwerdegericht nachvollziehbar darzulegen hat, aus welchem Grunde er von einer vorsätzlichen Begehungsweise ausgeht. Das Tatgericht hat, wenn er ein vorsätzliches Verhalten des Betroffenen feststellt, sowohl hinsichtlich des Wissens- als auch hinsichtlich des Wollenselements im Urteil näher darzulegen, warum es diese Tatbestandsvoraussetzungen bejaht.[133] Das Tatgericht hat sich in der gebotenen Weise mit den alle Vorsatzformen charakterisierenden immanenten kognitiven und voluntativen Vorsatzelementen auseinanderzusetzen.[134] Es muss sich aus den Urteilsgründen hinreichend deutlich entnehmen lassen, ob dem Betroffenen zum Zeitpunkt der Tat die Geschwindigkeitsbeschränkung auch bewusst war und er zugleich die erhebliche Überschreitung der zulässigen Höchstgeschwindigkeit bemerkt hat.[135] Der Bußgeldrichter zieht demnach je nach Einzelfall Indizien für eine wissentliche und willentliche Tatverwirklichung heran. Der Richter leitet die innere Tatseite des Vorsatzes aus den objektiven Tatumständen her.

Es bestehen soweit ersichtlich die Folgenden Fallgruppen einer Vorsatzahndung:

aa) Wiederholte Verkehrsschilder

Als Argument für eine vorsätzliche Geschwindigkeitsüberschreitung wird gern herangezogen, dass vor der Messstelle mehrere Verkehrszeichen aufgestellt gewesen seien, diese habe der Betroffene auf seiner Fahrt (allesamt) übersehen.[136] Es müsse davon ausgegangen werden kann, dass ordnungsgemäß aufgestellte Vorschriftszeichen von Verkehrsteilnehmern in aller Regel wahrgenommen werden, auch wenn es dazu keine genauen, durch wissenschaftliche Erhebungen gesicherten Erkenntnisse geben mag.[137] Die Möglichkeit, dass der Betroffene das Vorschriftszeichen übersehen hat, bräuchten die Gerichte nur in Rechnung zu stellen, wenn sich hierfür Anhaltspunkte ergeben oder der Betroffene dies im Verfahren einwendet habe.[138] Das Vorbeifahren an nur zwei, jeweils rechts und links von der Fahrbahn einer BAB aufgestellten Verkehrszeichen, soll aber nicht den Schluss zulassen, dass der Betroffene diese Geschwindigkeitsanordnung bemerkt habe.[139]

133 OLG Bamberg, DAR 2014, 38 ff.
134 OLG Bamberg, NStZ-RR 2014, 58.
135 OLG Hamm, DAR 1998, 281.
136 OLG Celle DAR 2014, 150.
137 BGHSt 43, 241, 250; OLG Jena, DAR 2008, 35; OLG Celle, NZV 2011, 618.
138 BGH, a.a.O.
139 OLG Celle, zfs 1996 76.

bb) Geschwindigkeitstrichter

Zum anderen wird in der Rechtsprechung bei der Frage der Schuldform an angeblich nur schwerlich zu übersehende Verkehrszeichen, so genannte Geschwindigkeitstrichter, angeknüpft.[140] Dabei wird die zulässige Höchstgeschwindigkeit schrittweise in Etappen auf die an der Messstelle geltende Höchstgeschwindigkeit herab begrenzt.

cc) Massive Geschwindigkeitsüberschreitungen

Ebenfalls wird oftmals an das Ausmaß einer Geschwindigkeitsüberschreitung angeknüpft.[141] In der obergerichtlichen Rechtsprechung ist anerkannt, dass bei erheblichen Geschwindigkeitsüberschreitungen in der Regel von vorsätzlicher Begehungsweise ausgegangen werden könne, wenn anhand der Motorengeräusche, der sonstigen Fahrgeräusche, der Fahrzeugvibration und anhand der Schnelligkeit, mit der sich die Umgebung ändert, der Fahrer zuverlässig einschätzen kann und dadurch erkennt, dass er die erlaubte Höchstgeschwindigkeit wesentlich überschreitet.[142] Davon müsse jedenfalls ausgegangen werden, wenn der Betroffene über eine erhebliche Erfahrung verfügt.[143] Dabei kommt es nach der neueren Rechtsprechung nicht auf die absolute, sondern auf die relative Geschwindigkeitsüberschreitung an, das heißt, auf das Verhältnis zwischen der vorgeschriebenen und der gefahrenen Geschwindigkeit. Eine „erhebliche" Geschwindigkeitsüberschreitung soll bei prozentualen Geschwindigkeitsüberschüssen von

- 40 %,[144]
- 45 %,[145]
- 46 %,[146]
- 48,5 %,[147]
- 50 %,[148]
- 51 %,[149]
- 57 %[150],

---

140 OLG Dresden, NJW 2005, 2100.
141 KG NZV 2004, 598.
142 OLG Koblenz, DAR 1999, 227; KG, Beschluss vom 29.9.2000, 2 Ss 218/00; OLG Celle, NZV 2011, 618; OLG Karlsruhe, NStZ-RR 2006, 249; OLG Düsseldorf, NZV 1995, 161; Hentschel/König/Dauer, Straßenverkehrsrecht, 41. Aufl., § 3 StVO, Rn. 56.
143 OLG Düsseldorf, NZV 1995, 161.
144 OLG Koblenz, DAR 1999, 227; KG NStZ-RR 2002, 116.
145 OLG Celle, NZV 2011, 618.
146 KG, NZV 2004, 598.
147 OLG Karlsruhe, NStZ-RR 2006, 249.
148 OLG Düsseldorf, NZV 1996, 372.
149 OLG Koblenz, DAR 1999, 227.
150 OLG Bamberg, VA 11, 49.

- 60 %[151]
- 64 %,[152]
- 88 %,[153]
- ca. 100 %,[154]
- 130 %[155] bzw.
- 142 %[156]

vorliegen. Nach dieser „Faustregel“ in der Rechtsprechung soll eine massive Geschwindigkeitsüberschreitung (erst) ab einem prozentualen Wert von 40 % vorliegen.[157] Bei diesem Maß könne dem jeweiligen Fahrer die erhebliche Überschreitung nicht verborgen geblieben sein.[158] Teilweise geht die obergerichtliche Rechtsprechung sogar so weit, dass bei einer erheblichen Geschwindigkeitsüberschreitung von einer fahrlässigen Begehungsweise nur ausgegangen werden kann, wenn besondere Umstände diese Annahme rechtfertigen.[159]

Demgegenüber kann bei niedrigeren Geschwindigkeitsüberschreitungen von 32 %,[160] 30 %[161] bzw. 23,75 %[162] eine Verurteilung wegen vorsätzlicher Überschreitung der Geschwindigkeit nicht allein aus der Höhe der Überschreitung abgeleitet werden, sondern es müssen weitere Indizien herangezogen werden, wie etwa das Vorliegen von mehreren Geschwindigkeitsverstößen in engem zeitlichen und räumlichen Zusammenhang.[163]

dd) Ortskundige

Handelt es sich bei dem Betroffenen um einen „Ortskundigen“, der dort, wo der Verkehrsverstoß begangen wurde, wohnhaft ist, so erleichtert dieser Umstand dem Gericht die Feststellung einer vorsätzlichen Überschreitung der zulässigen Höchstgeschwindigkeit.[164] Die Rechtsprechung hat einen Rückschluss auf vorsätzliche Be-

---

151 Hierzu Krumm, Das Fahrverbot in Bußgeldsachen, Kap C, § 5, Rn 201 m.w.N.
152 OLG Düsseldorf, NZV 1999, 139.
153 BayObLG NJW 1998, 3656.
154 OLG Hamm, STVE § 3 StVO NR 34.
155 OLG Bamberg, DAR 2014, 37.
156 OLG Hamm, DAR 2005, 407.
157 Dazu: Burhoff, Handbuch für das straßenverkehrsrechtliche OWi-Verfahren, 3. Aufl., Rn 1594.
158 Krumm, Verkehrsordnungswidrigkeiten, 2012, Rn 224.
159 OLG Hamm, SVR 2007 186; KG NZV 2004, 598.
160 OLG Brandenburg, DAR 2008, 532.
161 OLG Braunschweig DAR 2011, 406.
162 OLG Jena, DAR 2008, 35.
163 OLG Celle DAR 2014, 150.
164 Rengier, in KK-StPO, § 10 Rn 12a.

gehungsweise für zulässig erachtet, wenn ein ortskundiger Fahrer innerhalb einer geschlossenen Ortschaft die Höchstgeschwindigkeit von 50 km/h um 44 km/h überschreitet.[165]

ee) Abbremsen vor Geschwindigkeitsmessgerät

Schließlich könne auch das Abbremsen des ortskundigen Betroffenen beim Erreichen des Geschwindigkeitsmessgerätes für die wissentlich von ihm begangene Geschwindigkeitsüberschreitung sprechen.[166] Auch dieser Umstand sei ein starkes Indiz für eine Vorsatztat.

ff) Baustellenbereich

Als „nahe liegend" bezeichnete die höchstrichterliche Rechtsprechung einen vorsätzlichen Verstoß bei einer erheblichen Geschwindigkeitsüberschreitung (60 km/h) im Bereich einer Baustelle.[167]

gg) Ungeschicktes Einlassungsverhalten des Betroffenen

Nach der Rechtsprechung des OLG Karlsruhe[168] rechtfertigt es die Annahme vorsätzlicher Tatbegehung, wenn der Betroffene unmittelbar nach dem Vorfall gegenüber einem Polizeibeamten bekundet hat, es aufgrund eines Termins „eilig" gehabt zu haben.

hh) Tempomat

Gibt der Betroffene die Einlassung ab, er habe den Tempomat auf einen Wert oberhalb der zulässigen Geschwindigkeit eingestellt, so muss er nach obergerichtlicher Rechtsprechung wegen vorsätzlicher Geschwindigkeitsüberschreitung verurteilt werden.[169]

b) Kritische Würdigung

Diese dargestellte Rechtsprechung begegnet jedoch erheblichen Bedenken. Wer eben aus Fahrlässigkeit nicht auf die Umgebung achtet, z.B. weil er sich gedanklich

---

165 BayObLG NJW 1998, 3656, 3657.
166 OLG Hamm, NZV 1999, 301.
167 OLG Jena, VRS 111 52.
168 NZV 2006, 437.
169 BGH, DAR 1997, 497.

intensiv mit anderen Dingen beschäftigt oder anderweitig durch äußere Einflüsse abgelenkt ist, mit dem Beifahrer spricht oder Ähnliches, fährt eben nicht vorsätzlich, auch nicht eventualvorsätzlich zu schnell; er lässt nur die im Verkehr erforderliche Sorgfalt außer Acht. Kaum jemand fährt bewusst in eine Radarkontrolle, von deren Existenz er weiß.[170] Auch legen erhebliche Überschreitungen der zulässigen Höchstgeschwindigkeit eine vorsätzliche Begehungsweise nicht nahe. Voraussetzung ist, dass der Täter sich der im Einzelfall höchst zulässigen Geschwindigkeit bewusst war. Kennt der Betroffene die höchst zulässige Geschwindigkeit im konkreten Fall nicht und geht er von einer unbeschränkten Geschwindigkeit aus oder von einer höheren zulässigen Geschwindigkeit, welche die Differenz der festgestellten und der vermeintlichen Höchstgeschwindigkeit gering erscheinen lässt, so kommt nur fahrlässiges Handeln in Betracht.[171]

Soweit von der Rechtsprechung in der Vergangenheit bereits eine Art Umkehr der Beweislast dahin gehend vorgenommen wurde, dass bei massiven Geschwindigkeitsüberschreitungen nur besondere Umstände die Annahme einer fahrlässigen Begehungsweise rechtfertigen, so ist dies eine mit dem Strafprozess nicht zu vereinbarende Auffassung, die dem hier besonders zu beachtenden „in dubio pro reo"-Grundsatz zuwiderläuft. Ein Schluss zulasten des Betroffenen, falls sich dieser nicht ausreichend entlasten kann, findet im Strafrecht keine Stütze.

Dies bekräftigte auch das OLG Stuttgart.[172] Es wies nochmals darauf hin, dass ein vorsätzliches Handeln voraussetze, dass der Betroffene das die zulässige Geschwindigkeit beschränkende Verkehrszeichen bemerkt hat und das Wissen, schneller als erlaubt zu fahren. Die Urteilsfeststellung, dass das betreffende Verkehrszeichen „für jedermann deutlich sichtbar am linken und rechten Fahrbahnrand aufgestellt" gewesen sei, lasse einen sicheren Schluss auf dessen vorsätzliche oder nur fahrlässige Nichtbeachtung nicht zu. Es gebe keinen Erfahrungssatz dahin, dass gut sichtbar aufgestellte Schilder immer gesehen werden.[173] Dasselbe gilt auch für wiederholt aufgestellte Verkehrszeichen 274.

Eine vorschnelle Unterstellung, der Betroffene sei „ortskundig", da er im Umkreis des Tatorts gemeldet ist, darf nicht erfolgen. Hierzu entschied das OLG Dresden,[174] dass allein der Umstand, dass der Betroffene mit den allgemeinen örtlichen Verkehrsgegebenheiten vertraut ist, nicht den Schluss zulässt, dass er auch am „Tatort" ortskundig gewesen ist.

---

170 Zetzmann, DAR 2008, 37.

171 BayObLG DAR 1994, 162; OLG Koblenz DAR 1999, 159; OLG Zweibrücken DAR 2011, 274.

172 DAR 2010, 402.

173 BayObLG DAR 1996, 288; OLG Hamm NZV 1998, 14.

174 SVR 2014, 111.

3. Verkehrsrechtliche Vorahndungssituation

Dem Versuch, die Vorsätzlichkeit der Überschreitungen der zulässigen Höchstgeschwindigkeit auf die verkehrsrechtliche Vorahndungssituation zu stützen, hat die höchstrichterliche Rechtsprechung eine Absage erteilt.[175] Das Tatgericht ging von einer bewussten Geschwindigkeitsübertretung aus, insbesondere wegen der vielen einschlägigen Vorahndungen des Betroffenen habe es sich nicht mehr um einen Fall von Fahrlässigkeit auf Grund von Unaufmerksamkeit gehandelt, sondern bei dem durch mehrere vorherige Verfahren vorgewarnten Betroffenen um eine billigende Inkaufnahme der Geschwindigkeitsüberschreitung.

4. Vorsatz und fair-trial-Grundsatz

Es stellt ein beliebtes Mittel einiger Bußgeldrichter dar, im Vorfeld des Gerichtstermins durch Schriftblöcke[176] oder mündlich in der Hauptverhandlung auf die Gefahr einer Vorsatzverurteilung aufmerksam zu machen, verbunden mit dem Hinweis, den Einspruch gegen den Bußgeldbescheid doch besser zurückzunehmen. Oftmals handelt es sich nur um – einem fairen Verfahren widersprechende – Versuche des oft ohnehin überlasteten Bußgeldrichters, sich zeitaufwändige Termine oder die Mühen von Urteilsbegründungen zu ersparen. Die Praxis zeigt nämlich, dass auch bei Geschwindigkeitsüberschreitungen weit unterhalb der 40%-Grenze auf die Gefahr einer vorsätzlichen Ahndung der Verfehlung hingewiesen wird. Die Verteidigung sollte sich von derartigen Hinweisen des Gerichts nicht abschrecken lassen.

5. Hinweis auf Veränderung des rechtlichen Gesichtspunktes, § 71 I OWiG, § 265 StPO

Wird auf der einen Seite von richterlichen Hinweisen aus prozessfremden Erwägungen reger Gebrauch gemacht, so unterbleiben andernorts rechtliche Hinweise gänzlich. Nach § 265 StPO muss der Richter den Angeklagten auf die Veränderung des rechtlichen Gesichtspunkts hinweisen, wenn aufgrund eines Strafgesetzes verurteilt werden soll, das anstatt oder neben dem in der Anklage bezeichneten Strafgesetz für den Schuldspruch in Betracht kommt.[177] Auch im Ordnungswidrigkeitenverfahren ist die Vorschrift des § 265 StPO anzuwenden.[178] Daraus folgt, dass der Betroffene z.B. darauf hingewiesen werden muss, wenn die Festsetzung der Geldbuße auf eine andere Bußgeldvorschrift als die im Bußgeldbescheid angegebene gestützt wird.[179]

---

175 OLG Bamberg, NStZ-RR 2014, 58.
176 Fromm, NJW 2012, 2939 f.
177 Meyer-Goßner, StPO § 265 Rn 8a.
178 Göhler, OWiG § 71, Rn 50.
179 OLG Hamm, ZfS 2005, 519.

§ 265 StPO ist eine gesetzliche Konkretisierung der allgemeinen prozessualen Fürsorgepflicht des Gerichts. Auch im Ordnungswidrigkeitenverfahren soll der Betroffene dadurch in die Lage versetzt werden, seine Verteidigung auf die neuen Gesichtspunkte einzustellen. Die Hinweispflicht dient damit auch der Gewährung rechtlichen Gehörs und der Garantie eines fairen Verfahrens.[180] Der Hinweis nach § 265 StPO ist eine wesentliche Förmlichkeit und daher in das Verhandlungsprotokoll aufzunehmen.[181] In der Praxis fehlen in Bußgeldbescheiden Angabe zur inneren Tatseite – Vorsatz oder Fahrlässigkeit. Hier ist eine Verurteilung wegen einer vorsätzlichen Tat durch das Amtsgericht, ohne zuvor auf die Veränderung des rechtlichen Gesichtspunktes hinzuweisen, unzulässig.[182] Derartige Urteile unterliegen bei ordnungsgemäß erhobener Verfahrensrüge der Aufhebung. Auf dem genannten Verfahrensverstoß kann das Urteil beruhen, weil nicht auszuschließen ist, dass der Betroffene sich erfolgreich gegen den Vorwurf vorsätzlicher Tat verteidigt hätte. Im Übrigen kann die Verteidigung nach einem rechtlichen Hinweis die Aussetzung der Hauptverhandlung verlangen (§ 71 I OWiG i.V.m. § 265 III StPO).[183]

6. Verteidigungsansätze

Liegt seitens des Betroffenen nach den Kriterien der dargestellten Rechtsprechung eine überdurchschnittlich hohe Geschwindigkeitsüberschreitung vor, so sollte sich der Betroffene nicht in sein Schicksal ergeben. Der Verteidiger sollte mit dem Mandanten eingehend besprechen, was gegen eine wissentliche und willentliche Überschreitung der zulässigen Höchstgeschwindigkeit im Einzelfall vorgebracht werden kann. Dies erst recht, da die obergerichtliche Rechtsprechung wiederholt festgestellt hat, dass sich der Betroffene erst darauf berufen muss, die Begrenzung übersehen zu haben und demnach Anhaltspunkte hierfür mitteilen muss.[184] Im Rahmen einer Verteidigungsschrift sollte – bei Geschwindigkeitsüberschreitungen innerhalb geschlossener Ortschaften – dargestellt werden, ob es sich um eine gut ausgebaute Straße handelte, wie viel Spuren sie hatte und ob die Strecke die für eine Innerörtlichkeit typische Bebauung aufwies (Randbebauung) oder sonstige Anhaltspunkte dafür oder dagegen sprachen, dass die Örtlichkeit bereits begann/noch fortbestand (Bürgersteige, Mittelleitplanken/Schallschutzmauer). Auch sollten die Lichtverhältnisse dargestellt werden und ob Straßenbeleuchtung nicht vorhanden war oder das Ortsschild womöglich zugewachsen war und es für den Betroffenen daher erschwert oder gar nicht möglich war, die Ortstafel zu erkennen. Es empfiehlt sich auch dar-

---

180 Meyer-Goßner StPO § 265 Rn 3 ff.
181 Schäpe, in Buschbell, MAH Straßenverkehrsrecht, 3. Aufl. 2009, § 14, Rn 158.
182 OLG Düsseldorf, DAR 1994, 163; OLG Dresden, DAR 2000, 125.
183 Krumm, Verkehrsordnungswidrigkeiten, 2012, Rn 239.
184 OLG Celle DAR 2014, 150; OLG Düsseldorf, NZV 1995, 161.

zustellen, ob der Betroffene ortsunkundig war. Es ist zu empfehlen, dass der Betroffene Fotos oder Videos des Tatorts einreicht. Auch sollte der Verteidiger darstellen, ob das Ortsschild etwa entgegen den „VwV-StVO zu den Zeichen 310 und 311 Ortstafel" für den ortseinwärts Fahrenden auf der rechten Straßenseite aufgestellt wurde und ob ausnahmsweise wegen nicht deutlicher Erkennbarkeit die Ortstafel auch links anzubringen war. Ferner sollte eine Einlassung zur Frage Stellung nehmen, ob das Verkehrsschild womöglich erst seit kurzer Zeit dort aufgestellt war.[185] Kann der Betroffene etwa darauf verweisen, dass vor dem Ortseingangsschild wiederholt eine Geschwindigkeitsbeschränkung auf 80 km/h angeordnet war und er weiter – auch am Tatort – mit einer vorwerfbaren Geschwindigkeit von 81 km/h angetroffen wurde, so hätte er die dem Ortseingangsschild vorhergehenden Geschwindigkeitsbeschränkungen nur ganz unwesentlich überschritten, so dass ihm eine Vorsätzlichkeit gerade nicht vorgeworfen werden kann. Auch bei Geschwindigkeitsüberschreitungen außerhalb geschlossener Ortschaften sollte substantiiert vorgetragen werden. Gute Verteidigungsschriftsätze zahlen sich oft aus.

In der Hauptverhandlung wird oft vergessen, den Messbeamten dahin gehend zu befragen, ob er das Vorhandensein des Verkehrsschildes vor dem Geräteaufbau und danach überprüft hat. Bei Geschwindigkeitsüberschreitungen auf der Autobahn muss der Zeugen befragt werden, ob die mittlerweile verbreiteten elektronischen Verkehrsschilder überhaupt funktionierten.

Es ist kein Geheimnis, dass man mit hochwertigeren Fahrzeugen mit höherer Motorleistung die tatsächliche Geschwindigkeit im Fahrzeuginneren nicht annähernd „fühlt" wie mit einem Kleinwagen älterer Bauart.[186] Die Verteidigung sollte zwar Anhaltspunkte mitteilen, um die Indizien, die auf ein vorsätzliches Handeln hindeuten, zu widerlegen. Die Argumentation, mit einem leistungsstarken Fahrzeug unterwegs gewesen zu sein, in dem man eher die tatsächlich gefahrene Geschwindigkeit unterschätzen kann, ist jedoch kaum erfolgsversprechend.[187] Rückt das Tatgericht schon aus diesem Grund von einer Vorsatzverurteilung ab, so müsste sich das Gericht den Vorwurf gefallen lassen, Führer von Fahrzeugen mit gehobener technischer Ausstattung, mit denen eine hohe Geschwindigkeit nicht zwangsläufig mit lautem Motorengeräusch verbunden sein muss, zu bevorzugen. Einzig der Einwand, das Fahrzeug erstmalig gefahren zu sein, klingt nachvollziehbar und kann das Gericht zu der Erkenntnis bringen, dass der Fahrer hier ausnahmsweise nicht in der Lage sein kann, die Geschwindigkeit zuverlässig einzuschätzen.

---

185 OLG Düsseldorf, NZV 1995, 161.
186 Krumm, NZV 2007, 501, 503.
187 Hierzu: OLG Koblenz, DAR 1999, 227.

7. Weitere mögliche Konsequenzen einer Vorsatzverurteilung

a) Verdopplung des Regelsatzes

Die Regelgeldbuße kann gem. § 3 IVa 1 BKatV bei vorsätzlicher Verwirklichung verdoppelt werden. Allerdings wäre es fehlerhaft, die für fahrlässiges Verhalten vorgesehene Regelgeldbuße bei vorsätzlicher Begehungsweise pauschal zu verdoppeln, sondern nur nach Würdigung der schuldbedeutsamen Umstände im Einzelfall.[188]

b) Fahrverbote

Da auf vorsätzliche Verurteilungen in der Regel nur bei hohen Geschwindigkeitsüberschreitungen erkannt wird, geht es in bußgeldrichterlichen Entscheidungen, die sich zur Vorsätzlichkeit äußern, meist auch um ein Fahrverbot neben der Geldbuße. Die Schuldform der Verfehlung und die Verhängung eines Fahrverbots sind durch den Umstand miteinander verknüpft, dass ein Fahrverbot nach § 25 Abs. 1 Satz 1 StVG i.V.m. § 4 BKatV vom Gericht nur verhängt werden kann, wenn die Ordnungswidrigkeit unter grober Verletzung der Pflichten eines Kraftfahrzeugführers begangen wurde. Die grobe Pflichtwidrigkeit beinhaltet die subjektive Komponente, dass die objektiv schwerwiegende Zuwiderhandlung auf groben Leichtsinn, grobe Nachlässigkeit oder Gleichgültigkeit zurückgehen müsste. Die Regelwirkung entfiele aber, wenn der Betroffene ein die Höchstgeschwindigkeit begrenzendes Zeichen nicht wahrgenommen hätte, mit der Folge, das kein Fahrverbot verhängt werden kann; es sei denn, gerade diese Fehlleistung beruht ihrerseits auf grober Nachlässigkeit oder Gleichgültigkeit.[189] Es muss sich also um eine momentane Unaufmerksamkeit gehandelt haben, die nur den Vorwurf einfacher Fahrlässigkeit (Schlagwort: „Augenblicksversagen") begründet. Daraus folgt, dass gravierendes, praktisch kaum anders als durch Vorsatz erklärbares Versagen („Übersehen" mehrfach hintereinander aufgestellter Schilder oder eines sog. Geschwindigkeits-trichters) von vornherein als Augenblicksversagen ausscheiden.[190] Umgekehrt scheidet ein Fall des „Augenblicksversagens" bei einer vorsätzlichen Geschwindigkeitsüberschreitung von vornherein aus.

Die für den Regelfall fahrlässigen Handelns nach § 4 Abs. 4 BKatV vorgeschriebene (bei Fahrlässigkeitstaten stets erforderliche und im Urteil zu dokumentierende) Abwägung, ob ein Wegfall des Fahrverbots gegen Erhöhung der Geldbuße in Betracht kommt, ist bei vorsätzlicher Verwirklichung des Bußgeldtatbestands entbehrlich.[191]

---

188 OLG Koblenz, Beschl. v. 10.3.2010 – 2 SsBs 20/10, BeckRS 2010, 07419.

189 BGHSt 43, 241 ff. = NZV 97, 525.

190 OLG Koblenz DAR 2005, 47.

191 OLG Koblenz, Beschl. v. 10.3.2010 – 2 SsBs 20/10, BeckRS 2010, 07419; BGH NJW 1992, 449; OLG Koblenz, Beschl. vom 17.5.2005, 1 Ss 131/05 vom 9.5.205.

c) Rechtsschutzversicherung

In Verkehrssachen wird geschätzt, dass für 70% der Fälle eine Rechtsschutzversicherung besteht.[192] Daher gewinnt die Frage an Bedeutung, ob eine Verurteilung wegen einer vorsätzlichen Verkehrsordnungswidrigkeit auch diesbezüglich Nachteile haben kann. Bei der Abrechnung mit einer Rechtsschutzversicherung richtet sich der Umfang der Eintrittspflicht nach den unterschiedlichen Allgemeinen Rechtschutzbedingungen (ARB). Für verkehrsrechtliche Ordnungswidrigkeiten drohen nach keiner ARB Einschränkungen bzw. rückwirkend eine Rückzahlung des Honorars an den Rechtsschutzversicherer, wenn dem Versicherungsnehmer mit dem Abschluss des Verfahrens eine vorsätzliche Begehung zur Last gelegt wird.[193] Dahin gehende Einschränkungen ergeben sich nur bei vorgeworfenen Straftaten und nach einigen ARB bei „sonstigen Ordnungswidrigkeiten“.

8. Rechtsbeschwerde und Zulassungsgrund

Wird der Betroffene wegen der ihm vorgeworfenen Verfehlung verurteilt, steht dem Betroffenen gegen das erstinstanzliche Urteil das Rechtsmittel der Rechtsbeschwerde gem. § 79 I OWiG binnen einer Woche ab Urteilsverkündung, bei einer Entscheidung durch Urteil in Abwesenheit oder im Beschlusswege binnen einer Woche nach dessen Zustellung (§ 79 III OWiG, § 341 StPO), zu. Der Betroffene kann so die Überprüfung der amtsrichterlichen Entscheidung vor dem Oberlandesgericht erreichen, ggf. auch, ob die Annahme der Vorsätzlichkeit trägt. Bei Geldbuße – ohne Fahrverbot – unterhalb von 250,00 EUR bedarf die Rechtsbeschwerde nach § 80 OWiG der Zulassung. Das Beschwerdegericht lässt die Rechtsbeschwerde gem. § 80 I OWiG auf Antrag zu, wenn es geboten ist, die Nachprüfung des Urteils zur Fortbildung des Rechts oder zur Sicherung einer einheitlichen Rechtsprechung zu ermöglichen (Nr. 1), oder gem. § 80 I Nr. 2 OWiG das Urteil wegen Versagung des rechtlichen Gehörs aufzuheben (Nr. 2). Der Zulassungsgrund der Sicherung einer einheitlichen Rechtsprechung kommt bei vorsätzlichen Geschwindigkeitsüberschreitung nach höchstrichterlicher Rechtsprechung[194] in Betracht, wenn die erste Instanz bei der Beurteilung der Frage, ob eine vorsätzliche Begehensweise vorliegt, nicht anhand der Umstände des Einzelfalls entschieden hat, sondern einen allgemeinen Rechtssatz aufgestellt hat, wonach daraus, dass der Betroffene mit einer Geschwindigkeit von mehr als 24% über der zulässigen Höchstgeschwindigkeit gefahren ist, auf eine bedingt vorsätzliche Begehungsweise geschlossen werden könne. Dies entspricht nicht der ständigen obergerichtlichen Rechtsprechung. Die Rechtsbeschwerde ist dann zur Sicherung einer einheitlichen Rechtsprechung zuzulassen, wenn das

---

192 Schäpe, in Buschbell, MAH Straßenverkehrsrecht, 3. Aufl. 2009, § 3 Rn 64.
193 Ders., in Buschbell, MAH Straßenverkehrsrecht, 3. Aufl. 2009, § 14, Rn 158.
194 OLG Celle DAR 2014, 150; OLG Braunschweig DAR 2011, 406.

Oberlandesgericht davon ausgeht, dass eine vergleichbare Konstellation häufiger vorkommt und deshalb insoweit mit weiteren Fehlentscheidungen zu rechnen wäre.[195] Auch bei Geringgeldbußen unter 250,00 EUR hat daher eine Zulassungsrechtsbeschwerde wegen Rechtsfehlern bei der Vorsätzlichkeit der Verfehlung Aussicht auf Erfolg.

9. Fazit

a. Zu kaum einer Thematik findet man im Bußgeldrecht so viel Rechtsprechung vor wie zur Frage der Vorsätzlichkeit von Verkehrsverstößen, auch in jedem gut geordneten Lehrbuch zu Verkehrsordnungswidrigkeiten befinden sich hierzu entsprechende Passagen.
b. Ordnungswidrigkeiten im Straßenverkehr können sowohl fahrlässig als auch vorsätzlich verwirklicht werden. Die Regelgeldbuße kann bei Vorliegen einer vorsätzlichen Verwirklichung verdoppelt werden.
c. Ist die Differenz zwischen erlaubter und tatsächlich gefahrener Geschwindigkeit so erheblich, dass jeder Kraftfahrer merken muss, dass er zu schnell fährt, wird regelmäßig durch den Bußgeldrichter eine Vorsatzverurteilung vorgenommen. Ab wann eine „eklatante" Geschwindigkeitsüberschreitung vorliegen soll, wird aber bereits nicht einheitlich beantwortet.
d. Ein weiteres „Indiz" für eine vorsätzliche Geschwindigkeitsüberschreitung soll sein, dass geschwindigkeitsbeschränkende Verkehrsschilder wiederholt aufgestellt worden seien. Es gibt jedoch keinen Erfahrungssatz dahin, dass gut sichtbar aufgestellte Schilder immer gesehen werden. Daher ist von pauschalen Unterstellungen, ab wann vorsätzliche Geschwindigkeitsüberschreitungen vorliegen sollen, abzusehen und je nach Einzelfall zu entscheiden.
e. Der anwaltlich vertretene Betroffene sollte unbedingt Anhaltspunkte hierfür mitteilen, aus welchem Grunde er die Begrenzung übersehen hat. Ist der Betroffene nicht ortskundig und wies die Strecke die für eine Innerörtlichkeit typische Bebauung auf (Randbebauung), so sollte dies in einer anwaltlichen Einlassung vorgetragen werden.
f. Gelingt es dem Verteidiger, den Vorwurf der vorsätzlichen Überschreitung der Höchstgeschwindigkeit auszuräumen, so kann es damit an einer grobe Pflichtwidrigkeit fehlen, so dass auch ein Fahrverbot nicht verhängt werden kann.
g. Nimmt der Tatrichter eine Verurteilung wegen Vorsatzes vor, so hat er hierauf, wenn der Bußgeldbescheid nur Fahrlässigkeit annimmt oder zur Schuldform schweigt, gem. § 71 I OWiG, § 265 StPO hinzuweisen. Ansonsten ist das Urteil verfahrensfehlerhaft und aufzuheben.

---

195 Seitz, Göhler, OWiG, § 80 Rn 5.

h. Fehlerhafte Urteilsgründe zur Vorsätzlichkeit der Geschwindigkeitsüberschreitung können sogar die Zulassung der Rechtsbeschwerde rechtfertigen (§§ 79, 80 OWiG).

VIII. Defektes Tachometer

In der Rechtsprechung ist anerkannt, dass ein defektes Tachometer den Vorwurf der Fahrlässigkeit bei Geschwindigkeitsüberschreitungen nicht ausschließt.[196] Die Tatsache, dass das Tachometer defekt sei, begründe sogar eine besondere Pflicht, der Einhaltung der zulässigen Höchstgeschwindigkeit gesteigerte Aufmerksamkeit zu widmen. Dabei gelte der Grundsatz, dass ein Kraftfahrer, der sein Fahrzeug kennt, in der Lage sei, eine erhebliche Geschwindigkeitsüberschreitung zu bemerken. Gleichwohl dürfte lediglich einfache Fahrlässigkeit vorliegen. Anders wird die Sachlage zu beurteilen sein bei – für den Fahrer – unerkannten technischen Defekten.

Andere Gerichte ziehen in derartigen Fällen als Toleranz 15% von der gemessenen Geschwindigkeit ab.[197] Für die Verteidigung besteht bei nachweisbarem defektem Tachometer die Chance, dass damit zumindest die grobe Pflichtwidrigkeit nach § 25 I 1 StVG entfällt mit der Folge, dass ein vorgesehenes Fahrverbot zum Wegfall kommen kann.[198]

IX. Verkehrsüberwachung in zu geringem Abstand hinter dem geschwindigkeitsbegrenzenden Verkehrszeichen?

Ein Kraftfahrer hat grundsätzlich seine Geschwindigkeit so einzurichten, dass bereits beim Passieren eines die Geschwindigkeit regelnden Verkehrszeichens die vorgeschriebene Geschwindigkeit eingehalten werden kann.[199] Die Richtlinien der Bundesländer zur Geschwindigkeitsüberwachung[200] sehen allerdings im Regelfall vor, dass Geschwindigkeitsmessungen in einem gewissen Abstand (Niedersachsen: 150m[201])

---

196 BayObLG NStZ-RR 2000, 121 = DAR 2000, 171; NZV 2000, 216 [217]; VRS 98, 288 [289]; *OLG Celle*, DAR 1978, 169; *OLG Düsseldorf*, NZV 1992, 454; *OLG Hamm*, DAR 1972, 251; *OLG Schleswig*, VM 1964, 54.

197 *AG Grevesmühlen*, DAR 1999 517; a. A. *OLG Köln*, DAR 2001, 135.

198 *Leipold*, in Widmaier, Münchener Anwaltshandbuch Strafverteidigung, 2006, Fahrverbot wegen grober Pflichtwidrigkeit und Ausnahme, Rn 28.

199 OLG Frankfurt NStZ-RR 2001, 120.

200 Sobisch, DAR 2010, 48.

201 RdErl. d. MI u. d. MW vom 25. November 1994, Nds. MBl. 1994, 1555. zul. geänd. d. VV vom 27. Oktober 2010, Nds. MBl. 2010, 1016.

nach dem eine Geschwindigkeitsbegrenzung anordnenden Verkehrszeichen nicht stattfinden sollen.

Nach der st. Rspr. unterlägen aber Messergebnisse, die unter Verstoß gegen die Richtlinie, ansonsten aber korrekt gewonnen worden sind, keinem Verwertungsverbot, da diese Richtlinien als reine Verwaltungsvorschrift grundsätzlich keine Außenwirkung entfalteten.[202] Allerdings dürften die Verkehrsteilnehmer erwarten, dass sich die Verwaltungsbehörde über Richtlinien zur Handhabung des Verwaltungsermessens, die eine gleichmäßige Behandlung sicherstellen sollen, im Einzelfall nicht ohne sachliche Gründe hinwegsetzen. Insoweit könnten sich solche Richtlinien über Art. 3 GG für den Bürger rechtsbildend auswirken, so dass im Einzelfall der Schuldgehalt einer Tat geringer erscheint und deshalb von einem Regelfahrverbot abzusehen oder – bei weniger gravierenden Verstößen oder geringer Schuld – sogar eine Einstellung des Verfahrens nach § 47 OWiG geboten sei.[203]

! **Praxistipp**

Spätestens im Rahmen der Hauptverhandlung sollte erfragt werden, in welchem Abstand hinter dem geschwindigkeitsbegrenzenden Verkehrszeichen die Verkehrsüberwachung stattgefunden hat. Ergibt sich ein zu geringer Abstand, kann auf eine Einstellung hingewirkt werden. Es ist jedoch Vorsicht geboten, zumal die Richtlinien für die Verkehrsüberwachung auch Ausnahmen bzgl. des einzuhaltenden Abstands enthalten können, z.B. bei Gefahrenstellen, Gefahrzeichen, Geschwindigkeitstrichtern.

X. Identifizierung des Betroffenen durch Lichtbild

Die Identifizierung des Fahrers anhand eines Fotos befasst die Bußgeldstellen und Amtsrichter tagtäglich und auch die Oberlandesgerichte in regelmäßigen Abständen.[204] Eine nicht zu unterschätzende Anzahl von Betroffenen wendet sich mit einer Rechtsbeschwerde gegen die Annahme, dass er/sie als Fahrer/in eine Geschwindigkeitsüberschreitung begangen habe.

1. Zugriff der Bußgeldstelle auf Passfoto

Umstritten ist, ob die Bußgeldbehörde berechtigt ist, von allen Behörden zum Zweck der Verfolgung von Ordnungswidrigkeiten Auskunft zu verlangen, etwa die Herausgabe eines beim Passregister hinterlegten Lichtbildes des Betroffenen verlangen darf.

202 BayObLGSt, NStZ-RR 2002, 345. OLG Oldenburg NZV 1996, 375. OLG Köln VRS 96, 62; OLG Dresden DAR 2010, 29. OLG Stuttgart DAR 2011, 220.

203 OLG Celle, DAR 2011, 597.

204 *OLG Köln*, NJW 2004, 3274.

a) Verstoß gegen § 2b II PersonalAuswG

Dies wird teilweise verneint mit dem Argument, dass die Übermittlung der Kopie des Lichtbildes des Betroffenen von der Melde- an die Ordnungsbehörde nicht im Einklang mit der Bestimmung des § 2b II PersonalAuswG stehe.[205] Danach werde die generelle Auskunftspflicht der Behörden nach §§ 161 StPO bzw. 46 I OWiG, 161 StPO eingeschränkt. Diese Einschränkung der Auskunftspflicht gelte gegenüber anderen Behörden, insbesondere auch gegenüber den Strafverfolgungsbehörden in dem Sinne, dass Auskünfte auch nicht erteilt werden dürften. Bedauerlicherweise soll der Verstoß jedoch auch nach Auffassung des OLG Frankfurt a.M. keine Konsequenzen haben: Selbst wenn davon auszugehen sei, dass die Behörde bei der Übermittlung des Lichtbildes des Betroffenen an die Bußgeldbehörde gegen die Bestimmung des § 2b II PersonalAuswG verstoßen habe, so führe dieser Verstoß nicht zu einem Beweisverwertungsverbot, das dem gesamten Verfahren die Grundlage entziehen könne.[206] Ein Beweisverwertungsverbot bestehe nur dann, wenn der Kernbereich der Persönlichkeitssphäre des Betroffenen berührt wird.[207] Ein Lichtbild des Betroffenen sei lediglich der – nicht umfassend geschützten – schlichten Privatsphäre zuzurechnen. Dass es vom Betroffenen selbst bei Beantragung seines Reisepasses zu den Akten der Passstelle gegeben wurde, hindere seine Verwertung ebenfalls nicht; ein Verstoß gegen den Grundsatz, dass niemand aktiv zu seiner eigenen Überführung beitragen muss, liege nicht vor. Der Betroffene sei nicht gezwungen worden, sein Lichtbild im Bußgeldverfahren als Beweismittel zur Verfügung zu stellen. Dass die Bußgeldstelle wegen des nach der Hinterlegung des Lichtbildes entstandenen Tatverdachts einer Verkehrsordnungswidrigkeit auf sein zum Passregister gegebenes Lichtbild im automatisierten Abrufverfahren zugreifen kann, sei das unmittelbare Ergebnis staatlicher Ermittlungstätigkeit, nicht jedoch einer rechtswidrig erzwungenen Selbstbelastung des Betroffenen.

b) Auskunftspflicht der Passbehörde

Dagegen wird vertreten, die Bußgeldbehörde sei nach § 46 OWiG, § 161 StPO berechtigt, Auskunft zu verlangen. § 22 Abs. 1 PaßG bestimmt: „Personenbezogene Daten dürfen die Passbehörden nur nach Maßgabe dieses Gesetzes, anderer Gesetze oder Rechtsverordnungen erheben, übermitteln, sonst verarbeiten oder nutzen“. Dieses Auskunftsrecht, das auf „anderen Gesetzen“ im Sinne von § § 22 I PaßG beruhe, umfasse auch die Herausgabe eines beim Passregister hinterlegten Lichtbildes des Betroffenen, das Datencharakter (vgl. § 3 III 1 BDSG) habe. § 22 II 2 Nr. 1 PaßG (und

205 *OLG Frankfurt*, NJW 1997, 2963; vgl. dazu auch *BayObLG*, NJW 1998, 3656.
206 *OLG Frankfurt*, NJW 1997, 2963.
207 *BayObLG*, NJW 1998, 3656; *OLG Frankfurt*, NJW 1997, 2963; *OLG Hamm*, Beschl. v. 7. November 1989 – 3 Ss OWi 695/89.

auch § 2b II Nr. 1 PersonalausweisG) beschränkt die Auskunftspflicht der Passbehörde (oder der Personalausweisbehörde) gerade nicht. Für die Verfolgung von Ordnungswidrigkeiten wird dem Datenschutz kein Vorrang vor dem staatlichen Aufklärungsinteresse eingeräumt,[208] weil die Verfolgung von Ordnungswidrigkeiten – ähnlich wie die Strafverfolgung – nach dem Rechtsstaatsprinzip (Art. 20 III GG) eine zentrale staatliche Aufgabe ist, die zur Wahrung der öffentlichen Sicherheit und Ordnung, insbesondere der Verkehrsdisziplin, in effektiver Weise wahrgenommen werden muss. Hierfür sind auch Eingriffe in das Persönlichkeitsrecht des Betroffenen zulässig, allerdings nur unter der Voraussetzung, dass der Grundsatz der Verhältnismäßigkeit gewahrt wird. Die Bußgeldbehörden sind zwar bei weitem nicht in allen Fällen der Beweissicherung durch Messfotos auf einen Abgleich mit Lichtbildern aus dem Pass- oder Personalausweisregister angewiesen; in Fällen, in denen ein Firmenangehöriger verdächtig ist, eine Verkehrsordnungswidrigkeit begangen zu haben, brauchen sie jedoch zur Erfüllung ihrer gesetzlichen Aufgabe der Verfolgung solcher Ordnungswidrigkeiten derartige Daten, weil diese sonst mit unverhältnismäßig hohem Aufwand durch einen Behördenbediensteten oder auf bußgeldbehördliches Ersuchen durch die Polizei erhoben werden müssten. Zwar bliebe der Bußgeldbehörde oder der Polizei die Möglichkeit, den Betroffenen in seiner Wohnung oder an seinem Arbeitsplatz aufzusuchen und ihn zum Vergleich mit dem Messfoto in Augenschein zu nehmen. Aus der Sicht des Betroffenen würden derartige Ermittlungswege wesentlich stärker in seine Persönlichkeitssphäre eingreifen als die Erhebung seines Lichtbildes beim Pass- oder Personalausweisregister, so dass die Verhältnismäßigkeit des Abgleichs mit Lichtbildern aus dem Pass- oder Personalausweisregister angenommen wird.

2. Anforderungen an Urteilsgründe

Das OLG Koblenz hat sich erst kürzlich in einem Beschluss vom 10.9.2009[209] detailliert mit den Anforderungen des Gerichts an den Umfang der Ausführungen zum Wiedererkennen des vermeintlichen Täters mittels Radarbildern befasst. Recht oft sind die Gründe diesbzgl. unvollständig und nicht frei von Rechtsfehlern. Seine Auffassung wiederholte das OLG Koblenz gut drei Wochen später im Beschluss vom 2.10.2009,[210] in dem es vorliegende Begründung für einen parallelen Fall übernahm.

Die Urteilsgründe müssen, wenn der Tatrichter den Betroffenen anhand eines bei einer Verkehrsüberwachungsmaßnahme gefertigten Lichtbildes als Fahrer identifiziert hat, so gefasst sein, dass das Rechtsbeschwerdegericht prüfen kann, ob das Beweisfoto überhaupt geeignet ist, die Identifizierung einer Person zu ermögli-

---

208 *OLG Stuttgart*, NZV 2002, 574; ebenso *AG Schleiden*, DAR 2001, 232.
209 SVR 2009, 467 ff.
210 2 SsBs 100/09, NZV 2010, 212.

chen.[211] Diese Forderung kann der Tatrichter dadurch erfüllen, dass er in den Urteilsgründen auf das in der Akte befindliche Foto gemäß § 267 I 3 StPO i.V.m. § 71 Abs. 1 OWiG Bezug nimmt. Die Bezugnahme auf ein Radarfoto oder andere Abbildungen muss in den Urteilsgründen deutlich und zweifelsfrei zum Ausdruck gebracht werden. Das muss nicht in der Weise geschehen, dass die Vorschrift des § 267 I 3 StPO ausdrücklich angeführt und ihr Wortlaut verwendet wird. Den Gründen muss aber eindeutig zu entnehmen sein, dass nicht nur der Vorgang der Beweiserhebung beschrieben, sondern durch die entsprechenden Ausführungen das Foto zum Bestandteil der Urteilsurkunde gemacht werden soll. Die Angabe von Blattzahlen reicht dazu nicht aus.[212] Demzufolge stellt etwa der bloße Hinweis, die Feststellungen beruhten auf „den zum Gegenstand der Hauptverhandlung gemachten und dort in Augenschein genommenen Lichtbildern (Bl. 1, 4, 43 d.A.)" keine Bezugnahme im Sinne des § 267 I 3 StPO dar.

Aufgrund der Bezugnahme, die deutlich und zweifelsfrei zum Ausdruck gebracht sein muss, kann das Lichtbild zum Bestandteil der Urteilsgründe werden. Das Rechtsmittelgericht kann die Abbildung dann aus eigener Anschauung würdigen und ist daher auch in der Lage zu beurteilen, ob es als Grundlage einer Identifizierung tauglich ist.[213] Ausführungen zur Beschreibung des abgebildeten Fahrzeugführers sind dann entbehrlich, wenn das Foto zur Identifizierung uneingeschränkt geeignet ist.[214] Ist das Foto – etwa aufgrund schlechter Bildqualität oder aufgrund seines Inhalts – zur Identifizierung des Betroffenen nur eingeschränkt geeignet, so hat der Tatrichter zu erörtern, warum ihm die Identifizierung gleichwohl möglich erscheint. Dabei sind umso höhere Anforderungen an die Begründung zu stellen, je schlechter die Qualität des Fotos ist. Die – auf dem Foto erkennbaren – charakteristischen Merkmale, die für die richterliche Überzeugungsbildung bestimmend waren, sind zu benennen und zu beschreiben.[215] Unterbleibt eine prozessordnungsgemäße Verweisung auf das Beweisfoto, so muss das Urteil Ausführungen zur Bildqualität enthalten und die abgebildete Person oder jedenfalls mehrere charakteristische Identifizierungsmerkmale so präzise beschreiben, dass dem Rechtsmittelgericht anhand der Beschreibung in gleicher Weise wie bei Betrachtung des Fotos die Prüfung ermöglicht wird, ob dieses zur Identifizierung generell geeignet ist.[216]

---

211 BGHSt 41, 376, Senatsbeschluss vom 13. Februar 2007 – 1 Ss 37/07 –.
212 *OLG Düsseldorf*, NZV 2007, 254, 255.
213 BGH a.a.O., Senat a.a.O.
214 BGH a.a.O., Senat a.a.O.
215 BGH a.a.O., Senat a.a.O.
216 OLG Bamberg, DAR 2011, 401ff.

XI. Verwertbarkeit von Geschwindigkeitsmessungen

Das Bundesverfassungsgericht ist in seinem viel beachteten Beschluss vom 11.8.2009[217] zu dem Ergebnis gekommen, dass eine mittels der Videoaufzeichnung Typ VKS vorgenommene Geschwindigkeitsmessung nicht auf einen Erlass eines Ministeriums gestützt werden könne, sie sei unter keinem rechtlichen Aspekt vertretbar und daher willkürlich, die Verfassungsbeschwerde war daher offensichtlich begründet. In seiner Begründung hat das Gericht ausgeführt, in der vom Beschwerdeführer angefertigten Videoaufzeichnung liege ein Eingriff in sein allgemeines Persönlichkeitsrecht in seiner Ausprägung als Recht auf informationelle Selbstbestimmung. Durch die Aufzeichnung würden die beobachteten Lebensvorgänge technisch fixiert. Sie könnten später zu Beweiszwecken abgerufen, aufbereitet und ausgewertet werden. Eine Identifizierung des Fahrers sei möglich und beabsichtigt. Auf den gefertigten Bildern seien das Kennzeichen des Fahrzeugs und der Fahrzeugführer deutlich zu erkennen.

Die Rechtsauffassung der mit der Verfassungsbeschwerde angefochtenen Entscheidungen, Rechtsgrundlage für einen Eingriff in das Recht auf informationelle Selbstbestimmung könne ein Erlass des Wirtschaftsministeriums zur Überwachung des Sicherheitsabstandes sein, sei verfehlt und unter keinem rechtlichen Aspekt vertretbar. Bei dem Erlass handele es sich um eine Verwaltungsvorschrift und damit um eine verwaltungsinterne Maßnahme. Diese könne für sich aber keinen Eingriff in das Grundrecht auf informationelle Selbstbestimmung rechtfertigen, da dieser einer formell gesetzlichen Grundlage bedürfe. Eine verwaltungsinterne Regelung aber stelle kein Gesetz im Sinne des Art. 20 GG dar und sei Gegenstand und nicht Maßstab der richterlichen Kontrolle. Vielmehr haben der Gesetzgeber und damit das Parlament über einen solchen Grundrechtseingriff zu beschließen und dessen Voraussetzungen, Umfang und Grenzen klar festzulegen.

Seit dieser Entscheidung des Bundesverfassungsgerichts waren Geschwindigkeitsverstöße und Abstandsunterschreitungen, die mittels Videoüberwachung aufgedeckt werden, stark umstritten. Es wurde vertreten, dass der Beschluss des Bundesverfassungsgerichts auch auf andere Messverfahren übertragbar sei. Einige Autoren fragten sich gar: Sind Video-Verkehrskontrollen „unter keinem rechtlichen Aspekt vertretbar“?[218] Einige Bußgeldrichter waren für einige Zeit derart verunsichert, dass sie sämtliche anhängige Bußgeldverfahren dieser Art, ob mit dem Verkehrskontrollsystem Typ VKS oder dem vergleichbaren Gerät JVC/Piller CG-P 50 E, einstellten oder die Geldbuße gegen Rechtsmittelverzicht unterhalb der Eintragungsgrenze reduzieren.

---

217 2 BvR 941/08, NJW 2009, 3293.
218 *Bull*, NJW 2009, 3279.

Die Auffassung,[219] die weder für Abstandsunterschreitungen noch für Geschwindigkeitsmessungen, d.h. sowohl stationäre wie mobile Messungen, eine passende Ermächtigungsgrundlage als gegeben ansah, ist höchstrichterlich in dieser Allgemeinheit inzwischen abgelehnt worden.[220] Inzwischen ist § 100h StPO in der obergerichtlichen Rechtsprechung als Rechtsgrundlage akzeptiert worden.[221] Allerdings forderte diese Bestimmung einen Anfangsverdacht.

Dies soll selbst dann noch gelten, wenn über einen gewissen Zeitraum der fließende Verkehr generell aufgenommen werde, solange auf dem Video weder einzelne Fahrer noch Kennzeichen zu erkennen wären. Hier läge ein Eingriff in die allgemeinen Persönlichkeitsrechte der jeweils zu diesem Zeitpunkt die Autobahn benutzenden Kraftfahrzeugführer nicht vor, da eine „dritte Kamera, die sog. Identifizierungskamera“, erst dann aktiviert werde, nachdem auf Grund zweier weiterer Videokameras Anhaltspunkte für einen Geschwindigkeits- oder Abstandsverstoß vorlägen. Aus diesem Grunde nahm das OLG Bamberg[222] eine verdachtsabhängige Videoüberwachung an. Diese Auffassung erscheint zweifelhaft, da ein Anfangsverdacht eine menschliche Entscheidung voraussetzt und nicht die Software eines Messgeräts entscheiden kann.[223]

XII. Tenorierung

Da die Regelung des § 260 IV S.1 StPO auch für die Abfassung der Urteile in Bußgeldsachen gilt, muss die Urteilsformel die rechtliche Bezeichnung der Tat enthalten. Die Verkehrsordnungswidrigkeit ist im Urteilstenor präzise zu bezeichnen.[224] Eine pauschale Kennzeichnung, wie „wegen einer fahrlässigen Ordnungswidrigkeit“ soll nicht genügen.[225] Auch die Tenorierung „wegen einer fahrlässigen Ordnungswidrigkeit des Überschreitens der zulässigen Höchstgeschwindigkeit“ ist unpräzise.

Die Urteilsformel muss, als Grundlage für die Vollstreckung und die Eintragung der Verurteilung in das Bundeszentral- bzw. FAER, aus sich selbst heraus verständlich sein.[226]

---

219 *AG Grimma*, SVR 2010, 145.
220 BVerfG, Beschl. v. 5.7.2010, 2 BvR 759/10.
221 Burhoff, in ders./Olaf Neidel/Hans-Peter Grün, Messungen im Straßenverkehr, Rn 7 ff. zu Teil 3.
222 NJW 2010, 100; ihm folgend: *OLG Koblenz*, Beschl. v. 4.1.10, 1 SsBs 111/09.
223 Burhoff, in ders./Olaf Neidel/Hans-Peter Grün, Messungen im Straßenverkehr, Rn 8a zu Teil 3.
224 OLG Jena, VRS 2011 Bd. 121, 44.
225 OLG Jena, a.a.O.
226 OLG Jena, VRS 2011 Bd. 121, 44 m.w.N.

Gleichwohl kann der Tenor aus den Gründen ausgelegt und unter gewissen Voraussetzungen ergänzt werden kann, wenn Art und Umfang der getroffenen Entscheidung unklar ist.[227]Grundsätzlich ist aber eine Entscheidung, die in der Formel keinen Ausdruck gefunden hat, nicht getroffen.

Das OLG Jena[228] hat ausgeführt:

„Zur Verständlichkeit für den in der Regel rechtsunkundigen Betroffenen empfiehlt es sich aber, im Tenor beim Schuldspruch den konkreten Pflichtenverstoß wie im Bußgeldbescheid zu umschreiben und die konkreten Bestimmungen, aus denen sich die Ordnungswidrigkeit ergibt, nur in der Liste der angewandten Vorschriften aufzunehmen."

Es ist etwa erforderlich, die Verurteilung „wegen einer fahrlässigen Ordnungswidrigkeit des Überschreitens der zulässigen Höchstgeschwindigkeit außerhalb geschlossener Ortschaften um mehr als 23 km/h" auszusprechen.

Nur diese Formulierung kann Grundlage für die Vollstreckung und die Eintragung der Verurteilung in das Bundeszentral- bzw. FAER sein.

Jedenfalls reichen andere unpräzisere Bezeichnungen nicht, wenn der Tenor bei den angewandten Vorschriften nicht die einschlägige BKat-Ziffer enthält.

Eine unrichtige Urteilsformel ist nicht nur auf eine ordnungsgemäße Verfahrensrüge, sondern auch auf die Sachrüge, hin zu beachten, da Urteilsformel und Urteilsgründe eine Einheit bilden und einander entsprechen müssen.[229] Allerdings kann das Rechtsmittelgericht die unrichtige oder unvollständige Fassung der Urteilsformel richtig stellen, ohne dass deshalb eine Zurückverweisung erforderlich wird.[230]

B. Nichteinhaltung des vorgeschriebenen Mindestabstands

I. Einleitung

Ordnungswidrig im Sinne des § 24 StVG handelt, wer vorsätzlich oder fahrlässig gegen eine Vorschrift über den Abstand nach § 4 StVO verstößt. Der Bußgeldkatalog sieht Geldbuße und ggf. Fahrverbot wegen der Nichteinhaltung des Mindestabstandes von einem vorausfahrenden Fahrzeug (§ 4 StVO) vor. Diese Verstöße haben eine große praktische Relevanz. Schätzungen zufolge werden pro Jahr über 65.000 Ordnungswidrigkeitsverfahren wegen Abstandsdelikten eingeleitet.[231]

227 OLG Jena, a.a.O.
228 Urt. v. 19.11.2001 – 1 SS 218/01, ADAJUR Dok.Nr. 48548.
229 OLG Hamm, NZV 2001, 489.
230 OLG Hamm, NZV 2001, 489.
231 http://www.radarfalle.de/technik/ueberwachungstechnik/abstand2.php vom 25.7.11.

Die Erfahrung zeigt, dass im Autobahnverkehr der nach § 4 StVO vorgeschriebene und zur Vermeidung von Auffahrunfällen unerlässliche Sicherheitsabstand nur selten zuverlässig eingehalten wird. Daher lässt sich für die Polizei insbesondere bei dichtem Verkehr eine Vielzahl von Verfehlungen ermitteln, die dann Bußgeldverfahren zur Folge haben. Die Strafverfolgungsorgane begründen ihr Tätigwerden damit, dass Auffahrunfälle unter Beteiligung solcher Fahrzeuge, wie die Vergangenheit gezeigt habe, meist besonders schwerwiegende Folgen haben.[232] Im Rahmen der anwaltlichen Vertretung sollte der Rechtsanwalt mit dem juristischen Handwerkszeug ausgestattet sein und versuchen, eine gefährliche Punkteaufaddierung insbes. der Lkw-Fahrer zu vermeiden. Dazu will der Verfasser in diesem Kapitel einen Beitrag leisten und dazu Verteidigungsansätze sowie die neuen Entwicklungen in der Rechtsprechung aufzeigen.

II. Gesetzliche Regelungen

Zunächst sollen die gesetzlichen Grundlagen der Ordnungswidrigkeitenverfahren im Überblick dargestellt werden. Nach § 4 I 1 StVO muss der Abstand zu einem vorausfahrenden Fahrzeug in der Regel so groß sein, dass auch dann hinter ihm gehalten werden kann, wenn plötzlich gebremst wird. Der Vorausfahrende darf nicht ohne zwingenden Grund stark bremsen. Darüber hinaus bestimmt § 4 III StVO, dass Lastkraftwagen mit einem zulässigen Gesamtgewicht über 3,5 t und Kraftomnibusse auf Autobahnen, wenn ihre Geschwindigkeit mehr als 50 km/h beträgt, von vorausfahrenden Fahrzeugen einen Mindestabstand von 50 m einhalten müssen.

Die StVO sowie der Bußgeldkatalog differenzieren zunächst danach, mit welchem Fahrzeug es zu einer Unterschreitung des Mindestabstands gekommen ist. Ist er von einem Lkw mit einem zulässigen Gesamtgewicht über 3,5 t und Kraftomnibussen und auf einer Autobahn ausgegangen, so sehen §§ 4 III, 49 StVO, § 24 StVG, Nr. 15 BKat für jede Unterschreitung des Mindestabstands von 50 m eine Geldbuße und ein Punkt im FAER vor. Sanktioniert wird insoweit – wenn der Sicherheitsabstand zum Vordermann von einem Lkw nicht eingehalten worden ist – einheitlich ein Abstand unter 50 Metern, egal ob dieser nun im konkreten Fall bei einem oder 49 Metern lag.[233] Bei anderen Fahrzeugen wird weiter nach der Geschwindigkeit unterschieden, mit der der Führer bei der Nichteinhaltung des Mindestabstands unterwegs war, sowie danach, ob es zusätzlich zu einer Gefährdung oder Sachbeschädigung gekommen ist. Bei Pkw-Verstößen kommt der Frage, wie niedrig der konkrete Mindestabstand war, Bedeutung zu.

232 OLG Zweibrücken, NZV 1998, 39.
233 Heinrich, DAR 2009, 670.

Sowohl bei einer Geschwindigkeit von mehr als 80 km/h als auch von mehr als 130 km/h sieht der Bußgeldkatalog bei einem Abstand von weniger als 3/10 des halben Tachowertes zusätzlich ein Fahrverbot vor.

III. Dauer der Verfehlung

Nach Rechtsprechung[234] und herrschender Meinung[235] liegt eine Ordnungswidrigkeit nach § 4 I StVO nur unter der Voraussetzung vor, dass der zu geringe Abstand nicht nur ganz vorübergehend gedauert hat. Dies wird aus dem Wortlaut („in der Regel") geschlossen.[236] Als nicht nur vorübergehend gilt eine Strecke von 250 bis 300 m.[237] Fehlen hierzu Feststellungen, so ist das Urteil lückenhaft und aufzuheben.[238] Das Erfordernis der zeitlich nicht unerheblichen Unterschreitung des Sicherheitsabstands gilt jedoch nicht für die Ordnungswidrigkeit nach Absatz 3 dieser Vorschrift (Lastkraftwagen mit einem zulässigen Gesamtgewicht über 3,5 t und Kraftomnibusse auf Autobahnen); vielmehr reicht in diesem Fall jede kurzfristige Unterschreitung des Mindestabstandes von 50 m aus, es sei denn sie wäre ausnahmsweise vom Fahrzeugführer nicht zu vertreten.[239]

IV. Verwertbarkeit von Videoaufzeichnungen

Die überwiegende Anzahl von Gerichtsurteilen aus den Jahren 2009–2010 im Zusammenhang mit Abstandsunterschreitungen rankte sich um die Frage, ob das Grundrecht auf informationelle Selbstbestimmung der Anwendung von Video-Brücken-Abstandsmessverfahren entgegensteht. Die frühere Auffassung,[240] die weder für Abstandsunterschreitungen noch für Geschwindigkeitsmessungen, d.h. sowohl stationäre wie mobile Messungen, eine passende Ermächtigungsgrundlage als gegeben ansah, ist höchstrichterlich in dieser Allgemeinheit inzwischen abgelehnt worden.[241] Inzwischen ist § 100h StPO in der obergerichtlichen Rechtsprechung als Rechtsgrundlage akzeptiert worden.[242]

---

234 BGHSt 22, 341 = NJW 1969, 939.
235 Janiszewski/Jagow/Burmann, Straßenverkehrsrecht, § 4 StVO Rn 22.
236 OLG Zweibrücken, NStZ-RR 1997, 92.
237 OLG Stuttgart, NZV 2008, 40.
238 OLG Zweibrücken, NZV 1993, 451.
239 OLG Zweibrücken, NStZ-RR 1997, 92.
240 AG Grimma, SVR 2010, 145.
241 BVerfG, NJW 2010, 2717.
242 Burhoff, in ders./Olaf Neidel/Hans-Peter Grün, Messungen im Straßenverkehr, Rn 7 ff. zu Teil 3.

V. Begehungsform

Der Tenor der Entscheidung muss Angabe zur Schuldform enthalten.[243] Der Richter kann gem. § 3 IVa BKatV bei vorsätzlicher Tatbegehung den Regelsatz verdoppeln, zumal auch die Nichteinhaltung des gebotenen Mindestabstands vorsätzlich und fahrlässig verwirklich werden kann, § 10 OWiG. Dem sind allerdings Grenzen gesetzt.[244] Eine Verurteilung wegen vorsätzlicher Nichteinhaltung des Mindestabstands setzt eine Auseinandersetzung mit den kognitiven und voluntativen Vorsatzelementen voraus und kann in der Regel nicht allein mit dem Ausmaß der Abstandsunterschreitung begründet werden.[245] Ist der Betroffene eine lange Strecke erheblich zu dicht aufgefahren; so kann das Tatgericht mindestens von Eventualvorsatz bei dem Betroffenen bei Begehung der Abstandsunterschreitung ausgehen. Ebenso das Maß der Fahrpraxis und die Dauer des Besitzes der Fahrerlaubnis.

VI. Mindestanforderungen an Urteilsgründe

Die tatrichterlichen Feststellungen sind lückenhaft gem. § 267 StPO, so dass sich die Einlegung einer Rechtsbeschwerde empfiehlt, wenn der Tatrichter den Betroffenen wegen Nichteinhaltung des vorgeschriebenen Sicherheitsabstands verurteilt, dabei aber vergisst mitzuteilen, mit welcher konkreten Geschwindigkeit der Betroffene gefahren ist und der Abstand zwischen beiden Fahrzeugen nicht festgestellt wird.[246] Dies genügt nicht, da das Urteil nachprüfbar darlegen muss, warum der Abstand zu gering gewesen sei.[247] Nicht genügen soll die Angabe der mindestens gefahrenen Geschwindigkeit, weil nur so dem Rechtsbeschwerdegericht die Überprüfung der konkreten Rechtsanwendung, wozu auch die rechnerische Überprüfung des konkreten Abstands aufgrund der tatsächlich gefahrenen Geschwindigkeit gehört, möglich ist.[248] Nach OLG Jena bedarf es darüber hinaus Feststellungen zu den Sichtverhältnissen.[249]

Liegen – dies wird die Regel sein – keine Anhaltspunkte für eine Fehlmessung vor, braucht im schriftlichen Urteil daneben nur noch das angewendete Verfahren

---

243 OLG Hamm, NZV 1998, 214.

244 Krumm, SVR 2011 76, Anm. zu *OLG Bamberg*, Beschl. v. 20.10.2010 – 3 Ss OWi 1704/10.

245 OLG Bamberg, SVR 2011, 76.

246 OLG Stuttgart, NStZ-RR 2007, 382.

247 Hentschel, Straßenverkehrsrecht § 4 StVO, Rn 15.

248 OLG Jena, Urt. v. 19.11.2001, ADAJUR Dok.Nr. 48548.

249 VRS Bd. 110, 131.

angegeben zu werden. Der Mitteilung von Toleranzwerten (sowohl bei der Errechnung der Geschwindigkeit des Betr. als auch bei der Bestimmung des Abstands) bedarf es nicht, da diese im Rechenprogramm berücksichtigt seien.[250] Ist der Betroffene hinsichtlich des ihm vorgeworfenen Nichteinhaltens des Sicherheitsabstandes uneingeschränkt und glaubhaft geständig, bedarf es im Bußgeldurteil weder der Mitteilung des angewandten Messverfahrens noch eines etwaigen Toleranzabzuges.[251] Ferner muss den Urteilsgründen zu entnehmen sein, ob und wie sich der Betroffene in der Hauptverhandlung eingelassen und ob der Tatrichter der Einlassung gefolgt ist oder ob und inwieweit er sie für widerlegt angesehen hat. Dies gilt auch, wenn die Feststellung eines Abstandsverstoßes auf einem standardisierten Messverfahren beruht. Denn auch dann besteht die Möglichkeit, dass sich der Betroffene z.B. bzgl. der Fahrereigenschaft, der Abstandsmessung oder der näheren Umstände der Verkehrsordnungswidrigkeit in eine bestimmte Richtung substantiiert verteidigt hat und nicht ausgeschlossen werden kann, dass der Tatrichter die Bedeutung dieser Einlassung verkannt oder rechtlich unzutreffend gewürdigt hat.[252]

VII. Bezugnahme auf das Videoband

Maßgebliche Bedeutung haben bei Abstandsverstößen, die mit technischen Messverfahren durchgeführt werden, die Videobänder. Zwar darf der Bußgeldrichter im Urteil gemäß § 71 I OWiG i.V.m. § 267 I 3 StPO auf das Videoband Bezug nehmen. Diese Bezugnahme ist allerdings nicht wirksam, wenn das Videoband der Akte nicht beigefügt ist.[253] Das Rechtsbeschwerdegericht ist sonst nicht in die Lage versetzt, die Beweiswürdigung auf materiellrechtliche Fehler nachzuprüfen.

VIII. Feststellung durch nachfahrendes Fahrzeug

In der Regel wird die Messung durch ein technisches standardisiertes Messverfahren vorgenommen. Nur ausnahmsweise kommt es zur Einleitung von Ordnungswidrigkeitenverfahren, die durch nachfahrende Fahrzeuge aufgedeckt wurden. Zwar ist es nach herrschender Rspr. grundsätzlich möglich, dass geübte und erfahrene Polizeibeamte durch Beobachtung der beteiligten Fahrzeuge über eine hinreichend lange Strecke den Abstand zwischen ihnen in gerichtsverwertbarer Weise einschätzen können, wenn sie in einer nicht zu großen Entfernung schräg versetzt hinter dem

---

250 *OLG Brandenburg*, NStZ 2005, 413; *OLG Karlsruhe*, NZV 2007, 256.
251 OLG Hamm, NStZ-RR 2008, 355.
252 OLG Bamberg, DAR 2009, 655 (LS).
253 OLG Bamberg, DAR 2009, 655 (LS).

vorausfahrenden Fahrzeug fahren,[254] was insbesondere gilt, wenn Schätzungshilfen, wie etwa die Länge der Leitlinienmarkierungen oder dergleichen, vorhanden sind. Derartige Schätzungen bedürfen allerdings besonders kritischer tatsächlicher Bewertung. Besondere Vorsicht ist jedoch bei einem eingeschränkten ungünstigen Winkel geboten, wenn etwa das nachfahrende Fahrzeug nicht – wie sonst in diesen Fällen zur Erlangung einer möglichst guten Sicht für die Beamten üblich – schräg versetzt auf der benachbarten Fahrspur, sondern rückwärtig versetzt auf der von dem Betroffenen benutzten Richtungsfahrbahn fuhr. Das ermöglicht Zeugen nur eine stark eingeschränkte Sicht auf zwei vorausfahrende Fahrzeuge in einem sehr spitzen Winkel. Wenn es aber schon unverhältnismäßig schwierig ist, den Abstand zweier vorausfahrender Fahrzeuge aus einem Fahrzeug heraus bei guter Sicht zuverlässig zu ermitteln,[255] dann bedarf es gerade bei einem stark eingeschränkten Blickwinkel einer besonders kritischen tatrichterlichen Würdigung. Beruht die Feststellung eines Abstands zum vorausfahrenden Kfz gar auf der Schätzung von Polizeibeamten, so bedarf es im Rahmen der Beweiswürdigung der Darlegung, ob die Zeugen im Schätzen räumlicher Abstände geübt sind.[256] Mangels hinreichender Genauigkeit soll es nicht möglich sein, durch Vorausfahren mit einem Polizeifahrzeug und anschließende Rekonstruktion des Abstands auf einem Parkplatz an Hand von Merkmalen, die sich die Polizeibeamten während der Fahrt bei ihrer Beobachtung über den Rückspiegel eingeprägt hatten, einen unzulässig geringen Abstand zwischen zwei Fahrzeugen festzustellen.[257]

IX. Abgrenzung des Abstandsverstoßes zur Nötigung nach § 240 StGB

Abstandsverstöße können den Tatbestand der Nötigung nach § 240 StGB erfüllen.[258] Eine bedrängende Fahrweise kann unter Umständen eine Gewaltanwendung i.S. des § 240 I StGB darstellen, wenn sie geeignet ist, einen durchschnittlichen Fahrer in Furcht und Schrecken zu versetzen und damit durch die Herbeiführung eines gefährlichen Zustandes eine Zwangswirkung auszuüben.[259] Im Einzelnen ist die Abgrenzung der Ordnungswidrigkeit zur Verkehrsstraftat kompliziert. Ob der Straftatbestand erfüllt ist oder ob nur ein Verstoß gegen die Vorschrift des gebotenen Abstands vorliegt, ist aus der Sicht eines objektiven Beobachters zu beurteilen.[260]

---

254 OLG Hamm, DAR 2006, 338; OLG Hamm, VRS 94, 303; VRS 58, 276; OLG Düsseldorf, VRS 56, 57.
255 OLG Hamm, VRS 58, 276, 278.
256 OLG Düsseldorf, NJW 1993, 1940.
257 OLG Düsseldorf, VRS 68, 229.
258 BVerfG, SVR 2007, 269.
259 BGHSt 19, 263, 266; OLG Köln, NZV 1992, 371.
260 BayObLG, NZV 1993, 357.

Maßstab ist die Intensität der Einwirkung, die nicht nur durch die Dauer der bedrängenden Fahrweise, sondern durch alle Umstände des Einzelfalles gekennzeichnet ist.[261] Diese Voraussetzungen sind angenommen worden bei gefährlich bedrängender Fahrweise über eine Strecke von mehreren 100 m unter ständigem Hupen und Blinken.[262] Wiederholt dichtes Auffahren kann ausreichen.[263] Andererseits wird eine Strafbarkeit aber auch verneint bei kürzeren Verfolgungsstrecken.[264] Bei kürzerer Streckenlänge wird für die Annahme des Nötigungstatbestandes verlangt, dass für den Vorausfahrenden eine konkrete, nicht unerhebliche Gefahr entstanden ist[265] und die Annahme von Gewalt auf Ausnahmefälle beschränkt bleibt.[266] Das Nichteinhalten des erforderlichen Abstandes zum vorausfahrenden Fahrzeug – ca. 14 Sekunden dauerndes Nachfahren auf der linken Fahrspur einer Autobahn mit einer Geschwindigkeit von ca. 130 km/h in einem Abstand von 5 bis 10 m – allein soll ohne Hinzutreten weiterer Umstände (z.B. Hup- oder Lichtsignale) nicht den Schluss rechtfertigen, dass der Vorausfahrende zum Ausweichen auf die rechte Fahrspur gezwungen werden soll.[267] Besteht ein Abstand von nur wenigen Metern, besteht das Risiko, dass es zu einem Übergang vom Bußgeld- zum Strafverfahren gem. § 81 OWiG kommt.[268]

X. Weitere Verteidigungsansätze

1. Nachfolgender Verfahr und so genannte „Kolonnenfahrt“

Oftmals trifft man bei der Sichtung des Messvideos, dessen Auswertung dringend zu empfehlen ist, auf Abstandsverstöße im Rahmen von Lkw-Kolonnenfahrten. Hierbei begeht der dem Betroffenen folgende Fahrer des Lkw ebenfalls einen Abstandsverstoß. Hierbei kann der Einwand vorgebracht werden, dass der Betroffene, um den Abstand zum vorausfahrenden Lkw wiederherzustellen, riskiert hätte, dass es zu einem Auffahrunfall mit dem ihm folgenden Lkw gekommen wäre. Eine derartige Lage ist als rechtfertigender Notstand gem. § 16 OWiG zu werten.[269] Fahrer, die vor diesem Hintergrund davon absehen, den gebotenen Mindestabstand von 50 Metern einzuhalten, tragen ein erkennbar geringes Verschulden.

---

261 BayObLG, NZV 1990, 238; OLG Köln, NZV 1992, 371 f.; Kuhn, in Widmaier, Münchener Anwaltshandbuch Strafverteidigung, § 240 StGB, Rn 175.
262 BGH NJW 1964, 1426; OLG Frankfurt, VRS 56, 286.
263 OLG Köln, NZV 1992, 371; OLG Karlsruhe, VRS 42, 277; Haubrich, NJW 1989, 1198.
264 BayObLG, NZV 1990, 238.
265 OLG Hamm, VRS 45, 360.
266 OLG Karlsruhe, VRS 57, 415; Haubrich, NJW 1989, 1197, 1198.
267 BayObLG, NZV 1993, 357.
268 OLG Zweibrücken, NZV 1993, 451.
269 Heinrich, DAR 2009, 670, 671.

Selbst wenn ein Rechtfertigungsgrund abgelehnt wird, sollte auf die Einstellung des Bußgeldverfahrens nach Opportunitätsgrundsätzen gem. § 47 OWiG hingewirkt werden oder eine Absenkung der Geldbuße unter die Eintragungsgrenze. Bedauerlicherweise ist eine Tendenz in der amtsgerichtlichen Rechtsprechung zu erkennen, solch eine Verfahrensweise nicht zu akzeptieren, da der Betroffene sich über eine längere Strecke hätte durch mäßiges Reduzieren der Geschwindigkeit zurückfallen lassen können. Es gibt aber erfreulicherweise ebenfalls Beispiele für eine entsprechende Herabsetzung der Geldbuße oder Einstellungen des Verfahrens.[270]

2. Fahrverhalten des Vordermanns

Erfolgsaussichten kann der Einwand haben, der vor dem Betroffenen fahrende Fahrzeugführer habe die Geschwindigkeit im Messbereich reduziert oder der Vordermann sei in oder unmittelbar vor der relevanten Strecke in den Sicherheitsabstand eingefahren.[271] Derartige Ausnahmesituationen sind jedoch eher selten, da sie meist schon von der Bußgeldstelle aussortiert werden.

3. Wenig gravierende Abstandsverstöße

Erfolg versprechend können Fälle sein, in denen der gemessene Abstand „nur" bei ca. 40 bis 50 Metern lag. In der Praxis sind hier Gerichte noch am ehesten bereit, die Geldbuße auf „Nichtpunkteniveau" abzusenken.[272]

XI. Rechtsbeschwerde

Greift der Betroffene das erstinstanzliche Urteil an, so gilt es für Lkw-Verstöße, die Hürde der Zulassungsrechtsbeschwerde gem. § 80 OWiG zu überwinden. Hier lässt das Beschwerdegericht die Rechtsbeschwerde nur zu, wenn es geboten ist, die Nachprüfung des Urteils zur Fortbildung des Rechts oder zur Sicherung einer einheitlichen Rechtsprechung zu ermöglichen, oder das Urteil wegen Versagung des rechtlichen Gehörs aufzuheben. Wird bei übrigen Fahrzeugen ein Fahrverbot oder eine Geldbuße von mehr als zweihundertfünfzig Euro festgesetzt (§ 79 I Nr. 1 OWiG), so ist die Rechtsbeschwerde statthaft.

---

270 Heinrich, DAR 2009, 670, 671.
271 Krumm, SVR 2005, 460.
272 Heinrich, DAR 2009, 670, 671.

XII. Fazit

1. Abstandsverstöße durch Pkw und im Bereich des Schwerlastverkehrs haben eine große praktische Relevanz. Gerade die Kontrolle des Schwerlastverkehrs auf Autobahn hat erheblich zugenommen.
2. Es ergeben sich vielfältige Verteidigungsansätze. Diese liegen allerdings nicht mehr im Bereich der Geltendmachung von Beweisverwertungsverboten einer Videoaufzeichnung im Rahmen von Abstandsmessverfahren. Die Thematik ist zwischenzeitlich ausgekaut. Inzwischen ist § 100h StPO in der obergerichtlichen Rechtsprechung als Rechtsgrundlage akzeptiert worden.
3. Während im Rahmen von § 4 I StVO bei Pkw-Abstandsverstößen der Tatbestand nur unter der Voraussetzung erfüllt ist, dass der zu geringe Abstand nicht nur ganz vorübergehend gedauert hat, reicht bei Abstandsverstößen im Schwerlastverkehr nach h.M. jede kurzfristige Unterschreitung des Mindestabstandes von 50 m.
4. Im Rahmen von amtsgerichtlichen Urteilen wird zuweilen der Versuch unternommen, dem Betroffenen vorsätzliches Verhalten zu unterstellen. In der Regel kann der Vorsatz jedoch nicht allein mit dem Ausmaß der Abstandsunterschreitung begründet werden.
5. Die Urteilsgründe sind lückenhaft, wenn der Amtsrichter nicht mitteilt, mit welcher konkreten Geschwindigkeit der Betroffene gefahren ist und der Abstand zwischen beiden Fahrzeugen nicht festgestellt wird. Daneben ist noch das angewendete Verfahren anzugeben. Ausnahmen gelten bei einem uneingeschränkt und glaubhaft geständigen Betroffenen.
6. Ist das Videoband der Akte nicht beigefügt, ist eine Bezugnahme auf das Videoband nicht wirksam. Ein solches Urteil wäre rechtsfehlerbehaftet und aufzuheben.
7. Wird die Ordnungswidrigkeit ausnahmsweise durch Schätzungen nachfahrender (Polizei-)Fahrzeuge aufgedeckt, so bedürfen diese besonders kritischer tatsächlicher Bewertung.
8. Vorsicht kann geboten sein bei besonders gravierenden Abstandsverstößen, bei denen der Mandant dem Vordermann direkt „an der Stoßstange klebt". Der Betroffene sollte sich des Risikos bewusst sein, dass es zum Übergang vom Bußgeld- zum Strafverfahren gem. § 81 OWiG kommen kann. Unter Umständen kann ein derartiges Verhalten den Straftatbestand der Nötigung gem. § 240 StGB erfüllen.
9. Ergibt sich aus der Auswertung des Messvideos eine besondere Verkehrslage, wie eine Kolonnenfahrt, so kann eine Verfahrenseinstellung oder Reduzierung der Geldbuße geboten sein.

XIII. Musterrechtsbeschwerde bei Abstandsverstoß bei Kolonnenfahrt

An das
Amtsgericht
St. G.

Sekretariat RA F.

In dem Ordnungswidrigkeitenverfahren
gegen Herrn Roland R.
– 2010 Js 45963/10.2 OWi –

begründen wir den Antrag auf Zulassung der Rechtsbeschwerde vom 21.10.2010 wie folgt und legen die Anträge vor:

1. Das Urteil des Amtsgerichts St. G. vom 20.10.2010 wird mit den zugrunde liegenden Feststellungen aufgehoben.
2. Die Sache wird zur erneuten Verhandlung und Entscheidung – auch über die Kosten der Rechtsbeschwerde – an eine andere Abteilung des Amtsgerichts zurückverwiesen.

Begründung:

Gerügt wird die Verletzung formellen und materiellen Rechts.

I. Verfahrensrüge

1. Verfahrenstatsachen

Dem Betroffenen wurde mit Bußgeldbescheid vom 17.3.2010 vorgeworfen, den Mindestabstand von 50 m zu einem vorausfahrenden Fahrzeug nicht eingehalten zu haben. Gegen ihn wurde eine Geldbuße in Höhe von 80,00 EUR verhängt.

Gegen diesen Bußgeldbescheid wurde fristgerecht Einspruch eingelegt.
In der Hauptverhandlung vor dem Amtsgericht St. G. vom 20.10.2010 wurde das Videoband in Augenschein genommen.

Daraufhin beantragte die Verteidigung laut Blatt 50 der Ermittlungsakte die Einholung eines Sachverständigengutachtens.

Im Hauptverhandlungsprotokoll heißt es hierzu auf Seite 2:

„Der Verteidiger erklärt sodann:
Es lag eine Kolonnenfahrt vor. Der Abstand zum Vorausfahrenden war zu gering aber zum Nachfolgenden war der Abstand noch geringer. Es war dem Betroffenen

daher nicht möglich, einen Abstand von 50 m herzustellen. Ziel des Einspruchs ist eine Reduzierung auf 35,00 EUR. Nach kurzer Erörterung der Sach- und Rechtslage stellt der Verteidiger sodann den aus der Anlage zum Protokoll ersichtlichen Beweisantrag, welchen er schriftlich zur Akte reicht und verliest.

Es erging sodann der aus der Anlage ersichtliche, den Beweisantrag ablehnende Beschluss."

Im Beweisantrag (Blatt 53 d.A.) der Verteidigung heißt es:

„Beweisantrag

Zum Beweis der Tatsache, dass für den Betroffenen im Messbereich die Gefahr eines Auffahrunfalls bestanden hätte, wenn dieser seine Geschwindigkeit erkennbar reduziert hätte, um den gebotenen Abstand zum vorausfahrenden Lkw herzustellen, wird die Einholung eines Sachverständigengutachtens beantragt.

Begründung:

Der dem Betroffenen folgende Lkw fuhr extrem nah hinter dem Betroffenen, ca. 10 m. Der Betroffene befand sich damit im Notstand. Es lag eine Kolonnenfahrt vor, wobei der Abstand des Betroffenenfahrzeugs zum nachfolgenden Lkw deutlich geringer als zum vorausfahrenden Lkw war. Die Geschwindigkeit des nachfolgenden Lkw entwickelte sich steigend.

Unterschrift
Rechtsanwalt"

Diesen Beweisantrag lehnte das Amtsgericht zu Unrecht ab. Auf Blatt 54 heißt es:

„Beschluss

Der Antrag auf Einholung eines Sachverständigengutachtens wird zurückgewiesen.

Gründe:

Die unter Beweis gestellte Tatsache ist nicht geeignet, die Verwirklichung des Bußgeldtatbestandes in Frage zu stellen, der Beweisantrag wird daher wegen Bedeutungslosigkeit für die Entscheidung abgelehnt, § 244 III 2 Alternative 2 StPO. Auch wenn im Messfeld bei erkennbarer Reduzierung der Geschwindigkeit die Gefahr eines Auffahrunfalls bestanden haben sollte, liegt eine fahrlässige Abstandsunterschreitung vor. Dies insbesondere deshalb, weil die Geschwindigkeit über die Beobachtungsstrecke von 300 m nur sehr geringfügig reduziert wurde. Zumindest in diesem Bereich wäre eine übermäßig starke Reduzierung möglich gewesen."

2. Rechtliche Erwägungen

Auch im Ordnungswidrigkeitenverfahren ist das Gericht gemäß § 77 I 1 OWiG verpflichtet, die Wahrheit von Amts wegen zu erforschen. Den Umfang der Beweisaufnahme hat der Amtsrichter – unter Berücksichtigung der Bedeutung der Sache (§ 77 I 2 OWiG) – nach pflichtgemäßem Ermessen zu bestimmen. In § 77 II OWiG ist für die Beweisaufnahme im Bußgeldverfahren zudem eine über das Beweisantragsrecht der Strafprozessordnung (§ 244 III bis V StPO) hinausgehende Sondervorschrift normiert. Danach kann das Gericht, wenn es den Sachverhalt nach dem bisherigen Ergebnis der Beweisaufnahme für geklärt hält, einen Beweisantrag auch dann ablehnen, wenn nach seinem pflichtgemäßen Ermessen die Beweiserhebung zur Erforschung der Wahrheit nicht erforderlich ist (§ 77 II Nr. 1 OWiG). Hierzu müssen drei Voraussetzungen vorliegen:

Es muss bereits eine Beweisaufnahme über eine entscheidungserhebliche Tatsache stattgefunden haben, aufgrund der Beweisaufnahme muss der Richter zu der Überzeugung gelangt sein, der Sachverhalt sei geklärt und die Wahrheit gefunden und die beantragte Beweiserhebung muss nach dem pflichtgemäßen Ermessen des Gerichts zur weiteren Erforschung der Wahrheit nicht erforderlich sein (OLG Hamm NZV 2007, 155; OLG Schleswig SchlHA 2004, 264f.; KK-Senge, OWiG, 3. Aufl., § 77 Rdnr. 15 m.w. Nachw.; Göhler/Seitz, OWiG, § 77 Rdnr. 11). Dabei sind strenge Maßstäbe anzulegen; es darf für das Gericht kein vernünftiger Zweifel daran bestehen, dass die weitere Beweiserhebung keine Aussicht auf Erfolg hat. Das Gewicht der bisherigen Beweiserhebung auf der einen und des Beweismittels, dessen zusätzliche Verwendung beantragt ist, auf der anderen Seite müssen nach dem Ergebnis der gesamten Beweislage abgewogen werden. Eine weitere Beweiserhebung darf nur unterbleiben, wenn die Möglichkeit, dass die Überzeugung des Gerichts durch sie noch erschüttert wird, vernünftigerweise ausgeschlossen erscheint. Wenn das nur unwahrscheinlich ist, muss der Beweis erhoben werden (*OLG Celle*, Beschl. v. 10.2.1986, 2 Ss (OWi) 297/85).

Der Beweisantrag durfte nicht wegen „Bedeutungslosigkeit“ ablehnt werden, zumal ein rechtfertigender Notstand nach § 16 OWiG vorgetragen wurde. Wie das Amtsgericht zu dem Ergebnis gelangen will, dass eine fahrlässige Abstandsunterschreitung auch dann vorliegen würde, wenn für den Betroffenen bei erkennbarer Reduzierung der Geschwindigkeit die Gefahr eines Auffahrunfalls bestanden haben sollte, erschließt sich nicht. Die Güterabwägung hätte in diesem Fall für den Betroffenen dazu geführt, eine Abstandsunterschreitung zu begehen, statt die Gefahr eines Auffahrunfalls mit dem nachfolgenden Fahrzeug zu riskieren.

Das Amtsgericht hätte dem Beweisantrag daher stattgeben müssen. Ein Sachverständigengutachter wäre zu dem Ergebnis gekommen, dass im Falle des Abbremsens und Herstellen des zulässigen Abstands eine Kollisionsgefahr für den Betroffenen und damit ein rechtfertigender Notstand vorgelegen hätte mit der Folge, dass das Amtsgericht den Betroffenen hätte freisprechen müssen.

II. Sachrüge

Daneben wird die Sachrüge nur in allgemeiner Form erhoben.

III. Zulassung der Rechtsbeschwerde

Der Zulassungsgrund der Sicherung einer einheitlichen Rechtsprechung ist gegeben, wenn sonst schwer erträgliche Unterschiede In der Rechtsprechung entstehen oder fortbestehen würden, wobei es darauf ankommt, welche Bedeutung die angefochtene Entscheidung für die Rechtsprechung insgesamt hat. Dies trifft etwa zu, wenn entweder Verfahrensgrundsätze von elementarer Bedeutung verletzt sind oder das Urteil mit Fehlern behaftet ist und entweder die Gefahr der Wiederholung besteht oder der Fortbestand der Entscheidung zu krassen und augenfälligen, nicht mehr hinnehmbaren Unterschieden in der Rechtsprechung führen würde. Die Frage, ob ein Betroffener gerechtfertigt gehandelt hat, ist auch bundeseinheitlich von entscheidender Bedeutung, so dass die Rechtsbeschwerde zuzulassen ist.

IV. Ergebnis

Der Rechtsbeschwerde ist der Erfolg nicht zu versagen.

Dr . F.
Rechtsanwalt
Fachanwalt für Strafrecht

C. Verstoß gegen das Rechtsfahrgebot

Nicht nur die Überschreitung der zulässigen Höchstgeschwindigkeit wird sanktioniert, sondern auch das zu langsame Fahren, wenn gegen das Rechtsfahrgebot gem. § 2 II StVO verstoßen wird. Das „Linksfahren" auf der Autobahn oder Kraftfahrstraßen behindert überholungswillige Verkehrsteilnehmer und wird gem. § 2 II, § 1 II, § 49 StVO; § 24 StVG; 4.2 BKat; § 19 OWiG mit einer Geldbuße und einem Punkt in Flensburg geahndet. Der Tatbestand ist erfüllt, wenn eine lange Strecke auf der linken Fahrspur der Autobahn gefahren wird, ohne bei bestehender Möglichkeit nach rechts einzuscheren.[273] Dabei darf der linke Streifen einer zweibahnigen Autobahn nur zum Zwecke des Überholens benutzt werden und bei genügend großen Lücken

273 AG Kitzingen, Urt. v. 6.6.1991 – OWi 371 Js 57451/90, ADAJUR Dok.Nr. 592.

ist rechts dem schnelleren Verkehr Platz zu machen.[274] Etwas anderes soll nur gelten, wenn das Ausweichen nach rechts wegen der sehr hohen Differenzgeschwindigkeit und der Geringfügigkeit der Lücke nicht zumutbar ist. Das häufige und grundlose Linksfahren ist neben dem Drängeln eine der Hauptursachen für die vielen Auffahrunfälle auf bundesdeutschen Autobahnen.[275] Dass der Verkehrsteilnehmer durch seine Fahrweise nachfolgende Verkehrsteilnehmer am Überholen gehindert hat, die im Falle des Überholens die höchstzulässige Geschwindigkeit überschritten hätten, soll ihn nicht entlasten.[276] Der Straftatbestand der Nötigung gem. § 240 StGB kann gegeben sein, wenn ein Fahrer den linken Fahrstreifen der Autobahn nicht freigibt und dadurch andere Verkehrsteilnehmer daran hindert, ihn zu überholen.[277]

D. Rotlichtverstoß

Ordnungswidrig im Sinne des § 24 des Straßenverkehrsgesetzes handelt gem. § 49 Abs. 3 Nr. 2 StVO, wer § 37 Abs. 2 Nr. 1/2 StVO über das Verhalten an Wechsellichtzeichen, Dauerlichtzeichen oder beim Rechtsabbiegen mit Grünpfeil zuwiderhandelt.

Grundsätzlich sind, um dem Rechtsbeschwerdegericht die erforderliche Überprüfung zu ermöglichen, nähere Feststellungen zu den örtlichen Verhältnissen und zum Ablauf des Rotlichtverstoßes notwendig.[278] Insbesondere wenn die Feststellungen zum Zeitablauf nicht auf einer technischen Messung mittels eines geeichten Messgeräts beruhen, sind wegen der damit verbundenen Fehlermöglichkeiten Feststellungen zur Dauer der Gelbphase, der zulässigen und der vom Betroffenen eingehaltenen Geschwindigkeit sowie dazu erforderlich, wie weit dieser mit seinem Fahrzeug noch von der Ampel entfernt war, als sie von Gelb- auf Rotlicht umschaltete. Um zu belegen, dass zum Zeitpunkt des Überfahrens der Haltelinie die Ampel Rotlicht gezeigt hat, ist i.d.R. erforderlich, dass die Schaltphasen der Ampelanlage mitgeteilt werden.[279] Nur bei Kenntnis dieser Umstände lässt sich nämlich entscheiden, ob der Betroffene bei zulässiger Geschwindigkeit und mittlerer Bremsverzögerung in der Lage gewesen ist, dem von dem Gelblicht ausgehenden Haltegebot zu folgen, was unerlässliche Voraussetzung für den Vorwurf ist, das Rotlicht schuldhaft missachtet zu haben.[280] Die rein gefühlsmäßige Schätzung eines Polizisten, der den Rot-

---

274 Dazu Bouska, DAR 1985, 137.
275 AG Kitzingen, Urt. v. 6.6.1991 – OWi 371 Js 57451/90, ADAJUR Dok.Nr. 592.
276 BGH NJW 1987, 913.
277 OLG Stuttgart NZV 1991, 119; Helmken, NZV 1991, 372.
278 *OLG Hamm*, NStZ-RR 2004, 92.
279 *Krumm*, SVR 2006 436, 437.
280 *OLG Köln* VM 1984, 83 m.w.N.; *OLG Brandenburg*, OLG-NL 2004, 192.

lichtverstoß nur zufällig wahrgenommen hat, ist für die Annahme eines qualifizierten Rotlichtverstoßes i.S.d. Nr. 132.3 BKat nicht ausreichend.[281] Von diesen grundsätzlichen Anforderungen an die Feststellungen bei Vorliegen eines sogenannten Rotlichtverstoßes kann zwar abgesehen werden, wenn der Rechtsverstoß innerhalb geschlossener Ortschaften begangen worden ist. Denn im innerörtlichen Bereich kann grundsätzlich von einer gemäß § 3 Abs. 3 Nr. 1 StVO zulässigen Höchstgeschwindigkeit von 50 km/h und von einer Gelblichtphase von 3 Sekunden[282] ausgegangen werden.[283] Würde der Betroffene schneller als die zulässige Höchstgeschwindigkeit fahren und deshalb nicht mehr rechtzeitig vor der Kreuzung enthalten können, so würde bereits die Geschwindigkeitsüberschreitung die Vorwerfbarkeit des Rotlichtverstoßes begründen. Ähnliche Regularien und Erfahrungswerte gelten im außerörtlichen Bereich aber gerade nicht, obwohl dort die zulässige Höchstgeschwindigkeit für Personenkraftwagen mangels abweichender Regelungen 100 km/h beträgt (§ 3 III Nr. 2 c StVO); denn abgesehen davon, dass insbesondere in den neuen Bundesländern die zulässige Höchstgeschwindigkeit auf Landstraßen häufig in Folge ihres Alleecharakters aus Gründen der Verkehrssicherheit weiter herabgesetzt ist (dort regelmäßig 80 km/h), gelten in Kreuzungsbereichen darüber hinausgehend aus denselben Gründen weitere Abweichungen.

Bei einem „qualifizierten Rotlichtverstoß" nach Nr. 132.3 BKat muss der Betroffene ein Fahrverbot befürchten: Der qualifizierte Regeltatbestand will vorrangig solche Kraftfahrer erfassen, die – häufig im Zusammenhang mit überhöhter Geschwindigkeit – das Wechsellichtzeichen missachten und die Haltelinie passieren, obwohl sich bei schon länger als einer Sekunde andauernder Rotphase bereits Querverkehr in dem durch Rotlicht gesperrten Fahrbereich befindet oder andere gefährdet werden. Maßgeblich für die Berechnung der Rotlichtzeit von mehr als einer Sekunde ist der Zeitpunkt, an dem der Betroffene mit seinem Fahrzeug die Haltelinie passiert.[284] Allerdings sind an eine Schätzung strenge Anforderungen zu stellen. Wegen der Unsicherheit der Schätzung sind objektive und nachprüfbare Umstände erforderlich, aus denen sich die Grundlagen der Schätzung ergeben. Solche Umstände können beispielsweise das Zählen („21, 22, 23") oder das Messen der Zeit mittels einer (Stopp-)Uhr sein.[285] Grundsätzlich müssen bei der Feststellung eines qualifizierten Rotlichtverstoßes mittels automatischer Überwachungsanlage Gerätetyp und die ggf. zu berücksichtigende Messtoleranz angegeben werden.[286] Allerdings müssen alle spätestens seit Januar 2004 von der Physikalisch-Technischen Bundesanstalt

---

281 *OLG Jena*, NZV 1999 304.
282 VwV zu § 37 Abs. 2 StVO Abschn. IX.
283 *Hans. OLG Bremen*, VRS 79, 38, 39 f.
284 *OLG Hamm*, NStZ-RR 1996, 216.
285 *OLG Düsseldorf*, DAR 2003, 85.
286 *OLG Bremen*, DAR 2002, 225; *OLG Schleswig*, SchlHA 2005, 335.

zugelassenen Rotlichtüberwachungsanlagen die dem Betroffenen vorwerfbare Rotzeit automatisch ermitteln, ohne dass vom angezeigten Messwert Toleranzen zu subtrahieren sind. Dies gilt für folgende Anlagen (Stand: 24.4.2006), Multanova MultaStar RLÜ, Multanova MultaStar-Kombi, Multanova MultaStar C, TC RG-1, Divar. Bei allen anderen früher zugelassenen Geräten ist diejenige Fahrzeit von der angezeigten Rotzeit zu subtrahieren, die das gemessene Fahrzeug vom Überfahren der Haltelinie bis zu der Position benötigte, die auf dem ersten Messfoto abgebildet ist (mit Möglichkeiten zur Berechnung der zu subtrahierenden Fahrzeit).[287]

Im Regelfall der Nr. 132.1 BKat führt auch ein Rotlichtverstoß mit Gefährdung oder Sachbeschädigung neben einer Geldbuße zu einem Fahrverbot. Allerdings kann es an dem erforderlichen Pflichtwidrigkeitszusammenhang zwischen dem fahrlässigen Verkehrsverstoß und der eingetretenen Unfallfolge fehlen, wenn sich in dem Unfallereignis nicht die spezifische Folge des Rotlichtverstoßes realisiert.[288] Die Lichtzeichenanlage an einer Kreuzung bezweckt nicht den Schutz des aus angrenzenden Grundstücken auf die Straße einfahrenden Fahrzeugverkehrs. Vielmehr bleiben diese Verkehrsteilnehmer auch bei Rotlicht für den fließenden Verkehr verpflichtet, sich beim Einfahren so zu verhalten, dass eine Gefährdung anderer Verkehrsteilnehmer ausgeschlossen ist.

Ein qualifizierter Rotlichtverstoß hat jedoch nicht zwingend ein Fahrverbot zur Folge. Bei einer besonderen Situation, z.B. an einer Baustellenampel, muss im Einzelfall erörtert werden, ob der Verkehrsverstoß mit einem Rotlichtverstoß an einer Straßenkreuzung vergleichbar ist. Missachtet ein Fahrzeugführer nachts ein Rotlicht in einer kleinen Gemeinde und ist nicht dargelegt, dass Dritte gefährdet wurden, kann nicht zwingend von einer groben Pflichtverletzung ausgegangen werden.[289] Der in der Anordnung eines einmonatigen Regelfahrverbotes liegende erhöhte Sanktionsrahmen bei einem sog. qualifizierten Rotlichtverstoß ist nicht eröffnet, wenn es zu einer abstrakten Gefährdung des Querverkehrs und insbesondere von Fußgängern von vornherein nicht kommen kann, weil die Fahrspuren für den Querverkehr bzw. auch die Fußgängerfurten gesperrt waren und die Fußgänger deshalb zum Zeitpunkt des Rotlichtverstoßes ebenfalls nicht in den geschützten Bereich der Kreuzung eindringen konnten.[290] Ein Fahrverbot wäre auch nicht zulässig, wenn der Verkehrsverstoß nicht auf einer groben Verletzung der Pflichten eines Kraftfahrzeugführers, sondern lediglich auf einer augenblicklichen Unaufmerksamkeit beruht, die jedem sorgfältigen und pflichtbewussten Verkehrsteilnehmer einmal unterlaufen kann.[291] Von einem so genannten „Mitzieh-Effekt“ spricht man, wenn sich

---

287 *OLG Braunschweig,* NJW 2007, 391.
288 *OLG Koblenz,* NZV 2007, S. 589 f.
289 *OLG Brandenburg,* ZfS 2003, 471.
290 KG NZV 2010, 361.
291 BGHSt 43, 241; *OLG Karlsruhe,* NZV 2006, 325; NZV 2007, 213.

der Fahrzeugführer auf Grund einer momentanen Unaufmerksamkeit von dem anfahrenden Geradeausverkehr „mitziehen“ lässt. Ein solches Verhalten ist nicht auf Rücksichtslosigkeit, Verantwortungslosigkeit oder grobe Nachlässigkeit zurückzuführen.[292]

Das Nichtbeachten einer Rotlicht zeigenden Verkehrsampel durch den anhaltepflichtigen Fahrzeugführer kann als Notstandshandlung im Sinne von § 16 OWiG gerechtfertigt sein, wenn ein drohender Auffahrunfall anders nicht vermieden werden kann.[293]

E. Ladungsmängel

Das Thema „verkehrssichere Verladung“ ist gerade in Zeiten des wirtschaftlichen Abschwungs, der das Speditionsgewerbe besonders hart trifft,[294] hoch aktuell. Die sichere Verstauung von Ladung erfordert ausgebildetes Personal, ausreichende Überprüfungsmaßnahmen und damit Arbeitszeit, sowie die Anschaffung von teuren Ladungssicherungsmitteln (Gurte, Plane). Nach den Schätzungen des Gesamtverbandes der Deutschen Versicherungswirtschaft (GDV) sind 70 % aller Ladungen mangelhaft oder gar nicht gesichert, schwere Verkehrsunfälle können die Folge sein. Nach glaubhaften Schätzungen ist die „mangelhafte Ladungssicherung“ bei fast jedem vierten Verkehrsunfall im Schwerlastverkehr unfallursächlich.[295] Eine ungleichmäßige Verteilung schwerer Lasten beeinträchtigt nämlich nicht nur die Lenkfähigkeit des Lkw und erhöht die Schleudergefahr, sondern erschwert und verunmöglicht auch das gleichmäßige Abbremsen aller Räder.[296]

Dies ist für die Verfolgungsorgane Grund genug, um Lastkraftwagen bei Verkehrskontrollen auf das verkehrssichere Verstauen der Ladung hin besonders genau zu überprüfen. In diesem Zusammenhang gibt die mangelhafte Ladungssicherung häufig Anlass zu Beanstandungen. Immer wieder werden eklatante Mängel bis hin zum Fehlen jeglicher Sicherung festgestellt.

Mit den bußgeldrechtlichen Konsequenzen ungenügender Ladungssicherung befasst sich der Bußgeldrichter tagtäglich. Sowohl der Fahrzeugführer, als auch Halter, Spediteur, Disponent, Werkstattleiter, Verlader, Versender, Absender und Frachtführer stehen regelmäßig vor Gericht. Nach einer allgemeinen physikalischen Einführung werden auch Fragen erörtert, was unter einer ausreichenden Ladungssicherung zu verstehen ist und welche allgemeinen Regeln der Technik zu beachten

---

292 *KG*, NZV 2002, 50.
293 *OLG Düsseldorf*, NZV 1992, 201.
294 Die Welt vom 12.12.2008 „*Krise bremst Schwerverkehr*“.
295 www.ladungssicherung.de.
296 *Janker*, in Jagow/Burmann/Heß, Straßenverkehrsrecht, § 22 StVO, Rn 2, 20. Auflage 2008.

sind. Im Anschluss werden die am Beladungsvorgang Beteiligten aufgezeigt, die mit einer bußgeldrechtlichen Haftung zu rechnen haben. Im Zentrum steht, welche Pflichten Fahrer und Halter treffen und unter welchen Voraussetzungen eine Aufsichtspflichtverletzung des Betriebsinhabers anzunehmen ist.

I. Allgemeine physikalische Ausführungen zur Ladungssicherung

„Jeder Körper verharrt im Zustand der Ruhe oder der geradlinig-gleichförmigen Bewegung, solange keine äußere Kraft auf ihn einwirkt (und diesen Bewegungszustand ändert).“ Dies ist das erste der drei newton'schen Axiome der Mechanik.

Die Ladung bzw. die Masse der Ladung hat im Fahrbetrieb das Bestreben, sich einer Änderung ihres Bewegungszustandes zu widersetzen. Diese sich beim Beschleunigen oder Verzögern als entgegengesetzt gerichtet ergebende Kraft wird als Massenkraft bezeichnet. So hat z.B. beim Anfahrvorgang die Ladung das Bestreben, sich entgegengesetzt der Bewegung nach hinten zu verschieben, beim Abbremsen (negative Beschleunigung) hat die Ladung das Bestreben, sich in ursprünglicher Fahrrichtung zu bewegen. Die Kräfte, die in Fahrrichtung wirken, können so stark sein, dass sie 80% des Ladungsgewichtes entsprechen. Um der Ladung die Möglichkeit zu nehmen, durch die auf sie einwirkenden Beschleunigungskräfte relativ zur Ladefläche in Bewegung zu geraten, ist sie zu sichern.[297]

Auch durch ein seitliches Verrutschen der Ladung, wodurch der Ladungsschwerpunkt und der Lastaufnahmepunkt des Fahrzeugs keine Fluchtlinie mehr zueinander bilden, kann eine Gefährdung der Fahrstabilität des Fahrzeugs eintreten. Durch die seitlich verrutschte Ladung kann es zu einem starken, einseitigen Einfedern des Fahrzeugs und somit zu einer erheblichen Seitenneigung des Aufbaus mit Einfluss auf das Fahrzeugverhalten kommen. Zur Seite und nach hinten können Kräfte auftreten, die der Hälfte des Ladungsgewichtes entsprechen.[298]

Um ein Verrutschen der Ladung auf dem Aufbau bzw. das Herabfallen der Ladung vom Lkw zu vermeiden, ist die Ladung gegen alle im Fahrbetrieb erdenklichen Kräfte zu sichern. Bei Bremsvorgängen, d.h. dem Verrutschen der Ladung nach vorne, ist demzufolge eine Sicherung mit dem 0,8-fachen der Gewichtskraft notwendig. Gegen seitliches Verrutschen, z.B. bei Kurvenfahrten, ist eine Ladungssicherung mit dem 0,5-fachen der Gewichtskraft erforderlich. Wurde die Ladung durch Niederzurren mit 80% ihres Gewichtes (0,8 F_G) nach vorne gesichert, so ist sie auch automatisch mit 50% ihres Gewichtes (0,5 F_G) zur Seite und nach hinten gesichert.[299]

---

297 Gutachten Nr. 624/1252 zum Verf. des AG Mülheim/R., 14 OWi – 313 Js 1796/08 – 584/08.
298 Gutachten Nr. 624/1252, a.a.O.
299 www.ladungssicherung.de.

Man unterscheidet zwei Arten von Ladungssicherung, die formschlüssige und die kraftschlüssige Ladungssicherung.[300] Bei der formschlüssigen Ladungssicherung wird das Transportgut zum Beispiel gegen die Wände des Frachtraums abgestützt. Holme und Keile können entsprechend der Form der Ladung angesetzt werden. Bei der kraftschlüssigen Ladungssicherung kommen Hilfsmittel zum Einsatz, die einer Lageänderung z.B. in Kurven (seitliches Verrutschen) oder beim Bremsen (nach vorne rutschen) entgegenwirken. Hierbei kann es sich um Spannketten, die mit Spindelspannern gespannt werden, oder um Spanngurte mit Ratschen handeln. Eine Kombination aus beiden Methoden ist beispielsweise die Platzierung der Ladung an der Vorderwand des Lkws bei gleichzeitigem festzurren mit Spanngurten.

II. Verkehrssichere Verstauung der Ladung nach den anerkannten Regeln der Technik

Nach § 22 I S. 1 der Straßenverkehrs-Ordnung (StVO) sind die Ladung einschließlich Geräte zur Ladungssicherung sowie Ladeeinrichtungen so zu sichern, dass sie selbst bei Vollbremsung oder plötzlicher Ausweichbewegung nicht verrutschen, umfallen, hin- und herrollen, herabfallen oder vermeidbaren Lärm erzeugen können. Unter Ladung werden alle in oder an einem Fahrzeug untergebrachten und beförderten Sachen[301] und zwar im konkreten Zustand zum Zeitpunkt des Ladevorgangs und Transportes verstanden.[302]

Welche konkreten Sicherungsmaßnahmen im Einzelnen zu treffen sind, ist im Gesetz nicht ausdrücklich geregelt. In den allgemeinen Verwaltungsvorschrift zu § 22 Abs. 1 der Straßenverkehrs-Ordnung heißt es: „Zu verkehrssicherer Verstauung gehört sowohl eine die Verkehrs- und Betriebssicherheit nicht beeinträchtigende Verteilung der Ladung als auch deren sichere Verwahrung, wenn nötig Befestigung, die ein Verrutschen oder gar Herabfallen unmöglich machen. II. Schüttgüter, wie Kies, Sand, aber auch gebündeltes Papier, die auf Lastkraftwagen befördert werden, sind in der Regel nur dann gegen Herabfallen besonders gesichert, wenn durch überhohe Bordwände, Planen oder ähnliche Mittel sichergestellt ist, dass auch nur unwesentliche Teile der Ladung nicht herabfallen können. III. Es ist vor allem verboten, Kanister oder Blechbehälter ungesichert auf der Ladefläche zu befördern.“ In Abs. 4 der VwV-StVO wird auf § 32 Abs. 1. (Verkehrshindernisse) verwiesen. Nach der Rechtsprechung hängt die Auswahl der erforderlichen Sicherungsmaßnahmen

---

300 *Mielchen*, in Buschbell, MAH Straßenverkehrsrecht, 3. Auflage 2009, § 55 Transportrecht, Gefahrgut und LKW-Maut, Rn 123.

301 *OLG Hamm*, VRR 2006, 193; *BayObLG*, NZV 1999, 479; *Hentschel/König*, StVR, 39. Aufl. 2007, § 22 StVO Rn 14 m.w. Nachw.

302 *OLG Hamm*, VRR 2006, 193.

daher von der Art der Ladung und des zum Transport verwendeten Fahrzeugs im Einzelfall ab. In jedem Fall muss die Ladung so gesichert sein, dass außer den übrigen Verkehrsteilnehmern auch dem Verkehr benachbarte Personen und Gegenstände wie etwa Häuser, Brücken, Durchfahrten usw. durch die Beförderung der Ladung nicht gefährdet, verletzt oder beschädigt werden können.[303] Die Sicherung der Ladung muss so beschaffen sein, dass die Ladung nicht nur bei üblichem Verkehrsbetrieb einschließlich Kurvendurchfahrten und normalem Bremsen, sondern auch bei einer erforderlich werdenden Notbremsung nicht umkippt, verrutscht oder herunterfällt.[304]

In § 22 I S. 2 StVO heißt es, dass die „anerkannten Regeln der Technik" zu beachten sind. Die „anerkannten Regeln der Technik" finden sich insbesondere in der VDI-Richtlinie 2700,[305] welche die wesentlichsten Grundsätze einer ordnungsgemäßen und den jeweiligen Umständen angepassten Ladungssicherung darstellt. Sie umfasst die gegenwärtig technisch anerkannten Beladungsregeln und ist deshalb allgemein zu beachten.[306] Ihr kommt so die Bedeutung eines allgemeinen Maßstabes für richtiges technisches Handeln und im Prozess die Bedeutung eines „objektivierten Sachverständigen-Gutachtens" zu. Sie darf allerdings nicht schematisch angewendet werden. Erforderlichenfalls ist ein Sachverständigengutachten einzuholen.[307] In der Praxis wird hiervon noch zu selten Gebraucht gemacht.

III. Verantwortlichkeit des Fahrzeugführers

Für den Fahrer gelten §§ 22 I und 23 I 2 StVO[308] i.V.m. §§ 49 StVO, 24 StVG, BKat-Nr. 102–106. § 23 StVO ist dabei nur Auffangtatbestand[309]. Der Bußgeldkatalog differenziert bzgl. der Höhe der Geldbuße danach, welche Art des Fahrzeugs fehlerhafte beladen war und ob zusätzlich eine „Gefährdung"[310] der Verkehrssicherheit vorlag.

Den Fahrzeugführer trifft die Pflicht zur Kontrolle der Ladungssicherung und Lastverteilung vor Fahrtantritt, die Pflicht zur Kontrolle und Nachbesserung der

---

303 *OLG Hamm*, VRS 27, 300.
304 *OLG Düsseldorf*, NZV 1990, 323.
305 VDI-Richtlinie 2700 ‚Ladungssicherung auf Straßenfahrzeugen' [Begr. zur 40. StVR-ÄndV v. 22.12.2005, VkBl. 2006, S. 39 (44)].
306 *BayObLG*, NZV 2003, 540 = DAR 2002, 562 = VRS 104, 62; *OLG Düsseldorf*, NZV 1990, 323 = JMBl NW 1990, 34.
307 *OLG Koblenz*, StVE Nr. 8 zu § 22 StVO.
308 *„Er (der Fahrzeugführer) muss dafür sorgen, dass das Fahrzeug, der Zug, das Gespann sowie die Ladung und die Besetzung vorschriftsmäßig sind und dass die Verkehrssicherheit des Fahrzeugs durch die Ladung oder die Besetzung nicht leidet."* (Hervorheb. des Verf.)
309 *OLG Düsseldorf*, NZV 1992, 494.
310 BKat-Nr. 102.1.1.

Ladungssicherung während des Transportes sowie die Pflicht zur Einrichtung des Fahrverhaltens auf die Ladung.[311] Nicht entlasten kann er sich dadurch, dass Personen, die seiner Aufsicht nicht unterstehen, sein Fahrzeug beladen haben[312] oder die mangelnde Ladungssicherung nur durch besonders sachkundige Personen beurteilt werden kann. Der Fahrer nämlich ist verpflichtet, sich selbst derartige Kenntnisse zu verschaffen.[313] Die Durchführung der Fahrt aus Angst vor Kündigung ist als rechtfertigender Notstand gem. § 16 OWiG in der Rechtsprechung nicht anerkannt. Erhält der Fahrzeugführer von seinem Arbeitgeber nicht ausreichende Ladungssicherungsmittel, so muss er die Führung des Fahrzeugs mit einer ungesicherten Ladung ablehnen[314] und eine Beendigung des Arbeitsverhältnisses hinnehmen.

IV. Halterverantwortlichkeit

1. Rechtsgrundlagen

Ein Verstoß des Fahrzeughalters gegen die Anforderungen an eine ordnungsgemäße Ladungssicherung ist gem. §§ 31 Abs. 2,[315] 69a Abs. 5 StVZO, 49 StVO, 24 StVG, BKat-Nr. 189 zu ahnden.[316] Der Fahrzeughalter darf nach § 31 II StVZO die Inbetriebnahme des Fahrzeugs dann nicht anordnen oder zulassen, wenn ihm bekannt ist oder bekannt sein muss, dass die Ladung nicht vorschriftsmäßig ist oder die Verkehrssicherheit des Fahrzeugs durch die Ladung leidet.[317] Schon fahrlässig handelt ein Halter, wenn er seinen Fahrer einen Gegenstand transportieren lässt, ohne ihm Anweisungen über die nach VDI-Richtlinie 2700 erforderlichen Ladungssicherungsmaßnahmen zu geben.[318]

2. Qualitätsmanagement und Dokumentation

Der Unternehmer, der Güter fördert, kann sich absichern, indem er ein Qualitätsmanagement-System (VDI 2700) zugrunde legt. Er hat mindestens alle drei Jahre die regelmäßige Schulung von Personen, die mit Ladungssicherungsaufgaben betraut

---

311 *Krumm*, NZV 2008, 335.
312 *OLG Düsseldorf*, VM 1967, Nr. 126.
313 *OLG Köln*, VRS 24, 74.
314 *KG*, StVE, Nr. 3 zu § 22 StVO.
315 *„Der Halter darf die Inbetriebnahme nicht anordnen oder zulassen, wenn ihm bekannt ist oder bekannt sein muss, dass der Führer nicht zur selbständigen Leitung geeignet oder das Fahrzeug, der Zug, das Gespann, die Ladung oder die Besetzung nicht vorschriftsmäßig ist oder dass die Verkehrssicherheit des Fahrzeugs durch die Ladung oder die Besetzung leidet.“*
316 *OLG Hamm*, DAR 1975, 249; *OLG Düsseldorf*, NZV 1990, 323.
317 *OLG Düsseldorf*, NZV 1990, 323.
318 *OLG Düsseldorf*, NZV 1990, 323.

sind, zu veranlassen. Der Unternehmer sollte die Durchführung der Schulung dokumentieren. Der Halter muss damit rechnen, dass seine Einlassung, die geforderte Schulung seines Personals vorgenommen zu haben, spätestens vom Bußgeldrichter überprüft werden wird. Ort, Datum, Unterschrift, beurteilte Mitarbeiter, das Ergebnis der Kontrolle sowie das weitere Vorgehen sind festzuhalten. Nur mit schriftlichen Kontrollergebnissen kann sich der Halter entlasten, ansonsten ließe sich eine ordnungsgemäße Kontrolle nicht belegen. Im Falle einer Delegation sind auch die Auswahl- und Überwachungspflichten des ursprünglich Verantwortlichen zu dokumentieren.

3. Delegation

Da es dem Betriebsinhaber in größeren Unternehmen nicht möglich ist, alle Aufgaben persönlich wahrzunehmen, ist allgemein anerkannt, dass der Geschäftsinhaber berechtigt ist, diese Aufgaben auf andere Mitarbeiter zu delegieren oder einen anderen für die Erfüllung bestimmter Pflichten in eigener Verantwortung einzusetzen. Die Verantwortlichkeit für die Verkehrssicherheit muss dabei ausdrücklich übertragen werden. Die Delegation schützt den Halter nur dann davor, für Fehler des Beauftragten zur Verantwortung gezogen zu werden, wenn hierfür die eingesetzten Mitarbeiter ordnungsgemäß ausgewählt hat, der Beauftragte der Aufgabe fachlich gewachsen ist, der Betrieb klar organisiert ist und eine ausreichende Überwachung stattfindet.[319]

4. Örtliche Zuständigkeit

Umstritten ist die örtliche Zuständigkeit bei Halterverstößen. Einerseits wird argumentiert, der Erfolgs- und somit auch Begehungsort sei nach § 7 I OWiG jeder Ort, an dem das Fahrzeug aufgrund der Anordnung oder Zulassung der verantwortlichen Person unter Verstoß gegen die einschlägigen Vorschriften geführt wird, weil durch die gesamte Fahrt der entsprechende Bußgeldtatbestand verwirklicht wird. Dabei mag der Betroffene selbst lediglich am Firmensitz des Fahrzeughalters aktiv oder durch Unterlassen gehandelt haben. Es sei jedoch so, dass der Erfolgs- und somit auch Begehungsort nach § 7 Abs. 1 OWiG jeder Ort ist, an dem das Fahrzeug aufgrund der Anordnung oder Zulassung der verantwortlichen Person unter Verstoß gegen die einschlägigen Vorschriften geführt wird, weil durch die gesamte Fahrt der entsprechende Bußgeldtatbestand verwirklicht wird.[320]

Die erste Meinung vermeidet ein Auseinanderfallen der Zuständigkeiten für die Bußgeldverfahren gegen den Fahrer und den Halter. Letzteres wäre nämlich die

---

319 *Hahn/Pichhardt*, Lebensmittelsicherheit, S. 145.
320 *LG Kassel*, Beschluss vom 18.6.2004 – 3 Qs Owi 31/04; *BayObLG*, VRS 60, VRS 60, 155 ff.

Schlussfolgerung der – entgegenstehenden – bisherigen höchstrichterlichen Rechtsprechung. Der BGH[321] hatte im Beschluss vom 19.6.1986 im Zusammenhang mit dem Verstoß gegen Lenk- und Ruhezeitenvorschrift ebenso mit § 7 I OWiG argumentiert. Der Betroffene habe seine unternehmerischen Dispositionen in seinem Betrieb getroffen und damit die ihn in seiner Eigenschaft als Unternehmer treffenden Pflichten dort verletzt; denn der für die rechtliche Beurteilung maßgebende Akt sei die Erteilung des Fahrauftrages an den Fahrer.[322] Dass der Erfolg – die Missachtung der Vorschriften über Lenk- und Ruhezeiten – an einem anderen Ort eingetreten ist, sei für die Bestimmung des Begehungsortes unerheblich. Ähnlich hatte der BGH durch Beschluss vom 10.9.2003 entschieden.[323] Bei der Verletzung der Aufsichtspflicht nach § 130 OWiG sei der Ort der Handlung auch der Ort, an dem die betriebsbezogene Pflicht verletzt wird.

! **Praxistipp**
Die Kenntnis dieser Zuständigkeitsfrage kann sich besonders positiv im Rahmen der Verteidigung auswirken, wenn der Rechtsanwalt die Zuständigkeit rügt. Auf derartige Einwände ist der durchschnittliche Amtsrichter nicht eingerichtet.

V. Ahndung des Ladungsfehlers als Aufsichtspflichtverletzung gem. § 130 OWiG

Kann der Halter keine funktionierende Delegationsstruktur nachweisen bzw. kommt es zu Serienverstößen, die auf eine mangelnde ordnungsgemäße Überprüfung der Mitarbeiter schließen lassen, so kommt eine Ahndung wegen fehlerhafter Ladungssicherung auch in Betracht, ohne dass der Betroffene als Halter innerhalb des Unternehmens selbst für die Verladung zuständig war. Hier liegt eine Aufsichtspflichtverletzung gem. § 130 OWiG vor. In der Tat handelt ordnungswidrig, wer als Inhaber eines Betriebes oder Unternehmens vorsätzlich oder fahrlässig die Aufsichtsmaßnahmen unterlässt, die erforderlich sind, um in dem Betrieb oder Unternehmen Zuwiderhandlungen gegen Pflichten zu verhindern, die den Inhaber treffen und deren Verletzung mit Strafe oder Geldbuße bedroht ist. Wer zuständig für die betriebliche Organisation im Zusammenhang mit der Verladetätigkeit ist, hat in dieser Funktion die erforderlichen Aufsichtsmaßnahmen für die Kontrolle der Verladungen zu treffen.

---

321 NJW 1987, 1152.
322 *KG*, VRS 67 (1984), 473 (475).
323 Wistra 2003, 465.

VI. Weiter gehende Verantwortlichkeiten

Das OLG Celle[324] entschied am 28.2.2007 in einem umstrittenen Beschluss, dass die Pflicht zur Sicherung der Ladung eines Kraftfahrzeuges gem. § 22 StVO neben den Fahrer und den Halter auch jede andere für die Ladung eines Fahrzeuges verantwortliche Person treffe. Dies habe bereits das OLG Stuttgart[325] im Falle eines Leiters von Ladearbeiten entschieden.[326] Die Vorschrift des § 22 StVO schütze andere Verkehrsteilnehmer sowie weitere Personen und Gegenstände, die durch die Beförderung der Ladung gefährdet, verletzt oder beschädigt werden können.[327] Ein wirksamer Schutz durch sichere Verladung hänge aber weitgehend von den Eigenschaften der zu verladenden Gegenstände ab. Diese Eigenschaften – wie etwa Gewicht, Rutschfestigkeit und Material des Verladegutes – kenne vor allem der Versender, der die Sicherheit der Verladung deshalb von allen Beteiligten am zuverlässigsten beurteilen könne. Es sei deshalb nur folgerichtig, ihn in den Kreis der nach § 22 StVO verantwortlichen Personen einzubeziehen.

Die Entscheidung des OLG Celle hat erhebliche praktische Relevanz, wenn man berücksichtigt, dass die letzte höchstrichterliche Entscheidung zu dieser Thematik mehr als 28 Jahre zurückliegt.[328] Folge der Entscheidung ist eine stark ausgedehnte bußgeldrechtliche Verantwortlichkeit. Diese erweckt jedoch erhebliche Bedenken.[329]

Nach derzeitiger Gesetzeslage können nach richtiger Auffassung mangels gesetzlicher Grundlage weder der Verlader selbst, noch Verladefirmen bzw. deren Organe bußgeldrechtlich zur Verantwortung gezogen werden;[330] erst recht nicht *jede* andere an der Beladung eines Fahrzeuges beteiligte Person. Zwar versuchen einige Bußgeldstellen eine Verantwortlichkeit des Verladers bzw. der Verladefirma bzw. des Organs der Verladefirma zu konstruieren. Rechtlich ist diese Konstruktion der bußgeldrechtlichen Verantwortung jedoch nicht haltbar. Die Entscheidungen der Oberlandesgerichte Celle vom 28.2.2007 und Stuttgart[331] verstoßen gegen das im Bußgeld- und Strafrecht geltende Analogieverbot (Art. 103 Abs. 2 GG; Art. 7 EMRK; § 1 StGB). Die zuvor genannte Rechtsprechung vertritt die Auffassung, dass sich § 22 StVO nicht nur an den Führer und den Halter eines Fahrzeugs, sondern darüber hinaus an jedermann richte, der für die ordnungsgemäße Verstauung der Ladung

---

324 NStZ-RR 2007, 215.

325 Beschl. vom 27.12.1982, 1 Ss 858/82, VRS 64, 308, 309.

326 Zustimmend *Hentschel*, Straßenverkehrsrecht, § 22 Rn 27; ablehnend – ohne Begründung – *Jagow*, in: Janiszewski u.a., Straßenverkehrsrecht, § 22 Rn 3.

327 *Hentschel*, § 22 Rn 12; *OLG Celle*, NStZ-RR 2007, 215.

328 *OLG Stuttgart*, VRS 64, 308.

329 *OLG Celle*, SVR 2008, 191 f. m.Anm. *Schmuck/Fromm/Zacharias*.

330 *Hillmann*, zfs 2003, 387.

331 VRS 64, 308.

verantwortlich ist, insbesondere aber an denjenigen, der unter eigener Verantwortung das Fahrzeug beladen hat. Zur Begründung hatte auch das OLG Stuttgart ausgeführt, dass sowohl der Führer als auch der Halter eines Kraftfahrzeuges ohnehin eine Ordnungswidrigkeit nach den §§ 23 Abs. 1 Satz 2, 49 Abs. 1, 22 StVO, 31 Abs. 2, 69a Abs. 5 Nr. 3 StVZO begingen, sofern die Ladung nicht vorschriftsmäßig sei. Wenn also überdies ein Verstoß gegen § 22 StVO bußgeldbewehrt sei, könne dies nur bedeuten, dass die Vorschrift des § 22 StVO über den Pflichtenkreis des Führers und Halters hinaus auch eine unmittelbare Verantwortlichkeit für andere Personen begründe. Diese Begründung ist nicht überzeugend: Folgende Argumente sprechen gegen eine analoge, geschweige denn direkte Anwendung des § 22 StVO auf den Verlader bzw. die Verladefirma bzw. das Organ der Verladefirma:

Zunächst sprechen der Wortlaut und die systematische Stellung des § 22 StVO gegen eine bußgeldrechtliche Verantwortung des Verladers. Die nachfolgende Vorschrift des § 23 Abs. 1 StVO trägt die amtliche Überschrift „sonstige Pflichten des Fahrzeugführers". Diese Formulierung indiziert, dass § 23 StVO eine Ergänzung zu § 22 StVO darstellt, § 23 StVO also die („sonstigen") Pflichten des Fahrzeugführers nennt, die über die in § 22 StVO normierten Pflichten hinausgehen. Demnach kann es sich bei den in § 22 StVO genannten ausschließlich um die (allgemeinen) Pflichten des Fahrzeugführers, nicht aber um solche dritter Personen handeln.

Gegen eine bußgeldrechtliche Verantwortung des Verladers/der Verladefirma/des Organs der Verladefirma spricht außerdem der Umstand, dass im Bußgeldkatalog kein Tatbestand existiert, der auf eine Verantwortlichkeit der genannten Personen hindeutet.

Auch ein Vergleich des § 22 StVO mit dem Gefahrgutrecht[332] spricht dafür, dass nach dem Willen des Gesetzgebers § 22 StVO keine bußgeldrechtliche Verantwortung des Verladers begründen soll. Denn auf dem Gebiet des Gefahrgutrechts hat der Gesetzgeber die Grenzen der bußgeldrechtlichen Verantwortung eindeutig definiert. So wird in dem Bereich des Gefahrgutrechts der „Verladers" als verpflichteter Explizit angesprochen.

Die bußgeldrechtliche Verantwortung der Verladefirmen bzw. der Verlademeister kann – entgegen einiger Stimmen aus der Literatur[333] – auch nicht aus § 412 HGB hergeleitet werden. Aus dieser Vorschrift ergibt sich lediglich, dass der Absender für eine beförderungssichere Verladung zivilrechtlich verantwortlich ist. Mangels Verknüpfungsnorm zum Ordnungswidrigkeitenrecht kann diese rein zivilrechtliche Bestimmung jedoch keine bußgeldrechtliche Verantwortung des Verladers begründen. Nach alledem kann der Verlader bußgeldrechtlich nicht in Anspruch genommen werden, da eine gesetzliche Grundlage hierfür derzeit nicht existiert.

---

332 §§ 9 Abs. 13, 10 Nr. 17 GGVSE.
333 *Lampen*, Ladungssicherung, S. 33.

VII. Zusammenfassung und Praxistipp

In den Ordnungswidrigkeitenverfahren gegen den Fahrer geht es in der Praxis schwerpunktmäßig darum, festzustellen, ob objektiv Mängel der Ladungssicherung bestanden. Vorschnell wird in Bußgeldbescheiden zudem oft eine fehlerhafte Beladung „mit Gefährdung" angenommen. Diese Vorwürfe, die auf Angaben von Polizeibeamten beruhen, sollten durch ein Sachverständigengutachten überprüft werden, da die polizeilichen Berichte regelmäßig durch Dramatisierungen geprägt sind. Der Tatrichter selbst wird abgesehen von offenkundigen Ladungssicherungsverstößen kaum eigenes Hintergrundwissen mitbringen, zumal zur abschließenden Bestätigung einer nicht ausreichenden Sicherung der Ladung zumindest ein Grundstudium der Physik notwendig wäre. Ist ein Verstoß objektiv nicht von der Hand zu weisen, muss geklärt werden, ob der Fahrer vorsätzlich oder fahrlässig handelte. Ein Handeln mit Wissen und Wollen wird nur in Ausnahmefällen angenommen werden können, wenn der Fahrer trotz fehlerhafter Beladung die Fahrt fortsetzt, es zu einem Wiederholungsverstoß gekommen ist oder er sich vor Ort – unter Verkennung seines gesetzlichen Schweigerechts – als Betroffener ungeschickt zum Vorwurf einlässt. Bei einem geringen Verschulden ist eine Reduzierung der Geldbuße unterhalb der Eintragungsgrenze im Fahrerlaubnisregister oder eine Einstellung gem. § 47 OWiG denkbar. Zur Feststellung einer Ordnungswidrigkeit des Halters gem. §§ 31 II, 69a V StVZO müssen weitere Hürden vom Bußgeldrichter überwunden werden. Weder die mangelhafte Ladungssicherung noch die Ordnungswidrigkeit des Fahrers lassen auf ein bußgeldrechtlich relevantes Verhalten des Halters schließen. Zum einen entlastet es den Halter, bei der Auswahl der Fahrer die erforderliche Sorgfalt beachtet zu haben. Können eine – ansonsten funktionierende – Delegationsstruktur, Qualitätsmanagement, Einweisungen von Fahrern, regelmäßige Schulungen und regelmäßige Stichproben durch Beweismittel bestätigt werden, so ist der Halter freizusprechen. Gelingt ihm diese Exkulpation nicht, droht eine Ahndung wegen Verletzung der Aufsichtspflicht gem. § 130 OWiG. Eine bußgeldrechtliche Haftung „jeder anderen für die Ladung eines Fahrzeuges verantwortlichen Person" ist strikt abzulehnen und ergibt sich nicht aus dem Gesetz. Die Argumentation der Gegenmeinung, die Vorschrift des § 22 StVO richte sich mangels einer einschränkenden Bestimmung des Adressatenkreises an alle, ist mit dem „nullum crimen"-Satz (vgl. § 3 OWiG) unvereinbar.

F. Überladungen

I. Einleitung

Bei polizeilichen Kontrollen im Schwerlastverkehr geben Gewichtsmessungen oft Anlass zu Beanstandungen. Immer wieder werden eklatante Überladungen jenseits von 20% festgestellt. Manche Speditionen versuchen sich in Zeiten hohen Konkurrenzdrucks einen Wettbewerbsvorteil zu verschaffen, zumal sie durch Überladungsverstöße günstigere Angebote unterbreiten können.[334]

Die Kontrolldichte wird damit begründet, dass überladene Lkw die Straßeninfrastruktur besonders belasten und die Reparatur- und Wartungsanfälligkeit von Straßen beeinflusst,[335] was erheblichen volkswirtschaftlichen Schaden zur Folge habe.[336] Nicht von der Hand zu weisen ist ferner, dass das Überladen einzelner oder mehrerer Achsen oder des gesamten Fahrzeugs darüber hinaus die Verkehrssicherheit beeinträchtigt: Sehr große Gefahren können dadurch entstehen, dass aufgrund überladener Fahrzeuge die Unfallgefahr und -folgen deutlich ansteigen, da sich der Bremsweg der Fahrzeuge erheblich verlängert und die Aufprallenergie vergrößert.

Schon eine festgestellte Überladung bringt die Gefahr unerfreulicher Weiterungen mit sich und kann erhebliche Konsequenzen haben. Die oft im Rahmen von Routinekontrollen festgestellten Gewichtsüberschreitungen veranlassen nämlich die Ermittlungsbehörde, sich zur Wiegestelle zu begeben und dort weitere/sämtliche Überladungen der Fahrzeugkombination zu erfragen und ggf. die Nachweise zu beschlagnahmen. Dies kann dann dazu führen, dass innerhalb der 3-Monatfrist des § 26 III StVG die Fahrer und Halter wegen der evtl. mehrfachen nachgewiesenen Überladung verfolgt werden. Da Verstöße gegen das zulässige Gesamtgewicht mit Punkten im FAER geahndet werden, riskieren Fahrer und Halter eine Punktehäufung, die die Gefahr einer Entziehung der Fahrerlaubnis in sich birgt.

Mit den bußgeldrechtlichen Konsequenzen von Überschreitungen des Gesamtgewichts befasst sich der Bußgeldrichter tagtäglich. Der Abschnitt befasst sich zunächst mit den Gründen fehlender Beachtung von Überladungsvorschriften und stellt danach die zur effektiven Bekämpfung von Verstößen gegen das zulässige Gesamtgewicht verschärften Geldbußen des Bußgeldkatalogs vor. Hat der Wiegevorgang ordnungsgemäß stattgefunden und ist das Überladegewicht gerichtlich verwertbar,[337] so muss der Tatrichter Feststellungen zur inneren Tatseite treffen. Es soll daher die umstrittene Frage diskutiert werden, unter welchen Voraussetzungen dem Fahrer ein Vorwurf einer Gewichtsüberschreitung zu machen ist. In diesem Zusammenhang werden die von der Rechtsprechung entwickelten Kriterien im Hinblick

---

334 *Thole*, NZV 2009, S. 64; Die Welt vom 30.8.2006 *„Polizei durchsucht Traditionsfirma"*.

335 www.polizei.hessen.de.

336 BR-Drs. 137/04.

337 *OLG Karlsruhe*, DAR 2000, 418 m.w.N. Bei der Feststellung des Überschreitens des zulässigen Gesamtgewichts eines Kfz müssen die Messgenauigkeit der Waage, die Beachtung der Vorschriften zur Durchführung des Wiegevorgangs und die Zuverlässigkeit des Personals oder Umstände, die im Einzelfall als Fehlerquellen in Betracht kommen können, beziehungsweise deren Fehlen, nicht ohne besonderen Anlass im Urteil mitgeteilt werden, vgl. *OLG Celle*, NZV 1998, 256.

auf den Vorwurf des Vorsatzes und der Fahrlässigkeit aufgezeigt. Im Anschluss daran bedarf es der Klärung, ob Änderungen am Fahrlässigkeitsmaßstab durch die EG-KfZ-Qualifikationsrichtlinie 2003/59/EG und das Berufskraftfahrer-Qualifikationsgesetz eintreten. Danach werden die Maßstäbe aufgezeigt, in welchen Fällen eine Verantwortlichkeit des Halters für das Anordnen oder Zulassen einer Überladung angenommen wird und wann von einer Aufsichtspflichtverletzung des Betriebsinhabers auszugehen ist. Zum Ende werden die Themen Bußgeldzumessungserwägungen erörtert, die bußgeldrechtliche Haftung weiterer Beteiligter und die Praxis der Überleitung der Ordnungswidrigkeit ins Verfallsverfahren gem. § 29a OWiG.

II. Fehlendes Unrechtsbewusstsein

Das Unrechtsbewusstsein für Gewichtsüberschreitungen ist bei vielen Fahrern und Haltern im Güterverkehr äußerst gering ausgeprägt. Dies liegt in erster Linie daran, dass nicht nachvollzogen werden kann, aus welchem Grunde ein Verhalten hierzulande unzulässig sein soll, obwohl Lkw aus dem europäischen Ausland schon mit deutlich höheren Gesamtgewichten als in Deutschland bewegt werden dürfen.[338] Es will nicht so recht einleuchten, dass durch Überladungen ein volkswirtschaftlicher Schaden wegen des Verschleißes an den jeweiligen Straßen abgewendet werden müsse, da die Verkehrswege in Nachbarländern bei gleicher Qualität der Straßen auch auf derartige Gewichte ausgelegt zu sein scheinen. Die Abnutzung der Straßen sei zuerst mit der großen Anzahl der Lkws zu erklären. Zudem sind Lkw wegen des technischen Fortschritts unproblematisch schon auf ein wesentlich höheres zulässiges Gesamtgewicht ausgelegt, so dass die Verkehrssicherheit durch Gewichtsüberschreitungen nicht betroffen sei.

III. Bestimmungen im Bußgeldkatalog

Der Fahrer hat nach § 34 III, § 69a III Nr. 4 StVZO, § 24 StVG i.V.m. Nr. 198 BKat die zulässige Achslast und das zulässige Gesamtgewicht beim Betrieb des Fahrzeugs und der Fahrzeugkombination einzuhalten. Ein Verstoß des Fahrzeughalters gegen die Anforderungen wird gem. §§ 31 II, 34 III 3, § 69a V Nr. 3 StVZO, 24 StVG i.V.m. Nr. 199 BKat geahndet. Er muss sich gegen den Vorwurf verteidigen, die überladene Fahrt angeordnet oder zugelassen zu haben.

Nach Tabelle 3 zu Nr. 198 und 199 des Bußgeldkatalogs richtet sich die Geldbuße bei Kraftfahrzeugen über 7,5 t oder Kraftfahrzeugen mit Anhängern über 2 t

338 VkBl. 1976, 205 ff.

nach der prozentualen Überschreitung des Gesamtgewichts. Verglichen mit den Geldbußen im bis zum 31.1.09 geltenden Bußgeldkatalog wurden die Sanktionen erheblich verschärft. Für den Fahrer hat ein Überschreiten des Gesamtgewichts von 2–5% eine Geldbuße unter der Eintragungsgrenze zur Folge. Bei einer Inbetriebnahme des Lkw mit mehr als 5% zulässigem Gesamtgewicht fallen 80 € an, hinzu kommt ein Punkt im Fahreignungsregister in Flensburg (Halter 140 €, 1 Punkt). Bei mehr als 10% werden 110 €, 1 Punkt (Halter 225 €, 1 Punkt) verhängt, bei mehr als 15% 140 €, 1 Punkt (Halter 285 €, 1 Punkt), bei mehr als 20% 190 €, 1 Punkt (Halter 380 €, 1 Punkt), mehr als 25% 285 €, 1 Punkt (Halter 425 €, 1 Punkt), und bei mehr als 30% 380 €.

IV. Kriterien bei der Prüfung des subjektiven Tatbestandes

Fahrer oder Halter müssten den Tatbestand der Gewichtsüberschreitung vorsätzlich, das heißt zumindest mit natürlichem Vorsatz, oder jedenfalls fahrlässig, also objektiv pflichtwidrig, verwirklicht haben. Das Amtsgericht muss zur inneren Tatseite auch feststellen, ob es von einer vorsätzlichen oder fahrlässigen Pflichtverletzung des Betroffenen ausgegangen ist.[339]

1. Verantwortlichkeit des Fahrzeugführers

Steht die Gewichtsüberschreitung objektiv fest, so ist damit die Ordnungswidrigkeit noch nicht erwiesen.[340] Eine Ordnungswidrigkeit liegt nach der Begriffsbestimmung des § 1 Abs. 1 OWiG erst vor, wenn die konkrete Handlung tatbestandsmäßig, rechtswidrig und vorwerfbar ist. Eine vorsätzliche Überladung liegt nahe, wenn dem Fahrer entsprechende Lieferpapiere oder gar Wiegescheine ausgehändigt wurden und er trotzdem die Fahrt fortsetzt/antritt.

Die Feststellung einer fahrlässigen Begehungsweise ist weit komplexer. Ist wie hier auch fahrlässiges Handeln mit Geldbuße bedroht, so setzt die Tatbestandsverwirklichung voraus, dass der Täter zumindest objektiv pflichtwidrig gehandelt haben muss.[341] An die Sorgfaltspflicht des Fahrzeugführers sind wegen der großen Gefahr, die das Führen überladener Kraftfahrzeuge für die Sicherheit im Straßenverkehr mit sich bringt,[342] grundsätzlich strenge Anforderungen zu stellen. Er hat deshalb unter Ausnutzung aller ihm zur Verfügung stehenden Möglichkeiten zu

339 *OLG Jena*, VRS 110, 136.
340 *Fromm*, NZV 2009, 534 ff.
341 Gürtler, in Göhler, OWiG, § 1 Rn 8 m.w.N.; *OLG Koblenz*, zfs 2007, 108.
342 *OLG Koblenz* NZV 1997, 194, *OLG Düsseldorf*, DAR 1986, 92; NZV 1993, 80; *OLG Stuttgart*, NZV 1996, 417; *OLG Koblenz*, VRS 71, 441 (444).

prüfen, ob die übernommene Ladung zu einer Überschreitung des für das Fahrzeug zugelassenen Gesamtgewichts geführt hat.[343]

Unstrittig hat sich der Fahrer vor Fahrtantritt zuverlässig zu vergewissern, dass das zulässige Gesamtgewicht nicht überschritten ist. Er hat zumindest eine Überprüfung von Federn, Bremsvermögen und Lenkverhalten vorzunehmen. Eine Außerachtlassung der im Verkehr erforderlichen Sorgfalt ist anzunehmen, wenn er aufgrund seiner Fahrerfahrung auf dem speziellen Fahrzeug und der zurückgelegten Wegstrecke hätte bemerken müssen, dass das Fahrzeug überladen ist. Auf Letzteres deutet auch das nachteilige Verändern des Fahr-/Lenkverhaltens hin, also z.B. die Verlängerung des Bremswegs.

Strittig ist dagegen, ob weiter von dem Fahrer, der die Ladung überhaupt nicht einschätzen kann, verlangt werden kann, dass er das Fahrzeug auf der nächstgelegenen Waage wiegen lässt,[344] um so den Beladungszustand zu überprüfen.

a) Erkennbarkeit der Überladung

Nach der ersten Auffassung würden die Anforderungen überspannt, eine Wiegung durchzuführen, wenn keine erkennbare Anzeichen für eine Überladung vorliegen, z.B. eine auffällig hohe Ladung,[345] sich durchbiegende Federn, verlangsamtes Anzugs- und Steigvermögen, verminderte Bremsverzögerung, Änderung des Lenkverhaltens, geringere Wendigkeit usw.[346] Die Annahme von Fahrlässigkeit setze stets die Feststellung derartiger besonderer Verdachtsmomente voraus.[347] Auch eine selbständige Prüfungspflicht treffe den Fahrer nur insoweit, als erkennbare Anhaltspunkte für eine Überladung vorliegen.[348]

b) Vermeidbarkeit der Überladung

Nach anderer Auffassung[349] muss der Fahrer, der diese Eigenschaft bereits im Zeitpunkt der Beladung des Fahrzeugs hatte, bei verbleibenden Zweifeln das Fahrzeug verwiegen lassen.[350]

Könne sich der Fahrer auf zuverlässige Informationen Dritter, wie z.B. Vermerke in Frachtdokumenten oder sonstige Bescheinigungen, nicht verlassen, könne es

---

343 *OLG Stuttgart,* NZV 1996, 417 (418).
344 *OLG Düsseldorf,* NZV 1998, 474.
345 *OLG Stuttgart,* NZV 1996, 417 (418).
346 *OLG Düsseldorf,* NZV 1995, 500 = VRS 90, 154 (155) m.w.N.
347 *OLG Düsseldorf,* a.a.O.; *OLG Koblenz,* 2. Strafsenat, Beschl. v. 29.8.1995 – 2 Ss 223/95.
348 *OLG Düsseldorf,* VRS 88, 71 = DAR 1994, 459.
349 *OLG Koblenz,* NZV 1997, 192 [193] = VRS 93, 145 (147).
350 *BayObLG,* NZV 1988, 192.

hinsichtlich des Vorwurfs der Fahrlässigkeit nicht darauf ankommen, ob das Fahrzeug irgendwelche Anzeichen für eine Überladung aufweise. In der Tat bestünde die Gefahr, dass man Geldbußen nur noch bei extrem hoher Überladung verhängen könnte. Für diese Auffassung spricht, dass Sattel- oder Lastzüge wegen des technischen Fortschritts auf weit höhere als die in Deutschland zulässigen Achslasten und Gesamtgewichte ausgelegt sind. Signifikante Veränderungen im Beschleunigungsverhalten sind bei den heute üblichen Motorstärken kaum noch wahrzunehmen. Entsprechendes gilt für das Lenk- und Bremsverhalten moderner Lkw.

Ist somit davon auszugehen, dass früher tauglich gewesene Überladungsindikatoren aufgrund der technischen Entwicklung heute versagen, sei es allein Sache des Führers des Fahrzeugs, sich auf andere Weise volle Gewissheit von der Einhaltung des zulässigen Gesamtgewichts zu verschaffen. Stehe eine Fahrzeugwaage nicht zur Verfügung und seien absolut zuverlässige Berechnungen aufgrund diverser Unsicherheiten – etwa wegen Schwierigkeiten bei der Bestimmung des genauen Volumens und der Dichte sowie des Feuchtigkeitsgehalts des Ladeguts – nicht möglich, müsse der Fahrzeugführer die Ladung so weit verringern, bis er sich hinsichtlich der Einhaltung des zulässigen Gesamtgewichts auf der sicheren Seite befindet. Er habe dabei in Kauf zu nehmen, dass das maximal zulässige Frachtvolumen seines Fahrzeugs möglicherweise unterschritten werde. Im Hinblick auf den Fahrlässigkeitsvorwurf komme es somit nicht (mehr) darauf an, ob der Fahrzeugführer die Überladung „erkennen" konnte,[351] sondern darauf, ob er sie hätte vermeiden können. Dieser Auffassung zufolge hätte der Betroffene z.B. an Ort und Stelle Stichproben des Ladeguts entnehmen und auf einer mitgeführten Waage zu verwiegen.

Einzig bei der Übernahme eines bereits beladenen Fahrzeugs müsse der Lastkraftfahrer das Gesamtgewicht nicht selbstständig ermitteln, sondern könne sich in der Regel auf die Gewichtsangaben des Verladers verlassen. Liegen Gewichtsangaben des Verladers, z.B. auf Lieferscheinen, Frachtbriefen, Wiegekarten usw. vor, aus denen die Einhaltung des zulässigen Gesamtgewichts hervorgehe, oder in dem Fall, dass der Fahrzeugführer das beladene Fahrzeug von einem ihm als korrekt und zuverlässig bekannten anderen Fahrer übernommen hat,[352] wäre es eine Überspannung der Sorgfaltspflicht, wenn man, ohne dass erkennbare Anhaltspunkte für eine

351 VRS 71, 441 (444).

352 *BayObLG*, NZV 1988, 155 = VRS 75, 231 (232) in einem Fall, wo die Frachtpapiere eine Überladung von nur 608 kg auswiesen, während die tatsächliche Überladung 4380 kg betrug, sowie VRS 62, 469 (470), wo der Kraftfahrer den beladenen Lkw von einem Kollegen übernommen hatte; ebenso *OLG Düsseldorf*, NZV 1993, 80 (81), wo der Fahrzeugführer sich auf die Angaben des Verladers, das Fahrzeug sei nicht überladen, verlassen hatte, sowie DAR 1986, 92, wo nach den Gewichtsangaben im Frachtbrief keine Überladung vorlag; in diesem Sinne auch *OLG Düsseldorf*, NZV 1995, 500 = VRS 90, 154 (155) und VRS 69, 468 (469), weil der Fahrzeugführer „sich i.d.R. auf die Gewichtsangaben des Verladers bzw. Frachtbriefs verlassen darf" – wobei den a.a.O. mitgeteilten Feststellungen Anhaltspunkte für das Vorliegen einer solchen Sachlage allerdings nicht zu entnehmen sind.

dennoch vorliegende Überladung gegeben sind, vom Fahrzeugführer nochmals eine eigenständige Gewichtsüberprüfung fordern würde.[353]

c) Stellungnahme

Bei der Frage der subjektiven Vorwerfbarkeit ist auf den Einzelfall abzustellen. Ob der Fahrer die erforderliche Sorgfalt außer Acht gelassen hat, entscheidet sich zunächst danach, ob er Fahrerfahrung auf dem speziellen Fahrzeug und mit der speziellen Ladung hatte. Die zweite Auffassung würde die Anforderungen an die Sorgfaltspflicht überspannen.[354] Die Ladung kann erheblichen Schwankungen unterworfen sein (Ladung sonst trocken, nun ausnahmsweise feucht, Beladung bei Nacht oder im Wald, fertig beladenes Fahrzeug übernommen), so dass das Kriterium der Vermeidbarkeit versagt.

aa) Einholung eines Sachverständigengutachtens zur Bemerkbarkeit der Überladung

Exemplarisch soll an dieser Stelle ein technisches Sachverständigengutachtens auszugsweise wiedergegeben werden, welches im Rahmen eines Ordnungswidrigkeitenverfahrens[355] eingeholt wurde und anschaulich darlegt, welch begrenzte Möglichkeiten der Bemerkbarkeit einer Gewichtsüberladung bestehen. Im begutachteten Fall hatte der Betroffene am 4.2.2009 gegen 09:00 Uhr als Führer eines Sattelzugs die K-Allee in F. a.M. befahren. In Höhe des Stadions war er von einer Streife der Kontrollgruppe Gefahrgut Schwerverkehr der Polizei F. wegen des Verdachts auf Überladung angehalten worden. Bei einer Wiegung des Sattelzugs wurde die Gesamtmasse von Sattelzugmaschine und Sattelanhänger auf 46,76 t bestimmt. Der Sattelanhänger war mit Erdaushub (tonige Erde) beladen. An der Beladestelle (Baustelle) war keine Waage vorhanden.

„...

5. Grundlagen/Informationen

Für die Erstellung des vorliegenden Gutachtens standen die folgenden Informationen zur Verfügung:

---

353 *BayObLG*, NZV 1988, 192.

354 *OLG Düsseldorf*, a.a.O.

355 *AG Frankfurt a.M.*, Az.: 991 OWi – 214 Js 28775/09; der Betroffene wurde inzw. am 22.1.10 gem. § 72 OWiG im Beschlusswege freigesprochen.

Verfahrensakte des AG F. – …, Bl. 1–47 Technische Informationen der Herstellerfirma K. zum Sattelanhänger
Literatur: Untersuchung des Deformationsverhaltens von LKW Zwillingsreifen unter wechselnder Beladung. Dipl.-Ing. Steffen Böhme, Ing.- & KFZ-Sachverständigenbüro Schellenberg -Himbert GmbH

6. Sachverständige Feststellungen und Ausführungen

6.1. Zu den Fahrzeugen

Bei dem vom Betroffenen geführten Sattelzug handelte es sich um eine Kombination aus einer Sattelzugmaschine vom Typ TGA 18.480 des Herstellers MAN und einem Sattelanhänger (Sattel Kippmulde) vom Typ SKM 35/3 des Herstellers Kempf.

Die Sattelzugmaschine ist mit zwei Achsen ausgestattet, von denen eine angetrieben ist. Die Motorleistung des Fahrzeugs beträgt 353 kW (473 PS). Die zulässige Gesamtmasse des Fahrzeugs allein beträgt 18.000 kg, als Sattelkraftfahrzeug 40.000 kg.

Der Sattelanhänger ist mit einer kippbaren Stahlhalbschalenmulde ausgestattet. Das Fahrzeug verfügt über 3 luftgefederte Achsen, von denen die erste als lastabhängige Liftachse ausgeführt ist. Die zulässige Gesamtmasse des Fahrzeugs beträgt 35.000 kg. Das Ladevolumen wird vom Hersteller mit 28 m³ angegeben.

6.1.1. Zur Wiegung

Nach den Angaben in der Akte wurde das Fahrzeug am 4 2 2009 um 09:18 Uhr auf der Waage der Firma S.S. & K. GmbH & Co. KG in L. verwogen. Im Wiegeschein (Bl. 5 d.A.) wird das Gesamtgewicht des Sattelzuges inkl. Beladung mit 46,76 t angegeben. Nach Entladung wurden die Fahrzeuge auf 14,20 t gewogen.

Bezüglich der zulässigen Gesamtmasse des Sattelzugs von 40,0 t entspricht das ermittelte Gesamtgewicht einer Überladung von 6,76 t (16,90 % der ZGM)

Die verwendete Waage wurde nach den Angaben im vorgelegten Eichschein (Bl. 8 d.A.) zuletzt am 31.8.2005 geeicht. Die Gültigkeit der Eichung läuft bis zum 31.12.2008 (3 Jahre). Für den Zeitpunkt der Messung (4.2.2009) ist demnach in der Akte kein gültiger Eichschein enthalten.

Auf Blatt 7 der Akte ist ein Schreiben der Herstellerfirma der Waage (W GmbH) enthalten, das angibt, die Waage sei bis 2010 geeicht. Dies steht im Widerspruch zum Eichschein (Bl. 8 d.A.) und stellt keinen gültigen Eichnachweis dar.

Die Gültigkeit der Wiegung kann daher aufgrund der vorliegenden Informationen in der Akte nicht bestätigt werden. Eine Untersuchung der Waage durch den Unterzeichner erfolgte nicht.

6.2. Zur Erkennbarkeit der Überladung

6.2.1. Ladungsvolumen und Dichte

Nach den Angaben in der Akte war das Fahrzeug des Betroffenen mit Erdaushub (Tonboden, Bl. 4 d.A.) beladen. Die Dichte von Böden hängt von deren Zusammensetzung (mineralische/organische Bestandteile), der Verdichtung (Porengehalt, Körnung) und maßgeblich auch vom Wassergehalt ab. Bei Tonböden sind Dichten von 920–1.320 kg/m³ typisch (Hintermaier-Erhard, Zech, Wörterbuch der Bodenkunde, 1997).

Im hier vorliegenden Fall betrug die Masse der Ladung gemäß Wiegeschein 32.560 kg. Ausgehend von einer Dichte von 1.320 kg/m³ folgt daraus ein Ladevolumen von ca. 25 m³, was unter dem Nennladevolumen von 28 m³ liegt.

Bei einer Dichte von 920 kg/m³ wiegen 25 m³ Boden entsprechend 23.000 kg. D.h. die Masse der Ladung kann aufgrund der unbekannten Dichte des Materials um bis zu 9.560 kg variieren, wenn das Volumen der Ladung konstant bleibt.

Aufgrund dieser Betrachtung ist nachvollziehbar, dass eine Erkennbarkeit der Überladung anhand des Ladevolumens aufgrund der stark streuenden Dichte des Bodenmaterials für den Betroffenen nicht gegeben war.

6.2.2. Einfederwege und Eigenfrequenz

Mit zunehmender Beladung ändern sich bei Fahrzeugen mit Stahlfedern die Einfederwege, das Fahrzeug liegt dann tiefer. Zusätzlich kommt es aufgrund der erhöhten Masse zu einer Änderung der Eigenfrequenz des Aufbaus. Diese sinkt ab und das Fahrzeug bewegt sich in der Folge langsamer auf und ab als in unbeladenem oder weniger beladenem Zustand.

Das hier gegenständliche Fahrzeug ist demgegenüber mit einer Luftfederung mit automatischer Niveauregulierung und Niveaueinstellung ausgestattet. Mit zunehmender Beladung erhöht sich der Luftdruck in den Federn des Sattelanhängers, wodurch deren Steifigkeit steigt und das Niveau des Fahrzeugs gehalten wird. Die Eigenfrequenz der Einfederbewegungen bleibt konstant, da sich Masse und Federsteifigkeit gleichermaßen erhöhen.

Eine Erkennbarkeit der Überladung für den Betroffenen durch eine Vergrößerung der Einfederwege oder einer Änderung der Aufbaueigenfrequenz war demnach nicht gegeben.

6.2.3. Bereifung

Eine weitere Möglichkeit der Erkennbarkeit einer Überladung ist die Veränderung der Reifenflanken an der Zwillingsbereifung der Sattelzugmaschine. Mit zunehmender Be-

ladung des Sattelanhängers erhöht sich auch die über die Sattelkupplung auf die Sattelzugmaschine wirkende Stützkraft. Da der Druck in den Zwillingsreifen an der Hinterachse der Sattelzugmaschine dabei konstant bleibt, beulen die Flanken mit zunehmender Beladung stärker aus und nähern sich dadurch an den Innenseiten der Reifen näher an.

In der Vergangenheit wurde das Deformationsverhalten von LKW Zwillingsreifen unter wechselnder Beladung untersucht und beschrieben. Das ... Bild aus dieser Untersuchung zeigt den Einfluss einer Zuladung auf die Auswölbung der Reifenflanken.

Hier zeigt sich, dass sich das Spaltmaß bei einem Fahrzeuggesamtgewicht von 40.000 kg gegenüber einem Gewicht von 46.800 kg um 1,5 mm verkleinert. Es kommt zu keiner Berührung der Reifenflanken. Eine Veränderung des Spaltmaßes von 1,5 mm war für den Betroffenen nicht zweifelsfrei feststellbar, sodass auch eine Erkennbarkeit der Überladung durch die Beobachtung des Reifenzustandes nicht gegeben war.

6.2.4. Fahreigenschaften

Die Sattelzugmaschine MAN TGA 18.480 verfügt über eine Motorleistung von 353 kW (473 PS). Eine zusätzliche Masse von 6.760 kg wirkt sich aufgrund der starken Motorisierung des Fahrzeugs nur unwesentlich auf dessen Beschleunigungsvermögen aus.

Geht man von einer erreichbaren Verzögerung von 6,5 m/s² für das Fahrzeug des Betroffenen aus, so folgt für eine Gesamtmasse von 40.000 kg eine Bremskraft von 260 kN. Das Fahrzeug kann damit aus 50 km/h auf einer Strecke von 16,2 m bis zum Stillstand abgebremst werden.

Bei einer Gesamtmasse von 46.760 kg ergibt sich bei gleichbleibender Bremskraft eine erreichbare Verzögerung von 5,6 m/s². Damit kann das Fahrzeug aus 50 km/h auf einer Strecke von 18,6 m bis zum Stillstand abgebremst werden. Es ergibt sich somit eine Verlängerung des Bremsweges um rechnerisch 2,4 m. Dies wäre für den Betroffenen erkennbar gewesen, wenn er zuvor eine Referenzbremsung mit bekannter Beladung durchgeführt hätte. Da die erreichbare Verzögerung auch vom Fahrbahnbelag abhängt, hätte diese Referenzbremsung an der gleichen Stelle wie die Probebremsung zur Feststellung der Überladung durchgeführt werden müssen.

Aufgrund der mangelnden Möglichkeit zur exakten Gewichtsbestimmung an der Beladestelle (dort war nach den Angaben in der Akte keine Waage vorhanden) erscheint dies aus Sicht der Unterzeichners unrealistisch.

Eine sichere Erkennbarkeit der Überladung durch eine Änderung des Fahrverhaltens war demnach ebenfalls nicht gegeben.

7. Zusammenfassung

Ausgehend von der durch Verwiegung festgestellten Überladung des Fahrzeugs des Betroffenen um 6.760 kg ist eine Erkennbarkeit dieser Überladung für den Betroffenen nicht nachweisbar.

Aufgrund der Eigenschaften des Ladeguts, sowie der Ausstattung des Fahrzeugs mit einer Luftfederung, sowie einer hohen Motorleistung von 353 kW war die Überladung für den Betroffenen aufgrund des Ladevolumens, des Fahrverhaltens, sowie des Zustandes der Bereifung nicht sicher erkennbar.

Die Messung des Fahrzeuggewichtes von 46.760 kg ist zudem aufgrund der vorliegenden Informationen in Zweifel zu ziehen, da der in der Akte enthaltene Eichschein die Eichung nur bis zum 31.12.2008 bestätigt. Das in der Akte enthaltene Schreiben der Herstellerfirma stellt keinen gültigen Eichnachweis dar."

bb) Praxistipp

Zur Überprüfung der Frage, ob einem Fahrer überhaupt ein fahrlässiges Verhalten zur Last gelegt werden kann, sollte verteidigerseits unbedingt auf die Einholung eines technischen Sachverständigengutachtens hingewirkt werden, welches sich mit der Bemerkbarkeit der Überladung befasst. Diesem Antrag ist nach überwiegender Auffassung in der Rechtsprechung stattzugeben, da es im Rahmen des subjektiven Tatbestands nicht auf die Vermeidbarkeit, sondern Bemerkbarkeit der Überladung ankommt. Das in den wesentlichen Passagen wiedergegebene Gutachten belegt eindrucksvoll, dass teilweise in der amtsrichterlichen Rechtsprechung vertretene Auffassungen, dass Überladungen – pauschal ab 10 bzw. 15 % – stets erkennbar wären, Fehl am Platze sind. Der Bußgeldrichter muss sich im Rahmen des Urteils damit auseinandersetzen, ob der Betroffene bei Anwendung pflichtgemäßer Sorgfalt die Überladung hätte erkennen können und müssen.[356] Fehlt es an nachprüfbaren Feststellungen zu konkret auf eine Überladung hinweisenden äußeren Umständen, so kann das Rechtsbeschwerdegericht nicht überprüfen, ob das Amtsgericht rechtsfehlerfrei von einem fahrlässigen Verhalten des Betroffenen ausgegangen ist.[357] Bei unzureichend begründeter Annahme fahrlässigen Handelns wird das Urteil durch das Oberlandesgericht auf die Rechtsbeschwerde hin aufgehoben.

356 *BayObLG*, NZV 1988, 155.
357 *OLG Düsseldorf*, NZV 1999, 218.

Formular für eine Einlassung im Bußgeldverfahren gegen den Fahrer wegen einer Überladung

An das
Ordnungsamt

10.2.10

In dem Bußgeldverfahren
gegen
Herrn W. Schmidt

Zeichen: 022.001479.7

begründen wir den Einspruch gegen den Bußgeldbescheid wie folgt:

Herrn S. kann keine fahrlässige oder vorsätzliche Überschreitung des zulässigen Gesamtgewichts vorgeworfen werden.

Herr S. ist zuverlässiger Lastkraftwagenfahrer. Das auf die Firma P. zugelassene Fahrzeug wurde von unbelastetem Erdaushub von einem Raupenbagger beladen. Dieser Erdaushub ist durch ein stark schwankendes Gewicht gekennzeichnet, was es für den Fahrer schwierig macht, das Gewicht zu schätzen.

Der LKW von Herrn S. wurde von dem Bagger direkt an einer Baugrube beladen. Dort steht keine Waage zur Verfügung.

Herr S. hat sich zuverlässig vergewissert, dass das zulässige Gesamtgewicht nicht überschritten ist. Er hat die Federn, das Bremsvermögen und das Lenkverhalten überprüft. Eine Änderung des Fahrverhaltens war selbst für den Fall einer Überladung nicht feststellbar.

Beweis: Sachverständigengutachten nach Auswahl des Gerichts/der Bußgeldstelle

Derartige besondere Verdachtsmomente konnten nicht ausgemacht werden. Vergleichbar hohe Überladungen sind bei dem Betroffenen noch nicht vorgekommen. Er durfte davon ausgehen und ging davon aus, dass das zulässige Gesamtgewicht nicht überschritten sein würde. Von der Überladung erhielt er erst am Abladeort Kenntnis, erst dort befand sich eine Waage.

Damit ist das Bußgeldverfahren einzustellen. Äußerst hilfsweise beantragen wir aufgrund des – wenn überhaupt – geringen Verschuldens den Erlass eines Bußgeldbescheides in Höhe von nur EUR 55,00.

Rechtsanwalt

d) Die EG-KfZ-Qualifikationsrichtlinie und das Berufskraftfahrer-Qualifikationsgesetz

Angesichts des Umstandes, dass die überwiegende Mehrzahl der Kraftfahrer im gewerblichen Güterkraftverkehr keine besondere Berufsausbildung hat und allein auf der Grundlage ihres Führerscheins arbeitet, wurde die Verpflichtung zu regelmäßigen Fortbildungen für Lastkraftfahrer u.a. bei der Einhaltung des zulässigen Gesamtgewichts durch die Richtlinie 2003/59/EG des Europäischen Parlaments und des Rates vom 15. Juli 2003 über die Grundqualifikation und Weiterbildung der Fahrer bestimmter Kraftfahrzeuge für den Güter- oder Personenkraftverkehr[358] vorgeschrieben. Nach Anhang I, der mit „Mindestanforderungen an Qualifikation und Ausbildung“ überschrieben ist, wird unter Ziff. 1.4 eine solide Basis und regelmäßige Fortbildung auch zur Gewährleistung der Sicherheit der Ladung, und der Auswirkungen der Überladung auf die Achse, Fahrzeugstabilität und Schwerpunkt, erforderlich. Diese Fertigkeiten und Kenntnisse sollen durch regelmäßige Fortbildungen aufgefrischt werden. So sollen die Fahrer über die sich ständig ändernden Regelungen informiert und an die Einhaltung dieser Vorschriften erinnert werden.

Die Bundesregierung hat hierzu das Gesetz zur Einführung einer Grundqualifikation und Weiterbildung der Fahrer im Güterkraft- oder Personenverkehr (BKrFQG)[359] sowie die Verordnung zur Durchführung des Berufskraftfahrer-Qualifikationsgesetzes (Berufskraftfahrer-Qualifikations-Verordnung (BKRFQV)[360] erlassen, die bereits am 1. Oktober 2006 in Kraft getreten sind. Hiernach ist nach § 9 BKrFQG wiederum das fehlende Mitführen des Nachweises über den Erwerb der entsprechenden Qualifikation bußgeldbewehrt.

Die Nachweispflicht dieser besonderen Qualifikation besteht für Fahrer, die im Güterverkehr eingesetzt werden, ab 10. September 2009. Ausgenommen von dieser Regelung sind Fahrer, die im Güterverkehr eingesetzt werden, und ihren Führerschein vor dem 10. September 2009 erworben haben. Diese müssen bis spätestens zum 10. September 2014 eine Weiterbildung absolvieren.

Das bedeutet, dass ausschließlich Fahrer, die nach dem 10. September 2009 (Güterverkehr) einen Führerschein erwerben, eine Grundqualifikation/beschleunigte Grundqualifikation erfolgreich absolvieren müssen. Die Grundqualifikation umfasst eine theoretische Prüfung von 240 Minuten und eine praktische Prüfung (die auch Fahrübungen beinhaltet) von 210 Minuten. Beide Prüfungsteile müssen bestanden werden. Bei der beschleunigten Grundqualifikation ist zunächst eine Schulung von 140 Stunden zu je 60 Minuten zu absolvieren und eine schriftliche Prüfung von 90 Minuten zu bestehen. Für die Durchführung der Prüfungen ist in Deutschland die Industrie- und Handelskammer am Wohnsitz des Prüflings zuständig. Jeweils

---

358 ABl. EG 2003 L 226, S. 4.

359 BGBl. I, Nr. 39, S. 1958 vom 17. August 2006.

360 BGBl. I, Nr. 42, S. 2108 vom 11. September 2006.

nach 5 Jahren muss die Qualifikation durch den Besuch einer Weiterbildung mit mindestens 35 Stunden verlängert werden. Die Teilnahme an einer Grundqualifikation bzw. Weiterbildungsschulung wird durch den Eintrag eines EU-Gemeinschaftscodes „95" auf dem Führerschein dokumentiert.

2. Halterverantwortlichkeit

Wegen der besonderen Gefahren, die mit dem Einsatz überladener Kraftfahrzeuge im öffentlichen Straßenverkehr verbunden sind, ist nicht nur der Fahrzeugführer, sondern auch der Halter eines Kraftfahrzeuges verpflichtet, für die Einhaltung der zulässigen Achslasten und des zulässigen Gesamtgewichts zu sorgen und eine Überschreitung dieser Gewichte zu verhindern.[361] Der Fahrzeughalter darf nach § 31 II StVZO naturgemäß die Inbetriebnahme des Fahrzeugs nicht anordnen oder zulassen, wenn ihm bekannt ist oder bekannt sein muss, dass die zulässige Achslast oder das zulässige Gesamtgewicht beim Betrieb des Fahrzeugs und der Fahrzeugkombination nicht eingehalten wurden.[362] Den Fahrzeughalter trifft die Verpflichtung, durch geeignete Vorkehrungen dafür zu sorgen, dass das Fahrzeug nur ordnungsgemäß beladen und eine Überschreitung des zulässigen Höchstgewichts ausgeschlossen wird.[363] An die insoweit den Halter treffende Sorgfaltspflicht sind strenge Anforderungen zu stellen.[364]

Der Halter eines Kraftfahrzeugs ist insbesondere verpflichtet, organisatorische Maßnahmen zu treffen, die eine Überladung durch seine Fahrer zuverlässig ausschließen. Zudem ist er verpflichtet, bei der Auswahl der Fahrer die erforderliche Sorgfalt anzuwenden und ihnen die notwendigen Weisungen zu erteilen.[365]

Dem Halter obliegt es auch, sich durch gelegentliche – auch überraschende – Stichproben davon zu überzeugen, dass seine Weisungen auch beachtet werden.[366] Den Fahrzeughalter entbindet eine monatlich von den Fahrern zu unterschreibende „Fahrererklärung" nicht von seinen Prüfpflichten, da dies zur Folge hätte, dass sich der Betroffene als Halter der Lastkraftwagen durch eine einfache schriftliche Erklärung von seinen Halterpflichten frei zeichnen könnte.[367] Dem sorgfältig ausgewählten, belehrten und überwachten Fahrer darf der Halter, so-

361 *OLG Düsseldorf,* DAR 1987, 127.
362 *BGH,* DAR 1957, 236.
363 *OLG Düsseldorf,* NZV 1996, 120.
364 *OLG Düsseldorf,* NZV 1988, 192 = VRS 75, 370 = VM 89, 23 und vom 13. November 1986 in VRS 72, 218 = DAR 1987, 127 = VM 1987, 28.
365 *OLG Düsseldorf,* a.a.O.
366 *OLG Hamm* NStZ 2004, 350; *BGH,* VRS 10, 282 (286); 13, 94; *OLG Hamm,* VRS 16, 153; *OLG Köln,* VRS 59, 301; *OLG Düsseldorf,* NZV 1988, 192 = VRS 75, 370 = VerkMitt 1989, 23; VRS 72, 218 = DAR 1987, 127 = VerkMitt 1987, 28.
367 *OLG Hamm,* DAR 2003, 381 = NStZ 2004, 350 = NZV 2004, 51 = VRS 105, 231.

fern die Beladung nicht in seinem tatsächlichen Einflussbereich erfolgt, die Entscheidung überlassen, ob das zulässige Gesamtgewicht beachtet wurde.[368] Ein festgestellter Verstoß des Fahrers belegt nämlich noch kein ordnungswidriges Verhalten des Halters. Ein Verstoß des Halters ist rechtsfehlerfrei nur dann festgestellt, wenn sich aus dem Urteil Verletzungen der vorbezeichneten Pflichten des Halters ergeben. Wenn es bereits zu Unregelmäßigkeiten gekommen ist, besteht für ihn sogar eine gesteigerte Pflicht zu Aufsichtsmaßnahmen.[369] Liegen besondere Umstände vor, die es den Fahrern zusätzlich erschweren, die Einhaltung des zulässigen Gewichts zu kontrollieren, kann unter Umständen eine Verpflichtung bestehen, eine Wiegeeinrichtung zur Verfügung zu stellen. Falls dies nicht möglich oder zumutbar erscheint, hat der Halter sicherzustellen, dass die Fahrzeuge nur in einem Umfang beladen werden, bei dem die Gewissheit besteht, dass eine Überladung nicht vorliegt. Da aber immer mit einem pflichtwidrigen Verhalten von Mitarbeitern gerechnet werden muss, wäre es unmöglich, eine vollständige Ausschaltung aller Risiken zu verlangen. Daher kann ein einmaliges Fehlverhalten eines ansonsten zuverlässigen Fahrers nicht zu einer gesteigerten Überwachungspflicht führen, sofern keine konkreten Anhaltspunkte für eine „Wiederholungsgefahr“ bestehen.[370]

V. Verantwortlichkeit des Verladers?

Wird ein LKW beaufsichtigt beladen, so ist der Verlader oft besser als der Fahrer in der Lage, darauf zu achten, dass die Güter nur im gesetzlich zulässigen Maße aufgeladen werden. Von daher wird die Aufnahme der Sanktionierung des Verladers für Überladungen in der Straßenverkehrs-Zulassungs-Ordnung diskutiert.[371] Im Gegensatz zur höchstrichterlichen Rspr.[372] zu Verstößen gegen die Ladungssicherung gem. § 22 StVO kommt derzeit für den Verlader nur eine Ahndung über die Regelungen zur Beteiligung gem. § 14 I 1 OWiG in Betracht. Da eine Beteiligung an der Ordnungswidrigkeit eines anderen aber nach h.M. voraussetzt, dass auch der andere vorsätzlich handelt[373] und Vorsatz nur selten nachgewiesen werden kann, ist der Anwendungsbereich gering.

---

368 *OLG Karlsruhe,* VRS 43, 461.
369 *König,* SVR 2008, 121, 122.
370 *OLG Düsseldorf,* NZV 1996, 120, 121.
371 *Albrecht,* NZV 2002, 158.
372 *OLG Celle,* NStZ-RR 2007, 215.
373 BGHSt 31, 309.

VI. Bußgeldzumessungserwägungen

Im Rahmen der Zumessungserwägungen hat der Tatrichter gem. § 17 III 1 OWiG die Bedeutung der Ordnungswidrigkeit und den Vorwurf, der den Betroffenen trifft, zu würdigen. Nach höchstrichterlicher Rspr.[374] rechtfertigt eine erhebliche Überladung (über 35%) eine ganz empfindliche Geldbuße, da in einer derart erheblichen Gewichtsüberschreitung eine besonders schwere Schuld liege.[375] Umgekehrt bedeutet dies, dass im Falle einer geringfügigeren Überladung, einer notstands- oder notstandsähnlichen Lage oder einem sonst geringen Verschulden eine Reduzierung der Geldbuße zugunsten des Betroffenen vorzunehmen ist.

VII. Zusammenfassung

1. Erwartungsgemäß haben die erhöhten Geldbußen des aktuellen Bußgeldkatalogs nicht zur messbaren Reduzierung von Überladungen im Güterverkehr beigetragen. Nur Aufklärungskampagnen, Schulungen und Weiterbildungen der Fahrer oder ein höheres Entdeckungsrisiko können zum Ziel führen.
   Solange im Speditionsgewerbe der Konkurrenzdruck derart hoch ist, ist keine Entspannung der Situation zu erwarten. Die Grundproblematik des fehlenden Unrechtsbewusstseins wird sich allenfalls durch einheitliche europäische höchstzulässige Gesamtgewichte lösen lassen.
2. Kommt es nach der st. Rspr. beim Fahrlässigkeitsmaßstab beim Fahrer nicht auf das Kriterium der „Erkennbarkeit“, sondern der „Vermeidbarkeit“ der Gewichtsüberschreitung an, so sind – abgesehen von den Übernahmefällen bereits beladener Lastkraftwagen – kaum Fälle denkbar, in denen ein Fahrer nicht fahrlässig gehandelt hat. Ihm kann letztlich stets zum Vorwurf gemacht werden, das Fahrzeug nicht auf der nächstgelegenen Waage wiegen lassen zu haben. Zweck des Berufskraftfahrer-Qualifikationsgesetzes war es, dem Fahrer besondere Fertigkeiten und Kenntnisse rund um die Gefahr der Überladung von Lkw zu vermitteln. Der Maßstab der Fahrlässigkeit wird sich durch die Wissensvermittlung in den Fortbildungen also verschärfen.
3. Dagegen kann sich der Halter in der Praxis oft exkulpieren, wenn er einen Dritten sorgfältig ausgewählt und kontrolliert hat. Die nun erforderlich werdenden Fortbildungen nach der EG-KfZ-Qualifikationsrichtlinie und dem Berufskraftfahrer-Qualifikationsgesetz kommen dem Halter zusätzlich entgegen. Er kann nachweisen, dass dem Fahrer ein derartiges Fehlverhalten nicht unterlaufen durfte und er auf seinen geschulten und ordnungsgemäß ausgebildeten Fahrer vertraut hat.

---

374 *OLG Koblenz*, NZV 1989, 283.
375 *OLG Koblenz*, VRS 67, 300.

4. Diese praktischen Konsequenzen (Fahrer haften weit, Halter haben gute Erfolgsaussichten) führen zu einer deutlichen Schieflage zur gesetzlichen Systematik: Im Grundsatz wird nämlich der – aus dem Bußgeldkatalog abzulesende – Unrechtsgehalt des Halters, die Überladung angeordnet oder zugelassen zu haben, als schwerer angesehen.
5. Dieser Widerspruch wird von den Bußgeldstellen dadurch zu korrigieren versucht, dass das Verfahren gegen den Fahrer eingestellt und gegen die womöglich bereicherte juristische Person ein selbstständiger Verfall gem. § 29a IV OWiG angeordnet wird.

G. Verkehrssicherheitsbeeinträchtigende Mängel

Bei der Vertretung von Speditionen ist die Verwirklichung von Nr. 214 BKat von hoher praktischer Bedeutung: Wer ein Fahrzeug in Betrieb genommen hat, das sich in einem Zustand befand, der die Verkehrssicherheit wesentlich beeinträchtigte, insbesondere unter Verstoß gegen eine Vorschrift über Lenkeinrichtungen, Bremsen oder Einrichtungen zur Verbindung von Fahrzeugen, riskiert einen Punkt im Verkehrszentralregister in Flensburg.

Gemäß §§ 23 StVO, 30 StVZO ist der Fahrzeugführer für die Vorschriftsmäßigkeit und Verkehrssicherheit des Fahrzeugs verantwortlich und hat sich jeweils vor Fahrantritt im Rahmen des ihm Möglichen und Zumutbaren davon zu überzeugen.[376] Dabei sind an die ihn treffenden Sorgfaltsanforderungen insbesondere dann strenge Anforderungen zu stellen, wenn es sich um die Kontrolle von für die Verkehrssicherheit wesentlichen Teilen oder Sicherheitseinrichtungen handelt. Hierzu gehören vor allem auch die Bremsen eines Fahrzeugs. Demzufolge ist der Führer eines Lastkraftwagens grundsätzlich vor Antritt der Fahrt verpflichtet, die Bremsanlage durch Bremsproben zu überprüfen.[377] Eine darüber hinaus gehende Pflicht zu regelmäßigen Sichtkontrollen der Bremsscheiben ist bislang jedoch weder in der obergerichtlichen Rechtsprechung noch in der Literatur angenommen worden.

Ein Fahrlässigkeitsvorwurf wäre dem Betroffenen hiernach nur dann zu machen, wenn er im konkreten Fall einen besonderen Anlass zu einer Sichtkontrolle der Bremsscheiben gehabt hätte. Ein solcher Anlass zu gesteigerter Sorgfalt kann etwa bestehen, wenn entsprechende Mängel zuvor bereits einmal festgestellt worden sind.[378]

---

376 *OLG Celle*, NZV 2009, 617.
377 *OLG Koblenz*, VRS 41, 267; 51, 267; BayObLGSt 1973, 216; *OLG Frankfurt a.M.*, VersR 1980, 196; *OLG Hamm*, Beschl. v. 10.9.1992, 3 Ss OWi 853/92, juris; *Jagow/Burmann/Heß*, Straßenverkehrsrecht, 20. Aufl., § 23 StVO Rn 10; jew. m.w.N.
378 *KG*, VRS 82, 149.

Oftmals wird von – nicht ausreichend geschulten – Polizeibeamten vorschnell eine „wesentliche Beeinträchtigung der Verkehrssicherheit“ angenommen. In diesen Fällen ist es geradezu die Pflicht des Rechtsanwalts, die Einholung eines technischen Sachverständigengutachten zu beantragen zum Beweis der Tatsache, dass 1. kein Mangel im Sinne des Vorwurfs im Bußgeldbescheid vorliegt und hilfsweise 2., dass dieser Mangel für den Betroffenen nicht erkennbar war oder nicht auszuschließen ist, dass dieser Mangel erst nach Fahrantritt aufgetreten ist, was insbesondere bei LKW im Baustelleneinsatz nicht auszuschließen ist.

Oft werden in amtsrichterlichen Urteilen die Sorgfaltsanforderungen an einen Lastzugfahrer bei weitem überspannt, so dass mit diesem Argument Rechtsbeschwerde eingelegt werden sollte. In regelmäßigen Abständen werden Urteile mit den getroffenen Feststellungen aufgehoben und die Sache zur neuen Verhandlung und Entscheidung, auch über die Kosten der Rechtsbeschwerde, an andere Abteilungen des Amtsgerichts zurückverwiesen.[379]

Musterbeweisantrag:

An das
Amtsgericht Köln

Bußgeldverfahren
gegen
Herrn Stefan H.

Az.:

Beweisantrag

Zum Beweis der Tatsache, dass

> die Federung/Dämpfung des Sattelaufliegers keine Beschädigungen aufwies, durch die die Verkehrssicherheit des Fahrzeugs litt,
> die Aufnahme der Luftfederbälge nicht beschädigt war, jedenfalls hierdurch die Verkehrssicherheit des Fahrzeugs nicht litt,
> der Stoßdämpfer und das Gehäuse nicht beschädigt waren, jedenfalls hierdurch die Verkehrssicherheit des Fahrzeugs nicht litt,
> das Fahrzeug eine ausreichende Profiltiefe an der 3. Achse des Sattelangängers aufwies, hilfsweise eine mangelnde Profiltiefe zum Kontrollzeitpunkt bei Fahrtantritt noch nicht vorlag, und auf Bremsungen während der Fahrt zurückzufüh-

379 *OLG Hamm*, Urt. v. 26.2.2007, BeckRS 2008, 05576.

ren ist, äußerst hilfsweise, eine mangelnde Profiltiefe für den Betroffenen bei Fahrtantritt bei einer Augenscheinskontrolle nicht feststellbar war,

beantragen wir namens und kraft Vollmacht des Betroffenen die Einholung eines schriftlichen technisch-physikalischen Sachverständigengutachtens.

Begründung:

Der Bußgeldbescheid vom 12.6.13 wirft dem Betroffenen vor, ein Kraftfahrzeug oder Kraftfahrzeug mit Anhänger in Betrieb genommen zu haben, das sich in einem Zustand befunden habe, der die Verkehrssicherheit wesentlich beeinträchtigt, insbesondere unter Verstoß gegen eine Vorschrift über Lenkeinrichtungen, Bremsen, Einrichtungen zur Verbindung von Fahrzeugen.

Dazu wird behauptet, die Federung/Dämpfung des Sattelaufliegers habe Beschädigungen aufgewiesen, durch die die Verkehrssicherheit des Fahrzeugs gelitten habe, ferner sei die Aufnahme der Luftfederbälge beschädigt, darüber hinaus sei der Stoßdämpfer und das Gehäuse bei der Kontrolle am 2.4.13 beschädigt gewesen.

Das technisch-physikalische Sachverständigengutachtens wird jedoch ergeben, dass die behaupteten Mängel nicht vorlagen, jedenfalls hierdurch die Verkehrssicherheit des Fahrzeugs nicht litt.

Im Übrigen war nach dem TÜV-Gutachten vom 4.4.13 der Sattelauflieger ohne Mängel. Es ist nicht auszuschließen, dass eine mangelnde Profiltiefe zum Kontrollzeitpunkt bei Fahrtantritt noch nicht vorlag, und auf Bremsungen während der Fahrt zurückzuführen ist. Äußerst hilfsweise wird eine nähere Überprüfung durch einen Sachverständigengutachter ergeben, dass eine mangelnde Profiltiefe für den Betroffenen bei Fahrtantritt bei einer Augenscheinskontrolle nicht feststellbar war. Die vom Kontrollbeamten angeblich festgestellten Mängel erfordern jedoch komplexe verkehrssicherheitstechnische Überprüfungen, bei denen der Zustand des Sattelaufliegers und der Reifen eingehend überprüft werden müssen. Dies kann nur durch einen ausreichend qualifizierten Sachverständigen gewährleistet werden.

Dr. F.
Rechtsanwalt
Fachanwalt für Strafrecht

H. Überholverbot

Nach § 5 Abs. 3 Nr. 2 StVO ist das Überholen unzulässig, „wo es durch Verkehrszeichen (Zeichen 276, 277) verboten ist“. Unter „Überholen“ wird allgemein ein tatsächlicher Vorgang verstanden, der vorliegt, „wenn ein Verkehrsteilnehmer von hinten an einem anderen vorbeifährt, der sich auf derselben Fahrbahn in derselben Richtung bewegt".[380] Das Überholverbot nach Zeichen 276 StVO bezweckt, wie die zu Zeichen 276 StVO erlassene Allgemeine Verwaltungsvorschrift erkennen lässt, den Schutz des Überholenden selbst und den Schutz des Gegenverkehrs.[381] Da ein Verbotszeichen sofort, d.h. von der Stelle an zu befolgen ist, an der es angebracht ist,[382] verbietet das Zeichen 276 nach wohl ebenso einhelliger Auffassung nicht nur den Beginn, sondern auch die Fortsetzung und die Beendigung des Überholvorgangs innerhalb der Überholverbotszone; ein bereits eingeleiteter Überholvorgang muss andernfalls noch vor dem Verbotsschild abgebrochen werden.[383] Die Ausrichtung des Überholverbots ist nur noch punktebewährt, wenn nicht übersehen werden konnte, dass während des ganzen Überholvorgangs jede Behinderung des Gegenverkehrs ausgeschlossen ist oder bei unklarer Verkehrslage (Nr. 19.1 BKatV). Bußgeldrichter versuchen auch hier oft, den Betroffenen zur Einspruchsrücknahme zu bewegen, indem sie auf die Gefahr einer Geldbußenerhöhung bei zahlreichen Voreintragungen oder wegen Vorsätzlichkeit hinweisen. Oftmals wird dem Betroffenen zu Unrecht vorgeworfen, gewusst zu haben, dass das Überholen auf einer Straße/Autobahn durch Verkehrszeichen 276 verboten war. Es sollte daher vermieden werden, einzuräumen, dass der Betroffene ortskundig war. Vor der Bußgeldstelle und vor den Verkehrsgerichten können in Einzelfällen Erfolgserlebnisse in der Form verbucht werden, dass die Geldbuße gemildert wird, weil ein allenfalls geringes Verschulden vorlag: Fahren von Familienangehörigen ins Krankenhaus, ohne dass ein Rechtfertigungsgrund vorlag usw. Da es sich um eine Straßenverkehrs-Ordnungswidrigkeit im Bereich der Zulassungsbeschwerde handelt, sind regelmäßig bei Verurteilung durch den Bußgeldrichter geringe Erfolgsaussichten in der 2. Instanz gegeben. Zu allem Ärger wird oft die anzeigenden Polizeibeamten keine Erinnerung mehr an den Vorfall haben. Die Rechtsprechung geht nun nicht davon aus, dass keine Erinnerung auch keine verwertbare Aussage bedeutet.[384] Die Zeugenaussage eines Polizeibeamten, er könne sich an den von ihm angezeigten Verkehrsvorgang zwar nicht mehr erinnern, er würde aber den Verkehrsteilnehmer unter den von diesem behaupteten Umständen nicht angezeigt haben, unterliegt der freien Beweiswürdigung des Tatrichters. Regelmäßig wird der Aktenvermerk zur Ordnungswidrigkeit vorgehalten.

Zwar kann der Inhalt einer Urkunde auch durch Vorhalt in die Hauptverhandlung eingeführt werden.[385] Es ist jedoch zu berücksichtigen, dass Beweisgrundlage

---

380 BGHSt. 22, 137, 139.
381 *OLG Düsseldorf,* NJW 1981, 2478.
382 *BayObLG,* VRS 19, 382, 383; *OLG Hamm,* VRS 30, 76.
383 *OLG Köln,* VerkMitt. 62 Nr. 51.
384 BGHSt 23, 213.
385 Meyer-Goßner, § 261 Rn 38a.

nicht die Feststellungen in der Urkunde, sondern allein die durch den Vorhalt veranlassten Erklärungen der Auskunftsperson sind. Diese müssen den Inhalt bzw. Wortlaut der Urkunde substantiiert aus eigener Erinnerung bestätigen können.[386] Es ist daher genau zu prüfen, ob der vollständige Wortlaut des Einsatzberichtes ausdrücklich bestätigt wurde. Nach st. Rspr. deutet der Umstand, dass nicht verlesene Schriftstücke ohne Hinweis auf eine bestätigende Einlassung der jeweiligen Auskunftsperson im Urteil wörtlich wiedergegeben werden, in der Regel darauf hin, dass der Wortlaut selbst zum Zwecke des Beweises verwertet worden ist.[387]

J. Mindestgeschwindigkeit beim Überholen

Einen nicht unerheblichen Teil von Ordnungswidrigkeiten im Schwerlastverkehr machen die sog. „Elefantenrennen" aus. Beim Überholen mit nicht wesentlich höherer Geschwindigkeit als derjenigen des Überholten drohen Geldbußen (§§ 5 Abs. 2 S. 2, 49 Abs. 1 Nr. 5 StVO; 24 StVG). Das OLG Zweibrücken[388] führte in einer Grundsatzentscheidung aus, dass eine eindeutige Festlegung, wie die „nicht wesentlich höhere Geschwindigkeit" im Sinne dieser Vorschrift zu bemessen sei, der bisherigen höchst- und obergerichtlichen Rechtsprechung ebenso wenig entnommen werden könne wie der dazu veröffentlichten wissenschaftlichen Literatur.[389] Den Zweck der Regelung habe die Rechtsprechung von jeher darin gesehen, eine Behinderung oder gar Gefährdung des übrigen Verkehrs durch ungewöhnlich lang dauernde Überholvorgänge zu verhindern; ein Überholen solle daher nur dann zulässig sein, wenn es unter Berücksichtigung des Geschwindigkeitsunterschiedes zügig durchgeführt werden könne.[390] Als maßgebliche Werte in Betracht gezogen wurden dabei sowohl die absolute Geschwindigkeitsdifferenz, die sich auf die für den Überholvorgang erforderliche Zeit auswirkt, wie auch der relative Unterschied, der die Länge des während des Überholvorgangs zurückgelegten Weges bestimmt.[391] Für einen Verstoß wurde es jedenfalls als ausreichend angesehen, wenn die absolute Geschwindigkeitsdifferenz als zu gering anzusehen ist und der Überholvorgang daher zu viel Zeit in Anspruch nimmt.[392]

---

386 KK-Diemer, StPO, § 249 Rn 42 m.w. Nachw.
387 Vgl. BGH NStZ 1999, 424 sowie NStZ 2001, 161.
388 NZV 2010, 163.
389 *Hentschel/König/Dauer*, Straßenverkehrsrecht, 40. Aufl. § 5 StVO Rn 32; *Jagow/Burmann/Heß*, Straßenverkehrsrecht, 20. Aufl. § 5 StVO Rn 22; *Albrecht*, NZV 2002, 153, 155 f.
390 *BayObLG*, VRS 15, 302 und DAR 1961, 204; *OLG Bremen*, VRS 28, 50, 53.
391 *BayObLG*, VRS 15, 302.
392 *BayObLG*, DAR 1961, 204.

Innerorts wurde dabei eine Differenz von 50 zu 40 km/h[393] bzw. – auf vierspuriger Straße – sogar von 50 zu 45 km/h[394] als noch zulässig angesehen; der Verkehrsfluss solle nicht durch ein sonst eintretendes faktisches Überholverbot gestört werden. Auf der Autobahn wurde dagegen ein Geschwindigkeitsunterschied von 10 km/h als zu knapp beurteilt, jedenfalls bei beiderseits eher langsamem Tempo von 80 zu 70 km/h.[395] Bei alledem wurde auch ausdrücklich betont, dass es auf die konkrete Verkehrslage im Einzelfall ankomme.[396] Für den Fall eines Überholvorganges zwischen Lkw auf der Autobahn (sog. „Elefantenrennen") hat das OLG Hamm[397] in einer Entscheidung eine Geschwindigkeitsdifferenz von 10 km/h (80 zu 70 km/h) als noch regelkonform beurteilt. Ausgehend vom Zweck des § 5 Abs. 2 S. 2 StVO, Behinderungen durch überlange Überholvorgänge zu verhindern, dürfe hier aber nicht einseitig das Interesse der am schnellen Fortkommen interessierten Pkw-Fahrer in den Vordergrund gestellt werden; auch gegenüber LKW auf zweispurigen Autobahnen sei ein faktisches Überholverbot zu vermeiden. Es sei daher eine beiderseits zumutbare und für Verkehrsüberwachungsmaßnahmen praktikable Lösung zu suchen. Eine Ahndung komme dabei nur dann in Betracht, wenn der Verkehrsfluss tatsächlich unangemessen behindert werde, was zu verkehrsarmen Zeiten, insbesondere auf dreispurigen Strecken, ausscheiden könne. Ahndungswürdig sei ein derartiges Überholen aber dann, wenn es eine unangemessene Zeitspanne in Anspruch nehme und der schnellere Pkw-Verkehr nicht nur kurzfristig behindert werde.

Als Faustregel für einen noch regelkonformen Überholvorgang sei eine Dauer von höchstens 45 Sekunden anzusetzen, was nach einer vom OLG Hamm angestellten Berechnung (Länge des überholten Fahrzeugs von knapp 25 m; vor und nach dem Überholen vorgeschriebener Sicherheitsabstand von 50 m, § 4 Abs. 3 StVO) einer Geschwindigkeit von 80 km/h für das überholende und 70 km/h für das überholte Fahrzeug entspreche. Auch wenn damit der konkreten Verkehrssituation im Einzelfall nicht immer Rechnung getragen werden könne, seien jedenfalls Überholvorgänge auf zweispurigen Autobahnen, die bei einer Dauer von mehr als 45 Sekunden bzw. einer Differenzgeschwindigkeit von unter 10 km/h zu einer deutlichen Behinderung anderer Verkehrsteilnehmer führten, bußgeldrechtlich zu ahnden.

---

393 *BGH*, VersR 1968, 1040, 1041; *BGH*, VM 1966, 73, 74; *BayObLG*, VRS 15, 302, 303; *OLG Köln*, VRS 87/1994, 19, 21.

394 *OLG Bremen*, VRS 28, 50, 53.

395 *OLG Frankfurt*, OLGR 1993, 19 f.

396 *OLG Bremen*, VRS 28, 50, 53; *BayObLG*, DAR 1961, 204, 25.

397 NZV 2009, 302.

K. Benutzung eines Mobil- oder Autotelefons

Nach § 23 I a StVO ist dem Fahrzeugführer die Benutzung eines Mobil- oder Autotelefons untersagt, wenn er hierfür das Mobiltelefon oder den Hörer des Autotelefons aufnimmt oder hält. Die Zahl der Verstöße gegen das Handyverbot im Auto wächst stetig, was auch auf die dynamisch ansteigende Anzahl von Mobiltelefonen zurückzuführen ist.[398] 40% der Autofahrer nutzen neuen Untersuchungen zufolge ihr Handy, 30% davon lesen SMS-Nachrichten, 20% schreiben diese sogar.[399] Für einen Handyverstoß (Telefonieren des Fahrers ohne Freisprecheinrichtung) wird auch nach Inkrafttreten der Punktereform zum 1.5.14 ein Punkt im Fahreignungsregister eingetragen, die Geldbuße wurde auf 60,– €, die neue Eintragungsgrenze, erhöht. Der Gesetzgeber hat die Ordnungswidrigkeit als verkehrssicherheitsbeeinträchtigend einsortiert.[400] Das Nutzen eines Mobil- oder Autotelefon schränke die Reaktionsfähigkeit des (abgelenkten) Fahrzeugführers ein[401] und erhöhe das Unfallrisiko. Bußgeldverfahren können sowohl durch gezielte Verkehrsüberwachungen durch Polizeibeamte ausgelöst werden als auch durch zufällig neben einer Geschwindigkeitsüberschreitung auf einem Radarbild eingefangene Handygespräche. Das „Handyverbot" beschäftigt in wiederkehrender Regelmäßigkeit die höchstrichterliche Rechtsprechung und Literatur.

I. Der Begriff der Benutzung

In der Literatur wird in regelmäßigen Abständen über die Sinnhaftigkeit des Handyverbots diskutiert.[402] Zum Teil wurde bereits gefordert, eine verfassungskonforme Auslegung unter Berücksichtigung des Gleichbehandlungsgrundsatzes gem. Art. 3 GG dahin gehend vorzunehmen,[403] dass als Benutzung eines Mobil- oder Autotelefons i.S.d. § 23 I a StVO nur die Bedienung solcher Funktionen verstanden werden könne, die zur Herstellung von Telekommunikation dienen.

---

398 OLG Köln, NZV 2010, 268.

399 www.wdr.de („Unfallrisiko SMS währende der Fahrt") v. 16.9.13.

400 Fünftes Gesetz zur Änderung des Straßenverkehrsgesetzes und anderer Gesetze v. 28.8.2013, BGBl. I S. 3313.

401 OLG Bamberg, NJW 2008, 599.

402 Hufnagel, NJW 2006, 3665.

403 Seibel, NZV 2007, 178.

1. Sämtliche Bedienfunktionen des Mobiltelefons

Demgegenüber wird der Begriff der Benutzung eines Handys von der Rechtsprechung weit ausgelegt.[404] Sie bleibt dabei, dass der für die Umschreibung der Tathandlungen (Aufnahme oder Halten) verwendete Begriff des Benutzens nach seinem Wortsinn sämtliche Bedienfunktionen umfasse.[405] Er umfasse also nicht nur das Telefonieren im eigentlichen Sinne, sondern auch andere Formen der bestimmungsgemäßen Verwendung, was v.a. für alle „Smartphone“-Nutzer von großer Bedeutung ist. Denn im Unterschied zur Aufnahme irgendeines anderen Gegenstandes im Fahrzeug bestehe beim Mobiltelefon jederzeit die Möglichkeit, eine Kommunikation und damit die vom Gesetzgeber verpönte Ablenkung zu bewirken. Aus diesen Gründen gehörte zur „Benutzung“ i.S. des § 23 Abs. 1a StVO nicht nur das Telefonieren. Vielmehr läge auch während der Vor- und Nachbereitungsphase eines Telefonats bzw. einer SMS,[406] Internetnutzung und Nutzung als Navigationshilfe[407] eine Benutzung des Mobil oder Autotelefons im Sinne dieser Vorschrift vor, denn bereits hierdurch wird der Zweck der Vorschrift berührt, nämlich der Ablenkung von der Fahrzeugführung entgegenzuwirken.[408] Dabei kommt es nicht darauf an, ob sich dabei eine SIM-Karte in dem Mobiltelefon befunden hat.[409] Unter die Bedienfunktionen eines Mobiltelefons soll auch das Abhören dort gespeicherter Musikdateien zur verbotswidrigen Nutzung zählen.[410]

2. Telefonieren während des Anhaltens/mit ausgeschaltetem Motor

Die Beherrschung des Fahrzeugs wird ebenfalls eingeschränkt, wenn das Fahrzeug verkehrsbedingt, etwa vor einer Rot zeigenden Lichtzeichenanlage anhält und der Motor läuft, weil in diesem Fall die Fahrt jederzeit, ohne den Motor erst in Betrieb setzen zu müssen, fortgesetzt werden kann. Anders verhält es sich jedoch, wenn das Fahrzeug – auch vor einer Lichtzeichenanlage – steht und der Motor ausgeschaltet ist. In diesem Fall besteht durch das Aufnehmen oder Halten eines Mobiltelefons keine die Beherrschung des Fahrzeugs unmittelbar einschränkende Ablenkung von den eigentlichen Fahraufgaben. Denn vor einer Weiterfahrt muss der Motor durch einen erneuten Startvorgang zunächst in Gang gesetzt werden. Erst dann kann mit dem Fahrzeug die Fahrt aufgenommen werden und damit – bei Fortsetzung der Be-

---

404 Vgl. hierzu Hufnagel, NJW 2006, 3665.
405 Amtl. Begr. zur ÄndVO v. 11.12.2000, VerkBl 2001, 8; Ternig, ZfS 2007, 482.
406 Burhoff, Handbuch für das straßenverkehrsrechtliche OWi Verfahren, 3. Aufl., 2012, Rn 1086.
407 OLG Köln NJW-Spezial 2008, 586; Burhoff, VRR 2013 228.
408 Vgl. hierzu OLG Düsseldorf, StraFo 2006, 509; OLG Hamm, in 2 Ss OWi 25/07, NJW 2007, 1078 = VRS 112, 291; OLG Hamm in 2 Ss OWi 227/07, StRR 2007, 76 jeweils mit weiteren Nachweisen.
409 OLG Hamm, Urt. v. 1.2.2012 – III-5 RBS 4/12, ADAJUR Dok.Nr. 101141 (Ls.).
410 OLG Köln, DAR 2011 95.

nutzung des Mobiltelefons – eine Beeinträchtigung der Fahraufgaben eintreten. Die Gefährdung, die durch das Verbot des Aufnehmens oder Haltens eines Mobiltelefons beseitigt oder zumindest verringert werden soll, ist bei mit ausgeschaltetem Motor stehenden Kraftfahrzeug wegen des Erfordernisses, den Motor erst in Gang zu setzen, nicht gegeben.[411]

3. Aufnehmen und Halten des Mobiltelefons

Auch wird nicht etwa schon jedes In-die-Hand-Nehmen eines Mobiltelefons (während der Fahrt) als dessen tatbestandsmäßige Benutzung verstanden, nach dem eindeutigen Wortlaut des § 23 Abs.1 a StVO wird das Aufnehmen und Halten des Mobiltelefons nicht als solches untersagt.[412]

II. Zum Begriff des Mobil- oder Autotelefons

Das Mobiltelefon wird auf der Grundlage der technischen Zusammenhänge als ein tragbares Telefongerät definiert, das über Funk mit dem Telefonnetz kommuniziert und daher ortsunabhängig eingesetzt werden kann.[413] Das OLG Köln[414] entschied, dass das Mobilteil des – zu einem Festnetzanschluss gehörenden – schnurlosen Telefons kein Mobiltelefon i.S. des § 23 I a StVO sei. Sie reihten sich in die technischen Mittel und Geräte – wie Diktiergeräte, Organizer, Tablet-PC, Kameras, Pager oder Navigationsgeräte – ein, die einen vergleichbaren negativen Einfluss auf den Fahrzeugführer haben können, aber ausweislich des Wortlautes des § 23 Abs. 1a StVO nicht von der Vorschrift erfasst werden.

Der Beschluss des OLG Köln hat in der Literatur ungewöhnlich starke Beachtung gefunden.[415] Schon wenige Tage nach seiner Verkündung, noch vor Veröffentlichung der Gründe, gab es im Internet unzählige Verweise auf diese neue Entscheidung. Einige Monate vor dem Beschluss hatte das OLG Celle noch zulasten eines Betroffenen festgestellt, dass (auch) ein Funkgerät ein Mobil- oder Autotelefon im Sinne des § 23 I a StVO sei, wenn hiermit auch eine Kommunikation im öffentlichen Fernsprechnetz möglich ist.[416] Der Beschluss des OLG Köln ist aus Betroffenen- und Rechtsanwaltssicht sehr begrüßenswert, begrenzt es doch den Anwendungsbereich der Vorschrift. Zu erwarten ist, dass der Beschluss aus Köln Auswirkung auf die Ver-

411 OLG Bamberg, NZV 2007, 49.
412 OLG Bamberg, DAR 2007, 395.
413 OLG Köln, NZV 2010, 268.
414 NZV 2010, 268.
415 NJW-Spezial 2009, 762.
416 NZV 2009, 467.

teidigungsstrategie in vergleichbaren Fällen haben wird. Von nun an wird der Betroffene, die beim Telefonieren ertappt wird, des Öfteren behaupten, nur sein Festnetztelefon am Ohr gehabt zu haben.

III. Der Begriff des Fahrzeugführers

Der Begriff des Fahrzeugführers ist in § 2 Abs. 15 Satz 1 StVG geregelt. Ein Fahrlehrer, der sich mit einem entsprechend ausgerüsteten Pkw auf einer Ausbildungsfahrt befindet und als Beifahrer telefoniert, wird von § 23 Abs.1 a StVO nicht erfasst.[417] Es überschreite die Grenzen einer zulässigen Normauslegung, der Fahrlehrer sei bei der Begleitung einer Ausbildungsfahrt schon aufgrund seiner Beobachtungs- und Kontrollpflichten in Verbindung mit der bloßen Möglichkeit einer manuellen Beeinflussung als Fahrzeugführer anzusehen.

IV. Telefonhörer und Headset/Earset

Teilweise wurde das Telefonieren der Fahrzeugführer über einen Kopfhörer für bußgeldrechtliche relevant angesehen, da der Fahrer das Telefon zumindest anfänglich in der Hand halten müsse, um den ausgehenden Anruf vorzubereiten oder einen eingehenden Anruf anzunehmen.[418] Telefonieren während der Fahrt sei ohne geeignete Freisprecheinrichtung verboten. Nach dem Willen des Gesetzgebers müsse der Fahrer grundsätzlich in der Lage sein, beide Hände zum Lenken des Fahrzeugs zu benutzen.[419] Das Benutzen eines Bluetooth-Headsets ist jedoch nach neuerer Rechtsprechung nicht mit dem Benutzen eines Mobiltelefons gleichzusetzen, da das Headset aufgrund einer eigenständigen Befestigung am Kopf des Fahrers nicht zwingend mit der Hand gehalten werden muss und nicht zum eigentlichen Telefon gehört. Ein derartiges Verhalten eines Betroffenen ist daher nicht bußgeldrechtlich relevant. Der Umstand, dass das Headset zur besseren Verständigung mit der Hand an das Ohr gedrückt wurde, läuft den Bestimmungen des § 23 Abs. 1a StVO nicht zuwider, da dieser lediglich verhindern will, dass ein Fahrer einen Gegenstand in der Hand hält, den er nicht ohne weiteres schnell loslassen kann. Dies ist im Falle eines Bluetooth-Headsets jedoch ohne weiteres möglich.[420] Nach dem möglichen Wortsinn der Norm verbietet sich auch eine Auslegung dahin, die Freisprecheinrich-

417 OLG Düsseldorf, Urt. v. 4.7.2013 – IV-1 RBS 80/13, BeckRS 2013, 19115; a.A. OLG Bamberg, DAR 2009, 402.
418 Hufnagel, NJW 2006, 3665.
419 OLG Hamm, NStZ 2006, 358.
420 OLG Stuttgart, NJW 2008, 3369 f.

tung lediglich als (unselbstständigen) Funktionsteil des Mobil- oder Autotelefons aufzufassen.[421] Diese Argumentation lässt sich auch auf kabelverbundene Kopfhörer übertragen.

V. Schuldform

Das verbotswidrige Benutzen eines Mobiltelefons während der Fahrt i.S. von § 23 I a StVO wird übrigens regelmäßig nur vorsätzlich begangen werden können, so dass eine Erhöhung des Regelbußgeldes wegen vorsätzlicher Begehungsweise deshalb nicht in Betracht kommt.[422] Dem steht § 1 II BKatV nicht entgegen, da die Vorschrift verdeutlicht, dass mit dem Bußgeldkatalog gerade beabsichtigt war, den Normalfall der Tatbegehung mit der Regelgeldbuße zu belegen. Vorrangiges Ziel des Verordnungsgebers war es, die Tatausführung in der allgemein üblichen Begehungsweise mit einer dem Regelsatz entsprechenden Geldbuße zu belegen. Wenn jedoch die übliche Begehungsweise vorsätzliches Handeln ist, ist die Folge, dass ein solcher Verstoß, obwohl vorsätzlich begangen, als Regelfall einzuordnen ist. Ausnahmsweise muss bei dem verbotswidrigen Benutzen eines Mobiltelefons auch kein rechtlicher Hinweis gem. § 265 StPO wegen vorsätzlicher Tatbegehung erteilt werden, wenn der Bußgeldbescheid zur Begehungsweise schweigt, da § 23 I a StVO ohnehin zumindest in aller Regel, nur vorsätzlich verwirklicht werden kann.[423]

VI. Beweiswürdigung

In den seltensten Fällen hat der anzeigende Polizeibeamte noch eine Erinnerung an den Vorfall, was angesichts der Anzahl der von ihm bearbeiteten Verkehrsvorgänge und der vergangenen Zeit bis zu einem Termin nicht verwundert. Die Rechtsprechung geht nun nicht davon aus, dass keine Erinnerung auch keine verwertbare Aussage bedeutet.[424] Die Zeugenaussage eines Polizeibeamten, er könne sich an den von ihm angezeigten Verkehrsvorgang zwar nicht mehr erinnern, er würde aber den Verkehrsteilnehmer unter den von diesem behaupteten Umständen nicht angezeigt haben, unterliegt der freien Beweiswürdigung des Tatrichters. Regelmäßig wird der Aktenvermerk zur Ordnungswidrigkeit vorgehalten.

---

421 OLG Bamberg, NJW 2008, 599.
422 OLG Jena, NStZ-RR 2005, 23.
423 OLG Karlsruhe, *Beschl.* v. 13.8.2013 – 2 (6) Ss 377/13 AK 98/13, BeckRS 2013, 21612.
424 BGHSt 23, 213.

Zwar kann der Inhalt einer Urkunde auch durch Vorhalt in die Hauptverhandlung eingeführt werden.[425] Es ist jedoch zu berücksichtigen, dass Beweisgrundlage nicht die Feststellungen in der Urkunde, sondern allein die durch den Vorhalt veranlassten Erklärungen der Auskunftsperson sind. Diese müssen den Inhalt bzw. Wortlaut der Urkunde substantiiert aus eigener Erinnerung bestätigen können.[426] Es ist daher genau zu prüfen, ob der vollständige Wortlaut des Einsatzberichtes ausdrücklich bestätigt wurde. Nach st. Rspr. deutet der Umstand, dass nicht verlesene Schriftstücke ohne Hinweis auf eine bestätigende Einlassung der jeweiligen Auskunftsperson im Urteil wörtlich wiedergegeben werden, in der Regel darauf hin, dass der Wortlaut selbst zum Zwecke des Beweises verwertet worden ist.[427]

Das verbotswidrige Nutzen eines Mobil- oder Autotelefons muss dem Betroffenen mit der für eine Verurteilung erforderlichen Sicherheit nachgewiesen werden. Aus den Urteilsgründen müssen sich auch Angaben zur Entfernung zwischen dem Standort des Zeugen und dem Fahrzeug befinden, über dessen Geschwindigkeit und zur Dauer der Beobachtung. Je nach Sachlage sind auch Feststellungen zum Blickwinkel und zu den Lichtverhältnissen notwendig, um zureichend die Möglichkeit eines Wahrnehmungsfehlers des Zeugen beurteilen zu können. Fehlen solche Angaben, ist das Urteil aufzuheben.[428] Die Angabe des Zeugen, deutliche und direkte Sicht auf das Fahrzeug gehabt zu haben, reiche nicht aus.

VII. Anwaltliche Einlassung

Im Rahmen einer anwaltlichen Einlassung sollte darauf geachtet werden, dass nicht Verhaltensweisen des Betroffenen zugestanden werden, die nach obergerichtlicher Rechtsprechung ohnehin auch unter § 23 I a StVO fallen, etwa das Ablesen der Uhrzeit.[429]

Eine oft abgegebene Standardeinlassung des Betroffenen geht dahin, der Betroffene habe nicht ein Handy, sondern ein Diktiergerät genutzt. Sein Auto verfüge über eine Freisprecheinrichtung, so dass er generell nicht mit einem Handy während der Fahrt telefoniere. Es komme aber gelegentlich vor, dass mit seinem Diktiergerät Geschäftsbriefe diktiert würden. Wenn er das Diktat abhöre, müsse er aufgrund der Fahrgeräusche sich das Diktiergerät ähnlich einem Mobiltelefon an das Ohr halten, da sonst nichts zu verstehen sei. Dieser Vortrag dürfte aber widerlegt sein, wenn

425 Meyer-Goßner, § 261 Rn 38a.
426 KK-Diemer, StPO, § 249 Rn 42 m.w. Nachw.
427 Vgl. BGH NStZ 1999, 424 sowie NStZ 2001, 161.
428 OLG Karlsruhe NJW-Spezial 2009, 699.
429 OLG Hamm, NJW 2005, 2469.

Gesichtsregungen (Lachen) auf dem Radarfoto erkennbar sind oder vom Belastungszeugen beobachtet wurden.

VIII. Beharrliche Verletzung der Pflichten eines Kraftfahrzeugführers

Fällt der Handynutzer am Steuer wiederholt auf, so riskiert er ein Fahrverbot unter dem rechtlichen Gesichtspunkt einer beharrlichen Verletzung der Pflichten eines Kraftfahrzeugführers.[430] Ein Fahrverbot darf insbesondere angeordnet werden, wenn der (neuerliche) Verkehrsverstoß wertungsmäßig dem Regelfall eines beharrlichen Pflichtenverstoßes i.S.v. § 25 Abs. 1 Satz 1 StVG i.V.m. § 4 Abs. 2 Satz 2 BKatV gleichzusetzen ist.[431] Die Verfehlungen müssten damit vergleichbar mit einer Geschwindigkeitsüberschreitung von zweimal mehr als 26 km/h innerhalb eines Jahres sein. Vorangegangene drei sogenannte Handyverstöße können bei engem zeitlichen Abstand die Beurteilung des Vorliegens einer beharrlichen Pflichtverletzung aus mangelnder Rechtstreue nahelegen.[432]

IX. Tateinheit zwischen Ordnungswidrigkeiten

Hat der Betroffene mehrere Ordnungswidrigkeiten gleichzeitig verwirklicht, so ist zu prüfen, ob die Verfehlungen als tateinheitlich bewertet werden können. Die Ahndung durch mehrere Bußgeldbescheide, durch die jede Geldbuße gesondert festgesetzt wird („Kumulationsprinzip"), wäre damit nicht zulässig. Bei Tateinheit wird nur eine Geldbuße festgesetzt.[433] Da das Verwenden des Mobiltelefons i.S.d. § 23 Abs. 1a StVO und das teils zeitgleiche Führen des Kraftfahrzeuges mit überhöhter Geschwindigkeit im Konkurrenzverhältnis der Tateinheit i.S.d. § 19 OWiG stehen, wäre eine Verurteilung zu zwei Geldbußen im Verhältnis zu Tatmehrheit rechtsfehlerhaft.[434]

Hat der Betroffene bereits einen Bußgeldbescheid wegen der auf einer Fahrt begangenen anderen Tat erhalten (während der er auch telefoniert hat) und ist diese Tat bereits rechtskräftig, so hat der Rechtsanwalt auf das Verfahrenshindernis der rechtskräftigen Ahndung der Tat gem. § 84 Abs. 1 OWiG („ne bis in idem") hinzuweisen.[435] Ein der Verurteilung entgegenstehendes Verfahrenshindernis des Straf-

430 OLG Hamm, Urt. v. 24.10.2013 – 3 RBS 256/13, BeckRS 2013, 20362; OLG Jena, DAR 2007, 157.
431 BayObLG NZV 1995, 287.
432 OLG Hamm, a.a.O.
433 Gürtler, in Göhler, OWiG, § 19 Rn 4.
434 OLG Jena, DAR 2010, 31.
435 AG Homburg, NStZ-RR 2008, 122.

klageverbrauchs ist zur Vermeidung einer Doppelahndung auch noch in der Rechtsbeschwerdeinstanz von Amts wegen zu berücksichtigen.[436] Besonders zum Vorteil des Betroffenen wäre es, wenn die rechtskräftige Tat im Verhältnis der Tateinheit zum Verwenden des Mobiltelefons steht und nicht bepunktet ist, wie die Nichtanlegung des Sicherheitsgurtes.[437] Umgekehrt sind andere Verkehrsordnungswidrigkeitenverfahren (z.B. wegen Geschwindigkeitsüberschreitung) einzustellen, wenn das Verfahren wegen des verbotswidrigen Benutzens des Mobiltelefons rechtskräftig geworden ist.[438]

X. Entbindung des Betroffenen von der Verpflichtung zum Erscheinen, § 73 II OWiG

Grundsätzlich ist der Betroffene zum Erscheinen in der Hauptverhandlung verpflichtet, § 73 I OWiG. Das Gericht muss den Betroffenen jedoch auf seinen Antrag hin gem. § 73 II OWiG von der Erscheinungspflicht entbinden, wenn er erklärt hat, dass er sich in der Hauptverhandlung nicht zur Sache äußern werde, und seine Anwesenheit zur Aufklärung wesentlicher Gesichtspunkte des Sachverhalts nicht erforderlich ist. Das Gleiche gilt, wenn er schon vorher eine Äußerung zur Sache abgegeben hat.[439] Die Entscheidung des Amtsgerichts über den Antrag auf Entbindung unterliegt also keinem Ermessen.[440] Ob das Gericht den Betroffenen von der Erscheinenspflicht entbinden muss, wenn dieser den Handyverstoß bestreitet, ist umstritten. Das OLG Düsseldorf[441] entschied, dass ein Erscheinen erforderlich ist, wenn die Feststellung, ob der Betroffene verbotswidrig mobil telefoniert hat, maßgeblich davon abhänge, ob sich der Zeuge an den konkreten Einzelfall erinnere. Eine solche Erinnerung sei notwendig an den optischen Eindruck von dem Betroffenen geknüpft, wenn es um dessen körperliches Verhalten gehe. Denn der Zeuge hätte sich konkret daran erinnern müssen, ob er gesehen hat, dass der Betroffene ein Mobiltelefon bedient habe. Demgegenüber hatte das OLG Köln[442] in einer vergleichbaren Konstellation (Nichtanlegen des Sicherheitsgurts) beschlossen, dass eine Gegenüberstellung mit dem Zeugen nicht unabdingbar war. Die Annahme des Tatrichters, durch die bloße Anwesenheit des die Aussage verweigernden Betroffenen werde

---

436 OLG Jena NStZ-RR 2006, 319.

437 OLG Bamberg, DAR 2007, 395.

438 OLG Saarbrücken, Beschl. v. 24.3.2006 – Ss (B) 2-06 (3/06), BeckRS 2006, 04381; Burhoff, Handbuch für das straßenverkehrsrechtliche OWi Verfahren, 3. Aufl., 2012, Rn 1099.

439 Fromm, DAR 2013, 368 ff.

440 OLG Karlsruhe, StraFo 2010, 494; *OLG Brandenburg*, Beschluss vom 15.6.2007, 2 Ss – Owi – 5 B/07, juris; KK-*Senge*, a.a.O., Rn 15 zu § 73 m.w. Nachw.; *Ferner*, in ders./Bachmeier/Müller (Hrsg.), Fachanwaltskommentar Verkehrsrecht, § 73 OWiG Rn 2, 2009.

441 Urt. v. 14.12.2011 – IV 1 RBS 144/11, BeckRS 2012, 12830.

442 NZV 2009, 52.

sich eine zuverlässigere Aussage des Polizeikommissars ergeben, vermochte das Rechtsbeschwerdegericht nicht nachzuvollziehen. Auch das OLG Bamberg[443] entschied ebenfalls, dass das persönliche Erscheinen eines Betroffenen nicht allein (schon) deshalb erforderlich sei, weil in Gegenwart des Betroffenen nach Auffassung des Gerichts zuverlässigere Angaben eines Zeugen zu erwarten seien.

XI. Erfolgsaussichten in der 2. Instanz

Rechtsbeschwerden sind im Bagatellbußgeldbereich nur unter besonderen Zulassungsvoraussetzungen statthaft. Da der Handyverstoß mit einer (Regel-)Geldbuße von nur 60,00 EUR geahndet wird, ist nur der Antrag auf Zulassung der Rechtsbeschwerde statthaft, § 80 OWiG. Für eine Zulassung der Rechtsbeschwerde nach § 80 OWiG muss die Verteidigung im Falle einer Verurteilung zu einer Geldbuße unter 250,00 Euro darlegen, warum der jeweilige Fall der Klärung durch das Oberlandesgericht bedarf. Dies ist nach § 80 Abs. 1 Nr. 1 OWiG der Fall, wenn die Nachprüfung zur Fortbildung des Rechts oder der Sicherung einer einheitlichen Rechtsprechung dient. Wurde gegen den Betroffenen eine Geldbuße von nicht mehr als einhundert Euro festgesetzt, so ist die Zulassung der Rechtsbeschwerde ausgeschlossen wegen Verfahrensrechtsverstößen. Diese Einschränkung betrifft allerdings nicht die Versagung des rechtlichen Gehörs, da sich die Einschränkung der Zulassungsrechtsbeschwerde nach § 80 II OWiG nur aus Absatz 1 Nr. 1, und nicht Abs. 1 Nr. 2 ergibt.[444] An der Anzahl der Entscheidungen zum unerlaubten Nutzen eines Mobiltelefons ist zu erkennen, dass die Oberlandesgerichte oftmals einen Zulassungsgrund gem. § 80 I Nr. 1 OWiG zur Fortbildung des Rechts bejahen.[445]

XII. Handyverstoß bei Fahrerlaubnis auf Probe

Ein verbotswidriges Benutzen eines Mobiltelefons durch einen Fahranfänger hat nach der gesetzlichen Wertung keine verwaltungsrechtliche Anordnung eines Aufbauseminars zur Folge. Ist gegen den Inhaber einer Fahrerlaubnis wegen einer innerhalb der Probezeit begangenen Straftat oder Ordnungswidrigkeit eine rechtskräftige Entscheidung ergangen, die nach § 28 Abs. 3 Nr. 1 bis 3 StVG in das Verkehrszentralregister einzutragen ist, so hat die Fahrerlaubnisbehörde gemäß § 2a Abs. 2 Satz 1 Nr. 1 StVG seine Teilnahme an einem Aufbauseminar anzuordnen und hierfür eine Frist zu setzen, wenn er eine schwerwiegende oder zwei weniger

443 OLG Bamberg, SVR 2013, 272 ff.
444 *OLG Köln*, NStZ 1988, 31; NStZ-RR 1998, 345.
445 OLG Bamberg, Beschl. v. 27.4.2007 – 3 Ss OWi 452/07, BeckRS 2007, 08729.

schwerwiegende Zuwiderhandlungen begangen hat. Wann eine Straftat oder Ordnungswidrigkeit als eine schwerwiegende Zuwiderhandlung im Sinne des § 2a Abs. 2 Satz 1 Nr. 1 StVG zu bewerten ist, ergibt sich aus der Anlage 12 zu § 34 FeV. Das Verwenden des Mobiltelefons i.S.d. § 23 Abs. 1a StVO ist hierin nicht aufgeführt. Auch der Umstand, dass tateinheitlich ein Geschwindigkeitsverstoß um 8 km/h verwirklicht wurde, rechtfertigt kein Aufbauseminar.[446] Die Anordnung eines Aufbauseminars nach § 2a II S. 1 Nr. 1 StVG setzt eine kausale Verknüpfung zwischen der rechtskräftig festgestellten schwerwiegenden Zuwiderhandlung und der Eintragungspflicht in dem Sinne voraus, dass dieser schwerwiegende Verstoß für sich genommen und nicht erst wegen tateinheitlichen Hinzutretens eines weiteren – indessen nur weniger schwerwiegenden – Verkehrsverstosses in das VZR einzutragen ist.

XIII. Fazit

1. Angesichts diverser technischer Änderungen im Bereich von Mobil- oder Autotelefonen, insbes. der steigenden Anzahl sog. Smartphones, unterliegt die Rechtsprechung einem ständigen Wandel.
2. Der Begriff der Benutzung eines Mobil- oder Autotelefons wird von der Rechtsprechung weit ausgelegt, der verwendete Begriff des Benutzens umfasst nach seinem Wortsinn sämtliche Bedienfunktionen.
3. Da das verbotswidrige Nutzen eines Mobil- oder Autotelefons dem Betroffenen mit der für eine Verurteilung erforderlichen Sicherheit nachgewiesen werden muss, müssen die Angabe des Zeugen in einer Hauptverhandlung genauestens überprüft und Einzelheiten der Beobachtung erfragt werden.
4. Ein Verfahrenshindernis liegt vor, wenn gegen den Betroffenen bereits mit dem Handyverstoß zusammentreffende tateinheitliche Verkehrsordnungswidrigkeiten rechtskräftig geahndet wurden.
5. Ist der Betroffene in der Vergangenheit bereits wiederholt wegen des verbotswidrigen Benutzens eines Mobiltelefons in Erscheinung getreten, kann gegen ihn ein Fahrverbot unter dem rechtlichen Gesichtspunkt einer beharrlichen Verletzung der Pflichten eines Kraftfahrzeugführers verhängt werden.
6. Räumt der Betroffene schriftlich die Fahrereigenschaft ein, so ist er auch beim Bestreiten des Handyverstoßes von der Erscheinungspflicht gem. § 73 II OWiG zu entbinden, ansonsten kann er in der 2. Instanz einen Verstoß gegen das rechtliche Gehör rügen.

446 VG Karlsruhe, DAR 2013, 42.

L. Führen eines Kraftfahrzeugs unter Einfluss von Alkohol

Ordnungswidrig handelt gem. § 24a I StVG, wer im Straßenverkehr ein Kraftfahrzeug führt, obwohl er 0,25 mg/l oder mehr Alkohol in der Atemluft oder 0,5 Promille oder mehr Alkohol im Blut oder eine Alkoholmenge im Körper hat, die zu einer solchen Atem- oder Blutalkoholkonzentration führt. Darüber hinaus wurde im Jahr 2007 die „Null-Promille-Grenze“ für Fahranfänger und Fahranfängerinnen eingeführt. Nach § 24c StVG handelt ordnungswidrig, wer in der Probezeit nach § 2a oder vor Vollendung des 21. Lebensjahres als Führer eines Kraftfahrzeugs im Straßenverkehr alkoholische Getränke zu sich nimmt oder die Fahrt antritt, obwohl er unter der Wirkung eines solchen Getränks steht.

I. Rechtsvergleichende Erwägungen

Das Führen eines Kraftfahrzeugs unter Einfluss von Alkohol ist in der Europäischen Union nicht einheitlich geregelt. In einigen Mitgliedstaaten, wie Tschechien, Slowakei, Estland und Litauen, gelten die 0,0 Promille-Grenzen für Kraftfahrer. Angesichts der komplizierten Regeln in Deutschland sowie der Notwendigkeit der Abgrenzung einer Verfehlung laut Ordnungswidrigkeitengesetz zum Vergehen nach Strafgesetzbuch mag dies unter Verkehrssicherheitsaspekten die beste Lösung sein, zumal jeder Kraftfahrer dort kennt, dass ihn bereits eine noch so geringe Menge an Alkohol unweigerlich mit dem Gesetz in Konflikt bringt. Eine solche Regelung hätte weiterhin den Vorteil der besseren Beweisbarkeit eines strafrechtlich relevanten Verhaltens. So reicht der Nachweis einer noch so geringen Alkoholmenge in der Atemluft oder im Blut eines Verdächtigen zu seiner Überführung aus.

In Deutschland ist der Genuss alkoholischer Getränke durch Kraftfahrer dagegen erst bei Überschreitung bestimmter Grenzwerte mit Strafe bedroht. Weil durch umfangreiche verkehrsmedizinische Untersuchungen feststeht, dass die negativen Auswirkungen des Alkohols auf die Fahrtauglichkeit eines Kraftfahrers in der Regel erst ab einer bestimmten Blut- und/oder Atemalkoholkonzentration einsetzen, ist man dort der Ansicht, es sei nicht gerechtfertigt und wäre unverhältnismäßig, bereits einen minimalen Alkoholkonsum zu ahnden. Die Promillegrenze ist in den jeweiligen Ländern, die sich dieser Auffassung angeschlossen haben, jedoch unterschiedlich festgelegt worden. Während nach verkehrsmedizinischen Erkenntnissen bereits ab einer Blutalkoholkonzentration von 0,3‰ die Möglichkeit einer alkoholbedingten Beeinträchtigung der Verkehrstüchtigkeit eines Kraftfahrers grundsätzlich in Betracht zu ziehen ist, haben einige Staaten den Grenzwert schon bei 0,2‰, (Schweden, Polen, Norwegen) andere dagegen erst bei 0,5‰ (Italien, Slowenien, Niederlande, Österreich, Spanien, Dänemark, Portugal, Frankreich) und wiederum andere sogar erst bei 0,8‰ angesiedelt (Großbritannien, Luxemburg, Irland).

Die Kommission der Europäischen Gemeinschaften hat den Mitgliedstaaten die Annahme einer gesetzlich zulässigen Höchstgrenze von 0,5 Promille für die Blutalkoholkonzentration empfohlen. Für Fahranfänger, motorisierte Zweiradfahrer, Fahrer von Schwerlast- oder von Gefahrguttransporten soll die BAK-Obergrenze sogar auf 0,2 Promille festgesetzt werden.[447]

In Deutschland gibt es derzeit für Kraftfahrer gleich vier verschiedene Grenzwerte, die sich zum Einen unmittelbar aus dem Straßenverkehrsgesetz (StVG) ergeben und zum Andern von der Rechtsprechung nach rechts- und verkehrsmedizinischen Erkenntnissen festgelegt wurden. Für den Laien ist kaum nachvollziehbar, warum er sich beispielsweise bereits ab einer Blutalkoholkonzentration (BAK) von „nur" 0,3‰ strafbar machen kann, wenn es deswegen zu einer Gefährdung kommt, während bei deutlich höheren BAK-Werten zwischen 0,5 und 1,09‰, wenn sonst keine Ausfallerscheinungen zu verzeichnen sind, lediglich der Bußgeldtatbestand des § 24a StVG erfüllt ist. Ab einer BAK von 1,1‰ spricht man von absoluter Fahruntauglichkeit.

II. Atemalkoholmessung

Mit dem Atemalkoholtestgerät wird eine Atemalkoholkonzentration ermittelt, mithin ein Anteil von Alkoholmolekülen in der ausgeatmeten Luft. Unterschiedlichste Dispositionen können jedoch dazu führen, dass eine naturwissenschaftliche Relation des Atemalkoholgehaltes von dem Blutalkohol gestört wird. Eine feste Regel, dass ein bestimmter Atemalkoholgehalt einer festen BAK entspricht, existiert nicht.[448] Bei der Bestimmung der Atemalkoholkonzentration mit dem Messgerät Dräger Alcotest 7110 Evidential MK III[449] handelt es sich um ein standardisiertes Messverfahren i.S. der Rechtsprechung des BGH.[450] Diese Rechtsprechung hat unter den Oberlandesgerichten Anlass zu unterschiedlichen Interpretationen bei der Frage gegeben, welche Feststellungen bei einer Verurteilung gem. § 24a I 1. Alt. StVG getroffen werden müssen, wenn weder der Betroffene noch einer der Verfahrensbeteiligten Zweifel an der Funktionstüchtigkeit des Gerätes hegt oder konkrete Anhaltspunkte für eine Fehlmessung bestehen.

---

447 Empfehlung vom 17.1.2001; ABl. vom 14.2.2001, Nr. L 43 S. 31.

448 *Ferner/Fromm*, in Ferner/Bachmeier/Müller (Hrsg.), Fachanwaltskommentar Verkehrsrecht, § 316 StGB Rn 4, 2009.

449 *Löhle*, NZV 2000, 189 ff.

450 Allgemein zu standardisierten Messverfahren, BGHSt 39, 291 = NJW 1993, 3081; speziell zur Atemalkoholmessung BGHSt 46, 358 = NJW 2001, 1952; *BayObLG*, NZV 2000, 295.

Einigkeit besteht unter den Oberlandesgerichten in diesen Fällen, dass das angewandte Messverfahren und das Messergebnis (Mittelwert) mitgeteilt werden müssen.[451]

Streitig ist jedoch, ob darüber hinaus auch Feststellungen zu dem verwendeten Gerät und seiner Bauartzulassung[452] und der Eichung des Gerätes[453] zu treffen sind.

Ein Teil der oberlandesgerichtlichen Rechtsprechung verlangt überwiegend auch die Feststellung der bei der Messung gewonnenen beiden Einzelmesswerte. Dies soll zum einen die Überprüfung ermöglichen, ob es durch fehlerhafte Aufrundung zu einer unzulässigen Mittelwertbildung gekommen ist.[454] Zum anderen soll die Feststellung der Einzelwerte die Kontrolle ermöglichen, ob die Variationsbreite zwischen den Messungen nach DIN VDE 0405 Teil 3 Ziff. 6.1 eingehalten worden ist.[455]

Uneinheitlich gesehen wird zudem, ob in jedem Fall auch Feststellungen dazu zu treffen sind, ob die Bedingungen für das Messverfahren gewahrt worden sind und den im Gutachten des Bundesgesundheitsamtes „Beweissicherheit der Atemalkoholanalyse“[456] aufgestellten Anforderungen genügen. Danach sind eine Wartezeit von 20 Minuten zwischen der Beendigung der Alkoholaufnahme (Trinkende) und der Atemalkoholmessung, eine Kontrollzeit von 10 Minuten, innerhalb derer der Proband keine Substanzen zu sich nehmen darf, und Doppelmessungen im zeitlichen Abstand von höchstens 5 Minuten notwendig. Feststellungen hierzu verlangte insbesondere der 2. Senat für Bußgeldsachen des OLG Hamm in seiner früheren Rechtsprechung,[457] der sich auch das OLG Dresden angeschlossen hatte.[458]

---

451 *BayObLG*, NZV 2000, 295; *BayObLG*, NJW 2003, 1752; *OLG Hamm* [2. *Senat* für Bußgeldsachen], DAR 2001, 416; DAR 2004, 713; *OLG Hamm* [2. *Senat* für Bußgeldsachen], NZV 2002, 414; *OLG Hamm* [3. *Senat* für Bußgeldsachen], NZV 2002, 109; *KG*, Beschl. v. 11.6.2001, 3 Ws [B] 549/00; *OLG Düsseldorf*, NZV 2002, 523; *OLG Zweibrücken*, VRS 102, 117.

452 *KG*, Beschl. v. 11.6.2001 – 3 Ws [B] 549/00; *OLG Hamm* [2. *Senat* für Bußgeldsachen], DAR 2001, 416; a. A. *BayObLG*, NJW 2003, 1752; *OLG Hamm* [3. *Senat* für Bußgeldsachen], NZV 2002, 198.

453 So früher: *OLG Hamm* [2. *Senat* für Bußgeldsachen], DAR 2001, 416; a. A. *BayObLG*, NJW 2003, 1752; *OLG Hamm* [3. *Senat* für Bußgeldsachen], NZV 2002, 198; nunmehr auch *OLG Hamm* [2. *Senat* für Bußgeldsachen] DAR 2004, 713.

454 *BayObLG*, NUV 2000, 295; *BayObLG*, NJW 2001, 3138; *OLG Hamm* [3. *Senat* für Bußgeldsachen], NZV 2002, 198; *OLG Zweibrücken*, VRS 102, 117 [abhängig von der verwendeten Software]; *KG*, Beschl. v. 11.6.2001 – 3 Ws [B] 549/00; *OLG Brandenburg*, DAR 2004, 658; a. A. *OLG Stuttgart*, VRS 99, 287.

455 *BayObLG*, NZV 2000, 295; *OLG Hamm* [3. *Senat* für Bußgeldsachen], NZV 2002, 198; *OLG Zweibrücken* VRS 102, 117 [abhängig von der verwendeten Software]; *KG*, Beschl. v. 11.6.2001 – 3 Ws [B] 549/00; a. A. *OLG Stuttgart*, VRS 99, 287; *OLG Düsseldorf*, NZV 2002, 523.

456 Unfall- und Sicherheitsforschung Straßenverkehr, hrsg. Von der Bundesanstalt für Straßenwesen, H. 86 [1992], S. 14.

457 *OLG Hamm*, DAR 2001, 416.

Die Folgefrage, welche Konsequenzen aus der Nichteinhaltung der Wartezeit zu ziehen sind, wird in der obergerichtlichen Rechtsprechung ebenfalls nicht einheitlich bewertet: Während zum Teil hieraus eine Unverwertbarkeit des Messergebnisses gefolgert wird,[459] halten neuere Entscheidungen deren Einhaltung gänzlich für entbehrlich, wenn nur gewährleistet ist, dass der Betroffene 10 Minuten vor Beginn der Messung keinerlei Substanzen mehr zu sich genommen hat.[460] Dies wird vornehmlich damit begründet, dass auf die Einhaltung des ursprünglich zwischen Atemalkoholkonzentration und Blutalkoholkonzentration definierten Verhältnisses verzichtet werden könne, nachdem der Gesetzgeber in § 24 a StVG einen selbstständigen Grenzwert festgelegt habe.[461] Diese Auffassung übersieht jedoch, dass der Sinn der 20-minütigen Wartezeit nicht in der Verhinderung des Einflusses von Mund- oder Restalkohol auf das Messergebnis, sondern darin liegt, dass es gerade in der Anflutungsphase dazu kommen kann, dass die Atemalkoholkonzentration erheblich über den vergleichbaren Blutalkoholwerten liegt. Das OLG Karlsruhe hat aus diesem Grund bereits ausgesprochen, dass bei nur geringfügiger Überschreitung des Gefahrengrenzwertes des § 24 a I StVG von 0,25 mg/l das Ergebnis des standardisierten Messverfahrens zur Ermittlung der Atemalkoholkonzentration mit dem Dräger Alcotest 7110 Evidential nur dann ohne Rechtsfehler verwertet werden kann, wenn die genannten Warte- und Kontrollzeiten eingehalten wurden.[462] Ein solcher Fall liegt aber dann etwa nicht vor, wenn die festgestellte Atemalkoholkonzentration mehr als 20% über dem Gefahrengrenzwert liegt. Überschreitet aber die Messung dieses Limit deutlich, so ist zu prüfen, ob die mit der Nichteinhaltung der Wartezeit verbundenen Schwankungen durch einen Sicherheitszuschlag ausgeglichen werden können.[463] Werden die für ein standardisiertes Messverfahren vorgegebenen Verfahrensbestimmungen[464] nicht eingehalten und wie im Rahmen des § 24 a StVG die Wartezeit unterschritten, so führt dies zunächst nicht zur Unverwertbarkeit der festgestellten Messwerte, vielmehr ist durch Hinzuziehung eines Sachverständigen zu klären, ob und gegebenenfalls in welchem Umfang sich die Unterschreitung der Mindestzeit seit Trinkende ausgewirkt haben kann.[465]

---

458 Beschl. v. 27.3.2003 SS [Owi] 94/03; a. A. *OLG Hamm* [3. *Senat* für Bußgeldsachen], NZV 2002, 198; *BayObLG*, NJW 2003, 1752 – zur Wartezeit von 20 Minuten –; nunmehr auch: *OLG Hamm* [2. *Senat* für Bußgeldsachen], DAR 2004, 713).

459 *OLG Dresden*, VRS 108, 279 f.; *Hentschel*, StraßenverkehrsR, 37. Aufl., StVO, § 24 a Rn 17 m.w.N.

460 *OLG Celle*, NZV 2004, 318 f.; *OLG Hamm*, DAR 2005, 227 f.; *Burhoff* [Hrsg], Handb. für das straßenverkehrsrechtliche OWi-Verfahren Rn 2016.

461 *OLG Celle*, NZV 2004, 318 f.

462 NZV 2004, 426.

463 Offen lassend: *BayObLG*, NJW 2005, 232 ff.

464 Vgl. nur BGHSt 46, 358 ff. – NJW 2001, 1952 = NZV 2001, 267; *BayObLG*, DAR 2003, 232 ff.

465 *OLG Karlsruhe*, Beschl. v. 23.10.2003 – 2 Ss 125/03; vgl. auch *OLG Hamm*, VRS 102, 298 ff.; a. A. *Maatz*, Blutalkohol 2002, 21 [31 f.].

III. Blutalkoholmessung

Der Nachweis des Führens eines Kraftfahrzeugs unter Einfluss von Alkohol kann ebenfalls über die Blutalkoholmessung geführt werden.

Zu beachten ist, dass maßgeblich immer nur die Blutalkoholkonzentration (BAK) zum Tatzeitpunkt sein kann. Da die Blutprobe selbst bei Routinekontrollen im Straßenverkehr erst im Anschluss an die Tat, und meist erst einige Zeit später bei der Polizeiinspektion abgenommen wird, ist eine Rückrechnung erforderlich, zumal der Alkohol abgebaut wird.[466] Für einfache Fragen der Rückrechnung bedarf der Tatrichter in der Regel nicht der Hilfe eines Sachverständigen.[467] Was jedoch einfache Fragen der Rückrechnung sind und ob der Richter insoweit nicht doch eine gewisse praktische Erfahrung vorweisen muss, bleibt hier im Dunkeln. Jedenfalls sind Einwände des Probanden, wie beispielsweise der Nachtrunk, nicht durch richterliche Kenntnis zu widerlegen. Der so genannte Nachtrunk kann beispielsweise durch eine Begleitstoffanalyse widerlegt werden.[468] Des Weiteren kann eine zweite Blutprobenentnahme im Abstand von etwa 30 Minuten nach der ersten die Nachtrunkbehauptung widerlegen, da die Resorptionskurven der Behauptung entgegengesetzt verlaufen. So kann bei sich verringernden BAKen ein Nachtrunk etwa eine Stunde vor der ersten Blutentnahme nicht vorliegen. Regelmäßig dürfte die Hinzuziehung eines Sachverständigen geboten sein.[469]

Soweit es um die Fahrtüchtigkeit geht, ist für den Probanden der günstigste, gleichbleibende stündliche Abbauwert von 0,1 Promille zugrunde zu legen. Grundvoraussetzung für eine Rückrechnung ist jedoch in jedem Fall, dass das Ende der Resorptionsphase feststeht. Diese Feststellung ist in der Regel nicht ohne Sachverständigen möglich.[470] Ist dieser Zeitpunkt nicht zur Überzeugung des Gerichts feststellbar, ist zugunsten des Angeklagten davon auszugehen, dass die Resorption nicht früher als 120 Minuten nach Trinkende abgeschlossen war.[471] Wird nun zum Beispiel 4 Stunden nach Fahrende eine Blutprobe entnommen, die zu einer BAK von 0,9 Promille führte, so sind die ersten zwei Stunden wegzulassen, so dass 0,2 (2 × 0,1) Promille hinzuaddiert werden müssen. Der Tatrichter hat dann von 1,1 Promille auszugehen.[472]

Die höchstrichterliche Rechtsprechung hatte sich in letzter Zeit wiederholt mit der Problematik zu befassen, ob eine richterliche Anordnung einer Blutprobe wegen

466 BGHSt 21, 157, 163.

467 *OLG Hamm,* VRS 43, 110.

468 *Aderjahn/Schmitt/Schulz,* NZV 2007, S. 167.

469 *OLG Düsseldorf,* NZV 99, 213.

470 *BGH,* NJW 74, 246.

471 *BayObLG,* ZfS 2001, 517 f.

472 *Ferner/Fromm,* in Ferner/Bachmeier/Müller (Hrsg.), Fachanwaltskommentar Verkehrsrecht, § 316 StGB Rn 4, 2009.

Gefährdung des Untersuchungszwecks entbehrlich ist und ob bei einem Verstoß gegen den Richtervorbehalt ein Beweisverwertungsverbot vorliegt. Dass diese Entwicklung für den – sich auf Verurteilungskurs befindlichen – Bußgeldrichter ein Dorn im Auge ist, bedarf keiner Erwähnung.[473] Wie auch die Anordnung einer Durchsuchung steht die Anordnung der Blutentnahme nach § 81a Abs. 2 StPO grundsätzlich dem Richter zu. Der Richtervorbehalt – auch der einfachgesetzliche – zielt auf eine vorbeugende Kontrolle der Maßnahme in ihren konkreten gegenwärtigen Voraussetzungen durch eine unabhängige und neutrale Instanz.[474] Nur bei einer Gefährdung des Untersuchungserfolgs durch die mit der Einholung einer richterlichen Entscheidung einhergehende Verzögerung besteht auch eine Anordnungskompetenz der Staatsanwaltschaft und – nachrangig – ihrer Ermittlungspersonen. Nach der Rechtsprechung des Bundesverfassungsgerichts[475] müssen die Strafverfolgungsbehörden im Hinblick auf § 81a II StPO grundsätzlich versuchen, eine Anordnung des zuständigen Richters zu erlangen, bevor sie selbst eine solche Anordnung treffen.[476] Die Gefährdung des Untersuchungserfolgs muss mit Tatsachen begründet werden, die auf den Einzelfall bezogen und in den Ermittlungsakten zu dokumentieren sind, sofern die Dringlichkeit nicht evident ist.[477] Dabei kann die Annahme von Gefahr im Verzug nicht allein mit dem abstrakten Hinweis begründet werden, eine richterliche Entscheidung sei gewöhnlicher Weise zu einem bestimmten Zeitpunkt oder innerhalb einer bestimmten Zeitspanne nicht zu erlangen. Dies korrespondiert mit der verfassungsrechtlichen Verpflichtung der Gerichte, die Erreichbarkeit eines Ermittlungsrichters, auch durch die Einrichtung eines Eil- oder Notdienstes, zu sichern.[478]

In der höchstrichterlichen Rechtsprechung äußerst umstritten ist auch die Folgefrage, ob bzw. inwieweit bei einer Verletzung des Richtervorbehalts ein Beweisverwertungsverbot bezüglich des auf der Grundlage der ohne richterliche Anordnung erlangten Blutprobe anzunehmen ist.[479] Diesbezüglich hat das OLG Hamm für einen Paukenschlag gesorgt: So entschied es im Fall eines Autofahrers, der im alkoholisierten Zustand gegen 19.05 Uhr einen Verkehrsunfall verursachte,[480] dass ein Verwertungsverbot wegen eines Verstoßes gegen § 81a II StPO dann anzunehmen sei, wenn ein schwerer Fehler bzw. objektive Willkür vorliege, etwa wenn sich der handelnde Polizeibeamte überhaupt keine Gedanken über seine Anordnungskom-

---

473 Teilweise wird sogar gefordert: *„Richtervorbehalt bei der Blutprobe: Weg damit!"* So *Krumm*, ZRP 2009, 71.

474 *OLG Hamm*, Urteil vom 18.8.2009 – 3 Ss 293/08.

475 NJW 2007, 1345 u. NJW 2008, 3053.

476 *OLG Brandenburg*, NStZ-RR 2009, 247.

477 *BVerfG*, Beschluss vom 12. Februar 2007 – 2 BvR 273/06 – m.w.N., bei juris.

478 *BVerfG*, Beschluss vom 20. Februar 2001, NJW 2001, 1121 ff.

479 *BVerfG*, NJW 2008, 3053.

480 3 Ss 31/09, NStZ-RR 2009, 243.

petenz und deren Voraussetzungen gemacht habe und „entsprechend einer langjährigen Praxis" selbst die Blutprobenentnahme anordnet habe. An seinem Wohnhaus waren um 19.35 Uhr Polizeibeamte erschienen. Der schlafende Angeklagte wurde geweckt. Er lehnte einen Alkoholtest ab. Es wurde durch die Polizei die Entnahme einer Blutprobe angeordnet. Die um 20.08 Uhr entnommene Blutprobe ergab einen BAK-Wert von 2,6 Promille. Der Polizeibeamte hat sich im Verfahren darauf berufen, dass er entsprechend der langjährigen Praxis die Anordnung einer Blutprobe ohne vorherige Einschaltung der Staatsanwaltschaft und des Amtsgerichts getroffen habe. Das OLG Hamm erkannte auf eine Verletzung des § 81a StPO und nahm nun erstmals eine Beweisverwertung einer Blutprobe ohne richterliche Anordnung an. Die Blutprobe hätte ohne richterliche Anordnung nicht entnommen werden dürfen. Die Richter konnten insoweit keine Gefahr im Verzug erkennen. Bei dem einfach gelagerten Sachverhalt sei eine richterliche Anordnung telefonisch einholbar gewesen. Der richtige Beschuldigte habe festgestanden, ebenso seine Alkoholisierung und der Verdacht bestimmter Verkehrsdelikte. Es sei auch um die Feststellung des Blutalkoholwerts, nicht um den Nachweis von Betäubungsmitteln gegangen. Das Beweiserhebungsverbot ziehe auch ein Beweisverwertungsverbot nach sich. Bei der insoweit vorzunehmenden Abwägung hat es einerseits auf den hohen Rang des von der Tat des Angeklagten betroffenen Rechtsguts sowie darauf abgestellt, dass der Angeklagte selbst nur eine geringfügige Beeinträchtigung seiner körperlichen Unversehrtheit habe hinnehmen müssen. Es liege aber ein objektiv willkürliches Verhalten bzw. ein grober Verstoß des handelnden Polizeibeamten vor. Dieser habe sich keinerlei Gedanken über die Fragen von Gefahr im Verzug und richterlicher Anordnungskompetenz gemacht, sondern allein aufgrund „langjähriger Praxis" eine eigene Anordnung getroffen. Eine „langjährige Praxis" sei nicht geeignet, die gesetzlichen Anforderungen außer Kraft zu setzen.

Die meisten Gerichte waren bisher, anders als das OLG Hamm, nicht von einem Beweisverwertungsverbot ausgegangen. Das OLG Jena[481] nahm in einem ähnlich gelagerten Fall zwar ein Beweiserhebungsverbot an, wobei nach Ansicht des Gerichts daraus nicht gleichzeitig ein Beweisverwertungsverbot folge. Nach inzwischen gefestigter Rechtsprechung sei nach der Art des Verbots und dem Gewicht des Verfahrensverstoßes sowie der Bedeutung der im Einzelfall betroffenen Rechtsgüter zu überprüfen, ob ein Beweisverwertungsverbot bestehe. Der Senat führte aus, dass als betroffene Rechtsgüter das hochrangige Interesse an der Sicherheit des öffentlichen Straßenverkehrs nach § 316 StGB und das Grundrecht des Angeklagten auf körperliche Unversehrtheit aus Art. 2 Abs. 2 Satz 1 GG gegeneinander abzuwägen seien. Von Bedeutung sei im vorliegenden Fall allerdings, dass die Anordnung der getroffenen Eilmaßnahme (Blutentnahme) der Polizei nicht schlechthin verboten,

---

481 DAR 2009, 283.

sondern in Eilfällen gestattet sei. Obwohl die Voraussetzungen des § 81a Abs. 2 StPO nicht vorlagen, hätte die Verletzung des Richtervorbehalts deshalb aus objektiver Sicht kein geringeres Gewicht. Hinzu komme, dass aus objektiver Sicht dem Umstand Bedeutung zugemessen werden müsse, dass ein richterlicher Anordnungsbeschluss aller Voraussicht nach ergangen wäre. Nach der Rechtsprechung des BGH wäre ein Beweisverwertungsverbot daher allenfalls bei willkürlicher Annahme von Gefahr im Verzug oder bei Vorliegen eines nach dem Maßstab objektiver Willkür besonders schwerwiegenden Fehlers anzunehmen. Ein derart schwerwiegender Fehler sei allerdings aufgrund der Gesamtschau der in Betracht zu ziehenden Gesichtspunkte nicht anzunehmen. Auch OLG Bamberg[482] hatte die Voraussetzungen des § 81a II StPO für eine Eilanordnung durch die Ermittlungsperson nicht als gegeben erachtet und war von einem Beweiserhebungsverbot ausgegangen, welches aber kein Verwertungsverbot zur Folge habe. Das OLG Köln[483] hatte die Frage, ob ein Beweiserhebungsverbot vorliege, sogar offen gelassen und meinte, dass selbst bei einem Verstoß gegen den Richtervorbehalt des § 81a II StPO kein Beweisverwertungsverbot hinsichtlich des Untersuchungsergebnisses der erlangten Blutprobe vorliege. Ähnlich entscheid das OLG Hamburg.[484] Die Rechtsprechung ist sich immerhin dahin gehend einig, dass ein Beweisverwertungsverbot bei grober Missachtung des Richtervorbehalts anzunehmen ist,[485] wenn jegliche einzelfallbezogene Dokumentation fehlt und gleichzeitig Gefahr im Verzug mit der pauschalen Erwägung eines sich vollziehenden Abbaus der Blutalkoholkonzentration begründet wurde. Streitentscheidend werden damit künftig die polizeilichen Zeugenaussagen zum Zustandekommen der Blutprobenentnahme sein.

Interessanterweise entschied das OLG Brandenburg im Beschluss vom 26.1.2009[486], dass eine Notwendigkeit der Bestellung eines Pflichtverteidigers (§ 140 II StPO) bestehe, wenn sich der Angekl. unter anderem damit zu verteidigen gedenkt, dass die Entnahme einer Blutprobe gem. § 81a StPO entgegen dem Richtervorbehalt lediglich durch einen Polizeibeamten angeordnet worden sei und deshalb ein Verwertungsverbot bestehe. Die Rechtsfrage, ob und in welchen Fällen der Richtervorbehalt verletzt sei und ein Verwertungsverbot bestehe, sei – soweit ersichtlich – obergerichtlich noch nicht geklärt und werde in der amts- und landgerichtlichen Rechtsprechung unterschiedlich beantwortet.

Entgegen der bisherigen Praxis, das Regel-Ausnahmeverhältnis des § 81a StPO weiterhin in sein Gegenteil zu verkehren[487] lässt die neuere Rechtsprechung erfreu-

482 NStZ 2009, 408.

483 NStZ 2009, 406.

484 Az. – 2 – 81/07, NJW-Spezial 2008, 377.

485 So auch *OLG Dresden, Urteil* vom 11.5.2009 – 1 Ss 90/09, NJW-Spezial 2009, 475.

486 1 Ws 7/09 , NJW 2009, 1287.

487 Dazu: *Fickenscher/Dingelstadt*, NStZ 2009, 124; *Prittwitz*, StV 2008, 486.

licher Weise Anfänge einer Tendenz erkennen, künftig im Regelfall wieder eine richterliche Entscheidung zu verlangen. Jedenfalls die Praxis, dass Polizeibeamte die Entnahme von Blutproben anordnen, ohne zuvor zumindest den Versuch unternommen zu haben, einen Richter zu erreichen, dürfte endgültig beendet sein. Im Falle der Nichtbeachtung der oben genannten Grundsätze sollte die Verteidigung konsequent im Rahmen der Rechtsbeschwerde Verfahrensrüge wegen Verstoßes gegen den Richtervorbehalt erheben.

IV. Berechnung der Blutalkoholkonzentration

Eine Errechnung der Blutalkoholkonzentration auf der Basis der tatsächlich festgestellten gesamten Trinkmenge ist durch Rückrechnung nach der so genannten Widmark-Formel möglich.[488] Die konsumierte Menge Alkohol (in Gramm) wird hierbei durch das mit dem sog. Reduktionsfaktor multiplizierte Körpergewicht (in Kilogramm) dividiert. Probleme ergeben sich hier hinsichtlich der objektiven Feststellung der tatsächlichen Trinkmenge, der Zeitdauer, in der Alkohol konsumiert wurde sowie bei der Zugrundelegung des tatsächlichen Abbauwertes. Da es auch hier um die Fahrtüchtigkeit geht, ist der Grundsatz in dubio pro reo in jeder Hinsicht zugunsten des Betroffenen anzuwenden. Bestehen Zweifel hinsichtlich der Trinkmenge, der Konsumdauer und des Abbauwertes, sind die günstigsten in Betracht kommenden Werte für den Betroffenen anzunehmen. So ist regelmäßig ein Abbauwert von 0,2 Promille für den Betroffenen anzuwenden, sofern sich dieser positiv für ihn auswirkt.[489]

V. Einwilligung zur Entnahme einer Blutprobe

1. Einführung in die Problematik

Im Rahmen einer Verkehrskontrolle ergibt sich regelmäßig nach durchgeführter Atemalkoholmessung der dringende Tatverdacht für eine Ordnungswidrigkeit bzw. Straftat. Für das einzuleitende Verfahren besteht die Notwendigkeit einer Blutentnahme zum Nachweis des Grades der Alkoholisierung. Nach § 81a II StPO steht die Anordnung der Blutentnahme grundsätzlich dem Richter zu.[490] Die Ermittlungsbehörden müssen zunächst regelmäßig versuchen, eine Anordnung des zuständigen Richters zu erlangen, bevor sie selbst eine Blutentnahme anordnen. Der Richtervor-

---

488 *OLG Hamm*, NZV 1999, 92.
489 *Ferner/Fromm*, in Ferner/Bachmeier/Müller (Hrsg.), Fachanwaltskommentar Verkehrsrecht, § 316 StGB Rn 4, 2009.
490 BVerfG, NJW 2010, 2864; BVerfGK 10, 270, 274.

behalt – auch der einfachgesetzliche – zielt auf eine vorbeugende Kontrolle der Maßnahme in ihren konkreten gegenwärtigen Voraussetzungen durch eine unabhängige und neutrale Instanz. Nur bei Gefährdung des Untersuchungserfolgs durch die mit der Einholung einer richterlichen Entscheidung einhergehenden Verzögerung besteht auch eine Anordnungskompetenz der Staatsanwaltschaft und – nachrangig – ihrer Ermittlungspersonen.[491]

In die Entnahme einer Blutprobe kann der Betroffene zum Zwecke der Beweiserhebung einwilligen, da der insoweit vorliegende Eingriff in seine körperliche Unversehrtheit ein für ihn disponibles Rechtsgut betrifft.[492]

Dies macht die Anordnung der Untersuchung des Beschuldigten zur Feststellung von Tatsachen entbehrlich.[493] In letzter Zeit ist zu beobachten, dass die Strafverfolgungsbehörden aufgrund der Anzahl der Entscheidungen[494] und Veröffentlichungen[495] zur Verletzung des Richtervorbehalts nach § 81a Abs. 2 StPO sensibilisiert sind. Viele Polizeipräsidien haben daher Formulare zur „Einwilligung zur Entnahme einer Blutprobe" entwickelt, um von vornherein nicht auf einen richterlichen Anordnungsbeschluss angewiesen zu sein oder sich später rechtfertigen zu müssen, ob im Falle einer Anordnung der Staatsanwaltschaft oder eines Polizeibeamten Eilbedürftigkeit vorlag. Gleichwohl bedürfen die Umstände, innerhalb derer die Einwilligung seitens des Beschuldigten/Betroffenen abgegeben wurde, der näheren Überprüfung durch den Verteidiger. Es wird aufgezeigt, dass mit der Unterzeichnung eines Einwilligungsformulars die Entnahme einer Blutprobe nicht automatisch ordnungsgemäß erklärt ist.

! **Praxistipp**
Die Problematik erfasst sowohl Ordnungswidrigkeitenverfahren wegen des Führens eines Kraftfahrzeugs unter Einfluss von Alkohol/berauschender Mittel (Drogeneinfluss) gem. § 24 a StVG als auch Verkehrsstrafverfahren (Trunkenheit im Verkehr, § 316 StGB, Gefährdung des Straßenverkehrs, § 315c StGB).

2. Polizeiliches Vorgehen am Tatort

Die Polizeibeamten halten dem Betroffenen nunmehr vermehrt ein Formular unter die Nase. Sie bieten dem Betroffenen/Beschuldigten die schriftliche ausdrückliche

491 BVerfGK 10, 270, 274.
492 Meyer-Goßner, StPO, § 81 a Rdn. 3 f. m.w.N.
493 OLG Hamm, NZV 2009, 90, 91; OLG Hamburg, NJW 2008, 2597, 2598; Meyer-Goßner, § 81a, Rn 3; Eisenberg, Beweisrecht der StPO, Rn 1626.
494 OLG Hamm, NStZ-RR 2009, 243; NZV 2009, 514; OLG Bamberg, NJW 2009, 2146; OLG Dresden, NJW 2009, 2149; KG NStZ-RR 2009, 243.
495 Peglau, NJW 2010, 2850; Krumm, SVR 2008, 297.

Einwilligung zur Entnahme einer Blutprobe an mit dem Zusatz, es könne auch ein Richter/Staatsanwalt kontaktiert werden, falls er es wünsche. Die Voraussetzungen für die Entnahme einer Blutprobe lägen vor, der Betroffene/Beschuldigte habe es in der Hand, auf die Anordnung durch den Richter zu verzichten. Nur die wenigsten der meist völlig überforderten Verkehrsteilnehmer, die ihre Rechte nicht ausreichend kennen, bestehen auf einer richterlichen Anordnung. Dass eine solche Einwilligung abgegeben wurde, wissen die Beschuldigten/Betroffenen später beim Rechtsanwalt nicht mehr, geschweige denn kennen sie den genauen Inhalt der Erklärung, was angesichts der oft festgestellten Promillezahl nicht verwundert.

Praxisbeispiel

In polizeilichen Sachverhaltsschilderungen heißt es so oder ähnlich oft: *„Der Beschuldigte wurde einer Verkehrskontrolle unterzogen und aufgefordert, den Führerschein und Fahrzeugschein vorzuzeigen. In verwaschener Aussprache erklärt er, seine Papiere befänden sich bei der Firma in seinem Auto. Da er auch gerötete Augenbindehäute hatte, wurde er aufgefordert, aus dem Fahrzeug auszusteigen. Auf der Straße war sein schwankender Gang und Stand ein weiteres Indiz für einen anzunehmenden Alkoholeinfluss. Dem Beschuldigten wurde um 12.20h ein Atemalkoholtest angeboten. Mit dem Testgerät Dräger 6510 erreichte der Beschuldigte einen AAK von 2,59 Promille. Ihm wurde erklärt, dass der Verdacht besteht, dass er infolge des Genusses alkoholischer Getränke nicht mehr in der Lage sei, ein Fahrzeug sicher zu führen. Dies sei eine Straftat, mit der Folge, dass ihm eine Blutprobe entnommen werden müsse. Ab sofort brauche er keine Angaben mehr zu machen. Der Führerschein des Beschuldigten wurde sichergestellt. Ihm wurde nochmals die Notwendigkeit der Blutprobe erklärt, mit der Möglichkeit, sich diese auch freiwillig entnehmen zu lassen und dazu die entsprechende Belehrung vorgelesen. Herr K. willigte per Unterschrift in die Entnahme der Blutprobe ein. Auf eine richterliche Anordnung wurde daher verzichtet. Die Blutprobe wurde im Krankenhaus O. von dem Arzt A. entnommen. Der Führerschein wurde mit einer Benachrichtigung nach § 2 Abs. 12 StVO der Führerscheinstelle zugesandt…“*

---

3. Wortlaut der Formulare der Polizei

Die von der Polizei verwendeten Formulare, die mit „Einwilligung zur Entnahme einer Blutprobe“ überschrieben sind, haben regelmäßig folgenden Inhalt:

„Ich wurde darüber aufgeklärt, warum mir ein/zwei Blutprobe(n) entnommen werden soll(en). Mir wurde erläutert, dass ohne meine Einwilligung die Anordnung der Blutprobe(n) grundsätzlich durch einen Richter erfolgen muss, dieses aber in den Fällen, wo ein Richter nicht rechtzeitig erreicht werden kann, auch durch die Staatsanwaltschaft oder einen Polizeivollzugsbeamten erteilt werden darf.
Durch die Blutprobe können sowohl belastende als auch entlastende Ergebnisse zum Vorschein gebracht werden.

(x) Ich bin mit einer/zwei Blutentnahme(n) einverstanden.
Unterschrift des Angeklagten“

4. Voraussetzungen der wirksamen Einwilligung

Zwar ist die Einwilligung in die Entnahme einer Blutprobe grundsätzlich möglich, sie ist jedoch an das Vorliegen einiger Voraussetzungen geknüpft.

Für eine wirksame Einwilligung in die freiwillige Entnahme einer Blutprobe ist zunächst erforderlich, dass sich der Beschuldigte der Sachlage und seines Weigerungsrechts bewusst war.[496] Darüber hinaus muss der Beschuldigte vor Erteilung des Einverständnisses regelmäßig über sein Weigerungsrecht belehrt werden.[497] Es ist ausreichend, wenn die Einwilligung auf einem freien Entschluss beruht und der Beschuldigte nicht davon ausgeht, auf seine Einwilligung komme es im Ergebnis nicht an, weil notfalls Zwang ausgeübt werden könne. Solange daher die Herbeiführung einer richterlichen Anordnung gegenüber dem Beschuldigten nicht als bloße „Formalie" dargestellt wird, bleibt die Freiwilligkeit der Willensentscheidung unberührt.

Die Einwilligung ist ferner nur möglich, wenn der/die Proband/in genügend verstandesreif und noch in der Lage ist, die Tragweite seines/ihres Entschlusses zu erkennen.[498] Davon kann zum einen nicht ausgegangen werden, wenn er den Eingriff lediglich hinnimmt oder duldet. Der tatsächliche und rechtliche Gehalt der Formulierung, der Angeklagte sei zur Abgabe der Blutprobe „bereit" gewesen, lässt nicht den Schluss auf eine eindeutige Verhaltensäußerung des Angeklagten zu. Vielmehr kann damit sowohl eine positiv zustimmende Willensbekundung als auch ein mehr oder weniger „Mit-sich-geschehen-lassen" gemeint sein, was nicht ausreichend ist.[499]

Zum anderen ist oftmals die Einwilligungsfähigkeit eines Beschuldigten aufgrund der Stärke des Alkoholeinflusses im Einzelfall zweifelhaft. Hierfür genügt aber nicht bereits jede alkoholische Beeinflussung.[500] Ob sich der Beschuldigte in einem Zustand befand, der im Nachhinein durchgreifende Zweifel an der Freiheit seiner Willensentscheidung aufkommen lassen könnte, bedarf der genaueren Aufklärung, notfalls sind die darauf hindeutenden Indizien durch Zeugenaussagen zu belegen.

Das OLG Hamm[501] meint, dass bei einer nur mittelmäßigen Alkoholisierung (1,23 Promille) ohne deutliche Ausfallerscheinungen von einer Einwilligungsfähigkeit regelmäßig auszugehen ist. Die Grenze, bei der deutliche Beeinträchtigungen in

---

496 LG Saarbrücken, NStZ-RR 2009, 55; LR-Krause, § 81a, Rn 13; Meyer-Goßner, StPO, § 81a, Rn 4 m.w.N.

497 OLG Karlsruhe, NStZ 2005, 393; Eisenberg, Beweisrecht der StPO, Rn 1628.

498 OLG Hamm, 2 Ss 117/09, Beschl. vom 28.4.2009, beckRS 2009, 21051; Heinrich, NZV 2010, 278, 279, je m.w.N.; Meyer-Goßner, § 81a StPO, Rn 4.

499 OLG Hamm, a.a.O., beckRS 2009, 21051.

500 Eisenberg, Beweisrecht der StPO, Rn 1628.

501 Beschl. v. 2.11.2010 – III-3 RVs 93/10, BeckRS 2010, 29288.

der Einsichts- oder Steuerungsfähigkeit angenommen werden, liege bei etwa 2 Promille Blutalkohol. Trotz Ausfallerscheinungen spreche dagegen, dass ein Beschuldigter durchaus in der Lage gewesen sei, mit seinem Pkw unfallfrei zumindest noch für einen kurzen Zeitraum am öffentlichen Straßenverkehr teilzunehmen. Auch mit dem ärztlichen Befundbericht, nach dem der Angeklagte nach außen hin oft deutlich unter Alkoholeinfluss gestanden habe, ist zu argumentieren.

Praxistipp

Wer jedoch glaubt, dass die im Hauptverhandlungstermin zu vernehmenden Polizeibeamten, die dem Mandanten die Einwilligungserklärung vorgelegt haben, objektiv Auskunft über den Zustand des Beschuldigten erteilen, sieht sich getäuscht. Die polizeilichen Zeugen entwickeln – kaum übersehbar – das üblicherweise anzutreffende Schutzverhalten, ihr (eigenes) Handeln zu rechtfertigen, und zwar um jeden Preis. So soll im Nachhinein die „verwaschene Aussprache" des Beschuldigten am Tatort nur leicht gewesen sein und der „unsichere Gang" auf die Körperfülle zurückzuführen sein. Kein Polizeibeamter sieht sich gern mit dem Vorwurf konfrontiert, bewusst falsch bzw. willkürlich gehandelt zu haben. Dem Polizeibeamten sollten gegebenenfalls die Aussagen anderer Zeugen vorgehalten werden; etwa die Aussage eines Zeugen, dem gegenüber der verwirrte Beschuldigte direkt nach der Kollision im Anschluss an einen alkoholbedingten Unfall geäußert hat: „wo bin ich eigentlich?" und wenn der alkoholisierte Fahrzeugführer beim Aussteigeversuch das Gleichgewicht verlor und aus dem Fahrzeug gestolpert ist.

5. Beweisverwertungsverbot

Liegen die Voraussetzungen der wirksamen Einwilligung nicht vor, so ist von der Verletzung des Richtervorbehalts bei Anordnung der Blutentnahme auszugehen. Es liegt kein wirksamer Verzicht auf die Anordnung durch einen Richter vor. Dies führt jedoch nicht zwingend dazu, dass die Blutprobe als Beweismittel nicht verwertet werden darf.

Die Verwertbarkeit rechtswidrig erlangter Erkenntnisse ist vielmehr nach inzwischen gefestigter Rechtsprechung jeweils nach den Umständen des Einzelfalls zu beurteilen, insbesondere nach der Art des Verbots und dem Gewicht des Verfahrensverstoßes sowie der Bedeutung der im Einzelfall betroffenen Rechtsgüter.[502] Einerseits, so führt die st. Rspr. an, sei zu berücksichtigen, dass der Angeklagte selbst nur eine geringfügige Beeinträchtigung seiner körperlichen Unversehrtheit hinnehmen müsse, da die nach den Regeln der ärztlichen Kunst vorgenommene Blutentnahme ungefährlich sei.[503] Ein Verwertungsverbot wegen eines Verstoßes gegen § 81a II StPO ist daher nur dann anzunehmen, wenn ein schwerer Fehler bzw. objektive Willkür vorliege.[504] Ein grober Verstoß des handelnden Polizeibeamten, der

502 BVerfG, NJW 2008, 3053 (3054).
503 OLG Hamm, a.a.O. beckRS 2009, 21051.
504 OLG Hamm, NStZ-RR 2009, 243.

dazu führt, dass das Beweiserhebungsverbot auch ein Beweisverwertungsverbot nach sich zieht, liegt vor, wenn der Polizeibeamte sehenden Auges einen Betroffenen vor sich hatte, der aufgrund der Stärke des Alkoholeinflusses nach seiner Verstandesreife den Sinn und die Tragweite der Einwilligung nicht mehr erkennen konnte. In diesem Falle wurden die einzelnen Rechtsgüter durch Eingriffe fern jeder Rechtsgrundlage so massiv beeinträchtigt, dass dadurch das Ermittlungsverfahren als ein nach rechtsstaatlichen Grundsätzen geordnetes Verfahren nachhaltig geschädigt wird und folglich jede andere Lösung als die Annahme eines Verwertungsverbots unerträglich wäre.

6. Fazit

a) Nach § 81a Abs. 2 StPO steht die Anordnung der Blutentnahme grundsätzlich dem Richter zu. Nur bei einer Gefährdung des Untersuchungserfolgs durch die mit der Einholung einer richterlichen Entscheidung einhergehende Verzögerung besteht auch eine Anordnungskompetenz der Staatsanwaltschaft und – nachrangig – ihrer Ermittlungspersonen. Die Strafverfolgungsbehörden müssen daher regelmäßig versuchen, eine Anordnung des zuständigen Richters zu erlangen, bevor sie selbst eine Blutentnahme anordnen. Die Gefährdung des Untersuchungserfolgs muss mit Tatsachen begründet werden, die auf den Einzelfall bezogen und in den Ermittlungsakten zu dokumentieren sind, sofern die Dringlichkeit nicht evident ist.

b) Es käme auf das Vorliegen der Voraussetzungen des § 81a StPO aber nicht mehr an, wenn der Betroffene/Beschuldigte in die Blutentnahme eingewilligt bzw. dieser zugestimmt hätte. Polizeiinspektionen haben vor diesem Hintergrund schriftliche Einwilligungsformulare ausgearbeitet, die sie den Beschuldigten/Betroffenen zur Unterschrift vorlegen. Im Detail unterscheiden sich die Formulare. Sie sollen dazu dienen, bei der Anordnung der Entnahme der Blutprobe nicht mehr den Umweg über den Richter gehen zu müssen.

c) Eine wirksame Einwilligung in die freiwillige Entnahme einer Blutprobe liegt nur vor, wenn sich der Beschuldigte der Sachlage und seines Weigerungsrechts bewusst war, er vor Erteilung des Einverständnisses über sein Weigerungsrecht belehrt wurde. Die Einwilligung muss auf seinem freien Entschluss beruhen und er darf nicht lediglich davon ausgehen, auf seine Einwilligung komme es im Ergebnis nicht an, weil notfalls Zwang ausgeübt werden könne. Der Betroffene muss weiter nach seiner Verstandesreife den Sinn und die Tragweite der Einwilligung erkennen. Die Einwilligungsfähigkeit eines Beschuldigten ist oft insbesondere aufgrund des Grades des Alkoholeinflusses im Einzelfall zweifelhaft. Die Grenze, bei der in der Regel eine deutliche Beeinträchtigung in der Einsichts- oder Steuerungsfähigkeit angenommen werden, liege bei etwa 2 Promille Blutalkohol.

d) Die von der Polizei verwendeten Formulare „Einwilligung zur Entnahme einer Blutprobe“ und die mündlich erteilten Belehrungen im Zusammenhang mit der

Unterzeichnung werden diesen Anforderungen oft nicht gerecht. Bei Durchsicht der Akte fällt zudem regelmäßig auf, dass der Betroffene bei einer Alkoholisierung im Bereich der absoluten Fahruntauglichkeit weder die Belehrung verstanden haben kann noch einwilligungsfähig war.

e) Ob ein Beweisverwertungsverbot für die entnommene Blutprobe vorliegt, ergibt sich nach st. Rspr. aus einer Abwägung des Interesses des Beschuldigten/Betroffenen an einem rechtstaatlichen Verfahren und an der Achtung seiner Grundrechte gegenüber dem allgemeinen Strafverfolgungsinteresse unter Berücksichtigung der Schwere des vorgeworfenen Delikts und des Gewichts des Verfahrensverstoßes. Dem hochrangigen Interesse an der Sicherheit des öffentlichen Straßenverkehrs – geschützt durch § 316 StGB – steht das Grundrecht des Beschuldigten/Betroffenen auf körperliche Unversehrtheit aus Art. 2 Abs. 2 S. 1 GG gegenüber. Von einem Verwertungsverbot wegen eines Verstoßes gegen § 81a II StPO ist jedenfalls dann auszugehen, wenn ein schwerer Fehler bzw. objektive Willkür vorliegt, wobei ein grober Verstoß des handelnden Polizeibeamten anzunehmen ist, wenn er sehenden Auges einen Betroffenen vor sich hatte, der aufgrund der Stärke des Alkoholeinflusses nach seiner Verstandesreife den Sinn und die Tragweite der Einwilligung nicht mehr erkennen konnte.

7. Formularschreiben

Vorab per Telefax:
Amtsgericht
K.

In dem Strafverfahren
gegen Herrn Robert G.
– 30 Gs 5730/10 –
– 2030 Js 50659/10 –

wegen Trunkenheit im Verkehr, § 316 StGB

lege ich hiermit namens und kraft Vollmacht des Beschuldigten gegen den Beschluss des Amtsgerichts K. vom 25.8.2010, mit dem dem Beschuldigten gem. § 111a StPO die Fahrerlaubnis vorläufig entzogen wurde,

B e s c h w e r d e

gemäß §§ 304 Abs. 1, 305 Abs. 2 StPO ein und beantragen die Rückgabe des Führerscheins an Herrn Robert G. unter Aufhebung des angefochtenen Beschlusses.

Begründung:

Die Voraussetzungen von § 111a StPO sind vorliegend nicht erfüllt. Es sind keine dringenden Gründe für die Annahme vorhanden, dass die Fahrerlaubnis entzogen werden wird (§ 69 des Strafgesetzbuches). Der Richter durfte dem Beschuldigten daher die Fahrerlaubnis nicht vorläufig entziehen.

Zwar liegt ein Gutachten zur Feststellung der Blutalkoholkonzentration vor. Nach dem Untersuchungsergebnis ergibt sich ein Mittelwert von 2,20 Promille. Die Beweiserhebung – die Entnahme der Blutprobe – verstößt jedoch gegen den Richtervorbehalt des § 81a II StPO und unterliegt einem Beweisverwertungsverbot.

Eine richterliche Anordnung gem. § 81a StPO war nach derzeitiger Sachlage voraussichtlich nicht auf Grund einer Einwilligung entbehrlich. Der mit der Blutentnahme verbundene Eingriff in die körperliche Unversehrtheit ist zwar ein für den Beschuldigten disponibles Recht und bedarf bei einer ausdrücklich und eindeutig erklärten Einwilligung in die Blutentnahme keiner Anordnung der Maßnahme (§ 81a I 2 StPO). Von einer solchen Einwilligung kann aber nur bei einer freiwilligen, ernstlichen und in Kenntnis der Sachlage und des Weigerungsrechts erteilten ausdrücklichen Zustimmung des Beschuldigten ausgegangen werden. Auch darf die Alkoholisierung nicht einen solchen Grad erreicht haben, dass der Beschuldigte Sinn und Tragweite der Einwilligung nicht mehr erfassen kann.

Die Voraussetzungen für eine wirksame Einwilligung lagen vorliegend erkennbar nicht vor. So wird insbesondere auf den ärztlichen Untersuchungsbericht verwiesen, in dem es unter „Gesamteindruck" heißt:

„deutliche Alkoholkonsumzeichen."

Dieser Eindruck wurde auch vom Zeugen Z. in seiner Vernehmung vom 9.9.2010 bestätigt. Ihm gegenüber soll der Beschuldigte sogar gefragt haben:

„Wo bin ich, wie spät ist es?"

Der Alkohol hatte damit nachweislich schon die mit dem übermäßigen Konsum verbundene Wirkung des zeitlichen und örtlichen Orientierungsverlusts erreicht.

Zudem soll der Beschuldigte nach der Aussage des Zeugen Z. beim Aussteigeversuch fast aus dem Fahrzeug gefallen sein.

Die Einwilligung war daher nicht möglich, weil der Beschuldigte nicht genügend verstandesreif und nicht mehr in der Lage war, die Tragweite seines Entschlusses zu erkennen.

Mangels Anordnung der Blutprobe durch einen Richter und wegen fehlender wirksamer Einwilligung liegt ein Beweisverwertungsverbot vor.

Es ist angesichts des Zustandes des Beschuldigten auch von willkürlichem Verhalten auszugehen. Von einem Verwertungsverbot wegen eines Verstoßes gegen § 81a II StPO ist jedenfalls dann auszugehen, wenn ein schwerer Fehler bzw. objektive Willkür vorliegt, wobei ein grober Verstoß des handelnden Polizeibeamten anzunehmen ist, wenn er sehenden Auges einen Betroffenen vor sich hatte, der aufgrund der Stärke des Alkoholeinflusses nach seiner Verstandesreife den Sinn und die Tragweite der Einwilligung nicht mehr erkennen konnte. Dem anwesenden Polizeibeamten P. kann der Zustand des Beschuldigten nicht verborgen geblieben bleiben, zumal in seinem polizeilichen Bericht, Blatt 3 der Akte, von einer

„verwaschenen Aussprache" des Beschuldigten am Tatort und einem „unsicheren Gang" die Rede ist. Die typischen Symptome des extensiven Alkoholgenusses, Gleichgewichts- und Sprechstörungen, lagen damit vor.

Ergänzend führen wir die Rechtsprechung des OLG Hamm (Beschl. v. 2.11.2010 – III-3 RVs 93/10, BeckRS 2010, 29288) an. Danach liegt die Grenze, bei der deutliche Beeinträchtigungen in der Einsichts- oder Steuerungsfähigkeit angenommen werden, bei etwa 2 Promille Blutalkohol. Dieser Wert ist vorliegend überschritten.

Der Beschwerde ist der Erfolg nicht zu versagen.

Dr. F.
Rechtsanwalt
Fachanwalt für Strafrecht

M. Führen eines Kraftfahrzeugs unter der Wirkung berauschender Mittel

Ordnungswidrig nach § 24a II StVG handelt, wer unter der Wirkung eines in der Anlage zu dieser Vorschrift genannten berauschenden Mittels im Straßenverkehr ein Kraftfahrzeug führt. Eine solche Wirkung liegt vor, wenn eine in dieser Anlage genannte Substanz im Blut nachgewiesen wird.

I. Tatbestandsvoraussetzungen

Die Anlage zu § 24a[505] enthält eine enumerative Aufzählung der berauschenden Mittel und Substanzen. Berauschende Mittel/Substanzen sind Cannabis (Tetrahydo-

505 BGBl. I 2007, 1045.

cannabinol [THC]), Heroin (Morphin), Morphin (Morphin], Kokain (Benzoylecgonin), Amphetamin (Amphetamin), Designer-Amphetamin (Methylendioxyamfetamin (MDA), Methylendioxyethylamfetamin (MDE) und Methylendioxymetamfetamin [MDMA]) und Metamfetamin. Eine solche Wirkung liegt nach dem Wortlaut des § 24a II 2 StVG vor, wenn eine dieser in der Anlage aufgeführten Substanzen im Blut nachgewiesen wird. Auch § 24a II StVG bezweckt aber die Erhöhung der Sicherheit im Straßenverkehr und damit den Schutz insbesondere von Leib, Leben und Eigentum der Verkehrsteilnehmer. Diese Regelung beruht auf der Annahme, dass bei einem solchen Nachweis die Möglichkeit einer Beeinträchtigung der Leistungsfähigkeit des Verkehrsteilnehmers gegeben ist, der durch das Verbot des § 24a II StVG entgegengewirkt werden soll.[506] Mit Rücksicht darauf kann nicht mehr jeder Nachweis im Blut eines Verkehrsteilnehmers für eine Verurteilung nach § 24a II StVG ausreichen, nicht schon geringste Konzentrationen führen zur Ahndung. Es bedarf der Feststellung einer Konzentration, die es entsprechend dem Charakter der Vorschrift als eines abstrakten Gefährdungsdelikts als möglich erscheinen lässt, dass der untersuchte Kfz-Führer am Straßenverkehr teilgenommen hat, obwohl seine Fahrtüchtigkeit eingeschränkt war.[507]

Verteidigungsansätze ergeben sich für Fahrten, bei denen die von der Grenzwertkommission festgesetzten analytischen Grenzwerte nicht erreicht oder nicht überschritten wurden. Die Grenzwertkommission – der voller Name ist „Gemeinsame Arbeitsgruppe für Grenzwertfragen und Qualitätskontrolle“ – ist eine fachübergreifende Arbeitsgruppe, die von der Deutschen Gesellschaft für Rechtsmedizin e.V. (DGRM), der Deutschen Gesellschaft für Verkehrsmedizin e.V. und der Gesellschaft für Toxikologische und Forensische Chemie e.V. (GTfCH) im Jahre 1994 gegründet wurde und paritätisch besetzt ist. Von besonderer verkehrsrechtlicher Relevanz ist der Beschluss der Grenzwertkommission vom 20.11.2002.

Der von der Grenzwertkommission genannte Grenzwert für THC beträgt 1 ng/ml, erst bei Erreichen dieser Grenze liege eine Beeinträchtigung der Fahrtüchtigkeit vor. Für Morphin liegt der analytische Grenzwert bei 10 ng/ml, bei Bezoylecgonin bei 75 ng/ml, bei MDMA und MDE bei 25 ng/ml, bei Amphetamin beträgt der analytische Grenzwert, ab dem sicher mit dem Auftreten von Ausfallerscheinungen zu rechnen ist, 25 ng/ml. Liegt der beim Betroffenen festgestellte Werte über der Grenze, so wird nach h.M. nicht zusätzlich eine rauschmittelbedingte Beeinträchtigung der Fahrtauglichkeit verlangt,[508] das Merkmal „unter der Wirkung“ ist dann bereits erfüllt.[509]

Die konkrete Substanz muss zum Zeitpunkt des Führens des Kraftfahrzeuges vorgelegen haben. Dass sie erst zu einem späteren Zeitpunkt durch Stoffwechsel-

---

506 BT-Dr 13/3764, S. 4 f.

507 BVerfG, NZV 2005, 270, OLG München NZV 2006, 277.

508 Hentschel/König/Dauer, § 24a StVG Rn 21c; Ternig NZV 2008, 271, 273.

509 OLG Hamm, SVR 2012, 234; Haase/Sachs NZV 2008, 221.

einwirkung entstanden ist, erfüllt den Tatbestand genauso wenig wie die Aufnahme einer solchen Substanz zu einem Zeitpunkt nach dem Führen eines Kraftfahrzeuges.[510]

Zwar handelt es sich bei den analytischen Grenzwerten um keine Tatbestandsmerkmale,[511] die Rechtsprechung[512] bezeichnete sie jedoch als „objektive Bedingungen der Ahndbarkeit“. Gleichwohl könne eine Beeinträchtigung der Fahrtüchtigkeit – bei Unterschreitung der Werte – auch auf andere Weise festgestellt werden („Ausfallerscheinungen“).[513] Jedenfalls bei Konzentrationen unterhalb des jeweiligen analytischen Grenzwerts kann bei Fehlen von „Ausfallerscheinungen“ keine Ahndung erfolgen.

Demzufolge leidet ein Bußgeldurteil an einer unzureichenden Sachverhaltsdarstellung, wenn es keine Angaben dazu enthält, in welchen konkreten Konzentrationen berauschende Mittel im Blut des Betroffenen nachgewiesen worden sind.

Die von der Grenzwertkommission festgesetzten analytischen Grenzwerte mögen zwar ein erster theoretischer Anhaltspunkt für den Beginn von jeglichen Wirkungen von Drogeninhaltsstoffen auf verkehrsrelevante Verhaltensweisen eines Kraftfahrers sein. Es konnte bisher aber die entscheidend wichtigen Dosis-Wirkung-Beziehungen bei Betäubungsmitteln nicht vollständig nachgewiesen werden[514] bzw. ausgeschlossen werden, dass auch Werte unter der Grenze bereits Auswirkungen auf die Verkehrssicherheit haben können.[515] Was den Grenzwert für THC betrifft, so sind die Auswirkungen auf die Fahrtüchtigkeit wesentlich uneinheitlicher als bei verkehrsrelevanten Folgen des Alkoholkonsums, bei dem eine eher lineare Dosis-Wirkung-Beziehung feststellbar ist.[516] Die Festlegung von Grenzwerten kann i.Ü. die Gefahr mit sich bringen, dass diese Grenzen „ausgereizt“ werden, also nach Drogenkonsum gewartet wird, bis ein entsprechender Grenzwert bei einer Kontrolle nicht mehr erreicht wird und sodann Fahrzeuge geführt werden.

Der Tatrichter muss bei einem Verstoß gegen § 24a II StVG feststellen, dass der Betroffene vorsätzlich oder fahrlässig gehandelt hat. Der Betroffene müsste die Möglichkeit der fortbestehenden Wirkung des Rauschmittelkonsums bei Fahrtantritt entweder erkannt haben oder diese hätte erkennen können.[517]

An der Erkennbarkeit der Wirkung zum Tatzeitpunkt kann es fehlen, wenn zwischen der Einnahme des Rauschmittels und der Begehung der Tat längere Zeit ver-

---

510 BayObLG NZV 2004, 267.
511 OLG Koblenz NJW 2009, 1222.
512 OLG Zweibrücken NJW 2005, 2168.
513 OLG Celle NStZ 2009, 711.
514 Gehrmann, NZV 2008, 377.
515 Gehrmann, NZV 2008, 265 ff.
516 Gehrmann, NZV 2008, 265, 268.
517 Dazu KG SVR 2012, 235.

geht.[518] Fahrlässig handelt, wer in zeitlichem Zusammenhang zu einem späteren Fahrtantritt berauschende Mittel konsumiert hat und sich dennoch an das Steuer seines Fahrzeugs setzt, ohne sich bewusst zu machen, dass der Rauschmittelwirkstoff noch nicht vollständig unter den analytischen Grenzwert abgebaut ist.[519] Muss der Täter ausnahmsweise nicht (mehr) damit rechnen, unter der Wirkung der genossenen illegalen Droge zu stehen, entfallen der innere Tatbestand bzw. der Schuldvorwurf.[520] Liegt der letzte Konsum drei Tage zurück, muss der Betroffene nicht unbedingt erkennen, dass er noch drei Tage später unter der Wirkung des Betäubungsmittels stand. Ist dem Betroffenen nicht nachzuweisen, dass er sich aufgrund bestimmter Umstände hätte bewusst machen können, dass der Rauschmittelkonsum noch Auswirkungen hätte haben können, so ist er freizusprechen. Regelmäßig holen Gerichte zur Überprüfung der Einlassung des Betroffenen Sachverständigengutachten ein, um die Zeitspanne zwischen der Blutentnahme und dem letzten Konsum bestimmen zu lassen.

§ 24a II 1 StVG gilt nicht, wenn die Substanz aus der bestimmungsgemäßen Einnahme eines für einen konkreten Krankheitsfall verschriebenen Arzneimittels herrührt.

II. Rechtsfolgen

Gem. § 24a IV StVG kann die Ordnungswidrigkeit mit einer Geldbuße bis zu dreitausend Euro geahndet werden. Nach Bußgeldkatalog Nr. 242 wird gegen den Betroffenen eine Geldbuße von 500 € sowie 4 Punkte verhängt. Nach Nr. 242.1 BKat erhöht sich die Geldbuße auf 1000 € bei Eintragung von bereits einer Entscheidung nach § 24a StVG, § 316 oder § 315c Abs. 1 Nr. 1 Buchstabe a StGB im Verkehrszentralregister. Nach Nr. 242.2 BKat beträgt die Geldbuße sogar 1500 € bei Eintragung von bereits mehreren Entscheidungen nach § 24a StVG, § 316 oder § 315c Abs. 1 Nr. 1 Buchstabe a StGB im Verkehrszentralregister.

In der Regel ist bei einer Ordnungswidrigkeit nach § 24a StVG gegen den Betroffenen auch ein Fahrverbot von einem Monat anzuordnen. Nach Nr. 242.1 BKat und Nr. 242.2 BKat beträgt die Regelgeldbuße sogar 3 Monate.

Der Gesetzgeber hat die Ordnungswidrigkeit als besonders verkehrssicherheitsbeeinträchtigend einsortiert, für die fortan zwei Punkte im Fahreignungsregister eingetragen werden.

518 OLG Hamm, NZV 2005, 428.
519 OLG Brandenburg, SVR 2008, 31; OLG Frankfurt a.M., NStZ-RR 2007, 249.
520 OLG Zweibrücken, NStZ 2002, 95 (96).

III. Auswirkungen auf die Eignung des Konsumenten zum Führen von Kraftfahrzeugen

Das Fahrverbot ist jedoch für den Betroffenen oft nur das geringere Übel, so folgt in der Regel dem Bußgeldverfahren noch ein verwaltungsrechtliches Nachspiel. Hier drohen gravierendere Folgen.

Die Fahrerlaubnisbehörde hat die Fahrerlaubnis gem. § 3 I StVG und § 46 I FeV zu entziehen, sofern sich der Inhaber einer Fahrerlaubnis als ungeeignet zum Führen von Kraftfahrzeugen erweist. Eine für die Vergangenheit nur einmalig nachgewiesene Einnahme von Betäubungsmitteln stellt nach der normativen Wertung des Verordnungsgebers für den Regelfall eine hinreichende Prognosegrundlage für einen künftigen eignungsausschließenden Drogenkonsum dar, ohne dass es der Anordnung zur Beibringung eines Gutachtens bedarf (vgl. § 11 Abs. 7 FeV).[521] Dies gilt insbesondere dann, wenn Erkrankungen oder Mängel nach den Anlagen 4, 5 oder 6 FeV vorliegen, und dadurch die Eignung oder die bedingte Eignung zum Führen von Kraftfahrzeugen ausgeschlossen wird.

In der Anlage 4 FeV werden unter der Ziffer 9 Betäubungsmittel im Sinne des Betäubungsmittelgesetzes ausdrücklich erwähnt. Nach § 3 Abs. 1 Satz 1 i.V.m. Ziffer 9.1 der Anlage 4 FeV sind Inhaber einer Fahrerlaubnis zum Führen von Kraftfahrzeugen aller Klassen ungeeignet, wenn sie Betäubungsmittel im Sinne des Betäubungsmittelgesetzes – mit Ausnahme von Cannabis – einnehmen.

Was den Cannabiskonsum anbelangt, bestimmt die Ziffer 9.2.1 der Anlage 4 FeV, dass Bewerber um eine Fahrerlaubnis und Inhaber einer Fahrerlaubnis zum Führen von Kraftfahrzeugen aller Klassen ungeeignet sind, wenn sie regelmäßig Cannabis einnehmen. Lediglich bei gelegentlicher Einnahme von Cannabis ist von einer Eignung zum Führen von Kraftfahrzeugen auszugehen, wenn der Konsum und das Führen von Fahrzeugen getrennt werden, und es nicht zu einem zusätzlichen Gebrauch von Alkohol oder anderen psychoaktiv wirkenden Stoffen kommt. Auch dürfen keine Persönlichkeitsstörung und kein Kontrollverlust vorliegen. Weiter ist Voraussetzung, dass die Leistungsfähigkeit nicht unter das zum Führen von Kraftfahrzeugen erforderliche Maß beeinträchtigt worden ist (vgl. Ziffer 9.6.2 der Anlage 4 FeV).

Diese differenzierte Regelung trägt der Tatsache Rechnung, dass nur die Einnahme anderer Betäubungsmittel als Cannabis ohne Weiteres zur Nichteignung führt. Bei Cannabis ist hingegen zwischen regelmäßiger und gelegentlicher Einnahme in der Weise zu unterscheiden, dass nur bei regelmäßiger Einnahme in der Regel die Eignung ausgeschlossen, bei gelegentlicher Einnahme die Eignung aber in der Regel gegeben ist.

---

521 OVG Berlin-Brandenburg, Beschl. v. 15.2.2008 – 1 S 186/07 (BeckRS 2008, 35999).

Das Zusatzelement des fehlenden Trennungsvermögens stellt auf den charakterlich-sittlichen Mangel des betreffenden Fahrerlaubnisinhabers ab, der ungeachtet einer im Einzelfall anzunehmenden, oder jedenfalls nicht auszuschließenden, drogenkonsumbedingten Fahruntüchtigkeit nicht bereit ist, vom Führen eines Kraftfahrzeuges im öffentlichen Straßenverkehr abzusehen.

Die Konsumform wird in aller Regel durch ein ärztliches Gutachten festgestellt. Ab gewissen THC-Konzentrationen wird von einer Drogenfahrt, d.h. einem erhöhten Risiko für die Verkehrssicherheit mit der Folge eines Verstoßes gegen das Trennungsgebot, ausgegangen, die die Fahreignung ausschließt. Mangelndes Trennungsvermögen ist nach h.M. erst von einem aktiven THC-Wert von mindestens 2 ng/ml im Blut anzunehmen.[522]

Die Ziffer 3 der Vorbemerkungen zur Anlage 4 FeV bestimmt, dass die Bewertungen der Anlage 4 nur für den Regelfall gelten. Kompensationen durch besondere menschliche Veranlagung, durch Gewöhnung, durch besondere Einstellung oder durch besondere Verhaltenssteuerungen und -Umstellungen sind möglich. Ausnahmen von der Regel, dass die Einnahme von Betäubungsmitteln im Sinne des Betäubungsmittelgesetzes die Nichteignung eines Fahrerlaubnisbewerbers oder -Inhabers zur Folge hat, werden grundsätzlich aber nur dann anzuerkennen sein, wenn in der Person des Betäubungsmittelkonsumenten Besonderheiten bestehen, die darauf schließen lassen, dass seine Fähigkeit, ein Kraftfahrzeug im Straßenverkehr sicher, umsichtig und verkehrsgerecht zu führen, sowie sein Vermögen, zwischen dem Konsum von Betäubungsmitteln und der Teilnahme am Straßenverkehr zuverlässig zu trennen, nicht erheblich herabgesetzt ist.

Im Fahrerlaubnisentziehungsverfahren obliegt es deshalb grundsätzlich dem Fahrerlaubnisinhaber, das Bestehen solcher atypischen Umstände in seiner Person substantiiert darzulegen.

Eine Vorschrift, die angibt, wie lange ein einmal festgestellter Mangel gegeben ist, ist nicht ersichtlich. Soweit in der Rechtsprechung bei früherem Drogenkonsum für die Wiederherstellung der Fahreignung in entsprechender Anwendung der Ziffer 9.5 der Anlage 4 zur FeV der Nachweis einjähriger Abstinenz gefordert wird,[523] erscheint die Heranziehung dieser Bestimmung äußerst zweifelhaft. Die Jahresfrist der Ziffer 9.5 der Anlage 4 zur FeV passt schon nicht auf den einmaligen Konsum von harten Drogen, da Ziffer 9.5 der Anlage 4 zur FeV Entgiftung und Entwöhnung verlangt und sich daher ersichtlich nur auf Fälle der Abhängigkeit und des gewohnheitsmäßigen Konsums bezieht. Bei nicht abhängigen Konsumenten könnte daher die Kraftfahreignung – soweit ein gegenwärtig andauernder Konsum nicht feststeht – bereits nach sechs Monaten[524] oder nach einem noch kürzeren Zeitraum wieder

522 Dazu: VGH München, DAR 2006, 407.
523 VGH Mannheim, DAR 2004, 471 (472).
524 OVG Bremen, DAR 2004, 284 (285).

gegeben sein. Liegt der Eignungsmangel im Gelegenheitskonsum von Cannabis bei fehlendem Trennungsvermögen, erscheint eine entsprechende Heranziehung von Ziffer 9.5 der Anlage 4 zur FeV noch zweifelhafter. Denn hier kann die Kraftfahreignung nicht nur durch Abstinenz, sondern auch dadurch wiederhergestellt werden, dass sich der Betroffene die Fähigkeit aneignet, zwischen dem Konsum und dem Führen von Kraftfahrzeugen hinreichend zu trennen (vgl. Ziffer 9.2.2 der Anlage 4 zur FeV).

Ein Wertungswiderspruch von § 3 I StVG und § 46 I FeV zu den §§ 24a Abs. 2, 25 Abs. 1 Satz 2 StVG soll nicht bestehen.[525] Das als Sanktion für die Ordnungswidrigkeit vorgesehene Fahrverbot schließt nicht aus, dasselbe Vorkommnis zugleich als Anlass für eine der Gefahrenabwehr dienende Fahrerlaubnisentziehung zu nehmen. Die Maßnahmen verfolgten einerseits einen repressiven und andererseits einen präventiven Zweck und könnten daher nebeneinander zur Anwendung gelangen.

Nach höchstrichterlicher Rspr.[526] kann nach Ablauf der sog. „verfahrensrechtlichen Einjahresfrist" nicht mehr ungeprüft davon ausgegangen werden, der Betroffene sei fahrungeeignet.

Die verfahrensrechtliche Einjahresfrist soll mit dem Tag beginnen, den der Betroffene als den Beginn der Betäubungsmittelabstinenz genannt hat oder von dem an unabhängig von einem solchen Vorbringen Anhaltspunkte für eine solche Entwicklung vorliegen.

Ist also bei Erlass des Ausgangsbescheides bereits ein Zeitpunkt von einem Jahr seit dem Drogenkonsum verstrichen, kann die Fahrerlaubnis nicht mehr entzogen werden. Die Rechtsprechung ist ausdrücklich zu begrüßen, soll doch der Betroffene Rechtssicherheit haben, dass nach seiner Drogenfreiheit nicht mehr viele Jahre später noch seine Fahreignung in Frage gestellt wird.

IV. Formularschreiben an Verwaltungsbehörde bei drohender Führerscheinentziehung

An die
Kreisverwaltung N.

Im Verwaltungsverfahren

B./Kreisverwaltung

---

525 OVG Berlin-Brandenburg, Beschl. v. 15.2.2008 – 1 S 186/07 (BeckRS 2008, 35999).

526 VGH München, Urt. v. 29.3.2007 – 11 Cs 06/2913, ADAJUR Dok.Nr. 76764; BayVGH vom 9.5.2006, VRS 109, 64 ff.

nehmen wir die Gelegenheit zur Anhörung wie folgt wahr:

Sie prüfen die charakterliche Eignung des Herrn B. wegen des Konsums von Cannabis nach einer Kontrolle vom 12.5.11.

Nach § 3 Abs. 1 Satz 1 i.V.m. Ziffer 9.1 der Anlage 4 FeV sind Inhaber einer Fahrerlaubnis zum Führen von Kraftfahrzeugen aller Klassen ungeeignet, wenn sie Betäubungsmittel im Sinne des Betäubungsmittelgesetzes – mit Ausnahme von Cannabis – einnehmen.

Was den Cannabiskonsum anbelangt, bestimmt die Ziffer 9.2.1 der Anlage 4 FeV, dass Bewerber um eine Fahrerlaubnis und Inhaber einer Fahrerlaubnis zum Führen von Kraftfahrzeugen aller Klassen ungeeignet sind, wenn sie regelmäßig Cannabis einnehmen. Lediglich bei gelegentlicher Einnahme von Cannabis ist von einer Eignung zum Führen von Kraftfahrzeugen auszugehen, wenn der Konsum und das Führen von Fahrzeugen getrennt werden, und es nicht zu einem zusätzlichen Gebrauch von Alkohol oder anderen psychoaktiv wirkenden Stoffen kommt. Auch dürfen keine Persönlichkeitsstörung und kein Kontrollverlust vorliegen. Weiter ist Voraussetzung, dass die Leistungsfähigkeit nicht unter das zum Führen von Kraftfahrzeugen erforderliche Maß beeinträchtigt worden ist (vgl. Ziffer 9.6.2 der Anlage 4 FeV).

Diese differenzierte Regelung trägt der Tatsache Rechnung, dass nur die Einnahme anderer Betäubungsmittel als Cannabis ohne Weiteres zur Nichteignung führt. Bei Cannabis ist hingegen zwischen regelmäßiger und gelegentlicher Einnahme in der Weise zu unterscheiden, dass nur bei regelmäßiger Einnahme in der Regel die Eignung ausgeschlossen, bei gelegentlicher Einnahme die Eignung aber in der Regel gegeben ist.

Das Zusatzelement des fehlenden Trennungsvermögens stellt auf den charakterlich-sittlichen Mangel des betreffenden Fahrerlaubnisinhabers ab, der ungeachtet einer im Einzelfall anzunehmenden, oder jedenfalls nicht auszuschließenden, drogenkonsumbedingten Fahruntüchtigkeit nicht bereit ist, vom Führen eines Kraftfahrzeuges im öffentlichen Straßenverkehr abzusehen.

Der Betroffene hat angegeben, ausschließlich am Wochenende Cannabis zu konsumieren, eine Teilnahme am Straßenverkehr erfolge in diesen Zeiten nicht. Ein Mischkonsum besteht nicht, so dass nur von gelegentlichem Konsum auszugehen ist. Über eine Persönlichkeitsstörung oder Kontrollverlust ist beim Betroffenen nichts bekannt. Herr B. konsumiert inzwischen keinen Cannabis mehr.

Dies rechtfertigt die Annahme, dass die Einnahme von Cannabis nicht ohne Weiteres zur Nichteignung führte.

Unabhängig davon bestimmt die Ziffer 3 der Vorbemerkungen zur Anlage 4 FeV, dass die Bewertungen der Anlage 4 nur für den Regelfall gelten. Kompensationen durch besondere menschliche Veranlagung, durch Gewöhnung, durch besondere Einstellung oder durch besondere Verhaltenssteuerungen und -Umstellungen sind möglich. Ausnahmen von der Regel, dass die Einnahme von Betäubungsmitteln im Sinne des Betäubungsmittelgesetzes die Nichteignung eines Fahrerlaubnisbewerbers oder -Inhabers zur Folge hat, werden grundsätzlich aber nur dann anzuerkennen sein, wenn in der Person des Betäubungsmittelkonsumenten Besonderheiten bestehen, die darauf schließen lassen, dass seine Fähigkeit, ein Kraftfahrzeug im Straßenverkehr sicher, umsichtig und verkehrsgerecht zu führen, sowie sein Vermögen, zwischen dem Konsum von Betäubungsmitteln und der Teilnahme am Straßenverkehr zuverlässig zu trennen, nicht erheblich herabgesetzt ist.

Zu den persönlichen Verhältnissen ist auszuführen: Der Betroffene ist Schweißer, er hätte bei einer Entziehung der Fahrerlaubnis den Verlust seiner Existenz zu befürchten. Er lebt als Alleinverdiener (Ehefrau ist Hausfrau) als Vater von 2 Kindern in St. G. Sein Arbeitsort ist W. Der Betroffene ist auf den Führerschein in besonderer Weise angewiesen. Da öffentliche Verkehrsmittel bei den Arbeitszeiten des Betroffenen keine Alternative darstellen, könnte er seinen Beruf nicht weiter ausführen. Er müsste gekündigt werden.

Schon die Einleitung des vorliegenden Verfahrens sowie des Bußgeldverfahrens hat sich der Betroffene zur Warnung dienen lassen und wird künftig keine Zuwiderhandlungen mehr begehen.

Im Übrigen wären mildere Mittel ebenso geeignet, das angestrebte Ziel zu erreichen. So könnte der Betroffene verpflichtet werden, regelmäßige Screenings durchzuführen. Hierdurch könnte er künftig seine Drogenfreiheit ebenso belegen.

Äußerst hilfsweise wäre vor der Entziehung der Fahrerlaubnis ein medizinisch-psychologisches Gutachten anzuordnen (§ 11 FeV). So könnte der Betroffene seine Eignung belegen.

Rechtsanwalt

N. Gurtanlegepflicht nach § 21a StVO

In der Praxis ist das Nichtanlegen des vorgeschriebenen Sicherheitsgurts während der Fahrt – nicht wegen der Schwere des Verstoßes, nur Verwarnungsgeld in Höhe von 30,00 EUR gem. Nr. 100 BKat – aufgrund der Anzahl der Verfahren von hoher Bedeutung. Sicherheitsgurte und Rückhaltesysteme müssen so eingebaut sein, dass ihr einwandfreies Funktionieren bei vorschriftsmäßigem Gebrauch und auch bei Benutzung aller ausgewiesenen Sitzplätze gewährleistet ist und sie die Gefahr von Verletzungen bei Unfällen verringern, § 35a VII StVZO. Die Anlegung des Gurts ist nur dann dem bestimmungsgemäßen Gebrauch ordnungsgemäß angelegt, wenn auch die Schutzfunktion im Schulter- und Beckenbereich des Fahrzeuginsassen erfüllt ist, d.h. wenn der Schultergurt tatsächlich über die Schulter geführt wird.[527] Ein Beckengurt erfüllt dieses Erfordernis nicht. Bei Wohnmobilen mit einer zulässigen Gesamtmasse von mehr als 2,5 t genügt für die hinteren Sitze die Ausrüstung mit Verankerungen zur Anbringung von Beckengurten und mit Beckengurten, § 35a V 2 StVZO. Die Pflicht zum Anlegen des Sicherheitsgurtes nach § 21a I S.1 StVO entfällt übrigens nicht bei einem kurzfristigen, verkehrsbedingten Anhalten.[528] Oft wird ein Polizist im Rahmen einer Verkehrskontrolle diese Ordnungswidrigkeit beobachtet haben, der sich im Rahmen der wesentlich späteren mündlichen Verhandlung vor dem Amtsgericht nicht mehr an seine Beobachtungen erinnern kann.

Verteidigerseits wird oft übersehen, dass die Gurtanlegepflicht nach § 21a I 2 Nr. 2 StVO nicht gilt für 1. Taxifahrer und Mietwagenfahrer bei der Fahrgastbeförderung, 2. Personen beim Haus-zu-Haus-Verkehr, wenn sie im jeweiligen Leistungs- oder Auslieferungsbezirk regelmäßig in kurzen Zeitabständen ihr Fahrzeug verlassen müssen, 3. Fahrten mit Schrittgeschwindigkeit wie Rückwärtsfahren, Fahrten auf Parkplätzen, 4. Fahrten in Kraftomnibussen, bei denen die Beförderung stehender Fahrgäste zugelassen ist, 5. das Betriebspersonal in Kraftomnibussen und das Begleitpersonal von besonders betreuungsbedürftigen Personengruppen während der Dienstleistungen, die ein Verlassen des Sitzplatzes erfordern, und 6. Fahrgäste in Kraftomnibussen mit einer zulässigen Gesamtmasse von mehr als 3,5 t beim kurzzeitigen Verlassen des Sitzplatzes.

Darüber hinaus können die Straßenverkehrsbehörden gem. § 46 I Nr. 5b StVO in bestimmten Einzelfällen oder allgemein für bestimmte Antragsteller Ausnahmen genehmigen von den Vorschriften über das Anlegen von Sicherheitsgurten.

Die meisten Urteile zur Thematik Gurtanlegepflicht nach § 21a StVO befassen sich mit der Frage, in welchem Gesetzeskonkurrenzverhältnis die Tat mit weiteren Ordnungswidrigkeiten steht. Wer ein Kraftfahrzeug führt, ohne den Sicherheitsgurt angelegt zu haben, verstößt dadurch während der gesamten Fahrt solange gegen die Gurtanlegepflicht, bis er ihr – möglicherweise einem Entschluss während der Fahrt folgend – nachkommt. Es handelt sich also um eine Dauerordnungswidrigkeit, die nach h.M. mit einzelnen, auf der Fahrt ohne Gurt begangenen anderen Ordnungswidrigkeiten in einem zeitlich, räumlich und sachlich derart unmittelbaren Zusammenhang steht, dass der Vorgang nur als eine natürliche Handlungseinheit angesehen und rechtlich als Tateinheit gewertet werden kann.[529] Nach § 19 Abs. 1 OWiG wird nur eine Geldbuße festgesetzt, wenn dieselbe Handlung mehrere Gesetze, nach denen sie als Ordnungswidrigkeit geahndet werden kann, verletzt.

527 OLG Düsseldorf NZV 1991, 241.
528 *OLG Celle*, NZV 2006, 164.
529 *OLG Düsseldorf*, VRS 79, 387, 388 m.w.N.; a. A.: *AG Sondershausen*, DAR 2005, 350.

„Dieselbe Handlung" im Sinne des Gesetzes ist dabei eine einzige Willensbetätigung oder eine natürliche Handlungseinheit. Letztgenannte ist gegeben, wenn mehrere Verhaltensweisen in einem solchen unmittelbaren (räumlichen und zeitlichen) Zusammenhang stehen, dass das gesamte Tätigwerden bei natürlicher Betrachtungsweise auch für einen Dritten (objektiv) als ein einheitlich zusammengefasstes Tun anzusehen ist.[530]

Daher steht der Verfolgung einer weiteren Tat, mit der die Gurtanlegepflicht in Tateinheit steht, das Verfahrenshindernis der rechtskräftigen Ahndung der Tat gem. § 84 Abs. 1 OWiG („ne bis in idem") entgegen. Ein der Verurteilung entgegenstehendes Verfahrenshindernis des Strafklageverbrauchs ist zur Vermeidung einer Doppelahndung auch noch in der Rechtsbeschwerdeinstanz von Amts wegen zu berücksichtigen.[531]

O. Verstoß gegen die Auflage in der Prüfungsbescheinigung (begleitetes Fahren ab 17 Jahre)

Die Einführung des Modellversuchs „Begleitetes Fahren ab 17 Jahre" durch § 6e StVG i.V.m. § 48a I FeV diente der Erprobung neuer Maßnahmeansätze zur Senkung des Unfallrisikos junger Fahranfänger.[532] Ordnungswidrig handelt, wer einer vollziehbaren Auflage über die Begleitung durch mindestens eine namentlich benannte Person während des Führens von Kraftfahrzeugen zuwiderhandelt, § 75 Nr. 15, 48a II 1 FeV. Bis zum 18. Geburtstag dürfen die jungen Fahrer(innen) nur gemeinsam mit einer erwachsenen und erfahrenen Begleitperson fahren. Die begleitende Person muss das 30. Lebensjahr vollendet haben, mindestens seit fünf Jahren im Besitz der Fahrerlaubnis sein und zum Zeitpunkt der Beantragung der Fahrerlaubnis oder bei Beantragung der Eintragung weiterer zur Begleitung vorgesehener Personen im Fahreignungsregister mit nicht mehr als einem Punkt belastet sein. Diese Auflage entfällt gem. § 48a II 2 FeV erst, wenn der Fahrerlaubnisinhaber das Mindestalter von 18 Jahren erreicht hat.

Gravierender als die Geldbuße dürfte jedoch für den Fahranfänger sein, dass bei einer Zuwiderhandlung die erteilte Fahrerlaubnis der Klassen B und BE gem. § 6e II StVG zu widerrufen ist.

Zur Verteidigung hilft in diesen Fällen nur der Einwand, dass eine Ausnahmegenehmigung vom Mindestalter gem. §§ 74, 10 I Nr. 3 FeV vorliegt. Die Fahrerlaubnisbehörde kann in besonderen Härtefällen Ausnahmen von den festgelegten Regelungen, ggf. unter Auflagen, z.B. Fahrten nur auf dem Weg zwischen

---

530 *OLG Rostock*, VRS 107, 461

531 *OLG Jena*, NStZ-RR 2006, 319.

532 Vgl. Begründung des Gesetzentwurfs BT-Dr. 15/5315, S. 8.

Wohnung und Ausbildungsstätte oder im Rahmen einer Berufskraftfahrerausbildung gestatten, wenn der Antragsteller glaubhaft gemacht hat, dass er ohne die Ausnahmegenehmigung schwerwiegende und außergewöhnliche Nachteile erleidet.

P. Teilnahme am Straßenverkehr in Umweltzonen ohne Feinstaubplakette

Mit einer Geldbuße von 80 € wird geahndet, wer mit einem Kraftfahrzeug trotz Verkehrsverbots zur Verminderung schädlicher Luftverunreinigungen (Zeichen 270.1, 270.2) am Verkehr teilgenommen hat. Eingetragen im Fahreignungsregister wird ein Verstoß aber seit dem 1.5.2014 nicht mehr. Stellt eine Ordnungsbehörde fest, dass ein Kfz ohne die erforderliche Feinstaubplakette in einer Umweltzone parkt, kann der Halter dafür bußgeldrechtlich nicht belangt werden. Die Fahrereigenschaft kann nicht geklärt werden und sollte auch nicht eingeräumt werden. Erlässt die Bußgeldbehörde gleichwohl einen Bescheid gegen den Halter, sollte Einspruch eingelegt werden.

Die Halterhaftung wird häufig von behördlicher Seite damit begründet, dass Anfang 2009 der Wortlaut der Nr. 153 BKatV dahingehend abgeändert wurde, dass die „Teilnahme am Verkehr“ als bußgeldrechtlich relevant einzuordnen sei. Das „Führen“ des Fahrzeugs befindet sich nicht mehr in der Formulierung wieder. Nach der behördlichen Auslegung soll dann eine Haftungszurechnung nach § 25a StVO erfolgen, welcher die Haftung des Halters bei Park- und Halterverstößen ermöglicht. Daraus würde folgen, dass die „Teilnahme am Straßenverkehr“ auch die passive Teilnahme in Form des Parkens oder Haltens mit umfasse.

Diese Auslegung ist jedoch unzulässig. Die Vorschrift der Nr. 153 BKatV wurde eingeführt, um schädliche Luftverunreinigungen gerade im innerstädtischen Bereich zu mindern und so die Lebensqualität zu steigern sowie Erkrankungen vorzubeugen. Sie findet ihre Rechtsgrundlage in § 40 I BImSchG. Demzufolge ist ein Verkehrsverbot zu erlassen, soweit dies ein kommunaler Luftreinhalte- und Aktionsplan gem. § 47 BImSchG vorsieht.[533] Parkende Fahrzeuge verursachen aber keine Emissionen, es ist nicht ausgeschlossen, dass das Kfz etwa auf fremder Achse versetzt wurde. Eine Ordnungswidrigkeit wird daher regelmäßig nicht nachweisbar sein.

---

533 Jlussi, NZV 2009, 483.

Q. Bußgeldverfahren nach Verkehrsunfällen im Straßenverkehr

I. Einführung in die Problematik

Eine nicht unerhebliche Anzahl von Ordnungswidrigkeitenverfahren entfällt auf Verkehrsunfälle mit Personen- und/oder Sachschäden im Straßenverkehr. Die hohe bußgeldrechtliche Relevanz wird an der Gesamtzahl von 2376346 polizeilich erfasster Straßenverkehrsunfälle im Jahr 2012 deutlich.[534] Während die Unfälle zum einen von den Kfz-Haftpflichtversicherungen zivilrechtlich reguliert werden müssen und oftmals vor den Zivilgerichten landen, kann das Verhalten des von der Polizei bzw. Bußgeldstelle als verantwortlich ausgemachten Verkehrsteilnehmers zudem bußgeldbewehrt sein. Auch bußgeldrechtlich muss demnach über die Unfallschuld vor dem zuständigen Amtsgericht ggf. gesondert verhandelt werden. Das Kapitel untersucht, welche Schnittstellen zwischen dem Zivilverfahren (Unfallregulierung) und dem Ordnungswidrigkeitenverfahren bestehen können und zeigt auf, dass bei der Verteidigung in bußgeldrechtlichen Verfahren nach Verkehrsunfällen bestimmte Besonderheiten zu beachten sind. Im Schwerpunkt sollen die wichtigsten Verteidigungslinien vorgestellt werden und Wege aufgezeigt werden, das Verfahren zur Einstellung zu bringen oder die Geldbuße abzumildern. Darüber hinaus werden die besonders praxisrelevanten Probleme bei der Verteidigung gegen angeblich verschuldete Unfälle besprochen und die wichtigsten Ansatzpunkte für eine erfolgreiche Tätigkeit in der 2. Instanz dargestellt. Zum Abschluss wird untersucht, wie und in welche Höhe die anwaltliche Tätigkeit gebührenrechtlich abgerechnet werden kann.

II. Exemplarische Verfehlungen von Kraftfahrzeugführern

Bußgeldrechtlich relevante Fahrfehler befinden sich verstreut im gesamten Bußgeldkatalog. Ordnungswidrig verhält sich nach § 49 StVO in Verbindung mit § 24 StVG, wer infolge nicht angepasster Geschwindigkeit einen Verkehrsunfall verursacht (§ 49 Abs. 1 Nr. 3 StVO). Gem. § 3 I StVO darf der Fahrzeugführer nur so schnell fahren, dass er sein Fahrzeug ständig beherrscht. Er hat seine Geschwindigkeit insbesondere den Straßen-, Verkehrs-, Sicht- und Wetterverhältnissen sowie seinen persönlichen Fähigkeiten und den Eigenschaften von Fahrzeug und Ladung anzupassen. Der Bußgeldkatalog sieht hierfür nach Nr. 8.1 eine Geldbuße in Höhe von 100 EUR vor (1 Punkt). Weitere klassische Verfehlungen von Kraftfahrzeugführern, die zu einem Verkehrsunfall führen können, sind Verstöße gegen das Rechtsfahrge-

534 www.destatis.de vom 28.2.2012.

bot. Nach § 2 Abs. 2 StVO ist möglichst weit rechts zu fahren, nicht nur bei Gegenverkehr, beim Überholtwerden, an Kuppen, in Kurven oder bei Unübersichtlichkeit. Nach 4.1 BKat werden Zuwiderhandlungen mit 80 EUR Geldbuße belegt (1 Punkt). Kommt es zum Unfall, da der Betroffene abgebogen ist, ohne ein entgegenkommendes Fahrzeug durchfahren zu lassen, wird nach Nr. 40 BKat ein Bußgeld von 70,00 EUR verhängt. Nach § 9 Abs. 3 StVO muss der Fahrzeugführer entgegenkommende Fahrzeuge durchfahren lassen, wenn er abbiegen will. Überholt der Verkehrsteilnehmer bei unklarer Verkehrslage, riskiert er bei einem Verkehrsunfall sogar ein Fahrverbot von einem Monat (Nr. 19.1.2 BKat; 300 EUR Geldbuße, 2 Punkte). Das Überholen ist gem. § 5 Abs. 3 StVO unzulässig bei unklarer Verkehrslage. Auch Fehler beim Wechseln der Fahrspur sind bußgeldbewehrt. Nach § 7 Abs. 5 StVO darf in allen Fällen ein Fahrstreifen nur gewechselt werden, wenn eine Gefährdung anderer Verkehrsteilnehmer ausgeschlossen ist. Nr. 31.1 BKat sieht eine Geldbuße von 35 EUR vor. Auf Vorfahrtspflichtverletzungen stehen bei Gefährdung nach Nr. 34 BKat 100 EUR Geldbuße (1 Punkt). Nach § 8 StVO hat an Kreuzungen und Einmündungen die Vorfahrt, wer von rechts kommt. Ordnungswidrig verhält sich nach § 49 StVO, wer einen Verkehrsunfall in Folge des Nichteinhaltens des erforderlichen Abstands begangen hat. Mit Sachbeschädigung wird eine Geldbuße in Höhe von 35 EUR erhoben. Nach § 4 Abs. 1 StVO muss der Abstand von einem vorausfahrenden Fahrzeug in der Regel so groß sein, dass auch dann hinter ihm gehalten werden kann, wenn es plötzlich gebremst wird.

III. Verfahrensgang

1. Erforschen der Ordnungswidrigkeit

Die Bußgeldstelle und die Polizei haben den Sachverhalt, die den Verdacht einer Ordnungswidrigkeit begründet, zu ermitteln und aufzuklären, § 53 OWiG. Die Ermittlungen erschöpfen sich jedoch in der Praxis auf ein Mindestmaß, so erstattet die Polizei, die zum Unfall herbeigerufen wurde, einen Verkehrsunfallbericht und fertigt oftmals Fotos der beschädigten Fahrzeuge an und Skizzen vom Unfallort. Ferner schätzt sie den entstandenen Sachschaden. Des Weiteren werden Fragebögen an etwaige Zeugen versandt. Diese kommen nicht selten nicht in den Rücklauf, so dass die Rekonstruktion des Unfallgeschehens sich zusätzlich erschwert. Die Polizei vergibt in der Verkehrsunfallanzeige immer Ordnungsnummern (ON). Der von der Polizei als Verursacher eingestufte Verkehrsteilnehmer wird mittels des Anscheinsbeweises mit „ON 01“ festgelegt, der weitere Verkehrsteilnehmer mit „ON 02“. Die Bewertungen der den Unfall aufnehmenden Beamten hinsichtlich der Schuld- oder Verursacherfrage sind bußgeld- wie zivilrechtlich jedoch bedeutungslos. Die Bußgeldstellen geben in der Regel zu diesem Zeitpunkt des Verfahrens kein unfallanalytisches Sachverständigengutachten in Auftrag. Hieran wird erkennbar, dass die Ursachen des Verkehrsunfalls oftmals nicht mit abschließender Gewissheit aufgeklärt werden können. Gleichwohl muss die Bußgeldstelle innerhalb der Verjährungsfrist von (nur) drei Monaten (§§ 24, 26 StVG) entscheiden, ob ein Bußgeld zu verhängen ist. Will der Betroffene den Fall bußgeldrechtlich und zivilrechtlich offen halten und hat er Bedenken gegen die bußgeldrechtliche Bewertung des Sachverhalts zu seinen Lasten, wird er Einspruch gegen den Bußgeldbescheid einlegen müssen.

2. Verfahrenshindernis bei Verwarnung, § 56 OWiG

Nicht selten bieten Polizeibeamte vor Ort unmittelbar nach dem Unfall einem Unfallbeteiligten eine Verwarnung an. Das Verwarnungsverfahren stellt ein dem Bußgeldverfahren vorgeschaltetes Sonderverfahren dar. Bei geringfügigen Ordnungswidrigkeiten kann ein Verwarnungsgeld von fünf bis fünfundfünfzig Euro gem. § 56 I OWiG erhoben werden. Nach § 56 II 1 OWiG ist eine Verwarnung nur wirksam, wenn der Betroffene nach Belehrung über sein Weigerungsrecht mit ihr einverstanden ist und das Verwarnungsgeld entsprechend der Bestimmung der Verwaltungsbehörde entweder sofort entrichtet oder innerhalb einer Frist einzahlt. Die Bußgeldstelle darf nicht zu einem späteren Zeitpunkt die Verfehlung schwerer werten und ein erneutes Bußgeld erheben. Die Tat darf nicht mehr unter den tatsächlichen und rechtlichen Gesichtspunkten verfolgt werden, § 56 IV OWiG. Die durchaus gängige Barzahlung des Verwarnungsgeldes wird dem Betroffenen am Unfallort quittiert, hilfsweise ist der Polizeibeamte zu diesem Vorgang als Zeuge zu benennen.

3. Strafverfahren wegen fahrlässiger Körperverletzung

Hat der Verkehrsunfall zu einer noch so geringen Verletzung eines Unfallbeteiligten geführt, so wird gegen den Betroffenen zunächst sogar ein Strafverfahren wegen fahrlässiger Körperverletzung (§ 229 StGB) eingeleitet. Die Staatsanwaltschaft stellt dieses Verfahren im Bagatellbereich im Ergebnis regelmäßig ein, sei es, weil an der Verfolgung der Tat kein öffentliches Interesse besteht (§§ 374, 376 StPO) oder ein nur geringfügiges Verschulden vorliegt (§ 153 StPO). Gem. § 43 OWiG gibt die Staatsanwaltschaft die Sache an die Verwaltungsbehörde (Bußgeldstelle) ab, wenn Anhaltspunkte dafür vorhanden sind, dass die Tat als Ordnungswidrigkeit verfolgt werden kann. Über den Verkehrsunfall muss auch in diesem Fall über den Umweg des Strafverfahrens wieder im Bußgeldverfahren entschieden werden.

IV. Verteidigungsansätze

1. Notwendigkeit von unfallanalytischen Sachverständigengutachten

Zwar wird im Termin vor dem Bußgeldrichter in der Regel der Unfallgegner als Zeuge geladen; die meisten Bußgeldrichter gehen jedoch zutreffend davon aus, dass

Zeugen oft nicht in der Lage, das Geschehen objektiv und korrekt darzustellen. Oftmals handelt es sich nur um so genannte „Knallzeugen", die durch das Kollisionsgeräusch erst auf das Geschehen aufmerksam geworden sind. Erfahrungsgemäß vermischen Zeugen Wahrnehmungen mit Schlussfolgerungen und haben damit gedanklich ein falsches Szenario gespeichert. Hinzu kommt, dass unfallbeteiligte Zeugen trotz ihrer Wahrheitspflicht oftmals parteiisch sind und ein (finanzielles) Interesse am Ausgang des Prozesses haben, zumal der Unfall oft noch nicht von der Kfz-Haftpflichtversicherung reguliert ist. Der unfallgegnerische Zeuge neigt in aller Regel dazu, ein eigenes Verschulden abzustreiten.

a) Gerichtlich eingeholtes Sachverständigengutachten

Bestreitet der Betroffene die (Mit-)Verantwortlichkeit am Verkehrsunfall, so beantragt die Verteidigung die Einholung eines unfallanalytischen Sachverständigengutachtens beim zuständigen Amtsgericht. Häufig bringt der Sachverständige im mündlich oder schriftlich erstatteten Gutachten überraschende Tatsachen zu Tage und stellt fest, dass nicht der Betroffene, sondern der Unfallgegner die Kollision durch ein Fehlverhalten herbeigeführt hat oder jedenfalls ein überwiegendes Verschulden des Unfallgegners anzunehmen ist. Allein die Beantragung eines unfallanalytischen Sachverständigengutachtens kann auch bereits zur Einstellung des Bußgeldverfahrens beitragen, da viele Bußgeldrichter dies im Verhältnis zum Tatvorwurf nicht für angemessen halten.

b) Privatsachverständigengutachten

Weigert sich das Gericht zur Einholung eines Gutachtens, kann/sollte der Betroffene ein Privatgutachten zum Unfallhergang in Auftrag geben. Zwar muss der Betroffene im Bußgeld- und Strafrecht nicht seine Unschuld nachweisen, sondern die Strafverfolgungsorgane dem Betroffenen ein Verschulden. Die Zeichen stehen jedoch ohne Privatgutachten auf Verurteilung, wenn belastende Zeugenaussagen vorliegen und z.B. ein Gutachten durch das Gericht bereits eingeholt wurde.

Besteht eine Rechtsschutzversicherung,[535] so ist ein Privatsachverständigengutachten von der Deckungszusage umfasst. Sofern dieses für die Verteidigung im Ordnungswidrigkeitenverfahren erforderlich ist, hat der Betroffene kein finanzielles Risiko und der Rechtsschutzversicherer trägt – im Gegensatz zum Zivilverfahren (Unfallregulierung) – im Rahmen der Verteidigung gegen den Vorwurf einer Verkehrsordnungswidrigkeit auch die Kosten eines Privatgutachtens. Aber auch sonst ist im Falle der Verfahrensförderung die Erstattungsfähigkeit eines Privatgutachters

---

535 *Schäpe*, in Buschbell, Verkehrsrecht, § 3 Rn 64, schätzt, dass im Verkehrsrecht in etwa 70% der Fälle eine Rechtsschutzversicherung und Kostendeckung besteht.

zu bejahen, wenn er vor Gericht vernommen wurde.[536] Das Gericht hat auf Antrag nach § 220 III StPO anzuordnen, dass diesem die gesetzliche Entschädigung aus der Staatskasse zu gewähren ist.

Angesichts der Bearbeitungszeit von mehreren Wochen durch den Sachverständigen ist es notwendig, den Privatgutachter rechtzeitig zu beauftragen, damit es in einem Bußgeldverfahren noch berücksichtigt werden kann. Wenn zwar das Fahrzeug des Betroffenen noch zur Verfügung steht, ist es meist notwendig, auch die Unfallspuren beim unfallgegnerischen Pkw zu untersuchen, um den Verkehrsunfall zu rekonstruieren. Der Privatgutachter muss daher Lichtbilder zunächst bei den Versicherungen anfordern, wenn die Qualität der Aufnahmen der Polizei aus der Bußgeldakte nicht ausreicht. Spätestens zur bußgeldrechtlichen Verhandlung muss das Privatgutachten jedoch fertig gestellt sein. Kommt das Privatgutachten zu vorteilhaften Ergebnissen, sollte es rechtzeitig vor dem Gerichtstermin eingereicht werden. Womöglich erklärt sich der Bußgeldrichter gem. § 47 II OWiG aus Opportunitätsgründen zu einer Einstellung des Bußgeldverfahrens bereit. Stellt das Gericht die Ordnungswidrigkeit nicht ein und kommt es zu einem Termin, so sollte die Verteidigung auf einer Ladung des Privatgutachters bestehen, ansonsten wird es oftmals unbeachtet gelassen.

Weigert sich das Gericht, den Privatsachverständigen zu laden, etwa mit dem Argument, es sei bereits ein Gutachter gerichtlich bestellt worden, kommt die Verteidigung nicht umhin, über die Vorschriften des Selbstladungsverfahrens gem. §§ 220, 38 StPO und § 46 I OWiG vorzugehen.[537] Hierdurch kann die Ladung und Vernehmung des vom Betroffenen in Auftrag gegebenen Privatgutachters letztlich erzwungen werden.

2. Inaugenscheinnahme des Unfallorts

Die Entscheidung des Amtsgerichts kann ggf. auch durch die Einnahme eines richterlichen Augenscheins positiv beeinflusst werden. Die Verteidigung kann dazu Lichtbilder des Tatortes/verunfallten Fahrzeugs vorlegen oder eine Ortsbesichtigung beantragen. Hierdurch wird oft die von der Verteidigung angeführte Unübersichtlichkeit der Verkehrslage am Unfallort für einen nicht Ortskundigen bestätigt.

3. Mitverschulden des Unfallgegners

Grundlage für die Zumessung der Geldbuße ist in erster Linie die Bedeutung der Ordnungswidrigkeit und der Vorwurf, der den Täter trifft (§ 17 III 1 OWiG). Die nach § 26a StVG als Rechtsverordnung erlassenen Bußgeldkatalog-Verordnung bestimmt

536 LG Köln, zfs 1999 258.
537 Fromm, SVR 2011, 132ff.

für Verkehrs-Ordnungswidrigkeiten im Straßenverkehr Regelsätze (s.o.).[538] Diesen Regelsätzen der BKatV kommt eine auch von Gerichten zu beachtende Bindungswirkung bei.[539] Diese Zumessungsrichtlinien entbinden jedoch nicht von der im Einzelfall gebotenen Prüfung der Berechtigung des Katalogsatzes. Mildernde Umstände können daher zur Reduzierung des Regelsatzes führen. Das Gericht muss deshalb erkennen lassen, dass es etwaige besondere Umstände des Einzelfalls bedacht und berücksichtigt hat. Als zentrales Argument für den Betroffenen kann ein Mitverschulden des Unfallgegners angeführt werden. Während es Verkehrsunfälle gibt, bei denen die Sach- und Rechtslage so eindeutig ist, dass einer der Unfallbeteiligten den Unfall allein verursacht hat, gibt es Kollisionen, in denen es zu einer Haftungsquote kommt. So kann sich eine Kollision infolge des Verschuldens beider Unfallbeteiligter ereignen, z.B. indem beide Verkehrsteilnehmer die Geschwindigkeit den Verkehrsverhältnissen nicht angepasst haben (§ 3 StVO) oder beide gegen das Rechtsfahrgebot verstoßen haben und dadurch im Begegnungsverkehr kollidiert sind. Nicht allzu selten wird das beiderseitige Verschulden bereits dadurch in der Bußgeldakte dokumentiert, dass wegen des anteiligen Verschuldens beider Kraftfahrzeugführer zwei Bußgeldbescheide ergehen.

Ist zivilrechtlich über den Verkehrsunfall schon entschieden worden, und dort in einem Urteil festgestellt, dass bei der Entstehung des Schadens ein Verschulden des anderen Unfallbeteiligten mitgewirkt hat (§ 254 BGB), so bietet es sich an, dem Bußgeldgericht dahin gehende positive Erkenntnisse zur Kenntnis zu bringen. Zwar gibt es keine Bindungswirkung zivilrechtlicher Prozesse für das Verkehrsordnungswidrigkeitenrecht und umgekehrt.[540] Eine vom zivilrechtlichen Verkehrsgericht zugrunde gelegte günstige Haftungsquote, aus der ein nur geringeres Verschulden des Betroffenen am Verkehrsunfall hervorgeht, kann bußgeldmindernd angeführt werden. Der Bußgeldrichter wird in der Regel bemüht sein, widersprüchliche Ergebnisse zu zivilrechtlichen Prozessen zu vermeiden. Stellt sich heraus, dass zwar eine Vorfahrtspflichtverletzung des Mandanten im Kreuzungsbereich vorlag, jedoch zu gleicher Zeit auch der Unfallgegner gegenüber Verkehrsteilnehmern von rechts wartepflichtig ist, so muss er, wie es § 8 II S.1 StVO vorschreibt, mit mäßiger Geschwindigkeit an die Kreuzung heranfahren und sich darauf einstellen, dass er notfalls rechtzeitig anhalten kann (so genannte Verletzung der „halben" Vorfahrt).[541] So wie der Vorfahrtberechtigte (Unfallgegner) zivilrechtlich mithaften muss, kann bußgeldrechtlich mit dem nur anteiligen Verschulden des Betroffenen argumentiert werden. Auch das vorgerichtliche Regulierungsverhalten der Kfz-Haftpflichtversicherung kann als Indiz für ein Mitverschulden des Unfallgegners sprechen, welches

538 *Gürtler*, in Göhler, OWiG, § 17, Rn 28 ff.
539 *OLG Karlsruhe*, NJW 2007, 166.
540 Büscher, in Wieczorek/Schütze, ZPO, § 322 Rn 93.
541 OLG Hamm, NZV 2003 377.

die Einstellung des Bußgeldverfahrens zur Folge haben kann. Begleicht nämlich die gegnerische Kfz-Haftpflichtversicherung 80% der Schäden des Betroffenen zivilrechtlich, so erscheint es als offenkundiger Wertungswiderspruch, wenn gegen den Betroffenen nun im Ordnungswidrigkeitenverfahren als angeblich einzig Verantwortlicher eine Geldbuße mit Punkten im Verkehrszentralregister verhängt werden soll.

4. Anwendung des Rechtsgedankens des § 60 S. 1 StGB

Bei einem eigenen hohen wirtschaftlichen Schaden (Beschädigung des Pkw, keine Vollkaskoversicherung vorhanden) oder körperlichen Verletzungen des Betroffenen kann die Bußgeldstelle oder das Gericht die Geldbuße reduzieren oder das Ordnungswidrigkeitenverfahren gem. § 47 OWiG einstellen.[542] Für dieses Verständnis der Vorschrift spricht der Rechtsgedanken des § 60 S. 1 StGB.[543] Hiernach kann das Gericht von Strafe absehen, wenn die Folgen der Tat, die den Täter getroffen haben, so schwer sind, dass die Verhängung einer Strafe offensichtlich verfehlt wäre. Durch eine zusätzliche Geldbuße wäre der Betroffene doppelt gestraft. In diesem Fall erscheint die Verhängung einer weiteren Geldbuße aufgrund des bereits erlittenen finanziellen Schadens als Folge der Verfehlung nicht angemessen. In Form einer anwaltlichen Einlassung sollte daher zur Frage, ob und in welcher Höhe eigener finanzieller Schaden des Betroffenen zu beklagen ist, Stellung genommen werden. Selbst bei einer korrekten Einstufung des Betroffenen als Verursacher des Verkehrsunfalls können so erfahrungsgemäß erfreuliche Verfahrenseinstellungen erzielt werden.

5. Regulierung des Schadens des Unfallgegners

Auch der Umstand, dass der Verkehrsunfall zwischenzeitlich reguliert wurde, veranlasst regelmäßig Bußgeldrichter dazu, das Verfahren einzustellen oder die Geldbuße auf nicht eintragungspflichtige 55,00 EUR zu reduzieren. Dies ergibt sich aus dem Rechtsgedanken des § 46a StGB, nach dem im Falle des Bemühens um eine Schadenswiedergutmachung von Strafe abgesehen werden kann oder diese gemildert werden kann. Es sollte daher von der Mandantschaft zur Vorbereitung einer anwaltlichen Einlassung erfragt werden, ob sie zum Stand des Regulierungsverfahrens von seiner Kfz-Haftpflichtversicherung informiert worden ist. Für die Begleichung des Schadens der Gegenseite spricht die im Anschluss vorgenommene Höherstufung durch die Kfz-Haftpflichtversicherung.

---

542 *Bohnert*, Karlsruher Kommentar zum OWiG, 3. Aufl. 2006, OWiG § 47, Rn 113.
543 Hierzu: *OLG Hamm*, MDR 1971, 859.

V. Überprüfung der amtsgerichtlichen Entscheidung durch das OLG

Ficht der erstinstanzlich verurteilte Betroffene die amtsrichterliche Entscheidung wegen vorangegangener Rechtsfehler an, so ist zu beachten, es eine zweite Tatsacheninstanz im Bußgeldrecht nicht gibt. Es findet beim Rechtsbeschwerdegericht nur noch eine Überprüfung des Urteils auf Rechtsfehler statt.

1. Zulassungsrechtsbeschwerde, § 80 OWiG

Wenn der Betroffene die Entscheidung des Amtsrichters anficht, so ist eine Rechtsbeschwerde bei einer Verurteilung zu einer Geldbuße unter 250,00 Euro (Abs. 1) – ohne Fahrverbot – zulassungsbedürftig, § 80 OWiG. Sie wird zugelassen, wenn die Nachprüfung zur Fortbildung des Rechts oder der Sicherung einer einheitlichen Rechtsprechung dient. Der Zulassungsgrund ist gegeben, wenn sonst schwer erträgliche Unterschiede in der Rechtsprechung entstehen oder fortbestehen würden, wobei es darauf ankommt, welche Bedeutung die angefochtene Entscheidung für die Rechtsprechung insgesamt hat.[544] Dies trifft etwa zu, wenn entweder Verfahrensgrundsätze von elementarer Bedeutung verletzt sind oder das Urteil mit Fehlern behaftet ist und entweder die Gefahr der Wiederholung besteht oder der Fortbestand der Entscheidung zu krassen und augenfälligen, nicht mehr hinnehmbaren Unterschieden in der Rechtsprechung führen würde.[545] Ein Zulassungsgrund soll vorliegen, wenn ein Richter gegen seit Jahrzehnten gefestigte Rechtsprechung verstoßen hat.[546]

Die Zulassungsrechtsbeschwerde ist nochmals gem. § 80 II Nr. 1 OWiG eingeschränkt, wenn gegen den Betroffenen eine Geldbuße von nicht mehr als einhundert Euro festgesetzt wurde. Hier werden Verfahrensrügen nicht zugelassen.

Unter Berücksichtigung dessen ist Folgendes zu beachten: Lehnt der Bußgeldrichter die Einholung eines Sachverständigengutachtens ab, etwa weil ihm die Aussage des unfallgegnerischen Zeugen ausreichte, so muss von der Verteidigung im Rahmen der Rechtsbeschwerdebegründung Verfahrensrüge (hier: Verletzung der Aufklärungspflicht) erhoben werden, an deren Begründung strenge Anforderungen gestellt werden (§ 344 II 2 StPO i.V.m. § 79 III 1 OWiG). Denn allein aus diesem Vorbringen muss sich für das Beschwerdegericht ohne Hinzuziehung der Akten die Möglichkeit der Beurteilung ergeben, ob ein Verfahrensfehler vorliegt oder nicht.

Das Gericht darf nur dann, wenn es den Sachverhalt nach dem bisherigen Ergebnis der Beweisaufnahme für geklärt hält, einen Beweisantrag ablehnen, wenn

---

544 *OLG Düsseldorf* NZV 2001 47.

545 *Bohnert*, OWiG, 3. Aufl. 2010, § 80 Rn 15.

546 *OLG Hamm*, Beschl. v. 7.7.2009 – 2 Ss OWi 646/09, BeckRS 2010, 11683.

nach seinem pflichtgemäßen Ermessen die Beweiserhebung zur Erforschung der Wahrheit nicht erforderlich ist (§ 77 II Nr. 1 OWiG). Hierzu müssen drei Voraussetzungen vorliegen: Es muss bereits eine Beweisaufnahme über eine entscheidungserhebliche Tatsache stattgefunden haben, aufgrund der Beweisaufnahme muss der Richter zu der Überzeugung gelangt sein, der Sachverhalt sei geklärt und die Wahrheit gefunden und die beantragte Beweiserhebung muss nach dem pflichtgemäßen Ermessen des Gerichts zur weiteren Erforschung der Wahrheit nicht erforderlich sein.[547] Dabei sind strenge Maßstäbe anzulegen; es darf für das Gericht kein vernünftiger Zweifel daran bestehen, dass die weitere Beweiserhebung keine Aussicht auf Erfolg hat. Das Gewicht der bisherigen Beweiserhebung auf der einen und des Beweismittels, dessen zusätzliche Verwendung beantragt ist, auf der anderen Seite müssen nach dem Ergebnis der gesamten Beweislage abgewogen werden. Eine weitere Beweiserhebung darf nur unterbleiben, wenn die Möglichkeit, dass die Überzeugung des Gerichts durch sie noch erschüttert wird, vernünftigerweise ausgeschlossen erscheint. Wenn das nur unwahrscheinlich ist, muss der Beweis erhoben werden.[548]

Auch über die Verfahrensrüge mit den hohen Begründungsanforderungen ist bei einem rechtsfehlerhaften Vorgehen des Gerichts im Rahmen der Ladung eines Privatgutachters vorzugehen.

2. Rechtsbeschwerde, §§ 79 ff. OWiG

Ist die Wertgrenze überschritten oder zusätzlich zur Geldbuße ein Fahrverbot verhängt, ist das erstinstanzliche Urteil ohne die Zulassungsgründe anfechtbar. Neben der Verfahrensrüge kann auch die Sachrüge erhoben werden, wenn sich aus dem vom Gericht festgestellten Sachverhalt keine bußgeldrechtliche Relevanz ergibt oder das Urteil Darlegungsfehler enthält.

VI. Auswirkungen des Bußgeldverfahrens auf die Unfallregulierung

Der Ausgang des Bußgeldverfahrens kann Auswirkungen auf die Unfallregulierung haben. Es spricht naturgemäß für den Betroffenen, wenn er vom bußgeldrechtlichen Vorwurf der Verursachung eines Verkehrsunfalls auf seinen Einspruch hin freigesprochen wurde oder das Verfahren eingestellt wurde. Die Versicherung kann vor diesem Hintergrund die Begleichung geltend gemachter Ansprüche der Gegenseite ablehnen. Die Begleichung einer Geldbuße durch den Betroffenen kann umge-

---

547 OLG Hamm NZV 2007, 155; OLG Schleswig SchlHA 2004, 264f.; KK-Senge, OWiG, 3. Aufl., § 77 Rn 15 m.w. Nachw.; Göhler/Seitz, OWiG, § 77 Rn 11.
548 *OLG Celle*, Beschl. v. 10.2.1986, 2 Ss (OWi) 297/85.

kehrt von der Kfz-Haftpflichtversicherung zum Anlass genommen werden, den Schaden des Unfallgegners auszugleichen. Dies hat regelmäßig zur Folge, dass eine Höherstufung des Betroffenen erfolgt. Die Kfz-Haftpflichtversicherung, die die Aussichten für eine Abwehr der Ansprüche nach Grund und Höhe möglichst zuverlässig einzuschätzen muss und hierzu in der Regel die Bußgeldakte beizieht, führt die Schadenregulierung nach eigenem pflichtgemäßem Ermessen durch. Dabei wird sie auch zum Nachteil den Umstand würdigen, dass der Betroffene nach der Kollision seine Schuld am Unfall den Polizeibeamten gegenüber eingeräumt hat. Die Kfz-Haftpflichtversicherung hat eine Regulierungsvollmacht, d.h. sie darf Schäden auch gegen den Willen des Versicherungsnehmers regulieren, auch wenn der Betroffene Einspruch gegen den Bußgeldbescheid eingelegt hat (da er der Auffassung ist, ihn treffe an dem Unfallereignis keine Schuld) und die Versicherung gleichwohl von einer Verursachung der Kollision durch den Fahrer ausgeht. Dabei muss sie den Ausgang des Bußgeldverfahrens nicht abwarten.[549]

VII. Vergütungsrechtliche Aspekte

Die Rechtsanwaltsvergütung richtet sich bei der Verteidigung eines Betroffenen in bußgeldrechtlichen Unfallsachen nach Teil 5 des VV-RVG, wobei es sich um Rahmengebühren handelt, die der Rechtsanwalt im Einzelfall unter Berücksichtigung aller Umstände, insbesondere des Umfangs und der Schwierigkeit der anwaltlichen Tätigkeit, der Bedeutung der Angelegenheit sowie der Vermögens- und Einkommensverhältnisse des Auftraggebers nach billigem Ermessen zu bestimmen hat (§ 14 I 1 RVG). Die Verteidigung in derartigen Bußgeldverfahren ist oft mit rechtlichen Schwierigkeiten und/oder umfangreicher Sachaufklärung verbunden und kann daher nicht vornherein als eine im gebührenrechtlichen Sinne nur durchschnittlich schwierige Sache beurteilt werden.[550] Für eine Abrechnung oberhalb der Mittelgebühr kann die besondere Bedeutung für den Betroffenen sprechen, etwa die Verhinderung der Eintragung von Punkten ins Fahreignungsregister. Ferner kann der Umstand gebührenerhöhend wirken, dass ein Sachverständigengutachten eingeholt wurde und schriftliche Einwände der Verteidigung vorgebracht wurden.[551] Für die Vertretung in einem Bußgeldverfahren, welches für den Betroffenen einen angeblich verschuldeten Verkehrsunfall zum Gegenstand hat, entsteht bei einer Abrechnung 20% oberhalb der Mittelgebühren ein Honorar in folgender Höhe (Geldbuße zwischen 40,00 und 5.000 EUR).

---

549 Rümenapp, in Terbille, Münchener Anwaltshandbuch Versicherungsrecht, 2. Aufl. 2008, § 13 Kraftfahrzeug-Haftpflichtversicherung, Rn 31.

550 AG Köln, zfs 2004 529.

551 *LG Hamburg*, VRR 2008, 237.

Grundgebühr nach Nr. 5100 VV-RVG	120,00 EUR
Verfahrensgebühr vor der Verwaltungsbehörde nach Nr. 5103 VV-RVG	192,00 EUR
Verfahrensgebühr vor dem Amtsgericht nach Nr. 5109 VV-RVG	192,00 EUR
Terminsgebühr nach Nr. 5110 VV-RVG	306,00 EUR
Nettoanwaltshonorar	810,00 EUR

VIII. Fazit

1. Bei einer strittigen Unfallschuld muss die Kollision nicht nur für das Zivil-, sondern ggf. auch für das Bußgeldverfahren rekonstruiert werden.
2. In der Regel erhält der von der Polizei als „ON 01" bezeichnete Verkehrsteilnehmer einen Bußgeldbescheid, nicht selten wird auch beiden Fahrzeugführern ein Teilverschulden vorgeworfen.
3. Wird direkt an der Unfallstelle gegen einen/beide Verkehrsteilnehmer ein Verwarnungsgeld verhängt und gezahlt, darf nicht später ein erneutes höheres Bußgeld verhängt werden.
4. Um die Unfallursache mit Gewissheit aufzuklären, bedarf es der Einholung eines unfallanalytischen Sachverständigengutachtens. Schon vorgerichtlich kann der Betroffene ein Privatsachverständigengutachten in Auftrag geben, es wird bei Vorhandensein einer Rechtsschutzversicherung von dieser übernommen.
5. Zu einer Einstellung oder Reduzierung der Geldbuße führt ein nicht auszuschließendes Mitverschulden an dem Verkehrsunfall durch den anderen Beteiligten. Dabei spielt dem Betroffenen z.B. eine günstige Haftungsquote im Zivilprozess oder eine (anteilige) Regulierung des Unfalls durch die Gegnerhaftpflichtversicherung in die Karten, auch wenn es eine Bindung des Bußgeldrichters an zivilrechtliche Urteile und umgekehrt nicht gibt. Eine Ortsbesichtigung kann zur Erkenntnis des Gerichts führen, dass die Verkehrslage/Beschilderung am Tatort tatsächlich unübersichtlich war und daher nur ein geringfügiges Verschulden des Betroffenen vorliegt. Auch ein eigener hoher wirtschaftlichen Schaden oder erlittener Körperschaden infolge des Unfalls kann unter dem Gesichtspunkt von § 60 StGB bußgeldmindernd angeführt werden.
6. Der Ausgang des Bußgeldverfahrens kann durchaus Folgen auf die Unfallregulierungspraxis haben. Die Kfz-Haftpflichtversicherung zieht in der Regel die Bußgeldakte bei und macht sich ein Bild von der Haftungslage. Sie besitzt dabei eine Regulierungsvollmacht, d.h. sie darf Schäden auch gegen den Willen des Versicherungsnehmers regulieren. Den Ausgang des Bußgeldverfahrens muss sie nicht abwarten.
7. Das anwaltliche Tätigkeiten in Bußgeldrechtlichen Unfallverfahren ist auch gebührentechnisch lukrativ. Regelmäßig kann oberhalb der Mittelgebühr

abgerechnet werden, zumal der Vorgang bei Bezügen ins Zivilrecht und einem unfallanalytischen Gutachten rechtlich schwierig und/oder umfangreich ist.

Kapitel 4
Konkurrenzen

§§ 19 ff. OWiG regeln die Rechtsfolgen bei dem Zusammentreffen mehrerer Gesetzesverletzungen im Ordnungswidrigkeitengesetz. Rechtsprechung und Literatur befassen sich nahezu fortlaufend mit dem Konkurrenzverhältnis mehrerer zeitnah stattfindender Verfehlungen. Das Kapitel beleuchtet umfassend die Frage, ob Tateinheit oder Tatmehrheit anzunehmen ist und welche praktischen Konsequenzen dies für den Betroffenen hat.

A. Einführung in die Problematik

Den Oberlandesgerichten[552] liegen regelmäßig Rechtsbeschwerden vor, die die Prüfung der Frage, ob mehrere Zuwiderhandlungen von Fahrzeugführern tatein- oder -mehrheitlich begangen worden sind, beinhaltet.[553] Von dieser Frage hängt es zum einen ab, wie viele Punkte im Fahreignungsregister in Flensburg eingetragen werden und ob es zu einer Punktehäufung kommen kann, die die Gefahr einer Entziehung der Fahrerlaubnis in sich birgt, zum anderen steht und fällt die Höhe der Geldbuße mit der genauen Einteilung der Verfehlungen. Die Einordnung mehrerer Verkehrsordnungswidrigkeiten als Tateinheit oder Tatmehrheit hat auch Konsequenzen auf ggf. entgegenstehende Rechtskraft: Ist nämlich ein Bußgeldbescheid rechtskräftig geworden oder hat das Gericht über die Tat als Ordnungswidrigkeit bereits rechtskräftig entschieden, so kann dieselbe Tat nicht mehr als Ordnungswidrigkeit verfolgt werden, § 84 I OWiG. Ist über die Tat im verfahrensrechtlichen Sinne schon entschieden worden, so tritt Strafklageverbrauch ein.[554] Der Betroffene wäre in diesem Falle freizusprechen.[555] Wie ist zu entscheiden, wenn mehrere Verkehrsverstöße auf ein und derselben Fahrt begangen worden sind? Neben der Bestimmung des Tatbegriffs sollen die konkreten Rechtsfolgen der Tateinheit gem. § 19 OWiG und der Tatmehrheit gem. § 20 OWiG, also die Berechnungsmethoden im Rahmen der Bestimmung der Bußgeldhöhe bei mehreren aufeinandertreffenden Geldbußen, dargestellt werden, ein Thema, welches – soweit erkennbar – von der

---

552 OLG Düsseldorf, NZV 1998, 257; NZV 1998, 78; OLG Jena, VRS 108 270; OLG Saarbrücken, VRS 110, 362.

553 Hierzu: Albrecht, NZV 2005, 62; SVR 2007, 121; Müller, SVR 2005, 409.

554 OLG Stuttgart, SVR 2008, 28; Wache, Karlsruher Kommentar zum OWiG, 3. Auflage 2006, § 84 Rn 10.

555 OLG Frankfurt a.M., Beschl. v. 13.7.2010 – 2 Ss-OWi 17/10, 2 Ss – OWi 17/10, BeckRS 2010, 17483.

Literatur weit gehend vernachlässigt wird. Ferner soll problematisiert werden, wie sich die Bewertung der Konkurrenzfrage fahrerlaubnisrechtlich auswirkt, welche Entscheidung der Bußgeldrichter zu treffen hat, wenn neben mehreren Gesetzesverletzungen noch Nebenfolgen verhängt werden und welche Besonderheiten im Rahmen der Zulassung der Rechtsbeschwerde zu beachten sind. Abschließend soll der Sonderfall, dass eine Straftat mit einer Ordnungswidrigkeit tateinheitlich zusammentrifft, erörtert werden.

B. Regelungsinhalt von §§ 19f. OWiG

§ 19 Abs. 1 OWiG bestimmt, dass nur eine einzige Geldbuße festgesetzt wird, wenn dieselbe Handlung mehrere Gesetze verletzt. In Abs. 2 heißt es dann weiter, dass die Geldbuße nach dem Gesetz bestimmt wird, das die höchste Geldbuße androht. Tatmehrheit liegt dagegen vor, wenn der oder die Betroffene durch mehrere rechtlich selbstständige Handlungen mehrere Bußgeldvorschriften oder eine Bußgeldvorschrift mehrmals verletzt hat. § 20 OWiG bestimmt demgegenüber, dass jede Geldbuße gesondert festgesetzt wird, wenn mehrere Geldbußen verwirkt sind.

C. Der Tatbegriff

Der Begriff der Tat im gerichtlichen Verfahren in Bußgeldsachen deckt sich nach höchstrichterlicher Rechtsprechung mit dem für das Strafverfahren maßgeblichen Tatbegriff des Art. 103 III GG.[556] Er bezeichne ein konkretes Geschehen, das einen einheitlichen geschichtlichen Vorgang bildet und Merkmale enthält, die es von denkbaren anderen ähnlichen oder gleichartigen Vorkommnissen unterscheidet[557] und umfasse das gesamte Verhalten des Täters, soweit dieses nach der natürlichen Auffassung des Lebens eine Einheit bildet.[558] Die Handlungen müssten dabei nach dem Ereignisablauf zeitlich, räumlich und innerlich so miteinander verknüpft sein, dass sich ihre getrennte Würdigung und Ahndung als unnatürliche Aufspaltung eines einheitlichen Lebensvorganges darstellen würde, §§ 155 I, 264 I StPO. Insoweit seien der zeitliche Ablauf der einzelnen Handlungen und der zeitliche Abstand zwischen ihnen wesentliche Kriterien für die Beurteilung, ob ein einheitliches Tatgeschehen vorliege. Im Rahmen von Zuwiderhandlungen im Straßenverkehr sei demgemäß davon auszugehen, dass mit dem Ende eines bestimmten Verkehrsge-

556 BayObLGSt 1974, 58, 60.
557 BGHSt 22, 375, 385.
558 BGHSt 23, 141, 145.

schehens, das durch ein anderes abgelöst wird, in der Regel das die Tat bildende geschichtliche Ereignis abgeschlossen sei.[559]

Zur Begründung eines derartigen einheitlichen Lebensvorgangs sei es daher nicht ausreichend, dass mehrere Verkehrsverstöße auf ein und derselben Fahrt begangen worden sind.[560] Während einer einzelnen Fahrt von einiger Dauer stellten sich dem Kraftfahrer ständig neue Verkehrslagen, gegenüber denen er regelmäßig erneute Entscheidungen über sein Fahrverhalten treffen müsse. Begehe er dabei mehrfach Verkehrsverstöße auch gleichartiger Natur, könnten doch die Gründe für diese Zuwiderhandlungen unterschiedlich sein, sowohl was die Motive als auch die Schuldform oder die Ursache fahrlässigen Versagens (Unaufmerksamkeit, Gleichgültigkeit) betreffe. Auch bei gleichartigen Verkehrsgeboten, wie etwa Geschwindigkeitsbeschränkungen, könne deren Ursache sehr unterschiedlich sein (Baustelle, gefährliche Gefälle, Lärmschutzgründe). Ebenso könnten, wenn während einer Fahrt mehrere Ortschaften durchfahren werden, diese Durchfahrtstrecken straßenbaumäßig und in Bezug auf Sichtverhältnisse höchst verschieden ausgestaltet sein.[561]

Bei solchen Fahrten müsse gefragt werden, ob die mehreren Verstöße nach den dargestellten Grundsätzen zum prozessualen Tatbegriff zu einem einheitlichen historischen Vorgang zusammengefasst werden können.[562] Dabei sei von besonderer Bedeutung, ob die Einzelverstöße räumlich und insbesondere zeitlich eng aufeinander folgten.[563] Verstoße der Fahrzeugführer auf einer Fahrt nacheinander wiederholt gegen Verkehrsvorschriften, so handelt es sich nach teilweiser vertretener Auffassung selbst bei Gleichartigkeit dieser Verkehrsordnungswidrigkeiten regelmäßig um jeweils selbständige Handlungen i.S.d. § 20 OWiG und nicht insgesamt um ein tateinheitliches Geschehen nach § 19 OWiG.[564] Ein zeitlicher Zwischenraum von etwa 30 bis 35 Minuten wurde bereits als bedenklich erachtet, um noch von einer Tat ausgehen zu können.[565] Ein zeitlicher Abstand von ca. einer[566] oder zwei[567] Minuten zwischen beiden Messungen lässt die Annahme voneinander unabhängiger, selbstständiger Geschehnisse nicht zu. Allerdings sei auch bei einem derartigen engen zeitlichen Zusammenhang dann ein neuer Verkehrsvorgang anzunehmen,

---

559 BayObLGSt 1997, 40, 42 = NZV 1997, 489, 490; OLG Köln NZV 1989, 401.

560 BayObLGSt 1994, 135, 137; OLG Düsseldorf VRS 75, 360, 361; OLG Hamm DAR 1974, 22.

561 OLG Karlsruhe VM 1975, 48.

562 BayObLG, NStZ 2002, 155.

563 BayObLGSt 1995, 91, 93; OLGe Düsseldorf NZV 1996, 503, 504; Köln a.a.O.; und Stuttgart NZV 1997, 243.

564 OLG Hamm, NZV 1998, 870 sowie Beschl. v. 28.6.2003, 3 Ss OWi 182/03.

565 OLG Köln NZV 1994, 292.

566 OLG Zweibrücken, DAR 2003 281; OLG Hamm, Urt. v. 9.6.2009 – 5 Ss OWI 297/09, ZFS 2009 651.

567 OLG Celle, DAR 2011, 407.

wenn das Fahrzeug zwischendurch nicht mehr verkehrsbedingt angehalten wurde, sondern zum Stillstand gekommen war und die Fahrt dann wieder fortgesetzt werde.[568]

Rechtsfehlerhaft ist jedoch die Annahme von Tatmehrheit zwischen der vorsätzlichen Geschwindigkeitsüberschreitung und dem fahrlässigen Nichtmitsichführen des Führerscheins.

Auch die absolute Gleichzeitigkeit der Verletzung mehrerer Deliktstatbestände bewirkt im Übrigen noch nicht notwendig die Handlungsidentität im Sinne von § 19 Abs. 1 OWiG. Vielmehr sei erforderlich, dass diejenige Handlung, die einen Tatbestand (ganz oder teilweise) verwirklicht, zugleich, d.h. wenigstens in einzelnen der ihr zugehörigen Willensbetätigungen, einen anderen Tatbestand ganz oder teilweise erfüllt. Zur Abgrenzung gegenüber möglicherweise „nur gleichzeitigen", „nur gelegentlich" einer Dauertat begangenen Verstößen ist zu fordern, dass Identität in einem für beide Tatbestandsverwirklichungen in der konkreten Form notwendigen Teil vorliegen muss, dass das Dauerdelikt selbst einen tatbestandserheblichen Tatbeitrag zu dem jeweiligen anderen Verstoß bildet.[569] Da etwa das Nichtmitsichführen eines Führerscheins nur dann ordnungswidrig ist, wenn das Fahrzeug tatsächlich geführt wird, steht die Verfehlung in Tateinheit mit einer Geschwindigkeitsüberschreitung.[570]

Kann das Amtsgericht mangels Einlassung des Betroffenen und fehlender Erinnerung des Zeugen nicht feststellen, ob der Betroffene mehrere Taten gleichzeitig verwirklichte, so muss es angesichts dieser Zweifel nach dem Grundsatz „in dubio pro reo" bei der Konkurrenzfrage jedenfalls von der für den Betroffenen insoweit günstigeren Sachverhaltsalternative ausgehen, dass die Ordnungswidrigkeiten zeitgleich durch dieselbe Handlung begangen worden sind und folglich zur Annahme von Tateinheit i.S. von § 19 OWiG gelangen.[571]

D. Tateinheit durch Klammerwirkung

Eine tateinheitliche Bewertung kann auch angenommen werden, wenn zwei Delikte, die zeitlich und räumlich getrennt verwirklicht wurden, durch ein drittes, mit dem sie jeweils in Idealkonkurrenz stehen, verklammert werden. Gesetzesverletzungen, deren Verwirklichung sich mit der Ausführung einer Dauerordnungswidrigkeit zumindest teilweise deckt, stehen mit dieser in Tateinheit, wenn die Gesetzesverletzungen in

568 Seitz, in Göhler OWiG, vor § 59 Rn 50b; BayObLGSt 1997, 17, 18; OLGe Düsseldorf VRS 90, 296, 299 und NZV 2001, 273; Hamm NStZ-RR 1999, 23; und Köln NZV 1994, 118, 119.

569 OLG Rostock, VRS 107, 461ff.

570 OLG Hamm, Urt. v. 14.7.2008 – 4 Ss OWi 464/08.

571 OLG Celle, Urt. v. 25.8.2005 – 222 Ss 196/05, BeckRS 2005, 11462.

einem inneren Beziehungszusammenhang stehen.[572] Der verklammernde Verstoß muss allerdings einen zumindest annähernd gleichen Unrechtsgehalt[573] haben wie die verklammerten Verstöße. Hat der Betroffene als Lkw-Fahrer die Dauerordnungswidrigkeit der Überladung begangen und auf dieser Fahrt mehrfach – zeitlich auseinander liegend – die Höchstgeschwindigkeit überschritten, so bewirkt die Dauertat, dass alle Verfehlungen zur Tateinheit i.S. des § 19 OWiG zusammengefasst werden.[574]

E. Konkrete Bußgeldbemessung

I. Tateinheit

Bei Tateinheit wird nur eine Geldbuße festgesetzt.[575] Nach § 19 Abs. 2 OWiG ist die zu verhängende Geldbuße bei Verkehrs-Ordnungswidrigkeiten dem – gemäß §§ 49 StVO, 24 StVG, 17 Abs. 1 OWiG – eröffneten Bußgeldrahmen von 5,00 EUR bis 1.000,00 EUR zu entnehmen. Bei der konkreten Bußgeldbemessung ist von der höchsten Geldbuße der tateinheitlich begangenen Verfehlungen auszugehen, die den Schwerpunkt des Vorwurfs bildete. Exemplarisch ist bei einer Geschwindigkeitsüberschreitung und einer Verletzung der Gurtpflicht also gemäß Nr. 11.3.6 der Tabelle 1 zu Nr. 11 des Bußgeldkatalogs von der vorgesehenen Regelbuße von 160,00 EUR auszugehen, § 3 V 1 BKatV. Dieser höchste Regelsatz kann, muss nicht, angemessen erhöht werden, § 3 V 2 BKatV.

II. Tatmehrheit

Wohl auch unter dem Gesichtspunkt, dass man den Bußgeldbehörden die Bildung von Gesamtstrafen nach §§ 53, 54 StGB (Asperationsprinzip) nicht zutraut, wird bei Tatmehrheit im Ordnungswidrigkeitenrecht jede Geldbuße gesondert festgesetzt, d.h. diese bleiben unabhängig nebeneinander stehen. Es gilt das Kumulationsprinzip.[576] Zwar können die Geldbußen in einem Bußgeldbescheid verhängt werden, sie sind aber dann getrennt anzugeben. Auch im Urteilstenor dürfen die Geldbußen nicht addiert werden,[577] etwa zu einer „Gesamtgeldbuße".[578]

---

572 Rebmann/Roth/Hermann, Kommentar zum OWiG, Rn 18c vor § 19.
573 Rebmann/Roth/Herrmann, a.a.O., Rn 8 zu § 19 m.w.N.
574 OLG Düsseldorf, NZV 1997, 192.
575 Gürtler, in Göhler, OWiG, § 19 Rn 4.
576 OLG Hamm, NZV 2010, 159.
577 OLG Koblenz, zfs 2007, 231; OLG Düsseldorf, NZV 1998, 78.
578 Unrichtig an dieser Stelle: Bohnert, in Karlsruher Kommentar zum OWiG, § 20 Rn 2.

Praxistipp
Hat der Bußgeldrichter ausweislich der Urteilsgründe die Geldbuße bei Tateinheit nicht – wie nach § 19 II 1 OWiG erforderlich – nach dem Gesetz bestimmt, das die höchste Geldbuße androht und ist bei der Bußgeldzumessung rechtsfehlerhaft von den zwei Regelgeldbußen ausgegangen, so sollte Rechtsbeschwerde gem. § 79 OWiG eingelegt werden. Das Amtsgericht darf als Ausgangspunkt seiner Bußgeldzumessung nur die angedrohte höchste Regelgeldbuße wählen.

F. Verfehlung mit Fahrverbot(en)

I. Tateinheit

Auf die in der anderen, also milderen Bußgeldvorschrift angedrohten Nebenfolgen i.S. von § 66 I Nr. 5 OWiG kann gem. § 19 II 2 OWiG bei tateinheitlicher Verwirklichung auch erkannt werden, wenn das gravierende Gesetz sie nicht vorsieht.[579]

II. Tatmehrheit

Verwirklicht der Betroffene zwei Ordnungswidrigkeiten in Tatmehrheit, für die nach BKat jeweils Fahrverbote angedroht sind, so fragt sich, ob das Gericht mehrere isolierte Fahrverbote verhängen darf oder nur auf ein einheitliches Fahrverbot erkannt werden darf.

Ein Amtsrichter hatte einen Betroffenen wegen fahrlässigen Führens eines Kraftfahrzeuges unter Wirkung berauschender Mittel in zwei Fällen zu Geldbußen von jeweils 750,00 Euro verurteilt und gegen ihn zwei Fahrverbote von jeweils drei Monaten unter Gewährung der sog. „Viermonatsfrist" verhängt. Die Rechtsbeschwerde führte dazu, dass das zweite Fahrverbot wegfiel. Stehen zwei Ordnungswidrigkeiten, die jeweils mit einem Fahrverbot geahndet werden könnten, in Tatmehrheit, so kann nach der bisher ergangenen obergerichtlichen Rechtsprechung in dem diese Ordnungswidrigkeiten gleichzeitig aburteilenden Urteil nur auf ein Fahrverbot erkannt werden.[580] Für diese Auffassung wird angeführt, dass das Fahrverbot Denkzettel- und Besinnungsfunktion hat. Wie der Rahmen von ein bis drei Monaten Dauer (§ 25 I StVG) zeigt, geht der Gesetzgeber davon aus, dass diese Funktion in diesem Rahmen auch zu erzielen ist, ein längerfristiges Fahrverbot insoweit also nicht erforderlich ist.[581] Grundsätzlich würden zwei in einem Erkenntnis verhängte Fahrverbote auch zeitgleich voll-

---

579 Bohnert, in Karlsruher Kommentar zum OWiG, § 19 Rn 104.
580 BayObLG, Beschl. v. 21.11.1995 – 1 ObOWi 595/95 – juris; OLG Brandenburg, VRS 106, 212, 213; OLG Düsseldorf, NZV 1998, 298; OLG Düsseldorf, NZV 1999, 512, 513; Göhler-Gürtler OWiG § 20 Rn 6 und Göhler-Seitz a.a.O. § 66 Rn 24.
581 BayObLG a.a.O.

streckt werden, denn sie würden beide mit der Rechtskraft der Entscheidung wirksam, was eine doppelte Anordnung sinnlos machen würde. Auch in dem Falle der Gewährung der sog. „Viermonatsfrist" (§ 25 IIa StVG) gilt nichts anderes. Auch hier würden die Fahrverbote mit Ablieferung des Führerscheins oder spätestens vier Monate nach Rechtskraft wirksam werden. Entsprechendes gilt gem. § 25 V StVG bei ausländischen Fahrerlaubnissen. Aus § 25 IIa 2 StVG lässt sich nichts anderes herleiten, da diese Vorschrift die Verhängung von Fahrverboten in unterschiedlichen Verfahren betrifft („weitere Fahrverbote rechtskräftig verhängt")[582].

Gegen eine Kumulation von Fahrverboten spreche auch, dass eine solche gesetzlich nicht ausdrücklich vorgesehen sei. Der Umstand, dass dies nicht der Fall ist, während in § 20 OWiG bezüglich der Geldbußen insoweit eine ausdrückliche Regelung getroffen wurde, zeige, dass eine Kumulation von Fahrverboten auch nicht möglich sein solle.[583] Dass die Bußgeldbehörde dies alles ggf. unterlaufen könnte, indem sie für jede Ordnungswidrigkeit getrennte Bußgeldbescheide erlässt,[584] steht dem nicht entgegen.

G. Punktbewertung

Auch fahrerlaubnisrechtlich kann die Bewertung, ob mehrere Zuwiderhandlungen durch eine Handlung begangen sind oder Tatmehrheit zwischen ihnen vorliegt, gravierende Auswirkungen für den Betroffenen haben.

I. Tateinheit

Hat der Betroffene nur eine (einzige) Verkehrsordnungswidrigkeit wegen zweier Gesetzesverletzungen begangen, so wird gem. § 4 II 2 StVG nur die Zuwiderhandlung mit der höchsten Punktzahl berücksichtigt. Nach dieser Bestimmung darf also keine additive Bewertung der einzelnen Verstöße stattfinden.[585]

II. Tatmehrheit

Liegen demgegenüber mehrere rechtlich selbständige Zuwiderhandlungen vor, bei denen nicht eine „Handlung" im Sinne des § 4 Abs. 2 Satz 2 StVG vorliegt, werden

---

582 I.E. auch OLG Brandenburg a.a.O.
583 OLG Hamm, NZV 2010, 159.
584 Vgl. dazu Bohnert, in KK-OWiG, § 20 Rn 7.
585 OVG Münster, DAR 2003 578.

isoliert für jeden Verstoß Punkte in das FAER eingetragen. Es findet im Ergebnis eine Addition statt.

H. Besonderheiten bei der Zulassung der Rechtsbeschwerde

Die Statthaftigkeit der Rechtsbeschwerde ist beschränkt. § 79 I 1 OWiG enthält fünf Gründe, bei deren Vorliegen die Rechtsbeschwerde ohne besonderes Zulassungsverfahren gegen Urteile und Beschlüsse nach § 72 OWiG zulässig ist. Hat das Urteil mehrere Taten zum Gegenstand und liegen die Voraussetzungen des § 79 I 1 Nr. 1 bis 3 oder S. 2 OWiG nur hinsichtlich einzelner Taten vor, so ist die Rechtsbeschwerde gemäß § 79 II OWiG nur insoweit zulässig. Für Verstöße an mehreren Tagen verhängte Geldbußen sind daher im Rahmen des § 79 I 1 OWiG grundsätzlich bei Berechnung der Wertgrenze nicht zusammenzurechnen.[586] Wenn der Betroffene allerdings im Rahmen einer Tat im prozessualen Sinne mehrere Handlungen begehe, die mit Einzelgeldbußen geahndet werden, sei im Falle einer unbeschränkt eingelegten Rechtsbeschwerde die Summe der ausgeworfenen Geldbußen maßgebend.[587]

Wenn aber schon die Frage, ob Tateinheit oder Tatmehrheit gegeben ist, strittig ist,[588] kann die Zulässigkeit der Rechtsbeschwerde nach höchstrichterlicher Rspr.[589] nicht davon abhängig sein, ob das Gericht diese Konkurrenzfrage richtig beurteilt hat, so dass die Rechtsbeschwerde danach ohne Zulassung zulässig ist, wenn wegen der Tat insgesamt eine höhere Geldbuße als 250,00 Euro festgesetzt ist.[590] Anderenfalls bestünde im Übrigen die Gefahr, dass infolge der Unzulässigkeit der Rechtsbeschwerde Strafklageverbrauch gerade bzgl. Taten eintreten könnte, hinsichtlich derer die Rechtsbeschwerde an sich zulässig wäre.[591]

J. Zusammentreffen von Straftat und Ordnungswidrigkeit

Nach der Subsidiaritätsklausel des § 21 I 1 OWiG kann sich ein Verfahrenshindernis für die Verkehrsordnungswidrigkeit ergeben. Ist eine Handlung gleichzeitig Straftat

---

586 A.A.: Schmuck/Kehr, NJOZ 2010, 655 ff., die meinen, es dürfe nicht nur auf den jeweiligen Einzelbetrag der geringfügigen Ordnungswidrigkeit abgestellt werden, sondern eine Gesamtbetrachtung vorgenommen werden.

587 OLG Hamm, Beschl. vom 10. Mai 2007, 4 Ss OWi 255/07, Randziffer 8 – zit. nach Juris; Seitz, in Göhler, Kommentar zum OWiG, Rn 22 f. zu § 79 m.w.N.

588 OLG Hamm, a.a.O.; Seitz in Göhler, a.a.O.

589 OLG Koblenz, SVR 2010, 341 f.

590 Seitz, in Göhler, a.a.O., Rn 23.

591 OLG Koblenz, SVR 2010, 341 f.

und Ordnungswidrigkeit, so wird nur das Strafgesetz angewendet. Gleichzeitigkeit i.S. dieser Vorschrift bedeutet Tateinheit.[592] Ist der Betroffene also in dem Strafverfahren bereits rechtskräftig verurteilt, scheidet die erneute Ahndung der zusammentreffenden Ordnungswidrigkeit aus. Die Handlung kann nach § 21 II OWiG jedoch als Ordnungswidrigkeit geahndet werden, wenn eine Strafe nicht verhängt wird.

Allerdings kann die Ordnungswidrigkeit, die tateinheitlich mit einer Straftat zusammentrifft, auch dann nicht verfolgt werden, wenn das Verfahren nach § 153a StPO endgültig eingestellt worden ist.[593] Die Zahlung der Geldauflage bewirkt die endgültige Beendigung des Verfahrens.[594] Insoweit handelt es sich bei § 153a StPO um eine Spezialregelung gegenüber § 21 II OWiG.[595]

Praxistipp

In diesem Zusammenhang empfiehlt es sich, sich aus Anwaltssicht anzugewöhnen, schon bei Mandatsannahme bei dem Betroffenen ausdrücklich nachzufragen, ob es gegen ihn im Zusammenhang mit der betreffenden Fahrt zur Einleitung/Einstellung eines Strafverfahrens gekommen ist. Ist das andere Strafverfahren insbesondere von einer anderen Staatsanwaltschaft eingeleitet worden, fehlen hierzu für den Verteidiger Anhaltspunkte in der Bußgeldakte. Es besteht also die Gefahr, dass eine Verurteilung wegen der Ordnungswidrigkeit der Grundsatz „ne bis in idem“ entgegensteht. Da die Problematik des Strafklageverbrauchs in diesen Fällen nicht wirklich bekannt ist, reagieren auf entsprechende Einwände der Verteidigung einige Bußgeldrichter ohne dogmatische Prüfung, ob es sich um eine Tat im prozessualen Sinne handelt, mit Verfahrenseinstellungen aus Opportunitätserwägungen gem. § 47 OWiG.

K. Fazit

1. Bei mehreren Verkehrsordnungswidrigkeiten auf derselben Fahrt ist zunächst zu ermitteln, ob sich der gesamte Vorgang bei natürlicher Betrachtungsweise auch für einen unbeteiligten Dritten als ein einheitliches zusammengehöriges Handeln darstellt. Sind die Verkehrsverstöße des Betroffenen auf eine einzige Willensbetätigung zurückzuführen? Sind sie Teile einer natürlichen Handlungseinheit, d.h. ist das Verhalten durch einen so unmittelbaren zeitlich-räumlichen und inneren Zusammenhang gekennzeichnet? Auch bei der Konkurrenzfrage gilt im Zweifel der Grundsatz „in dubio pro reo“.
2. Ist über die Tat im verfahrensrechtlichen Sinne schon entschieden worden, verstößt eine Verurteilung wegen einer Verfehlung gegen das Verbot der Doppel-

592 OLG Köln, NJW 1982, 296 [297]; LG München II, NZV 2001, 359; OLG Schleswig, SchlHA 2005, 331.

593 Burhoff, Handbuch für das strafrechtliche Ermittlungsverfahren, Rn 704.

594 Fromm/Schmidtke, NZV 2007, 552.

595 Meyer-Goßner, § 153 a StPO, Rn 52.

bestrafung („ne bis in idem“), wenn das Handlungsunrecht des Betroffenen in diesem Zeitraum bereits durch die Verurteilung voll erfasst wurde.

3. Während bei Tateinheit gem. § 19 OWiG nur eine Einzelgeldbuße festzusetzen ist und Ausgangspunkt der Bußgeldzumessung nur die angedrohte höchste Regelgeldbuße ist, die angemessen erhöht werden kann (§ 3 V 2 BKatV), wird bei Tatmehrheit gem. § 20 OWiG im Ordnungswidrigkeitenrecht jede Geldbuße getrennt festgesetzt. Oft ist die Tenorierung der Rechtsfolgenentscheidung in Bußgeldentscheidungen rechtsfehlerhaft. Vielen Bußgeldrichtern ist weder bekannt, dass bei Tateinheit nicht zwei gesonderte Geldbußen festgesetzt werden dürfen, noch, dass dem OWiG bei Tatmehrheit eine „Gesamtgeldbuße“ fremd ist und das OWiG eine der Bildung einer Gesamtstrafe entsprechende Regelung in §§ 53, 54 StGB gerade nicht kennt. Die Verhängung einer Gesamtgeldbuße hat demnach auch im Urteilstenor zu unterbleiben; vielmehr sind die Einzelgeldbußen nicht nur im Urteil festzusetzen, sondern auch auszutenorieren.
4. Bei tateinheitlicher Verwirklichung wird eine Geldbuße und eine einheitliche Punktbewertung vorgenommen, d.h. es wird nur die Zuwiderhandlung mit der höchsten Punktzahl berücksichtigt (§ 4 II 4 StVG); bei mehreren selbständigen Taten, die mit mehreren Geldbußen zu ahnden sind, werden für jeden Verstoß jeweils getrennt Geldbußen und Punkte verhängt. Im FAER werden sie bei Tatmehrheit addiert. Dies kann zu einer Punktehäufung führen.
5. Bei der mehrfachen Verwirklichung eines Tatbestandes des Bußgeldkatalogs, für den dieser ein Regelfahrverbot vorsieht, kommt im Falle gleichzeitiger Aburteilung die Verhängung lediglich eines einheitlichen Fahrverbots in Betracht.
6. Die Beschränkung der Zulässigkeit der Rechtsbeschwerde gemäß § 79 II OWiG kommt in den Fällen, in denen sich der Betroffene gegen die Beurteilung der Konkurrenzfrage richtet, nicht zum Tragen. Da schon die Frage, ob Tateinheit oder Tatmehrheit gegeben ist, von dem Rechtsmittelgericht anders beurteilt werden kann als in der angefochtenen Entscheidung, kann die Zulässigkeit der Rechtsbeschwerde nicht davon abhängig sein, ob das Gericht diese Konkurrenzfrage richtig beurteilt hat. Dies führt dazu, dass die Rechtsbeschwerde auch ohne Zulassung zulässig ist, wenn wegen der Tat insgesamt eine höhere Geldbuße als 250,00 Euro festgesetzt ist.
7. Bei einem Zusammentreffen von Straftat und Ordnungswidrigkeit kann sich ein Verfahrenshindernis nach der Subsidiaritätsklausel des § 21 I 1 OWiG ergeben. Die endgültige Einstellung der Straftat gem. § 153 a StPO hindert die Verfolgung der tateinheitlich zusammentreffenden Ordnungswidrigkeit.

Kapitel 5
Der Bußgeldbescheid

Nach § 47 I OWiG gilt für Ordnungswidrigkeiten das Opportunitätsprinzip. Im Gegensatz zum Legalitätsprinzip, welches im Strafverfahren Anwendung findet, sind die Verfolgungsbehörden schon im Grundsatz nicht zur Einleitung eines Bußgeldverfahrens oder zur Ahndung verpflichtet, sondern entscheiden nach pflichtgemäßem Ermessen. Solange das Verfahren bei der Bußgeldstelle anhängig ist, kann sie es einstellen. Hält sie eine Verkehrsordnungswidrigkeit für erwiesen, so kann sie einen Bußgeldbescheid erlassen, muss es jedoch nicht. Tut sie es, ergibt sich der Inhalt des Bußgeldbescheides aus § 66 OWiG.

A. Wesentlicher Inhalt

Danach hat der Bußgeldbescheid neben den Angaben zur Person des Betroffenen und etwaiger Nebenbeteiligter, den Namen und die Anschrift des Verteidigers, die Bezeichnung der Tat, die dem Betroffenen zur Last gelegt wird, Zeit und Ort ihrer Begehung, die gesetzlichen Merkmale der Ordnungswidrigkeit und die angewendeten Bußgeldvorschriften, die Beweismittel, sowie die Geldbuße und die Nebenfolgen, zu enthalten, Abs. 1.

I. Angaben zur Person des Betroffenen, bzw. Angaben zur Person etwaiger Nebenbeteiligter, § 66 Abs. 1 Nr. 1 OWiG

Der Bußgeldbescheid muss zunächst die genaue Angabe der Person enthalten. Zweifel über die Identität müssen ausgeschlossen sein. Die Mindestanforderungen sind eingehalten bei Angabe der Personalien i.S.v. § 111 OWiG, also Nennung des Vor-, Familien- oder Geburtsnamens, des Orts oder Tags der Geburt, des Familienstands, des Berufs, des Wohnorts, der Wohnung oder der Staatsangehörigkeit. Allerdings berühren mangelhafte Angaben zur Person die Wirksamkeit des Bußgeldbescheides nicht, wenn sich die Identität des Betroffenen aus den vorhandenen (richtigen) Angaben zweifelsfrei ergibt.[596]

---

596 *OLG Jena*, NStZ-RR 2006, 244.

II. Name und Anschrift des Verteidigers, § 66 Abs. 1 Nr. 2 OWiG

Nach Abs. 1 Nr. 2 sind ferner Namen und Anschrift des Verteidigers anzugeben.

III. Bezeichnung der Tat, der gesetzlichen Merkmale der Ordnungswidrigkeit und der angewendeten Bußgeldvorschriften, § 66 Abs. 1 Nr. 3 OWiG

§ 66 Abs. 1 Nr. 3 OWiG, der vorsieht, dass die Tat, die dem Betroffenen zur Last gelegt wird, zu bezeichnen ist, entspricht den Anforderungen, die an die Anklageschrift (§ 200 Abs. 1 Satz 1 StPO) und an den Strafbefehl (§ 409 Abs. 1 Satz 1 StPO) gestellt werden, dem der Bußgeldbescheid nachgebildet worden ist.[597] Er erfüllt denn auch dieselben Aufgaben. Einem Bußgeldbescheid kommt, ebenso wie einer Anklageschrift, eine doppelte Aufgabe zu, nämlich Erfüllung der Umgrenzungs- und der Informationsfunktion.[598] Zum einen grenzt er den – insbesondere für Fragen der Rechtshängigkeit, Kognitionspflicht, Rechtskraft und Klageverbrauch bedeutsamen – Verfahrensgegenstand in persönlicher, sachlicher und rechtlicher Hinsicht von anderen denkbaren Tatvorwürfen ab (Umgrenzungsfunktion); dieser Aufgabe genügt er, wenn nach seinem Inhalt kein Zweifel besteht, welcher Lebensvorgang erfasst und geahndet werden soll.[599] Zum anderen vermittelt er dem Betroffenen ein Bild von der Berechtigung des gegen ihn erhobenen Vorwurfs und versetzt ihn in die Lage, prüfen zu können, ob er Einspruch einlegen und wie er sich in der Hauptverhandlung verteidigen soll (Informationsfunktion). Die Tatvorwürfe brauchen nicht selber im Bußgeldbescheid enthalten zu sein. Es wird für ausreichend erachtet, wenn diese in einer Anlage aufgeführt sind, die dem Bußgeldbescheid zum einen angeschlossen und auf die Anlage zum anderen im Bußgeldbescheid verwiesen wird.[600] Dies gilt auch dann, wenn die Anlage nicht mit dem Formular des Bußgeldbescheides fest verbunden ist.[601]

Bei dem Vorwurf der Verletzung der Aufsichtspflicht ist Folgendes zu beachten: Oft wird dem Firmenleiter nur allgemein im Bußgeldbescheid vorgeworfen, „nicht die erforderlichen Aufsichtsmaßnahmen zur Vermeidung von Pflichtverletzungen seiner Fahrer getroffen zu haben". Dies wäre aber zu kurz gegriffen.

Der wesentliche Faktor zur Konkretisierung der Tat und ihrer Abgrenzung zu anderen Taten ist die Tatzeit.[602] Zu fordern ist grundsätzlich eine präzise Bezeich-

597 *BGH*, NJW 1970, 2222.
598 *OLG Hamburg*, NStZ-RR 1998, 370.
599 BGHSt 23, 336.
600 OLG Köln, NZV 1995, 500.
601 OLG Düsseldorf, NZV 1992, 125.
602 Kurz, in Karlsruher Kommentar zum OWiG, 3. Aufl. 2006, § 66 Rn Rn 11.

nung nach Tag, Stunde, und ggf. Minute. Jedenfalls wäre als Mindestanforderung die Angabe einer Zeitspanne für die Verletzung der Aufsichtspflicht zu verlangen. Ansonsten genügt der Bußgeldbescheid nicht der Umgrenzungs- und der Informationsfunktion.[603]

IV. Beweismittel, § 66 Abs. 1 Nr. 4 OWiG

Der Bußgeldbescheid hat gem. § 66 Abs. 1 Nr. 4 OWiG die Beweismittel zu enthalten, auf denen nach Meinung der Verwaltungsbehörde die Feststellung der Ordnungswidrigkeit beruht. Bei Verkehrsordnungwidrigkeiten sind dies in der Regel die Zeugen sowie die Angabe des Messverfahrens (ESO, Provida, JVC Piller usw.). Sind diese Zeugen oder Sachverständige, so sind diese mit Name und Adresse anzugeben.

V. Rechtsfolgen (Geldbuße und Nebenfolgen), § 66 Abs. 1 Nr. 5 OWiG

Im Bußgeldbescheid muss auch die Geldbuße der Höhe nach bestimmt sein sowie die Nebenfolgen enthalten.

VI. § 66 Abs. 2 OWiG

Der Bußgeldbescheid enthält ferner den Hinweis, dass der Bußgeldbescheid rechtskräftig und vollstreckbar wird, wenn kein Einspruch nach § 67 OWiG eingelegt wird, bei einem Einspruch auch eine für den Betroffenen nachteiligere Entscheidung getroffen werden kann, die Aufforderung an den Betroffenen, spätestens zwei Wochen nach Rechtskraft oder einer etwa bestimmten späteren Fälligkeit (§ 18 OWiG) die Geldbuße oder die bestimmten Teilbeträge an die zuständige Kasse zu zahlen oder im Falle der Zahlungsunfähigkeit der Vollstreckungsbehörde (§ 92 OWiG) schriftlich oder zur Niederschrift darzutun, warum ihm die fristgemäße Zahlung nach seinen wirtschaftlichen Verhältnissen nicht zuzumuten ist, und die Belehrung, dass Erzwingungshaft (§ 96 OWiG) angeordnet werden kann, wenn der Betroffene seiner Pflicht nach Nummer 2 nicht genügt.

---

603 *OLG Hamburg*, NStZ-RR 1998, 370.

VII. Begründung, § 66 Abs. 3 OWiG

Absatz 3 der Vorschrift bestimmt, dass der Bußgeldbescheid über die Angaben nach Absatz 1 Nr. 3 und 4 hinaus nicht begründet zu werden braucht.

B. Folgen von Mängeln

Ergeben sich Mängel am Bußgeldbescheid, so haben diese nicht automatisch seine Unwirksamkeit zur Folge.[604] Die Rechtsprechung hat sich mit den einzelnen Verstößen gegen die Vorschrift des § 66 OWiG befasst.

Unschädlich soll die Anrede des männlichen Betroffenen als „Frau“ sein.[605] Die Angabe einer Firma ist zwar zur Kennzeichnung des Betroffenen fehlerhaft, wenn der Betroffene nur eine natürliche Person sein kann.[606] Zur Unwirksamkeit des Bußgeldbescheides führt dies aber nicht. Verbirgt sich unter der Firma eine natürliche Person, also ein Einzelkaufmann, so ist anzunehmen, dass der Bußgeldbescheid gegen ihn gerichtet ist.[607] Auch die falsche Schreibweise des Namens des Betroffenen und das falsche Geburtsdatum machen den Bußgeldbescheid nach st. Rspr. nicht per se unwirksam.[608] Jedenfalls wenn lediglich der Nachname des Betroffenen mit einem zusätzlichen „c“ falsch geschrieben ist und beim Geburtsdatum das Geburtsjahr „1998“ anstelle „1968“. Diese mangelhaften Angaben machen die Identifizierung des Betroffenen nicht unmöglich, wenn im Übrigen die persönlichen Angaben zutreffend aufgeführt waren.[609]

Bei Verstößen gegen § 66 I Nr. 2 OWiG, den Namen und die Anschrift des Verteidigers anzugeben, bleibt die Wirksamkeit des Bußgeldbescheids unberührt.[610]

Nur für die Umgrenzungsfunktion bedeutsame Mängel des Bußgeldbescheides führen zu seiner Unwirksamkeit, während Verstöße gegen die Informationsfunktion insbesondere durch Auskünfte aus den Akten, Akteneinsicht des Verteidigers und Hinweise entsprechend §§ 46 I OWiG , 265 StPO geheilt werden können. Deshalb genügt zur Bezeichnung der „Tat“ in § 66 Abs. 1 Nr. 3 OWiG die Angabe der allgemeinen („abstrakten“) gesetzlichen Tatbestandsmerkmale nicht. Vielmehr ist der Sachverhalt, in dem die Verwaltungsbehörde den Tatbestand einer Ordnungswidrigkeit erblickt, unter Anführung der Tatsachen, die die einzelnen Tatbestands-

---

604 *BayObLG*, VRS 38, 348.
605 OLG Zweibrücken, VA 05, 35.
606 Seitz, in Göhler, OWiG § 66 Rn 5.
607 *OLG Koblenz*, MDR 1974, 776.
608 *OLG Hamm*, Beschl. v. 6.4.2005 – 2 Ss OWi 407/04.
609 *OLG Hamm*, VA 2000, 51.
610 *Kurz*, in KK-OWiG § 66, Rn 44.

merkmale erfüllen, als geschichtlicher Lebensvorgang so konkret zu schildern, dass dem Betroffenen erkennbar wird, welches Tun oder Unterlassen Gegenstand der Ahndung sein soll, gegen welchen Vorwurf er sich daher verteidigen muss. Nur dann ist ein rechtsstaatliches Verfahren gewährleistet.[611] Der Umfang der Tatschilderung wird auch hier maßgeblich von der Gestaltung des Einzelfalls und der Art der verletzten Vorschrift bestimmt. Da das Bußgeldverfahren eine schnelle und Verwaltungskosten einsparende Ahndung der Ordnungswidrigkeiten bezweckt, verbietet sich eine ausführliche Schilderung von selbst; auch ein in Rechtsfragen unerfahrener Bürger muss jedoch den Vorwurf verstehen können. Schwerwiegende Mängel eines Bußgeldbescheides bewirken seine Unwirksamkeit. Dies ist dann der Fall, wenn aus dem Bescheid nicht erkennbar ist, welche Tat dem Betroffenen konkret zur Last gelegt wird.[612] Die Wirksamkeit des Bußgeldbescheides als Verfahrensgrundlage wird durch eine fehlerhafte Tatzeitangabe nicht in Frage gestellt, wenn der Betroffene diesen Irrtum als offensichtlich erkennen konnte.[613] Der in § 66 Abs. 1 Nr. 3 OWiG vom Gesetzgeber gewählte Ausdruck „Bezeichnung der Tat" schließt dagegen nicht aus, dass die Tat bei einem einfachen Sachverhalt in einer Kurzform bezeichnet werden kann. Eine solche Kurzform, etwa „Parken in einer Parkverbotszone", dürfte dann verwendet werden, wenn dadurch in Verbindung mit der Angabe von Zeit und Ort das geschichtliche Ereignis ausreichend beschrieben ist.[614] Die Anforderungen an den Bußgeldbescheid als wirksame Verfahrensgrundlage dürfen jedoch nicht überspannt werden. Entscheidend ist, dass der Betroffene anhand der Tatbeschreibung des Bußgeldbescheides erkennen kann, wegen welches nach der Lebensauffassung einheitlichen geschichtlichen Vorgangs er zur Verantwortung gezogen werden soll und dass insoweit eine Verwechslung mit einem möglichen gleichartigen anderen Fehlverhalten desselben Betroffenen ausgeschlossen ist.[615] Mangelhaft ist die Angabe der umgekehrten Fahrtrichtung bei einer OWi auf einer Bundesautobahn,[616] die Angabe einer falschen Ziffer des amtlichen Kennzeichens schadet nicht.[617] Wenn eine Tat vorsätzlich und fahrlässig begehbar ist, dann ist die Form der Begehung mitzuteilen. Im Straßenverkehrsrecht wird bei fehlender Angabe von Fahrlässigkeit ausgegangen.[618]

Der Verstoß gegen § 66 Abs. 1 Nr. 4 OWiG führt jedoch nicht zur Nichtigkeit des Bußgeldbescheides mit der Wirkung, dass es bisher an einem durch Bußgeldbe-

---

611 *BGH*, NJW 1954, 360 zum Eröffnungsbeschluss.
612 *AG Frankfurt*, NJW 1969, 670.
613 *OLG Hamm*, NStZ-RR 1998, 372.
614 *AG Frankfurt*, NJW 1969, 670.
615 *OLG Bamberg*, DAR 2009, 155.
616 Strittig: OLG Düsseldorf, DAR 70, 136; OLG Hamm, VRS 51, 294.
617 BGHSt 23, 336.
618 *OLG Celle*, VRS 97, 258.

scheid abgeschlossenen Verwaltungsvorverfahren fehlt. Die Verletzung des § 66 Abs. 1 Nr. 4 OWiG soll nicht so schwerwiegend sein, dass es gerechtfertigt wäre, den Bußgeldbescheid, der im Übrigen seinem Inhalt nach geeignet ist, die Funktion der öffentlichen Klage zu erfüllen und damit als Grundlage für das weitere Verfahren zu dienen, als unwirksam anzusehen.[619] Enthält der Bußgeldbescheid unter der Rubrik „Beweismittel" lediglich den Vermerk: „Zeugenaussage; Ihre Angaben", ohne jedoch die Zeugen namentlich aufzuführen, so bedeutet dies keinen schwerwiegenden Mangel, der im Einspruchsverfahren zur Einstellung des Verfahrens führen müsste. Es genügt vielmehr, wenn die Art des Beweismittels allgemein angegeben ist.[620]

Enthält der Bußgeldbescheid keine Rechtsfolgen oder ist die Höhe der Sanktion (Geldbuße und Nebenfolgen) i.S.v. § 66 Abs. 1 Nr. 5 OWiG zweifelhafter, so soll der Bußgeldbescheid insgesamt unvollstreckbar sein.[621]

Die in § 66 Abs. 2 OWiG vorgesehenen Hinweise, Aufforderungen und Belehrungen haben keine Konsequenzen auf die Wirksamkeit des Bußgeldbescheides, da sie nur in den Funktionsbereich der Information gehören.[622]

Mängel gegen eine Begründung des Bußgeldbescheides können keine Auswirkungen auf die Wirksamkeit desselben haben. Zwar kann im Einzelfall eine Begründung angezeigt sein bei höheren Geldbußen, so enthält ein Verfallbescheid i.d.R. eine Begründung. Bei Verkehrsordnungswidrigkeiten des alltäglichen Massengeschäfts, wie Geschwindigkeitsübertretungen, wird allein aus zeitlichen Gründen ganz von einer Begründung abgesehen.

619 *OLG Celle,* NJW 1970, 580.
620 *OLG Düsseldorf,* NJW 1970, 962.
621 *Kurz,* in KK-OWiG, § 66 Rn 77.
622 *Kurz,* in KK-OWiG, § 66 Rn 29.

Kapitel 6
Rechtsfolgen

Der Bußgeldbescheid hat die im Falle seiner Rechtskraft zu vollstreckenden Rechtsfolgen zweifelsfrei zu bezeichnen, um seine Funktion als Vollstreckungstitel zu erfüllen.

A. Verwarnungsgeld

Das Verwarnungsverfahren stellt ein dem Bußgeldverfahren vorgeschaltetes Sonderverfahren dar. Bei geringfügigen Ordnungswidrigkeiten kann die Verwaltungsbehörde den Betroffenen verwarnen und ein Verwarnungsgeld von fünf bis fünfundfünfzig Euro gem. § 56 I OWiG erheben. Nach § 56 II 1 OWiG ist eine Verwarnung nur wirksam, wenn der Betroffene nach Belehrung über sein Weigerungsrecht mit ihr einverstanden ist und das Verwarnungsgeld entsprechend der Bestimmung der Verwaltungsbehörde entweder sofort entrichtet oder innerhalb einer Frist, die eine Woche betragen soll, bei der hierfür bezeichneten Stelle oder bei der Post zur Überweisung an diese Stelle sowie in der richtigen Weise, nämlich unter Angabe des dem Betroffenen mitgeteilten Geschäftszeichens, einzahlt. Die Zahlung des Verwarnungsgeldes führt zur Wirksamkeit der Verwarnung mit der Folge eines Verfahrenshindernisses gem. § 56 IV OWiG. Bei festgestellter verspäteter Zahlung wird die dem Betroffenen vorgeworfene Ordnungswidrigkeit im förmlichen Bußgeldverfahren verfolgt. Die Verwarnung ist dann unwirksam,[623] wobei sogar eine Wiedereinsetzung in den vorigen Stand wegen der Fristversäumung ausscheidet.[624] Durch nachträgliche Zahlung kann der Betroffene das Bußgeldverfahren nicht verhindern.[625]

B. Geldbuße

Die tatbestandsmäßige, rechtswidrige und vorwerfbare Erfüllung einer Ordnungswidrigkeit (§ 1 OWiG) hat regelmäßig die Ahndung mit einer Geldbuße zur Folge. Dazu erlässt die Bußgeldstelle einen Bußgeldbescheid.

623 *OLG Koblenz,* VRS 42, 375.
624 *Wetekamp,* DAR 1986, 75, 78.
625 *Wache,* in Karlsruher Kommentar, zum OWiG, § 56 Rn 24, 3. Auflage 2006.

I. Die Höhe der Geldbuße

Die zentrale Zumessungsvorschrift im (Verkehrs-)Ordnungswidrigkeitenrecht ist § 17 OWiG.

1. Der Regelrahmen, § 17 I OWiG

Für die Ahndung einer Verkehrsordnungswidrigkeit beträgt der zur Verfügung stehende Bußgeldrahmen fünf bis eintausend Euro, wenn das Gesetz nichts anderes bestimmt, § 17 Abs. 1 OWiG. Für Verkehrsordnungswidrigkeiten bestimmt § 24 II StVG, dass diese mit einer Geldbuße bis zu zweitausend Euro geahndet werden kann. Bei gerichtlichen Entscheidungen ist dieser Bußgeldrahmen stets offenzulegen.[626]

2. Vorsätzliches und fahrlässiges Handeln, § 17 II OWiG

§ 17 II OWiG bestimmt, dass fahrlässiges Handeln im Höchstmaß nur mit der Hälfte des angedrohten Höchstbetrages der Geldbuße geahndet werden kann, wenn das Gesetz für vorsätzliches und fahrlässiges Handeln Geldbuße androht, ohne im Höchstmaß zu unterscheiden.

Fahrlässiges Handeln kann mit maximal 1.000,00 Euro geahndet werden, § 17 II OWiG. Diese Bußgeldrahmen gelten für die überwiegende Anzahl der Verkehrsordnungswidrigkeiten nach § 24 StVG.

3. Zumessungskriterien gem. § 17 III OWiG

Grundlage für die Zumessung der Geldbuße ist in erster Linie die Bedeutung der Ordnungswidrigkeit und der Vorwurf, der den Täter trifft (§ 17 III 1 OWiG). Daneben sind auch, wie sich aus § 17 III 2 OWiG ergibt, die wirtschaftlichen Verhältnisse des Betroffenen bei der Bemessung der Geldbuße zu berücksichtigen, und zwar bereits bei der Festsetzung der Geldbuße.[627] Bei geringfügigen Ordnungswidrigkeiten bleiben sie jedoch nach § 17 III 2 2. Hs. OWiG in der Regel unberücksichtigt. Da sie die Höhe der Geldbuße maßgeblich beeinflusst, sind die dazu erforderlichen Ausführungen des Gerichts bereits an dieser Stelle vorzunehmen. Der Tatrichter darf das Einkommen des Betroffenen grundsätzlich auch schätzen.[628]

---

626 *Mitsch*, KK-OWiG, § 17 Rn 22.
627 Karlsruher Kommentar/*Steindorf*, OWiG § 18 Rn 1.
628 Mitsch, in Karlsruher Kommentar zum OWiG, § 17, Rn 87.

a) Zumessungskriterium hinsichtlich des „Vorwurfs, der den Täter trifft"

Die nach § 26a StVG als Rechtsverordnung erlassenen Bußgeldkatalog-Verordnung bestimmt für Verkehrs-Ordnungswidrigkeiten im Straßenverkehr Regelsätze.[629] Diesen Regelsätzen der BKatV kommt eine auch von Gerichten zu beachtende Bindungswirkung bei.[630] Diese Zumessungsrichtlinien entbinden jedoch nicht von der im Einzelfall gebotenen Prüfung der Berechtigung des Katalogsatzes. Das Gericht muss deshalb erkennen lassen, dass es etwaige besondere Umstände des Einzelfalls bedacht und berücksichtigt hat. Wie besprochen muss der Tenor der Entscheidung Angabe zur Schuldform enthalten.[631] Dabei geht § 1 II 2 BKatV von fahrlässiger Begehung und gewöhnlichen Tatumständen aus, weshalb bei Vorliegen von Milderungsgründen oder erschwerenden Umständen eine Reduzierung oder Erhöhung der katalogmäßig vorgesehen Geldbuße in Betracht kommen kann.[632] Wird ein Tatbestand des Abschnitts I des Bußgeldkatalogs vorsätzlich verwirklicht, für den ein Regelsatz von mehr als 55,00 Euro vorgesehen ist, so ist der dort genannte Regelsatz zu verdoppeln, vgl. § 3 IV a BKatV. Es wäre aber rechtsfehlerhaft, bei vorsätzlichem Handeln den Regelsatz stets pauschal zu verdoppeln, weil darin eine Verletzung der Grundregel des § 17 III OWiG liegt.[633]

Bußgeldmindernde Wirkung kann die Abgabe eines Geständnisses haben,[634] dem Betroffenen ist hier zugute zu halten, dass er durch ein Geständnis das Ermittlungsverfahren oder das gerichtliche Verfahren abgekürzt hat bzw. ohne die Einräumung der Fahrereigenschaft die Ordnungswidrigkeit ggf. nicht hätte aufgeklärt werden können.

Auch ein sonstiges günstiges Nachtatverhalten (wie etwa eine verkehrspsychologische Maßnahme „Mobil PLUS Prävention" und freiwillige Pkw-Fahrsicherheitstrainingskurse[635]) kann mindernd sein. Anders als bei § 46 II StGB wird das Nachtatverhalten bei den Zumessungskriterien für die Höhe der Geldbuße nicht explizit genannt, auch wenn anerkannt ist, dass auch dieses für die Bemessung mit herangezogen werden kann.[636]

Eine Reduzierung der Geldbuße unterhalb der Eintragungsgrenze kann sich auch aus einer besonderen Stresssituation rechtfertigen, wenn sich die Betroffene auf der Fahrt zum Tierarzt befand, um dort ihren lebensbedrohlich erkrankten Ret-

---

629 Gürtler, in Göhler, OWiG, § 17, Rn 28 ff.

630 *OLG Karlsruhe,* NJW 2007, 166.

631 OLG Hamm, NZV 1998, 214.

632 *OLG Karlsruhe,* NStZ-RR 2001, NStZ-RR 2001 278 = VRS 100 [2001], 460: Mitverschulden; *OLG Brandenburg,* ZfS 2003, 471; *OLG Düsseldorf,* DAR 2002, 174.

633 *OLG Koblenz,* Urt. v. 10.3.2010 – 2 Ss Bs 20/10, VD 2010, 140; *OLG Celle,* NStZ 1986, 464; *OLG Düsseldorf,* NZV 1994, 25.

634 KK-OWiG/Mitsch OWiG § 17 Rn 64.

635 So Fromm, VRR 2011, 131 ff.

636 BR-Drs 65/09.

tungshund behandeln zu lassen und dabei die Höchstgeschwindigkeit überschritten hat.[637]

Eine lange Verfahrensdauer kann dem Beschleunigungsgebot zuwiderlaufen und zur Einstellung des Verfahrens führen (§ 47 II OWiG)[638] oder jedenfalls bußgeldmindernde Wirkung haben.[639]

Da etwaige Vorbelastungen des Betroffenen im FAER im Bußgeldkatalog nicht berücksichtigt sind (§ 3 Abs. 1 BKatV), können sie bußgelderhöhende Wirkung haben.[640] Dies setzt jedoch grundsätzlich die Rechtskraft der weiteren Verfehlung voraus.[641] Hat der Betroffene vor der Tat eine weitere Verfehlung begangen, so kann dieser weitere ergangene Bußgeldbescheid nur dann bußgelderhöhend berücksichtigt werden, wenn der Betroffene bei Begehung der Tat zumindest von der Einleitung eines Verfahrens Kenntnis hatte und dadurch gewarnt war.[642] Der Bußgeldbescheid in anderer Sache muss für eine Erhöhung der Geldbuße nicht zum Tatzeitpunkt rechtskräftig gewesen sein.[643] Sind nach der zu verhandelnden Tat weitere Verfehlungen begangen worden, die bereits rechtskräftig geworden und daher für den Tatrichter laut FAER erkennbar sind, so erscheint eine Erhöhung der Geldbuße angesichts fehlender Warnwirkung aus zeitlichen Gründen nicht gerechtfertigt.

Hat der Betroffene auf derselben Fahrt mehrere Ordnungswidrigkeiten begangen, die im Verhältnis der Tatmehrheit stehen, stellt dies als solche kein Erhöhungsgrund für die einzelne Geldbuße dar.[644] Eine nachdrückliche Ahndung wird i.d.R. schon durch die Kumulation der mehreren Bußen wirksam erreicht. Eine bußgelderhöhende Wirkung wäre nur zulässig, wenn der Betroffene vor der Wiederholung auf seinen vorangegangenen Rechtsverstoß aufmerksam geworden wäre.[645] Ob die an den Täter der neuen Tat ergangene Vorwarnung erfolgt ist, muss in den Urteilsgründen hinsichtlich der Art und des Zeitpunktes der Verfehlungen durch Feststellungen belegt werden,[646] ansonsten ist die Bußgeldzumessung lückenhaft und rechtsfehlerbehaftet.

Die Tatsache, dass der Betroffene ohne Voreintragungen ist, soll vor dem Hintergrund, dass der Bußgeldkatalog von der Nichtverurteilung des Betroffenen

---

637 AG Koblenz, DAR 2013, 402; VRR 2013, 242.

638 OLG Stuttgart, DAR 2009 44.

639 BVerfG, NStZ 2004 672.

640 KG VRS 108, 216.

641 KG, a.a.O.

642 BayObLG DAR 1993, 374; Mitsch, in Karlsruher Kommentar zum OWiG, § 17 Rn 76, 3. Aufl. 2006.

643 OLG Hamm NZV 1995, 118.

644 OLG Düsseldorf NZV 1998, 298, 299.

645 OLG Düsseldorf, a.a.O.

646 BayObLGSt 1996, 44 = NZV 1996, 370, 371.

ausgeht, nicht in demselben Maße wie im Strafrecht mildernd zu berücksichtigen sein.[647]

b) Wirtschaftliche Verhältnisse

Die Bußgeldzumessung basiert nicht auf dem sog. Tagessatzsystem für die Geldstrafe,[648] das die der Schuld des Täters entsprechende Anzahl der Tagessätze mit der den wirtschaftlichen Verhältnissen des Täters entsprechenden Höhe des Tagessatzes multipliziert. Die in der Absenkung der Tagessatzhöhe zum Ausdruck kommende Berücksichtigung der wirtschaftlichen Leistungsfähigkeit hat aber auch bei der Bußgeldzumessung ihre Geltung, da es von ihr abhängt, wie empfindlich und damit nachhaltig die Geldbuße den Täter trifft.[649] Auch nach dem Inkrafttreten der BKatV hat das Gericht bei der Verhängung von Geldbußen die wirtschaftlichen Verhältnisse des Täters zu berücksichtigen.[650]

Bedauerlicherweise werden in der täglichen Praxis in Ordnungswidrigkeitenverfahren Aspekte der Zumessung der Geldbuße weit gehend vernachlässigt. Oft erscheint die Geldbuße nicht nur bei Verstößen gegen das Fahrpersonalgesetz, bei denen Bußgelder entstehen können, die leicht den Monatsverdienst des Fahrers übersteigen,[651] mit Blick auf die Vorschrift des § 17 III 2 OWiG deutlich übersetzt. Nur wenige Urteile enthalten rechtsfehlerfreie Ausführungen zur Höhe der Geldbuße. Die wirtschaftlichen Verhältnisse bedürfen nach der Rechtsprechung des BayObLG eingehender Erörterung, zumal dann, wenn zweifelhaft ist, ob der Betroffene mit dem ihm verbleibenden Einkommensbetrag unter Berücksichtigung der laufenden Verbindlichkeiten noch seinen Lebensunterhalt zu bestreiten vermag.[652] Die Leistungsfähigkeit des Betroffenen ist dezidiert zu würdigen.[653] Umgekehrt rechtfertigen allein gute wirtschaftliche Verhältnisse keine Festsetzung der Geldbuße auf den Höchstbetrag.[654] Bei der Feststellung der wirtschaftlichen Verhältnisse des Betroffenen gemäß § 17 III 2 OWiG ist übrigens die Feststellung, er habe „ein geregeltes Einkommen", nichtssagend: sie trifft auch auf einen Empfänger von „Hartz IV" zu.[655]

---

647 KK-OWiG/Mitsch OWiG § 17 Rn 75.

648 Dies wird von einigen Parteien jedoch gefordert, vgl. 28. Ordentliche Bundesdelegiertenkonferenz von BÜNDNIS 90/DIE GRÜNEN, 14.-16. November 2008, Erfurt, Messe Erfurt.

649 BayObLG, NJW 1996, 2520.

650 *OLG Oldenburg,* NZV 1991, 82.

651 OLG Frankfurt a.M., Beschl. v. 13.7.2010 – 2 Ss-OWi 17/10, 2 Ss – OWi 17/10, BeckRS 2010, 17483.

652 NJW 1996, 2520; *Steindorf,* KK-OWiG § 18 Rn 84.

653 *OLG Hamm,* GewA 1998, 299.

654 *BayObLG,* DAR 1999, 36.

655 *OLG Koblenz,* NZV 2009, 573.

Praxistipp
Auch die Verteidigung sollte die Vorschrift des § 17 III OWiG angesichts der Chancen, die sie dem Betroffenen eröffnet, keineswegs unterschätzen. Oft ist eine erhebliche Reduzierung der Geldbuße „drin", wenn der Verteidiger zu den wirtschaftlichen Verhältnissen vorträgt. Bei unterdurchschnittlichen wirtschaftlichen Verhältnissen senkt der Bußgeldrichter die Geldbuße oftmals freiwillig um ca. $^1/_3$–$^2/_3$ ab. Vorsicht ist jedoch geboten, wenn der Betroffene keine Angaben zu seinen persönlichen und wirtschaftlichen Verhältnissen macht. Hier gehen einige Amtsgerichte „mangels anderweitiger Anhaltspunkte" „von durchschnittlichen wirtschaftlichen Verhältnissen" aus. Die auf dieser Grundlage getroffene Einschätzung, dass an den Betroffene „mit einer Geldbuße in Höhe von 820,– EUR (...) in wirtschaftlicher Hinsicht keine unzumutbaren Anforderungen gestellt" werden, soll nach OLG Bamberg[656] von Rechts wegen nicht zu beanstanden sein, wenn selbst mit der Rechtsbeschwerde keine Gründe (z.B. Arbeitslosigkeit, Vermögenslosigkeit, Schulden, Unterhaltspflichten oder sonstige, vom Durchschnitt erheblich abweichende Verpflichtungen des Betr.) vorgebracht werden, welche die Annahme einer unverhältnismäßig harten, vom Betr. entweder überhaupt nicht oder nur durch die Gewährung von Zahlungserleichterungen leistbaren Bußgeldsanktion nahe legen.[657]

c) Geringfügige Ordnungswidrigkeiten

Nach § 17 III 2 Alt. 2 OWiG haben die wirtschaftlichen Verhältnisse nur bei geringfügigen Ordnungswidrigkeiten unterhalb der Eintragungsgrenze im Regelfall außer Betracht zu bleiben.[658] Über diesen Betrag hinaus können nähere Feststellungen zu den Einkommensverhältnissen (ggf. Grundbesitz, Eigentum am Pkw) und den Schulden oder sonstigen Verpflichtungen des Betroffenen im Urteil dann entbehrlich sein, wenn die Regelbuße festgesetzt wird und ersichtlich keine Besonderheiten in der Person des Betroffenen vorliegen.[659]

Darüber hinaus wird nach ständiger Rechtsprechung von näheren Erörterungen der wirtschaftlichen Verhältnisse abgesehen, wenn keine höhere Geldbuße als 250,00 EUR vorliegt.[660] Bei einer Geldbuße über 250,00 EUR könne von einer unbedeutenden Ordnungswidrigkeit nicht mehr gesprochen werden, so dass die wirtschaftlichen Verhältnisse des Täters Beachtung finden müssen.[661] Dabei orientiert sich die st. Rspr. an der in § 79 I Nr. 1 OWiG festgelegten Wertgrenze, die erreicht

656 NZV 2011, 44.
657 OLG Jena, VRS 108, 269f.; OLG Karlsruhe, NJW 2007, 166f. = NStZ 2007, 182f. = VRR 2007, 73f.; OLG Dresden, DAR 2006, 222f.; OLG Koblenz, NZV 2009, 573f.; vgl. auch Göhler/Gürtler, § 17 Rn 29 und Gübner in Burhoff [Hrsg.], Handbuch für das straßenverkehrsrechtliche OWi-Verfahren, Rn 1217ff., insbes. Rn 1218, jew. m.w. Nachw.
658 BT-Dr. 10/2652, S. 12; *Göhler* OWiG, § 17 Rn 23.
659 Zu den dabei diskutierten Wertgrenzen *OLG Celle* ZfS 1992, 32 [100 €]; *BayObLG* DAR 2004, 593 [250 €]; Gürtler, in *Göhler*, OWiG, § 17, Rn 24.
660 OLG Schleswig, NZV 2011, 410; *OLG Zweibrücken*, NZV 1999, 219; *Mitsch*, in Karlsruher Kommentar zum OWiG, § 17 OWiG, Rn 91.
661 *OLG Jena*, VRS 108, 220.

werden muss, um ein Urteil mit der nicht zulassungspflichtigen Rechtsbeschwerde angreifen zu können. Hierin komme der Wille des Gesetzgebers zum Ausdruck, das Ordnungswidrigkeitenrecht im Sinne einer Verfahrensbeschleunigung und -vereinfachung zu entlasten. Dieser Gedanke finde sich auch in der für die Verwaltungsbehörde maßgeblichen BKatV wieder, die in ihrem Bußgeldkatalog für mehrere Verstöße pauschal eine Geldbuße von 250,00 EUR vorsehe, ohne dass es dabei auf die wirtschaftlichen Verhältnisse des Betroffenen ankommen soll.[662]

Der Rechtsprechung kann aber im Umkehrschluss nicht entnommen werden, dass die wirtschaftlichen Verhältnisse des Betroffenen bei geringeren Geldbußen vollkommen außer Betracht bleiben.[663] Dies sei nicht nur bei relativ hohen Geldbußen von Belang, sondern auch dann, wenn eine Vielzahl von Einzeltaten gleichzeitig zur Ahndung anstehen. Auch in einem solchen Fall kann ein Festhalten an der Regelbuße zu der Verhängung einer unverhältnismäßigen, da vom Betroffenen nicht leistbaren, Sanktion führen.[664] Die Verhängung einer von ihm nicht mehr leistbaren Sanktion widerspräche auch dem Verhältnismäßigkeitsgrundsatz.[665]

Die 250,00 EUR-Grenze gilt ebenfalls nicht, wenn auf Grund bestehender Anhaltspunkte die wirtschaftlichen Verhältnisse erkennbar erheblich vom Durchschnitt nach oben oder unten abweichen. Hiervon ist grundsätzlich auszugehen, wenn der Betroffene arbeitslos ist. In einem solchen Fall ist abgesehen von Geldbußen unterhalb der Eintragungsgrenze unter entsprechender Darstellung im Urteil regelmäßig zu prüfen, ob der Betroffene gegebenenfalls auch unter Gewährung von Zahlungserleichterungen zur Bezahlung des im Bußgeldkatalog vorgesehenen Regelsatzes in der Lage ist.

d) Praxistipp

Wenn eine Geldbuße von über 250,00 EUR verhängt wurde, empfiehlt es sich, die finanziellen Verhältnisse beim Betroffenen zu erfragen. Da der Betroffene oft vom persönlichen Erscheinen in der Hauptverhandlung entbunden wird, sollten die wirtschaftlichen Verhältnisse dem Verteidiger bereits vor der Wahrnehmung der Hauptverhandlung bekannt sein. Dazu sollte dem Mandanten rechtzeitig vor dem Hauptverhandlungstermin ein Formular übersandt werden, welches er in Ruhe ausfüllen und an den Rechtsanwalt zurück schicken kann. Dem Mandanten sollte absolute Vertraulichkeit der Angaben gegenüber Dritten zugesichert werden. Welche Informationen hieraus vom Verteidiger ans Gericht weitergegeben werden, ist eine andere Frage.

---

662 *OLG Celle*, NStZ 2009, 295.
663 OLG Karlsruhe, NZV 2005, 329.
664 Vgl. näher Gürtler, in Göhler, OWiG, § 17, Rn 22 m.w.Nachw.
665 OLG Karlsruhe, NZV 2005, 329.

e) Musterformular für persönliche Verhältnisse

Name
Familienname Vorname Zweiter Vorname
Straße
Adresse
Ort
PLZ
Bundesland
E-Mail
Adresse
Geburtsdatum Jahr Monat Tag Alter
Telefon Privat Arbeit Mobil

Beruf

Familienstand

O ledig

O verheiratet

O geschieden

Ehemann/-frau berufstätig

O ja

O nein

Wenn ja, monatliches Nettoeinkommen in Höhe von EUR

Kinder

O ja

wie viele

im Alter von

O nein

Unterhaltsverpflichtungen

für Kinder in Höhe von monatliche EUR

für (ehemalige) Ehepartner in Höhe von monatliche EUR

Monatliches Nettoeinkommen

Schulden in Höhe von

Schulden für

Haus

Kredit

Sonstiges

Abtrag pro Monat

Bemerkungen

4. Berechnung des wirtschaftlichen Vorteils, § 17 IV OWiG

a) Bedeutung der Vorschrift

Die Höhe der Geldbuße richtet sich neben § 17 Abs. 3 S. 2 OWiG nach Abs. 4. Die Bedeutung dieses Absatzes ist jedoch weit gehend unbekannt. Sogar in einigen wissenschaftlichen Abhandlungen zur Zumessung der Geldbuße bei Verkehrsordnungswidrigkeiten wird § 17 IV OWiG gänzlich unterschlagen.[666] Gerade angesichts des Umstands, dass sich die Revisionsgerichte in letzter Zeit vermehrt kritisch mit der Rechtsfolgenentscheidung auf dem Bereich der Ordnungswidrigkeiten befassen,[667] wäre es geradezu sträflich, die Wichtigkeit und auch die Chancen, die § 17 IV OWiG der Verteidigung eröffnet, zu unterschätzen. In der Vergangenheit wurden amtsrichterliche Urteile im Bußgeldrecht bereits wiederholt wegen rechtsfehlerhafter Zumessungserwägungen zu § 17 IV OWiG aufgehoben.[668]

b) Regelungsinhalt des § 17 IV OWiG

In § 17 IV OWiG heißt es, dass die Geldbuße den wirtschaftlichen Vorteil, den der Täter aus der Ordnungswidrigkeit gezogen hat, übersteigen soll. Mit anderen Worten ausgedrückt soll mit der Geldbuße auch der wirtschaftliche Vorteil abgeschöpft werden.[669] Als wirtschaftlicher Vorteil ist der Gewinn auf Grund der OWi anzusehen,

---

666 So etwa bei: *Schall*, NStZ 1986, 1.

667 *OLG Rostock*, Beschl. v. 20.4.2004 – 2 Ss (OWi) 102/04 I 63/04; *BayObLG*, Beschl. v. 24.6.2004 – 2 ObOWi 286/04, DAR 2004, 593; *OLG Hamm*, DAR 1996 68; Beschl. des *OLG Koblenz* vom 26.2.09, 1 SsBs 5/09.

668 *OLG Karlsruhe*, NJW 1975 793; *OLG Hamburg*, NJW 1971 1000.

669 *Sannwald*, GewArch 1986, 86.

abzüglich der Aufwendungen, die zur Erzielung des Gewinns erforderlich waren.[670] Die Abschöpfung des wirtschaftlichen Vorteils, der dem Betroffenen aus der Ordnungswidrigkeit zugeflossen ist, darf indes nicht dazu führen, dass weitere, ebenso wichtige Zumessungsgesichtspunkte zurückgedrängt werden.[671] Da Absatz 4 als Soll-Vorschrift formuliert ist, kann die Berücksichtigung des wirtschaftlichen Vorteils auch vernachlässigt werden, etwa wenn dies aus sachlichen Gründen geboten erscheint, insbesondere Bedeutung der Ordnungswidrigkeit bzw. Tatvorwurf gering sind.[672]

aa) Abschöpfung des wirtschaftlichen Vorteils

Oberflächlich betrachtet beinhaltet die Vorschrift in Satz 1 lediglich einen Zumessungsaspekt zulasten des Betroffenen. So lässt sich hieraus deuten, dass die Vorschrift auch dem Gedanken der Gewinnabschöpfung Rechnung trägt.[673] Nach der Rechtsprechung sollen dem Täter nämlich aus der Tat nicht nur keine wirtschaftlichen Vorteile verbleiben, sondern er soll darüber hinaus auch eine erhebliche Einbuße erleiden.[674] Gegebenenfalls kann sogar nach Satz 2 das gesetzliche Höchstmaß überschritten werden. Diese Erwägungen finden durchaus ihre Berechtigung, da der Täter ansonsten die mögliche Verhängung einer moderaten Geldbuße bei der Planung der Ordnungswidrigkeit einkalkulieren könnte. Daher darf sich die Begehung einer Ordnungswidrigkeit für den Täter nicht „lohnen".[675] Die Zielsetzungen von § 29a und § 17 IV OWiG werden von der Literatur für identisch gehalten.[676]

bb) Wegfall des wirtschaftlichen Vorteils bei der Bemessung der Geldbuße

In dem unter aa) dargestellten Regelungsinhalt erschöpft sich die Zumessungsnorm nach h.M.[677] jedoch nicht. Die gegenteilige Auffassung bei *Göhler*,[678] dass der nachträgliche Wegfall des erlangten Vorteils nicht zu beachten sei[679] wurde zwischenzeitlich aufgegeben. § 17 IV OWiG kann nämlich auch zu einer Reduzierung der Geldbuße

---

670 *Bohnert*, OWiG, 2. Auflage 2007, § 17, Rn 26.
671 *OLG Karlsruhe*, NJW 1975, 793.
672 *OLG Köln*, GoltdA 1960, 187; *OLG Hamburg*, GoltdA 1968, 125; *OLG Karlsruhe*, NJW 1974, 1883; *Köberl/Effner/Schuff*, Praxis der Kommunalverwaltung, Ordnungswidrigkeitengesetz, § 17 OWiG, 4. Abschöpfung des wirtschaftlichen Vorteils, Abs. 4.
673 *OLG Karlsruhe*, NJW 1974, 1883.
674 *BayObLG*, DB 1980 2081 f.; *OLG Hamburg*, NJW 1971 1000.
675 *Mitsch*, Karlsruher Kommentar zum OWiG, 3. Auflage 2006, OWiG, § 17, Rn 112.
676 *Mitsch*, a.a.O., Rn 123.
677 *BayObLG*, NStZ-RR 1998, 80; BGH wistra 1991, 268.
678 OWiG, 10. Aufl. § 17 Rn 39.
679 *BayObLG*, DB 1980, 2081.

führen, wenn keine wirtschaftlichen Vorteile aus der Tat verblieben sind. Das Bayerische Oberlandesgericht hatte im Rahmen einer Rechtsbeschwerde der Staatsanwaltschaft über eine amtsgerichtliche Entscheidung zu befinden, in der es in den Urteilsgründen davon ausgegangen war, dass der Betr. wegen der Nachbehandlung der Abfallablagerungen (zweimalige Aussortierung) im Ergebnis keinerlei Vermögensvorteil erzielt habe. Aus diesem Grunde hatte das Amtsgericht die Geldbuße erheblich reduziert. Das BayObLG meinte zu Recht, jedenfalls gegen § 17 IV 1 OWiG sei hierdurch nicht verstoßen worden. Das Rechtsbeschwerdegericht bezeichnete es als „allgemeine Meinung",[680] dass der nachträgliche Wegfall des (zunächst) erlangten Vorteils bei der Bemessung der Geldbuße nicht außer Betracht bleiben könne.[681] Dies muss erst recht gelten, wenn aus der Tat für den Betroffenen von vornherein keine wirtschaftliche Vorteile resultierten. In dem Falle läge ein Milderungsgrund vor, dessen Nichtbeachtung zur Fehlerhaftigkeit der Zumessungserwägungen und Aufhebung des Urteils führen dürfte. Sofern der Täter als Vertreter eines Dritten handelt und beim Dritten auf Grund der Täterhandlung Gewinne eintreten, wäre eine Abschöpfung dieser Gewinne bei der Bußgeldbemessung im Verfahren gegen den Täter nicht möglich.[682]

Praxistipp **!**

Gerade in Fällen, in denen der Betroffene erkennbar von der Ordnungswidrigkeit wirtschaftlich nicht profitiert hat, sollte der Verteidiger der Bußgeldstelle und später dem Bußgeldrichter die Bedeutung der Vorschrift des § 17 IV 1 OWiG vor Augen führen und auf eine fühlbare Reduzierung hinarbeiten. Wenn der Verteidiger nämlich zum tätergünstigen Regelungsgehalt des § 17 IV 1 OWiG nichts vorträgt und dem Richter nicht die fehlenden wirtschaftlichen Vorteile darlegt und ggf. beziffert, wäre dieser günstige Gesichtspunkt der Zumessung der Geldbuße „sträflicherweise" verspielt.

---

cc) Auswirkungen von Schäden des Betroffenen infolge der Ordnungswidrigkeit

Das Problem spitzt sich nochmals zu, wenn der Betroffene nicht nur keine wirtschaftlichen Vorteile aus der Tat gezogen, sondern durch die Ordnungswidrigkeit gar (finanzielle) Schäden davon getragen hat. Sind die Folgen der Ordnungswidrigkeit für den Betroffenen derart schwer, so ergibt sich aus der Vorschrift des § 17 IV 1 OWiG, dass dieser wirtschaftliche Aspekt nicht unberücksichtigt bleiben darf. Da hier der Geldbuße erkennbar nichts „aufgeschlagen" werden kann, erscheint es zum einen angemessen, das gesetzliche Mindestmaß anzusetzen. Eine Ahndung der Ordnungswidrigkeit mit dem Regelsatz der Geldbuße erscheint offenkundig verfehlt. Zum anderen jedoch sollten im Einzelfall auch die wirtschaftlichen Nachteile,

---

680 *BayObLG*, NStZ-RR 1998, 80.
681 So auch Gürtler, in *Göhler*, OWiG, § 17 Rn 39.
682 *OLG Celle*, BB 1976, 633.

sofern sie beziffert werden können, von der Geldbuße abgezogen werden. Für dieses Verständnis der Vorschrift spricht auch der Rechtsgedanken des § 60 S. 1 StGB, der nicht auf Ordnungswidrigkeiten anwendbar sein soll.[683] Hiernach kann das Gericht von Strafe absehen, wenn die Folgen der Tat, die den Täter getroffen haben, so schwer sind, dass die Verhängung einer Strafe offensichtlich verfehlt wäre. Bei einem wirtschaftlichen Schaden ist neben einer Reduzierung der Geldbuße auch eine Einstellung des Ordnungswidrigkeitenverfahrens gem. § 47 OWiG angebracht.[684]

c) Besonderheiten der Bußgeldbemessung bei Verstößen gegen das Fahrpersonalgesetz

Besonders bedeutsam ist die Berücksichtigung des fehlenden wirtschaftlichen Vorteils bei Verurteilungen wegen Verstößen gegen Vorschriften über Lenkzeiten, Lenkzeitunterbrechungen und/oder Ruhezeiten. Tagtäglich werden – vom Schrifttum weit gehend unbeachtet – Lkw-Fahrer wegen des Verstoßes gegen das Fahrpersonalrecht zu exorbitanten Geldbußen verurteilt. Geldbußen von weit über 2.000,00 EUR gegen Berufslastkraftfahrer sind keine Seltenheit. Angesichts dieser schwindelerregenden Bußgeldhöhe gewinnen die Zumessungsgründe an Bedeutung.

aa) Fehlender wirtschaftlicher Profit des Fahrers

Angesichts des Umstands, dass der Fahrer selber nicht von der Transportfahrt wirtschaftlich profitiert, erscheint es vor diesem Hintergrund ungerecht, ihn derart massiv mit hohen Geldbußen zu belegen. Er erhält vom Auftrag, der bei Einhaltung der Lenk- und Ruhezeiten nicht hätte ausgeführt werden dürfen, in der Regel natürlich keine Gewinnbeteiligung. Sein „Vorteil" besteht allenfalls darin, dass er seinen Arbeitsplatz behalten darf, wenn er sich dem Druck des Arbeitgebers, die Fahrt durchzuführen, beugt. Dieser ist naturgemäß nicht i.S. von § 17 IV OWiG bezifferbar. Keine Vorteile i.S. des § 17 IV OWiG sind solche, die erst mittelbar eintreten.[685]

bb) Keine Erstattung von Geldbußen durch den Arbeitgeber

Oft besteht zu Zeiten der Durchführung des Ordnungswidrigkeitenverfahrens das Arbeitsverhältnis nicht mehr fort, so dass der Arbeitgeber nicht – wie sonst – mehr gewillt ist, die Geldbuße des Fahrers freiwillig zu übernehmen. Die Ungerechtigkeit, gegen den Fahrer trotz fehlenden wirtschaftlichen Vorteils eine hohe Geldbußen zu verhängen, gilt umso mehr, wenn man sich vergegenwärtigt, dass der Arbeitnehmer

683 *OLG Hamm*, MDR 1971, 859.
684 *Bohnert*, Karlsruher Kommentar zum OWiG, 3. Auflage 2006, OWiG § 47, Rn 113.
685 *Bohnert*, OWiG, 2. Auflage 2007, § 17, Rn 26.

nur sehr geringe Chancen hat, gegen den Arbeitgeber einen Anspruch auf Erstattung von Geldbußen durchzusetzen. Das Bundesarbeitsgericht betont in st. Rspr., dass grundsätzlich derjenige, der eine Ordnungswidrigkeit begangen hat, die gegen ihn verhängte Sanktion nach deren Sinn und Zweck in eigener Person tragen und damit auch eine ihm auferlegte Geldstrafe oder Geldbuße aus seinem eigenen Vermögen aufbringen muss.[686] Ein Fahrer von Güterfahrzeugen, der innerhalb der Europäischen Gemeinschaft am grenzüberschreitenden Straßenverkehr teilnimmt, sei also grundsätzlich persönlich für die Einhaltung der vorgeschriebenen Lenk- und Ruhezeiten verantwortlich und müsse etwaige Geldbußen wegen entsprechender Verstöße grundsätzlich persönlich aus dem eigenen Vermögen tragen. Auch entgegenstehende Anordnungen seines Arbeitgebers entlasten den Arbeitnehmer grundsätzlich nicht und führen daher auch nicht zu einem Anspruch gegen den Arbeitgeber auf Erstattung einer verhängten Geldbuße. Nur in Ausnahmefällen könne auch die Geldbuße zu dem nach § 826 BGB zu ersetzenden Schaden gehören.[687]

d) Zusammenfassung und Praxistipp

Die Anstrengungen der Mitgliedstaaten, durch Vollzug des Gemeinschaftsrechts, hier: Verordnung Nr. 561/2006 zur Harmonisierung bestimmter Sozialvorschriften im Straßenverkehr, gegen Wettbewerbsverzerrungen vorzugehen, haben schon Wirkung entfaltet. Verfahren wegen Verstoßes gegen das Fahrpersonalgesetz haben vor den Amtsgerichten Hochkonjunktur. Die Verteidigung des Betroffenen bei Tageslenkzeitüberschreitung richtet sich jedoch im Wesentlichen auf den Rechtsfolgenausspruch. Das Fehlverhalten des Betroffenen ist in der Regel durch die – sich bei den Akten befindlichen – Schaublätter erwiesen. Bedauerlicherweise werden in der täglichen Praxis in Ordnungswidrigkeitenverfahren Aspekte der Zumessung der Geldbuße weit gehend vernachlässigt. Nur wenige Urteile enthalten umfassende Ausführungen zur Höhe der Geldbuße. Der Blick des Bußgeldrichters sollte daher seitens der Verteidigung, gerade bei Verstößen gegen das Fahrpersonalrecht, gezielt auf § 17 IV OWiG gelenkt werden.

Führt das Urteil erster Instanz nicht zur gewünschten Reduzierung der Geldbuße, so sollte eine unterbliebene Anpassung der Höhe der Geldbuße aufgrund des fehlenden wirtschaftlichen Vorteils des Betroffenen im Rahmen von Rechtsbeschwerden gerügt werden. Der Beschluss des BayObLG vom 27.8.1997 gibt hierzu eine Argumentationshilfe. Da die Geldbußen bei Lenkzeitverstößen in der Regel bei weit über zweihundertfünfzig Euro liegen, sind die Zumessungserwägungen innerhalb des Rechtsbeschwerdeverfahrens uneingeschränkt (§§ 79 I, 80 I OWiG) überprüfbar.

---

686 *BAG*, NZA 2001, 653; NJW 2001, 1964.
687 *BAG*, NJW 2001, 1964.

5. Beispiel für eine auf Verletzung der Bußgeldzumessungsvorschrift gestützte Rechtsbeschwerde

An das
Amtsgericht Ko.

In der Bußgeldsache
g e g e n Herrn Gernot C.

Az.

begründen wir die Rechtsbeschwerde vom 18.6.2012 gegen das Urteil des Amtsgerichts Ko. vom 15.6.2012 wie folgt und legen die Anträge vor:

1. **Das Urteil des Amtsgerichts Ko. vom 15.6.2012 wird mit den ihm zugrundeliegenden Feststellungen aufgehoben.**
2. **Die Sache wird zur anderweitigen Verhandlung und Entscheidung auch über Kosten der Rechtsbeschwerde an eine andere Abteilung des Amtsgerichts zurückverwiesen.**

B e g r ü n d u n g:

Gerügt wird die Verletzung materiellen Rechts.

1. Verstoß gegen Bußgeldzumessungsvorschriften

Diese Bußgeldzumessung im angefochtenen Urteil widerspricht eklatant der Vorschrift des § 17 Abs. 3 OWiG. Hiernach kommen insbesondere die wirtschaftlichen Verhältnisse des Betroffenen als Zumessungsgrund der Geldbuße in Betracht.

Erkennbar übersteigt die insgesamt ausgeworfene Geldbuße die wirtschaftliche Leistungsfähigkeit eines Berufslastkraftfahrers.

Die wirtschaftliche Lage des Betroffenen bedarf auch nach der höchstrichterlicher Rechtsprechung eingehender Erörterung, zumal dann, wenn zweifelhaft ist, ob der Betroffene mit dem ihm verbleibenden Einkommensbetrag unter Berücksichtigung der laufenden Verbindlichkeiten noch seinen Lebensunterhalt zu bestreiten vermag (BayObLG, NJW 1996, 2520). Die Leistungsfähigkeit ist dezidiert zu würdigen (OLG Hamm, GewArchiv 98, 299). Die nicht im Verhältnis zur Geldbuße stehenden wirtschaftlichen Verhältnisse des Betroffenen dürfen auch nicht erst bei Zahlungserleichterungen gem. § 18 OWiG berücksichtigt werden (vgl. OLG Koblenz, Beschluss vom 3.1.2007, Az. 1 Ss 289/06, BeckRS 2007, 01303).

Die höchstrichterliche Rechtsprechung (OLG Frankfurt a.M., Beschluss vom 13.7.2010 – 2 Ss-OWi 17/10, 2 Ss – OWi 17/10, BeckRS 2010, 17483) hat in der Vergangenheit bereits wiederholt gerade bei Verstößen gegen das Fahrpersonalrecht festgestellt, dass im Rahmen von Ordnungswidrigkeitenverfahren

> „nicht selten Bußgelder entstehen können, die leicht den Monatsverdienst des Fahrers übersteigen. Zwar ist das Gefährdungspotential übermüdeter Fahrer von Lkws im Straßenverkehr erheblich, jedoch muss das Sanktionsgefüge zum Einen innerhalb der Norm, aber auch im Ganzen, im Blick behalten werden. Vorliegend handelt es sich (nur) um Ordnungswidrigkeiten, die bei Anwendung des Buß- und Verwarnungsgeldkatalogs Bußgelder ergeben, die Geldstrafen übersteigen, die für wesentlich gefährlichere Verkehrsstraftaten wie z.B. Trunkenheit im Verkehr verhängt werden."

Daher sei in besonderer Weise auf die Bemessung der einzelnen Bußgelder Wert zu legen.

Zwar erkennt die Verteidigung, dass nach § 79 I 1 Nr. 1 OWiG die Rechtsbeschwerde gegen ein Urteil (nur insoweit) zulässig wäre, als gegen den Betroffenen pro Tat (§ 264 StPO) Geldbußen von mehr als zweihundertfünfzig Euro festgesetzt werden, OLG Köln, NZV 1994, 292. Dies ist nur bzgl. zwei Geldbußen der Fall.

Die Oberlandesgerichte haben jedoch bereits mehrfach entschieden, dass die Heranziehung derartiger Verwaltungsanweisungen nicht dazu führen darf, dass die wirtschaftlichen Verhältnisse des Betroffenen vollkommen außer Betracht bleiben, OLG Karlsruhe, NZV 2005, 329. Dies sei nicht nur bei relativ hohen Geldbußen von Belang, sondern auch dann, wenn – wie hier – eine Vielzahl von Einzeltaten gleichzeitig zur Ahndung anstehen. Auch in einem solchen Fall kann ein Festhalten an der Regelbuße zu der Verhängung einer unverhältnismäßigen, da vom Betroffenen nicht leistbaren, Sanktion führen (vgl. näher Göhler, OWiG, § 17, Rn 22 m.w.Nachw.).

Die Verhängung einer von ihm nicht mehr leistbaren Sanktion widerspräche auch dem Verhältnismäßigkeitsgrundsatz, OLG Karlsruhe, NZV 2005, 329.

Erkennbar ist für den Betroffenen, der ein monatliches Nettogehalt von 1.340,00 EUR erzielt, die Zahlung in Höhe von 4.535,00 EUR Geldbuße vor dem Hintergrund der zitierten Rspr. unverhältnismäßig.

2. Allgemeine Sachrüge

Die Sachrüge wird daneben nur in allgemeiner Form erhoben. Das Urteil wird allgemein der Überprüfung durch das Rechtsbeschwerdegericht gestellt.

3. Zulassung der Rechtsbeschwerde

Die Rechtsbeschwerde ist (im Hinblick auf Geldbußen unter 250,00 EUR) auch zuzulassen unter dem Gesichtspunkt der Sicherung einer einheitlichen Rechtsprechung.

Der Zulassungsgrund ist gegeben, wenn sonst schwer erträgliche Unterschiede in der Rechtsprechung entstehen oder fortbestehen würden, wobei es darauf ankommt, welche Bedeutung die angefochtene Entscheidung für die Rechtsprechung insgesamt hat. Dies trifft etwa zu, wenn entweder Verfahrensgrundsätze von elementarer Bedeutung verletzt sind oder wie hier das Urteil mit Fehlern behaftet ist und entweder die Gefahr der Wiederholung besteht oder der Fortbestand der Entscheidung zu krassen und augenfälligen, nicht mehr hinnehmbaren Unterschieden in der Rechtsprechung führen würde. Vorliegend hat die Tatrichterin gegen Bußgeldzumessungserwägungen verstoßen.

Die höchstrichterliche Rechtsprechung hat bereits einen Zulassungsgrund nach § 80 Abs. 1 Nr. 1, 2. Alt. OWiG bejaht mit der Begründung, wenn „die Gefahr der Nachahmung durch die Richterin selbst ..., die die Entscheidung getroffen hat, zum anderen durch ihre Kollegen" gegeben sei (OLG Hamm, Beschl. v. 7.7.2009 – 2 Ss OWi 646/09, BeckRS 2010, 11683). Bei dem Verstoß gegen Bußgeldzumessungserwägungen wäre diese Gefahr naheliegend gegeben.

4. Ergebnis

Der Rechtsbeschwerde ist der Erfolg nicht zu versagen.

Dr. F.
Rechtsanwalt
Fachanwalt für Strafrecht

II. Gewährung von Zahlungserleichterungen, § 18 OWiG

Von Amts wegen zu beachten ist, dass dem Betroffenen Zahlungserleichterungen (Stundung, Ratenzahlung) zu gewähren sind, wenn ihm die rechtzeitige Zahlung objektiv nicht zuzumuten ist.[688] Damit kommt das Gesetz dem Betroffenen hinsichtlich der Zahlung einer Geldbuße mit einigen Vergünstigungen entgegen.

Die schlechten wirtschaftlichen Verhältnisse des Betroffenen dürfen allerdings nicht erst bei Zahlungserleichterungen berücksichtigt werden, sondern schon bei der Festsetzung der Geldbuße nach § 17 Abs. 3 S. 2 OWiG. Zahlungserleichterungen dienen nicht zur Korrektur der Bemessung der Geldbuße. Mit einem Rückgriff auf Zahlungserleichterungen gemäß § 18 OWiG kann sich der Bußgeldrichter diesem Gebot dann nicht entziehen. Denn die Zahlungserleichterungen sind nicht dazu geschaffen, die Bußgeldbemessung als solche zu korrigieren. Sie können daher nicht

688 *OLG Hamm*, NJW 2007, 2198; *OLG Hamm*, Urt. v. 15.5.2008 – 4 SS OWI 41/08.

zur Begründung einer gemessen an der Leistungsfähigkeit des Betroffenen übermäßigen Bußgeldhöhe herangezogen werden.[689]

Für einen Antrag auf Zahlungserleichterung erhält der Rechtsanwalt eine Vergütung nach Nr. 4302 VV-RVG.

III. Formular für Antrag auf Ratenzahlung im Vollstreckungsverfahren

An die
Staatsanwaltschaft

Geschäfts-Nr. ______________________________

Kassenzeichen ______________________________

Ratenzahlungsantrag

Anlage/n:

1 Einkommensauskunft

Namens und kraft Vollmacht der Mandantschaft, Kurt Meyer, Anschrift,

beantrage ich gem. § 18 OWiG monatliche Ratenzahlung in Höhe von ________ Euro, zahlbar jeweils bis zum _______ eines jeden Monats.

Dem Betroffenen ist bekannt, dass der Restbetrag in voller Höhe fällig wird, wenn er mit den Raten in Verzug gerät.

Begründung:

Der Betroffene wurde zu einer Geldbuße verurteilt und ist zurzeit nicht in der Lage, diese zu zahlen.

Es ist dem Betroffenen nach seinen wirtschaftlichen Verhältnissen nicht zuzumuten, die Geldbuße sofort zu zahlen.

Seine Einkünfte und die finanziellen Verpflichtungen sind aus der beigefügten Einkommensauskunft ersichtlich.

---

689 OLG Koblenz: Beschluss vom 3.1.2007 – 1 Ss 289/06.

Weitere Bemerkungen:

____

____

____

____

____

____

Rechtsanwalt

C. Fahrverbot gem. § 25 StVG

Alleinige Rechtsgrundlage für die Verhängung des Fahrverbots ist die Vorschrift des § 25 StVG.[690] Im Jahre 2013 wurde ein Fahrverbot 404.877 Mal verhängt.[691]

I. Grobe oder beharrliche Verletzung der Pflichten eines Kraftfahrzeugführers

1. § 25 I 1 StVG

Nach seinem Absatz 1 Satz 1 „kann“ die Verwaltungsbehörde oder das Gericht dem Betroffenen bei Verletzung von Verkehrsvorschriften im Bereich der Ordnungswidrigkeiten nach § 24 StVG nur dann für die Dauer von einem Monat bis zu drei Monaten untersagen, im Straßenverkehr Fahrzeuge jeder oder einer bestimmten Art zu führen, wenn er die Ordnungswidrigkeit unter grober oder beharrlicher Verletzung der Pflichten eines Kraftfahrzeugführers begangen hat. Zieht die Verletzung von § 24 StVG im Allgemeinen lediglich die Ahndung mit einer Geldbuße nach sich, so bedarf es angesichts der im Einzelfall möglicherweise schwerer wiegenden Folgen bei der Verhängung eines Fahrverbots des Nachweises eines besonderen Pflichtenverstoßes, dessen Gewicht dem Unrechtsgehalt und der Unrechtsfolge entsprechen muss. Danach kann das Fahrverbot in aller Regel erst bei groben Pflichtverletzungen oder wiederholter hartnäckiger Missachtung der Verkehrsvorschriften zur Anwendung gebracht werden. Eine einmalige Zuwiderhandlung darf nur dann zum Anlass für die Anordnung eines Fahrverbots genommen werden, wenn sich der Betroffene besonders verantwortungslos verhalten hat.[692]

---

690 *OLG Karlsruhe*, NZV 1991, 278.
691 www.statista.com.
692 *BGH*, NZV 1992, 118.

2. § 25 I 2 StVG

Dagegen „ist“ gem. § 25 I 2 StVG im Falle des ordnungswidrigen Führens von Kraftfahrzeugen nach Alkoholgenuss (§ 24a StVG) nach der Entscheidung des Gesetzgebers „in der Regel das Fahrverbot anzuordnen“. Wegen der – gegenüber § 24 StVG – erhöhten Gefährlichkeit des Verstoßes gegen § 24a StVG versteht sich die Angemessenheit von selbst. In solchen Fällen ist für den Tatrichter der notwendige Begründungsaufwand gemindert.

3. Bußgeld-Katalogverordnung

Es ist dem Ermessen des Gesetzgebers überlassen, ob er – wie im Fall des § 24a StVG in § 25 I 2 StVG – den gewichtigen Verkehrsverstoß selbst benennt oder ob er sich angesichts der Weite der Regelungsbereiche und der notwendigen Flexibilität des Verkehrsordnungswidrigkeitenrechts auf eine Verordnungsermächtigung beschränkt. Durch § 4 I (und II) BKatV werden als Regelmaßnahme i.S. der Ermächtigungsnorm des § 26a II StVG die Anordnungsvoraussetzungen eines Fahrverbots nach § 25 I 1 StVG konkretisiert. Nach § 4 I 1 BKatV kommt „bei Ordnungswidrigkeiten nach § 24 des StVG die Anordnung eines Fahrverbots (§ 25 I 1 StVG) wegen grober Verletzung der Pflichten eines Kraftfahrzeug-Führers in der Regel in Betracht“, wenn einer der im Einzelnen aufgeführten Tatbestände des Bußgeldkatalogs verwirklicht wird.[693]

a) Regelfahrverbot nach § 4 I BKatV

Der Verordnungsgeber hat die in § 4 I 1 BKatV bestimmten Pflichtverletzungen (z.B. erhebliche Geschwindigkeitsüberschreitungen um mehr als 30 km/h innerorts oder mehr als 40 km/h außerorts, Unterschreiten des Sicherheitsabstandes bei hoher Geschwindigkeit, verkehrswidriges Überholen mit einer Gefährdung oder Sachbeschädigung, Wenden, Rückwärtsfahren oder Fahren entgegen der Fahrtrichtung auf Autobahnen und Kraftfahrstraßen) als besonders grob gekennzeichnet. Die Erfüllung eines der Tatbestände des § 4 I 1 Nr. 1 bis 4 BKatV indiziert deshalb das Vorliegen eines groben Verstoßes i.S. von § 25 I 1 StVG, der zugleich ein derart hohes Maß an Verantwortungslosigkeit im Straßenverkehr offenbart, dass es regelmäßig der Denkzettel- und Besinnungsmaßnahme eines Fahrverbots bedarf.[694] Ist der Regelfall gegeben, so ist nur noch in den Einzelfällen, in denen der Sachverhalt ausnahmsweise zugunsten des Täters erheblich vom Normalfall abweicht, zu prüfen, ob der notwendige Warneffekt auch ohne Verhängung eines

---

693 *Hentschel,* JR 1992, 139.

694 *OLG Hamm,* NZV 1991, 121; vgl. dazu *OLG Saarbrücken,* NZV 1991, 399 und 400.

Fahrverbotes durch angemessene Erhöhung der Geldbuße erreicht werden kann (§ 4 IV BKatV).[695]

Praxistipp
Nach *AG Miesbach*[696] kann von einem Regelfahrverbot abgesehen werden, wenn der Betroffene an einem Aufbauseminar für Punkteauffällige (ASP) nachweisbar teilgenommen hat und deshalb davon auszugehen ist, dass auf die erzieherische Warnfunktion des Fahrverbots verzichtet werden kann.

Lässt der Tatrichter nicht erkennen, dass er sich mit der Frage auseinandergesetzt hat, ob der mit dem Fahrverbot erstrebte Besinnungs- und Erziehungseffekt auch durch eine Erhöhung der Geldbusse zu erreichen ist, unterliegt es der Aufhebung.[697]

b) Regelfahrverbot nach § 4 II 2 BKatV

Ein Fahrverbot kommt daneben in der Regel auch wegen beharrlicher Verletzung der Pflichten eines Kraftfahrzeugführers in Betracht, insbesondere nach §§ 25 I 1 StVG, 4 II 2 BKatV, wenn gegen den Führer eines Kraftfahrzeugs wegen einer Geschwindigkeitsüberschreitung von mindestens 26 km/h bereits eine Geldbuße rechtskräftig festgesetzt worden ist und er innerhalb eines Jahres seit Rechtskraft der Entscheidung eine weitere Geschwindigkeitsüberschreitung von mindestens 26 km/h begeht. Mit § 4 II 2 BKatV hat der Verordnungsgeber bestimmte Regel(Sonder-)fälle aus dem undifferenzierten Bereich beharrlicher Verkehrsverstöße des § 25 I 1 StVG herausgenommen und rechtlich verselbständigt.[698] Damit hat er Verwaltungsbehörden und Gerichte keineswegs von einer Einzelfallprüfung befreit, sondern nur den Begründungsaufwand in den katalogmäßig bestimmten Regel(Sonder-)fällen eingeschränkt.[699] Bei einer beharrlichen Verletzung der Pflichten ist der erzieherische Erfolg auch nicht etwa mit einer wesentlich höheren Geldbuße erreichbar.[700]

aa) Berechnung der Jahresfrist ab Rechtskraft der Verurteilung

Ausschlaggebend für die Beurteilung der Jahresfrist ist nicht der Zeitpunkt der Begehung der ersten Tat, sondern allein der der Rechtskraft der Verurteilung.[701] Eine

695 Zur Systematik des Regelfahrverbots umfassend: *Deutscher*, NZV 2009, 111.
696 DAR 2010, 715.
697 OLG Köln, DAR 2013, 529.
698 BGHSt 38, 231, 234.
699 BGHSt 38, 125, 131.
700 OLG Celle, NZV 1991, 279.
701 OLG Düsseldorf, NZV 1994, 41; BGH, NZV 1992, 286.

Auslegung gegen den eindeutigen Wortlaut des § 4 II 2 BKatV hält der rechtlichen Überprüfung nicht stand. Allerdings schließt dies ein Fahrverbot ohne Vorliegen eines Regelfalles (vgl. E.) nicht aus.

bb) Fahrverbot bei vorangegangener Ordnungswidrigkeit verhängt

Fraglich ist, wie zu verfahren ist, wenn gegen den Betroffenen wegen der vorangegangenen Ordnungswidrigkeit (die jetzt die Vortat für das Regelfahrverbot nach 4 II 2 BKatV bildet) schon ein Fahrverbot verhängt wurde. Teilweise wird vertreten, dass dies dem Regelfahrverbot nicht entgegen stehen soll.[702] Bei erneuter Überschreitung der zulässigen Höchstgeschwindigkeit um mind. 26 km/h würde demnach wiederum ein Fahrverbot verhängt. Dies verträgt sich jedoch nicht mit dem Sinn und Zweck der Vorschrift. Die mit der Regelung bezweckte Warnfunktion für die Zukunft verliert ihre Wirkung, wenn bereits ein Fahrverbot verhängt wurde. Die Sanktionierung hat in diesem Falle bereits durch die Ahndung mit Fahrverbot bei der Vortat stattgefunden.

cc) Fehlender Hinweis auf Fahrverbot bei Wiederholungstat

Die Regelung des § 4 II 2 BKatV ist dem juristischen Laien nur selten bekannt. Daher soll dem Betroffenen nach höchstrichterlicher Rechtsprechung bereits mit der dem ersten Bußgeldbescheid wegen einer Geschwindigkeitsüberschreitung um mindestens 26 km/h regelmäßig beigefügten Belehrung vor Augen geführt werden, welche Folgen er bei einer gleichartigen Verfehlung innerhalb eines Jahrs ab Rechtskraft zu gewärtigen hat.[703] Fehlt diese Warnung auf dem Bußgeldbescheid der Vortat und wurde er für die Zukunft nicht zur Beachtung der Verkehrsvorschriften ausdrücklich angehalten, kann die Konsequenz nur sein, dass kein Fahrverbot für die wiederholte Geschwindigkeitsüberschreitung festgesetzt werden darf.

dd) Entfallen der Indizwirkung bei Augenblicksversagen

Die Beharrlichkeit im Sinne von § 25 I S.1 StVG eines Kraftfahrers ist auch bei einer erneuten Geschwindigkeitsüberschreitung um mindestens 26 km/h innerhalb der Jahresfrist des § 4 II BKatV trotz der Indizwirkung dieser Vorschrift grundsätzlich nicht anzunehmen, wenn dieser erneute Verstoß seinerseits bloß auf einem Augenblicksversagen beruht.[704]

---

702 OLG Hamm, Urt. v. 30.10.2003 – 4 Ss OWi 697/03, BeckRS 2003 30332026; Deutscher, in Burhoff, Handbuch für das straßenverkehrsrechtliche OWi-Verfahren, Rn 1031 a.E.

703 BayObLG NStZ-RR 1997, 346.

704 OLG Dresden, DAR 2003 472.

ee) Keine Addition der Fahrverbote

Eine Addition der Fahrverbote soll nicht zulässig sein, wenn der Betroffene durch dieselbe Handlung sowohl die Voraussetzungen einer groben als auch einer beharrlichen Verletzung der Pflichten eines Kraftfahrzeugführers gem. § 25 Abs. 1 StVG, § 4 Abs. 1 und 2 BKatV erfüllt.[705] Liegt eine Überschreitung der zulässigen Höchstgeschwindigkeit innerhalb geschlossener Ortschaften um 33 km/h vor und wurde gegen ihn innerhalb des letzten Jahres bereits wegen einer Geschwindigkeitsüberschreitung von mindestens 26 km/h eine Geldbuße festgesetzt, so dürfen nicht 2 Monate Fahrverbot verhängt werden.

c) Fahrverbot außerhalb eines Regelbeispiels

Nach der Vorschrift des § 25 I 1 StVG kommt die Anordnung eines Fahrverbots aber auch außerhalb des Regelfahrverbotes unter dem rechtlichen Gesichtspunkt einer beharrlichen Verletzung der Pflichten eines Kraftfahrzeugführers in Betracht.[706]

aa) Definitionsversuche

Die Oberlandesgerichte haben hierzu diverse Definitionsversuche einer beharrlichen Pflichtverletzung unternommen und Maßstäbe für die Anordnungen des Fahrverbots aufgestellt.

(1) Wiederholter Verkehrsverstoß wertungsmäßig dem Regelfall gleichzusetzen

So soll ein Fahrverbot insbesondere angeordnet werden dürfen, wenn der (neuerliche) Verkehrsverstoß wertungsmäßig dem Regelfall eines beharrlichen Pflichtenverstoßes i.S.v. § 25 I 1 StVG i.V.m. § 4 II 2 BKatV gleichzusetzen ist.[707] Die Verfehlungen müssten damit vergleichbar mit einer Geschwindigkeitsüberschreitung von zweimal mehr als 26 km/h innerhalb eines Jahres sein.

(2) Rückfallgeschwindigkeit

Die Verhängung des Fahrverbotes rechtfertigt genauer nur ein zeitlicher und innerer Zusammenhang zu den Vorbelastungen.[708] Dem Zeitmoment kommt, wie sich § 4 II 2

---

705 OLG Brandenburg, Urt. v. 4.1.2011 – 53 Ss-OWi 546/10, BeckRS 2011, 02488.

706 OLG Bamberg, NJW 2007 3655 f. = DAR 2008, 152 f. = NZV 2008, 48 f. = ZfSch 2007, 707 ff. = OLGSt StVG § 25 Nr. 39 = VRR 2008, 36 f. m. Anm. Gieg sowie OLG Bamberg, VRR 2007, 318 f. m.Anm. Deutscher = OLGSt StVG § 25 Nr. 36, jew. m.w.N.; Buschbell, SVR 2010, 7.

707 BayObLG, NZV 1995, 287.

708 BayObLG, NZV 1995, 287.

BKatV entnehmen lässt, Bedeutung für das Vorliegen eines beharrlichen Pflichtenverstoßes insoweit zu, als der Zeitablauf zwischen den jeweiligen Tatzeiten (Rückfallgeschwindigkeit) und des jeweiligen Eintritts der Rechtskraft zu berücksichtigen ist. Die zeitliche Nähe der Voreintragungen ist daher zu prüfen. Je größer der Abstand zwischen den Verkehrsverstößen ist, desto eher wird eine Beharrlichkeit verneint.[709]

(3) Unrechtsgehalt der Verstöße

Im Rahmen der Bewertung des Vorliegens einer beharrlichen Pflichtverletzung wird auch auf den Unrechtsgehalt der Verstöße abgestellt. Erneute Verstöße von geringem Unrechtsgehalt führen nicht notwendigerweise zur Annahme von Beharrlichkeit.[710] Das gilt insbesondere bei Geschwindigkeitsüberschreitungen. Der Vorwurf einer beharrlichen Geschwindigkeitsüberschreitung ist nämlich regelmäßig nicht schon bei der ersten Wiederholung gerechtfertigt, wenn das Verschulden bei der früheren Tat gering war.[711] Im Rahmen der Feststellungen zu den Einzelheiten zu den Vortaten ist es weiter zumindest erforderlich,[712] die Schuldsprüche, Tatzeitpunkte und die erkennende Verwaltungsbehörde wiederzugeben.[713] Daneben sind insbesondere Anzahl, Tatschwere und Rechtsfolgen früherer und noch verwertbarer Verkehrsverstöße im Einzelfall zu gewichten.[714] Alleine die Anzahl selbst einschlägiger Vorahndungen reicht nicht aus, um einen beharrlichen Pflichtenverstoß mit der Folge, dass ein Fahrverbot verhängt wird, zu bejahen.

Von der obergerichtlichen Rspr. ist eine Geschwindigkeitsüberschreitung nur infolge Übersehens eines Verkehrszeichens i.d.R. als nicht ausreichend angesehen worden, um ein Fahrverbot auf Wiederholung i.S.d. § 4 Abs. 2 S. 2 BKatV zu stützen.[715] Der subjektive Tatbestand der „beharrlichen" Pflichtwidrigkeit i.S.d. § 25 1 S. 1 StVG, § 4 II S. 2 BKatV erfordert ein Handeln des Täters, das auf einem Mangel an rechtstreuer Gesinnung beruht. Davon kann nicht ohne weiteres und daher nicht regelmäßig ausgegangen werden, wenn der Verkehrsverstoß auf ein Augenblicksversagen zurückgeht, das auch ein sorgfältiger und pflichtbewusster Kraftfahrer nicht immer vermeiden kann. Daher entfällt bei wiederholten Pflichtverstößen die Indizwirkung hinsichtlich des Kriteriums der Beharrlichkeit, sofern die abzuurtei-

---

709 AG Borna, NZV 2012, 306 f.; Ferner, Recht der Ordnungswidrigkeiten, 2006, S. 34.

710 BayObLG DAR 2000, 278.

711 BayObLG DAR 1988, 350, OLG Düsseldorf VRS 96, 66.

712 OLG Düsseldorf, NZV 1993, 319 f.

713 OLG Hamm, Beschl. v. 10.10.2002 – 3 Ss OWi 727/02.

714 OLG Bamberg, Beschl. v. 22.9.2009 – 3 Ss OWi 1194/09.

715 OLG Braunschweig DAR 1999, 273; OLG Hamm NStZ-RR 1999, 374; OLG Naumburg zfs 2000, 318.

lende Verkehrsordnungswidrigkeit nicht ausschließbar auf ein Augenblicksversagen zurückzuführen ist.[716]

(4) Bewusstsein vorheriger Verfehlungen

Fehlende Einsicht in zuvor begangenes Unrecht wird ebenfalls für die Notwendigkeit der Anordnung eines Fahrverbots angeführt. Der Vorwurf, beharrlich die Pflicht eines Kfz-Führers verletzt zu haben, soll in aller Regel darin bestehen, dass der Betroffene die Warnfunktion bestehender Vorahndungen missachtet und dadurch fehlende Einsicht in zuvor begangenes Unrecht zeigt.[717] Dies setzt nicht ausnahmslos und notwendig die Rechtskraft von Vorahndungen voraus.[718] Diese kann der Betroffene auch dadurch zeigen, dass ihm vor Begehung einer weiteren Ordnungswidrigkeit die frühere Tat auf andere Weise als durch rechtskräftige Ahndung voll bewusst geworden ist. Das kann beispielsweise – auch bei fahrlässiger Tatbegehung – schon durch die Zustellung des Bußgeldbescheides geschehen[719] oder indem er von der Polizei wegen des Verstoßes angehalten worden war.[720] Doch bedarf es in einem solchen Fall ausreichender tatrichterlicher Feststellungen, die den Schluss zulassen, der Betroffene habe sich über den vorausgegangenen Warnappell hinweggesetzt.[721] In der überwiegenden Zahl von Verkehrsordnungswidrigkeiten kann dem Betroffenen nur fahrlässiges Verhalten nachgewiesen werden. In diesen Fällen ist davon auszugehen, dass ihm die Tat erst durch die Ahndungsmaßnahmen voll bewusst ist.[722]

(5) Angemessenheit des Fahrverbots

Beharrlichkeit im Sinne der erwähnten Bestimmung ist bejaht worden, wenn die Verstöße zwar ihrer Art oder den Umständen nach nicht bereits zu den objektiv oder subjektiv groben Zuwiderhandlungen zählen, durch deren zeit- und sachnahe wiederholte Begehung der Täter aber zeigt, dass ihm die für die Teilnahme am Straßenverkehr erforderliche rechtstreue Gesinnung fehlt.[723] Bei wiederholten, erheblichen Geschwindigkeitsüberschreitungen innerhalb relativ kurzer Zeit wird vermutet, dass der Kraftfahrer ein erhöhtes Maß an Gleichgültigkeit an den Tag legt und deshalb die Unrechtsfolge des Fahrverbotes nicht nur verhältnismäßig, sondern angesichts der Un-

---

716 OLG Köln NZV 2001, 442.
717 KG DAR 2007, 711.
718 OLG Düsseldorf NZV 1998, 385.
719 BayObLG, NZV 1996, 370, 371.
720 OLG Hamm, Beschl. v. 9.5.2006 – 3 Ss OWi 865/05, BeckRS 2006, 15403.
721 BVerfG, DAR 1996, 196, 198; BayObLG NZV 1996, 370.
722 OLG Düsseldorf, NZV 1999, 432.
723 BayObLG, NZV 1995, 287.

fallsituation auf unseren Straßen geboten ist.[724] Will der Tatrichter ein Fahrverbot außerhalb der indizierten Regelfälle verhängen, muss er im Rahmen einer Gesamtwürdigung unter Abwägung aller für die Rechtsfolgenentscheidung relevanten Umstände des Einzelfalls dartun, weshalb das Gesamtbild vom Durchschnitt der erfahrungsgemäß vorkommenden Fälle in solchem Maße abweicht, dass ein Fahrverbot entgegen der gesetzgeberischen Vorbewertung nach Maßgabe der BKatV angemessen ist.[725]

bb) Kombination mit erneuten anderweitigen Verfehlungen

Ein Fahrverbot außerhalb eines Regelbeispiels kann grundsätzlich auch außerhalb einer Geschwindigkeitsüberschreitung in Betracht kommen, etwa bei einer Abstandsunterschreitung[726] wiederholten Handyverstößen,[727] oder in Kombination mit erneuten anderweitigen Verfehlungen. Gefordert wird in diesen Fällen, dass es sich bei den geahndeten Zuwiderhandlungen ebenfalls um die Missachtung von Sorgfalts- und Rücksichtspflichten im Straßenverkehr allein um des schnelleren Fortkommens willen gehandelt hat.[728] Auch bei einer Geschwindigkeitsüberschreitung und Vorverurteilungen wegen Rotlichtverstoßes kommt eine beharrliche Pflichtverletzung in Betracht.[729] Abgelehnt worden ist sie hinsichtlich von Vorverurteilungen wegen Verstößen gegen Halterpflichten.[730]

cc) Bewertung der beharrlichen Pflichtverletzung anhand exemplarischer Fälle

Zur Frage des Vorliegens einer beharrlichen Pflichtverletzung existiert eine umfangreiche einzelfallbezogene Rechtsprechung. Der folgende Überblick, der die konkret zugrundeliegenden Vorbelastungen aufzeigt, bestätigt, dass wiederholte Verkehrsverstöße nicht automatisch gleichgesetzt werden können mit hartnäckigen Missachtungen der Regeln des Straßenverkehrs, die durch Verhängung eines Fahrverbots sanktioniert werden müssten.

(1) Ablehnung einer beharrlichen Verletzung der Pflichten eines Kraftfahrzeugführers

Eine beharrliche Pflichtverletzung wurde abgelehnt bei einer fahrlässig begangenen Überschreitung der zulässigen Höchstgeschwindigkeit außerhalb geschlossener

724 Brüssow, in: Strafverteidigung in der Praxis, Band 2, § 26 Rn 163 ff.
725 OLG Bamberg, Beschl. v. 12.3.2008, 2 Ss OWi 1533/07.
726 OLG Bamberg NZV 2007, 534; OLG Koblenz, NZV 2005 383.
727 OLG Hamm Zfs 2014, 111.
728 BayObLG, DAR 2000 278.
729 OLG Düsseldorf VRS 69, 50.
730 BayObLG NZV 1996, 37.

Ortschaften um 21 km/h, der 8 Monate zuvor eine Geschwindigkeitsüberschreitung außerhalb geschlossener Ortschaften um 24 km/h voranging. Zuvor waren wegen drei weiterer begangener Geschwindigkeitsüberschreitungen um 23 km/h, 21 km/h und 24 km/h gegen den Betroffenen jeweils Geldbußen festgesetzt worden.[731] Auch liegt kein Fall der hartnäckigen Missachtung der Verkehrsvorschriften, der ein Fahrverbot nach sich zieht, vor, wenn verfahrensgegenständlich eine fahrlässig begangene Überschreitung der zulässigen Höchstgeschwindigkeit außerhalb geschlossener Ortschaften um 21 km/h ist und der Betroffene in einem Zeitraum von 38 Monaten mittlerweile in fünf Fällen, davon in jeweils zwei Fällen wegen Geschwindigkeitsüberschreitungen und Abstandsunterschreitungen in Erscheinung getreten ist, wobei seit Rechtskrafteintritt der letzten Vorahndung wegen einer Geschwindigkeitsüberschreitung um 21 km/h weniger als 6 Monate vergangen sind, die Geschwindigkeitsüberschreitungen den Grenzwert von 26 km jeweils deutlich unterschritten.[732] Drei innerhalb eines Zeitraumes von 14 Monaten begangene Geschwindigkeitsüberschreitungen von 25 km/h, 24 km/h und 35 km/h erlauben wiederum nicht ohne weitere Feststellungen zur jeweiligen Verkehrslage und Motivation des Betroffenen die Annahme einer fehlenden rechtstreuen Gesinnung als Voraussetzung eines beharrlichen Verstoßes gegen Verkehrsvorschriften.[733] Eine Beharrlichkeit kann auch nicht schon daraus gefolgert werden, wenn die Zeitspanne zwischen der Ahndung der letzten Tat und der neuen Zuwiderhandlung mehr als drei Jahre beträgt.[734] „Schnelle Rückfallgeschwindigkeit" mit geringen Geschwindigkeitsüberschreitungen (von 17 bzw. 21 km/h) begründen zwar die „Beharrlichkeit", nicht aber ohne weiteres auch die Angemessenheit und Notwendigkeit eines Fahrverbots.[735] Gegen eine beharrliche Pflichtverletzung spricht, dass der „Richtwert" von 26 km/h bislang noch in keinem Fall erreicht oder überschritten wurde.[736] Allein aus dem Umstand, dass er sechs Voreintragungen aufweist, von denen zwei als einschlägig zu bezeichnen sind, kann nicht ohne Weiteres auf eine fehlende rechtstreue Gesinnung geschlossen werden, auch wenn damit bereits 15 Punkte für ihn zu Buche schlugen.[737] Eine beträchtliche Zeitspanne zwischen den Verkehrsverstössen, mehr als 16 Monate bzw. mehr als 2 Jahre, kann Zweifel daran begründen, dass die neue Ordnungswidrigkeit Ausdruck mangelnder Rechtstreue ist.[738]

---

731 OLG Bamberg NZV 2011, 515.
732 OLG Bamberg, Urt. v. 14.2.2008 – 3 Ss OWi 196/2008, ADAJUR Dok.Nr. 90606.
733 OLG Düsseldorf NZV 1993, 319.
734 BayObLG, NZV 1993, 118.
735 BayObLG, Beschl. v. 17.1.1992 – 2 Ob OWi 430/91; zit. bei Janiszewski, NStZ 1992, 269, 273.
736 OLG Bamberg, NZV 2011, 515.
737 OLG Bamberg, Beschl. v. 22.9.2009 – 3 Ss OWi 1194/09.
738 OLG Hamm, DAR 1996, 386.

(2) Fälle einer beharrlichen Pflichtverletzung

Für eine beharrliche Pflichtverletzung wurde angeführt, dass eine vorherige Verfehlung (Geschwindigkeitsüberschreitung) um 24 km/h nur um 2 km/h unterhalb des in § 4 Abs. 2 Satz 2 BKatV genannten Grenzwerts von 26 km/h lag und seit der Rechtskraft dieser Ahndung bis zur verfahrensgegenständlichen Tat nur ca. acht Monate vergangen sind, wobei der Betroffene zwischenzeitlich noch wegen Überholens im Überholverbot verurteilt wurde, wobei diese Tat lediglich drei Tage nach der Rechtskraft der Vorverurteilung wegen der Geschwindigkeitsüberschreitung um 24 km/h begangen wurde.[739] Liegt kein Regelfall des § 4 Abs. 2 Satz 2 BKatV vor, wird die hierin enthaltene Jahresfrist jedoch um nur einen Tag überschritten, sind die Voraussetzungen des Regelfalles fast erreicht, erst recht, wenn die Höhe der vorangegangenen Geschwindigkeitsüberschreitung mit 102 km/h sogar weit jenseits des in § 4 Abs. 2 Satz 2 BKatV genannten Grenzwerts von 26 km/h lag. Das erstinstanzliche Urteil, welches keine beharrliche Pflichtverletzung angenommen hat, wurde vom Oberlandesgericht aufgehoben.[740] Ferner bedarf die Prüfung der Frage, ob ein beharrlicher Verstoß vorliegt, eingehender Erörterung, wenn der Betroffene innerorts die zulässige Höchstgeschwindigkeit um 23 km/h überschritten hat und der Verkehrszentralregisterauszug vier Eintragungen enthält (Geschwindigkeitsüberschreitungen von 23, 34, 23 und 36 km/h) und die letzte neun Monate vor dem jüngsten Vorfall rechtskräftig wurde.[741] Ebenso, wenn über ein Jahr vor der jüngsten Verfehlung (fahrlässiges Überschreiten der erlaubten Höchstgeschwindigkeit außerorts um 37 km/h) eine Geschwindigkeitsüberschreitung von 49 km/h rechtskräftig geworden ist und der Betroffene zuvor innerhalb von 10 Monaten bereits fünf Geschwindigkeitsüberschreitungen im Ausmaß von 31, 35, 38, 49 und 17 km/begangen hat und gegen den deswegen Geldbußen und sogar ein Fahrverbot verhängt wurden.[742] Eine beharrlich begangene Pflichtverletzung liegt auch vor, wenn der Betroffene seit 2 Jahren und 9 Monaten bis zur neuerlichen Tat insgesamt viermal durch Verkehrsordnungswidrigkeiten, davon dreimal einschlägig wegen Überschreitens der höchstzulässigen Geschwindigkeit und zuletzt einmal wegen eines einfachen Rotlichtverstoßes, aufgefallen ist.[743]

dd) Rechtsbeschwerde gem. § 79 OWiG

Oftmals genügen die Feststellungen im Urteil zu einem beharrlichen Fehlverhalten nicht den o.g. Anforderungen. Auf die Sachrüge des Betroffenen ist dann das Urteil

---

739 BayObLG, Beschl. v. 8.1.2004 – 1 ObOWi 538/03, BeckRS 2004, 30336800.

740 OLG Koblenz, NZV 2005, 383.

741 KG DAR 2007, 711.

742 OLG Zweibrücken, Beschl. v. 19.2.2001 – 1 Ss 294/00, BeckRS 2001, 30162609.

743 OLG Düsseldorf NZV 1998, 38.

wegen des Darlegungsmangels aufzuheben. Sieht das Gericht trotz wiederholter Verstöße von der Verhängung eines Fahrverbots ab, so kann die Rechtsbeschwerde von der Staatsanwaltschaft ausgehen, es wird vom Oberlandesgericht hierauf geprüft, ob das Gericht das Vorliegen der Voraussetzungen des beharrlichen Pflichtenverletzung zu Unrecht abgelehnt hat. Umstritten ist dabei, ob das Rechtsbeschwerdegericht bei fehlerhaftem Absehen von einem Fahrverbot die Sache zur neuen Verhandlung und Entscheidung ans Gericht erster Instanz zurückverweisen muss oder auch selbst auf das Regelfahrverbot erkennen darf (§ 79 VI OWiG).[744]

ee) Prozessuale Besonderheiten bei Verhängung eines Fahrverbots im Einspruchsverfahren

Ist im Bußgeldbescheid ein Fahrverbot nach § 25 I StVG nicht angeordnet worden, so darf das Gericht im Einspruchsverfahren darauf nur erkennen, wenn es den Betroffenen auf diese Möglichkeit hingewiesen hat.[745] Eine solche Hinweispflicht, die den Betroffenen vor Überraschungen, auf die er seine Verteidigung nicht hat einstellen können, schützt, entspricht der gefestigten höchst- und obergerichtlichen Rechtsprechung[746] und Literatur.[747] Als bloße Nebenfolge tatbestandsmäßigen Handelns erfüllt das Fahrverbot des § 25 StVG nicht unmittelbar eine der Voraussetzungen des § 265 II StPO. Die Hinweispflicht auf das Fahrverbot des § 25 StVG ergibt sich indessen, in entsprechender Anwendung des § 265 II StPO, aus dem Grundgedanken dieser Vorschrift und aus Sinn und Zweck des § 265 StPO überhaupt. Diese Verfahrensvorschrift will den Betroffenen vor Überraschungen schützen, auf die er seine Verteidigung nicht hat einstellen können. Der Betroffenen soll und muss darauf vertrauen dürfen, dass seiner Verurteilung nur solche Strafbestimmungen zugrunde gelegt werden, auf die er entweder durch die zugelassene Anklage oder durch einen entsprechenden Hinweis in der Hauptverhandlung unterrichtet worden ist. Auf Abweichungen von der zugelassenen Anklage braucht er seine Verteidigung nur dann einzurichten, wenn das Gericht durch förmlichen Hinweis zu erkennen gegeben hat, dass es sie ernsthaft in Erwägung zieht.[748] Sein Recht auf umfassende Verteidigung soll möglichst ungeschmälert sein.[749]

---

744 OLG Frankfurt a.M. NZV 2010, 311; OLG Bamberg NZV 2011, 208; a.A. Schmuck/Gorius, NZV 2011, 427.

745 BGH, NJW 1980, 2479 ff.; Thüringisches OLG, NZV 2010, 311; ZfS 2010, 294 f.

746 Thüringer OLG, NZV 2010, 311; BGHSt 29, 274 ff.; OLG Koblenz, VRS 71, 209; OLG Düsseldorf, VRS 77, 367 und 87, 203; OLG Hamm, zfs 2005, 519.

747 Ferner, Strategie und Taktik im verkehrsrechtlichen Ordnungswidrigkeitenverfahren, Rn 709; König, in Hentschel/König/Dauer, Straßenverkehrsrecht, 40. Aufl., § 25 StVG, Rn 29; Rebmann/Roth/Herrmann, OWiG, 3. Aufl., § 74 Rn 9.

748 BGHSt 16, 47. [49] = NJW 1961, 1222; BGHSt 22, 29 [31] = NJW 1968, 512; BGH, MDR 1977, 63.

749 Seitz, in Göhler, OWiG § 71 Rn 50.

Bei rechtsfehlerhafter Nichtanwendung des § 265 II StPO bedarf es gemäß § 79 III OWiG einer – unter Beachtung der in § 344 II 2 StPO normierten Darlegungspflicht – näher ausgeführten Verfahrensrüge. Danach muss der Beschwerdeführer grundsätzlich die Verfahrenstatsachen so vollständig angeben, dass das Rechtsbeschwerdegericht in die Lage versetzt wird, allein anhand dieses Vortrags die Schlüssigkeit des Verfahrensverstoßes nachzuvollziehen.[750]

Auch wenn ein rechtlicher Hinweis laut Hauptverhandlungsprotokoll erteilt wurde, darf keine Entscheidung mit Fahrverbot ohne eine Gelegenheit zur Äußerung ergehen, wenn der Betroffene von der Verpflichtung zum persönlichen Erscheinen entbunden wurde und in der Hauptverhandlung nicht anwesend war.[751] Zur Wahrung des rechtlichen Gehörs des Betroffenen hat der Tatrichter deshalb bei einer Veränderung des rechtlichen Gesichtspunktes notfalls die Hauptverhandlung auszusetzen oder zu unterbrechen.

ff) Praktische Einblicke

Legt der Betroffene gegen einen Bußgeldbescheid Einspruch ein, so kann auch eine für den Betroffenen nachteiligere Entscheidung getroffen werden, § 66 II 1b OWiG. Dieses Risiko besteht etwa, wenn der angefochtene Bußgeldbescheid kein Fahrverbot enthält und sich der Richter vor dem Hauptverhandlungstermin einen Fahreignungsregisterauszug einholt und sich hieraus Vorbelastungen (die die Bußgeldstelle nicht gewürdigt hat oder die sie aufgrund späterer Rechtskraft noch nicht würdigen konnte) ergeben. Vielerorts ist es Gang und Gäbe, dass der Richter den Betroffenen darauf hinweist, dass er ein Fahrverbot verhängen müsse, falls der Betroffene den Einspruch nicht zurückzieht. Teilweise bauen Richter im Gerichtstermin in unzulässiger Weise die Anordnung eines Fahrverbots als Drohkulisse auf, auch wenn eigentlich kein Fall der beharrlichen Pflichtverletzung vorliegt. Allein das Risiko, dass ein bisher nicht zur Debatte stehendes Fahrverbot droht, führt dazu, dass auf diese Weise Einsprüche zu einem großen Prozentsatz zurückgenommen werden und sich der Richter dadurch Arbeit erspart. Umgekehrt muss der Laie, der sich trotz der Androhung des Amtsgerichts dazu entschließt, den Einspruch aufrecht zu erhalten, schon als außerordentlich hartnäckig charakterisiert werden. Bei anwaltlich vertretenen Betroffenen werden die richterlichen Hinweise oft ihren Zweck verfehlen, so sollte der Verteidiger wissen, dass ein Fahrverbot wegen Hartnäckigkeit nur unter den o.g. engen Voraussetzungen ergehen darf und eine amtsgerichtliche Entscheidung mit Fahrverbot vom Rechtsbeschwerdegericht kritisch überprüft werden wird.

---

750 BayObLG NStZ RR 1997, 182; OLG Zweibrücken, wistra 1995, 117; OLG Düsseldorf, VRS 75, 222; 77, 295; OLG Hamm VRS 59, 43, 208; OLG Koblenz VRS 60, 465; OLG Brandenburg NStZ-RR 1997, 275.

751 OLG Karlsruhe ZfS 2008 112.

5. Dauer des angeordneten Fahrverbots

Nach § 25 I StVG ist ein Fahrverbot für die Dauer von einem bis drei Monaten zulässig. § 25 VI StVG schreibt vor, dass die Dauer einer vorläufigen Entziehung der Fahrerlaubnis (§ 111a der Strafprozessordnung) auf das Fahrverbot angerechnet wird. Die Verwaltungsbehörde kann jedoch anordnen, dass die Anrechnung ganz oder zum Teil unterbleibt, wenn sie im Hinblick auf das Verhalten des Betroffenen nach Begehung der Ordnungswidrigkeit nicht gerechtfertigt ist. Der vorläufigen Entziehung der Fahrerlaubnis steht die Verwahrung, Sicherstellung oder Beschlagnahme des Führerscheins (§ 94 der Strafprozessordnung) gleich.

In letzter Zeit ist verursacht durch mehrere Entscheidungen der Oberlandesgerichte Bewegung in die Frage gekommen, für welche Dauer ein Fahrverbot angeordnet werden darf, und dies trotz der vermeintlich klaren Formulierung im StVG. Zunächst soll dargestellt werden, welche Rechtsfolge der Betroffene laut Bußgeldkatalog bei grober oder beharrlicher Verletzung der Pflichten eines Kraftfahrzeugführers zu erwarten hat.

Danach sollen einige Konstellationen analysiert werden, bei denen die Dauer des angeordneten Fahrverbots nach Auffassung der höchstrichterlichen Rechtsprechung rechtlicher Überprüfung nicht standhielten, etwa bei der Erhöhung der regelmäßigen Dauer eines Fahrverbots bei grober Pflichtverletzung sowie der gleichzeitigen Verwirklichung einer beharrlichen und groben Pflichtverletzung und bei mehreren tatmehrheitlich verwirklichten Ordnungswidrigkeiten. Danach soll untersucht werden, ob ein Fahrverbot nur monatsweise bemessen werden darf und bei der Verhängung eines Fahrverbots das gesetzliche Mindestmaß von einem Monat unterschritten werden darf. Diese Fragen werden zurzeit von den Oberlandesgerichten nicht einheitlich beantwortet.

a) Keine Erhöhung der regelmäßigen Dauer eines Fahrverbots bei grober Pflichtverletzung

Darf der Bußgeldrichter etwa bei einer Geschwindigkeitsüberschreitung von 35 km/h innerorts (Regelfahrverbot laut BKat: ein Monat) auch ein zweimonatiges Fahrverbot aussprechen? Hiermit hatte sich die höchstrichterliche Rechtsprechung zu befassen. Das *BayObLG*[752] entschied, dass die Verlängerung der Regeldauer nur dann in Betracht komme, wenn nicht zu erwarten sei, dass sie bei diesem Täter ausreicht, die beabsichtigte Erziehungs- und Warnfunktion zur künftigen Einhaltung der Verkehrsvorschriften zu erfüllen. Die Verlängerung der Regeldauer eines Fahrverbots sei ausschließlich aus spezialpräventiven Gesichtspunkten zulässig. Sie setze bei einem Ersttäter die im Urteil zu begründende ungünstige Prognose dahin voraus,

---

752 Zfs 1995, 152.

dass dieser durch das Regelfahrverbot (in Verbindung mit einer empfindlichen Geldbuße) nicht von erneuten Verkehrsverstößen abgehalten werden könne. Wie der enge gesetzliche Rahmen in § 25 I 1 StVG von einem bis zu drei Monaten für die Anordnung des Fahrverbots zeige, gehe der Gesetzgeber davon aus, dass die beabsichtigte Wirkung grundsätzlich bereits bei einer Dauer von einem Monat zu erzielen sei.

Praxistipp

Das Vorliegen eines besonderen Sachverhalts muss im Urteil näher dargelegt werden.[753] Das BayObLG änderte den Rechtsfolgenausspruch des angefochtenen Urteils dahin gehend ab, dass auf ein Fahrverbot von nur einem Monat erkannt wurde.[754]

b) Dauer des angeordneten Fahrverbots bei beharrlicher Pflichtverletzung

Die Dauer des erstmals wegen einer beharrlichen Pflichtverletzung gegen einen Kraftfahrzeugführer angeordneten Fahrverbots beträgt nach § 4 II 1 BKatV in der Regel einen Monat.[755] Zwar ist bei Vorliegen eines Grundes, der die Anordnung eines Fahrverbots rechtfertigt, grundsätzlich für den Tatrichter ein Ermessen für die Anordnung eines Fahrverbots von einem bis zu drei Monaten Dauer nach § 25 I 1 StVG eröffnet. Dieses Ermessen findet jedoch seine gesetzliche Schranke in § 4 II 1 BKatV. Danach ist die Dauer des Fahrverbots in der Regel auf einen Monat festzusetzen, wenn ein Fahrverbot wegen beharrlicher Verletzung der Pflichten eines Kraftfahrzeugführers zum ersten Mal angeordnet wird; denn ausweislich seines Wortlauts konkretisiert § 4 BKatV bei Ordnungswidrigkeiten nach § 24 StVG die Voraussetzungen für die Anordnung eines Fahrverbots nach § 25 I 1 StVG.

Die Erhöhung des Fahrverbots über die Dauer eines Monats hinaus kommt (nur) dann in Betracht, wenn *gewichtige*, für den Betroffenen *nachteilige Umstände* vorliegen, die erkennen lassen, dass ein Fahrverbot von einem Monat nicht ausreicht, um ihn nachhaltig zu beeindrucken; diese Gründe sind im Urteil darzulegen.[756]

Im Umkehrschluss aus § 4 II 1 BKatV darf auch ein mehrmonatiges Fahrverbot verhängt werden, wenn ein Fahrverbot wegen beharrlicher Verletzung der Pflichten eines Kraftfahrzeugführers bereits schon zuvor angeordnet worden ist. Nicht eindeutig vom Gesetzgeber geregelt wird der Fall, dass der Betroffene wegen grober Pflichtverletzung schon einmal ein Fahrverbot antreten musste und nun eine beharrliche Verletzung im Raume steht. Viel spricht dafür, auch hier nur ein einmonatiges Fahrverbot zuzulassen, da auch bei einer Vorahndung einer Ordnungswidrig-

753 Krumm, SVR 2011, 170.
754 BayObLGSt 1994, 118.
755 *OLG Düsseldorf*, NStZ-RR 1998, 84.
756 OLG Stuttgart, Beschl. v. 18.12.1995 – 1 Ss 541/95.

keit mit Fahrverbot, die zur Annahme einer beharrlichen Verletzung führt, erstmalig der Vorwurf erhoben wird, beharrlich die Pflichten eines Kraftfahrzeugführers verletzt zu haben.

Ist gegen den Betroffenen trotz eines Regelfalles kein Fahrverbot wegen einer beharrlichen Verletzung der Pflichten eines Kraftfahrzeugführers verhängt worden, da hiervon gegen angemessene Erhöhung der Geldbuße (§ 4 IV BKatV) ausnahmsweise abgesehen wurde, so ist es gut vertretbar, im Falle einer erneuten OWi und einer dann erneut vorgeworfenen beharrlichen Pflichtverletzung von einer erstmaligen Anordnung zu sprechen mit der Folge, dass seine Dauer nur auf einen Monat festzusetzen ist. Ein Fahrverbot ist nur dann „angeordnet", wenn es rechtkräftig geworden ist. Es kann auch nicht danach differenziert werden, ob es in einem angefochtenen Bußgeldbescheid einst enthalten war oder von vornherein im Bußgeldbescheid gegen Erhöhung der Geldbuße nicht „verhängt" wurde.

c) Tateinheitliche Begehung einer beharrlichen und einer groben Pflichtverletzung

Fraglich ist, wie vorzugehen ist, wenn der Tatrichter zu dem Ergebnis kommt, dass tateinheitlich sowohl eine beharrliche nach § 25 I 1 StVG i.V.m. § 4 II BKatV als auch grobe Pflichtverletzung nach § 25 I 1 StVG i.V.m. § 4 I 1 Nr. 1 BKat begangen wurde.

Ein Betr. war am 14.9.2009 innerstädtisch mit seinem PKW mit einer Geschwindigkeit von mindestens 83 km/h (dort zulässige Höchstgeschwindigkeit: 50 km/h) gefahren. Im Fahreignungsregister hatte der Betr. bereits eine Eintragung wegen Überschreitens der zulässigen Höchstgeschwindigkeit innerhalb geschlossener Ortschaften um 29 km/h, rechtskräftig seit dem 31.1.2009. Das Urteil erster Instanz sah ein Fahrverbot von 2 Monaten vor.

Das OLG Brandenburg[757] entschied jedoch, dass die dort jeweils vorgesehenen Regelfahrverbote von einem Monat nicht ohne weiteres addiert werden durften. § 19 II 2 OWiG sehe bei Tateinheit gerade keine Addition der im Gesetz angedrohten Nebenfolgen vor. Soweit der Bußgeldrichter rechtsfehlerhaft eine Addition vorgenommen hat, war die Rechtsbeschwerde, die sich gegen dessen Rechtsfolgenentscheidung wendet, begründet.

d) Monatsweise Bemessung des Fahrverbots

Umstritten ist, ob die Dauer des Fahrverbots nur monatsweise bemessen werden darf.[758] Gegen diese Auslegung spricht schon, dass der Wortlaut innerhalb des Rahmens „für die Dauer von einem Monat bis zu drei Monaten" auch die Interpretation

757 VRR 2011, 157.

758 OLG Koblenz VRS 64, VRS 64 213 zu § 25 StVG; Burmann in: Jagow/Burmann/Heß, StVR, 44 Rn 10.

zulässt, dass die Bemessung nach Wochen und sogar Tagen möglich ist.[759] Davon, dass nur Entscheidungen im Monatsrhythmus vorgesehen wären, ist in der Vorschrift des § 25 I 1 StVG nichts erwähnt. Auch die Rechtsprechung hat die Frage schon diskutiert. Aus der geringen Anzahl der veröffentlichten Entscheidungen ist zu schließen, dass es nicht viele mutige Bußgeldrichter gibt/gab, die es wagten, z.B. auf „5 Wochen und 3 Tage" Fahrverbot zu erkennen. Exemplarisch kann das AG Brandenburg[760] genannt werden, welches ein Fahrverbot auf 6 Wochen festsetzte. In der Praxis sind Fahrverbote, die nach Wochen beziffert werden höchst selten.

e) Mindestmaß des Fahrverbots

Über die Frage hinaus, ob ein Fahrverbot nur monatsweise verhängt werden darf, wird strittig diskutiert, ob bei der Verhängung eines Fahrverbots das gesetzliche Mindestmaß von einem Monat nicht unterschritten werden darf.[761] Ein Bußgeldrichter hatte in einem Fall wegen des drohenden Verlusts des Arbeitsplatzes und des Verlusts der sonstigen wirtschaftlichen Existenzgrundlage nur ein Fahrverbot „von einem halben Monat" verhängt. Er hatte argumentiert, dass sich aus dem Umstand, dass in Ausnahmefällen gänzlich von einem Fahrverbot abgesehen werden könne, ableiten lasse, dass das gesetzliche Mindestmaß von einem Monat bei der Verhängung eines Fahrverbots unterschritten werden dürfe. Das OLG Düsseldorf hatte diese Meinung noch als „Missverständnis" bezeichnet.[762] Es schrieb dem Bußgeldrichter ins Stammbuch, dass auf eine Rechtsfolge erkannt worden sei, die das Gesetz nicht vorsehe, und verwies die Sache zur neuen Verhandlung und Entscheidung an eine andere Abteilung des Amtsgerichts zurück. Die Meinungsstreitigkeit um die Mindestdauer des Fahrverbots ist nach einem Beschl. des OLG Hamm v. 24.3.2011 – III-3 RBs 70/10 neu entfacht. Das Oberlandesgericht hatte eine Rechtsbeschwerde auf Kosten des Betroffenen mit der Maßgabe als unbegründet verworfen, dass von dem angeordneten einmonatigen Fahrverbot eine Woche als vollstreckt gilt. Gegen den Betroffenen war ein Regelfahrverbot von einem Monat gemäß § 4 I 1 Nr. 3 Bußgeldkatalogverordnung verhängt worden. Aus „nicht nachvollziehbaren Gründen" war die Akte beim Oberlandesgericht Hamm mit einer Stellungnahme der Generalstaatsanwaltschaft vom 26. Januar 2011 erst am 28. Januar 2011 eingegangen. Vorliegend war die 2-Jahres-Frist zwischen Verkehrsverstoß und seiner Ahndung noch nicht verstrichen, bei der es der erzieherischen Einwirkung des Fahrverbots auf den

---

759 Herzog, in Kindhäuser/Neumann/Paeffgen, Strafgesetzbuch, 3. Aufl. 2010, § 44 Rn 38; Hentschel/König/Dauer, Straßenverkehrsrecht, § 25 StVG, Rn 27; Krumm, Das Fahrverbot in Bußgeldsachen, § 10 Rn 1.

760 Urt. v. 19.1.2006, 22a Owi 444 Js-Owi 34705/05 (251/05), SVR 2006, 392 m. Anm. Ferner.

761 OLG Düsseldorf, DAR 2011, 149.

762 DAR 2011 149.

Betroffenen nicht mehr bedarf,[763] so dass für das OLG Hamm kein Absehen vom Fahrverbot unter diesem Aspekt in Betracht kam. Da die Verzögerung allerdings vorliegend erst nach Urteilserlass eingetreten war, konnte der Betroffene diesen Mangel nicht rügen, zumal die Begründungsfrist der Rechtsbeschwerde abgelaufen war. Für diesen Fall griff das Rechtsmittelgericht von Amts wegen ein. Es sei das auch in der Rechtsbeschwerdeinstanz des Ordnungswidrigkeitenverfahrens geltende *Beschleunigungsgebot verletzt* worden.

Es sei eine Kompensation für rechtsstaatswidrige Verzögerungen des zugrunde liegenden Verfahrens notwendig, das Fahrverbot sei daher in der Weise zu reduzieren, dass eine Woche des angeordneten einmonatigen Fahrverbotes als verbüßt gelte.[764]

Wenn das Fahrverbot wegen rechtstaatswidriger Verzögerung des Verfahrens reduziert werden darf, so kann aus Verhältnismäßigkeitsgesichtspunkten wegen einer damit verbundenen Existenzgefährdung des Betroffenen nichts anderes gelten. Argumentiert etwa der Betroffene, die Verhängung des Fahrverbotes hätte für ihn automatisch eine besondere Härte zur Folge, weil er die Kündigung seines Arbeitsverhältnisses zu befürchten hätte oder wegen körperlicher Behinderungen in stärkerer Weise auf die Nutzung eines Fahrzeugs angewiesen sei als andere durchschnittliche Autofahrer, so kann fortan vertreten werden, dass ein Fahrverbot auf kurze Zeit abgesenkt werden darf.

! **Praxistipp**
Zwar ist zu bezweifeln, dass der Bußgeldrichter das Fahrverbot trotz Vorliegens eines Regelfalls auf ein oder zwei Wochen verkürzt, wenn er nicht bereit ist, es ganz zum Wegfall zu bringen. Als Konsequenz aus der Entscheidung sollte der Verteidiger durchaus hilfsweise beantragen, das Fahrverbot auf Wochen oder Tage zu reduzieren, wenn der Bußgeldrichter es nicht gegen Erhöhung der Geldbuße ganz wegfallen lassen sollte.

f) Höchstmaß des Fahrverbots

Die Verhängung eines Fahrverbots über die 3-Monatsgrenze des § 25 I 1 StVG hinaus scheidet (natürlich) aus. Jede andere Interpretation stößt an die Grenze der Wortlautauslegung und steht im Widerspruch zu dem im Bußgeld- und Strafrecht geltende Analogieverbot (Art. 103 Abs. 2 GG; Art. 7 MRK; § 1 StGB). Zwar wird in der Literatur teilweise vertreten, dass der Strafrahmen auf sechs Monate angehoben werden solle.[765] Eine derartige Auffassung ist jedoch eine Einzelmeinung geblieben,

---

763 Beschl. des OLG Hamm vom 25.6.2002, 3 Ss OWi 341/02; OLG Bamberg, Beschl. vom 14.2.06, DAR 2006, 337; OLG Celle, Beschl. v. 23.12.2004, VRS 108, 118, 121.

764 OLG Hamm, DAR 2011, 409.

765 *Piesker*, NZV 2002, 297, 301 ff.

die den Gesetzgeber nicht zum Handeln veranlasste. Ein Fahrverbot von 6 Monaten (3+3) in einem Urteil scheidet unter den oben dargestellten Gründen[766] bei tatmehrheitlich verwirklichten Ordnungswidrigkeiten ebenfalls aus.

g) Fazit

aa) Hat der Fahrzeugführer eine grobe oder beharrliche Verletzung der Pflichten eines Kraftfahrzeugführers begangen, kann ihm neben der Verhängung einer Geldbuße für die Dauer von einem Monat bis zu drei Monaten verboten werden, im Straßenverkehr Kraftfahrzeuge jeder oder einer bestimmten Art zu führen. Grundsätzlich ist für den Tatrichter ein Ermessen für die Anordnung eines Fahrverbots von einem bis zu drei Monaten Dauer nach § 25 I 1 StVG eröffnet. Über die Dauer der im Bußgeldkatalog geregelten Anordnung hinaus darf das Fahrverbot nur angeordnet werden, wenn dieser durch das Regelfahrverbot (in Verbindung mit einer empfindlichen Geldbuße) nicht von erneuten Verkehrsverstößen abgehalten werden kann.

bb) Bei tateinheitlichem Vorliegen einer beharrlichen und einer groben Pflichtverletzung darf nicht eins plus eins zusammengerechnet werden. Erfüllt ein Verhalten mehrere in der Bußgeldkatalogverordnung aufgeführte Tatbestände, die ein Fahrverbot nach sich ziehen, so sind die Verbotsfristen nicht einfach zu addieren.

cc) Die Bußgeldstelle und der Richter dürfen das Fahrverbot nicht nur im Monatsrhythmus festsetzen, sondern dürfen dies auch wochen- oder tageweise.

dd) Das Mindestmaß des Fahrverbots beträgt grundsätzlich ein Monat. Nach der Entscheidung des OLG Hamm[767] lässt sich gut vertreten, dass auch diese Dauer für ein Fahrverbot unterschritten werden darf.

ee) Das Höchstmaß des Fahrverbots beträgt drei Monate. Darüber hinaus verbietet sich die Verhängung eines Fahrverbots, auch bei tatmehrheitlich verwirklichten Ordnungswidrigkeiten.

II. Entfallen der Indizwirkung eines Regelfahrverbots beim Augenblicksversagen

1. Einführung in die Problematik

Bei der Bußgeldkatalogverordnung handelt es sich ihrer Rechtsnatur nach um eine Rechtsverordnung, die auch für die Gerichte bindend ist, nicht aber von einer Einzelfallprüfung befreit.[768] Die Regelbeispiele der BKatV[769] entfalten daher nur Indiz-

766 OLG Hamm, NZV 2010, 159.
767 DAR 2011, 409.
768 Vgl. u.a. OLG Köln, NStZ-RR 2003, 154.
769 BayObLG DAR 2002, 173; OLG Dresden DAR 2006, 30; OLG Hamm VA 2007, 165.

wirkung, d.h. ein Fahrverbot darf nur verhängt werden, wenn ein Betroffener eine Ordnungswidrigkeit nach § 24 StVG unter grober oder beharrlicher Verletzung der Pflichten eines Kraftfahrzeugführers begangen hat. Das Gewicht des Verkehrsverstoßes begründet jedoch in objektiver Hinsicht allein noch nicht die Annahme einer groben oder beharrlichen Pflichtverletzung. Vielmehr muss dem Täter auch in subjektiver Hinsicht eine besondere Verantwortungslosigkeit vorgeworfen werden können.[770]

Bedauerlicherweise scheint diese Rechtsprechung nur den wenigsten Sachbearbeitern von Bußgeldstellen bekannt zu sein. Statt den Einzelfall und die Besonderheiten des Tatorts, die Art der Beschilderung und die äußeren Verhältnisse bzw. der Bebauung von Amts wegen zu überprüfen, wird in der Regel pauschal ein Fahrverbot im Bußgeldbescheid verhängt. Geradezu verwerflich erscheint es daher, im Rahmen der Verteidigung nicht auf den Einzelfall der Tatbegehung eingegangen zu sein und dazu Stellung genommen zu haben, ob der Betroffene nicht nur mit leichter Fahrlässigkeit gehandelt hat.

2. Fehlende Indizwirkung des groben Pflichtverstoßes

Anknüpfungspunkt einer Vorwerfbarkeit kann bei Geschwindigkeitsüberschreitungen das Übersehen des die Geschwindigkeit begrenzenden Ortseingangsschilds oder des Verkehrszeichens 274 sein. Amtsrichter leiten die grobe Pflichtverletzung in subjektiver Hinsicht zu Unrecht oft daraus her, dass die Ortseingangsschilder deutlich oder das Verkehrszeichen 274 wiederholt aufgestellt gewesen seien. Diese Ausführungen sind jedoch nur geeignet, festzustellen, dass der Betroffene die maßgebliche geschwindigkeitsbegrenzende Anordnung hätte erkennen können und müssen, ihn insoweit also überhaupt ein Fahrlässigkeitsvorwurf trifft.

Der subjektive Tatbestand der „groben" oder „beharrlichen" Pflichtwidrigkeit i.S.d. § 25 Abs. 1 Satz 1 StVG i.V.m. § 4 BKatV erfordert aber darüber hinaus ein Verfehlung, bei der es sich um einen Verkehrsverstoß von besonderem Gewicht handeln muss, der abstrakt oder konkret besonders gefährlich ist (grobe Pflichtverletzung)[771] bzw. ein Handeln des Täters, das auf einem Mangel an rechtstreuer Gesinnung beruht (beharrliche Pflichtwidrigkeit).[772] Davon kann nach h.M. nicht ohne weiteres und daher nicht regelmäßig ausgegangen werden, wenn der Verkehrsverstoß auf ein Augenblicksversagen, also einem Übersehen der Ortstafel (Zeichen 310) oder des Verkehrszeichens 274 infolge momentaner Unaufmerksamkeit, zurückgeht, das auch ein sorgfältiger und pflichtbewusster Kraftfahrer nicht immer

770 Zu allem Deutscher in: Burhoff (Hrsg.), Handbuch für das straßenverkehrsrechtliche OWi-Verfahren, Rn 959 ff.

771 OLG Hamm VRS 98, 392 = DAR 2000, 418.

772 OLG Braunschweig DAR 1999, 273, 274.

vermeiden kann.[773] Daher entfällt bei derartigen Pflichtverstößen die Indizwirkung eines Regelfahrverbots bei abzuurteilenden Verkehrsordnungswidrigkeiten; für die Anwendung des § 25 Abs. 1 StVG ist kein Raum,[774] es sei denn, diese Fehlleistung beruhte ihrerseits auf grober Nachlässigkeit oder Gleichgültigkeit.[775]

3. Ausnahmecharakter der Pflichtwidrigkeit und Augenblicksversagen

In der Regel wird der Betroffene das Verkehrszeichen 274 kurzfristig übersehen haben oder – bei innerörtlichen Geschwindigkeitsüberschreitungen – durch eine kurzfristige Unaufmerksamkeit geglaubt haben, er befinde sich im Zeitpunkt der Tathandlung außerhalb geschlossener Ortschaften. Diese Einschätzung herrscht berechtigterweise bei vielen Betroffenen vor, zumal einige Messpersonen dazu neigen, ausgerechnet dort ihre Messanlagen aufstellen zu müssen, wo sie aus Profitgründen schnellstmöglich von Geschwindigkeitsverstößen ausgehen und wo die Straßen gut ausgebaut sind und sich der Grund einer Geschwindigkeitsbegrenzung nicht erschließt.

War der Betroffene etwa ortsfremd und hatte aufgrund der örtlichen Bebauung den Eindruck, er befände sich noch außerorts, so handelte er nur leicht fahrlässig, es sei denn, nach den äußeren Gegebenheiten des Tatorts musste sich dem Betroffenen gerade aufdrängen, dass er sich innerhalb einer geschlossenen Ortschaft befand.[776]

Praxistipp

Das Vorliegen eines Augenblicksversagens muss nur auf entsprechende (nachvollziehbare) Einlassung des Betroffenen geprüft werden.[777] Im Rahmen einer Verteidigungsschrift sollte – bei Geschwindigkeitsüberschreitungen innerhalb geschlossener Ortschaften – dargestellt werden, ob es sich um eine gut ausgebaute Straße handelte, wie viel Spuren sie hatte und ob die Strecke die für eine Innerörtlichkeit typische Bebauung aufwies (Randbebauung) oder sonstige Anhaltspunkte dafür oder dagegen sprachen, dass die Örtlichkeit bereits begann/noch fortbestand (Bürgersteige, Mittelleitplanken/Schallschutzmauer). Auch sollten die Lichtverhältnisse dargestellt werden und ob Straßenbeleuchtung nicht vorhanden war oder das Ortsschild womöglich zugewachsen war und es für den Betroffenen daher erschwert oder gar nicht möglich war, die Ortstafel zu erkennen. Auch sollte der Verteidiger darstellen, ob das Ortsschild etwa entgegen den „VwV-StVO zu den Zeichen 310 und 311 Ortstafel" für den ortseinwärts Fahrenden auf der rechten Straßenseite aufgestellt wurde und ob ausnahmsweise wegen nicht deutlicher Erkennbarkeit die Ortstafel auch links anzubringen war. Ferner sollte eine Einlassung zur Frage Stellung nehmen, ob das Verkehrsschild womöglich erst seit kurzer Zeit dort aufgestellt war. Das Übersehen eines einzigen geschwindig-

773 Deutscher, a.a.O., Rn 959ff. m.w.N.; Rebler SVR 2010, 161.
774 OLG Dresden, DAR 2005, 638.
775 OLG Hamm, NZV 1999, 91.
776 BGHSt 43, 241 = NJW 1997, 3252.
777 BGHSt 43, 241 = NJW 1997, 3252.

keitsbeschränkenden Verkehrszeichens/einer Ortstafel mag zwar fahrlässig sei, nicht grob pflichtwidrig. Gute Verteidigungsschriftsätze zahlen sich oft aus.
Kann der Betroffene etwa darauf verweisen, dass vor dem Ortseingangsschild wiederholt eine Geschwindigkeitsbeschränkung auf 80 km/h angeordnet war und er weiter – auch am Tatort – mit einer vorwerfbaren Geschwindigkeit von 81 km/h angetroffen wurde, so hätte er die dem Ortseingangsschild vorhergehenden Geschwindigkeitsbeschränkungen nur ganz unwesentlich überschritten, so dass ihm eine weitere Pflichtverletzung gerade nicht vorgeworfen werden kann.

Das Amtsgericht darf sich hinsichtlich der Feststellungen zur Tatörtlichkeit allerdings nicht allein auf die Angaben des Betroffenen verlassen. Diese Angaben sollten durch Zeugenaussagen, im Optimalfall durch die Angaben des Messbeamten, gestützt werden. In diesem Rahmen sollten von der Verteidigung Fotos vom Tatort, Skizzen oder Luftaufnahmen (Google-Earth) vorgelegt werden. Der Mandant sollte aufgefordert werden, ein Videoband vom Ort der Tat zu fertigen. Im Einzelfall sollte durchaus einmal die Inaugenscheinnahme des Tatorts vor dem Amtsgericht beantragt werden.[778]

4. Unzulässige Erhöhung der Geldbuße

Sträflicherweise wird oftmals bei Bußgeldbescheiden mit Fahrverboten vorschnell der Wegfall des Fahrverbots gegen Erhöhung der Geldbuße wegen drohender Existenzgefährdung nach § 4 Abs. 4 BKatV beantragt, ohne untersucht zu haben, ob der Betroffene überhaupt eine Ordnungswidrigkeit „unter grober oder beharrlicher Verletzung der Pflichten eines Kraftfahrzeugführers“ begangen hat. Haben nämlich die Voraussetzungen für den Ausspruch eines Fahrverbotes nicht vorgelegen, weil dem Betroffenen nur leichte Fahrlässigkeit zur Last gelegt werden kann, so kommt auch eine Erhöhung der Geldbuße zum Ausgleich für das Unterbleiben der Nebenfolge nicht in Betracht.[779] Dass ein Fahrverbot wegen grober Pflichtverletzung auch im Fall einer objektiv schwerwiegenden und gefährlichen Straßenverkehrsordnungswidrigkeit nicht angeordnet werden darf, wenn dem Kraftfahrer nur leichte Fahrlässigkeit zur Last fällt, ist nicht die Folge einer Abwägung, ob von dem Fahrverbot unter Berücksichtigung aller Umstände des Einzelfalls abgesehen werden kann (§ 4 Abs. 4 BKatV).[780]

! **Praxistipp**
Entsprechend der Rechtsprechung zur groben Pflichtwidrigkeit i.S.d. § 25 I 1 StVG sind diese subjektiven Besonderheiten eines sog. „Augenblicksversagens“ im Übrigen auch bezüglich der Beharrlichkeit zu berücksichtigen.[781]

---

778 Krumm, VRR 2005, 126.
779 OLG Hamm, NZV 1999, 92; dazu Hentschel, Anm. zu BGH, *Beschl.* v. 11.9.1997 – 4 StR 638/96, NZV 1997, 527.
780 OLG Hamm, NZV 1999, 92.
781 OLG Hamm OLG Hamm VRS 98, 392 = DAR 2000, 418.

5. Risiko einer Vorsatzverurteilung

Auf welch schmalem Grat sich die Verteidigung bei hoher Geschwindigkeitsüberschreitung und Augenblicksversagen bewegen kann, belegt der Umstand, dass Gerichte im Rahmen der Erteilung von richterlichen Hinweisen in entsprechender Anwendung des § 265 StPO auf eine Vorsatzverurteilung hinweisen. Dies kann zum einen mit einer Verdopplung der im Bußgeldkatalog vorgesehenen Geldbuße verbunden sein, da § 1 II 2 BKatVO von fahrlässiger Begehung und gewöhnlichen Tatumständen ausgeht, zum anderen ist es bei einer vorsätzlichen Geschwindigkeitsüberschreitung nach höchstrichterlicher Rspr.[782] praktisch ausgeschlossen, zu einem Wegfall des Regelfahrverbots zu gelangen. Hohe Geschwindigkeitsüberschreitungen und Augenblicksversagen stehen zueinander jedoch nicht automatisch im Widerspruch. Zwar mag die besondere Höhe der Geschwindigkeitsüberschreitung ein starkes Indiz für eine Vorsatztat sein, keineswegs darf jedoch ein Wissen und Wollen der Tatbestandsverwirklichung zulasten des Betroffenen unterstellt werden, denn kaum jemand fährt nämlich bewusst in eine Radarkontrolle, von deren Existenz er weiß.[783]

6. Fehlerhaftigkeit tatrichterlicher Feststellungen

Verurteilt das Amtsgericht den Betroffenen zu einer Geldbuße mit Fahrverbot, so sollte der Weg mit der Rechtsbeschwerde in die zweite Instanz nicht gescheut werden (§ 79 ff. OWiG). Es ist seitens der Verteidigung zu überprüfen, ob die getroffenen Feststellungen zur Rechtsfolge lückenhaft sind und die Anordnung des verhängten Fahrverbots rechtfertigen. Die Urteilsfeststellungen bei Verhängung eines Fahrverbots wegen einer Geschwindigkeitsüberschreitung müssen grds. zunächst neben der Angabe der Geschwindigkeitsbegrenzung Angaben über die Art der Beschilderung bzw. sonstigen auf die Beschränkung hinweisenden baulichen Maßnahmen, die Art der umliegenden Bebauung sowie die Angabe enthalten, ob dem Betroffenen die Fahrstrecke bekannt war oder nicht.[784] Hat sich der Betroffene auf ein Augenblicksversagen berufen, so musste vom Bußgeldrichter die Einlassung daraufhin geprüft werden, ob er das maßgebliche Verkehrsschild nicht ausschließbar übersehen haben kann.[785] Dabei muss das Amtsgericht die Glaubwürdigkeit dieser Angaben hinterfragen und sich damit auseinandersetzen. Eine solche nähere Befassung ist aber immer dann geboten, wenn ein Betroffener besondere Umstände geltend

782 Vgl. u.a. BGHSt 43, 241 = NJW 1997, 3252.
783 Zetzmann DAR 2008, 37.
784 OLG Hamm VRS 98, 452 = NZV 2000, 341.
785 OLG Hamm VA 2007, 165.

macht, welche gegen die Annahme sprechen, das Verkehrsschild sei aufgrund grober Nachlässigkeit übersehen worden.[786]

7. Zusammenfassung

a. Ein sog. Augenblicksversagen bezeichnet eine momentane Unaufmerksamkeit, die auch ein sorgfältiger und pflichtbewusster Kraftfahrer nicht immer vermeiden kann.
b. In dieser atypischen Konstellation kann das Maß des Verschuldens des Betroffenen wesentlich herabgemildert sein.
c. Die Bußgeldkatalogverordnung geht von „normaler" Fahrlässigkeit aus, bei „nur leichter" Fahrlässigkeit muss eine Abweichung zugunsten des Betroffenen möglich sein, ebenso wie bei grober Fahrlässigkeit oder Vorsatz eine Verschärfung der in der Bußgeldkatalogverordnung vorgesehenen Sanktionen denkbar ist.
d. Danach hat die Anordnung eines Fahrverbots zu unterbleiben, wenn die gebotene Einzelfallprüfung ergibt, dass die Umstände bei der Tatbegehung die Feststellung eines besonders verantwortungslosen Verhaltens nicht rechtfertigen.[787] Auf § 25 StVG darf hier kein Fahrverbot mehr gestützt werden.
e. Gegen ein Augenblicksversagen spricht, wenn die Ortstafel (Zeichen 310) oder das Verkehrszeichen 274 mehrfach wiederholt worden ist oder der Messstelle ein Geschwindigkeitsrichter mit stufenweiser Herabsetzung der Geschwindigkeit vorausgeht,[788] wenn die Geschwindigkeitsbegrenzung durch eine weithin sichtbare, ins Auge fallende Verkehrsbeeinflussungsanlage angeordnet wurde sowie schließlich wenn sich die Geschwindigkeitsbegrenzung in Verbindung mit anderen, ohne weiteres erkennbaren äußeren Verhältnissen (Baustellenbereich, Randbebauung, unübersichtliche Situation wie Ampelkreuzung, Art der Bebauung) jedermann aufdrängt.[789]
f. Im letzteren Falle verurteilen Gerichte oft wegen Vorsatzes, was mit einer Verdopplung der im Bußgeldkatalog vorgesehenen Geldbuße verbunden sein kann. In diesem Rahmen muss verteidigerseits überprüft werden, ob ein richterlicher Hinweis nach § 46 Abs. 1 OWiG i.V.m. § 265 StPO erteilt wurde und ob tatsächlich zulasten des Betroffenen Wissen und Wollen der Tatbestandsverwirklichung angenommen werden durfte.

786 OLG Karlsruhe, NZV 2004, 211.

787 OLG-NL 1995, 189.

788 BGHSt 43, 241 = NJW 1997, 3252.

789 BGHSt 43, 241 = NJW 1997, 3252; OLG Braunschweig NZV 1998, 420; OLG Celle, NZV 1998, 254; OLG Hamm VRS 96, 388; OLG Rostock DAR 1999, 277 f.; OLG Zweibrücken NZV 1998, 420; zu „Tempo-30-Zonen": OLG Hamm VRS 97, 207, 209 f. u. NStZ-RR 1999, 374.

8. Musterschriftsatz

An die
Bußgeldstelle
Kreis H.

Aktenzeichen: 693155570

Sehr geehrte Damen und Herren,

in dem Bußgeldverfahren gegen Herrn Hans-Joachim H. begründen wir den Einspruch gegen den Bußgeldbescheid vom 6.9.2012 wie folgt:

Der Verfehlung fehlt die Eigenschaft eines groben Pflichtverstoßes, weshalb die Indizwirkung eines Regelfahrverbotes vorliegend entfällt. Die zulässige Höchstgeschwindigkeit ist vorliegend ohne ersichtlichen Grund beschränkt worden, ein Verkehrsschild hat der Betroffene nicht wahrgenommen. Er ist nicht ortskundig.

Es herrschte am Tattag starker Verkehr mit vielen Lkw und Zugfahrzeugen. Der Betroffene befuhr den Überholstreifen, um den Schwerlasttransporter zu überholen. Offenbar haben Lastkraftwagen, die sich auf der rechten Spur befanden, im Rahmen eines Überholvorgangs ein Verkehrsschild verdeckt.

Damit handelte der Betroffene nur leicht fahrlässig. Nach ständiger Rechtsprechung entfällt bei derartigen Pflichtverstößen die Indizwirkung eines Regelfahrverbotes; für die Anwendung des § 25 Abs. 1 StVG ist daher kein Raum (vgl. OLG Dresden, DAR 2005, Seite 638).

Für ein Fahrverbot ist demnach vorliegend kein Raum. Es wird daher beantragt, unter Rücknahme des angefochtenen Bußgeldbescheides, einen neuen Bußgeldbescheid zu erlassen, der kein Fahrverbot mehr vorsieht.

Dr. F.
Rechtsanwalt
Fachanwalt für Strafrecht

III. Absehen von Fahrverbot

Der Unterschied zwischen dem Regelfahrverbot in den Anwendungsfällen des § 24a StVG einerseits und des § 24 StVG andererseits wirkt sich bei der Entscheidung über ein Absehen von der Anordnung (vgl. § 4 IV BKatV) aus. Angesichts des geringeren Ermessensspielraums des Tatrichters bei Verstößen gegen § 24a StVG im Vergleich zu solchen nach § 24 StVG können in den Fällen des § 24a StVG nur „Härten ganz außergewöhnlicher Art" oder sonstige, das äußere und innere Tatbild beherrschende außergewöhnliche Umstände ein Absehen rechtfertigen.[790] Dagegen reichen in den Fällen des § 4 I (und II) BKatV möglicherweise schon erhebliche Härten oder eine Vielzahl für sich genommen gewöhnlicher und durchschnittlicher Umstände aus, um eine Ausnahme zu begründen.[791]

1. Wegfall des Fahrverbots wegen drohender Existenzgefährdung

a) Einführung in die Problematik

Zuweilen kann man auf deutschen Autobahnen – vor allem was die Einhaltung der zulässigen Höchstgeschwindigkeit angeht – erhebliche Zweifel an der durch angedrohte Fahrverbote erzielten Abschreckung haben. Die Erfahrung zeigt, dass nur eine kontinuierliche Polizeipräsenz sowie ein Entdeckungsrisiko zur Erhöhung der Verkehrsdisziplin führen können. Wenn es den Betroffenen einmal mit einem Fahrverbot erwischt, ist der Katzenjammer umso größer. Mobilität ist in den heutigen Zeiten ein hohes Gut und von grundlegender Bedeutung für unsere Lebensweise, daneben für viele Bürger eine Voraussetzung für die Ausübung einer beruflichen Tätigkeit. Als Nebenfolge im Ordnungswidrigkeitenrecht führt das Fahrverbot im Grunde bei jedem Autofahrer bei der Ausübung einer beruflichen Tätigkeit vorübergehend zu Schwierigkeiten. Die wirtschaftlichen und beruflichen Wirkungen sind im Einzelfall sehr unterschiedlich. Negative Folgen kann schon der durch die Benutzung öffentlicher Verkehrsmittel entstehende Zeitverlust haben.[792] Das Fahrverbot kann im schlimmsten Fall aber auch zur Kündigung, etwa eines Außendienstmitarbeiters oder Berufskraftfahrers, führen oder zur Anmeldung der Insolvenz eines Unternehmens. Aus all diesen Gründen wollen viele Betroffene die Belastungen, die mit einem Fahrverbot verbunden sind, nicht hinnehmen. In der täglichen Praxis vor deutschen Amtsgerichten zielt in Bußgeldsachen ein überwiegender Anteil von Einsprüchen gegen Bußgeldbescheide daher weiterhin in erster Linie auf den Wegfall

---

790 BGHSt 38, 125, 129 = NZV 1992, 117, 118; *OLG Hamm,* NZV 1995, 496; VRS 98, 381 = BA 00, 513; *OLG Frankfurt a.M.*, NStZ-RR 2000, 312; *OLG Hamm,* NJW 1975, 1983; *OLG Hamm,* VRS 75, 312 f.; *OLG Düsseldorf,* NZV 1993, 446; *BayObLG,* VRS 76, 454; *OLG Koblenz,* 2 Ss 4/99 vom 11.2.1999 und 2 Ss 160/96 vom 2.7.1996; *OLG Hamm,* NZV 1991, 121 sowie 2 Ss OWi 623/95 vom 9.7.1995, 2 Ss OWi 703/95 vom 26.6.1995, 2 Ss 386/95, vom 18.7.1995, 1 Ss OWi 211/2000 und 2 Ss OWi 830/95 vom 20.7.1995; vgl auch *BVerfG,* NJW 95,1541; *OLG Düsseldorf,* NZV 1995, 161; *OLG Oldenburg,* NZV 1995, 405; *OLG Stuttgart,* DAR 1997, 31; *OLG Hamm,* NStZ-RR 1996, 181.

791 BGHSt 38, 125, 134 = NZV 1992, 117, 119; *BayObLG,* NZV 1994, 487; *OLG Köln,* NZV 1994, 161; *OLG Düsseldorf,* NZV 1993, 446; *OLG Hamm,* NZV 1996, 118; *OLG Frankfurt a.M.* – 2 Ws (B) 839/94 OWiG – 2 Ws (B) 377/98 OWiG 2 Ws (B) 218/99 OWiG –; *OLG Hamm,* VRS 75, 312, 313; *OLG Düsseldorf,* NZV 1993, 446; *BayObLG,* VRS 76, 454, 455.

792 So auch *Burhoff,* ZAP 2004, 739 ff. Diese Unannehmlichkeiten werden jedoch grundsätzlich als zumutbar angesehen: *OLG Düsseldorf,* NZV 1996, 119; *OLG Frankfurt,* NZV 1994, 77.

eines neben der Geldbuße verhängten Fahrverbots ab. Die landläufige Auffassung, dass der Bußgeldrichter den Wegfall des Fahrverbots neuerdings nicht mehr vornehmen dürfe, stellen einen ebenso weit verbreiteten Rechtsirrtum dar wie die gegenteilige optimistischere Meinung, bei Einspruchseinlegung würde auf das Fahrverbot gegen Erhöhung der Geldbuße üblicherweise verzichtet. Entsprechend der hohen praktischen Bedeutung der Thematik berichten verkehrsrechtlich ausgerichtete Zeitschriften nahezu monatlich über Urteile, in denen es um Ordnungswidrigkeiten mit Fahrverboten geht. Auch bei juristischen Laien scheint ein großes Informationsbedürfnis dahin gehend zu bestehen, unter welchen Voraussetzungen ein Fahrverbot gegen Erhöhung der Geldbuße zum Wegfall kommt.[793] Die Anzahl der Aufsätze zu dieser Thematik ist längst unüberschaubar geworden. Spektakuläre Bußgeldfälle mit Fahrverbot finden sogar in überregionalen Tageszeitungen Beachtung.[794]

b) Praxistipp

Eingangs darf nicht unerwähnt bleiben, dass die Fixierung des Verteidigungsziels auf den Wegfall des Fahrverbots erhebliche Risiken zur Folge hätte. Zwar ist nicht von der Hand zu weisen, dass ein Großteil der Einsprüche nicht deswegen eingelegt wird, weil der Betroffene sich ernsthafte Erfolgsaussichten in der Sache verspricht, sondern lediglich die Hoffnung verfolgt, das Fahrverbot entfallen zu lassen oder hinauszuzögern.[795] Gleichwohl bedeutete die strenge Ausrichtung auf den Wegfall des Fahrverbots, dass die Rechtmäßigkeit des Bußgeldbescheides im Übrigen ungeprüft unterstellt würde und damit natürlich die unbeliebten Punkte im FAER in Flensburg anfallen. Mit dem Wegfall des Fahrverbots gegen Erhöhung der Geldbuße würde der Verteidiger dem Mandanten einen Bärendienst erweisen, wenn der Betroffene danach die 8-Punkt-Grenze erreicht, die nach § 4 III Nr. 3 StVG zur Entziehung der Fahrerlaubnis führte. Weiter sollte äußerste Vorsicht geboten sein, wenn sich die Sachbearbeiterin im Telefonat des Verteidigers mit der Bußgeldstelle allzu schnell zu einem Wegfall des Fahrverbots gegen Erhöhung der Geldbuße bereit erklärt. Dies sollte den Verteidiger misstrauisch machen. Zuvor sollte der Verteidiger sorgsam überprüfen, ob sich schon aus der Bußgeldakte offenkundige Messfehler ergeben oder Messmethoden angewendet wurden, die nicht verwertbar sind.[796] Dazu sollte etwa überprüft werden, ob bei der Messung einer Geschwindigkeitsüberschreitung der Toleranzwert in Abzug gebracht wurde. Ferner sollte ein Videoband und/oder Eichschein vorab angefordert werden. Um sicherzustellen, dass die Mes-

793 ADACmotorwelt, Heft 10/2009, S. 60.
794 BILD vom 28.9.09, S. 5 „1200 EURO Bußgeld für Jaguar-Raser".
795 *Fehl*, NZV 1998, 439.
796 *BVerfG*, Beschl. v. 11.8.09, Az.: 2 BVR 941/08.

sung aus technischer Sicht nicht zu beanstanden ist, kann noch die Einholung eines Sachverständigengutachtens beantragt werden. Gelangt dieses schon zu dem Ergebnis, dass eine Fehlmessung vorliegt und höchstens von einer Geschwindigkeitsüberschreitung unterhalb der Grenze für die Anordnung eines Fahrverbots auszugehen ist (bis 30 km/h innerorts bzw. 40 km/h außerorts), so wird ein Eingehen auf eine besondere Härte entbehrlich. Weiter muss unbedingt vorab kontrolliert werden, ob die Verkehrsordnungswidrigkeit gem. §§ 24, 26 III StVG etwa bereits verjährt war und/oder Zustellungsfehler vorliegen oder andere Verfahrenshindernisse (§ 29a IV OWiG). Ein Wegfall des Fahrverbots wäre darüber hinaus unsinnig, wenn – etwa bei Fahrten unter Drogen – die Fahrerlaubnisbehörde bereits die Fahrerlaubnis endgültig entzogen hätte.

Der Verteidiger sollte sich darüber hinaus auch nicht scheuen, pragmatisch vorzugehen und im Falle von erkennbar geringen Erfolgsaussichten eines Einspruchs gegen den Bußgeldbescheid ausdrücklich nach bevorstehenden Krankenhaus- oder Reha.-Aufenthalten zu fragen oder nach bevorstehenden längeren Auslandsurlauben, während derer der Betroffene evtl. auf die Ausübung seiner Fahrerlaubnis verzichten kann. Was bringt dem Mandanten der Wegfall des Fahrverbots bei einer erwiesenen Ordnungswidrigkeit bei fehlender Gelegenheit von der Fahrerlaubnis Gebrauch zu machen?

c) Konkrete Gefahr

Sowohl in den Fällen des Satzes 1 als auch Satz 2 des § 25 I StVG kann die Regelwirkung auf der Rechtsfolgenseite im Einzelfall mit der Folge widerlegt werden, dass unter Absehen vom Fahrverbot die Regelbuße angemessen zu erhöhen ist. Dies gebietet schon das mit Verfassungsrang ausgestattete rechtsstaatliche Übermaßverbot.[797]

Grundsätzlich müsse der Betroffene eintretende wirtschaftliche und berufliche Folgen als selbstverschuldet hinnehmen.[798] Daher läge eine berufliche Härte nach der höchstrichterlichen Rspr. nicht bereits dann vor, wenn mit der Sanktion eines Fahrverbotes berufliche und/oder wirtschaftliche Nachteile für den jeweils Betroffenen verbunden wären.[799] Solche Nachteile seien häufig die zwangsläufige Folge eines Fahrverbotes und deshalb zur Begründung einer Ausnahme grundsätzlich nicht ausreichend. Es gehöre zum Wesen der Erziehungs- und Besinnungsmaßnahme „Fahrverbot", den Betroffenen unter Umständen empfindliche berufliche und wirtschaftliche Nachteile zu bereiten. Nur so könne diese Sanktion ihre erzieherische Wirkung („Denkzettel und Besinnungsmaßnahme") voll entfal-

797 *OLG Bamberg*, Beschl. v. 19.7.2005 – 2 Ss OWi 564/05; *BayObLG* NZV 1991, 161 und 1998, 212 f.
798 *OLG Hamm*, NZV 2001, 486.
799 *BGHSt* 38, 125 ff.

ten.[800] Diese Bindung der Sanktionspraxis diene nicht zuletzt der Gleichbehandlung der Verkehrsteilnehmer („Anwendungsgleichheit") und der Vorhersehbarkeit und Berechenbarkeit der durch bestimmte Verkehrsverstöße ausgelösten Rechtsfolgen.[801] Infolge eines Fahrverbotes müsse vielmehr die konkrete Gefahr eines Arbeitsplatz- oder Existenzverlustes drohen („Sanktionsempfindlichkeit"). Der Betroffene müsse die Umstände der real drohenden Existenzvernichtung genau darlegen und stichhaltig begründen.[802]

Praxistipp

!

An dieser Stelle kann der Rechtsanwalt in seine Verteidigung einsteigen und von seinem Mandanten erfragen, ob und welche Tatsachen vorliegen, die einen Existenz- oder Berufsverlust zur Konsequenz haben könnten.[803] Denn nur bei entsprechendem Vortrag spätestens gegenüber dem Gericht ist es Sache des Bußgeldrichters, seiner Aufklärungspflicht nachzukommen und dabei auch etwaige das Verteidigungsvorbringen widerlegende Feststellungen zur Härteproblematik zu treffen. Fehlen entsprechende Anhaltspunkte bzw. ist dazu nichts vorgetragen worden, müsste das Amtsgericht die Erforderlichkeit und Angemessenheit des Fahrverbotes nicht begründen, da dieses durch die Regelwirkung des § 4 BKatV indiziert wird.[804]

d) Das Kriterium: Abwendbarkeit eines Arbeitsplatzverlusts

Während eine Fülle amtsrichterlicher Urteile veröffentlicht ist, in der das Regelfahrverbot aufgrund besonderer – beruflicher – Härten als unverhältnismäßige Reaktion auf die Tat angesehen wurde und daher zum Wegfall kam,[805] gelten in der gesamten obergerichtlichen Rechtsprechung deutlich strengere Maßstäbe.[806] Teilweise wird in der Terminologie noch gesondert zwischen abhängig Beschäftigten (dann: Gefahr des Verlusts des Arbeitsplatzes) und Selbstständigen (hier: Existenzverlust) unterschieden.[807] Der Betroffene müsse jedenfalls zunächst versuchen, die besondere berufliche Härte mit zumutbaren Maßnahmen abzuwehren. Erst nach Ausscheiden auch einer solchen Möglichkeit sei unter Umständen von der Anordnung abzusehen.[808] Dieses

800 *BGHSt* 38, 125/130 und 231/235; *BayObLG* VRS 104, 437/438.

801 *BVerfG* NZV 1996, 284/285; *OLG Zweibrücken*, DAR 2003, 531/532; *KG*, NZV 2002, 47.

802 *OLG Bamberg*, Beschl. v. 10.2.2011, 2 Ss OWi 139/2011; *Burmann*, in Jagow/Burmann/Heß, § 25 StVG Rn 31, Straßenverkehrsrecht, 20. Aufl. 2008.

803 *Freyberger/Lessing*, Anwalts-Taschenbuch Verkehrsrecht, S. 11, 2000.

804 *BGHSt* 38, 125, 136 = NZV 1992, 117, 119; 38, 231, 236 = NZV 1992, 286, 288.

805 *AG Wuppertal*, NZV 2011, 514 ; *AG Usingen*, ZfS 2000, 227; *AG Stuttgart*, ZfS 1997, 314; *AG Bersenbrück*, NZV 2003, 151; *AG Rüsselsheim*, ZfS 1994, 189; *AG Münden*, ZfS 1998 36; *AG Bitterfeld*, ZfS 1995 435; *AG St. Goar*, ZFS 1995 114; *AG Montabaur*, ZfS 2001, 431; *AG Schwedt/Oder*, NZV 2003, 205; *AG Nauen*, NZV 2001, 488.

806 *OLG Karlsruhe*, NZV 2004, 316.

807 *Deutscher*, NZV 1997, 18, 27.

808 *OLG Oldenburg*, NZV 1993, 198; NZV 1993, 278.

Erfordernis führt regelmäßig dazu, dass die Hürde derart schwer überwindbar ist, dass ein Bußgeldrichter bei fehlendem Willen zu helfen stets Argumente finden kann, den Wegfall eines Fahrverbots abzulehnen.

Im Einzelnen sei es dem Betroffenen grundsätzlich zuzumuten, diese Nachteile beruflicher Art durch Inanspruchnahme von Urlaub abzumildern.[809] Zu erwägen sei ferner die vorübergehende Anstellung eines Chauffeurs, gegebenenfalls müssten die vorbenannten Maßnahmen kombiniert werden.[810] Die insbesondere bei Beschäftigung eines Fahrers auftretenden finanziellen Belastungen habe der Betroffene als selbstverschuldet hinzunehmen.[811]

Bei überdurchschnittlichen Einkünften wird eine berufliche Existenzgefährdung für lebensfremd gehalten.[812] So sei es einer Betroffenen zumutbar, für die relativ kurze Zeit von einem Monat beruflich erforderliche Fahrten gegebenenfalls auch durch Anstellung eines Fahrers durchzuführen. Notfalls müsse der/die Betroffene zur Bestreitung der Kosten für die zeitlich begrenzte Einstellung eines Fahrers einen Kredit aufnehmen, der in kleineren für den Betroffenen tragbaren Raten abgetragen werden könne. Grundsätzlich sei dem Betroffenen auch die Benutzung öffentlicher Verkehrsmittel und Taxis oder Inanspruchnahme einer Fahrgemeinschaft zuzumuten.[813] Selbstständige hätten sich eines im eigenen Betrieb tätigen Beschäftigten, der im Besitz einer Fahrerlaubnis sei und die für das Unternehmen erforderlichen Fahrten zeitweilig übernehmen könne, zu bedienen.[814] Derartige Belastungen, die sich im Hinblick auf die verhältnismäßig kurze Dauer des Fahrverbots von einem Monat in überschaubaren Grenzen bewegten, seien ebenso wie berufliche Erschwernisse hinzunehmen,[815] es sei denn das Einkommens des Betroffenen werde als zu gering angesehen.[816] Hier wäre der Aufwand wirtschaftlich sinnlos[817] bzw. nicht zumutbar.[818] Jedenfalls seien konkrete Feststellungen zu den Vermögensverhältnissen des Betroffenen zu treffen. Dies ergibt sich bereits aus § 17 III 2 OWiG. Gegebenenfalls müsse der Richter sogar prüfen, ob Familienangehörige – etwa die Ehefrau des Betroffenen – als Fahrer einspringen könnten.[819] Auch könne Anlass zur Prüfung bestehen, ob ein Fahrverbot auf bestimmte Kraftfahrzeugarten beschränkt werden

809 *OLG Düsseldorf*, NStZ-RR 1996, 119 (120); NZV 1995, 405 L; 1993, 446; *OLG Hamm*, NZV 1995, 496; 1995, 366.
810 *OLG Karlsruhe*, NJW 2006, 3080.
811 *OLG Frankfurt a.M.*, NStZ-RR 2000, 312.
812 OLG Hamm NJW-Spezial 2010, 490.
813 *OLG Frankfurt a.M.*, NStZ-RR 2002, 89; *OLG Koblenz*, NZV 1996, 373.
814 *OLG Koblenz*, NZV 1996, 373; *OLG Hamm*, NZV 1997, 240.
815 *OLG Frankfurt a.M.*, NStZ-RR 2000, 312.
816 *OLG Dresden*, DAR 1995 498; *BayObLG*, NZV 1991, 436.
817 *BayObLG*, NZV 1991, 401 f.
818 *OLG Hamm*, VRS 95, 138.
819 *OLG Brandenburg*, NStZ-RR 2004, 123.

könne (Pkw) und hiervon etwa einzelne Fahrerlaubnisklassen ausgenommen werden könnten.[820] Zu prüfen sei auch, ob eine vorübergehende Einsatzmöglichkeit im Innendienst für den Betroffenen für diese Dauer bestehe[821] oder eine Änderung des Einsatzgebiets vorgenommen werden könne. Selbst eine im Raume stehenden fristlose Kündigung des Arbeitsverhältnisses könne keine besondere Härte begründen, so ein Teil der Rechtsprechung, da diese jedenfalls bei Ersttätern nicht durchsetzbar sei.[822] Nach anderer Auffassung brauche das Amtsgericht nicht überprüfen, ob die angedrohte Kündigung auch arbeitsrechtlich durchsetzbar wäre; denn eine Härte, die es rechtfertigt, von einem – nach der Bußgeldkatalogverordnung indizierten – Fahrverbot abzusehen, könne schon darin bestehen, dass der Betroffene das Risiko eines Arbeitsplatzverlustes zu tragen habe. Es reiche danach bereits die Gefahr des Arbeitsplatzverlustes, um ein Fahrverbot als unverhältnismäßige Härte bewerten zu können.[823] Die rechtliche Unzulässigkeit einer angedrohten Kündigung stehe der Bejahung eines Ausnahmefalls nicht zwangsläufig entgegen. Der arbeitsgerichtliche Rechtsschutz gewähre nicht in jedem Fall vollständige Kompensation. Die arbeitsgerichtliche Praxis zeige, dass in vielen Fällen Kündigungsschutzverfahren trotz grundsätzlich unzulässiger Kündigung mit einem Abfindungsvergleich ende.[824]

Durch diese überharten Kriterien des höchstrichterlichen Rechtsprechung für den Wegfall des Fahrverbots wird § 25 I 1 StVG aushöhlt, insbesondere § 4 IV BKatV, der das Absehen von der Anordnung eines Fahrverbots ausdrücklich vorsieht. Diese scharfe Sanktionspraxis weckt erhebliche Bedenken im Hinblick auf das mit Verfassungsrang ausgestattete rechtsstaatliche Übermaßverbot. Gegen andere Grundrechte (Art. 6 I GG) verstößt die OLG-Rechtsprechung, die ein Wegfall des Fahrverbots dann nicht erlauben will, wenn Ehepartner oder Angehörige mit Fahrerlaubnis zur Verfügung stehen. Im Übrigen hängt es durch diese Kriterien der höchstrichterlichen Rechtsprechung, man denke weiter an die Voraussetzung eines Resturlaubes zur Abmilderung der Auswirkung des Fahrverbots, vom Zufall ab, gegen wen ein Fahrverbot verhängt wird.

e) Bedeutung der Abgabefrist in § 25 II a StVG

Die Möglichkeit des § 25 II a StVG sollte nach ihren Voraussetzungen eine Ausnahmeregelung darstellen, durch die der Ersttäter begünstigt wird.[825] Hiernach wird das

---

820 *OLG Karlsruhe*, NStZ-RR 2006, 282; NZV 2004, 653 f.

821 *Deutscher*, NZV 1997, 18, 27.

822 *OLG Koblenz* vom 1.9.2003, 1 Ss 151/03; *BAG*, AP Nr. 70 zu § 626 BGB [dort für den Fall eines siebenmonatigen Fahrerlaubnis-Entzuges; s. auch *OLG Koblenz*, NZV 1996, 373; *OLG Düsseldorf*, NZV 1995, 161.

823 *OLG Celle*, NStZ-RR 1996, 182; *OLG Brandenburg*, OLG-NL 2004, 94.

824 *OLG Celle*, NStZ-RR 1996, 182.

825 Vgl. auch *Albrecht*, NZV 1998, 132.

Fahrverbot erst wirksam, wenn der Führerschein nach Urteilsrechtskraft in amtliche Verwahrung gelangt, spätestens jedoch mit Ablauf von vier Monaten seit Eintritt der Rechtskraft. Der Betroffene kann sich nach dieser Vorschrift auf diese Karenzzeit einrichten und nach Abstimmung mit seinen geschäftlichen oder beruflichen Belangen einen geeigneten Zeitpunkt zur Abgabe seines Führerscheins auswählen.[826] Dies führte jedoch dazu, dass nach ständiger Rechtsprechung bei der Prüfung der Frage, ob und inwieweit wirtschaftliche Nachteile für die Beurteilung der Angemessenheit und Vertretbarkeit eines Fahrverbotes von Bedeutung sind, seit der Geltung dieses Paragrafen ein noch strengerer Maßstab als in der Vergangenheit angelegt wurde.[827] Könne der Arbeitsplatzverlust durch Verschieben des Fahrverbots abgewendet werden, so sei jedenfalls keine Ausnahme gegeben.[828]

f) Überprüfbarkeit der behaupteten besonderen Härte

Versetzt man sich in die Lage des Bußgeldrichters, so muss er einerseits, bei Verurteilungen zu Fahrverboten, mit der Einlegung der Rechtsbeschwerde durch die Verteidigung rechnen, andererseits aber, bei einem Wegfall des Fahrverbots, sitzt ihm das Rechtsmittel der Staatsanwaltschaft „im Nacken". Tatsächlich legt die Staatsanwaltschaft, insbesondere gegen Entscheidungen von Bußgeldrichtern, die allzu auffällig oft von der Festsetzung eines Fahrverbots absehen, zur Disziplinierung Rechtsbeschwerde ein. Der Bußgeldrichter wird sich daher bei seiner Entscheidung der höchstrichterlichen Rechtsprechung bewusst sein. Er muss vom sicheren Eintritt der besonderen beruflichen Härte überzeugt sein und diese Überzeugung im Einzelnen begründen können.[829] Die Entscheidung, dass trotz des Vorliegens eines Regelfalls der konkrete Sachverhalt Ausnahmecharakter hat, unterliegt in erster Linie der Würdigung des Tatrichters,[830] dem eine gewisse Entscheidungsfreiheit eingeräumt ist.[831] Sie kann vom Rechtsbeschwerdegericht nur in eingeschränktem Umfange, nämlich auf das Vorliegen von Ermessensfehlern hin, überprüft werden.[832]

Die bloße Behauptung des Betroffenen, seine Existenz sei unter den gegebenen Umständen gefährdet, dürfe nicht ungeprüft übernommen werden.[833] Der Bußgeldrichter dürfe somit nicht ausschließlich die Angaben des Betroffenen zugrunde le-

---

826 *BayObLG*, NZV 2003, 349 f.
827 *OLG Frankfurt*, NStZ-RR 2000, 312; *BayObLG*, Beschl. v. 9.6.1999 – 2 ObOWi 248/99, DAR 1999, 559.
828 *Burmann*, in Jagow/Burmann/Heß, § 25 StVG Rn 31, Straßenverkehrsrecht.
829 *OLG Koblenz* vom 1.9.2003, 1 Ss 151/03; *OLG Celle*, NZV 1996, 117.
830 *BGHSt* 38, 231 (237) = NZV 1992, 286 (288) = StVE § 25 StVG Nr. 29; *OLG Hamm*, NZV 1996, 119.
831 *BGHSt* 38, 125 (136) = NZV 1992, 117 (119 f.) = StVE § 25 StVG Nr. 28.
832 *OLG Köln*, NZV 1994, 161 (162); *BayObLG*, NZV 1994, 327 (328).
833 *OLG Frankfurt a.M.*, NStZ-RR 2000, 312; *OLG Düsseldorf*, NZV 1997, 447.

gen,[834] ohne diese durch sonstige Beweismittel, etwa durch Einvernahme der Betriebsinhaberin oder Auskünfte des Steuerberaters und durch Einsichtnahme in Unterlagen, wie Einnahme-/Überschussrechnung oder Gewerbesteuerbescheide[835] zu überprüfen und kritisch zu hinterfragen, um das missbräuchliche Behaupten eines solchen Ausnahmefalles auszuschließen. Jedenfalls habe der Bußgeldrichter im Urteil darzulegen, wie die Angaben überprüft wurden und weshalb ihnen Glauben geschenkt wurde.[836]

g) Vorlage von Bestätigungsschreiben

Argumentiert die Verteidigung mit einer besonderen Härte, die ein Fahrverbot für den Betroffenen zur Folge habe, so empfiehlt sich die Vorlage eines Bestätigungsschreibens. Die Schreiben können sowohl gegenüber der Bußgeldstelle vorgelegt werden oder (erst) dem Bußgeldrichter. Diese Arbeitgeberbescheinigung sollte möglichst aktuell sein[837] und nicht aus Gefälligkeit ausgestellt wirken.[838] Sie sollte von der verantwortlichen Person (Personalabteilung, Geschäftsleitung) unterzeichnet sein und auf offiziellem Geschäftspapier ausgestellt sein. Im Rahmen anderer Beiträge zu dieser Thematik wurden bereits Vorschläge für Musterschreiben des Rechtsanwalts an Arbeitgeber mit der Bitte um Abgabe einer Erklärung zur Vorlage bei Gericht unterbreitet.[839] Derartige Schriftsätze sind in Frageform zu formulieren; die zentrale Frage besteht darin, ob dem Mitarbeiter die Kündigung für den Fall der Verhängung eines Fahrverbots von einem Monat droht und ob der Arbeitgeber dazu bereit ist, ihm dies schriftlich zu bestätigen. Die Bestätigungserklärung sollte sich jedoch anknüpfend an die Anforderungen der höchstrichterlichen Rechtsprechung neben dieser Frage zumindest noch dazu äußern, ob sich der Betroffene in absehbarer Zeit keinen Urlaub mehr nehmen kann, dass er auf das Fahrzeug beruflich unabdingbar angewiesen ist, dass er keinen Fahrer einstellen kann (insbesondere mangels hierfür notwendiger finanzieller Möglichkeiten), dass keine Angehörige oder Arbeitskollegen als Fahrer fungieren könnten, und dass und warum der Betroffene sich bei seinen bisherigen Urlaubsplanungen nicht auf das in Rede stehende Fahrverbot einstellen konnte.[840]

---

834 *OLG Bamberg*, SVR 2007, 65; *OLG Celle*, NZV 1996, 117; *OLG Koblenz*, NZV 1996, 373, *OLG Koblenz*, NZV 1997, 48; *OLG Hamm*, SVR 2005, 477.

835 *KG*, DAR 2004, 164 f.

836 *OLG Koblenz*, NZV 1996, 373; *OLG Düsseldorf*, NZV 1997, 447.

837 *OLG Hamm*, SVR 2005, 477.

838 *Krumm*, SVR 2006, 38.

839 *Krumm*, SVR 2006, 38.

840 *OLG Köln*, VRS 88, 392.

Nach höchstrichterlicher Rechtsprechung dürfe der Amtsrichter seiner Entscheidung, kein (indiziertes) Fahrverbot zu verhängen, nicht jede Androhung einer Beendigung des Arbeitsverhältnisses zu Grunde legen, ohne zu prüfen, ob sie verwirklicht wird. Sei es offenkundig, dass die angedrohte Kündigung rechtswidrig wäre, dürfe er nicht (allein) wegen dieser Drohung auf ein Fahrverbot verzichten. Denn bei einer offensichtlich rechtswidrigen Kündigung trage der Betroffene, gegen den trotz Kündigungsdrohung ein Fahrverbot verhängt wird, in Wirklichkeit kein Risiko des Arbeitsplatzverlustes oder aber dieses Risiko sei so gering, dass der Grundsatz der Verhältnismäßigkeit gewahrt bleibe.[841]

Nach der Rechtsprechung des *OLG Koblenz* vom 1.9.2003[842] müsse das Gericht etwaigen „Bestätigungen" des Arbeitgebers, dass es im Falle eines ein- oder mehrmonatigen Fahrverbots zum Arbeitsplatzverlust kommen werde, sogar „mit gebotenem Misstrauen" begegnen. Aus diesem Grunde gibt sich der Bußgeldrichter zuweilen mit schön formulierten Bestätigungsschreiben des Betroffenen bzw. seines Arbeitgebers nicht zufrieden. Obwohl gem. § 77a I OWiG die Vernehmung eines Zeugen durch Verlesung von Niederschriften sowie von Urkunden, die eine von ihnen stammende schriftliche Äußerung enthalten, ersetzt werden darf, wird oft über das Bestätigungserklärung hinaus die dieses unterzeichnende Person von Amts wegen als Zeuge geladen.[843] Dies kann natürlich dem Betroffenen, wenn er Angestellter ist, höchst unangenehm sein, da er damit – wenn der Vorgesetzte unterschrieben hat – den „Chef" in die Angelegenheit hineinzieht und ihn in die missliche Situation bringt, die mit Zeugenaussagen verbunden ist (Erscheinen, Aussagen, Wahrheitspflicht). Einige Amtsrichter bedienen sich der Möglichkeit, den Vorgesetzten zu laden, systematisch und verwenden es geradezu als „Druckmittel". Um sich diese Peinlichkeit zu ersparen, werden einige Betroffene so in die Rücknahme des Einspruchs gegen den Bußgeldbescheid gedrängt.

! **Praxistipp**

Vorsicht ist übrigens geboten, wenn der Bußgeldrichter anhand des FAER-Auszugs feststellt, dass gegen den Betroffenen in der Vergangenheit schon einmal ein Fahrverbot angeordnet wurde. Hier liegt die Frage des Amtsrichters nahe, wie der Betroffene denn damals die Betroffenheit durch ein Fahrverbot „beruflich überlebt" habe. Viele Bußgeldrichter unterstellen hier, dass der Betroffene schon damals beim selben Arbeitgeber beschäftigt war. Der aufgeweckte Verteidiger sollte sich daher bedeckt halten, wie lange das Arbeitsverhältnis schon besteht.

841 *OLG Celle*, NStZ-RR 1996, 182.

842 1 Ss 151/03; ZAP 2003 FACH 1 162 (LS).

843 *Deutscher*, NZV 2009, 115.

h) Fallbeispiel: Inhalt eines Bestätigungsschreibens des Arbeitsgebers

Im Folgenden soll exemplarisch ein konkretes Bestätigungsschreiben eines Arbeitgebers wiedergegeben werden, welches sich am Wortlaut der strengen OLG-Rechtsprechung orientiert und zum gewünschten Verteidigungsziel (Wegfall des Fahrverbots) führen kann.

Offizieller Briefkopf, Firma

Anschrift

An die
Bußgeldstelle

Koblenz, den 10.6.14

Betr.: Mobilität unseres Mitarbeiters Herrn M. Müller

Sehr geehrte Damen und Herren,

die Unternehmensgruppe X ist tätig im Y-Bereich mit Hauptsitz in Köln. Es werden Tochterfirmen mit den Standorten Bonn, Frankfurt, Koblenz und Bochum geführt.

Herr Müller ist angestellter Geschäftsführer und kein Gesellschafter des Unternehmens. Seine Hauptaufgabengebiete für die Unternehmensgruppe, sowie die Tochterfirmen sind;
- Akquise
- Sprecher der Geschäftsführung
- Logistik und Koordination.

In dieser Eigenschaft hat Herr Müller auch alle Außentermine unserer Beteiligungen an nationalen Vertriebskooperationen wahrzunehmen, welche an unterschiedlichen Orten deutschlandweit stattfinden.

Der höchstpersönliche Einsatz des Betroffenen in den beschriebenen Einsatzgebieten macht es erforderlich, dass er auch ständig einen Pkw benutzt. Unser Mitarbeiter Müller legt im Jahr ca. 50.000 km zurück. Begleitend ist Herr Müller auch Beiratsmitglied. Auch im Zuge dieser Tätigkeit finden deutschlandweit Besprechungen und mehrtägige Tagungen mit Übernachtung statt. Gerade der Bereich unseres Gewerbes lebt von persönlichen Kontakten zu den Auftraggebern und auch von der prompten und zuverlässigen Erledigung der Aufträge.

Insbesondere die Besprechungen bei unseren Kunden und Partnern sind häufig bei spontan auftretenden Schwierigkeiten erforderlich. Sie finden auch in ländlichen Regionen statt. Die Aufgaben sind daher nicht mit öffentlichen Verkehrsmitteln durchführbar.

Aufgrund dieser Tätigkeit, welche auch späte Abendveranstaltungen, sowie Wochenendeinsätze beinhalten, ist uneingeschränkte Mobilität unabdingbar.

Die Vielzahl dieser Aufgaben, welche Herr Müller wahrzunehmen hat, ist nur durch ein Höchstmaß an Flexibilität und Mobilität unter Einsatz eines Dienstfahrzeuges durchführbar.

Durch ein mehrwöchiges Fahrverbot könnten diese Aufgaben seitens Herrn Müller nicht mehr erfüllt werden. Die Übertragung aller Aufgaben auf einen Kollegen ist nicht umsetzbar, da Herr Müller aufgrund branchenspezifischer Kenntnisse speziell für diese Aufgaben eingestellt wurde. Eine anderweitige Beschäftigung im Unternehmen ist nicht möglich. Insbesondere eine vorübergehende Einsatzmöglichkeit im Innendienst ist ausgeschlossen.

Die Einstellung eines Fahrers ist schon deshalb nicht möglich, da viele Einsätze außerhalb der zeitlichen Planungen des Betroffenen und außerhalb der persönlichen Arbeitszeit liegen. Auch aus finanziellen Gründen kann das Unternehmen Herrn Müller keinen Fahrer zur Verfügung stellen. Die Inanspruchnahme von Taxis scheidet auch unter finanziellen Gesichtspunkten und der Tatsache aus, dass die Geschäftsreisen oft mehr als hundert Kilometer sind.

Auf eigene Kosten kann sich Herr Müller keinen Fahrer einstellen. Sein Einkommen ist derzeit aufgrund der Auftragslage stark schwankend und bewegt sich zurzeit im unteren Bereich.

Ein Fahrverbot kann auch nicht durch entsprechenden Jahresurlaub überbrückt werden, da Herr Müller auftragsbedingt keine zusammenhängenden vier Wochen Urlaub nehmen kann und dies auch unsererseits nicht genehmigt bekommt. Herr Müller hat in diesem Jahr seinen Jahresurlaub bereits verbraucht. Betriebsferien gibt es in unserem Unternehmen nicht.

Die Grundlage des Arbeitsverhältnisses basiert auf einer gültigen Fahrerlaubnis. Wir haben Herrn Müller darauf hingewiesen, dass der Verlust des Führerscheins für die Dauer von einem Monat den Verlust des Arbeitsverhältnisses bedeutet. Daher bitten wir Sie, von der Verhängung eines Fahrverbotes gegen unseren Mitarbeiter ausnahmsweise abzusehen.

Mit freundlichen Grüßen

i.A. Meyer

Selbständige können dieses Schreiben unter eigenem Briefkopf ausstellen, ggf. die (schlechte) wirtschaftliche Situation noch durch einen Steuerberater bestätigen lassen. Der Rechtsanwalt muss seinen Mandanten auf diese engen Anforderungen der OLG-Rechtsprechung hinweisen, insbesondere, damit der ggf. persönlich im Termin erschienene Betroffene nach Vorlage des Bestätigungsschreibens konkreten Nachfragen des Richters gewappnet ist.

Praxistipp

Entspricht die Bußgeldstelle dem Antrag der Verteidigung, müsste sie nach dem Ergehen des Bußgeldbescheides, der durch Einspruch angefochten wurde, diesen (ursprünglichen) zunächst zurücknehmen und einen neuen Bußgeldbescheid erlassen, der ein Fahrverbot nicht (mehr) enthält. Dieses Procedere ist absolut gängig. Es sollte schon vor der Bußgeldstelle versucht werden, das Fahrverbot entfallen zu lassen. Wer dies versäumt, dem entgeht eine Instanz. Auch gebührentechnisch wird dieser Aufwand honoriert, da der Verteidiger sich die Befriedungsgebühr nach Nr. 5115 Abs. 1 Nr. 3 VV-RVG hinzuverdient, da „der Bußgeldbescheid nach Einspruch von der Verwaltungsbehörde zurückgenommen und gegen einen neuen Bußgeldbescheid kein Einspruch eingelegt wird".

2. Ausnahmen vom Regelfahrverbot für Vielfahrer?

Regelmäßig wird noch argumentiert, dass der Betroffene ein so genannter Vielfahrer sei. Hiermit soll versucht werden, den Sachverhalt angesichts seiner hohen jährlichen Fahrleistung zu relativieren. Zwar gibt es keinen Grund, nicht darauf einzugehen, dass der Mandant täglich mit dem Pkw unterwegs ist, jährlich ca. 40.000 bis 50.000 km zurücklegt und er damit besonders gefährdet ist, durch Ordnungswidrigkeiten in Erscheinung zu treten. Ein derartiger „Vielfahrerbonus" wird jedoch von den Verkehrs- und Verwaltungsgerichten abgelehnt, da auch derjenige Fahrerlaubnisinhaber, der häufig am Straßenverkehr teilnimmt, gehalten sei, die für die Sicherheit des Straßenverkehrs wesentlichen Vorschriften durchweg zu beachten.[844] Der Bußgeldrichter, der argumentiert, es handele sich um einen Vielfahrer, bei dem nur aus diesem Grunde eine Ausnahme vom Regelfahrverbot zu machen sei, riskiert daher die Aufhebung seiner Entscheidung.[845]

3. Absehen vom Fahrverbot wegen gesundheitlicher Beeinträchtigung

Eine unzumutbare Härte kann darüber hinaus vorliegen, wenn ein Betroffener wegen körperlicher Behinderungen in stärkerer Weise auf die Nutzung eines Fahrzeugs angewiesen ist als andere durchschnittliche Autofahrer.[846] Allein gesundheitliche Beeinträchtigungen, die dazu führen, dass der Betroffene auf seine Fahrerlaubnis angewiesen ist, genügen für ein Absehen vom Fahrverbot jedoch nicht.[847] Entschei-

844 OVG Lüneburg: Beschl. v. 9.10.1998 – 12 M 4206/98, BeckRS 1998, 22832; OLG Bamberg, NZV 2011, 149; OLG Naumburg, NStZ 1995, 585; OLG Hamm, NZV 2007, 100; BayObLG, NZV 1994, 327.
845 OLG Hamm, NZV 2005, 120.
846 *OLG Hamm,* NZV 1999, 215.
847 *OLG Hamm,* NStZ-RR 1999, 282.

dend sei vielmehr die Schwere der Behinderung und deren Auswirkung beim Betroffenen sowie der Grad der Abhängigkeit vom Fahrzeug und die Zumutbarkeit der anderweitigen Abwendbarkeit der Folgen des Fahrverbots. Deshalb ist z.B. bei einem querschnittsgelähmten Rollstuhlfahrer, der alleinstehend und ohne anderen Fahrer ist und der für alle Besorgungen des täglichen Lebens auf die Benutzung des Fahrzeugs angewiesen ist, von einem Fahrverbot abgesehen worden.[848]

Ist es dem Betroffenen nicht zumutbar, für seine Arztbesuche auf öffentliche Verkehrsmittel auszuweichen, so kommt ein Wegfall des Fahrverbots in Betracht.[849]

Auch bei der Pflege Dritter kann für den Betroffenen durch die Verhängung des Fahrverbots eine besondere Härte eintreten. So wurde ausnahmsweise von der Verhängung eines Regelfahrverbots abgesehen, weil der Betroffene alleine zwei schwerstkranke Kinder zu betreuen hatte und dabei in besonderem Maße auf seine Fahrerlaubnis angewiesen war.[850] Ferner ist die Verhängung eines Fahrverbots unverhältnismäßig bei der Versorgung der pflegebedürftigen Eltern des Betroffenen und in diesem Zusammenhang notwendig werdender mehrmaliger Fahrten zu Ärzten.

4. Absehen vom Fahrverbot wegen Nachschulungen

Der Wegfall eines Fahrverbots kommt auch wegen Absolvierung von Nachschulungskursen in Betracht. Einige Anbieter führen die verkehrspsychologische Maßnahme „Mobil PLUS Prävention" durch. Ziel der Schulung ist es, von einem Fahrverbot absehen zu können. Der Umfang des Kurses beträgt 3 Einzelsitzungen à 60 Minuten. Der Absolvent erhält eine Teilnahmebestätigung, die ausweist, dass er sich mit der begangenen Ordnungswidrigkeit befasst hat, die Verantwortung für sich und andere Verkehrsteilnehmer bewusst wahrgenommen und Anleitung erhalten hat, ein sicherheitsorientiertes Fahrverhalten durchgehend und nachhaltig umzusetzen. Ihm wird bestätigt, dass er sich zuverlässig in der Einhaltung der Termine und der vereinbarten Bearbeitung der Kursaufgaben und Beobachtungsübungen gezeigt hat. Die beabsichtigte Erziehungswirkung bei dem Betroffenen wird durch die aktive Teilnahme an Mobil PLUS Prävention in Gang gesetzt, so dass er sich zukünftig regelgerecht verhält. Aus verkehrspsychologischer Sicht wird empfohlen, von der Möglichkeit Gebrauch zu machen, von einem Fahrverbot abzusehen. Amtsgerichte haben den Kurs bereits akzeptiert. Hat der Betroffene an einer verkehrspsychologischen Maßnahme teilgenommen, könne unterstellt werden, dass sich die Einstellung des Betroffenen zu straßenverkehrsrechtlichen Vorschriften positiv verändert habe, so dass von ihm zukünftig ein normgerechtes Verhalten erwartet wer-

848 OLG Frankfurt, NZV 1995, 366.
849 OLG Hamm, NStZ-RR 1999, 282.
850 *AG Stuttgart, Urt. v. 18.6.2001 – 31 OWi 74 Js 98767/00/HA*, ADAJUR Dok.Nr. 47496.

den könne, d.h. jene nachhaltige erzieherische Wirkung eingetreten sein dürfte, die von der Anordnung und Vollstreckung eines Fahrverbots zu erwarten gewesen wäre.[851] Es kann nicht nur – im Optimalfall – zum Wegfall eines Fahrverbots kommen, sondern auch zu einer Verkürzung des Fahrverbots von 3 auf 2 oder von 3 auf einen Monat.[852] Übertragbar sind die Entscheidungen auf anderweitige Fahrsicherheitstrainingskurse, die sich zum Ziel setzen, die Fähigkeiten zu verbessern und Gefahrensituationen richtig einzuschätzen. Hat der Betroffene auf Anraten des Rechtsanwalts nach der Ordnungswidrigkeit an dem Fahrsicherheitstrainingskurs teilgenommen und reicht der Verteidiger für ihn eine Urkunde als Nachweis bei Gericht/der Bußgeldbehörde ein, so spricht dies dafür, dass die Mandantschaft ihr Fehlverhalten einsieht und die Wahrscheinlichkeit von Wiederholungsfällen niedrig ist. Es bedarf dann regelmäßig der Denkzettel- und Besinnungsmaßnahme eines Fahrverbots nicht mehr.[853]

IV. Stark unterschiedliche Handhabung von § 25 StVG

In der Praxis ist von einem in der höchstrichterlichen Rechtsprechung betonten Gleichheitsgrundsatz und dem Gebot der materiellen Gerechtigkeit nicht viel übrig geblieben. Dies macht sich zum einen durch die regionalen Unterschiede bemerkbar und zum anderen durch den eigenwilligen Umgang von Bußgeldrichtern und Bußgeldstellen mit der StPO/dem OWiG.

1. Regionale Unterschiede

Die Anerkennung besonderer Härten durch Bußgeldstellen bzw. Amtsgerichte ist bundesweit stark abweichend,[854] wobei allgemein das übliche „Stadt-Land" und „Nord-Süd"-Gefälle hin zu einer schärferen Sanktionspraxis festzustellen ist; die Unterschiede machen sich sowohl im Erfordernis und der Überprüfung von Behauptungen in Bestätigungsschreiben, als auch bei dem Umfang der Erhöhung der statt dem Fahrverbot festgesetzten Geldbuße bemerkbar. Einige Richter verdoppeln, andere verdreifachen, wieder andere haben fixe Tarife, die darüber hinaus gehen. Regional unterschiedliche Ahndungsweisen äußern sich weiter wie folgt: Einige Gerichte bieten direkt mit der Ladung zur Hauptverhandlung bereits von sich aus an, das Fahrverbot, falls der Einspruch darauf abzielt, gegen Verdoppelung der Geldbuße zum Wegfall zu bringen. Verbunden wird diese Anfrage dann mit dem Hin-

---

851 AG Mannheim, Beschl. v. 31.7.2013 – 22 OWi 504 Js 8240/13, BeckRS 2014, 00872.
852 AG Bernkastel-Kues, ZfS 2014, 172
853 Fromm, VRR 2011, 131 ff.
854 *Petzold*, S. 24.

weis, dass für den Fall des Einverständnisses des Betroffenen mit dieser Verfahrensweise im schriftlichen Beschlusswege gem. § 72 OWiG vorgegangen werden könne. Einige Bußgeldrichter lassen „fünfe gerade sein" und setzen ohne großen Argumentationsaufwand und ohne Bestätigungsschreiben dreimonatige Fahrverbote auf einen Monat herab; andere blocken schon bei einer Reduzierung um einen Monat kategorisch ab. Wieder andere akzeptieren einen Wegfall des Fahrverbots, wenn keine Vorbelastungen des Betroffenen vorliegen.[855] Bußgeldrichter anderer OLG-Bezirke geben bereits im Rahmen der Ladung regelmäßig einen ablehnenden Hinweis im Hinblick auf ein Absehen vom Fahrverbot und fügen der Ladung eine Fülle standardisierter Zitate aus der OLG-Rechtsprechung zur Notwendigkeit der Abwendung eines drohenden Arbeitsplatzverlusts mit zumutbaren Maßnahmen bei; andere Richter geben sogar einen Hinweis auf die Veränderung des rechtlichen Gesichtspunktes in entsprechender Anwendung des § 265 StPO, dass auch eine Vorsatzverurteilung[856] denkbar sei, womit die Erfolgsaussichten insgesamt als auch im Hinblick auf den Wegfall eines Fahrverbots bereits vorgegeben sind. In vielen Ladungen von Amtsgerichten wird dieser Text, der mit dem Satz endet, dass empfohlen werde, zur Vermeidung weiterer Kosten den Einspruch gegen den Bußgeldbescheid bis zu einem bestimmten Datum zurück zu nehmen, bereits als Formular verwendet. Die durch diese Hinweise zu erwartenden Einspruchsrücknahmen können dem Richter sicherlich Arbeit ersparen. Man fragt sich, ob hierdurch bereits die Befangenheit des Richters gem. § 24 II StPO i.V.m. § 46 I OWiG dokumentiert wird. Die Benennung der einzelnen Bundesländern oder Oberlandesgerichtsbezirken, die der einen oder anderen Verfahrensweise zuneigen, würde den Rahmen sprengen. Eine Darstellung wäre aber auch wenig hilfreich, da ein Berufen hierauf keine Präjudizwirkung hätte und ggf. sogar kontraproduktiv im Hinblick auf künftige Verhandlungen wäre.

2. Marotten einiger Bußgeldrichter

Vereinzelt haben sich in der Praxis besonders fragwürdige „Deal-Vorschläge", die das Gesetz nicht vorsieht, bzw. Marotten einiger Bußgeldrichter eingebürgert. So glaubt der eine oder andere Amtsrichter, die sich widerstreitenden Interessen dadurch unter einen Hut zu bringen, dass er unter Hinweis auf die OLG-Rechtsprechung zwar das Fahrverbot nicht entfallen lassen will, dem Betroffenen aber immerhin freiwillig ein Zeitpolster gewährt und dabei anbietet, die zweite Hauptverhandlung auf einen Zeitpunkt in neun bis zwölf Monaten festzusetzen; im Ge-

855 Dazu: *Deutscher*, NZV 2010, 175, 177.

856 Bei einer vorsätzlichen Geschwindigkeitsüberschreitung ist es nach der Rspr. des *OLG Koblenz* (ZAP 2004 FACH 1 168) praktisch ausgeschlossen, unter dem Gesichtspunkt der außergewöhnlichen Härte zu einer Reduzierung des Regelfahrverbots zu gelangen.

genzug erwartet der Bußgeldrichter eine Ankündigung des Verteidigers, den Einspruch spätestens 14 Tage vor dem terminierten weiteren Hauptverhandlungstag zurück zu nehmen. Hierdurch erspart er sich die Unannehmlichkeiten eines anfechtbaren Urteils. Sauber erscheint die Verfahrensweise jedoch keineswegs, da sie zumindest gegen den auch im Ordnungswidrigkeitenrecht geltenden Beschleunigungsgrundsatz nach Art. 6 I EMRK verstößt.[857] Andere Richter oder Bußgeldstellen lassen sich inzwischen den Wegfall des Fahrverbots von exorbitanten Geldbußen vom Betroffenen regelrecht abkaufen. Angebotene Beträge von 1.000 (pro Monat weggefallenen Fahrverbot) bis 2.600 EUR (in dem konkreten Fall für 2 Monate) kommen vor. Diese Praxis läuft § 24 II StVG zuwider, wonach das Höchstmaß des gesetzlichen Bußgeldrahmens (2.000 EUR) auch dann nicht überschritten werden darf, wenn ein an sich verwirktes Fahrverbot nicht verhängt wird.[858] Man wird den Eindruck nicht los, dass derartige Angebote in erster Linie die Sanierung der öffentlichen Haushalte im Blick haben und weniger die Verbesserung der Verkehrssicherheit.

Eine weitere Unsitte besteht darin, dass sich einige Bußgeldrichter angewöhnt haben, die Akte nach einem Antrag des Verteidigers auf Wegfall des Fahrverbots zur Absicherung der Staatsanwaltschaft zuzuleiten. Derartige Schreiben des Bußgeldrichters sind dann folgendermaßen formuliert: U.m.A. der Staatsanwaltschaft mit der Bitte um Stellungnahme zum Antrag des Verteidigers auf Wegfall des Fahrverbots. Verweigert die Staatsanwaltschaft eine „Zustimmung" zum Wegfall des Fahrverbots, so stößt man im Folgenden beim Bußgeldrichter auf „taube Ohren". Der Einwand des Bußgeldrichters gegen den Wegfall des Fahrverbots lautet dann oft wie folgt: *Herr Verteidiger, ich würde ja gerne, aber Sie kennen die Auffassung der Staatsanwaltschaft.* Zwar kann der Bußgeldrichter hierdurch der Gefahr, von der Rechtsbeschwerdeinstanz aufgehoben zu werden, aus dem Wege gehen, da bei erstinstanzlichem Wegfall des Fahrverbots ein Rechtsmittel der Staatsanwaltschaft geradezu vorprogrammiert ist. Durch diese Praxis scheint er jedoch die richterliche Unabhängigkeit falsch verstanden zu haben, entscheidet doch bei diesem Procedere im Grunde die Staatsanwaltschaft über den Wegfall des Fahrverbots. Gem. Art. 97 I GG ist der Richter „nur dem Gesetze", und nicht der Staatsanwaltschaft unterworfen.

V. Beschränkung des Fahrverbots

Nach § 25 StVG kann das Gericht nur eine bestimmte Art von Kraftfahrzeugen von dem Fahrverbot ausnehmen. Unter Kraftfahrzeugen „einer bestimmten Art" sind

857 *BVerfG*, NJW 1992, 2472; *Tepperwien*, NStZ 2009, 1.
858 *OLG Düsseldorf*, DAR 1996, 413.

zunächst die Kraftfahrzeuggruppen zu verstehen, welche der Einteilung der Fahrerlaubnisklassen nach § 6 VI 1 FeV zugrunde liegen.[859] Eine weitere Differenzierung ist möglich nach dem Verwendungszweck, soweit dieser durch eine bestimmte Ausrüstung oder eine bestimmte Bauart bedingt ist. Hingegen ist es nicht zulässig, eine Ausnahme nach Fabrikat, Fahrzweck, Halter, Benutzungszeit oder Benutzungsart eines Kraftfahrzeuges zu bestimmen oder ein bestimmtes Fahrzeug vom Fahrverbot auszunehmen. Die Beschränkung es Fahrverbots auf „montags bis samstags für die Zeit von 18.30 Uhr–7.30 Uhr und sonntags ganztägig" ist damit rechtsfehlerhaft.

VI. Rechtsbeschwerde

Hat der Verteidiger sein Verteidigungsziel, den Wegfall des Fahrverbots, nicht erreicht, so ist statthaftes Rechtsmittel gegen das amtsrichterliche Urteil die Rechtsbeschwerde gem. § 79 OWiG, nicht etwa nur der Zulassungsantrag nach § 80 OWiG. Die Rechtsbeschwerde ist bei erstinstanzlicher Verhängung eines Fahrverbots auch bei einer niedrigeren Geldbuße als 250,00 EUR nämlich stets zulässig, da gegen den Betroffenen nach § 79 I Nr. 2 OWiG eine Nebenfolge angeordnet worden ist.

1. Pragmatische Überlegungen

Zum einen ist allein die Einlegung der Rechtsbeschwerde geeignet, ein entsprechendes Zeitpolster für seinen Mandanten zu erreichen. In der Regel benötigt das Oberlandesgericht bis zur rechtskräftigen Entscheidung mehrere Monate. Der Betroffene kann so – über § 25 II a StVG[860] hinaus – einen ihm geeigneten Zeitraum für die Abgabe des Führerscheins finden.

2. Rechtsfehlerbehaftete Bußgeldurteile

Angesichts der uferlosen Rechtsprechung zu dem Themenkomplex sollen im Folgenden nur einige Klassiker rechtsfehlerhafter Bußgeldurteile mit Fahrverbot vorgestellt werden, die in vielen Fällen bereits zur Aufhebung amtsrichterlicher Entscheidungen mit Fahrverbot geführt haben.

---

859 OLG Hamm, Beschl. v. 20.4.2010 – 2 RBs 31/10, BeckRS 2010, 11318.

860 Das Fahrverbot nach § 25 StVG wird nämlich frühestens mit der Rechtskraft der Bußgeldentscheidung wirksam (§ 25 II 1 StVG), spätestens jedoch mit Ablauf von vier Monaten seit Eintritt der Rechtskraft gem. § 25 II a StVG.

a) Verkennung des Systems der Regelfahrverbote nach § 25 I 1, 2 StVG

Wie ausgeführt indiziert die Erfüllung einer der Tatbestände des § 4 BKatV das Vorliegen einer „groben" oder „beharrlichen" Pflichtverletzung i.S.d. § 25 I 1 StVG und damit zugleich die Erforderlichkeit und Angemessenheit der Anordnung eines Fahrverbots. Dabei handelt es sich aber um eine widerlegliche Vermutung. Demnach können, trotz Vorliegens einer Katalogtat, die besonderen Umstände des Einzelfalls die Vermutungs- und Indizwirkung für eine grobe Pflichtwidrigkeit entkräften. Selbst bei Begehung einer Katalogtat sind die Tatbestandsvoraussetzungen für ein Fahrverbot also nicht erfüllt, wenn ausnahmsweise der Täter nicht besonders verantwortungslos gehandelt hat oder er nicht den erforderlichen Grad der Gefahr geschaffen hat. Das Fahrverbot könnte insoweit schon keinen Bestand haben, da die Voraussetzungen des § 25 I 1 StVG nicht gegeben sind.

Der Tatrichter muss sich daher (ausschließlich bei §§ 24, 25 I 1 StVG)[861] der Möglichkeit trotz Annahme eines Regelfalls nach der BKatV von der Verhängung eines Fahrverbots bei gleichzeitiger Erhöhung der Geldbuße absehen zu können, bewusst sein und dies, was häufig übersehen wird, in den Gründen seines Urteils auch zu erkennen geben.[862] Ergibt sich aus den Gründen, dass ein Absehen von der Verhängung des Fahrverbots nur unter dem Gesichtspunkt des beruflichen Nachteils geprüft wurde,[863] so ist das erstinstanzliche Urteil rechtsfehlerbehaftet und aufzuheben.

Eines ausdrücklichen Ansprechens der Möglichkeit des Absehens vom Fahrverbot bedarf es nämlich dann ausnahmsweise nicht, wenn der Begründung des amtsrichterlichen Urteils im Übrigen eindeutig zu entnehmen ist, dass der durch das Fahrverbot angestrebte Erfolg durch eine Erhöhung der Geldbuße bei gleichzeitigem Wegfall des Fahrverbots nicht erreicht werden kann.[864] Dies gilt neben den Fällen des Fahrverbots nach Trunkenheits- oder Drogenfahrt auch für das Fahrverbot des § 25 I 1 StVG, wenn die Zahl und die Geschwindigkeit der Voreintragungen oder die Schwere des Verstoßes die Fahrverbotsanordnung gebieten.[865]

b) Übergehen der Einlassung des Betroffenen

Ein weiterer beliebter Fehler von Bußgeldrichtern besteht darin, in den Gründen aus Bequemlichkeit die Einlassung des Betroffenen zur Frage der beruflichen Existenzgefährdung nicht in einer für das Rechtsbeschwerdegericht nachvollziehbaren Wei-

---

861 *OLG Hamm*, SVR 2004, 334.
862 BGHSt 38, 125; *OLG Hamm*, NZV 2003, 245.
863 *OLG Hamm*, NStZ-RR 1998, 188.
864 *OLG Hamm*, NZV 2000, 136 = DAR 2000, 177 = VRS 98, 222.
865 OLG Hamm, NZV 2011, 455 ff.

se darzustellen.[866] Tatsächlich erfordert es für den Richter einen nicht zu unterschätzenden Argumentationsaufwand, sich mit dem vom Betroffenen vorgetragenen Arbeitsplatzverlust auseinanderzusetzen und – bei gutem Vortrag – die besondere Härte abzulehnen. Diese Mühe wollen sich Amtsrichter am liebsten ersparen. Oft wird lediglich floskelartig eine drohende Gefährdung der beruflichen Existenz abgelehnt, ohne näher darzulegen, worin diese Gefährdung ggf. besteht bzw. bestehen könnte. In amtsrichterlichen Urteilen heißt es oft in den Gründen nur allgemein, dass der Betroffene sich Urlaub nehmen könne und das Fahrverbot im Zweifel über die Weihnachtsfeiertage antreten könne. Dabei wird die Argumentation des Betroffenen zur besonderen Härte völlig übergangen. Wird die Einlassung des Betroffenen nicht wiedergegeben und eine Beweiswürdigung vorgenommen, aus der sich ergibt, aufgrund welcher Erwägungen das Gericht die Darstellung des Betroffenen für widerlegt hält, so ist das ein die Rechtsbeschwerde rechtfertigender sachlich-rechtlicher Mangel.

Auch eine Bezugnahme auf Aktenteile – etwa auf das Vorbringen im Schriftsatz des Verteidigers – ist unzulässig.[867] Wie jedes Strafurteil muss auch das Urteil in Bußgeldsachen aus sich heraus verständlich und im Rahmen der Überprüfung durch das Rechtsbeschwerdegericht nachvollziehbar sein. Wenn das Amtsgericht das Vorbringen des Betr. zu einer – nicht auszuschließenden – erheblichen Härte als nicht ausreichend bewertet, aber dieses Vorbringen selbst nicht mitteilt, hat es dem Rechtsbeschwerdegericht nicht ermöglicht, diese Bewertung revisionsrechtlich zu überprüfen.[868]

Ebenso wenig wie der Tatrichter entlastende Angaben eines Betroffenen, der sich auf das Vorliegen einer persönlichen Ausnahmesituation beruft, ohne weiteres – und ohne jegliche Begründung im Urteil – einfach als glaubhaft hinnehmen darf,[869] darf er eine solche Einlassung ohne eine für das Rechtsbeschwerdegericht nachprüfbare Begründung als widerlegt ansehen[870] bzw. völlig übergehen. Das Amtsgericht ist gehalten, im Rahmen seiner Aufklärungspflicht nach § 77 I OWiG das Vorbringen des Betroffenen auf seinen Wahrheitsgehalt zu überprüfen.[871]

Im Übrigen ist darauf zu verweisen, dass die fehlende Wiedergabe der Einlassung schon auf die einfache Sachrüge („Rüge der Verletzung materiellen Rechts") hin vom Rechtsbeschwerdegericht geprüft wird.[872] Einer formgerechten Verfahrensrüge bedarf es daher hier nicht.

866 *OLG Koblenz*, ZfS 2007, 589.
867 *Meyer-Goßner*, StPO, § 267 Rn 2 m.w. Nachw.; OLG Bamberg, NJW 2008, 3653.
868 OLG Bamberg, NJW 2008, 3653.
869 OLG Stuttgart, NZV 1994, 371.
870 BayObLG, Beschl. v. 31.1.1996, 2 ObOWi 14/96 bei Juris.
871 *OLG Jena*, NStZ-RR 2008 123.
872 *OLG Hamm*, SVR 2008, 312 m. Anm. *Krumm*; OLG Bamberg, NJW 2008, 3653.

Gänzlich entbehrlich ist die Wiedergabe und Auseinandersetzung mit der Einlassung grundsätzlich nur in seltenen Ausnahmefällen, die sachlich und rechtlich einfach gelagert und von geringer Bedeutung sind.[873] Letzteres ist jedoch bereits deshalb nicht der Fall, wenn der Betroffene wegen des Geschwindigkeitsverstoßes zu einer Geldbuße von 150,00 € und einem einmonatigen Fahrverbot verurteilt worden ist, wobei er geltend macht, dass Letzteres ihn in seiner wirtschaftlichen Existenz bedrohe.[874]

c) Verstoß gegen das Verschlechterungsverbot bei Erhöhung der Geldbuße?

Das Verbot der reformatio in peius, welches gemäß § 79 III 1 OWiG i.V.m. § 358 II StPO im Rechtsbeschwerdeverfahren gilt und von Amts wegen zu berücksichtigen ist,[875] besagt, dass eine Entscheidung hinsichtlich der Rechtsfolgen nicht zum Nachteil des Betroffenen geändert werden darf. Das *OLG Hamm*[876] problematisierte die Frage, ob bei Erhöhung der Geldbuße gegen das Verschlechterungsverbot verstoßen wird. Die Überprüfung dieser Frage überrascht durchaus, da kein Zweifel daran bestehen kann, dass grundsätzlich im Ordnungswidrigkeitenverfahren die Verhängung eines Fahrverbots nach § 25 StVG gegenüber der Geldbuße die härtere Reaktion darstellt.[877] Denn dem Gesetz lässt sich im Wege der Auslegung entnehmen, dass die Geldbuße gegenüber dem Fahrverbot die mildere Form der Ahndung darstellt.[878]

Grundsätzlich darf der Tatrichter daher, ohne gegen das Verschlechterungsverbot zu verstoßen, nach Aufhebung des Bußgeldausspruchs und des Fahrverbots durch das Rechtsbeschwerdegericht die ursprünglich verhängte Geldbuße erhöhen, wenn er von der nochmaligen Verhängung eines Fahrverbots absieht.[879] Die Gesamtschau der verhängten Ahndungsmaßnahmen lässt hier keine Veränderung zum Nachteil des Betroffenen erkennen. Entscheidend ist dabei, ob und inwieweit die angemessene Erhöhung der Geldbuße beim Wegfall des Fahrverbots für den Betroffenen weniger drückend ist als die bisherige Geldbuße bei gleichzeitigem

873 OLG Koblenz, Beschl. v. 25.3.1997 – 1 Ss 235/96 m.w. Nachw.

874 OLG Koblenz, ZfS 2007, 589.

875 *OLG Düsseldorf*, MDR 1999, 500.

876 NZV 2007, 635.

877 *OLG Hamm*, Beschluss vom 12.8.2004, 4 Ss OWi 418/04; *OLG Karlsruhe*, NZV 1993, 450. Daher stellt die Anordnung eines bisher nicht verhängten Fahrverbots in einem von dem Betroffenen betriebenen Rechtsmittelverfahren – auch bei nachhaltiger Herabsetzung der Geldbuße immer eine unzulässige Verschlechterung gegenüber dem bloßen Bußgeldausspruch dar.

878 BGHSt 24, 11.

879 *OLG Hamm*, NZV 2007, 635.

Fahrverbot.[880] Allerdings kommt nach ständiger Rechtsprechung[881] eine Erhöhung der Geldbuße wegen des Absehens vom Fahrverbot gemäß § 4 IV BKatV dann nicht mehr in Betracht, wenn es der Anordnung eines Fahrverbots wegen des langen Zeitablaufs zwischen der Tat und deren Ahndung zur erzieherischen Einwirkung auf den Betroffenen nicht mehr bedarf, wobei dies bei einem Zeitraum von mehr als zwei Jahren zwischen Tat und Ahndung sicher anzunehmen ist.[882] Das Fahrverbot dient nämlich in erster Linie spezialpräventiven Zwecken und kann seine Warnungs- und Besinnungsfunktion auch im Hinblick auf seinen Strafcharakter nur dann erfüllen, wenn es sich in einem kurzen zeitlichen Abstand zur Tat auf den Täter auswirkt. Etwas anderes kann nur dann gelten, wenn der erhebliche Zeitablauf zwischen Tat und Verhängung des Fahrverbotes dem Betroffenen angelastet werden könnte.

Im Einzelnen ist umstritten, auf welchen Zeitraum es dabei ankommt. Teilweise wird vertreten, es käme auf das Wirksamwerden der Anordnung an.[883] Andere Oberlandesgerichte stellen auf das Datum ihrer eigenen Entscheidung ab.[884] Demgegenüber meint das *OLG Hamm*,[885] dass von Bedeutung nur der Zeitraum zwischen Tatbegehung und der letzten tatrichterlichen Verhandlung sein könne, da der Tatrichter den sich anschließenden Zeitraum zwischen seiner Entscheidung und deren Rechtskraft nicht berücksichtigen könne und das Rechtsbeschwerdegericht lediglich zu prüfen habe, ob das Urteil des Tatrichters, auch was den Rechtsfolgenausspruch, insbesondere die Verhängung und Begründung eines Fahrverbotes betreffe, Rechtsfehler aufweise.

Während die erste Entscheidung verteidigungsfreundlich ist, da der Zweijahreszeitraum verlängert wird, ist die zweite Auffassung weniger betroffenenfreundlich, die letzte am wenigsten. Für die letzte Meinung spricht, dass die ersten beiden Auffassungen schwer praktikabel sind. Diesen zufolge müsste der Richter im Grunde in den Fällen des § 25 II a 1 StVG mind. vier Monate hinzuaddieren, was bedeutet, dass bereits nach ca. 20 Monaten Verfahrensdauer ein Fahrverbot nicht mehr verhängt werden könnte. Ferner kann nur der Tatrichter überprüfen, ob der Betr. sich nach dem ihm vorgeworfenen Vorfall verkehrsgerecht verhalten hat.[886]

880 BGHSt 24, 11.

881 OLG Hamm, Beschl. vom 25.6.2002, 3 Ss OWi 341/02; *OLG Bamberg*, DAR 2006, 337; *OLG Celle*, VRS 108, 118, 121.

882 *OLG Celle*, NZV 2011, 46.

883 *OLG Köln*, NZV 2004, 422.

884 *OLG Schleswig*, DAR 2002, 326.

885 DAR 2000 580.

886 OLG Oldenburg, NZV 2011, 564 f.

d) Verhängung eines Fahrverbots im Einspruchsverfahren

Ist im Bußgeldbescheid ein Fahrverbot nach § 25 StVG nicht angeordnet worden, so darf das Gericht im Einspruchsverfahren darauf nur erkennen, wenn es den Betroffenen auf diese Möglichkeit hingewiesen hat.[887] Eine solche Hinweispflicht, die den Betroffenen vor Überraschungen, auf die er seine Verteidigung nicht hat einstellen können, schützt, entspricht der gefestigten höchst- und obergerichtlichen Rechtsprechung[888] und Literatur.[889] Als bloße Nebenfolge tatbestandsmäßigen Handelns erfüllt das Fahrverbot des § 25 StVG nicht unmittelbar eine der Voraussetzungen des § 265 II StPO. Die Hinweispflicht auf das Fahrverbot des § 25 StVG ergibt sich indessen, in entsprechender Anwendung des § 265 II StPO, aus dem Grundgedanken dieser Vorschrift und aus Sinn und Zweck des § 265 StPO überhaupt. Diese Verfahrensvorschrift will den Betroffenen vor Überraschungen schützen, auf die er seine Verteidigung nicht hat einstellen können. Der Betroffenen soll und muss darauf vertrauen dürfen, dass seiner Verurteilung nur solche Strafbestimmungen zugrunde gelegt werden, auf die er entweder durch die zugelassene Anklage oder durch einen entsprechenden Hinweis in der Hauptverhandlung unterrichtet worden ist. Auf Abweichungen von der zugelassenen Anklage braucht er seine Verteidigung nur dann einzurichten, wenn das Gericht durch förmlichen Hinweis zu erkennen gegeben hat, dass es sie ernsthaft in Erwägung zieht.[890] Sein Recht auf umfassende Verteidigung soll möglichst ungeschmälert sein.[891] Die rechtsfehlerhafte Nichtanwendung des § 265 II StPO führt zur Aufhebung des gesamten Urteils und nicht nur – wegen der Wechselwirkung zwischen Haupt- und Nebenfolge – zur Aufhebung des gesamten Rechtsfolgenausspruchs.[892]

Selbst wenn der Schuldspruch nicht mit Rechtsfehlern zum Nachteil des Betroffenen behaftet wäre, würde dem Betroffenen im Falle nur der Aufhebung des Rechtsfolgenausspruchs die Möglichkeit der Rücknahme seines Einspruchs genommen.[893] Einem Betroffenen diese Möglichkeit mit einer Überraschungsentscheidung zu nehmen, verletzt seinen aus dem Rechtsstaatsprinzip folgenden Anspruch auf Gewährung rechtlichen Gehörs und der Garantie eines fairen Verfahrens, der mit der gerichtlichen Fürsorgepflicht korreliert.[894] Es ist nicht auszuschließen, dass

---

887 *BGH*, NJW 1980, 2479 ff.; *Thüringisches OLG*, NZV 2010, 311; ZfS 2010, 294 f.

888 BGHSt 29, 274 ff.; *OLG Koblenz*, VRS 71, 209; *OLG Düsseldorf*, VRS 77, 367 und 87, 203; *OLG Hamm*, zfs 2005, 519).

889 *Ferner*, Strategie und Taktik im verkehrsrechtlichen Ordnungswidrigkeitenverfahren, Rn 709; *König*, in Hentschel/König/Dauer, Straßenverkehrsrecht, 40. Aufl., § 25 StVG, Rn 29; *Rebmann/Roth/Herrmann*, OWiG, 3. Aufl., § 74 Rn 9.

890 BGHSt 16, 47. [49] = NJW 1961, 1222; BGHSt 22, 29 [31] = NJW 1968, 512; *BGH*, MDR 1977, 63.

891 Seitz, in Göhler, OWiG § 71 Rn 50.

892 *OLG Hamm*, a.a.O.; KK-*Senge*, OWiG, 3. Aufl., § 71 Rn 104.

893 *OLG Hamm*, VRS 63, 56 und zfs 2005, 520; *OLG Düsseldorf*, VRS 87, 204; KK-*Senge*, a.a.O.

894 *OLG Düsseldorf*, VRS 87, 204; *Meyer-Goßner*, StPO, § 265 Rn 3 ff.

der Betroffene nach Erteilung des rechtsfehlerhaft unterbliebenen rechtlichen Hinweises seine Verteidigung anders einrichtet und seinen Einspruch gegen den Bußgeldbescheid zurücknimmt. Würde die Aufhebung und Zurückverweisung dagegen auf den Rechtsfolgenausspruch beschränkt, käme eine Rücknahme des Einspruchs nicht mehr in Betracht. Das gesamte Urteil beruht daher auf dem Verfahrensfehler.

VII. Zusammenfassung und Fazit

1. Bei der Verhängung eines Fahrverbots sollte der Wegfall desselben als Mindest-Verteidigungsziel betrachtet werden. Aus den Augen verloren werden darf daher nicht das primäre Ziel, das Verfahren zur Einstellung zu bringen oder einen Freispruch zu erwirken. Hierzu muss die Rechtmäßigkeit des Bußgeldbescheides umfassend geprüft werden. Eine Fixierung auf den Wegfall des Fahrverbots verbietet sich.
2. Der Betroffene, gegen den eine Geldbuße mit Fahrverbot verhängt wurde, muss möglichst konkret darlegen, dass die Mobilität für ihn nicht nur von besonderer Bedeutung ist, sondern durch ein Fahrverbot auch seine wirtschaftliche Existenz gefährdet ist. Es empfiehlt sich die Einreichung eines – möglichst den engen Anforderungen der höchstrichterlichen Rechtsprechung genügenden – Bestätigungsschreibens des Arbeitgebers.
3. Nach der höchstrichterlichen Rechtsprechung verbleiben im Ergebnis kaum denkbare Konstellationen übrig, in denen das Fahrverbot zu einer unangemessen harten Sanktion führt, da der Betroffene den Existenzverlust stets mit „zumutbaren Vorkehrungen“ abwenden könne.
4. Vor deutschen Bußgeldstellen und Amtsgerichten variieren die Anforderungen, unter denen im Einzelfall von der Festsetzung eines Fahrverbots ausnahmsweise abgewichen wird, erheblich. In kaum einem anderen Gebiet hängt es in der Praxis derart vom Ort der Tat, dem zuständigen Bußgeldrichter und der Staatsanwaltschaft, und damit letztlich nur vom Zufall ab, wie die Chancen für den Wegfall des Fahrverbots bestellt sind. Oft ist es nur von diesen Aspekten abhängig, ob der Betroffene mit seinem Verteidigungsziel (Wegfall des Fahrverbots) durchdringt. Dies weckt erhebliche Bedenken im Hinblick auf den Gleichheitsgrundsatz und die gerechte Behandlung aller Verkehrsteilnehmer.
5. Die strenge höchstrichterliche Rechtsprechung wirkt sich daher zurzeit keineswegs dergestalt aus, dass hierdurch Kraftfahrzeug-Führer in gleicher Weise getroffen würden. Rechtsfolgen auf bestimmte Verkehrsverstöße werden durch diese differierende Sanktionspraxis für den Betroffenen unvorhersehbar und nicht berechenbar. Durch das angedrohte Fahrverbot dürften sich Täter daher wohl kaum nachhaltig abschrecken lassen.

VIII. Formular für eine auf Verletzung von § 265 II StPO gestützte Rechtsbeschwerde

An das
Amtsgericht J.

22.10.09
Diktatzeichen

Sekretariat
Telefon:
Telefax:
e-mail :

In der Bußgeldsache
g e g e n H

– OWi –

begründen wir die Rechtsbeschwerde gegen das Urteil des Amtsgerichts J vom 6.5.2009 wie folgt und legen die Anträge vor:

1. Das Urteil des Amtsgerichts J. vom 6.5.2009 wird mit den ihm zugrundeliegenden Feststellungen aufgehoben.
2. Die Sache wird zur anderweitigen Verhandlung und Entscheidung auch über Kosten der Rechtsbeschwerde an eine andere Abteilung des Amtsgerichts zurückverwiesen.

B e g r ü n d u n g:

Gerügt wird die Verletzung formellen und materiellen Rechts.

1. Verfahrensrüge

Verstoß gegen §§ 71 OWiG, 265 StPO
Unterbliebener rechtlicher Hinweis bei erstmaliger Verhängung eines Fahrverbotes in der Gerichtsverhandlung.

a) Verfahrenstatsachen

Dem Betroffenen wurde mit Bußgeldbescheid vom 6.11.2008 vorgeworfen, die zulässige Höchstgeschwindigkeit außerhalb geschlossener Ortschaft um 24 km/h am 12.6.2008, 07:05 Uhr auf der Bundesautobahn 4 Richtung D. überschritten zu haben.

Der Bußgeldbescheid sah eine Geldbuße von EUR 40,00 vor. Ein Fahrverbot enthielt der Bußgeldbescheid vom 6.11.2008 nicht. Gegen den Bußgeldbescheid richtete sich der Einspruch des anwaltlich vertretenen Betroffenen vom 14.11.2008.

Am 24.3.2009 terminierte das Amtsgericht J. den Hauptverhandlungstermin auf den 6.5.2009.

Mit Schreiben des Amtsgericht J. vom 20.4.2009 wurde der Betroffene auf seinen Antrag hin (Blatt 40 der Akte) von der Verpflichtung zum persönlichen Erscheinen entbunden. Zum Termin der Hauptverhandlung erschien in Untervollmacht für den Unterzeichner Rechtsanwalt U., vgl. Untervollmacht, Blatt 45 der Akte.

Das Urteil des Amtsgerichts J. vom 6.5.2009 (Blatt 51ff. der Akte) enthält erstmalig ein Fahrverbot von einem Monat.

Der Tenor lautete:

Gegen den Betroffenen wird eine Geldbuße von EUR 150,00 festgesetzt, weil der Betroffene fahrlässig die zulässige Höchstgeschwindigkeit außerhalb geschlossener Ortschaft von 60 km/h um abzüglich der Messtoleranz 24 km/h überschritten hat.

Dem Betroffenen wird für die Dauer eines Monats untersagt, Kraftfahrzeuge aller Art im Straßenverkehr zu führen.

Der Betroffene trägt die Kosten des Verfahrens einschließlich seiner notwendigen Auslagen (§§ 46 Abs. 1 OWiG; 465 Abs. 1 StPO).

Angewendete Vorschriften: §§ 41 Abs.2 Z. 274, 49 StVO; 24, 25 StVG; Nr. 11.3.4 BKat.

In der Verhandlung vor dem Amtsgericht J. am 6.5.2009 wurde ein derartiger richterlicher Hinweis, in dem auf die Möglichkeit der Verhängung eines Fahrverbotes hingewiesen wurde, nicht erteilt.

Das Hauptverhandlungsprotokoll enthält keinen rechtlichen Hinweis, vgl. Blatt 42–44

Das Hauptverhandlungsprotokoll lautete wie folgt:

Die Hauptverhandlung begann mit dem Aufruf der Sache.

Der/Die Richter(in) stellt fest, dass anwesend waren:

D. Betroffene(n): Siegfried H. – vom persönlichen Erscheinen entbunden –

D. Verteidiger(in) RA U. in Untervollmacht für RA F. (siehe Anlage)

D. Betroffene(n) gab(en) bei der Vernehmung über die persönlichen Verhältnisse folgendes an:

Beruf:

D. Richter(in)

verlas aus dem Bußgeldbescheid Bl........ d.A.

die Angaben über die Bezeichnung der Tat(en), die dem/der/den Betroffenen zur Last gelegt wird/werden, über Zeit und Ort ihrer Begehung, über die gesetzlichen Merkmale der Ordnungswidrigkeit und die angewendeten Bußgeldvorschriften.

D. Richter(in) stellte fest, dass die Verwaltungsbehörde wegen dieser Tat(en) den Bußgeldbescheid vom 6.11.2008 Bl...... d.A. erlassen hat, der dem/den Betroffenen laut Postzustellurkunde(n) Bl...... am 11.11.2008 zugestellt worden ist, und dass der Einspruch am 17.11.2008 bei der Verwaltungsbehörde eingegangen ist und ohne Verjährung unterbrochen wurde.

D. Betroffene(n) wurde(n) darauf hingewiesen, dass es ihm/ihr/ihnen freistehe, sich zu der/den zur Last gelegten Tat(en) zu äußern oder nicht zur Sache auszusagen.

Der VZR wird durch Verlesen zum Gegenstand der Hauptverhandlung gemacht.

Die Sitzung wird um 11:15 Uhr unterbrochen und um 11:21 Uhr wieder fortgesetzt.

b.u.v.

Bl. 5 d.A. Standortprotokoll, Bl. 6 Vor- und Rückseite Eichschein, Bl. 8 Behördenerklärung v. 17.2.2009 werden verlesen und zum Gegenstand der Hauptverhandlung gemacht.

Es wird in Augenschein genommen: Bl. 12 d.A. Personalausweisfoto

Bl. 36 vollformatiges Lichtbild wird in Augenschein genommen:

Es ist ersichtlich, dass die Vorderreifen die 3. weiße Sensorlinie überfahren haben.

Die Textleiste wird verlesen und zum Gegenstand der Hauptverhandlung gemacht.

Bl. 37 Behördenschreiben, Bl. 38, 39 Teilnahmebestätigung werden verlesen und zum Gegenstand der Hauptverhandlung gemacht.

Bl. 40, 41 Schreiben vom 17.4.2009 wird verlesen und zum Gegenstand der Hauptverhandlung gemacht.

Der Beschilderungsplan aus dem Beweismittelordner in Augenschein genommen. Gerichtsbekannt ist, dass an dieser Stelle die Geschwindigkeit auf 60 km/h reduziert wurde.

Bl. 4 d.A. wird auszugsweise verlesen und zum Gegenstand der Hauptverhandlung gemacht.

Weitere Beweisanträge wurden nicht gestellt; die Beweisaufnahme wurde geschlossen.

D. Verteidiger(in) beantragte(n):

Entscheidung im Ermessen des Gerichts.

Folgendes Urteil wurde durch Verlesen der Urteilsformel und durch mündliche Mitteilung des wesentlichen Inhalts der Urteilsgründe verkündet:

Im Namen des Volkes

Das Protokoll wurde fertig gestellt:
Auch vor der Hauptverhandlung wies das Amtsgericht J. – etwa im Rahmen einer Ladung – nicht auf die Möglichkeit der Verhängung eines Fahrverbotes aufgrund von Voreintragungen hin.

So ging es etwa im Schreiben des Amtsgerichts J. vom 24.3.2009 nur um Verjährungsfragen. Auch im Schreiben des Amtsgerichts J. vom 7.4.2009 ging es nur um die – im Rahmen der allgemeinen Sachrüge zu überprüfende – Problematik, ob die Verkehrsordnungswidrigkeit zwischenzeitlich verjährt war.

b) Rechtliche Erwägungen

Das Gericht war verpflichtet, weil es erstmals ein Fahrverbot verhängte, welches im Bußgeldbescheid nicht angeordnet worden war, einen entsprechenden Hinweis im Sinne von §§ 71 OWiG, 265 StPO zu geben (vgl. dazu OLG Koblenz, Urt. v. 27.3.2008, Az.: 2 Ss 18/08, vgl. auch VRR 2008, 163; Thüringer OLG, NZV 2010, 311).

Es mag dahinstehen, ob ein einfacher richterlicher Hinweis in der Hauptverhandlung ausgereicht hätte, da der Betroffene nur durch einen Unterbevollmächtigten im Termin vertreten wurde.

Das Fahrverbot im Urteil ist schon aus dem Grunde eklatant fehlerbehaftet, da dies ohne rechtlichen Hinweis in der Hauptverhandlung geschah.

Es handelt sich bei dem Hinweis auf die Möglichkeit der Verhängung eines Fahrverbotes um eine wesentliche Förmlichkeit im Sinne § 273 Abs. 1 StPO mit der Folge, dass der Hinweis nur durch das Protokoll bewiesen werden kann. In der höchstrichterlichen Rechtsprechung ist anerkannt, dass in entsprechender Anwendung des § 265 Abs. 2 StPO ein Hinweis erforderlich ist, wenn der Tatrichter ein im Bußgeldbescheid nicht angeordnetes Fahrverbot verhängen will (BGH St 29, 274; Seitz, in *Göhler*, OWiG 12. Aufl. § 71 Rn 50; *Rebmann/Roth/Herrmann* OWiG 3. Aufl. (März 98), § 74 Rn 9 mit weiteren Nachweisen der Rechtsprechung; BayObLG, NZV 2000, 380).

Der BGH folgert dies aus der Notwendigkeit, für die Verhängung des Fahrverbotes gem. § 25 StVG über die bloße Begehung einer Ordnungswidrigkeit hinausgehende Feststellungen zu treffen. Dieses Erfordernis rechtfertige eine entsprechende Anwendung des § 265 Abs. 2 StPO, der Fälle betreffe, in denen ein bestimmtes Merkmal zum gesetzlichen Tatbestand hinzutritt und dadurch die Strafbarkeit erhöht oder die

Anordnung der Maßnahme der Besserung und Sicherung rechtfertigt (NJW 1980, 2479 ff.).

c) Ergebnis und Kausalität

Der Verfahrensfehler hat sich auch ursächlich auf das Urteil ausgewirkt. Da das Gericht einen förmlichen richterlichen Hinweis nicht erteilte, hätte es auf ein Fahrverbot nicht erkennen dürfen. In diesem Falle wäre dem Betroffenen die Möglichkeit verblieben, im Falle eines gerichtlichen Hinweises die Rücknahme des Einspruchs zu erklären und damit das Fahrverbot von sich abzuwenden. Diese Möglichkeit war dem Betroffenen praktisch dadurch verschlossen, dass ein richterlicher Hinweis nicht erfolgte.

Schon aus diesem Grunde ist das Urteil verfahrensfehlerhaft und aufzuheben.

2. Sachrüge

Im Übrigen wird die Sachrüge nur in allgemeiner Form erhoben.

Neben der Verjährung der Verkehrsordnungswidrigkeit wird zu überprüfen sein, ob das Fahrverbot für die Dauer von einem Monat verhältnismäßig war.

3. Ergebnis

Der Rechtsbeschwerde ist der Erfolg nicht zu versagen.

Rechtsanwalt

Kapitel 7
Verfahrensrecht

A. Verfolgungsverjährung

Verkehrsordnungswidrigkeiten gehören für die Bußgeldstellen zum alltäglichen Massengeschäft. Zwar sind die Bußgeldstellen inzwischen flächendeckend mit der geeigneten Software ausgestattet, die ihnen automatisch die Daten der Verjährung anzeigt; gemessen an der Gesamtzahl von Ordnungswidrigkeitenverfahren ist der Anteil verjährter Ordnungswidrigkeiten gleichwohl relativ hoch. Ein nicht zu unterschätzender Anteil dieser Verjährungen im Verkehrsordnungswidrigkeitenrecht ist zurückzuführen auf Zustellungsmängel. Letztere sind nicht nur auf Fehler bei den Bußgeldstellen, sondern auch auf Ungenauigkeiten der Zusteller zurückzuführen. In der täglichen Praxis hängt die korrekte Zustellung oft nur vom Zufall ab. Nicht zuletzt aus diesem Grunde ist die sichere Kenntnis der Zustellungs- und Verjährungsvorschriften zur Verteidigung in diesem Rechtsgebiet absolut unverzichtbar. Einige spezialisierte Rechtsanwälte haben das Thema Verjährung sogar zu ihrer Haupt-Verteidigungsstrategie bestimmt. Mancherorts ist das Berufen des Rechtsanwalts auf Zustellungsmängel absolut verpönt, da es den Anschein nicht ganz seriöser anwaltlicher Tätigkeit erweckt. Erst recht herrscht diese Einschätzung vor bei einem „Provozieren von Zustellungsfehlern", also dem gezielten Spekulieren auf Falschzustellungen, um dann später formale Einwände gegen die verjährungsunterbrechende Wirkung herzuleiten. In letzter Zeit hat es eine Fülle neuer Gerichtsentscheidungen sowie einige relevante Gesetzesänderungen gegeben, die Zustellungsmängel bei Verkehrsordnungswidrigkeiten betreffen. Zwar können aus Platzgründen nicht alle denkbaren Zustellungsmängel in einem Bußgeldverfahren abschließend dargestellt werden. Nachfolgend sollen einige praxisnahe Konstellationen herausgegriffen und daraufhin besprochen werden, ob dort eine Verfolgungsverjährung eintreten kann und ob eine Heilung von Formmängeln in Betracht kommt.

I. Verjährungsdauer

Durch die Verjährung werden die Verfolgung von Ordnungswidrigkeiten und die Anordnung von Nebenfolgen gem. § 31 I OWiG ausgeschlossen. Die Verfolgungsverjährung führt zu einem Verfahrenshindernis mit der Folge, dass das Verfahren – vom Amtsgericht gemäß § 46 I OWiG i.V.m. § 206a StPO – einzustellen ist.[895] § 26

---

895 OLG Jena, VRS 111 281.

III StVG enthält für die Verfolgungsverjährung von Verkehrsordnungswidrigkeiten eine i.S.v. § 31 II OWiG andere Bestimmung. Hiernach beträgt die Frist der Verfolgungsverjährung bei Ordnungswidrigkeiten, die im Straßenverkehr begangen werden (§ 24 StVG), drei Monate, solange wegen der Handlung weder ein Bußgeldbescheid ergangen noch öffentliche Klage erhoben ist.

Nach st. Rspr. gilt für die Verfolgung der Verletzung der Aufsichtspflicht (§ 130 OWiG) die Verjährungsfrist, die für die Zuwiderhandlung gilt, die der Aufsichtspflichtige ordnungswidrig nicht verhindert hat.[896] Dies ergebe sich aus § 131 III OWiG, wonach für § 130 OWiG die Verfahrensvorschriften entsprechend gelten, die bei der Verfolgung der nicht verhinderten Pflichtverletzung anzuwenden wären. Unter Verfahrensvorschriften in diesem Sinn seien auch die Vorschriften über die Verfolgungsverjährung zu verstehen.[897] Werde daher einem Betriebsinhaber vorgeworfen, durch Unterlassen von Aufsichtsmaßnahmen Verkehrsordnungswidrigkeiten nicht verhindert zu haben, so richte sich die Frist der Verfolgungsverjährung nach § 26 III StVG. Der Aufsichtspflichtige soll nicht länger verfolgt werden können als hätte er die Basistat selbst begangen.[898] Nach Ablauf der Verjährungsfrist für die Ordnungswidrigkeit, die pflichtwidrig nicht verhindert worden sein soll, darf kein Bußgeldbescheid wegen des Verstoßes gegen § 130 OWiG mehr angeordnet werden.

Abweichende Verjährungsfristen sind jedoch bei Trunkenheitsfahrten nach § 24a Abs. 1 StVG und Drogenfahrten nach § 24a Abs. 2 StVG zu beachten. Für diese gilt § 26 III StVG nicht („bei Ordnungswidrigkeiten nach § 24“). Daher gelten die allgemeinen Verjährungsfristen gem. § 31 I OWiG. Da diese Ordnungswidrigkeit nach § 24a IV OWiG mit einer Geldbuße bis zu dreitausend Euro geahndet werden kann, beträgt die Verjährungsfrist nach § 31 II Nr. 2 OWiG zwei Jahre. Bei fahrlässigem Handeln reduziert sich die Verjährung wegen der Halbierung der Geldbuße auf 1.500,00 EUR gem. § 17 II OWiG auf nur ein Jahr.

II. Verjährungsbeginn

Die (zunächst) dreimonatige Verjährungsfrist beginnt mit Beendigung der Tathandlung zu laufen (§ 31 III OWiG). Die Beendung fällt bei Ordnungswidrigkeiten in der Regel mit der Vollendung zusammen. Nach Erlass des Bußgeldbescheides verlängert sich die Frist auf sechs Monate.

---

896 OLG Köln, NStZ 1990, 192; OLG Düsseldorf, VRS 67, 371 = MDR 1985, 78.

897 Gürtler, in Göhler, OWiG, § 131 Rn 6; KK- OWiG-Bohnert, § 131 Rn 28.

898 OLG Köln, NStZ 1990, 192

Problematisch ist, worauf im Rahmen von Aufsichtspflichtverletzungen abzustellen ist.[899] Bei der Verletzung der Aufsichtspflicht handelt es sich um ein echtes Unterlassungsdelikt.[900]

Die höchstrichterliche Rechtsprechung[901] und Literatur[902] sehen den Betroffenen als Garanten für das Rechtsgut aufgrund seines vorangegangenen gefährdenden Tuns. Diese Garantenstellung erlösche erst, wenn die Rechtsgutsverletzung ihren Abschluss gefunden habe. Für die Bestimmung des Verjährungsbeginns hat dies zur Folge, dass nur auf die endgültige Rechtsgutsverletzung abzustellen ist, da der Betroffene bis zu diesem Zeitpunkt verpflichtet sei, den Eintritt abzuwenden. Der Beginn der Verjährung tritt ein mit der Beendigung der Letzten in dem Betrieb begangenen betriebsbezogenen Pflichtverletzung, obwohl diese eine objektive Strafbarkeitsbedingung darstellt, denn vorher ist die Ordnungswidrigkeit nicht komplett. Ausfluss dieser Rechtsprechung ist, dass die Beendigung der Aufsichtspflichtverletzung mit der Beendigung der Tat durch den Fahrer zusammenfalle.[903]

Besonderheiten zulasten des Betroffenen gelten bei sog. Daueraufsichtspflichtverletzungen, bei denen die Vorkehrungen gegen Zuwiderhandlungen für eine gewisse Dauer unterbleiben.[904] Die Verletzung der Aufsichtspflicht i.S. von § 130 OWiG soll so lange nicht beendet sein, wie nach einer bestimmten Zuwiderhandlung gegen betriebsbezogene Pflichten in nächster Zeit weitere Verstöße derselben Art zu befürchten sind.[905] Es ist mithin zu prüfen, ob konkrete Anhaltspunkte dafür vorliegen, dass der Vorwurf der Aufsichtspflichtverletzung sich über den im Bußgeldbescheid aufgeführten Verstoß hinaus fortsetzte.

III. Fristberechnung

Für die Berechnung des Verjährungsendes gilt – im Unterschied zur strafrechtlichen Verjährung – § 43 I StPO nicht.[906] Der letzte Tag der Frist ist der im Kalender dem Ablauf der Frist vorangehende Tag. Ist beispielsweise eine Überladung am 3.8. begangen, so tritt die Verjährung am 2.11. ein. Zu beachten ist, dass diese Berechnung selbst dann gilt, wenn der letzte Fristtag ein Sonn- oder Feiertag ist. Die Monatsfristberechnung des § 43 I und II StPO ist auch insoweit nicht anwendbar.

899 Dazu: Mielchen, in Buschbell, MAH Straßenverkehrsrecht, 3. Aufl. 2009, § 56 Rn 45.
900 Rogall, in Karlsruher Kommentar zum OWiG, 3. Aufl. 2006, § 130 Rn 36.
901 BGHSt. 32, 389, 392f. = NJW 1984, 2372; BGH wistra 1985, 77; BGH BGHR OWiG § 130 Verletzung 1; OLG Düsseldorf VRS 67, 371, 372.
902 Dannecker, NStZ 1985, 49, 55.
903 OLG Köln, NStZ 1990, 192.
904 Rogall, in Karlsruher Kommentar zum OWiG, 3. Aufl. 2006, OWiG § 130, Rn 70.
905 BGH, wistra 1984, 187, 188; OLG Düsseldorf, VRS 67, 371, 372; BGH NStZ 1985, 77.
906 *Bohnert*, OWiG, § 33 Rn 30.

IV. Unterbrechung der Verfolgungsverjährung

Die Unterbrechungshandlungen der Verfolgungsverjährung, die dazu führen, dass nach jeder Unterbrechung die Verjährung von neuem beginnt, sind in § 33 I S. 1 OWiG aufgelistet. Die Katalogisierung der Unterbrechungshandlungen verfolgt einen doppelten Zweck. Sie zählt einerseits im Interesse der Rechtssicherheit die unterbrechungsgeeigneten Handlungen abschließend auf. Sie will andererseits im Interesse der Rechtsklarheit die Prüfung ersparen, ob die Handlung im Einzelfall ihrer Art nach geeignet war, das Verfahren zu fördern.[907]

1. Überblick

Danach wird die Verjährung unterbrochen durch
- die erste Vernehmung des Betroffenen, die Bekanntgabe, dass gegen ihn das Ermittlungsverfahren eingeleitet ist, oder die Anordnung dieser Vernehmung oder Bekanntgabe (Nr. 1),
- jede richterliche Vernehmung des Betroffenen oder eines Zeugen oder die Anordnung dieser Vernehmung (Nr. 2),
- jede Beauftragung eines Sachverständigen durch die Verfolgungsbehörde oder den Richter, wenn vorher der Betroffene vernommen oder ihm die Einleitung des Ermittlungsverfahrens bekanntgegeben worden ist (Nr. 3),
- jede Beschlagnahme- oder Durchsuchungsanordnung der Verfolgungsbehörde oder des Richters und richterliche Entscheidungen, welche diese aufrechterhalten (Nr. 4),
- die vorläufige Einstellung des Verfahrens wegen Abwesenheit des Betroffenen durch die Verfolgungsbehörde oder den Richter sowie jede Anordnung der Verfolgungsbehörde oder des Richters, die nach einer solchen Einstellung des Verfahrens zur Ermittlung des Aufenthalts des Betroffenen oder zur Sicherung von Beweisen ergeht (Nr. 5),
- jedes Ersuchen der Verfolgungsbehörde oder des Richters, eine Untersuchungshandlung im Ausland vorzunehmen (Nr. 6),
- die gesetzlich bestimmte Anhörung einer anderen Behörde durch die Verfolgungsbehörde vor Abschluss der Ermittlungen (Nr. 7),
- die Abgabe der Sache durch die Staatsanwaltschaft an die Verwaltungsbehörde nach § 43 (Nr. 8),
- den Erlass des Bußgeldbescheides, sofern er binnen zwei Wochen zugestellt wird, ansonsten durch die Zustellung (Nr. 9),

---

907 BayObLG, BayObLGSt 1979, 91.

- den Eingang der Akten beim Amtsgericht gemäß § 69 Abs. 3 Satz 1 und Abs. 5 Satz 2 und die Zurückverweisung der Sache an die Verwaltungsbehörde nach § 69 Abs. 5 Satz 1 (Nr. 10),
- jede Anberaumung einer Hauptverhandlung (Nr. 11),
- den Hinweis auf die Möglichkeit, ohne Hauptverhandlung zu entscheiden (§ 72 I Satz 2), Nr. 12,
- die Erhebung der öffentlichen Klage (Nr. 13),
- die Eröffnung des Hauptverfahrens (Nr. 14),
- den Strafbefehl oder eine andere dem Urteil entsprechende Entscheidung, Nr. 15.

Diese Aufzählung ist abschließend, was bedeutet, dass andere Unterbrechungshandlungen keine Unterbrechungshandlungen bewirken können. Die rechtliche Wirkung einer wirksamen Unterbrechungshandlung besteht darin, dass die Verjährungsfrist mit der verjährungsunterbrechenden Maßnahme neu zu laufen beginnt (§ 33 Abs. 3 OWiG), also – grundsätzlich – weitere drei Monate. Praxisrelevant sind vor allem die Unterbrechungen der Verfolgungsverjährung gem. § 33 Abs. 1 Nr. 1, 4, 5, 8 und Nr. 9 OWiG.

2. Einzelne praxisrelevante Unterbrechungstatbestände

a) § 33 I S. 1 Nr. 1 OWiG

Nach § 55 OWiG muss dem Betroffenen, so gebietet es der Grundsatz des rechtlichen Gehörs, Gelegenheit gegeben werden, sich zu der Beschuldigung zu äußern. In der Regel wird in Bußgeldsachen an den Betroffenen ein Anhörungsbogen versendet. Aus diesem muss sich für den Adressaten unmissverständlich ergeben, dass die Ermittlungen gegen ihn als Tatverdächtigen geführt werden. Ist der Adressat angeschrieben als „Halter bzw. Fahrer“ des Fahrzeuges, lässt der Anhörungsbogen ausdrücklich offen, in welcher Eigenschaft der Adressat angehört werden soll. Dies gilt umso mehr, als anschließend alternativ Belehrungen als Betroffener oder Zeuge erfolgen. Dann steht gerade nicht fest, gegen wen sich die Ermittlung richtet.[908]

In der Rechtsprechung ist anerkannt, dass die Übersendung eines Anhörungsbogens zur Bekanntgabe der Einleitung eines Ermittlungsverfahrens (§ 33 I S. 1 Nr. 1 OWiG) verjährungsunterbrechende Wirkung nur dann hat, wenn entweder aktenkundig gemacht ist, wer die Anordnung vorgenommen hat, und der zuständige Sachbearbeiter durch Unterschrift oder Handzeichen die Verantwortung für die Richtigkeit der Beurkundung des Datums übernommen hat[909] oder der Anhörungs-

908 *OLG Dresden*, DAR 2004, 535.
909 *OLG Köln*, VRS 66, 362.

bogen mittels einer EDV-Anlage gefertigt worden ist[910], ohne dass der Sachbearbeiter zuvor in den vorprogrammierten Arbeitsablauf des Computers eingegriffen hat.[911]

Nur in dem zuletzt genannten Fall ist eine unmittelbare Verfügung der Versendung des Anhörungsbogens entbehrlich, weil der Sachbearbeiter – anders als beim Erlass des Bußgeldbescheides – auch dann keine Individualentscheidung treffe, wenn er aufgrund einer Anzeige die Versendung des Anhörbogens an den Betroffenen manuell verfügt; in einem solchen Fall überprüft dieser den Sachverhalt nicht. Dagegen beinhaltet die Entscheidung des Sachbearbeiters, gegen den zunächst unbekannten und nicht mit dem Halter identischen Fahrer zu ermitteln, einen Eingriff in den schematisierten EDV-Arbeitsablauf, der von dem darin manifestierten, ursprünglichen Willen der Behörde abweicht.[912] Hier kann nicht auf die Unterzeichnung der Anordnung verzichtet werden, um klarzustellen, dass eine Individualentscheidung getroffen worden ist.[913] In diesen Fällen der Individualentscheidung bedient sich der Sachbearbeiter des Computers lediglich als Schreibhilfe.[914] Das nach der zutreffenden herrschenden Meinung erforderliche Abzeichnen eines Vermerks stellt dann auch keinen erheblichen Verwaltungsaufwand dar.[915] Daher fordert die h.M. aus gutem Grund eine Autorisierung der Anordnung durch einen individualisierbaren Sachbearbeiter. Andernfalls wäre nicht gewährleistet, dass geprüft wurde, ob die Voraussetzungen der Verfolgung des (neuen) Betroffenen vorliegen, insbesondere hinreichende Verdachtsmomente vorhanden sind und Verjährung noch nicht eingetreten ist. Die Auswechselung des Betroffenen setzt eine intellektuelle Leistung voraus, zu der nur der Sachbearbeiter in der Lage ist. Und da die Unterschrift dokumentiert, dass der Sachbearbeiter die Verantwortung für die Richtigkeit der Beurkundung des Datums seiner Handlung übernimmt,[916] kann auf sie bei Auswechselung der Betroffenen-Daten nach dem Wortlaut des § 33 Abs. 2 OWiG nicht verzichtet werden.

Die Absendung des Anhörungsbogens ist an materielle Voraussetzungen geknüpft, deren Nichtvorliegen zur Unmöglichkeit der Herbeiführung der verjährungsunterbrechenden Wirkung führen. Schickt die Bußgeldstelle, ohne den Fahrzeugführer ermittelt zu haben, ins Blaue hinein den Anhörungsbogen heraus, so handelt es sich um eine reine Scheinunterbrechungshandlung. Indiz für eine

---

910 *OLG Köln,* a.a.O.; *OLG Düsseldorf,* NZV 1998, 254; Gürtler, in *Göhler,* a.a.O., § 33 Rn 12, 46.

911 *OLG Dresden,* DAR 2004, 534; *OLG Dresden,* DAR 2005, 570, 571; *OLG Köln,* DAR 2000, 131; *OLG Köln,* VRS 66, 362, 363; *OLG Zweibrücken,* NZV 2001, 483; *OLG Frankfurt,* VRS 50, 220, 222; *Weller,* in KK-OWiG, § 33 Rn 32.

912 *Brandenburgisches OLG,* NStZ-RR 2006, 53.

913 *OLG Köln,* VRS 66, 362, 364.

914 *OLG Köln,* DAR 2000, 131.

915 *HansOLG Hamburg,* VRS 47, 43, 46.

916 *HansOLG Hamburg,* VRS 47, 43, 45.

Scheinmaßnahme ist u.a., wenn die Bußgeldbehörde an die Melde-/Passbehörde der Stadtverwaltung am Wohnsitz des Betroffenen ein Ersuchen um Übersendung einer Fotokopie des Antrags für den Personalausweis oder Reisepass richtet, um eine Identifizierung zu ermöglichen, da nach den bisherigen Ermittlungen der Betroffene nicht bzw. nicht zweifelsfrei als Fahrzeugführer zum Tatzeitpunkt habe ermittelt werden können. Diese Verfahrensweise erscheint willkürlich und rechtsmissbräuchlich und ist verjährungsrechtlich unbeachtlich.[917]

Demgegenüber hat das OLG Köln[918] entschieden, dass dem Halter gegenüber die Verjährung unterbrochen wird, wenn in einem Bußgeldverfahren wegen Geschwindigkeitsüberschreitung dem Halter ein Anhörungsbogen übersandt wird, auch wenn erst später ermittelt wird, dass Halter und Fahrer identisch sind. Gegen die Richtigkeit dieser Auffassung spricht schon, dass die Verjährungsunterbrechung i.S.v. § 33 Abs. 1 S. 1 Nr. 1 OWiG nur dann eintritt, wenn ein Betroffener von der Verwaltungsbehörde als Täter verdächtigt wird.[919]

Umstritten ist, ob der Anhörungsbogen für eine wirksame Unterbrechung der Verjährung seinen Empfänger erreicht haben muss, dies wird nach h.M. mit Verweis auf § 33 II OWiG nicht gefordert.[920] Die Versendung des Anhörungsbogens unterbricht die Verjährung gegen den dort namentlich zutreffend bezeichneten Betroffenen sogar dann, wenn der Anhörungsbogen eine unrichtige Anschrift aufweist und deshalb nicht zugestellt werden kann.[921] Diese Rechtsprechung steht dem Sinn und Zweck der Verjährungsregeln entgegen, möglichst schnell Rechtssicherheit und Rechtsfrieden herzustellen. So kann eine Verfolgung noch 6 Monate nach Tatbegehung möglich sein, obwohl der Betroffene nichts von der Einleitung des Bußgeldverfahrens weiß.

Gelegentlich verschickt die Bußgeldstelle auch eine zweite Anhörung, die allein dazu dient, die Verjährung als Scheinmaßnahme zu unterbrechen. Nach ständiger Rechtsprechung kann eine Verjährung allerdings nur einmal durch eine Anhörung im Sinne von § 33 I S. 1 Nr. 1 OWiG unterbrochen werden.[922] Dies ergibt sich aus der Erwägung, dass die Unterbrechungsmöglichkeiten des § 33 I S. 1 Nr. 1 OWiG alternativ bestehen. Eine zweite Anhörung kann daher nicht verjährungsunterbrechend wirken.[923]

---

917 AG Stuttgart, Urt. v. 14.5.2003 – 8 OWi 63 Js 102204/02, ADAJUR Dok.Nr. 57111.

918 VRS 95, 119.

919 OLG Hamm, SVR 2009, 338.

920 *OLG Frankfurt a.M.*, NJW 1998, 1328; a.A. *Brandenburgisches OLG*, Beschl. v. 30.6.2005, 2 Ss (OWi) 120 Z/5.

921 BayObLG, NZV 2003, 439.

922 *OLG Braunschweig*, NZV 2008, 108; OLG Köln, NStZ 1990, 192.

923 OLG Jena, VRS 111 281.

b) § 33 I S. 1 Nr. 2 OWiG

Im Verkehrsordnungswidrigkeitenverfahren von praktisch eher untergeordneter Bedeutung ist die Verjährungsunterbrechung durch die richterliche Vernehmung sowohl des Betroffenen oder von Zeugen. Die Anordnung einer dieser Vernehmungen ist ihr gleichgestellt. Die Unterbrechung wirkt aber nur gegenüber demjenigen, auf den sich die Unterbrechungshandlung bezieht. Nur eine gegen eine bestimmte Person gerichtete, nicht aber eine die Ermittlung des noch unbekannten Täters bezweckende Untersuchungshandlung ist geeignet, die Verjährung zu unterbrechen.[924] Das gilt auch dann, wenn sich in den Akten ein zu dessen Identifizierung geeignetes Beweisfoto befindet.[925]

Nicht zur Verjährungsunterbrechung führen Anweisungen des Richters auf Vernehmungen durch Polizei oder Staatsanwaltschaft.

c) § 33 I S. 1 Nr. 3 OWiG

Auch durch die Beauftragung eines Sachverständigen wird die Verjährung unterbrochen, vorausgesetzt, dass der Betroffene vorher vernommen oder ihm die Einleitung des Ermittlungsverfahrens bekanntgegeben worden ist. An eine bestimmte Form ist die Beauftragung nicht gebunden, sie muss sich aus der Akte ergeben.[926] Nicht maßgebend soll sein, wenn der Auftrag den Sachverständigen gar nicht erreicht hat.[927] Die Verjährung kann mehrfach durch Beauftragungen von Sachverständigen unterbrochen werden, etwa wenn ein neues Beweisthema vorliegt.[928] Die Regelung trägt dem Umstand Rechnung, dass die Erstellung von Gutachten regelmäßig mehrere Wochen, gar Monate dauert, und weitere Ermittlungen nicht zwangsläufig zur Verjährung führen sollen.

d) § 33 I S. 1 Nr. 4 OWiG

Wichtig ist ebenfalls die Unterbrechungshandlung in Nr. 4. Danach wird die Verjährung durch jede Beschlagnahme oder Durchsuchungsanordnung der Verfolgungsbehörde unterbrochen. Die Unterbrechung bezieht sich jedoch nur auf die Taten, die im Durchsuchungsbeschluss angeordnet sind. Werden erst durch die Hausdurchsuchung weitere Daten bekannt, so kann hinsichtlich dieser eine Unterbrechungswir-

924 BGH, NJW 1997, 598.
925 Bohnert, OWiG, § 33 Rn 33, 3. Auflage 2010.
926 Bohnert, OWiG, § 33 Rn 36, 3. Auflage 2010.
927 Gürtler, in Göhler, § 33 OWiG Rn 25.
928 Gürtler, in Göhler, § 33 OWiG Rn 25a.

kung nicht herbeigeführt werden. Der Verfolgungswille muss sich schon in der Durchsuchungsanordnung auf diese beziehen.[929]

Die persönliche Reichweite einer nach Nr. 4 vorgenommenen Unterbrechung der Verjährung erstreckt sich nur auf die als Betroffene angegebene natürliche/juristische Person. Bei Bußgeld-/oder Verfallbescheiden gegen juristische Personen gehen die Bezeichnungen des jeweiligen Adressaten der Zwangsmaßnahme oft durcheinander, oft wird zu Unrecht die natürliche Person genannt, die das Unternehmen vertritt.

e) § 33 I S. 1 Nr. 5 OWiG

Die Verfolgungsbehörde kann das Bußgeldverfahren gem. § 205 StPO i.V.m. § 46 I OWiG vorläufig einstellen wegen Abwesenheit des Betroffenen. Dies führt ebenfalls zu einer Unterbrechung der Verfolgungsverjährung. Die vorläufige Einstellung darf allerdings nur dann erfolgen, wenn der Betroffene einen unbekannten Aufenthalt hat, also die Verfolgungsbehörden ihn nicht kennen, wenn sie ihn auch nicht mit einem der Bedeutung der Sache entsprechenden Aufwand ermitteln können oder wenn auch nicht damit zu rechnen ist, dass er ihnen aus anderen Gründen demnächst bekannt wird.[930]

Zur Unterbrechung der Verjährung nach dieser Vorschrift genügt es nach st. Rspr. allerdings schon, dass die vorläufige Einstellung des Verfahrens wegen nach der Aktenlage angenommenen Abwesenheit des Betroffenen erfolgt; ein Irrtum über die tatsächliche Abwesenheit ist insoweit unschädlich.[931] Dies bedeutet, dass die Bußgeldbehörde das Verfahren auch dann vorläufig einstellen darf, wenn auf Grund einer fehlerhaften Aufnahme des Wohnsitzes des Betroffenen durch die Polizeibeamten diese nach dem fehlgeschlagenen Zustellungsversuch davon ausgehen musste, der Aufenthaltsort des Betroffenen sei nicht bekannt.[932]

Streit besteht hingegen, ob der Irrtum der Behörde zudem unverschuldet sein muss. Teilweise wird vertreten, auch eine Einstellung des Verfahrens wegen Abwesenheit des Betroffenen auf Grund eines von der Behörde verschuldeten Irrtums habe verjährungsunterbrechende Wirkung.[933] Nach der Gegenauffassung[934] darf die Verfolgungsbehörde hingegen kein Verschulden an dem Irrtum treffen. Diese vorzugswürdige Meinung wird damit begründet, dass die Bestimmungen über die Unterbrechung als Ausnahmevorschrift eng auszulegen und loyal zu

---

929 *BGH*, NStZ 2000, 85; *Göhler*, OWiG, § 33 Rn 56 b.
930 *Engelhardt*, Karlsruher Kommentar zur StPO, StPO § 276, Rn 3.
931 *OLG Brandenburg*, NZV 2006, 100, 101; *OLG Karlsruhe*, DAR 2000, 371.
932 *OLG Hamm*, NStZ 2008, 533.
933 *OLG Bamberg*, Beschl. v. 18.4.2007 – 2 Ss OWi 1073/06.
934 *OLG Hamm*, NZV 2005, 491.

handhaben sind, Fehler der Verwaltungsbehörde demnach dem Betroffenen nicht zum Nachteil gereichen dürften. Zudem widerspricht es dem Gedanken der Verfahrensfairness, nach einem gewissen Zeitablauf das einmal gebildete Vertrauen des Betroffenen darauf, nicht mehr zur Rechenschaft gezogen zu werden, zu schützen, wenn die bewirkte Verzögerung allein der Verwaltungsbehörde zuzurechnen sei.

Auch darf eine vorläufige Einstellung nicht erfolgen, wenn die Verwaltungsbehörde den tatsächlichen Aufenthaltsort des Betroffenen im Ausland kennt, jedoch davon absieht, den Bußgeldbescheid unter der entsprechenden Anschrift zuzustellen.[935]

f) § 33 I S. 1 Nr. 6 OWiG

Die Unterbrechung der Verjährung erfolgt nach Nr. 6 durch jedes Ersuchen der Verfolgungsbehörde oder des Richters, eine Untersuchungshandlung im Ausland vorzunehmen. Bekanntermaßen stellt sich das Amts- und Rechtshilfeersuchen an eine ausländische Behörde oder an ein ausländisches Gericht regelmäßig als äußerst zeitaufwendig dar. Dies soll dem Betroffenen nicht zugute kommen. In Bußgeldsachen in Verkehrsrecht hat die Ziffer in der Praxis untergeordnete Bedeutung.

g) § 33 I S. 1 Nr. 7 OWiG

Die Unterbrechung der Verjährung erfolgt nach Nr. 7 durch die gesetzlich bestimmte Anhörung einer anderen Behörde durch die Verfolgungsbehörde vor Abschluss der Ermittlungen. Die Alternative hat im Straßenverkehrsrecht keine praktische Bedeutung mangels gesetzlicher Bestimmung. Insbesondere ist eine Auskunft aus dem FAER beim Kraftfahrt-Bundesamt keine gesetzlich bestimme Anhörung, auch wenn sie zur Ermittlung von Voreintragungen notwendig sein mag.[936]

h) § 33 I S. 1 Nr. 8 OWiG

Die Verjährung wird unterbrochen durch die Abgabe der Sache durch die Staatsanwaltschaft an die Verwaltungsbehörde nach § 43 OWiG. Ermittelt etwa die Staatsanwaltschaft zunächst wegen des Verdachts einer Trunkenheitsfahrt und ergibt sich sodann – nur – eine Blutalkoholkonzentration von 1,05 Promille, so sind aber Anhaltspunkte dafür vorhanden, dass die Tat als Ordnungswidrigkeit (§ 24a

---

935 *OLG Karlsruhe*, VRS 99, 68.
936 OLG Stuttgart, NZV 1998, 214.

StVG, Führens eines Kraftfahrzeugs unter Alkoholeinwirkung im Straßenverkehr) verfolgt werden kann, so dass sie wegen der Ordnungswidrigkeit die Angelegenheit an die Bußgeldstelle abgeben kann.

j) § 33 I S. 1 Nr. 9 OWiG

Nach § 33 I Nr. 9 OWiG kommt dem Erlass des Bußgeldbescheides verjährungsunterbrechende Wirkung zu, sofern er dem Betroffenen binnen zwei Wochen zugestellt wird (Alt. 1). Tritt diese Bedingung nicht ein, so kommt es für die Unterbrechung der Verjährung allein auf die Zustellung des Bußgeldbescheides an (Alt. 2). Die Zustellung ist kein Rechtsgeschäft, sondern ein tatsächlicher Vorgang, nämlich die in gesetzlicher Form geschehene und beurkundete Übergabe eines Schriftstücks.[937]

Ein „Entwurf" eines Bußgeldbescheides entspricht nicht den Anforderungen von § 66 OWiG und kann keine verjährungsunterbrechende Wirkung entfalten.[938] Der Bußgeldbescheid kann als „Entwurf" noch nicht als erlassen gewertet werden.

Der Erlass eines Bußgeldbescheids ist bereits an materielle Voraussetzungen geknüpft, deren Nichtvorliegen zur Unmöglichkeit der Herbeiführung der verjährungsunterbrechenden Wirkung führen: So darf ein Bußgeldbescheid unter anderem nur dann erlassen werden, wenn der für die Verfolgungsbehörde handelnde Verwaltungsangehörige nach Aufklärung des Sachverhalts eine Ordnungswidrigkeit für erwiesen hält.[939] Umgekehrt darf die Verwaltungsbehörde einen Bußgeldbescheid nicht erlassen, wenn Zweifel bleiben, ob der Betroffene die Verfehlung (vorwerfbar) verwirklicht hat. Zwar wird in dem summarischen Verfahren nach dem Ordnungswidrigkeitengesetz die absolute Sicherheit für die Täterschaft des Betroffenen nicht zur Voraussetzung für den Erlass des Bußgeldbescheids gemacht werden können. Unerlässlich ist jedoch, dass die Verwaltungsbehörde nach pflichtgemäßer Würdigung der vorhandenen Beweise die Überzeugung gewinnt, der Betroffene habe die Ordnungswidrigkeit begangen und sie werde ihm mit den vorhandenen Beweismitteln wahrscheinlich auch nachzuweisen sein.[940] Zweifel verbleiben u.a., wenn abgesehen von einem Auskunftsersuchen an die Passbehörde vor dem Erlass des Bußgeldbescheids aus den Ermittlungsunterlagen keine Maßnahme ersichtlich ist, die zur Aufklärung des Sachverhalts in Richtung Fahrzeuglenker ergriffen worden ist. Allein daraus, dass der Betroffene der Halter eines privat genutzten

---

937 BGHZ 8, 314 [316] = NJW 53, 422.

938 OLG Zweibrücken, VRS 53, 446; Bergmann, in *Beck/Berr*, OWi-Sachen im Straßenverkehrsrecht, 6. Aufl., 2012, Rn 278.

939 Seitz, in *Göhler*, OWiG, Vor § 65 Rn 1.

940 OVG Münster, NZV 2008 536; *Kurz*, in Karlsruher Kommentar zum OWiG, § 65 Rn 11.

Fahrzeugs ist, darf beim Fehlen jedes weiteren Beweisanzeichens nicht gefolgert werden, dass er das Fahrzeug bei einer bestimmten Fahrt tatsächlich selbst geführt hat.[941]

aa) Die (Ersatz-)Zustellung des Bußgeldbescheides an den Betroffenen

Zustellungsadressat ist grundsätzlich der Betroffene selbst (§ 51 Abs. 2 OWiG). Bußgeldbescheide werden im Regelfall mit Postzustellungsurkunde zugestellt. Hierbei übergibt die Bußgeldstelle den Bußgeldbescheid in verschlossenem Umschlag an die Deutsche Post AG mit dem Ersuchen, die Zustellung einem Postbediensteten des Bestimmungsortes zu übertragen.

(1) Persönliche Übergabe des Bußgeldbescheides

Im Rahmen der Zustellung versucht die Deutsche Post AG eine persönliche Übergabe des Bußgeldbescheides an den/die Empfänger(in) nach § 177 ZPO durchzuführen. Hierin heißt es, dass *„das Schriftstück ... der Person, der zugestellt werden soll, an jedem Ort übergeben werden (kann), an dem sie angetroffen wird.“* Mit der Übergabe wäre die Zustellung somit bewirkt.

(2) Ersatzzustellung

Kann das Schriftstück dem Betroffenen nicht selbst zugestellt werden, so kommt eine wirksame Ersatzzustellung nach den §§ 178 bis 181 ZPO in Betracht. Wird die Person, der der Bußgeldbescheid zugestellt werden sollte, in ihrer Wohnung nicht angetroffen, darf die Zustellung an einen in der Wohnung anwesenden erwachsenen Familienangehörigen, eine in der Familie beschäftigte Person oder einen erwachsenen ständigen Mitbewohner vorgenommen werden (§ 178 ZPO). Entsprechendes gilt bei Geschäftsräumen für eine dort beschäftigte Person. Ist eine derartige Zustellung nicht ausführbar, so kann eine Ersatzzustellung nach § 180 ZPO durch Einlegen in den Briefkasten erfolgen. Bei Bußgeldbescheiden ist diese Zustellungsform die Regel. In der Postzustellungsurkunde, die sich regelmäßig in der Bußgeldakte befindet, ist in diesem Falle angekreuzt: *„Das Schriftstück habe ich zu übergeben versucht. Weil die Übergabe des Schriftstücks in der Wohnung/in dem Geschäftsraum nicht möglich war, habe ich das Schriftstück in den zur Wohnung gehörenden Briefkasten oder in eine ähnliche Vorrichtung eingelegt.“*

---

941 *BGH*, NJW 1974, 2295.

(α) Einlegen in einen nicht abschließbaren Briefkasten?

Umstritten ist, ob eine Ersatzzustellung gem. § 180 S. 1 ZPO durch Einlegen in den Briefkasten auch dann wirksam vorgenommen werden kann, wenn der Briefkasten mangels Verschließbarkeit objektiv unsicher war.

Eine Auffassung hält die Ersatzzustellung durch Einlegen in einen nicht abschließbaren Briefkasten für unwirksam.[942] Dasselbe solle auch für solche Fälle gelten, bei denen der Briefkasten bereits auf Grund seines äußeren Zustands („wenn er überfüllt ist [überquillt]") vom Wohnungsinhaber erkennbar nicht benutzt wird. Teilweise wird vertreten, dass eine Zustellung ordnungsgemäß sei, wenn der Briefkasten bereits seiner Art nach – wie bei amerikanischen Briefkästen – nicht verschlossen werden kann, da eine derartige privatautonome Entscheidung des Adressaten, der die installierte Empfangseinrichtung offenkundig für hinreichend sicher hält, zu beachten sei mit der Folge, dass er auch entsprechende Zustellungen gegen sich gelten lassen muss.[943]

Das OLG Nürnberg[944] meint, dass sich derjenige, der einen Sicherheitsmangel seines Briefkastens kennt, ihn aber gleichwohl nutzt, in Widerspruch zu seinem eigenen Verhalten setzt, wenn er sich zur Begründung einer nicht erfolgten Zustellung auf eben diesen Sicherheitsmangel berufe. Derselbe Rechtsgedanke liege im Ansatz der Regelung in § 179 ZPO zu Grunde; wer unberechtigt die Annahme eines zuzustellenden Schriftstücks verweigere, könne sich nachfolgend gleichfalls nicht auf die unterbliebene Zustellung berufen. Nach § 179 S. 3 ZPO werde in diesem Fall dabei ebenso eine Zustellung fingiert wie im Fall der Ersatzzustellungen durch Einlegen in den Briefkasten gem. § 180 S. 2 ZPO, ohne dass es in beiden Fällen noch darauf ankomme, ob der Zustellungsadressat vom Inhalt des zuzustellenden Schriftstücks tatsächlich Kenntnis nehme. Bei beiden Tatbeständen räume das Gesetz dabei erkennbar der Sicherheit im Rechtsverkehr den Vorrang gegenüber dem Anspruch des Adressaten auf rechtliches Gehör ein.

(β) Zum Begriff „Wohnung"

Bei der Auslegung des Begriffs „Wohnung" ist von Sinn und Zweck dieser Zustellungsvorschriften auszugehen. Zustellung ist der in gesetzlicher Form zu bewirkende und zu beurkundende Akt, durch den dem Adressaten Gelegenheit zur Kenntnisnahme eines Schriftstücks verschafft wird.[945] Zustellungen geschehen nicht nur im Interesse ihres Veranlassers, der mit Hilfe der Zustellungsurkunde nachweisen kann, dass der Adressat von dem zugestellten Schriftstück Kenntnis nehmen konn-

942 *LG Darmstadt,* NStZ 2005, 164.
943 *Häublein,* in: MünchKomm-ZPO, § 180 Rn 5.
944 NJW 2009, 2230.
945 *BGH,* NJW 1978, 1858.

te, sondern auch im Interesse des Adressaten. Ihm gegenüber sollen die Vorschriften über Zustellungen gewährleisten, dass er Kenntnis von dem zuzustellenden Schriftstück nehmen und seine Rechtsverteidigung oder Rechtsverfolgung darauf einrichten kann. Die Vorschriften über die Zustellungen dienen damit auch der Verwirklichung des rechtlichen Gehörs.[946] Der Begriff der Wohnung stellt daher auf die tatsächlichen Verhältnisse des Betroffenen, d.h. dessen räumlichen Lebensmittelpunkt ab.[947] Als Wohnung sind daher anerkannt *„die Räume, die der Empfänger tatsächlich bewohnt, in denen er also hauptsächlich lebt und auch übernachtet und wo deshalb am ehesten damit gerechnet werden kann, dass ihn die Zustellung erreicht.*"[948] Nicht maßgebend ist daher der Wohnsitz i.S. des § 7 BGB oder die polizeiliche Meldung.[949] Hat der Zustellungsempfänger Räume in dieser Weise benutzt, so hebt nicht jede vorübergehende Abwesenheit, selbst wenn sie länger dauert, die Eigenschaft jener Räume als einer Wohnung im Sinne der Zustellungsvorschriften auf. Diese Eigenschaft geht vielmehr erst verloren, wenn sich während der Abwesenheit des Zustellungsempfängers auch der räumliche Mittelpunkt seines Lebens an den neuen Aufenthaltsort verlagert. Ob das der Fall ist, lässt sich nur nach den Umständen des Einzelfalls beurteilen.[950]

(γ) Rechtsmissbräuchliches Verhalten des Betroffenen

Selbst wenn der Betroffene oder für diesen sein Anwalt z.B. in dem ihm übersandten Anhörungsbogen, der gem. § 33 I Nr. 1 OWiG bereits verjährungsunterbrechend wirkt, eine unzutreffende Anschrift angibt, um eine unwirksame Ersatzzustellung zu provozieren, so kann die Ersatzzustellung am angegebenen falschen Wohnort nicht erfolgen.[951] Daran ändert auch die Tatsache nichts, dass der Betroffene eine wesentliche Ursache für das Scheitern einer wirksamen Zustellung gesetzt hat. Ein rechtsmissbräuchliches Verhalten liegt nur dann vor, wenn die Vorraussetzungen des § 179 ZPO gegeben sind, der Betroffene also die Annahme tatsächlich verweigert. Wird die Annahme des zuzustellenden Schriftstücks unberechtigt verweigert, so ist das Schriftstück in der Wohnung oder in dem Geschäftsraum zurückzulassen. Hat der Zustellungsadressat keine Wohnung oder ist kein Geschäftsraum vorhanden, ist das zuzustellende Schriftstück zurückzusenden. Mit der Annahmeverweigerung gilt das Schriftstück als zugestellt.

---

946 Art. 103 I GG; BGHZ 12, 96 [98] = NJW 1954, 915.
947 *Häublein*, in Münchener Kommentar zur ZPO, § 178, Rn 5.
948 Seitz, in *Göhler*, OWiG § 51 Rn 12a m.w.N.
949 *BGH*, NJW-RR 1986, 1083; 1994, 564, 565.
950 *BayObLG*, JR 1961, 271.
951 *OLG Koblenz*, zfs 2005, S. 363; SVR 2007, 473.

bb) Die Zustellung des Bußgeldbescheides an den bevollmächtigten Rechtsanwalt

Der Bußgeldbescheid kann darüber hinaus – mit verjährungsunterbrechender Wirkung – auch an den Verteidiger zugestellt werden. Nach §§ 51 III S. 1 OWiG, 145a I StPO gilt der gewählte Verteidiger, dessen Vollmacht sich bei den Akten befindet, als ermächtigt, Zustellungen und sonstige Mitteilungen für den Betroffenen (bzw. den Beschuldigten) in Empfang zu nehmen.[952] Es reicht aus, wenn eine Ablichtung oder Abschrift der Vollmacht vorliegt.[953] Der Betroffene wird hiervon zugleich unterrichtet; dabei erhält er gem. § 51 III 2 OWiG formlos eine Abschrift des Bescheides. Die Bußgeldstelle ist allerdings nicht verpflichtet, an den Rechtsanwalt zuzustellen, sie kann auch weiterhin an den Betroffenen die Zustellung bewirken. Welchen Weg die Behörde nimmt, steht grundsätzlich in ihrem Ermessen.[954]

Wenn eine Vollmacht bei den Akten nicht vorliegt, so darf der Bußgeldbescheid nur an den Betroffenen zugestellt werden, der Verteidiger wird hiervon zugleich unterrichtet; dabei erhält er gem. § 51 III 3 OWiG formlos eine Abschrift des Bescheides. Ein Verstoß gegen die zuletzt genannte Vorschrift hat jedoch nicht die Unwirksamkeit der Zustellung zur Folge, es handelt sich nur um eine Ordnungsvorschrift.[955]

(1) Zustellung des Bußgeldbescheids nur an bevollmächtigten Rechtsanwalt einer Rechtsanwaltskanzlei/Partnergesellschaft

Stark praxisrelevant sind Zustellungen von Bußgeldbescheiden an die Rechtsanwaltskanzlei oder Partnergesellschaft statt an den bevollmächtigten Anwalt innerhalb dieser Sozietät. Hat der Betroffene nachweislich nur eine Einzelvertretungsvollmacht erteilt, und stellt die Behörde den Bußgeldbescheid dennoch an die gesamte Sozietät zu, so liegt ein Zustellungsmangel vor. Jedenfalls tritt durch die Zustellung des Bußgeldbescheids an die Kanzlei oder Partnergesellschaft keine Verjährungsunterbrechung i.S.v. §§ 51 Abs. 3, 33 Abs. 1 Nr. 9 OWiG ein.[956] Die Vollmachtsurkunde begründet in den Grenzen des § 137 I 2 StPO (bis zu drei Verteidiger) nur die Verteidigereigenschaft der darin bezeichneten Rechtsanwälte. Nur der gewählte Verteidiger, dessen Vollmacht sich bei den Akten befindet, gilt in diesen Konstellationen gem. § 51 III 1 OWiG als ermächtigt, Zustellungen für den Betroffe-

---

952 *OLG Rostock*, VRS 107, 442; *OLG Hamm*, NZV 2005, 386.

953 *BGH*, NJW 1996, 406.

954 *Burmann/Heß*, NJW-Spezial 2004, 255.

955 *Lampe*, in KK-OWiG, § 51 Rn 89.

956 *OLG Celle*, zfs 2011, 647, 649; NZV 2012, 45; *OLG Koblenz*, Beschl. vom 31. August 2004, Az.: 1 Ss 237/04; *OLG Hamm*, Beschl. v. 17. März 2006, Az.: 4 Ss [OWi] 145/06; *AG Lippstadt*, ZFS 2008, 643; *AG Moers*, DAR 2005, 703; *AG Stadthagen*, ZFS 2008, 642; *AG Leipzig*, VRR 2008, 194; *AG Husum*, DAR 2009, 158; *AG Jena*, ZFS 2005, 313.

nen in Empfang zu nehmen. Wird ein Bußgeldbescheid lediglich an einen einzelnen Rechtsanwalt einer Kanzlei zugestellt und adressiert, so ist ein Zustellungsmangel demnach zu verneinen, wenn eine in den Akten befindliche Vollmacht eben diesen Rechtsanwalt als Verteidiger ausweist.[957]

(2) Wirksame Zustellung eines Bußgeldbescheids bei „außergerichtlicher Vollmacht"?

Ein wirksames Verteidigungsverhältnis reicht für die ordnungsgemäße Zustellung eines Bußgeldbescheids nicht aus.[958] Die Zustellung des Bußgeldbescheids an den Verteidiger des Betroffenen ist unwirksam, wenn sich noch keine schriftliche Vollmacht bei den Akten befindet, da der Verteidiger dann kein Empfangsberechtigter i.S. des § 51 III S. 1 OWiG ist.[959] Bei der fehlenden Empfangsberechtigung handelt es sich um einen wesentlichen, zur Unwirksamkeit führenden Mangel der Zustellung.[960]

Diese Rechtslage machen sich einige Rechtsanwälte zunutze und reichen aus taktischen Erwägungen eine ungewöhnliche „außergerichtliche Vollmacht" zu den Akten, die nach ihrem Wortlaut weder zur Entgegennahme von Zustellungen noch zur Vertretung in Ordnungswidrigkeitenverfahren ermächtigt. Diese Form der Vollmachtsurkunde dient dazu, eine förmliche Zustellung des Bußgeldbescheides an den Betroffenen zu vermeiden, um anschließend zu einem geeigneten Zeitpunkt die Stellung als Verteidiger zu bestreiten und sich auf eine vermeintlich eingetretene Verfolgungsverjährung zu berufen. Ist eine solche „Verjährungsfalle" des Anwalts rechtsmissbräuchlich oder noch als zulässiges Verteidigungsverhalten anzusehen? Unter den Oberlandesgerichten ist jedenfalls stark umstritten, ob es sich bei den von Rechtsanwälten zu den Akten gereichten „außergerichtlichen Vollmachten" um Verteidigervollmachten i.S. des § 51 III S. 1 OWiG handelt.

(α) Rein formale Betrachtungsweise

Nach einer früheren überwiegenden Auffassung ermächtigte eine solche Vollmacht nicht zur Entgegennahme von Zustellungen.[961] Zwar sei die Vollmacht nicht an eine besondere Form gebunden; sie müsse jedoch eindeutig sein.[962] Zwar könne ein Be-

---

957 *OLG Dresden*, VRR 2009 275.
958 *OLG Düsseldorf*, DAR 2004, 41.
959 *OLG Düsseldorf*, DAR 2004, 41; *AG Düren*, zfs 2004, 282f.
960 *OLG Düsseldorf*, Urteil vom 28.7.2003 – 2 SS OWI 104/03, VM 2004, 5.
961 *OLG Hamm*, StraFo 2004, 96 = VRS 106, 126 = NStZ-RR 2004, 121; *Brandenburgisches OLG*, zfs 2005, 571.
962 *OLG Hamm*, StraFo 2004, 96 m. N.

scheid auch an einen Vertreter des Betroffenen zugestellt werden; dabei sei jedoch der Umfang der Vollmacht mit zu berücksichtigen.[963] Ergebe sich aus anwaltlichen Schreiben nicht mit der gebotenen Eindeutigkeit, auch zur Entgegennahme von Zustellungen ermächtigt worden zu sein, so scheide eine wirksame Zustellung eines Bußgeldbescheids aus. Hierfür spreche auch die Bezeichnung als (nur) außergerichtliche Vollmacht.[964]

(β) Gesetzliche Fiktion der Zustellungsvollmacht

Demgegenüber wird in letzter Zeit mehrheitlich die gegenteilige Auffassung vertreten, dass derartige „außergerichtliche Vollmachten" unter Berücksichtigung des gezeigten Verhaltens (durch Auslegung) als Verteidigervollmacht zu werten seien.[965] Das Verteidigerverhalten müsse dahin gehend ausgelegt werden, ob der Rechtsanwalt tatsächlich von Anfang an als Verteidiger des Betroffenen tätig gewesen ist und als solcher beauftragt war. Es könne deshalb auch aus den äußeren Umständen auf ein Verteidigerverhältnis geschlossen werden.[966] Für die gewählte Vorgehensweise des Rechtsanwalts gebe es nur einen plausiblen Grund: Durch die Vorlage einer „außergerichtlichen Vollmacht" solle die Verwaltungsbehörde dazu veranlasst werden, den Bußgeldbescheid nicht an den Betroffenen, sondern an den von ihm beauftragten Rechtsanwalt zuzustellen, um anschließend in dem gerichtlichen Bußgeldverfahren dessen damalige Stellung als Verteidiger, die Wirksamkeit der Zustellung und damit die Verjährungsunterbrechung nach § 33 I Nr. 9 OWiG in Abrede zu stellen.

§ 51 III OWiG enthalte eine gesetzliche Fiktion, dass der gewählte Verteidiger, dessen Vollmacht sich bei den Akten befindet, als ermächtigt gilt, Zustellungen in Empfang zu nehmen. Angesichts der kraft Gesetzes erteilten Zustellungsvollmacht sei es nicht möglich, die Verteidigervollmacht dahin einzuschränken, dass sie sich nicht auf Zustellungen erstrecke. Nur eine solche Auslegung entspreche dem Zweck des § 51 III OWiG, der im Interesse der Rechtssicherheit Klarheit darüber schaffen will, wann eine Zustellung an den Verteidiger gegen den Betroffenen wirke.[967]

---

963 *OLG Hamm*, StraFo 2004, 96, 97; *Göhler*, a.a.O., § 51 Rdn. 42.

964 *KG*, Beschl. vom 9.12.2005 – 2 Ss 281/05 – 3 Ws (B) 637/5.

965 *OLG Düsseldorf*, NJW 2008, 2727; *KG*, Beschluss vom 17.3.2009 – 3 Ws (B) 100/09, FD-StrVR 2009, 285663; *OLG Karlsruhe*, Beschl. vom 1.7.2008 – 2 Ss 71/08, BeckRS 2008, 19580.

966 *BGH*, NStZ-RR 1998, 18; *Laufhütte*, in: KK-StPO, 5. Aufl., Vorb. § 137 Rn 3; *Meyer-Goßner*, StPO, Vorb. § 137 Rn 9 m.w. Nachw.

967 *OLG Rostock*, NStZ-RR 2003, 336.

(γ) Zustellungsvollmacht nach § 51 Abs. 3 Satz 1 OWiG einer für das Strafverfahren erteilten Vollmacht des Verteidigers in einem nachfolgenden Bußgeldverfahren?

Wird dem Verteidiger im Strafrecht eine Vollmacht ausgestellt und wird das Strafverfahren sodann eingestellt, so kann die dem Verteidiger hier erteilte Vollmacht keine Wirkungen für das Bußgeldverfahren entfalten, womit insbesondere eine erteilte Vollmacht des Verteidigers nicht ohne Weiteres die Zustellungsvollmacht nach § 51 Abs. 3 Satz 1 OWiG in einem nachfolgenden Bußgeldverfahren fingiert.[968] Eine derartige Prozesslage stellt sich, wenn die Staatsanwaltschaft die Sache nach der Einstellung gem. § 170 II StPO an die Bußgeldbehörde abgibt, da sich Anhaltspunkte ergeben, dass die Tat als Ordnungswidrigkeit verfolgt werden kann (§ 43 Abs. 1 OWiG).

Das *OLG Brandenburg*[969] entschied, dass zwar anerkannt sei, dass die Rechte und Pflichten des Verteidigers umfassend seien und sich auf die Verteidigung des Mandanten gegen alle in dem Verfahren gegen diesen erhobenen Vorwürfe erstreckten.[970] Auch ende das (Wahl-)Verteidigerverhältnis nicht ohne weiteres mit der Rechtskraft eines gegen den Mandanten ergangenen Urteils, sondern erstrecke sich grundsätzlich darüber hinaus insbesondere auch auf ein sich anschließendes Vollstreckungsverfahren,[971] mit der Folge, dass auch eine Zustellungsvollmacht fortbestehe. Eine damit vergleichbare Situation liege in der hier vorliegenden Konstellation aber nicht vor. Bei dem Bußgeldverfahren handele es sich nicht um ein (notwendiges) Folgeverfahren, wenn das Strafverfahren (nur) unter dem Gesichtspunkt der Straftat eingestellt werde. Bei Strafverfahren und Bußgeldverfahren handelt es sich um unterschiedliche Verfahren. Die Ordnungswidrigkeit ist gegenüber der Straftat ein Aliud. Durch den Verzicht auf „Strafe“ hat der Gesetzgeber die Ordnungswidrigkeit bewusst anders eingestuft.[972] Es ist nicht selbstverständlich, dass das dem Verteidiger für das Strafverfahren erteilte Mandat weiterhin Bestand hat. Es kann bereits nicht sicher davon ausgegangen werden, dass ein Betroffener sich überhaupt des Beistandes eines Rechtsanwaltes bedient hätte, wenn von vornherein nur der Vorwurf einer Ordnungswidrigkeit bestanden hätte. Ein Betroffener könne daher, sei es etwa aus Kostengründen, entscheiden, nach Einstellung des Verfahrens wegen der Straftat auf den weiteren Beistand durch den Rechtsanwalt zu verzichten. Bei einer derartigen Sachlage ist auch nicht von vornherein sicher, ob überhaupt ein Bußgeldbescheid erlassen wird und ob aus Sicht des Betroffenen deshalb noch Bedarf an anwaltlichem Beistand besteht. Schließlich könnten bei der

968 *OLG Brandenburg*, Beschl. vom 4.12.2008 – 2 Ss (OWi) 121 Z/08, Verkehrsrecht aktuell 6/2009, S. 107.
969 Beschl. vom 4.12.2008 – 2 Ss (OWi) 121 Z/08.
970 BGHSt 27, 148, 150.
971 *OLG Hamm*, NJW 1955, 1201; *OLG Schleswig*, SchlHA 1992, 12.
972 BVerfGE 27, 18, 30; Gürtler, in *Göhler*, Vor § 1, Rn 6, 8.

Annahme, die für das Strafverfahren erteilte Vollmacht gelte im Bußgeldverfahren fort, dem Betroffenen Kosten entstehen, die nicht beabsichtigt waren. Erfolgt in diesen Fällen die Zustellung des Bußgeldbescheides an den Verteidiger, so ist diese unwirksam, wenn sich zu diesem Zeitpunkt dessen Vollmacht für das Bußgeldverfahren nicht bei den Akten befindet und § 51 Abs. 3 Satz 1 OWiG deshalb keine Anwendung findet.

(δ) Fehlerhafte Ersatzzustellung beim Verteidiger durch fehlende Nachfrage

Was seitens des oft nicht ausreichend geschulten Zustellpersonals nicht hinlänglich bekannt zu sein scheint, ist die Tatsache, dass die Voraussetzungen einer Ersatzzustellung (auch) bei der Zustellung an den Verteidiger eingehalten werden müssen: Eine Ersatzzustellung in den Geschäftsräumen des Verteidigers gemäß § 178 Abs. 1 Nr. 2 ZPO hat in der Form zu erfolgen, dass der Rechtsanwalt, dem zugestellt werden soll, dabei nicht angetroffen werden darf, was eine tatsächliche Begegnung und damit eine Prüfung durch den Zusteller erfordert.[973] Der Zustellungsempfänger wird schon dann „nicht angetroffen“, wenn der Überbringer nicht zu ihm gelassen, vielmehr im Büro abgefertigt wird; auf die Anwesenheit des Zustellungsempfängers im Geschäftslokal kommt es nicht an.[974] Der Postzusteller hat sich bei Rechtsanwaltsfachangestellten zu erkundigen, ob der Adressat tatsächlich nicht anwesend ist. Zwar muss sich der Zusteller nicht selbst von der An- oder Abwesenheit des Verteidigers überzeugen, es genügt die Versicherung der Abwesenheit durch einen Angestellten auf Nachfrage des Zustellers,[975] was der Zusteller aber auf der PZU vermerken muss. Teilweise werden die Sendungen bei Zustellung in Geschäftsräumen jedoch generell dort beschäftigten Mitarbeitern überlassen. Eine ordnungsgemäße Ersatzzustellung gemäß §§ 51 OWiG, 3 VwZG, 177 ff. ZPO kann hierdurch aber nicht erfolgen.[976]

Hat sich der Rechtsanwalt jedoch einmal auf dieses Zustellungsdefizit berufen, so steht zu befürchten, dass die Zusteller die korrekte Ersatzzustellung verinnerlicht haben. Sie wollen sich sicherlich kein zweites Mal vorhalten lassen, keine ordnungsgemäße Zustellung bewirkt zu haben.

cc) Benennung eines Zustellungsbevollmächtigten bei ausländischen Betroffenen

Bei der Zustellung von Bußgeldbescheiden gegen Betroffene, die einer Ordnungswidrigkeit dringend verdächtig sind und im Geltungsbereich dieses Gesetzes keinen

---

973 *AG Pirmasens*, SVR 2009, 72.
974 *BVerwG*, NJW 1962, 70.
975 *BVerwG*, NJW 1962, 70.
976 *AG Pirmasens*, SVR 2009, 72.

festen Wohnsitz oder Aufenthalt haben, gelten einige Besonderheiten für Zustellungen. Um die Durchführung des Ordnungswidrigkeitenverfahrens sicherzustellen, kann angeordnet werden, dass der Betroffene eine im Bezirk des zuständigen Gerichts wohnende Person zum Empfang von Zustellungen bevollmächtigt (§ 132 I Nr. 2 StPO i.V.m. § 46 I OWiG). Befolgt der Betroffene die Anordnung nicht, so können Beförderungsmittel und andere Sachen, die der Betroffene mit sich führt und die ihm gehören, gem. § 132 III StPO i.V.m. § 46 I OWiG beschlagnahmt werden. Um eine wirksame Unterbrechungshandlung der Verfolgungsverjährung vorzunehmen, können für den Betroffenen bestimmte Zustellungen an den Bevollmächtigten bewirkt werden. Er tritt nach dem mit der Zustellungsvollmacht nach §§ 116a, 127 oder wie hier § 132 StPO verfolgten Verfahrenszweck während der gesamten Dauer des Verfahrens für alle Zustellungen an die Stelle des Betroffenen.[977] Allerdings sind an Dritte bewirkte Zustellungen unwirksam, auch wenn die Zustellungsurkunde vom Krankheitsvertreter des Zustellungsbevollmächtigten innerhalb einer Behörde unterzeichnet und der Bußgeldbescheid an den Betroffenen weitergeleitet wurde.[978] Derjenige, der umfassende Zustellungsvollmacht erteilt hat, muss im Übrigen dafür Sorge tragen, dass er durch den Zustellungsbevollmächtigten über den Verfahrensfortgang unterrichtet werden kann. Das durch § 132 StPO verfolgte Ziel, Straf- und Bußgeldverfahren gegen im Ausland wohnhafte Beschuldigte bzw. Betroffene bis zur Vollstreckung durchzuführen, ließe sich nicht erreichen, wenn der fehlende Kontakt zum Zustellungsbevollmächtigten als ausreichende Entschuldigung anerkannt werden würde.[979]

dd) Wirksame Zustellung eines Bußgeldbescheids nur bei Angabe des Aktenzeichens auf Briefumschlag?

Mögliche Zustellungsmängel lauern ebenfalls in den Vorschriften des Verwaltungszustellungsgesetzes. So liegt schon ein Zustellungsmangel vor, wenn entweder Absender- oder Empfängerangabe fehlen bzw. die zuzustellende Sendung nicht mit einer am verschlossenen Umschlag erkennbaren, den Inhalt der Sendung einwandfrei identifizierenden Geschäftsnummer versehen ist, vgl. § 3 I 2 VwZG a.F. Der Sinn und Zweck der Vorschrift besteht darin, den unveränderten Inhalt der Sendung zu gewährleisten.[980] Bei einer Zustellung mittels PZU tritt an die Stelle einer unmittelbaren Aushändigung des zuzustellenden Schriftstücks die Übergabe einer verschlossenen Postsendung mit der Folge, dass nicht die Aushändigung des Schriftstücks durch die Aufnahme einer Zustellungsurkunde beurkundet wird, sondern

---

977 *RGSt* 77, 212 [214]; *BayObLG*, NStZ 1995, 561 mwN; *OLG Düsseldorf*, NStE Nr. 1 zu § 132 StPO.
978 *AG Ludwigshafen*, Beschl. v. 9.6.2010, 5489 Js 10962/10. 4 c OWi.
979 *OLG Koblenz*, NStZ-RR 2004, 373.
980 *OLG Hamm*, NZV 2003, 298.

nur die Übergabe der mit einer Geschäftsnummer versehenen Sendung. Die Angabe der Geschäftsnummer auf der Sendung sowie auf der Postzustellungsurkunde stellt die einzige urkundliche Beziehung zwischen dieser und dem zuzustellenden Schriftstück her.[981] Deshalb setzt die Wirksamkeit der Zustellung eines Bußgeldbescheids grundsätzlich voraus, dass auf dem Zustellungsumschlag das betreffende Aktenzeichen vermerkt ist.[982]

Nach herrschender Auffassung[983] gilt ein Bußgeldbescheid ebenfalls als nicht wirksam zugestellt, wenn auf dem Briefumschlag ein falsches Aktenzeichen vermerkt, mit einer Geschäftsnummer versehen ist, welche mit der auf der Zustellungsurkunde nicht identisch ist,[984] oder das Aktenzeichen durch das Sichtfenster des Briefumschlages nicht einsehbar ist.[985] Dagegen wurde ein derart schwerer Mangel einer Zustellung abgelehnt bei „nur" teilweise falscher Geschäftsnummer.[986]

Zwar wurde § 3 Abs. 1 VwZG sowie die landesrechtlichen Pendant-Vorschriften inzwischen dahin gehend geändert, dass ihr vormaliger Satz 2 gestrichen wurde. Ob das auf dem Briefumschlag fehlende, nicht einsehbare, oder falsches Aktenzeichen noch immer eine Unwirksamkeit der Zustellung bedingen kann, ist nicht ausdrücklich geklärt. Die höchstrichterliche Rechtsprechung[987] hat diese Problematik erkannt, jedoch bis dato mangels Entscheidungsrelevanz offen gelassen.

Für die Beibehaltung der Formerfordernisse des § 3 I 2 VwZG a.F. spricht der Umstand, dass die Übereinstimmung zwischen der Zustellungsurkunde und dem zuzustellenden Schriftstück im Grunde nicht anders zu gewährleisten ist als durch Überprüfung seitens des Zustellers anhand des verschlossenen Umschlags. Bei einem Briefumschlag ohne Geschäftszeichen würden Abweichungen hingenommen, was dem Zweck der Zustellung, den Nachweis des Zugangs des betreffenden Schriftstückes zu ermöglichen, widerspräche.

ee) Ersatzzustellung durch Niederlegung

Ist auch die Ersatzzustellung durch Einlegen in den Briefkasten nach § 178 Abs. 1 Nr. 3 ZPO oder § 180 ZPO nicht ausführbar, kann das zuzustellende Schriftstück am Ort der Zustellung oder am Ort des Amtsgerichts bei einer von der Post dafür bestimmten Stelle niedergelegt werden, wenn die Post mit der Ausführung der Zustellung beauftragt wird, § 181 ZPO. Über die Niederlegung ist eine schriftliche Mittei-

---

981 *BFH*, BFHE 178, 546; 179, 202; 205, 501; NVwZ-RR 1991, 115; BFH/NV 2005, 66.
982 *OLG Koblenz*, ZfS 2004, 285; *OLG Hamm*, NStZ-RR 2002, 340.
983 *OLG Koblenz*, ZFS 2004, 285; *Schmuck/Jung*, ZfS 2003, 330.
984 Seitz, in *Göhler*, OWiG, § 51 Rn 9 m. w. Nachw.
985 *Brandenburgisches OLG*, NStZ-RR 2006, 53.
986 *OLG Hamm*, NZV 2003, 298.
987 *OLG Karlsruhe*, ZfS 2008, 112.

lung auf dem vorgesehenen Formular unter der Anschrift der Person, der zugestellt werden soll, in der bei gewöhnlichen Briefen üblichen Weise abzugeben oder, wenn das nicht möglich ist, an der Tür der Wohnung, des Geschäftsraums oder der Gemeinschaftseinrichtung anzuheften. Das Schriftstück gilt mit der Abgabe der schriftlichen Mitteilung als zugestellt. Der Zusteller vermerkt auf dem Umschlag des zuzustellenden Schriftstücks das Datum der Zustellung.

ff) Folgen der unwirksamen Zustellung

Unwirksame Zustellungen setzen die Rechtsbehelfsfrist nicht in Lauf. Ein unwirksam zugestellter Bußgeldbescheid wird nicht rechtskräftig.[988] Zudem wird bei unwirksamen Zustellungen des Bußgeldbescheides die Verjährungsfrist nicht unterbrochen, so dass ein Verfahrenshindernis eintritt. Dann ist das Verfahren gemäß § 46 Abs. 1 OWiG, außerhalb der Hauptverhandlung durch Beschluss i.V.m. § 206a Abs. 1 StPO oder i.V.m. § 260 Abs. 3 StPO im Urteil einzustellen.

gg) Die Heilung von Zustellungsmängeln

Lässt sich die formgerechte Zustellung eines Dokuments nicht nachweisen oder ist es unter Verletzung zwingender Zustellungsvorschriften zugegangen, so kann der Zustellungsmangel geheilt werden. Nach § 51 Abs. 1 OWiG gelten für das Zustellungsverfahren der Verwaltungsbehörde die Vorschriften des Verwaltungszustellungsgesetzes, wenn eine Verwaltungsbehörde des Bundes das Verfahren durchführt, sonst die entsprechenden landesrechtlichen Vorschriften. Da Verkehrs-Ordnungswidrigkeitenverfahren nicht durch Verwaltungsbehörden des Bundes durchgeführt werden, sind für das Zustellungsverfahren nicht (direkt) die Vorschriften des Verwaltungszustellungsgesetzes (VwZG), sondern die landesrechtlichen Vorschriften (LVwZG) anzuwenden. Die meisten Verwaltungszustellungsgesetze der Länder verweisen nur auf das Bundes-VwZG.[989] Die Bundesländer mit eigenen, darüber hinaus gehenden Vorschriften in ihren Landesverwaltungszustellungsgesetzen (wie etwa Baden-Württemberg oder Sachsen) enthalten für die Heilung von Zustellungsmängeln eine § 8 VwZG entsprechende Regelung. Das Dokument gilt in dem Zeitpunkt als zugestellt, in dem es dem Empfangsberechtigten tatsächlich zugegangen ist. In diesem Fall fingiert § 8 VwZG die wirksame Zustellung. Es genügt auch eine

---

988 *OLG Stuttgart,* Justiz 1982, 376 m.w.N.

989 Der Wortlaut der LVwZGe ist nahezu übereinstimmend: „(1) Für das Zustellungsverfahren der Landesbehörden, der Behörden der Gemeinden und Gemeindeverbände sowie der landesunmittelbaren Körperschaften, Anstalten und Stiftungen des öffentlichen Rechts gelten die §§ 2 bis 10 des Verwaltungszustellungsgesetzes vom 12. August 2005 (BGBl. I S. 2354) in der jeweils geltenden Fassung entsprechend.“

schlüssige Handlung des Zustellungsempfängers, etwa die Erhebung eines Rechtsmittels gegen den zugestellten Bescheid.[990] Legt der Betroffene oder für diesen sein Rechtsanwalt etwa gegen den Bußgeldbescheid Einspruch ein, so kommt eine Heilung des Zustellungsmangels in Betracht. Der Betroffene muss diese Zustellung somit über die Heilungsvorschrift des § 8 VwZG gegen sich gelten lassen, sofern die tatsächliche Kenntnisnahme durch die Behörde bewiesen werden kann. Teilweise hat die höchstrichterliche Rechtsprechung fingiert, dass der Betroffene mit der Einspruchseinlegung den Bußgeldbescheid gekannt haben müsse.[991] Mit der Einspruchseinlegung muss aber nicht unbedingt der Zugang des Schriftstücks verbunden gewesen sein. Es kann nicht ausgeschlossen werden, dass der Betroffene von dritter Seite über den Eingang des Bescheids lediglich informiert wurde und dies bereits zur Veranlassung nahm, den Einspruch selbst zu verfassen.[992] Ob die Kenntnisnahme über Dritte ausreicht, ist wiederum umstritten.[993] Nach einer Auffassung soll dies bereits für das Eingreifen der Heilungsvorschriften ausreichen.[994] Nach vorzugswürdiger Meinung muss die Frage, ob dem Betroffenen bei Abfassung des Einspruchs der Bußgeldbescheid vorlag, positiv nachgewiesen werden.[995] Teilweise lässt man das Vorliegen einer Kopie des Bußgeldbescheids ausreichen.[996]

Der in diesem Zusammenhang oft zitierte Beschluss des *OLG Koblenz* vom 14.2.2005,[997] in dem eine Heilung der Zustellungsmängel durch tatsächlichen Zugang nach § 9 VwZG a.F. nicht in Betracht kam, hat aufgrund der Änderung des OWiG und des VwZG in dieser Form keine Bedeutung mehr. Die Regelung des § 51 V 3 OWiG a.F., wonach eine Heilung nicht in Betracht kam, wenn mit der Zustellung eine Rechtsbehelfsfrist beginnt, ist am 30. März 2005 außer Kraft getreten.

hh) Praxistipp

Standardisierte Überprüfungen der Verjährungsfristen und der Zustellung des Bußgeldbescheides auf Ordnungsgemäßheit können unverhoffte Verfahrenseinstellungen wegen eines dauernden Verfahrenshindernisses zur Folge haben. Gerade bei Verkehrsordnungswidrigkeiten mit ansonsten geringen Erfolgsaussichten können oft (nur) formale Einwände gegen die verjährungsunterbrechende Wirkung das ge-

---

990 *BVerwG*, DÖV 2006, 788; *Schlatmann*, in Engelhardt/App, VwVG und VwZG, § 8 VwZG Rn 2.
991 *OLG Karlsruhe*, zfs 2008, 112; *Göhler*, OWiG, § 51 Rn 52.
992 OLG Celle, NZV 2012, 45.
993 OLG Celle, a.a.O.
994 OLG Saarbrücken zfs 2009 469.
995 OLG Celle, a.a.O.
996 OLG Saarbrücken zfs 2009 469.
997 1 Ss 341/04, zfs 2005, 363; ähnlich *OLG Düsseldorf*, VRS 105, 438.

wünschte Verteidigungsziel mit sich bringen. Jedenfalls angesichts der aufgezeigten diversen Fehlerquellen bei der Zustellung ist seitens der Verteidigung eine erhöhte Sensibilisierung vonnöten. In jedem einzelnen Fall bedarf sowohl die Zustellung des Bußgeldbescheides an den Betroffenen (§ 51 Abs. 2 OWiG) als auch an den Rechtsanwalt (§ 51 Abs. 3 OWiG) einer sorgfältigen Überprüfung. In letzter Zeit zeichnet sich ein leichter Trend in der Rechtsprechung ab, Zustellungsmängeln, die auf irgendwie geartete List des Empfängers beruhen, einen Riegel vorzuschieben. Dies wird besonders deutlich an den von einigen Rechtsanwälten zur Akte gereichten atypischen Vollmachten. Aber auch mit dem Zustellungsmangel ist der Fall jedoch noch nicht automatisch gewonnen, der Fehler kann nämlich noch geheilt werden, wenn der Betroffene (nachträglich) tatsächlich vom Inhalt des Schriftstücks Kenntnis genommen hat und ihm die Behörde dies nachweisen kann.

k) § 33 I S. 1 Nr. 10 OWiG

Nach § 69 III 1 OWiG übersendet die Verwaltungsbehörde die Akten über die Staatsanwaltschaft an das Amtsgericht. Hierdurch wird die Verjährungsfrist unterbrochen. Auch erfolgt eine Unterbrechung, wenn der Richter beim Amtsgericht die Sache unter Angabe der Gründe mit Zustimmung der Staatsanwaltschaft gem. § 69 V 1 OWiG an die Verwaltungsbehörde zurückverweist, etwa bei offensichtlich ungenügender Aufklärung des Sachverhalts.

l) § 33 I S. 1 Nr. 11 OWiG

Auch durch die Anberaumung der Hauptverhandlung wird die Verjährung unterbrochen. Unter Anberaumung wird die Festsetzung des Ortes und eines Zeitpunkts der Durchführung der Sitzung durch den Vorsitzenden des Gerichts verstanden.[998] Sie muss auf eine richterliche Anordnung zurückgehen. Auch die Terminsbestimmung durch einen örtlich unzuständigen Richter soll reichen, aber nur, wenn die Staatsanwaltschaft die Sache dem unzuständigen Gericht vorgelegt hat.[999] Da nach § 33 I S. 1 Nr. 11 OWiG jede Anberaumung der Hauptverhandlung zur Verjährungsunterbrechung führt, gilt dies nicht nur für die erste Terminierung, sondern auch für alle nachfolgenden Terminsbestimmungen.

m) § 33 I S. 1 Nr. 12 OWiG

§ 72 OWiG eröffnet aus Gründen der Vereinfachung und Beschleunigung des Verfahrens die Möglichkeit, ohne Beweiserhebung in einer Hauptverhandlung im schrift-

998 OLG Köln, VRS 1985 Bd. 69, 451.
999 Weller, Karlsruher Kommentar zum OWiG, § 33 Rn 87.

lichen Verfahren durch Beschluss zu entscheiden. Von dem Procedere des § 72 Abs. 1 und 2 OWiG machen die Amtsgerichte höchst unterschiedlichen Gebrauch.[1000] Einige Gerichte verwenden im Vorfeld der Terminierung Schriftblöcke, in denen auf die Möglichkeit des schriftlichen Verfahrens gem. § 72 OWiG hingewiesen wird, anderen Bußgeldrichtern oder Geschäftsstellen ist dagegen die Existenz dieser Norm offenbar gänzlich unbekannt und es wird stets zu einer mündlichen Hauptverhandlung terminiert. Schon durch den Hinweis auf die Möglichkeit, ohne Hauptverhandlung zu entscheiden, wird die Verjährung unterbrochen.

Im Unterschied zu § 33 I S. 1 Nr. 11 OWiG kann die Verjährung nach Nr. 12 nur einmal unterbrochen werden, denn nach dem Wortlaut in Nr. 12 wird die Verjährung nicht durch jeden, sondern nur durch „den Hinweis" unterbrochen.

n) § 33 I S. 1 Nr. 13 OWiG

Die Erhebung der öffentlichen Klage unterbricht die Verjährung ebenso. Es handelt sich bei dieser Unterbrechungsalternative um den Spezialfall, dass die Staatsanwaltschaft vor Erlass eines Bußgeldbescheides die Verfolgung der Ordnungswidrigkeit übernimmt, weil diese mit einer Straftat, die sie verfolgt, zusammenhängt (§ 42 OWiG). Es kommt auf den Zeitpunkt der Einreichung bei dem zuständigen Gericht, nicht aber auf den der Unterzeichnung durch den Staatsanwalt an.[1001]

o) § 33 I S. 1 Nr. 14 OWiG

Durch die Eröffnung des Hauptverfahrens wird die Verjährung ebenfalls unterbrochen. Diese ist nur in den Fällen der Anklageerhebung mittels Einreichung einer Anklageschrift vorgeschrieben und erfolgt im strafprozessualen Zwischenverfahren durch Zulassung der Anklage zur Hauptverhandlung. § 33 I S. 1 Nr. 14 OWiG knüpft somit in den Fällen des § 42 OWiG an Nr. 13 an. Die Unterbrechung nach Nr. 14 tritt im Zeitpunkt der Unterzeichnung des Eröffnungsbeschlusses ein (§ 33 II OWiG).

p) § 33 I S. 1 Nr. 15 OWiG

Letztlich wird die Verjährung ebenfalls unterbrochen durch den Strafbefehl oder eine andere dem Urteil entsprechende Entscheidung. Auch diese Ziffer bezieht sich auf den Sonderfall, dass die Staatsanwaltschaft vor Erlass eines Bußgeldbescheides die Verfolgung der Ordnungswidrigkeit übernimmt, weil diese mit einer Straftat, die sie verfolgt, zusammenhängt.

1000 Fromm, VRR 2011, 290 ff.
1001 BayObLG, NJW 1971, 854.

Unter „dem Urteil entsprechenden Entscheidungen“ versteht man Beschlüsse, die das Erkenntnisverfahren im Ganzen endgültig abschließen und die mit gleichem Inhalt auch durch Urteil ergehen können.[1002] Hierunter fallen etwa Beschlüsse, durch den das Amtsgericht außerhalb der Hauptverhandlung das Verfahren wegen eines (vermeintlichen) Verfahrenshindernisses einstellt.[1003]

V. Absolute Verjährungsfrist

Spätestens ist die Verfolgung der Straßenverkehrs-Ordnungswidrigkeit verjährt, wenn seit dem Beginn der Verjährung (§ 31 III OWiG) zwei Jahre verstrichen sind, vgl. § 33 III 2 OWiG. Man bezeichnet diese Frist als absolute Verjährung. Sie setzt sich gegenüber den Unterbrechungstatbeständen des § 33 I OWiG durch.[1004]

Wird jemandem in einem bei Gericht anhängigen Verfahren eine Handlung zur Last gelegt, die gleichzeitig Straftat und Ordnungswidrigkeit ist, so gilt gem. § 33 III 3 OWiG als gesetzliche Verjährungsfrist das Doppelte der gesetzlichen Verjährungsfrist gem. § 78 StGB.[1005] Die absolute Verjährungsfrist gilt ferner nicht (vgl. § 33 III 4 i.V.m. § 32 OWiG), wenn vor Ablauf der Verjährungsfrist ein Urteil des ersten Rechtszuges oder ein Beschluss nach § 72 OWiG ergangen ist; hier läuft die Verjährungsfrist nicht vor dem Zeitpunkt ab, in dem das Verfahren rechtskräftig abgeschlossen ist. Solange ruht die Verjährung. Diese Vorschrift hat die irrwitzige Konsequenz, dass ein Richter eine Bußgeldakte Jahrzehnte unbearbeitet lassen darf, ohne dass Verjährung eintritt: ein Ergebnis, welches sich nur schwer mit dem Zweck der Verjährung, Rechtsfrieden einkehren zu lassen und sicher vor einer Ahndung der Ordnungswidrigkeit zu sein, in Einklang bringen lässt.

B. Vollstreckungsverjährung

§ 34 OWiG begrenzt die Durchsetzung der Rechtsfolgen einer Bußgeldentscheidung zeitlich. Die Vollstreckungsbehörden sollen dadurch zum zeitnahen Handeln aufgefordert werden. Da eine rechtskräftig festgesetzte Geldbuße nach Ablauf der Verjährungsfrist nicht mehr vollstreckt werden darf, ist die Verfolgungsverjährung als Verfahrenshindernis anzusehen.[1006]

1002 BayObLG NJW 1977, 690.
1003 BayObLG NJW 1977, 690.
1004 Mitsch, Recht der Ordnungswidrigkeiten, 239.
1005 *BayObLG*, DAR 2004, 45.
1006 KK OWiG/*Weller*, § 34 Rn 4.

I. Verjährungsdauer

Die Verjährungsfrist richtet sich nach der Höhe der Geldbuße. Es wird nach Geldbußenhöhen unter und über 1.000 EUR abgestuft. In Verkehrsordnungswidrigkeiten wird bei Anwendung des Bußgeldkatalogs in der Regel die dreijährige Frist einschlägig sein. Im Einzelnen ist jedoch eine genaue Überprüfung des Urteilstenors vorzunehmen. Sind etwa mehrere Geldbußen festgesetzt worden, so ist jede einzelne maßgeblich für die Höhe der Geldbuße. Werden unterschiedliche Verfehlungen in einer gerichtlichen Entscheidung abgeurteilt, so ist die dreijährige Vollstreckungsverjährung einschlägig, auch wenn die Summe der Geldbußen bei über 1.000 EUR liegt. Es darf keine Addition der Beträge stattfinden. In der Praxis wird oft fehlerhaft auch im amtsrichterlichen Urteilstenor eine „Gesamtgeldbuße“[1007] gebildet, bei der die verschiedenen Geldbußen zusammengerechnet werden. Sind bei zwei tatmehrheitlich zueinander stehenden Verfehlungen die Geldbuße pro Tat in Höhe von je 600,00 EUR addiert worden und beträgt die festgesetzte Geldbuße damit 1.200,00 EUR, so ist nach richtiger Auffassung § 34 Abs. 2 Nr. 1 OWiG einschlägig. Zwar hätte das Gericht bei korrekter Anwendung der Bußgeldzumessungsvorschriften (§§ 19, 20 OWiG) getrennt jeweils im Tenor je 600,00 EUR festsetzen müssen. Damit wäre bei hypothetisch richtiger Rechtsanwendung § 34 Abs. 2 Nr. 2 OWiG anwendbar. Für den juristisch oft nicht ausreichend geschulten Vollstreckungssachbearbeiter ist es jedoch nicht zumutbar, zu prüfen, ob die Taten, zu denen der Betroffene verurteilt wurde, in Tateinheit- oder -mehrheit gestanden haben. Maßgeblich sind daher die Beträge im rechtskräftigen (und unrichtigen) Tenor. Stellt sich nach der 1. Instanz heraus, dass der Amtsrichter gegen diese Regeln der Bußgeldzumessung verstoßen hat, so muss fristgerecht Rechtsbeschwerde gem. § 79 OWiG eingelegt werden.

II. Verjährungsbeginn

Mit der Rechtskraft der Entscheidung beginnt die Verjährung. Der Tag der Rechtskraft ist der erste Tag der Verjährungsfrist.[1008]

III. Verjährungsablauf

Der letzte Tag der Frist ist der im Kalender dem Ablauf der Frist vorangehende Tag. Ist beispielsweise eine Geldbuße am 1.6.2011 rechtskräftig geworden, so tritt die Ver-

1007 OLG Koblenz, zfs 2007, 231; OLG Düsseldorf, NZV 1998, 78.
1008 Göhler/*Gürtler*, § 34 Rn 2.

jährung bei dreijähriger Frist schon am 31.5.2014 ein. Zu beachten ist, dass diese Berechnung selbst dann gilt, wenn der letzte Fristtag ein Sonn- oder Feiertag ist. Die Monatsfristberechnung des § 43 I und II StPO ist auch insoweit nicht anwendbar.

IV. Ruhen der Vollstreckungsverjährung

Absatz 4 regelt das Ruhen der Vollstreckungsverjährung. Die Frist soll nicht weiterlaufen, wenn nach dem Gesetz die Vollstreckung nicht begonnen oder nicht fortgesetzt werden kann, die Vollstreckung ausgesetzt ist oder eine Zahlungserleichterung bewilligt ist. Sind dem Verurteilten insbesondere monatliche Raten bewilligt worden, so ist das Unterbleiben von Vollstreckungsmaßnahmen nicht durch ein Versäumnis der Vollstreckungsbehörde zurückzuführen.

V. Vollstreckung von Nebenfolgen

Wird eine auf Geldzahlung gerichtete Nebenfolge, wie der Verfall, vollstreckt, gelten die Absätze 1–4 entsprechend. Die Verjährungsfrist richtet sich auch hier nach der Höhe der Nebenfolge. Da auch in Verkehrsordnungswidrigkeiten das Erlangte regelmäßig abgeschöpft wird, wird oftmals – angesichts der exorbitanten Höhe des Verfalls[1009] – die fünfjährige Frist erreicht.

Ist eine solche Nebenfolge neben einer Geldbuße angeordnet, so soll die Vollstreckung der einen Rechtsfolge nicht früher als die der anderen verjähren. Die Vorschrift betrifft jeweils nur den Fall, dass gegen ein und denselben Betroffenen die Nebenfolge und Geldbuße verhängt wird. Diese Rechtsfolgen sollen nur miteinander verjähren können. Letztlich richtet sich hier die gemeinsame Verjährungsfrist nach der im Geldbetrag höheren Rechtsfolge. Nicht einschlägig ist Abs. 5 S. 2, wenn gegen eine Person eine Geldbuße oder gegen eine weitere Person eine Nebenfolge vollstreckt wird.[1010]

Abs. 5 S. 2 beinhaltet keine Regelung über Nebenfolgen, die nicht auf eine Geldzahlung gerichtete sind, wie Fahrverbote. Fahrverbote gem. § 25 StVG werden nämlich dadurch vollstreckt, dass der Führerschein in amtliche Verwahrung genommen wird. Wirksam wird das Fahrverbot nach Rechtskraft der Bußgeldentscheidung, spätestens jedoch mit Ablauf von vier Monaten seit Eintritt der Rechtskraft. Damit sich die Verbotsfrist nicht faktisch verlängert, liegt es im Interesse des Betroffenen, den Führerschein zu dem o.g. Zeitpunkt abzugeben, sonst verlängert sich die Verbotsfrist zu seinen Lasten. Wird der Führerschein nicht freiwillig herausgegeben, so

---

1009 *Fromm/Schmuck*, SVR 2007, S. 405 ff.
1010 Göhler/*Gürtler*, OWiG § 34 Rn 5.

ist er von der Vollstreckungsbehörde zu beschlagnahmen, § 25 Abs. 2 S. 4 StVG. An eine Frist zur Vollstreckung ist die Behörde hierbei nicht gebunden.

C. Einspruch

Der Betroffene kann gegen den Bußgeldbescheid gem. § 67 I OWiG innerhalb von zwei Wochen nach Zustellung schriftlich oder zur Niederschrift bei der Verwaltungsbehörde, die den Bußgeldbescheid erlassen hat, Einspruch einlegen. Dabei kann der Einspruch gem. § 67 II OWiG auf bestimmte Beschwerdepunkte beschränkt werden. Es besteht keine Verpflichtung zur Begründung des Einspruchs. Über den Einspruch entscheidet das zuständige Amtsgericht nach Maßgabe der §§ 67 ff. OWiG.

I. Verzicht auf Einspruch

Der Verzicht auf die Einlegung eines Einspruchs ist vom Erlass des Bußgeldbescheids an bis zum Ablauf der Einspruchsfrist möglich (§ 67 I 2 OWiG, § 302 I 1 StPO). Für seine Wirksamkeit ist, falls er nicht zu Protokoll der Bußgeldbehörde erklärt wird, ebenso wie für die Einspruchseinlegung (§ 67 I 1 OWiG) Schriftform erforderlich. Zur Schriftform gehört, dass aus dem Schriftstück der Inhalt der Erklärung, die abgegeben werden soll, und die Person, von der sie ausgeht, zuverlässig entnommen werden können. Zwar braucht der Ausdruck „Verzicht" nicht unbedingt verwendet zu werden; es muss jedoch eindeutig der Wille des Erklärenden zum Ausdruck kommen, auf den ihm zustehenden prozessualen Rechtsbehelf zu verzichten.[1011] Im Falle eines wirksamen Verzichts hätte der Bußgeldbescheid dann Rechtskraft erlangt mit der Folge, dass er unanfechtbar geworden wäre.

II. Rücknahme des Einspruchs

Auch die Rücknahme des Einspruchs ist gemäß § 67 S. 2 OWiG i.V.m. § 302 StPO zulässig.

Praxistipp **!**

Der Verteidiger sollte sich die Bußgeldakte 15 Tagen vor dem Gerichtstermin vorlegen lassen und die Erfolgsaussichten nochmals prüfen. Nimmt er nämlich in offenkundig aussichtslosen Einsprüchen – in denen im Termin der Hauptverhandlung sogar eine Verschlimmerung droht – den Rechts-

---

1011 *OLG Stuttgart*, Justiz 1981, 371.

behelf „früher als zwei Wochen vor Beginn des Tages, der für die Hauptverhandlung vorgesehen war", zurück, so wird er mit der zusätzlichen Gebühr nach Nr. 5115 Abs. 1 Nr. 4, 2. Hs. VV-RVG „belohnt". Er wird damit gebührentechnisch so gestellt, als habe eine Hauptverhandlung stattgefunden, da nun nur statt der Termin- (Nr. 5110 VV-RVG) die „zusätzliche Gebühr" (Nr. 5115) anfällt. Diese Gebührenvorschrift sollte der Entlastung der Gerichte dienen.

Für die Schriftform gilt das für den Verzicht Gesagte. Rücknahme setzt zeitlich voraus, dass ein Einspruch bereits eingelegt worden war. Zulässig ist die Rücknahme des Einspruchs gegen den Bußgeldbescheid bis zum Beginn der Verkündung des Urteils erster Instanz bzw. bis zum Erlass des Beschlusses nach § 72 OWiG. Findet eine Hauptverhandlung vor Gericht statt, kann der Einspruch ohne Zustimmung der Staatsanwaltschaft nur bis zum Beginn der Hauptverhandlung erfolgen. § 75 II OWiG bestimmt allerdings, dass – wenn die Staatsanwaltschaft an der Hauptverhandlung nicht teilnimmt – es ihrer Zustimmung zur Einstellung des Verfahrens (§ 47 II) und zur Rücknahme des Einspruchs in der Hauptverhandlung nicht bedarf. Die Anzahl der Sitzungen mit Beteiligung der Anklagebehörde tendiert jedoch gegen Null, so dass auch im Termin die Einspruchsrücknahme in der Regel unproblematisch möglich ist.

III. Rechtswirkung der Zahlung der Geldbuße

Nicht allzu selten kommt es nach der Zustellung des Bußgeldbescheides zu Zahlungen der Geldbuße, der Kosten des Verfahrens und der Auslagen seitens des Betroffenen oder eines Dritten. Von dieser Tatsache hat der Verteidiger in der Regel keine Kenntnis, zumal er vom Mandanten mit der Einlegung des Einspruchs beauftragt wurde. In dieser Konstellation sind Rückfragen der Bußgeldstelle oder des Amtsgerichts kurz vor einer Terminierung des Bußgeldverfahrens vorprogrammiert. Regelmäßig fragt der Bußgeldrichter an, ob sich mit der Bezahlung der Geldbuße „der Einspruch gegen den Bußgeldbescheid erledigt" habe. Daraus geht hervor, dass Amtsgerichte und Bußgeldstellen derartigen Zahlungsvorgängen teilweise eine rechtliche Bedeutung dergestalt entnehmen wollen, dass der Betroffene die Geldbuße endgültig hinnehmen will. Im Rahmen der Erteilung dieses richterlichen Hinweises wird regelmäßig um Stellungnahme binnen einer 2-Wochen-Frist gebeten. Aufgrund der praktischen Relevanz dieser Problematik soll nachfolgend erörtert werden, ob die bloße Überweisungshandlung als Verzicht auf einen Einspruch bzw. Rücknahme des Einspruchs gegen den Bußgeldbescheid angesehen werden kann. In diesem Zusammenhang wird der Streitstand umfassend dargestellt.

! **Praxistipp**
Da die vom Gericht in den oben genannten Anfragen verwendeten Begrifflichkeiten oft nicht zutreffend sind, bedarf es einer systematischen Darstellung. Wann könnte die Zahlung einer Geldbuße

ein Verzicht, wann eine Rücknahme des Einspruchs gegen den Bußgeldbescheid sein? Der Bußgeldrichter, der eher im Zivilrecht „zu Hause" ist, bevorzugt gern einmal die Ausdrucksweise, ob der Bußgeldbescheid „anerkannt" wird oder sich die Angelegenheit „erledigt" habe.

1. Rechtliche Einordnung

Zahlt der Betroffene das Bußgeld, so muss zunächst danach differenziert werden, zu welchem Zeitpunkt dies geschehen ist. Hat der Betroffene die Geldbuße nach Ergehen des Bußgeldbescheids noch in der Einspruchsfrist gezahlt, bevor der Verteidiger für ihn Einspruch gegen den Bußgeldbescheid eingelegt hat, so ist an ein Verzicht auf die Einlegung des Einspruchs gegen den Bußgeldbescheid zu denken.[1012]

Praxistipp

Bei einem unterstellten Verzicht müsste die Bußgeldbehörde den später erfolgten Einspruch gegen den Bußgeldbescheid durch Bescheid als unzulässig verwerfen. Gegen diese Entscheidung ist der Antrag auf gerichtliche Entscheidung gem. § 62 OWiG statthaft.

Hat der Betroffene die Geldbuße nach Einlegung des Einspruchs seines Verteidigers ausgeglichen, so könnte in dieser Handlung eine konkludente Rücknahme des Einspruchs gegen den Bußgeldbescheid durch den Betroffenen gesehen werden. Während der Verteidiger den Einspruch nur mit ausdrücklicher Ermächtigung des Betroffenen zurücknehmen darf, kann der Betroffene Erklärungen auch bei Bevollmächtigung eines anwaltlichen Beistandes abgeben. Nimmt der Betroffene den Einspruch zurück, wirkt diese Rücknahme demnach auf den Einspruch des Verteidigers.[1013]

2. Meinungsstand

Die rechtlichen Konsequenzen von Zahlungen des Bußgeldes werden unterschiedlich bewertet.

a) Stillschweigende/r Verzicht bzw. Einspruchsrücknahme

Eine Auffassung sieht in der Zahlung der Geldbuße eine/n stillschweigende/n Verzicht bzw. Einspruchsrücknahme. Die Schriftform sei schon gewahrt, wenn der Betroffene die Geldbuße unter Verwendung des Überweisungsvordrucks, auf dem er

---

1012 *Bohnert*, in Karlsruher Kommentar, zum OWiG, § 67 Rn 102.
1013 *Bohnert*, in Karlsruher Kommentar, zum OWiG, § 67 Rn 101.

selbst als Aussteller und das Aktenzeichen des Bußgeldbescheides ersichtlich ist, zahle.[1014] Die notwendigen Anforderungen für die Schriftform, die bei der Rücknahme des Einspruches einzuhalten ist, – Inhalt der Erklärung und die Kennzeichnung der Person, von der sie abgegeben ist – seien in einem solchen Falle gewahrt. Der Betroffene bringe mit der Zahlung der Geldbuße hinreichend deutlich zum Ausdruck, dass er auf das Recht, eine gerichtliche Entscheidung herbeizuführen, verzichte. Zu hohe Anforderungen an die Schriftform dürften in Massenverfahren nicht gestellt werden, in denen eine verkürzte Schriftform von Erklärungen üblich sei. Jedenfalls die vorbehaltlose Zahlung der Geldbuße deute auf einen entsprechenden Willen des Betroffenen hin.[1015]

b) Umkehr der Beweislast

Die zweite Meinung[1016] nimmt eine Umkehr der Beweislast vor. In Abweichung zur ersten Meinung soll der Verzichts-/Rücknahmewille nur für den Regelfall gelten mit der Folge, dass kein wirksamer Verzicht anzunehmen ist, wenn Zweifel daran bestehen, dass tatsächlich eine Verzichtserklärung vorliegt. Diese Auffassung hat infolgedessen zu prüfen, ob im Einzelfall Umstände gegeben sind, die die Zahlung des Betroffenen nicht zwingend als einen Verzicht auf Einlegung des Einspruchs erscheinen lassen. Solche Anhaltspunkte sollen gegeben sein, wenn der Bußgeldbescheid entgegen § 51 III letzter Satz OWiG dem Verteidiger nicht abschriftlich formlos übersandt wurde, und eine Benachrichtigung über den Erlass des Bußgeldbescheides gleichfalls nicht erfolgt ist. Zwar handele es sich bei der verletzten Vorschrift lediglich um eine Ordnungsvorschrift, andererseits diene sie dem als notwendig anerkannten Bedürfnis, dass der Betroffene und der Verteidiger gleichzeitig vom Erlass des Bußgeldbescheides Kenntnis erhalten mit der Folge, dass die Möglichkeit besteht, sich kurzfristig auszutauschen und über das weitere Vorgehen zu beraten. Werde die Vorschrift also verletzt, liege durchaus eine Beeinträchtigung der Verteidigungsmöglichkeiten des Betroffenen vor. Daher könne nicht mit Sicherheit ausgeschlossen werden, dass sich die Nichtzustellung des Bußgeldbescheides an den Verteidiger auf die Entscheidung des Betroffenen, die Bußgeldsumme nebst Kosten zu zahlen, in irgendeiner Form ausgewirkt hätte. Demzufolge bestünden Zweifel daran, ob in der Zahlung des Betroffenen eine Verzichtserklärung tatsächlich zu erblicken sei.

1014 Seitz, in *Göhler*, OWiG, § 67 Rn 37; *ders.*, NStZ 1982, 11, 13 unter Verweis auf *OLG Stuttgart*, Beschl. v. 24.2.1981 – 1 Ss 72/81; *AG Bad Hersfeld*, NZV 1998, 222.

1015 *OLG Stuttgart*, NJW 1990, 1494.

1016 *AG Freiberg*, NStZ-RR 1997, 245.

c) Bloße Zahlung kein eindeutiger Erklärungswert

Hiergegen wendet sich die herrschende Rechtsprechung:[1017] Mit der bloßen Zahlung der Geldbuße werde eine solche Verzichts-/Rücknahmeerklärung nicht abgegeben. Eine schriftliche Erklärung des Betroffenen liege in diesen Zahlfällen gewöhnlich nur darin, dass das Aktenzeichen angegeben wird und der Aussteller erkennbar ist. Dies lasse zusammen mit der Überweisung der Geldbuße nicht den zweifelsfreien Schluss auf den Rücknahme-/Verzichtswillen des Betroffenen zu. Es fehle der Bewirkung der Zahlung an einem eindeutigen Erklärungswert durch konkludentes Handeln. Denn die Bezahlung der Geldbuße müsse nicht bedeuten, dass der Betroffene die Sanktion als endgültig hinnehmen wolle. Sie könne auch auf der (irrigen) Meinung beruhen, eine Geldbuße müsse – wie öffentlich-rechtliche Abgaben nach § 80 II Nr. 1 VwGO – unabhängig vom eingelegten Einspruch sofort bezahlt werden. Die Bezahlung der Geldbuße für sich allein lasse daher keinen eindeutigen Schluss auf den Verzichtswillen des Betroffenen zu. Ferner sei die Zahlstelle der Bußgeldbehörde zur Entgegennahme eines Einspruchsverzichts/einer -rücknahme nicht zuständig. Zuständig sei nämlich nur die Stelle (Verwaltungsbehörde, StA, Gericht), bei der sich die Akten befinde.[1018]

Praxistipp !

Ist sichergestellt, dass die Bezahlung der Geldbuße durch den Betroffenen vorgenommen wurde – und damit überhaupt eine auslegungsfähige prozessuale Handlung vorliegt, so ist ein – wie auch immer – zum Ausdruck gekommener wirklicher Wille des Betroffenen jeweils im Wege der Auslegung nach Empfängerhorizont zu ermitteln, wie man es schon in der BGB-AT Vorlesung zu Beginn des Jurastudiums gelernt hat.

---

d) Stellungnahme

Der dritten Auffassung gebührt der Vorzug. In der Bezahlung einer Geldbuße nach Bekanntmachung des Bußgeldbescheids liegt keine Verzichts-/Rücknahmeerklärung durch schlüssiges Handeln. Die erste und zweite Auffassung berufen sich jeweils auf die Rechtsprechung des *OLG Stuttgart*, die einen Fall zum Gegenstand hatte, in dem hinzutretende Umstände vorlagen. Die Verweisung dieser Auffassungen auf das *OLG Stuttgart*[1019] geht jedoch fehl. So ergab sich im dortigen Fall die Besonderheit, dass der Betroffene neben der Bezahlung der Geldbuße mittels Überweisungsvordrucks zusätzlich vermerkt hatte, dass er „nach Richtigstellung des Wagentyps" die Verwarnung (oder die Geldbuße) anerkennen müsse und bezahlen

---

1017 *OLG Stuttgart*, NZV 1998, 81; *OLG Rostock*, NZV 2002, 137; *AG Brühl*, DAR 1995, 169; *AG Bad Freienwalde*, DAR 2001, 137.

1018 *Bohnert*, in Karlsruher Kommentar zum OWiG, § 67 Rn 107, 3. Auflage 2006.

1019 Justiz 1981, 371.

wolle. Wie die ersten beiden Auffassungen ohne derartige hinzutretende Aspekte allein der Zahlung die konkludente Erklärung eines Verzichts/einer Rücknahme entnehmen wollen, erschließt sich nicht. So ist die Zahlung einer Geldbuße nicht mit der unzweideutigen Erklärung zu vergleichen, „die verhängte Geldbuße und die Verfahrenskosten bezahlen" zu wollen. Die zweite Auffassung versucht die Wirkungen einer Zahlung abzumildern, indem gefragt wird, ob trotz der Begleichung der Geldbuße Argumente gegen einen Rücknahme- oder Verzichtswillen gegeben sind. Diese Meinung lässt sich jedoch nicht in Einklang mit den allgemein anerkannten Auslegungstechniken bringen. Es ist nämlich zunächst zu prüfen, ob überhaupt Argumente für einen entsprechenden Willen vorliegen. Dagegen legt die dritte Auffassung überzeugend dar, dass die bloße Zahlung keine Erklärung beinhaltet; es ist nicht einmal beweisbar, ob die Zahlung/Überweisung vom Betroffenen oder irrig von einem Dritten bewirkt wurde. Es muss sichergestellt sein, dass sich der Verzichtende der Bedeutung seiner Erklärung bewusst ist, was im Übrigen bei einem Ausländer, der die deutsche Sprache nicht oder nur unzureichend beherrscht, eher zweifelhaft ist.[1020] Für den Fall, dass der Betroffene die Geldbuße kurz vor einer Terminierung bezahlt, wären weder die Zahlstelle der Bußgeldbehörde noch die Bußgeldbehörde zur Entgegennahme dieser Erklärung zuständig. Die Rücknahme des Einspruchs gegen den Bußgeldbescheid erfolgt dann gegenüber dem Amtsgericht. In Fällen, in denen der Betroffene neben der Bezahlung auch den Führerschein an die Bußgeldbehörde/das Amtsgericht schickt[1021] oder im Überweisungsbeleg den Betreff „Rücknahme des Einspruchs" einträgt, mag anders zu entscheiden sein, da der Betroffene hier den auf den Verzicht/die Rücknahme gerichteten Willen deutlicher zum Ausdruck bringt.

! **Praxistipp**
Unterstellt die Bußgeldstelle/das Amtsgericht dem Betroffenen trotz der aufgezeigten Rechtsprechung einen Verzichts-/Rücknahmewillen durch Zahlung der Geldbuße, so sollte der fehlende Wille zusätzlich unter Beweis gestellt werden, etwa durch Benennung der nicht bevollmächtigten dritten Person, die die Zahlung vorgenommen hat oder Benennung der Motive der Zahlung durch den Betroffenen (z.B. Rechtsirrtum, zur Zahlung verpflichtet zu sein).

---

3. Meinungsstand im Strafrecht

Im Strafrecht könnte die Zahlung einer Geldstrafe im Rahmen eines Strafbefehlverfahrens oder eines Berufungs- oder Revisionsverfahrens Auswirkungen haben. Der Meinungsstand ist hier parallel gelagert. Die Zurücknahme eines Rechtsmittels sowie der Verzicht auf die Einlegung eines Rechtsmittels können gem. § 302 Abs. 1

1020 *OLG Hamm*, NJW 1983, 530.
1021 Dazu: *OLG Naumburg*, NStZ-RR 1997, 340.

StPO erklärt werden. Auch im Strafrecht setzt der Verzicht/die Rücknahme eine eindeutige, vorbehaltlose und ausdrückliche Erklärung gegenüber dem Gericht voraus. Es kommt dabei nicht auf die gebrauchten Worte an. Auch wenn der Erklärende nicht ausdrücklich von „Verzicht" oder „Rücknahme" spricht, kann die Erklärung diesen Inhalt haben, wenn der hierauf gerichtete Wille deutlich zum Ausdruck kommt.[1022] Im Hinblick auf die Unwiderruflichkeit eines Rechtsmittelverzichts sind jedoch hohe Anforderungen an die Eindeutigkeit dieser Prozesserklärung zu stellen; bei nicht eindeutigen Erklärungen ist der wirkliche Wille im Freibeweisverfahren zu erforschen.[1023] So kann ohne Hinzutreten weiterer Indizien in der Bezahlung einer Geldstrafe auch im Strafrecht nicht der Verzicht/die Rücknahme gesehen werden.[1024]

4. Fazit

Die bloße Überweisung der Geldbuße kann demnach weder als Verzicht noch als Rücknahme gedeutet werden. An die Eindeutigkeit dieser Prozesserklärung sind hohe Anforderungen zu stellen. Die Auffassungen, die zu einer anderen Sichtweise gelangen, haben den Inhalt einer oberlandesgerichtlichen Entscheidung[1025] überinterpretiert. Die renommierte Kommentierung des Ordnungswidrigkeitengesetzes von *Göhler* ist zudem widersprüchlich, zumal die Problematik zur rechtlichen Wirkung der Bezahlung der Geldbuße in zwei Kommentierungsstellen unterschiedlich gesehen wird (einerseits § 67 Rn 37; andererseits: § 67 Rn 41). Verwirft das Amtsgericht bei erfolgter Zahlung der Geldbuße den Einspruch gegen den Bußgeldbescheid (zu Unrecht) als unzulässig, kann hiergegen Rechtsbeschwerde eingelegt werden, wobei sogar ein Antrag auf Zulassungsbeschwerde bei geringfügigen Geldbußen zulässig wäre, da ein Gehörsverstoß (§ 80 I Nr. 2 OWiG) vorliegt. Hat der Betroffene die Geldbuße zu Unrecht in dieser Höhe bezahlt, muss er im Nachhinein bei der Verwaltungsbehörde beantragen, den geleisteten Betrag rückerstattet zu bekommen. Die Verwaltungsbehörde ordnet die Zurückzahlung gem. § 13 I EBAO an.[1026]

D. Wiedereinsetzung in den vorigen Stand, § 52 OWiG

Das Thema „Fristversäumnis" wird aus Anwaltssicht häufig totgeschwiegen. Bekanntlich ist das peinlich genaue Notieren von Terminen und Fristen in Anwalts-

1022 *Meyer-Goßner*, StPO, 51. Auflage, § 410, Rn 3.
1023 Vgl. *BVerfG*, NStZ-RR 2008, 209 m.w.N.
1024 *Meyer-Goßner*, § 410, Rn 3 m.w.N.
1025 *OLG Stuttgart*, Justiz 1981, 371.
1026 *Bohnert*, NZV 1988, 201, 25.

kanzleien das absolut Wichtigste. Von daher ist es für Rechtsanwälte außerordentlich peinlich, Fristen nicht eingehalten zu haben. Bei Seminaren wollen Kollegen oft den Eindruck erwecken, es sei in ihrer Kanzlei noch nie zu einem Fristversäumnis gekommen. Dies geht jedoch meist an der Realität vorbei.

Ist es zu einem Fristversäumnis des Rechtsanwalts gekommen, so mag dies bereits äußerst unangenehm sein, selbst wenn der Fehler nicht vom Rechtsanwalt selbst, sondern einer ausreichend geschulten, unterrichteten und überwachten Rechtsanwaltsfachangestellten verursacht wurde. Der Imageverlust ist nicht zu unterschätzen. Einige Kanzleien sind den Gerichten bereits bekannt. Wichtig ist unabhängig vom Versäumen der Frist, dass der Rechtsanwalt wenigstens den Wiedereinsetzungsantrag erfolgreich stellt und damit seinen Fehler oder den seines Personals wieder gutmacht. Hierzu sollte er sich mit den gesetzlichen Erfordernissen vertraut machen. Wiedereinsetzungsanträge sollten nicht unter drei Seiten lang sein.

I. Gesetzliche Grundlagen

In § 52 OWiG ist die Wiedereinsetzung in den vorigen Stand geregelt. § 52 I OWiG verweist hierbei auf die strafprozessualen Vorschriften §§ 44, 45, 46 Abs. 2 und 3 und 47, soweit nicht in Absatz 2 etwas anderes geregelt ist. Gemäß § 44 StPO ist der Antrag auf Wiedereinsetzung zu gewähren, wenn jemand ohne Verschulden verhindert war, eine Frist einzuhalten. Stellt der Rechtsanwalt fest, entweder anhand eines Verwerfungsbescheides in der Bußgeldakte gem. § 69 I OWiG oder durch eigene Fristenkontrolle nach Annahme des Mandats, dass der gegen den Betroffenen ergangene Bußgeldbescheid rechtskräftig ist, so muss er einen Antrag auf Wiedereinsetzung in den vorigen Stand wegen Versäumung der Einspruchsfrist stellen, wenn Anhaltspunkt für eine unverschuldete Fristversäumnis vorliegen.

II. Zulässigkeit

1. Antrag

Grundsätzlich ist die Wiedereinsetzung zu beantragen. Von Amts wegen kann jedoch eine Wiedereinsetzung nach § 45 II 2 StPO i.V.m. § 52 OWiG auch ohne Antrag in den vorigen Stand gewährt werden, wenn der versäumte Rechtsbehelf innerhalb der Antragsfrist nachgeholt worden ist und die Voraussetzungen für die Wiedereinsetzung im Übrigen vorliegen. Zu beachten ist bei Letzterem jedoch, dass das Nichtverschulden des Betroffenen an der Fristversäumung offensichtlich und eine Glaubhaftmachung wegen Offenkundigkeit oder Aktenkenntnis entbehrlich ist.

2. Antragsberechtigung

Antragsberechtigt ist jeder Verfahrensbeteiligte, der eine Rechtsbehelfsfrist versäumt hat. Der Verteidiger benötigt hierbei eine Vertretungsvollmacht, wenn er den Antrag für den Betroffenen stellt.

3. Zuständige Antragsstelle

Sachlich zuständig ist grundsätzlich die Verwaltungsbehörde, die den Bescheid erlassen hat (§ 52 Abs. 2 Satz 1 OWiG). Ist allerdings das Gericht für die Entscheidung über die Gewährung der Wiedereinsetzung in den vorigen Stand gemäß § 52 Abs. 2 Satz 2 OWiG zuständig, so kann der Antrag auch bei ihm gestellt werden (§ 45 Abs. 1 Satz 2 StPO i.V.m. § 52 Abs. 1 OWiG).

4. Form

Für den Wiedereinsetzungsantrag bedarf es keiner besonderen Form. Wird jedoch zugleich der versäumte Rechtsbehelf nachgeholt (§ 45 II 1 StPO), so ist die für diesen vorgeschriebene Form zu wahren.

5. Inhalt des Antrags

Der Antrag muss gemäß § 45 Abs. 2 StPO Angaben über die versäumte Frist und den Hinderungsgrund sowie über den Zeitpunkt des Wegfalls des Hindernisses enthalten. Der Antragsteller oder sein Verteidiger müssen einen Sachverhalt vortragen, der ein der Wiedereinsetzung entgegenstehendes Verschulden ausschließt.

6. Frist

Der Antrag ist gemäß § 45 Abs. 1 S. 1 StPO binnen einer Woche nach Wegfall des Hindernisses zu stellen. Die Frist beginnt mit dem Wegfall des Hindernisses, also ab dem Zeitpunkt, zu dem der Antragsteller bei der von ihm zu erwartenden Sorgfalt die eingetretene Säumnis hätte erkennen können. Wird (auch) die einwöchige Frist zur Wiedereinsetzung verpasst, so ist noch ein Wiedereinsetzungsantrag in die Wiedereinsetzungsfrist statthaft.

III. Begründetheit

Der Antrag ist begründet, wenn der Antragsteller ohne Verschulden daran verhindert ist, eine Frist einzuhalten (§ 44 StPO). Verhindert ist der Antragsteller, wenn er keine zumutbare Möglichkeit hat, die Frist einzuhalten. Verschulden im Sinne des § 52 OWiG liegt vor, wenn der Antragssteller die unter Berücksichtigung seiner persönlichen Verhältnisse gebotene und ihm im Einzelfall zumutbare Sorgfalt außer Acht gelassen hat, ihm also ein Vorwurf gemacht werden kann, dass er die Frist versäumt hat. Eigenes Verschulden des Antragstellers schließt die Wiedereinsetzung aus. Bei Einschaltung einer anderen Person, die schuldhaft handelt, kommt es darauf an, ob der Antragsteller darauf vertrauen kann, dass der Dritte die Handlung rechtzeitig wahrnehmen wird. Dies ist bei einem Rechtsanwalt zu bejahen,[1027] kann jedoch auch bei der Beauftragung anderer Personen der Fall sein, so wenn der Antragsteller bei der Auswahl und der Überwachung des Beauftragten die Sorgfalt angewendet hat, die verständigerweise von ihm erwartet werden kann. Verzögerungen der Beförderung oder Briefzustellung ist dem Antragsteller nicht anzulasten, wenn er den Brief rechtzeitig richtig frankiert und adressiert zur Post gegeben hat. Wer per Telefax einen fristgebundenen Schriftsatz übermitteln will, muss mit der Übermittlung so rechtzeitig beginnen, dass dieser unter gewöhnlichen Umständen vor Fristablauf abgeschlossen werden kann. Sowohl der Betroffene als auch der Rechtsanwalt dürfen dabei die ihnen vom Gesetz eingeräumten prozessualen Fristen bis zum letzten Tage ausnutzen.[1028] Die Versäumung einer Rechtsmittelfrist ist als unverschuldet anzusehen, wenn die Belehrung über die Möglichkeit der Anfechtung und die dafür vorgeschriebene Frist und Form unterblieben ist, § 50 S. 2 OWiG. Die Fristversäumnis gilt nur als unverschuldet, wenn die Frist wegen der fehlenden Rechtsmittelfrist versäumt worden ist. Entsprechendes gilt bei unvollständiger oder unrichtiger Belehrung.

Die glaubhaft zu machende Tatsache braucht nicht bewiesen zu werden und zur vollen Überzeugung des Gerichts festzustehen; es genügt, dass diese Wahrscheinlichkeit in ausreichendem Maße dargetan wird, § 45 Abs. 2 Satz 1 StPO. Teilt der Verteidiger die Versäumnisgründe in dem Wiedereinsetzungsgesuch als eigene Wahrnehmung mit, so kann er die Richtigkeit des geschilderten Sachverhalts anwaltlich versichern. Dies ist allerdings mit Rücksicht auf die Wahrheitspflicht der Rechtsanwältin nicht unbedingt notwendig.[1029]

IV. Rechtsmittel

Geht die Verwaltungsbehörde davon aus, dass die Angaben nicht zur Glaubhaftmachung dafür ausreichen, dass der Betroffene ohne Verschulden an der Einhaltung der Einspruchsfrist verhindert war, so verwirft sie den Antrag. Gegen diesen Bescheid ist gem. §§ 52 II 3 i.V.m. 69 I 2 OWiG innerhalb von zwei Wochen nach Zustel-

---

1027 Seitz, in Göhler, OWiG, § 52 Rn 13; Dronkovic, in Himmelreich/Halm, Handbuch des Fachanwalts Verkehrsrecht, 3. Aufl., Kap. 34 Rn 143.

1028 Seitz, in Göhler, OWiG, § 52 Rn 6.

1029 OLG Hamm, NZV 2012 254; sowie Beschl. v. 2.9.2005 – 2 Ss OWi 579/05.

lung der Antrag auf gerichtliche Entscheidung zulässig. Er ist an die Verwaltungsbehörde zu richten. Über den Antrag entscheidet das nach § 68 OWiG zuständige Gericht. Die Gerichtsentscheidung ist unanfechtbar (§ 62 II S. 3 OWiG).

V. Fallkonstellationen

Überdurchschnittlich oft kommt es zu Fristversäumnissen, weil es die Verwaltungsbehörde unterlässt, den Verteidiger von der förmlichen Zustellung des Bußgeldbescheids an den Betroffenen zu unterrichten (§ 51 III 3 OWiG), und der Verteidiger deswegen die rechtzeitige Einlegung des Einspruchs gegen den Bußgeldbescheid versäumt. Hier ist dem Betroffenen Wiedereinsetzung in den vorigen Stand zu gewähren.[1030] Überschneiden sich Bevollmächtigung und die Zustellung des Bußgeldbescheids, so sind Fristversäumnisse ebenso vorprogrammiert, da keine Zustellung des Bußgeldbescheids an den Verteidiger erfolgt. Festzustellen ist auch, dass oftmals die Akte nicht sorgsam nach Fristen (Bußgeldbescheid in der Akte?) überprüft wird. Mit dem Mandanten sollte man daher so verbleiben, dass dieser sich auf jeden Fall erneut bei dem Rechtsanwalt meldet, wenn er einen Bußgeldbescheid zugestellt bekommt.

Problematisch ist es auch, wenn der Betroffene in einer neuen Angelegenheit dem Rechtsanwalt einen Bußgeldbescheid übergibt und nicht mitteilt, wann er zugestellt wurde – etwa weil er sich nicht an das Datum erinnert oder das Kuvert bereits vernichtet hat. Um eine Einspruchsversäumung zu vermeiden, sollte am selben Tage noch Einspruch eingelegt werden. Ein Zuwarten bis zum nächsten Werktage kann eine Versäumung der Frist zur Folge haben.

Praxisrelevant sind auch Zustellungen von Bußgeldbescheiden zu Zeiten, in denen der Betroffene urlaubsbedingt abwesend ist. Dem Betroffenen ist hier auf Antrag Wiedereinsetzung in den vorigen Stand zu gewähren. Von ihm brauchen keine besonderen Vorkehrungen dafür getroffen werden, dass Zustellungen ihn zu jeder Zeit erreichen. Dies gilt sogar dann, wenn der Betroffene – zB aufgrund einer vorangegangenen Anhörung – bereits von dem anhängigen Bußgeldverfahren weiß.[1031]

VI. Ausländische Betroffene

Aus dem Grundsatz eines fairen Verfahrens besteht die Verpflichtung, mit dem Bußgeldbescheid eine Übersendung der Rechtsbehelfsbelehrung in die Mutterspra-

1030 AG St. Goar, zfs 1992 321.

1031 BVerfG NJW 1993, 847; so auch Göhler/Seitz OWiG § 52 Rn 7: längstens etwa 6 Wochen vorübergehende Abwesenheit.

che des Betroffenen oder eine ihm sonst verständliche Sprache mit zu übersenden. Diese muss den Hinweis enthalten, dass die schriftliche Rechtsmitteleinlegung in deutscher Sprache erfolgen muss.[1032] Nach herrschender Meinung kann eine Übersetzung des Bußgeldbescheids insgesamt in die Muttersprache oder eine dem Betroffenen verständliche Sprache nicht gefordert werden.[1033] Eine unterbliebene entsprechende ausländische Rechtsmittelbelehrung kann die Wiedereinsetzung in den vorigen Stand rechtfertigen.[1034] Kann der ausländische Betroffene jedoch dem Bußgeldbescheid entnehmen, dass es sich um ein amtliches Schriftstück mit belastendem Inhalt handelt, und zieht er keine weiteren Erkundigungen bei einem Rechtsanwalt oder bei der Verwaltungsbehörde ein bzw. lässt er das Schriftstück nicht durch einen Dolmetscher übersetzen, trifft ihn ein Verschulden bei der Aufklärung des Inhalts der Verfügung. Eine etwaige Fristversäumnis bei der Einspruchseinlegung ist nicht mehr unverschuldet i.S.d. Wiedereinsetzung.[1035]

VII. Gerichtliches Wiedereinsetzungsverfahren

Werden im gerichtlichen Bußgeldverfahren Fristen versäumt, entscheidet über Wiedereinsetzungsgesuche das Amtsgericht. Wiedereinsetzungsgesuche sind praxisrelevant, wenn das Gericht den Einspruch gegen den Bußgeldbescheid verworfen hat, da der Betroffene nicht erschienen ist (§ 74 II OWiG). Wiedereinsetzung in den vorigen Stand kann der Betroffene gem. § 74 IV OWiG innerhalb einer Frist von einer Woche nach Zustellung des Abwesenheitsurteils[1036] beantragen, wenn er zur Hauptverhandlung unverschuldet nicht erschien oder ohne sein Verschulden gehindert war, an der Hauptverhandlung teilzunehmen. Wenn der Verteidiger seinem Mandanten mitteilt, dass die Verhandlung aufgrund seines Terminsverlegungsantrages verlegt werde, obwohl dies bislang nur beantragt wurde, so soll nach teilweise vertretener Rechtsauffassung in der Rechtsprechung ein entschuldigtes Fernbleiben des Betroffenen nicht vorliegen.[1037] In einem solchen Fall müsse der Betroffene sich bei dem Gericht über die beantragte Absetzung des Termins vergewissern.[1038] Dagegen wird vertreten, dass ein Rechtsanwalt seinem Mandanten sogar davon abraten darf, zu einem Verhandlungstermin zu erscheinen, wenn zuvor ein Terminsverlegungsantrag willkürlich zurückgewiesen wurde. Bei Terminsverlegungsanträgen

1032 BVerfGE 64, 135, 149.
1033 BVerfGE 42, 120.
1034 BVerfGE 40, 95.
1035 Göhler/Seitz OWiG § 52 Rn 10.
1036 Hierzu LG Bückeburg, NZV 2000 476.
1037 LG Berlin, NStZ 2005 655.
1038 KG, NZV 1993 453.

darf der Betroffene in solchen Fällen auf Auskünfte seines Verteidigers vertrauen.[1039] Ein Mitverschulden des Betroffenen, welches die Wiedereinsetzung ausschließt, liegt nicht vor.

Beabsichtigt der Verteidiger die Begründung der Rechtsbeschwerde und wird ihm – obwohl beantragt – die Akte nicht übersandt, so kommt zwar ausnahmsweise die Wiedereinsetzung gegen die Versäumung der Revisionsbegründungsfrist zur Nachholung der Ergänzung einzelner Verfahrensrügen in Betracht. Der Antrag auf Wiedereinsetzung in die versäumte Begründungsfrist der Rechtsbeschwerde ist selbst bei antragswidriger Nichtgewährung der Akteneinsicht abzulehnen, wenn die Begründung der Rechtsbeschwerde auch ohne die Akteneinsicht möglich war.[1040]

VIII. Versäumung der Frist zur Einlegung der Rechtsbeschwerde

Versäumt der Rechtsanwalt oder einer seiner Mitarbeiter die Frist zur Einlegung der Rechtsbeschwerde, so ist ihm Wiedereinsetzung in den vorigen Stand gegen die Versäumung der Rechtsbeschwerdefrist zu gewähren. Das Gericht, dessen Urteil mit der Rechtsbeschwerde angefochten wird, ist zwar befugt, die Rechtsbeschwerde wegen Verspätung oder nicht erfüllter Formerfordernisse zu verwerfen (§ 80 Abs. 4 Satz 2, § 346 Abs. 1 StPO), jedoch ist ihm eine Entscheidung über einen zugleich gestellten Wiedereinsetzungsantrag hinsichtlich der Versäumung der Rechtsbeschwerdefrist nach § 46 Abs. 1 StPO versagt. Hierüber entscheidet das Oberlandesgericht.[1041]

IX. Wiedereinsetzungsgesuch und Rechtsbeschwerde

Nicht unproblematisch ist das Verhältnis von Wiedereinsetzungsgesuch und Rechtsbeschwerde, wenn der Einspruch gegen den Bußgeldbescheid zu Unrecht gem. § 74 II OWiG verworfen wurde. Für das Verhältnis zwischen dem Wiedereinsetzungsgesuch und der Rechtsbeschwerde gilt § 342 StPO entsprechend.[1042] Dies bedeutet, dass der Beginn der Frist zur Einlegung der Revision dadurch nicht ausgeschlossen wird, dass gegen ein auf Ausbleiben des Angeklagten ergangenes Urteil eine Wiedereinsetzung in den vorigen Stand nachgesucht werden kann. Der Rechtsanwalt muss daher beide Möglichkeiten nach- oder nebeneinander verfolgen. Es ist zunächst

1039 OLG Koblenz, StraFo 2009, 421 f.; LG Berlin, NStZ 2005, 655; OLG Koblenz, VRS 44 290; Meyer-Goßner, StPO, § 329 Rn 29.
1040 OLG Oldenburg, NDS.RPFL 1992 95.
1041 OLG Brandenburg, SVR 2007 466.
1042 OLG Düsseldorf, NJW 1988, 1681.

über das Wiedereinsetzungsgesuch zu entscheiden. Wird das Wiedereinsetzungsgesuch für begründet erachtet, so ist die Rechtsbeschwerde gegenstandslos. Erst wenn das Wiedereinsetzungsverfahren rechtskräftig mit negativem – versagendem – Erfolg abgeschlossen ist, wird über die Rechtsbeschwerde befunden.[1043]

X. Folge der Wiedereinsetzung

Die Wiedereinsetzung versetzt das Verfahren in den Zustand vor der Versäumung der Frist zurück. Der Rechtsbehelf wird als rechtzeitig behandelt und das Verfahren so fortgesetzt, als ob die Frist nicht versäumt worden wäre.[1044]

XI. Schulung und Überwachung des Personals

Der Rechtsanwalt hat sein Personal zu schulen und zu überwachen, um Fristversäumnisse von vornherein auszuschließen. Um das hohe Niveau von tagtäglichen Abläufen innerhalb der Kanzlei zu belegen, wie z.B. die Verwaltung der Akten oder die Fristenkontrolle, kann die Anwaltskanzlei einen Qualitätsnachweis durch eine Zertifizierung, z.B. DIN ISO 9001:2008, erwerben. Hiermit belegt eine Anwaltskanzlei, dass sie über eine überdurchschnittlich hohe Qualität der Kanzleiabläufe verfügt und etwa die Fristenkontrolle nur besonderen, dafür speziell ausgebildeten und regelmäßig überprüften Rechtsanwaltsfachangestellten obliegt.

XII. Fazit

1. Die praktische Bedeutung von Wiedereinsetzungen in den vorigen Stand ist täglichen Massengeschäft der Bußgeldverfahren hoch.
2. Zusammenfassend lässt sich festhalten, dass Fristversäumnisse aus der Sphäre der Rechtsanwaltskanzlei regelmäßig nicht zulasten des Betroffenen wirken. Die Ausführungen lassen sich auf Fristversäumnisse im Strafrecht übertragen. Sogar Fristversäumnisse zur Beantragung der Wiedereinsetzung können mithilfe des Antrags auf Wiedereinsetzung in die Wiedereinsetzung geheilt werden.
3. Wiedereinsetzungsanträge in den vorigen Stand sollten möglichst ausführlich die Gründe für die aus der Sicht des Betroffenen unverschuldete Fristversäumnis enthalten und eine eidesstattliche Erklärung der Rechtsanwaltsfachangestellten enthalten.

1043 Senge, in Karlsruher Kommentar zum OWiG, § 79 Rn 145.
1044 Lampe, in Karlsruher Kommentar zum OWiG, § 52 Rn 47.

XIII. Fallbeispiel

München, 17.3.14

An die
Bußgeldstelle

Im Bußgeldverfahren
gegen
Herrn Stefan M.

Az.:

wird die Wiedereinsetzung in den vorigen Stand gem. § 44 StPO i.V.m. § 52 OWiG wegen Versäumung der Einspruchsfrist beantragt.

Begründung:

1.

Herr Stefan M. war im Sinne des § 44 StPO i.V.m. § 52 OWiG ohne Verschulden gehindert, die Einspruchsfrist einzuhalten. Er bevollmächtigte Herrn Rechtsanwalt M. damit, für ihn Einspruch gegen den Bußgeldbescheid vom 12.2.14 einzulegen.

Die Tatsache, dass der Einspruch nicht fristgerecht eingelegt wurde, hat Herr Stefan M. aus folgenden Gründen nicht zu vertreten:

Herr Rechtsanwalt M. hatte – was hiermit anwaltlich versichert wird – seine ausreichend geschulte Rechtsanwaltsfachangestellte Doris W. am 13.2.14 damit beauftragt, die Einspruchsfrist in das Fristenbuch einzutragen.

Frau Doris W. hat versehentlich die Anweisung des Herrn Rechtsanwalt M. – wohl mitverursacht durch erhebliche Arbeitsüberlastung (am Donnerstag, dem 13.2.14 vertrat die Rechtsanwaltsfachangestellte eine urlaubsbedingt abwesende weitere Angestellte) – nicht ausgeführt und die oben genannte Frist nicht in den Terminkalender eingetragen.

Demzufolge konnte die Einspruchsfrist zum 26.2.14 nicht gewahrt werden, da sie sich nicht aus dem elektronischen Fristenbuch ergab.

Von der Versäumung der Frist erfuhr Herr Rechtsanwalt M. erst am 14.3.14, da ihm an diesem Tage seitens der Bußgeldstelle der Bescheid über die Verwerfung des Einspruchs gem. § 69 I OWiG zugeleitet wurde.

Die Richtigkeit des vorstehend geschilderten Ablaufs wird hiermit anwaltlich versichert. Er wird durch die als Anlage 1 beigefügte eidesstattliche Versicherung der Rechtsanwaltsfachangestellte Doris W. glaubhaft gemacht.

Der Vorgang zeigt, dass Herr Stefan M. gehindert war, die Einspruchsfrist einzuhalten. Er hatte seinen Verteidiger rechtzeitig mit der Fristenkontrolle und der Einspruchseinlegung beauftragt. Damit oblag es seiner Verteidigung, am Tage der Zustellung des Bußgeldbescheides die Einspruchsfrist in das Fristenbuch einzutragen und die Frist zu wahren. Herr Stefan M. hatte keinen Grund zu der Annahme, dass dies etwa nicht zuverlässig geschehen würde. Es ist innerhalb der Kanzlei nicht ein einziges Mal vorgekommen, dass in bußgeldrechtlichen Verfahren die Einspruchsfrist in das Fristenbuch nicht eingetragen wurde. Dass es dieses Mal geschehen ist, lag wiederum nicht an einem Verschulden seines Verteidigers, sondern ausschließlich an einem Fehler einer ausreichend geschulten, unterrichteten und überwachten Hilfsperson des Prozessbevollmächtigten.

Damit ist nach § 44 StPO i.V.m. § 52 I OWiG auf Antrag Wiedereinsetzung in den vorigen Stand zu gewähren, da der Betroffene ohne Verschulden verhindert war, eine gesetzliche Verfahrensfrist einzuhalten; ein Verschulden des Prozessbevollmächtigten steht dem eines Beteiligten ohnehin im Straf- und Bußgeldrecht nicht gleich (*Meyer-Goßner*, StPO § 44 Rn 18f.; Göhler/Seitz, OWiG, § 52 Rn 13). Dem Betroffenen wäre also selbst eine verschuldete Fristversäumnis des Verteidigers nicht zuzurechnen. Dieser Grundsatz gilt jedenfalls, wenn sich die Fristversäumnis auf Rechtsbehelfe gegen die Entscheidung über eine Geldbuße und eine Nebenfolge bezieht (Göhler/Seitz OWiG § 52 Rn 13). Die zivilrechtliche Vorschrift des § 78 II ZPO, nach der das Verschulden des Bevollmächtigten dem Verschulden der Partei gleichsteht, ist hier nicht anwendbar. Ohnehin liegt nur ein Verschulden einer ausreichend geschulten, unterrichteten und überwachten Hilfsperson des Prozessbevollmächtigten vor, bei dem einem Wiedereinsetzungsantrag stattzugeben ist (*Meyer-Goßner*, StPO § 44 Rn 20).

Die Wiedereinsetzungsfrist gem. § 45 I StPO i.V.m. § 52 I OWiG ist gewahrt, da Herr Rechtsanwalt M. erst am 14.3.14 von der Fristversäumung erfuhr.

2.

Die versäumte Handlung wird i.S. von § 45 II S. 2 StPO folgendermaßen nachgeholt: Gegen den Bußgeldbescheid lege ich namens und kraft Vollmacht der Mandantschaft

Einspruch

ein.

Rechtsanwalt

Anlage des Wiedereinsetzungsgesuchs

Eidesstattliche Versicherung:

Ich, Doris W., erkläre hiermit in Kenntnis der Strafbarkeit der falschen eidesstattlichen Versicherung Folgendes:

Am 13.2.14 war es meine Aufgabe, als Rechtsanwaltsfachangestellte der Kanzlei die Fristen in den elektronischen Fristenkalender einzutragen.

Diesbezüglich bin ich geschult und ordnungsgemäß überwacht. An diesem Tag habe ich es versäumt, die Einspruchsfrist gegen den Bußgeldbescheid der Bußgeldstelle in den elektronischen Fristenkalender einzutragen. Mir ist bewusst, dass die Einspruchsfrist zwei Wochen ab dem Tage der Zustellung abläuft.

Aus welchem Grunde es zu diesem Fehler gekommen ist, konnte ich nicht mehr rekonstruieren. Ich wurde von Rechtsanwalt M. angewiesen, die Frist zu notieren.

______________________________ ______________________________

Ort, Datum Unterschrift

Kapitel 8
Zwischenverfahren, § 69 OWiG

Das Zwischenverfahren im Bußgeldrecht hat – wie im Strafprozess – eine eher untergeordnete Bedeutung und soll daher nur der Vollständigkeit halber erwähnt sein. Es ist durch seine Mehrstufigkeit gekennzeichnet.[1045] Es beginnt mit der Einspruchseinlegung gegen den Bußgeldbescheid.

1. Stufe: Verfahren bei der Verwaltungsbehörde

Ist der Einspruch nicht rechtzeitig, nicht in der vorgeschriebenen Form oder sonst nicht wirksam eingelegt, so verwirft ihn die Verwaltungsbehörde als unzulässig. Gegen den Bescheid ist innerhalb von zwei Wochen nach Zustellung der Antrag auf gerichtliche Entscheidung nach § 62 OWiG zulässig.

Wenn der Einspruch zulässig ist, so prüft die Verwaltungsbehörde gem. § 69 II OWiG, ob sie den Bußgeldbescheid aufrechterhält oder zurücknimmt. Zu diesem Zweck kann sie 1. weitere Ermittlungen anordnen oder selbst vornehmen, oder 2. von Behörden und sonstigen Stellen die Abgabe von Erklärungen über dienstliche Wahrnehmungen, Untersuchungen und Erkenntnisse (§ 77a Abs. 2) verlangen. Die Verwaltungsbehörde kann auch dem Betroffenen Gelegenheit geben, sich innerhalb einer zu bestimmenden Frist dazu zu äußern, ob und welche Tatsachen und Beweismittel er im weiteren Verfahren zu seiner Entlastung vorbringen will; dabei ist er darauf hinzuweisen, dass es ihm nach dem Gesetz freistehe, sich zu der Beschuldigung zu äußern oder nicht zur Sache auszusagen.

Die Verwaltungsbehörde übersendet die Akten über die Staatsanwaltschaft an das Amtsgericht, wenn sie den Bußgeldbescheid nicht zurücknimmt und nicht nach Absatz 1 Satz 1 verfährt; sie vermerkt die Gründe dafür in den Akten, soweit dies nach der Sachlage angezeigt ist. Der Verteidiger erhält über die Aktenübersendung in dem Bußgeldverfahren eine Mitteilung. Die Entscheidung über einen Antrag auf Akteneinsicht und deren Gewährung (§ 49 Abs. 1 OWiG, § 147 StPO) erfolgen vor Übersendung der Akten.

2. Stufe: Verfahren bei der Staatsanwaltschaft

Mit dem Eingang der Akten bei der Staatsanwaltschaft gehen die Aufgaben der Verfolgungsbehörde auf sie über. Die Staatsanwaltschaft legt die Akten dem Richter

---

1045 *Bohnert*, Karlsruher Kommentar zum OWiG, OWiG § 69, Rn 5.

beim Amtsgericht vor, wenn sie weder das Verfahren einstellt noch weitere Ermittlungen durchführt. Eigene Ermittlungen sind in diesem Verfahrensstadium jedoch in der Praxis selten.

3. Stufe: Gerichtliche Überprüfung

Bei offensichtlich ungenügender Aufklärung des Sachverhalts kann der Richter beim Amtsgericht die Sache unter Angabe der Gründe mit Zustimmung der Staatsanwaltschaft gem. § 69 V OWiG an die Verwaltungsbehörde zurückverweisen; diese wird mit dem Eingang der Akten wieder für die Verfolgung und Ahndung zuständig. Verneint der Richter beim Amtsgericht bei erneuter Übersendung den hinreichenden Tatverdacht einer Ordnungswidrigkeit, so kann er die Sache durch Beschluss endgültig an die Verwaltungsbehörde zurückgeben. Der Beschluss ist unanfechtbar.

Kapitel 9
Gerichtliches Bußgeldverfahren

A. Zuständigkeit des Amtsgerichts

Bei einem Einspruch gegen den Bußgeldbescheid entscheidet gem. § 68 I OWiG das Amtsgericht, in dessen Bezirk die Verwaltungsbehörde ihren Sitz hat.

Diese Bestimmung ist vom Bundesverfassungsgericht für verfassungsgemäß eingestuft worden.[1046] Damit ist die Ordnungsbehörde gemeint, die den Bußgeldbescheid erlassen hat.[1047] Das ist bereits dem Wortlaut des § 68 Abs. 1 OWiG klar zu entnehmen. Da diese Vorschrift auf den Bußgeldbescheid abstellt, kann als Verwaltungsbehörde nur die gemeint sein, die die in Betracht kommende Ordnungswidrigkeit auch geahndet hat. Für die Verfolgung und Ahndung von Ordnungswidrigkeiten zuständig ist jeweils die Verwaltungsbehörde, die durch Gesetz dazu bestimmt wird (§ 36 Abs. 1 Nr. 1 OWiG). Diese Regelung ergänzt § 26 Abs. 1 Satz 1 StVG dahin, dass bei Ordnungswidrigkeiten nach § 24 StVG als Verwaltungsbehörde im Sinne des § 36 Abs. 1 Nr. 1 OWiG die Behörde oder Dienststelle der Polizei tätig wird, die von der Landesregierung durch Rechtsverordnung näher bestimmt wird.

Für die Frage nach der örtlichen Zuständigkeit des Amtsgerichts nach § 68 Abs. 1 OWiG ist es allerdings ohne Bedeutung, ob die den Bußgeldbescheid erlassende Verwaltungsbehörde sachlich und örtlich für die Ahndung zuständig war.[1048]

Der Richter beim Amtsgericht entscheidet allein.

Im gerichtlichen Verfahren entscheiden beim Amtsgericht Abteilungen für Bußgeldsachen, § 46 VII OWiG. Nach § 68 II OWiG ist im Verfahren gegen Jugendliche und Heranwachsende der Jugendrichter zuständig. Abweichend von der Regelung des § 68 I OWiG entscheidet in einigen Bundesländern das Amtsgericht, in dessen Bezirk der Begehungsort[1049] (dezentrale Zuständigkeit des Tatortgerichts) liegt oder der Betroffene seinen Wohnsitz hat (Wohnort).[1050]

Das Gericht prüft seine örtliche Zuständigkeit gem. § 16 S. 1 StPO bis zur Eröffnung des Hauptverfahrens von Amts wegen. Danach darf es seine Unzuständigkeit nur auf Einwand des Betroffenen aussprechen. Der Betroffene muss den Einwand

---

1046 NVwZ-RR 2006, 667.

1047 OLG Hamm, NJW 1973, 2043.

1048 OLG Koblenz, NStZ 1987, 283; VRS 52, 365; OLG Düsseldorf, VRS 61, 275; Seitz, in Göhler, OWiG, § 68 Rn 3.

1049 Den Ort der Handlung definiert § 7 OWiG.

1050 § 1 der Hessischen VO zur Bestimmung der örtlich zuständigen Amtsgerichte im Bußgeldverfahren vom 11. September 1996.

der örtlichen Unzuständigkeit des Amtsgerichts in der Hauptverhandlung vor seiner Vernehmung zur Sache (§ 16 StPO in Verbindung mit § 46 Abs. 1 OWiG) erheben.

Ein absoluter Revisionsgrund, bei dem das Beruhen des Urteils auf der Rechtsverletzung unwiderlegbar vermutet wird, liegt vor, wenn das Gericht seine Zuständigkeit mit Unrecht angenommen hat, §§ 338 Nr. 4 StPO, 79 III OWiG. Ein Verstoß gegen § 68 OWiG ist im Rahmen der Rechtsbeschwerde mit der Verfahrensrüge geltend zu machen, die den strengen Anforderungen der §§ 79 Abs. 3 OWiG in Verbindung mit § 344 Abs. 2 Satz 2 StPO genügen muss. Die Verfahrensrüge ist ordnungsgemäß zu erheben. Der Tatsachenvortrag zur Begründung der Verfahrensrüge muss also so vollständig sein, dass das Rechtsbeschwerdegericht allein aufgrund der Begründungsschrift prüfen kann, ob ein Verfahrensfehler vorliegt, wenn das tatsächliche Vorbringen des Betroffenen zutrifft.

Auf die Unzuständigkeit des Gerichts gestützte Rechtsbeschwerden haben eher Seltenheitswert.[1051] Bei der Zulassungsrechtsbeschwerde stellt sich zudem die Problematik des Vorliegens der Voraussetzungen des § 80 OWiG.[1052]

Im Einzelfall kann die Unzuständigkeit des Gerichts zur Nichtigkeit des Urteils führen.[1053] Nichtigkeit wurde nach der bisherigen Rechtsprechung bei sachlicher Unzuständigkeit allerdings nur dann angenommen, wenn ein Fall der absoluten Unzuständigkeit vorlag, d.h., wenn eine Zuständigkeit des Amtsgerichts unter keinem denkbaren Gesichtspunkt in Betracht kam.[1054] In der Literatur wurde teilweise zusätzlich gefordert, dass der Zuständigkeitsfehler offensichtlich ist.[1055]

B. Schriftliches Verfahren gem. § 72 OWiG

I. Einführung

§ 72 OWiG eröffnet aus Gründen der Vereinfachung und Beschleunigung des Verfahrens die Möglichkeit, ohne Beweiserhebung in einer Hauptverhandlung im schriftlichen Verfahren durch Beschluss zu entscheiden. Es soll den Beteiligten ebenso wie den Gerichten unnötige Verhandlungen ersparen. Hält das Gericht eine Hauptverhandlung nicht für erforderlich, so kann es durch Beschluss entscheiden, wenn der Betroffene und die Staatsanwaltschaft diesem Verfahren nicht widersprechen. Das Gericht weist die Verfahrensbeteiligten zuvor auf die Möglichkeit eines solchen Ver-

1051 OLG Koblenz, *Beschl.* vom 27.1.1987 – 1 Ss 554/86, NStZ 1987, 283; OLG Hamm, NJW 1973, 2043.

1052 Bohnert, in Karlsruher Kommentar zum OWiG, § 68 OWiG, Rn 44.

1053 OLG Köln NStZ-RR 2002 341.

1054 BayObLGSt 1971, 135/138; 1973, 5/11; 1973, 137/138 f., jew. m. w. Hinw.

1055 Vgl. hierzu BayObLGSt 1973, 5/12.

fahrens und des Widerspruchs hin und gibt ihnen Gelegenheit, sich innerhalb von zwei Wochen nach Zustellung des Hinweises zu äußern (§ 72 I 2 OWiG). Geht der Widerspruch erst nach Ablauf der Frist ein, so ist er unbeachtlich. Im Falle der Verurteilung darf das Gericht von der im Bußgeldbescheid getroffenen Entscheidung nicht zum Nachteil des Betroffenen abweichen, § 72 III 2 OWiG. Im Folgenden sollen im Schwerpunkt die sich für die Verteidigung bietenden Chancen der Verfahrensart erörtert werden; in diesem Rahmen werden auch die bei Bußgeldrichtern häufig vorkommenden Fehler besprochen.

Praxishinweis

Es fehlen leider statistische Erhebungen über die Anzahl der im Rahmen des § 72 OWiG abgeschlossenen Verfahren. Von dem Procedere des § 72 Abs. 1 und 2 OWiG machen die Amtsgerichte höchst unterschiedlichen Gebrauch. Einige Gerichte verwenden im Vorfeld der Terminierung Schriftblöcke, in denen auf die Möglichkeit des schriftlichen Verfahrens gem. § 72 OWiG hingewiesen wird, in jedem Bußgeldverfahren, so dass das Sekretariat des Rechtsanwalts angewiesen werden muss, die 2-Wochen-Widerspruchs-Frist sorgfältig zu notieren und zu kontrollieren. Anderen Bußgeldrichtern oder Geschäftsstellen ist dagegen die Existenz dieser Norm offenbar gänzlich unbekannt und es wird stets zu einer mündlichen Hauptverhandlung terminiert. Teilweise wird nur unter Hinweis auf § 77 II OWiG darauf aufmerksam gemacht, dass Beweisanträge auch dann abgelehnt werden dürfen, wenn die zu beweisende Tatsache ohne verständigen Grund so spät vorgebracht wird, dass die Beweiserhebung zur Aussetzung der Hauptverhandlung führen würde.

II. Der Widerspruch gegen eine Entscheidung ohne Hauptverhandlung

Die Erklärung des Widerspruchs gegen eine Entscheidung ohne Hauptverhandlung bedarf keiner besonderen Form und kann auch durch schlüssiges Verhalten erklärt werden.[1056]

1. Der Betroffene

Der Widerspruch ist in jeder Äußerung des Betroffenen zu erblicken, aus der hervorgeht, dass er mit einer richterlichen Entscheidung allein aufgrund des bis dahin aktenkundigen Sachverhalts nicht einverstanden ist, sondern eine weitere Klärung des Tathergangs wünscht.[1057] Von einem solchen Wunsch des Betroffenen ist auszugehen, wenn er sowohl in seiner Anhörung als auch seiner Einspruchsschrift den Vorwurf bestritten und eine Tatzeugin für die Richtigkeit seiner Tatsachenbehauptung benannt hat bzw. selbst Messungen angestellt sowie eine Skizze gefertigt und

1056 *OLG Koblenz*, VRS 48, 446; *OLG Karlsruhe*, Justiz 1980, 93.
1057 *BayObLG*, DAR 1980, 272; *OLG Karlsruhe*, Justiz 1974, 29; OLG Braunschweig, VRS 38, 138 ff.

zu den Akten gereicht hat, die den Feststellungen des Bußgeldbescheides widersprechen. Dem Betroffenen ist in diesem Fall ersichtlich daran gelegen, im Hinblick auf die von ihm gestellten Beweisanträge eine weitere Sachverhaltsaufklärung zu erreichen. Der zugleich mit dem Einspruch sinngemäß erklärte Widerspruch gegen das Beschlussverfahren wird auch nicht dadurch wirkungslos, dass der Betroffene den später erfolgten Hinweis des Richters nach § 72 OWiG unbeantwortet gelassen hat.[1058] Grundsätzlich kann aber ein einmal erklärter Widerspruch zurückgenommen werden.[1059] In einem ausdrücklich erklärten Einverständnis mit dem Beschlussverfahren ist die Rücknahme eines früheren Widerspruchs zu sehen. Ein Widerspruch kann grundsätzlich auch mündlich geäußert werden. Das Hauptverhandlungsprotokoll genießt insoweit nach § 274 StPO Beweiskraft.

2. Die Staatsanwaltschaft

Die Staatsanwaltschaft verwendet im Vorfeld der Hauptverhandlung in der Regel standardisierte Verfügungen, in denen es heißt:

„Im Falle einer Hauptverhandlung beabsichtigt die Staatsanwaltschaft nicht teilzunehmen. Einer Entscheidung ohne Hauptverhandlung durch Beschluss wird nicht widersprochen (§ 72 I OWiG). Ich verzichte zudem auf eine Begründung (§ 72 VI OWiG). Ich beantrage die schriftliche Begründung des Urteils im Falle eines Freispruchs und falls kein Fahrverbot verhängt wird (§ 77 b I 2 OWiG).“

! **Praxishinweis**

Nach OLG Karlsruhe[1060] steht es nicht mehr im Belieben der Verfahrensbeteiligten, auf das Beschlussverfahren des § 72 OWiG überzuwechseln, wenn im Bußgeldverfahren die Hauptverhandlung soweit durchgeführt ist, dass nur noch die Entscheidung aussteht, ohne dass noch Beweise zu erheben sind oder sonst etwas zu veranlassen ist. Nach dem gesetzgeberischen Zweck der Ausnahmebestimmung des § 72 I 1 OWiG, der allein der Vereinfachung und Beschleunigung des Verfahrens dient, sei es nämlich sinnwidrig, nach Durchführung der Hauptverhandlung im Beschlusswege zu entscheiden, wenn die Entscheidung auf Grund der Ergebnisse der Hauptverhandlung getroffen werden soll.

III. Wiedereinsetzung in den vorigen Stand

Verpasst der Betroffene oder sein Rechtsanwalt die Frist zur Erklärung des Widerspruchs, so kann gegen den Beschluss innerhalb einer Woche nach Zustellung die Wiedereinsetzung in den vorigen Stand unter den gleichen Voraussetzungen wie

---

1058 OLG Hamm, NZV 2012, 94; *OLG Karlsruhe,* Justiz 1977, 207, 208.
1059 BayObLG, NZV 1994, 492; Seitz, in Göhler, § 72 Rn 42.
1060 NStZ-RR 2002, 271.

gegen die Versäumung einer Frist beantragt werden; hierüber ist der Betroffene bei der Zustellung des Beschlusses zu belehren, § 72 II 2 OWiG.

IV. Absehen von Hauptverhandlung bei Freispruch

Das Gericht kann von einem Hinweis an den Betroffenen übrigens absehen und auch gegen seinen Widerspruch durch Beschluss entscheiden, wenn es den Betroffenen freispricht, § 72 I 3 OWiG.

V. Verzicht auf Beschlussbegründung

Gem. § 72 VI StPO kann von einer Begründung abgesehen werden, wenn die am Verfahren Beteiligten, also auch die Staatsanwaltschaft, hierauf verzichten. In diesem Fall reicht der Hinweis auf den Inhalt des Bußgeldbescheides.

VI. Praxisbeispiel: Schriftlicher Beschluss gem. § 72 OWiG bei Bußgeldverfahren mit Fahrverbot

Oftmals wird anwaltlicherseits für den Betroffenen in schriftlichen Einlassungen unter Verweisung auf die einschlägige Rechtsprechung[1061] argumentiert, die Verhängung des Fahrverbotes hätte für den Betroffenen automatisch eine wirtschaftliche Existenzgefährdung zur Folge. In diesem Zuge wird dann bei der Bußgeldstelle beantragt, unter Aufhebung des angefochtenen Bußgeldbescheides das im Bußgeldbescheid verhängte Fahrverbot gegen angemessene Erhöhung der Geldbuße zum Wegfall zu bringen. Zusätzlich wird erklärt, dass im Falle der antragsgemäßen Erhöhung der Geldbuße gegen Wegfall des Fahrverbots Einverständnis damit besteht, im schriftlichen Beschlusswege gem. § 72 I OWiG zu entscheiden.

Hier stellen sich gleich zwei Probleme:

1. Verschlechterungsverbot

Grundsätzlich darf das Gericht von der im Bußgeldbescheid getroffenen Entscheidung nicht zum Nachteil des Betroffenen abweichen, § 72 III 2 OWiG. Es kann jedoch nicht argumentiert werden, die Geldbuße sei gegen Wegfall des Fahrverbots verdoppelt worden, womit eine Entscheidung „zum Nachteil des Betroffenen" getroffen

---

1061 OLG Bamberg, NZV 2010, 46.

worden sei, die dem Verbot der „reformatio in peius“ zuwiderlaufe. Es kann kein Zweifel daran bestehen kann, dass grundsätzlich im Ordnungswidrigkeitenverfahren die Verhängung eines Fahrverbots nach § 25 StVG gegenüber der Geldbuße die härtere Reaktion darstellt.[1062] Dem Gesetz lässt sich entnehmen, dass die Geldbuße gegenüber dem Fahrverbot die mildere Form der Ahndung darstellt.[1063] Auf die Erhöhung der Geldbuße darf nicht isoliert abgestellt werden.

Maßgeblich ist eine Gesamtschau des Rechtsfolgenausspruchs im Bußgeldbescheid. Da durch den Antritt einer Nebenfolge regelmäßig wirtschaftliche Einbußen entstehen, wird jedenfalls nicht gegen das Verschlechterungsverbot verstoßen, wenn die Geldbuße angemessen erhöht wird.[1064]

2. Bedingung für Einverständnis im Beschlusswege

Der Verteidiger hat für den Betroffenen sein Einverständnis zur Entscheidung durch Beschluss nach § 72 OWiG von der Bedingung abhängig gemacht, dass seinem Antrag entsprechend erkannt werde. Daraus folgt zugleich, dass der Betroffene der Entscheidung durch Beschluss mit jedem anderen Verfahrensausgang als dem, der von seinem bedingten Einverständnis umfasst war, widersprochen hat.

Fraglich ist, ob das erklärte Einverständnis unter einer Bedingung wirksam ist. Hiergegen könnte sprechen, dass Rechtsmittel grundsätzlich bedingungsfeindlich sind.[1065] Nach h.M. darf auf den Widerspruch des Betroffenen das Amtsgericht nicht ohne Hauptverhandlung auf ein Fahrverbot erkennen.[1066] Der Widerspruch sei grundsätzlich nicht bedingungsfeindlich. Die Zustimmung zum Beschlussverfahren unter einer Bedingung wird für zulässig gehalten. Dies ist jedenfalls für den Fall allgemein anerkannt, dass es ausschließlich in der Hand des Gerichts liegt, der Bedingung zu entsprechen oder nicht.[1067] Der für Rechtsmittel geltende Grundsatz der Bedingungsfeindlichkeit gilt hier nicht, weil es sich bei dem Widerspruch nicht um ein Rechtsmittel, sondern um ein prozessuales Gestaltungsrecht handelt.[1068] Beabsichtigt das Gericht, das Verfahren mit einem anderen, dem Betroffenen nachteiligeren Ergebnis abzuschließen, wirkt sich das eingeschränkte Einverständnis

---

1062 *OLG Hamm*, Beschl. v. 12.8.2004, 4 Ss OWi 418/04; *OLG Karlsruhe*, NZV 1993, 450.

1063 BGHSt 24, 11.

1064 BGH, NJW 1971, 105; Senge, in Karlsruher Kommentar zum OWiG, § 72, Rn 61.

1065 Pfeiffer, StPO, § 302 Rn 1.

1066 OLG Düsseldorf NJW 1990, 1059 und Göhler/Seitz, OWiG § 72 Rn 22, jeweils m.w.N.

1067 OLG Hamm, GA 1973, 54 56 und NStZ 1982, 388; Göhler, OWiG, § 72 Rn 22; Meurer, NStZ 1984, 8, 9.

1068 OLG Zweibrücken, Beschl. v. 14.1.2008 – 1 Ss 3/08, BeckRS 2008, 04509; OLG Düsseldorf, NZV 1990, 203 = NJW 1990, 1059; Ferner, Strategie und Taktik im verkehrsrechtlichen Ordnungswidrigkeitenverfahren, Rn 547.

als Widerspruchserklärung aus, die eine Beschlussentscheidung grundsätzlich sperrt.[1069]

Praxistipp

Dieselben Grundsätze gelten, wenn der Betroffene sich mit einem Beschlussverfahren nach § 72 I OWiG nur unter der Bedingung einverstanden erklärt, dass die verhängte Geldbuße auf einen bestimmten Betrag ermäßigt wird. Geht das Amtsgericht im Falle des Beschlusses über diesen von der Verteidigung genannten Betrag hinaus, ist das Urteil rechtsfehlerbehaftet und auf die Verfahrensrüge aufzuheben. Das OLG Koblenz1070 entschied, dass ein Amtsrichter die im Bußgeldbescheid festgesetzten Geldbußen von insgesamt 3.547,50 DM nicht auf nur 3.000,- DM herabsetzen darf, wenn beantragt wurde, die Geldbuße „angemessen" zu ermäßigen.

VII. Rechtsbeschwerde

Gegen den Beschluss nach § 72 OWiG ist die Rechtsbeschwerde nur gem. § 79 I Nr. 5 OWiG zulässig, wenn durch Beschluss nach § 72 OWiG entschieden worden ist, obwohl der Beschwerdeführer diesem Verfahren rechtzeitig widersprochen hatte oder ihm in sonstiger Weise das rechtliche Gehör versagt wurde. Einwände gegen den ihm zur Last gelegten Vorwurf können nicht erhoben werden.

Der Betroffene und sein Rechtsanwalt müssen also innerhalb der Rechtsbeschwerdebegründungsfrist geltend machen, sie hätten der Entscheidung durch Beschluss nur für den Fall zugestimmt, dass unter Verdoppelung der Geldbuße das Fahrverbot entfalle. Diese Verfahrensrüge muss hinreichend der für ihre Anbringung nach §§ 79 III OWiG, 344 II 2 StPO vorgeschriebenen Form entsprechen.

Praxistipp

Entscheidet das Gericht trotz Widerspruchs nach § 72 OWiG ohne mündliche Verhandlung, so ist die hiergegen gerichtete Rechtsbeschwerde auch begründet, da nicht ausgeschlossen werden kann, dass bei einer durchgeführten mündlichen Verhandlung das Vorbringen des Betroffenen zu einer anderen Entscheidung geführt hätte.1071

VIII. Fazit

1. Das schriftliche Verfahren gehört oft nicht zum Standardrepertoir des Rechtsanwalts, obwohl es diverse Vorteile bietet, etwa das Verbot der Schlechterstel-

1069 OLG Karlsruhe, NZV 2013, 98; Seitz, in Göhler, a.a.O., Rn 22.
1070 VRS 72, 447.
1071 *OLG Hamm*, NJW 1970, 624.

lung. Zudem kann sich der Rechtsanwalt bei einem Einverständnis zu diesem Verfahren eine Zusatzgebühr nach Nr. 5115 I Nr. 5 VV-RVG in Höhe der jeweiligen Verfahrensgebühr hinzuverdienen.
2. Die Zustimmung zum Beschlussverfahren gem. § 72 I OWiG unter einer Bedingung wird für zulässig gehalten. Der Betroffene darf daher dem Beschlussverfahren für den Fall zustimmen, dass das Fahrverbot gegen angemessene Erhöhung der Geldbuße wegfällt oder die Geldbuße auf eine Höhe unterhalb der Eintragungsgrenze reduziert wird.
3. Der Rechtsanwalt kann demzufolge durch derartige Einlassungen vorpreschen und sein vorgeschlagenes Procedere damit verbinden kann, dass er für den Fall, dass das Gericht dem folgt, auf die Durchführung einer mündlichen Verhandlung verzichtet. Dies dürfte auch vielen Bußgeldrichtern angesichts oft angespannter Terminslage entgegen kommen.
4. Wenn das Einverständnis zur Entscheidung durch Beschluss nach § 72 OWiG von einer Bedingung abhängig gemacht wurde, folgt daraus zugleich, dass der Betroffene der Entscheidung durch Beschluss mit jedem anderen Verfahrensausgang als dem, der von seinem bedingten Einverständnis umfasst war, widerspricht. Wenn das Gericht dann das Verfahren mit einem anderen, dem Betroffenen nachteiligeren Ergebnis abschließt, wirkt sich das eingeschränkte Einverständnis als Widerspruchserklärung aus, die eine Beschlussentscheidung grundsätzlich sperrt. Das Gericht darf also hier nicht ohne Hauptverhandlung entscheiden, wenn es die Bedingung nicht erfüllt.

IX. Formular für Schriftsatz ans Amtsgericht

Amtsgericht
Mo.
11

Aktenzeichen:

Sehr geehrter Herr Richter B.,

in dem Ordnungswidrigkeitenverfahren gegen Herr M. nehme ich Bezug auf Ihre Anfrage vom 22.8.2011.

Es ist diesseits nicht beabsichtigt, den Einspruch gegen den Bußgeldbescheid zurückzunehmen.

Ich verweise auf die Einlassung vom 12.5.2011. Danach hat der Betroffene keine Verfehlung begangen, äußerst hilfsweise ist von einem nur geringen Verschulden auszugehen.

Äußerst hilfsweise wäre die Verteidigung einverstanden, wenn im schriftlichen Beschlusswege nach § 72 I OWiG entschieden würde, wenn eine Geldbuße in einer Höhe unterhalb der Eintragungsgrenze verhängt werden würde.

Für diesen Fall wird bereits jetzt angekündigt, auf Rechtsmittel zu verzichten. Auf eine Begründung des Beschlusses würde diesseits verzichtet.

Mit freundlichen Grüßen

Rechtsanwalt

X. Musterverfahrensrüge

Amtsgericht
W.

4.10.12

In dem Bußgeldverfahren

gegen Herrn Karsten J.

– Az. –

begründen wir die Rechtsbeschwerde gegen den Beschluss des Amtsgerichts W. vom 22.8.2012, hier eingegangen am 3.9.2012, wie folgt und legen die Anträge vor:

1. **Der Beschluss des Amtsgerichts W. vom 22.8.2012 wird mit ihm zugrunde liegenden Feststellungen aufgehoben.**
2. **Die Sache wird zur neuen Verhandlung und Entscheidung, auch über die Kosten der Rechtsbeschwerde, an andere Abteilung des Amtsgerichts zurückverwiesen.**

Begründung:

Gerügt wird die Verletzung formellen und materiellen Rechts.

A. Verfahrensrüge

Unrechtmäßige Entscheidung im Beschlusswege gem. §§ 72, 79 Abs. 1 Nr. 5 OWiG.

I. Verfahrenstatsachen

Dem Betroffenen wurde mit Bußgeldbescheid vom 5.4.2012 zur Last gelegt, die zulässige Höchstgeschwindigkeit außerhalb geschlossener Ortschaften um 17 km/h überschritten zu haben. Tatmehrheitlich dazu soll er verbotswidrig das Mobil oder Autotelefon benutzt haben. Gegen ihn wurde wegen der angeblich tatmehrheitlich begangenen Verstöße zwei Geldbußen in Höhe von EUR 70,00 bzw. EUR 80,00 verhängt. Hiergegen richtete sich der Einspruch vom 13.4.2012, Bl. 59 d.A.

Mit Schreiben vom 3.5.2012 wurde der Einspruch gegen den Bußgeldbescheid begründet, Bl. 67f. d.A.

Im Schreiben vom 3.5.2012 heißt es:

> An die Bußgeldstelle
>
> **Aktenzeichen: 55.40.462429.0**
>
> Sehr geehrte Damen und Herren,
>
> in dem Bußgeldverfahren gegen Herrn Karsten J. begründen wir den Einspruch gegen den Bußgeldbescheid vom 5.4.2012 wie folgt:
>
> Zu Unrecht wird Herrn J. vorgeworfen, tatmehrheitlich am 23.1.2012 die zulässige Höchstgeschwindigkeit überschritten zu haben sowie verbotswidrig ein Mobil- oder Autotelefon benutzt zu haben.
>
> Erkennbar liegt nur eine Handlung gemäß § 19 OWiG vor. Ferner wurde zu Unrecht die Geldbuße für den Handyverstoß verdoppelt, zumal eine vorsätzliche Begehungsweise vorliege. Ich verweise jedoch auf die höchstrichterliche Rechtsprechung, die bereits entschieden hat, dass der Gesetzgeber schon von einer vorsätzlichen Ordnungswidrigkeit ausging. Eine Verdoppelung scheidet daher aus (vgl. dazu OLG Hamm, NZV 2007, 483; OLG Jena, NStZ RR 2005, 23).
>
> Ich bitte daher um Berichtigung des angefochtenen Bußgeldbescheides.
>
> Mit freundlichen Grüßen
>
> Dr. F.
> Rechtsanwalt
> Fachanwalt für Strafrecht

Auf Bl. 71 befindet sich die anwaltliche Vollmacht.

Mit Schreiben vom 10.7.2012 terminierte das Amtsgericht W. auf den 24.8.2012. Der Unterzeichner wurde als Verteidiger zu der Verhandlung geladen.

Mit Schreiben vom 16.7.2012 wurde beantragt, den Betroffenen von der Verpflichtung zum persönlichen Erscheinen in der Hauptverhandlung zu entbinden, vgl. § 73 Abs. 2 OWiG, Bl. 95 d.A.

Im Juli 2012 fand eine telefonische Besprechung mit dem zuständigen Bußgeldrichter Sch. statt. Dieses Telefonat fasste der Unterzeichner mit Schreiben vom 13.7.2012 an das Amtsgericht W. zusammen, Bl. 89f.d.A. Hierin heißt es:

An den
Direktor des
Amtsgerichts W.
Herrn Sch.
W.

Aktenzeichen:

Sehr geehrter Herr Sch.,

bezugnehmend auf die telefonische Besprechung der Angelegenheit vom 12.7.2012 teile ich Ihnen mit, dass der angefochtene Bußgeldbescheid an einem doppelten Fehler leidet.

Zum Einen wurde die Geldbuße für den Handyverstoß zu Unrecht verdoppelt. Ich verweise hierzu auf meine anwaltliche Einlassung vom 3.5.2012.

Im Übrigen liegt nicht Tatmehrheit, sondern Tateinheit nach § 19 OWiG vor. Bei einem verbotswidrigen Mobil- oder Autotelefon in Kombination mit einer Geschwindigkeitsüberschreitung, die Entscheidung des OLG Jena, Urteil vom 15.10.2009, habe ich Ihnen beigefügt.

Unter dieser Prämisse besteht Einverständnis zur Entscheidung im schriftlichen Beschlusswege nach § 72 OWiG unter der Voraussetzung, dass zwischen der Geschwindigkeitsüberschreitung und dem Handyverstoß Tateinheit angenommen wird und eine Geldbuße in Höhe von nicht mehr als 90,00 EUR verhängt wird.

Mit freundlichen Grüßen

Dr. F.
Rechtsanwalt
Fachanwalt für Strafrecht

Mit Schreiben vom 3.8.2012 hob das Amtsgerichts daraufhin den Termin am 24.8.2012 auf, Bl. 101 d.A.

Am 3.9.2012 ging dem Unterzeichner der Beschluss des Amtsgerichts W. zu, wonach der Betroffene wegen fahrlässigen Überschreitens der zulässigen Höchstgeschwindigkeit außerhalb geschlossener Ortschaften in Tateinheit mit vorsätzlichen verbotswidrigen Benutzen des Mobil- und Autotelefons als Führer eines Kraftfahrzeuges zu einer Geldbuße in Höhe von EUR 100,00 verurteilt wurde.

II. Rechtliche Erwägungen

Das Amtsgerichts W. durfte den Betroffenen im schriftlichen Beschlusswege gem. § 72 Abs. 1 OWiG nicht zu einer Geldbuße über mehr als EUR 90,00 verurteilen. Die Verteidigung hatte im Schreiben vom 13.7.2012 ihr Einverständnis zur Entscheidung im schriftlichen Beschlusswege ausschließlich nur unter der Bedingung erteilt, dass der Betroffene zu einer Geldbuße in Höhe von nicht mehr als EUR 90,00 verurteilt wird. Damit bestand mit der Entscheidung im Beschlusswege nur unter einer Bedingung Einverständnis. Die Zustimmung zum Beschlussverfahren unter einer Bedingung wird für zulässig gehalten. Hiergegen spricht nach herrschender Meinung nicht die Bedingungsfeindlichkeit von Rechtsmitteln (vgl. hierzu OLG Hamm, GA 1973, 54, 56 und NStZ 1982, S. 388; Seitz, in Göhler, OWiG § 72, Rn 22; Meurer NStZ 84, S. 8, 9). Dies wird damit begründet, dass es ausschließlich in der Hand des Gerichts liegt, der Bedingung zu entsprechen oder nicht. Der für Rechtmittel geltende Grundsatz der Bedingungsfeindlichkeit gilt hier nicht, weil es sich bei dem Widerspruch nicht um ein Rechtsmittel, sondern um ein prozessuales Gestaltungsrecht handelt (vgl. OLG Zweibrücken, Beschluss vom 14.1.2008, Aktenzeichen 1 Ss 3/08, OLG Düsseldorf, NStZ 90, S. 203 = NJW 90, S. 1059).

Beabsichtigt das Gericht, das Verfahren mit einem anderen, dem Betroffenen nachteiligeren Ergebnis abzuschließen, wirkt sich das eingeschränkte Einverständnis als Widerspruchserklärung aus, die eine Beschlussentscheidung grundsätzlich sperrt, vgl. Seitz, in Göhler a.a.O. Rn 22).

§§ 72, 79 Abs. 1 Nr. 5 OWiG sind damit verletzt. Die Verurteilung zu einer Geldbuße von EUR 100,00 war nicht mehr vom Einverständnis zur Entscheidung im schriftlichen Beschlusswege umfasst.

Hätte das Amtsgericht das unter der Bedingung erklärte Einverständnis zur Entscheidung im Beschlusswege beachtet, hätte lediglich eine Geldbuße bis zu EUR 90,00 ausgesprochen werden dürfen. Wollte der Bußgeldrichter hierauf nicht eingehen, so hätte er bei Verhängung einer Geldbuße in Höhe von EUR 100,00 für eine mündliche Verhandlung terminieren müssen, da für diesen Fall kein Einverständnis zur Entscheidung im schriftlichen Beschlusswege erklärt wurde.

B. Sachrüge

Die Sachrüge wird daneben nur in allgemeiner Form erhoben.

C. Ergebnis

Der Rechtsbeschwerde ist der Erfolg nicht zu versagen.

Dr. F.
Rechtsanwalt
Fachanwalt für Strafrecht

C. Textbausteine zur Vorbereitung der Hauptverhandlung

I. Einführung in die Problematik

Bußgeldrichter sehen sich angesichts einer regelrechten Masse von Ordnungswidrigkeiten[1072] einer großen Anzahl von Terminen ausgesetzt. 15–20 Termine am Sitzungstag sind keine Seltenheit. Um eine Hauptverhandlungstermine zu vermeiden, setzen manche Amtsgerichte unlautere Mittel ein. Sie versenden mit oder vor der Terminierung der Hauptverhandlung an den Betroffenen in letzter Zeit gehäuft Textbausteine. Immer passende Phrasen werden als Ergebnis einer richterlichen Vorprüfung des Einspruchs ausgegeben. Hierin wird den Betroffenen klar gemacht, dass ihre Einsprüche gegen Bußgeldbescheide angeblich zum Scheitern verurteilt sind und angeraten wird, diese „zur Vermeidung weiterer unnötiger Kosten" zurückzunehmen. Ferner wird auf das schriftliche Verfahren nach § 72 I OWiG verwiesen, bei dem durch einen Beschluss ohne Hauptverhandlung entschieden werden kann. Gegen derartige formularmäßige richterliche Hinweise hat sich verteidigerseits bislang noch kein Widerstand formiert, es fehlt in Rechtsprechung und Schrifttum an einer Thematisierung dieser Vorgehensweise der Gerichte.

II. Erscheinungsformen

Dass das Gericht amtliche Textbausteine versendet, kann in erster Linie nur dem Rechtsanwalt auffallen, der regelmäßig bei bestimmten Gerichten auftritt, nämlich dadurch, dass sich derartige Schriftsätze in Punkt und Komma wiederholen. Im Einzelnen hängt die Formulierung und Fassung vom zuständigen Richter/Gericht

1072 Jährlich werden allein durchschnittlich 2,7 Mio. Geschwindigkeitsübertretungen gezählt, BT-Drucksache 16/13745.

ab. Selbst innerhalb eines Gerichts können sie variieren. Derartige Schriftsätze gibt es in ausführlicher und kurzer Version. Teilweise tragen sie die Überschrift „Merkblatt“[1073], teilweise ist auch ausdrücklich von „richterlichen Hinweisen“ die Rede. Den Hinweisen lässt sich der konkrete Verfasser nicht immer entnehmen. Nur teilweise endet das Schreiben mit dem Namen eines Richters.

III. Beispiele für massenhaft versendete Textbausteine der Amtsgerichte

1. Hinweis auf schriftliches Verfahren gem. § 72 I OWiG

Einleitend wird in serienmäßigen Schriftsätzen des Amtsgerichts darauf hingewiesen, dass der Adressat rechtzeitig Einspruch gegen den Bußgeldbescheid eingelegt hat, so dass „an sich eine Hauptverhandlung anzuberaumen wäre“, zu der er erscheinen müsse. Sodann wird dem Adressaten mitgeteilt, dass das Gericht beabsichtige, ohne Hauptverhandlung im schriftlichen Verfahren gem. § 72 I OWiG zu entscheiden. Die Staatsanwaltschaft habe diesem Verfahren bereits zugestimmt. Das Gericht teilt hierzu mit, dass es durch Beschluss entscheiden dürfe, wenn der Betroffene diesem Verfahren innerhalb von 2 Wochen nicht widerspricht. Das Gericht gibt dem Adressaten die Gelegenheit, sich innerhalb von zwei Wochen nach Zustellung des Hinweises zu äußern. Überliest der Betroffene diese Passage und widerspricht nicht (rechtzeitig), entscheidet das Gericht ohne einen Termin. Zu einer Beweisaufnahme, die zugunsten des Betroffenen ausgehen kann, kommt es nicht mehr. Da auch Beschlüsse grundsätzlich zu begründen sind, enthält das gerichtliche Schreiben oft auch die zusätzliche Anmerkung, dass (sogar) auf eine Begründung des Beschlusses verzichtet werden könne und eine unterbliebene Äußerung innerhalb einer bestimmten Frist als Verzicht auf eine Begründung ausgewertet würde.

2. Stellungnahmefrist nach § 71 II 2 OWIG

Weit verbreitet sind amtliche Formulierungen, die an § 71 II 2 OWiG angelehnt sind. Hiernach kann das Gericht zur Vorbereitung der Hauptverhandlung dem Betroffenen Gelegenheit geben, sich innerhalb einer zu bestimmenden Frist, meist zwei Wochen, dazu zu äußern, ob und welche Tatsachen und Beweismittel er zu seiner Entlastung vorbringen will. Unterlässt der Betroffene dies, kann das Gericht später Beweisanträge leichter ablehnen, mit der Begründung, die zu beweisende Tatsache gem. § 77 II OWiG sei ohne verständigen Grund so spät vorgebracht worden, dass die Beweiserhebung zur Aussetzung der Hauptverhandlung führen würde. Es folgt oftmals ein zutreffender Hinweis darauf, dass es dem Betroffenen zudem kostenmäßig

1073 Scheffler/Matthies, NZV 2007, 607, 608.

zum Nachteil gereichen kann, wenn er entlastende Umstände verspätet vorbringt, § 109a II OWiG.

3. Kurz gehaltene richterliche Hinweise

Einfach gehaltene gerichtliche Schreiben enthalten ohne weitere Begründung sogar wie auf einem Formular nur angekreuzte und nicht angekreuzte knappe Sätze, wie:

(X) Es wird empfohlen, den Einspruch zurückzunehmen.
(X) Es wird um Mitteilung gebeten, ob die Richtigkeit der Messung angegriffen wird und es dazu der Vernehmung des polizeilichen Messbeamten bedarf.
( ) Wird der Einspruchsführer darauf aufmerksam gemacht, dass Punkte im Fahreignungsregister bei Geldbußen unter 60,00 EUR nicht anfallen.
( ) Sie haben den Tatvorwurf im Rahmen der Anhörung eingeräumt.
(X) Die Geldbuße entspricht den Regeltatbestand nach dem Bußgeldkatalog.

4. Ausführliche richterliche Hinweise

Andere Schriftsätze des Gerichts enthalten einen fließenden Text mit recht ausführlichen rechtlichen Hinweisen, die aber allesamt negativ ausfallen. Die Hinweise sind schablonenartig gestaltet. Ihnen lässt sich nicht der konkrete Vorwurf entnehmen, sondern allenfalls, dass das Gericht zur Kenntnis genommen hat, dass es um eine Geschwindigkeitsüberschreitung ggf. mit Fahrverbot geht. In der Regel weisen sie den Betroffenen eingangs darauf hin, dass „die Durchführung der Hauptverhandlung mit erheblichen weiteren Kosten verbunden ist". Ferner soll der Betroffene dadurch verunsichert werden, dass der Eindruck erweckt wird, dass eine wahre „Kostenflut" auf ihn zukommt, wenn er es sich nicht doch überlegt und den Einspruch besser zurücknimmt. So droht etwa der Richter gelegentlich an, dass – „sofern die Ordnungsgemäßheit der Messung bestritten werden sollte" – er die Einholung eines Sachverständigengutachtens beabsichtige. Die Kosten lägen dann bei ca. 500,00–800,00 €. Teilweise wird noch ergänzend darauf hingewiesen, dass die Messstelle gerichtsbekannt sei und bisher keine Beanstandungen bekannt geworden sind bzw. dass „die Messung nicht zu beanstanden" sei. Für den Fall, dass der Betroffene noch nicht einmal einräumt, der Fahrzeugführer gewesen zu sein, beabsichtige er, der Richter, zudem die Einholung eines anthropologischen Sachverständigengutachtens. Die Kosten für ein solches Gutachten lägen „in der Regel in einer Größenordnung von ca. 750,00 €". Diese Kosten seien vom Betroffenen zu tragen, wenn er verurteilt werde. Das Risiko der Verschlimmerung der Geldbuße wird dadurch in Aussicht gestellt, dass auf eine Rechtsprechung der Oberlandesgerichte verwiesen werde, nach der unter Berücksichtigung der gemessenen Geschwindigkeit nach Aktenlage eine Verurteilung wegen vorsätzlicher Begehungsweise in Betracht komme, bei der die Geldbuße zu verdoppeln sei. Ist der Betroffene innerhalb des letzten Jahres schon einmal wegen einer Geschwindigkeitsüberschreitung von mehr als 26 km/h verurteilt worden, so weist der Richter darauf hin, dass gar die Verhängung eines Fahrverbots droht, § 4 II 2 BKatV.

Beinhaltet bereits der Bußgeldbescheid ein Fahrverbot, so wird der Betroffene auf Amtsdeutsch unmissverständlich darauf hingewiesen, dass ein Wegfall des Fahrverbots nach ständiger Rechtsprechung des Oberlandesgerichts in der Regel nicht in Betracht komme, da nach dem Bußgeldkatalog bei der Verfehlung das Vorliegen eines groben Verstoßes mit Fahrverbot indiziert sei und eine möglichst einheitliche Ahndung für Verkehrsdelikte bezweckt sei. Berufliche Nachteile seien grundsätzlich hinzunehmen. Einem Betroffenen sei es nach der Rechtsprechung des Oberlandesgerichts zuzumuten, durch eine Kombination verschiedener Maßnahmen die Zeit des Fahrverbots zu überbrücken, zum Beispiel durch Inanspruchnahme von Urlaub, Benutzung öffentlicher Verkehrsmittel, Anstellen eines bezahlten Fahrers usw. Die hierdurch auftretenden finanziellen Belastungen habe der Betroffene hinzunehmen, notfalls durch Aufnahme eines Kredits.

Massenhaft versendete Formularschreiben enden regelmäßig mit der Frage an den Betroffenen, ob „im Hinblick auf die oben erteilten Hinweise der Einspruch zurückgenommen" werde. Teilweise wird schon offen auf die geringen Erfolgsausichten hingewiesen. Es bestehe Gelegenheit zur Stellungnahme binnen zwei Wochen ab Zugang dieses Schreibens.

5. Hinweis auf die Möglichkeit der Verbesserung bei Verzicht auf Hauptverhandlung

Es geht auch anders: Andere Gerichte lassen sich den Verzicht auf eine Hauptverhandlung etwas kosten und locken den Betroffenen mit Geldbußen-Rabatten. Aus Großstädten in Nordrhein-Westfalen sind Textbausteine bekannt, in denen der Richter vor der Terminierung zu erkennen gibt, dass er beabsichtige, die Geldbuße zu reduzieren. Dies ist dann regelmäßig eine Halbierung gegenüber dem Bußgeldbescheid. Eine Begründung hierfür wird häufig nicht mitgeliefert, in den Schriftblöcken heißt es hier nur: „Damit sollen die besonderen Umstände des Falls weitgehend berücksichtigt werden." Wenn der Betroffene zustimme, könne dann im schriftlichen Verfahren entschieden werden. Das Angebot ist allerdings nicht unbedingt verlockend, wenn Punkte anfallen, ferner dann nicht, wenn eine Freispruchverteidigung beabsichtigt ist. Auch gibt es Gerichte, die zur Vermeidung einer Verhandlung den Wegfall des Fahrverbots gegen Verdopplung der Geldbuße anbieten.

IV. Ziel von amtlichen Schriftblöcken

Der Sinn und Zweck derartiger Formularschreiben lässt sich schon am Zeitpunkt ihres Verfassens ablesen. So gehen sie entweder mit der Ladung zum Hauptverhandlungstermin einher oder gehen dieser kurz voraus. Manche Gerichte spekulieren auf Einspruchsrücknahmen, zumal unverhohlen auf schlechten Erfolgsaussichten hingewiesen wird. Dadurch erspart sich der oft ohnehin überlastete Bußgeldrichter zeitaufwändige Termine. Der Termin kann bei Einspruchsrücknahme aufgehoben werden. Zumindest der Laie, der nicht anwaltlich vertreten ist, wird sich regelmäßig dazu entscheiden, nicht Gefahr zu laufen, weitere Kosten entstehen zu lassen. Allein das Risiko, dass weitere Kosten durch das Aufrechterhalten des Einspruchs entstehen können, die weit über die Geldbußen hinaus gehen, führt dazu, dass auf diese Weise Einsprüche zu einem großen Prozentsatz zurück genommen werden. Umgekehrt muss der Laie, der sich trotz des „Drohbriefs" des Amtsgerichts dazu entschließt, weiter zu machen, schon als außerordentlich hartnäckig charakterisiert werden. Bei anwaltlich vertretenen Betroffenen werden die Schriftblöcke oft ihren Zweck verfehlen, so sollte der Verteidiger wissen, dass die Angelegenheit – im Gegensatz zum Wortlaut der Formularschreiben – noch nicht verloren ist und die Beweiswürdigung erst nach durchgeführter Hauptverhandlung erfolgt ist und ggf. ein Sachverständiger doch die Fehlerhaftigkeit der Messung feststellen wird. Auch der anwaltlich vertretene Betroffene ist aber gleichwohl verschreckt und ruft seinen Verteidiger an und fragt, ob sich die Weiterverfolgung des Einspruchs noch lohne und ob nicht eine Rücknahme sinnvoller sei. Manchmal muss der Rechtsanwalt gar all seine Überredungskünste spielen lassen, um dem Mandanten klar zu machen, dass derartige Textbausteine kritisch hinterfragt werden müssen und das letzte Wort noch nicht gesprochen wurde.

V. Überprüfung auf inhaltliche Richtigkeit

Da es – wie erwähnt – richterliche Textbausteine unterschiedlichsten Inhalts gibt, würde es den Rahmen sprengen, sie sämtlich auf inhaltliche Richtigkeit zu überprüfen. Die Kontrolle soll daher nur exemplarisch erfolgen und die diesseits bekannten öfters verwendeten gerichtlichen Formulierungsbeispiele – wie unter III. – untersuchen.

Hinweise auf das schriftliche Verfahren dürfen zunächst nur dann ergehen, wenn eine Hauptverhandlung entbehrlich wäre.[1074] So verbietet sich eine Entscheidung durch Beschluss, wenn zur Aufklärung des Sachverhalts die Anwesenheit des Betroffenen in der Hauptverhandlung erforderlich ist,[1075] etwa wenn zu ermitteln ist, wer die auf einem Radarfoto abgebildete Person ist. Ferner verwundern Hinweise nach § 72 I OWiG jedenfalls in den Fällen, in denen der Einspruch begründet wurde und nicht damit zu rechnen ist, dass der Betroffene es mitmacht, dass das Gericht

1074 Senge, in Karlsruher Kommentar zum OWiG, § 72 Rn 6.
1075 BayObLG VRS 40, 280.

nur nicht von der im Bußgeldbescheid getroffenen Entscheidung zum Nachteil des Betroffenen abweicht, § 72 III 2 OWiG. Fraglos spekuliert das Gericht darauf, dass der Betroffene die Frist übersieht.

Was die Hinweise auf die Möglichkeit des Verzichts auf eine Begründung angeht (§ 72 VI 9.1 OWiG), so darf das Schweigen des Betroffenen auf die Anfrage des Gerichts nicht als stillschweigendes Einverständnis ausgelegt werden.[1076]

Zwar ist es weiter zunächst rechtmäßig, eine Gelegenheit zur Stellungnahme nach § 71 II 2 OWiG zu geben. Dabei wird oftmals seitens der Gerichte übersehen, dabei darauf hinzuweisen, dass es bei dem Recht des Betroffenen verbleibt, sich zu der Beschuldigung nicht zu äußern. Es fehlt regelmäßig auch ein Hinweis darauf, dass nachteilige Schlüsse des Schweigens bei der Beweiswürdigung nicht gezogen werden dürfen.

Nicht gänzlich falsch ist ebenso für sich gesehen der Hinweis, dass der Richter nicht an die durch die Bußgeldstelle verhängte Geldbuße gebunden ist und eine Verschlimmerung droht (§ 66 II 1 b OWiG). Dies hat jedoch gleichzeitig einen ersten faden Beigeschmack, da nicht nur eine Verböserung, sondern auch eine Verbesserung möglich ist.

Grundsätzlich zutreffend ist in den amtlichen Schriftblöcken, dass bei Stattfinden eines oder mehrerer Termine weitere Kosten durch Zeugenentschädigungen und Gerichtsgebühren entstehen. Diese werden aber dem Betroffenen natürlich nur dann in Rechnung gestellt, wenn er verurteilt wird (§ 465 I StPO i.V.m. § 46 I OWiG) oder ihm aus anderen Gründen die Kosten des Verfahrens aufzuerlegen sind. Ob der Betroffene eine Ordnungswidrigkeit begangen hat, ist zu diesem Zeitpunkt noch nicht im Ansatz geklärt. Wenn der Richter pauschal darauf verweist, dass bei einer Geschwindigkeitsüberschreitung die Messung nicht zu beanstanden sei, so maßt er sich an, sachverständige Kenntnisse zu besitzen. Der Richter kann jedoch der Bußgeldakte allenfalls entnehmen, dass das Gerät geeicht war und der Messbeamte eine Messung durchgeführt hat und diese zu einem bestimmten Messergebnis geführt hat. Ob der Verkehrspolizist das Gerät richtig aufgestellt hat und es korrekt bedient hat, ist noch klärungsbedürftig. Auch ein Nachweis über eine Fortbildungsveranstaltung zu einem bestimmten Messgerät belegt noch nicht die korrekte Bedienung im Einzelfall. Erfahrungsgemäß sind Messungen zu einem großen Anteil fehlerhaft.[1077]

Eine verbreitete Unsitte ist es auch, pauschal auf die Gefahr der Vorsatzverurteilung hinzuweisen, um den Betroffenen dadurch einzuschüchtern und anzudrohen,

---

1076 Senge, in Karlsruher Kommentar zum OWiG, § 72 Rn 67c.

1077 Nach der Studie der VUT (Verkehr-Unfall-Technik) Sachverständigengesellschaft mbH sind 80% aller Geschwindigkeitsmessungen im Straßenverkehr fehlerhaft, Kleine Anfrage der FDP-Fraktion zur VUT-Studie an den Deutschen Bundestag, BT-Drucksache 16/13521, BT-Drucksache 16/13745, http://www.sachverstaendigen-gutachter.eu/aktuelles.php.

dass die Geldbuße im Bußgeldbescheid eigentlich noch zu gering war. Dem Betroffenen müsste nachgewiesen werden, dass er von der Geschwindigkeitsbeschränkung Kenntnis gehabt hat und gleichwohl beschleunigte. Nach höchstrichterlicher Rechtsprechung liegt zwar bei besonders hohen Geschwindigkeitsüberschreitungen (z.B. um 32 km/h oder 64% höheren Geschwindigkeit)[1078] oder Geschwindigkeitstrichtern (zulässige Höchstgeschwindigkeit wurde schrittweise in Etappen auf die an der Messstelle geltende Höchstgeschwindigkeit herab begrenzt)[1079] nahe, dass der Fahrer sich bewusst war oder zumindest damit rechnete und in Kauf nahm, dass er deutlich schneller als erlaubt fuhr. Pauschale Unterstellungen fern ab der zuvor genannten Sonderfälle, der Betroffene habe mit Wissen und Willen gehandelt, sind jedoch fehl am Platz. Pauschale Hinweise der Gerichte darauf, dass die Chancen für den Wegfall des Fahrverbots im Bußgeldbescheid gering sind, sind ebenfalls nicht in dieser Allgemeinheit zutreffend. So gilt auch im Bußgeldrecht der Verhältnismäßigkeitsgrundsatz mit der Folge, dass die Verhängung eines Fahrverbotes für den Betroffenen nicht zu einer wirtschaftlichen Existenzgefährdung führen darf.[1080] Im Übrigen ist das ausnahmsweise Absehen von der Anordnung eines Fahrverbots in § 4 IV BKatV ausdrücklich vorgesehen.

VI. Rechtfertigungsversuche

Seitens des Amtsgerichts wird naturgemäß der Versuch unternommen, die massenhaft versendeten Textbausteine zu verteidigen und auf eine gesetzliche Grundlage zu stellen. Die nachfolgenden Paragrafen lassen zunächst den Eindruck entstehen, als seien die serienmäßigen richterlichen Hinweise nicht per se unrechtmäßig.

1. Rechtlicher Hinweis nach §§ 265 StPO, 71 I OWiG

Nach § 265 StPO muss der Richter den Angeklagten auf die Veränderung des rechtlichen Gesichtspunkts hinweisen, wenn aufgrund eines Strafgesetzes verurteilt werden soll, das anstatt oder neben dem in der Anklage bezeichneten Strafgesetz für den Schuldspruch in Betracht kommt.[1081] Auch im Ordnungswidrigkeitenverfahren ist die Vorschrift des § 265 StPO anzuwenden.[1082] Daraus folgt, dass der Betroffene z.B. darauf hingewiesen werden muss, wenn die Festsetzung der Geldbuße auf eine

1078 OLG Düsseldorf, NZV 1999, 139.
1079 OLG Düsseldorf, NZV 1998, 384.
1080 OLG Bamberg, NZV 2010, 46; OLG Jena, NStZ-RR 2008, 123; OLG Hamm, NZV 1996, 118 [119]; OLG Celle NZV 1996, 291; s. auch BVerfG NZV 1994, 157 m. Bespr. Göhler, NZV 1994, 343.
1081 Meyer-Goßner, StPO § 265 Rn 8a.
1082 Seitz, in Göhler, OWiG § 71, Rn 50.

andere Bußgeldvorschrift als die im Bußgeldbescheid angegebene gestützt wird.[1083] § 265 StPO ist eine gesetzliche Konkretisierung der allgemeinen prozessualen Fürsorgepflicht des Gerichts. Auch im Ordnungswidrigkeitenverfahren soll der Betroffene dadurch in die Lage versetzt werden, seine Verteidigung auf die neuen Gesichtspunkte einzustellen. Die Hinweispflicht dient damit auch der Gewährung rechtlichen Gehörs und der Garantie eines fairen Verfahrens.[1084] Der Hinweis darf dabei schon zu einem Zeitpunkt erteilt werden, in dem sich erstmals die Möglichkeit einer anderen rechtlichen Bewertung ergibt, auch schon bei der Vorbereitung der Hauptverhandlung.[1085]

2. Schriftliche Erörterung des Standes des Verfahrens, §§ 202a, 212 StPO, 46 I, 71 I OWiG

Ergänzend zu den Vorschriften zur Verständigung im Strafverfahren (§ 257c StPO) hat der Gesetzgeber die neuen Regelungen der §§ 160b, 202a, 212 StPO eingefügt, die sog. Erörterungen des Standes des Verfahrens erlauben und vorsehen.[1086] Für das Bußgeldverfahren gelten die Regelungen über §§ 46 I, 71 I OWiG entsprechend: Auch hier ist eine Erörterung und Verständigung grds. zulässig/möglich.[1087] Aus dem Umstand, dass der Bußgeldrichter den Stand des Verfahrens mit den Verfahrensbeteiligten gem. § 202a StPO i.V.m. § 71 I OWiG erörtern darf, ist abzuleiten, dass er auch schriftliche Hinweise geben darf, soweit diese geeignet erscheinen, das Verfahren zu fördern.[1088] Dazu mag auch ein offenes Wort des Vorsitzenden im Vorfeld der Hauptverhandlung zu den Erfolgsaussichten des Einspruchs gegen den Bußgeldbescheid gehören.

VII. Verstoß gegen den Grundsatz des fairen Verfahrens

Ungeschriebene Voraussetzung der grundsätzlich zulässigen richterlichen Hinweise nach §§ 265 StPO, 71 I OWiG ist allerdings, dass der Hinweis wahrheitsgemäß ist und das Gericht seine Neutralität bewahrt. Der Hinweis muss weiter einzelfallbezogen sein und zu erkennen geben, dass sich der Richter noch nicht unumkehrbar festgelegt hat, also eine gerichtliche Auffassung nur zu einem vorzeitigen Stand des Verfahrens zum Ausdruck gegeben wird. Das Gericht muss sich mit der Verfeh-

---

1083 OLG Hamm, ZfS 2005, 519.
1084 Meyer-Goßner StPO § 265 Rn 3 ff.
1085 Meyer-Goßner StPO § 265 Rn 32.
1086 Burhoff, Handbuch für das strafrechtliche Ermittlungsverfahren, 5. Aufl., 2010, Rn 37 ff.
1087 Fromm, NZV 2010, 550.
1088 Nach § 202a S. 2 StPO ist der wesentliche Inhalt dieser Erörterung aktenkundig zu machen.

lung des Einzelnen also hinreichend konkret auseinander gesetzt haben und darf nicht darauf abzielen, sich nur generell Verhandlungen über Einsprüche „vom Leib zu halten". Ohne Begründung erteilte Hinweise erscheinen von vornherein irreführend, sie sind nicht geeignet, der Fürsorgepflicht zu genügen. Zu kritisieren ist nicht die Tatsache, dass das Gericht rechtliche Hinweise erteilt. Es nutzt dem Betroffenen grundsätzlich, mit Informationen über die Erfolgsaussichten versorgt zu werden. Der Betroffene wird bei pauschalen Textbausteinen aber zusätzlich dahin gehend getäuscht, dass sich das Gericht mit den Erfolgsaussichten ernsthaft befasst habe (§ 136a StPO i.V.m. § 46 I OWiG). Tatsächlich hat der Bußgeldrichter den Fall jedoch nicht geprüft und auf fehlende Erfolgsaussichten nur mit dem Hintergedanken hingewiesen, die Hauptverhandlung zu umgehen. Dies dem Richter nachzuweisen wird nicht einfach sein, allein jedoch die Tatsache, dass der Textbaustein mehrere Fälle abdeckt, spricht dafür, dass der richterliche Hinweis nur der Arbeitserleichterung des Richters dient und er versucht, die Schablone der Standardformulierung auch in weiteren Verfahren anzulegen. Trotz Befassung mit dem konkreten Lebenssachverhalt der vorgeworfenen Verfehlung im Bußgeldbescheid verstoßen Textbausteine auch dann gegen den Grundsatz des fairen Verfahrens, wenn der rechtliche Hinweis in seiner Aneinanderreihung lediglich die gegen den Betroffenen sprechenden Gesichtspunkte und Risiken aufführt. Derartige Schriftblöcke verstoßen gegen den Grundsatz der Neutralität und sind nicht wahrheitsgemäß, da sie nur die Gefahren aussprechen und nicht die Chancen erwähnen. Zwar sind die Grenzen der Täuschung zur „List" des Gerichts fließend, der Betroffene wird jedoch im Endeffekt in die Irre geführt, was dem fair-trial Grundsatz widerspricht.

VIII. Verstoß gegen die prozessuale Fürsorgepflicht

Mit der Fürsorgepflicht des Gerichts lassen sich auf eine Masse von Verfahren ausgerichtete Textbausteine des Gerichts in der Regel ebenfalls nicht in Einklang bringen. Nur bei einer einzelfallbezogenen Bewertung des Sachstands vorbehaltlich der Aktenlage fallen richterliche Hinweise unter die Fürsorgepflicht. Hier erscheint es ohne weiteres geboten, den Betroffenen darauf hinzuweisen, dass die Erhöhung der Geldbuße droht und das Gericht nach derzeitigem Stand den Vortrag zur Existenzgefährdung im Falle der Verhängung eines Fahrverbots für nicht konkret genug ansieht. Auf diese Weise soll der Bußgeldrichter Überraschungsentscheidungen vermeiden.[1089] Derartige Hinweise sind eindeutig zum Nutzen des Betroffenen, er kann sich ein Bild von der derzeitigen Meinung der Richters machen und sein Verteidigungsverhalten

1089 OLG Bamberg, zfs 2011 590.

darauf einstellen ggf. noch mehr Argumente vorbringen bzw. Privatsachverständigengutachten einholen, Zeugen benennen, Fotos vom Tatort vorlegen usw.

Ein formularmäßiges Schreiben eines Amtsgerichts, welches auf geringe Erfolgsaussichten hinweist und den Betroffenen einschüchtert, indem es auf die ihm drohende Kostenflut aufmerksam macht, ist erkennbar nicht geeignet, das Verfahren zu fördern, sondern will dem Bußgeldrichter auf Kosten des Betroffenen allenfalls Arbeit ersparen.

Meint es der Richter wirklich ernst mit seiner Fürsorgepflicht, so muss er auch entlastende Aspekte aufgreifen und von Amts wegen ein Augenblicksversagen[1090] in Erwägung ziehen, weil der Betroffene nicht ortskundig war oder darüber irrte, innerhalb geschlossener Ortschaften unterwegs gewesen zu sein (keine Randbebauung an dieser Stelle). Zu denken wäre auch an einen Hinweis, dass angesichts des Vortrags zur Existenzgefährdung das Gericht beabsichtigt, das Fahrverbot gegen angemessene Erhöhung der Geldbuße zum Wegfall zu bringen. Bei Abstandsunterschreitungen dürfte es naheliegen, dass das Gericht darauf hinweist, dass es eine Reduzierung der Geldbuße wegen des Kolonnenverkehrs für gerechtfertigt erachtet.[1091]

IX. Verstoß gegen das rechtliche Gehör

Standardmäßige versendete Textbausteine verstoßen auch gegen das rechtliche Gehör nach Art. 103 I GG. Der Grundsatz besagt, dass dem Betroffenen die Gelegenheit gegeben werden muss, sich zu den gegen ihn erhobenen Vorwürfen zu äußern.[1092] Das umfassende rechtliche Gehör soll im Bußgeldrecht im Einzelnen dadurch Platz greifen, dass der Betroffene zum Vorwurf angehört wird (§ 55 OWiG), er gegen den Bußgeldbescheid Einspruch einlegen kann (§ 67 OWiG) und dem schriftlichen Verfahren widersprechen kann (§ 72 OWiG). Gelingt es jedoch dem Bußgeldrichter durch Schriftblöcke, aus denen angeblich geringe Erfolgsaussichten hervorgehen, das Verfahren durch Einspruchsrücknahmen abzukürzen, so wird das rechtliche Gehör unterlaufen. Dies wird insbesondere an fehlerhaften oder unvollständigen Hinweisen des Richters deutlich, die den Betroffenen dazu verleiten, den Bußgeldbescheid zu Unrecht zu akzeptieren. Es macht keinen Unterschied, ob der Betroffene gar nicht angehört wurde oder er angehört wurde und der Richter als Reaktion hierauf per Textbaustein signalisiert, dass gleichwohl gegen ihn entschieden werden muss. Hier würde das rechtliche Gehör ad absurdum geführt. Der Verstoß gegen das rechtliche Gehör bewirkt nicht zuletzt, dass auch ein Zulassungsgrund einer Rechtsbeschwerde vorliegt, § 80 I Nr. 2 OWiG.

1090 OLG Dresden, DAR 2005, 638.

1091 Heinrich, DAR 2009, 670 f.

1092 Wache, in Karlsruher Kommentar zum OWiG, Vorbem. Rn 63.

X. Reaktion des Betroffenen auf gerichtliche Textbausteine

1. Abgabe einer schriftlichen anwaltlichen Einlassung

Zumindest sollte der Rechtsanwalt derartige Textbausteine zum Anlass nehmen, hierauf zu erwidern und ggf. dem Gericht im Einzelnen darlegen, dass die richterlichen Hinweise rechtlich nicht zutreffen (s.o.). Es sollte auch nicht gezögert werden, von „Textbausteinen" zu sprechen und das Gericht damit zu konfrontieren, dass sie den Betroffenen in seinen Rechten verletzen. Gegebenenfalls muss das Gericht auch darüber aufgeklärt werden, dass der Einspruch bereits begründet wurde und die Aufforderung, sich innerhalb einer zu bestimmenden Frist zum Vorwurf zu äußern, verfehlt war (§ 71 II 2 OWiG), und dies bei Auswertung der Akte hätte auffallen müssen.

2. Besorgnis der Befangenheit des Bußgeldrichters, § 24 II StPO i.V.m. § 46 I OWiG

Pauschalen Hinweisen des Gerichts zu angeblich fehlenden Erfolgsaussichten kann im Grunde nur bei konsequenter Ablehnung des Richters wegen Besorgnis der Befangenheit ein Riegel vorgeschoben werden. Nach § 24 II StPO i.V.m. §§ 46 I OWiG findet wegen Besorgnis der Befangenheit die Ablehnung statt, wenn ein Grund vorliegt, der geeignet ist, Misstrauen gegen die Unparteilichkeit eines Richters zu rechtfertigen. Misstrauen in die Unparteilichkeit des Richters ist dann gerechtfertigt, wenn der Ablehnende bei vernünftiger Würdigung aller Umstände Grund zu der Annahme hat, dass der abgelehnte Richter ihm gegenüber eine innere Haltung einnimmt, die seine Unparteilichkeit und Unvoreingenommenheit störend beeinflussen kann.[1093] Für die Befangenheit des Bußgeldrichters spricht, dass dieser sich durch die negativ formulierten Textbausteine bereits zulasten des Betroffenen aus dessen Sicht festgelegt zu haben scheint. Der Betroffene muss in der Tat befürchten, dass er den Richter von seinem Standpunkt, dass der Einspruch keine Erfolgsaussicht habe, nicht mehr abbringen können wird. Stellungnahmen des Richters in der Form, dass „die Messung nicht zu beanstanden" sei, sind Klassiker für eine vorweggenommene Beweiswürdigung, die die Ablehnung des Bußgeldrichters rechtfertigen.

XI. Unwirksamkeit der Willenserklärung des Betroffenen

Hat der Richter den Betroffenen bei unzutreffenden oder irreführenden richterlichen Hinweisen zur Rücknahme eines Rechtsmittels verleitet, so fragt sich, wie sich dies

---

1093 OLG Bamberg, NJW 2006, 2341.

auf die Wirksamkeit solcher Erklärungen auswirkt. Nach st. Rspr. und Lit. ist die Rücknahmeerklärung wirkungslos, wenn der Erklärende getäuscht wurde.[1094] Dies gilt insbesondere, wenn der Betroffene annehmen muss, dass die Entscheidung in einer für ihn wichtigen Frage – hier: aufgrund der Rücknahme des Einspruchs auf richterlichen Hinweise – zu seinen Gunsten ausgefallen ist.[1095] Eine Erklärung des Betroffenen, die auf eine die Verfahrenslage verkennende, unrichtige Belehrung durch den Richter zurückzuführen ist, ist rechtsunwirksam. In Fällen unrichtiger Auskunft eines Justizorgans oder der Verletzung der Fürsorgepflicht des Gerichts ist die Rücknahme ebenso unwirksam.[1096] Nichts anderes muss auch für das Unterlassen des Widerspruchs gegen eine Entscheidung im schriftlichen Verfahren nach § 72 OWiG gelten. Der unterbliebene Widerspruch steht unter der stillschweigenden Bedingung, dass das Gericht dem Betroffenen ein faires Verfahren gewährleistet.[1097] Ohne mündliche Verhandlung hätte hier mithin nicht entschieden werden dürfen. Ein unter diesen Voraussetzungen erlassener schriftlicher Beschluss ist mit der Rechtsbeschwerde anzugreifen, vgl. § 79 Abs. 1 S. 1 Nr. 5 OWiG.

XII Zusammenfassung und Fazit

1. Die Abhandlung hat gezeigt, dass amtliche Verhaltensempfehlungen unbedingt kritisch hinterfragt werden müssen. Es gibt sie mit verschiedenen Formulierungen und in unterschiedlicher Länge. So dankbar der Betroffene über ehrlich gemeinte einzelfallbezogene richterliche Hinweise sein kann, etwa dass angesichts von Voreintragungen im FAER eine Erhöhung der Geldbuße im Falle einer Verurteilung droht, so verwerflich sind richterliche Textbausteine, die die Betroffenen pauschal auf angeblich schlechte Erfolgsaussichten hinweisen.
2. Zwar sind die Hinweise oftmals für sich genommen nicht falsch, es handelt sich häufig teils um Selbstverständlichkeiten (bei Verurteilung: Kostenauferlegung), teils wird nur pessimistisch durch eine Aneinanderreihung rechtlicher Erwägungen vor angeblichen Risiken (zusätzlich anfallende Kosten des Sachverständigengutachtens/Erhöhung Geldbuße pp.) gewarnt. Massenhaft mit oder vor der Ladung ergehende Standardschreiben der Amtsgerichte zielen letztlich nur auf eine Rücknahme des Einspruchs oder Duldung zur Entscheidung im

1094 OLG Düsseldorf NJW 1960, 210 m. Anm. Mölders u. Anm. Feldmann; Bohnert, in Karlsruher Kommentar zum OWiG, § 67 Rn 105 m.w.N.
1095 OLG Köln NJW 1968, 2349.
1096 OLG Hamm NJW 1976, 1952; Bohnert, in Karlsruher Kommentar zum OWiG, § 67 Rn 105 m.w.N.
1097 Rebmann/Roth/Herrmann, Gesetz über Ordnungswidrigkeiten, Kommentar, Rn 11.

schriftlichen Verfahren ab. Offenbar handelt es sich um ein effektives Mittel, den Sitzungstag des Richters abzukürzen.

3. Die Praxis zeigt, dass es gleichwohl noch zu Verfahrenseinstellungen und Freisprüchen kommen kann, notwendig ist nur, dass der Betroffene sich nicht beeinflussen lässt und das Verfahren durchziehen will.
4. Auch wenn seitens der Gerichte versucht wird, das Ergehen der Hinweise mit der Pflicht zur Erteilung rechtlicher Hinweise bei Veränderung des rechtlichen Gesichtspunkts nach §§ 265 StPO, 71 I OWiG zu rechtfertigen oder gar der Grundsatz der Fürsorgepflicht des Gerichts vorgeschoben wird, so ist zu berücksichtigen, dass der Betroffene durch massenhaft versendete Schriftblöcke der Gerichte häufig eindeutig in die Irre geführt wird. Für den Empfänger wird eindeutig der Eindruck erweckt, dass der Bußgeldrichter sich bei Verfassen des Standardschreibens mit dem Fall konkret befasst hat und die Akte ausgewertet hat. Tatsächlich jedoch ist dies oftmals nicht der Fall, so dass der Betroffene hier über die Beweislage getäuscht wird. Ferner soll für den Empfänger – schon angesichts der Anzahl der angeführten negativen Gesichtspunkte – der Eindruck entstehen, dem Einspruch gegen den Bußgeldbescheid könne kein Erfolg beschieden werden. Hierdurch wird der Betroffene im rechtlichen Gehör verletzt.
5. Einem Richter, der von Textbausteinen Gebrauch macht, muss klar sein, dass beim Betroffenen leicht die Besorgnis der Befangenheit aufkommt und er nach § 24 II StPO i.V.m. § 46 I OWiG abgelehnt werden kann. Dem Befangenheitsantrag kann jedenfalls ein Erfolg nicht versagt werden, wenn nicht auf die Umstände des Einzelfalls eingegangen wird und er nicht mitteilt, dass seine Hinweise „nur nach Aktenlage" erteilt wurden. Die Grenze der Pflicht zur Unvoreingenommenheit des Bußgeldrichters ist eindeutig auch bei irreführenden Hinweisen überschritten. Nur durch konsequentes Gebrauchmachen vom Recht der Verteidigung auf Ablehnung des Richters kann dieser verbreiteten Unsitte Einhalt geboten werden.
6. Die Rücknahmeerklärung des Betroffenen auf einen unrichtigen oder unvollständigen Hinweis ist ebenso wirkungslos wie der unterbliebene Widerspruch gegen das schriftliche Verfahren, da beides unter der stillschweigenden Bedingung steht, dass das Gericht dem Betroffenen ein faires Verfahren gewährleistet.

D. Hauptverhandlung gem. § 71 OWiG

Wird von der Vorschrift des § 72 OWiG kein Gebrauch gemacht, kommt es zur mündlichen Verhandlung vor dem zuständigen Bußgeldrichter. Die Hauptverhandlung in Bußgeldsachen richtet sich im Wesentlichen nach den Vorschriften der Strafprozessordnung, die nach zulässigem Einspruch gegen einen Strafbefehl gelten, § 71 I OWiG, soweit dieses Gesetz nichts anderes bestimmt. Oft kommt es bereits im Rahmen der Terminierung des Bußgeldverfahrens zu Streitigkeiten zwischen der Verteidigung und dem Amtsgericht.

I. Pflicht zur Ladung des Verteidigers zur Hauptverhandlung

Der Betroffene hat das Recht, sich in jeder Lage des Verfahrens des Beistandes eines Verteidigers ihrer Wahl zu bedienen (§ 137 Abs. 1 Satz 2 StPO i.V.m. § 46 I OWiG), und zwar unabhängig davon, ob die Voraussetzungen der §§ 46 I OWiG i.V.m. 140 StPO (Pflichtverteidigung) vorliegen.[1098] Dieses aus der Verfassung abgeleitete Recht sichert seinen Anspruch auf ein faires Verfahren.[1099] Zwar bestimmt § 228 II StPO für den Fall der nicht notwendigen Verteidigung, dass die Verhinderung des Verteidigers dem Angeklagten keinen Anspruch auf Aussetzung der Hauptverhandlung gibt. Rechtsstaatliche Prinzipien setzen der Anwendbarkeit dieser Vorschrift jedoch Grenzen.[1100] Nach st. Rspr. ist der gewählte Verteidiger nach § 218 S. 1 StPO zur Hauptverhandlung zu laden, wenn die Wahl dem Gericht angezeigt worden ist.[1101] Hat der Betroffene mehrere Verteidiger, muss – sofern es sich nicht um mehrere Anwälte einer Sozietät handelt – jeder von ihnen geladen werden.[1102] Das Fehlen einer förmlichen Ladung kann unschädlich sein, wenn der Verteidiger auf andere Weise von dem Termin zuverlässig Kenntnis erlangt hat[1103] oder in der Hauptverhandlung auf die Verteidigung durch den Rechtsanwalt verzichtet hat.

Es genügt nicht, wenn der Verteidiger auf andere Weise von dem Termin, etwa durch seinen Mandanten, einen Mitverteidiger oder im Wege der Akteneinsicht, erfahren hat.[1104] Erst recht genügt nicht, dass das erkennende Gericht auf Grund einer Terminsabsprache mit dem Vorzimmer einer Anwaltskanzlei lediglich davon ausgeht, dass der Rechtsanwalt ausreichende Kenntnis vom Termin hatte. Vielmehr muss sicher feststehen, dass der Verteidiger rechtzeitig, also eine Woche vor dem Termin, von diesem zuverlässig Kenntnis hatte. Die bloße Möglichkeit der Kenntnisnahme genügt nicht.[1105]

Weder in der rügelosen Einlassung noch im Unterlassen eines Aussetzungsantrags (vgl. §§ 218 S. 2, 217 II StPO) kann aber regelmäßig ein wirksamer Verzicht eines Betroffenen gesehen werden. Ein solcher Verzicht setzt nämlich die Kenntnis

---

1098 *BayObLG*, StV 1995, 10; *OLG Frankfurt/M.*, StV 1998, 13.
1099 *BVerfG*, NJW 1984, 2403 m.w.N.
1100 *BVerfG*, a.a.O.
1101 *OLG Koblenz*, StraFo 2009, 421f.
1102 BGHSt 36, 259, 260.
1103 *BGH*, NStZ 2009, 48 m.w. Nachw.
1104 OLG Zweibrücken, NZV 2011, 97; *Meyer-Goßner*, StPO, § 218 Rn 8.
1105 *BGH*, NStZ 1995, 298.

des Betroffenen voraus, dass sein Verteidiger nicht geladen wurde und dass er deshalb die Aussetzung beantragen kann.[1106]

Ein Verwerfungsurteil nach § 74 II OWiG dürfte nicht ergehen, wenn der Verteidiger zur Hauptverhandlung nicht geladen worden ist.[1107] Ein Verstoß gegen § 218 StPO ist mit der Rechtsbeschwerde anzugreifen. Dieser Verfahrensfehler führt zur Aufhebung des Urteils, da nicht mit der erforderlichen Sicherheit ausgeschlossen werden kann, dass die Hauptverhandlung in Anwesenheit des Rechtsanwalts zu einem für den Betroffenen günstigeren Ergebnis geführt hätte. Einschränkungen können sich jedoch bei Geldbußen von nicht mehr als zweihundertfünfzig Euro ergeben (§§ 79 I 2, 80 I OWiG). Hier lässt das Beschwerdegericht die Rechtsbeschwerde nach § 79 Abs. 1 Satz 2 auf Antrag (nur) zu, wenn es geboten ist, die Nachprüfung des Urteils zur Fortbildung des Rechts oder zur Sicherung einer einheitlichen Rechtsprechung zu ermöglichen, oder das Urteil wegen Versagung des rechtlichen Gehörs aufzuheben. Nach der Rechtsprechung des OLG Düsseldorf[1108] garantiere Art. 103 I GG im Bußgeldverfahren nur das rechtliche Gehör des Betroffenen selbst, nicht jedoch gerade durch Vermittlung seines Verteidigers. Der Grundsatz des rechtlichen Gehörs ist nach dieser Auffassung daher nicht verletzt, wenn der Betroffene unter Anordnung seines persönlichen Erscheinens ordnungsgemäß geladen worden und die Ladung seines Verteidigers versehentlich unterblieben ist. Das OLG Zweibrücken[1109] meint demgegenüber, dass gleichwohl das Recht auf Beistand durch einen Verteidiger sich aus dem Grundsatz des rechtsstaatlichen (und fairen) Verfahrens und damit aus anderen Grundrechten und Verfassungsgrundsätzen ergeben kann.[1110] Die Fürsorgepflicht des Gerichts gebiete es vielmehr schon dann, eine Hauptverhandlung in Gegenwart des gewählten Verteidigers zu ermöglichen, wenn es nach der Bedeutung der Bußgeldsache oder ihrer tatsächlichen oder rechtlichen Schwierigkeit dem Betroffenen nicht zumutbar ist, sich allein zu verteidigen.[1111]

II. Anspruch auf Terminsverlegung bei Verhinderung

Zu weiteren Streitigkeiten im Vorfeld der mündlichen Verhandlung kommt es regelmäßig im Zusammenhang mit Terminsverlegungsanträgen der Verteidigung.

1106 *BGH*, a.a.O.

1107 *OLG Zweibrücken*, zfs 1994, 269; NStZ 1981, 355; *BayObLG*, DAR 1992, 368; *Senge*, in Karlsruher Kommentar zum OWiG, § 74, Rn 25.

1108 NZV 1998, 259.

1109 NZV 1993, 81.

1110 Dabei sei ein solcher Anspruch auch im Bußgeldverfahren – und trotz § 228 II StPO, § 71 I OWiG (*OLG Hamm*, VRS 74, 36; *BayObLG*, VRS 66, 205) – keineswegs auf die Fälle notwendiger Verteidigung (§§ 140, 145 StPO, § 71 I OWiG) beschränkt.

1111 *OLG Düsseldorf*, VRS 63, 458.

Fraglos handelt es sich um ein Massengeschäft, welches dazu führt, dass Gerichte sich zuweilen veranlasst sehen, Termine nicht auf Wunsch des Verteidigers zu verlegen. Terminsverlegungsanträgen seitens des Verteidigers, etwa aufgrund von Terminskollisionen oder Erkrankung, muss jedoch stattgegeben werden. Jede andere Verfahrensweise stelle eine Verletzung des rechtlichen Gehörs des Betroffenen dar. Die Fürsorgepflicht des Gerichts gebietet zwar nur unter besonderen Umständen eine Vertagung wegen Verhinderung des Verteidigers. Maßgeblich sind die Umstände des Einzelfalls, wobei insbesondere die Bedeutung der Sache, die Schwierigkeit der Sach- und Rechtslage, die Lage des Verfahrens bei Eintritt des Verhinderungsfalls, der Anlass, die Voraussehbarkeit und die voraussichtliche Dauer der Verhinderung sowie die Fähigkeit des Betroffenen, sich selbst zu verteidigen, zu berücksichtigen sind.[1112] Auch der Betroffene, der vom persönlichen Erscheinen entbunden worden ist, kann darauf vertrauen, dass er in der Hauptverhandlung von seinem Verteidiger vertreten werde. Es ist dann für den Betroffenen nicht zumutbar, sich auf eine Hauptverhandlung ohne seinen gewählten Verteidiger einzulassen. Zwar gewährleistet Art. 103 I GG nicht den Beistand durch einen bestimmten Verteidiger.[1113] Zudem hat ein Betroffener gem. § 228 II StPO i.V. mit § 71 I OWiG keinen Anspruch darauf, im Falle der Verhinderung des Verteidigers die Aussetzung der Verhandlung zu verlangen. Andererseits kann gem. § 137 I 1 StPO i.V. mit § 46 I OWiG sich ein Betroffener in jeder Lage des Verfahrens des Beistandes durch einen Verteidiger bedienen (s.o.). Das Interesse des Betroffenen an seiner Verteidigung durch einen Rechtsanwalt einerseits und das Interesse der Justiz an einer möglichst reibungslosen Durchführung des Verfahrens andererseits sind gegeneinander abzuwägen, wobei dem Verteidigungsinteresse im Zweifel Vorrang gebührt.[1114] Das gilt insbesondere dann, wenn der Verteidiger wegen einer plötzlichen Erkrankung, die im Übrigen über die anwaltliche Versicherung hinaus nicht weiter glaubhaft zu machen ist, an der Hauptverhandlung nicht teilnehmen kann.[1115]

Die ältere und – soweit ersichtlich – nur noch vereinzelt in der Rechtsprechung vertretene Ansicht hält eine Beschwerde gegen die Ablehnung einer beantragten Verlegung eines Hauptverhandlungstermins generell im Hinblick auf die Regelung in § 305 S. 1 StPO für unzulässig. Dies soll sich aus dem entsprechend anwendbaren Grundgedanken des § 305 S. 1 StPO ergeben, wonach Entscheidungen, die im inneren Zusammenhang mit dem nachfolgenden Urteil stehen, im Interesse der Verfah-

---

1112 Vgl. *BVerfG*, NJW 1984, 862 = NStZ 1984, 176, *OLG Köln*, VRS 92 [1997], 261; Seitz, in *Göhler*, OWiG, § 71 Rn 30.

1113 Seitz, in *Göhler*, § 80 Rn 16a m.w. Nachw.

1114 Seitz, in *Göhler*, § 71 Rn 30 m.w. Nachw.; BayObLG, BayObLGSt 1994, 95; *LG Dortmund*, StV 1998, 14; LG Neubrandenburg, Verkehrsrecht aktuell 2012, 213.

1115 *OLG Koblenz*, StraFo 2009, 523; *OLG Koblenz*, StraFo 2009, 421 f.

rensbeschleunigung und -konzentration nicht selbstständig, sondern ausschließlich im Rahmen des Rechtsmittels gegen das Urteil angefochten werden können.[1116]

Die – mittlerweile – wohl herrschende Auffassung in Rechtsprechung und Literatur hält die Beschwerde gegen Terminierungsentscheidungen des Vorsitzenden abweichend vom Grundsatz des § 305 S. 1 StPO ausnahmsweise dann gemäß § 304 I und § 304 II StPO für statthaft, wenn sie in rechtsfehlerhafter Ermessensausübung getroffen wurden und daher für die Verfahrensbeteiligten eine besondere, selbstständige Beschwer bewirken.[1117]

Für die Verteidigung bedeutet die im Vordringen befindliche zweite Auffassung, dass diese sich nicht scheuen sollte, Beschwerde gegen die eine Terminsverlegung ablehnende Verfügung des Gerichts einzulegen. Dabei sollte besonderer Wert darauf gelegt werden, die rechtsfehlerhafte Ermessensausübung darzulegen, ebenso die besondere, selbstständige Beschwer.

Die Verteidigung ist allerdings nicht auf den Erfolg der Beschwerde angewiesen. Ihr steht darüber hinaus das Recht der Rechtsbeschwerde, §§ 79, 80 OWiG, gestützt auf Verfahrensfehler zu, etwa wenn bei der Zurückweisung des Verlegungsantrags der Anspruch auf Gewährung rechtlichen Gehörs (Art. 103 I GG) verletzt worden sei.[1118]

Muster eines Terminsverlegungsantrags

An das
Amtsgericht

Aktenzeichen:

In der Bußgeldsache

gegen

K. Müller

beantrage ich,

den auf den 9.5.2011 anberaumten Hauptverhandlungstermin

a) am gleichen Tage auf 2 Stunden später zu terminieren,

1116 *OLG Düsseldorf* VRS 90, 127, 128.

1117 OLG Celle, SVR 2012, 28 f.; *OLG Bamberg* Beschl. v. 9.3.1999 – 3 Ws 169/99; OLG Hamm, NStZ 2010, 231; *LG Memmingen,* ZfS 1995, 393; *LG München II,* NJW 1995, 1439.

1118 *OLG Koblenz,* StraFo 2009, 421.

hilfsweise

b) den Termin auf ein anderes Datum zu vertagen.

Begründung:

Die Ladung zu obigem Termin erhielt ich mit heutigem Datum. Mein Terminkalender für diesen Tag sieht bereits eine Verhandlung vor dem AG Andernach, 8 OWi 2010 Js 82333/11, 9.30 h vor. Ein Termin kollidiert vollständig mit der Ladung zu dieser Bußgeldsache.

Zwar gewährleistet Art. 103 I GG das rechtliche Gehör grundsätzlich nur als solches, nicht gerade durch Vermittlung eines Rechtsanwaltes (BVerfGE 39, 168; BayObLG, NStZ 1988, 281). Das Recht auf Beistand durch einen Verteidiger kann sich jedoch aus dem Grundsatz des rechtsstaatlichen (und fairen) Verfahrens und damit aus anderen Grundrechten und Verfassungsgrundsätzen ergeben (BVerfGE 39, 168). Dabei ist ein solcher Anspruch auch im Bußgeldverfahren – und trotz § 228 II StPO, § 71 I OWiG (*Göhler*, OWiG, § 71 Rn 29f.; *Senge*, in: KK-OWiG, § 71 Rn 65; *OLG Hamm*, VRS 74, 36; *BayObLG*, VRS 66, 205) – keineswegs auf die Fälle notwendiger Verteidigung (§§ 140, 145 StPO, § 71 I OWiG) beschränkt. Die Fürsorgepflicht des Gerichts gebietet es jedenfalls, sich in nicht ganz einfachen, mit erheblichen Folgen verbundenen Bußgeldverfahren gerade von diesem Anwalt vertreten zu lassen (*OLG Köln*, DAR 2005 576; *OLG Koblenz*, StraFo 2009, 523; *OLG Koblenz*, StraFo 2009, 421f.).

Vorliegend handelt es sich für den Mandanten nicht um eine Bagatellangelegenheit. Es wurde eine Geldbuße mit Fahrverbot von einem Monat verhängt, so dass ein Anspruch darauf besteht, die Hauptverhandlung in Gegenwart des gewählten Verteidigers zu ermöglichen.

Um erneute Terminsverlegungsanträgen vorzubeugen regen wir die telefonische Vereinbarung von Gerichtsterminen an.
Rechtsanwalt

III. Anwesenheit des Betroffenen in der Hauptverhandlung, § 73 I OWiG

Grundsätzlich ist der Betroffene im Ordnungswidrigkeitenverfahren[1119] zum persönlichen Erscheinen in der Hauptverhandlung verpflichtet (§ 73 I OWiG). Abweichend

---

1119 Im Strafprozessrecht ist eine Entbindung von der Verpflichtung zum Erscheinen in § 233 StPO vorgesehen: „*Der Angeklagte kann auf seinen Antrag von der Verpflichtung zum Erscheinen in der Hauptverhandlung entbunden werden, wenn nur Freiheitsstrafe bis zu sechs Monaten, Geldstrafe bis zu einhundertachtzig Tagessätzen, Verwarnung mit Strafvorbehalt, Fahrverbot, Verfall, Einziehung,*

davon darf die Hauptverhandlung in Abwesenheit des Betroffenen gemäß §§ 74 I, 73 II OWiG dann durchgeführt werden, wenn er von seiner Verpflichtung zum Erscheinen entbunden war.

IV. Musterschreiben an Mandanten nach Ladung zur Hauptverhandlung

Der Mandant ist oft beunruhigt, wenn er die Ladung zur Hauptverhandlung erhält. Viele scheuen sich davor, persönlich zur Sitzung zu kommen, zudem finden die Termine oft zur Arbeitszeit statt. Daher kann der Mandant schriftlich informiert werden, wie zu verfahren ist.

Herrn
Daniel Thomas G.
Antoniusstraße 1
K.

23.09.2014

Sehr geehrter Herr G.,

in Ihrem Ordnungswidrigkeitenverfahren ist nun auf den 8.6.2011 vor dem Amtsgericht K. terminiert worden. Das Gericht hat Sie als den Betroffenen geladen.

Sie müssten jedoch nicht persönlich erscheinen, wenn ich Ihre Fahrereigenschaft einräume. Auf Antrag werden Sie von der Verpflichtung zum persönlichen Erscheinen entbunden. Dies bedeutet, dass der Schwerpunkt der Verteidigung in der Überprüfung der Richtigkeit der Messung liegt. Hierzu sollte ein Sachverständigengutachten eingeholt werden. Ferner muss überprüft werden, ob der Bußgeldbescheid weiter zu Recht davon ausging, dass Sie verbotswidrig mit einem Handy telefoniert haben. Hierzu werde ich die Zeugen eingehend befragen müssen.

Da Sie nicht persönlich angehalten worden sind, sondern Sie als Fahrer ermittelt wurden, können Sie die Fahrereigenschaft auch bestreiten. Die Richterin müsste Sie dann wiedererkennen. Dazu müssten Sie dann persönlich im Termin anwesend sein. Ggf. müsste dann noch ein anthropologisches Sachverständigengutachten eingeholt werden. Ein Gesichtsgutachter überprüft dann, ob Sie tatsächlich der Fahrer des Fahrzeugs waren.

Vernichtung oder Unbrauchbarmachung, allein oder nebeneinander, zu erwarten ist. Eine höhere Strafe oder eine Maßregel der Besserung und Sicherung darf in seiner Abwesenheit nicht verhängt werden. Die Entziehung der Fahrerlaubnis ist zulässig.“

Ich bitte um kurze telefonische Rücksprache, wie wir hier weiter verfahren sollen. Meines Erachtens ist das Radarbild von relativ guter Qualität, so dass es sich anbietet, dass Sie zugestehen, Fahrer des Fahrzeugs gewesen zu sein.

Mit freundlichen Grüßen

Rechtsanwalt

V. Entbindung des Betroffenen von der Verpflichtung zum Erscheinen, § 73 II OWiG

Die Entbindung des Betroffenen von der Erscheinungspflicht in der Hauptverhandlung beschäftigt weiterhin in großem Umfang die Amtsgerichte in Bußgeldsachen. In regelmäßigen Abständen setzen sich auch in zweiter Instanz die Oberlandesgerichte mit den Voraussetzungen des § 73 OWiG auseinander, unter denen der Betroffene einerseits zum Erscheinen in der Hauptverhandlung verpflichtet ist und ihn andererseits das Gericht auf seinen Antrag hin von der Verpflichtung zum persönlichen Erscheinen entbindet/entbinden musste, §§ 73 II, 74 I OWiG. In letzter Zeit hat es zu der Thematik eine beeindruckende Anzahl neuer obergerichtlicher Entscheidungen gegeben, die nachfolgend vorgestellt und besprochen werden sollen. Immer wieder verstoßen Amtsrichter gegen diese Vorschriften, indem sie Entbindungsanträge ablehnen. Im Termin über den Einspruch gegen den Bußgeldbescheid wird dieser dann gem. § 74 II OWiG zu Unrecht verworfen, da der Bußgeldrichter von einem Fernbleiben des Betroffenen ohne genügende Entschuldigung ausgeht.

1. Gesetzliche Grundlagen

Die Entscheidung, im Termin über den Einspruch gegen den Bußgeldbescheid anwesend zu sein, liegt zunächst beim Betroffenen. Er muss die Initiative ergreifen, wenn er zur Hauptverhandlung nicht erscheinen will. Die amtliche Ladung enthält zunächst in der Regel die Formulierung des § 73 I OWiG: *„Der Betroffene ist zum Erscheinen in der Hauptverhandlung verpflichtet.“*

Das Gericht ist auch unter Berücksichtigung des Grundsatzes, dass sich die Anwesenheitspflicht des Betroffenen mit seinem anerkannten Recht, auf eine Beschuldigung zu schweigen, nicht vereinbaren lässt, verpflichtet, den Betroffenen auf seinen Antrag hin gem. § 73 II OWiG von der Erscheinungspflicht zu entbinden, wenn eine Äußerung des Betroffenen zur Sache vorliegt (§ 73 II 1. Alt. OWiG). Diese Alternative ist mithin einschlägig, wenn der Betroffene sich in früheren Vernehmungen oder – etwa anwaltlich vertreten – schriftlich zum Tatvorwurf eingelassen hat, so beispielsweise im Anhörungsbogen oder im Einspruchsschreiben. Ferner ist sein persönliches Erscheinen nicht notwendig, wenn er erklärt hat, dass er sich in der Hauptverhandlung nicht zur Sache äußern werde, und seine Anwesenheit zur Aufklärung wesentlicher Gesichtspunkte des Sachverhalts nicht erforderlich ist (§ 73 II 2. Alt. OWiG). Diese Variante kommt etwa zum Tragen, wenn der Verteidiger in seinem Entbindungsantrag formuliert, dass der Betroffene sich in der Hauptverhandlung nicht zur Sache äußern werde. Die Erklärung, sich in der Hauptverhandlung nicht zur Sache zu äußern, ist hinzunehmen und bedarf keiner Begründung.[1120] Das Gericht ist bei einem Geständnis verpflichtet, dem Entbindungsantrag zu entsprechen, wenn seine Anwesenheit zur Aufklärung wesentlicher Gesichtspunkte des Sachverhalts nicht erforderlich ist.[1121] Die Entscheidung des Amtsgerichts über den Antrag auf Entbindung unterliegt also keinem Ermessen.[1122]

Vor dem 1.3.1998 war der Betroffene nach § 73 I OWiG a.F. zum Erscheinen in der Hauptverhandlung nicht verpflichtet, wenn nicht das persönliche Erscheinen angeordnet war.[1123] Während damals ein Anwesenheitsrecht des Betroffenen in der Hauptverhandlung galt,[1124] so soll das Erscheinen in der Hauptverhandlung nunmehr gesetzlich der Regelfall sein.[1125] Das gilt auch, wenn er durch einen Verteidiger vertreten wird.

Der Zweck der Gesetzesänderung lag darin, künftig Auseinandersetzungen darüber zu vermeiden, ob die Anordnung des persönlichen Erscheinens des Betroffenen gerechtfertigt war oder nicht.[1126] Die Neuerung sollte daher sowohl Rechtsklarheit bringen als auch zur Entlastung der Gerichts beitragen;[1127] ein Ziel, welches gemessen an der Anzahl der veröffentlichten höchstrichterlichen Rechtsprechung zu § 73 II OWiG eindeutig misslungen ist, da die Meinungsverschiedenheiten nur verlagert werden. Es wird auch in Zukunft mit einer ins Gewicht fallenden Anzahl von Rechtsbeschwerden zu rechnen sein.

2. Form und Zeitpunkt des Entbindungsantrages

Der Entbindungsantrag des Betroffenen, von der Pflicht zum Erscheinen in der Hauptverhandlung bedarf keiner Form und ist grundsätzlich nicht befristet. Strittig ist, ob der Antrag auf Entbindung von der Verpflichtung zum persönlichen Erscheinen vor

---

1120 *Bohnert*, OWiG, § 73 OWiG, Rn 15.

1121 OLG Hamm, Urt. v. 1.7.2008 – 5 Ss OWi 415/08, BeckRS 2008, 23895.

1122 KG, Beschl. v. 8.10.2012 – 3 Ws (B) 574/12 – 162 Ss 143/12, BeckRS 2012, 22442; OLG Bamberg, NZV 2013, 204; OLG Bamberg, Beschl. v. 13.9.2011 – 2 Ss OWi 543/11, ADAJUR Dok.Nr. 95196; OLG Karlsruhe, StraFo 2010, 494.

1123 *Senge*, in Karlsruher Kommentar zum OWiG, § 73 Rn 1.

1124 *Schneider*, Die Pflicht des Betroffenen zum persönlichen Erscheinen in der Hauptverhandlung des Bußgeldverfahrens – Zur Neuregelung des § 73 I OWiG in der seit dem 1.3.1998 geltenden Fassung, NZV 1999, 14 ff.

1125 In der alten Fassung hieß es in § 73 I OWiG: „*Der Betroffene ist zum persönlichen Erscheinen in der Hauptverhandlung nicht verpflichtet*". Die seit 1.3.1998 geltende Fassung besagt das Gegenteil.

1126 Seitz, in *Göhler*, OWiG, § 73 Rn 1.

1127 *Seier*, NZV 1996, 20.

der Hauptverhandlung gestellt werden muss[1128] oder auch noch in der Hauptverhandlung durch einen Verteidiger gestellt werden darf. Nach neuerer mehrheitlicher obergerichtlicher Rechtsprechung kann er noch in der Hauptverhandlung nach Aufruf und vor Verhandlung zur Sache über seinen Verteidiger gestellt werden.[1129] Der Antrag auf Entbindung des Betroffenen von der Verpflichtung zum Erscheinen in der Hauptverhandlung gilt nur für den nächsten Termin und wird mit der Unterbrechung,[1130] Aussetzung der Hauptverhandlung oder Verlegung unwirksam, wirkt mithin nicht für weitere Hauptverhandlungstermine fort.[1131]

3. Besondere Vertretungsvollmacht

Zur Stellung eines Antrags auf Entbindung des Betroffenen von der Verpflichtung zum Erscheinen in der Hauptverhandlung durch einen Verteidiger oder sonstigen Vertreter bedarf es einer über die Verteidigungsvollmacht hinausgehenden besonderen Vertretungsvollmacht,[1132] wobei weitgehend die allgemeine Vollmacht, den Betroffenen in dessen Abwesenheit vertreten zu dürfen, für ausreichend erachtet wird.[1133]

Dass der in der Hauptverhandlung in Untervollmacht auftretende Verteidiger selbst keine besondere Vertretungsvollmacht vorweisen kann, soll unschädlich sein.[1134] Durch das Erfordernis des schriftlichen Nachweises der Vollmacht soll dem Gericht die sichere Überzeugung verschafft werden, dass der Betroffene damit einverstanden ist, dass der Verteidiger in seiner Abwesenheit Erklärungen für ihn abgeben und entgegennehmen wird. Wenn durch schriftlichen Nachweis der Hauptvollmacht einmal feststeht, dass der Betroffene hiermit einverstanden ist, würde es eine Überspannung des Schutzgedankens bedeuten, den schriftlichen Nachweis auch noch für die einem Substituten erteilte Untervollmacht zu verlangen. Auch der Rechtsanwalt vor Ort darf damit also noch in letzter Minute einen Entbindungsantrag stellen, wenn sich andeutet, dass der Betroffene zum Termin nicht erscheint.

4. Fallgruppen

Der Bußgeldrichter hat in jedem Fall zu prüfen, ob die Anwesenheit des Betroffenen zur Aufklärung wesentlicher Gesichtspunkte des Sachverhalts erforderlich sei. Es haben sich folgende Fallgruppen herausgebildet:

1128 Hierzu: Seitz, in Göhler, § 73 OWiG, Rn 4.
1129 *OLG Düsseldorf,* NStZ-RR 2012, 258.
1130 Bohnert, OWiG, § 73 Rn 9.
1131 *OLG Brandenburg,* Beschl. v. 13.5.2009 – 1 Ss (OWi) 68 Z/09; BeckRS 2009, 13180.
1132 OLG Celle, SVR 2012, 147.
1133 OLG *Brandenburg,* a.a.O.
1134 OLG Celle, SVR 2011, 313.

a) Verhängung eines Fahrverbotes

Nach der höchstrichterlichen Rechtsprechung[1135] rechtfertigt die Frage der Verhängung eines Fahrverbotes bzw. des Absehens grundsätzlich die Anordnung des persönlichen Erscheinens nicht. Denn bei der in diesem Zusammenhang vorzunehmenden Prüfung kommt es auf den persönlichen Eindruck des Betroffenen regelmäßig nicht an.[1136]

Andererseits kann nach OLG Oldenburg die Nichtentbindung des Betroffenen vom Erscheinen zur Hauptverhandlung dann nicht rechtsfehlerhaft sein, wenn der Betroffene angeregt hat, das Fahrverbot aus beruflichen Gründen entfallen zu lassen, seine Angaben hierzu unzureichend sind und er nicht unmissverständlich klargestellt hat, auch hierzu keine weiteren Angaben machen zu wollen.[1137]

b) Gericht muss sich „ein Bild von dem Betroffenen" machen

Der Anspruch des Betroffenen auf Gewährung rechtlichen Gehörs ist ferner verletzt, wenn das Amtsgericht die Erscheinungspflicht damit begründet, das Gericht müsse sich ein Bild von dem Betroffenen machen,[1138] insbesondere, ob es der Betroffene sei, der auf den bei der Akte befindlichen Belegfotos abgebildet und ob er also als Fahrer identifizierbar sei.

c) Überdenken des Entschlusses zum Schweigen

Die obergerichtliche Rechtsprechung[1139] entschied, dass allein die spekulative Erwägung, der Betroffene könne seinen Entschluss zum Schweigen in der Hauptverhandlung überdenken, nicht ausreichten, ihm die Befreiung von der Erscheinungspflicht zu verweigern.

d) Klärung etwaiger Zweifel über Verwertbarkeit einer vom Verteidiger abgegebene Erklärung

Der Verteidiger hat eine unabhängige prozessuale Stellung. Grundsätzlich kann die von einem Verteidiger abgegebene Erklärung nicht zugleich als Einlassung des Mandanten gewertet werden. Die Verwertbarkeit setzt vielmehr voraus, dass der Mandant den Verteidiger zu dieser Erklärung ausdrücklich bevollmächtigt oder

---

1135 OLG Frankfurt a.M., NZV 2012, 192.

1136 So auch: *OLG Stuttgart*, NStZ-RR 2003, 273; *OLG Karlsruhe*, ZfS 2005, 154 f.

1137 NStZ 2010, 458.

1138 KG, *Beschl.* v. 8.10.2012 – 3 Ws (B) 574/12 – 162 Ss 143/12, BeckRS 2012, 22442.

1139 OLG Köln NZV 2013, 50; OLG Bamberg, Beschl. v. 13.9.2011 – 2 Ss OWi 543/11, ADAJUR Dok.Nr. 95196.

die Erklärung nachträglich genehmigt hat und sie sich auf diese Weise zu Eigen macht.

Auch die Klärung etwaiger Zweifel, ob sich der Betroffene den Sachvortrag des Verteidigers als eigene Einlassung zu Eigen macht, gebietet es nicht, das persönliche Erscheinen anzuordnen.[1140] Vielmehr kann das erkennende Gericht hierzu auch den Verteidiger nach entsprechender Belehrung befragen oder eine entsprechende schriftliche Erklärung des Betroffenen herbeiführen und verlesen und protokollieren. Dass ein Betroffener seine Einlassung im Laufe eines Verfahrens ändert, ist eine nicht untypische Konstellation, die es im Rahmen der Beweiswürdigung zu gewichten gilt. Anlass, das persönliche Erscheinen des Geschäftsführers der Verfallsbeteiligten zu erzwingen, gibt sie nicht.[1141]

e) Gegenüberstellung mit einem Zeugen

Nach der Rechtsprechung des OLG Bamberg[1142] reicht für die Zurückweisung des Entbindungsantrags die Begründung nicht aus, die Anwesenheit des Betroffenen sei zur Sachaufklärung zwingend erforderlich, da das Gericht eine Gegenüberstellung mit dem Zeugen für unabdingbar halte. Es bedürfte – wenn der Betroffene die Fahrereigenschaft einräume – keiner Gegenüberstellung mit dem Zeugen. Die Annahme des Tatrichters, dass ohne Gegenüberstellung des Betroffenen mit dem Zeugen ein Tatnachweis nicht zu führen sei, vermochte das Rechtsbeschwerdegericht nicht nachzuvollziehen. Diese Annahme rechtfertigte es jedenfalls nicht, den Entpflichtungsantrag abzulehnen. Ferner ist das persönliche Erscheinen eines Betroffenen nicht allein (schon) deshalb erforderlich, weil in Gegenwart des Betroffenen nach Auffassung des Gerichts zuverlässigere Angaben eines Zeugen zu erwarten seien.[1143]

f) Betroffener ist Heranwachsender

Nach ständiger Rechtsprechung ändert auch der Umstand, dass der Betroffene zur Tatzeit Heranwachsender war, nichts an der Verpflichtung, den Betroffenen auf seinen Antrag hin von der Verpflichtung zum persönlichen Erscheinen zu entbinden.[1144] Heranwachsende werden nämlich im Bußgeldverfahren wie Erwachsene behandelt.[1145] Bei der Bemessung der gegen einen Heranwachsenden zu verhängenden Geldbuße sind allein die nach § 17 III OWiG maßgebenden Umstände zu berück-

1140 OLG Zweibrücken, NZV 2011, 97.
1141 OLG Zweibrücken, a.a.O.
1142 NZV 2013, 204.
1143 OLG Bamberg, SVR 2013, 272ff.
1144 OLG Frankfurt a.M., Zfs 2012, 291f.
1145 KK-Rengier, OWiG, 3. Aufl., § 12 Rn 15.

sichtigen. § 50 JGG, der besagt, dass im Jugendgerichtsverfahren nur ausnahmsweise in Abwesenheit eines Jugendlichen verhandelt werden kann, ist auf Heranwachsende nicht anwendbar.[1146]

g) Vorherige Zusage des Richters per E-Mail hinsichtlich Entbindung

Der Richter darf den Einspruch gegen den Bußgeldbescheid nicht wegen eines Fehlens des Betroffenen im Termin verwerfen, wenn der Richter zuvor per E-Mail gegenüber dem Betroffenen den Vertrauenstatbestand erzeugt hat, er würde in dem Hauptverhandlungstermin gem. § 73 II OWiG von der Verpflichtung zum Erscheinen entbunden.[1147]

h) Gehörsverletzung des Verfallsbeteiligten

Die Verfallsbeteiligte ist in ihrem Recht auf rechtliches Gehör verletzt, wenn das erkennende Gericht ihre Anträge auf Entbindung des Geschäftsführers von der Verpflichtung zum persönlichen Erscheinen in der Hauptverhandlung (§§ 73 II, 74 II OWiG) rechtsfehlerhaft ablehnt.[1148] Ergeht gegen die Nebenbeteiligte ein Verfallsbescheid gem. § 29a IV OWiG im selbstständigen Verfallsverfahren, so ergibt sich für dieses über § 87 OWiG, dass er einem Bußgeldbescheid gleichsteht (§ 87 III OWiG). Vom Erlass dieses Bescheides an hat die Verfallsbeteiligte die Befugnisse einer Betroffenen (§ 87 II OWiG). Indem das Gesetz in § 87 II, III 3 OWiG die Rechtsstellung der Einziehungsbeteiligten der einer Betroffenen im Bußgeldverfahren angleicht, gelten für das Bußgeldverfahren vor dem Amtsgericht in erster Linie die allgemeinen Vorschriften gem. §§ 71ff. OWiG. Hierzu gehört auch die Möglichkeit der Einspruchsverwerfung gem. § 74 II OWiG.[1149]

j) „Nichtbestreiten" der Fahrereigenschaft

Nach OLG Hamm[1150] ist die Anwesenheit des Betroffenen in der Hauptverhandlung zur Aufklärung wesentlicher Gesichtspunkte des Sachverhalts, nämlich zu seiner Identifizierung, erforderlich, wenn er bei einem durch ein Lichtbild erfassten Verkehrsverstoß lediglich „nicht bestreitet", zum Tatzeitpunkt der Fahrer des Fahrzeugs gewesen zu sein. Hier hat der Betroffene seine Fahrereigenschaft nicht eingeräumt. Ein bloßes „Nichtbestreiten" stellt kein Geständnis dar und bietet keine

---

1146 Eisenberg, § 50 JGG Rn 2.
1147 *OLG Koblenz, Urt. v. 16.1.2012 – 1 SsRs 1/12,* ADAJUR Dok.Nr. 96809.
1148 OLG Zweibrücken, NZV 2011, 97.
1149 Gürtler, in *Göhler,* OWiG, § 87 Rn 27.
1150 Urt. v. 12.3.2009 – 4 Ss OWi 173/09, BeckRS 2009, 25882.

hinreichende Tatsachengrundlage für die richterliche Überzeugungsbildung. Der Betroffene hat die Möglichkeit, durch ein eindeutiges Eingestehen der Fahrereigenschaft die Voraussetzungen dafür zu schaffen, dass seine Anwesenheit in der Hauptverhandlung nach Maßgabe des § 73 II OWiG nicht mehr erforderlich ist.

k) Einspruchsverwerfung bei Teilrechtskraft vorausgegangenen Sachurteils

Das OLG Celle legte dem BGH eine Rechtsfrage gem. § 121 II GVG vor, in der es um die Frage ging, ob ein Amtsgericht den Einspruch eines nicht vom persönlichen Erscheinen in der Hauptverhandlung entbundenen Betroffenen gegen den Bußgeldbescheid der Verwaltungsbehörde auch dann noch gem. § 74 II 1 OWiG verwerfen kann, wenn das vorangegangene Sachurteil vom Rechtsbeschwerdegericht nur im Rechtsfolgenausspruch aufgehoben und die Sache im Umfang der Aufhebung an das Amtsgericht zurückverwiesen worden war. Diese Frage wurde vom BGH bejaht.[1151] Die Vorschriften der §§ 329 I 2, 412 StPO, die eine Verwerfung in der Berufung und im Strafbefehlswege nicht zulassen, wenn die Sache vom Revisionsgericht zurückverwiesen worden ist, könnten nicht entsprechend angewandt werden. Aus der Tatsache, dass der Gesetzgeber auch bei erneuter Änderung des § 74 II OWiG keine dem § 329 I 2 StPO entsprechende Regelung in die Vorschrift eingefügt hat, könne geschlossen werden, dass die Verwerfung des Einspruchs gegen einen Bußgeldbescheid nach Aufhebung des ersten Sachurteils in der Rechtsbeschwerdeinstanz und die Verwerfung der Berufung bzw. des Einspruchs gegen einen Strafbefehl unterschiedlich geregelt bleiben sollten. Dies entspreche auch dem Ziel der Entlastung der Gerichte durch das OWiG-Änderungsgesetz. Die Verwerfung des Einspruchs sei in dieser Konstellation gesetzgeberisch gewollt.

5. Übersehener Entbindungsantrag

Oftmals werden Entbindungsanträge kurzfristig vor dem Hauptverhandlungstermin gestellt. Hier gebietet es die Aufklärungs- bzw. Fürsorgepflicht, dass der Richter sich vor der Verkündung des Verwerfungsurteils bei der Geschäftsstelle informiert, ob dort eine entsprechende Nachricht vorliegt.[1152] Der Schriftsatz des Verteidigers sollte in jenen Fällen optisch mit einem hervorgehobenen Hinweis „Eilt! Bitte sofort vorlegen!" versehen werden. Zwischen den Obergerichten ist umstritten, welche Zeit vor dem Hauptverhandlungstermin noch als rechtzeitig anzusehen ist.[1153] Allerdings liegt darin, dass ein Amtsgericht den vor Verhandlungsbeginn angebrachten Ent-

---

1151 NZV 2013, 199.

1152 *OLG Bamberg*, NStZ-RR 2009, 149.

1153 Einerseits OLG Bamberg, Beschl. v. 25.3.08 – 3 Ss OWi 1326/2008: 30 Minuten vor dem Beginn der Hauptverhandlung; andererseits OLG Hamm, DAR 2011 539: mind. 1 ½ Std. vorher.

bindungsantrag übersehen oder übergangen und gleichwohl den Einspruch des Betroffenen wegen unentschuldigten Ausbleibens nach § 74 II OWiG verworfen hat, eine Verletzung des Anspruchs des Betroffenen auf rechtliches Gehör.[1154]

6. Fehlende isolierte Anfechtbarkeit

Die Zurückweisung des Antrags des Betroffenen auf Entbindung von der Pflicht zum persönlichen Erscheinen ist nicht isoliert anfechtbar (§ 305 StPO i.V.m. § 46 I OWiG), d.h. eine Beschwerde gegen einen amtsgerichtlichen Beschluss wäre unzulässig.[1155] Die Ablehnung des Antrags ist nur im Rahmen des Rechtsbeschwerdeverfahrens als Verfahrensrüge geltend zu machen.

7. Befangenheit des Richters

Nach amtsrichterlicher Rechtsprechung ist die Besorgnis der Befangenheit begründet (§ 24 StPO), wenn der Richter trotz eines begründeten Ablehnungsantrags des Betroffenen auf seinem Erscheinen in der Hauptverhandlung besteht.[1156]

8. Zulassung der Rechtsbeschwerde

Im Bereich der zulassungspflichtigen Rechtsbeschwerde des § 80 OWiG führt nicht jeder Verfahrensfehler, der im Zusammenhang mit der Nichtgewährung rechtlichen Gehörs steht, auch zur Zulassung der Rechtsbeschwerde. Aufgrund der einschränkenden Voraussetzungen des § 80 Abs. 1 und Abs. 2 Nr. 1 OWiG für Bagatellsachen kommen hierfür nur Gehörsverletzungen im Sinne des Art. 103 I GG in Betracht.[1157] Eine zur Zulassung der Rechtsbeschwerde führende Gehörsverletzung muss deshalb nicht vorliegen, wenn in Folge der rechtsfehlerhaften Ablehnung eines Entbindungsantrags nach § 73 II OWiG und anschließender Verwerfung des Einspruchs gegen den Bußgeldbescheid nach § 74 II OWiG die Einlassung des Betroffenen zur Sache unberücksichtigt geblieben sei. Anders ist es lediglich dann, wenn das Gericht unter gleichsam willkürlich rechtsfehlerhafter Anwendung von § 74 II OWiG das unabdingbare Mindestmaß verfassungsrechtlich verbürgten rechtlichen Gehörs verletzt hat.[1158]

Willkür soll jedenfalls vorliegen, wenn sich das Amtsgericht in seinem Urteil nicht näher zu der Frage verhält, inwieweit tatsächlich von der Anwesenheit des

---

1154 OLG Rostock NJOZ 2012, 189.
1155 LG Limburg, Beschl. v. 12.4.06, 1 Qs 48/06; Göhler, § 73 Rn 16.
1156 AG Fulda, VRR 2011, 323; AG Recklinghausen, StRR 2010, 363.
1157 *OLG Frankfurt a.M.*, NStZ-RR 2006, 383.
1158 *OLG Frankfurt a.M.*, NStZ-RR 2006, 383.

Betroffenen in der Hauptverhandlung eine weitere Sachaufklärung zu erwarten gewesen wäre und auch eine Abwägung der Zumutbarkeit der Erscheinenspflicht für den Betroffenen mit der Bedeutung der Sache unterblieben ist.[1159] Auch die Erzwingung der Anwesenheit des Betroffenen allein mit dem Ziel, diesen in der Hauptverhandlung schulmeisterhaft zu belehren, wird als sich von den Maßstäben des § 73 II OWiG völlig entfernende Erwägung anerkannt.[1160]

9. Anforderungen an die Rüge der Verletzung rechtlichen Gehörs

Ein Verstoß gegen § 74 II OWiG ist mit der Verfahrensrüge geltend zu machen,[1161] die den strengen Anforderungen der §§ 79 III OWiG in Verbindung mit § 344 II 2 StPO genügen muss.[1162] Der Tatsachenvortrag zur Begründung der Verfahrensrüge muss so vollständig sein, dass das Rechtsbeschwerdegericht allein aufgrund der Begründungsschrift prüfen kann, ob ein Verfahrensfehler vorliegt, wenn das tatsächliche Vorbringen des Betroffenen zutrifft. Die Rüge der Verletzung des § 74 II OWiG durch Einspruchsverwerfung trotz bestehenden Anspruchs auf Entbindung von der Verpflichtung zum Erscheinen bedarf neben der Mitteilung des Entbindungsantrags und des gerichtlichen Umgangs mit dem Antrag auch der genauen Darlegung der Einzelumstände, die den Rechtsanspruch auf Entbindung begründen.[1163] Es muss daher in der Begründungsschrift durch entsprechenden Tatsachenvortrag schlüssig dargelegt werden, aus welchen Gründen der Tatrichter von der Anwesenheit des Betroffenen in der Hauptverhandlung einen Beitrag zur Aufklärung des Sachverhaltes unter keinen Umständen hätte erwarten dürfen bzw. aus welchen Gründen ein Rechtsanspruch auf Entbindung bestand. In der Begründung einer Rechtsbeschwerde bzw. eines Zulassungsantrags ist auch über die sonstigen Anforderungen hinaus das Bestehen der – über die Verteidigervollmacht hinausgehenden – Vertretungsvollmacht (für die Stellung des Entpflichtungsantrags) bei der Rüge der Verletzung des rechtlichen Gehörs darzulegen.[1164] Dargelegt werden muss auch, wie sich der Betroffene bislang zum Tatvorwurf geäußert hat. Da der Anspruch auf rechtliches Gehör zudem nur dann verletzt ist, wenn die erlassene Entscheidung auf einem Verfahrensfehler beruht, bedarf es der Ausführung, was der Betroffene bzw. sein Verteidiger im Falle seiner Anhörung in der Hauptverhandlung zur Sache vorgebracht hätte.[1165]

1159 OLG Karlsruhe, StraFo 2010, 494.

1160 OLG Frankfurt a.M., NZV 2011, 561.

1161 OLG Celle, SVR 2012, 147; Seitz, in *Göhler*, OWiG, § 74 Rn 48 b m.w.N..

1162 OLG Köln NZV 2013, 50.

1163 KK-*Senge*, OWiG, Rn 56 zu § 74.

1164 *OLG Rostock*, DAR 2008, 400.

1165 OLG Düsseldorf, NZV 2011, 412; a.A. insoweit OLG Oldenburg, Beschl. v. 17.12.2012 – 2 SsRs 290/12, BeckRS 2013, 03794.

10. Verfahrenstaktische Erwägungen und Fazit

Der Verteidiger kann durch das Stellen von Entbindungsanträgen selbst entscheiden, ob der Betroffene zum Termin mitkommt. Das persönliche Erscheinen des Betroffenen, der in der Regel Laie ist, ist durchaus gefährlich und kann sich zu seinen Lasten auswirken. Der Verteidiger sollte seinen Mandanten „vor sich selbst" schützen. Verfahren, in denen die persönliche Anwesenheit des Betroffenen Vorteile bringt, sind äußerst selten. Oft merkt der juristisch nicht geschulte Mandant nicht, dass er sich durch seine Einlassung selbst belastet. Schon die Angabe, er fahre den Weg seit zwanzig Jahren und kenne die Beschilderung, kann mit Blick auf die Gefahr einer Vorsatzverurteilung und die damit verbundenen Erhöhung der Geldbuße gefährlich sein. Darüber hinaus sind die Betroffenen oft beruflich eingespannt und sind nicht an einem Erscheinen interessiert. Die Fälle der Notwendigkeit der persönlichen Anwesenheit des Betroffenen beschränken sich auf Fälle, in denen der Betroffene nicht Fahrer des Pkw war.

11. Zusammenfassung

Einige Bußgeldrichter versuchen sich die Bußgeldsache einfach zu machen und verwerfen den Einspruch kurzum, schließlich erspart sich das Amtsgericht eine umfangreiche Beweisaufnahme und ein seitenlanges Sachurteil. Oft wird das Verwerfungsurteil (sog. Prozessurteil) im Falle des Nichterscheinen des Betroffenen mit einer gerichtlichen „Fürsorgepflicht"[1166] begründet, dass der Betroffene zum Tatvorwurf doch angehört werden müsse oder zu seiner Verteidigung persönlich eine Erklärung abgeben solle/ihm die Möglichkeit dazu durch das Erscheinen gegeben werden müsse. Derartige Erwägungen sind jedoch nur auf den ersten Blick zuvorkommend; es erscheint nämlich geradezu zynisch, sich im Rahmen der Begründung des Verwerfungsurteils Sorgen darüber zu machen, dass das Recht des Betroffenen, zum Tatvorwurf Stellung nehmen zu dürfen, zu kurz kommt, um mit diesem Argument auf eine Erscheinungspflicht zu bestehen und den Einspruch gegen den Bußgeldbescheid zu verwerfen. Letzteres wäre damit verbunden, unabhängig von einer Einlassung des Betroffenen noch nicht einmal die Sach- und Rechtslage zu überprüfen. Im Endeffekt kann festgehalten werden, dass der Tatrichter im Falle der unrechtmäßigen Ablehnung von Entbindungsanträgen einen schwerwiegenden Rechtsverstoß begeht, da er hiermit ein Verstoß gegen das rechtliche Gehör i.S.v. Art. 103 I GG riskiert. In diesem Fall sollten die Mühen einer Verfahrensrüge im Rahmen einer Zulassungsrechtsbeschwerde nicht gescheut werden. In der Regel haben derartige Rechtsmittel – zumindest vorläufigen – Erfolg und führen zur Aufhebung des angefochtenen Urteils und zur Zurückverweisung der Sache an

---

1166 Zum Erzwingen des Erscheinens des Betr. aus gerichtlicher Fürsorgepflicht: *LG Dessau:* Beschl. v. 6.11.2006 – 6 Qs 275/06 OWi, ZfS 2007, 293.

das Amtsgericht. Mit dem Rückenwind einer gewonnenen Rechtsbeschwerde kann sodann auf eine Einstellung der Bußgeldsache nach § 47 OWiG hingewirkt werden.

12. Fallbeispiel

Bedauerlicherweise werden in der Praxis regelmäßig Vorträge von Rechtsbeschwerdeführern den Voraussetzungen des § 344 II 2 StPO in Verbindung mit § 79 III OWiG nicht gerecht.[1167] Dem Verteidiger sollte nach Möglichkeit die Peinlichkeit erspart bleiben, dass die erhobene Verfahrensrüge nicht in der vorgeschriebenen Form ausgeführt ist. Der Antrag auf Zulassung der Rechtsbeschwerde müsste sonst als unzulässig verworfen werden.[1168] Ein unzulässiges Rechtsmittel sorgt auch für besonderen Ärger bei der enttäuschten Mandantschaft. Zwar gibt es keine Garantie für eine absolut sicher gewonnene Zulassungsrechtsbeschwerde. In folgendem Praxisbeispiel soll jedoch ein Formular vorgestellt werden, welches zumindest in einem Dutzend Fällen zum Erfolg geführt hat.[1169]

Vorab per Fax:
Amtsgericht D.
Adresse

Datum

Sekretariat:
Telefon:
Telefax:
e-mail :

Kanzlei-Az.

In der Bußgeldsache

g e g e n Herrn Matthias E.

– Az. … –

1167 Vgl. nur *OLG Stuttgart*, wistra 2007, 279.

1168 § 349 I StPO i.V.m. § 79 III OWiG.

1169 *OLG Köln, Beschluss* vom 21.10.2008 – 83 Ss – OWi 97/08, Gehörsverstoß – Entbindung von der Pflicht zum persönlichen Erscheinen, NZV 2009, 52; Beschluss des OLG Koblenz vom 10.7.07, Befreiung von der Erscheinungspflicht, NZV 2007, S. 587 f.; *OLG Düsseldorf*, NZV 2007, 586.

begründen wir den Antrag auf Zulassung der Rechtsbeschwerde vom 4.9.2008 gegen das Urteil des Amtsgerichts D. vom 2.9.2008 wie folgt und legen die Anträge vor:

1. Das Urteil des Amtsgerichts D. vom 2.9.2008 wird mit den ihm zugrundeliegenden Feststellungen aufgehoben.
2. Die Sache wird zur neuen Verhandlung und Entscheidung, auch über die Kosten der Rechtsbeschwerde, an eine andere Abteilung des Amtsgerichts zurückverwiesen.[1170]
3. Hilfsweise, sollte das Rechtsbeschwerdegericht die Rechtsauffassung der Oberlandesgerichte Düsseldorf, NZV 2007, 586, Köln, NZV 2009, 52; Koblenz, NZV 2007, 587, Hamm, (4) 6 Ss OWi 958/09, Beschl. v. 5.1.2010,[1171] sowie des BayObLG, zfs 2002, 557, nicht teilen, regen wir die Vorlage an den BGH an.[1172]

B e g r ü n d u n g:

Wir rügen die Verletzung formellen und materiellen Rechts.

A. Verfahrensrüge

Insbesondere wird gerügt, dass die Verwerfung des Einspruchs willkürlich erfolgte, mithin ein Verstoß gegen § 74 II OWiG iVm § 337 StPO gegeben ist, da das Gericht den Einspruch trotz des Antrags, den Betr. von der Pflicht zum persönlichen Erscheinen in der Hauptverhandlung zu entbinden, verworfen hat.

1. Verfahrenstatsachen

Gegen den Betroffenen erging ein Bußgeldbescheid der Bußgeldstelle des RB-Kreises vom 18.3.2008. Ihm wurde vorgeworfen, am 29.2.2008. 12.05 Uhr, als Führer

---

1170 Da sich der Richter mit seiner fehlerhaften Nichtentbindung vom persönlichen Erscheinen nicht an die Rechtsprechung des OLG gehalten hat, ist zu beantragen, die Sache an eine andere Abteilung des Amtsgerichts zurückzuverweisen. Denn sonst bestünde die Gefahr, dass der Richter bei einer Neuverhandlung dem Betroffenen nicht vollkommen unvoreingenommen gegenübertritt, zumindest liegt eine solche Befürchtung aus Sicht des Betroffenen sehr nahe, vgl. *OLG Stuttgart*, Beschluss vom 12.4.2007 – 4 Ss 163/07, ZfS 2007, 654.

1171 NJW-aktuell 8/2010, S. 10; NZV 2010, 214.

1172 Dem OLG sollte durch die Antragstellung gleich zu Beginn der Rechtsbeschwerdebegründung klar gemacht werden, dass der Fall eigentlich klar ist und die herrschende höchstrichterliche Rspr. den Fall bereits mehrfach zugunsten des Betr. entschieden hat. Dem Rechtsbeschwerdegericht sollte von daher bewusst sein, dass es an einer anderen Entscheidung – als beantragt – gehindert wäre und die Sache – wenn das Oberlandesgericht bei seiner Entscheidung von einem anderen Oberlandesgericht abweichen wollte – gemäß § 79 Abs. 3 Satz 1 OWiG, § 121 Abs. 2 GVG dem Bundesgerichtshof zur Entscheidung über folgende Rechtsfrage vorzulegen hätte.

des Pkw, amtliches Kennzeichen, in O. während der Fahrt den vorgeschriebenen Sicherheitsgurt nicht angelegt zu haben. Als Beweismittel wurde eine Zeugenaussage angegeben, als Anzeigeerstatter wurde PK Koll. PP Köln angegeben. Im Bußgeldbescheid wurde eine Geldbuße in Höhe von EUR 30,00 festgesetzt.
Für den Betroffenen legitimierte sich am 25.3.2008 der Unterzeichner und legte namens und kraft Vollmacht seiner Mandantschaft gegen den Bußgeldbescheid Einspruch einlegen, Bl. 5 d. Akte.

Im Schreiben vom 25.3.2008 hieß es:[1173]

> Sehr geehrte Damen und Herren,
>
> in der vorbezeichneten Angelegenheit bestellen wir uns unter anwaltlicher Versicherung ordnungsgemäßer Bevollmächtigung als Verteidiger des Betroffenen und legen hiermit gegen den Bußgeldbescheid vom 18.3.2008
>
> E i n s p r u c h
>
> ein.
>
> Des Weiteren beantragen wir
>
> A k t e n e i n s i c h t .
>
> Erst nach Akteneinsicht und nachdem wir die Angelegenheit mit der Partei erörtern konnten, werden wir uns, soweit erforderlich, zur Sache schriftlich äußern.
> Rechtsanwalt

Mit Schreiben der Verteidigung vom 1.4.2008 wurde eine auf Rechtsanwalt S. lautende Vollmacht nachgereicht, Blatt 15 und 16 d. Akte.

Die Verteidigervollmacht enthält laut Ziffer II. 3. folgende Ermächtigung:

> *„Die Verteidiger sind befugt, bei Freistellung des Angeklagten/Betroffenen vom persönlichen Erscheinen in der Hauptverhandlung, diesen zu vertreten. Vollmacht für das Stellen eines Entbindungsantrages wird erteilt."*

Auf Blatt 3) der Bußgeldakte fasste Polizeikommissar K. den Sachverhalt wie folgt zusammen und gab folgende Erläuterungen ab:

1173 Der Rechtsanwalt sollte das Sekretariat derartige Schriftsätze einfach abschreiben lassen. Im Zweifelfall gilt: Lieber ausführlicher die wesentlichen Passagen der Ermittlungsakte abtippen lassen als sich später den Vorwurf machen zu lassen, die Rüge nicht in ordnungsgemäßer Weise erhoben zu haben.

Sachverhalt/Erläuterung

Der Betroffene wurde anlässlich eines Verstoßes gegen die Gurtanlegepflicht aus dem fließenden Verkehr heraus angehalten. Der Verstoß war einwandfrei festgestellt worden.

Dem Betroffenen gegenüber wurde mit dem Tatvorwurf einhergehend eine gebührenpflichtige Verwarnung in Höhe von EUR 30,00 ausgesprochen. Nach Belehrung lehnte der Betroffene die Verwarnung ab, da er nach eigenen Angaben bereits „genug Probleme mit der Polizei" habe.

Im Rahmen der Anhörung vor Ort fragte der Unterzeichner den Betroffenen, ob die Ablehnung der gebührenpflichtigen Verwarnung auf die Maßnahme an sich gerichtet ist oder ob er den Verstoß gegen die Gurtanlegepflicht nicht zugebe.

Hierzu gab der Betroffene lediglich an, dass der Unterzeichner, genau wie er, alleine unterwegs sei.

Der Tatvorwurf wurde zu keinem Zeitpunkt bestritten.

Im Auftrag

K.
Polizeikommissar

Am 3.4.2008 (Blatt 17 d. Akte) gab der anwaltlich vertretene Betroffene folgende Stellungnahme zum Tatvorwurf ab:

RB Kreis
Der Landrat
Bereich 3/Bußgeldstelle

Kanzlei-Az.:

Aktenzeichen:

Sehr geehrte Damen und Herren,

in dem Bußgeldverfahren gegen E. begründen wir den Einspruch gegen den Bußgeldbescheid wie folgt:

Zu Unrecht geht die Polizei davon aus, dass der Sicherheitsgurt beim Betroffenen nicht angelegt war. Herr E. hatte den Sicherheitsgurt angelegt.

Dies wird die Beweisaufnahme ergeben.

Mit freundlichen Grüßen

S.
Rechtsanwalt
Fachanwalt für Strafrecht

Am 2.7.2008 bestimmte das Amtsgericht Termin zur Hauptverhandlung über den vorliegenden Bußgeldbescheid am 2.9.2008.

Am 7.7.2008 beantragte der Unterzeichner für den Betroffenen, ihn von der Verpflichtung zum persönlichen Erscheinen zum Hauptverhandlungstermin am 2.9.2008 zu entbinden, Bl. 16 d. Akte.

Das Schreiben vom 7.7.2008 ist wie folgt formuliert:

Ans
Amtsgericht D.

19.9.08 – ne

In dem Bußgeldverfahren
gegen E.

Az.:

nehmen wir Bezug auf die Ladung vom 2.7.2008 und beantragen

Herrn E. von der Verpflichtung zum persönlichen Erscheinen zum Hauptverhandlungstermin am 2.9.2008 zu entbinden.

B e g r ü n d u n g:

1.

Die Fahrereigenschaft wird zugestanden.

2.

Herr E. würde am Hauptverhandlungstermin von seinem Aussageverweigerungsrecht Gebrauch machen.

3.

Die Verteidigung ist befugt, selbstständig zur Sache vorzutragen.

> S.
> Rechtsanwalt
> Fachanwalt für Strafrecht

Mit schriftlichem Beschluss vom 18.8.2008 wies das Amtsgericht den Antrag des Betroffenen auf Entbindung von der Verpflichtung zum persönlichen Erscheinen zurück, Blatt 19 d. Akte.

Im Übrigen heißt es in diesem Beschluss:

> Der Antrag des Betroffenen auf Entbindung von der Verpflichtung zum persönlichen Erscheinen wird zurückgewiesen. Die Anwesenheit des Betroffenen in der Hauptverhandlung ist zur Aufklärung der Sach- und Rechtslage, insbesondere im Hinblick auf die vorzunehmende Zeugenvernehmung erforderlich.

Am 22.8.2008 wandte sich die Verteidigung an den zuständigen Richter und wies auf ihre Rechtsauffassung hin, vgl. Blatt 22 d. Akte. In diesem Schreiben heißt es:

> Vorab per Fax:
> Amtsgericht
>
> 29.9.08 – yr
>
> Az.:
>
> Sehr geehrter Herr Richter R.,
>
> in dem Bußgeldverfahren gegen E. weisen wir darauf hin, dass durch Ihren Beschluss nach Auffassung der Verteidigung gegen das rechtliche Gehör verstoßen wird. Wir verweisen bezüglich des abgelehnten Antrages auf Entbindung vom persönlichen Erscheinen in der Hauptverhandlung auf die Rechtsprechung der Oberlandesgerichte (OLG Koblenz, NZV 2007, S. 587ff.; OLG Düsseldorf, NZV 2007, S. 586).
>
> Wir bitten daher Ihre Verfahrensweise zu überdenken.
>
> S.
> Rechtsanwalt
> Fachanwalt für Strafrecht

Im Hauptverhandlungsprotokoll, Blatt 30, heißt es:

> Der Richter stellte fest, dass der Betroffene unentschuldigt nicht erschienen ist. Es wurde festgestellt, dass die Ladung zum heutigen Termin laut der in der Akte

befindlichen Zustellungsurkunde, Blatt 18 ordnungsgemäß zugestellt und die Ladungsfrist eingehalten worden ist.

Im Hauptverhandlungstermin vom 2.9.2008 beantragte der Unterzeichner laut Blatt 30a der Akte erneut, den Betroffenen erneut von der Verpflichtung zum persönlichen Erscheinen zu entbinden.

Im Hauptverhandlungsprotokoll heißt es weiter auf Blatt 30a der Akte:

> Der Verteidiger erklärt:
>
> Ich stelle erneut den Antrag auf Entbindung meines Mandanten von der Verpflichtung zum Erscheinen in der Hauptverhandlung, auch unter Bezug auf den Antrag vom 7.7.2008. b.u.v.:
>
> Der erneute Antrag auf Entbindung der Verpflichtung zum persönlichen Erscheinen wurde zurückgewiesen.

Trotz dieses erneuten Entbindungsantrages wurde der Einspruch des Betroffenen gegen den Bußgeldbescheid verworfen.

Im Verwerfungsurteil auf Blatt 35 a/b vom 2.9.2008 wurde für Recht erkannt:

> Der Einspruch des Betroffenen gegen den Bußgeldbescheid des R-B Kreises vom 18.3.2008 wird verworfen. Der Betroffene hat die Kosten des Verfahrens zu tragen.
>
> Gründe:
>
> Der Betroffene ist in dem heutigen Termin zur Hauptverhandlung ohne genügende Entschuldigung ausgeblieben. Der Antrag auf Entbindung vom 7.7.2008 sowie der in der Hauptverhandlung gestellte neuerliche Antrag waren zurückzuweisen. Die Anwesenheit des Betroffenen ist zur Sachaufklärung zwingend erforderlich, da das Gericht eine Gegenüberstellung mit dem Zeugen für unabdingbar hält. Ausweislich der Akte (Bl. 3) soll der Betroffene erklärt haben, dass der Zeuge genau wie er allein unterwegs sei. Angesichts dieser Situation sind von dem Zeugen in Anwesenheit des Betroffenen zuverlässige Aussagen zu erwarten. Der Betroffene, der sich darauf zurückzieht, dass Aussage gegen Aussage stehe, muss sich der Gegenüberstellung stellen. Ferner ist das persönliche Erscheinen notwendig, um den Betr. über den Sinn und Zweck von Geschwindigkeitsmessungen zu belehren.
>
> Er kann sich diesem nicht durch einen Entbindungsantrag entziehen.
>
> Richter

2. Rechtliche Erwägungen

Die Vorgehensweise des Gerichts verstößt gegen §§ 73 II, 74 II OWiG i.V.m. § 337 StPO.[1174]

Während nach dem alten § 73 I OWiG der Betroffene zum Erscheinen in der Hauptverhandlung nicht verpflichtet war, wenn nicht das persönliche Erscheinen angeordnet war, gilt ab dem 1.3.1998 das Gegenteil. Grundsätzlich muss jeder Betroffene an der Hauptverhandlung teilnehmen, es besteht eine Anwesenheitspflicht. Dies gilt auch, wenn er durch einen Verteidiger vertreten wird.

Das Gericht ist jedoch verpflichtet, den Betroffenen auf seinen Antrag hin gemäß § 73 Abs. 2 OWiG von der Erscheinungspflicht zu entbinden, wenn er erklärt, dass er sich in der Hauptverhandlung nicht äußern würde und die Anwesenheit zur Aufklärung wesentlicher Gesichtspunkte nicht erforderlich ist.

Das Gleiche gilt, wenn er schon vorher eine Äußerung zur Sache abgegeben hat.

Das Gericht kann den Antrag nicht nach eigenem Gutdünken mit der Begründung ablehnen, der Sachverhalt müsse noch weiter aufgeklärt werden, o.ä., da die Entscheidung nicht in seinem Ermessen steht (vgl. Göhler, OWiG, § 73 Rn 5). Für eine negative Verfügung – auch für ein Verwerfungsurteil – ist nur dann Platz, wenn wesentliche Gesichtspunkte der Aufklärung bedürfen, nicht wenn es um untergeordnete Dinge geht (Katholnig, NJW 1998, 568).

Insoweit ist die neue Rechtslage für den Betroffenen günstiger als früher, weil bei der bislang möglichen Anordnung des persönlichen Erscheinens der Richter zur Begründung auch unwesentliche Erwägungen heranziehen konnte. In jedem Fall musste das Gericht bei der Entscheidung über den Entbindungsantrag eine Abwägung der Interessen vornehmen. Insoweit gilt die frühere Rechtsprechung zur Anordnung des persönlichen Erscheinens (vgl. BGHSt 30, 172; BayObLG, zfs 93, 249).

Der Antrag auf Entbindung vom persönlichen Erscheinen in der Hauptverhandlung kann von dem Betroffenen oder seinem Verteidiger formlos gestellt werden. An eine Frist ist er nicht gebunden.

Wenn das Gericht nunmehr wegen des angeblichen Ausbleibens ohne genügende Entschuldigung den Einspruch gegen den Bußgeldbescheid verwirft, so verstößt das Gericht gegen die Norm des § 74 II OWiG.

1174 Die verletzte Vorschrift muss zwar nicht zwingend bezeichnet werden, das Rechtsbeschwerdegericht wird jedoch auf diesem Wege direkt auf die Kernproblematik des Falles hingewiesen. Das OLG ist an den rechtlichen Standpunkt nicht gebunden und kann der Rechtsbeschwerde aus anderen rechtlichen Erwägungen stattgeben.

Der Betroffene hat über seinen Verteidiger mitteilen lassen, dass er von seinem Aussageverweigerungsrecht im Hauptverhandlungstermin Gebrauch machen wird. Er hat durch die anwaltliche Einlassung zum Tatvorwurf weiter zum Ausdruck bringen lassen, dass er die Fahrereigenschaft einräumt, den Verstoß jedoch zurückweist und die Verteidigung im Übrigen zur Sache vortragen dürfe.

Die von der Verteidigung vorgelegte Vollmacht enthielt in Ziffer II. 3. eine entsprechende Berechtigung der Verteidigung, den Betroffenen bei Entbindung vom persönlichen Erscheinen in der Hauptverhandlung zu vertreten und den Entbindungsantrag zu stellen. Es lag somit eine ordnungsgemäße schriftliche Legitimierung des Verteidigers vor.

Die vom Amtsgericht D. vorgebrachten Gründe, die für eine Notwendigkeit der Anwesenheit des Betroffenen angeführt wurden, sind offenkundig vorgeschoben. Die Verteidigung hat in ihrem Entbindungsantrag ausgeführt, dass der Betroffene von seinem Aussageverweigerungsrecht Gebrauch machen würde. Bekanntlich gehört das Schweigerecht des Betroffenen zu den ureigensten Beschuldigtenrechten. Von daher durfte das Amtsgericht nicht vom Betroffenen erwarten, dass im Falle seiner Anwesenheit eine Gegenüberstellung zur Aufklärung des Sachverhalts beitragen kann. Es ist völlig unerklärlich, warum das Amtsgericht das persönliche Erscheinen des Betroffenen für erforderlich hielt im Hinblick auf eine Gegenüberstellung mit dem Zeugen. Aufgrund des Schweigerechts des Betroffenen wäre eine Gegenüberstellung zwecklos. Es ist Aufgabe des Gerichts, die Glaubhaftigkeit der Aussagen eigenständig zu würdigen.

Wäre dem Betroffenen das ihm versagte rechtliche Gehör gewährt worden, hätte er über seinen Verteidiger seinen bisherigen Vortrag, dass er zum Tatzeitpunkt angeschnallt war, in der Hauptverhandlung durch seinen Verteidiger aufrecht erhalten. Die Aussage des im Bußgeldbescheid angegebenen Zeugen PK K. hätte diese Einlassung bestätigt. Dies hätte dazu geführt, dass der Betroffene freigesprochen worden wäre.

Hilfsweise hätte die Verteidigung im Falle des gewährten rechtlichen Gehörs auf eine Einstellung des Bußgeldverfahrens hinwirken können.

§§ 73 II, 74 II OWiG sind somit verletzt. Hätte das Gericht anders entschieden und wäre in der Sache selbst verhandelt worden, wäre der Betroffene freigesprochen worden, zumindest wäre die Angelegenheit nach § 47 OWiG eingestellt worden.

B. Sachrüge

Die Sachrüge wird daneben nur in allgemeiner Form erhoben.[1175]

1175 Es empfiehlt sich, neben der Verfahrensrüge die allgemeine Sachrüge zu erheben, da niemals ausgeschlossen ist, dass das Rechtsbeschwerdegericht von Amts wegen einen sachlich-recht-

C. Zulassung der Rechtsbeschwerde

Die Rechtsbeschwerde ist auch zuzulassen. Zwar liegt bei Bußgeldern unter einhundert Euro eine Beschränkung der Rechtsbeschwerde vor. Durch die rechtsfehlerhafte Nichtentbindung des Betroffenen von der Pflicht zum Erscheinen gemäß § 73 II OWiG wurde jedoch das rechtliche Gehör versagt (vgl. auch OLG Köln, NZV 2009, 52),[1176] was die Zulassung der Rechtsbeschwerde gem. § 80 Abs. 1 Nr. 2, Abs. 2 Nr. 1 OWiG zur Folge hat.

Die Entscheidung ist auch willkürlich. So geht das AG laut Beschl. v. ... davon aus, das persönliche Erscheinen anordnen zu dürfen, um den Betroffenen „über den Sinn und Zweck von Geschwindigkeitsmessungen" zu belehren.

Der Auffassung des Amtsrichters, der im Beschluss zum Ausdruck kommt, wohnt ein fehlerhaftes Verständnis der Unschuldsvermutung inne. Offenbar ging der Richter bereits bei seinem Beschluss zur Ablehnung des Antrages auf Befreiung des Betroffenen vom persönlichen Erscheinen davon aus, dass sich der Betroffene ordnungswidrig verhalten hätte. Nur so lässt sich erklären, dass der Amtsrichter es für notwendig hält, den Betroffenen über die Notwendigkeit zur Einhaltung der zulässigen Höchstgeschwindigkeit zu belehren.

Diese Entscheidung beruhte auf unsachlichen, sich von den gesetzlichen Maßstäben völlig entfernenden Erwägungen und ist unter keinem Gesichtspunkt mehr vertretbar.

D. Ergebnis

Der Rechtsbeschwerde ist der Erfolg nicht zu versagen.

Dr. F.
Rechtsanwalt
Fachanwalt für Strafrecht

---

lichen Fehler entdeckt, der dem Rechtsbeschwerdeführer nicht aufgefallen ist; zudem gelten nach der Rspr. des BGH (NStZ 1990, 349) die Urteilsgründe dem Rechtsbeschwerdegericht aufgrund der erhobenen Sachrüge als bekannt. Jedenfalls bedarf es einer ausdrücklichen Verweisung auf die Urteilsgründe nicht.

1176 Die Begründung der Zulassungsrechtsbeschwerde „sollte" mit Blick auf § 80 III 4 OWiG erfolgen, auch wenn dies nicht zwingend vorgeschrieben ist. Liegen Zulassungsgründe vor, so sollten diese zur Erhöhung der Erfolgsaussichten dem OLG präsentiert werden.

VI. Verletzung des Anwesenheitsrechtes

Entbindet der Bußgeldrichter den Betroffenen zu Unrecht von dieser Verpflichtung zum persönlichen Erscheinen, so liegt ein Verstoß gegen den Unmittelbarkeitsgrundsatz vor. Die unter Verletzung des Anwesenheitsrechtes durchgeführte Hauptverhandlung kann die Rechtsbeschwerde gegen das Urteil gemäß § 79 Abs. 3 OWiG i.V.m. § 338 Nr. 5 StPO begründen, falls die Zulässigkeitsvoraussetzungen gem. § 79 Abs. 1 S. 1 Nr. 1 und 2, S. 2 vorliegen. Die Verhandlung hätte dann „in Abwesenheit einer Person, deren Anwesenheit das Gesetz vorschreibt" (hier: § 73 I OWiG), stattgefunden. Entschuldigt der Betroffene sein Ausbleiben, darf das Gericht den Einspruch weder verwerfen noch nach § 74 Abs. 1 OWiG die Hauptverhandlung in seiner Abwesenheit durchführen.[1177] Der Umstand, dass der Betroffene in der Hauptverhandlung durch einen Verteidiger vertreten wird, beseitigt nicht seinen Anspruch auf persönliche Anwesenheit in der Hauptverhandlung.[1178] Auf sein Anwesenheitsrecht könnte sich der Betroffene innerhalb der Rechtsbeschwerde allerdings dann nicht mehr berufen, wenn er oder sein Verteidiger einen Entbindungsantrag nach § 73 II OWiG gestellt oder auf andere Weise eindeutig – zumindest konkludent – sein Einverständnis mit einer Entscheidung in seiner Abwesenheit zum Ausdruck gebracht hätte.[1179]

VII. Verfahren bei Abwesenheit

1. Durchführung der Verhandlung bei Entbindung

Die Hauptverhandlung wird gem. § 74 I OWiG in Abwesenheit des Betroffenen durchgeführt, wenn er nicht erschienen ist und von der Verpflichtung zum persönlichen Erscheinen entbunden war. Frühere Vernehmungen des Betroffenen und seine schriftlichen oder protokollierten Erklärungen sind durch Mitteilung ihres wesentlichen Inhalts oder durch Verlesung in die Hauptverhandlung einzuführen.

Da im Abwesenheitsverfahren nach § 74 I OWiG nur die dem Betroffenen bekannten Beweismittel verwendet werden dürfen, verstößt der Richter gegen das rechtliche Gehör, wenn weder dem Betroffenen noch seinem Verteidiger bekannt gemacht wurde, dass ein Zeuge zur Hauptverhandlung geladen worden war und das Gericht seine Verurteilung auf diese Aussage stützt.[1180]

Der Betroffene könne hier seine Verteidigung nicht ausreichend, nämlich gezielt auf alle vorhandenen, ihm bekannten Beweismittel einrichten. Insbesondere

---

1177 *BayObLG*, NStZ-RR 2000, 149.
1178 *BayObLGSt* 1975, 52; *BayObLG*, VRS 50, 51 (52).
1179 *BayObLG*, NStZ-RR 2000, 149.
1180 OLG Bamberg, NZV 2011, 510.

könne er, wenn er nicht alle ihn belastenden Beweismittel kennt, nicht uneingeschränkt entscheiden, ob er tatsächlich von der ihm durch das Amtsgericht gem. § 74 OWiG eingeräumten Möglichkeit, der Hauptverhandlung fern zu bleiben, Gebrauch machen und nicht am Hauptverhandlungstermin teilnehmen will. Verwendet das Gericht dem Betroffenen bislang nicht bekannte Beweismittel, so begründet dies die Rechtsbeschwerde auch dann, wenn ein Zeuge vernommen wurde, der bereits im Bußgeldbescheid benannt wurde.[1181]

Praxistipp
Der Betroffene muss in der Verfahrensrüge auch darlegen, wie er sich verteidigt hätte, wenn ihm die Ladung des Zeugen bekannt gewesen wäre.

2. Verwerfung des Einspruchs bei ungenügender Entschuldigung

Bleibt der Betroffene ohne genügende Entschuldigung aus, obwohl er von der Verpflichtung zum Erscheinen nicht entbunden war, hat das Gericht gem. § 74 II OWiG den Einspruch ohne Verhandlung zur Sache durch Urteil zu verwerfen.[1182] Hiergegen kann der Betroffene gem. § 74 IV OWiG binnen einer Woche nach Zustellung die Wiedereinsetzung in den vorigen Stand unter den gleichen Voraussetzungen wie gegen die Versäumung einer Frist nachsuchen.

a) Unterbliebene Ladung des Verteidigers

Ist jedoch nach § 218 StPO i.V.m. § 71 Abs. 1 OWiG eine grundsätzlich erforderliche förmliche Ladung des Verteidigers zur Hauptverhandlung unterblieben, so darf keine Entscheidung nach § 74 Abs. 2 OWiG ergehen.[1183] Auf dem Verstoß gegen § 218 StPO i.V.m. § 71 Abs. 1 OWiG beruht die angefochtene Entscheidung auch, da nicht ausgeschlossen werden kann, dass der Verteidiger bei rechtzeitiger Ladung das Erscheinen des Betroffenen bewirkt, hinreichende Entschuldigungsgründe für das Ausbleiben vorgetragen oder – gestützt auf die ihm ausdrücklich erteilte Vollmacht – einen wirksamen Antrag auf Entbindung von der Pflicht zum persönlichen Erscheinen gestellt hätte.

1181 BayObLG, Beschl. v. 29.4.1985, 1 Ob OWi 104/85, zit. nach Rüth, DAR 1986, 247; OLG Hamm, NZV 1996 43 [44]; Seitz, in Göhler, § 71 Rn 27.

1182 Der Richter muss den Einspruch des Betroffenen ohne Verhandlung zur Sache durch Urteil verwerfen, wenn der Betroffene ohne genügende Entschuldigung ausbleibt, dazu *Senge*, in KK-OWiG, § 74 Rn 22.

1183 OLG Zweibrücken, SVR 2011, 35; NZV 2011, 97 ff.

b) Erkrankung des Betroffenen

Der Betroffene ist im Ordnungswidrigkeitenverfahren gem. § 73 I OWiG zum Erscheinen verpflichtet. Es handelt sich um eine öffentlich-rechtliche Pflicht.[1184] Im Gerichtsalltag entziehen sich Betroffene jedoch oftmals dieser Pflicht, das Erscheinen vor dem Bußgeldrichter wird von vielen als äußerst unangenehm, zumindest lästig angesehen. Erscheint der Betroffene nicht, gehört es zu den Aufgaben des Gerichts über die Frage zu entscheiden, wie in dieser Prozesslage zu verfahren ist und welche Folgen das Nichterscheinen hat. Das nicht entschuldigte Ausbleiben kann zwar nicht „sanktioniert" werden, eine Vorführung wie im Strafprozess (§ 230 II StPO) ist dem Bußgeldrecht fremd, jedoch findet keine Verhandlung mehr zur Sache statt, der Einspruch gegen den Bußgeldbescheid wird gem. § 74 II OWiG durch Urteil verworfen. Es soll nachfolgend untersucht werden, unter welchen Voraussetzungen das Fernbleiben zu nachteiligen Konsequenzen für den Betroffenen führen kann, ob vorgelegte ärztliche Atteste den Betroffenen entschuldigen und welche Bedeutung die ärztliche Schweigepflicht in diesem Zusammenhang haben kann.

aa) Krankheit als Entschuldigungsgrund

Ist das Ausbleiben des Betroffenen genügend entschuldigt, darf nicht ohne ihn verhandelt werden, die Verwerfung des Einspruchs wäre rechtsfehlerbehaftet.[1185] Für den Begriff der genügenden Entschuldigung i.S. des § 74 II 1 OWiG kommt es nicht darauf an, ob der Betroffene sich genügend entschuldigt oder ob er vorgebrachte Entschuldigungsgründe glaubhaft gemacht hat; maßgeblich ist allein, ob er genügend entschuldigt ist.[1186] Im Gesetz ist nicht ausdrücklich geregelt, was unter einer genügenden Entschuldigung zu verstehen ist. War der Betroffene im Zeitpunkt der Hauptverhandlung erkrankt, so kann dies einen solchen Entschuldigungsgrund darstellen.[1187] Dies gilt schon dann, wenn das Erscheinen vor Gericht wegen der Erkrankung unzumutbar ist[1188] und ihm infolge dessen wegen seines Fernbleibens auch nicht der Vorwurf schuldhafter Pflichtverletzung gemacht werden kann.[1189]

1184 LG Berlin, NZV 2007, 253.

1185 Bergmann, in Beck/Berr, OWi-Sachen im Straßenverkehrsrecht, 6. Aufl., Rn 106.

1186 OLG Bamberg DAR 2008, 305; OLG Bremen NZV 2002, 195.

1187 OLG Köln, NStZ-RR 2009, 86.

1188 OLG Düsseldorf NStZ 1984, 331; OLG Köln DAR 1987, 267; OLG Düsseldorf StV 1987, 9; Krey, Dt. Strafverfahrensrecht Bd.2, 2007, § 30 Rn 838.

1189 BayObLG, NJW 2001, 1438; OLG Bamberg DAR 2008, 217.

(1) Reise- und Verhandlungsunfähigkeit

Von Bußgeldrichtern wird bedauerlicherweise oftmals irrtümlich darauf abgestellt, ob es dem Betroffenen wegen einer Reise- und Verhandlungsunfähigkeit unzumutbar war, zu erscheinen.[1190] Diese auf das Nichterscheinen von Zeugen passende Rechtsprechung kann jedoch nicht auf den Betroffenen übertragen werden.[1191] Ausreichend ist, wenn die Erkrankung nach ihrer Art oder nach ihren Wirkungen, insbesondere nach dem Umfang der von ihr ausgehenden körperlichen oder geistigen Beeinträchtigungen eine Beteiligung an der Hauptverhandlung unzumutbar erscheinen lässt.[1192] Die Krankheit darf nicht zu einer Einschränkung der Verteidigungsmöglichkeiten führen.[1193]

(2) Arbeitsunfähigkeit

Der durch ein privatärztliches Attest belegte Umstand, der Betroffene sei am Verhandlungstag arbeitsunfähig gewesen, genügt für die genügende Entschuldigung grundsätzlich nicht,[1194] wenn keine näheren Angaben zur Art der Erkrankung gemacht werden.[1195]

(3) Sachvortrag des Rechtsanwalts

Fraglich ist, ob ein Sachvortrag des Verteidigers zu Erkrankungen des/der Betroffenen im Verlegungsantrag ausreicht, ohne eine ärztliche Bescheinigung beigefügt zu haben. Pauschale Erklärungen, der „Betroffene sei erkrankt" reichen nicht aus.[1196] Teilweise wird die Vorlage eines ärztlichen Attests für unverzichtbar gehalten, dem Näheres zu der Art und Schwere der Erkrankung zu entnehmen wäre, das dem Gericht die Möglichkeit gibt, z.B. durch Befragung des behandelnden Arztes, die Zwei-

---

1190 OLG Saarbrücken, NJOZ 2007, 5039; LG Mainz, Urt. v. 21.3.2001 – 1 Qs 49/01, ADAJUR Dok.Nr. 45660 (Ls.); BFH, Beschl. vom 17.3.2011 – III B 46/11, BeckRS 2011, 95049; BFH/NV 1998, 864; BFH, Beschl. v. 10.5.2012 – III B 223/11, BeckRS 2012, 95477; BFH, Beschl. v. 16.12.2005 – VIII B 204/05, BeckRS 2005, 25009316.

1191 OLG Stuttgart, NStZ-RR 2006, 313 zu der gleich gelagerten Problematik der genügenden Entschuldigung im Rahmen des § 329 I 1 StPO; Krumm, StV 2012, 179 m.w.N.; OLG Karlsruhe, NJW 1995, 2571, OLG Hamm, NZV 2011, 562; sowie Urt. v. 1.3.2012, III 3 RBs 55/12, ADAJUR Dok.Nr. 97266 (Ls.); KG NZV 2002, 421 m.w.N.; Senge, in Karlsruher Kommentar zum OWiG, 3. Aufl., § 74, Rn 33, i.E. umstr. OLG Hamm, NZV 2011, 562.

1192 OLG Düsseldorf, NStZ 1984, 331; OLG Stuttgart, NStZ-RR 2006, 313 zu § 329 I 1 StPO.

1193 OLG Stuttgart NStZ-RR 2006, 313.

1194 OLG Köln, NStZ-RR 2009, 112; BFH/NV 2006, 771, BeckRS 2005, 25009316; OLG Saarbrücken, NJOZ 2007, 5039.

1195 LG Zweibrücken, VRS 107 314.

1196 OLG Bamberg, NZV 2009, 303.

fel an der Entschuldigung des Betroffenen aufzuklären.[1197] Andererseits wird auch ohne das Beifügen eines ärztlichen Attests verlangt, dass das Amtsgericht versucht, Erkundigungen einzuholen.[1198] Das Amtsgericht müsse von der Möglichkeit Gebrauch machen, vom Verteidiger die häusliche Telefonnummer des Betroffenen zu erfragen oder diese durch eigene Nachforschungen (Telefonbuch, Internet) zu erlangen, um über eine denkbare persönliche Befragung des Betroffenen zu seinem Gesundheitszustand beim Gericht bestehende Zweifel an dessen genügender Entschuldigung zu beseitigen.[1199]

bb) Einblick in die Praxis

Einige Richter reagieren auf ein Ausbleiben des Betroffenen äußerst ungehalten. Bei entschuldigtem Ausbleiben des Betroffenen dürfte keine Hauptverhandlung stattfinden. Die geladenen Zeugen wären vergeblich erschienen, es müsste erneut zur Verhandlung geladen werden. Nicht selten wird das Attest des Arztes des Betroffenen angezweifelt. Man hat den Eindruck, dass geradezu nach Gründen gesucht wird, warum das Attest nicht zutreffend sein könne, teilweise wird dem ausstellenden Arzt auch fehlende Sachkunde unterstellt (z.B. nur Hausarzt, nicht Facharzt). Ferner wirft der Richter dem Arzt sogar die Ausstellung eines Gefälligkeitsattests vor. Das Einleiten von Ermittlungen wegen des Anfangsverdachts des Ausstellens unrichtiger Gesundheitszeugnisse gem. § 278 StGB wird angekündigt.

cc) Stellenwert ärztlicher Atteste

Tatsächlich steht es jedoch dem Richter nicht zu, ohne eigene medizinische Kenntnis und ohne den Betroffenen je gesehen zu haben, dem Arzt vorzuwerfen, er habe wider besseres Wissen ein unrichtiges Zeugnis über den Gesundheitszustand eines Menschen zum Gebrauch bei einer Behörde ausgestellt. Eine ordnungsgemäß ausgestellte ärztliche Bescheinigung besitzt nämlich nach höchstrichterlicher Rechtsprechung für eine Entschuldigung hinsichtlich des Fernbleibens einen hohen Beweiswert.[1200] Insoweit wurde entschieden, dass grundsätzlich den Angaben eines Arztes in einem Attest Glauben geschenkt werden kann.[1201] Ein ärztliches Attest gilt solange als Entschuldigung, als nicht seine Unrichtigkeit/Unglaubwürdigkeit feststeht,[1202] es sei

1197 OLG Hamm, NZV 2011, 562.
1198 KG DAR 2011, 146.
1199 KG a.a.O.
1200 OLG Bremen NZV 2002, 195.
1201 BGH NZM 2012, 394.
1202 OLG Frankfurt a.M., NJW 1988, 2965, OLG Bamberg, Beschl. v. 28.11.2011 – 3 Ss OWi 1514/11, BeckRS 2012, 03567; OLG Braunschweig, NStZ-RR 2010, 352.

denn, das Vorbringen ist aus der Luft gegriffen oder sonst ganz offensichtlich ungeeignet, das Ausbleiben zu entschuldigen.[1203] Es ist ferner zu fordern, dass eine eigene Untersuchung des Betroffenen durch den ausstellenden Arzt stattgefunden hat. Bloße Zweifel an einer genügenden Entschuldigung dürfen nicht zulasten des Betroffenen gehen.[1204]

dd) Ärztliches Attest ohne Benennung der Art der Krankheit

Fraglich ist, ob der Betroffene bei allgemein attestierter Reise- und Verhandlungsunfähigkeit seine Erkrankung belegen muss oder ob ein knappes Attest ohne Offenbarung der Art der Erkrankung ausreicht. Zwar hindert die fehlende Diagnose und der nicht bekannt gegebene Umfang der erforderlichen Behandlung den Richter daran, zu prüfen, woran der Betroffene erkrankt ist und wie lange er noch entschuldigt fern bleiben wird. Eine Verpflichtung des Betroffenen zur Benennung seiner Krankheit besteht dennoch nicht.[1205] Dies steht dem Vorliegen eines Entschuldigungsgrundes nicht entgegen.[1206] Der Betroffene muss in der öffentlichen Sitzung befürchten, dass die Art der Erkrankung an andere weitergegeben werden wird. Auf eine vertrauliche Behandlung seiner Erkrankung kann er sich zumindest nicht verlassen. Verlangte man die Benennung der Art der Erkrankung, so liefe dies den zu schützenden Interessen des Betroffenen im Verfahren zuwider. Dies kollidierte auch mit der Fürsorgepflicht des Gerichts gegenüber dem Betroffenen. Eine Offenbarung im ärztlichen Attest ist daher nicht erforderlich.

ee) Ausräumen von Zweifeln im Freibeweisverfahren

Zwar kann ein Entschuldigungsschreiben unter Beifügung einer ärztlichen Arbeitsunfähigkeitsbescheinigung ein Fernbleiben des Betroffenen nicht genügend entschuldigen, wenn keine näheren Angaben zur Art der Erkrankung gemacht werden (s.o.).

Enthält die Arbeitsunfähigkeitsbescheinigung Name, Anschrift und Telefonnummer des ausstellenden Arztes, so muss sich der Richter die erforderliche Aufklärung verschaffen.[1207] Hierzu ist notfalls die Hauptverhandlung zu unterbrechen. Ein

---

1203 BayObLGSt 2001, 14/16.

1204 OLG Bamberg, Beschl. v. 28.11.2011 – 3 Ss OWi 1514/11, BeckRS 2012, 03567.

1205 OLG Oldenburg, DAR 2012 93; OLG Bamberg, Beschl. v. 14.1.2009 – 2 Ss OWi 1623/08, BeckRS 2009, 04973; BGH NZM 2012, 394; Unger/Halbritter, in Dölling/Duttge/Rössner (Hrsg.),Gesamtes Strafrecht, 2. Aufl. 2011, StPO § 329 Rn 9.

1206 BayObLGSt 1998, 79.

1207 OLG Stuttgart, NStZ-RR 2006, 313; BayObLG, StV 2001, 338; OLG Hamm, NStZ-RR 1998, 231; OLG Celle, StraFo 1997, 79; Unger/Halbritter, in Dölling/Duttge/Rössner, Gesamtes Strafrecht, 2. Aufl. 2011, StPO § 329 Rn 9.

solcher Anruf beim Arzt des Betroffenen verbietet sich auch nicht etwa im Hinblick auf die ärztliche Schweigepflicht.[1208] In der Vorlage eines ärztlichen Attestes durch einen Betroffenen, der damit sein Nichterscheinen entschuldigen will, kann nach ständiger Rechtsprechung die konkludente Erklärung gesehen werden, dass der Betroffene den ausstellenden Arzt bei etwaigen Nachfragen des Gerichts hinsichtlich des Entschuldigungsgrundes von der Schweigepflicht entbindet.[1209]

Etwaigen Zweifeln an dem Inhalt des Attestes oder an der Richtigkeit der darin enthaltenen Aussage ist von Amts wegen im Freibeweisverfahren nachzugehen.[1210] Gerade wegen dieser Aufklärungsmöglichkeit kann auch eine ärztliche Bescheinigung nicht schon deshalb von vornherein als ungenügende Entschuldigung angesehen werden, weil weder die Art der Erkrankung angegeben noch die daraus folgende Reiseunfähigkeit erläutert ist. Argwöhnt das Gericht, dass es sich um ein Gefälligkeitsattest handeln könnte, so ist das Gericht gehalten, ihm geeignet erscheinende Aufklärungsmaßnahmen zu ergreifen.[1211]

ff) Anordnung einer amtsärztlichen Untersuchung des Betroffenen

Hat der Richter (berechtigte) Zweifel an einer behaupteten Krankheit des Betroffenen, kann er, wenn die Nachfrage beim Arzt die Bedenken des Richters am Vorliegen der Erkrankung nicht ausgeräumt hat, eine amtsärztliche Untersuchung anordnen.[1212] Erst wenn der Betroffene das gerechtfertigte Verlangen nach einem amtsärztlichen Attest zum Nachweis seiner Krankheit missachtet, ist sein Fernbleiben nicht genügend entschuldigt.

gg) Prüfung von Entschuldigungsgründen von Amts wegen

Werden dem Gericht von dritter Seite Tatsachen bekannt, die das Ausbleiben des Betroffenen als genügend entschuldigt erscheinen lassen können, darf der Richter den Einspruch ebenfalls nicht verwerfen. Bei Kenntnis von Tatsachen, die das Ausbleiben des Betroffenen als genügend entschuldigt erscheinen lassen können, hat das Gericht zunächst Entschuldigungsgründe von Amts wegen nachzuprüfen.[1213] Insoweit obliegt dem Gericht eine Amtsaufklärungspflicht.

1208 LG Mainz , Urt. v. 21.3.2001 – 1 Qs 49/01, ADAJUR Dok.Nr. 45660 [Ls.].

1209 OLG Nürnberg, NZV 2009, 356; OLG Düsseldorf, VRS Bd. 84 (1993), 458, 460; OLG Karlsruhe, NStZ 1994, 141; BayObLG NStZ-RR 1999, 143 – jeweils zu § 329 Abs. 1 StPO.

1210 OLG Karlsruhe NJW 1995, 2571; OLG Hamm, Urt. v. 27.11.2008 – 4 Ss OWi 873/08, BeckRS 2009, 24763; KG VRR 2009 433.

1211 LG Mainz, a.a.O.

1212 LG Heilbronn, Beschl. v. 28.8.2006 – 4 Qs 11/06.

1213 OLG Bremen, NZV 2002, 195.

hh) Besorgnis der Befangenheit des Richters, § 24 StPO i.V.m. § 46 I OWiG

Fraglich ist, ob ein unzutreffendes Verhalten des Richters einem Betroffenen gegenüber, etwa die Unterstellung, eine Erkrankung durch ein Attest nur vorgetäuscht zu haben, die Besorgnis der Befangenheit des Richters begründen kann.[1214] Wegen Besorgnis der Befangenheit findet die Ablehnung gem. § 24 II StPO i.V.m. § 46 I OWiG statt, wenn ein Grund vorliegt, der geeignet ist, Misstrauen gegen die Unparteilichkeit eines Richters zu rechtfertigen. Misstrauen in die Unparteilichkeit des Richters ist dann gegeben, wenn der Ablehnende bei vernünftiger Würdigung aller Umstände Grund zu der Annahme hat, dass der abgelehnte Richter ihm gegenüber eine innere Haltung einnimmt, die seine Unparteilichkeit und Unvoreingenommenheit störend beeinflussen kann. Dabei kommt es nicht auf die subjektive Sicht des Betroffenen an. Maßgebend ist vielmehr, ob ein vernünftiger Betroffener bei verständiger Würdigung des ihm bekannten Sachverhalts Grund zu der Annahme hat, dass bei dem abgelehnten Richter Umstände vorliegen, die seine Unparteilichkeit und Unvoreingenommenheit störend beeinflussen können.[1215] Auch die Verhandlungsführung kann nach höchstrichterlicher Rspr. Misstrauen in die Unvoreingenommenheit des Richters rechtfertigen, wenn sie rechtsfehlerhaft, unangemessen oder sonst unsachlich ist.[1216] Eine solche Prozessführung kann aus verständiger Sicht bei dem Betroffenen die Besorgnis begründen, das Gericht habe sich schon ein abschließendes negatives Bild von ihm und seiner Glaubwürdigkeit gemacht.[1217] Die unzutreffende Festlegung des Gerichts, der Betroffene würde dem Gericht seine Verhandlungsunfähigkeit nur vorspiegeln, impliziert, dass der Richter ihm nicht mehr unvoreingenommen gegenübertritt. Der Betroffene muss berechtigterweise befürchten, dass sich dies zu seinen Lasten auswirkt.

jj) Umdeutung des Verlegungsantrags wegen Krankheit in Entbindungsantrag

Der Betroffene kann auf Antrag nach § 73 II OWiG von der Verpflichtung zum Erscheinen in der Hauptverhandlung entbunden werden. In einem Verlegungsantrag, in dem der Betroffene oder sein Verteidiger auf eine Erkrankung verweist, kann ein solcher Antrag jedoch nicht gesehen werden, da darin gerade der Wille des Betroffenen zum Ausdruck gekommen ist, an der Verhandlung teilzunehmen.[1218]

1214 Schmuck, NJOZ 2013, 193, 194.
1215 BGHSt 23, 265 [266].
1216 BGH VRS 41, 203, 25.
1217 KG Berlin NJW 2009, 96.
1218 Senge, in Karlsruher Kommentar, Ordnungswidrigkeitengesetz, 2. Auflage, § 73, Rn 16.

kk) Wiedereinsetzung in den vorigen Stand

In der nachträglichen Einreichung eines ärztlichen Attestes, welches das entschuldigte Fernbleiben vom Termin belegt, kann der konkludente Antrag auf Wiedereinsetzung in den vorigen Stand gem. §74 IV 1 OWiG gegen die Versäumung des Hauptverhandlungstermins liegen. Werden die Tatsachen nach dem Verwerfen des Einspruchs rechtzeitig binnen einer Woche nach Zustellung des Urteils vorgetragen, wird von Amts wegen Wiedereinsetzung in den vorigen Stand gewährt.

ll) Rechtsbeschwerde gegen fehlerhafte Verwerfung, § 79 OWiG

Zur Überprüfung der Frage, ob das Amtsgericht den Einspruch rechtsfehlerhaft verworfen hat, bedarf es gemäß § 79 III OWiG einer – unter Beachtung der in § 344 II 2 StPO normierten Darlegungspflicht – näher ausgeführten Verfahrensrüge.[1219] Danach muss der Beschwerdeführer grundsätzlich die Verfahrenstatsachen so vollständig angeben, dass das Rechtsbeschwerdegericht in die Lage versetzt wird, allein anhand dieses Vortrags die Schlüssigkeit des Verfahrensverstoßes nachzuvollziehen.[1220] Bei dieser Rüge hängt der Umfang der Darlegungspflicht davon ab, ob der Verfahrensfehler sich aus dem Inhalt des angefochtenen Urteils ergibt. Wenn aus dem Verwerfungsurteil ersichtlich ist, dass der Betroffene Entschuldigungsgründe vorgebracht hat, reicht die Begründung, das Gericht habe das Ausbleiben des Betroffenen nicht als unentschuldigt ansehen dürfen, zur Erhebung einer ordnungsgemäßen Verfahrensrüge aus.[1221]

mm) Zulassung der Rechtsbeschwerde, § 80 OWiG

Wird der Betroffene zu einer Geldbuße bis/unter 250,00 EUR verurteilt, ist ein Rechtsmittel gegen das erstinstanzliche Urteil in Form der Zulassungsrechtsbeschwerde statthaft (§80 OWiG). Die Rechtsbeschwerde ist nur zuzulassen zur Fortbildung des Rechts, zur Sicherung einer einheitlichen Rechtsprechung (§80 I Nr.1 OWiG) oder, wenn das Urteil wegen Versagung des rechtlichen Gehörs aufzuheben ist (§80 I Nr.2 OWiG). Bleibt der Betroffene trotz ordnungsgemäßer Ladung der Hauptverhandlung fern und wird daraufhin der Einspruch des Betroffenen durch Urteil gem. §74 II OWiG verworfen, so kann die Einspruchsverwerfung sein Recht auf rechtliches Gehör, insbe-

---

1219 Seitz, in Göhler, OWiG §74, Rn 48b; Bergmann, in Beck/Berr, OWi-Sachen im Straßenverkehrsrecht, 6. Aufl., Rn 106.

1220 BayObLG NStZ RR 1997, 182; OLG Zweibrücken, wistra 1995, 117; OLG Düsseldorf VRS 75, 222; 77, 295; OLG Hamm VRS 59, 43, 208; OLG Koblenz VRS 60, 465; Brandenburgisches Oberlandesgericht NStZ-RR 1997, 275.

1221 OLG Bremen, Beschl. v. 8.3.1991 – Ss (B) 15/91.

sondere dann verletzen, wenn rechtzeitig vorgebrachte und hinreichende Entschuldigungsgründe von dem erkennenden Gericht nicht berücksichtigt worden sind.[1222]

Der Rechtsbeschwerdeführer muss darlegen, dass ein Verstoß gegen Art. 103 I GG vorliegt. Der Grundsatz des rechtlichen Gehörs gibt einen Anspruch darauf, sich zu allen entscheidungserheblichen und den Betroffenen benachteiligenden Tatsachen und Beweisergebnissen zu äußern.[1223] Zu beachten ist, dass teilweise von der höchstrichterlichen Rechtsprechung zusätzlich verlangt wird, darzulegen, was der Betroffene zur Sache vorgetragen hätte, was er im Falle der Anhörung geltend gemacht hätte.[1224]

nn) Fazit

I. Bleibt der Betroffene ohne genügende Entschuldigung aus, obwohl er von der Verpflichtung zum Erscheinen nicht entbunden war, hat das Gericht gem. § 74 II OWiG den Einspruch ohne Verhandlung zur Sache durch Urteil zu verwerfen. Hierüber ist er mit der Ladung gesondert zu belehren.

II. Auf die Frage, ob der Betroffene „ohne genügende Entschuldigung" ausgeblieben ist, kommt es regelmäßig an, wenn der Betroffene wegen Erkrankung nicht erschienen ist. War der Betroffene etwa im Zeitpunkt der Hauptverhandlung erkrankt, so stellt dies einen Entschuldigungsgrund dar, wenn das Erscheinen vor Gericht unzumutbar war.

III. Gelegentlich legen Richter die Voraussetzung der genügenden Entschuldigung zu eng aus, so ist nach richtiger Meinung für den Betroffenen keine Reise- und Verhandlungsunfähigkeit zu verlangen. Auch der reine Sachvortrag des Rechtsanwalts, sein Mandant sei krank, kann ausreichen. Das Amtsgericht kann auch hier versuchen, im Freibeweisverfahren Erkundigungen einzuholen.

IV. Erfahrungsgemäß zeigt sich der Strafrichter gegenüber ärztlichen Attesten äußerst reserviert. Eine Unzumutbarkeit des Erscheinens des Betroffenen vor Gericht nimmt der Richter dem Arzt oftmals nicht ab. Oftmals wirft der Richter dem Arzt sogar die Ausstellung eines Gefälligkeitsattests vor und kündigt die Einleitung strafrechtlicher Ermittlungen gegen ihn an. Ein derartiges Verhalten ist rechtlich fehlerhaft, die höchstrichterliche Rechtsprechung räumt einer ordnungsgemäß ausgestellten ärztlichen Bescheinigung einen hohen Beweiswert ein. Grundsätzlich kann den Angaben eines Arztes in einem Attest Glauben geschenkt werden.

1222 OLG Hamm, SVR 2009, 391; Seitz, in Göhler, OWiG, § 80 Rn 16b; a.A. OLG Oldenburg, DAR 2012, 93.

1223 OLG Köln NZV 1999, 264 m.w.N.

1224 Seitz, in Göhler, a.a.O. § 80 Rn 16c.

V. Der Betroffene ist nicht einmal verpflichtet, im Attest durch den Arzt die Art der Erkrankung offenzulegen. Der Anspruch auf vertrauliche Behandlung seiner Erkrankung würde in einer öffentlichen Hauptverhandlung sonst gefährdet.
VI. Hat der Richter Zweifel an einer genügenden Entschuldigung, so kann er diesen von Amts wegen im Freibeweisverfahren nachgehen. Dazu kann er den Arzt anrufen, die Nachfrage verbietet sich auch nicht etwa im Hinblick auf die ärztliche Schweigepflicht, in der Vorlage eines ärztlichen Attestes durch einen Betroffenen kann nämlich die konkludente Schweigepflichtentbindungserklärung gesehen werden.
VII. Auch das Einreichen einer bloßen Arbeitsunfähigkeitsbescheinigung, die als solche keine genügende Entschuldigung darstellt, kann es gebieten, dass das Gericht Entschuldigungsgründe von Amts wegen nachprüft.
VIII. Das unbegründete Anzweifeln ärztlicher Atteste, die der Betroffene vorgelegt hat, lässt die Besorgnis der Befangenheit des Richters aufkommen (§ 24 StPO). Der Betroffene muss befürchten, dass der Richter eine Haltung eingenommen hat, die ihn zu Unrecht vorverurteilt.
IX. Die Rechtsbeschwerde gegen das Verwerfungsurteil ist als Verfahrensrüge zu begründen, die den Darlegungspflichten genügen muss. Es liegt zusätzlich bei rechtsfehlerhaftem Verwerfen des Einspruchs ein Zulassungsgrund gem. § 80 OWiG vor, da das rechtliche Gehör verletzt wurde.

c) persönliche oder private Gründe des Betroffenen

Aber auch bei anderen Gründen als einer Erkrankung kommt eine genügende Entschuldigung in Betracht, nämlich, wenn nach den konkreten Umständen des Einzelfalles dem Betroffenen wegen seines Ausbleibens billigerweise kein Vorwurf gemacht werden kann.[1225] Bei der Entscheidung darüber muss das Gericht eine Abwägung treffen zwischen der öffentlich-rechtlichen Verpflichtung, vor Gericht zu erscheinen, und den persönlichen oder privaten Gründen des Betroffenen, die ihn dazu bewogen haben, dieser Pflicht nicht nachzukommen.[1226] Grundsätzlich hat die Pflicht, vor Gericht zu erscheinen, Vorrang gegenüber privaten und geschäftlichen Interessen.[1227]

Es ist aber anerkannt, dass private Angelegenheiten das Ausbleiben entschuldigen, wenn sie nicht aufschiebbar oder unter Berücksichtigung des gegen den Betroffenen erhobenen Schuldvorwurfs von solcher Bedeutung sind, dass ihm das Erscheinen vor Gericht billigerweise nicht zugemutet werden kann und die öffentlich-rechtliche Pflicht zum Erscheinen in der Hauptverhandlung ausnahmsweise

1225 OLG Stuttgart NStZ-RR 2004, 338 (339); OLG Karlsruhe VRS 118, 211; Paul, in Karlsruher Kommentar, StPO, § 329 Rnr. 10 m.w.N.
1226 OLG Köln, juris PraxisReport extra 2011, 86 f.
1227 BayObLG NJW 2001, 1438 (1439) = VRS 100, 351 (352) = NZV 2001, 272.

zurücktreten muss.[1228] So kann etwa eine für den Terminstag angedrohte Zwangsversteigerung der Wohnung für den Betroffenen einen hinreichenden Entschuldigungsgrund darstellen, im Termin der Hauptverhandlung fernzubleiben.[1229] Hat der Betroffene vor Zugang der Ladung eine Reise gebucht, so ist sein Ausbleiben genügend entschuldigt.[1230]

d) Wartepflicht

Grundsätzlich muss das Gericht übrigens eine geringfügige Verspätung des Betroffenen von etwa 15 Minuten in Rechnung stellen, wenn es den Erlass eines Verwerfungsurteils nach § 74 II OWiG beabsichtigt. Bei einer angekündigten Verspätung kann sogar eine deutlich längere Wartezeit geboten sein.[1231] Maßgeblich für die Berechnung der Wartezeit ist die angesetzte Terminsstunde und nicht der tatsächliche Beginn der Hauptverhandlung.[1232]

E. Die Beweisaufnahme, §§ 77f. OWiG

Wie im Strafrecht ist das Gericht auch im Ordnungswidrigkeitenverfahren gemäß § 77 I 1 OWiG verpflichtet, die Wahrheit von Amts wegen zu erforschen (§ 244 II StPO).

I. Einschränkung des Amtsaufklärungsgrundsatzes

Der Amtsaufklärungsgrundsatz ist jedoch eingeschränkt: Den Umfang der Beweisaufnahme hat der Amtsrichter – unter Berücksichtigung der Bedeutung der Sache, § 77 I 2 OWiG – nach pflichtgemäßem Ermessen zu bestimmen. Wie aus § 77 II OWiG hervorgeht, ist der Umfang der Beweisaufnahme bei Ordnungswidrigkeiten erheblich reduziert. Für die Beweisaufnahme im Bußgeldverfahren gilt, dass das Gericht, hält es den Sachverhalt nach dem bisherigen Ergebnis der Beweisaufnahme für geklärt, über das Beweisantragsrecht der Strafprozessordnung (§ 244 Abs. 3 bis 5 StPO) hinaus einen Beweisantrag auch dann ablehnen darf, wenn nach seinem pflichtgemäßen Ermessen die Beweiserhebung zur Erforschung der Wahrheit nicht erforderlich ist (§ 77 II Nr. 1 OWiG). Hierzu müssen drei Voraussetzungen vorliegen: Es muss

1228 OLG Köln, juris PraxisReport extra 2011, 86 f.
1229 OLG Köln, a.a.O.
1230 OLG Hamm, zfs 2005, 515.
1231 OLG Köln, NZV 1997, 494.
1232 OLG Frankfurt a.M., DAR 2012, 477.

bereits eine Beweisaufnahme über eine entscheidungserhebliche Tatsache stattgefunden haben, aufgrund der Beweisaufnahme muss der Richter zu der Überzeugung gelangt sein, der Sachverhalt sei geklärt und die Wahrheit gefunden und die beantragte Beweiserhebung muss nach dem pflichtgemäßen Ermessen des Gerichts zur weiteren Erforschung der Wahrheit nicht erforderlich sein.[1233] Dabei sind strenge Maßstäbe anzulegen; es darf für das Gericht kein vernünftiger Zweifel daran bestehen, dass die weitere Beweiserhebung keine Aussicht auf Erfolg hat. Das Gewicht der bisherigen Beweiserhebung auf der einen und des Beweismittels, dessen zusätzliche Verwendung beantragt ist, auf der anderen Seite müssen nach dem Ergebnis der gesamten Beweislage abgewogen werden. Eine weitere Beweiserhebung darf nur unterbleiben, wenn die Möglichkeit, dass die Überzeugung des Gerichts durch sie noch erschüttert wird, vernünftigerweise ausgeschlossen erscheint. Wenn das nur unwahrscheinlich ist, muss der Beweis erhoben werden.[1234]

Damit ist das Gericht unter Befreiung vom Verbot der Beweisantizipation befugt, Beweisanträge nach § 77 II Nr. 1 OWiG zurückzuweisen, wenn es seine nach § 77 I 1 OWiG prinzipiell fortbestehende Aufklärungspflicht nicht verletzt.[1235] Verletzt ist die Aufklärungspflicht dann, wenn sich dem Gericht eine Beweiserhebung aufdrängen musste oder diese nahe lag.[1236] Liegen die vorbenannten Voraussetzungen nicht vor, so stellt die auf § 77 OWiG gestützte Ablehnung des Beweisantrages eine Vorwegnahme der Beweiswürdigung dar.

Die Begründung für die Ablehnung eines Beweisantrages nach Absatz 2 Nr. 1 kann in dem Gerichtsbeschluss (§ 244 VI StPO) in der Regel darauf beschränkt werden, dass die Beweiserhebung zur Erforschung der Wahrheit nicht erforderlich ist.

Darüber hinaus lehnt das Gericht Beweisanträge ab, wenn nach seiner freien Würdigung das Beweismittel oder die zu beweisende Tatsache ohne verständigen Grund so spät vorgebracht wird, dass die Beweiserhebung zur Aussetzung der Hauptverhandlung führen würde, § 77 II Nr. 2 OWiG.

Darunter ist nur die Aussetzung nach § 228 StPO mit der Folge, dass die Hauptverhandlung neu durchgeführt werden muss, nicht aber auch eine Unterbrechung der Hauptverhandlung i.S. von § 229 StPO gemeint.[1237] Der Richter muss sich deshalb vor der auf § 77 II Nr. 2 OWiG gestützten Ablehnung eines Beweisantrages Gewissheit darüber verschaffen, ob die Hauptverhandlung mit der beantragten Beweiserhebung innerhalb der Frist des § 229 I StPO fortgeführt werden kann. Ohne eine sol-

---

1233 OLG Hamm v. 11.12.2006 – Az. 2 Ss OWi 598/06, juris; OLG Schleswig SchlHA 2004, 264f.; KK-Senge, OWiG, § 77 Rn 15 m.w. Nachw.; Seitz, in Göhler, OWiG, § 77 Rn 11.

1234 *OLG Celle*, 2 Ss (OWi) 297/85.

1235 *OLG Hamm*, NZV 2007, 155.

1236 Vgl. zu diesem Maßstab etwa *OLG Köln*, VRS 88, 376; *OLG Düsseldorf*, NStZ 1991, 542f.; Seitz, in Göhler, OWiG, § 77 Rn 12.

1237 Seitz, in Göhler, OWiG, Rn 20 zu § 77 m.w.N.

che Prüfung darf der Beweisantrag nicht gem. § 77 II Nr. 2 OWiG zurückgewiesen werden.[1238]

Die Voraussetzung „ohne verständigen Grund" liegt nicht vor, wenn sich in der Hauptverhandlung neue, vorher nicht bekannte Umstände ergeben, die eine weitere Beweisaufnahme erfordern,[1239] bzw. wenn der Betroffene aus Sicht eines verständigen Dritten damit rechnen kann, dass seine beabsichtigten Einwendungen in der Hauptverhandlung ohnehin zur Sprache kommen werden, so dass es deren ausdrücklicher vorheriger Benennung nicht zwingend bedarf.

Praxistipp

!

Wenn es dem Betroffenen etwa möglich und auch zumutbar war, die von ihm in der Hauptverhandlung benannten Entlastungszeugen früher zu benennen (sie ihm als Beifahrer bekannt waren und es ihm zudem auf Grund des Verfahrensverlaufs erkennbar war, dass es vermutlich auf die Angaben dieser Zeugen ankommen würde), so greift § 77 II Nr. 2 OWiG ein.

Es empfiehlt sich in jedem Falle, vor dem Hauptverhandlungstermin einen Beweisantrag zu stellen. Auf das Amtsermittlungsprinzip kann nicht vertraut werden.

Damit dem Rechtsanwalt die Schmach erspart bleibt, dass die Verfahrensrüge der Verletzung des § 77 OWiG unzulässig ist, muss auch hier im Rahmen des Vorbringens im Rahmen der Rechtsbeschwerdebegründung beachtet werden: Nach § 344 II S. 2 StPO ist eine Verfahrensrüge nur dann in zulässiger Weise erhoben, wenn die den Mangel enthaltenen Tatsachen angegeben sind. Diese Angaben haben mit Bestimmtheit und so genau und vollständig zu erfolgen, dass das Rechtsbeschwerdegericht allein aufgrund der Rechtfertigungsschrift prüfen kann, ob ein Verfahrensverstoß vorliegt, wenn die behaupteten Tatsachen zutreffen.[1240] Diesen Anforderungen muss die Rechtsbeschwerdebegründung gerecht werden.

II. Vereinfachung der Beweisaufnahme

Die Beweisaufnahme ist gegenüber dem Strafprozess nach §§ 77a, 78 OWiG vereinfacht.

1. Verlesungen

Die Vernehmung eines Zeugen, Sachverständigen oder Mitbetroffenen darf durch Verlesung von Niederschriften über eine frühere Vernehmung sowie von Urkunden,

1238 OLG Hamm, NZV 2008, 160.
1239 OLG Karlsruhe, NStZ-RR 2000, 275.
1240 BGH, NStZ 2001, 425.

die eine von ihnen stammende schriftliche Äußerung enthalten, ersetzt werden. Erklärungen von Behörden und sonstigen Stellen über ihre dienstlichen Wahrnehmungen, Untersuchungen und Erkenntnisse sowie über diejenigen ihrer Angehörigen dürfen auch dann verlesen werden, wenn die Voraussetzungen des § 256 StPO nicht vorliegen. Das Gericht kann eine behördliche Erklärung nach Absatz 2 auch fernmündlich einholen und deren wesentlichen Inhalt in der Hauptverhandlung bekanntgeben. Der Inhalt der bekanntgegebenen Erklärung ist auf Antrag in das Protokoll aufzunehmen. Die Abweichung vom Prinzip der Unmittelbarkeit bedarf jedoch der Zustimmung des Betroffenen, des Verteidigers und der Staatsanwaltschaft, soweit sie in der Hauptverhandlung anwesend sind. Aus der Verweisung in § 77 a IV 2 OWiG auf § 251 Abs. 1 Nr. 2 und 3, Abs. 2 Nr. 1 und 2, Abs. 3 und 4 sowie die §§ 252 und 253 StPO geht insbesondere hervor, dass es eines Gerichtsbeschlusses bedarf, ob die Verlesung angeordnet wird.

Daneben können gem. § 256 I Nr. 5 StPO i.V.m. § 46 I OWiG auch Protokolle sowie in einer Urkunde enthaltene Erklärungen der Strafverfolgungsbehörden über Ermittlungshandlungen, soweit diese nicht eine Vernehmung zum Gegenstand haben, verlesen werden. § 256 I Nr. 5 StPO geht insofern über die Reglung des § 77a OWiG hinaus, als das Zustimmungserfordernis des Abs. 4 nicht besteht. Nach h.M. soll damit die Verlesung entsprechender Vorgänge, etwa des Messprotokolls, welches vom Polizeibeamten ausgefüllt wird, auch gegen den Willen der Verfahrensbeteiligten erfolgen dürfen.[1241]

Das Recht der Verteidigung, Fragen an die Messperson zu stellen, ist dadurch erheblich eingeschränkt. Die Verteidigung muss daher auf ihr Recht pochen, die Messperson etwa dazu eingehend zu befragen, ob das Messgerät ordnungsgemäß aufgebaut und bedient worden ist. Hierzu muss die Verteidigung die Vernehmung des Polizeibeamten als Zeugen beantragen. Derartige Anträge werden wiederum in der Regel vom Gericht gem. § 77 OWiG abgelehnt, da dies zur Erforschung der Wahrheit nicht erforderlich sei. Die Verteidigung muss in diesem Fall konsequent im Rahmen der Verfahrensrüge ausführen, dass der Beweisantrag fehlerhaft abgelehnt worden sei oder das Gericht die Aufklärungspflicht verletzt habe.

Die Vorschrift des § 256 I Nr. 5 StPO findet bei Bußgeldrichtern sehr unterschiedliche Beachtung. Zwar wird in der Regel die Messperson zum Hauptverhandlungstermin geladen. Der Zeuge bestätigt dann regelmäßig die Angaben im Messprotokoll. Einige Richter neigen jedoch neuerdings dazu, im Rahmen von Bußgeldverfahren keine Zeugen zu laden und verlesen etwa das Messprotokoll gem. § 256 I Nr. 5 StPO i.V.m. § 46 I OWiG, um den Nachweis einer Ordnungswidrigkeit führen zu können.

1241 Senge, in Karlsruher Kommentar zum OWiG § 77a OWiG, Rn 10; OLG Koblenz, SVR 2012, 31 ff.

Das Messprotokoll dient zum Beweis dafür, dass der Betroffene zur Tatzeit in Bezug auf das von ihm geführte Kfz mit einer bestimmten Geschwindigkeit gemessen worden ist.

Praxistipp
Bei der Verlesung einer Urkunde handelt es sich um eine wesentliche Förmlichkeit der Hauptverhandlung, so dass der Nachweis hierüber nur durch das Protokoll geführt werden kann (§ 274 StPO i.V.m. § 71 OWiG). Schweigt das Hauptverhandlungsprotokoll über die Verlesung, so gilt diese als nicht erfolgt. Dies sollte jeweils genau geprüft werden.

Hat das Amtsgericht seine Überzeugung nicht ausschließlich aus dem Inbegriff der Hauptverhandlung gebildet, so ist das Urteil wegen des Verfahrensfehlers aufzuheben.

2. Weitere Verfahrensvereinfachungen

Unterbleibt die Verlesung, darf mit erneuter Zustimmung des Betroffenen gem. § 78 OWiG statt der Verlesung eine Bekanntgabe des wesentlichen Inhalts des Schriftstückes erfolgen, dies gilt jedoch nicht, soweit es auf den Wortlaut des Schriftstücks ankommt.

Hat der Betroffenen durch die Akteneinsicht seines Verteidigers bereits Kenntnis von der Erklärung, reicht es aus, im Protokoll die erfolgte Gelegenheit zur Kenntnisnahme zu vermerken.[1242] Dabei kann die Zustimmung zu der Verlesung auch stillschweigend erklärt werden, jedoch muss sich der Verfahrensbeteiligte der Tragweite seines Schweigens bewusst sein, d.h. ihm muss klar sein, dass die Urkunde in der Entscheidung verwertet werden soll.[1243]

3. Rechtsbeschwerde

Soweit innerhalb der Rechtsbeschwerde gerügt werden soll, das Gericht habe seine Überzeugung nicht allein aus dem Inbegriff der Hauptverhandlung geschöpft (Verstoß gegen § 261 StPO i.V.m. § 249 ff. StPO, 77 a, 78 OWiG), muss die Rüge in der gemäß § 344 II 2 StPO erforderlichen Form ausgeführt worden.

Da nicht auszuschließen ist, dass ein Urteil auf der rechtsfehlerhaft verwerteten schriftlichen Erklärung eines Zeugen beruht, ist es allein aus diesem Grunde aufzuheben.

1242 Senge, in KK, OWiG § 78 Rn 2.
1243 OLG Hamm, SVR 2008, 472; Göhler, § 77a Rn 14a.

III. Nichtbescheiden eines Beweisantrags

Der Bußgeldrichter muss über einen unbedingten Beweisantrag im OWi- Recht[1244] in der Hauptverhandlung durch gesonderten Gerichtsbeschluss entscheiden (§ 244 VI StPO).[1245] Im Urteil kann eine unterbliebene Ablehnungsbegründung nicht nachgeholt werden.[1246] Der Ablehnungsbeschluss muss vor dem Ende der Beweisaufnahme einschließlich seiner Begründung verkündet werden (§ 34 StPO). Die Ablehnung muss so eingehend begründet werden, dass der Betroffene über deren Grund ausreichend unterrichtet und dadurch in die Lage versetzt wird, sein weiteres Prozessverhalten darauf einzurichten, ggf. noch weitere Beweisanträge zu stellen.[1247] Das Unterbleiben der Entscheidung über einen (unbedingten) Beweisantrag (vor Schluss der Beweisaufnahme) stellt in jedem Falle einen Rechtsverstoß sogar dar, auf dem das Urteil i.d.R. auch dann beruht, wenn das Gericht den Antrag mit rechtsfehlerfreier Begründung hätte ablehnen können.[1248] Dass der Betr. dann, wenn der Beweisantrag durch einen in der Hauptverhandlung verkündeten Beschluss abgelehnt worden wäre, durch weiteres tatsächliches Vorbringen, ggf. einen zusätzlichen Beweisantrag, die Gründe, auf die das AG dann im Urteil die Ablehnung gestützt hat, hätte entkräften können, kann nicht ausgeschlossen werden.

Die Übergehen eines Beweisantrages ist daher schon allein aus dem Grunde unrechtmäßig, dass der Beweisantrag der Verteidigung nicht beschieden wurde.[1249]

IV. Über die Bedeutung von gutachterlichen Überprüfungen in Bußgeldsachen

Über die Quote der Bußgeldvorgänge, die technisch nicht korrekt (wegen Mess- oder Auswertefehlern) bzw. in der Beweisführung mangelhaft waren, wird rege diskutiert.[1250] Fakt ist, dass bei verkehrsrechtlichen Ordnungswidrigkeiten oftmals technisch-physikalisch gelagerte Sonderfragen ausschlaggebend sind und über die Frage von Verurteilung oder Freispruch entscheiden können. In der Praxis kann der Bußgeldrichter allein wegen der zu bewältigenden Anzahl der Fälle in seiner Abtei-

---

1244 BayObLGSt 1970, 41.

1245 BayObLG, NStZ 1986, 467.

1246 Sarstedt/Hamm, Die Revision in Strafsachen, 5. Aufl., Rn 278 – jeweils m.w.Nachw.

1247 Sarstedt-Hamm, a.a.O.

1248 KK, a.a.O., Rn 69.

1249 Meyer-Goßner, StPO, § 244, Rn 83 m.w.N.; Senge, in Karlsruher Kommentar zum OWiG, § 77 Rn 53.

1250 Nach der Untersuchung der VUT (Verkehr-Unfall-Technik) Sachverständigengesellschaft mbH von März 2009 beträgt die Fehlerquote mindestens 25%, http://www.sachverstaendigen-gutachter.eu/aktuelles.php; Kleine Anfrage der FDP-Fraktion zur VUT-Studie an den Deutschen Bundestag, BT-Drucksache 16/13521, BT-Drucksache 16/13745.

lung nicht in jeder einzelnen Angelegenheit ein Gutachten einholen lassen. Es besteht die Tendenz, Anträgen des Betroffenen oder seines Verteidigers auf Einholung von Sachverständigengutachten nach Möglichkeit nicht nachzukommen. Im Folgenden soll ein Überblick darüber gegeben werden, wie aus der Sicht der Verteidigung mit dieser Ausgangslage umzugehen ist und welche Möglichkeiten bestehen, die Erfolgsausichten zu steigern. Dabei wird ein besonderes Augenmerk auf technisch-physikalische bzw. unfallanalytische Sachverständigengutachten und private (Gegen-)Gutachten gerichtet.

1. Exemplarische Ordnungswidrigkeitenverfahren

Kaum ein Rechtsgebiet ist derart abhängig von der technisch-physikalischen Überprüfung wie das Verkehrsbußgeldrecht.

a) Geschwindigkeitsüberschreitungen

Überschreitungen der Höchstgeschwindigkeit werden durch komplexe Messverfahren, wie Radar-, Koaxialkabel-, Lichtschrankenmessungen, Einseitensensor-, das Lasermess-, Police-Pilot-, Vidista-Verfahren, sowie Messungen durch Vorausfahren sowie durch Auswertung von Schaublättern festgestellt. Der vernommene Messbeamte kann allenfalls bestätigen, dass er das Gerät, wie vom Gerätehersteller vorgeschrieben, aufgebaut und bedient hat und ein bestimmter Wert der Geschwindigkeitsüberschreitungen auf dem Gerät angezeigt wurde. Wie die Messung funktionierte und ob die Messwertbildung richtig war, kann allenfalls ein Sachverständigengutachter, der sich im Bereich der Messverfahren in Bußgeldsachen spezialisiert hat, beantworten.

b) Bußgeldrechtlich relevante Fahrfehler mit Verkehrsunfall

Auch wenn der Betroffene einen Fahrfehler begangen haben soll, der sich in Form eines Verkehrsunfalls ausgewirkt haben soll, werden regelmäßig Bußgeldbescheide erlassen. Bußgeldrechtlich relevante Fahrfehler befinden sich verstreut im gesamten Bußgeldkatalog.[1251] Klassische Verfehlungen von Kraftfahrzeugführern sind angebliche Verstöße gegen das Rechtsfahrgebot, nicht den Straßen-, Verkehrs-, Sicht- und Wetterverhältnissen angepasste Fahrweise, Überholen bei unklarer Verkehrslage, Fahrspurwechsel mit anschließender Kollision mit anderen Verkehrsteilnehmern, Nichteinhaltens des erforderlichen Abstands und Vorfahrtspflichtverletzungen. Dass der Unfallgegner des Betroffenen, auch mit Blick auf die Gefahr, dass

1251 Fromm, Zfs 2013, 428 ff.

seine zivilrechtlichen Schäden nicht ausgeglichen werden, – oftmals zu Unrecht – eigene Fehler und damit ein (Mit-)Verschulden von sich weisen wird, in nicht Unübliches. Bestätigt aber der Unfallgegner oder weitere Zeugen im Verfahren vor der Bußgeldbehörde, dass der Verkehrsunfall ausschließlich oder im Wesentlichen vom Betroffenen herbeigeführt worden sei, so reicht dies der Bußgeldbehörde in der Regel, um einen Bußgeldbescheid gegen ihn zu erlassen. Die Einlassung des Betroffenen, sich nicht fehlerhaft verhalten zu haben, wird als untaugliche Schutzbehauptung abgetan, bei belastenden Zeugenaussagen wird der Betroffene von der Bußgeldbehörde für nicht mehr glaubhaft gehalten. Die Klärung der Schuldfrage kann jedoch regelmäßig nur durch ein unfallanalytisches Sachverständigengutachten erfolgen. Neben Lichtbildern, protokollierten Angaben von Zeugen am Unfallort und Aussagen bei der Polizei können die Spuren am Unfallort und Beschädigungen an den Kraftfahrzeugen die Aufklärung des wirklichen Unfallhergangs gewährleisten.

c) Ladungsverstöße

Oftmals befinden sich bei Ladungssicherungskontrollen in Sachverhaltsberichten der Polizei voreilige Unterstellungen, dass die Sicherheit des Straßenverkehrs dadurch gefährdet gewesen sei, dass die Ladung im Fahrzeug des Betroffenen nicht ausreichend festgezurrt oder nicht so verstaut oder gesichert gewesen sei, dass sie bei einer Vollbremsung oder plötzlicher Ausweichbewegung hätte verrutschen, umfallen, hin- und herrollen oder herabfallen können. Beigefügt werden meist Fotografien der Ladung, die die nicht korrekte Verstauung der Ladung demonstrieren sollen. Die Feststellung, dass die Ladung verrutschen, umfallen, hin- und herrollen oder herabfallen könnte, erfordert jedoch komplexe physikalische Überprüfungen, bei denen die von der Ladung ausgehenden Massenkräfte bei üblichen Verkehrsbedingungen eingehend überprüft werden müssen. Dies kann nur durch ein Ladungssicherungsgutachten eines ausreichend hierfür qualifizierten Sachverständigen gewährleistet werden.

d) Fahrzeugmängel

Bußgeldrechtlich relevant ist nach dem Bußgeldkatalog, wer ein Fahrzeug in Betrieb nimmt, welches nicht vorschriftsmäßig war und dadurch die Verkehrssicherheit wesentlich beeinträchtigt war (Nr. 107 BKat). Dem Halter des Fahrzeugs droht (ebenso) ein Bußgeldverfahren, wenn er die Inbetriebnahme eines Kraftfahrzeugs angeordnet oder zugelassen hat, insbesondere unter Verstoß gegen eine Vorschrift über Lenkeinrichtungen, Bremsen, Einrichtungen zur Verbindung von Fahrzeugen (Nr. 189 BKat). Hat nun der kontrollierende Polizeibeamte im Sachverhaltsbericht vermerkt, dass der überprüfte LKW Fahrzeugmängel aufgewiesen habe und dadurch die Verkehrssicherheit wesentlich beeinträchtigt gewesen sei, so setzt diese

Feststellung bereits eine verkehrssicherheitstechnische Sachkunde des Beamten voraus, die nicht stets vorhanden sein muss. Jedenfalls bedürfen die Einschätzungen einer technischen Überprüfung eines Sachverständigen.

e) Rotlichtverstoß

Ordnungswidrig im Sinne des § 24 des Straßenverkehrsgesetzes handelt gem. § 49 Abs. 3 Nr. 2 StVO, wer § 37 Abs. 2 Nr. 1/2 StVO über das Verhalten an Wechsellichtzeichen, Dauerlichtzeichen oder beim Rechtsabbiegen mit Grünpfeil zuwiderhandelt. Der qualifizierte Regeltatbestand mit Fahrverbot greift bei schon länger als 1 Sekunde andauernder Rotphase eines Wechsellichtzeichens ein. Maßgeblich für die Berechnung der Rotlichtzeit ist der Zeitpunkt, an dem der Betroffene mit seinem Fahrzeug die Haltelinie passiert.[1252] Zur Verifizierung der tatsächlichen Dauer der jeweiligen Rotlichtmissachtung ist ein entsprechendes Sachverständigengutachten einzuholen. Welcher Abstand bestand zwischen Haltelinie, erster und zweiter Kontaktschleife und was waren die Rotlichtzeiten beim Überfahren beider Schleifen? Beim Koaxialkabelverfahren ist die Zeit zu errechnen, welche der Betroffene mit seinem Pkw zwischen der Haltelinie und der ersten Kontaktschleife zurückgelegt hat. Hierzu sind der zurückgelegte Fahrweg sowie die entsprechende Fahrgeschwindigkeit aufzuklären.[1253]

2. Verfahrensweise bei Beweisanträgen auf Einholung von Sachverständigengutachten

Beantragt die Verteidigung im Verfahren vor der Bußgeldbehörde die Einholung eines Sachverständigengutachtens bei Geschwindigkeitsüberschreitungen oder Rotlichtverstößen, welche mit standardisierten Messverfahren ermittelt wurden, so wird dem regelmäßig weder im Verfahren vor der Bußgeldbehörde, noch im Zwischenverfahren, bzw. in der Hauptverhandlung statt gegeben. Bei so genannten „standardisierten Messverfahren" muss ein Sachverständigengutachten nach höchstrichterlicher Rechtsprechung nur vom Gericht eingeholt werden, wenn konkrete Anhaltspunkte für technische Fehlfunktionen des Messgerätes behauptet werden.[1254] Das Gericht hat also nur in diesem Fall die Korrektheit der Messung individuell zu überprüfen.[1255] Beweisanträgen der Verteidigung auf Einholung eines Sachverständigengutachtens zum Beweis der Tatsache, dass die gemessene Geschwindigkeit nicht der tatsächlichen Geschwindigkeit entspricht und nicht ausgeschlossen werden kann, dass eine erheblich

---

1252 OLG Hamm, NStZ-RR 1996, 216.

1253 Quarch, Buck/Krumbholz, Sachverständigenbeweis im Verkehrs- und Strafrecht, 2. Aufl. 2013, § 9 Rn 46.

1254 *OLG Hamm* NZV 2007, 155.

1255 *OLG Koblenz*, DAR 2006, 101; *KG*, VRS 116, 446 f.; *OLG Celle*, NVZ 2010, 414 f.

niedrigere Geschwindigkeit gefahren wurde, braucht nur in diesem Falle nachgegangen werden. Dass die genaue Funktionsweise von Messgeräten den Gerichten nicht bekannt ist, soll dem nicht entgegenstehen.[1256] Messfehler können von nicht sachverständigen Personen ohne offenkundige Anhaltspunkte in der Akte kaum festgestellt werden. Selbst wenn man davon ausgeht, dass standardisierten Messverfahren erprobt sind und im Regelfall zuverlässige Messergebnisse liefern, so ist ebenso unbestritten, dass es auch bei diesen zu Fehlmessungen kommen kann. Dies wird aber von der st. Rspr. hingenommen. Ein Standpunkt, der auch rechtsstaatlich bedenklich erscheint.

Auch bei angeblichen Fahrfehlern oder Ladungsverstößen bzw. Fahrzeugmängeln im Straßenverkehr, die nur aufgrund von belastenden Zeugenaussagen und Fotografien belegt sein sollen, wird in der Regel kein Gutachten eingeholt. Die Aussage des/der Zeugen wird oftmals als Tatnachweis für „ausreichend" erachtet.

3. Notwendigkeit zur gutachterlichen Überprüfung

Die Verteidigung sollte in jeder Verfahrenslage darum bemüht sein, in aussichtsreichen Fällen ein Sachverständigengutachten einholen zu lassen, ansonsten bestehen kaum noch Erfolgsaussichten für den Betroffenen. Liegt ein Sachverständigengutachten vor, so folgen Staatsanwaltschaft und Gerichte diesem in aller Regel, auch angesichts meist fehlender eigener technisch-physikalischer bzw. unfallanalytischer Sachkunde. Nur bei einer Entkräftung der im „standardisierten Messverfahren" gewonnenen Ergebnisse kann das Gericht dazu bewegt werden, den Bedenken der Verteidigung an der Messung zu folgen. Nur ein Sachverständiger mit dem Auftrag zur Überprüfung der Geschwindigkeit, bzw. der Überprüfung des eingesetzten Messgerätes, bzw. ein Ladungssicherungs- bzw. unfallanalytisches Gutachten ist geeignet, dahin gehende Feststellungen zu treffen.

a) Risiken gerichtlich in Auftrag gegebener Gutachten

Auf entlastende Ergebnisse in einem noch einzuholenden vom Gericht beauftragten Sachverständigengutachten sollte der Betroffene nicht vertrauen. Selbstverständlich gibt es ständig im Auftrag der Gerichte arbeitende Sachverständigengutachter, die ihren Dauerauftrag nur ihrer besonderen Fachkenntnis zu verdanken haben. Anderenorts wird man das Gefühl nicht los, dass die Justiz immer dieselben „Haus- und Hofgutachter" bestimmt, die sich bereits „bewährt" haben. Manchmal kann man sich als Verteidiger sogar das Ergebnis der Begutachtung bei Kenntnis einiger Gutachterpersonen schon im Vorfeld ausmalen.

1256 OLG Köln, DAR 2013, 530.

b) Privatsachverständigengutachten

Die Verteidigung ist vor dem Hintergrund des Dargestellten oftmals gezwungen, auf Privatgutachter auszuweichen. Ein Privatsachverständigengutachten ist zum einen anzuraten, wenn sich das Gericht zur Einholung eines Gutachtens weigert. Aber auch, wenn ein gerichtlich eingeholtes Gutachten – mit nachteiligem Ergebnis für den Betroffenen – bereits vorliegt, kommt der Betroffene nicht umhin, zu seiner Entlastung und Entkräftung der u.U. nicht sorgfältig gewonnenen Ergebnisse des gerichtlich bestellten Gutachters ein privates Gegengutachten zur Messung bzw. Ladungssicherung oder zum Verkehrsunfall in Auftrag zu geben. Dem Rechtsanwalt wird es nur bei offenkundigen Fehlern im ersten Gutachten gelingen, dieses zu entkräften. Zwar muss der Betroffene im Bußgeldrecht nicht seine Unschuld nachweisen, sondern die Strafverfolgungsorgane dem Betroffenen eine rechtswidrige und vorwerfbare Handlung, die den Tatbestand eines Gesetzes verwirklicht (§ 1 I OWiG). Die Zeichen stehen hier jedoch ohne Privatgutachten in beiden Szenarien auf Verurteilung.

Angesichts der Bearbeitungszeit von mehreren Wochen durch den Privatgutachter ist es notwendig, diesen rechtzeitig zu beauftragen, damit die Ergebnisse in einem Bußgeldverfahren in erster Instanz zugunsten des Betroffenen noch berücksichtigt werden können. Bei einem unfallanalytischen Gutachten sollte nicht nur das Fahrzeug des Betroffenen noch zur Verfügung stehen, meist ist es notwendig, auch die Unfallspuren beim unfallgegnerischen Pkw zu untersuchen. Der Privatgutachter muss je nach Einzelfall unter Umständen Lichtbilder bei den Kfz-Versicherungen anfordern, wenn die Qualität der Fotoaufnahmen der Polizei aus der Akte der Bußgeldstelle nicht ausreicht. Kommt das Privatgutachten zu vorteilhaften Ergebnissen, sollte es rechtzeitig vor dem Gerichtstermin eingereicht werden. Die Verteidigung muss auf einer Ladung des Privatgutachters bestehen, ansonsten wird der Antrag der Verteidigung auf Ladung seiner Person oftmals unbeachtet gelassen. Weigert sich das Gericht, den Privatsachverständigen zu laden, etwa mit dem Argument, es sei bereits ein Gutachter gerichtlich bestellt worden, kommt die Verteidigung nicht umhin, über die Vorschriften des Selbstladungsverfahrens gem. §§ 220, 38 StPO i.V.m. § 46 OWiG vorzugehen (vgl. nächster Abschnitt).[1257] Hierdurch kann die Ladung und Vernehmung des vom Betroffenen in Auftrag gegebenen Privatgutachters letztlich erzwungen werden.

c) Kosten des Privatgutachters

Hat der Betroffene eine Rechtsschutzversicherung,[1258] ist ein Privatsachverständigengutachten von der Deckungszusage umfasst. Sofern dieses für die Verteidigung im Bußgeldverfahren erforderlich ist, trägt der Rechtsschutzversicherer – im Gegen-

---

1257 Fromm, SVR 2011, 132 ff.

1258 *Schäpe*, in Buschbell, Verkehrsrecht, § 3 Rn 64, schätzt, dass im Verkehrsrecht in etwa 70 % der Fälle eine Rechtsschutzversicherung und Kostendeckung besteht.

satz zum Zivilverfahren (Unfallregulierung) – im Rahmen der Verteidigung gegen den Vorwurf einer Ordnungswidrigkeit auch die Kosten eines Privatgutachtens. Ist der Betroffene nicht versichert, so lohnen sich die Kosten für ein Privatsachverständigengutachten gleichwohl, wenn man die Konsequenzen berücksichtigt, die eine Verurteilung nach sich ziehen kann (Punkteaufaddierung, Entziehung der Fahrerlaubnis). Dass die Kosten nur von Mandanten mit entsprechenden finanziellen Möglichkeiten aufgebracht werden können und damit auch die Qualität der Verteidigung verbessern können, ist nichts Unübliches.

Im Falle der Verfahrensförderung ist die Erstattungsfähigkeit eines Privatgutachters zu bejahen, wenn er vor Gericht vernommen wurde.[1259] Das Gericht hat auf Antrag nach § 220 III StPO anzuordnen, dass diesem die gesetzliche Entschädigung aus der Staatskasse zu gewähren ist.

4. Widerstreitende Ergebnisse der Gutachter

Kommen der gerichtlich bestellte und private Gutachter zu unterschiedlichen Ergebnissen, und können beide gleichermaßen ihre Auffassungen jeweils nachvollziehbar begründen, so kann durch den Bußgeldrichter nicht mehr ohne Weiteres eine Verurteilung wegen der zum Vorwurf gemachten Ordnungswidrigkeit erfolgen. Für das Gericht steht nicht (mehr) mit an Sicherheit grenzender Wahrscheinlichkeit fest, dass sich der Fahrzeugführer rechtswidrig und vorwerfbar verhalten hat. In dieser Verfahrenslage ist das Gericht regelmäßig dazu bereit, das Verfahren aus verfahrensökonomischen Erwägungen gem. § 47 II OWiG einzustellen, ansonsten bleibt nur ein Obergutachten. Die Verteidigung sollte nicht zögern, Einwände gegen vom Gericht benannte Obergutachter vorzubringen, wenn sie Bedenken an dessen Fachkunde bzw. Unabhängigkeit hat.

5. Fazit und Zusammenfassung

1. Bußgeldrechtlich gelagerte Tatvorwürfe sind in vielen Fällen abhängig von technisch-physikalisch gelagerten Sonderfragen, die nur durch Anfertigung von Sachverständigengutachten entschieden werden können.
2. Diese Grundkonstellation besteht nicht nur bei Messverfahren bei Geschwindigkeitsüberschreitungen und Rotlichtverstößen, sondern darüber hinaus bei angeblichen Ladungsverstößen, Fahrzeugmängeln sowie Zuwiderhandlungen gegen die Straßenverkehrsordnung.
3. Anlass für die Einholung eines Sachverständigengutachtens besteht für den Bußgeldrichter bei so genannten „standardisierten Messverfahren“ nach st.

1259 LG Köln, zfs 1999 258.

Rspr. nur, wenn konkrete Anhaltspunkte für technische Fehlfunktionen des Messgerätes bestehen. Messfehler können aber von nicht sachverständigen Personen kaum festgestellt werden, da sich dazu regelmäßig keine Anhaltspunkte in der Akte befinden.
4. Um Messfehler aufzudecken oder sich gegen fehlerhafte Tatvorwürfe zu verteidigen, muss der Vorgang durch einen Sachverständigengutachter überprüft werden, oftmals verbleibt dem Betroffenen nur ein Privatgutachten. Ansonsten ist eine Verurteilung des Betroffenen so gut wie sicher.
5. Ein Privatgutachten kann ebenfalls in Auftrag gegeben werden zur Entkräftung der u.U. nicht sorgfältig gewonnenen Ergebnisse des gerichtlich bestellten Gutachters. Eine nicht für technisch-physikalische bzw. unfallanalytische Fragen ausgebildete Person kann in der Regel die Schwachstellen und Fehler in Gutachten nicht erfolgreich angreifen.
6. Weigert sich das Gericht, den Privatsachverständigen zu laden und damit anzuhören, kann die Verteidigung dies über die Vorschriften des Selbstladungsverfahrens gem. §§ 220, 38 StPO i.V.m. § 46 I OWiG erzwingen.
7. Der Rechtsschutzversicherer trägt im Rahmen der Verteidigung gegen den Vorwurf einer Verkehrsordnungswidrigkeit die Kosten eines Privatgutachtens, das Risiko der Rückerstattung besteht nicht.
8. Kommt der Privatgutachter zu anderen Ergebnissen als der gerichtlich bestellte Gutachter, so kann diese „Pattsituation" von der Verteidigung dazu genutzt werden, auf eine Einstellung des Verfahrens aus Opportunitätsgründen hinzuwirken, ansonsten bedarf es der Einholung eines Obergutachtens.

V. Privatgutachten und Selbstladungsverfahren

Die Auswahl der zuzuziehenden Sachverständigen und die Bestimmung ihrer Anzahl erfolgt gem. § 73 I 1 StPO i.V.m. § 46 I OWiG durch den Richter. In Bußgeldverfahren gelingt es dem Verteidiger bedauerlicherweise nur in den seltensten Fällen, im Falle einer (weiteren) technischen Aufklärungsbedürftigkeit des Sachverhalts einen von ihm favorisierten Sachverständigengutachter auszuwählen (s.o.). Oftmals wird dem Verteidiger nicht einmal die Gelegenheit gegeben, vor der Auswahl eines Sachverständigen hierzu Stellung zu nehmen.[1260] Es kann ratsam sein, dass der Betroffene ein Privatgutachten zur Steigerung der Erfolgsaussichten oder als Gegengewicht zu einem staatlich bestellten Sachverständigengutachten in Auftrag gibt (s.o.). Legt der Verteidiger nach der schriftlichen Erstellung das seinen Mandanten entlastende Privatgutachten im Hauptverfahren vor, so lehnt der Bußgeldrichter

1260 Vgl. Nr. 70 RiStBV.

den Antrag auf Ladung des Privatgutachters neben dem vom ihm ausgewählten Sachverständigengutachter regelmäßig ab. In diesem Falle kommt das Selbstladungsverfahren zum tragen,[1261] nach dem der Betroffene Sachverständige unmittelbar laden lassen kann (§§ 220 I, 38 StPO i.V.m. § 71 I OWiG). Nach § 245 I StPO, der auf das Ordnungswidrigkeitenverfahren anwendbar ist,[1262] ist die Beweisaufnahme auf alle vom Gericht vorgeladenen und auch erschienenen Zeugen und Sachverständigen zu erstrecken, es sei denn, dass die Beweiserhebung unzulässig ist. Bedeutsam ist, dass ein Beweisantrag auf Vernehmung eines präsenten (weiteren) Sachverständigen nicht aus dem Grunde zurückgewiesen werden darf, dass das Gegenteil der Beweisbehauptung wegen des – im Auftrag des Gerichts – erstatteten Gutachtens erwiesen ist.[1263] Da die Umsetzung dieser Vorschriften aus Verteidigersicht immer wieder Probleme bereitet, zumindest für viele Verteidiger aufgrund ihrer Komplexität eine Hürde darstellt, sollen nachfolgend die wichtigsten Schritte durch Musterschreiben exemplarisch dargestellt werden.

1. Namhaftmachung des Sachverständigen

Der Betroffene hat die von ihm unmittelbar geladenen oder zur Hauptverhandlung zu stellenden Sachverständigen gem. § 222 II StPO rechtzeitig dem Gericht und der Staatsanwaltschaft namhaft zu machen und ihren Wohn- oder Aufenthaltsort anzugeben.

Ist jedoch ein zu vernehmender Sachverständiger dem Gegner des Antragstellers so spät namhaft gemacht oder eine zu beweisende Tatsache so spät vorgebracht worden, dass es dem Gegner an der zur Einziehung von Erkundigungen erforderlichen Zeit gefehlt hat, so kann er gem. § 246 II StPO bis zum Schluss der Beweisaufnahme die Aussetzung der Hauptverhandlung zum Zweck der Erkundigung beantragen.

Amtsgericht D
z. Hd. Herrn Richter C.

Datum
Sekretariat
e-mail :
Az.:

– 2070 Js 53754/08.9 OWi –

1261 *Breyer/Endler/Thurn*, Strafrecht, 2006, S. 223 ff.
1262 Seitz, in *Göhler*, OWiG, § 71, Rn 38 b.
1263 *Fischer*, in KK-StPO, § 245 Rn 30.

Sehr geehrter Herr Richter C.,

in obiger Angelegenheit übersenden wir Ihnen anliegendes eingeholtes Privatgutachten des Dipl.-Ing. M., Adresse. Wir bitten höflich um Weiterleitung des Gutachtens an den Sachverständigengutachter B. Herr Dipl.-Ing. M. hat Kenntnis vom Termin am 20.4.2010. Wir bitten höflich, seine Ladung zu veranlassen.

Dr. F.
Rechtsanwalt
Fachanwalt für Strafrecht

Oft „sieht das Gericht keinen Anlass", neben einem staatlich bestellten Sachverständigengutachter auch noch den vom Betroffenen beauftragten zu laden. In diesem Fall greift Gliederungspunkt 2. ein.

2. Ladungsschreiben an den Sachverständigen

Um das Privatgutachten zum Gegenstand des gerichtlichen Bußgeldverfahren zu machen, muss der vom Betroffenen beauftragte Gutachter zunächst geladen werden, erscheinen und sein Gutachten erstatten. Kann der – anwaltlich vertretene – Betroffene den von ihm bevorzugten Sachverständigen nicht durchsetzen, so muss er sicherstellen, dass dieser dennoch als weiterer Sachverständiger – möglichst von Beginn der Sitzung an[1264] – in der Hauptverhandlung anwesend ist. Der Betroffene (§ 220 Abs 1 StPO) und sein gesetzlicher Vertreter (§ 298 StPO) haben die Befugnis, gem. § 38 StPO Sachverständige unmittelbar zu laden. Eine unmittelbar geladene Person ist nach § 220 II StPO nur dann zum Erscheinen verpflichtet, wenn ihr bei der Ladung die gesetzliche Entschädigung für Reisekosten und Versäumnis bar dargeboten oder deren Hinterlegung bei der Geschäftsstelle nachgewiesen wird.[1265] Darüber hinaus muss der Sachverständige im Ladungsschreiben auf die Folgen des Ausbleibens hingewiesen werden; der Wortlaut der Bestimmung des § 77 StPO sollte daher abgeschrieben werden.

An
Dipl.-Ing. Joachim M.
Adresse

1264 *Pfordte/Bosbach,* in Beck'sche Online Formulare, Prozessrecht, 20.8 Selbstladung eines Sachverständigen, Zustellungsersuchen und Beweisantrag, Rn 15.

1265 Das Angebot hat bei der Barentschädigung durch den Zusteller zu erfolgen, dem der erforderliche Geldbetrag zu übergeben ist.

Betrifft: Ladung zum Hauptverhandlungstermin des Amtsgerichts am 20.4.2010, 10:00 Uhr im Bußgeldverfahren gegen Herrn C.

Az.: 2070 Js 53754/08.09 OWi

Sehr geehrter Herr M.,

im Ordnungswidrigkeitenverfahren gegen Herrn C. lade ich Sie hiermit in meiner Eigenschaft als Verteidiger des Herrn Bernd C. als Sachverständiger zu der

am 20.4.2010, 10:00 Uhr, stattfindenden Hauptverhandlung des Amtsgerichts D., Adresse. Saal 212.
Die Ihnen für Ihre Tätigkeit als Sachverständige vor Gericht zustehende Entschädigung für Reisekosten und Versäumnis ist bei dem oben genannten Gericht hinterlegt.*

Ich weise Sie daraufhin, dass Ihnen im Falle Ihres Nichterscheinens die durch Ihr Ausbleiben verursachten Kosten auferlegt werden können. Zugleich kann gegen Sie ein Ordnungsgeld und für den Fall, dass dieses nicht beigetrieben werden kann, Ordnungshaft festgesetzt werden. Es kann weiterhin die zwangsweise Vorführung angeordnet werden. Diese Maßnahmen unterbleiben, wenn Sie im Falle Ihrer Verhinderung dies dem Gericht mitteilen.

Die Selbstladung basiert auf §§ 220, 38 StPO und § 46 I OWiG.

Mit freundlichen Grüßen

Dr. F.
Rechtsanwalt

* Zum Nachweis sollte dem Sachverständigen eine über die Hinterlegung ausgestellte Bestätigung ausgehändigt werden.

In obiger Sache hat Herr Rechtsanwalt ..... zur Deckung der gesetzlich vorgesehenen Entschädigung für Reisekosten und Versäumnis von Dipl.-Ing. Joachim M. ..... (Name des Sachverständigen) als unmittelbar geladener Sachverständigen einen Betrag von ..... EUR (in Worten: ..... EUR) bei der unterzeichneten Gerichtskasse hinterlegt.

Hinterlegungs-Nr. .....

Az.: .....

..... Amtsgericht .....

3. Ladungsauftrag an den Gerichtsvollzieher

Mit der Zustellung der Ladung ist gem. § 38 StPO der (örtlich zuständige) Gerichtsvollzieher zu beauftragen.

An
Obergerichtsvollzieher S.
Bergstraße
D.

Sehr geehrter Herr Obergerichtsvollzieher S.,

im Ordnungswidrigkeitenverfahren gegen Herrn C., den ich laut anliegender Vollmacht anwaltlich vertrete, bitte ich Sie höflich um Zustellung anliegender Selbstladung des Sachverständigen M., Adresse. Bitte übergeben Sie dem Sachverständigen Herrn M. anliegende Ladung zum Gerichtstermin am Montag, den 20.4.2010, 10:00 Uhr beim Amtsgericht D. Saal 212, kurz vor der Verhandlung.[1266]

Wir bitten, die Ladung zum oben genannten Zeitpunkt zuzustellen und uns sodann die beglaubigte Abschrift der Ladung nebst Zustellungsurkunde zurückzusenden.

Mit freundlichen Grüßen

Dr. F.
Rechtsanwalt
Fachanwalt für Strafrecht

4. Zustellungsurkunde zum Ladungsnachweis

Der Ladungsnachweis ist für den Betroffenen von besonderer Wichtigkeit, da das Gericht sonst keine Verpflichtung zur Vernehmung des Sachverständigen hätte.[1267] Er ist daher dem Gericht nach Ausführung der Ladung durch den Gerichtsvollzieher zu übergeben. Der Gerichtsvollzieher hat die Zustellungsurkunde als Ladungsnachweis dem – anwaltlich vertretenen – Betroffenen zu übergeben.

1266 Eine ordnungsgemäße Zustellung kann auch durch den Gerichtsvollzieher kurz vor dem Stattfinden der Hauptverhandlung beim Amtsgericht vorgenommen werden, *Pfordte/Bosbach*, in: Beck'sche Online Formulare, 20.8 Selbstladung eines Sachverständigen, Zustellungsersuchen und Beweisantrag, Rn 2.

1267 *Fischer*, in KK-StPO, § 245 Rn 24.

5. Beweisantrag auf Vernehmung des präsenten Sachverständigen in der Hauptverhandlung

Zu einer Erstreckung der Beweisaufnahme auf die vom Betroffenen oder der Staatsanwaltschaft vorgeladenen und auch erschienenen Zeugen und Sachverständigen sowie auf die sonstigen herbeigeschafften Beweismittel ist das Gericht gem. § 245 II StPO i.V.m. § 71 I OWiG nur verpflichtet, wenn ein Beweisantrag gestellt wird.[1268]

An das
Amtsgericht D
z. Hd. Herrn Richter C.

Datum
Sekretariat
e-mail :
Az.:

In dem Ordnungswidirgekeitenverfahren
Cramer, B.
– 2070 Js 53754/08.9 OWi –

wird beantragt,

zum Beweis der Tatsache,

1. dass der Betroffene mit seinem Fahrzeug am 12.3.2008, 18.10 Uhr im Zeitpunkt der Kollision mit der Unfallgegnerin gemäß seiner Einlassung vom 23.6.2008 stand,
2. dass das Betroffenenfahrzeug nicht auf die rechte Fahrspur der Kölner Straße in Fahrtrichtung Birnbach eingefahren wurde, obwohl sich der von links nähernde Pkw VW der Unfallgegnerin im übersehbaren Bereich befand,

den von der Verteidigung geladenen und erschienenen Gutachter Dipl.-Ing. Joachim M., Adresse als Sachverständigen, zu vernehmen.

Begründung:

Der Gutachter Dipl.-Ing. Joachim M. ist ausgewiesener Spezialist auf dem Gebiet des Verkehrsunfallrekonstruktion.

1268 *Fischer,* in KK-StPO, § 245 Rn 26.

Aus dem Privatgutachten des zu vernehmenden Sachverständigengutachters, welches dem Amtsgericht bereits vorab per Telefax zugänglich gemacht wurde, kommt der Sachverständige zu dem Prüfungsergebnis, dass sich die Kollision in einer groben Unaufmerksamkeit der Zeugin P. begründen muss, da sich der Betroffene, wie auch die Zeugin G. bestätigt, bereits geraume Zeit vor dem Unfall mit seinem Fahrzeug in unveränderter Position im Stillstand befand. Ferner stellt der Privatgutachter M. fest, dass eine Bewegung des Opel Omega, den der Betroffene steuerte, im Zeitpunkt der Kollision nicht festzustellen ist.

Die Ergebnisse des Privatsachverständigen weichen daher erkennbar vom Gutachten des Sachverständigen B. ab, so dass die Aufklärung des Sachverhaltes die Vernehmung des Sachverständigen M. erforderlich ist. Der bußgeldrechtliche Vorwurf wird sich nach der Vernehmung des Sachverständigen nicht mehr halten lassen.

Der Gutachter Dipl.-Ing. Joachim M. ist zum Hauptverhandlungstag auf die Ladung durch den Gerichtsvollzieher ... erschienen – Ladungsnachweis beigefügt – .

Dr. F
Rechtsanwalt
Fachanwalt für Strafrecht

6. Kosten des Privatgutachters

Die Rechtsschutzversicherung des Betroffenen übernimmt die für die Verteidigung in Verfahren wegen Verletzung einer verkehrsrechtlichen Vorschrift des Ordnungswidrigkeitenrechts erforderlichen Kosten eines Gutachtens, das vom Versicherungsnehmer in Auftrag gegeben wird. Bei dem Sachverständigengutachter muss es sich um einen öffentlich bestellten technischen Sachverständigengutachter handeln.[1269] Der Betroffene muss sich daher nicht um die Kosten dieses Sachverständigengutachtens sorgen, soweit dieses erforderlich ist, um erhobenen Schuldvorwurf zu erschüttern.

Ergibt sich in der Hauptverhandlung, dass die Vernehmung einer unmittelbar geladenen Person zur Aufklärung der Sache dienlich war, so hat das Gericht auf Antrag nach § 220 III StPO anzuordnen, dass ihr die gesetzliche Entschädigung aus der Staatskasse zu gewähren ist. Im Bußgeldverfahren spielt die Vorschrift des § 220 III StPO wegen der Kostendeckung der Rechtsschutzversicherung eine eher untergeordnete Rolle. Sollte im Einzelfall keine Rechtsschutzversicherung vorliegen, so muss der Verteidiger darauf bedacht sein, die Kosten für seinen Mandanten möglichst niedrig zu halten, so dass sich empfiehlt, stets den Antrag zu stellen, die Sachdienlichkeit der Vernehmung nach § 220 III StPO festzustellen.[1270]

1269 *Böhme*, Allgemeine Bedingungen für die Rechtsschutzversicherung (ARB), S. 86, Rn 33.
1270 *Pfordte/Degenhard*, Der Anwalt im Strafrecht, 2005, § 15 Rn 46.

An das
Amtsgericht D.

Im Bußgeldverfahren

gegen Herr C.
Az.: ...

hat sich in der Hauptverhandlung ergeben, dass die Vernehmung des geladenen Sachverständigen zur Aufklärung der Sache dienlich war. Er konnte belegen, dass der Verkehrsunfall nicht auf dem Verschulden des Betroffenen beruhte.

Es wird daher beantragt,

ihm die gesetzliche Entschädigung aus der Staatskasse zu gewähren.

Dr. F.
Rechtsanwalt

7. Rechtsbeschwerde

Lehnt der Richter den Beweisantrag der Verteidigung auf Erstattung des Gutachtens durch den präsenten Sachverständigen zu Unrecht und unter Verkennung von § 245 I StPO ab, so muss der Verteidiger im Rahmen der dann einzulegenden Rechtsbeschwerde Verfahrensrüge, die den strengen Anforderungen der § 79 III OWiG i.V.m. § 344 II 2 StPO genügen muss, erheben.

8. Fazit und Ausblick

Selbst erfahrene Obergerichtsvollzieher haben mir inzwischen schon bestätigt, dass ich in ihrer langjährigen beruflichen Tätigkeit der einzige Rechtsanwalt war, der vom Selbstladungsverfahren Gebrauch gemacht hat. Wegen der Seltenheit der Anwendung der Vorschriften der §§ 245, 220, 38 StPO kann auch beim Gerichtsvollzieher kein umfassendes Wissen über das Procedere im Selbstladungsverfahren vorausgesetzt werden. Vielen Rechtsanwälten schein weder der Umstand bekannt zu sein, dass die Rechtsschutzversicherungen die erforderlichen Kosten eines (Privat-)Gutachtens übernehmen, noch ihre Zuständigkeit, Privatgutachter gem. § 220 StPO unmittelbar laden zu lassen. Zwar ist das Kapitel Selbstladungsverfahren von Sachverständigen oft Teil des Fachanwaltskurses im Strafrecht, die Übertragbarkeit der Vorschriften der Strafprozessordnung auf Ordnungswidrigkeiten über §§ 46 I, 71 I OWiG wird dagegen oft übersehen. Da der Verteidiger alle Hebel in Bewegung setzen muss, um für seinen Mandanten den Vorwurf aus dem Bußgeldbescheid auszuräumen, sollte von der Beauftragung von Privatgutachtern und erforderlichenfalls dem Selbstladungsverfahren erheblich häufiger Gebrauch gemacht werden.

9. Rechtsprechung in Zivilsachen

Der Bundesgerichtshof musste sich in Zivilsachen vermehrt mit der Problematik auseinandersetzen, wenn eine Partei ein (Privat-) Gutachten vorlegt, das im Gegensatz zu den Erkenntnissen des gerichtlichen Sachverständigen steht.[1271] Das Privatgutachten wurde in den Entscheidungen erheblich aufgewertet. Die Beschlüsse können auf das Straf- und Bußgeldrecht übertragen werden. Der BGH entschied, dass dann das Gericht die Widersprüche nicht dadurch ausräumen dürfe, dass es ohne einleuchtend und logisch nachvollziehbare Begründung einem der Gutachten den Vorzug gebe. Das Gericht dürfe die Ergebnisse eines vorgelegten Privatgutachtens nicht übergehen. Einwände, die sich aus einem Privatgutachten gegen das Gutachten des gerichtlichen Sachverständigen ergäben, müsse das Gericht ernst nehmen und ihnen nachgehen und den Sachverhalt weiter aufklären. Dazu könne es den Sachverständigen zu einer schriftlichen Ergänzung seines Gutachtens veranlassen oder ihn anhören. Ferner sei es zweckmäßig, den Sachverständigen unter Gegenüberstellung mit dem Privatgutachter anzuhören, um dann entscheiden zu können, wieweit es den Ausführungen des Sachverständigen folgen will. Wenn der gerichtlich bestellte Sachverständige weder durch schriftliche Ergänzung seines Gutachtens noch im Rahmen seiner Anhörung die sich aus dem Privatgutachten ergebenden Einwendungen auszuräumen vermag, müsse der Tatrichter im Rahmen seiner Verpflichtung zur Sachaufklärung ein Obergutachten einholen.

Verletzt das Gericht diese Vorgaben, das Recht der Partei auf rechtliches Gehör verletzt.[1272]

F. Nichtgewährung des letzten Wortes

Dem Betroffenen ist auch im Bußgeldrecht das letzte Wort zu erteilen (§§ 71 Abs. 1 OWiG, 258 Abs. 2, 3 StPO). Das letzte Wort ist ein höchstpersönliches Recht des Betroffenen, das Gericht ist daher nicht verpflichtet, es an Stelle des nach § 73 II OWiG entbundenen Betroffenen dem Verteidiger zu erteilen. Die Erteilung des letzten Wortes gehört zu den wesentlichen Förmlichkeiten der Hauptverhandlung (§§ 273 Abs. 1 StPO, 46 Abs. 1 OWiG), deren Einhaltung gemäß §§ 274 StPO, 46 Abs. 1 OWiG nur durch das Protokoll bewiesen werden kann.[1273] Der Verfahrensverstoß, Nichterteilung des letzten Wortes, kann auf Grund der negativen Beweiskraft des Protokolls festgestellt werden.[1274] Das OLG Koblenz[1275] nahm an, dass das Beruhen des Urteils

1271 NJW-RR 2009, 1192; BGH, Beschl. v. 12.1.2011 – IV ZR 190/08 (BeckRS 2011, 02152).
1272 BGH, Beschl. v. 12.1.2011 – IV ZR 190/08 (BeckRS 2011, 02152).
1273 BGHSt 22, 278 280; *OLG Jena*, VRS 108, 215.
1274 *BGH*, a.a.O.
1275 NZV 2009, 51.

auf Verstößen gegen §§ 258 Abs. 2 Hs. 2, Abs. 3 StPO, 71 Abs. 1 OWiG nur in besonderen Ausnahmefällen ausgeschlossen werden könne.[1276] Nur bei einem Geständnis des Betroffenen könne in der Regel der Schuldspruch aufrechterhalten werden.[1277] Das Urteil muss jedenfalls dann, wenn der Sachverhalt nicht völlig eindeutig ist, erkennen lassen, welchen genauen Inhalt die Einlassung hatte, so dass das Rechtsbeschwerdegericht den Umfang und die Tragweite des Geständnisses prüfen kann.[1278] Das Urteil kann auf der Nichtgewährung des letzten Wortes für den Betroffenen auch beruhen, wenn der Verteidiger bereits einen für den Betroffenen günstigen Antrag gestellt hat.[1279]

Der Zulassungsgrund gem. § 80 I Nr. 2 OWiG ist nur gegeben, wenn es nicht zweifelhaft ist, dass das Urteil einer Nachprüfung durch das BVerfG nicht standhalten würde; denn nach dem Sinn und Zweck der Vorschrift und ihrer Entstehungsgeschichte soll der vorbezeichnete Zulassungsgrund lediglich eine sonst begründet erscheinende Verfassungsbeschwerde ersparen.[1280] Eine Verfassungsbeschwerde wegen Verletzung des Prozessgrundrechtes nach Art. 103 I GG hat Erfolg, wenn sie gem. § 93 a BVerfGG zuzulassen ist und die Verletzung der einfachgesetzlichen Verfahrensnorm zugleich das unabdingbare Maß des verfassungsrechtlich verbürgten rechtlichen Gehörs verkürzt. Dies ist der Fall, wenn durch die Nichtgewährung des letzten Wortes dem Betroffenen keine Möglichkeit eingeräumt worden wäre, sich zu allen entscheidungserheblichen und ihm nachteiligen Tatsachen und Beweisergebnissen zu äußern, und das Urteil hierauf beruhen könnte. Der Betroffene muss bei der zulassungsbedürftigen Rechtsbeschwerde, mit der er die Verletzung rechtlichen Gehörs rügt, insbesondere darlegen, was er im Falle seiner Anhörung geltend gemacht hätte. Dieser Vortrag ist nach ganz herrschender Meinung in Rechtsprechung und Schrifttum Voraussetzung der Zulässigkeit eines auf die Verletzung des rechtlichen Gehörs gestützten Zulassungsantrages.[1281] Dem steht nicht entgegen, dass bei einer zulässigen Rechtsbeschwerde (ebenso wie bei einer zulässigen Revision) eine mit der Nichtgewährung des letzten Wortes begründete Verfahrensrüge in aller Regel keine Ausführungen dazu erfordert, was der Betroffene im Falle der Gewährung des letzten Wortes vorgetragen hätte.[1282] Der Grund für den Verzicht auf entsprechende Ausführungen liegt darin, dass ein Beruhen der Entscheidung auf diesem Verfahrensfehler i.S.d. § 337 Abs. 1 StPO bereits dann angenommen wird, wenn sich eine Ursächlichkeit

---

1276 Seitz, in *Göhler*, OWiG, § 71 Rn 39 m.w.N.

1277 *BGH*, NJW 2007, 2419 BGHR StPO, § 258 Abs. 3 Letztes Wort 5; *Meyer-Goßner*, a.a.O., § 258 Rn 34 m.w.N.

1278 *OLG Koblenz*, NZV 2009, 51.

1279 *OLG Brandenburg*, NZV 2003, 100.

1280 *BVerfG*, NJW 1992, 2811 = NZV 1992, NZV 1992 285; Seitz, in *Göhler*, OWiG, § 80 Rn 16 a.

1281 *OLG Hamm*, VRS 97 (1999), 142, 143; *OLG Düsseldorf*, VRS 94 (1998), 281, 282; *BayObLG*, NZV 1999, 99; DAR 1993, 375.

1282 BGHSt 21, 288, 290; KK-*Schoreit*, StPO, 5. Aufl., § 258 Rn 36; *Meyer-Goßner*, StPO, § 258 Rn 33.

nicht ausschließen lässt,[1283] und dass ein Beruhen des Urteils auf der Versagung des Schlussgehörs nur in besonderen Ausnahmefällen ausgeschlossen werden kann.[1284] Im Zulassungsverfahren nach § 80 OWiG gelten hingegen andere Maßstäbe.[1285]

Praxistipp

Die Nichtgewährung des letzten Wortes im Bußgeldverfahren ist mit einer den Anforderungen der §§ 79 Abs. 3 Satz 1 OWiG, 344 Abs. 2 Satz 2 StPO genügenden Verfahrensrüge geltend zu machen.

G. Ausschließung und Ablehnung des Bußgeldrichters

Nach § 24 I StPO kann ein Richter sowohl in den Fällen, in denen er von der Ausübung des Richteramtes kraft Gesetzes ausgeschlossen ist, als auch wegen Besorgnis der Befangenheit abgelehnt werden. Das Ablehnungsrecht steht gem. § 24 III StPO der Staatsanwaltschaft, dem Privatkläger und dem Beschuldigten zu. Den zur Ablehnung Berechtigten sind auf Verlangen die zur Mitwirkung bei der Entscheidung berufenen Gerichtspersonen namhaft zu machen. Die Vorschriften der Ablehnung von Richtern wegen Befangenheit (§§ 22ff. StPO) sind über § 46 I OWiG auch im Bußgeldrecht anwendbar[1286] und haben eine nicht zu unterschätzende praktische Relevanz. Die herausragende Bedeutung ist bereits daran abzulesen, dass die Mitwirkung eines kraft Gesetzes von der Ausübung des Richteramtes ausgeschlossenen oder abzulehnenden Richters ein absoluter Rechtsbeschwerdegrund gem. § 338 I Nr. 2 bzw. Nr. 3 StPO i.V.m. § 71 I OWiG ist.

I. Ausschluss eines Richters von der Mitwirkung an einer Entscheidung

In den Fällen der §§ 22, 23 StPO i.V.m. § 46 I OWiG gilt der Richter kraft Gesetzes als von der Ausübung des Richteramtes ausgeschlossen. Der Ausschluss ist also von Amts wegen zu beachten, was nicht bedeuten soll, dass der Verteidiger die Tatsachen, die zur Ausschließung führen, herausarbeiten muss.

1. Ausschließung eines Richters kraft Gesetzes gem. § 22 StPO i.V.m. § 46 I OWiG

Nach § 22 StPO i.V.m. § 46 I OWiG ist ein Richter von der Ausübung des Richteramtes kraft Gesetzes ausgeschlossen, 1. wenn er selbst durch die Straftat verletzt ist;

1283 BGHSt 21, 288, 290; 22, 278, 280f.
1284 BGHSt 21, 288, 290; 22, 278, 281.
1285 *OLG Jena*, Beschl. v. 9.12.2003, 1 Ss 314/03.
1286 *OLG Bremen*, NJW 1962, 359; VRS 42, 46.

2. wenn er Ehegatte, Lebenspartner, Vormund oder Betreuer des Beschuldigten oder des Verletzten ist oder gewesen ist; 3. wenn er mit dem Beschuldigten oder mit dem Verletzten in gerader Linie verwandt oder verschwägert, in der Seitenlinie bis zum dritten Grad verwandt oder bis zum zweiten Grad verschwägert ist oder war; 4. wenn er in der Sache als Beamter der Staatsanwaltschaft, als Polizeibeamter, als Anwalt des Verletzten oder als Verteidiger tätig gewesen ist; 5. wenn er in der Sache als Zeuge oder Sachverständiger vernommen ist.

2. Ausschließung bei Mitwirkung in früheren Verfahren gem. § 23 I StPO i.V.m. § 46 I OWiG

Nach § 23 I StPO i.V.m. § 46 I OWiG ist ein Richter, der bei einer durch ein Rechtsmittel angefochtenen Entscheidung mitgewirkt hat, von der Mitwirkung bei der Entscheidung in einem höheren Rechtszuge kraft Gesetzes ausgeschlossen. Abs. 2 der Vorschrift bestimmt, dass ein Richter, der bei einer durch einen Antrag auf Wiederaufnahme des Verfahrens angefochtenen Entscheidung mitgewirkt hat, von der Mitwirkung bei Entscheidungen im Wiederaufnahmeverfahren kraft Gesetzes ausgeschlossen ist. Ist die angefochtene Entscheidung in einem höheren Rechtszug ergangen, so ist auch der Richter ausgeschlossen, der an der ihr zugrunde liegenden Entscheidung in einem unteren Rechtszug mitgewirkt hat. Die Sätze 1 und 2 gelten entsprechend für die Mitwirkung bei Entscheidungen zur Vorbereitung eines Wiederaufnahmeverfahrens.

II. Ablehnung des Richters wegen Besorgnis der Befangenheit, § 24 II StPO i.V.m. § 46 I OWiG

Das Instrumentarium des Befangenheitsantrages soll bezwecken, die Richterbank freizuhalten von Richtern, die dem Betroffenen und dem Verfahrensgegenstand nicht mit der erforderlichen Distanz gegenüberstehen[1287] und soll das Vertrauen des Bürgers in die Rechtsordnung erhalten.[1288] Der Befangenheitsantrag ist teilweise als Mittel der Konfliktverteidigung verschrien und wird deshalb von vielen belächelt oder als nicht seriöse Form des Auftretens und Verteidigens abgetan. Kaum ein Rechtsanwalt wird jedoch mit dem Ziel der Ablehnung eines Richters in einen Prozess gehen. Es bedarf keiner weiteren Erwähnung, dass aus Anwaltssicht eine erfolgreiche Strafverteidigung unter Vermeidung von persönlichen Differenzen mit dem Gericht in jeder Hinsicht wünschenswert wäre. Befangenheitsanträge hinterlassen oft eine vergiftete Atmosphäre. Wird ein Befangenheitsantrag aber zu Un-

---

1287 *Pfeiffer*, Karlsruher Kommentar, StPO, 5. Aufl., § 22 Rn 1.
1288 *Krekeler*, Der befangene Richter, NJW 1981, 1633.

recht abgelehnt, so bleibt dem Betroffenen und seinem Verteidiger nur die zweite Instanz. Für diesen Fall sollte der Rechtsanwalt allerdings sein Handwerk beherrschen und keine unnötigen prozessualen Fehler begehen. Hierzu gehört zuallererst die Kunst der formell korrekten Beantragung der Besorgnis der Befangenheit. Im Detail ist das Befangenheitsrecht eine überaus komplexe Materie. Nachfolgend sollen die häufigsten Erscheinungsformen der Besorgnis der Befangenheit eines Bußgeldrichters sowie den Maßnahmen, die im Falle der Ablehnung von berechtigten Befangenheitsanträgen zu ergreifen sind, praxisnah dargestellt werden.

1. Definition der Besorgnis der Befangenheit des Richters

Im Gegensatz zum Ausschluss des Richters kraft Gesetzes oder wegen vorangegangener Mitwirkung (§§ 22, 23 StPO) ist die Entscheidung des Gerichts im Falle der Ablehnung des Richters wegen „Besorgnis der Befangenheit" konstitutiv, d.h. die gerichtliche Entscheidung kann erst die weitere Mitwirkung des Richters vermeiden. Wohlgemerkt ist ein Antrag schon bei einer Besorgnis der Befangenheit begründet, und nicht erst bei „vollendeter" Befangenheit. Diese liegt nach dem Gesetzestext vor, wenn ein Grund vorliegt, der geeignet ist, Misstrauen gegen die Unparteilichkeit eines Richters zu rechtfertigen. Das Vorliegen eines Ablehnungsgrundes ist grundsätzlich vom Standpunkt des Ablehnenden aus zu beurteilen.[1289] Dabei kommt es nicht auf die subjektive Sicht des Ablehnenden an; maßgebend sind der Standpunkt eines verständigen und vernünftigen Angeklagten und die Vorstellungen, die sich ein geistig gesunder, bei voller Vernunft befindlicher Prozessbeteiligter bei der ihm zumutbaren ruhigen Prüfung der Sachlage machen kann.[1290] Der Ablehnende muss daher Gründe vorbringen, die jedem unbeteiligten Dritten einleuchten.[1291] Misstrauen in die Unparteilichkeit des Richters ist dann gerechtfertigt, wenn der Ablehnende bei vernünftiger Würdigung aller Umstände Grund zu der Annahme hat, dass der abgelehnte Richter ihm gegenüber eine innere Haltung einnimmt, die seine Unparteilichkeit und Unvoreingenommenheit störend beeinflussen kann.[1292]

2. Gang des Verfahrens

Der Ablehnungsantrag ist in der Regel schriftlich bei dem Gericht, dem der Richter angehört, anzubringen. Nicht nur für den Betroffenen, sondern auch für die Staatsanwaltschaft ist im Bußgeldrecht das Ablehnungsrecht statthaft. Der Antrag sollte möglichst ausführlich begründet werden. Da Befangenheitsanträge in der Regel in

1289 Meyer-Goßner, StPO, § 24 Rn 6.
1290 *Benda*, Befangenes zur Befangenheit, NJW 2000, 3620.
1291 *Meyer-Goßner*, StPO,§ 24 Rn 8.
1292 *OLG Bamberg*, NJW 2006, 2341.

hektischer Atmosphäre gestellt werden, können mitgeführte Formulare verwendet werden (vgl. Formular für einen Befangenheitsantrag, weiter unten). Zusätzlich sollte die Zuleitung einer dienstlichen Stellungnahme des abgelehnten Richters, sowie die Möglichkeit der Stellungnahme hierzu beantragt und auch wahrgenommen werden. Die Abgabe einer dienstlichen Stellungnahme ist zwingend vorgeschrieben (§ 26 III StPO). Hierdurch bekommt der Verteidiger Klarheit, ob der Richter den Sachverhalt bestreitet, die rechtliche Wertung des Verteidigers und ob er sich sogar selbst für befangen hält. Der Anspruch des Antragstellers gem. § 33 II, III StPO, ihm Gelegenheit zur Kenntnisnahme zur dienstlichen Stellungnahme zu geben,[1293] wird in der Praxis oft verkannt. Der Antrag ist in der zeitlichen Grenze des § 25 StPO i. V. m. § 46 I OWiG zu stellen. Nach der Feststellung der Personalien des Betroffenen ist das Recht zur Ablehnung des Richters für die davor stattgefundenen Vorkommnisse ausgeschlossen. Danach muss die Ablehnung unverzüglich erfolgen (§ 25 II 2 StPO i. V. m. § 46 I OWiG). Dem Betroffenen wird aber eine Überlegungsfrist eingeräumt. Er muss die Gelegenheit haben sich mit seinem Verteidiger zu beraten.[1294] Der Ablehnungsgrund sowie in den Fällen des § 25 II StPO die Rechtzeitigkeit des Vorbringens sind glaubhaft zu machen. Verteidiger versichern Tatsachen üblicherweise „anwaltlich".[1295] Aufgrund der Wahrheitspflicht des Rechtsanwalts ist das Fehlen einer solchen Versicherung aber unschädlich.[1296] Als Mittel der Glaubhaftmachung reicht in jedem Fall der Verweis auf Blattzahlen der Akte und somit die Gerichtsakte.[1297] Im Falle des gänzlichen Fehlens einer Glaubhaftmachung, einer nicht rechtzeitigen Beantragung oder einer völligen Ungeeignetheit der angegebenen Gründe,[1298] verwirft der abzulehnende Richter die Ablehnung selbst nach § 26a I Nr. 2 StPO als unzulässig. Hält der abzulehnende Richter den Befangenheitsantrag dagegen für begründet, so entscheidet er ebenfalls selbst hierüber (§ 26 III 2 StPO i. V. m. § 46 I OWiG). Diese Entscheidung ist gem. § 28 I StPO i. V. m. § 46 I OWiG unanfechtbar. Sonst entscheidet über den Ablehnungsantrag gem. § 26 III StPO i. V. m. § 46 I OWiG ein anderer Richter dieses Amtsgerichts. Schon durch ein Ablehnungsgesuch wird der abgelehnte Richter gemäß § 29 I StPO grds. vorläufig amtsunfähig. Ein abgelehnter Richter hat vor Erledigung des Ablehnungsgesuchs nur solche Handlungen vorzunehmen, die keinen Aufschub gestatten. Wird ein Richter während der Hauptverhandlung abgelehnt und würde die Entscheidung über die Ablehnung (§§ 26a, 27) eine Unterbrechung der Hauptverhandlung erfordern, so kann diese nach § 29 II StPO so lange fortgesetzt werden, bis eine Entscheidung über die Ablehnung ohne Verzögerung der Hauptverhandlung möglich ist; über die Ablehnung

---

1293 BGHSt 23, 200, 203 = NJW 1970, 478.
1294 NStZ 1992, 290.
1295 *OLG Köln*, NJW 1964, 1038.
1296 *BGH*, NStZ 2007, 161; *BayObLG*, NZV 1995, 121.
1297 *OLG Düsseldorf*, IV- 5 Ss (OWi) 175/06 – (OWi) 127/06 I, NJW 2006, 3798 f. = NStZ 2007, 608.
1298 *BVerfG*, NJW 2005, 3410 [3412]; *BGH*, NJW 2005, 3434; NStZ 2006, 51.

ist spätestens bis zum Beginn des übernächsten Verhandlungstages und stets vor Beginn der Schlussvorträge zu entscheiden.

Da der Befangenheitsantrag in Bußgeldsachen nur den erkennenden Richter betreffen können, ist die Ablehnung des Befangenheitsantrages unanfechtbar (§ 28 II 2 StPO). Dieser Beschluss kann nur mit dem Urteil angefochten werden.

3. Erscheinungsformen der Befangenheit

Voreingenommenes Verhalten des Richters kann sich in vielerlei Hinsicht zeigen. In erster Linie wird Anlass einer Befangenheit ein Verhalten des Richters vor oder während der Hauptverhandlung sein. Im Strafprozess hat sich hierzu eine komplexe Einzelfallrechtsprechung entwickelt, deren umfassende Wiederholung den Rahmen des Lehrbuches sprängen würde. Es sollen im Folgenden einige ausgewählte Reibungspunkte zwischen Richter und Verteidigung bzw. Betroffenen sowie fehlerhafte Verhaltensweisen von Richtern thematisiert werden, die typischerweise das Bußgeldverfahren betreffen. Vorab sei allerdings darauf hingewiesen, dass erstinstanzlich der Richterablehnungsantrag trotz grober Fauxpas nur in eher seltenen Fällen Erfolg haben wird.[1299] Nur in Ausnahmefällen hat ein Richter die Courage, sein rüpelhaftes Vorgehen einzugestehen.

a) Streitigkeiten bei der Terminierung

Der erste Streit zwischen Verteidiger und Richter entzündet sich oftmals bereits im Rahmen der Terminierung von mündlichen Verhandlungen. Richter reagieren regelmäßig ungehalten bei Terminsverlegungsanträgen, z.B. wegen Terminskollisionen des Anwalts, die es dem Verteidiger unmöglich machen, die Hauptverhandlung wahrzunehmen. Auch im Ordnungswidrigkeitsverfahren besteht ein Recht des Betroffenen auf Beistand durch einen Verteidiger.[1300] Zwar gewährleistet Art. 103 I GG das rechtliche Gehör grundsätzlich nur als solches, nicht gerade durch Vermittlung eines Rechtsanwaltes.[1301] Das Recht auf Beistand durch einen Verteidiger kann sich jedoch aus dem Grundsatz des rechtsstaatlichen (und fairen) Verfahrens und damit aus anderen Grundrechten und Verfassungsgrundsätzen ergeben.[1302] Dabei ist ein solcher Anspruch auch im Bußgeldverfahren – und trotz § 228 II StPO, § 71 I OWiG[1303] – keineswegs auf die Fälle notwendiger Verteidigung (§§ 140, 145 StPO, § 71 I OWiG)

1299 *Krekeler*, NJW 1981, 1633, 1634.
1300 *OLG Zweibrücken*, NZV 1993, 81.
1301 BVerfGE 39, 168; *BayObLG*, NStZ 1988, 281.
1302 Vgl. BVerfGE, aaO.
1303 Seitz, in *Göhler*, OWiG, § 71 Rn 29f.; *Senge*, in: KK-OWiG, § 71 Rn 65; *OLG Hamm*,VRS 74, 36; *BayObLG*, VRS 66, 25.

beschränkt. Die Fürsorgepflicht des Gerichts gebietet es jedenfalls, eine Hauptverhandlung in Gegenwart des gewählten Verteidigers zu ermöglichen, wenn es nach der Bedeutung der Bußgeldsache oder ihrer tatsächlichen oder rechtlichen Schwierigkeit dem Betroffenen nicht zumutbar ist, sich allein zu verteidigen.[1304]

Eine Richterin lehnte einen Verlegungsantrag der Verteidigung ab mit der unerhörten und unzutreffenden Begründung, in bisher jeder Rechtssache würden im ersten anberaumten Termin Verlegungsanträge von dem Anwalt gestellt. Im Übrigen sei doch bestimmt ein Anwalt in der aus 23 Anwälten bestehenden Kanzlei an diesem Tag verfügbar. Die Verteidigung wies darauf hin, dass allein der zeitlich verhinderte Anwalt in der Vollmacht stehe und straf- und bußgeldrechtliche Vollmachten nicht auf die Kanzlei, sondern „ad personam" ausgestellt werden.[1305] Selbst im Zivilrecht, in dem die Vollmacht auf die Kanzlei ausgestellt wird, ist anerkannt, dass Prozessbevollmächtigte durch Urlaub an der Wahrnehmung des anberaumten Termins gehindert sind. Die Verlegung kann hier im Regelfall auch nicht mit der Begründung verweigert werden, einer der Sozii des verhinderten Prozessbevollmächtigten könne die Vertretung übernehmen. Die vertretene Partei darf regelmäßig erwarten, im Termin von demjenigen Anwalt vertreten zu werden, der die Sachbearbeitung des Mandats übernommen hat.[1306]

Eine ähnliche Konstellation lag auch der Entscheidung des OLG Bamberg vom 10.10.2005 zugrunde.[1307] Das Amtsgericht hatte dem Verlegungsantrag stattgegeben, jedoch am selben Tag auf eine Uhrzeit terminiert, die dazu geführt hätte, dass die Abreise vom Kanzlei- bzw. Wohnsitz der Betroffenen nachts um 1.34 Uhr hätte erfolgen müssen. Es war daher um eine Terminierung in den Mittagsstunden gebeten worden. Das Gericht hatte hinzugefügt, dass der Termin nun „nicht mehr verlegt" werden könne.

Wer jedoch unproblematisch davon ausgeht, dass bei der Zurückweisung des Verlegungsantrags der Anspruch auf Gewährung rechtlichen Gehörs (Art. 103 I GG) verletzt worden sei mit der Folge, dass eine Befangenheit des Richters vorliegt, irrt. Regelmäßig ist die Ablehnung von Terminswünschen bzw. die Verweigerung einer Terminsverlegung kein Ablehnungsgrund,[1308] zumal Verfahrensverstöße allein grundsätzlich keinen Ablehnungsgrund darstellen.[1309] Anders kann es liegen, wenn sich für den Betroffenen der Eindruck einer sachwidrigen Benachteiligung aufdrängt.[1310] Wenn erhebliche Gründe für eine Terminsverlegung offensichtlich vorlie-

1304 Seitz, in *Göhler*, § 71 Rn 30 a; *OLG Düsseldorf*, VRS 63, 458.
1305 *OLG Koblenz*, StraFo 2009, 421.
1306 *OLG Frankfurt*, NJW 2008, 1328.
1307 NJW 2006, 2341.
1308 *OLG Koblenz*, NJW-RR 1992, 191.
1309 OLG Bamberg, NJW 2006, 2341.
1310 *OLG Köln*, NJW-RR 1997, 828; Krumm, StV 2012, 177, 181.

gen, die Zurückweisung des Antrags für den Betroffenen schlechthin unzumutbar wäre und somit deren Grundrecht auf rechtliches Gehör verletzt ist[1311] oder sich aus der Ablehnung der Terminsverlegung der Eindruck einer sachwidrigen Benachteiligung einer Partei aufdrängt,[1312] liegt eine Besorgnis einer Befangenheit vor. Wenn also das prozessuale Vorgehen des Richters einer ausreichenden gesetzlichen Grundlage in der Weise entbehrt, dass die der richterlichen Tätigkeit gesetzten Schranken missachtet und in der Verfassung wurzelnde elementare Regeln zum Schutz der Grundrechte verletzt worden sind, oder das Vorgehen des Richters den Anschein der Willkür erweckt, kann von einem üblichen, hinzunehmenden Verfahrensfehler nicht mehr gesprochen werden.[1313] Die Terminsbestimmung liegt zwar grundsätzlich im pflichtgemäßen Ermessen des Vorsitzenden. Bei der Ermessensausübung müssen außer der Belastung des Gerichts und dem Gebot der Verfahrensbeschleunigung aber auch die Interessen der Beteiligten berücksichtigt werden.[1314] Verlegungen von Terminen auf einen Zeitpunkt, der eine Abreise zur Nachtzeit erfordert oder eine mit zusätzlichen Kosten verbundene Übernachtung für Verteidiger und Betroffenen erforderlich macht, sowie die Mitteilung, dass dieser Termin nicht mehr verlegt werde, stellen eine willkürliche Ermessensentscheidung dar.[1315]

Bei reinen Terminskollisionen des Verteidigers muss sich das Gericht insbesondere vom Anspruch des Betroffenen auf ein faires Verfahren, dessen Recht, vom Anwalt seines Vertrauens verteidigt zu werden, und der eigenen prozessualen Fürsorgepflicht leiten lassen.[1316] Bei der Entscheidung über einen Antrag auf Terminsverlegung sind daher stets das Interesse des Betroffenen an seiner wirksamen Verteidigung (§ 137 I 1 StPO i.V.m. § 46 I OWiG) und das Interesse an einer möglichst reibungslosen Durchführung des Verfahrens gegeneinander abzuwägen, wobei das Verteidigungsinteresse im Zweifel Vorrang hat.[1317] Im Detail ist allerdings äußerste Vorsicht geboten: Wenn der Verteidiger seinem Mandanten mitteilt, dass die Verhandlung aufgrund seines Terminsverlegungsantrages schon verlegt werde, so ist die Verwerfung des Einspruchs gegen den Bußgeldbescheid zu befürchten. Ein entschuldigtes Fernbleiben des Betroffenen soll nach teilweise vertretener Rechtsauffassung in der Rechtsprechung hier nicht vorliegen.[1318] Dagegen wird vertreten, dass ein Rechtsanwalt seinem Mandanten sogar davon abraten darf, zu einem Verhandlungstermin zu erscheinen, wenn zuvor ein Terminsverlegungsantrag willkürlich

1311 BGHZ 27, 163 (167) = NJW 1958, 1186; *OLG Brandenburg*, NJW-RR 1999, 1291 (1292).
1312 *OLG Köln*, NJW-RR 1997, 828; *KG*, MDR 2005, 708 = BeckRS 2004, 10355.
1313 *BayObLGSt* 2001, 111 [114] = NStZ-RR 2002, 77 L.
1314 *Meyer-Goßner*, StPO, § 213 Rn 6.
1315 *OLG Bamberg*, NJW 2006, 2341.
1316 *OLG Hamm*, NStZ-RR 2001, 107 = DAR 2001, 321 [322].
1317 *BayObLGSt* 2001, 111 [114] = NStZ-RR 2002, 77 L.
1318 *LG Berlin*, NStZ 2005 655.

zurückgewiesen wurde. Bei Terminsverlegungsanträgen muss sich der Betroffene in solchen Fällen nicht selbst bei Gericht über die beantragte Absetzung des Termins vergewissern, sondern darf auf Auskünfte seines Verteidigers vertrauen.[1319]

Das OLG Frankfurt lehnte sogar in einem Fall einen Befangenheitsantrag ab, nachdem der Termin wegen des erforderlichen Verfahrens betreffs Befangenheitsprüfung aufgehoben wurde[1320] und ließ dahingestellt, ob die Ablehnung der Terminsverschiebung willkürlich war. Anlass für die Verlegung sei zwar der Befangenheitsantrag gewesen; gleichwohl sei hierdurch das Rechtsschutzbedürfnis für das Ablehnungsgesuch entfallen, da seinem Antrag auf Terminsverlegung faktisch entsprochen wurde. Eine darüber hinausgehende Besorgnis für die Befangenheit des abgelehnten Richters sei nicht erkennbar und sei auch nicht substantiiert geltend gemacht worden. Für seine Vermutung, der abgelehnte Richter sei generell entweder gegen die Kanzlei seines Prozessbevollmächtigten oder ihn selbst voreingenommen, fänden sich keine Anhaltspunkte. Die Begründung, mit der eine Besorgnis der Befangenheit abgelehnt wurde, überzeugte nicht. In der Regel erledigt sich die Besorgnis der Befangenheit durch die Terminsverlegung gerade nicht, da der Richter durch die ursprüngliche Ablehnung der Terminsverlegung eine willkürliche Ermessensentscheidung vorgenommen hat; schon gar nicht trat „Erledigung" ein, wenn dies nur „anlässlich des Befangenheitsantrags" geschieht. Eine derartige Entscheidung wäre allenfalls nachvollziehbar gewesen, wenn der Betroffene mit dem Befangenheitsantrag einzig eine Terminsverschiebung erreichen wollte.

b) Verstoß gegen die Unschuldsvermutung gem. Art. 6 II EMRK und vorweggenommene Beweiswürdigung

Zuweilen äußert sich die Besorgnis der Befangenheit des Richters durch Äußerungen, durch die eine Beweisaufnahme vorweggenommen und durch die gegen die Unschuldsvermutung verstoßen wird.

aa) „Vor-Urteil" laut Akte dokumentiert

Der deutlichste Fall einer vorzeitigen Festlegung des Richters und damit eines „Vor-Urteils" lag dem vom OLG Düsseldorf entschiedenen Fall zugrunde.[1321] Der Richter hatte zunächst einen Antrag auf Entbindung vom persönlichen Erscheinen abgelehnt. Aus einer Akteneinsicht, die ca. einen Monate vor der Hauptverhandlung erfolgte, ergab sich, dass in die Akte bereits ein Verwerfungsurteil vom 30.6.2006 ein-

---

1319 Dazu näher: *LG Berlin*, NStZ 2005, 655; *OLG Koblenz*, VRS 44 290; *Meyer-Goßner*, StPO, § 329 Rn 29.
1320 NJW 2008, 1328.
1321 NJW 2006, 3798.

geheftet war. Die Ablehnung des Richters wurde darauf gestützt, dass am 8.6.2006 (Akteneinsicht des Verteidigers) schon ein Protokoll und (Verwerfungs-)Urteil im Entwurf vorlagen. Das Urteil wurde vom OLG Düsseldorf u.a. aufgehoben, da der Richter fehlerhaft über den Ablehnungsantrag selbst entschied. Der Richter hatte bestritten, dass der Urteilsentwurf von ihm stamme.

bb) Pauschale Hinweise auf geringe Erfolgsaussichten

In vielen Fällen äußert sich der Richter völlig ungeschützt über den Ausgang des Verfahrens. Dies geschieht teilweise schriftlich vor einer Terminierung einer Ordnungswidrigkeit mit dem ausdrücklichen Hinweis, dass die Erfolgsaussichten niedrig seien und geprüft werden möge, ob der Einspruch gegen den Bußgeldbescheid nicht besser – schon aus Kostengründen – zurückgenommen werde. Teilweise werden von einigen Amtsgerichten schon Schriftblöcke dieses Inhalts erstellt. Zwar darf der Bußgeldrichter den Stand des Verfahrens neuerdings mit den Verfahrensbeteiligten gem. § 202a StPO i.V.m. § 71 I OWiG erörtern, soweit dies geeignet erscheint, das Verfahren zu fördern.[1322] Dazu mag auch ein offenes Wort des Vorsitzenden zu den Erfolgsaussichten des Einspruchs gegen den Bußgeldbescheid gehören. Ein formularmäßiges Schreiben eines Amtsgerichts, welches auf geringe Erfolgsaussichten hinweist, ist erkennbar nicht geeignet, das Verfahren zu fördern, sondern will dem Bußgeldrichter allenfalls Arbeit ersparen.

Einerseits wird seitens des Gerichts versucht, derartige Kundgaben zu relativieren, mit der Argumentation, dass zum Ausdruck gebracht worden sei, dass ein Richter nicht endgültig von der Schuld überzeugt sei und eine Äußerung vorbehaltlich der Beweisaufnahme getätigt wurde. Andererseits wird diese Auffassung abgelehnt mit Hinweis auf die Gefahr, dass einer vorläufigen Meinung die Tendenz zur Fortwirkung innewohne.[1323] Tatsächlich soll der Richter schließlich seine Überzeugung nicht aus der Ermittlungsakte gewinnen, sondern der Hauptverhandlung (§ 261 StPO, Grundsatz der Mündlichkeit). Die Besorgnis der Befangenheit eines Richters kann in der Tat schon gerechtfertigt sein, wenn der Richter in einem früheren Abschnitt des Verfahrens seine Meinung des Inhalts, die Klage werde keinen Erfolg haben, in einer Weise äußert, die dem Antragsteller Grund für die Befürchtung gibt, der Richter werde Gegengründen nicht mehr aufgeschlossen gegenüberstehen.[1324] Keineswegs ist die höchstrichterliche Rechtsprechung der Zivilgerichte auf das Strafrecht zu übertragen, nach der es *„der modernen Auffassung vom Zivilprozess in den letzten Jahren entspricht, wenn ein Richter den Sachstand mit dem Parteien ausführlich erörtert und dabei zu erkennen gibt, welche Meinung er sich aufgrund des*

1322 Nach § 202a S. 2 StPO ist der wesentliche Inhalt dieser Erörterung aktenkundig zu machen.
1323 *Krekeler*, NJW 1981, 1633, 1638.
1324 *BFH*, NJW 1986, 344.

Streitstandes und seiner eigenen Rechtskenntnis gebildet hat".[1325] Nicht von der Hand zu weisen ist, dass „offene Worte" des Gerichts auch eine Hilfestellung sein können, um entscheiden zu können, was noch vorzutragen ist bzw. um eine Verschlechterung durch Einspruchsrücknahme vermeiden zu können. Überraschungsentscheidungen zulasten der Mandantschaft können hierdurch im Einzelfall abgewendet werden.

cc) Unsachliche Äußerungen

Klar gegen die Unschuldsvermutung verstößt auch ein Richter mit der Formulierung: „Sie wissen was Ihnen vorgeworfen wird, ich gehe davon aus es stimmt. Ich kann auch die Belastungszeugin vorführen lassen".[1326] Vor dem Amtsgericht Unna äußerte sich ein Richter im Rahmen einer Bußgeldsache mit Fahrverbot – obwohl zum Abweichen von der sonst regelmäßigen Verhängung eines Fahrverbot vorgetragen wurden, und das Fahrverbot eine besondere unbillige Härte dargestellt hätte –: „wenn bereits ein Mal ein Fahrverbot gegen Erhöhung der Geldbuße zum Wegfall gekommen ist, dann passiert das kein zweites Mal."[1327]

c) Äußerungen/Gestiken des Richters

Dem Richter fehlt zuweilen die Distanz zum Verfahrensgegenstand. Ein subjektives Interesse am Verfahren äußert sich in diesen Fällen durch unsachliche Äußerung.

aa) Vorwurf der Prozessverschleppungsabsicht

Ein Richter aus Gießen war über einen (weiteren) Beweisantrag der Verteidigung derart verärgert, dass er sich zu der Äußerung hinreißen ließ, weitere Beweisanträge der Verteidigung in noch anzuberaumenden neuen Hauptverhandlungen wegen Prozessverschleppungsabsicht zurückweisen zu wollen.[1328] Ein deutlicherer Fall einer Befangenheit dürfte kaum denkbar sein, zumal dem Verteidiger damit prozessfeindliches Verhalten vorgeworfen wurde sowie die Absicht, den Prozess verschleppen zu wollen. Ferner musste der Anwalt befürchten, dass weitere Beweisanträge ohne inhaltliche Prüfung abgelehnt werden.

1325 *OLG Braunschweig*, NJW 1976, 2024.
1326 *AG Mayen*, 2090 Js 34174/07 (unveröffentlicht).
1327 *AG Unna*, 171 OWi – 242 Js 1499/07 (unveröffentlicht).
1328 *LG Gießen*, 3 Ns 202 Js 22477/05 (unveröffentlicht).

bb) Tippen des Richters an die Stirn

Besorgnis der Befangenheit besteht nach richtiger Auffassung darüber hinaus bei einem Tippen des Vorsitzenden an die Stirn. Diese unrühmliche Geste war in dem vom LG Regensburg entschiedenen Fall durch die im Gerichtssaal anwesende Öffentlichkeit beobachtet worden, während der Verteidiger und der Mandant sie nicht wahrgenommen haben. Die Verteidigung bzw. sein Mandant hatten mit Antrag vom 28.12.2007 bzw. 30.12.2007 sogar beantragt, das Verhalten des Vorsitzenden (mehrfaches und eindeutiges „Zeigen des Vogels" in Richtung Angeklagter und Verteidiger) als Straftat gemäß § 183 GVG zu protokollieren.[1329]

cc) Kommentierungen von Zeugenaussagen

Einem anderen Richter einer Zweigstelle des Amtsgerichts Limburg/Hessen gingen „die Gäule durch", als er die Beweisaufnahme, in der ein Zeuge die Ordnungswidrigkeit des Betroffenen voll bestätigt hatte, als „wunderbar" kommentierte.[1330] Derartige Äußerungen sind unhaltbar und lassen auf ein persönliches Interesse des Richters am Ausgang des Verfahrens schließen.

dd) Befangenheit mangels Rechtskenntnis

Anlass zu einer Besorgnis der Befangenheit kann die Befürchtung sein, dass der Richter entsprechend seiner Ankündigung das Recht in einer bestimmten Weise, und damit offenkundig unrichtig oder gegen Art. 20 III GG verstoßend anwendet. Allein die mangelnde Rechtskenntnis ist jedoch nicht als Befangenheitsgrund anerkannt. Nach Auffassung des OLG Karlsruhe kann die Ablehnung des Richters wegen Besorgnis der Befangenheit gemäß § 24 Abs. 2 StPO nicht mal darauf gestützt werden, dass der Richter in ständiger Übung Ordnungswidrigkeiten abweichend vom Bußgeldkatalog ahndet und den Betroffenen auf diese Übung hinweist.[1331] Offenbar ist diese Entscheidung Ausfluss der richterlichen Unabhängigkeit gem. Art. 97 GG. Die Äußerung einer Rechtsmeinung soll in der Regel die Ablehnung ebenso nicht rechtfertigen.[1332] Auch die Änderung einer Rechtsansicht sei unschädlich.[1333] Die Richtigkeit dieser Entscheidungen ist ernsthaft zu bezweifeln, wenn die einschlägige gesetzliche Norm nach ihrem auslegungsfähigen und auslegungsbedürftigen Wortlaut, ihrer Systematik und ihrem erkennbaren Sinn so ausgestaltet ist, dass die vom Richter genannte Rechtsfolge hiermit nicht in Ein-

---

1329 NJW 2008, 1094.
1330 Amtsgerichts Limburg, *Zweigstelle Hadamar*, 1 OWi – 2 Js 57654/07 (unveröffentlicht).
1331 VRS 46, 194.
1332 *Meyer-Goßner*, § 24 Rn 14 m.w.N.
1333 *BGH*, NJW 1962, 748.

klang gebracht werden kann.[1334] Da im gerichtlichen Verfahren im Bußgeldrecht das Opportunitätsprinzip Anwendung findet,[1335] wäre eine Besorgnis der Befangenheit auch gegeben, wenn eine richterliche Entscheidung ohne Ermessensausübung oder aus sachfremden Gründen vorgenommen würde.[1336] Dass im Falle der Rechtsbeugung die Grenze der Unparteilichkeit überschritten ist, bedarf keiner Erwähnung. Weiter, wenn der Richter die falsche Rechtsmeinung, die entscheidungserheblich ist, artikuliert und damit ein gegen das Übermaßverbot verstoßendes Urteil ankündigt. Diskutiert wird teilweise, von welcher Schwere der Rechtsfehler sein muss.[1337] Als Rechtsprechungsorgan ist die Bindung an Gesetz und Recht eine Selbstverständlichkeit. Leugnet der Richter diese Verpflichtung, ist er erkennbar befangen.

4. Unterlassen der Mitteilung der dienstlichen Äußerung des Richters

Die dienstliche Äußerung des abgelehnten Richters ist – siehe oben – dem Antragsteller bzw. seinem Verteidiger mitzuteilen. Allein im Unterbleiben einer Unterrichtung über den Inhalt der dienstlichen Äußerung vor der Beschlussfassung kann ein Rechtsfehler liegen,[1338] nämlich die Verletzung des rechtlichen Gehörs (Art. 103 Abs. 1 GG). § 80 I Nr. 2 OWiG gilt auch für die Versagung rechtlichen Gehörs in dem Zwischenverfahren für die Ablehnung eines Richters, wenn ein Urteil auf der ungerechtfertigten Verwerfung eines Ablehnungsantrags als unzulässig oder unbegründet beruht.[1339] Im Rahmen der Ablehnungsentscheidung eines Richters dürfen nämlich nur Tatsachen und Beweisergebnisse, die das Gericht der dienstlichen Äußerung des abgelehnten Richters entnommen hat, verwertet werden, zu der die ablehnende Partei Stellung nehmen konnte.[1340] Andernfalls ist das Ablehnungsverfahren fehlerhaft.[1341] Dies allerdings in der Regel nur, wenn die dienstliche Äußerung von dem Ablehnungsantrag abweichende Tatsachen enthält, die der Entscheidung über das Ersuchen zugrunde gelegt wurden.[1342] Zum einen kann ein derartiger Verfahrensverstoß Anlass für ein weiteres Ablehnungsgesuch des Betroffenen sein. Zum anderen kann auf den Verstoß die Rechtsbeschwerde gestützt werden. Hier muss der Betroffene allerdings dezidiert darlegen, was er im Falle seiner Anhörung

---

1334 *BVerfGE* 69, 188, 204; 96, 375, 394.
1335 Seitz, in *Göhler*, § 47 OWiG, Rn 31.
1336 *BGH*, 44, 258; NJW 1999, 1122.
1337 *Krekeler*, NJW 1981, 1633, 1637.
1338 *BayObLG*, StrVert 1982, 460.
1339 *OLG Düsseldorf*, NStZ-RR 1997, 210.
1340 *BVerfGE* 24, 56, 62 = NJW 1968, 1621; *BGHSt* 21, 85, 87 = NJW 1966, 2321.
1341 *BGH*, NStZ 1983, 354.
1342 *Pfeiffer*, Karlsruher Kommentar, StPO, 5. Aufl., § 26 Rn 8; Beschl. des *OLG Köln* vom 18.9.1972, JMBl NRW 1973, 63, 64; BGH 1.7.1971, 1 StR 362/70.

geltend gemacht hätte. Dies ist nach der Rspr. des BayObLG[1343] erforderlich, weil bereits im Zulassungsverfahren abschließend geprüft wird, ob das rechtliche Gehör verletzt worden ist.[1344] Ein Verstoß gegen das rechtliche Gehör wird teilweise mit dem Argument abgelehnt, dass der Betroffene nach der Bekanntgabe des ihr Gesuch zurückweisenden Beschlusses und damit auch des wesentlichen Inhalts der dienstlichen Äußerung unter Bezeichnung etwaiger weiterer Mittel der Glaubhaftmachung das Ablehnungsgesuch erneuern könnte.[1345] Der Betroffene sei deshalb regelmäßig durch den Verstoß gegen den Grundsatz der Gewährung rechtlichen Gehörs nicht beschwert und das Urteil beruhe nicht auf diesem Fehler.[1346] Dieser Rechtsauffassung ist jedoch entgegenzuhalten, dass § 338 I Nr. 3 StPO die Kausalität zwischen Verfahrensfehler und Urteil vermutet.

5. Rechtsbeschwerde, § 338 I Nr. 3 StPO i.V.m. § 71 I OWiG, § 344 II StPO

Die Rechtsbeschwerde ist oft das letzte Mittel, um die Mitwirkung eines befangenen Richters an der Entscheidung zu monieren. Zwar ist auch im Bußgeldrecht anerkannt, dass bei Verletzung von § 24 StPO i.V.m. § 46 I OWiG ein absoluter Rechtsbeschwerdegrund gem. § 338 I Nr. 3 StPO i.V.m. § 71 I OWiG vorliegt,[1347] so dass das Beruhen des Urteils auf einer Verletzung der Verfahrensbestimmung unwiderlegbar vermutet wird. Die auch im Rechtsbeschwerdeverfahren statthafte Rüge, bei der Entscheidung habe ein Richter mitgewirkt, nachdem er wegen Besorgnis der Befangenheit abgelehnt oder das Ablehnungsgesuch zu Unrecht verworfen worden sei, ist eine Verfahrensrüge und unterliegt der Formvorschrift des § 344 II 2 StPO.[1348] Die Kunst besteht darin, die Verfahrensrüge ordnungsgemäß zu erheben. Dies bedarf besonderer Erwähnung, da in der Praxis regelmäßig Vorträge von Rechtsbeschwerdeführern den Voraussetzungen des § 344 II 2 StPO in Verbindung mit § 79 III OWiG nicht gerecht werden. Nach den genannten Vorschriften muss bei einer Verfahrensrüge der Tatsachenvortrag so vollständig sein, dass das Rechtsbeschwerdegericht allein aufgrund der Begründungsschrift prüfen kann, ob ein Verfahrensfehler vorliegt, wenn das tatsächliche Vorbringen des Betroffenen zutrifft.[1349] Hierzu ist es notwendig, dass der anwaltlich vertretene Rechtsbeschwerdeführer den genauen Wortlaut seines in der Hauptverhandlung gestellten Antrags mitteilt. Um die formelle Rüge ordnungsgemäß zu erheben, muss der Betroffene also zumindest den Inhalt

---

1343 NStZ-RR 1998, 344.
1344 Vgl. auch Seitz, in *Göhler*, OWiG, § 80 Rn 16c m.w. Nachw.
1345 *BGH*, NJW 1966, 2321; *RGSt* 24, 12, 14.
1346 BGHSt 21, 85, 87 = NJW 1966, 2321; BGH StV 1982, 457.
1347 *OLG Koblenz*, VRS 54, 132.
1348 JMBlNRW 1982, 235.
1349 Seitz, in *Göhler*, OWiG, § 79 Rn 27d.

seines Ablehnungsgesuchs, den Inhalt der dienstlichen Äußerung nach § 26 Abs. 3 StPO,[1350] den gerichtlichen Beschluss mitteilen und auch den Gang des Ablehnungsverfahrens genau darstellen.[1351] Nur dann ist es dem Rechtsbeschwerdegericht möglich, die vom Amtsgericht vorgenommene Wertung zu überprüfen mit der Folge, dass einer Verfahrensrüge der Erfolg nicht versagt werden kann.

6. Zulassungsrechtsbeschwerde gem. § 80 OWiG

Handelt es sich um eine Zulassungsrechtsbeschwerde gem. § 80 OWiG, so sind zusätzliche Hürden zu überwinden: Das Rechtsbeschwerdegericht prüft das Rechtsmittel bei weniger bedeutsamen Ordnungswidrigkeiten nur bei Vorliegen besonderer Rechtsbeschwerdegründe. Beruft sich der Betroffene auf den Zulassungsgrund der Versagung rechtlichen Gehörs, muss in der Begründungsschrift durch entsprechenden Tatsachenvortrag schlüssig dargelegt werden, dass ein Verstoß gegen Art. 103 Abs. 1 GG vorliegt.[1352] Der Anspruch auf rechtliches Gehör ist (nur) dann verletzt, wenn dem Betroffenen keine Möglichkeit eingeräumt wird, sich zu allen entscheidungserheblichen und ihm nachteiligen Tatsachen und Beweisergebnissen zu äußern.[1353] Da der Anspruch auf rechtliches Gehör ferner nur dann verletzt ist, wenn die erlassene Entscheidung auf einem Verfahrensfehler beruht, müssen in der Begründungsschrift konkret die Tatsachen dargelegt werden, anhand derer die Beruhensfrage geprüft werden kann.[1354] Teilweise wird sogar gefordert, dass der Betroffene darlegt, was er im Falle seiner Anhörung geltend gemacht hätte.[1355] Diese Anforderungen ergeben sich aus dem Verweis des § 80 Abs. 3 OWiG auf § 79 Abs. 3 OWiG, der wiederum auf § 344 Abs. 2 S. 2 StPO verweist.

7. Zusammenfassung

Die Besorgnis der Parteilichkeit eines Richters hat vielerlei Erscheinungsformen. Ist eine unvoreingenommene Entscheidung des Richters ernsthaft in Frage gestellt, so ist vom Instrument des Befangenheitsantrags Gebrauch zu machen. Erschreckend oft werden Befangenheitsanträge allerdings in der Praxis nicht ausreichend objektiv behandelt. Dies kann sich in unvollständigen oder unrichtigen dienstlichen Stellungnahmen von Richtern äußern oder unberechtigten Antragsablehnungen des Richterkollegen. Die Anzahl der erfolgreichen Richterablehnungen von deutlich

---

1350 *Pfeiffer*, Karlsruher Kommentar, StPO, 5. Aufl., § 28 Rn 6 m.w.N.

1351 *Pfeiffer*, Karlsruher Kommentar, StPO, 5. Aufl., § 26 Rn 8.

1352 *OLG Hamm*, SVR 2007, 470.

1353 *OLG Hamm*, NJW 2006, 2199; Seitz, in *Göhler*, OWiG, § 80 Rn 16 a m. w. Nachw.

1354 BGHSt 30, 331; *OLG Köln*, NZV 1992, 419.

1355 *BayObLG*, NZV 1998, 518.

unter 2% spricht eine deutliche Sprache.[1356] In diesem Falle besteht die Notwendigkeit der Erhebung einer Verfahrensrüge im Rahmen der Rechtsbeschwerde.

Berechtigte und erfolgreiche Richterablehnungen entfalten erfahrungsgemäß eine hohe disziplinierende Wirkung auf die Judikative und Verschaffen dem Rechtsanwalt die notwendige Achtung („Bei dem kann ich mir das nicht erlauben"). Nur in seltenen Fällen hat der abgelehnte Richter die Größe, selbst dem Befangenheitsantrag stattzugeben. Kein Richter sieht sich gern der Kritik ausgesetzt, er sei nicht mehr unparteilich und kann sich persönlich angegriffen fühlen. Selbst unbegründete Befangenheitsanträge spiegeln gewisse menschliche Defizite („zum Streiten gehören immer zwei") oder zumindest mangelndes „Konflikthandling" wieder. Bei Konflikten zwischen Verteidigung und Richter im Bußgeldverfahren sollte selbst der „Konsensualist"[1357] nicht davor zurückschrecken bei himmelschreiendem Unrecht die „Notbremse" des Befangenheitsantrages zu ziehen.

Formular für einen Befangenheitsantrag

Amtsgericht

In der Bußgeldsache gegen....................
lehnen wir namens und kraft Vollmacht Mandantschaft, ...

den Richter/die Richterin .... wegen Besorgnis der Befangenheit ab.

I. Sachverhalt:

II. Glaubhaftmachung:

1. dienstliche Äußerung des abgelehnten Richters/der abgelehnten Richterin
2. schriftliche Erklärung von ....
3. anwaltliche Versicherung des Unterzeichners

III. Begründung zum Ablehnungsantrag

Die Vorgehensweise des Richters/der Richterin ist unsachlich, rechtsfehlerhaft und unangemessen. Das Vertrauen des Angeklagten in die Unvoreingenommenheit der/des Richterin/s ist zerstört.

Nach § 24 II StPO i.V.m. § 46 I OWiG findet eine Ablehnung wegen Besorgnis der Befangenheit statt, wenn ein Grund vorliegt, der geeignet ist, Misstrauen gegen die

---

1356 *Krekeler*, NJW 1981, 1633, 1634.
1357 Hierzu: *Bauer*, StV 2008, 104 ff.

Unparteilichkeit eines Richters zu rechtfertigen. Die Vorschriften der Ablehnung von Richtern wegen Befangenheit (§§ 22ff. StPO) finden über § 46 I OWiG auch im Bußgeldrecht Anwendung (OLG Bremen, NJW 1962, 359; VRS 42, 46). Das Vorliegen eines Ablehnungsgrundes ist grundsätzlich vom Standpunkt des Ablehnenden aus zu beurteilen (*Meyer-Goßner*, StPO, § 24 Rn 6); maßgebend sind der Standpunkt eines verständigen und vernünftigen Angeklagten und die Vorstellungen, die sich ein geistig gesunder, bei voller Vernunft befindlicher Prozessbeteiligter bei der ihm zumutbaren ruhigen Prüfung der Sachlage machen kann (*Benda*, Befangenes zur Befangenheit, NJW 2000, 3620). Der Ablehnende muss daher Gründe vorbringen, die jedem unbeteiligten Dritten einleuchten (*Meyer-Goßner*, StPO, § 24 Rn 8). Misstrauen in die Unparteilichkeit des Richters ist dann gerechtfertigt, wenn der Ablehnende bei vernünftiger Würdigung aller Umstände Grund zu der Annahme hat, dass der abgelehnte Richter ihm gegenüber eine innere Haltung einnimmt, die seine Unparteilichkeit und Unvoreingenommenheit störend beeinflussen kann (OLG Bamberg, NJW 2006, 2341). Das Verhalten eines Richters kann dann die Besorgnis der Befangenheit begründen, wenn er besorgen lässt, dass er nicht unvoreingenommen an die Sache herangeht (*Meyer-Goßner*, StPO, § 24 Rn 15). Auch die Verhandlungsführung kann Misstrauen rechtfertigen, wenn sie rechtsfehlerhaft und unsachlich ist (*Meyer-Goßner*, a.a.O. Rn 17). Nicht erforderlich ist, dass der Richter tatsächlich befangen ist oder sich nicht für befangen hält.

Wir beantragen ferner,

1. uns die dienstliche Äußerung des Richters/der Richterin vor einer Entscheidung über das Ablehnungsgesuch zugänglich zu machen,
2. meinem Mandanten die Gelegenheit zu geben, hierzu Stellung zu nehmen.

Rechtsanwalt

H. Grundsatz der Öffentlichkeit der Verhandlung (§§ 46 OWiG, 169 S. 1 GVG)

Das Prinzip der Öffentlichkeit der Hauptverhandlung gilt grundsätzlich über §§ 46 OWiG, 169 S. 1 GVG auch im gerichtlichen Bußgeldverfahren.[1358] Sinn und Zweck der Prozessmaxime ist in erster Linie die Kontrolle des Verfahrensgangs durch die Allgemeinheit.[1359] Es handelt sich um ein wichtiges demokratisches Prinzip im deut-

1358 *OLG Düsseldorf*, NJW 1983, 2514; *OLG Köln*, VRS 62, 195; *BayObLG*, NJW 1956, 641.
1359 BVerfG, NJW 2002, 814.

schen Recht, welches besagt, dass die Verhandlung als auch die Urteilsverkündung öffentlich zugänglich sein müssen.

Öffentlich ist eine Verhandlung nur dann, wenn die Allgemeinheit, d.h. beliebige, auch unbeteiligte, Zuhörer, an der Hauptverhandlung teilnehmen können, falls sie es wünschen.[1360]

Der in § 169 S. 1 GVG normierte Grundsatz der Öffentlichkeit des Verfahrens erfordert, dass grundsätzlich ein Hinweis auf eine bestimmte Verhandlung in Form eines Aushangs zu erfolgen hat.[1361] Für den Fall, dass die Verhandlung in einem anderen als dem ursprünglich bestimmten Sitzungssaal stattfindet, folgt daraus, dass nicht nur an dem neuen Saal ein Aushang anzubringen ist, sondern dass darüber hinaus auf den Wechsel auch an dem ursprünglich vorgesehenen Raum hinzuweisen ist.[1362] Indes stellt eine nur geringfügige Erschwerung der Informationsmöglichkeiten noch keinen rechtswidrigen Ausschluss der Öffentlichkeit im Sinne des § 338 Nr. 6 StPO dar. Vielmehr reicht es zur Wahrung der Öffentlichkeit aus, wenn sich mögliche Interessenten ohne besondere Schwierigkeiten von dem Ort der Sitzung Kenntnis verschaffen und im Rahmen der tatsächlichen Gegebenheiten Zutritt nehmen können.[1363] Diesbezügliche Erkundigungen sind einem Besucher zuzumuten.[1364]

Ob an seine Einhaltung in jedem Falle die gleichen Anforderungen gestellt werden können wie im Rahmen des Strafverfahrens ist in der höchstrichterlichen Rechtsprechung umstritten.

I. Einschränkungen des Öffentlichkeitsgrundsatzes im Bußgeldverfahren

Einerseits wird vertreten, dass der Öffentlichkeitsgrundsatz wegen der geringeren Bedeutung und der vereinfachten Ausgestaltung des Bußgeldverfahrens Einschränkungen unterliegt.[1365] Der Öffentlichkeitsgrundsatz im deutschen Strafprozess, der ursprünglich vor allem die Aufgabe hatte, eine Kontrolle des gesetzmäßigen Vorgehens der Justizorgane durch die Zuhörer als Repräsentanten der Öffentlichkeit zu ermöglichen, sei im Laufe der Zeit zunehmend zum Mittel der Befriedigung eines berechtigten Informationsbedürfnisses der Allgemeinheit geworden.[1366] Soweit die das Verfahren abschließende Entscheidung aufgrund einer mündlichen Verhand-

---

1360 *BGH*, NStZ 1981, 311; *OLG Köln*, StV 1984, 275; StV 1992, 222; *OLG Celle*, StV 1987, 287.
1361 OLG Zweibrücken in NJW 1995, 333.
1362 OLG Hamm, NJW 1974, 1780; OLG Hamm StV 2000, 459; OLG Zweibrücken in NJW 1995, 333.
1363 OLG Koblenz, NZV 2011, 266 f.; VRR 2011, 193 f.; SVR 2011, 114.
1364 Vgl. BVerfG in NJW 2002, 814; BGH in NStZ 1983, 208 und in BGHR StPO § 338 Nr. 6 Ortstermin 1 und 3; OLG Hamm in NJW 1974, 1780; Kukein, in Karlsruher Kommentar, StPO, 6. Aufl., § 338 Rn 85.
1365 Seitz, in *Göhler*, § 71 Rn 56 b mwN.
1366 *OLG Düsseldorf*, NJW 1983, 2514 ff.

lung getroffen wird und die Öffentlichkeit an der Durchführung solcher Verfahren besonderen Anteil nimmt, gehöre der genannte Grundsatz daher zu den kennzeichnenden Merkmalen der modernen Rechtsprechung überhaupt.[1367] Seine Handhabung im konkreten Falle kann daher nicht losgelöst werden von der Bedeutung der jeweiligen Verfahrensart für die Allgemeinheit und die Verfahrensbeteiligten.[1368] Seine Ausgestaltung und Abgrenzung hänge nicht zuletzt von dem berechtigten Interesse der Bevölkerung an Informationen über den Gang des Verfahrens und damit an der Öffentlichkeit der Verhandlung ab. In diesem Zusammenhang könne die geminderte Bedeutung, die die Öffentlichkeit einem Bußgeldverfahren üblicherweise beimesse, nicht außer Betracht bleiben. Das allgemeine Informationsbedürfnis und das Interesse am Ablauf solcher Verfahren seien in der Regel äußerst gering. Schon von daher müssten die an die Einhaltung des Öffentlichkeitsgrundsatzes im Einzelfall zu stellenden Anforderungen andere sein als im Strafverfahren.

Dem entspreche auf der anderen Seite die besondere und vereinfachte Ausgestaltung des gerichtlichen Bußgeldverfahrens durch den Gesetzgeber. Insbesondere das im Strafverfahren weitgehend eingehaltene Prinzip der Mündlichkeit, das in einem unlösbaren Zusammenhang mit dem Öffentlichkeitsprinzip stehe und dessen Grundlage bilde, sei im Bußgeldverfahren mehrfach durchbrochen und eingeschränkt. So kann unter bestimmten Voraussetzungen eine mündliche Verhandlung überhaupt entfallen (§ 72 OWiG); die Staatsanwaltschaft ist zur Mitwirkung an der Hauptverhandlung nicht verpflichtet (§ 75 I OWiG); auch der Betroffene kann, wenn nicht sein persönliches Erscheinen angeordnet ist, der Hauptverhandlung fernbleiben (§ 73 OWiG), was zur Verlesung seiner Einlassung führt (§ 74 I OWiG). Aus diesen weitgehenden Einschränkungen der Mündlichkeit des Verfahrens ergebe sich zugleich eine andere Einordnung des dazu in Wechselwirkung stehenden Öffentlichkeitsprinzips, die zur Anlegung anderer Prüfungsmaßstäbe führen müsse.

Auch die Rechtsprechung des BGH, der bei der Prüfung von auf § 338 Nr. 6 StPO gestützten Verfahrensrügen ausdrücklich auf die besonderen Umstände des Einzelfalls abstellt, führt diese Auffassung[1369] als Argument an. Wenn schon im Strafverfahren die Beachtung des Öffentlichkeitsprinzips an den Umständen des jeweiligen Falles gemessen wird, so erscheine es erst recht vertretbar, für eine besondere Verfahrensart mit gemindertem Allgemeininteresse und eingeschränktem Mündlichkeitsprinzip die an die Einhaltung der Öffentlichkeit zu stellenden Anforderungen – jedenfalls in bestimmten Situationen – zu lockern, wenn der Grundsatz als solcher auch nicht angetastet werden darf. Ob dies auch für die etwa im Bereich des Wirtschafts- und Kartellrechts vorkommenden, besonders gewichtigen und von der All-

1367 *BGH*, NJW 1956, 1646.
1368 *BVerfG*, NJW 1955, 17.
1369 *OLG Düsseldorf*, NJW 1983, 2514 ff.

gemeinheit mit größerem Interesse verfolgten Ordnungswidrigkeiten gilt, lässt die erste Meinung offen.

II. Uneingeschränkte Geltung im Ordnungswidrigkeitenverfahren

Die erste Auffassung, die im Wesentlichen vom OLG Düsseldorf[1370] vertreten wurde, kann die eingeschränkte Geltung im Ordnungswidrigkeitenverfahren nicht nachvollziehbar begründen und findet im Gesetzeswortlaut keine Bestätigung. So soll die mindere Bedeutung der Öffentlichkeit auch nach der Meinung des OLG Düsseldorf nicht für alle Bußgeldsachen gelten. Dies würde ferner zur Rechtsunsicherheit beitragen, zwischen einzelnen Verfahren innerhalb des OWiG zu differenzieren.[1371] Im Übrigen würde diese Auffassung die Anwendbarkeit des § 338 Nr. 6 StPO im Rechtsbeschwerdeverfahren einschränken und bei festgestellten Verstößen gegen das Öffentlichkeitsgebot nicht stets einen absoluten Rechtsbeschwerdegrund annehmen. Nach dem Willen des Gesetzgebers soll bei einem absoluten Rechtsbeschwerdegrund (§ 338 Nr. 6 StPO in Verbindung mit § 79 Abs. 3 S. 1 OWiG) das Urteil auf dem Verfahrensfehler stets beruhen.[1372] Die in § 79 III OWiG vorgeschriebene entsprechende Anwendung der Revisionsvorschriften der StPO auf die Rechtsbeschwerde lässt Ausnahmen hinsichtlich des § 338 Nr. 6 StPO nicht zu.[1373]

Deshalb wird es sich in der Regel als notwendig erweisen, dass, wenn die Hauptverhandlung nicht an der sonst üblichen Stelle stattfindet, durch einen Hinweis am Gerichtssaal auf Ort und Zeit der (Weiter-)Verhandlung hingewiesen wird.[1374] Mit dem Grundsatz der Öffentlichkeit ist es unvereinbar, wenn ein Interessierter nicht die Möglichkeit hat, sich ohne besondere Schwierigkeit Kenntnis vom Augenscheinstermin zu verschaffen.[1375] Die Öffentlichkeit des Verfahrens wird auch dadurch verletzt, soweit die Urteilsverkündung in nicht öffentlicher Sitzung stattgefunden hat (§ 338 Nr. 6 StPO in Verbindung mit § 173 Abs. 1 GVG).[1376]

Praxistipp **!**

Im Rahmen der Begründung der Rechtsbeschwerde ist die Verfahrensrüge gem. §§ 338 Nr. 6 StPO, 169 GVG, 46 Abs. 1 OWiG zu erheben. Bei erfolgreicher Erhebung der Verfahrensrüge wird die Sache zur erneuten Verhandlung und Entscheidung, auch über die Kosten der Rechtsbeschwerde, an das Amtsgericht zurückverwiesen (§§ 79 III OWiG, § 354 II StPO). Es sollte durchaus auch in Bußgeldsachen ein

1370 NJW 1983, 2514 ff.
1371 *Rengier*, NJW 1985, 2553; *Senge*, KK-OWiG, § 71 Rn 54.
1372 *OLG Saarbrücken*, NStZ-RR 2008, 50; *OLG Celle*, NZV 2006, 443.
1373 *OLG Hamm*, VRS 60 452, 454; *OLG Hamburg*, VerkMitt 1973, 29.
1374 *OLG Hamm*, NZV 2001, 390.
1375 *OLG Celle*, NZV 2006, 443; *BGHR* StPO § 338 Nr. 6 Ortstermin 1 und 3.
1376 *OLG Hamm*, Beschl. v. 9.12.2008 – 2 Ss OWi 828/08.

sorgfältiger Blick auf die vor dem Sitzungssaal angebrachte Anzeige gerichtet werden; wenn der Schriftzug „nicht öffentliche Sitzung" aufleuchtet, so sollte die Verfahrensrüge erhoben werden.

III. Praxisbeispiel einer Rechtsbeschwerdebegründung

Vorab per Telefax:
Amtsgericht
Li.

Datum

In der Bußgeldsache
g e g e n Herrn Axel Jürgen C.
– 2080 Js 26223/10.3 OWi –

begründen wir die Rechtsbeschwerde gegen das Urteil des Amtsgerichts Li. vom 17.8.2010 wie folgt und legen die Anträge vor:

1. **Das Urteil des Amtsgerichts Linz vom 17.8.2010 wird mit den zugrunde liegenden Feststellungen aufgehoben.**
2. **Die Sache wird zur neuen Verhandlung und Entscheidung, auch über die Kosten der Rechtsbeschwerde, an eine andere Abteilung des Amtsgerichts zurückverwiesen.**

B e g r ü n d u n g:

Gerügt wird die Verletzung formellen und materiellen Rechts.

A. Verfahrensrüge

Verletzung der Öffentlichkeit des Verfahrens, §§ 338 Nr. 6 StPO, 46 OWiG, 169 S. 1 GVG.

1. Verfahrenstatsachen

Dem Betroffenen wurde mit Bußgeldbescheid vom 17.3.2010 vorgeworfen, die zulässige Höchstgeschwindigkeit außerhalb geschlossener Ortschaften um 53 km/h überschritten zu haben. Es wurde eine Geldbuße in Höhe von EUR 240,00 festgesetzt sowie ein Fahrverbot von einem Monat. Hiergegen richtete sich der fristgerechte Einspruch des anwaltlich vertretenen Betroffenen vom 19.3.2010.

Am 4.8.2010 lud das Amtsgericht Li. am Rhein den Betroffenen und seien Verteidiger zum Hauptverhandlungstermin am 17.8.2010, 12.00 Uhr, **Saal I, 2. OG**, im Gerichtsgebäude.

Mit Schriftsatz vom 12.8.2010 beantragte der Unterzeichner, Herrn Alexander Jürgen C. von der Verpflichtung zum persönlichen Erscheinen in der Hauptverhandlung vom 17.8.2010 zu entbinden.

Mit Beschluss vom 13.8.2010 wurde der Betroffene von der Verpflichtung zum persönlichen Erscheinen entbunden.

Der Betroffene nahm wegen des Beschlusses vom 13.8.2010 nicht persönlich an der Hauptverhandlung teil. Zum Hauptverhandlungstermin erschien der Unterzeichner, vgl. Blatt 129 der Akte.

Schon beim Eintreffen beim Amtsgericht Li. am Sitzungstag bemerkte der Unterzeichner sowie der ihn begleitende Praktikant, Carsten M., eidesstattliche Versicherung, vgl. Blatt 147f. der Akte, dass auf der Sitzungsrolle eine Verhandlung K., Az. 2080 Js 13137/10.3 OWi für 11.40 Uhr, angeschlagen war. Der Richter war dort Herr Ma. Auch die Sache C., Az. 2080 Js 26223/10.3 OWi, war für denselben Sitzungssaal I, 2. Obergeschoss um 12.00 Uhr vorgesehen. Für die Angelegenheit C. zuständig war Richter B.

Auf der Sitzungsrolle neben Saal I war angeschlagen: 11:40 Uhr K., Richter Ma.

Darunter hieß es: 12.00 Uhr, Axel Jürgen C., Richter B. Da der Gerichtssaal I, 2. Obergeschoss im Amtsgericht Li. noch mit der Angelegenheit „K." befasst war sowie einer weiteren zeitlich parallel terminierten Angelegenheit um 11.40 Uhr, entschied sich Herr Richter B. dazu, für seine Angelegenheit für 12.00 Uhr, C., den direkt gegenüberliegenden Gerichtssaal zu verwenden, vgl. eidesstattliche Versicherung von Herrn Carsten M.

Im Einzelnen:

In Saal I, 2. Obergeschoss wurde zunächst die Angelegenheit K. mit dem zuständigen Richter Ma verhandelt. Im Gerichtssaal I, 2. Obergeschoss war schon zu diesem Zeitpunkt der Zeuge R. für den 12.00 Uhr Termin „C." bei Herrn Richter B. erschienen. Als die Angelegenheit „K." noch im Saal I, 2. Obergeschoss unter Richter Ma verhandelt wurde, kam Richter B., der zuständige Richter für die 12.00 Uhr Sache „C." in den Gerichtssaal. Richter Ma. teilte ihm mit, dass es wohl noch etwas dauern würde. Da Herr Richter B. wohl pünktlich mit seiner für 12.00 Uhr terminierten Sache „C." beginnen wollte, schlug Richter B. vor, dass man doch in den gegenüber liegenden freien Sitzungssaal gehen könne. In diesem Zuge stand der bereits anwesende Zeuge und Polizeibeamte R. auf, um Richter B. zu folgen. Der Unterzeichner gab jedoch sodann bekannt, dass er auch in der 12.00 Sache „C." als Rechtsanwalt fungiert, so dass es nicht möglich sei, die Verhandlung für 12.00 Uhr „C." ohne ihn in einem neuen Gerichtssaal beginnen zu lassen, zumal der Fall 11.40 Uhr „K." noch nicht zu Ende verhandelt worden war. Daraufhin verließ Richter B. und der Polizist den Saal I, 2. Obergeschoss.

Nachdem der Fall „K.“ bei Richter Ma. abgeschlossen war, verließ der Unterzeichner Saal I, 2. Obergeschoss, mit seinem Praktikanten M. und sie gingen, da ihnen die Vorgeschichte bekannt war, zu dem anderen Saal, direkt gegenüber Saal I, im Amtsgericht Li. Richter B. und der Zeuge R. hatten bereits Platz genommen. Die Sitzung wurde sogleich begonnen und die Tür wurde geschlossen. Auch auf der Tür des neuen Gerichtssaals, gegenüber Saal I, war kein Aushang über den die Rechtssache ausgehängt.

Bei Anwendung der gebotenen Sorgfalt hätte Richter B. oder seine Geschäftsstelle dies bemerken und beseitigen können.

Das Hauptverhandlungsprotokoll, Blatt 123 der Akte, enthält keine Angaben zum Ort des Stattfindens der Hauptverhandlung.

Die Angelegenheit wurde ohne Protokollführer verhandelt.

Die Angelegenheit C. fand demnach nicht in Saal I, 2. Obergeschoss des Amtsgerichts Li. statt, sondern im direkt gegenüberliegenden Gerichtssaal. Der Unterzeichner war von dem neuen Verhandlungsort informiert. Auf der Sitzungsrolle vor dem Saal I, 2. Obergeschoss wurde jedoch nicht auf den neuen Gerichtssaal hingewiesen.

Beweis: einzuholende dienstliche Stellungnahme des Richters B.

Der Betroffene wurde nach Durchführung der Beweisaufnahme und nach einem Beweisantrag der Verteidigung, vgl. Blatt 131, letztlich in der Sitzung kostenpflichtig wegen vorsätzlicher Überschreitung der außerorts zulässigen Höchstgeschwindigkeit von 100 km/h um 53 km/h zu einer Geldbuße in Höhe von EUR 400,00 verurteilt. Zusätzlich wurde gegen den Betroffenen für die Dauer von einem Monat ein Fahrverbot angeordnet, vgl. Blatt 132 der Akte.

2. Rechtliche Erwägungen

Die Verfahrensrüge ist begründet. Durch die fehlende Angabe des neuen Saals der Hauptverhandlung auf dem Aushang/Sitzungsrolle des Gerichtssaals, auf den geladen wurde, ist das Gebot der Öffentlichkeit des Hauptverfahrens in vorwerfbarer Weise verletzt. Öffentlich ist eine Verhandlung nur dann, wenn die Allgemeinheit, das heißt beliebige, auch unbeteiligte Zuhörer, an der Hauptverhandlung teilnehmen können, sofern sie dies wünschen (vgl. BGH NStZ 1981, 311). Der in § 169 S. 1 GVG normierte Grundsatz der Öffentlichkeit des Verfahrens erfordert, dass das Gericht grundsätzlich durch einen Hinweis am Gerichtssaal auf Ort und Zeit der Verhandlung aufmerksam machen muss, wenn die Hauptverhandlung nicht an der sonst üblichen Stelle stattfindet (vgl. OLG Hamm, NJW 1974, 1780; OLG Hamm StV 2000, 459). Das Amtsgericht Li. hatte laut Ladung, vgl. Blatt 45, auf den 17.8.2010,

12.00 Uhr, Saal I geladen. Tatsächlich jedoch fand die Hauptverhandlung im Gerichtssaal, direkt gegenüber statt, vgl. eidesstattliche Versicherung des Herrn Carsten M. Der vor dem Gerichtssaal angebrachte Aushang enthielt jedoch keinen Hinweis darauf, an welchem neuen Ort und in welchem Gerichtssaal die Hauptverhandlung stattfinden würde. Damit hätte ein Zuhörer, der an der Hauptverhandlung gegen den Betroffenen C. teilnehmen wollte, anhand des Aushangs nicht erkennen können, wo die Hauptverhandlung stattfinden würde.

Es erschließt sich dem Unterzeichner nicht, aus welchen Gründen die genaue Angabe des Ortes der neuen Sitzung in dem Terminsaushang unterblieb. Möglicherweise vergaß dies Richter B., zumal der Unterzeichner vom neuen Sitzungsort informiert war. Dies kann jedoch nichts an der Verletzung des Grundsatzes der Öffentlichkeit ändern. Da der Unterzeichner durch seinen Praktikanten Carsten M. begleitet wurde, und danach als Zuhörer an der Hauptverhandlung im neuen Gerichtssaal teilnahm, bemerkte er die Beschränkung der Öffentlichkeit nicht. Dies kann jedoch nichts daran ändern, dass es durch den fehlenden Aushang und die Information des neuen Gerichtssaals für unbeteiligte Zuhörer unmöglich war, die Hauptverhandlung gegen den Betroffenen zu verfolgen. Hiermit ist der Grundsatz der Öffentlichkeit verletzt. Angesichts der Tatsache, dass vorliegend über eine Geschwindigkeitsüberschreitung im höheren Sektor mit Fahrverbot verhandelt wurde, ist der Öffentlichkeitsgrundsatz auch nicht eingeschränkt (vgl. dazu auch OLG Düsseldorf, NJW 1983, 2514 ff.).

Es handelt sich bei der Verletzung des Grundsatzes der Öffentlichkeit nach dem Willen des Gesetzgebers um einen absoluten Rechtsbeschwerdegrund (§ 338 Nr. 6 StPO in Verbindung mit § 79 Abs. 3 S. 1 OWiG). Hier soll das Urteil auf dem Verfahrensfehler stets beruhen.

B. Sachrüge

Daneben wird die allgemeine Sachrüge nur in allgemeiner Form erhoben. Das Urteil wird im vollen Umfange zur Überprüfung durch das Rechtsbeschwerdegericht gestellt.

C. Ergebnis

Der Rechtsbeschwerde ist der Erfolg nicht zu versagen.

S.
Rechtsanwalt
Fachanwalt für Strafrecht

J. Deals im Bußgeldverfahren

I. Gesetzliche Grundlage

Am 4.8.2009 ist das „Gesetz zur Regelung der Verständigung im Strafverfahren" vom 29.7.2009[1377] in Kraft getreten. Der neue § 257c StPO, der Vorgaben zu Verfahren, Inhalt und Folgen von Absprachen im Strafverfahren enthält, ist zentrale Vorschrift zur Regelung der Verständigung. § 257c II StPO bestimmt, dass Gegenstand dieser Verständigung nur die Rechtsfolgen sein dürfen, die Inhalt des Urteils und der dazugehörigen Beschlüsse sein können, sonstige verfahrensbezogene Maßnahmen im zugrundeliegenden Erkenntnisverfahren sowie das Prozessverhalten der Verfahrensbeteiligten. Bestandteil jeder Verständigung soll nach § 257c II 2 StPO ein Geständnis sein. Das BVerfG hat in seinem Urt. v. 19.3.2013 (2 BvR 2628/10, 2 BvR 2883/10, 2 BvR 2155/11) die gesetzliche Regelung zur Verständigung im Strafprozess für verfassungsmäßig gehalten, hat aber die Zulässigkeit von Verständigungen von einigen Voraussetzungen abhängig gemacht. So müsse ein verständigungsbasiertes Geständnis auf seine Glaubhaftigkeit überprüft wrden; sich hierzu aufdrängende Beweiserhebungen dürften nicht unterbleiben. In der Praxis werden die neuen Vorschriften im Ordnungswidrigkeitenverfahren weit gehend vernachlässigt. Offenbar ist die Reform an vielen Bußgeldrichtern vorbeigegangen oder sie haben sich über die Anwendbarkeit der Vorschriften der Verständigung im Strafverfahren auf das OWi-Recht noch keine Gedanken gemacht.

! **Praxistipp**

Wenn es im Folgenden um Verständigungen im Prozess geht, so fallen hierunter natürlich nicht Angebote des Bußgeldrichters, die – wahrscheinlich – nicht mit der Staatsanwaltschaft abgesprochen wurden oder die auf Bequemlichkeit beruhen. So haben schon einige Bußgeldrichter angeboten, eine von zwei direkt nacheinander gegen denselben Betroffenen terminierte Ordnungswidrigkeiten einzustellen, wenn in der anderen der Einspruch gegen den Bußgeldbescheid zurück genommen wird. Für den Verteidiger gibt es keinen Grund, derartige Angebote nicht anzunehmen, wenn es keine hinreichenden Erfolgsaussichten gibt.

II. Anwendbarkeit der Regelungen der Verständigung im Strafverfahren auf das OWi-Recht

§ 257c StPO ist – was den wenigsten Bußgeldrichtern bislang bewusst ist – über die §§ 46, 71 OWiG auch auf das Ordnungswidrigkeitenverfahren anzuwenden.[1378] Das

1377 BGBl. I 2353.
1378 *Burhoff*, ZAP 2009, 477.

Gesetz über Ordnungswidrigkeiten ist durch das Gesetz zur Regelung der Verständigung im Strafverfahren ebenfalls geändert worden, vgl. § 78 II OWiG.

Bedenken an der Anwendbarkeit der Regelungen der Verständigung im Strafverfahren auf das Verkehrs-Ordnungswidrigkeitenrecht werden teilweise angemeldet vor dem Hintergrund, dass dies dem dort geltenden Grundsatz der Gleichbehandlung der Betroffenen widersprechen würde.[1379] In Bußgeldverfahren gäbe es nur wenig „geeignete Fälle“ i.S. des § 257c Abs. 1 StPO, in denen eine Verständigung in Betracht zu ziehen sei.[1380]

Richtig ist zwar, dass eine Verständigung zwischen Gericht und Verfahrensbeteiligten nur „in geeigneten Fällen“ zustande kommen soll.[1381] Daraus abzuleiten, dass sich die Regelungen über die Absprache auf bestimmte Bereiche eines ganzen Rechtsgebiets nicht erstrecken dürften, ist jedoch schwer vertretbar; noch weniger, wenn man berücksichtigt, dass Verkehrsbußgeldsachen in der Praxis die Masse vor den Amtsgerichten ausmachen. Im Übrigen heißt es im Gesetzestext nicht, dass es nur „in geeigneten Rechtsgebieten“ zu einer Verständigung kommen kann, sondern nur „in geeigneten Fällen“. Das Verkehrsbußgeldrecht wurde an dieser Stelle von Absprachen nicht ausgenommen. Das primäre Anliegen des Verständigungsgesetzes, klare Vorgaben zu Verfahren, Inhalt und Folgen von Absprachen zu machen, galt auch für das gesamte Strafrecht „im weiteren Sinne“, zu dem das Ordnungswidrigkeitenrecht gezählt wird.[1382]

III. Beteiligung der Staatsanwaltschaft

Zwar unterscheiden sich Verständigungen über den Ausgang eines Bußgeldverfahrens vom Strafprozess schon allein dadurch, dass die Staatsanwaltschaft als Verfahrensbeteiligten i.S.v. §257c I 1 StPO im Bußgeldverfahren zur Teilnahme an der Hauptverhandlung nicht verpflichtet ist (§75 I OWiG) und in der Regel an der Hauptverhandlung auch nicht teilnimmt. Die Verständigung kommt gem. §257c III 4 StPO (nur) zustande, wenn Angeklagter und Staatsanwaltschaft dem Vorschlag des Gerichtes zustimmen. Eine Verfahrensabsprache mit dem Bußgeldrichter ohne Kenntnis der Staatsanwalt kommt nicht in Betracht. Die mangelnde Teilnahme steht jedoch einer Verständigung nicht im Wege, da viele Bußgeldrichter, die vom Bußgeldkatalog ab-

---

1379 BT-Drs. 16/12098, S. 15.

1380 Dazu *Burhoff*, ZAP 2009, 477 ff.

1381 *Eschelbach*, in Beck'scher Online-Kommentar, Hrsg: Graf, StPO § 257c, Rn 7.

1382 Auch im Gesetzgebungsverfahren kam man zu der Einschätzung, dass „*es ... nicht angemessen (wäre), die vorgeschlagenen Regelungen über Verständigungen im Strafverfahren ... insgesamt als nicht anwendbar zu erklären.*“ Begründung im Gesetzentwurf der Bundesregierung, Entwurf eines Gesetzes zur Regelung der Verständigung im Strafverfahren, Drucksache 65/09.

weichen wollen, die Akte ohnehin vor einer Entscheidung mit der Bitte um Stellungnahme an die Staatsanwaltschaft schicken. Auch in Bußgeldsachen gab es seit jeher ebenfalls eine Absprachenpraxis, die von der höchstrichterlichen Rechtsprechung gebilligt wurde,[1383] womit ein Bedarf nach einer gesetzlichen Regelung vorlag.

IV. Protokollierung

Das Protokoll muss nach § 273 Ia S. 1 StPO auch den wesentlichen Ablauf und Inhalt sowie das Ergebnis einer Verständigung nach § 257c wiedergeben. Über § 78 II OWiG muss der Bußgeldrichter mitteilen, ob Erörterungen nach den §§ 202a, 212 StPO stattgefunden haben, wenn deren Gegenstand die Möglichkeit einer Verständigung (§ 257c StPO) gewesen ist und wenn ja, deren wesentlichen Inhalt. Im Bußgeldverfahren gibt es jedoch eine negative Protokollierungspflicht wie im Strafprozess i.S. § 273 Ia S. 3 StPO nach dem ausdrücklichen Willen des Gesetzgebers nicht, vgl. § 78 II 2. Hs. OWiG. Der Bußgeldrichter braucht somit zu Beginn der Sitzung nicht protokollieren zu lassen, dass eine Verfahrensabsprache nicht stattgefunden hat.

V. Wegfall von Fahrverboten im Deal-Wege

Nach dem Gesetzeswortlaut können demnach Absprachen auch über die Höhe der Geldbuße im Falle der Abgabe eines Geständnisses oder über den Wegfall von Fahrverboten gegen Erhöhung der Geldbuße zustande kommen.[1384] Nach § 257c Abs. 2 S. 3 StPO dürfen nur Maßregeln der Besserung und Sicherung nicht Gegenstand einer Verständigung sein. Zu Nebenstrafen, wie dem Fahrverbot, außerhalb des Bereichs der Maßregeln äußert sich das Gesetz nicht. Da sie vom Verbot des Abs. 2 S. 3 nicht umfasst sind, spricht viel dafür, dass sie nach dem Gesetz ebenso wie die Hauptstrafe von Gesetzes wegen Gegenstand einer Verständigung sein dürfen.[1385] Es mag eine ungeliebte Folge der gesetzlichen Reglung sein, dass damit der von der höchstrichterlichen Rechtsprechung betonte Gleichheitsgrundsatz und die gerechte Behandlung aller Verkehrsteilnehmer unter Verständigungen leiden könnten. Diese Bedenken wurden aber von Teilen des Schrifttums auch im Strafrecht gegen Absprachen im Allgemeinen vorgebracht; die Tatsache, dass Absprachen nunmehr ausdrücklich in das Gesetz aufgenommen wurden, spricht dafür, sie insgesamt als zulässiges Procedere anzusehen.

1383 *OLG Köln*, StV 2001, 342.

1384 *Fromm*, NZV 2010, 1.

1385 *Meyer-Goßner*, StPO § 257c Rn 10.

VI. Wegfall der Geschäftsgrundlage

Nach § 257c IV StPO kann die Bindung des Gerichtes an eine Verständigung entfallen, wenn rechtlich oder tatsächlich bedeutsame Umstände übersehen worden sind oder sich neu ergeben haben und das Gericht deswegen zu der Überzeugung gelangt, dass der in Aussicht gestellte Strafrahmen nicht mehr tat- oder schuldangemessen ist. Ist beispielsweise in Bezug auf die Absprachen zum Wegfall des Fahrverbots der Verkehrszentralregisterauszug nicht aktuell gewesen oder haben sich zwischenzeitlich neue Eintragungen ergeben, so müsste das Gericht eine Abweichung unverzüglich mitteilen. Gleiches gilt gem. § 257c IV 2 StPO, wenn das weitere Prozessverhalten des Betroffenen nicht dem Verhalten entspricht, das der Prognose des Gerichtes zugrunde gelegt worden ist. Das Geständnis des Angeklagten dürfte in diesen Fällen nicht verwertet werden. Problematisch und vom Gesetzgeber nicht gelöst ist die Folgeproblematik, wie z.B. das Einräumen der Fahrereigenschaft durch den Betroffenen in diesen Fällen aus dem Gedächtnis des Richters gelöscht werden kann.

VII. Fazit und Ausblick

1. Nach vorläufiger Einschätzung finden merkwürdiger Weise ausdrückliche Verständigungen im Strafverfahren insgesamt seit ihrer gesetzlichen Fixierung nicht mehr oder jedenfalls deutlich seltener statt. Ob dies seine Ursache darin hat, dass ein Rechtsmittelverzicht ausgeschlossen ist, wenn dem Urteil eine Verständigung (§ 257c StPO) vorausgegangen ist (§ 302 Abs. 1 Satz 2 StPO), kann nur vermutet werden.
2. Zwar finden weiterhin Gespräche des Verteidigers mit Staatsanwaltschaft und Richter statt. Diese haben aber zurzeit eher den Charakter unverbindlicher Vorgespräche und werden vom Richter weder als Deal behandelt noch protokolliert.
3. Im Bußgeldverfahren ist das Gesetz zur Regelung der Verständigung im Strafverfahren in der Praxis überhaupt noch nicht angekommen. Die Vorschriften sind aber unzweifelhaft über die §§ 46, 71 OWiG auch auf das Ordnungswidrigkeitenverfahren anzuwenden, zumal auch das Gesetz über Ordnungswidrigkeiten durch das Gesetz zur Regelung der Verständigung im Strafverfahren geändert wurde, vgl. § 78 II OWiG.
4. Die Bindung des Gerichtes an eine Verständigung kann gem. § 257c IV StPO entfallen, wenn rechtlich oder tatsächlich bedeutsame Umstände übersehen worden sind oder sich neu ergeben haben und das Gericht deswegen zu der Überzeugung gelangt, dass der in Aussicht gestellte Strafrahmen nicht mehr tat- oder schuldangemessen ist. Bei der Absprache ist dieses Risiko vom Verteidiger im Hinterkopf zu behalten.

K. Urteilsgründe und -absetzungsfristen

I. Einführung in die Problematik

Die schriftlichen Urteilsgründe sind das „Herzstück" der instanzabschließenden Entscheidung des Gerichts. Der Richter hat in diesem Rahmen darzulegen, aus welchen Gründen er zu einer verurteilenden oder freisprechenden Entscheidung gekommen ist und bezeichnet die zur Anwendung gebrachten gesetzlichen Bestimmungen. Dies hat innerhalb der gesetzlichen Fristen nach der Verkündung zu erfolgen (Urteilsabsetzungsfrist).

Die nachfolgenden Ausführungen stellen zunächst die allgemeinen Anforderungen an die schriftlichen Urteilsgründe in Bußgeldsachen dar. Sodann sollen Urteile im Ordnungswidrigkeitenverfahren thematisiert werden, bei denen der Bußgeldrichter fehlerhaft von der Begründung des Urteils abgesehen hat. Die große Anzahl der ergangenen obergerichtlichen Entscheidungen zu dieser rechtlichen Thematik belegt, dass hier eine Fehlerquelle vorhanden zu sein scheint, die es näher zu untersuchen gilt. Es wird dargestellt, in welchen Fällen ausnahmsweise im Ordnungswidrigkeitenverfahren auf eine Begründung in den schriftlichen Urteilsgründen verzichtet werden darf. Ein weiterer Schwerpunkt soll bei verspätet vorgelegten Urteilsgründen gesetzt werden. Dieser Rechtsfehler wird im Rahmen der absoluten Revisionsgründe dem Fehlen von Entscheidungsgründen gleichgesetzt (§ 338 Nr. 7 StPO). Es soll darüber hinaus ein Überblick über andere aktuelle fehlerträchtige Gebiete bei der Abfassung der schriftlichen Urteilsgründe gegeben werden. Aus Verteidigersicht soll ferner dargestellt werden, welche Folgen derartige Rechtsfehler haben und wie sie in der Rechtsbeschwerdeinstanz effektiv gerügt werden.

II. Allgemeine Anforderungen

Grundsätzlich ist auch in Bußgeldverfahren ein Urteil mit Gründen zu versehen. § 267 I StPO gilt über § 71 I OWiG im Ordnungswidrigkeitenverfahren entsprechend.[1386] In dieser Bestimmung werden die Mindestanforderungen an Form, Inhalt und Umfang der Begründung umrissen. Dabei sind an die Urteilsgründe im Bußgeldverfahren keine hohen Anforderungen zu stellen,[1387] weil das Bußgeldverfahren nicht der Ahndung kriminellen Unrechts, sondern der verwaltungsrechtlichen Pflichtenmahnung in Massenverfahren des täglichen Lebens dient.[1388] Sie müssen

---

1386 Senge, Karlsruher Kommentar zum OWiG, 3. Aufl. 2006, § 71 Rn 106.

1387 Burhoff, Handbuch für das straßenverkehrsrechtliche OWi-Verfahren, 3. Aufl., Rn 2593; Seitz, in Göhler, OWiG, § 71 Rn 42.

1388 OLG Bremen, Beschl. v. 24.1.2002 – Ss (B) 64/01, BeckRS 2002, 30235020.

aber so beschaffen sein, dass sie dem Rechtsbeschwerdegericht die von ihm nach § 79 Abs. 3 Satz 1 OWiG i.V.m. § 337 StPO vorzunehmende Kontrolle der zutreffenden Anwendung des materiellen Rechts auf den festgestellten Sachverhalt ermöglichen. Das Revisionsgericht muss überprüfen können, ob dem Tatrichter Rechtsfehler unterlaufen sind, insbesondere ob der den Entscheidungsgegenstand bildende Sachverhalt erschöpfend gewürdigt worden ist.[1389] Die Feststellungen müssen klar, eindeutig und lückenlos und in sich widerspruchsfrei sein.[1390] Wird der Betroffene wegen einer Verkehrsordnungswidrigkeit (Überschreitung der zulässigen Höchstgeschwindigkeit) zu einer Geldbuße verurteilt, muss der Tatrichter in den schriftlichen Urteilsgründen die Tatzeit, die Örtlichkeit, die Verkehrsdichte, die am Tatort bestehende Verkehrsregelung und eine etwaige besondere Verkehrssituation im Einzelnen darlegen. Außerdem ist die Art der Feststellung der Geschwindigkeitsüberschreitung (etwa durch Radarmessung, Nachfahren oder dergleichen) unbedingt im Urteil aufzuzeigen.[1391] Bei einer mit einem standardisierten Messverfahren festgestellten Geschwindigkeitsüberschreitung müssen zumindest die angewandte Messmethode, die nach Abzug der Messtoleranz ermittelte Geschwindigkeit, und welcher Toleranzabzug berücksichtigt worden ist, mitgeteilt werden.[1392] Nur wenn es an der Wiedergabe einer dieser Parameter fehlt, unterliegt das Bußgeldurteil aufgrund materiell-rechtlicher Unvollständigkeit der Aufhebung.[1393] Es muss sich aus den Urteilsgründen die Schuldform hinreichend deutlich entnehmen lassen, ob etwa dem Betroffenen zum Zeitpunkt der Tat die Geschwindigkeitsbeschränkung auch bewusst war und er zugleich die erhebliche Überschreitung der zulässigen Höchstgeschwindigkeit bemerkt hat.[1394] Im Ordnungswidrigkeitenverfahren hat auch eine Beweiswürdigung zu erfolgen, hierzu muss die Einlassung des Betroffenen wiedergegeben werden und ggf. die Aussage von Belastungszeugen (Messbeamte). Maßgeblich ist stets, ob die Urteilsgründe ihrer Aufgabe gerecht werden, dem Revisionsgericht die Überprüfung der Beweiswürdigung auf Rechtsfehler zu ermöglichen.[1395] Hat das Gericht ein Sachverständigengutachten eingeholt, muss der Tatrichter, der ihm Beweisbedeutung beimisst, auch dann, wenn er sich dem Gutachten des Sachverständigen, von dessen Sachkunde er überzeugt ist, anschließt, in der Regel die Ausführungen des Sachverständigen in einer – wenn auch nur gedrängten – zusammenfassenden Darstellung unter Mitteilung der zu Grunde liegenden

1389 OLG Hamm, Urt. v. 20.11.2007 – 1 Ss 66/07, BeckRS 2008, 10033.

1390 Seitz, in Göhler, OWiG, § 71 Rn 42a.

1391 OLG Koblenz, NZV 1988, NZV 1988, 31.

1392 OLG Koblenz, NZV 2013, 202; OLG Bamberg, NStZ-RR 2007, 321; OLG Frankfurt a.M., NZV 2009, 404; OLG Hamm, NStZ-RR 2002, 20.

1393 OLG Celle SVR 2012, 190; dazu Fromm, NZV 2013, 16 ff.

1394 OLG Hamm, DAR 1998, 281.

1395 BGHR StPO § 267 Abs. 5 Freispruch 2 und 3.

Anknüpfungstatsachen und der daraus gezogenen Schlussfolgerungen im Urteil wiedergeben, um dem Rechtsbeschwerdegericht die gebotene Nachprüfung zu ermöglichen.[1396] Jedenfalls bei einer Geldbuße über 250,00 EUR bedarf es zudem näherer Erörterungen der wirtschaftlichen Verhältnisse des Betroffenen.[1397]

III. Absehen von Urteilsgründen im Ordnungswidrigkeitenverfahren

Während ein Strafurteil nach § 267 StPO zwingend mit, wenn auch abgekürzten Gründen (vgl. § 267 IV StPO), zu versehen ist, kann im Bußgeldurteil hiervon ausnahmsweise gem. § 77b I OWiG abgesehen werden. Es handelt sich um eine der Verfahrensvereinfachungen im Ordnungswidrigkeitenverfahren. Der Gesetzgeber wollte Bußgeldrichter insbesondere bei massenhaft auftretenden Bußgeldverfahren entlasten. Von einer schriftlichen Begründung des Urteils darf gem. § 77b I OWiG abgesehen werden, wenn alle zur Anfechtung Berechtigten auf die Einlegung von Rechtsmitteln verzichten oder wenn innerhalb der Frist für die Einlegung der Rechtsbeschwerde kein Rechtsmittel eingelegt worden ist. Hat die Staatsanwaltschaft an der Hauptverhandlung nicht teilgenommen, so ist ihre Verzichtserklärung entbehrlich; eine schriftliche Begründung des Urteils ist jedoch erforderlich, wenn die Staatsanwaltschaft dies vor der Hauptverhandlung beantragt hat. Die Verzichtserklärung des Betroffenen ist entbehrlich, wenn er von der Verpflichtung zum Erscheinen in der Hauptverhandlung entbunden worden ist, im Verlaufe der Hauptverhandlung von einem Verteidiger vertreten worden ist und im Urteil lediglich eine Geldbuße von nicht mehr als zweihundertfünfzig Euro festgesetzt worden ist. Ein Bußgeldurteil gem. § 77b I OWiG besteht nur aus Urteilsrubrum und Urteilsformel.

IV. Konsequenzen bei fehlenden Urteilsgründen

Rechtsprechung und Literatur differenzieren bei den Konsequenzen fehlender Urteilsgründen zwischen der zulassungsfreien und zulassungsbedürftigen Rechtsbeschwerde. Weniger gewichtige Ordnungswidrigkeiten in Bagatellhöhe sollen grundsätzlich jeder Überprüfung durch das Rechtsbeschwerdegericht entzogen sein. Hier ist eine höchstrichterliche Entscheidung nur in Ausnahmefällen möglich.[1398] Für eine Zulassung der Rechtsbeschwerde nach § 80 OWiG muss die Verteidigung

---

1396 OLG Celle, NZV 2013, 47.

1397 OLG Jena, VRS 108, 220; OLG Schleswig, NZV 2011, 410; OLG Zweibrücken, NZV 1999, 219; Mitsch, in Karlsruher Kommentar zum OWiG, § 17 OWiG, Rn 91.

1398 Ebner, SVR 2008, 129, 131.

im Falle einer Verurteilung zu einer Geldbuße von 101,00 Euro bis höchstens 250,00 Euro (Abs. 1) über die Sach- oder Verfahrensrüge hinaus darlegen, warum der jeweilige Fall der Klärung durch das Oberlandesgericht bedarf. Dies ist nach § 80 Abs. 1 Nr. 1 OWiG der Fall, wenn die Nachprüfung zur Fortbildung des Rechts oder der Sicherung einer einheitlichen Rechtsprechung dient. Wurde gegen den Betroffenen eine Geldbuße von nicht mehr als einhundert Euro festgesetzt, so ist die Zulassung der Rechtsbeschwerde ausgeschlossen wegen Verfahrensrechtsverstößen. Diese Einschränkung betrifft nicht die Versagung des rechtlichen Gehörs.

1. Zulassungsfreie Rechtsbeschwerde

Hat das Gericht fehlerhaft von der Begründung abgesehen, etwa weil es den Eingang der Rechtsbeschwerde übersehen hat, so liegt damit ein unzulässigerweise abgekürztes Urteil vor, das bereits auf die Sachrüge hin aufzuheben ist, da dem Rechtsbeschwerdegericht die Nachprüfung auf sachlich-rechtliche Fehler nicht möglich ist,[1399] ohne dass es der Prüfung weiterer Rechtsfehler bedarf.

2. Zulassungsbedürftige Rechtsbeschwerde

Umstritten ist, ob automatisch ein Zulassungsgrund vorliegt, wenn das Amtsgericht den Eingang des Rechtsmittels des Betroffenen übersehen hat und von einer Begründung des Urteils gänzlich abgesehen hat, obwohl die Voraussetzungen des § 77b OWiG nicht vorlagen.

a) Keine zwingende Zulassung der Rechtsbeschwerde bei fehlenden Urteilsgründen

Nach herrschender Meinung führt das Fehlen von Urteilsgründen nicht zur Zulassung der Rechtsbeschwerde.[1400] Erforderlich sei in jedem Fall die Prüfung der Zulassungsvoraussetzungen des § 80 Abs. 1 und 2 OWiG. Dabei könnten in dem durch den Zulassungsantrag eingeleiteten Vorschaltverfahren[1401] diese Voraussetzungen, jedenfalls bei massenhaft auftretenden Bußgeldverfahren wegen einfacher Verkehrsordnungswidrigkeiten ohne erkennbare Schwierigkeiten in tatsächlicher oder rechtlicher Hinsicht, häufig auch ohne Kenntnis von Urteilsgründen geprüft werden, auch unter Einbeziehung des Bußgeldbescheides, des Zulassungsantrages und

---

1399 Seitz, in Göhler, OWiG, § 77b Rn 8; OLG Bamberg, ZfS 2008, 469; KK-Senge, § 77b OWiG Rn 19.

1400 BGH, NJW 1996, 3157; OLG Oldenburg, Zfs 1998 116; OLG Stuttgart, Beschl. v. 3.8.2009 – 5 Ss 1249/09 = BeckRS 2009, 23042.

1401 Senge, in KK-OWiG, 3. Aufl., Rn 5 zu § 80.

sonstiger Umstände.[1402] Die Zulassung der Rechtsbeschwerde sei in dieser Konstellation auch nicht aus verfassungsrechtlichen Gründen (Rechtsstaatsprinzip, Gewährung rechtlichen Gehörs) geboten. Nur wenn es ohne Kenntnis der Urteilsgründe zweifelhaft bleibe, ob die Zulassungsvoraussetzungen vorliegen, und bestehende Zweifel weder aus dem abgekürzten Urteil, dem Bußgeldbescheid, dem Zulassungsantrag noch aus sonstigen Umständen ausgeräumt werden könnten, so führe das Fehlen von Urteilsgründen zur Begründetheit des Zulassungsantrags.[1403]

b) Rechtsbeschwerde zuzulassen

Dagegen wird vertreten, dass das Rechtsmittel im Fall des gänzlichen Fehlens von Urteilsgründen stets zuzulassen sei, weil das Rechtsbeschwerdegericht das Vorliegen der Zulassungsgründe nicht prüfen könne[1404] oder weil eine geordnete Rechtsfortbildung schon für sich das Vorhandensein von Urteilsgründen erfordere.[1405]

Darüber hinaus vertrat das OLG Brandenburg die Auffassung,[1406] dass nicht nur das Verfahrensrecht verletzt sei, sondern auch den grundrechtlichen Anspruch des Betroffenen auf Zugang zu den Gerichten, wenn das Urteil des Bußgeldrichters unzulässigerweise keine Gründe enthalte. Zwar diene die Durchführung des Rechtsmittelverfahrens dort, wo die Zulassung der Rechtsbeschwerde erforderlich ist, in erster Linie einer einheitlichen und sachgerechten Rechtsprechung und weniger den Interessen des Betroffenen. Aber der Gesetzgeber habe es dem Betroffenen überlassen zu entscheiden, ob er die Nachprüfung des Urteils beantragen will oder nicht. Dadurch habe er ihm die Stellung eines Rechtsmittelführers gegeben, die deshalb sowohl in den Verfahrensgesetzen als auch in deren Anwendung durch die Rechtsmittelgerichte den Anforderungen der Verfassung entsprechend ausgestaltet sein müsse. Diesen Anforderungen entspreche es nur, wenn der Betroffene und sein Verteidiger anhand der ihnen vorliegenden Urteilsgründe prüfen könnten, ob ein Rechtsmittel Aussicht hat, zu einer sachlichen Überprüfung des Urteils zu führen. Das erwähnte verfassungsrechtliche Gebot setze zwar nicht voraus, dass die Betroffenen vor Einlegung eines Rechtsmittels die Rechtslage in der Praxis ausreichend sorgfältig prüfen oder dass dies im konkreten Einzelfall geschieht, sondern es besa-

1402 OLG Bamberg, NJW 2013, 2212; grundlegend dazu BGHSt 42, 187 ff.; vgl. auch Schleswig-Holsteinisches OLG, Beschl. v. 14.8.2002 – 2 Ss OWi 96/02 – und Brandenburgisches OLG, Beschl. v. 14.1.2009 – 1 Ss OWi 238 Z/08.

1403 OLG Hamm, Urt. v. 16.10.2007 – 4 Ss OWi 680/07; OLG Brandenburg, Beschl. v. 14.1.2009 – 1 Ss (OWi) 238 Z/08; OLG Düsseldorf – 1. StS VRS 72, 286; OLG Zweibrücken, VRS 85, 217; KG, VRS 82, 135; OLG Hamm, VRS 62, 294; 64, 44; 74, 447; KG, NZV 1995, 242, OLG Düsseldorf, VRS 72, 286.

1404 BayObLG, VRS 78, 464; 82, 320; BayObLG, NZV 1992, 333; OLG Düsseldorf – 1. StS VRS 74, 282; OLG Köln, VRS 86, 302.

1405 OLG Celle, VRS 75,463.

1406 NStZ 1995, 597.

ge nur, dass die Prüfung möglich sein müsse. Sei diese Prüfung weder dem Verteidiger noch dem Rechtsbeschwerdegericht möglich, weil das Amtsgericht deren tatsächliche Grundlagen dem Verfahrensrecht zuwider nicht geschaffen habe, dann dürfe sich die daraus entstehende Unklarheit nicht zu Lasten des Betroffenen auswirken. Um der hier entstehenden, verfassungsrechtlich bedenklichen Benachteiligung des Betroffenen entgegenzuwirken, müsse die Rechtsbeschwerde in einem solchen Fall zugelassen werden, wie wenn die Voraussetzungen erfüllt wären, deren Vorliegen nicht geprüft werden kann.[1407]

c) Stellungnahme

Die erste Auffassung ist abzulehnen. Das „abgekürzte" Urteil wird im Allgemeinen keinen Aufschluss über die Erwägungen des Bußgeldrichters geben. Auf den Bußgeldbescheid, den Zulassungsantrag und erst recht den übrigen Inhalt der Verfahrensakten dürfte, wäre das Urteil mit Gründen versehen, auf die Sachrüge hin nicht zurückgegriffen werden. Nur das Urteil dient als Grundlage der Prüfung, welche Feststellungen der Tatrichter getroffen, welche rechtlichen Folgerungen er aus ihnen gezogen hat und ob diese der Vorschrift des § 80 I Nr. 1 OWiG unterfallen. Deshalb ist nicht ersichtlich, inwiefern das Rechtsbeschwerdegericht nur deshalb andere Unterlagen heranziehen darf, weil die Urteilsgründe fehlen. Ein solches Verfahren widerspräche der Grundstruktur des Rechtsbeschwerderechts und würde die Gefahr auf bloßen Vermutungen beruhender und schlimmstenfalls willkürlicher Entscheidungen begründen. Auch im Strafrecht führt ein Urteil ohne Gründe zur Aufhebung, was sich bereits daraus ergibt, dass nur ein mit Gründen versehenes Urteil die für die sachlich-rechtliche Prüfung unabdingbare Grundlage darstellen kann.[1408]

V. Nachträgliche Ergänzung eines Urteils

Gelegentlich verfassen Bußgeldrichter das Urteil vor Ablauf der Rechtsmittelfrist, da sie nicht mit einer Rechtsbeschwerde rechnen oder nur die Entscheidung der Staatsanwaltschaft über einen Rechtsmittelverzicht herbeiführen wollen. Dabei fehlen dann Urteilsgründe. Nachdem seitens der Verteidigung Rechtsmittel eingelegt wurde, wird versucht, den Fehler durch nachträgliche Begründung des Urteils zu heilen. Grundsätzlich ist aber eine nachträgliche Ergänzung eines Urteils weder im Straf- noch im Bußgeldverfahren zulässig, wenn es bereits aus dem inneren Dienst-

1407 OLG Brandenburg, NStZ 1995, 597.
1408 Kuckein, KK-StPO, § 338 Rn 94.

bereich des Gerichts herausgegeben worden ist.[1409] Darauf, dass der Tatrichter das Urteil innerhalb der Frist des § 275 I StPO begründet hat, kommt es dabei nicht an. Die Urteilsgründe können nur ausnahmsweise innerhalb der in § 275 I 2 StPO vorgesehenen Frist gem. § 267 IV 4 StPO i.V.m. § 71 I OWiG ergänzt werden, wenn gegen die Versäumung der Frist zur Einlegung des Rechtsmittels Wiedereinsetzung in den vorigen Stand gewährt wird.

VI. Urteilsabsetzungsfristen

1. Gesetzliche Grundlagen und Anwendbarkeit

Ist das Urteil mit den Gründen nicht bereits vollständig in das Protokoll aufgenommen worden, so ist es unverzüglich zu den Akten zu bringen. Dies muss spätestens fünf Wochen nach der Verkündung geschehen, § 275 I 2 StPO. Die Vorschrift des § 275 I StPO ist über § 71 I OWiG auch im Bußgeldrecht anwendbar,[1410] ferner verweist § 77b II OWiG hierauf. Diese Urteilsabsetzungsfristen verlängern sich im eher seltenen Fall auf dem Gebiet des Ordnungswidrigkeitenrechts, wenn die Hauptverhandlung länger als drei Tage gedauert hat, um zwei Wochen, und wenn die Hauptverhandlung länger als zehn Tage gedauert hat, für jeden begonnenen Abschnitt von zehn Hauptverhandlungstagen um weitere zwei Wochen. Nach § 275 I 4 StPO darf die Frist nur überschritten werden, wenn und solange das Gericht durch einen im Einzelfall nicht voraussehbaren unabwendbaren Umstand an ihrer Einhaltung gehindert worden ist. Ein nicht voraussehbarer und unabwendbarer Umstand i.S. von § 275 I 4 StPO liegt regelmäßig nur dann vor, wenn das Gericht nach dem zu erwartenden Lauf der Dinge nicht mit ihm zu rechnen brauchte und deshalb auch nicht gehalten war, durch entsprechende Vorkehrungen dafür zu sorgen, dass das Urteil trotzdem fristgerecht abgesetzt werden konnte.[1411] Dass die Akten ausweislich einer dienstlichen Stellungnahme des erkennenden Richters zeitweilig unauffindbar gewesen seien, ist kein „nicht voraussehbarer und unabwendbarer Umstand" i.S. von § 275 I 4 StPO. Zumindest unabwendbar ist ein solches Vorkommnis bei Beobachtung der gebotenen Sorgfalt nicht.[1412]

2. Sinn und Zweck der Vorschrift

Die zeitnahe schriftliche Urteilsabfassung soll der Gefahr entgegen wirken, dass das Ergebnis der Verhandlung nicht mehr zuverlässig wiedergegeben wird. Dies gilt

---

1409 OLG Naumburg, SVR 2008, 356; OLG Bamberg, Zfs 2009 648; BGHSt 43, 22, 26 m.w.N.; BayObLG NStZ 1991, 342.

1410 Seitz, in Göhler, OWiG, § 71 Rn 45.

1411 OLG Bremen, NZV 1993, 83.

1412 OLG Koblenz, Zfs 2010, 650 f., OLG Celle, NJW 1982, 397; Meyer-Goßner, StPO, § 275, Rn 14.

insbesondere dann, wenn es sich um ein Ordnungswidrigkeitenverfahren handelt, das einen alltäglichen Verkehrsverstoß zum Gegenstand hat und sich nicht durch tatsächliche oder rechtliche Besonderheiten aus der Masse der bei einem Amtsgericht üblicherweise anhängigen Verfahren hervorhebt.

3. Anforderungen an die Rüge des Verfahrensfehlers

Bei Verstößen gegen die Urteilsabsetzungsfristen ist im Rahmen der Rechtsbeschwerdebegründung die Verletzung formellen Rechts zu rügen. Der Verfahrensfehler ist auf den absoluten Rechtsbeschwerdegrund gem. § 338 Nr. 7 StPO i.V.m. § 71 I, 46 I OWiG zu stützen. Unerheblich ist damit, ob der Urteilsspruch auf der verspäteten Absetzung der Gründe tatsächlich beruhte.

Die Verfahrensrüge muss den strengen Anforderungen der §§ 79 III OWiG i.V.m. § 344 II 2 StPO genügen. Innerhalb der Verfahrensrüge ist zur Wahrung der formellen Anforderungen darzulegen, wie viele Verhandlungstage es gab, das Verkündungsdatum, das Datum, zu dem das Urteil zu den Akten gebracht worden ist, sowie die Mitteilung der berechneten Fristen.[1413] Im Einzelfall können bei ganz eklatanten Überschreitungen der Urteilsabsetzungsfristen die allgemein notwendigen Einzelangaben entbehrlich sein. In Ausnahmekonstellationen wird vertreten, dass auch darzulegen ist, ob es besondere Umstände gab, die eine Fristüberschreitung nach § 275 Abs. 1 S. 4 StPO rechtfertigen könnten.[1414]

4. Zulassungsrechtsbeschwerde

Die auf Verstöße gegen die Urteilsabsetzungsfrist gestützte Rechtsbeschwerde wird regelmäßig sogar gem. § 80 I Nr. 1 OWiG zur Sicherung einer einheitlichen Rechtsprechung zugelassen.[1415] Jedenfalls bei beträchtlichen Fristüberschreitungen um mehrere Wochen hält die höchstrichterliche Rechtsprechung den Verfahrensfehler für so gravierend, dass die Rechtsbeschwerde zur Sicherung einer einheitlichen Rechtsprechung zugelassen wird.[1416]

VII. Unterzeichnung des Urteils

Ein bußgeldrechtliches Urteil unterliegt der Aufhebung, wenn es nicht vom Richter, der bei der Entscheidung mitgewirkt hat, unterschrieben wurde (§§ 71 I OWiG

1413 Kuckein, in Karlsruher Kommentar zur StPO, § 338, Rn 98.
1414 Kuckein, a.a.O.
1415 A.A.: OLG Frankfurt a.M., NStZ-RR 2009, 57, bei fehlender Wiederholungsgefahr.
1416 OLG Koblenz, NZV 2011, 359; VRS 65, 451; OLG Oldenburg, NdsRpfl 1986, 1986 132.

i.V.m. § 275 II 1 StPO). Es enthält damit keine in der Rechtsbeschwerdeinstanz prüfungsfähigen Entscheidungsgründe (§§ 79 III 1 OWiG i.V.m. § 338 Nr. 7 StPO)[1417] und steht dem Nichtvorhandensein der schriftlichen Urteilsgründe gleich.[1418] Wird das Urteil bereits mit Gründen vollständig in das Sitzungsprotokoll aufgenommen, müssen die Urteilsformel und die Gründe im Protokoll vom erkennenden Richter unterschrieben werden,[1419] wobei eine gesonderte Unterschrift unter den Urteilsgründen dann nicht erforderlich ist.[1420] Die Unterschrift eines Richters unter der Verfügung, mit der er die Zustellung des nicht unterschriebenen Urteils veranlasst hat, vermag die fehlende Unterschrift unter dem Urteil nicht zu ersetzen.[1421] Allerdings bedingt allein das Fehlen der nach § 275 II 1 StPO gebotenen, aber versehentlich unterbliebenen Unterschrift des in einer Bußgeldsache erkennenden Richters unter seinem mit schriftlichen Gründen abgefassten und in den Akten befindlichen Urteil grundsätzlich nicht die Zulassung der gegen das Urteil eingelegten Rechtsbeschwerde.[1422] Eine fehlende Unterschrift unter einem Urteil kann noch innerhalb der Urteilsabsetzungsfrist des § 275 I 2 StPO nachgeholt werden, selbst wenn die fehlende Unterschrift noch innerhalb der Urteilsabsetzungsfrist mit der Rechtsbeschwerde gerügt worden ist.[1423]

VIII. Gravierender Widerspruch zwischen Urteilstenor und Urteilsgründen

In bußgeldrechtlichen Urteilen findet man regelmäßig auch offenkundige Widersprüche zwischen Urteilstenor und Urteilsgründen vor. In einem angefochtenen Urteil war einerseits festgestellt, dass im Bereich der Messung eine Geschwindigkeitsbeschränkung durch Zeichen 274 auf 60 km/h bestand und eine Überschreitung der zulässigen Höchstgeschwindigkeit außerhalb geschlossener Ortschaften um 55 km/h erfolgt war. Andererseits wurde ausgeführt, dass bei der Messung eine Geschwindigkeit von 160 km/h gemessen wurde. Dies stelle einen materiell-rechtlichen Mangel dar, der auf die Sachrüge hin zur Aufhebung des Urteils führe.[1424]

1417 OLG Frankfurt a.M. NZV 2013, 98.
1418 OLG Hamm, NStZ 2013, 304.
1419 Meyer-Goßner, StPO, § 275 Rn 1.
1420 OLG Bamberg, NJW 2013, 2212.
1421 OLG Frankfurt a.M., NZV 2013, 98.
1422 OLG Bamberg, NJW 2013, 2212.
1423 OLG Celle, Beschl. v. 21.09.2011 – 32 Ss 110/11, BeckRS 2011, 24040.
1424 OLG Bamberg, Beschl. v. 6.6.2012 – 2 Ss OWi 563/12, BeckRS 2012, 17656 .

IX. Formularschreiben für Zulassungsrechtsbeschwerde

vorab per Fax:

Amtsgericht
T.
Postfach 1120
49537 T.

23.09.2014

Sekretariat RA Dr. F.

Az.: C01 2011.FM.1989 – B. BGS
S/FM

In dem Bußgeldverfahren
gegen Herrn B.
– 18 OWi-79 Js 1272/11-298/11 –

begründen wir den Antrag auf Zulassung der Rechtsbeschwerde vom 27.7.2011 gegen das Urteil des Amtsgerichts Tecklenburg vom 25.7.2011 (hier eingegangen am 28.7.2011) wie folgt und legen die Anträge vor:

1. Das Urteil des Amtsgerichts T. vom 25.7.2011 wird mit den ihm zugrunde liegenden Feststellungen aufgehoben.

2. Die Sache wird zur neuen Verhandlung und Entscheidung, auch über die Kosten der Rechtsbeschwerde, an eine andere Abteilung des Amtsgerichts zurückverwiesen.

Begründung:

Wir rügen die Verletzung materiellen Rechts.

1. Fehlende Urteilsgründe des Urteils vom 25.7.2011 (Version, die der Verteidigung am 28.7.2011 zuging)

Das Urteil des Amtsgericht T. vom 25.7.2011, welches der Verteidigung am 28.7.2011 zuging, enthielt keine Urteilsgründe. Es liegt hierin ein unzulässigerweise abgekürztes Urteil vor, das bereits auf die Sachrüge hin aufzuheben ist, da dem Rechtsbeschwerdegericht die Nachprüfung auf sachlich-rechtliche Fehler nicht möglich ist (Seitz, in Göhler, OWiG, § 77 b Rn 8; OLG Bamberg, zfs 2008, 469), ohne dass es der Prüfung weiterer Rechtsfehler bedarf.

Dass der Verteidigung zu einem späteren Zeitpunkt am 15.8.2011 ein weiteres Urteil zugegangen ist, diesmal mit Gründen, kann den Verstoß nicht heilen.

Grundsätzlich ist aber eine nachträgliche Ergänzung eines Urteils weder im Straf- noch im Bußgeldverfahren zulässig, wenn es bereits aus dem inneren Dienstbereich des Gerichts herausgegeben worden ist (OLG Naumburg, SVR 2008, 356; BGHSt 43, 22, 26 m.w.N.; BayObLG NStZ 1991, 342).

Darauf, dass der Tatrichter das Urteil innerhalb der Frist des § 275 I StPO begründet hat, kommt es dabei nicht an. Die Urteilsgründe können nur ausnahmsweise innerhalb der in § 275 I 2 StPO vorgesehenen Frist gem. § 267 IV 4 StPO ergänzt werden, wenn gegen die Versäumung der Frist zur Einlegung des Rechtsmittels Wiedereinsetzung in den vorigen Stand gewährt wird.

2. Zulassung der Rechtsbeschwerde

Die Frage, ob die Rechtsbeschwerde bei fehlenden Urteilsgründen zuzulassen ist, ist umstritten. Vorzugswürdig erscheint die Auffassung, dass die Rechtsbeschwerde zuzulassen ist, weil das Rechtsbeschwerdegericht das Vorliegen der Zulassungsgründe nicht prüfen könne (BayObLG, VRS 78, 464; 82, 320; OLG Düsseldorf – 1. StS VRS 74, 282; OLG Köln, VRS 86, 302) oder weil eine geordnete Rechtsfortbildung schon für sich das Vorhandensein von Urteilsgründen erfordere (OLG Celle, VRS 75, 463).

Darüber hinaus vertrat das Brandenburgische OLG die Auffassung (NStZ 1995, 597), dass nicht nur das Verfahrensrecht verletzt sei, sondern auch den grundrechtlichen Anspruch des Betroffenen auf Zugang zu den Gerichten, wenn das Urteil des Bußgeldrichters unzulässigerweise keine Gründe enthalte.

3. Ergebnis

Der Rechtsbeschwerde ist der Erfolg nicht zu versagen.

Rechtsanwalt
Fachanwalt für Strafrecht

X. Muster für eine auf Verstöße gegen die Urteilsabsetzungsfrist gestützte Rechtsbeschwerde

Vorab per Telefax:
Amtsgericht H.
S-Platz l
91217 H.

7.1.08 – FM/js
Sekretariat RA Dr. F

Az.: C01 2007.FM.1152 –

In der Bußgeldsache
gegen Herrn Matthias K.
– 5 OWi 704 Js 65262/09 Do –

begründe ich die Rechtsbeschwerde vom 23.5.07 gegen das Urteil des Amtsgerichts H. vom 21.5.2007 wie folgt und lege die Anträge vor:

1.

Das Urteil des Amtsgerichts H. vom 21.5.2007 wird mit den ihm zugrunde liegenden Feststellungen aufgehoben.

2.

Das Ordnungswidrigkeitsverfahren wird eingestellt,[1425]
hilfsweise: Die Sache wird zur anderweitigen Verhandlung und Entscheidung – auch über die Kosten – an eine andere Abteilung des Amtsgerichts zurückverwiesen.

1425 Das *OLG Bamberg* (SVR 2008, 387) stellte das vorliegende Verfahren mit Zustimmung der Generalstaatsanwaltschaft gem. § 47 II OWiG ein. Die Kosten des Verfahrens sowie die notwendigen Auslagen des Betroffenen seien von der Staatskasse zu tragen. Die Kostenentscheidung beruht auf §§ 467 Abs. 1 StPO i.V.m. § 46 Abs. 1 OWiG. In einer Stellungnahme der Generalstaatsanwaltschaft im Rechtsbeschwerdeverfahren hatte diese beantragt, das Verfahren gemäß § 47 Abs. 2 Satz 1 OWiG durch das Rechtsbeschwerdegericht einzustellen. Der Geschwindigkeitsverstoß wurde mit dem Videonachfahrsystem ProViDa 2000 festgestellt. Bei dem hier benutzten Dienstfahrzeug handelte es sich um das Fahrzeug mit dem amtlichen Kennzeichen N – 30958. Nach den Ausführungen des Bayerischen Staatsministeriums des Innern im IMS vom 10.8.2007 (Gz. IC4-3618.301-231) sind alle Ordnungswidrigkeitenverfahren, die mit Dienstfahrzeugen aus der beigefügten Liste ermittelt und verfolgt worden sind, gem. § 47 Abs. 1 Satz 2 OWiG durch die Verfolgungsbehörde einzustellen, da die Verwertbarkeit der gewonnen Messergebnisse wegen eines formalen Mangels der Nichteichbarkeit dieser Fahrzeuge zumindest ernsthaft in Frage gestellt ist. Das zum Einsatz gekommene Dienstfahrzeug ist in der vorgenannten Liste aufgeführt. Nach der Handlungsempfehlung des Bayerischen Staatsministeriums der Justiz im JMS vom 22.8.2007 ist aus Gründen der Gleichbehandlung auch in den bereits im Einspruchsverfahren befindlichen Vorgängen, in denen die Verfahrensherrschaft den Staatsanwaltschaften und den Gerichten obliegt, eine entsprechende Sachbehandlung angezeigt. Da demnach eine Sachbehandlung nach § 47 OWiG sachgerecht erscheint, war es unerheblich, dass das Urteil mangels ordnungsgemäßer Zustellungsanordnung bislang nicht wirksam zugestellt ist und dass die Rechtsbeschwerde bereits im Hinblick auf die erhobene Verfahrensrüge – vorläufigen – Erfolg hätte.

Begründung:

Gerügt wird die Verletzung formellen und materiellen Rechts.

1. Verfahrensfehler, § 275 Abs. 1, § 338 Nr. 7 StPO i.V.m. § 71 I, 46 I OWiG.

Das Urteil ist mit den Gründen nicht unverzüglich und auch nicht spätestens 5 Wochen nach der Verkündung zu den Akten gebracht worden.

a) Verfahrenstatsachen

Es fand am 21.5.2007 ein Hauptverhandlungstermin vor dem Amtsgericht H. statt. Es gab keine Fortsetzungsverhandlungen. In dieser Hauptverhandlung ist der Betroffene wegen einer fahrlässig begangenen Verkehrsordnungswidrigkeit am 17.1.2007 zu einer Geldbuße von EUR 50,00 sowie einem Fahrverbot von einem Monat verurteilt worden.

Gegen dieses Urteil richtete sich die rechtzeitig eingelegte Rechtsbeschwerde vom 23.5.2007. Da das Urteil auch sechs Monate nach Verkündung in der mündlichen Hauptverhandlung nicht zugestellt wurde, beantragte die Verteidigung am 15.11.2007, ihr das Urteil sowie Hauptverhandlungsprotokoll zu übersenden. Daraufhin wurde dem Betroffenen das Urteil am 4.12.2007 zugestellt, dem anwaltlich Bevollmächtigten am 11.12.2007.

b) Rechtliche Erwägungen

Dies zeigt, dass das angegriffene Urteil erheblich verspätet abgesetzt wurde. Das Urteil ist erst am 30.11.2007 in schriftlicher Form bei der Geschäftsstelle eingegangen, vgl. Bl. 38 (Rückseite d.A.).

Bei dem vorliegenden Verfahrensfehler handelt es sich um einen absoluten Rechtsbeschwerdegrund gem. § 338 Nr. 7 StPO i.V.m. §§ 71 I, 46 I OWiG. Angesichts der verstrichenen Zeit zwischen der Urteilsverkündung im Mai 2007 und der Urteilsabsetzung im November 2007 handelt es sich um einen besonders krassen Verstoß gegen die Vorschrift des § 275 Abs. 1 StPO. Anhaltspunkte oder besondere Umstände, die eine Fristüberschreitung nach § 275 Abs. 1 S. 4 StPO rechtfertigen könnten, sind nicht bekannt bzw. liegen nicht vor.

Der Mangel ist damit auch nicht geheilt worden.

c) Ergebnis

Daher muss vorliegende Verfahrensrüge Erfolg haben.

2. Allgemeine Sachrüge

Im Übrigen wird die Sachrüge nur in allgemeiner Form erhoben. Das Urteil wird insgesamt zur Überprüfung durch das Rechtsbeschwerdegericht gestellt.

3. Ergebnis

Angesichts des vorliegenden Verfahrensfehlers ist der Rechtsbeschwerde der Erfolg nicht zu versagen.

Dr. F.
Rechtsanwalt
Fachanwalt für Strafrecht

XI. Fazit

1. Grundsätzlich sind – wie im Strafprozess – Urteile im Ordnungswidrigkeitenverfahren schriftlich zu begründen (§ 267 StPO). Die inhaltlichen Anforderungen an Urteilsgründe werden im Bußgeldrecht nicht überspannt, gleichwohl muss dem Rechtsbeschwerdegericht eine Überprüfung einer richtigen Rechtsanwendung ermöglicht werden. Ansonsten unterliegt das Urteil auf eine Sachrüge der Aufhebung.
2. Von Urteilsgründen darf der Bußgeldrichter nur unter den in § 77b I OWiG genannten Voraussetzungen ausnahmsweise absehen.
3. Hat das Gericht fehlerhaft von der Begründung des Urteils abgesehen, so ist das Urteil sowohl im Falle einer zulassungsbedürftigen als auch zulassungspflichtigen Rechtsbeschwerde (§§ 79, 80 OWiG) aufzuheben. Ob die Zulassung der Rechtsbeschwerde geboten ist, kann nämlich nur geprüft werden, wenn Urteilsgründe vorliegen, weil sie für das Rechtsbeschwerdegericht die alleinige Prüfungsgrundlage bilden.
4. Der Bußgeldrichter kann seinen Fehler grundsätzlich nicht ohne weiteres durch nachträgliche Ergänzung eines Urteils heilen. Nur unter den in § 267 IV 4 StPO i.V.m. § 71 OWiG genannten Voraussetzungen darf das Gericht Urteilsgründe noch abändern.
5. Ein weiteres fehlerträchtiges Gebiet beim Verfassen des Urteils ist das Überschreiten der Urteilsabsetzungsfristen. Die Frist für die Fertigstellung des Urteils im Bußgeldverfahren beträgt fünf Wochen nach der Verkündung.
6. Im Rahmen der Rechtsbeschwerdebegründung ist bei Überschreitungen der Absetzungsfristen die Verletzung formellen Rechts zu rügen. Der Vortrag muss den strengen Anforderungen der §§ 79 III OWiG i.V.m. § 344 II 2 StPO genügen.
7. Ein bußgeldrechtliches Urteil ist vom Richter, der bei der Entscheidung mitgewirkt hat, zu unterschreiben. Ansonsten ist es auf die Rechtsbeschwerde hin

aufzuheben. Eine versehentlich unterbliebene Unterschrift des in einer Bußgeldsache erkennenden Richters unter den schriftlichen Gründen rechtfertigt noch nicht die Zulassung der gegen das Urteil eingelegten Rechtsbeschwerde.

L. Massentermine

I. Einführung in die Problematik

In amtsgerichtlichen Verfahren feiern Sammel-/oder Massentermine eine Renaissance. Hierunter sollen im Folgenden Termine zur mündlichen Verhandlung verstanden werden, bei denen das Gericht auf die gleiche Terminsstunde für mehrere Verfahren lädt. Zwar lässt sich kein allgemeiner Trend hin zu Sammelverfahren erkennen, immer öfter neigen neuerdings vor allem Bußgeldrichter dazu, bei massenhaft auftretenden Bußgeldverfahren z.B. auf 13.00 Uhr gleichzeitig in zehn bis zwanzig Sachen gleichzeitig zu terminieren. In anderen Rechtsgebieten, wie im Zivilrecht, erfreuen sich derartige Hauptverhandlungstermine nur geringer Beliebtheit, da die Anwälte regelmäßig um die Reihenfolge drängeln und sich die Parteivertreter erst finden müssen.[1426] Zusätzlich verbindet man den Massentermin hier mit einem geringen Qualitätsniveau, da es bei wartenden Parteien und Unruhe im Sitzungssaal oft zugeht wie im Taubenschlag. Das Jammern der Zivilrechtler hängt aber auch damit zusammen, dass es hier keine Terminsgebühr pro Verhandlungstag gibt.

In bestimmten Konstellationen kann ein Sammeltermin im Bußgeldverfahren nicht nur zur Beschleunigung des Verfahrens beitragen, und damit dem Gericht dienen, sondern auch für den Rechtsanwalt gebührentechnisch äußerst lukrativ sein.

II. Zulässigkeit von Sammelterminen

1. Beachtung der Formalien im Straf- und Bußgeldrecht

Eine ausdrückliche Regelung zur Zulässigkeit von Sammelterminen fehlt sowohl im Ordnungswidrigkeitengesetz, als auch in der StPO, auf die § 71 I OWiG für die Hauptverhandlung in Bußgeldsachen verweist. Im Straf- und Bußgeldrecht bedarf es auch beim Stattfinden von Verhandlungen zum selben Terminstag und zur selben -stunde der Einhaltung der strafprozessuelen Verfahrensgrundsätze sowie der wesentlichen Formalien. Der Ablauf der Hauptverhandlung entspricht §§ 243, 244 I StPO.[1427] Unter

1426 *Schirp*, BRAK-Mitt. 1/2003, S. 6 ff.
1427 *Senge*, in Karlsruher Kommentar zum OWiG, § 71 Rn 68.

Beachtung dieser Erfordernisse, etwa dem Verlesen des Bußgeldbescheides oder zumindest der Bekanntgabe seines wesentlichen Inhalts, sowie dem Hinweis, dass es dem Angeklagten freisteht, sich zu der Anklage zu äußern oder nicht zur Sache auszusagen, hat es der Vorsitzende auch hier in der Hand, die Angelegenheit zügig zu betreiben und zeitnah zur nächsten Sache überzugehen.

2. Beachtung der Belange des Betroffenen bei der Terminsbestimmung

Der Termin zur Hauptverhandlung wird gem. § 71 I OWIG i.V.m. § 213 StPO von dem Vorsitzenden des Gerichts anberaumt. Die Terminsanberaumung liegt im Ermessen des Vorsitzenden.[1428] Das Gebot der Verfahrensbeschleunigung bringt es mit sich, dass Termine baldmöglichst durchgeführt werden sollen. Der Bußgeldrichter hat das Recht, die anfallenden Sachen so zu verteilen, wie es eine zweckmäßige Erledigung der Geschäfte erfordert.[1429] Die Terminsstunde soll so festgesetzt werden, dass ein reibungsloser Ablauf der Hauptverhandlung gesichert ist und den Beteiligten jeder vermeidbare Zeitverlust erspart bleibt. Dabei ist auch zu prüfen, wie lange die Verhandlung der einzelnen Sachen voraussichtlich dauern wird und in welchen Abständen die einzelnen Termine daher anzuberaumen sind, vgl. Nr. 116 Abs. 3 RiStBV. Der Vorsitzende hat innerhalb des ihm zustehenden weiten Ermessensspielraums neben der Bedeutung der Sache sowohl in angemessener Weise die Geschäftslage des Gerichts als auch die Belange des Angeklagten, einschließlich der geladenen Zeugen, zu bedenken und gegeneinander abzuwägen.[1430] Mithin sind Massentermine auch im Straf- und Bußgeldrecht zulässig, wenn dadurch auch berechtigte Wünsche der Prozessbeteiligten berücksichtigt werden[1431] und der Grundsatz des fairen Verfahrens nicht unter der massenhaften Abhandlung der Verfahren leidet.

III. Eignung der Angelegenheit für Sammeltermine

Nicht alle Ordnungswidrigkeiten bieten sich für Massentermine an. Abzusehen ist von der Terminierung auf die gleiche Uhrzeit, wenn Verfahrensverzögerungen vorprogrammiert sind. In der Regel wird der Rechtsanwalt – was seine Aufgabe ist – davon Gebrauch machen, die polizeiliche Messperson ausführlich zu vernehmen und detailliert zu erfragen, ob es zu Messfehlern gekommen ist. Wird noch ein Antrag auf Einholung eines Sachverständigengutachten gestellt und eine Zeugen-

1428 *Meyer-Goßner*, StPO, § 213 Rn 6.
1429 BGH NJW 1961, 1076.
1430 LG Stuttgart, DAR 2012, 38.
1431 BGH NStZ 1998, 311.

vernehmung beantragt, zum Beweis der Tatsache, dass das Fahrverbot von zwei Monaten zur Existenzgefährdung des Betroffenen führen würde, so kann ein Bußgeldverfahren wegen der Überschreitung der zulässigen Höchstgeschwindigkeit gern mal mehr als eine Stunde dauern. Demgegenüber taugen für Massenverfahren tagtäglich massenhaft auftretende Bußgeldverfahren, bei denen weder in tatsächlicher noch rechtlicher Hinsicht Schwierigkeiten vorhanden sind, in Frage kommen Verfahren wegen Verstößen gegen das Fahrpersonal- oder Mautgesetz. Die Fahrereigenschaft des Betroffenen ist geklärt sowie die Verfehlung durch Urkunden (Schaublätter pp.) nachgewiesen, es geht oft nur noch um die Höhe der Geldbuße. Massenverfahren sind ggf. auch denkbar bei mit demselben Messgerät aufgenommenen Geschwindigkeitsüberschreitungen oder Abstandsverstößen. Terminiert der Richter hier in dutzenden Verfahren gleichzeitig, so wird dadurch dem Gebot der Verfahrensbeschleunigung Rechnung getragen, ferner wird dem Verteidiger ein Zeitverlust erspart.

Eine gewisse Flexibilität wird natürlich von allen Verfahrensbeteiligten vorausgesetzt. Da das Urteil am Schluss der Verhandlung verkündet wird (§ 268 StPO), macht ein Sammelverfahren natürlich bei einem Richter keinen Sinn, der sich vor der Verkündung zunächst 20 Minuten oder länger pro Angelegenheit ins Richterzimmer zurückziehen muss oder dafür bekannt ist, die Sitzung durch übertriebenen Formalismus in die Länge zu ziehen. Das Bewältigen einer beachtenswerten Anzahl von Angelegenheiten innerhalb überschaubarer Zeit setzt auch einen Willen der Verfahrensbeteiligten voraus, dies schnell „über die Bühne zu bringen". Oft sind Massenverfahren daher gepaart mit tatsächlichen Verständigungen. Die strafprozessuale Vorschrift des § 257c StPO ist – was den wenigsten Bußgeldrichtern bewusst ist – über die §§ 46, 71 OWiG auch auf das Ordnungswidrigkeitenverfahren anzuwenden.[1432]

IV. Gebührenrechtliche Besonderheiten

1. Anfall von Terminsgebühren

Lädt das Amtsgericht denselben Verteidiger in ähnlich gelagerten Fällen, etwa bei Verstößen gegen das Fahrpersonalgesetz, auf eine Uhrzeit und vertritt derselbe Rechtsanwalt 15 Fahrer der Spedition wegen diverser Lenkzeitverstöße, so kann die Ladung zum Sammeltermin für den Rechtsanwalt nicht nur zeitsparend, sondern auch gebührentechnisch äußerst positiv sein. So entsteht bei 15 Angelegenheiten in jedem einzelnen der 15 Fälle die Terminsgebühr für die Hauptverhandlung nach Nr. 5110 VV-RVG, bei 15 Fällen 15-mal die Rahmengebühr: 40,00 bis 470,00 €, was

1432 Vgl. dazu: *Fromm*, NZV 2010, 550 f.; *Burhoff*, ZAP 2009, 477.

unter Zugrundelegung der Mittelgebühr 3.825,00 EUR (255,00 x 15) ausmacht. Bedenken daran, dass eine vollwertige Terminsgebühr ausgelöst wird, bestehen nicht. Auch bei Massenterminen enthält die Ladung den Wortlaut: „ist Termin zur Hauptverhandlung bestimmt worden auf". Nach Vorbem. 5 Abs. 3 entsteht die Terminsgebühr für die Teilnahme an gerichtlichen Terminen. Durch die Terminsgebühr soll die Tätigkeit des Rechtsanwalts im Termin (in der Hauptverhandlung) honoriert werden.[1433] Der Anfall einer Terminsgebühr setzt (nur) voraus, dass ein Termin stattgefunden und der Rechtsanwalt daran teilgenommen hat.

2. Die Dauer der Hauptverhandlung

Sammeltermine bringen es mit sich, dass die Hauptverhandlung oft nur 5–10 Minuten andauert. 15 Rechtssachen können in dieser Form schon in ein bis zwei Stunden abgeschlossen sein. In Verkehrsbußgeldsachen besteht zu einem sehr großen Teil eine Rechtsschutzversicherung.

Rechnet der Anwalt mit der Versicherung ab, so wird möglicherweise von dem Sachbearbeiter an der festgesetzten Terminsgebühr moniert werden, dass die Angelegenheit nur unterdurchschnittlichen Umfang gehabt habe, da die Hauptverhandlung nicht lange gedauert habe. Es gibt eine Reihe von Entscheidungen, die sich mit der Frage auseinandersetzen, ab welcher Länge in Minuten eine verkehrsrechtliche Bußgeldverhandlung entweder als umfangreich oder weniger schwierig gilt.[1434] Dabei ist zu berücksichtigen, dass die geringe Dauer der Hauptverhandlung nicht losgelöst von der Bedeutung der Angelegenheit gesehen werden kann.[1435] Eine geringe Länge des Termins kann also kompensiert werden durch ein drohendes Fahrverbot oder die Einziehung der Fahrerlaubnis aufgrund eines erneuten Punkteeintrags im FAER. Bei der Festsetzung der angemessenen Gebühr nach § 14 Abs. 1 RVG ist auch der Stellenwert der Streitsache für den Betroffenen zu berücksichtigen.[1436] Auch eine Höhe der Geldbuße rechtfertigt – trotz der Kürze der Verhandlung – daher eine Erhöhung der Mittelgebühr.[1437] Die Rechtsprechung hat eine Mittelgebühr in einem Bußgeldverfahren als angemessen bezeichnet, in der die Hauptverhandlung nur 10 Minuten dauerte.[1438] Dieselben Erwägungen gelten auch bei der Abrechnung mit dem Mandanten oder der Staatskasse auf Grundlage des RVG, wenn die notwendigen Auslagen nicht dem Betroffenen auferlegt worden sind. In der Regel will der

---

1433 BT-Drs 15/1971, 220.

1434 AG Koblenz, Urt. v. 13.3.2008 – 2080 Js 36714/07 34 OWi, RVG PROF 2008 124 (LS) m.Anm.; LG Detmold, Urt. v. 3.2.2009 – 4 Qs 172/08, ZAP 2009 FACH 1 130 (Ls).

1435 LG Stralsund, DAR 2006, 655.

1436 *Burhoff*, RVG PROF 2008 137.

1437 LG Deggendorf, Urt. v. 13.2.2006 – 1 Qs 11/06, VRR 2008 333.

1438 LG Koblenz, Urt. v. 26.6.2008 – 1 Qs 30/08, RVG REPORT 2009 97 (Ls).

Bezirksrevisor in seiner Stellungnahme auf den Kostenfestsetzungsantrag des Rechtsanwalts die Gebührenrechnung kürzen.

Selbst wenn man unterstellen würde, dass der Rechtsanwalt nur die Mindestgebühr von 40,00 EUR je Hauptverhandlung abrechnen könnte, wäre dies im Beispielsfall bei 15 Angelegenheiten innerhalb von zwei Stunden noch attraktiv, bei abgerechneten 600,00 EUR insgesamt entspräche dies einem Stundenlohn von immerhin 300,00 EUR.

Bestehen mit der Versicherung eine Kooperationsvereinbarung und Absprachen zur pauschalierten Gebührenabrechnung, so sind die kürzeren Termine gebührentechnisch bedeutungslos. Wenn etwa für die Bußgeldsache mit Hauptverhandlung ein Pauschalsatz von 400,00 EUR vereinbart ist, so kann dieser Betrag unabhängig von der Dauer der Verhandlung in Rechnung gestellt werden. Bei 15 Terminen sind auf diese Weise schnell (mit Mandatsannahme und Vorbereitungszeit) am Vormittag 6.000,00 EUR verdient.

V. Verfahrenstipp und praktische Handhabung

Es macht einen extremen zeitlichen Unterschied, an einem Nachmittag in 15 Angelegenheiten gebündelt zu verhandeln oder an 15 verschiedenen Werktagen jeweils eine Sitzung stattfinden zu lassen. Eine zeitlich ungünstige Terminierung kann für den Rechtsanwalt extrem ärgerlich sein und kann dem Rechtsanwalt ganze Arbeitstage rauben. Angesichts des Umstands, dass bei manchen Massenverfahren sowohl die Belange des Gerichts als auch des Verteidigers gewahrt sind, macht es Sinn, mit dem zuständigen Richter Kontakt aufzunehmen und ein dahin gehendes Procedere vorzuschlagen und Termine zu vereinbaren. Vertritt etwa ein bestimmtes Anwaltsbüro alle Fahrer einer Spedition, in der es innerhalb einer Zeitspanne aus bestimmten Gründen zu Verstößen gegen das Mautgesetz gekommen ist, so liegt nichts näher als derartige Vorgänge gesammelt zu terminieren. Es handelt sich um ein für alle Beteiligten prozessökonomisches Vorgehen.

VI. Fazit

1. In Bußgeldsachen sind Sammel-/oder Massentermine zulässig, soweit die Verfahrensgrundsätze und wesentlichen Formalien eingehalten werden, auch berechtigte Wünsche der Prozessbeteiligten berücksichtigt werden und der Grundsatz des fairen Verfahrens nicht unter der massenhaften Abhandlung der Verfahren leidet.
2. Geeignet sind Sammeltermine für äußerst einfach gelagerte Fallkonstellationen, bei denen der Sachverhalt im Wesentlichen erwiesen ist und nur noch die Höhe der Geldbuße strittig ist. Da Massentermine einen Willen der Prozessbeteiligten

voraussetzt, eine überdurchschnittliche Menge von Verfahren an einem einzigen Tag zu meistern, gehen sie in der Regel einher mit tatsächlichen Verständigungen.

3. Im Rahmen der Gebührenabrechnung darf pro Termine eine vollwertige Terminsgebühr abgerechnet werden. Dadurch sind Massentermine für Rechtsanwälte finanziell sehr lohnend. Wird später von der Rechtsschutzversicherung die geringe Länge der Hauptverhandlung eingewandt, geht damit nicht automatisch eine Unterschreitung der Mittelgebühr einher. Die geringere Dauer der Hauptverhandlung kann nicht losgelöst von einer hohen Bedeutung der Angelegenheit für den Betroffenen gesehen werden.
4. Kommt der Richter nicht selbst auf die Idee, bei demselben Verteidiger Verhandlungen unmittelbar nacheinander oder zu einer Uhrzeit zu terminieren, sei angeraten, mit dem Bußgeldrichter zu telefonieren und Termine abzusprechen. Auch der Richter wird ein Interesse daran haben, die Verfahren zügig zu erledigen.

Kapitel 10
Pflichtverteidigung

A. Einführung in die Problematik

Über § 46 I OWiG sind sinngemäß auch die Regelungen der notwendigen Verteidigung nach §§ 140, 141 StPO im gerichtlichen Bußgeldverfahren anwendbar.[1439] Gleichwohl fristet die Pflichtverteidigung im Ordnungswidrigkeitenrecht ein Schattendasein. Das Thema Pflichtverteidigung im Ordnungswidrigkeitenverfahren ist bei den Bußgeldstellen und -richtern weit gehend unbekannt. Dieser Zustand ist mit Blick auf den rechtsstaatlichen Grundsatz des fairen Verfahrens und den Gesichtspunkt der Waffengleichheit bedenklich. Der Betroffene hat nämlich unter den in der Strafprozessordnung genannten Voraussetzungen einen Anspruch auf Beiordnung eines Verteidigers. Das folgende Kapitel gibt einen Überblick über den Anwendungsbereich und stellt nach Fallgruppen geordnete, von der Rechtsprechung anerkannte Beiordnungsgründe vor. Darüber hinaus wird dargestellt, welchen Umfang die Bestellung zum Pflichtverteidiger hat und wie hoch sich die Anwaltsgebühren nach dem Vergütungsverzeichnis des RVG gestalten. Neben verfahrenstaktischen Überlegungen werden zuletzt auch die Anfechtungsmöglichkeiten und Folgen der unberechtigten Ablehnung der Beiordnung der Pflichtverteidigung aufgezeigt.

B. Betroffener mit Wahlverteidiger

Von der Möglichkeit zur Beantragung der Beiordnung wird in der Praxis von vielen Verteidigern kaum Gebrauch gemacht, was seinen Grund darin haben mag, dass für die überwiegenden Fälle im Verkehrsbußgeldrecht eine Rechtsschutzversicherung besteht.[1440] Werden aber die Anwalts- und Prozesskosten einmal nicht durch eine Versicherung gedeckt, und könnte das Mandat bei fehlender Solvenz des Betroffenen wegen der zu erwartenden Kosten nicht geführt werden, wäre es ein Versäumnis des Rechtsanwalts, die Option einer Pflichtverteidigerbestellung nicht zu ziehen. Die Pflichtverteidigung verschafft dem Rechtsanwalt nicht nur einen sicheren Gebührenschuldner (die Staatskasse), sondern sichert auch dem Betroffenen den anwaltlichen Beistand. Um nicht zu riskieren, dass der Antrag mit der Begründung abgelehnt wird, dass der Betroffene schon anwaltlich vertreten wird, legt der Ver-

1439 OLG Köln, NZV 1999, 96; Seitz, in Göhler, OWiG § 60 Rn 23.
1440 Schäpe, in Buschbell, Verkehrsrecht, § 3 Rn 64.

teidiger zeitgleich mit seinem Beiordnungsantrag das Wahlverteidigermandat für den Fall seiner Beiordnung nieder.[1441]

C. Sinngemäße Anwendung auf das OWiG

Während eine Reihe der in § 140 I StPO genannten Tatbestände auf das Ordnungswidrigkeitenverfahren keine Anwendung finden kann, gilt § 140 II StPO auch im gerichtlichen Bußgeldverfahren.[1442] Mithin liegt ein Fall der notwendigen Verteidigung vor wegen der Schwierigkeit der Sach- oder Rechtslage oder wenn ersichtlich ist, dass sich der Betroffene nicht selbst verteidigen kann.[1443] Dem Antrag eines hör- oder sprachbehinderten Beschuldigten ist zu entsprechen. Die „Schwere der Tat" beurteilt sich maßgeblich nach den zu erwartenden Rechtsfolgen. Im Hinblick darauf, dass im Strafverfahren ein Fall notwendiger Verteidigung erst bei der Erwartung einer Freiheitsstrafe ab einem Jahr gegeben ist[1444] und im Bußgeldverfahren solche gravierenden Rechtsfolgen nicht vorgesehen sind, wird die Auffassung vertreten, dass dieser Beiordnungsgrund im Bußgeldverfahren nicht zum Tragen kommen könne.[1445] Jedenfalls bei einfach gelagerten Sachverhalten mit Bagatellcharakter, namentlich solchen aus dem Bereich der Verkehrsordnungswidrigkeiten, sei die Bestellung eines Pflichtverteidigers nur in Ausnahmefällen erforderlich.[1446]

D. Einzelfälle der notwendigen Verteidigung

In den folgenden Fällen ist eine Pflichtverteidigung für geboten angesehen worden:

- Bußgeldbescheid mit Fahrverbot
  Kein Sachverhalt mit Bagatellcharakter liegt nach obergerichtlicher Rechtsprechung vor, wenn ein Fahrverbot angeordnet wurde;[1447] erst recht, wenn eine besondere Härte für den Betroffenen vorliegt, er also befürchten müsste, infolge einer Verurteilung wegen der beruflichen Angewiesenheit auf den Führerschein gekündigt zu werden.

1441 *Meyer-Goßner, StPO*, § 142 Rn 7.
1442 OLG Köln, StV 1998, 531; Burhoff, VA 2012 34.
1443 LG Stuttgart, Urt. v. 13.12.2012 – 19 Qs 154/12, ADAJUR Dok.Nr. 100828.
1444 Meyer-Goßner, StPO, 2012, 55. Aufl., § 140 Rn 23.
1445 Senge, in: KK-OWiG, § 71 Rn 17; a.A. Molketin, NZV 1989, 93.
1446 Senge, in: KK-OWiG, § 71 Rn 20; Krenberger zfs 2013, 69.
1447 OLG Köln, NZV 1999, 96.

- Voreintragungen
  Darüber hinaus kann eine notwendige Verteidigung mit Blick auf erhebliche Voreintragungen des Betroffenen im Fahreignungsregister vorliegen und die zu erwartenden verwaltungsrechtlichen Folgen einer erneuten Verurteilung wegen einer Ordnungswidrigkeit nach § 24a II StVG.[1448]
- Höhe der Geldbuße
  Ein Fall der notwendigen Verteidigung liegt weiter vor bei einer Höhe der Geldbuße, die die wirtschaftliche Situation des Betroffenen übersteigt.[1449] Die Beantragung/Bestellung eines Pflichtverteidigers für fahrpersonalrechtliche Bußgeldverfahren liegt angesichts der oftmals astronomischen Höhe von Geldbußen[1450] nahe.[1451]
- Rechtsbeschwerdeverfahren
  Die Mitwirkung eines Verteidigers kann auch wegen der Schwierigkeit der Rechtslage im Rechtsbeschwerdeverfahren geboten erscheinen.[1452] Der juristische Laie ist nicht in der Lage, eine anspruchsvolle Rechtsbeschwerdebegründung anzubringen.
- Verwertbarkeit von Beweismitteln
  Eine Pflichtverteidigerbeiordnung ist darüber hinaus etwa beim Streit um die Verwertbarkeit eines Beweismittels geboten.[1453] Die Rechtslage kann in diesen Fällen schwierig sein, wenn die Frage noch nicht obergerichtlich geklärt und auf der Ebene der Amtsgerichte umstritten ist.
- Akteneinsicht unabdingbar
  Ein Fall der notwendigen Verteidigung nach § 140 II StPO i.V.m. § 46 I OWiG ist auch gegeben, wenn für eine sachgerechte Verteidigung eine Akteneinsicht unabdingbar ist. Dies ist dann der Fall, wenn eine umfassende Gesamtwürdigung der be- und entlastenden Indizien vorzunehmen ist oder eine Selbstverteidigung unter dem Gesichtspunkt des „fair trial“ nicht zugemutet werden kann.[1454]
- Verfahren gegen Jugendliche/Heranwachsende
  Richtet sich das Bußgeldverfahren gegen Jugendliche oder Heranwachsende, kann ein Fall der notwendigen Verteidigung vorliegen unter dem Aspekt der *Unfähigkeit der* Selbstverteidigung, die mit sinkendem Alter leichter zu bejahen

---

1448 LG Mainz, NZV 2009, 404.

1449 LG Stuttgart, Beschl. v. 13.12.2012 – 19 Qs 154/12 OWi, zit. b. www.burhoff.de; Burhoff, Verkehrsrecht Aktuell (VA) 2001, 191; Seitz, in Göhler, OWiG § 60 Rn 25.

1450 OLG Frankfurt a.M., Beschl. v. 13.7.2010 – 2 Ss-OWi 17/10, 2 Ss – OWi 17/10, BeckRS 2010, 17483.

1451 Verneinend hierzu Seitz, in Göhler, OWiG § 60 Rn 26.

1452 OLG Saarbrücken, NJW 2007, 309.

1453 OLG Dresden, SVR 2011 75; LG Schweinfurt, StV 2008, 462; Burhoff, VRR 2008, 317.

1454 OLG Koblenz, StV 1993, 461; LG Koblenz, Beschl. v. 18.5.2007, 6 Qs 43/07, BeckRS 2007, 14484.

sein dürfte.[1455] Ferner ist ein Pflichtverteidiger gem. § 68 Nr. 1 JGG, § 140 I Nr. 5 StPO zu bestellten, wenn sich der Beschuldigte mindestens drei Monate in Haft befindet.

E. Umfang der Bestellung

Ein Pflichtverteidiger kann schon durch die Bußgeldbehörde beigeordnet werden, wenn die Mitwirkung eines Verteidigers geboten ist, § 60 S. 1 OWiG.[1456] Diese Bestellung gilt allerdings nur für das Verwaltungsverfahren.[1457]

Die Bestellung für das gerichtliche Bußgeldverfahren, die dem Tatrichter obliegt, wirkt bis zum rechtskräftigen Abschluss des Verfahrens; sie erstreckt sich auch auf Einlegung und Begründung der Rechtsbeschwerde.[1458] Wird der Rechtsanwalt im ersten Rechtszug bestellt oder beigeordnet, so erhält er gem. § 48 V 1 RVG die Vergütung auch für seine Tätigkeit vor dem Zeitpunkt seiner Bestellung. Vor diesem Zeitpunkt muss er natürlich in dem bestimmten Verfahrensabschnitt eine Tätigkeit tatsächlich erbracht haben.[1459] Selten sind im Bußgeldverfahren Beiordnungen in zweiter Instanz (vor dem Oberlandesgericht), diese Fälle werden durch § 48 V 2 RVG geregelt. Der Rechtsanwalt, der erst in zweiter Instanz zum Pflichtverteidiger bestellt wird, z.B. weil er zuvor kein Antrag auf Beiordnung gestellt hat bzw. das Wahlmandat später niedergelegt hat, erhält seine Vergütung in *diesem* Rechtszug auch für seine Tätigkeit vor dem Zeitpunkt seiner Bestellung, § 48 V 2 RVG. Die Vorschrift sieht damit keine Erstreckung auf Tätigkeiten, die der Rechtsanwalt als Wahlanwalt in früheren Rechtszügen, also z.B. in der ersten Instanz, erbracht hat, vor. § 48 V 3 RVG regelt den Umfang der Bestellung bei Verfahrensverbindungen. Für Angelegenheiten, für die der Verteidiger nicht ausdrücklich beigeordnet wurde, die also nur hinzu verbunden worden sind, kann nur eine Erstreckung der Vergütung beantragt werden.

F. Höhe der Gebühren

Im Gegensatz zur Wahlverteidigung sind die Gebühren bei der notwendigen Verteidigung Festgebühren. Die Pfichtverteidigergebühren liegen 20% unter der Mittelge-

1455 Krumm, NZV 2010, 68, 70.

1456 Gegen die ablehnende Entscheidung der Verwaltungsbehörde kann der Betroffene nach § 62 OWiG gerichtliche Entscheidung beantragen.

1457 OLG Saarbrücken, NJW 2007, 309; Kurz, in: KK-OWiG, § 60 Rn 47.

1458 OLG Saarbrücken, NJW 2007, 309; Bendtsen, in Poller/Teubel, Gesamtes Kostenhilferecht, StPO § 141, Rn 64; § 140 Rn 26.

1459 LG Koblenz, RPfleger 2005, 278.

bühr des Wahlverteidigerhonorars. Es sind in Teil 5 des Vergütungsverzeichnisses (Bußgeldsachen) drei Gebührenrahmen bestimmt: Es wird differenziert zwischen Geldbußen von weniger als 40,00 EUR, Geldbußen zwischen 40,00 und 5.000,00 und Geldbußen von mehr als 5.000,00 EUR. Je höher die Geldbußen, desto höher sind die Anwaltsgebühren. Für eine Verteidigung gegen einen Bußgeldbescheid mit einer Geldbuße in Höhe von 120,00 EUR verdient der Rechtsanwalt bei der Tätigkeit von Beginn an eine Grundgebühr in Höhe von 80,00 EUR, die Verfahrensgebühr vor der Verwaltungsbehörde in Höhe von 128,00 EUR (Nr. 5103 VV RVG), die Verfahrensgebühr im ersten Rechtszug in Höhe von 128,00 EUR (Nr. 5109 VV RVG) sowie die Termingebühr vor dem Amtsgericht in Höhe von 204,00 EUR (Nr. 5110 VV RVG).

G. Rechtsbeschwerde

Liegt ein Fall notwendiger Verteidigung vor, so ist bei Übergehen oder Ablehnen eines Antrags auf Bestellung eines Pflichtverteidigers der absolute Rechtsbeschwerdegrund des § 338 Nr. 5 StPO i.V.m. § 79 III OWiG einschlägig, wenn die Hauptverhandlung in Abwesenheit einer Person, deren Anwesenheit das Gesetz vorschreibt, stattgefunden hat. Die unberechtigte Ablehnung der Bestellung des Pflichtverteidigers ist als Verfahrensrüge, die den strengen Anforderungen der § 79 III OWiG in Verbindung mit § 344 II 2 StPO genügen muss, zu erheben. Damit das Urteil des Amtsgerichts auf der Verletzung des Gesetzes bei der Ablehnung des Beiordnungsantrages beruht, ist es aus taktischen Erwägungen geboten, das Wahlmandat phasenweise, etwa im Rahmen der Beweisaufnahme niederzulegen, da ansonsten die Hauptverhandlung nicht in Abwesenheit des Verteidigers stattgefunden hätte.

H. Beschwerde

Gegen die Ablehnung des Antrags durch den Bußgeldrichter steht dem Betroffenen unabhängig davon das Recht der nicht fristgebundenen Beschwerde gem. § 304 I StPO i.V.m. § 46 I OWiG zu. Die Beschwerde ist nicht unzulässig gem. § 305 S. 1 StPO, denn es handelt sich hier nicht um eine Entscheidung des erkennenden Gerichts, die der Urteilsfällung vorausgeht.[1460] Über die Beschwerde entscheidet das Landgericht.

1460 OLG Düsseldorf, NStZ 1986, 138.

J. Fazit

1. Auch im Bußgeldrecht ist die Mitwirkung eines Verteidigers in bestimmten Fällen notwendig. Auf das OWiG sind sinngemäß die Vorschrift von § 140 StPO anwendbar. Auch bei Vorhandensein eines Wahlverteidigers ist die Pflichtverteidigung generell möglich. Hier beantragt der Verteidiger seine Beiordnung als Pflichtverteidiger und legt zeitgleich das Wahlverteidigermandat für den Fall seiner Beiordnung nieder.
2. Die Beantragung von Pflichtverteidigung liegt in straßenverkehrsrechtlichen Ordnungswidrigkeitenverfahren nahe bei der Schwere der Tat, d.h. wenn die Rechtsfolgen für den Betroffenen gravierend sind. Von der Notwendigkeit der Verteidigung ist etwa auszugehen bei exorbitant hohen Geldbußen, einem zusätzlich zur Geldbuße verhängten Fahrverbot, welches existenzbedrohend ist, oder einer wegen der Punkteanzahl im FAER zu befürchtenden Entziehung der Fahrerlaubnis.
3. Unter dem Gesichtspunkt der Schwierigkeit der Sach- oder Rechtslage bedarf es der Mitwirkung eines Pflichtverteidigers bei einer umstrittenen Rechtslage oder von einem juristischen Laien nicht zu bewerkstelligenden juristischen Tätigkeit, wie der Begründung einer Rechtsbeschwerde.
4. Ab dem Zeitpunkt der Bestellung erhält der Rechtsanwalt die Vergütung aus der Staatskasse für das Verfahren, für welches er bestellt wurde. Die Pflichtverteidigung wirkt dabei für die Zukunft, also bis zur Rechtskraft des Urteils. Die Rückwirkung, den Umfang der Bestellung in zweiter Instanz und die Erstreckung regelt § 48 V RVG.
5. Bei der Pflichtverteidigung hat der Rechtsanwalt einen sicheren Gebührenschuldner, die Staatskasse. Obwohl die Pfichtverteidigergebühren 20% unter der Mittelgebühr des Wahlverteidigerhonorars liegen, ist die Anwaltstätigkeit noch lukrativ.
6. Lehnt der Bußgeldrichter den Antrag auf Beiordnung ab, steht dem Verteidiger neben der Beschwerde noch die Verfahrenrüge im Rahmen der Rechtsbeschwerde als Anfechtungsmöglichkeit zur Verfügung.

K. Musterantrag auf Beiordnung als Pflichtverteidiger

An das
Amtsgericht A.

Az.:

In der Bußgeldsache
gegen

Herr Rolf P.

beantrage ich,

dem Betroffenen den Unterzeichner als Pflichtverteidiger beizuordnen.

Für den Fall meiner Beiordnung kündige ich an, das Wahlmandat niederzulegen.

Begründung:

Die Vorschriften über die notwendige Verteidigung im Strafprozess sind auch auf das Ordnungswidrigkeitenverfahren anwendbar, §§ 46 Abs. 1 OWiG, 140 StPO (*OLG Dresden*, SVR 2011, 75; *OLG Köln*, StV 1998, 531).

Vorliegend liegt eine schwierige Rechtslage vor. Schwierigkeiten der Sachlage sind vorliegend deshalb anzunehmen, da die Auseinandersetzung mit Sachverständigengutachten (OLG Hamm, Beschl. v. 19.11.2009 – 5 Ss OWi 401/09) zu erfolgen hat, wobei die Nichtbeiordnung eines Verteidigers in solchen Fällen unter Umständen dem Gebot eines fairen Verfahrens widersprechen kann, weil nur ein Verteidiger Akteneinsicht erhält; § 147 StPO (*OLG Koblenz*, StV 1993, 461; *LG Koblenz*, Beschl. v. 18.5.2007, 6 Qs 43/07). Schwierigkeiten der Sach- und Rechtslage sind dann gegeben, wenn bei Anwendung des materiellen oder des formellen Rechts auf den konkreten Sachverhalt bislang nicht ausgetragene Rechtsfragen entschieden werden müssen (OLG Stuttgart, StV 2002, 298), aber z.B. auch, wenn die Subsumtion unter die anzuwendende Vorschrift des materiellen Rechts Schwierigkeiten bereiten wird (vgl. Meyer-Goßner, § 140 StPO, 52. Aufl., Rn 27a). Bei dem Vorwurf des Führens eines Kraftfahrzeuges unter der berauschenden Wirkung von Cannabis sind angesichts der Frage der für die Verwirklichung des objektiven und subjektiven Tatbestandes erforderlichen Feststellungen umfangreiche und komplizierte Erwägungen anzustellen; dies gilt insbesondere auch für die entsprechende Beweiswürdigung, die sich vorliegend auf Inhalte mehrerer Sachverständigengutachten stützt. Zudem dürfte in der Hauptverhandlung eine Auseinandersetzung mit der Frage erforderlich werden, ob das Ergebnis der forensisch-toxikologischen Begutachtung nach einer Blutentnahme wegen möglicher Verletzung des Richtervorbehalts einem Verwertungsverbot unterliegt (*LG Schweinfurt*, StV 2008, 462).

Rechtsanwalt

Kapitel 11
Halterpflichten und Delegationsmöglichkeiten

Den Halter trifft eine Fülle von Sorgfaltspflichten im Zusammenhang mit der Inbetriebnahme von Fahrzeugen. Halter ist, wer das Kraftfahrzeug für eigene Rechnung gebraucht, nämlich die Kosten bestreitet und die Verwendungsnutzungen zieht,[1461] bei Firmenfahrzeugen gewöhnlich die juristische Person oder der Betriebsinhaber.[1462] Unternehmer mit Fuhrparks und Speditionen mit einer größeren Anzahl von Pkw oder Lkw sind bußgeldrechtlich besonders gefährdet, wenn es zu Ordnungswidrigkeiten von Fahrern oder sonstigen Angestellten kommt. Geahndet werden vom Gesetzgeber etwa bei Fahrzeugmängeln, Überladungen und Überschreitungen des zulässigen Gesamtgewichts nicht nur die Verfehlungen der unmittelbar Handelnden, der Kraftfahrer und Verlader, parallel dazu wird dem Halter vorgeworfen, die Zuwiderhandlung „angeordnet oder zugelassen" zu haben. Da die meisten bußgeldrechtlich relevanten Verstöße auch punkterelevant sind, und der Vertreter des Halters bei häufigeren Verfehlungen von Mitarbeitern eine Punkteaufaddierung riskiert, die in einer Entziehung der Fahrerlaubnis münden kann, ist für ihn besonders bedeutsam darzustellen, wie er sich gegen erhobene Vorwürfe zur Wehr setzen kann bzw. ob und unter welchen Voraussetzungen er einer Ahndung entgehen kann. Ein Schwerpunkt soll im Folgenden darauf gelegt werden, ob er sich durch die Übertragung der Halterpflichten exkulpieren kann. In größeren Betrieben ist es gang und gäbe, dass der Betriebsinhaber Aufgaben auf Mitarbeiter überträgt. Allein aus zeitlichen Gründen kann der Betriebsinhaber nicht alle Halterpflichten selbst erledigen. Das Kapitel stellt die von der Rechtsprechung aufgestellten Anforderungen an eine ordnungsgemäße Delegation dar und untersucht die rechtlichen Folgen einer wirksamen und fehlgeschlagenen Pflichtenübertragung. Dabei wird auch der Bußgeldtatbestand der Aufsichtspflichtverletzung gem. § 130 OWiG besprochen.

A. Halterpflichten

Halterpflichten im Straßenverkehr befinden sich verstreut innerhalb der Rechtsordnung. Exemplarisch sollen eingangs in der Praxis besonders wichtige bußgeldrechtlich relevante Pflichten des Halters aufgezeigt werden.

1461 BGH NJW 1983, 1492.
1462 Hentschel, StVG § 7 Rn 22.

I. Fahrzeugmängel

Hat der Halter die Inbetriebnahme eines Fahrzeugs oder Zuges angeordnet oder zugelassen, obwohl das Fahrzeug oder der Zug nicht vorschriftsmäßig war und dadurch die Verkehrssicherheit wesentlich beeinträchtigt war, insbesondere unter Verstoß gegen eine Vorschrift über Lenkeinrichtungen, Bremsen, Einrichtungen zur Verbindung von Fahrzeugen, kann gegen ihn eine Geldbuße verhängt werden, § 31 II, § 69a V 3 StVZO. Nach Nr. 189.2 BKat kann gegen den Verantwortlichen für den Betrieb des Fahrzeugs ein Punkt in Flensburg eingetragen werden.

II. Überladung

Der Fahrzeughalter verhält sich bußgeldrechtlich relevant, wenn er entgegen §§ 31 II, 34 StVZO i.V.m. § 69a V Nr. 3 StVZO die Inbetriebnahme eines überladenen Fahrzeugs anordnet oder zulässt. Ab einer Überschreitung von mehr als 5% fällt ein Punkt für den Betroffenen im Fahreignungsregister an.

III. Ladungssicherung

Ein Verstoß des Fahrzeughalters gegen die Anforderungen an eine ordnungsgemäße Ladungssicherung ist gem. §§ 31 Abs. 2, 69a Abs. 5 StVZO, 49 StVO, 24 StVG, BKat-Nr. 189 zu ahnden.[1463] Der Fahrzeughalter darf nach § 31 II StVZO die Inbetriebnahme des Fahrzeugs dann nicht anordnen oder zulassen, wenn ihm bekannt ist oder bekannt sein muss, dass die Ladung nicht vorschriftsmäßig ist oder die Verkehrssicherheit des Fahrzeugs durch die Ladung leidet.[1464]

IV. Gefahrgutverordnung

Bußgeldrechtliche Verstöße gegen die Gefahrgutverordnung wurden bislang nur mit Geldbußen geahndet, Punkte werden hierfür nicht ins Verkehrszentralregister eingetragen. Neu ist die Aufnahme bestimmter Verstöße gegen die Vorschriften der Gefahrgutverordnung Straße, Eisenbahn und Binnenschifffahrt (GGVSEB) ins Fahreignungsregister ab dem 1.5.14. So wird fortan ein Punkt verhängt, wer als tatsächlicher Verlader Versandstücke, die gefährliche Güter enthalten, und unverpackte gefährliche Gegenstände nicht durch geeignete Mittel gesichert, die in der Lage sind,

1463 OLG Hamm, DAR 1975, 249; OLG Düsseldorf, NZV 1990, 323.
1464 OLG Düsseldorf, NZV 1990, 323.

die Güter im Fahrzeug oder Container zurückzuhalten, sowie, wenn gefährliche Güter zusammen mit anderen Gütern befördert werden, nicht alle Güter in den Fahrzeugen oder Containern so gesichert oder verpackt, dass das Austreten gefährlicher Güter verhindert wird, Unterabschnitt 7.5.7.1 ADR i.V.m. § 37 I Nr. 21 Buchstabe a GGVSEB. Es droht ferner ein Punkt, wer als Beförderer und in der Funktion als Halter des Fahrzeuges entgegen § 19 II Nr. 15 GGVSEB dem Fahrzeugführer die erforderliche Ausrüstung zur Durchführung der Ladungssicherung nicht übergibt, Unterabschnitt 7.5.7.1 ADR i.V.m. § 37 I Nr. 6 Buchstabe o GGVSEB.

V. Verstoß gegen das Güterkraftverkehrsgesetz

Ordnungswidrig handelt, wer eine Leistung ausführen lässt, wer entgegen §§19, 7c GüKG zu einem Zwecke, der seiner gewerblichen oder selbständigen beruflichen Tätigkeit zuzurechnen ist, einen Frachtvertrag oder einen Speditionsvertrag mit einem Unternehmen abgeschlossen hat, und Leistungen aus diesem Vertrag ausführen lässt, wenn er weiß oder fahrlässig nicht weiß, dass der Unternehmer nicht die erforderliche Beförderungserlaubnis hat. Hier drohen Geldbußen bis zu zweihunderttausend Euro.

VI. Fahrpersonalgesetz

Praxisrelevante Halterverstöße befinden sich weiterhin in § 8, § 8a FPersG. Danach handelt ordnungswidrig, wer als Unternehmer gegen die VO (EG) Nr. 561/2006 des Europäischen Parlaments und des Rates vom 15. März 2006 zur Harmonisierung bestimmter Sozialvorschriften im Straßenverkehr und zur Änderung der VO (EWG) Nr. 3821/85 und (EG) Nr. 2135/98 des Rates sowie zur Aufhebung der VO (EWG) Nr. 3820/85 des Rates,[1465] die zuletzt durch die VO (EG) Nr. 1073/2009[1466] geändert worden ist, verstößt, indem er vorsätzlich oder fahrlässig nicht dafür sorgt, dass die Lenk- und Ruhezeiten vom Fahrer eingehalten werden. Punkte in Flensburg fallen bei Verstößen gegen die Sozialvorschriften auch nach der Reform des Fahreignungsregisters zum 1.5.14 weiterhin nicht an.

VII. Sonn- und Feiertagsfahrverbot

Der LKW-Fahrer, der verbotswidrig an einem Sonntag oder Feiertag gefahren ist, wird mit einer Geldbuße in Höhe von 120 € sanktioniert, da die Neuregelung das

1465 ABl. EU Nr. L 102 S. 1.
1466 ABl. L 300 vom 14.11.2009, S. 88.

Fahreignungsregister auf verkehrssicherheitsrelevante Verstöße konzentrieren will, werden derartige Ordnungswidrigkeiten nicht mehr mit Punkten im FAER belegt, auch nicht gegen den Halter, der das verbotswidrige Fahren an einem Sonntag oder Feiertag angeordnet oder zugelassen hat. Die Geldbuße wird gegen den Fahrzeughalter von 380 € auf 570 € angehoben.

B. Verjährungsfristen

Angesichts einer knappen Verjährungsfrist von (nur) drei Monaten (§§ 24, 26 StVG) bei Verkehrsordnungswidrigkeiten, z.B. Fahrzeugmängeln, Überladungen und Ladungsverstößen, steht die Bußgeldstelle unter Zugzwang und muss innerhalb dieser Zeit den Verantwortlichen auf Halterseite ermitteln und entscheiden, ob und gegen wen ein Bußgeld zu verhängen ist. Die Ermittlung des Verantwortlichen im Unternehmen auf Halterseite kann sich schwierig gestalten. Entweder leitet die Bußgeldstelle gegen den Geschäftsführer der Gesellschaft direkt ein Bußgeldverfahren ein oder fragt mittels eines Anhörungs- oder Zeugenfragebogens beim Unternehmen an, wer innerhalb der juristischen Person verantwortlich für die zuvor genannten Felder ist.

Durch einen Zeugenfragebogen wird die Verjährungsfrist nicht unterbrochen.[1467] Die einzelnen Unterbrechungstatbestände gem. § 33 I S. 1 OWiG greifen erst, wenn feststeht, gegen wen sich die Ermittlungen mit Tatverdacht richten.[1468] Zentraler Anknüpfungspunkt bei Verjährungsunterbrechungen i.S. des § 33 I Nr. 1 OWiG ist die Betroffeneneigenschaft.[1469]

Für die Verjährung von Ordnungswidrigkeiten nach § 8 FPersG gelten die allgemeinen Vorschriften der §§ 31ff. OWiG. Die Frist für die Verfolgungsverjährung richtet sich grundsätzlich nach der Bußgelddrohung. Derartige Ordnungswidrigkeiten können mit einer Geldbuße bis zu fünfzehntausend Euro geahndet werden. Demnach beträgt die Frist für die Verfolgungsverjährung bei vorsätzlichem Handeln zwei Jahre (vgl. § 31 Abs. 2 Nr. 2 OWiG), bei fahrlässiger Begehung ein Jahr (vgl. § 31 Abs. 2 Nr. 3 OWiG).

C. Delegation

Da es dem Betriebsinhaber in größeren Unternehmen nicht möglich ist, alle Aufgaben persönlich wahrzunehmen, ist allgemein anerkannt, dass der Geschäftsin-

---

1467 OLG Hamm, NZV 1998, 340; OLG Hamburg, NZV 1999, 95; OLG Zweibrücken, Beschl. v. 26.8.2002 – 1 Ss 132/02, BeckRS 2002 30279333.

1468 OLG Dresden, DAR 2004, 535.

1469 OLG Brandenburg, NZV 1998, 424; Seitz, in Göhler, OWiG. Vorb. § 59 Rn 49.

haber berechtigt ist, diese Aufgaben auf andere Mitarbeiter zu delegieren oder einen anderen für die Erfüllung bestimmter Pflichten in eigener Verantwortung einzusetzen.[1470] Einleuchtend ist die Notwendigkeit zur Delegation beispielsweise bei mehreren Niederlassungen, hier kann der Betriebsinhaber nicht in jedem Standort zeitgleich persönlich anwesend sein. Denkbar sind dabei grundsätzlich auch mehrstufige Delegationsebenen, so kann der vertretungsberechtigte Vorstand/Geschäftsführer der juristischen Person die Aufgaben auf den Betriebsleiter delegieren, der sodann einen Abteilungsleiter mit diesen Pflichten betraut. Letzterer kann dann einen Schichtleiter einsetzen, wobei dieser auf der untersten Ebene der Delegation einen Gabelstaplerfahrer mit der Verladung beauftragt. Bei Unternehmen mit Pkw oder Lkw-Fuhrparks ist eine Delegation von Halterpflichten vom Geschäftsführer auf den Fuhrparkleiter und von letzterem auf den Werkstattmeister denkbar. Üblich und zulässig ist auch die Aufgabenübertragung an Unternehmensexterne.[1471]

I. Voraussetzungen wirksamer Pflichtenübertragung

1. Ausdrückliche Übertragung zur selbständigen Wahrnehmung

Die Verantwortlichkeit für die Verkehrssicherheit muss zunächst ausdrücklich und unter Hinweis auf die Verantwortlichkeit für die Pflichten, die dem Betriebsinhaber obliegen, übertragen werden.[1472] Eine stillschweigende Beauftragung genügt ebenso wenig wie die bloße tatsächliche Wahrnehmung der Pflichten für den Betriebsinhaber.[1473] Bereits an dieser Voraussetzung einer wirksamen Delegation scheitern erfahrungsgemäß viele Verteidigungen. Oftmals wird ein bestimmtes Vorgehen zwar jahrelang als üblich angesehen, eine ausdrückliche Übertragung von Verantwortlichkeiten hat jedoch niemals stattgefunden. Der Betroffene muss damit beauftragt werden, diese Pflichten in eigener Verantwortung zu erfüllen, d.h. mit entsprechender Selbständigkeit und Entscheidungsfreiheit.[1474] Eine bestimmte Form der Delegation ist nicht einzuhalten, Pflichten können daher grundsätzlich auch nur mündlich übertragen werden.[1475]

1470 Fromm, TranspR 2014, 105ff.
1471 König, SVR 2008, 121, 122.
1472 OLG Düsseldorf, VRS 112 210.
1473 Burmann/Gebhardt, Straßenverkehrsrecht, 10. Aufl. 2006, Stichwort „Halter".
1474 OLG Schleswig VRS 58, 384, 386.
1475 Scheidler, ZUR 2010, 16, 17.

2. Ordnungsgemäße Auswahl und Überwachung

Die Delegation schützt den Halter nur dann davor, für Fehler des Beauftragten zur Verantwortung gezogen zu werden, wenn er hierfür die eingesetzten Mitarbeiter ordnungsgemäß ausgewählt hat, der Beauftragte der Aufgabe fachlich gewachsen ist, der Betrieb klar organisiert ist und eine ausreichende Überwachung stattfindet.[1476] Notwendige Aufsichtsmaßnahmen beinhalten, zu überprüfen, ob die ursprünglichen Pflichten, die den Halter trafen, von den beauftragten Personen eingehalten wurden.[1477]

Die Sorgfaltpflichten des Halters hat die Rechtsprechung insbesondere bei Überladungsverstößen konkretisiert: Der Halter eines Kraftfahrzeugs sei insbesondere verpflichtet, organisatorische Maßnahmen zu treffen, die eine Überladung durch seine Fahrer zuverlässig ausschließen. Liegen besondere Umstände vor, die es den Fahrern zusätzlich erschweren, die Einhaltung des zulässigen Gewichts zu kontrollieren, kann unter Umständen eine Verpflichtung bestehen, eine Wiegeeinrichtung zur Verfügung zu stellen.[1478] Den Fahrzeughalter trifft die Verpflichtung, durch geeignete Vorkehrungen dafür zu sorgen, dass die Fahrzeuge nur in einem Umfang beladen werden, bei dem die Gewissheit besteht, dass eine Überladung nicht vorliegt.[1479] Hierbei muss ggf. in Kauf genommen werden, dass ein Teil der Ladekapazität nicht ausgenutzt wird.[1480] An die insoweit den Halter treffende Sorgfaltspflicht sind strenge Anforderungen zu stellen.[1481] Dem Halter obliegt es auch, sich durch gelegentliche – auch überraschende – Stichproben davon zu überzeugen, dass seine Weisungen auch beachtet werden.[1482] Derartige Kontrollen im Abstand von einigen Monaten reichen zur Beachtung der dem Halter obliegenden Überwachungspflicht jedenfalls dann aus, wenn der Fahrer sich in der Vergangenheit als zuverlässig erwiesen hat.[1483] Den Fahrzeughalter entbindet eine monatlich von den Fahrern zu unterschreibende „Fahrererklärung“ nicht von seinen Prüfpflichten, da dies zur Folge hätte, dass sich der Betroffene als Halter der Lastkraftwagen durch eine einfache schriftliche Erklärung von seinen Halterpflichten frei zeichnen könnte.[1484] Wenn es bereits zu Unregelmäßigkeiten gekommen ist, besteht

1476 Hahn/Pichhardt, Lebensmittelsicherheit, S. 145.

1477 OLG Düsseldorf, NStZ-RR 1999, 151.

1478 OLG Köln, DAR 1985, 325.

1479 OLG Düsseldorf, NZV 1996, 120.

1480 OLG Düsseldorf, NZV 1988, 192.

1481 OLG Düsseldorf, NZV 1988, 192 = VRS 75, 370 = VM 89, 23 und vom 13. November 1986 in VRS 72, 218 = DAR 1987, 127 = VM 1987, 28, OLG Düsseldorf, NZV 1989, 244.

1482 OLG Hamm NStZ 2004, 350; BGH, VRS 10, 282 (286); 13, 94; OLG Hamm, VRS 16, 153; OLG Köln, VRS 59, 301; OLG Düsseldorf, NZV 1988, 192 = VRS 75, 370 = VerkMitt 1989, 23; VRS 72, 218 = DAR 1987, 127 = VerkMitt 1987, 28; OLG Düsseldorf, NZV 1989, 244.

1483 OLG Düsseldorf, NZV 1996, 120, 121.

1484 OLG Hamm, DAR 2003, 381 = NStZ 2004, 350 = NZV 2004, 51 = VRS 105, 231.

für ihn sogar eine gesteigerte Pflicht zu Aufsichtsmaßnahmen.[1485] Der Umfang der Aufsichtsmaßnahmen hängt von den Umständen des Einzelfalls ab, insbesondere von der Organisation des Betriebs, von der Vielfalt, der Art und der Bedeutung der zu beachtenden Vorschriften und von der praktischen Durchführbarkeit der Überwachung. Entscheidend für den Umfang der von einem Betriebsinhaber zu treffenden Aufsichtsmaßnahmen ist die Sorgfalt, die von einem ordentlichen Angehörigen des jeweiligen Tätigkeitsbereiches verlangt werden kann, um die Verletzung betriebsbezogener Pflichten zu verhindern.[1486] Kommt es trotz eindringlicher Belehrungen zu Verstößen gegen die Lenk- und Ruhezeiten durch das Fahrpersonal, muss der Unternehmer gegenüber Fahrern sogar rechtzeitig angemessene arbeitsrechtliche Maßnahmen, wie Abmahnung und nötigenfalls Kündigung ergreifen, um seine Verpflichtung, für die Einhaltung der Lenk- und Ruhezeiten zu sorgen, zu erfüllen.[1487]

II. Verteidigungsstrategien

Der Bußgeldstelle und später dem Amtsgericht muss verdeutlicht werden, dass ein festgestellter Verstoß des Fahrers noch kein ordnungswidriges Verhalten des Halters belegt. Das vertretungsberechtigte Organ einer juristischen Person haftet nicht „automatisch" bußgeldrechtlich für im Betrieb des Halters vorgekommene Fehler. Ein Fehlverhalten des Halters bzw. des Vertretungsberechtigten muss erst unter Berücksichtigung der konkreten Umstände des Einzelfalles bewiesen werden. Ein Verstoß des Halters liegt nur dann vor, wenn sich aus dem Urteil Verletzungen der vorbezeichneten Pflichten des Halters ergeben. Kann aufgezeigt werden, dass kein Auswahlverschulden vorlag, so darf darauf verwiesen werden, dass der Halter dem eingesetzten Personal vertrauen darf.[1488] Lag nur ein einmaliges Fehlverhalten eines ansonsten zuverlässig Ausgewählten vor, so führt dies nicht zu einer gesteigerten Überwachungspflicht, sofern keine konkreten Anhaltspunkte für eine „Wiederholungsgefahr" bestehen.[1489] Bei einer im Übrigen in sich funktionierenden und sicheren Betriebsorganisation kann der Tatverdacht, eine Zuwiderhandlung angeordnet oder zugelassen zu haben, regelmäßig ausgeräumt werden. Dazu bedarf es einer transparenten, dokumentierten Zuweisung von Aufgaben, Verantwortungen und Befugnissen und damit einer ordnungsgemäßen Delegation von Halterpflichten. Da der Halter bei einer Delegation nicht ausschließen kann, dass es später einmal zu einem pflichtwidrigen Verhalten von Mitarbeitern kommen kann und eine vollständige

1485 König, SVR 2008, 121, 122.
1486 OLG Düsseldorf, VRS 63, 286 (287).
1487 OLG Düsseldorf, NZV 2008, 161.
1488 OLG Karlsruhe, VRS 43, 461.
1489 OLG Düsseldorf, NZV 1996, 120, 121.

Ausschaltung aller Risiken kaum möglich ist, sollte sich der Delegierende darauf einrichten, dass die Delegationsstruktur zu einem späteren Zeitpunkt gegenüber den Strafverfolgungsorganen einmal aufgezeigt werden muss. Die Übertragung von Aufgaben sollte unbedingt im Vorhinein mit Datumsangabe und Unterschrift der Mitarbeiter daher auf jeder Hierarchiestufe schriftlich dokumentiert werden, ebenso Schulungen sowie durchgeführte Stichproben. Zuständige Mitarbeiter sollten namentlich unter Angabe ihrer Aufgabenbereiche (Ladung/Fahrpersonalgesetz/Fahrzeugmängel) auf jeder Delegationsebene benannt werden. Auch sollte der Fahrer dazu verpflichtet werden, die Abfahrtskontrolle schriftlich festzuhalten. Der Verlader sollte bei jedem Beladungsvorgang unterzeichnen, dass er unter Beachtung sämtlicher Sicherheitsvorschriften seine Tätigkeit erledigt hat. Existieren schriftliche Nachweise, was bedauerlicherweise die Seltenheit ist, kann die Betriebsorganisation in einer schriftlichen anwaltlichen Einlassung im Vorverfahren aufgezeigt werden. Nur wenn betriebliche Abläufe und Verantwortlichkeiten schriftlich „gerichtsfest" fixiert wurden, besteht eine realistische Chance, den gegen den Halter erhobenen Vorwurf zu entkräften. Dies kann bereits im Verfahren vor der Bußgeldstelle zu einer Verfahrenseinstellung führen, so dass ein gerichtliches Verfahren vermieden werden kann. Zwar kann eine Entlastung des Halters mittels einer nur mündlichen Delegationsstruktur auch durch Zeugenvernehmungen in einer Hauptverhandlung bewiesen werden, erfahrungsgemäß ist es jedoch äußerst unwahrscheinlich, dass Detail zur Übertragung der Pflichten und durchgeführte Stichproben zeitlich rekonstruiert werden können. Zeugen sind unsichere Beweismittel. Mit Erinnerungslücken muss nach einer Übertragung der Aufgaben, die schon Monate oder jahrelang zurückliegen, gerechnet werden. Dies geht zulasten des Halters. Im Übrigen prüft das Gericht kritisch die Glaubhaftigkeit einer geltend gemachten Pflichtenübertragung. Werden eigene Angestellte dafür angeführt, so stellt sich für das Amtsgericht die Frage, ob es sich nur um „Gefälligkeitsaussagen" für den eigenen Chef handelt.

Wird der eigentlich verantwortliche Mitarbeiter bei Verkehrsordnungswidrigkeiten erst nach Eintritt der dreimonatigen Verjährungsfrist namentlich bekanntgegeben, liegt ein Verfolgungshindernis vor. Bußgeldrechtlich darf weder eine Geldbuße verhängt werden noch können Punkte im FAER eingetragen werden.

III. Folge der wirksamen Delegation

Gelingt die Exkulpation des Halters, so rückt die beauftragte Person in die Stellung des Normadressaten, er kann damit Täter von Betroffener von Straftaten und Ordnungswidrigkeiten sein,[1490] vorausgesetzt, er hat selbst seine Aufgaben nicht wie-

1490 Gürtler, in Göhler, OWiG § 9 Rn 17.

derum delegiert. Im letzten Fall ist der Mitarbeiter, an den subdelegiert wurde, verantwortlich. Oftmals wird bei Verkehrsordnungswidrigkeiten wegen der knappen Verjährungsfrist eine Inanspruchnahme des Delegierten regelmäßig ausscheiden. § 9 OWiG ermöglich eine Ahndung der Verfehlung durch den Vertreter des Normadressaten, eine bußgeldrechtliche Sanktionierung scheitert für den Vertreter nicht an dem Umstand, dass er kein „Halter“ ist. Ein Gesetz, nach dem besondere persönliche Eigenschaften, Verhältnisse oder Umstände (besondere persönliche Merkmale) die Möglichkeit der Ahndung begründen, ist auch auf den Vertreter anzuwenden, wenn diese Merkmale zwar nicht bei ihm, aber bei dem Vertretenen vorliegen. Ansonsten würde bei einer Übertragung der Aufgaben eine unangemessene Sanktionslücke entstehen.[1491] Bei § 9 OWiG handelt es sich um die Pendantvorschrift zu § 14 StGB, der besondere Tatbestandsmerkmale, wie „Betreiber“, ebenfalls der beauftragten Person zurechnet.

IV. Rechtsfolgen bei fehlgeschlagener Pflichtenübertragung

Gelingt es nicht, eine wirksame Übertragung der Aufgaben des Halters darzustellen, bleibt die Verantwortlichkeit des Vertretenen neben der des Vertreters bestehen, es findet kein befreiender Pflichtenübergang statt.[1492] Dogmatisch handelt es sich bei den bußgeldrechtlich relevanten oben genannten Halterpflichten um Unterlassungsdelikte, was bereits an der Formulierung in § 31 II StVZO („zulassen“) deutlich wird. Wer seine Garantenstellung auf andere überträgt, bleibt aufsichtspflichtig.[1493] Der Halter bleibt damit, etwa wenn ihm bei der Bestellung, Auswahl oder Überwachung des Beauftragten ein Verschulden zur Last fällt, verantwortlich.

D. Aufsichtspflichtverletzung gem. § 130 OWiG

Ordnungswidrig handelt, wer als Inhaber eines Betriebes oder Unternehmens vorsätzlich oder fahrlässig die Aufsichtsmaßnahmen unterlässt, die erforderlich sind, um in dem Betrieb oder Unternehmen Zuwiderhandlungen gegen Pflichten zu verhindern, die den Inhaber treffen und deren Verletzung mit Strafe oder Geldbuße bedroht ist. Zu den erforderlichen Aufsichtsmaßnahmen gehören auch die Bestellung, sorgfältige Auswahl und Überwachung von Aufsichtspersonen. § 130 OWiG ist keine Zurechnungsnorm, sondern ein selbständiger Bußgeldtatbestand. Die Auffangnorm kann (nur) zur Anwendung kommen, wenn der Halter nicht bereits Täter,

1491 Scheidler, ZUR 2010, 16, 18.
1492 Rogall, in Karlsruher Kommentar zum OWiG, § 9 Rn 88.
1493 Rengier, in Karlsruher Kommentar zum OWiG, § 8 Rn 39.

Beteiligter oder Nebentäter der Zuwiderhandlung ist.[1494] Kann der Halter keine funktionierende Delegationsstruktur nachweisen bzw. kommt es zu Serienverstößen, die auf eine mangelnde ordnungsgemäße Überprüfung der Mitarbeiter schließen lassen, so kommt eine Ahndung einer Ordnungswidrigkeit auch in Betracht, ohne dass der Betroffene als Halter innerhalb des Unternehmens selbst für diese zuständig war. Hier kann eine Aufsichtspflichtverletzung gem. § 130 OWiG vorliegen. Der Bußgeldtatbestand umfasst etwa Fälle der undurchsichtigen Verteilung der Verantwortlichkeit, wenn sich etwa jeder auf den anderen verlassen hat.[1495] Um eine Aufsichtspflichtverletzung ausreichend und in einer für das Rechtsbeschwerdegericht nachprüfbaren Weise festzustellen, muss das tatrichterliche Urteil insbesondere Angaben zu Betriebsaufbau und -organisation, zur Aufgabenverteilung innerhalb des Betriebes sowie zu Art und Umfang der vom Betroffenen durchgeführten Kontrollmaßnahmen enthalten.[1496]

E. Fazit

1. Unternehmern und Speditionsgeschäftsführern wird regelmäßig vorgeworfen, Verfehlungen von Fahrzeugführern und Mitarbeitern angeordnet oder zugelassen zu haben bzw. eine Aufsichtspflicht verletzt zu haben. Das Risiko, mit einem Bußgeldverfahren überzogen zu werden, ist insbesondere bei Fahrzeugmängeln oder Lkw-Überladungen groß.
2. Oftmals jedoch hat der Betriebsinhaber nicht alle Tätigkeiten in der Firma persönlich wahrgenommen, sondern auf mehrere Schultern verteilt. Hat eine wirksame Delegation auf einen anderen stattgefunden, kann der „Halter“ nicht als Verantwortlicher belangt werden.
3. Der Vertretungsberechtigte einer juristischen Person handelt dann nicht pflichtwidrig, wenn er seine Hilfsperson sorgfältig ausgewählt, sie mit den notwendigen Weisungen versehen und sich selbst durch gelegentliche (auch überraschende) Stichproben von dessen Zuverlässigkeit überzeugt hat; erhöhte Anforderungen werden gestellt, wenn Unregelmäßigkeiten (z.B. Verstöße gegen Weisungen) aufgetreten sind.
4. Die Übertragung von Aufgaben muss „gerichtsfest“ in einer schriftlichen Delegationsstruktur ausgearbeitet werden, unter Nennung sämtlicher Beauftragter und Angabe des Datums der Einsetzung. Einweisungen der Mitarbeiter und Stichproben müssen schriftlich festgehalten werden. Das Fahrpersonal wiederum hat tägliche Abfahrtskontrollen schriftlich festzuhalten.

1494 Gürtler, in Göhler, OWiG § 130 Rn 26.
1495 OLG Düsseldorf, NStZ-RR 1999, 151.
1496 OLG Jena, NStZ 2006, 533.

Kapitel 12
Verbandsbußgeldbescheid, § 30 OWiG

Bekanntlich existiert in Deutschland noch kein echtes Unternehmensstrafrecht.[1497] Deutschland befindet sich im europäischen Vergleich damit in der Minderheit der Mitgliedstaaten, die einer Strafbarkeit von Unternehmen zurückhaltend gegenüber stehen. In diesem Zusammenhang ist bereits von der Gefahr einer zunehmenden Isolation Deutschlands in der europäischen Kriminalpolitik gesprochen worden.[1498] Einer Bestrafung von juristischen Personen durch klassisches Kriminalstrafrecht steht hier nach herkömmlicher Auffassung die Verletzung des im Rechtsstaatsprinzip enthaltenen Schuldgrundsatzes entgegen.[1499] Die Handlungsbegriffe des deutschen Kriminalstrafrechts knüpfen nur an menschliches Verhalten an.[1500] Taugliche Täter einer Straftat sind daher nur natürliche Personen, nicht dagegen juristische Personen, die nicht willensfähig sind und nicht auf einen Erfolg hinwirken können. Die Kommission zur Reform des strafrechtlichen Sanktionensystems konnte sich nicht zum Vorschlag, echte Unternehmensstrafen einzuführen, durchringen.[1501] Die Sanktionsmöglichkeiten von Unternehmen beschränken sich nach geltendem Recht auf § 30 OWiG.

Für den Verband droht die Verhängung einer Geldbuße bei Begehung einer Straftat oder Ordnungswidrigkeit des Organs (Organwalters), Vertreters, Bevollmächtigten oder der sonstigen Leitungsperson. Hat jemand als Person, die für die Leitung des Betriebs oder Unternehmens einer juristischen Person oder einer Personenvereinigung (§ 30 I Nr. 1–5 OWiG) eine Straftat oder Ordnungswidrigkeit begangen, durch die Pflichten, welche die juristische Person oder die Personenvereinigung treffen, verletzt worden sind oder die juristische Person oder die Personenvereinigung bereichert worden ist oder werden sollte, so kann gegen diese eine Geldbuße festgesetzt werden. Die Höhe der Geldbuße bestimmt § 30 II OWiG.

A. Einheitliches und isoliertes Verbandsbußgeldverfahren

Die Verbandsgeldbuße kann im verbundenen Verfahren, welches sich gegen den Täter der Anknüpfungstat und zugleich gegen den Verband richtet, verhängt wer-

---

1497 *Quante*, S. 113 ff.

1498 *Hetzer*, EuZW 2007, 76.

1499 *Fromm*, zis 2007, 279.

1500 *Lenckner/Eisele*, in: Schönke/Schröder, Strafgesetzbuch, Vorbem. §§ 13 ff., Rn 36 ff.; *Rengier*, in: Senge (Hrsg.), Karlsruher Kommentar zum Gesetz über Ordnungswidrigkeiten, 3. Aufl. 2006, Vorbemerkungen Rn 4.

1501 Vgl. Abschlussbericht Ziff. 12-1, vorgelegt im März 2000.

den und im selbstständigen Verbandsbußgeldverfahren nach § 30 IV 1 OWiG unabhängig von der Verfolgung des Täters.

B. Aufgespaltene Verfahren gegen die juristische Person und deren Organ

Nach der Begehung von Ordnungswidrigkeiten im Straßenverkehr sind einzelne Verwaltungsbehörden zeitweise parallel vorgegangen: Zunächst erhält der Geschäftsführer der Spedition einen Bußgeldbescheid in erheblicher Höhe aufgrund von über mehrere Monate gesammelten Ordnungswidrigkeiten im Straßenverkehr einiger angestellter Berufslastkraftfahrer. Voran gegangen sind meist Durchsuchungsbeschlüsse und Beschlagnahmen von Schaublättern/Wiegeprotokollen. Dem Unternehmer wird regelmäßig vorgeworfen, angeordnet oder zugelassen zu haben, dass sein Fahrer Ordnungswidrigkeiten im Straßenverkehr begangen habe. Daher erhält der Geschäftsführer einen Bußgeldbescheid wegen Verletzung der Aufsichtspflicht gem. § 130 OWiG. Dabei bleibt es jedoch nicht: Die Unternehmen/Unternehmensvereinigungen selbst werden ebenfalls gem. § 30 OWiG zur Verantwortung gezogen. Die Verbandsbußgeldbescheide ergehen im Regelfall von derselben Verwaltungsbehörde zeitgleich unter einem anderen Aktenzeichen. In der Regel beläuft sich die Verbandsgeldbuße auf das 50-fache. Dieses Zahlenverhältnis erlangt im Rahmen der weiter unten dargestellten Prozessstrategie an Bedeutung.

I. Verfahrenshindernis bei der Verfolgung der Personenvereinigung

Nach st. Rspr. ist ein derartiges Procedere unzulässig; eine isolierte Festsetzung einer Verbandsgeldbuße gem. § 30 IV 1 OWiG darf (nur) erfolgen, wenn ein Verfahren gegen eine natürliche Person nicht eingeleitet oder eingestellt oder wenn von Strafe abgesehen wird.[1502] Im Regelfall soll die Verbandsgeldbuße nämlich in einem verbundenen Verfahren, das sich sowohl gegen den Täter der Anknüpfungstat als auch gegen den Verband richtet, verhängt werden. Dem Verfahren gegen die Verfahrensbeteiligte sowie gegen ihren Geschäftsführer liegt der gleiche Lebenssachverhalt, namentlich die gleichen Ordnungswidrigkeiten im Straßenverkehr zugrunde. Unerheblich ist insoweit, dass die Haftung des Geschäftsführers aus § 130 OWiG begründet wird. Nach Sinn und Schutzzweck des § 30 Abs. 4 OWiG handelt es sich um die gleiche Ordnungswidrigkeit, wegen derer ein einheitlicher Bußgeldbescheid hätte erlassen werden müssen. Durch § 30 Abs. 4 OWiG sollen widerstreitende Entschei-

---

1502 *Thüringer OLG*, SVR 2008, 352ff.

dungen gegen das vertretungsberechtigte Organ einer juristischen Person sowie die juristische Person selbst vermieden werden. Auch soll bei der Bemessung der Geldbuße die Entscheidung gegen das Organ oder die juristische Person berücksichtigt werden können. Dieser Schutzzweck des § 30 Abs. 4 OWiG würde unterlaufen, wenn bei einer Haftungsbegründung gegen das Organ nach § 130 OWiG dies als selbstständige Ordnungswidrigkeit im Sinne des § 30 Abs. 4 OWiG zu werten wäre. Es müsste also gegen den Geschäftsführer sowie gegen die Verfahrensbeteiligte ein einheitlicher Bußgeldbescheid erlassen werden.

Mit einer ähnlichen Problematik hatte sich ein Beschluss des OLG Düsseldorf vom 22.6.1983[1503] auseinandergesetzt. Darin wurde ausgeführt: *„Die Voraussetzungen für das selbständige Verfahren gegen die juristische Person sind in § 30 IV OWiG abschließend geregelt; ihr Fehlen würde ein Verfahrenshindernis darstellen und zur Einstellung des Verfahrens* (scil: gegen die juristische Person) *zwingen.*" Ähnlich urteilte das Amtsgericht Eggenfelden vom 11.4.2002:[1504] Das aufgespaltene Verfahren gegen die juristische Person und deren Organ sei grundsätzlich unzulässig mit der Folge, dass das Verfahren gegen die juristische Person einzustellen sei. Dabei besteht die Sperre für die Tat im Sinne des § 264 StPO, die dem Straf- oder Ermittlungsverfahren zu Grunde liegt. Hierunter versteht man das geschichtliche Vorkommnis, soweit es nach allgemeiner Lebenserfahrung – ohne Rücksicht auf die rechtliche Einordnung – einen einheitlichen Vorgang bildet, durch dessen getrennte Verhandlung ein zusammenhängendes Geschehnis unnatürlich aufgespalten würde.[1505] Die Unzulässigkeit muss in jedem Stadium des Verfahrens von Amts wegen beachtet werden.[1506]

II. Heilungsmöglichkeiten

Nach h.M. soll allerdings nur ein vorläufiges Verfahrenshindernis vorliegen. In der h.M. wird die Auffassung vertreten, dass dann, wenn gegen das Organ und gegen die juristische Person oder Personenvereinigung zwei getrennte Bußgeldbescheide ergangen sind und gegen beide Einspruch eingelegt wurde, die Verfahren nachträglich miteinander verbunden werden dürfen.[1507] Eine solche Verbindung sei in jeder Lage des Bußgeldverfahrens möglich. Für das gerichtliche Verfahren könne es dabei keinen Unterschied machen, ob eine solche Verbindung unmittelbar nach Eingang

1503 NStZ 1984, 366.
1504 wistra 2002, 274.
1505 BGHSt 35, 60 (62).
1506 *OLG Frankfurt*, NStZ 1990, 74; *OLG Düsseldorf*, NStZ 1984, 366.
1507 *Rogall*, KK-OWiG, § 30 Rn 160; *Gürtler*, in *Göhler*, OWiG, § 88 Rn 3a; *Rebmann/Roth/Herrmann*, OWiG, § 88 Rn 10.

der Sache erfolgt, oder ob dies erst nach (teilweiser) Aufhebung und Zurückverweisung im Ergebnis eines Rechtsbeschwerdeverfahrens geschehe.[1508]

Dagegen spricht jedoch, dass ein selbstständiges Verbandsgeldbuße nach dem Wortlaut des § 30 IV 1 OWiG voraussetzt, dass ein Verfahren gegen eine natürliche Person nicht eingeleitet oder eingestellt oder wenn von Strafe abgesehen wird. Dies lässt die h.M. außer Acht: In dem Moment, in dem das Organ Betroffener einer Bußgeldverfahrens ist, ist ein Ordnungswidrigkeitenverfahren gem. § 30 IV 1 OWiG „eingeleitet", also muss ein isoliertes Verbandsverfahren ausgeschlossen sein. Jede andere Interpretation stößt an die Grenze der Wortlautauslegung, die im Straf- und Bußgeldrecht besonders streng zu beachten ist. Die Entscheidung leidet also an folgendem inneren Widerspruch: Die h.M. meint nämlich einerseits, dass in solchen Fällen die Bußgeldbehörde gehindert gewesen sei, einen eigenständigen Bußgeldbescheid gegen die Betroffene wegen derselben Ordnungswidrigkeit, die bereits Gegenstand des Bußgeldbescheides gegen die natürliche Person war, zu erlassen. Insoweit hätte aber ein Bußgeldbescheid gegen das Organ der Personenvereinigung *und* die Personenvereinigung erlassen werden müssen. Andererseits könne dieser Mangel aber auch im gegenwärtigen Verfahrensstadium noch behoben werden. Wenn es der Bußgeldbehörde aber von Anfang an verwehrt ist, einen Verbandsbußgeldbescheid zu erlassen, kann dieser Mangel auch nicht mehr im Nachhinein geheilt werden. Eine Verbindung kann nicht mehr zur Heilung des Verfahrenshindernisses führen. Dies würde einer Aushebelung der Vorschrift Tür und Tor öffnen. Diese Argumentation wird gestützt durch systematische Erwägungen: Die Festsetzung einer Geldbuße im selbstständigen Verfahren ist nach § 30 IV 3 OWiG auch unzulässig, wenn hinsichtlich der Tat des Organs ein rechtliches Verfolgungshindernis besteht (Akzessorietät des selbstständigen Verfahrens).

Ungeachtet dessen kann in Verfahrenskonstellationen dieser Art der vorläufige Erfolg durch einen einfachen anwaltlichen Schachzug zum endgültigen Triumph verfestigen werden: Eine Heilung[1509] des Verfahrenshindernisses gegen den Verband, der in der Verbindung der Anordnung einer Verfahrensbeteiligung der juristischen Person oder Personenvereinigung in dem gegen das Organ gerichteten Verfahren läge,[1510] scheidet bei Rücknahme des Einspruchs gegen den Bußgeldbescheid gegen das Organ aus. Dieser Schritt hätte zur Folge, dass das Verfahren gegen die juristische Person aufgrund des dauerhaften Verfahrenshindernisses endgültig gemäß § 46 I OWiG i.V.m. § 206a StPO einzustellen ist. Eine Heilung dieses Formmangels ist mit Rechtskraft des Bußgeldbescheides gegen den Geschäftsführer nicht

---

1508 Siehe zur alten Rechtslage und einer vergleichbaren Konstellation *OLG Stuttgart,* Justiz 1977, 390, 391.

1509 *Rogall,* in Karlsruher Kommentar, OWiG, § 30, Rn 160; Gürtler, in *Göhler,* § 88, Rdn. 3a.

1510 *OLG Hamm,* NJW 1973, 1853.

mehr möglich.[1511] Ansonsten würde nämlich eine selbstständige Geldbuße gegen die juristische Person festgesetzt, obwohl die Voraussetzungen des § 30 IV Satz 1 u. 2 OWiG nicht vorlagen. Hierfür spricht auch die Kommentierung im Karlsruher Kommentar zum OWiG (*Rogall*, § 30, Rn 161): *„Ist gegen das Organ der juristischen Person oder Personenvereinigung bereits eine rechtskräftige Bußgeldentscheidung ergangen, so ist die nachträgliche Festsetzung einer Geldbuße gegen die juristische Person oder Personenvereinigung ausgeschlossen, weil auch insoweit die Voraussetzungen für ein selbständiges Verfahren fehlen. Der gegen § 30 IV Satz 1 u. 2 OWiG verstoßende Bußgeldbescheid ist hier auf Einspruch hin aufzuheben und das Verfahren wegen eines Verfahrenshindernisses einzustellen (s. AG Eggenfelden wistra 2002, 274).“* Auch in der Kommentierung von *Göhler* zu § 30 OWiG wird in Rn 33 ausgeführt, dass die Fortführung des Verfahrens gegen die juristische Person nicht mehr möglich sei, wenn das Verfahren gegen das Organ rechtskräftig abgeschlossen werde, was bei einer Rücknahme des Einspruchs gegen den Bußgeldbescheid der Fall wäre. Wenn beide Verfahren erst getrennt durch richterliche Entscheidung rechtskräftig abgeschlossen sein würden, wäre die zweite in Rechtskraft erwachsene Entscheidung gegen die juristische Person im Hinblick auf § 30 IV Satz 1 OWiG zwar rechtsfehlerhaft, aber nicht nichtig.[1512] Der bloße Verstoß gegen § 30 Abs. 4 OWiG ist also mangels „Offenkundigkeit“ kein Nichtigkeitsgrund. Wenn erst nachträglich bekannt wird, dass die Bußgeldentscheidung gegen Absatz 4 S. 1, 2 verstoßen hat, wird man auch in diesen Fällen auf eine Wiederaufnahme des Verfahrens zurückgreifen müssen (§ 85 OWiG). Der Einspruch gegen den Bußgeldbescheid gegen das Organ muss daher in dieser Verfahrenslage unbedingt zurückgenommen werden, bevor es zu der genannten Verbindung der Bußgeldverfahren kommt.

1511 Vgl. Beschluss des 1. Strafsenates des Thüringer OLG vom 1.12.2006 zu Az.: 1 Ss 199/06; Beschluss des 1. Strafsenates des OLG Stuttgart vom 18.3.1977 zu Az.: 1 Ss (9) 74/77; Beschluss des 1. Strafsenates des OLG Koblenz vom 19.10.1977 zu Az.: 1 Ss 543/77; Beschluss des 5. Strafsenates des OLG Düsseldorf vom 22.6.1983 zu Az.: 5 Ss (OWi) 140/83 – 91/83 III; Beschluss des Kartellsenates des BGH vom 8.2.1994 zu Az.: KRB 25/93; Urteil des 1. Strafsenates des BGH vom 17.3.1992 zu Az.: 1 StR 5/92; *Rogall*, Karlsruher Kommentar zum OWiG, § 30, Rn 154 – 161; Gürtler, in *Göhler*, OWiG, § 30, Rn 27b–32.

1512 Gürtler, in *Göhler*, OWiG, § 30, Rn 33a; *Rogall*, Karlsruher Kommentar, § 30, Rn 163; vgl. *BGH*, wistra 1990, 67.

Kapitel 13
Vermögensabschöpfung im Ordnungswidrigkeitengesetz

Die Begehung einer Ordnungswidrigkeit kann neben einer Geldbuße, mit einer Verwarnung oder einem Fahrverbot auch mit der Einziehung gemäß §§ 22ff. OWiG oder dem Verfall gemäß § 29a OWiG geahndet werden. Der Verfall und die Einziehung werden als Nebenfolgen bezeichnet. Sie stellen Maßnahmen der Vermögensabschöpfung im Ordnungswidrigkeitengesetz dar.

A. Verfallsanordnung gem. § 29a OWiG

I. Aktuelle Bedeutung von Verfallsverfahren

Sowohl im Straf- als auch im Bußgeldrecht kann der Staat Gelder, die der Täter oder ein Dritter durch eine illegale Handlung erlangt hat, abschöpfen. Von kriminalstrafrechtlichen Delikten und Ordnungswidrigkeiten soll weder der Täter noch Dritte profitieren, es gilt das Prinzip: „crime does not pay".[1513] Während der Verfall im Strafgesetzbuch gem. § 73 seit seiner Einfügung 1962[1514] schon immer, vor allem im Betäubungsmittelrecht, konsequent angewendet wird, wurde von der Möglichkeit der Abschöpfung illegal erzielter Gewinne im Bußgeldverfahren gem. § 29a OWiG höchst selten Gebrauch gemacht. Dies hat sich geändert. Immer öfter werden Verfallbescheide erlassen, in denen exorbitante Beträge vom Unternehmen gefordert werden. Dabei geraten vor allem Transport- und Logistikunternehmen ins Visier der Behörden. Adressaten des Verfalls als Drittbegünstigte können dabei nach h.M. auch juristische Personen oder Personenvereinigungen sein.[1515] Abgeschöpfte Beträge in sechsstelliger Höhe sind keine Ausnahme mehr. Dass gleich mehrere Abteilungen von Amtsgerichten fortlaufend Einspruchsverfahren gegen Verfallbescheide terminieren, war vor einigen Jahren noch undenkbar.

Verfallbescheide im Verkehrsordnungswidrigkeitenrecht sind in der Praxis regelmäßig anzutreffen als Reaktion der Bußgeldstellen auf Überladungen von Lastkraftwagen.[1516] Werden vom betroffenen Unternehmen z.B. Transportfahrten durchgeführt, bei denen das zulässige Höchstgewicht überschritten war, so gehen viele

1513 *Mitsch*, in Karlsruher Kommentar zum OWiG, 3. Aufl. 2006, § 29a Rn 1 m.w.N.
1514 Die Vorschrift wurde durch das 2. StrRG (BT Drs. V/4095) ins Strafgesetzbuch eingefügt.
1515 *BGH*, NJW 2002, 3339; Gürtler, in *Göhler*, OWiG, § 29a Rn 20.
1516 *Meyer/Mielchen*, DAR 2008, 417; *Mielchen*, in Buschbell, MAH Straßenverkehrsrecht, 3. Aufl. 2009, § 56 Verfallsverfahren gem. § 29a OWiG, Rn 33.

Straßenverkehrsbehörden dazu über, nicht (nur) die Fahrer für diese Ordnungswidrigkeit zur Verantwortung zu ziehen, sondern etwaige durch das Unternehmen erwirtschaftete illegalen Vorteile, etwa die durch die Mehrbeförderung erzielte höhere Vergütung, abzuschöpfen.

II. Gesetzliche Grundlagen

Hat der Täter für eine mit Geldbuße bedrohte Handlung oder aus ihr etwas erlangt und wird gegen ihn wegen der Handlung eine Geldbuße nicht festgesetzt, so kann gegen ihn der Verfall eines Geldbetrages bis zu der Höhe angeordnet werden, die dem Wert des Erlangten entspricht (§ 29a I OWiG). Der Verfall kann nicht nur gegen den Täter, der etwas aus einer mit Geldbuße bedrohten Handlung erlangt hat, angeordnet werden, sondern auch gegen den Dritten, wenn der Täter für einen anderen gehandelt hat und dieser dadurch etwas erlangt hat (§ 29a II OWiG). Schließlich soll der Halter als „Dritter" durch die Ordnungswidrigkeit des Fahrers keine ungerechtfertigten Mehreinnahmen behalten dürfen. Vermögenswerte, die der Täter oder ein Dritter als Gegenleistung für sein rechtswidriges Handeln erhalten hat, können auch gem. § 29a III 1 OWiG geschätzt werden. Nach höchstrichterlicher Rechtsprechung sind derartige Verfallbescheide und Schätzungen illegaler Vermögensvorteile jedoch nur unter sehr engen Voraussetzungen möglich. Dies eröffnet für die Verteidigung die Möglichkeit, sich umfassend in tatsächlicher und rechtlicher Weise gegen die Verfallanordnung zu wenden. In Bußgeldbescheiden ist oft die Formulierung anzutreffen, dass sich die Verfallsbeteiligte für einen weiteren Transport die Kosten erspart habe und damit durch die rechtswidrige Tat des Fahrers einen wirtschaftlichen Vorteil erlangt habe, der abzuschöpfen sei.

Statt das Verfahren gegen den Fahrer mit diesem Verfallsbescheidverfahren einheitlich abzuwickeln, wird von Bußgeldstellen oftmals ein sog. selbstständiges Verfallsverfahren gem. § 29a IV OWiG eingeleitet, in dem es ausschließlich um den Verfall gegen den Dritten geht. In diesem Absatz 4 heißt es: „*Wird gegen den Täter ein Bußgeldverfahren nicht eingeleitet oder wird es eingestellt, so kann der Verfall selbständig angeordnet werden.*" Die Idee der Behörde ist, nicht mehr dem einzelnen LKW-Fahrer „hinterher zu ermitteln", um ihm ein tatbestandsmäßiges und rechtswidriges Verhalten nachzuweisen, sondern die im Nachweis aufwendigen Bußgeldverfahren gegen Fahrer und Halter einzustellen, um dann gegen das vermeintlich – liquide – Unternehmen direkt vorzugehen. Die Bußgeldbehörde stellt regelmäßig die dem Geschäftsführer des Unternehmens/der Unternehmensvereinigung vorgeworfenen Verstöße, die Inbetriebnahme überladener Lkw angeordnet oder zugelassen zu haben,[1517] gem. § 47 I

1517 §§ 31 II, 34 III 3, 69 a StVZO, 24 StVG.

OWiG, ein. Aus prozessökonomischen Gründen verbindet sie die selbstständige Verfallsanordnung mit dem Einstellungsbescheid, was für zulässig gehalten wird.[1518] Dies hat die durchaus erfreuliche Wirkung, dass der Geschäftsführer Punkte im FAER nicht zu befürchten hat. Im gleichen Zuge wird aber gegen den Halter wegen des zugrundeliegenden historischen Vorgangs ein Verfallbescheid, je nach der Anzahl der Fahrten und dem Ausmaß der Überladung, oft in exorbitanter Höhe, erlassen. Nachfolgend werden die zentralen problematischen Aspekte von Verfallverfahren gem. § 29a OWiG dargestellt.

III. Rechtsnatur des Verfalls

Der Gesetzgeber hat den Verfall nach § 29a im Ordnungswidrigkeitengesetz geregelt und damit verdeutlicht, dass Verfallsanordnungen nicht zum Kernbereich „Kriminalstrafrecht" gehören, sondern nur „strafrechtsähnlich" sind. Auch für das Bußgeldverfahren bzw. Nebenfolgen einer Ordnungswidrigkeit gilt Art. 6 Abs. 1 S. 1 EMRK.[1519] Im Gegensatz zu Straftaten soll es bei Ordnungswidrigkeiten am Ernst staatlichen Strafens fehlen[1520]. An dieser Abgrenzungsformel kommen Zweifel auf, wenn man sich zum einen vergegenwärtigt, dass Verfallsanordnungen regelmäßig exorbitante Höhen erreichen, die Geldstrafen des Kriminalstrafrechts, die für wesentlich gefährlichere Verkehrsstraftaten, wie z.B. Trunkenheit im Verkehr verhängt werden, übersteigen. Werden massenhaft vorgekommene Überladungen abgeschöpft oder durchgeführte Transporte ohne Genehmigungen, so sind Verfallsanordnungen im fünf- und sechsstelligen Bereich keine Seltenheit.

IV. Begehung einer mit Geldbuße bedrohten Handlung gem. § 1 II OWiG

Der sich gegen ein Unternehmen richtende Verfallbescheid kann beispielsweise angeben: *„(...) es wurden ca. 25.000 Wiegescheine sichergestellt. Aus diesen ergab sich, dass insgesamt 19.235 Touren mit Gewichtsüberschreitungen in der Zeit vom ... bis... durchgeführt wurden. Die Adressatin (GmbH) hat hierdurch einen wirtschaftlichen Vorteil erlangt, der darin besteht, dass sie durch die Mehrbeförderung eine höhere Vergütung erzielte"*.

1518 *Mitsch*, in: KK-OWiG, 3. Aufl., § 87 Rn 107. In vielen Verfallbescheiden heißt es in diesem Zusammenhang floskelhaft, dass die selbständige Anordnung des Verfalls zulässig sei, da gegen den „Adressaten" ein Bußgeldverfahren nicht eingeleitet wurde.

1519 Hierzu: *Lampe*, in Karlsruher Kommentar zum OWiG, § 46, Rn 6ff.

1520 BVerfGE 22, 49, 79 = NJW 1967, 1219, 1220; 27, 18, 33 = NJW 1969, 1619, 1622.

Hieraus geht exemplarisch hervor, dass die Bußgeldbehörden und selbst Amtsgerichte zunächst der Fragestellung, wer als natürliche Person eine Ordnungswidrigkeit begangen hat, regelmäßig nicht ausreichend nachgehen. Der bußgeldrechtliche Verstoß des Fahrers reicht alleine nicht aus, um vom Unternehmen Gelder abzuschöpfen. Es muss vielmehr bewiesen werden, dass sich die Unternehmensführung rechtswidrig verhalten hat, d.h. der Geschäftsführer muss die Handlung seiner Mitarbeiter „angeordnet oder zugelassen haben" und somit selbst einen (eigenen) Verstoß begangen haben.[1521] In diesem Zusammenhang hat die höchstrichterliche Rechtsprechung festgestellt, dass sich aus einer Verfallanordnung gegen die Verfallbeteiligte ergeben müsse, dass ein anderer eine mit Geldbuße bedrohte Handlung begangen hat. Eine etwaige durch den Fahrer begangene Handlung müsse von vornherein außer Betracht bleiben, weil ein darauf gestützter Verfall nur in dem gegen den Fahrer gerichteten Verfahren angeordnet werden könnte, solange dieses nicht eingestellt ist. Eine mit Geldbuße bedrohte Handlung liege nach der Begriffsbestimmung des § 1 Abs. 2 OWiG vor, wenn die konkrete Handlung tatbestandsmäßig und rechtswidrig ist. Vorwerfbar brauche sie nicht zu sein.[1522] Eine nicht vorwerfbare Handlung müsse aber den Tatbestand erfüllen. Ist nur vorsätzliches Handeln mit Geldbuße bedroht, so setze die Tatbestandsverwirklichung voraus, dass der Täter zumindest mit natürlichem Vorsatz gehandelt hat. Ist auch fahrlässiges Handeln erfasst, so müsse der Täter zumindest objektiv pflichtwidrig gehandelt haben.[1523] Eine solche mit Geldbuße bedrohte Handlung sei sowohl im Fall des § 29a Abs. 1 OWiG als auch im Fall der hier vorliegenden Anordnung gegen einen Dritten nach § 29a Abs. 2 OWiG Voraussetzung für den Verfall.

Wird die mit Geldbuße bedrohte Handlung darin gesehen, dass der Geschäftsführer der juristischen Person als für die Betroffene tätiges vertretungsberechtigtes Organ (§ 35 Abs. 1 GmbHG) die Inbetriebnahme angeordnet oder zugelassen habe (§§ 31 Abs. 2, 32 Abs. 1, 69a StVZO, § 24 StVG), so muss dieser Vorwurf im Einzelnen begründet werden. Feststellungsbedürftig ist entweder eine eigene Anordnung des Geschäftsführers oder ein Zulassen der Inbetriebnahme durch ihn, etwa durch objektiv pflichtwidrige unsorgfältige Auswahl oder unzureichende Überwachung eines anderen Anordnenden, auf den die Angelegenheit möglicherweise delegiert war. Bei der Verfallanordnung darf schon wegen der Verzahnung von objektivem und subjektivem Verfahren nicht dahin gestellt bleiben, wer die mit Geldbuße bedrohte Handlung begangen hat. Diese Auffassung hat das OLG Karlsruhe[1524] bestätigt. Das OLG Karlsruhe führt in der Entscheidung unzweifelhaft aus, dass pauschale Feststellungen „die GmbH bzw. deren Verantwortliche" nicht ausreichen, sondern die

1521 *OLG Koblenz*, zfs 2007, 108 ff.
1522 Ebenso: *Brenner*, NStZ 2004, 256.
1523 Gürtler, in *Göhler*, OWiG, § 1 Rn 8 m.w.N.
1524 Beschl. v. 1.12.08, Az.: 1 Ss96/08.

Personen benannt werden müssten, die die in Frage stehenden Überladungsfahrten zugelassen haben. Hierzu müssten auch die verantwortlich Handelnden benannt werden.

V. Zielobjekt und Höhe des Verfalls

Der Verfall darf nur angeordnet werden, wenn der Täter oder ein Dritter (§ 29a Abs. 2 OWiG) für die bußgeldrechtlich relevante Handlung oder aus ihr „etwas erlangt" hat. Das Unternehmen muss den finanziellen Vorteil also tatsächlich erlangt haben.[1525] Nach allgemeiner Auffassung sind hiermit in Geldbeträgen messbare wirtschaftliche Werte gemeint.[1526] Dagegen scheiden immaterielle Werte von vornherein aus. Die Bußgeldbehörde begnügt sich oftmals damit, einen Rechnungsbetrag festzustellen. Dies belegt jedoch nicht die Bezahlung des Auftraggebers. Nicht an das Unternehmen überwiesene Gelder oder sonstige Ausfälle, z.B. wegen Uneinbringlichkeit der Rechnung bei Insolvenz des Schuldners, werden oftmals zu Unrecht von der Bußgeldstelle auf den Verfallsbetrag aufgeschlagen. Dies bedarf seitens der Verteidigung der Korrektur durch Darstellung nicht „erlangter" Beträge.

Im Einzelnen bereitet die Ermittlung der Höhe des Verfalls erhebliche Schwierigkeiten.

1. Unmittelbare Kausalbeziehung zwischen Tat und Vorteil

Im Rahmen der Höhe der Abschöpfung der erlangten wirtschaftlichen Vorteile ist nach der Rechtsprechung zu beachten, dass dieser Betrag spiegelbildlich dem Vermögensvorteil entsprechen muss. Das OLG Koblenz[1527] hat hierzu in einer Grundsatzentscheidung festgestellt: *„Maßgeblich ist der nach dem Bruttoprinzip ermittelte wirtschaftliche Vorteil, den der Drittbegünstigte* (Unternehmen) *durch die Tat des für ihn Handelnden* (z.B. Geschäftsführer) *erzielt hat. Die Abschöpfung muss spiegelbildlich dem Vermögensvorteil entsprechen, den der Drittbegünstigte aus der Tat gezogen hat."* Das OLG festigt damit die bisherige Rechtsprechung, die eine genaue Festlegung des Erlangten und eine unmittelbare Ursächlichkeit fordert.[1528]

Wurde der Transport ohne erforderliche (Ausnahme-)Genehmigungen durchgeführt, etwa trotz des Sonntagsfahrverbots oder ohne eine nach dem Güterkraftverkehrsgesetz (§ 3 GüKG) erforderliche Erlaubnis, so wird das der Verfallsbeteiligten

---

1525 OLG Celle, NZV 2012, 400, 402.

1526 BGHSt 36, 254.

1527 Zfs 2007, 108 ff.

1528 *Mitsch,* in Karlsruher Kommentar zum OWiG, § 29a Rn 31.

zugeflossene Entgelt für den durchgeführten Transport als „erlangt" angesehen. Die Höhe des Erlangten kann sich unter Umständen beschränken auf die ersparten Aufwendungen für das unterlassene behördliche Genehmigungsverfahren. Hätten Ausnahmegenehmigungen bzw. Erlaubnisse – notfalls gegen (weitere) Auflagen und/oder für andere der Drittbegünstigten zur Verfügung stehende Fahrzeuge – erteilt werden können, so läge der durch einen Verstoß gegen die für die Fahrzeugkombination bzw. die Ladung geltenden Breitenbestimmungen erzielte Vorteil lediglich in ersparten Aufwendungen (beispielsweise für Genehmigungen, die Benutzung eines anderen Fahrzeugs oder den Einsatz von Begleitfahrzeugen bzw. anderen möglicherweise erforderlichen Sicherheitsvorkehrungen).[1529] Die Kosten liegen regelmäßig deutlich unter dem Verfallsbetrag. Bei Überladungen besteht die Besonderheit, dass eine Ausnahmegenehmigung nur erteilt werden kann, wenn die Ladung unteilbar wäre. Unteilbar ist eine Ladung, wenn ihre Zerlegung aus technischen Gründen unmöglich ist oder die Zerlegung und der Zusammenbau unzumutbare Kosten verursachen würden.[1530]

Nach einer weiteren Ansicht könnten hypothetische rechtmäßige Kausalverläufe bei der Ermittlung des Erlangten nicht berücksichtigt werden.[1531] Dies ergebe sich daraus, dass sich der Gesetzgeber bewusst für das Bruttoprinzip entschieden habe, unter anderem um Beweisschwierigkeiten zu vermeiden. Demgegenüber grenzt das OLG Celle[1532] in einer neuen Entscheidung danach ab, ob es sich um ein rein „präventives Verbot mit Erlaubnisvorbehalt" oder um ein „repressives Verbot mit Befreiungsvorbehalt" gehandelt hat. Bei Missachtung des präventiven Verbots mit Erlaubnisvorbehalt beschränke sich der Wert in der Regel auf die ersparten Aufwendungen für das unterlassene behördliche Genehmigungsverfahren; bei Zuwiderhandlung gegen ein repressives Verbot mit Befreiungsvorbehalt sei die vertragliche Gegenleistung abzüglich der Mehrwertsteuer erlangt. Bei letzterem handele es sich um eine Ausnahme von einem generell verbotenen Tun, hier verbleibe es bei der generellen Regel, dass das genehmigungslose Tun verboten sei und das Rechtsgeschäft deswegen nur unter Verstoß gegen materielles Recht erfüllt werden könne.

2. Das Bruttoprinzip

Abgeschöpft wird grundsätzlich von den Bußgeldbehörden nach dem sog. Bruttoprinzip, das besagt, dass *„all das, was unmittelbar für und aus der Handlung erlangt ist, ohne Abzug gewinnmindernder Kosten abgeschöpft werden kann"*.[1533] Der mit dem

1529 LG Münster, StV 2012, 157f. zu §§ 73ff. StGB.
1530 VwV zu § 29 StVO.
1531 OLG Celle, SVR 2012, 61ff.
1532 Beschl. v. 15.5.2013 – 322 SsBs 108/13, BeckRS 2013, 10966.
1533 BT-Drs. 12/1134, S. 5f., 12.

Bruttoprinzip verbundene rigorose Zugriff auf tatabgeleitete Vorteile ist jedoch nur gegenüber Verfallbescheidadressaten, denen ein Verschuldensvorwurf gemacht werden kann, die also eine Ordnungswidrigkeit begangen haben, vereinbar.[1534] Ansonsten gilt weiterhin das *Nettoprinzip*.[1535]

Nach dem Bruttoprinzip dürfen die Unkosten für ersparte Aufwendung, die für gesonderte Transporte der überladenen Mengen angefallen wären, nicht von den erzielten Mehrerlösen abgezogen werden.[1536]

Zuweilen versuchen Bußgeldstellen im Verfallbescheid das Erlangte ab der ersten beförderten Tonne abzuschöpfen und beziehen sich zur Begründung auf das Bruttoprinzip und die dazu im Strafrecht (§ 73 StGB) vorhandene Rechtsprechung.[1537] § 29a OWiG ist durch das Gesetz zur Änderung des Außenwirtschaftsgesetzes, des Strafgesetzbuches und anderer Gesetze vom 28.2.1992[1538] neu gefasst worden. Nach dem Willen des Gesetzgebers[1539] sei durch diese Gesetzesänderung nicht nur im Strafrecht, sondern auch für den Geltungsbereich des Gesetzes über Ordnungswidrigkeiten das vorher geltende Nettoprinzip durch das Bruttoprinzip ersetzt worden. Dies habe der BGH für den Bereich des Strafrechts mehrfach bestätigt.[1540] Für die Auslegung des § 29a OWiG könne nichts anderes gelten. Die gleichartige Verwendung der Formulierung „etwas erlangt" in § 73 StGB und in § 29a OWiG erfordere ihre einheitliche Auslegung, weil der Gesetzgeber mit der Änderung beider Bestimmungen ausdrücklich dasselbe Ziel verfolgt habe.[1541]

Das so verstandene „Bruttoprinzip" geht jedoch über das nach § 29a OWiG zulässige Maß hinaus. Unter Bruttoprinzip im Verfallsrecht gem. § 29a OWiG wird nur verstanden, dass die gerade durch die Überladung entstehenden Mehrkosten nicht mehr abgezogen werden dürfen.[1542] Die Entscheidung des Bundesgerichtshofs zum Bruttoprinzip betrifft Tathandlungen, die generell von Gesetzes wegen verboten sind. Dies betrifft insbesondere die Verfallsentscheidungen im Zusammenhang mit dem Verstoß gegen das Betäubungsmittelgesetz. Allein hier ist es gerechtfertigt, als „Erlangt" den gesamten Kaufpreis oder Verkaufserlös anzusehen.[1543] Auf Geschäfte, die an sich erlaubt sind (Beladungen), ist die Rechtsprechung nicht übertragbar,[1544] da die Beladung an sich, bis zu 40 Tonnen, rechtmäßig ist. Eine derartige Ausle-

1534 *Brenner*, NStZ 1998, 557, 558.
1535 *Mitsch*, KK-OWiG, § 29a Rn 45, 12.
1536 OLG Zweibrücken, NZV 2010, 477.
1537 *BGH*, NJW 2002, 3339.
1538 BGBl. I, 372.
1539 Vgl. BT-Dr 12/1134, S. 12f.
1540 Vgl. z.B. *BGH*, NStZ 1996, 539; *BGH*, NStZ 1995, 491 (495); *BGH*, NStZ 1994, 123.
1541 Vgl. auch *OLG Hamburg*, wistra 1997, 72 (74).
1542 *König*, SVR 2008, 121, 128.
1543 LG Münster, StV 2012, 157f. zu §§ 73ff. StGB.
1544 LG Münster, a.a.O.

gung der – das Strafrecht betreffenden – Entscheidungen des BGH würde demnach gegen die Berufsausübungsfreiheit des Verfallsbeteiligten nach Art. 12 GG verstoßen, zumal die Entscheidungen des Bundesgerichtshofs das Bruttoprinzip auf die Erwägung stützen, dass hier kein rechtlich schützenswertes Vertrauen existiere, aus dem verbotenen Geschäft erlangte Vermögensbestandteile behalten zu dürfen.

Nicht nur, dass es bei diesen Entscheidungen zum Bruttoprinzip um § 73 StGB geht, und nicht um § 29a OWiG, bei dem es unter anderem an einer Parallelvorschrift wie § 73c StGB fehlt. Im Gegensatz zu Embargoverstößen oder Betäubungsmittelgeschäften ist die Beförderung des von einer Verfallsbeteiligten beförderten Gutes nicht in seiner Gesamtheit unzulässig, sondern wird durch die Berufsausübungsfreiheit grundsätzlich rechtlich gestützt. Im Übrigen wurde die Anwendung des Bruttoprinzips im vom Bundesgerichtshof entschiedenen Fall vom 21.8.2002 damit gerechtfertigt, *„dass nicht auf wohlerworbenes, sondern auf Vermögen zugegriffen wird, das durch vorausgegangene rechtswidrige Taten bemakelt ist."* Bis zur Grenze des zulässigen Gesamtgewichts stand das Erlangte damit unter dem Schutz der Berufsausübungsfreiheit. Aus den genannten Erwägungen wäre auch die Eigentumsfreiheit nach Art. 14 Abs. 1 GG verletzt.

Muster für einen Beweisantrag: kein Vermögensvorteil

An das
Amtsgericht Lu.

Koblenz, 27.7.2011

Beweisantrag

Im Verfallsverfahren
gegen
die Fa. S. GmbH

5989 Js 11762/08. 4c OWi

beantragen wir namens und kraft Vollmacht der Mandantschaft zum Beweis der Tatsache,

dass die mit Verfallsanordnung vom 14.12.2007 abgeschöpften Fahrten, exemplarisch die Fahrten lt. Übersichtstabelle Überladungen Ziff.

34,
35,
36,
37,

46,
49,
53,
54,
56,
59,
62,
63,
66,
67,
69,
70,

nicht von Fahrzeugen der Verfallsbeteiligten ausgeführt wurden, sondern den Firmen S. und R. W., und

nicht die Verfallsbeteiligte etwas erlangt hat, sondern nur die Firmen S. und R. W.,

die Vernehmung der Zeugen S. und R. W., Adresse, sowie

die o.g. Fahrten, exemplarisch die Fahrt zu Ziff. 46 bereits durch den Verfallbescheid gegen die Fa. R. W., des Polizeipräsidiums R. vom 8.12.2008 abgeschöpft wurde,

die Beiziehung der Verfahrensakte des Polizeipräsidiums R., Az. 00180.011312.8, sowie die Vernehmung der dortigen Sachbearbeiterin N., zu laden über das Polizeipräsidium R., Adresse.

Dr. F.
Rechtsanwalt
Fachanwalt für Strafrecht

3. Schätzungen des Erlangten gem. § 29a III 1 OWiG

Im Vorfeld von Verfallsanordnungen finden oft Durchsuchungen bei den juristischen Personen statt, um Anzahl und Grad der Überladungen sowie den wirtschaftlichen Umsatz zu ermitteln. Da die exakte Berechnung der für die Transportunternehmen angeblich erzielten Vermögensvorteile höchst komplex[1545] und zeitintensiv

---

1545 *Mielchen*, in Buschbell, MAH Straßenverkehrsrecht, § 56 Verfallsverfahren gem. § 29a OWiG, Rn 33. Fehlerhafte Ermittlung des Verfallbetrages: *AG Heidelberg*, 3 OWi 57 Js 4462/07 (unveröffentlicht).

wäre, schätzen die Verwaltungsbehörden „zur Vereinfachung" vermehrt den Umfang des Erlangten und dessen Wert. Zwar wird die Schätzung allgemein nur als „zweitbeste Lösung"[1546] angesehen, um den illegalen Vermögenszuwachs zu bestimmen. Die Schätzung ist aber gem. § 29a III 1 OWiG grundsätzlich ohne Einholung eines Sachverständigengutachtens zulässig, allerdings nur, wenn anderweitig keine Feststellungen möglich sind.

Dabei müssen in den Gründen die tragenden Grundlagen der Schätzung dargelegt werden,[1547] um dem Rechtsbeschwerdegericht eine Überprüfung möglich zu machen.[1548] Die Urteilsgründe dürfen sich nicht auf die Mitteilung des Ergebnisses, der ausgerechneten Gesamtsumme, beschränken.

Das Gericht muss darlegen, aus welchen Gründen es auf den geschätzten Betrag gekommen ist und hierzu die notwendigen Einzelheiten offen legen.

Eine fehlende Möglichkeit zur genauen Ermittlung des Erlangten durch Auswertungen von Belegen und Aufzeichnungen wird auch dann angenommen, wenn solche Feststellungen einen unverhältnismäßigen Aufwand in finanzieller oder zeitlicher Hinsicht erfordern würden.[1549] Im Rahmen der Schätzung orientieren sich die Behörden regelmäßig an den „Kalkulationsgrundsätzen des Bundesverbandes des Deutschen Güterfernverkehrs (BDF)" oder an den „Kostensätzen Gütertransport Straße, Handbuch (KGS)".

Der bloße Hinweis auf Kalkulationstabellen genügt allerdings nicht, wenn der zur Entscheidung anstehende (Transport-) Fall Anlass gibt, die Anwendbarkeit der Tabelle in Zweifel zu ziehen.[1550] Unter Umständen kann daher auch ein unter den Kostensätzen liegender Transportlohn angemessen sein.

Die Schätzung darf jedoch grundsätzlich nicht nach durchschnittlichen Werten erfolgen, d.h. ein Hochrechnen mittels errechneten Werts multipliziert mit der Anzahl der Lkw ist unzulässig. Vielmehr ist – vom Steuerstrafverfahren abgeleitet – vom geringsten Wert auszugehen. Dies folgt aus dem Grundsatz „im Zweifel für den Angeklagten".[1551]

Überladungen wird oftmals anlässlich einer Verkehrskontrolle festgestellt und die Weiterfahrt erst nach der Abladung des überladenen Teils genehmigt. Je nach der zurückgelegten Fahrtstrecke bis zur Kontrollstelle wird dann – obwohl die Ladung den Empfänger nicht erreicht hat – anhand der von Verbänden erstellten Kal-

1546 *Büttner*, Ermittlung illegaler Vermögensvorteile, 2005, S. 88.

1547 OLG Karlsruhe, NZV 2013, 98; Mitsch, Karlsruher Kommentar zum OWiG, § 29a, Rn 47.

1548 Mitsch, in Karlsruher Kommentar zum OWiG, § 29a Rn 47.

1549 *Podolsky/Brenner*, Vermögensabschöpfung im Straf- und Ordnungswidrigkeitenverfahren, 2004, 2. Aufl., S. 168.

1550 OLG Braunschweig, zfs 2014, 230 ff.

1551 *AG Kassel*, 381 Owi 9024 Js 24197/06.

kulationstabellen[1552] ein Betrag als Erlangtes pauschal angenommen.[1553] Der Verfall darf jedoch nur angeordnet werden, wenn der Täter oder ein Dritter (§ 29a Abs. 2 OWiG) für die bußgeldrechtlich relevante Handlung oder aus ihr „etwas erlangt" hat. Das Unternehmen muss den finanziellen Vorteil also tatsächlich erlangt haben.[1554] Dies erscheint bei einer „entdeckten" Überladungsfahrt eher abwegig, zumal die Ersparnisse entfallen, insbesondere bei einer Abladung auf einem Rastplatz. Es kann hier eben nicht seitens der Bußgeldstelle argumentiert werden, dass sich die Verfallsbeteiligte für einen weiteren Transport die Kosten erspart habe und damit durch die rechtswidrige Tat des Fahrers einen wirtschaftlichen Vorteil erlangt habe, der abzuschöpfen sei.

VI. Bestimmtheitsgrundsatz

Verfallbescheide im Ordnungswidrigkeitenrecht haben dem Bestimmtheitsgebot zu genügen. Wie im Strafrecht muss in jedem Bußgeld- und Verfallbescheid die relevante *Tat* wie auch deren *Folgen* mit hinreichender Bestimmtheit umschrieben sein. Auch im Falle des Vorliegens diverser mit Geldbuße bedrohter Handlungen, wie Überladungen im fünfstelligen Bereich, muss der Verfallbescheid für den Empfänger ausreichend erkennen lassen, für welche Taten ein Vermögensvorteil abgeschöpft werden soll. Hierbei sind auch die tatsächlichen Umstände zu konkretisieren, aus denen sich ergibt, dass der Adressat „Etwas" erlangt hat sowie die Höhe der Vermögensvorteils.[1555] Eine Verfallsanordnung entspricht nur dann dem Bestimmtheitsgebot, wenn sich aus dem den Verfall anordnenden Bescheid die einzelnen Fahrten ergeben, die durch Eröffnung des Datums, der Strecke und der Be- bzw. Überladung näher bestimmt sein müssen, wofür ein pauschaler Bezug auf eine Aufstellung in den Akten nicht ausreicht.[1556] Auch ist eine pauschale Tatbezeichnung nicht zulässig, da nicht feststellbar ist, hinsichtlich welcher Überladungsfahrten, die in die Berechnung der für verfallen erklärten Summen eingeflossen sind, bereits Verfolgungsverjährung eingetreten ist.

1552 Praktische Bedeutung haben hier die „Kostensätze im Gütertransport und Straßenverkehr (KGS-Tabelle)".

1553 AG Kassel, *Urt.* v. 23.1.2012 – 390 OWi – 7624 Js 14492/11, BeckRS 2012, 15344; AG Kassel, 18.6.2012 – 390 OWi – 7624 Js 33677/11, BeckRS 2012, 23965.

1554 OLG Celle, NZV 2012, 400, 402.

1555 Seitz, in *Göhler*, OWiG, § 66, Rn 22.

1556 *AG Hamburg*, Urt. v. 31.3.2008 – 257 OWi 86/07, ADAJUR Dok.Nr. 85439; AG Hamburg, DAR 2008 537.

VII. Gesamtschuldnerischer Verfallbescheid?

Ein Phänomen, auf welches man ebenso gelegentlich trifft, besteht darin, dass die Bußgeldbehörde in einem Verfallbescheid gegen zwei juristische Personen gleichzeitig einen bestimmten Vermögensvorteil abschöpfen will.[1557] Oft besteht die Verknüpfung der betroffenen Unternehmen nur darin, dass ein und derselbe Geschäftsführer verantwortlich ist. Derartige Bescheide können – natürlich – keinen Bestand haben, da für die einzelne Betroffene nicht bestimmbar ist, welcher Betrag für sie für verfallen erklärt worden ist. Ferner ergibt sich hieraus nicht, wer in welcher Höhe aus einer bußgeldrechtlich relevanten Handlung etwas erlangt hat. Über diesen Mangel hilft auch nicht hinweg, dass die Firmen zivilrechtlich gesamtschuldnerisch analog § 426 BGB haften würden und im Zweifel zueinander zu gleichen Anteilen zur Zahlung verpflichtet wären. Selbst für Gebühren des Bußgeldverfahrens kennt das OWiG keine gesamtschuldnerische Haftung.[1558] Eine Kollektivsanktion widerspräche dem besonders in Deutschland stets betonten Grundsatz „nulla crimen sine culpa".

VIII. Das Opportunitätsprinzip

Für die Anordnung des Verfalls gilt der Opportunitätsgrundsatz.[1559] Ob und in welcher Höhe Gelder für verfallen erklärt werden sollen, hat die Behörde – später das Gericht – in einer eigenen Ermessenentscheidung zu bestimmen. Innerhalb dieser Prüfung hat die Behörde zu bewerten, inwieweit ein Verfall zweckmäßig ist. Dabei ist besonders auf die wirtschaftliche Situation und die Auswirkungen des Verfalls auf das Unternehmen abzustellen. Der Grundsatz der Verhältnismäßigkeit findet Anwendung. Von der Anordnung eines Verfallbescheides ist abzusehen, wenn er für den Betroffenen eine unbillige Härte darstellen würde, weil dem erlangten Vorteil Ansprüche Dritter gegenüberstehen, oder weil der Entzug der Vorteile aus besonderen Gründen die Beteiligte wirtschaftlich besonders hart treffen würde.[1560]

Eine abstrakte Berechnung ohne Bewertung der Unternehmenssituation würde einen Ermessensfehlgebrauch darstellen und zur Aufhebung des Bescheides durch das Amtsgericht oder Oberlandesgericht führen. Ein im angefochtenen Urteil angeordneter Verfall kann keinen Bestand haben, wenn das Rechtsbeschwerdegericht mangels Feststellungen des Amtsgerichts zur Einkommenssituation der Betroffenen nicht prüfen kann, ob die Anordnungen des Verfalls nicht den wirtschaftlichen Zu-

---

1557 *AG Heidelberg*, 30 OWi 57 Js 4462/07.

1558 Gürtler, in *Göhler*, OWiG, vor § 105 Rn 76 a.E.

1559 Gürtler, in *Göhler*, OWiG, § 29a Rn 24; *Bohnert*, KK-OWiG, § 47 Rn 3.

1560 OLG Zweibrücken, SVR 2011, 73; OLG Zweibrücken, SVR 2011, 71.

sammenbruch der Betroffenen zur Folge hätte. Dann würde die amtsgerichtliche Entscheidung nämlich gegen das verfassungsrechtliche Übermaßverbot (Art. 20 GG) verstoßen.[1561]

Das tatrichterliche Urteil muss ergeben, dass das Gericht sich der Tatsache bewusst war, dass § 29a Abs. 2 OWiG ein Ermessen darüber einräumt, ob Verfall angeordnet werden soll, und sich nicht nur auf die Überprüfung der Ermessensentscheidung der Verwaltung beschränkt hat.[1562]

Praxistipp

!

Legt der Rechtsanwalt für die Verfallsbeteiligte betriebwirtschaftliche Auswertungen oder sonstige Bestätigungsschreiben eines Steuerberaters zur wirtschaftlichen Situation des Unternehmens, so lässt sich bereits bei der Bußgeldstelle eine Reduzierung der Geldbuße um weit mehr als die Hälfte erreichen, wenn sich Anhaltspunkte ergeben, dass mit der Vollstreckung des Verfallbetrages die Insolvenz einher gehen würde. Es lohnt sich somit, im Rahmen der Verteidigung, die finanzielle Lage des Unternehmens zu beleuchten.

IX. Unzulässige Doppelabschöpfung

Unrechtmäßig ist auch eine sog. Doppelabschöpfung, d.h. die nochmalige Abschöpfung eines Gewinns, wenn ein erlangtes Etwas bereits zuvor Gegenstand eines Verfalls geworden war. Sollte das Unternehmen schon anderweitig wegen bußgeldrechtlich relevanter Handlungen aufgefallen sein, z.B. wegen Überladungen in der Zeit vom 13.3.2007 bis 12.5.2007, und ist wegen dieser zuletzt genannten Delikte ein Verfallbescheid ergangen, so wäre Strafklageverbrauch eingetreten in Bezug auf einen erneuten Verfallbescheid wegen einem überladenen Lastkraftwagen am 2.4.2007. Da etwaige Vermögensvorteile für Überladungen zwischen dem 13.3.2007 bis 12.5.2007 bereits abgeschöpft wurden, könnte die Bußgeldbehörde nicht erneut wegen einzelner Ordnungswidrigkeiten in diesem Zeitraum den Verfall anordnen. Ansonsten würde gegen den Grundsatz „ne bis in idem" verstoßen.

X. Verjährung des Verfallbescheides

Da sich die Verjährungsregeln – wie im Folgenden aufzuzeigen sein wird – bei Verfallbescheiden schwierig gestaltet, ist der Anteil verjährter Verfallbescheide gemessen an der Gesamtzahl von Ordnungswidrigkeitenverfahren relativ hoch. Da die exakte Berechnung der für die Transportunternehmen angeblich erzielten

---

1561 Vgl. BayObLGSt 1995, 76, 81.

1562 OLG Stuttgart, StraFo 2014, 26; OLG Zweibrücken, SVR 2011, 73.

Vermögensvorteile, oft mehrerer tausend Transportfahrten, höchst komplex[1563] und zeitintensiv ist, ergeben sich für die Verteidigung Chancen, auf Zeit und damit auf die Verjährung zu setzen. Nachfolgend werden die Besonderheiten bei der Verjährung von Verfallbescheiden besprochen.

1. Verjährungsdauer

§ 31 I OWiG bestimmt, dass durch die Verjährung die Verfolgung von Ordnungswidrigkeiten und die Anordnung von Nebenfolgen ausgeschlossen werden. Ohne dass der Verfall als Nebenfolge gesetzlich definiert wäre, soll der Verfall wie die Einziehung *Nebenfolge* einer Ordnungswidrigkeit sein.[1564] Die Verjährungsdauer bestimmt sich nach § 26 III StVG, dieser enthält für die Verfolgungsverjährung von Verkehrsordnungswidrigkeiten eine i.S.v. § 31 II OWiG andere Bestimmung. Hiernach beträgt die Frist der Verfolgungsverjährung bei Ordnungswidrigkeiten, die im Straßenverkehr begangen werden (§ 24 StVG), nur kurze drei Monate, solange wegen der Handlung weder ein Bußgeldbescheid ergangen noch öffentliche Klage erhoben ist. Nach Ablauf der Verjährungsfrist für die Ordnungswidrigkeit darf kein Verfall mehr angeordnet werden.[1565] Dies wird auch einem Umkehrschluss aus § 27 II S. 1 Nr. 1 OWiG entnommen.[1566] Bei der Einziehung soll es ausnahmsweise der Anordnung nicht entgegenstehen, wenn die Ordnungswidrigkeit verjährt war.

2. Verjährungsbeginn

Die (zunächst) dreimonatige Verjährungsfrist beginnt mit Beendigung der Tathandlung zu laufen (§ 31 III OWiG). Abzustellen ist dabei auf die mit Geldbuße bedrohte Handlung i.S. von § 29a OWiG, aus der der Täter oder ein Dritter etwas erlangt haben soll, also im Regelfall die Überladung. Die Beendung fällt bei Ordnungswidrigkeiten in der Regel mit der Vollendung zusammen. Nach Erlass des Verfallbescheides verlängert sich die Frist auf sechs Monate.

3. Fristberechnung

Für die Berechnung des Verjährungsendes gilt – im Unterschied zur strafrechtlichen Verjährung – § 43 I StPO nicht.[1567] Der letzte Tag der Frist ist der im Kalen-

---

1563 *Mielchen*, in Buschbell, MAH Straßenverkehrsrecht, 3. Aufl. 2009, § 56 Verfallsverfahren gem. § 29a OWiG, Rn 33.

1564 *Mitsch*, in Karlsruher Kommentar zum OWiG, § 29a Rn 5.

1565 Gürtler, in *Göhler*, OWiG, § 29a Rn 30; *AG Hamburg*, DAR 2008, 537.

1566 Bohnert, OWiG, § 33 Rn 85.

1567 *Bohnert*, OWiG, § 33 Rn 30, 3. Aufl. 2010.

der dem Ablauf der Frist vorangehende Tag. Ist beispielsweise eine Überladung am 3.8. begangen, so tritt die Verjährung am 2.11. ein. Zu beachten ist, dass diese Berechnung selbst dann gilt, wenn der letzte Fristtag ein Sonn- oder Feiertag ist. Die Monatsfristberechnung des § 43 I und II StPO ist auch insoweit nicht anwendbar.

4. Unterbrechung der Verfolgungsverjährung

Die Unterbrechungshandlungen der Verfolgungsverjährung, die dazu führen, dass nach jeder Unterbrechung die Verjährung von neuem beginnt (§ 33 III 1 OWiG), sind in § 33 I S. 1 OWiG aufgelistet. § 33 I S. 2 OWiG bestimmt, dass S. 1 der Vorschrift im selbständigen Verfahren wegen der Anordnung einer Nebenfolge gegen eine juristische Person oder Personenvereinigung entsprechend gilt und die Verjährung zur Durchführung des selbständigen Verfahrens unterbrochen werden kann.[1568] Praxisrelevant sind bei Verfallsverfahren vor allem die Unterbrechungen der Verfolgungsverjährung gem. § 33 I S. 1 Nr. 1, 4 und Nr. 9 OWiG.

a) § 33 I S. 1 Nr. 1 OWiG

Nach § 55 OWiG muss der Verfallsbeteiligten (im Verfallsverfahren hat sich diese Terminologie eingebürgert), so gebietet es der Grundsatz des rechtlichen Gehörs, Gelegenheit gegeben werden, sich zu der Beschuldigung zu äußern. In der Regel versendet die Bußgeldstelle an die juristische Person, die durch die Verfehlung des/der Betroffenen etwas erlangt haben soll, eine Anhörung. Aus dieser muss sich für den Adressaten unmissverständlich ergeben, dass die Ermittlungen gegen ihn geführt werden. Hier ist bei juristischen Personen eine erste Hauptfehlerquelle festzustellen. So wird bei Umfirmierungen, die der Bußgeldstelle entgangen sind, etwa die juristische Person unrichtig mit GmbH angeschrieben, obwohl es sich um die GmbH & Co.KG handelt. Da sich die Verjährungsunterbrechung nur auf die Personenvereinigung beziehen kann, die ausdrücklich in der Anhörung erwähnt ist (Abs. 4 S. 1), wäre das Verfallsverfahren im Beispielsfall gegen die GmbH & Co.KG verjährt.

b) § 33 I S. 1 Nr. 4 OWiG

Gem. § 33 I S. 1 Nr. 4 OWiG wird die Verjährung auch durch jede Beschlagnahme oder Durchsuchungsanordnung der Verfolgungsbehörde unterbrochen. Im Vorfeld von Verfallsanordnungen finden oft Durchsuchungen bei den juristischen Personen

1568 Zuvor umstritten: BT-Dr 10/318, S. 42.

statt, um Anzahl und Grad der Überladungen sowie den wirtschaftlichen Umsatz zu ermitteln.

Die Unterbrechung bezieht sich jedoch nur auf die Taten, die im Durchsuchungsbeschluss angeordnet sind. Werden erst durch die Hausdurchsuchung weitere Taten bekannt, so kann hinsichtlich dieser eine Unterbrechungswirkung nicht herbeigeführt werden. Der Verfolgungswille muss sich schon in der Durchsuchungsanordnung auf diese beziehen.[1569]

Die persönliche Reichweite einer nach Nr. 4 vorgenommenen Unterbrechung der Verjährung erstreckt sich wiederum nur auf die als Verfallsbeteiligte angegebene juristische Person. Bei Verfallbescheiden gegen juristische Personen gehen die Bezeichnungen des jeweiligen Adressaten der Zwangsmaßnahme oft durcheinander, oft wird zu Unrecht die natürliche Person genannt, die das Unternehmen vertritt.[1570] Das selbständige Verfahren kann nicht durchgeführt werden, weil die zugrundeliegende Organtat verjährt ist.[1571]

c) § 33 I S. 1 Nr. 9 OWiG

Nach § 33 I S. 1 Nr. 9 OWiG kommt dem Erlass des Verfallbescheides verjährungsunterbrechende Wirkung zu, sofern er der Verfallsbeteiligten binnen zwei Wochen zugestellt wird (Alt. 1). Tritt diese Bedingung nicht ein, so kommt es für die Unterbrechung der Verjährung allein auf die Zustellung des Verfallbescheides an (Alt. 2). Die Zustellung ist kein Rechtsgeschäft, sondern ein tatsächlicher Vorgang, nämlich die in gesetzlicher Form geschehene und beurkundete Übergabe eines Schriftstücks.[1572]

Dem Bußgeld- sowie der ihm gleichgestellte Verfallbescheid (§ 66 Abs. 1 Nr. 5 OWiG) kommt, ebenso wie einer Anklageschrift, eine doppelte Aufgabe zu, nämlich die Erfüllung der Umgrenzungs- und der Informationsfunktion.[1573] Zum einen grenzt er den – insbesondere für Fragen der Rechtshängigkeit, Kognitionspflicht, Rechtskraft und Klageverbrauch bedeutsamen – Verfahrensgegenstand in persönlicher, sachlicher und rechtlicher Hinsicht von anderen denkbaren Tatvorwürfen ab (Umgrenzungsfunktion); dieser Aufgabe genügt er, wenn nach seinem Inhalt kein Zweifel besteht, welcher Lebensvorgang erfasst und geahndet werden soll.[1574] Auch im Falle des Vorliegens diverser mit Geldbuße bedrohter Handlungen, wie Hunderte Überladungen, muss der Verfallbescheid für die Verfallsbeteiligte ausreichend er-

1569 *BGH*, NStZ 2000, 85; Gürtler, in *Göhler*, OWiG, § 33 Rn 56 b.
1570 *AG Hamburg*, Beschl. v. 23.5.2008 – 256 OWi 2010 Js 326/08 (12/08), 256 OWi 2010 Js 326-08 (12/08), BeckRS 2008, 21620, DAR 2008, 537.
1571 OLG Frankfurt, NStZ 1992, 193.
1572 BGHZ 8, 314 [316] = NJW 53, 422.
1573 *OLG Hamburg*, NStZ-RR 1998, 370.
1574 BGHSt 23, 336.

kennen lassen, für welche Taten ein Vermögensvorteil abgeschöpft werden soll. Hierbei sind auch die tatsächlichen Umstände zu konkretisieren, aus denen sich ergibt, dass der Adressat „Etwas" erlangt hat sowie die Höhe des Vermögensvorteils.[1575] Eine Verfallsanordnung entspricht nur dann dem Bestimmtheitsgebot, wenn sich aus dem den Verfall anordnenden Bescheid die einzelnen Fahrten ergeben, die durch Eröffnung des Datums, der Strecke und der Be- bzw. Überladung näher bestimmt sein müssen, wofür ein pauschaler Bezug auf eine Aufstellung in den Akten nicht ausreicht.[1576]

Auch ist eine pauschale Tatbezeichnung nicht zulässig, da nicht feststellbar ist, hinsichtlich welcher Überladungsfahrten, die in die Berechnung der für verfallen erklärten Summen eingeflossen sind, bereits Verfolgungsverjährung eingetreten ist.

Zustellungsadressat ist grundsätzlich die Verfallsbeteiligten selbst (§ 51 II OWiG). Verfallbescheide werden im Regelfall mit Postzustellungsurkunde zugestellt. Hierbei übergibt die Bußgeldstelle den Verfallbescheid in verschlossenem Umschlag an die Deutsche Post AG mit dem Ersuchen, die Zustellung einem Postbediensteten des Bestimmungsortes zu übertragen.

5. Absolute Verjährungsfrist

Spätestens ist die Verfolgung der Straßenverkehrs-Ordnungswidrigkeit verjährt, wenn seit dem Beginn der Verjährung (§ 31 III OWiG) zwei Jahre verstrichen sind, vgl. § 33 III 2 OWiG. Man bezeichnet diese Frist als absolute Verjährung. Sie setzt sich gegenüber den Unterbrechungstatbeständen des § 33 I OWiG durch.[1577]

6. Konsequenzen der Verfolgungsverjährung

Die Verfolgungsverjährung führt zu einem Verfahrenshindernis mit der Folge, dass das Verfahren von der Verwaltungsbehörde sogleich ohne weitere Veranlassung eingestellt werden muss (§ 46 I OWiG i.V.m. § 170 II StPO), vom Amtsgericht gemäß § 46 I OWiG i.V.m. § 206a StPO.[1578]

1575 Seitz, in *Göhler*, OWiG, § 66, Rn 22.

1576 *AG Kassel*, 381 OWi 9024 Js 24197/06; *AG Hamburg*, Urt. v. 31.3.2008 – 257 OWi 86/07, ADAJUR Dok.Nr. 85439; *AG Hamburg*, DAR 2008 537.

1577 Mitsch, Recht der Ordnungswidrigkeiten, 239.

1578 OLG Jena, VRS 111 281.

7. Praxisbeispiel

Die X-GmbH soll in 1.459 Fällen Fahrten ordnungswidriger Überladung durchgeführt haben. Das Anhörungsschreiben datiert vom 24. Januar 2012 und nimmt Bezug auf Ordnungswidrigkeiten der Fahrer A, B, C und D vom 27.3.2011 bis 30.11.2011, erwähnt Fahrten im Zeitraum 1.12.2011 bis 13.1.2012 jedoch nicht. Es folgt ein Durchsuchungsbeschluss des Amtsgerichts vom 3. April 2012, er dehnt den Tatzeitraum ab 31.12.2011 bis 13.1.12 aus. In der Verfallsanordnung vom 14.5.2012 werden Fahrten der Verfahrensbeteiligten im Zeitraum 27.3.2011 bis 24.1.2012 abgeschöpft

Für alle Fahrten vor dem 24.10.2011 ist bereits Verfolgungsverjährung eingetreten, da die Verjährung erstmals am 24. Januar 2012 mit dem Anhörungsschreiben der Bußgeldstelle (§ 33 I S. 1 Nr. 1 OWiG) vom gleichen Tage unterbrochen wurde.

Durch den Durchsuchungsbeschluss (§ 33 I S. 1 Nr. 4 OWiG) konnte wegen der kurzen Verjährungsfrist des § 26 III StVG eine Unterbrechung der Verfolgungsverjährung nur für Fahrten ab 3.1.2012 herbeigeführt werden, die Verjährungsfrist war bezüglich etwaiger Überladungsfahrten im Monat Dezember 2011 am 3.4.2012 längst abgelaufen. Da die Unterbrechungshandlung, hier der Anhörung vom 24. Januar 2012, dazu führt, dass nach jeder Unterbrechung die Verjährung von neuem beginnt, und zwar die dreimonatige Verjährung des § 26 III StVG, waren am 24.4.12 auch die Taten vom 24.10.11–30.11.11 (im Anhörungsschreiben) verjährt. Es verbleiben abzuschöpfende Fahrten von nur 10 Tagen (vom 3.1.12–13.1.12). Hinsichtlich mehr als 95% der Fahrten, die abgeschöpft werden sollten, ist Verjährung eingetreten.

8. Fazit und Zusammenfassung

a) Die Abschöpfung angeblich illegal erzielter Gewinne scheitert in der Praxis oft schon aus formellen Gründen. Die Bußgeldstelle versäumt es oftmals, eine Unterbrechungshandlung hinsichtlich aller Ordnungswidrigkeiten, auf denen die Verfallsanordnung beruht, rechtzeitig herbeizuführen.

b) Die Dauer der Verjährung beträgt bei Verfallsbescheiden nach § 29a OWiG abweichend von § 31 I OWiG nur kurze drei Monate, § 26 III StVG. Die dreimonatige Verjährungsfrist beginnt mit Beendigung der Tathandlung zu laufen. Bezüglich jeder abgeschöpften illegalen Überladungsfahrt, die im Verfallsbescheid erwähnt ist, ist zu überprüfen, ob diese verjährt ist.

   Löst eine Ordnungswidrigkeit einer natürlichen Person die Haftung einer juristischen Person aus, so gelten im Verfahren gegen die juristische Person die für die Tat der natürlichen Person maßgeblichen Vorschriften über die Verjährung.

c) Die wichtigsten Unterbrechungshandlungen sind die Anhörung der Verfallsbeteiligten (§ 33 I S. 1 Nr. 1 OWiG), jede Beschlagnahme oder Durchsuchungsanordnung (§ 33 I S. 1 Nr. 4 OWiG) sowie der Erlass oder Zustellung des Verfallbescheides, § 33 I S. 1 Nr. 9 OWiG.

d) Hier schleichen sich bereits Fehler ein, die ein Verfahrenshindernis zur Folge haben: So werden oftmals die juristischen Personen der Verfallsbeteiligten verwechselt, etwa wenn ein und derselbe Geschäftsführer zufällig mehrere Firmen führt. Nicht selten werden in Durchsuchungsbeschlüssen auch Verfallsbeteiligte und Betroffene vertauscht. Die Verjährungsunterbrechung kann außerdem nur hinsichtlich der Taten, die im Durchsuchungsbeschluss angeordnet sind, herbeigeführt werden.

e) Viele Verfallbescheide erfüllen nicht die erforderliche Umgrenzungs- und Informationsfunktion, zumal entweder die einzelnen Fahrten nicht konkret angegeben werden, oder Datum, Strecke und Be- bzw. Überladung fehlen. Ein pauschaler Bezug auf eine Auflistung der bemakelten Fahrten in den Akten ist nicht ausreichend.

f) Die absolute Verjährungsfrist beträgt auch bei Verfallbescheiden zwei Jahre, § 33 III 2 OWiG.

XI. Rechtsbehelfe gegen Verfallbescheide

1. Einspruch

Die Einspruchsfristen für Bußgeldbescheide gem. § 67 OWiG gelten auch im Verfallverfahren für Verfallbescheide. Der Verfallbescheid steht einem Bußgeldbescheid gleich, vgl. § 66 Abs. 1 Nr. 5 OWiG. Der Verfallsbeteiligte kann also gegen den Verfallbescheid innerhalb von zwei Wochen nach Zustellung Einspruch einlegen.

2. Rechtsbeschwerde der Verfallsbeteiligten

Ist die Verfallbeteiligte erstinstanzlich trotz Verfolgungsverjährung zu einem Verfall verurteilt worden, so kann sie gegen das Urteil oder einen Beschluss nach § 72 OWiG Rechtsbeschwerde gem. § 79 I Nr. 2 OWiG einlegen, es sei denn die Nebenfolge ist auf nicht mehr als zweihundertfünfzig Euro festgesetzt worden. Die gerichtliche Entscheidung über eine Verfallsanordnung unter diesem Wert ist gem. § 87 Abs. 5, 6 OWiG nicht anfechtbar und unterliegt daher nicht der Rechtsbeschwerde. Im Übrigen hat der Adressat eines Verfallbescheids dieselben Befugnisse, die einem Betroffenen zustehen, § 87 II, VIII OWiG.

3. Rechtsbeschwerde der Staatsanwaltschaft

Hat das Amtsgericht das Verfahren wegen vermeintlicher Verfolgungsverjährung eingestellt, so kann sich hiergegen die Staatsanwaltschaft über die Rechtsbeschwerde gem. § 79 I Nr. 3 OWiG wehren. Dies ist das zulässige Rechtsmittel.[1579]

XII. Verfahrenshindernis für selbstständige Verfallsverfahren gem. § 29a IV OWiG gegen die juristische Person bei Ahndung der Ordnungswidrigkeit „des Täters"?

Voraussetzung für das auf die Anordnung der Einziehung oder des Verfalls gerichtete selbstständige Verfahren ist im Straf- wie im Ordnungswidrigkeitenrecht die Unmöglichkeit der Durchführung eines subjektiven Straf- oder Bußgeldverfahrens.[1580] So normiert § 29a IV OWiG, dass der Verfall – nur – dann selbstständig angeordnet werden kann, wenn gegen den Täter ein Bußgeldverfahren nicht eingeleitet oder eingestellt wird. Dies bedeutet, dass ein Verfallbescheid nicht ergehen darf, wenn gegen die Verantwortlichen bereits Bußgeldverfahren durchgeführt und mit einer rechtskräftigen Verurteilung beendet wurden. Wie wirkt sich der Umstand aus, dass oft neben dem Verfallsverfahren ein Bußgeldverfahren gegen den Fahrer der betreffenden Überladung durchgeführt wird/wurde?

1. Die Folgen der parallelen Verfolgung

Die höchstrichterliche Rechtsprechung hatte sich wiederholt mit der Frage auseinanderzusetzen, ob ein Verfahrenshindernis für das Verfallsverfahren vorliegt, wenn auch der Fahrer (wegen des Verstoßes gegen § 34 Abs. 3, § 69 a StVZO, § 24 StVG) ein Bußgeldverfahren durchläuft/durchlaufen hat, und kam dabei zu unterschiedlichen Ergebnissen.

a) Kein Verfahrenshindernis

Das OLG Koblenz[1581] ist der Auffassung, dass auf Grund des gegen den Fahrer eingeleiteten Bußgeldverfahrens kein Verfahrenshindernis für ein selbständiges Verfallverfahren bestehe. Das Gericht argumentiert mit der Wortlaut der Verfallsnorm: Als Täter i.S. von § 29a IV OWiG sei der Geschäftsführer der Verfallbeteiligten anzusehen, dem die Bußgeldbehörde eine gegenüber der vom Fahrer möglicherweise begangenen Ordnungswidrigkeit eigenständige mit Geldbuße bedrohte Handlung anlastet. Da der Fahrer des überladenen Fahrzeugs kein Täter sei, dürfe gesondert im

---

1579 BGH, NJW 1963, 1116.

1580 RGSt 65, 176; BGHSt 21, 55, 56 = NJW 1966, 1276; *OLG Hamburg*, wistra 1997, 72; *Meyer-Goßner*, StPO, Vorbemerkung § 430 Rn 5, u. § 440 Rn 6.

1581 ZfS 2007, 108.

Wege des selbständigen Verfallsverfahrens gegen den Verfallsbeteiligten vorgegangen werden. Nur bei einem Bußgeldverfahren gegen den Geschäftsführer selbst liege ein Verfahrenshindernis vor. Anders sei zu entscheiden, wenn dem Täter und dem Geschäftsführer der Verfallbeteiligten dieselbe mit Geldbuße bedrohte Handlung zum Vorwurf gemacht wird.

b) Verfahrenshindernis

Demgegenüber liegt nach der Rechtsprechung des OLG Frankfurt a.M.[1582] ein von Amts wegen zu berücksichtigendes Verfahrenshindernis gegen die Verfallsbeteiligte vor, und zwar auch dann, wenn unterschiedliche mit Geldbuße bedrohte Handlungen durch Halter bzw. Fahrer vorliegen. Das OLG stellte ein selbstständiges Verfallsverfahren ein und verwies in der Beschlussbegründung vollinhaltlich auf die Stellungnahme der Staatsanwaltschaft. Das Amtsgericht sei zu Recht davon ausgegangen, dass die Verfallsbeteiligte durch eine mit Geldbuße bedrohte Handlung ihres angestellten Fahrers i.S. des § 29a Abs. 2 OWiG etwas erlangt hat. Täter im Sinne dieser Vorschrift kann nämlich nicht nur der Geschäftsführer der Verfahrensbeteiligten, sondern auch ein anderer Angestellter von ihr sein.[1583] Wenn das gegen den Fahrer eingeleitete Bußgeldverfahren nicht eingestellt, sondern durch Verurteilung abgeschlossen worden ist, könne der Verfall nach § 29a Abs. 4 OWiG gegen die Verfallbeteiligte nicht selbständig angeordnet werden. Dass gegen den Geschäftsführer der Verfallsbeteiligten ein Bußgeldverfahren nicht eingeleitet worden ist, zwingt zu keiner anderen Beurteilung.[1584] Wenn der Bußgeldbescheid gegen den Fahrer bereits rechtskräftig war, liegt ein endgültiges Verfahrenshindernis vor. Das Oberlandesgericht Frankfurt folgt damit den Entscheidungen des OLG Hamburg[1585] und OLG Köln.[1586] Die vorherige (verurteilende) Sachentscheidung über den Vorwurf gegen den Betroffenen schafft nach OLG Hamburg ein Verfahrenshindernis, das einer nachträglichen gerichtlichen Verfallanordnung gegen die Verfallbeteiligte entgegensteht.[1587]

Auch nach der Rechtsprechung des OLG Köln fehlt es in diesen Fällen an einer Verfahrensvoraussetzung, die auch in der Revisions- bzw. Rechtsbeschwerdeinstanz noch erfüllt sein muss.[1588] Prozessvoraussetzung für das auf die Anordnung

1582 DAR 2009, 97.
1583 *Karlsruher Kommentar*, OWiG, 3. Aufl., Rn 36 zu § 29a; BGHSt 45, 235, 245 zu § 73 StGB.
1584 Gürtler, in *Göhler*, OWiG, § 29a Rn 29.
1585 *OLG Hamburg*, Beschluss v. 27.9.1996 – II – 459/96 = 3 Ss 12/96, MDR 1997, 89.
1586 NJW 2004, 3057.
1587 *BayObLG*, NStZ 1994, 442; zurückhaltender *Roth-Förster* in Rebmann/Roth/Herrmann, OWiG, 2. Aufl. Stand 6. Lieferung Januar 1995, § 29a Rn 21, wonach eine gleichzeitige Entscheidung sich – lediglich – empfiehlt.
1588 BGHSt 21, 55 = NJW 1966, 1276.

der Einziehung oder des Verfalls gerichtete selbstständige Verfahren ist im Straf- wie im Ordnungswidrigkeitenrecht die Unmöglichkeit der Durchführung eines subjektiven Straf- oder Bußgeldverfahrens.[1589] Dementsprechend bestimmt § 29a IV OWiG, dass der Verfall dann selbstständig angeordnet werden kann, wenn gegen den Täter ein Bußgeldverfahren nicht eingeleitet oder eingestellt wird. Wenn aber gegen den Täter das Verfahren durchgeführt wird, dann sei im subjektiven Verfahren *zugleich* über den Verfall gegen den zu beteiligenden Dritten, für den der Täter gehandelt hat, zu entscheiden. Ergehe allein gegen den Täter eine Sachentscheidung, dann steht der Verfallsanordnung gegen den Dritten im selbstständigen Verfahren ein Verfahrenshindernis entgegen, weil die in §§ 440, 442 StPO i.V. mit § 46 OWiG bzw. in § 29a IV OWiG vorausgesetzte Zulässigkeit der selbstständigen Verfallanordnung nicht gegeben sei.[1590] Der Grund hierfür liegt darin, dass zugleich gegen den Täter und als Annex gegen den Dritten verhandelt werden soll, weil die Grundlage für die Verfallsanordnung gerade diejenige mit Geldbuße bedrohte Handlung ist, die auch den Gegenstand des Verfahrens gegen den Täter bildet.[1591]

Auch ein Nachverfahren i.S. des § 439 StPO, § 87 OWiG kommt nicht mehr in Betracht. Anders als bei der Einziehung finde bei der Verfallsanordnung kein Nachverfahren statt, weil eben der verfallsbeteiligte Dritte (§ 29a II OWiG) von Amts wegen immer schon gem. § 442 II 1 StPO, § 46 I OWiG am Verfahren zu beteiligen ist.[1592] Deswegen ist das Nachverfahren nach § 87 IV OWiG von der den Verfall betreffenden Verweisungsvorschrift des § 87 VI OWiG gerade ausgenommen.[1593]

c) Stellungnahme

Vorzug gebührt der zweiten Auffassung: Nach dem Willen des Gesetzgebers sollte aus prozesswirtschaftlichen Gründen in dem Verfahren gegen den Täter zugleich über den Verfall gegen den „anderen" i.S.d. § 29a Abs. 2 OWiG entschieden werden, weil Grundlage für die Verfallanordnung die Ordnungswidrigkeit ist, die in dem Verfahren gegen den Täter aufgeklärt werden muss.[1594] Diese Grundsätze gelten nach dem Willen des Gesetzgebers auch für das gerichtliche Bußgeldverfahren.[1595] Folglich gilt auch in diesem: „Wird dagegen in dem Bußgeldverfahren gegen den

---

1589 *RGSt* 65, 176; BGHSt 21, 55 [56] = NJW 1966, 1276; *OLG Hamburg*, wistra 1997, 72; *Meyer-Goßner*, StPO, Vorb. § 430 Rn 5 u. § 440 Rn 6; *Göhler*, OWiG, § 87 Rn 59 h.

1590 *OLG Hamburg*, wistra 1997, 72; *Mitsch*, in: KK-OWiG, § 87 Rn 107; § 29a Rn 48; Gürtler, in *Göhler*, OWiG, § 87 Rn 59 h.

1591 *OLG Hamburg*, wistra 1997, 72.

1592 *Bohnert*, OWiG, § 87 Rn 53; *Göhler*, § 87 Rn 59 d.

1593 Gürtler, in *Göhler*, OWiG, § 87 Rn 59 h.

1594 Begründung des Regierungsentwurfs eines 2. Gesetzes zur Bekämpfung der Wirtschaftskriminalität, BT-Drs. 10/318, S. 38.

1595 A.a.O.

Täter eine Sachentscheidung über die Beschuldigung getroffen, so ist eine spätere Verfallanordnung gegen ihn oder einen anderen nicht mehr zulässig".[1596] Dem OLG Hamburg[1597] ist dahin gehend zuzustimmen, dass diese vom Gesetzgeber bezweckte enge Verknüpfung des Verfahrens gegen Betroffene und Verfallbeteiligte in der gesetzlichen Systematik vielfachen Ausdruck gefunden hat: § 87 Abs. 2 S. 2 OWiG bestimmt für das subjektive Verfahren eine einheitliche Verfahrensgrundlage. § 29a Abs. 4 OWiG knüpft eine Verselbständigung des Verfallsverfahrens an enge tatbestandliche Voraussetzungen. Über § 46 Abs. 1 OWiG bleiben die Vorschriften des strafprozessualen Verfallsverfahrens (§§ 430ff., 442 Abs. 1 StPO) ergänzend zu § 87 OWiG anwendbar.[1598] Diese Vorschriften unterstreichen den Annexcharakter der Verfallbeteiligung. Gem. § 431 Abs. 7 StPO wird der Fortgang des Verfahrens nicht aufgehalten. Das Beweisantragsrecht der Nebenbeteiligten ist gem. § 436 Abs. 2 StPO eingeschränkt. Nach § 437 Abs. 1 StPO unterliegt der Schuldspruch auf das Rechtsmittel des Verfallbeteiligten einer nur eingeschränkten Überprüfung. Soweit der – über das Strafbefehlsverfahren hinaus sinngemäß anwendbare[1599] – § 438 Abs. 2 StPO einen Rechtsbehelf allein des Nebenbeteiligten voraussetzt, wird damit lediglich der besonderen prozessualen Situation genüge getan, dass nur dieser Nebenbeteiligte den Rechtsbehelf eingelegt hat, der Angeklagte bzw. Betroffene seinen Rechtsbehelf zurückgenommen hat oder dessen Einspruch ohne Sachentscheidung verworfen worden ist.[1600] Damit gibt das Gesetz einen formell und materiell engen Zusammenhang zwischen Betroffenen und Verfallbeteiligten vor, der einer Vergleichbarkeit mit einem Verfahren gegen mehrere Betroffene, in dem gegen einen von ihnen abgetrennt verhandelt und dieser vorweg gesondert verurteilt werden könnte, entgegensteht.

Die Argumentation des Oberlandesgerichts Koblenz[1601] mit dem Wortlaut scheint äußerst unglücklich, da § 29a OWiG in Abs. 4 gerade offen lässt, gegen wen sich das selbstständige Verfallsverfahren richten darf. Dass sich nur die zweite Ansicht aufrecht erhalten lässt, wird aus Folgendem deutlich: Die Konsequenz der ersten Ansicht bestünde darin, in den Gesetzestext des § 29a IV OWiG „wird gegen den Täter ein Bußgeldverfahren nicht eingeleitet oder wird es eingestellt", die Worte „so kann nur gegen ihn der Verfall selbständig angeordnet werden" hineinzulesen. Die zweite Ansicht ergänzt die Rechtsfolge gedanklich mit „gegen ihn oder einen anderen, für den der Täter gehandelt hat". Nur diese Interpretation ginge konform mit

1596 A.a.O. So auch *Mielchen*, in Buschbell, MAH Straßenverkehrsrecht, 3. Aufl. 2009, § 56 Verfallsverfahren gem. § 29a OWiG, Rn 39.
1597 *OLG Hamburg*, wistra 1997, 72.
1598 *Mitsch*, in KK-OWiG, § 87 Rn 104; Regierungsentwurf a.a.O., S. 38 und 42.
1599 *BayObLG*, a.a.O.
1600 *BayObLG*, a.a.O.
1601 ZfS 2007, 108.

§ 29a II OWiG, der bestimmt, dass sich das selbstständige Verfallsverfahren auch gegen einen Dritten richten kann.

2. Heilung des Verfahrenshindernisses?

Abschließend zu klären ist die Frage, ob das Verfahrenshindernis noch nachträglich behoben werden kann.

a) Das OLG Celle[1602] hält eine nachträgliche Verbindung des Bußgeldverfahrens gegen den Fahrer mit dem Verfallsverfahren für zulässig, wenn von der Bußgeldbehörde zwei getrennte Bescheide erlassen und gegen beide Bescheide Einspruch eingelegt wird.[1603] Zwar hätte das OLG Celle diese Frage dahingestellt bleiben lassen können, da eine Verbindung im zu entscheidenden Fall wegen der Rechtskraft des Bußgeldurteils gegen die Täterin nicht mehr erfolgen konnte.

In vergleichbaren Fall der Verbandsgeldbuße gem. § 30 IV 1 OWiG wird die Möglichkeit einer Heilung ebenfalls diskutiert.[1604] Im Regelfall soll auch die Verbandsgeldbuße in einem verbundenen Verfahren, das sich sowohl gegen den Täter der Anknüpfungstat als auch gegen den Verband richtet, verhängt werden. Ausnahmsweise ist eine selbständige Festsetzung einer Verbandsgeldbuße unter ähnlichen Voraussetzungen wie ein isolierter Verfallsbescheid möglich, nämlich wenn wegen der Straftat oder Ordnungswidrigkeit ein Straf- oder Bußgeldverfahren (gegen die natürliche Person) nicht eingeleitet wird oder es eingestellt wird oder von Strafe abgesehen wird. In Rspr.[1605] und Literatur[1606] ist herrschende Auffassung, dass dann, wenn gegen das Organ und gegen die juristische Person oder Personenvereinigung zwei getrennte Bußgeldbescheide ergangen sind und gegen beide Einspruch eingelegt wurde, die Verfahren miteinander zu verbinden seien. Eine solche Verbindung sei in jeder Lage des Bußgeldverfahrens möglich und habe die Heilung des Verfahrenshindernisses zur Folge.

b) Diese Auffassung lässt sich jedoch nicht aufrecht erhalten. Nach dem Wortlaut des § 29a IV OWiG setzt ein selbstständiges Verfallsverfahren voraus, dass ein Bußgeldverfahren gegen den Täter nicht eingeleitet oder eingestellt wird. In dem Moment, in dem der Täter Betroffener einer Bußgeldverfahrens ist, ist ein Ordnungswidrigkeitenverfahren gem. § 29a IV OWiG „eingeleitet“, also muss ein selbstständiges Verfallsverfahren ausgeschlossen sein. Jede andere Interpretation stößt an die Grenze der Wortlautauslegung. Der Bußgeldbehörde ist es von Anfang an verwehrt, einen Verfallsbescheid zu erlassen, also kann dieser Mangel auch nicht

---

1602 NZV 2009, 50 f.

1603 Gürtler, in *Göhler*, OWiG, § 87 Rn 59 h.

1604 *Schmuck/Steinbach*, ZfS 2008, 366.

1605 *Thüringer OLG*, SVR 2008, 352.

1606 Gürtler, in *Göhler*, OWiG, § 88 Rn 3 a; *Rebmann/Roth/Herrmann*, OWiG, § 88 Rn 10.

mehr im Nachhinein geheilt werden. Nach richtiger Meinung kann eine Verbindung nicht mehr zur Heilung des Verfahrenshindernisses führen. Dies würde einer Aushebelung der Vorschrift Tür und Tor öffnen.

3. Getrennt rechtskräftig gewordene Bußgeld-/Verfallbescheide

Zu fragen ist weiterhin, wie vorzugehen ist, wenn beide Verfahren getrennt durch Bußgeld-/Verfallbescheide oder richterliche Entscheidungen rechtskräftig abgeschlossen sind. Hat der Verfallsbeteiligte etwa keine Kenntnis von der Durchführung eines Verfahrens gegen den Täter, so ist zu prüfen, ob die zweite in Rechtskraft erwachsene Entscheidung gegen die juristische Person im Hinblick auf § 29a IV OWiG nicht nur rechtsfehlerhaft, sondern auch nichtig ist. Ein Bußgeldbescheid ist nach st. Rspr. und Lit. nur dann rechtsunwirksam und nichtig, wenn er inhaltlich gegen die zu § 44 I, II VwVfG (Nichtigkeit des Verwaltungsaktes) entwickelten Grundsätze verstößt.[1607] Für die Annahme eines besonders gravierenden Mangels spricht der Annexcharakters der Verfallbeteiligung und dass entgegen der vom Gesetzgeber gewollten einheitlichen Verfahrensweise im Prinzip ein zweiter Bußgeldbescheid wegen des gleichen Sachverhalts ergeht. Hier wird von der Rechtsprechung die Nichtigkeit des Bußgeldbescheides angenommen.[1608] In der parallelen Verfahrenslage der Verbandsgeldbuße wird jedoch im bloßen Verstoß gegen § 30 IV 1 OWiG mangels „Offenkundigkeit" kein Nichtigkeitsgrund angenommen.[1609] Wenn erst nachträglich bekannt wird, dass die Bußgeldentscheidung gegen Absatz 4 verstoßen hat, wird man auch in diesen Fällen auf eine Wiederaufnahme des Bußgeldverfahrens, die in § 85 OWiG geregelt ist, zurückgreifen müssen.

4. Fazit

Richtet sich das Verfallsverfahren nicht gegen den Fahrer des überladenen Lkw, da dieser nicht bereichert ist, sondern gegen die juristische Person, so ist nach dem Willen des Gesetzgebers im Regelfall ein gemeinsames Verfahren durchzuführen. Das selbstständige Verfallsverfahren gem. § 29a IV OWiG bildet die Ausnahme. Ist die juristische Person zu einem Verfall verurteilt worden, obwohl gegen den Fahrer bereits eine bußgeldrechtliche Ahndung erfolgt ist, so ist das Urteil rechtsfehlerbehaftet und Rechtsbeschwerde einzulegen. Das Rechtsmittel hat endgültigen Erfolg, wenn eine rechtskräftige Entscheidung in Bezug auf den Täter, oft den Fahrer des überladenen Fahrzeugs, vorliegt. Das Fehlen der Prozessvoraussetzungen für das selbstständige Verfallsverfahren kann jedoch nach h.M. noch behoben werden. In

1607 *OLG Oldenburg*, NZV 1992, 332

1608 *OLG Zweibrücken*, DAR 99, 131; *OLG Jena*, DAR 2006, 162.

1609 Gürtler, in *Göhler*, OWiG § 30, Rn 33 a.

jeder Lage des Bußgeldverfahrens, also sogar noch nach Zurückweisung durch das Rechtsbeschwerdegericht, könne eine Verfahrensverbindung vorgenommen werden, wenn von der Bußgeldbehörde zwei getrennte Bescheide erlassen wurden und gegen beide Bescheide Einspruch eingelegt wird. In diesem Fall habe die Rechtsbeschwerde wegen der Möglichkeit der nachträglichen Heilung des Verfahrenshindernisses nur *vorläufigen* Erfolg. In dieser Verbindung läge die Anordnung einer Verfahrensbeteiligung der juristischen Person oder Personenvereinigung in dem gegen den Täter gerichteten Verfahren. Nur eine Rücknahme des Einspruchs gegen den Bußgeldbescheid gegen den Täter habe zur Folge, dass das Verfahren gegen die juristische Person aufgrund des dauerhaften Verfahrenshindernisses endgültig gemäß § 46 I OWiG i.V.m. § 206a StPO einzustellen wäre. Im Falle von getrennt rechtskräftig gewordenen Verfalls-/Bußgeldurteilen müsse auf das Instrumentarium des Wiederaufnahmeverfahrens im Ordnungswidrigkeitengesetz zurückgegriffen werden.

XIII. Verfall als Betriebsausgabe steuerlich absetzbar

Der Unternehmer darf nach Rechtskraft den gezahlten Verfall gem. § 4 Abs. 5 S. 1 Nr. 8 S. 4 EStG absetzen. Nach der Vorschrift des § 4 Abs. 5 Satz 1 Nr. 8 Satz 1 EStG dürfen zwar Geldbußen, Ordnungsgelder und Verwarnungsgelder, die von einem Gericht oder einer Behörde in der Bundesrepublik Deutschland oder von Organen der Europäischen Gemeinschaften festgesetzt werden, den Gewinn auch dann nicht mindern, wenn sie betrieblich veranlasst sind.[1610] Davon ausgenommen sind jedoch Verfallsanordnungen. Nach Satz 4 gilt das Abzugsverbot für Geldbußen nicht, soweit der wirtschaftliche Vorteil, der durch den Gesetzesverstoß erlangt wurde, abgeschöpft worden ist. Weitere Voraussetzung ist, dass bei der Bemessung der festgesetzten Geldbuße die steuerliche Nichtabziehbarkeit der Geldbuße unberücksichtigt geblieben sein muss. Hierfür muss erwiesen sein, dass eine Brutto-Abschöpfung des wirtschaftlichen Vorteils erfolgt ist.[1611]

XIV. Entwurf eines Verfallbescheides

Bei einigen Bußgeldstellen sind „Entwürfe“ von Verfallsanordnungen an den Adressaten im Umlauf. Nach § 33 I S. 1 Nr. 9 OWiG kommt dem Erlass des Verfallbescheides verjährungsunterbrechende Wirkung zu, sofern er der Verfallsbeteiligten binnen zwei Wochen zugestellt wird (Alt. 1). Tritt diese Bedingung nicht ein, so kommt es für die Unterbrechung der Verjährung allein auf die Zustellung des Ver-

1610 *Wied*, in Blümich, EStG, KStG, GewStG, Nebengesetze, 104. Aufl. 2009, § 4 EStG Rn 881 ff.
1611 *Wied*, in Blümich, EStG, KStG, GewStG, Nebengesetze, § 4 EStG Rn 889.

fallbescheides an (Alt. 2). Ein „Entwurf" eines Bußgeld- oder Verfallbescheides entspricht nicht den Anforderungen von § 66 OWiG und kann keine verjährungsunterbrechende Wirkung entfalten.[1612] Der Bußgeldbescheid kann als „Entwurf" noch nicht als erlassen gewertet werden.

XV. Verbot der Mehrfachvertretung

Werden gleich mehrere Mandate an einen Rechtsanwalt in einem Verfallsverfahren herangetragen, bei dem im verbundenen Verfahren auch die zugrunde liegende Ordnungswidrigkeit vorgeworfen wird, wäre eine Vertretung sowohl des Betroffenen als auch der Verfallsbeteiligten durch denselben Anwalt nach § 46 I OWiG i.V.m. § 146 StPO ausgeschlossen. Das Verbot der Mehrfachvertretung erstreckt sich auch auf Nebenbeteiligte, da der zwischen mehreren Angeklagten oder Betroffenen mögliche Interessenwiderstreit, der Grund für das Verbot ist, auch zwischen Betroffenem und Nebenbeteiligtem auftreten kann.[1613]

XVI. Zusammenfassung

Die Gewinnabschöpfung zielt darauf ab, dem Täter profitorientierter Ordnungswidrigkeiten einen Tatanreiz zu nehmen.[1614] Verfallbescheide im Verkehrsbußgeldrecht gem. § 29a OWiG haben in letzter Zeit inflationär zugenommen. Während in vergangenen Jahren für Überladungen und nicht ordnungsgemäß beförderte Güter in erster Linie die Fahrer oder Halter der Fahrzeuge zur Verantwortung gezogen wurden, sind diverse Bußgeldbehörden dazu übergegangen, einen Vermögensvorteil bei der juristischen Person abzuschöpfen und die Ordnungswidrigkeit als solche beiseite zu lassen. Diese Praxis führt jedoch nicht – wie womöglich beabsichtigt – dazu, dem Betroffenen eine Verteidigung zu erschweren. Im Gegenteil: Der Verfallbescheid hat jedoch bestimmten Mindestanforderungen zu genügen: Zusammenfassend hat sich die Verfallanordnung dazu zu äußern, bei wem ein tatbestandsmäßig und rechtswidriges Verhalten vorliegen soll. Oft kann sich der Geschäftsführer durch eine – ansonsten funktionierende – Delegationsstruktur bzw. regelmäßige Fortbildungsveranstaltungen für die Fahrer und den/die Fuhrparkleiter exkulpieren. Schätzungen dürfen nur subsidiär vorgenommen werden, wenn die Ermittlung des tatsächli-

---

1612 OLG Zweibrücken, VRS 53, 446; Bergmann, in Beck/Berr, OWi-Sachen im Straßenverkehrsrecht, 6. Aufl., 2012, Rn 278.

1613 OLG Stuttgart, Beschl. v. 19.1.2012 – 1 Ss 730/11, BeckRS 2012, 05217; Gürtler, in Göhler, OWiG, § 87 Rn 36 m.w.N.

1614 *Leipold*, NJW-Spezial 2004, 231.

chen Vorteils nicht möglich oder unverhältnismäßig schwer ist. Schätzwerte dürfen sich nicht an durchschnittlichen Werten, sondern Mindestwerten orientieren. Selbst wenn danach ein abzuschöpfender Betrag feststeht, muss die Behörde durch eine eigene Ermessenentscheidung prüfen, ob und in welcher Höhe Gelder für verfallen erklärt werden. Gegen eine Anordnung kann die Gefahr einer Insolvenz bei Vollstreckung des Verfallbetrages sprechen. Härtefälle sind im Rahmen dieser Betrachtung jedenfalls auszufiltern.

XVII. Fallbeispiel für Verfallsbescheid

Stadt K
– Bußgeldstelle –

Aktenzeichen
Bearbeiter
Durchwahl
eMail
Internet
Ihr Zeichen
Ihre Nachricht
Datum:

An die
Fa. Meyer GmbH

Ihr Zeichen: 0009816346

Abschrift

Gegen die Fa. Meyer GmbH, vertreten durch den Geschäftsführer, Herrn Heinz M., ergeht folgende

Verfallsanordnung:

1. *Der Verfall eines Geldbetrages von 249.000,00 EUR wird festgesetzt.*
2. *Neben dem festgesetzten Verfallbetrag sind die Kosten des Verfahrens in Höhe von 120,00 EUR zu tragen.*

Zeuge: PK Freund

Der Anordnung liegt folgender Sachverhalt zu Grunde:

Anlage:
– Excel-Tabelle

I.

Am 19.3.2009, 15.10 Uhr, wurde auf der A6, Gemarkung Hockenheim ein Sattelzug der Fa.M. GmbH angehalten und kontrolliert. Der Sattelzug war mit kohlenteerhaltigem Bitumengemisch beladen. Nach Einsicht in den Wiegeschein konnte augenscheinlich eine Überladung festgestellt werden. Nach Einsicht in vier weitere Wiegescheine, die der Fahrer mit sich führte, konnten weitere Überladungen festgestellt werden. Die höchste Überladung lag an diesem Tag bei 16,5% bzw. 6.600 kg.

Die Transporte kamen von der Deponie H. und gingen an die Fa. Ha. GmbH (Unternehmen der Kreislaufwirtschaft). Durch weitere Ermittlungen konnten weitere 71 Wiegescheine von Fahrzeugen der Fa. M. GmbH festgestellt werden. Im Zeitraum vom 1.1.–23.3.2009 konnten somit folgende Überladungsfahrten ermittelt werden:

Datum	*Fzg-Kombination*	*tats. Gewicht*	*Überladung*
2.1.2009	*Amtl. Kennzeichen ...*	*43.800*	*9,50%*
2.1.2009		*42.660*	*6,65%*
5.1.2009		*44.460*	*11,15%*
5.1.2009		*43.980*	*9,95%*
9.1.2009		*42.880*	*7,20%*
12.1.2009		*41.840*	*4,60%*
15.1.2009		*41.280*	*3,20%*
16.1.2009		*43.260*	*8,15%*
20.1.2009		*41.860*	*4,65%*
21.1.2009		*44.600*	*11,50%*
22.1.2009		*41.600*	*4,00%*
23.1.2009		*42.480*	*6,20%*
28.1.2009		*41.960*	*4,90%*
29.1.2009		*42.440*	*6,10%*
3.2.2009		*42.580*	*6,45%*
12.2.2009		*41.660*	*4,15%*
16.2.2009		*41.580*	*3,95%*
16.3.2009		*42.520*	*6,30%*
17.3.2009		*41.840*	*4,60%*
18.3.2009		*46.600*	*16,50%*
19.3.2009		*41.720*	*4,30%*
20.3.2009		*42.720*	*6,80%*

Es bestand somit der Verdacht, dass die Fa.M. GmbH bei jeder Fahrt das Fahrzeug überladen hat, um so einen wirtschaftlichen Vorteil zu erlangen.

Nach Auskunft des Registergerichts W. wird die Fa.M. GmbH durch den Geschäftsführer Heinz M. vertreten.

Daraufhin wurde beim Amtsgericht K. die Durchsuchung der Geschäftsräume der Fa.M. GmbH und Beschlagnahme der aufgefundenen Beweismittel beantragt. Dem

Antrag wurde mit Beschluss vom 28.4.2009 stattgegeben. Die Durchsuchung erfolgte am 13.5.2009. Die Anhörung an die Fa.M. GmbH erging am 15.7.2009.

Als Berechnungszeitraum für die Verfallsanordnung wurden nur die Fahrten im Zeitraum vom 29.1.–24.4.2009 herangezogen. Unterlagen für den Zeitraum vom 24.4.–13.5.2009 wurden nicht berücksichtigt, um zu gewährleisten, dass die Fa.M. GmbH ihren normalen Geschäftsbetrieb weiter aufrecht erhalten konnte.

Als Grundlage für die Berechnung der Verfallssumme wurden die Fahrten im festgelegten Durchsuchungszeitraum herangezogen und auch nur solche Fahrten, bei denen die Überladung 5% oder mehr betrug.

Die Ermittlungen ergaben, dass im o.g. Zeitraum 1331 Fahrten (s. Anlage) mit Überladungen über 3% zu beanstanden waren. Aufgrund der geänderten Berücksichtigung der Überladungen zu Gunsten der Fa.M. GmbH erst ab 5% reduzieren sich die zu berücksichtigenden Fahrten entsprechend. Alle Fahrten, die mit dem Wert „Falsch" ausgewiesen sind, haben das zulässige Gesamtgewicht um weniger als 5% überschritten. Die Fa.M. GmbH hat somit im vorgenannten Zeitraum in erheblichem Umfang Fahrten mit Überladung vorgenommen und somit gegen § 34 Abs. 6, § 69a StVZO, § 24 StVG verstoßen.

II.

Die Verfallsanordnung ist zulässig, da die Fa.M. GmbH für eine mit einer Geldbuße bedrohten Handlung etwas erlangt hat und gegen sie eine Geldbuße wegen dieser Handlung nicht festgesetzt wurde, vgl. § 29a Abs. 2+4 Gesetz über Ordnungswidrigkeiten (OWiG).

Die mit einer Geldbuße bedrohte Handlung bestand in einem vorsätzlichen Verstoß gegen § 34 Abs. 6, § 69a StVZO und kann gem. § 24 Abs. 2 StVG mit einer Geldbuße geahndet werden.

Nach Auswertung der beschlagnahmten Unterlagen hat die Fa.M. GmbH aus den Fahrten mit Überladung einen wirtschaftlichen Vorteil von abgerundet 249.000,00 EUR erlangt.

Diese Summe wurde auch materiell rechtswidrig erlangt, da jeweils gegen das in § 34 StVZO vorgeschriebene Gesamtgewicht der Fahrzeugkombinationen verstoßen wurde.

Basis für die Berechnung waren die vorhandenen Frachtgutschriften bzw. Rechnungsstellungen mit den ausgewiesenen Frachttarifen, die Maschinenberichte und die dazugehörigen Wiegescheine. Die Überladungsfahrten wurden in der beigefügten Excel-Tabelle erfasst. Die Beweismittel (Kartons mit Rechnungen mit den fortlaufenden Nummern 290001–290641 sowie die Maschinenberichte) können in den Diensträumen eingesehen werden.

Nimmt man den in der Berechnungsliste unter Nummer 1 aufgeführten Fall, hat dies zur Konsequenz, dass die komplette Fahrt mit einem Ladungsgewicht von 41.240 kg (Brutto) nicht hätte durchgeführt werden dürfen, da bei dieser Fahrzeugkombination nur eine Gesamtladung von 26.160 kg (40 T.-Tara) zulässig war. Aufgrund des angewandten Bruttoprinzips unterliegt der gesamte, für diese Fahrt erlangte Betrag in Höhe von 27,50 EUR dem Verfall. Dies führt dann zu einer gesamten Verfallssumme für den Berechnungszeitraum in Höhe von insgesamt 249.884,99 EUR.

Zu Gunsten der Fa.M. GmbH wurden nur die Fahrten berücksichtigt, die auf Tonnagebasis abgerechnet wurden. Fahrten im Stundenlohn bzw. auf Volumenbasis wurden nicht berücksichtigt.

Des weiteren wurden, wie bereits erwähnt, die Fahrten erst ab einer Überladung von 5% berücksichtigt. Auch der Zeitraum vom 24.4.–13.5.2009 blieb unberücksichtigt.

Es wurde nur der Fracht-, Warenlohn, nicht aber die eingesparten Fahrten in der Berechnung berücksichtigt. Es wurde ein e-Wert der Waage von 60 kg in Abzug gebracht.

Die Anordnung des Verfalls in Höhe von abgerundet 249.000,00 EUR ist verhältnismäßig und stellt keine unbillige Härte dar. Bei der Berechnung des Verfallsumfangs wurde auf die beschlagnahmten Unterlagen (Frachtgutschriften bzw. Rechnungsstellungen mit den ausgewiesenen Frachttarifen, Maschinenberichte) der Fa.M. GmbH zurück gegriffen. Ein wirtschaftlicher Zusammenbruch der Firma ist aufgrund der festgesetzten Höhe des Verfalls nicht zu erwarten. Bei entsprechendem Antrag kann auch Ratenzahlung gewährt werden.

Aus verfahrensökonomischen Gründen wurde darauf verzichtet, dass jede einzelne Fahrt im Verfallsbescheid aufgeführt wird. Aus den Anlagen zum Verfallsbescheid ist ersichtlich, welche Fahrten mit Überladung durchgeführt wurden und wie hoch der dadurch erlangte Betrag ist.

Die Fahrten wurden mit folgenden Fahrzeugen durchgeführt:
Zugmaschinen Auflieger
Liste, amtliche Kennzeichen

Durch die in den Frachtgutschriften aufgeführten Angaben sind die einzelnen Fahrten genau konkretisiert und abgrenzbar. Jede einzelne Fahrt ist auf den Rechnungen mit der laufenden Nummer dokumentiert und in der Excel-Tabelle aufgelistet worden.

Die Wiegescheine der einzelnen Fahrten gelangen zu den Akten der Fa.M. GmbH. Somit mussten der Fa.M. GmbH die Überladungsfahrten auch bekannt sein, geeignete Maßnahmen, um dies zu unterbinden, wurden jedoch nicht ergriffen. Somit hat die Fa.M. GmbH auch die von ihren Fahrzeugen durchgeführten Überladungsfahrten akzeptiert.

Weiterhin ist zu berücksichtigen, dass aufgrund der Überladungen gegen die Sicherheit des Straßenverkehrs verstoßen wurde. Durch die fortgesetzten Überladungsfahrten hat die Fa.M. GmbH aufgrund der damit verbundenen Wettbewerbsverzerrung einen unberechtigten Preisvorteil gegenüber anderen Anbietern erlangt. Dabei ist bekannt, dass das Speditionsgewerbe einem hohen Konkurrenzdruck ausgesetzt ist.

Durch dauerhafte, fortgesetzte Überladungen entstehen jährlich große Schäden an Straßen und insbesondere an Brückenbauwerken. Der Gesetzgeber hat festgelegt, dass das zulässige Gesamtgewicht für die jeweiligen Kraftfahrzeuge auf deutschen Autobahnen und Straßen begrenzt ist, da diese größtenteils auch nur auf diese Gewichte ausgelegt sind. Werden diese zul. Gesamtgewichte nicht eingehalten, so kommt es zu erheblichen Schäden und vorzeitigem Verschleiß an den jeweiligen Straßen, die dann mit Steuermitteln wieder instandgesetzt werden müssen. Der Verschleiß an der Straße bzw. einem Brückenbauwerk wächst bei Überladung, ggf. noch in Kombination mit einer Geschwindigkeitsüberschreitung, jedoch nicht linear, sondern exponentiell an.

Die steigenden Verkehrsdichten und Achslasten sowie höhere Gesamtgewichte der Schwerfahrzeuge, vermehrter Einsatz des Niederquerschnittsreifens zur Ausnutzung der maximalen Ladehöhen und höhere Reifendrucke führen bei sich gleichzeitig verschlechternder Altersstruktur (Straßen und Brücken) zu einer wesentlich stärkeren Beanspruchung der Straßeninfrastruktur.

Am 31. Dezember 2002 umfasste das Netz der Bundesstraßen 53.280 km (12.040 km BAB und 41.240 km Bundesstraßen, ohne Land- und Kreisstraßen) mit ca. 36.100 Brücken, die eine Fläche von 26,4 Mio. m² bedecken. Der Bestandswert der Brücken beträgt ca. 40 Mrd. EUR. Zur Erhaltung der Substanz der Brücken ist ein jährlicher Finanzbedarf von größer 1,0% des Bestandwertes erforderlich. D.h., dass jährlich mindestens 400 Mio EUR nur für die Erhaltung der Bauwerke aufgewendet werden müssten.

Im Jahre 2002 wurden bundesweit ca. 329 Mio. EUR für die Erhaltung der Ing.-Bauwerke aufgewendet. Prognosen gehen künftig von mindestens 500 Mio. EUR pro Jahr zur Sicherstellung des aktuellen Substanz- und Gebrauchswertes aus. Durchschnittlich wird ca. das 2,5-fache der Herstellungskosten für die Instandsetzung von Brückenbauwerken im Laufe deren „Lebenszeit“ (60 bis 80 Jahre) investiert.

Werden die Brückenbauwerke durch Lastüberschreitungen häufig überbelastet, sinkt die sogenannte Lebenszeit unter Umständen auf die Hälfte der zu erwartenden Lebenszeit. Dies hat zur Folge, dass die Instandsetzungskosten höher sind, als bei einer prognostizierten Lebensdauer. Der Faktor liegt ca. beim 3 bis 4-fachem Wert der Herstellungskosten. Wenn die Erhaltungskosten von mindestens 500 Mio. EUR zu Grunde gelegt werden, würde beim 3 bis 4-fachen Wert eine Steigerung der Erhaltungskosten von ca. 100 Mio. EUR bis 300 Mio. EUR (Gesamtkosten von 600 Mio. EUR bis

800 Mio. EUR) erfolgen. Unter Berücksichtigung der Landes- und Kreisstraßen würden die Kosten noch höher ausfallen.

Weiterhin kommt es durch die – durch vorzeitigen Verschleiß – einzurichtenden Baustellen zu erheblichen Verkehrsbehinderungen und Staus. Hierdurch entsteht jährlich ein immenser volkswirtschaftlicher Schaden durch Zeitverluste. Durch diese Staus erhöht sich natürlich auch das Unfallrisiko auf unseren Straßen, da Baustellen immer auch einen Unfallgefahrenpunkt darstellen.

Sehr große Gefahren entstehen auch dadurch, dass aufgrund überladener Fahrzeuge die Unfallfolgen deutlich ansteigen, da sich der Bremsweg der Fahrzeuge erheblich verlängert und die Aufprallenergie vergrößert.

Die Überladung der Fahrzeuge der Fa.M. GmbH betrug teilweise bis zu knapp 25%. Bei einem z.B. hierdurch resultierenden Auffahrunfall sind die entstehenden Personen- bzw. Sachschäden nicht abschätzbar.

Durch die fortgesetzten Fahrten mit Überladung hat die Fa.M. GmbH ebenfalls, aufgrund Wettbewerbsverzerrung, einen unberechtigten Preisvorteil gegenüber anderen Anbietern erlangt. Die beanstandeten Fahrten wurden von der Fa.M. GmbH zumindest billigend in Kauf genommen, da aus den Abrechnungen ersichtlich ist, dass Überladungen vorlagen.

Bei der Berechnung des Verfallsumfangs wurde die Höhe des Erlangten, das Bedürfnis nach Befriedung der Rechtsordnung und die Tatsache, dass es sich um wiederholte Verstöße innerhalb eines längeren Zeitraumes handelt, ins Verhältnis zu den Auswirkungen des Verfalls auf die finanzielle Situation der Fa.M. GmbH gesetzt.

Gegen den Drittbegünstigten ist der Verfall anzuordnen, auch wenn der Dritte bzw. das Organ einer juristischen Person keine Ordnungswidrigkeit begangen hat. Soweit der Täter oder Teilnehmer für einen Dritten handelt, soll er das für den Dritten nicht risikolos tun können. Die den Dritten treffende Folge, dass auch seine Aufwendungen nutzlos waren, kann und soll bewirken, dass der Dritte – namentlich ein hierarchisch organisiertes Unternehmen – Kontrollmechanismen zur Verhinderung solcher Ordnungswidrigkeiten errichtet und auf deren Einhaltung achtet.

III.

Die Zuständigkeit der …, Zentrale Bußgeldstelle Br. für die Anordnung des Verfalls ergibt sich aus § 87 Abs. 1 und Abs. 6 OWiG sowie aus § 4 Abs. 2 der Verordnung über die Zuständigkeiten nach dem Gesetz der Ordnungswidrigkeiten (OWiZuV) für Baden-Württemberg.

Die Kostentragungspflicht ergibt sich aus § 105 Abs. 1 OWiG, §§ 464 Abs. 1, 465 Strafprozessordnung (StPO).

IV.
Rechtsbehelfsbelehrung:

Der Bescheid wird rechtskräftig und vollstreckbar, wenn nicht innerhalb von zwei Wochen nach seiner Zustellung schriftlich oder zur Niederschrift bei der Bußgeldstelle Einspruch eingelegt wird.

V.
Zahlungsaufforderung:

Die Fa.M. GmbH wird gebeten, spätestens zwei Wochen nach Rechtskraft (entspricht vier Wochen nach Zustellung) dieses Bescheides den Geldbetrag von 249.000,00 EUR zzgl. der Verfahrenskosten von 120,00 EUR, somit insgesamt ***249.120,00 EUR*** *unter Angabe des* ***Aktenzeichens*** *… auf unser Konto bei der …, Konto- Nr.…, Bankleitzahl … bei der B-Bank zu überweisen.*

Mit freundlichen Grüßen
Unterschrift
Sachbearbeiterin

B. Einziehung gem. §§ 22ff. OWIG

Die Einziehung ist eine so genannte Nebenfolge und im Ordnungswidrigkeitengesetz in den §§ 22–29 unter dem 5. Abschnitt geregelt. Mit der Einziehung werden grundsätzlich Sachen und Rechte abgeschöpft. Vermögensvorteile aus der Ordnungswidrigkeit werden entweder schon nach § 17 III, IV OWiG oder nach § 29 a OWiG abgeschöpft. Die Vorschriften des OWiG stimmen weitgehend mit den Pendant-Bestimmungen im Strafgesetzbuch (§ 74) überein. Entsprechend der praktisch eher geringen Bedeutung soll die Vorschrift als Mittel der Vermögensabschöpfung[1615] nur der Vollständigkeit halber erwähnt werden. Die Einziehung gem. § 22 II OWiG ist nur zulässig, wenn 1. die Gegenstände zur Zeit der Entscheidung dem Täter gehören oder zustehen oder 2. die Gegenstände nach ihrer Art und den Umständen die Allgemeinheit gefährden oder die Gefahr besteht, dass sie der Begehung von Handlungen dienen werden, die mit Strafe oder mit Geldbuße bedroht sind. § 22 I OWiG sieht die Einziehung nur vor, soweit das Gesetz es spezialgesetzlich ausdrücklich zulässt. Hieran ermangelt es bereits bei Verkehrs-Ordnungswidrigkeiten.

1615 *Leipold*, NJW-Spezial 2004, 231.

Kapitel 14
Überleitung des Bußgeldverfahrens in ein Strafverfahren, § 81 OWiG

§ 81 OWiG sieht die Möglichkeit der Überleitung des Bußgeldverfahrens in ein Strafverfahren vor. Das Gericht ist also im Bußgeldverfahren an die Beurteilung der Tat als Ordnungswidrigkeit nicht gebunden.

Mit der Einspruchseinlegung gegen den Bußgeldbescheid wird der gesamte historische Vorgang, die „prozessuale Tat“, im verfahrensrechtlichen Sinne gemäß § 264 Abs. 1 StPO auf die Gerichtsebene gehoben und steht zur vollen Entscheidungsbefugnis des Gerichtes.

Der Betroffene wird auf die Veränderung des rechtlichen Gesichtspunktes auf Antrag der Staatsanwaltschaft oder von Amts wegen hingewiesen. Mit diesem Hinweis erhält er die Rechtsstellung des Angeklagten. Die Verhandlung wird unterbrochen, wenn das Gericht es für erforderlich hält oder wenn der Angeklagte es beantragt. Über sein Recht, die Unterbrechung zu beantragen, wird der Angeklagte belehrt.

Droht eine Überleitung in das Strafverfahren, so ist mit dem Mandanten die noch mögliche Rücknahme des Einspruches zu erörtern. Allerdings wird vor der Gefahr gewarnt,[1616] dass durch die Vorschrift des § 81 OWiG die Rücknahme von Einsprüchen gegen Bußgeldbescheide oft erzwungen wird.

Praxistipp !

Oftmals erfolgt eine Überleitung ins Strafverfahren bei einer Verletzung einer Person infolge eines Verkehrsunfalls. Bejaht die Staatsanwaltschaft das besondere öffentliche Interesse an der Strafverfolgung, so droht eine „Aufwertung“ des Fehlverhaltens zur fahrlässigen Körperverletzung nach § 229 StGB. Auch bei Trunkenheitsfahrten trifft man häufiger auf eine Überleitung des Bußgeldverfahrens in ein Strafverfahren. Ergibt sich der Akte bereits eine Gefahr einer Einstufung als Straftat, so muss der Verteidiger von der Einspruchseinlegung unbedingt abraten. Allerdings kann er auch nicht alle Risiken einer späteren Beweisaufnahme vorausahnen.
Nach dem Übergang in das Strafverfahren droht nämlich der „Super-Gau“, dass der Mandant sogar vorbestraft ist, und noch viel Schlimmer: Die Rechtsfolgen des Strafprozesses greifen, etwa auch § 69 StGB [Entziehung der Fahrerlaubnis]. Auch eine Einspruchsrücknahme ist nach überwiegender Ansicht zu diesem Stadium nach Übergang in das Strafverfahren nicht mehr möglich.[1617] Anders kann es liegen, wenn dem Betroffenen in einem Bußgeldverfahren kein rechtliches Gehör gewährt wird, bevor eine Überleitung in das Strafverfahren erfolgt. Hier ist die Überleitung unwirksam und der Betroffene kann seinen Anspruch gegen den Bußgeldbescheid noch zurücknehmen.[1618]

1616 Hillmann, NZV 1995, 55.

1617 BGHSt 29, 305; LG Hildesheim, NJW 1980, 1060; BayObLGSt 1977, 161; a. A. LG Traunstein, NJW 1982, 1826.

1618 LG Kaiserslautern, NJW 1987, 966.

Kapitel 15
Die Rechtsbeschwerde

Die Rechtsbeschwerde, die an die Revision in Strafsachen angelehnt ist, hat als Rechtsmittel gegen erstinstanzliche Entscheidungen der Amtsgerichte in Bußgeldverfahren in verkehrsrechtlichen Verfahren erhebliche Bedeutung. Eine zweite Tatsacheninstanz, wie die Berufung im Strafrecht, gibt es in Ordnungswidrigkeitenverfahren bedauerlicherweise nicht. Der Gesetzgeber hat infolge der Reform des Ordnungswidrigkeitengesetzes aus dem Jahr 1998 den Rechtsschutz des Bürgers zur Gewährung der Funktionstüchtigkeit der Justiz erheblich eingeschränkt und fortan bestimmt, dass die Rechtsbeschwerde nur unter besonderen Zulassungsvoraussetzungen statthaft ist.

A. Zulässigkeit

I. Statthaftigkeit

Die Statthaftigkeit der Rechtsbeschwerde ist beschränkt. § 79 I 1 OWiG enthält fünf Gründe, bei deren Vorliegen die Rechtsbeschwerde ohne besonderes Zulassungsverfahren gegen Urteile und Beschlüsse nach § 72 OWiG zulässig ist.

Gegen den Betroffenen müsste eine Geldbuße von mehr als zweihundertfünfzig Euro festgesetzt worden, Nr. 1, oder eine Nebenfolge angeordnet worden sei, es sei denn, dass es sich um eine Nebenfolge vermögensrechtlicher Art handelt, deren Wert im Urteil oder im Beschluss nach § 72 auf nicht mehr als zweihundertfünfzig Euro festgesetzt worden ist, Nr. 2. In der Praxis ist dabei das Fahrverbot nach § 25 StVG der häufigste Anwendungsfall. Dabei ist die Eintragung im FAER keine Nebenfolge „nichtvermögensrechtlicher Art" i.S. des § 79 Abs. 1 S. 1 Nr. 2 OWiG. Die Eintragung der Verurteilung ist nämlich keine Maßnahme, die der Ahndung des Verkehrsverstoßes dient. Sie dient vielmehr nur der Registrierung erfolgter Verurteilungen und ist als solche keine Nebenfolge „nichtvermögensrechtlicher Art".[1619]

Die Rechtsbeschwerde ist auch statthaft, wenn der Betroffene wegen einer Ordnungswidrigkeit freigesprochen oder das Verfahren eingestellt oder von der Verhängung eines Fahrverbotes abgesehen worden ist und wegen der Tat im Bußgeldbescheid oder Strafbefehl eine Geldbuße von mehr als sechshundert Euro festgesetzt wurde, ein Fahrverbot verhängt oder eine solche Geldbuße oder ein Fahrverbot von der Staatsanwaltschaft beantragt worden, Nr. 3, der Einspruch durch Urteil als unzu-

---

1619 *OLG Hamm*, NZV 1997, 52.

lässig verworfen worden ist oder durch Beschluss nach §72 entschieden worden ist, obwohl der Beschwerdeführer diesem Verfahren rechtzeitig widersprochen hatte oder ihm in sonstiger Weise das rechtliche Gehör versagt wurde, Nr. 5.

Hat das Urteil oder der Beschluss nach § 72 mehrere Taten zum Gegenstand und sind die Voraussetzungen des Absatzes 1 Satz 1 Nr. 1 bis 3 oder Satz 2 nur hinsichtlich einzelner Taten gegeben, so ist die Rechtsbeschwerde gem. § 79 II OWiG nur insoweit zulässig. Die Voraussetzungen für die Zulässigkeit der Rechtsbeschwerde müssen unter Beachtung der Feststellungen des Tatrichters, aber ohne Bindung an dessen Rechtsansicht bei jeder Tat gesondert geprüft werden, wobei der prozessuale Tatbegriff entscheidend ist. Für Verstöße an mehreren Tagen verhängte Geldbußen sind daher im Rahmen des § 79 Abs.1 Satz 1 OWiG bei Berechnung der Wertgrenze nicht zusammenzurechnen.[1620] Die Summe der ausgeworfenen Geldbußen ist dagegen maßgebend, wenn der Betroffene im Rahmen einer Tat im prozessualen Sinne mehrere Handlungen begeht, die mit Einzelgeldbußen geahndet werden. Hier ist die Rechtsbeschwerde auch eröffnet, soweit die einzelnen Geldbußen bis zu 250,00 EUR verhängt wurden.[1621]

Liegt kein Fall des § 79 OWiG vor, so bedarf die Rechtsbeschwerde der besonderen Zulassung, die an die Voraussetzungen des § 80 OWiG geknüpft sind, § 79 I S. 2 OWiG. Wurde der Mandant allerdings nur wegen einer Ordnungswidrigkeit im Rahmen eines Strafverfahrens verurteilt (§ 82 I OWiG), so scheidet eine Rechtsbeschwerde aus. Es bleiben nur die Rechtsmittel der Strafprozessordnung.[1622]

II. Beschwerdeberechtigung

Die Beschwerdeberechtigung ist im OWiG nicht ausdrücklich geregelt. Nach § 46 Abs. 1 OWiG gelten die Vorschriften über Rechtsmittel der StPO sinngemäß. Beschwerdeberechtigt ist zunächst die Staatsanwaltschaft (§ 296 StPO). Dies gilt auch dann, wenn sie nicht an der Hauptverhandlung teilgenommen hat, vgl. § 75 OWiG. Sie kann – was in der Praxis oft übersehen wird – von zulässigen Rechtsmitteln gegen gerichtliche Entscheidungen auch zugunsten des Betroffenen Gebrauch machen. Berechtigt ist ferner neben dem Betroffenen auch dessen gesetzlicher Vertreter (§ 298 StPO). Gemäß § 297 StPO kann für den Beschuldigten der Verteidiger, jedoch nicht gegen dessen ausdrücklichen Willen, Rechtsmittel einlegen. Rechtsmittelberechtigt sind ferner Nebenbeteiligte bei Verfall (§ 29a II OWiG).

1620 *Schmuck/Kehr*, NJOZ 2010, 655ff., meinen, es dürfe nicht nur auf den jeweiligen Einzelbetrag der geringfügigen Ordnungswidrigkeit abgestellt werden, sondern eine Gesamtbetrachtung vorgenommen werden.

1621 *Senge*, in Karlsruher Kommentar, OWiG, § 79 Rn 14; Seitz, in *Göhler*, OWiG, § 79 Rn 23.

1622 *Bohnert*, OWiG, § 79 Rn 4; BGH zfs 1988, 298.

III. Einlegungsfrist

Die Frist zur Einlegung der Rechtsbeschwerde beträgt eine Woche (§ 79 III OWiG, § 341 StPO) ab Zustellung des Beschlusses nach § 72 OWiG oder des Urteils, wenn es in Abwesenheit des Beschwerdeführers verkündet und dieser dabei auch nicht nach § 73 Abs. 3 OWiG durch einen schriftlich bevollmächtigten Verteidiger vertreten worden ist. War der Betroffene bei der Urteilsverkündung anwesend, so ist die Rechtsbeschwerde binnen einer Woche nach Verkündung des Urteils zu Protokoll der Geschäftsstelle oder schriftlich einzulegen. Adressat der Rechtsbeschwerde ist das Amtsgericht, welches die angefochtene Entscheidung erlassen hat.

IV. Einlegungsform

Die Rechtsbeschwerde muss bei dem Gericht, dessen Urteil angefochten wird, binnen einer Woche nach Verkündung des Urteils zu Protokoll der Geschäftsstelle oder schriftlich eingelegt werden (§ 79 III OWiG, § 341 I StPO). Legt der Verteidiger nur „Rechtsbeschwerde“ ein, ohne einen Zulassungsantrag zu stellen, so ist dies gem. § 79 III OWiG i.V.m. § 300 StPO unschädlich, wirkt jedoch unprofessionell. Daher sollte das Rechtsmittel richtig und vollständig bezeichnet werden. Wird umgekehrt im Rahmen von § 80 OWiG nur ein Zulassungsantrag gestellt, so gilt die Rechtsbeschwerde als eingelegt (§ 80 III 2 OWiG).

V. Begründungsfrist

Die Frist zur Begründung der Beschwerde und Stellung der Anträge beträgt einen Monat nach Ablauf der Frist zur Einlegung des Rechtsmittels (§ 345 I 1 StPO). In den seltensten Fällen ist zu dieser Zeit das Urteil zugestellt, so dass die Frist erst mit der Zustellung des schriftlichen Urteils beginnt, vgl. § 345 I 2 StPO. Gem. § 79 III OWiG i.V.m. § 345 II StPO müssen die Rechtsbeschwerdeanträge und die Rechtsbeschwerdebegründung zwingend von dem Verteidiger oder einem Rechtsanwalt abgegeben oder von dem Betroffenen zu Protokoll der Geschäftsstelle des Gerichts erklärt werden. Zweck dieser Zulässigkeitsvoraussetzung für die Rechtsbeschwerde ist, dass die Anträge und die Begründung von sachkundiger Seite stammen und daher gesetzmäßig und sachgerecht sind; die Rechtsbeschwerdegerichte sollen dadurch vor Überlastung durch unsachgemäßes Vorbringen Rechtsunkundiger bewahrt werden.[1623]

1623 Vgl. BVerfGE 46, S. 135, 152; BGHSt 25, S. 272, 273; MeyerGoßner, StPO, § 345 Rn 10.

VI. Form der Begründung

1. Die nicht zulassungsbedürftige Rechtsbeschwerde

Aus der Begründungsschrift muss gemäß § 79 Abs. 3 S. 1 OWiG i.V.m. § 344 Abs. 2 StPO hervorgehen, ob das Urteil wegen Verletzung einer Rechtsnorm über das Verfahren oder wegen Verletzung einer anderen Rechtsnorm angefochten wird. Die Sachrüge wird erhoben, wenn die Verletzung sachlichen Rechts gerügt wird. Eine Begründung der Sachrüge selbst ist nicht vorgeschrieben. Insoweit reicht die Erhebung der allgemeinen Sachrüge. Dagegen werden wie bei der Revision an die Begründung der Verfahrensrüge strenge Anforderungen gestellt (§ 344 II 2 StPO in Verbindung mit § 79 III 1 OWiG). Denn allein aus diesem Vorbringen muss sich für das Beschwerdegericht ohne Hinzuziehung der Akten die Möglichkeit der Beurteilung ergeben, ob ein Verfahrensfehler vorliegt oder nicht. Mit der Rechtsbeschwerde können das gesamte Urteil oder nur Teile des Urteils (so genannte „beschränkte Rechtsbeschwerde") angegriffen werden.

2. Die zulassungsbedürftige Rechtsbeschwerde, § 80 OWiG

Gerichtliche Bußgeldentscheidungen, die nicht die Voraussetzungen des § 79 I Nr. 1 bis 5 OWiG erfüllen, sollen grundsätzlich jeder Überprüfung durch das Rechtsbeschwerdegericht entzogen sein. Bei weniger gewichtigen Ordnungswidrigkeiten ist eine höchstrichterliche Entscheidung nur in Ausnahmefällen möglich.[1624] Für den Fall der Zulassung der Rechtsbeschwerde nach § 80 OWiG muss die Begründung im Falle einer Verurteilung zu einer Geldbuße zu 101 Euro bis höchstens 250 Euro (Abs. 1) über die Sach- oder Verfahrensrüge hinaus darlegen, warum der jeweilige Fall der Klärung durch das Oberlandesgericht bedarf. Dies ist nach § 80 Abs. 1 Nr. 1 OWiG der Fall, wenn die Nachprüfung zur Fortbildung des Rechts oder der Sicherung einer einheitlichen Rechtsprechung dient.

a) Fortbildung des Rechts

Eine Überprüfung des angefochtenen Urteils zur Fortbildung des Rechts ist geboten, wenn bei Auslegung von Rechtssätzen und der rechtsschöpferischen Ausfüllung von Gesetzeslücken Leitsätze aufzustellen oder zu festigen sind.[1625] Denn mit der Zulassung der Rechtsbeschwerde soll das Rechtsbeschwerdegericht Gelegenheit erhalten, seine Rechtsauffassung in einer für die nachgeordneten Gerichte richtunggebenden Weise zum Ausdruck zu bringen.[1626]

1624 *Ebner*, SVR 2008, 129, 131.
1625 *OLG Hamm*, VRS 52, 56 ff.
1626 BGHSt. 24, 15, 21; *OLG Düsseldorf*, NZV 2001, 47.

b) Sicherung einer einheitlichen Rechtsprechung

Der Zulassungsgrund der Sicherung einer einheitlichen Rechtsprechung ist gegeben, wenn sonst schwer erträgliche Unterschiede in der Rechtsprechung entstehen oder fortbestehen würden, wobei es darauf ankommt, welche Bedeutung die angefochtene Entscheidung für die Rechtsprechung insgesamt hat. Dies trifft etwa zu, wenn entweder Verfahrensgrundsätze von elementarer Bedeutung verletzt sind oder das Urteil mit Fehlern behaftet ist und entweder die Gefahr der Wiederholung besteht oder der Fortbestand der Entscheidung zu krassen und augenfälligen, nicht mehr hinnehmbaren Unterschieden in der Rechtsprechung führen würde. Bei Fehlern des Verfahrensrechts kann die Einheitlichkeit der Rechtsprechung nicht nach dem Ergebnis der Entscheidung beurteilt, sondern sie muss nach anderen Kriterien bestimmt werden. Entscheidend sind der Rang der Norm, die fehlerhaft angewendet ist, und damit auch die Schwere des Fehlers.[1627] Nur ein ersichtliches Versehen im Einzelfall, dessen Wiederholung nicht zu besorgen ist, gebietet nicht die Nachprüfung durch das Rechtsbeschwerdegericht.[1628] Sind dagegen elementare Verfahrensgrundsätze verletzt, so ist in der Regel die Gefahr einer Wiederholung gegeben, weil die elementaren Verfahrensgrundsätze in jedem Verfahren zu beachten sind.[1629] Die Zulassung der Rechtsbeschwerde kommt auch dann nicht in Betracht, wenn zwar eine abschließende Überprüfung der angefochtenen Entscheidung wegen unzulänglicher, weil lückenhafter Urteilsgründe nicht möglich ist, andererseits aber auch keine Anhaltspunkte dafür ersichtlich sind, dass ein Zulassungsgrund gegeben sein könnte.[1630]

Diese Rechtslage hat für das Rechtsempfinden der Bürger nahezu untragbare Konsequenz, dass Oberlandesgerichte in Fällen von geringeren Geldbußen durchaus auf die Fehlerhaftigkeit der amtsgerichtlichen Entscheidungen hinweisen; verbunden ist dieser Hinweis jedoch damit, dass das Oberlandesgericht die Rechtsbeschwerde nicht zulassen könne, da die – vom Amtsgericht falsch entschiedene Frage – in der obergerichtlichen Rechtsprechung bereits hinreichend geklärt sei und es nicht geboten sei, hierzu ein klärendes Wort zu sprechen. Daran ändert auch die Tatsache nichts, dass die „hinreichende Klärung der Rechtsfrage in der obergerichtlichen Rechtsprechung" dergestalt erfolgt ist, dass sie mit der Auffassung des angegriffenen Urteils diametral im Widerspruch steht.

1627 Vgl. Seitz, in *Göhler*, OWiG, § 80 Rn 7b.
1628 *OLG Oldenburg*, ZFS 1998 116; *Karlsruher Kommentar*, OWiG, § 80 Rn 27.
1629 *OLG Celle*, SVR 2010 273; *Göhler*, a.a.O., Rn 8.
1630 *OLG Hamm*, NZV 1993, 204.

c) Versagung des rechtlichen Gehörs

Schließlich ist auch die Versagung des rechtlichen Gehörs ein Zulassungsgrund, Nr. 2. Der Anspruch auf rechtliches Gehör ist dann verletzt, wenn dem Betroffenen keine Möglichkeit eingeräumt wird, sich zu allen entscheidungserheblichen und ihm nachteiligen Tatsachen und Beweisergebnissen zu äußern,[1631] Anträge zu stellen und Ausführungen zu machen, welche das Gericht zur Kenntnis nehmen und in Erwägung ziehen muss.[1632] Durch die Ablehnung eines Beweisantrags entgegen den Grundsätzen des § 77 OWiG wird der Anspruch eines Betroffenen auf rechtliches Gehör dann verletzt, wenn die Ablehnung ohne nachvollziehbare, auf das Gesetz zurückführbare Begründung erfolgt und die Zurückweisung des Beweisantrags somit aus verfassungsrechtlicher bzw. grundrechtlicher Sicht nicht mehr verständlich, sondern objektiv willkürlich erscheint[1633] und ein Urteil einer Überprüfung durch das Bundesverfassungsgericht nicht Stand halten würde. Es müssten somit im Rahmen des Gerichtsbeschlusses, mit dem der Beweisantrag abgelehnt wurde, Anhaltspunkte dafür vorhanden sein, dass das Amtsgericht bei der Beweiswürdigung pflichtwidrig den Sachvortrag des Betroffenen nicht zur Kenntnis genommen und unberücksichtigt gelassen hätte.[1634]

3. Einschränkung des Zulassungsverfahrens, § 80 II OWiG

Wenn gegen den Betroffenen eine Geldbuße von nicht mehr als einhundert Euro festgesetzt oder eine Nebenfolge vermögensrechtlicher Art angeordnet worden ist, deren Wert im Urteil auf nicht mehr als einhundert Euro festgesetzt worden ist, oder der Betroffene wegen einer Ordnungswidrigkeit freigesprochen oder das Verfahren eingestellt worden ist und wegen der Tat im Bußgeldbescheid oder im Strafbefehl eine Geldbuße von nicht mehr als einhundertfünfzig Euro festgesetzt oder eine solche Geldbuße von der Staatsanwaltschaft beantragt worden war, so ist die Zulassung ausgeschlossen wegen Verfahrensrechtsverstößen. Diese Einschränkung betrifft nicht die Versagung des rechtlichen Gehörs, da sich die Einschränkung der Zulassungsrechtsbeschwerde nach § 80 II OWiG nur aus Absatz 1 Nr. 1, und nicht Abs. 1 Nr. 2 ergibt.[1635] Bei Verstößen gegen sachlichrechtliche Normen ist die Zulassung aus den Aspekt der Fortbildung des Rechts beschränkt.

1631 *OLG Hamm,* NJW 2006, 2199; Seitz, in *Göhler,* OWiG, § 80 Rn 16 a m. w. Nachw.

1632 *OLG Hamm,* NZV 2008, 417.

1633 *BVerfG,* NJW 1992, 2811; *OLG Celle,* VRS 84, 232; *OLG Köln,* NZV 1998, 476; *OLG Hamm,* Beschl. v. 7.4.2003 – 4 Ss OWi 292/03 –; Beschl. v. 8.7.2004 – 1 Ss OWi 369/04.

1634 *OLG Hamm,* Beschl. v. 24.9.09, 1 Ss OWi 714/09; OLG Oldenburg, NZV 2012, 406.

1635 *OLG Köln,* NStZ 1988, 31; NStZ-RR 1998, 345.

VII. Teilanfechtung

Eine Teilanfechtung wird auch im Bußgeldrecht grundsätzlich für zulässig gehalten. Nach § 67 II OWiG kann der Betroffene den Einspruch auf bestimmte Beschwerdepunkte beschränken. Gemeint ist damit die Beschränkung auf einzelne Taten im verfahrensrechtlichen Sinne[1636] oder auf den Rechtsfolgenausspruch.

Für die Rechtsbeschwerde gelten nach § 79 III OWiG die Vorschriften über die Revision. Für die Revisionsbeschränkung gelten die gleichen Grundsätze wie für die Berufungsbeschränkung im Sinne des § 318 StPO. Nach dessen Satz 1 kann die Berufung auf bestimmte Beschwerdepunkte beschränkt werden. Eine Beschränkung der Revision auf den Rechtsfolgenausspruch ist ebenso wie eine solche Beschränkung der Berufung unwirksam, wenn die Feststellungen zur Tat so knapp, unvollständig, unklar oder widersprüchlich sind, dass sie keine hinreichende Grundlage für den Rechtsfolgenausspruch sind.[1637] Diese Grundsätze gelten auch für die Beschränkung der Rechtsbeschwerde auf den Rechtsfolgenausspruch.[1638]

Praxistipp !

Eine Beschränkung des Rechtsmittels allein auf das Fahrverbot soll unzulässig sein.[1639] Zwischen der Höhe der Hauptstrafe und der Nebenstrafe des Fahrverbotes bestehe nämlich eine Wechselwirkung. Beide Sanktionen verfolgten einen überwiegend identischen Strafzweck, der mit unterschiedlichen Mitteln erreicht werden solle. Als Nebenstrafe solle das Fahrverbot zusammen mit der Hauptstrafe diesem Strafzweck dienen und komme in aller Regel in Betracht, wenn der mit ihm angestrebte spezialpräventive Zweck mit der Hauptstrafe allein nicht verwirklicht werden kann und die Verhängung deshalb erforderlich ist. Es ist daher in jedem Fall zu prüfen, ob der angestrebte spezialpräventive Erfolg nicht durch eine höher bemessene Hauptstrafe erreicht werden könne.[1640]

B. Begründetheit

Gemäß § 79 III S. 1 OWiG i.V.m. § 337 I StPO ist die Rechtsbeschwerde begründet, wenn das Gericht eine Gesetzesverletzung begangen hat und das Urteil des Amtsgerichts hierauf beruht.

Die Rechtsbeschwerde im Ordnungswidrigkeitenverfahren entspricht der Revision im Strafverfahren. Das bedeutet, dass die vom Amtsgericht festgestellten Tatsachen nicht mehr angegriffen werden können. Das Gericht überprüft nur Gesetzesverletzungen formellen oder materiellen Rechts. Die (auch nur allgemein erhobene)

1636 Bohnert, OWiG, § 67, Rn 58.
1637 OLG Köln, VRS 98, 122.
1638 OLG Köln, NZV 2003, 100.
1639 OLG Koblenz, StV 2011, 226; OLG Hamm, NZV 2006, 167.
1640 BGHSt 24, 350; BGHSt 29, 58, 60/61.

Sachrüge führt zur Überprüfung des ganzen Urteils in materiell-rechtlicher Hinsicht. Auf eine Verfahrensrüge hin wird das amtsrichterliche Urteil nur insoweit geprüft, als die Tatsachen, die nach Ansicht des Beschwerdeführers den Verfahrensfehler ergeben, nicht nur gemäß § 344 II S. 2 StPO dargelegt, sondern auch bewiesen sind.[1641]

I. Entscheidung über die Zulässigkeit der Rechtsbeschwerde

Über die Zulässigkeit der Rechtsbeschwerde entscheidet das Amtsgericht. Die Nachprüfung des Amtsgerichts beschränkt sich dabei auf die Äußerlichkeiten der Fristwahrung und die Einhaltung der Formvorschrift des § 345 Abs. 2 StPO. Stellt das Amtsgericht fest, dass Form oder Frist der Rechtsbeschwerde nicht gewahrt sind, verwirft es die Rechtsbeschwerde durch Beschluss als unzulässig (§ 79 III OWiG i.V.m. § 346 I StPO).

II. Beschwerdegericht

Beschwerdegericht ist das Oberlandesgericht. Es entscheidet durch den Senat für Bußgeldsachen über die Rechtsbeschwerde, vgl. § 46 Abs. 7 OWiG.

III. Form der Entscheidung

Das Oberlandesgericht entscheidet grundsätzlich durch Beschluss, vgl. § 79 V 1 OWiG. Richtet sich die Rechtsbeschwerde gegen ein Urteil, so kann das Beschwerdegericht auf Grund einer Hauptverhandlung durch Urteil entscheiden, § 79 V 2 OWiG. Hebt das Beschwerdegericht die angefochtene Entscheidung auf, so kann es abweichend von § 354 der Strafprozessordnung in der Sache selbst entscheiden oder sie an das Amtsgericht, dessen Entscheidung aufgehoben wird, oder an ein anderes Amtsgericht desselben Landes zurückverweisen, § 79 VI OWiG.

IV. Formular für einen Antrag auf Zulassung der Rechtsbeschwerde

An das
Amtsgericht Ko.

1641 *Kuckein*, KK, StPO, § 337 Rn 5.

12.8.10 – Diktatzeichen

Sekretariat
Telefon:
Telefax:
e-mail:

In der Bußgeldsache

g e g e n Herrn Ernst H.

Az.:
– OWi –

beantrage ich

die Zulassung der Rechtsbeschwerde

gegen das Urteil des Amtsgerichts Ko. vom 5.8.2010.

Ich beantrage erneute

Akteneinsicht.

Die Antragstellung und Begründung des Rechtsmittels erfolgen innerhalb der gesetzlichen Fristen.

Rechtsanwalt

V. Schriftliche Gegenerklärung zur Stellungnahme der Generalstaatsanwaltschaft gem. § 79 III 1 OWiG i.V.m. § 349 II, III StPO

Die Generalstaatsanwaltschaft gibt im Rahmen des Rechtsbeschwerdeverfahrens zum Rechtsmittel der Verteidigung gem. § 79 III 1 OWiG i.V.m. § 349 II, III StPO ihre Stellungnahme ab, wobei der Beschwerdeführer binnen zwei Wochen gem. § 79 III 1 OWiG i.V.m. § 349 III 2 StPO eine schriftliche Gegenerklärung beim Rechtsbeschwerdegericht einreichen kann. Es handelt sich hierbei um die letzte Möglichkeit, um das Oberlandesgericht auf die Seite der Verteidigung zu ziehen, so dass die Gelegenheit zur Gegenerklärung keineswegs in ihrer Bedeutung unterschätzt werden sollte.

Im Einzelfall kann dem Betroffenen die Stellungnahme der Generalstaatsanwaltschaft in die Karten spielen, wenn sie die vom Verteidiger gerügten Rechtsfehler vertieft und mit ihm der Auffassung ist, dass die Urteilsgründe rechtlicher Prüfung nicht standhalten. Mit diesem Rückenwind ist damit zu rechnen, dass auch das OLG nicht anders entscheiden wird. Wenn schon aus Sicht der Generalstaatsanwaltschaft ein Rechtsfehler nicht von der Hand zu weisen ist, so kann sich der Senat oft über die Bedenken nicht hinwegsetzen und wird das angefochtene Urteil aufheben. Es ist ohnehin eine Tendenz zu erkennen, dass sich das OLG den Ausführungen der Generalstaatsanwaltschaft anschließt. Oft besteht der Beschluss des Senats nur darin, auf die rechtlichen Erwägungen der Generalstaatsanwaltschaft zu verweisen. Es gibt aber durchaus Beispielsfälle, in denen der Senat gleichwohl gegen den Beschwerdeführer entscheidet, obwohl die Generalstaatsanwaltschaft den rechtlichen Erwägungen in der Rechtsbeschwerdebegründung nicht entgegentritt und sich diese zu eigen macht.

Im Regelfall tritt die Generalstaatsanwaltschaft allerdings dem Antrag auf Aufhebung des amtsrichterlichen Urteils und Rückverweisung entgegen. Die Generalstaatsanwaltschaften bei den Oberlandesgerichten verwenden im Rahmen ihrer Stellungnahme regelmäßig standardisierte Textbausteine. Interessanterweise versucht sie sogar Bußgeldurteile zu halten, die erkennbar und eklatant rechtsfehlerbehaftet sind. Es hat sich eingebürgert, dass die Generalstaatsanwaltschaft beantragt, die Rechtsbeschwerde sogar als „offensichtlich unbegründet" kostenpflichtig zu verwerfen. Die Generalstaatsanwaltschaft beantragt dies, da das Rechtsbeschwerdegericht nur auf ihren Antrag hin, der zu begründen ist, das Rechtsmittel durch Beschluss verwerfen darf.

In der Kommentierung[1642] wird zu Recht darauf hingewiesen, dass es zur seriösen Vertretung des Verteidigers gehört, eine Gegenerklärung abzugeben. Er muss versuchen, noch die letzte Gelegenheit zu ergreifen, um ggf. das Blatt zu seinen Gunsten zu wenden und den Senat in einer Gegenerklärung wissen lassen, welche Argumente er dem Vorbringen der Generalstaatsanwaltschaft entgegensetzen will. Besondere Obacht ist geboten, wenn die Generalstaatsanwaltschaft Schwachstellen des Urteils des Bußgeldrichters verteidigt und dies durch Rechtsprechung in ungewöhnlichem Umfang anreichert. Meist erkennt auch die Generalstaatsanwaltschaft, dass etwa wegen fehlerhafter Anwendung des materiellen Rechts das Risiko des Unterliegens aus Sicht der Generalstaatsanwaltschaft besteht. Dies sollte Anlass für den Verteidiger sein, diesen Punkt nochmals zu vertiefen und dem Senat klar zu machen, dass hier von der Generalstaatsanwaltschaft nur der untaugliche Versuch unternommen wird, über Fehler der ersten Instanz hinwegzusehen.

Im Rahmen von Verfahrensrügen kann die Verteidigung keine neuen Tatsachen vortragen, weil diese von ihm gem. § 79 III S. 1 OWiG i.V.m. § 344 II S. 2, § 345 I StPO vollständig bereits innerhalb der Rechtsbeschwerdebegründungsfrist angegeben werden müssen. Anders liegt der Fall bei der Rüge der „Verletzung einer anderen Rechtsnorm" i.S. von § 344 II S. 1 StPO. Es reicht aus, zunächst innerhalb der Frist

1642 Hamm/Leipold, Becksches Formularbuch für den Strafverteidiger, 5. Aufl. 2010, VIII., C. 11.

des § 345 I StPO die Sachrüge in allgemeiner Form zu erheben und im Rahmen der Gegenerklärung diese Rüge näher zu begründen. Dieser Weg ist jedoch keineswegs ratsam. Dem Senat sollten schon Gründe dargelegt werden, aus denen die Entscheidung abzuändern oder aufzuheben ist, und sich mit der angefochtenen Entscheidung auseinanderzusetzen. Andernfalls besteht die Gefahr, dass sich der Senat bereits festgelegt hat. Ihn nachträglich erst auf einen Mangel aufmerksam zu machen, sollte daher nur eine Ausnahme sein.

VI. Muster für eine Gegenerklärung zur Stellungnahme der Generalstaatsanwaltschaft gem. § 79 III S. 1 OWiG i.V.m. § 349 StPO

Vorab per Telefax: 0951 8331280
Oberlandesgericht
Bamberg
Wilhelmsplatz 1
96047 Bamberg

In der Bußgeldsache
gegen Herrn Christian Daniel S.
– 2 Ss OWi 144/11 –

geben wir namens und kraft Vollmacht der Mandantschaft folgende Gegenerklärung zur Stellungnahme der Generalstaatsanwaltschaft ab:

Die Generalstaatsanwaltschaft Bamberg hält die diesseits eingelegte Rechtsbeschwerde zu Unrecht für unbegründet.

Die Generalstaatsanwaltschaft verwendet auf Seite 2 ihrer Ausführungen offenbar einen Textbaustein. Jedenfalls war dahin gehend ein Rechtsfehler seitens der Verteidigung nicht gerügt worden.

Auf Seite 3 unten greift die Generalstaatsanwaltschaft die in der Rechtsbeschwerde ausführlich dargelegte Darlegungsrüge auf. Die Generalstaatsanwaltschaft erkennt offenbar auch, dass die Ausführungen im angegriffenen Urteil nicht ausreichen, insbesondere die Einlassung des Betroffenen, dass ein Fahrverbot eine besondere berufliche Härte darstelle, nicht widerlegbar ist. Nur so ist es zu erklären, dass die Staatsanwaltschaft letztlich zu dem Ergebnis kommt, dass „die Anforderungen an die Urteilsgründe im Ordnungswidrigkeitenverfahren nicht überspannt werden dürfen".

Bedauerlicherweise befasst sich die Generalstaatsanwaltschaft nicht mit der in der Rechtsbeschwerdebegründung zitierten Rechtsprechung. Im vorliegenden Fall ist zu berücksichtigen, dass es sich bei einer Verkehrsordnungswidrigkeit mit einem

Fahrverbot für die Dauer von 2 Monaten zumindest um kein Massenverfahren, sondern um eine Bußgeldsache mit den denkbar gravierendsten Rechtsfolgen/Nebenfolgen handelt.

Jedenfalls ein Ausnahmefall, ein sachlich und rechtlich einfach gelagerter Fall oder ein Fall von geringer Bedeutung, ist vorliegend nicht gegeben, so dass insbesondere die Ausführung im angegriffenen Urteil, „wie man anschließend von B. (Stadt) nach K. (Stadt) gelangt, sind der Fantasie des Betroffenen keine Grenzen gesetzt", inakzeptabel und eklatant rechtsfehlerbehaftet ist.

Die Urteilsgründe halten insoweit rechtlicher Prüfung nicht stand.

Der Rechtsbeschwerde ist der Erfolg nicht zu versagen.

Rechtsanwalt

VII. Rücknahme der Rechtsbeschwerde/Verzicht auf die Einlegung

Nach § 79 III OWiG i.V.m. § 302 I StPO können sowohl die Zurücknahme eines Rechtsmittels also auch der Verzicht auf die Einlegung eines Rechtsmittels auch vor Ablauf der Frist zu seiner Einlegung wirksam erfolgen. Ist dem Urteil eine Verständigung (§ 257c StPO) vorausgegangen, ist ein Verzicht jedoch ausgeschlossen. Nach § 302 StPO bedarf der Verteidiger zur Zurücknahme einer ausdrücklichen Ermächtigung. In Rechtsprechung und Schrifttum besteht Uneinigkeit darüber, ob die ausdrückliche Ermächtigung des § 302 II StPO auch schon im voraus, etwa im Rahmen des allgemeinen Vollmachtsformulars, erteilt werden kann, also zu einem Zeitpunkt, in dem der Inhalt der Entscheidung noch unbekannt und das Bedürfnis einer Anfechtung der Entscheidung noch unklar ist. Die Rechtsprechung hält eine derartige, im allgemeinen Vollmachtsformular im Voraus erteilte Ermächtigung überwiegend für ausreichend.[1643] Das Schrifttum steht demgegenüber überwiegend auf dem Standpunkt, dass eine wirksame Ermächtigung zur Rücknahme angesichts der Tragweite der Erklärung erst erteilt werden könne, wenn feststehe, um welche konkrete Entscheidung es sich handele und auf welches Rechtsmittel sich die Ermächtigung zur Rücknahme oder zum Verzicht beziehe.[1644] Für den Nachweis der Ermächtigung, der noch nach Abgabe der Erklärung geführt werden kann, genügt die anwaltl. Versicherung des Verteidigers.[1645] Der Verzicht und die Rücknahme müssen

1643 OLG Hamm, Beschl. v. 17.5.2005 – 1 Ss 62/05 – m.w.N.
1644 Meyer-Goßner, StPO, § 302 Rn 32.
1645 BGH NStZ-RR 2010, 55.

eindeutig und zweifelsfrei erklärt sein.[1646] In der Regel erklärt der Betroffene nach erteilter Rechtsmittelbelehrung, er nehme das Urteil an. Diese Erklärung wird vorgelesen und genehmigt. Auch ein unterbevollmächtigter Verteidiger kann in einer Bußgeldsache wirksam auf Rechtsmittel verzichten.[1647] Der Rechtsmittelverzicht nach § 302 II StPO i.V.m. § 46 I OWiG scheitert jedenfalls nicht an dem Umstand, dass es für einen Rechtsmittelverzicht der ausdrücklichen Ermächtigung durch den Betroffenen bedarf und diese ausdrückliche Befugnis dem Unterbevollmächtigten nicht erteilt wurde.[1648] Die Rücknahme ist möglich, sobald das Rechtsmittel eingelegt wurde bis zur Entscheidung des zuständigen Oberlandesgerichts.

VIII. Gegenvorstellungen

Geht die Verteidigung davon aus, das Rechtsbeschwerdegericht habe bei seiner Entscheidung etwas übersehen, kann die Anfertigung einer ans OLG gerichteten Gegenvorstellung angezeigt sein. Auch nach höchstrichterlichen Rechtsprechung ist es in Ausnahmefällen anerkannt, in denen die Änderung rechtskräftiger Beschlüsse zulässig ist; etwa dann, wenn die Unabänderlichkeit des Beschlusses die Verfahrensbeteiligten praktisch rechtlos stellen würde. Voraussetzung für eine Aufhebung ist jedoch, dass der Beschluss auf unrichtiger Rechtsanwendung beruht, dem Beschwerdegericht schwerwiegende Verfahrensfehler unterlaufen sind[1649] und dass die Änderung erforderlich ist, um ein anderes nicht zu beseitigendes grobes prozessuales Unrecht zu verhindern.[1650]

IX. Rechtsschutz für das Rechtsbeschwerdeverfahren

Da im Verkehrsordnungswidrigkeitenrecht in etwa 70% der Fälle eine Rechtsschutzversicherung besteht,[1651] muss der Rechtsanwalt im Vorfeld für die Mandantschaft abklären, ob auch für die 2. Instanz Kostendeckung besteht. Nach Abschnitt 2 ARB 2012/2008/2000 sowie den ARB 75 umfasst der Rechtsschutz die Verteidigung wegen sämtlicher Ordnungswidrigkeiten. In der Praxis wird seitens der Rechtsschutzversicherung oftmals erfragt, wie die Rechtsbeschwerde begründet werden soll, ob Erfolgsaussichten bestehen bzw. welcher Zulassungsgrund (§ 80 OWiG) vor-

---

1646 OLG Hamm NZV 1999, 182.
1647 OLG Oldenburg, Beschl. v. 31.1.2011 – 2 SsBs 175/10.
1648 BayObLG, NZV 1991, 403.
1649 Meyer-Goßner, StPO, vor § 296 Rn 24.
1650 OLG Köln, NJW 1981, 2208.
1651 Schäpe, in Buschbell, MAH Straßenverkehrsrecht, 3. Aufl. 2009. § 3 Rn 64.

liegen soll. Die Prüfung der Erfolgsaussichten findet jedoch mit Einführung der ARB 94[1652] für Rechtsmittel nicht mehr statt, so dass der Versicherer im Rahmen der Leistungsarten 2h bis k ARB 2010 (insbesondere auch Ordnungswidrigkeiten-Rechtsschutz) seine Leistungspflicht aus Gründen mangelnder Erfolgsaussichten einer Rechtsverfolgung nicht verneinen darf.[1653] Einzig die Verkehrs-Rechtsschutz-Versicherungsbedingungen der ADAC-Rechtsschutz Versicherungs-AG treffen in § 17 die Bestimmung, dass der Versicherer den Rechtsschutz in Nicht- Tatsacheninstanzen wegen ungenügender Erfolgsaussicht ganz oder teilweise ablehnen kann.

1652 Die ARB 75 sahen in § 17 I 3 noch die Möglichkeit der Überprüfung der Erfolgssaussichten und damit ggf. eine Ablehnung des Versicherungsschutzes vor.

1653 Richter, in Münchener Kommentar zum VVG, 2011, § 128 Rn 18; Obarowski, Beckmann/Matusche-Beckmann, Versicherungsrechts-Handbuch, 2. Aufl. 2009, § 37 Rn 441.

Kapitel 16
Wiederaufnahme des Verfahrens, § 85 OWiG

A. Einführung in die Problematik

Dem Rechtsinstitut der Wiederaufnahme eines rechtskräftig abgeschlossenen Straf- oder Bußgeldverfahrens immanent ist der Konflikt zwischen den Grundsätzen der materiellen Gerechtigkeit und der Rechtssicherheit, die sich beide aus dem Rechtsstaatsprinzip ableiten.[1654] Das Wiederaufnahmeverfahren in Verkehrs-Bußgeldsachen gehört zu den außerordentlichen Rechtsbehelfen. Es ist in § 85 OWiG geregelt und führt zu einer Nachprüfung des rechtskräftig abgeschlossenen Verfahrens. In der Praxis handelt es sich um eine exotisch seltene Verfahrensart. Die praktisch geringe Anzahl der Verfahren sagt jedoch nichts über die Wichtigkeit derartiger Rechtsbehelfe aus. Das geringe Vorkommen lässt sich unter anderem mit dem Irrglauben erklären, dass es ein solches Verfahren im Ordnungswidrigkeitenrecht nicht gäbe. Im vorliegenden Kapitel soll ein Überblick über die – für die Verteidigung bedeutsameren – Fälle der Wiederaufnahme gegeben werden, wobei ein Schwerpunkt in Wiederaufnahmeverfahren zugunsten des Betroffenen mit dem Ziel des Freispruchs gesetzt werden soll.

Praxistipp !

Ein Antrag auf Wiederaufnahme eignet sich für rechtskräftig – notfalls erst nach Durchlaufen der Rechtsbeschwerdeinstanz – abgeschlossene Bußgeldverfahren, hier bleibt mangels weiterer Instanz dann „nur" noch der Weg über ein Wiederaufnahmeverfahren. Ergreift etwa die Fahrerlaubnisstelle aufgrund des Punktestandes des Betroffenen Maßnahmen nach § 4 III StVG, so kann ihr gegenüber nicht eingewendet werden, er wäre nicht Fahrer des Pkw gewesen. Die Fahrerlaubnisbehörde ist gem. § 4 III a.E. StVG an die rechtskräftige Entscheidung über die Straftat oder die Ordnungswidrigkeit gebunden. Nur im Ordnungswidrigkeitenrecht kann das Verfahren mit dem Ziel des Freispruchs wiederaufgenommen werden.

B. Entsprechende Anwendung der Vorschriften der Strafprozessordnung

Für die Wiederaufnahme eines durch rechtskräftige Bußgeldentscheidung abgeschlossenen Verfahrens wird auf die Vorschriften der §§ 359 bis 373a der Strafprozessordnung, soweit sich aus § 85 OWiG nichts anderes ergibt, verwiesen.

1654 BVerfGE 22, 322, 329

C. Wiederaufnahmegründe in § 359 StPO i.V.m. § 85 I OWiG

Die Wiederaufnahmegründe zugunsten des Verurteilten sind in § 359 StPO i.V.m. § 85 I OWiG aufgelistet. So ist die Wiederaufnahme etwa zulässig, wenn eine in der Hauptverhandlung zu seinen Ungunsten als echt vorgebrachte Urkunde unecht oder verfälscht war (Nr. 1),[1655] wenn der Zeuge oder Sachverständige sich bei einem zuungunsten des Verurteilten abgelegten Zeugnis oder abgegebenen Gutachten einer vorsätzlichen oder fahrlässigen Verletzung der Eidespflicht oder einer vorsätzlichen falschen uneidlichen Aussage schuldig gemacht hat (Nr. 2), und wenn bei dem Urteil ein Richter oder Schöffe mitgewirkt hat, der sich in Beziehung auf die Sache einer strafbaren Verletzung seiner Amtspflichten schuldig gemacht hat, sofern die Verletzung nicht vom Verurteilten selbst veranlasst ist (Nr. 3).

Die höchste praktische Bedeutung hat Nr. 5: Die Wiederaufnahme des Verfahrens zugunsten des Betroffenen ist zulässig, wenn neue Tatsachen oder Beweismittel beigebracht sind, die allein oder in Verbindung mit den früher erhobenen Beweisen die Freisprechung des Angeklagten oder in Anwendung eines milderen Strafgesetzes eine geringere Bestrafung oder eine wesentlich andere Entscheidung über eine Maßregel der Besserung und Sicherung zu begründen geeignet sind. Neu ist nach dieser Vorschrift eine Tatsache schon, wenn sie dem erkennenden Gericht bzw. hier der Verwaltungsbehörde zum Zeitpunkt der Entscheidung nicht bekannt war oder durch die Verwaltungsbehörde bei der Entscheidung nicht zu Grunde gelegt worden ist.[1656]

! **Praxistipp**

Die auf neue Tatsachen oder Beweismittel gestützte Wiederaufnahme gem. § 359 Nr. 5 StPO ist nicht in jedem Bußgeldverfahren zulässig. § 85 II OWiG bestimmt, dass das Verfahren unzulässig ist, wenn

1. gegen den Betroffenen lediglich eine Geldbuße bis zu zweihundertfünfzig Euro festgesetzt ist oder
2. seit Rechtskraft der Bußgeldentscheidung drei Jahre verstrichen sind.

Satz 1 Nr. 1 gilt entsprechend, wenn eine Nebenfolge vermögensrechtlicher Art angeordnet ist, deren Wert zweihundertfünfzig Euro nicht übersteigt. Die Beschränkung gilt nicht für Nebenfolgen nichtvermögensrechtlicher Art, wie das Fahrverbot.[1657]
Falls ein Fahrverbot bereits vollstreckt wurde, ist dies für das Wiederaufnahmeverfahren unschädlich, vgl. §§ 85 Abs. 1 OWiG, 361 Abs. 1 StPO.

1655 AG Schweinfurt, Urt. v. 8.2.2000 – 2 OWI 4 JS 15845/98, ADAJUR Dok.Nr. 42532.
1656 LG Stuttgart, VRR 2008 283.
1657 AG Wetzlar, DAR 2000, 376.

D. Zuständiges Gericht

Im Wiederaufnahmeverfahren gegen den Bußgeldbescheid entscheidet das nach § 68 OWiG zuständige Gericht; somit das Amtsgericht, in dessen Bezirk die Verwaltungsbehörde ihren Sitz hat.

E. Additionsverfahren

Ist der Antrag nicht in der vorgeschriebenen Form angebracht oder ist darin kein gesetzlicher Grund der Wiederaufnahme geltend gemacht oder kein geeignetes Beweismittel angeführt, so ist der Antrag gem. § 368 StPO i.V.m. § 85 I OWiG als unzulässig zu verwerfen.

Durch die bloße Behauptung des Gegenteils einer festgestellten Tatsache wird nicht bereits eine neue Tatsache (§ 359 Nr. 5 StPO) beigebracht; die Prüfung, ob ein neues Beweismittel i.S.d. § 359 Nr. 5, § 368 StPO geeignet ist, das angegriffene Urteil zu erschüttern, erschöpft sich nicht in einer abstrakten Schlüssigkeitsprüfung, sondern es ist bereits im Zulässigkeitsverfahren auf seinen Beweiswert zu überprüfen, soweit das ohne förmliche Beweisaufnahme möglich ist.[1658] Erst dann, wenn das Gegenteil durch bisher nicht berücksichtigte (neue) Tatsachen substantiiert vorgetragen bzw. dargetan wird, so sind allein diese (Zusatz-) Tatsachen, die den Schluss auf das Gegenteil der getroffenen Feststellungen tragen sollen, neu.

Praxistipp **!**

Für § 359 Nr. 5 StPO gelten erhöhte Darlegungserfordernisse.[1659] Nach Rspr. des LG Stuttgart[1660] sei der Verurteilte nach rechtskräftiger Entscheidung des Bußgeldrichters nicht gehindert, Zeugen im Wiederaufnahmeverfahren als neue Beweismittel einzuführen. Dann aber müsse er als Folge seiner Verteidigungsstrategie einleuchtende Gründe dafür anführen, warum er den Zeugen früher nicht zu seiner Entlastung benutzt habe, dies aber nunmehr im Wiederaufnahmeverfahren mit seinen nach §§ 359 ff. StPO beschränkten Möglichkeiten für geboten halte.[1661] Die Gründe dafür, dass entlastende Aspekte nicht vorher vorgetragen wurden, sind daher anzugeben. Da dem Wiederaufnahmegericht die neuen Beweismittel derart zugänglich gemacht werden müssen, dass sie von ihm in diesem Sinne verwertet und bewertet werden können, sollte ein (neues) Gutachten dem Wiederaufnahmegericht vorgelegt werden.[1662] Die bloße Ankündigung bzw. Benennung eines anthropologischen Sachverständigengutachtens genügt nicht, sondern es wird ein solches lediglich als abstrakte Möglichkeit in den Raum gestellt. Daher erhöht der Rechtsanwalt durch Vorlage von Fotos, eines

---

1658 BGH NStZ 2000, 218.

1659 OLG Stuttgart, NStZ-RR 2003, 210 ff.

1660 VRR 2008 283.

1661 KG, Beschl. v. 8.12.2000, 1A 1463/00 4 Ws 228/00 zit. nach JURIS; OLG Stuttgart, Beschl. v. 22.7.2002, 1 Ws 148/02.

1662 Meyer-Goßner StPO, § 359 Rn 50; BGH St 39, 75; Koblenz, OLGSt § 359 Nr. 5 m.w.N.

neuen anthropologischen Sachverständigengutachtens oder einer eidesstattlichen Versicherung die Erfolgsaussichten seines Rechtsbehelfs.

Praxistipp
Gegen einen den Antrag auf Wiederaufnahme verwerfenden Beschluss des Amtsgerichts ist die sofortige Beschwerde nach § 85 Abs. 1 Abs. 2 OWiG, § 372 S. 1 StPO zulässig. Sie ist rechtzeitig, innerhalb einer Woche ab Bekanntmachung des angefochtenen Beschlusses, beim Amtsgericht einzulegen. In Bußgeldsachen entscheidet das Landgericht über die sofortige Beschwerde. Der Beschluss, durch den das Gericht die Wiederaufnahme des Verfahrens und die Erneuerung der Hauptverhandlung anordnet, kann übrigens von der Staatsanwaltschaft nicht angefochten werden (§ 85 Abs. 1 Abs. 2 OWiG, § 372 S. 2 StPO).

F. Probationsverfahren

Wird der Antrag für zulässig befunden, so beauftragt das Gericht mit der Aufnahme der angetretenen Beweise, soweit dies erforderlich ist, gem. § 369 StPO i.V.m. § 85 I OWiG einen Richter.

Das Verfahren wird nach Feststellung der Zulässigkeit des Antrags auf Wiederaufnahme in der Regel dadurch seinen Fortgang nehmen, dass das Gericht ein anthropologisches Gutachten einholt. Hier wird überprüft, ob es sich bei dem auf dem Beweisfoto abgebildeten Fahrzeugführer nicht um den Betroffenen handelt. Bewahrheitet sich dies, so ist der Betroffene auf Kosten der Staatskasse freizusprechen.

G. Aufschub und Unterbrechung der Vollstreckung

Da grundsätzlich gem. § 360 I StPO i.V.m. § 85 I OWiG durch den Antrag auf Wiederaufnahme des Verfahrens die Vollstreckung des Urteils nicht gehemmt wird, empfiehlt es sich, neben dem Wiederaufnahmeantrag einen entsprechenden zusätzlichen Antrag zu stellen. Das Gericht kann dann einen Aufschub sowie eine Unterbrechung der Vollstreckung anordnen, § 360 II StPO i.V.m. § 85 I OWiG.

H. Anwaltshonorar

Nach Vorbemerkung 5.1.3 Abs. 2 VV entstehen die Gebühren in Verfahren vor dem Amtsgericht in Teil 5 des VV-RVG für ein eventuelles Wiederaufnahmeverfahren einschließlich seiner Vorbereitung gesondert. Durch diese Formulierung erschließen sich jedoch die anfallenden Gebühren des Anwalts noch nicht. Aus § 17 Nr. 13 RVG ergibt sich, dass das Wiederaufnahmeverfahren und das wiederaufgenommene Verfahren verschiedene Angelegenheiten sind, wenn sich die Gebühren nach Teil 4 oder 5 des Vergütungsverzeichnisses richten. Ein unterschiedliches Verfahren ist natürlich auch das alte Bußgeldverfahren.[1663] Die Grundgebühr fällt im Wiederaufnahmeverfahren nicht erneut an.[1664]

Berechnungsbeispiel für Nettoanwalthonorar
Anwaltshonorar für den Fall, dass sich an das Wiederaufnahmeverfahren das wiederaufgenommene Verfahren anschließt (§ 17 Nr. 13 RVG), und der Betroffene dann im schriftlichen Verfahren vom Bußgeldrichter freigesprochen wird:

1. Wiederaufnahmeverfahren

Verfahrensgebühr (Mittelgebühr)	Nr. 5109 VV-RVG	160 EUR
Terminsgebühr (Mittelgebühr)	Nr. 5110 VV-RVG	255 EUR
Postentgeltpauschale	Nr. 7002 VV-RVG	20 EUR
Summe		435 EUR

An Ende des Wiederaufnahmeverfahrens steht die Entscheidung, dass das Verfahren wiederaufgenommen wird.

2. Wiederaufgenommenes Verfahren

Verfahrensgebühr (Mittelgebühr)	Nr. 5109 VV-RVG	160 EUR
Verfahrensgebühr	Nr. 5109 VV-RVG i.V.m. Nr. 5115 Abs. 1 Nr. 5 VV-RVG	160 EUR
Postentgeltpauschale	Nr. 7002 VV-RVG	20 EUR
Summe		340 EUR

Die Verfahrensgebühr entsteht übrigens auch, wenn von der Stellung eines Wiederaufnahmeantrags abgeraten wird. Die Regelungstechnik für das Honorar in Wiederaufnahmeverfahren unterscheidet sich in Bußgeldsachen vom Strafrecht. Im Strafrecht regelt diesen Themenkomplex Nr. 4136 VV-RVG ff. Für das Abraten entsteht dort eine Geschäftsgebühr. Im Ergebnis unterscheiden sich die Regelungen bei dem Abraten von der Stellung eines Wiederaufnahmeantrags jedoch nicht.[1665]

1663 Rohn. in Mayer/Kroiß, Rechtsanwaltsvergütungsgesetz, § 17 Rn 72.
1664 Schneider, in Hansens, Braun/Schneider, Praxis des Vergütungsrechts, 2004, S. 1165 unter Verweisung auf die Analogie zu Vorbem. 4.1.4. VV-RVG. Eine Grundgebühr fälle jedoch wiederum an, wenn der frühere Auftrag mehr als 2 Jahre zurückliegt, § 15 V 2 RVG.
1665 Baumgärtel, RVG, S. 472.

J. Fazit

1. Ausgangslage beim Wiederaufnahmeverfahren in Verkehrs-Bußgeldsachen ist regelmäßig der Umstand, dass seitens des Betroffenen nach Rechtskraft vorgetragen wird, den beanstandeten Pkw zur Tatzeit nicht gefahren zu sein und daher die Ordnungswidrigkeit nicht begangen zu haben. Fahrer zur Tatzeit sei nicht er, sondern ein Dritter gewesen.
2. Zulässig ist die auf neue Tatsachen oder Beweismittel gestützte Wiederaufnahme gem. § 359 Nr. 5 StPO jedoch nach § 85 II OWiG nur, wenn gegen den Betroffenen eine Geldbuße von mehr als zweihundertfünfzig Euro festgesetzt wurde und seit Rechtskraft der Bußgeldentscheidung noch nicht drei Jahre verstrichen sind. Die Beschränkung gilt nicht für Bußgeldbescheide, die die Nebenfolge: Fahrverbot enthalten.
3. Um nicht zu riskieren, dass ein Antrag gem. § 368 StPO i.V.m. § 85 I OWiG als unzulässig verworfen wird, sollten Name und Adresse des tatsächlichen Fahrers zur Tatzeit mitgeteilt sowie eine eidesstattliche Versicherung ggf. mit aussagekräftigen Fotos oder ein anthropologischen Sachverständigengutachten vorgelegt werden.
4. Da das gesamte Wiederaufnahmeverfahren in Verkehrs-Bußgeldsachen oft Monate dauert und der Führerschein entweder mit Rechtskraft abzugeben ist oder nach Ablauf von vier Monaten seit Eintritt der Rechtskraft (§ 25 II a StVG), sollte neben dem Antrag auf Wiederaufnahme des Verfahrens bei Gericht beantragt werden, den Aufschub sowie eine Unterbrechung der Vollstreckung anzuordnen, § 360 II StPO i.V.m. § 85 I OWiG. Ansonsten ist der Mandant bereits gestraft, ohne dass es auf den Ausgang des Wiederaufnahmeverfahrens ankommt. Der Antragsteller entgeht damit ferner dem Risiko eines Strafverfahrens gem. § 21 StVG (Fahren ohne Fahrerlaubnis), wenn er weiter am Straßenverkehr teilnimmt.

K. Praxisbeispiel

An das
Amtsgericht
K.

23.09.14 – FM/yr

In der Bußgeldsache
gegen Herrn Ingo P.
– 2010 Js 76112/10.33 OWi –

legitimieren wir uns nebst Vorlage anliegender anwaltlicher Vollmacht für den Betroffenen und beantragen,

1. die Wiederaufnahme des durch rechtskräftige Bußgeldentscheidung abgeschlossenen Verfahrens zuzulassen.
2. Die Vollstreckung, insbesondere des im Bußgeldbescheid verhängten Fahrverbots, aufzuschieben.

Begründung:

Das Amtsgericht verwarf mit Urteil vom 4.5.2010 den Einspruch gegen den Bußgeldbescheid der Kreisverwaltung MK, Az. 030.174070.0 vom 23.9.2009.

Dem Betroffenen wurde im Bußgeldbescheid vorgeworfen, eine Ordnungswidrigkeit begangen zu haben. Insbesondere wurde ihm vorgeworfen, am 17.6.2009 um 10.32 Uhr auf der BAB 61 die zulässige Höchstgeschwindigkeit außerhalb geschlossener Ortschaften um 45 km/h überschritten zu haben. Im Bußgeldbescheid wurde ein Fahrverbot für die Dauer von 1 Monat verhängt.

Hiergegen richtete sich der Einspruch des Betroffenen vom 8.10.2009.

Irrtümlich war die Bußgeldbehörde zu der Auffassung gelangt, bei dem Fahrer handele es sich um Herrn Ingo P.

Bei dem Fahrer des Pkws handelte es sich jedoch nicht um Herrn Ingo P., so dass das Wiederaufnahmeverfahren einzuleiten war. Fahrer war sein Bruder, Herr Uwe Günther P. Ich verweise auf anliegende eidesstattliche Versicherung vom 30.8.2010 sowie das Anlagenkonvolut, welches Fotos des Antragstellers sowie des wahren Fahrers enthält.

§ 85 OWiG regelt die Wiederaufnahme des Verfahrens auch im Falle von rechtskräftigen Bußgeldentscheidungen. Die Vorschriften der Wiederaufnahme des Verfahrens der Strafprozessordnung werden für entsprechend anwendbar erklärt.

Nach § 359 StPO ist die Wiederaufnahme eines durch rechtskräftiges Urteil abgeschlossenen Verfahrens zugunsten des Verurteilten insbesondere zulässig, wenn neue Tatsachen oder Beweismittel beigebracht sind, die allein oder in Verbindung mit den früher erhobenen Beweisen, die Freisprechung des Angeklagten zu begründen geeignet sind.

Mithilfe anliegender eidesstattlicher Versicherung des wahren Fahrers, Herrn Uwe Günther P., sowie der beiliegenden Bilder, ist bewiesen, dass Herr Ingo P. nicht der Führer des Fahrzeugs war und daher zu Unrecht bestraft wurde. Die eidesstattliche Versicherung ist ein neues Beweismittel, welches zum Freispruch des Betroffenen, Herrn Ingo P., führen wird. Es wird vollinhaltlich Bezug auf die eidesstattliche Versicherung genommen.

Die Wiederaufnahme des Verfahrens zugunsten des Betroffenen ist auch nicht unzulässig, da gegen den Betroffenen neben der Geldbuße auch ein Fahrverbot festgesetzt wurde und seit Rechtskraft der Bußgeldentscheidung drei Jahre nicht verstrichen sind. Die Bußgeldsache ist erst seit Mai 2010 rechtskräftig. Die Beschränkung gilt nicht für Nebenfolgen nicht vermögensrechtlicher Art, wie ein Fahrverbot (AG Wetzlar, DAR 2000, 376).

Zuständig für das Wiederaufnahmeverfahren gegen den Bußgeldbescheid ist das nach § 68 OWiG zuständige Amtsgericht.

Dem Antrag ist der Erfolg nicht zu versagen.

Dr. F.
Rechtsanwalt
Fachanwalt für Strafrecht

Eidesstattliche Versicherung

In Kenntnis der Strafbarkeit der Abgabe einer falschen eidesstattlichen Versicherung erkläre ich, Uwe Günther P., vollständige Anschrift, folgendes an Eides statt:

Mein Bruder berichtete mir im August 2010, dass gegen ihn ein Bußgeldbescheid mit Fahrverbot ergangen sei. Er zeigte mir daraufhin das Radarbild, welches ich in der Anlage anbei füge. Ich erkenne hierauf einen Pkw Audi mit dem amtlichen Kennzeichen AB – F 4107. Auf dem Bild erkenne ich mich als Fahrer wieder, Beifahrer ist mein Bruder, Ingo P.

Den auf dem Radarfoto erkennbaren dunklen langen Bart habe ich mir zwischenzeitlich abrasiert. Ich lege Ihnen jedoch ein Foto, welches im Jahr 2009 aufgenommen wurde, das mich noch mit Bart zeigt. Letztlich kann überhaupt kein Zweifel daran bestehen, dass ich der Fahrzeugführer war. Soweit gegen meinen Bruder ein rechtskräftiger Bußgeldbescheid ergangen ist, so ist dieser unrechtmäßig. Ich bitte um Einleitung entsprechender Maßnahmen.

Ort, Datum

Unterschrift

Kapitel 17
Vollstreckung von Bußgeldentscheidungen

Zahlt der Betroffene, nachdem ein Bußgeldbescheid rechtskräftig geworden ist, nicht freiwillig, so muss die Bußgeldentscheidung vollstreckt werden. Vollstreckt werden können neben der Geldbuße auch angeordnete Nebenfolge, wie ein Fahrverbot, sowie die Kosten des Verfahrens.

A. Vollstreckung der Bußgeldbescheide der Verwaltungsbehörde

Vor der Verwaltungsbehörde rechtskräftig gewordene Bußgeldbescheide werden gem. § 90 OWiG vollstreckt. Der Bußgeldbescheid wird, soweit das Gesetz nichts anderes bestimmt, nach den Vorschriften des Verwaltungs-Vollstreckungsgesetzes vom 27. April 1953[1666] in der jeweils geltenden Fassung vollstreckt, wenn eine Verwaltungsbehörde des Bundes den Bußgeldbescheid erlassen hat, sonst nach den entsprechenden landesrechtlichen Vorschriften. Bei einem Bußgeldbescheid mit Fahrverbot ist der Führerschein an die Bußgeldbehörde zu senden, die das Fahrverbot festgesetzt hat. Einige Bußgeldstellen akzeptieren auch die Abgabe bei einer anderen Behörde oder einer Polizeidienststelle. Allerdings muss diese Behörde den Führerschein nicht annehmen. Bei „bayerischen" Fahrverboten, welche durch die Zentrale Bußgeldstelle Viechtach angeordnet worden sind, kann der Führerschein auch bei allen bayerischen Polizeidienststellen abgegeben werden. Betroffene mit Wohnsitz außerhalb Bayerns müssen den Führerschein grundsätzlich zur amtlichen Verwahrung an die Behörde schicken, welche den Bescheid erlassen hat. In Einzelfällen erklären sich auch Polizeistellen außerhalb Bayern dazu bereit, den Führerschein entgegenzunehmen, wenn die betroffene Person im Zuständigkeitsbereich seinen Wohnsitz hat. Diese Behörde sendet dem Betroffenen den Führerschein ca. 1–2 Tage vor Ablauf des Fahrverbotes zurück. Der Führerschein sollte unbedingt per Einschreiben mit Rückschein an die zuständige Bußgeldbehörde gesendet werden, da die Frist des Fahrverbotes erst nach Eingang des Führerscheines dort zu laufen beginnt und es auch schon zu unaufklärbaren Verlusten des Dokuments gekommen sein soll. Nach praktischen Erfahrungen weigern sich die Bußgeldstellen, für Kosten aufzukommen, die beim Betroffenen infolge des Abhandenkommens des Führerscheins angefallen sind. Der Betroffene oder sein Rechtsanwalt sollte neben dem Führerschein zur Führerscheinabgabe stets das Aktenzeichen und den Bußgeldbescheid mit übersenden.

1666 BGBl. I S. 157.

B. Vollstreckung der gerichtlichen Bußgeldentscheidung

I. Vollstreckung der Geldbuße

Hat der Betroffene Einspruch eingelegt und wurde er gleichwohl gerichtlich rechtskräftig zur Zahlung einer Geldbuße verurteilt, erhält er einige Wochen danach eine Kostenrechnung der zuständigen Staatsanwaltschaft unter Fristsetzung zur Zahlung binnen von zwei Wochen. Kann der Betroffene den Betrag nicht auf einmal zahlen, kann er einen Ratenzahlungsantrag (§ 93 OWiG) stellen und sollte hierzu Angaben zu seinen regelmäßigen Einnahmen und Ausgaben machen und diese durch Belege nachweisen. Da viele Mandanten im Verkehrs-Ordnungswidrigkeitenrecht rechtsschutzversichert sind, sollte die Kostenrechnung umgehend an die Rechtsschutzversicherung weitergeleitet werden (Musterformulierung im Anschluss).

Die Vollstreckung richtet sich nach § 91 OWiG. Für die Vollstreckung der gerichtlichen Bußgeldentscheidung gelten § 451 Abs. 1 und 2, die §§ 459 und 459g Abs. 1 sowie Abs. 2 in Verbindung mit § 459 der Strafprozessordnung, im Verfahren gegen Jugendliche und Heranwachsende auch § 82 Abs. 1, § 83 Abs. 2 sowie die §§ 84 und 85 Abs. 5 des Jugendgerichtsgesetzes sinngemäß. Vollstreckungsbehörde ist die zuständige Staatsanwaltschaft (§ 91 OWiG, § 451 StPO). Insbesondere verweist der Gesetzgeber für die Vollstreckung der Geldbuße auf die Vorschrift der Vollstreckung für Geldstrafen, § 459 StPO.

Gem. § 95 OWiG wird die Geldbuße oder der Teilbetrag einer Geldbuße vor Ablauf von zwei Wochen nach Eintritt der Fälligkeit nur beigetrieben, wenn auf Grund bestimmter Tatsachen erkennbar ist, dass sich der Betroffene der Zahlung entziehen will. Ergibt sich, dass dem Betroffenen nach seinen wirtschaftlichen Verhältnissen die Zahlung in absehbarer Zeit nicht möglich ist, so kann die Vollstreckungsbehörde anordnen, dass die Vollstreckung unterbleibt.

Nach Ablauf der in § 95 Abs. 1 OWiG bestimmten Frist kann das Gericht auf Antrag der Vollstreckungsbehörde oder, wenn ihm selbst die Vollstreckung obliegt, von Amts wegen Erzwingungshaft anordnen, wenn 1. die Geldbuße oder der bestimmte Teilbetrag einer Geldbuße nicht gezahlt ist, 2. der Betroffene seine Zahlungsunfähigkeit nicht dargetan hat (§ 66 Abs. 2 Nr. 2 Buchstabe b), 3. er nach § 66 Abs. 2 Nr. 3 OWiG belehrt ist und 4. keine Umstände bekannt sind, welche seine Zahlungsunfähigkeit ergeben. Ergibt sich, dass dem Betroffenen nach seinen wirtschaftlichen Verhältnissen nicht zuzumuten ist, den zu zahlenden Betrag der Geldbuße sofort zu entrichten, so bewilligt das Gericht eine Zahlungserleichterung oder überlässt die Entscheidung darüber der Vollstreckungsbehörde. Eine bereits ergangene Anordnung der Erzwingungshaft wird aufgehoben.

Nach § 96 III OWiG darf die Dauer der Erzwingungshaft wegen einer Geldbuße sechs Wochen, wegen mehrerer in einer Bußgeldentscheidung festgesetzter Geldbußen drei Monate nicht übersteigen. Sie wird, auch unter Berücksichtigung des zu zahlenden Betrages der Geldbuße, nach Tagen bemessen und kann nachträglich nicht verlängert, jedoch abgekürzt werden. Wegen desselben Betrages darf die Erzwingungshaft nicht wiederholt werden.

Formularschreiben im Zusammenhang mit der Kostenrechnung der Staatsanwaltschaft

An
Herrn
Bertram W.
Hauptstraße 2
44879 Bochum

Betr.: Ordnungswidrigkeit vom 30.3.2010

Sehr geehrter Herr W.

in obiger Angelegenheit erhalten Sie nach rechtskräftigem Abschluss des Bußgeldverfahrens in Kürze von der Staatsanwaltschaft noch eine gesonderte Kostenrechnung. Die Verfahrenskosten werden dann von Ihrer Rechtsschutzversicherung übernommen, nur die Geldbuße ist von Ihnen zu überweisen. Bitte senden Sie uns die noch ausstehende separate Kostenrechnung in jedem Falle zu gegebener Zeit zu. Wir erledigen für Sie die Weiterleitung zur Bezahlung an Ihre Rechtsschutzversicherung.

Bei Rückfragen stehen wir Ihnen gern zur Verfügung.

Mit freundlichen Grüßen

F.
Rechtsanwalt

II. Vollstreckung von Nebenfolgen

Für die Vollstreckung von Nebenfolgen, die zur Zahlung von Geld verpflichten (Verfall nach § 29a OWiG), gelten die Vorschriften für die Vollstreckung von Geldbußen.

III. Parallelvollzug von Fahrverboten

1. Einführung in die Problematik

Die praktisch bedeutsamste Nebenfolge im Verkehrs-Ordnungswidrigkeitenrecht ist das Fahrverbot. Es wird gem. § 25 II StVG grundsätzlich mit der Rechtskraft der Bußgeldentscheidung wirksam. Ab diesem Zeitpunkt ist es ihm untersagt, Fahrzeuge im öffentlichen Verkehr zu führen, Zuwiderhandlungen wären strafbar gem. § 21 StVG [Fahren ohne Fahrerlaubnis].[1667] Die Verbotsfrist zählt allerdings erst, wenn der Führerschein nach Rechtskraft der Bußgeldentscheidung bei der zuständigen Behörde abgeliefert wird. Eventuelle Postlaufzeiten werden nicht angerechnet. Entgegen dem weit verbreiteten Rechtsirrtum, verhängte Fahrverbote seien nach Rechtskraft einer gerichtlichen Bußgeldentscheidung an das Amtsgericht, welches die Entscheidung gefällt hat, zu übersenden, ist die Staatsanwaltschaft als Vollstreckungsbehörde hierfür grundsätzlich zuständig. Wird der Bußgeldbescheid mit Fahrverbot schon bei der Bußgeldbehörde rechtskräftig, ist der Führerschein an die Bußgeldstelle zu schicken. Für seine Dauer werden von einer deutschen Behörde ausgestellte nationale und internationale Führerscheine amtlich verwahrt. Dies gilt auch, wenn der Führerschein von einer Behörde eines Mitgliedstaates der Europäischen Union oder eines anderen Vertragsstaates des Abkommens über den Europäischen Wirtschaftsraum ausgestellt worden ist, sofern der Inhaber seinen ordentlichen Wohnsitz im Inland hat. Wird er nicht freiwillig herausgegeben, so ist er zu beschlagnahmen. Über den Zeitpunkt der Wirksamkeit des Fahrverbots und über den Beginn der Verbotsfrist ist der Betroffene bei der Zustellung der Bußgeldentscheidung oder im Anschluss an deren Verkündung zu belehren.

2. Meinungsstreit

Werden gegen den Betroffenen weitere Fahrverbote rechtskräftig verhängt, sind die Verbotsfristen in der Reihenfolge der Rechtskraft der Bußgeldbescheide zu berechnen. Hieraus folgt, dass für die Berechnung der Fahrverbotsfrist der Zeitpunkt der Rechtskraft der einzelnen Entscheidungen maßgeblich ist. Strittig ist, ob mehrere Fahrverbote, die gleichzeitig rechtskräftig werden, in einem Zeitraum vollstreckt werden. Im Folgenden wird der Meinungsstand wiedergegeben, wobei zur umfassenden Darstellung der Problematik ein Rückblick auf die alte Rechtslage notwendig ist. Ein Schwerpunkt soll darauf gelegt werden, praxisnah darzustellen, mit welchem statthaften Rechtsbehelf sich der Betroffene gegen unrichtige Sichtweisen der Vollstreckungsbehörde wehren kann. Bedauerlicher Weise wissen selbst im Verkehrsrecht spezialisierte Rechtsanwälte oft nicht, mit welchen rechtlichen Schachzügen sie dem Mandanten eine unberechtigte „Nacheinander"-Vollstreckung zweier Fahrverbote ersparen können. Der Abschnitt schließt mit einer Darstel-

---

1667 Nach OLG Koblenz (NZV 2010, 368; StRR 2010, 162; StraFo 2010, 248, VRR 2010, 271) muss ein juristischer Laie nicht zwangsläufig wissen, dass sich eine auf zwei Monate ab Rechtskraft befristete Nebenstrafe auf unbestimmte Zeit verlängert, solange der Führerschein nicht in amtliche Verwahrung genommen wird. Von einem vorsätzlichen Fahren ohne Führerschein war daher nicht auszugehen.

lung der auftretenden Konstellationen von gleichzeitig verhängten Fahrverboten sowie einem Muster eines Rechtsbehelfs gegen die unrichtige Berechnung der Fahrverbotsfrist.

a) Alte Rechtslage

Bereits vor Einführung des § 25 Abs. 2a StVG, der ausdrücklich vorschreibt, dass im Falle einer gewährten Vier-Monatsfrist beide Fahrverbote nacheinander zu vollstrecken sind, war es streitig, ob zwei in gesonderten Bußgeldbescheiden verhängte Fahrverbote gleichzeitig oder nacheinander laufen.[1668] Die Meinung, die sich für eine gleichzeitige Vollstreckung aussprach, begründete dies vornehmlich mit dem Wortlaut des § 25 Abs. 2 StVG, der sagt, das Fahrverbot werde mit Rechtskraft der Bußgeldbescheids wirksam,[1669] während die Gegenmeinung vor allem auf den Sinn und Zweck eines Fahrverbots als Denkzettel- und Besinnungsmaßnahme abstellte und darauf hinwies, dass sich anderenfalls ein unter rechtsstaatlichen Gesichtspunkten nicht zu vertretender Bonus für einen Betroffenen ergeben würde, der durch geschicktes Taktieren den gleichzeitigen Eintritt der Rechtskraft zweier gegen ihn verhängter Fahrverbote erreicht.[1670]

b) Rechtslage nach Einführung von § 25 IIa StVG

Nach Inkrafttreten des Änderungsgesetzes vom 26.1.1998[1671] besteht für die Fälle des § 25 II StVG keine einheitliche Spruchpraxis. § 25 IIa StVG sieht zwar vor, dass die Fahrverbotsfristen nacheinander in der Reihenfolge der Rechtskraft der Bußgeldentscheidung zu berechnen sind, wenn gegen den Betroffenen ein weiteres Fahrverbot rechtskräftig verhängt wurde. Die in § 25 IIa S. 2 StVG enthaltene Regelung ist nach der gesetzlichen Stellung allerdings ausschließlich auf die in § 25 IIa StVG geregelten Fälle bezogen; auf die in § 25 II StVG geregelten Fahrverbote, die mit Rechtskraft der Entscheidung wirksam werden, ist diese Regelung damit nicht direkt anwendbar.[1672] Dem Gesetzgeber dürfte die Auslegung der Rechtsprechung zu § 25 Abs. 2 StVG, wonach Fahrverbote bei gleichzeitiger Rechtskraft der Entscheidung auch gleichzeitig vollstreckt werden, bei Einführung des § 25 Abs. 2a StVG bekannt gewesen sein.[1673] Gleichwohl hat der Gesetzgeber keinen Handlungsbedarf gesehen, so dass es bei der gleichzeitigen Vollstreckung von Fahrverboten, die nach

1668 *Hentschel*, StVG, 36. Aufl. Rn 28 zu § 25 StVG m.w. Nachw.
1669 *BayObLG*, DAR 1994, 74.
1670 *AG Bottrop*, DAR 1995, 262.
1671 BT-Drs. 13/8655 S. 13.
1672 *AG Paderborn*, ZfS 1999, 219.
1673 *AG Braunschweig*, NZV 2003, 121.

§ 25 Abs. 2 StVG gleichzeitig wirksam geworden sind, verbleibt.[1674] Gegen diese Auslegung wird nicht ganz zu Unrecht vorgebracht, dass es im Ergebnis fragwürdig erschiene, wenn der bisher nicht durch ein Fahrverbot Vorgewarnte die gegen ihn verhängten Fahrverbote hintereinander zu absolvieren hätte, während der schon zumindest einmal erheblich einschlägig in Erscheinung Getretene sie gleichzeitig verbüßen könnte.[1675] Dem Wortlautargument der ersten Auffassung gebührt jedoch der Vorzug.[1676]

c) Gemischt straf- und bußgeldrechtliche Fahrverbote

Strittig ist auch, wie sich ein bußgeldrechtliches Fahrverbot in der Vollstreckung zu einem strafrechtlichen Fahrverbot gem. § 44 StGB verhält. Strafrechtliche Fahrverbote sind nicht nach, sondern neben den bußgeldrechtlichen Fahrverboten zu vollstrecken.[1677] Diese Rechtsauffassung wird zunächst auf eine grammatikalische Auslegung des § 25 IIa 2 StVG gestützt, da diese Norm expressis verbis nur bußgeldrechtliche, nicht aber strafrechtliche Fahrverbote erfasst. Neben der grammatikalischen Auslegung kann die Rechtsauffassung auch auf eine historische Auslegung gestützt werden, da ein im Gesetzgebungsverfahren eingebrachter Antrag, aus verkehrserzieherischen Gründen und solchen der Verkehrssicherheit Fahrverbotsfristen mehrerer Verbote nicht gleichzeitig zu berechnen, sondern nacheinander wirken und gegebenenfalls vollstrecken zu lassen, für das Fahrverbot gem. § 44 StGB gerade nicht verwirklicht wurde, um die Funktion der Denkzettelmaßnahme zu erhalten.[1678] Auf eine in § 25 II a 2 StVG entsprechende Vorschrift für strafrechtliche Fahrverbote wurde bewusst verzichtet; für eine entsprechende oder analoge Anwendung des § 25 II a 2 StVG ist hinsichtlich des strafrechtlichen Fahrverbots kein Raum.[1679]

3. Überblick

Die Frage, ob Fahrverbote parallel zu vollziehen sind, ist weiterhin heillos umstritten. Unterschiedlich werden erst recht sogenannte „Mischfälle“ beurteilt. Bei weitem besteht noch keine einheitliche Spruchpraxis. Es hat sich jedoch folgende herrschende Meinung herauskristallisiert:

1674 *AG Herford*, DAR 2000 133; http://www.polizei.bayern.de/verkehr/verstoesse/index.html/602.

1675 *AG Bad Liebenwerda*, DAR 2003 42; *AG Stuttgart*, NZV 2006, 328.

1676 Seitz, in *Göhler*, OWiG, § 90, Rn 31b.

1677 *BayObLG*, VRS 81, 71.

1678 *Fischer*, StGB § 44 Rn 18 a m.w.N.

1679 *AG Passau*, NStZ-RR 2005, 244.

a) Mischfall: Fahrverbot nach § 25 Abs. 2a S. 1 StVG (mit Vier-Monatsfrist) trifft mit Fahrverbot nach § 25 Abs. 2 S. 1 StVG zusammen:

Für Fahrverbote, die mit der Ausnahmeregelung des § 25 Abs. 2a S. 1 StVG ergangen sind, hat der Gesetzgeber eindeutig geregelt, dass in solchen Fällen andere Fahrverbote erst danach zu vollstrecken sind. Dabei hat sich der Gesetzgeber nicht nur auf andere Fahrverbote bezogen, die auch mit der Ausnahmeregelung des § 25 Abs. 2a S. 1 StVG erlassen wurden. Der Gesetzeswortlaut spricht grundsätzlich von weiteren Fahrverboten – irgendeine bestimmte Klassifizierung wird nicht vorgenommen. Eine Beschränkung auf Fahrverbote nach § 25 Abs. 2a S. 1 StVG ist dem Wortlaut des § 25 Abs. 2a S. 2 StVG nicht zu entnehmen. Auch teleologische Erwägungen gebieten keine Beschränkung des Anwendungsbereiches des § 25a Abs. 2a S. 2 StVG auf ein Zusammentreffen mehrerer privilegierter Fahrverbote nach § 25a Abs. 2a StVG. Durch § 25 Abs. 2a S. 2 StVG sollen durch die Privilegierung entstehende Missbrauchsgefahren[1680] ausgeglichen werden. Diese Gefahr der Zusammenlegung von mehreren Verfahren ist bereits bei Verhängung eines privilegierten Fahrverbotes mit Schonfrist gem. § 25 Abs. 2a S. 1 StVG gegeben. Würde § 25 Abs. 2a S. 2 StVG nicht angewendet, würde der verfolgungswürdigere Verkehrssünder unbillig bessergestellt. Im Verhältnis zu einem Fahrverbot im Sinne von § 25 Abs. 2a S. 1 StVG muss ein weiteres Fahrverbot daher im Anschluss vollstreckt werden.[1681]

b) Zwei Fahrverbote nach § 25 Abs. 2a S. 1 StVG:

Liegen mehrere Fahrverbote mit der Ausnahmeregelung des § 25 Abs. 2a S. 1 StVG vor, werden diese eines nach dem anderen vollstreckt.

c) Zwei Fahrverbote nach § 25 Abs. 2 S. 1 StVG:

Macht die Bußgeldstelle kein Gebrauch von § 25 Abs. 2a S. 1 StVG und wird das Fahrverbot damit nicht erst dann wirksam, wenn der Führerschein in amtliche Verwahrung gelangt, so kann das Fahrverbot gleichzeitig vollstreckt werden.

d) Mischfall: Fahrverbot nach § 25 Abs. 2 S. 1 StVG trifft mit Fahrverbot nach § 44 StGB zusammen:

Wird der Führerschein wegen eines Fahrverbots amtlich verwahrt, so beginnt die Verbotsfrist für ein in einem anderen (Straf-)Verfahren angeordnetes (zweites) Fahrverbot bereits mit Eintritt der Rechtskraft der Anordnung dieses (zweiten) Fahrverbots. Auch hier kann das Fahrverbot gleichzeitig vollstreckt werden.

1680 Vgl. Deutsche Bundestagdrucksache 13/8655 v. 1.10.1997 zur Art. 4, NZV 1998, 131, 133.
1681 AG Bremen NZV 2011, 51 mit Anm. Fromm.

e) Mischfall: Fahrverbot nach § 25 Abs. 2a S. 1 StVG trifft mit Fahrverbot nach § 44 StGB zusammen:

Das strafrechtliche Fahrverbot ist nicht nach, sondern neben den bußgeldrechtlichen Fahrverbot zu vollstrecken. Aus der grammatikalischen Auslegung des § 25 II a S. 2 StVG ergibt sich, dass diese Norm expressis verbis nur bußgeldrechtliche, nicht aber strafrechtliche Fahrverbote erfasst.

4. Praxistipps

a) Werden Einsprüche gegen Fahrverbote in Bußgeldbescheiden zurückgenommen, so ist darauf zu achten, dass dies gegenüber der richtigen Behörde geschieht. Ansonsten kann es bei der Fahrverbotsberechnung zu Fehlern kommen. Zuständig für die Entgegennahme der Rücknahmeerklärung ist grundsätzlich die Verwaltungsbehörde, die den Bußgeldbescheid erlassen hat. Soweit die Akten jedoch bereits bei der Staatsanwaltschaft oder dem nach § 68 OWiG zuständigen Gericht eingegangen sind, ist die Erklärung gegenüber diesen Stellen abzugeben. Die Rücknahmeerklärung wird erst mit dem Eingang bei der Stelle, bei der das Verfahren zur Zeit der Rücknahme anhängig ist, wirksam. Soweit die Erklärung gegenüber der Verwaltungsbehörde abgegeben wird, obwohl diese die Akten bereits weitergegeben hat, so hat die Verwaltungsbehörde für die unverzügliche Weiterleitung an die Staatsanwaltschaft oder das Gericht zu sorgen, notfalls fernmündlich oder über Telefax.

b) Werden Fahrverbote verschiedener Bußgeldstellen verbüßt, so sollte im Rahmen der Abgabe des Führerscheins zur Transparenz unter Angabe der Vollstreckungsbehörde und des Aktenzeichens darauf verwiesen werden, dass parallel noch ein Fahrverbot einer anderen Bußgeldstelle vollstreckt wird.

c) Deutet die Vollstreckungsbehörde jedoch an, dass sie den Parallelvollzug nicht akzeptiert oder bittet die andere Bußgeldstelle im Wege der Rechtshilfe um Übersendung des Führerscheines zum Zwecke der Vollstreckung im Anschluss, so sollte der Rechtsbehelf des § 103 I Nr. 1 OWiG eingelegt werden. Dies gilt auch für Fälle, in denen die Behörde die Fahrverbotsfristen unrichtig berechnet. Der Betroffene kann sich mit dem Antrag auf gerichtliche Entscheidung gem. § 103 I Nr. 1 OWiG gegen die Berechnung der Fahrverbotsfrist durch die Verwaltungsbehörde nach Verhängung zweier Fahrverbote wenden.

d) Durch Einwendungen nach dieser Vorschrift wird die Vollstreckung nicht gehemmt. Das Gericht kann jedoch die Vollstreckung aussetzen. Der Betroffene muss beantragen, „festzustellen, dass die Vollstreckung des mit Bußgeldbescheid der Bußgeldstelle vom … – angeordneten Fahrverbots von einem Monat bereits erledigt ist (§§ 103, 104 OWiG)“ oder „beide Fahrverbote parallel zu vollstrecken sind.“

e) Die bei der Vollstreckung notwendig werdenden gerichtlichen Entscheidungen werden gem. § 104 OWiG von dem nach § 68 OWiG zuständigen Gericht, wenn ein Bußgeldbescheid zu vollstrecken ist, erlassen. Die Entscheidung ergeht ohne mündliche Verhandlung. Vor der Entscheidung ist den Beteiligten Gelegenheit zu geben, Anträge zu stellen und zu begründen. Entscheidungen des Gerichts über die Parallelvollstreckung von Fahrverboten sind gem. § 104 III Satz 2 OWiG nicht anfechtbar.

5. Musterantrag

An das Amtsgericht

Az.: OWi

In dem Ordnungswidrigkeitenverfahren
gegen N.

1. Es wird beantragt, festzustellen, dass die Fahrverbote aus den Bußgeldbescheiden des Kreises M. vom 25.6.2009 (Az.: ...) und vom 9.7.2009 (Az.: ...) parallel zu vollstrecken sind.
2. Es wird weiter beantragt, die Vollstreckung des Fahrverbots aus dem Bußgeldbescheid vom 9.7.2009 bis zu einer Entscheidung des angerufenen Gerichts auszusetzen.

Begründung:

1) Sachverhalt

Der Betroffene hat am 10.6.2009 in H. innerhalb geschlossener Ortschaften die zulässige Höchstgeschwindigkeit um 37 km/h überschritten. Mit Bußgeldbescheid des Kreises M. vom 25.6.2000 (Az.: ...) ist gegen ihn eine Geldbuße von 100,– € und ein Fahrverbot von einem Monat festgesetzt worden. Aufgrund eines rechtskräftigen Bußgeldbescheides vom 31.3.2010 kam eine erneute Anwendung des § 25 Abs. 2a StVG (mit Vier-Monatsfrist) nicht in Betracht.

Am 30.4.2009 hat der Betroffene in V. außerhalb geschlossener Ortschaften die zulässige Höchstgeschwindigkeit um 38 km/h überschritten. Mit Bußgeldbescheid des Kreises M. vom 9.7.2009 (Az.: ...) ist gegen ihn eine Geldbuße von 75,– € und ein Fahrverbot von einem Monat festgesetzt worden. Aufgrund des rechtskräftigen Bußgeldbescheides vom 31.3.2009 kam eine erneute Anwendung des § 25 Abs. 2a StVG nicht in Betracht.

Gegen beide Bußgeldbescheide hat der – anwaltlich vertretene – Betroffene rechtzeitig Einspruch eingelegt. Er hat beide Einsprüche mit Schreiben vom 19.11.2009 – per Fax eingegangen am 19.11.2009 – zurückgenommen, den Führerschein zur Bußgeldstelle des Kreises M. geschickt und um Beachtung gebeten, dass das weitere Fahrverbot von einem Monat parallel vollstreckt werde.

Die Bußgeldstelle des Kreises M. hatte daraufhin die gleichzeitige Vollstreckung abgelehnt und dem Betroffenen mitgeteilt, dass nach Ablauf des Fahrverbots aus dem Bußgeldbescheid vom 9.7.09 am 17.12.2009 um 24.00 Uhr die Vollstreckung aus diesem Bußgeldbescheid beginne.

2) Rechtliche Ausführungen

Ob eine parallele Vollstreckung in Frage kommt, wenn das Fahrverbot mit Rechtskraft des Bußgeldbescheides wirksam wird und sich der Führerschein des Betroffenen zu dieser Zeit bereits in amtlicher Verwahrung befindet, ist umstritten (vgl. *Hentschel,* Straßenverkehrsrecht, 39. Aufl., 2007, StVG § 25 Rn 28 mit weiteren Nachweisen).

Gegen eine gleichzeitige Vollstreckung spricht, dass dies gegen das Gleichheitsgebot und das Rechtsstaatsprinzip verstößt (so AG Liebenwerda, DAR 2003, 42) und dass dies dem Zweck der Nebenfolge als Denkzettel entspricht (AG Bottrop DAR 1995, 262–263, mit ablehnender Anmerkung *Engelbrecht,* DAR 1995, 263).

Dem steht allerdings der klare Gesetzeswortlaut des StVG entgegen. Gem. § 25 Abs. 2 S. 1 StVG wird das Fahrverbot mit Rechtskraft der Entscheidung wirksam. Gemäß Absatz 5 Satz 1 beginnt die Fristberechnung ab dem Zeitpunkt, in dem der Führerschein in amtliche Verwahrung gelangt. Befindet sich der Führerschein im Zeitpunkt des Beginns des Fahrverbotes bereits in amtlicher Verwahrung, so beginnt auch zugleich die Berechnung der Monatsfrist. Da der Gesetzgeber keine Regelung dafür getroffen hat, dass die Fristberechnung erst nach dem Ablauf eines weiteren Fahrverbotes beginnt, ergibt sich daraus, dass eine gleichzeitige Vollstreckung zulässig ist. Zwar wird dadurch der Betroffene besser gestellt, als wenn beide Fahrverbote nacheinander vollstreckt werden. Dies ist aber als gewollte Entscheidung des Gesetzgebers hinzunehmen. Dieser Wille ergibt sich gerade aus der Fassung des § 25 Abs. 2a StVG. Der Gesetzgeber hat für den dortigen Fall die Gefahr erkannt, dass es passieren kann, dass mehrere Fahrverbote gleichzeitig wirksam werden. Er hat dann für den Fall, dass der Betroffene unter Ausnutzung der ihm zur Verfügung stehenden 4 Monatsfrist die gleichzeitige Vollstreckung erreichen will, durch die klare Regelung des § 25 Abs. 2a S. 2 StVG einer solchen Vorgehensweise einen Riegel vorgeschoben. Aber gerade weil für diesen Fall die Ausnahmeregelung getroffen wurde, ist erkennbar, dass der Gesetzgeber dieses Problem erkannt hat. Dies ergibt sich auch aus der Begründung zu dem Gesetzentwurf bei der Einführung des § 25 Abs. 2a StVG (vgl. *Hentschel,* a.a.O. Rn 5). Wenn dennoch für den Fall eines Fahrverbotes ohne diese 4 Monatsfrist eine besondere Regelung unterbleibt, dann ist dies als gewollte Folge hinzunehmen (so im Ergebnis auch: AG Herford DAR 2000, 133; *Hentschel,* a.a.O., Rn 28 mit weiteren Nachweisen).

Es muss dahin stehen, ob der Gesetzgeber schlicht und ergreifend übersehen hat, dass durch die Einlegung des Einspruches gegen verschiedene Bußgeldbescheide und der gleichzeitigen Rücknahme derselben der anwaltlich gut beratene Betroffene denselben Zweck erzielen kann. Dies und die Tatsache, dass es nicht nachzuvollziehen ist, weshalb ein Betroffener in dem einen Fall besser als in dem anderen Fall gestellt wird, und weil es auch dem Sinn und Zweck der Denkzettelfunktion widerspricht zwei Fahrverbote nebeneinander zu vollstrecken, könnte dafür sprechen, den Regelungsgehalt des § 25 Abs. 2a S. 2 StVG auch auf die Vollstreckung anderer Fahrverbote anzuwenden. Im Ordnungswidrigkeitenrecht darf aber – wie auch im Strafrecht – keine Analogie zuungunsten des Betroffenen vorgenommen werden. Insoweit darf § 25 Abs. 2a S. 1 StVG nicht isoliert, sondern nur in Verbindung mit § 25 Abs. 2a S. 1 StVG gelesen werden (vgl. *Hentschel*, a.a.O., Rn 30).

Daher sind die beiden Fahrverbote aus den Bußgeldbescheiden des Kreises M., welche am selben Tag rechtskräftig geworden sind und beide ohne die Ausnahmevorschrift § 25 Abs. 2a S. 1 StVG erlassen wurden, parallel zu vollstrecken.

3) Ergebnis

Dem Antrag ist der Erfolg nicht zu versagen.

Rechtsanwalt

C. Gnadenanträge

I. Einführung in die Problematik

Ist der Betroffene in dem gegen ihn gerichteten Ordnungswidrigkeitenverfahren zu einem Fahrverbot gem. § 25 I 1 StVG verurteilt worden, so können als letzter Ausweg im Bußgeldverfahren Gnadenanträge durch den Betroffenen oder seinen Verteidiger gestellt werden, wenn das Urteil – ggf. nach erfolgloser Einlegung von Rechtsmitteln – zwischenzeitlich rechtskräftig ist. Hierdurch kann u.a. der Wegfall des Fahrverbots erreicht werden. Bedauerlicherweise wird von diesem Versuch in der Strafvollstreckung in der Praxis kaum Gebrauch gemacht, zumal derlei Anträge auch durch das RVG honoriert werden. Nachfolgend soll ein Überblick über das Gnadenverfahren nach verhängten Fahrverboten gegeben werden, insbesondere durch Darstellung der relevanten Vorschriften der Gnadenordnungen der Länder die Möglichkeiten der Verteidigung veranschaulicht werden, ein drohendes Fahrverbot abzuwenden. Abschließend soll ein Muster eines Gnadenantrags dazu beitragen, diesen Weg zu erleichtern.

II. Gnadenfähige Entscheidungen

Gegenstand der Verfahren in Gnadensachen sind namentlich Strafen, Nebenstrafen, Maßregeln der Besserung und Sicherung, Erziehungsmaßregeln und Zuchtmittel, Geldbußen sowie Ordnungs- oder Zwangsmittel mit sanktionierendem Charakter, § 1 S. 3 Berliner Gnadenordnung. Ähnliche Vorschriften enthalten die meisten anderen Gnadenordnungen der Länder.

III. Einreichung der Gnadengesuche

Gnadengesuche müssen bei den Gnadenbehörden eingereicht werden. Die Gnadenordnungen der Länder haben diese teilweise definiert, § 3 ThürGnO. In § 6 der Bayerische Gnadenordnung (BayGnO) heißt es exemplarisch, dass Gnadengesuche „1. bei dem Gericht, das in erster Instanz erkannt hat, oder 2. bei der für das Gericht der ersten Instanz zuständigen Staatsanwaltschaft, wenn diese am Verfahren beteiligt war" eingereicht werden können. Ähnliche Vorschriften enthalten andere Bundesländer. Die Gnadengesuche können schriftlich oder zu Protokoll der Geschäftsstelle gestellt werden. Es versteht sich von selbst, dass der Gesuchsteller die zur Begründung des Gesuchs aufgestellten Behauptungen (z.B. Arbeitsbescheinigung, ärztliches Zeugnis) schriftlich belegen sollte.

! **Praxistipp**
In der Praxis sollte vor Einreichung eines Gnadenantrags telefonisch Kontakt zur Staatsanwaltschaft aufgenommen werden, um zu erfahren, welcher Sachbearbeiter für die Bescheidung des Antrags zuständig ist. Mit dem Staatsanwalt sollte telefonisch schon konkret besprochen werden, bis wann mit einer Entscheidung zu rechnen ist. Die Zuständigkeit für die Bearbeitung von Gnadenanträgen ist bedauerlicherweise alles andere als innerhalb der Staatsanwaltschaft gut bekannt, da derlei Anträge exotisch sind. Ich telefonierte schon mit Abteilungen, denen die Zuständigkeit nicht bekannt war und die auch bei einem erneuten Anruf nicht „ermitteln" konnten, wem der Gnadenantrag vorzulegen ist.

IV. Vorläufige Einstellung der Vollstreckung

Gnadengesuche hemmen in der Regel[1682] die Vollstreckung nicht (§ 15 GnO BW). Die Vollstreckung kann jedoch bis zur Entscheidung über das Gnadengesuch vorläufig eingestellt werden, wenn erhebliche Gnadengründe vorliegen und das öffentliche

1682 Vgl. aber § 5 der Berliner GnO: Hiernach hemmt das erste Gnadengesuch einer verurteilten Person die Vollstreckung in dem betroffenen Verfahren.

Interesse die sofortige Vollstreckung nicht erfordert. Dies sollte auch im Gnadengesuch ausdrücklich beantragt werden.

V. Ermächtigung der Gnadenbehörden

Die meisten Gnadenordnungen beschreiben konkret den möglichen Inhalt von Gnadenentscheidungen bei rechtskräftigen Führerscheinmaßnahmen. Das Begnadigungsrecht umfasst die Befugnis, bei der Entziehung der Fahrerlaubnis gem. § 69 StGB Sperrfristen zur Wiedererteilung der Fahrerlaubnis bis zu zwei Jahren sowie Fahrverbote nach § 44 StGB oder § 25 I 1 StVG, auf die durch gerichtliche Entscheidung erkannt worden ist, aufzuheben oder zu verkürzen. Die Aufhebung oder Verkürzung der Sperrfrist zur Wiedererteilung der Fahrerlaubnis kann von der Gnadenbehörde auch auf bestimmte Arten von Kraftfahrzeugen beschränkt werden, vgl. § 26 HGnO. Nach Nr. 18.1.6 der Gnadenordnung von Rheinland-Pfalz umfasst das Gnadenrecht insbesondere die Befugnis, ein als Nebenstrafe verhängtes oder als Nebenfolge angeordnetes Fahrverbot um die Dauer von bis zu einem Monat abzukürzen oder die Vollstreckung zu unterbrechen; dies gilt auch, sofern das Fahrverbot nur einen Monat beträgt.

§ 6 I Nr. 8 der Gnadenordnung Baden-Württembergs bestimmt, dass der Leiter der Staatsanwaltschaft, soweit sich nicht der Ministerpräsident oder der Justizminister die Entscheidung allgemein oder im Einzelfall vorbehalten hat, befugt ist, Sperrfristen für die Erteilung einer Fahrerlaubnis um höchstens ein Sechstel, jedoch nicht mehr als sechs Monate, abzukürzen sowie Fahrverbote, auf die durch gerichtliche Entscheidung erkannt worden ist, um höchstens einen Monat abzukürzen oder zu unterbrechen.

VI. Voraussetzungen der Erteilung von Gnadenerweisen

Teilweise äußern sich die Gnadenordnungen der Länder zu den Voraussetzungen für positive Gnadenentscheidungen. § 27 der hessischen Gnadenordnung enthält Richtlinien zur Erteilung von Gnadenerweisen bei Entziehung der Fahrerlaubnis und Fahrverbot. Danach darf die gnadenweise Aufhebung oder Verkürzung einer Sperrfrist zur Wiedererteilung der Fahrerlaubnis oder eines Fahrverbots von der Gnadenbehörde „nur dann gewährt werden, wenn die weitere Vollstreckung zu erheblichen und außergewöhnlichen Nachteilen führen würde. Hierbei ist insbesondere zu berücksichtigen, ob diese Nachteile bereits bei der Bemessung der Sperrfrist beachtet worden sind. Als erhebliche Nachteile ist in der Regel die Beeinträchtigung der beruflichen Fortentwicklung, der Sicherheit des Arbeitsplatzes oder der familiären Stellung der verurteilten Person anzusehen.“

Hier befindet man sich wieder im gewohnten Fahrwasser: Schon das mit Verfassungsrang ausgestattete rechtsstaatliche Übermaßverbot[1683] gebietet es, dass von einem Fahrverbot oder einer Entziehung der Fahrerlaubnis abzusehen ist, wenn darin eine berufliche Härte läge.[1684] Infolge der Führerscheinmaßnahme muss vielmehr die konkrete Gefahr eines Arbeitsplatz- oder Existenzverlustes drohen. Der Betroffene muss daher die Umstände der real drohenden Existenzvernichtung genau darlegen und stichhaltig begründen.[1685] Im Gnadenantrag sind mithin die Tatsachen vorzutragen, die einen Existenz- oder Berufsverlust zur Konsequenz haben können.[1686]

Geht man davon aus, dass der Vorschrift der Gnadenordnung der Rechtsgedanke innewohnt, dass im Gnadenverfahren nur neue Aspekte Berücksichtigung finden, die im regulären Straf- oder Bußgeldverfahren noch nicht vorgetragen wurden, so kann der Betroffene hier mit seiner Einlassung, dass ihm durch ein (mehrmonatiges) Fahrverbot oder die Entziehung der Fahrerlaubnis die Kündigung des Arbeitsverhältnisses droht, und dies als unzumutbare Härte zu bewerten sei, nicht erneut gehört worden.

VII. Probleme bei Gnadengesuchen

Bedauerlicher Weise erweisen sich Gnadengesuche in der Praxis selten als erfolgreich. Dies sollte jedoch nicht entmutigen, ist dies doch in erster Linie auch darauf zurückzuführen, dass sie selten einmal professionell formuliert werden. Ein erhebliches Ärgernis ist jedoch die Tatsache, dass sie oft auch sehr spät bearbeitet werden, so dass sich die Problematik nach Beginn der Fahrverbotsfrist erledigt hat. Das Fahrverbot kann seine Wirkung schon mit der Rechtskraft der Entscheidung entfalten. Anders verhält es sich, wenn das Gericht nach § 25 II a 1 StVG ausnahmsweise bestimmt, dass das Fahrverbot spätestens nach Ablauf einer Frist von vier Monaten ab der Rechtskraft der Entscheidung Gültigkeit hat, weil innerhalb der zwei Jahre vor dem Verkehrsverstoß kein Fahrverbot gegen den Betroffenen verhängt worden ist und bis zur Entscheidung auch kein anderes Fahrverbot ausgesprochen wurde.

VIII. Gnadenbeschwerde

Gegen Bescheide der Gnadenbehörde ist die Beschwerde statthaft. Über die Beschwerde entscheidet nach den meisten Gnadenordnungen der Justizminister. Die

---

1683 *OLG Bamberg*, Beschl. v. 19.7.2005 – 2 Ss OWi 564/05; *BayObLG* NZV 1991, 161 und 1998, 212f.
1684 *Krumm*, ZRP 2010, 11; *Buschbell*, SVR 2010, 3.
1685 *Burmann*, in Jagow/Burmann/Heß, § 25 StVG Rn 31.
1686 *Fromm*, NZV 2010, 1ff.

Gnadenbehörde kann der Beschwerde im Rahmen ihrer Befugnis abhelfen, sofern von dem Beschwerdeführer Gründe vorgetragen werden, die nunmehr einen Gnadenerweis rechtfertigen. Beschwerden hemmen die Vollstreckung nicht. Die Gnadenbehörden können die Vollstreckung bis zur Entscheidung über die Beschwerde vorläufig einstellen oder von Zwangsmaßnahmen absehen, sofern neue, gewichtige Gnadengründe glaubhaft dargetan werden und die Beschwerde deshalb nicht aussichtslos erscheint.

IX. Honorar bei Gnadenanträgen

Nach Teil 5 des Vergütungsverzeichnisses des Rechtsanwaltsvergütungsgesetzes erhält der Rechtsanwalt eine Verfahrensgebühr für die Vertretung in einer Gnadensache eine Rahmengebühr in Höhe von 20,00 bis 110,00 € (Nr. 5200 Abs. 4 VV-RVG). Die Kosten können sogar der Rechtsschutzversicherung auferlegt werden, da die Straf-Rechtsschutzversicherung alle Strafaufschub- und Strafaussetzungsverfahren sowie das Gnadengesuch umfasst. War die Geldbuße jedoch geringer als 250,00 €, besteht wegen Geringfügigkeit leider kein Rechtschutz. Ausgenommen sind Taten, die vorsätzlich begangen wurden, hier hätte auch keine Eintrittspflicht für das Straf- oder Ordnungswidrigkeitenverfahren bestanden. Der bestellte/beigeordnete Rechtsanwalt erhält eine Festgebühr i.H.v. 52,00 €.

X. Zusammenfassung und Fazit

1. Gnadenerweise haben Ausnahmecharakter. Sie dienen insbesondere dazu, Unbilligkeiten bei nachträglich bekanntgewordenen oder eingetretenen allgemeinen oder persönlichen Umständen auszugleichen.
2. Die Gnadenbehörden haben die Befugnis, Fahrverbote nach § 25 I 1 StVG, auf die durch gerichtliche Entscheidung erkannt worden ist, aufzuheben oder zu verkürzen. Dies ergibt sich aus den meisten Gnadenordnungen der Länder.
3. Eine Gnadenentscheidung fällt in der Regel positiv aus, wenn die Vollstreckung der Führerscheinmaßnahme zu erheblichen und außergewöhnlichen Nachteilen führen würde. In diesem Zusammenhang kann der Rechtsanwalt auf die Rechtsprechung der Oberlandesgerichte zum Wegfall des Fahrverbots wegen der damit verbundenen besonderen Härte zurückgreifen. Danach ist wegen des mit Verfassungsrang ausgestatteten rechtsstaatlichen Übermaßverbots von einem Fahrverbot abzusehen, wenn infolgedessen die konkrete Gefahr eines Arbeitsplatz- oder Existenzverlustes droht. Bei neuen Gesichtspunkten, die noch nicht im Rahmen der Verteidigung vor Rechtskraft vom Richter in seine Entscheidung einbezogen werden konnten, erscheint ein Gnadenantrag durchaus empfehlenswert.

4. Problematisch ist jedoch, dass Gnadenanträge oft sehr spät bearbeitet werden, so dass sich oft die Problematik nach Beginn der Fahrverbotsfrist erledigt hat. Daher sollte ausdrücklich beantragt werden, die Vollstreckung bis zur Entscheidung über das Gnadengesuch vorläufig einzustellen.
5. Für Gnadengesuche fällt die Gebühr nach Nr. 5200 Abs. 4 VV-RVG an. Hierfür ist seitens der Rechtsschutzversicherung Deckungszusage zu erteilen, es sei denn es liegt ein Vorsatzdelikt vor.
6. Die nicht erfolgreiche Gnadenentscheidung kann mit der Beschwerde angegriffen werden.

XI. Praxisbeispiel

Vorab per Telefax:
An die
Staatsanwaltschaft
bei dem Landgericht K.

Koblenz, 13.11.2010

Im Strafvollstreckungsverfahren
gegen A. Meyer

Aktenzeichen:
VRs
2010 Js 24356/10 2 OWi

beantrage ich namens und kraft Vollmacht des Mandanten,

1. das vom Amtsgericht K. im Urteil vom 25.1.2010 (Az.: 2010 Js 24356/10 2 OWi) angeordnete Fahrverbot nach § 25 I 1 StVG für die Dauer von zwei Monaten gnadenweise aufzuheben, hilfsweise einen Monat Fahrverbot zum Wegfall zu bringen,

2. äußerst hilfsweise die Frist zur Abgabe des Führerscheins um 3 Monate zu verlängern,

3. die Vollstreckung bis zur Entscheidung über das Gnadengesuch vorläufig einzustellen.

Begründung:

Der Antragsteller wurde vom Amtsgericht K. im Urteil vom 25.1.2010 (Az.: 2010 Js 24356/10 2 OWi) wegen Überschreitung der zulässigen Höchstgeschwindigkeit zu einer Geldbuße verurteilt. Ferner wurde ein Fahrverbot von zwei Monaten angeordnet. Das Urteil ist seit 12.11.2010 rechtskräftig.

Die Verhängung des Fahrverbotes hätte für den Verurteilten automatisch eine wirtschaftliche Existenzgefährdung zur Folge. Der Verurteilte hätte die Kündigung seines Arbeitsverhältnisses zu befürchten. Es wird auf die ständige höchstrichterliche Rechtsprechung zur wirtschaftlichen Existenzgefährdung verwiesen (allg. Ansicht: vgl. OLG Bamberg, NZV 2010, 46; OLG Jena, NStZ-RR 2008, 123; OLG Hamm, NZV 1996, 118 (119); OLG Celle NZV 1996, 291; s. auch BVerfG NZV 1994, 157 m. Bespr. Göhler, NZV 1994, 343).

Der Betroffene fährt im Jahr ca. 50.000 km. Er ist sowohl Geschäftsführer der K GmbH als auch der beiden Tochtergesellschaften S GmbH & Co. KG und K GmbH & Co. KG. Die Hauptaufgabengebiete des Betroffenen für die Unternehmen liegen im Vertrieb direkt beim Kunden vor Ort, der Betreuung von Verbänden und Kunden in Workshops und Seminaren vor Ort sowie der Repräsentation des Unternehmens sowie der Softwareentwicklungsverantwortung. Wir übersenden in der Anlage ein schriftliches Bestätigungsschreiben, in welchem dem Betroffenen die besondere Angewiesenheit auf den Führerschein bestätigt wird. Insbesondere geht aus dem Bestätigungsschreiben auch die Tatsache hervor, dass das Fahrverbot eine besondere berufliche Härte nach sich ziehen würde.

B e w e i s: anliegendes schriftliches Bestätigungsschreiben der K GmbH, Anlage 1

Kopie des Arbeitsvertrages, Anlage 2

Der höchstpersönliche Einsatz des Betroffenen in den beschriebenen Einsatzgebieten macht es erforderlich, dass er auch ständig einen Pkw benutzt.

Die Gefahr der beruflichen Existenzvernichtung im Falle der Verhängung eines Fahrverbotes ist nicht mit anderen zumutbaren Maßnahmen abwendbar. Herr Meyer hat insbesondere auch auswärtige Termine wahrzunehmen, die an unterschiedlichsten Orten deutschlandweit stattfinden. Insbesondere kann das Fahrverbot nicht durch einen Jahresurlaub überbrückt werden. Der durchschnittliche Jahresurlaub liegt in Höchstmaß nur bei ca. 1–2 Wochen. Betriebsferien gibt es in dem Unternehmen nicht. Auch öffentliche Verkehrsmittel könnten die Problematik nicht lösen, da Außentermine oft kurzfristig und im Schwerpunkt in ländlichen Regionen vereinbart werden. Die Inanspruchnahme von Taxis scheidet auch unter finanziellen Gesichtspunkten und der Tatsache aus, dass die Geschäftsreisen oft mehr als hundert Kilometer sind.

Auf finanziellen Gründen könnte sich der Betroffene auch keinen Fahrer einstellen, seitens des Unternehmens kann ihm auch kein entsprechendes Personal zur Verfügung gestellt werden. Die Einstellung eines Fahrers ist schon deshalb nicht möglich, da viele Einsätze außerhalb der zeitlichen Planungen des Betroffenen und außerhalb der persönlichen Arbeitszeit liegen.

Dies zeigt, dass die weitere Vollstreckung bei dem Verurteilten zu erheblichen und außergewöhnlichen Nachteilen führen würde. Die im Gnadenantrag dargelegten Nachteile konnten noch nicht vom Bußgeldrichter beachtet werden, da der Antragsteller die Tat bestritten hat und auf Freispruch plädiert wurde.

Im Hinblick auf die berufliche Unabkömmlichkeit wird zudem äußerst hilfsweise beantragt, die Frist zur Abgabe des Führerscheins um 3 Monate zu verlängern. Das Fahrverbot würde nämlich sonst schon am 12.3.2011 wirksam.

Daher ist wie beantragt zu verfahren. Wir bitten höflich um Bestätigung des Eingangs des Gnadengesuchs sowie zeitnahe Bearbeitung, zumal das Fahrverbot seit 12.11.2010 rechtskräftig ist.

Dr. F
Rechtsanwalt
Fachanwalt für Strafrecht

Kapitel 18
Fahreignungsregister und Punktesystem

Das Verkehrszentralregister feierte im Jahre 2008 sein 50jähriges Jubiläum. Das Punktsystem ist längst zu einem wichtigen Instrument der Verkehrssicherheit geworden.

Das Fahreignungsregister ist eine beim Kraftfahrt-Bundesamt in Flensburg geführte Datei. Zum 1.5.2014 tritt die Reform des Punktesystems in Kraft. Das Gesetz wurde am 30. August 2013 im Bundesgesetzblatt verkündet[1687]. Der außerdem erforderlichen Verordnung hat der Bundesrat am 20. September 2013 zugestimmt. Der Gesetzgeber erhofft sich damit, dass das Mehrfachtäter-Erfassungssystem in Deutschland dadurch einfacher, gerechter und transparenter wird.[1688] Der Verkehrsteilnehmer sei nur bereit, das Bewertungssystem zu akzeptieren und sein Verhalten zu ändern, wenn er es verstehe. Mit der Gesetzesänderung ist verbunden, dass sowohl Verkehrsstraftaten als auch Ordnungswidrigkeiten neu bepunktet werden. Bislang wurden für besonders schwerwiegend gehaltene Verkehrsdelikte, wie die Trunkenheit im Verkehr gem. § 316 StGB, mit der Maximalanzahl von sieben Punkten bzw. Verstöße gegen den Bußgeldkatalog mit vier Punkten im Verkehrszentralregister geahndet, z.B. Geschwindigkeitsüberschreitungen mit über 41 km/h innerorts. Dies wird sich durch die Systemumstellung, bei der nunmehr schon beim Punktestand von 8 statt vormals 18 die Entziehung der Fahrerlaubnis erfolgt, ändern. Der Gesetzgeber hat sich für eine Differenzierung dahin gehend entschieden, dass es nur noch 1, 2 oder 3 Punkte geben wird. Im Folgenden soll einleitend ein Überblick über die wichtigsten Änderungen im Fahreignungsregisters gegeben werden, im Anschluss werden die neu vorgenommenen Punktebewertungen für Verkehrsdelikte und Verfehlungen vorgestellt und die daraus erwachsenden Konsequenzen erörtert.

A. Änderungen im Fahreignungsregister

Das „Verkehrszentralregister“ wird ab dem 1.5.2014 in ein „Fahreignungsregister“ umbenannt. Folgende wichtige Änderungen bringt die Gesetzesreform mit sich:

1687 Fünftes Gesetz zur Änderung des Straßenverkehrsgesetzes und anderer Gesetze v. 28.8.2013, BGBl. I S. 3313.

1688 Borzym, SVR 2013, 167; Funke, NZV 2013, 1.

I. Neue Sanktionsstufen

Das Fahreignungsregister bringt nicht nur eine neue Obergrenze für die Entziehung der Fahrerlaubnis mit sich, die Fahrerlaubnisbehörde hat den Inhabern einer Fahrerlaubnis wie bisher auch zu ermahnen und verwarnen, bevor es zu einer Fahrerlaubnisentziehung kommt. Es sind Maßnahmen nach den folgenden neuen Sanktionsstufen zu ergreifen: Hat der Betroffene 4 oder 5 Punkte, erfolgt eine Ermahnung, bei 6 oder 7 Punkten wird eine Verwarnung ausgesprochen und die Teilnahme an einem Fahreignungsseminar angeordnet. Ein Punktabzug wird hierfür nicht vorgenommen. Inhaber einer Fahrerlaubnis mit einem Punktestand von einem Punkt bis zu drei Punkten sind – mit Ausnahme einer Fahrerlaubnis auf Probe nach § 2a StVG – nur vorgemerkt, ohne dass die Fahrerlaubnisbehörde Maßnahmen ergreifen müsste.

II. Punktehäufung

Das StVG regelt weiterhin die atypischen Fälle der Punktehäufung. Erreicht oder überschreitet der Fahrerlaubnisinhaber 6 oder 8 Punkte, ohne dass die Fahrerlaubnisbehörde den Betroffenen auf der 1. Stufe ermahnt hat, verringert sich der Punktestand auf 5 Punkte. Erreicht oder überschreitet der Inhaber der Fahrerlaubnis 8 Punkte, ohne dass die Fahrerlaubnisbehörde den Betroffenen auf der 2. Stufe verwarnt hat, verringert sich der Punktestand auf 7 Punkte. Damit soll sichergestellt werden, dass die beim Erreichen von 8 Punkten greifende unwiderlegliche Vermutung der fehlenden Kraftfahreignung erst dann zum Tragen kommt, wenn der Fahrerlaubnisinhaber im abgestuften Maßnahmesystem des Mehrfachtäter-Punktsystems auch die vorgelagerten Stufen durchlaufen hat, die dort vorgesehenen Maßnahmen gegen ihn ergriffen wurden, er sich aber gleichwohl nicht von weiteren Verkehrsverstößen hat abhalten lassen.

III. Punkteabbaukurse

Punkteabbaukurse sind weiterhin möglich: Nehmen Inhaber einer Fahrerlaubnis freiwillig an einem Fahreignungsseminar teil und legen sie hierüber der nach Landesrecht zuständigen Behörde innerhalb von zwei Wochen nach Beendigung des Seminars eine Teilnahmebescheinigung vor, wird ihnen bei einem Punktestand von ein bis fünf Punkten ein Punkt abgezogen, § 4 VII 1 StVG; maßgeblich ist der Punktestand zum Zeitpunkt der Ausstellung der Teilnahmebescheinigung.

Es gilt auch nach neuer Rechtslage das so genannte Tattagprinzip, d.h. maßgeblich für das Ergreifen der Maßnahmen des neuen Punktsystems ist der Tattag, sofern diese Tat später geahndet wird. Der Besuch eines Fahreignungsseminars führt jeweils nur einmal innerhalb von fünf Jahren zu einem Punktabzug.

IV. Tilgungsfristen

Ein wesentliches Ziel der Reform bestand auch darin, die für den Laien kaum mehr verständlichen Tilgungsfristen zu vereinfachen. Diese betragen für einfache Ordnungswidrigkeiten (1-Punkt-Verstöße) zwei Jahre und 6 Monate, für grobe Ordnungswidrigkeiten (2-Punkt-Verstöße) und Entscheidungen über Straftaten 5 Jahre und für Straftaten, in denen die Fahrerlaubnis entzogen oder eine isolierte Sperre angeordnet worden ist, 10 Jahre. Die Tilgungsfrist beginnt mit der Rechtskraft der Entscheidung. Die so genannte Überliegefrist wurde beibehalten. Eine Eintragung wird nach Eintritt der Tilgungsreife erst nach einem Jahr gelöscht. Während dieser Überliegefrist darf der Inhalt dieser Eintragung nur noch zu folgenden Zwecken übermittelt, genutzt oder über ihn eine Auskunft erteilt werden. Das komplizierte Regelwerk der so genannten Tilgungshemmung wird abgeschafft. Dies hat zur Folge, dass künftig jeder Eintrag unabhängig vom Vorhandensein anderer Eintragung einer Tilgung unterliegt.

V. Bindungswirkung im Punktsystem

Die Fahrerlaubnisbehörde ist weiterhin an die rechtskräftige Entscheidung über die Straftat oder die Ordnungswidrigkeit gebunden. Die Verwaltungsbehörde darf daher keine eigene Beurteilung treffen. Auch der Betroffene muss die rechtskräftigen Entscheidungen gegen sich gelten lassen und kann nicht etwa geltend machen, nicht der Fahrer gewesen zu sein oder eine ihm vorgeworfene Geschwindigkeitsüberschreitung nicht begangen zu haben. Es bleibt in diesem Fall nur ein Wiederaufnahmeverfahren.

VI. Umrechnung bestehender Punkte

Punkte, die eine Person vor Einführung des neuen Fahreignungsregisters bis zum 30. April 2014 hatte, werden grundsätzlich auch im neuen Punkteerfassungssystem erfasst und wie folgt überführt: Ein Punktestand vor dem 1. Mai 2014 von 1 bis 3 wird in das Fahreignungs-Bewertungssystem mit 1 Punkt eingeordnet. 4–5 alte Punkte werden in 2 Punkte umgerechnet, wer bislang 6 oder 7 hatte, hat ab dem 1. Mai 2014 3 Punkte. 8–10 Punkte sind nach der Reform 4 Punkte, 11–13 5, 14–15 6, und 16 oder 17 werden in 7 Punkte umgerechnet. Entscheidungen, die nach altem Recht im Verkehrszentralregister gespeichert worden sind und in der ab dem 1. Mai 2014 anwendbaren Fassung nicht mehr zu speichern wären, also neuerdings nicht mit Punkten bewertet werden, werden am 1. Mai 2014 gelöscht. Damit reduziert sich das Register um solche Delikte, die nach Anlage 13 FeV n.F. nicht eintragungsfähig sind.

Praxistipp
Dem Betroffenen wird auf Antrag gem. § 30 Abs. 8 StVG schriftlich über den ihn betreffenden Inhalt des Verkehrszentralregisters und über die Punkte unentgeltlich Auskunft erteilt. Der Antragsteller hat dem Antrag einen Identitätsnachweis beizufügen.
Bei Intensivtätern empfiehlt es sich auch aus Anwaltssicht, im Rahmen der Vertretung in der Bußgeldsache einen Auszug aus dem FAER für den Betroffenen einzuholen, um etwa die Risiken eines Führerscheinentzugs oder eines zu verhängenden Fahrverbots einschätzen zu können.

B. Überblick über die Systematik der neuen Punktebewertung

Die Bepunktung der Verstöße gibt sich nach neuem Recht abschließend aus Anlage 13 zu § 40 FeV. Gleichzeitig wird die untere Punktegrenze bei Verkehrsordnungswidrigkeiten von bislang 40,00[1689] auf 60,00 € hinaufgesetzt. Künftig werden nur noch verkehrssicherheitsbeeinträchtigende Ordnungswidrigkeiten mit einem Punkt bewertet. Ordnungswidrigkeiten, die die Verkehrssicherheit besonders beeinträchtigen, haben fortan 2 Punkte zur Folge. Dies ist gleichzeitig die schärfste Punktbewertung für Verkehrsordnungswidrigkeiten. Bei Verkehrsstraftaten wird zwischen groben Delikten unterschieden, für die die Entziehung der Fahrerlaubnis oder eine isolierte Sperre angeordnet worden ist. Hierfür soll es künftig drei Punkte geben. Weitere Verkehrsstraftaten werden nur mit 2 Punkten bewertet.

C. Verkehrsstraftaten

I. Straftaten mit Bezug auf die Verkehrssicherheit mit Maßnahmen gem. §§ 69, 69a StGB

Die strafrechtlichen Verkehrsdelikte der fahrlässigen Tötung, Nötigung, des gefährlichen Eingriffs in den Straßenverkehr, der Gefährdung des Straßenverkehrs, des unerlaubten Entfernens vom Unfallort, der Trunkenheit im Verkehr, Vollrausch, unterlassenen Hilfeleistung, des Führens oder Anordnens oder Zulassens des Führens eines Kraftfahrzeugs ohne Fahrerlaubnis, trotz Fahrverbots oder trotz Verwahrung, Sicherstellung oder Beschlagnahme des Führerscheins, sowie des Kennzeichenmissbrauchs werden nur dann mit 3 Punkten geahndet, wenn gegen den Beschuldigten zusätzlich die Entziehung der Fahrerlaubnis oder eine isolierte Sperre angeordnet worden ist. Die Entziehung der Fahrerlaubnis setzt voraus, dass sich aus der Tat ergibt, dass der Täter zum Führen von Fahrzeugen ungeeignet ist. Von einer isolierten Sperre spricht man, wenn der Beschuldigte keine Fahrerlaubnis hat,

1689 § 28 III Nr. 3 StVG.

hier bestimmt das Urteil/der Strafbefehl zugleich, dass für die Dauer von sechs Monaten bis zu fünf Jahren keine Fahrerlaubnis erteilt werden darf. Über die Eintragung und Bepunktung entscheiden die ausgesprochenen Rechtsfolgen.

II. Sonstige Verkehrsstraftaten

Ist für die Verkehrsstraftaten keine Maßregel der Maßregeln der Besserung und Sicherung nach §§ 69, 69a StGB verhängt worden, kommt für die entsprechende Zuwiderhandlung noch eine Eintragung von 2 Punkten in Betracht. Bei der fahrlässigen Tötung, fahrlässigen Körperverletzung, Nötigung, Vollrausch, unterlassenen Hilfeleistung, sowie Kennzeichenmissbrauch erfolgt nur eine Punkteeintragung, wenn ein Fahrverbot (§ 44 StGB) angeordnet wird. Im Übrigen sind diese Delikte punktefrei. Ein Fahrverbot für die Dauer von einem Monat bis zu drei Monaten wird angeordnet, wenn jemand wegen einer Straftat, die er bei oder im Zusammenhang mit dem Führen eines Kraftfahrzeugs oder unter Verletzung der Pflichten eines Kraftfahrzeugführers begangen hat, zu einer Freiheitsstrafe oder einer Geldstrafe verurteilt wird. Der Gesetzgeber hat sich dabei von der Erwägung leiten lassen, dass Eintragungen auf verkehrssicherheitsrelevante Verstöße beschränkt werden sollten. Bei einem gefährlichen Eingriff in den Straßenverkehr, Gefährdung des Straßenverkehrs, unerlaubten Entfernen vom Unfallort, Trunkenheit im Verkehr, Führen oder Anordnen oder Zulassen des Führens eines Kraftfahrzeugs ohne Fahrerlaubnis, trotz Fahrverbots oder trotz Verwahrung, Sicherstellung oder Beschlagnahme des Führerscheins erfolgt unabhängig von einem Fahrverbot die Eintragung von zwei Punkten.

Das Gebrauchen oder Gestatten des Gebrauchs nicht versicherter Kraftfahrzeuge oder Anhänger gem. §§ 6 I PflVG, 9 AuslPflVG wurde als nicht die Sicherheit des Verkehrs beeinträchtigendes Delikt aus der Anlage 13 der FeV (vormals 2.3) herausgenommen.

D. Ordnungswidrigkeiten

Bußgeldsachen können punktetechnisch künftig in „besonders verkehrssicherheitsbeeinträchtigende“, „verkehrssicherheitsbeeinträchtigende“ Ordnungswidrigkeiten und nicht eintragungspflichtige Verfehlungen unterteilt werden.

I. Besonders verkehrssicherheitsbeeinträchtigende Ordnungswidrigkeiten

Nur noch bestimmte schwer wiegende Ordnungswidrigkeiten im Straßenverkehr werden mit der Höchstpunktezahl in Bußgeldsachen (nämlich 2) bewertet. Zu den

Ordnungswidrigkeiten, die die Verkehrssicherheit besonders beeinträchtigen, zählen das Führen eines Kraftfahrzeugs unter Einfluss von Alkohol und das Führen eines Kraftfahrzeugs unter der Wirkung berauschender Mittel gem. § 24a StVG. Auch gravierende Überschreitungen der zulässigen Höchstgeschwindigkeit werden zu groben Verfehlungen gerechnet, soweit ein Fahrverbot nach dem Bußgeldkatalog angedroht ist. Ein Absehen vom Fahrverbot ändert nicht die Punktebewertung. Auch bei Unterschreitung des Mindestabstands riskiert der Fahrzeugführer künftig zwei Punkte, allerdings ebenfalls nur, wenn der Bußgeldkatalog ein Fahrverbot androht. Der Betroffene muss bei einer Geschwindigkeit von mehr als 80 km/h den Abstand von einem vorausfahrenden Fahrzeug mind. weniger als 3/10 des halben Tachowertes unterschritten haben. Beim Nichteinhalten der Überholvorschriften wird das aufgezeigte System durchgehalten, 2 Punkte werden nur eingetragen, wenn ein Fahrverbot nach Bußgeldkatalog angedroht wird, beim falschen Überholen also nur, wenn dies mit einer Gefährdung oder gar Sachbeschädigung verbunden war. Wer auf der durchgehenden Fahrbahn von Autobahnen oder Kraftfahrstraßen wendet, rückwärts oder entgegen der Fahrtrichtung fährt, riskiert 2 Punkte, hier ist ebenfalls ein Fahrverbot vorgesehen (Nr. 83.3 BKatV). Weitere 2-Punkte-Verstöße liegen vor, wer als Fahrzeugführer einen Bahnübergang unter Verstoß gegen die Wartepflicht oder trotz geschlossener Schranke oder Halbschranke überquert oder das rote Wechsellichtzeichen oder rote Dauerlichtzeichen nicht befolgt, bei Gefährdung, mit Sachbeschädigung oder bei schon länger als einer Sekunde andauernder Rotphase eines Wechsellichtzeichens oder als Kraftfahrzeugführer an einem Kraftfahrzeugrennen teilnimmt.

II. Verkehrssicherheitsbeeinträchtigende Ordnungswidrigkeiten

Die Ordnungswidrigkeiten, die vom Gesetzgeber als „verkehrssicherheitsbeeinträchtigend" eingestuft werden, ohne die Sicherheit des Straßenverkehr gravierend zu beeinträchtigen, sind solche, für die kein Fahrverbot nach dem Bußgeldkatalog angedroht wird, die aber schon nach altem Recht ins Verkehrszentralregister eingetragen wurden. Ein Punkt fällt an bei Zuwiderhandlungen gegen das Alkoholverbot für Fahranfänger und Fahranfängerinnen nach § 24c StVG. Ferner wird ein Punkt im Fahreignungsregister eingetragen, wer bei Gegenverkehr, beim Überholtwerden, an Kuppen, in Kurven oder bei Unübersichtlichkeit und dadurch einen Anderen gefährdet (Nr. 4.1 BKatV), auf Autobahnen oder Kraftfahrstraßen und dadurch einen Anderen behindert (Nr. BKatV 4.2). Ebenso bepunktet wird das Fahren bei Glatteis, Schneeglätte, Schneematsch, Eis- oder Reifglätte ohne Reifen, welche die in Anhang II Nummer 2.2 der Richtlinie 92/23/EWG des Rates vom 31. März 1992 über Reifen von Kraftfahrzeugen und Kraftfahrzeuganhängern und über ihre Montage (ABl. L 129 vom 14.5.1992, S. 95), die zuletzt durch die Richtlinie 2005/11/EG (ABl. L 46 vom 17.2.2005, S. 42) geändert worden ist, beschriebenen Eigenschaften erfüllen (M+S-

Reifen), Nr. 5a BKatV. Auch gegen diejenigen, die sich beim Führen eines kennzeichnungspflichtigen Kraftfahrzeugs mit gefährlichen Gütern bei Sichtweite unter 50 m, bei Schneeglätte oder Glatteis nicht so verhalten, dass die Gefährdung eines anderen ausgeschlossen war, insbesondere, obwohl nötig, nicht den nächsten geeigneten Platz zum Parken aufgesucht (Nr. 6 BKatV), werden Punkte eingetragen. Verstöße gegen die Vorschriften über die Geschwindigkeit, für die vor dem 1.5.14 mindestens die Eintragung eines Punktes drohte, werden mit einem Punkt geahndet. Ebenso verhält es sich bei Abstandsverstößen, fehlerhaftem Überholen und Vorfahrtspflichtverletzungen, die mit mind. einem Punkt vor dem 1.5.14 bewertet wurden.

Ein Punkt droht ferner bei folgenden Verstößen gegen die Vorschriften über:
- das Abbiegen, Wenden und Rückwärtsfahren, Nr. 39.1, 41, 42.1, 44 BKat
- Park- oder Halteverbote mit Behinderung von Rettungsfahrzeugen, Nr. 51b.3, 53.1 BKat
- das Liegenbleiben von Fahrzeugen, Nr. 66 BKat
- die Beleuchtung, Nr. 76 BKat
- die Benutzung von Autobahnen und Kraftfahrstraßen, Nr. 79, 80.1, 82, 83.1, 83.2, 85, 87a, 88 BKat
- das Verhalten an Bahnübergängen, Nr. 89, 89b.1 BKat
- das Verhalten an öffentlichen Verkehrsmitteln und Schulbussen, Nr. 92.1, 92.2, 93, 95.1, 95.2 BKat
- die Personenbeförderung, die Sicherungspflichten, Nr. 99.1, 99.2 BKat

Ladungsverstöße werden mit einem Punkt bewertet, Nr. 102.1, 102.1.1, 102.2.1, 104 BKat. Ist bei Lastkraftwagen oder Kraftomnibussen oder anderen Kraftfahrzeugen bzw. ihren Anhängern die Ladung oder Ladeeinrichtung nicht so verstaut oder gesichert, dass sie selbst bei Vollbremsung oder plötzlicher Ausweichbewegung nicht verrutschen, umfallen, hin- und herrollen oder herabfallen können, droht ein Punkt. Ebenfalls, wenn ein Fahrzeug geführt wird, dessen Höhe zusammen mit der Ladung mehr als 4,20 m betrug. Für verkehrssicherheitsbeeinträchtigend wird es ferner gehalten, wer beim Führen eines Fahrzeugs nicht dafür sorgt, dass das Fahrzeug, der Zug, das Gespann, die Ladung oder die Besetzung vorschriftsmäßig waren, wenn dadurch die Verkehrssicherheit wesentlich beeinträchtigt war oder die Verkehrssicherheit des Fahrzeugs durch die Ladung oder die Besetzung wesentlich litt. Das verbotswidrige Benutzen des Mobil- oder Autotelefons bleibt punkterelevant nach Nr. 246.1 BKatV. Im Punktebereich liegt auch derjenige, der beim Führen eines Kraftfahrzeugs verbotswidrig ein technisches Gerät, also z.B. ein Smartphone mit entsprechender App, zur Feststellung von Verkehrsüberwachungsmaßnahmen betreiben oder betriebsbereit mitführt. Dies gilt auch für den Fahrzeugführer, der an einem Fußgängerüberweg, den zu Fuß Gehende oder Fahrende von Krankenfahrstühlen oder Rollstühlen erkennbar benutzen wollten, das Überqueren der Fahrbahn nicht ermöglicht oder nicht mit mäßiger Geschwindigkeit herangefahren ist oder an einem Fußgängerüberweg überholt.

Eingetragen ins Fahreignungsregister wird auch, wer ohne Erlaubnis ein Fahrzeug oder einen Zug führt, dessen Abmessungen, Achslasten oder Gesamtmasse die gesetzlich allgemein zugelassenen Grenzen tatsächlich überschreiten oder dessen Bauart dem Fahrzeugführenden kein ausreichendes Sichtfeld lässt. Verkehrshindernisse führen nach Nr. 123 BKat zu einem Punkt. Punkte fallen auch an, wer das Zeichen oder Haltgebot eines Polizeibeamten nicht befolgt (Nr. 129 BKat), beim Führen eines Fahrzeugs in anderen als den Fällen des Rechtsabbiegens mit Grünpfeil rotes Wechsellichtzeichen oder rotes Dauerlichtzeichen nicht befolgt, beim Rechtsabbiegen mit Grünpfeil vor dem Rechtsabbiegen nicht anhält, den Fahrzeugverkehr der freigegebenen Verkehrsrichtungen, ausgenommen den Fahrradverkehr auf Radwegfurten, gefährdet und den Fußgängerverkehr oder den Fahrradverkehr auf Radwegfurten der freigegebenen Verkehrsrichtungen behindert. Punkterelevant ist es auch, wer beim Führen eines Fahrzeugs in einem Fußgängerbereich (Zeichen 239, 242.1, 242.2) einen Fußgänger gefährdet, wobei zwischen zugelassenem Fahrzeugverkehr (Zeichen 239, 242.1 mit Zusatzzeichen) und nicht zugelassenem Fahrzeugverkehr differenziert wird. Eingetragen ins Fahreignungsregister wird auch, wer eine für kennzeichnungspflichtige Kraftfahrzeuge mit gefährlichen Gütern (Zeichen 261) oder für Kraftfahrzeuge mit wassergefährdender Ladung (Zeichen 269) gesperrte Straße befahren hat.

Ein Punkt droht ferner bei folgenden Verstößen gegen die Vorschriften über:

- Richtzeichen, Nr. 157.3,159b BKat
- andere verkehrsrechtliche Anordnungen, Nr. 164 BKat
- Auflagen, Nr. 166, 233 BKat
- die Fahrerlaubnis zur Fahrgastbeförderung, Nr. 171, 172 BKat
- das Führen von Kraftfahrzeugen ohne Begleitung, Nr. 251a BKat
- die Zulassung, Nr. 175 BKat
- ein Betriebsverbot und Beschränkungen. Nr. 253 BKat
- die Untersuchung der Kraftfahrzeuge und Anhänger, Nr. 186.1.3, 186.1.4, 186.2.3, 187a BKat
- die Verantwortung für den Betrieb der Fahrzeuge, Nr. 189.1.1, 189.1.2, 189.2.1, 189.2.2, 189.3.1, 189.3.2, 189a.1, 189a.2 BKat
- die Abmessungen von Fahrzeugen und Fahrzeugkombinationen, Nr. 192, 193 BKat
- die Kurvenlaufeigenschaften von Fahrzeugen, Nr. 195, 196 BKat
- die Achslast, das Gesamtgewicht, die Anhängelast hinter Kraftfahrzeugen, Nr. 198 und 199 jeweils in Verbindung mit 198.1.2 bis 198.1.7, 199.1.2 bis 199.1.6, 198.2.4 oder 199.2.4, 198.2.5 oder 199.2.5, 198.2.6 oder 199.2.6 BKat der Tabelle 3 des Anhangs
- die Besetzung von Kraftomnibussen, Nr. 201, 202 BKat
- Bereifung und Laufflächen, Nr. 212, 213 BKat
- die sonstigen Pflichten für den verkehrssicheren Zustand des Fahrzeugs, Nr. 214.1, 214.2, 214a.1, 214a.2 BKat

- die Stützlast, Nr. 217 BKat
- den Geschwindigkeitsbegrenzer, Nr. 223, 224 BKat.

Neu ist die Aufnahme der Verstöße gegen die Vorschriften der Gefahrgutverordnung Straße, Eisenbahn und Binnenschifffahrt (GGVSEB) ins Fahreignungsregister. So wird fortan ein Punkt verhängt, wer als tatsächlicher Verlader und Fahrzeugführer Versandstücke, die gefährliche Güter enthalten, und unverpackte gefährliche Gegenstände nicht durch geeignete Mittel gesichert, die in der Lage sind, die Güter im Fahrzeug oder Container zurückzuhalten, sowie, wenn gefährliche Güter zusammen mit anderen Gütern befördert werden, nicht alle Güter in den Fahrzeugen oder Containern so gesichert oder verpackt, dass das Austreten gefährlicher Güter verhindert wird. Ebenso droht ein Punkt, wer als Beförderer und in der Funktion als Halter des Fahrzeuges entgegen § 19 Absatz 2 Nummer 15 GGVSEB dem Fahrzeugführer die erforderliche Ausrüstung zur Durchführung der Ladungssicherung nicht übergibt. Lenk- und Ruhezeitverstöße nach dem Fahrpersonalgesetz bleiben auch nach der Reform weiterhin punktetechnisch folgenlos.

III. Nicht eintragungspflichtige Verfehlungen

Alle übrigen, nicht in der Anlage 13 zu § 40 FeV genannten Verfehlungen zählen nicht zu den punkterelevanten Verstößen. Bagatellen unter 60 € Geldbuße erscheinen nicht im Fahreignungsregister. Allerdings fallen nicht automatisch für Verfehlungen ab 60 € Punkte an. So wurde die Geldbuße für die verbotene Verkehrsteilnahme in Umweltzonen auf 80 € angehoben, eingetragen im Fahreignungsregisters wird ein Verstoß aber nicht, da die Ordnungswidrigkeit nicht in Anlage 13 enthalten ist. Weitere Ordnungswidrigkeiten, die nicht mehr ins Fahreignungsregister aufgenommen werden, sind Verstöße gegen das Sonn- und Feiertagsverbot oder gegen Fahrtenbuchauflagen.

E. Anhebung der Regelsätze

Durch die Festlegung der Eintragungsgrenze auf 60 € werden einige Regelsätze mit der Verordnung angehoben. Das betrifft die Regelsätze für Verkehrsordnungswidrigkeiten, die zuvor unterhalb von 60 € lagen, damit sie auch ab dem 1.5.2014 angesichts der neuen Eintragungsgrenze weiterhin erfasst werden können. Dies betrifft folgende Verstöße gegen die erforderliche Bereifung (Anhebung von 50 € auf 60 €), Handyverbot (Anhebung von 40 € auf 60 €) und das Fahren ohne Begleitung als 17jährige(r) (Anhebung von 50 € auf 70 €). Ab dem 1.5.2014 wird die Verwarnungsgeldobergrenze für Ordnungswidrigkeiten von 35 auf 55 € heraufgesetzt. Die Neunte Verordnung zur Änderung der Fahrerlaubnis-Verordnung und anderer straßenverkehrsrechtlicher Vorschriften vom 5. November 2013[1690] sieht dazu weitere Erhöhungen der Regelgeldbußen vor. Wer verbotswidrig an einem Sonn- oder Feiertag fährt, muss künftig statt 75,00 € Geldbuße den Regelsatz von 120,00 € bezahlen, der Halterverstoß wird von 380,00 auf 570,00 € angehoben.

F. Fazit

Man darf ernsthafte Bedenken daran haben, dass das neue Bewertungssystem dazu beitragen wird, dass die Verkehrsregeln künftig besser akzeptiert werden. Mit der Umstellung des „Verkehrszentralregisters" auf ein „Fahreignungsregister" wurde kein Systemwechsel erreicht. Im Wesentlichen wurden die Vorschriften im Straßenverkehrsgesetz nur an die neuen Punktebewertungen angepasst. Weiterhin sind Punkteabbaukurse zulässig, die Fahrerlaubnisbehörde hat den Inhaber der Fahrerlaubnis in Stufen zu verwarnen, bei Versäumen der Verwarnung erfolgt weiterhin eine Punkterückstufung. Einzig die Tilgungshemmung wurde abgeschafft. Gleichwohl muss bezweifelt werden, dass das neue Punktesystem „einfacher" und „transparenter" ist. Die Rechtsberatung eines auf das Verkehrsrecht spezialisierten Rechtsanwalts wird auch künftig unumgänglich sein. Auch von einer Verschärfung der Folgen für Verkehrsverfehlungen und -delikte kann keine echte Rede sein. So bringt die Herabsetzung der Grenze für die Entziehung der Fahrerlaubnis von 18 auf 8 Punkten nur auf den ersten Blick eine nachhaltigere Reaktion auf Verkehrsdelikte mit sich. Man muss sich vor Augen führen, dass sich der Fahrerlaubnisinhaber eine mittelschwere Geschwindigkeitsüberschreitung, für die nach altem Recht 3 Punkte verhängt wurden (ab einer Überschreitung der zulässigen Höchstgeschwindigkeit von 26 km/h), früher 5 Verfehlungen leisten konnte (5 x 3 Punkte) und nach neuem System bei einer Bewertung mit nur einem Punkt sogar 7 (7 x 1 Punkt). Im Verhältnis zur alten Rechtslage drohen schwerere Folgen bei Verstößen, für die früher ein Punkt verhängt wurde. Während sie früher erst bei einer Anzahl von 18 Verfehlungen eine Entziehung zur Konsequenz hatten, wird künftig schon ab 8 Verstößen die Fahrerlaubnis entzogen. Fraglich erschient nur, ob dies wirklich gewollt war, zumal derartige Verstöße gerade nicht als gravierend verkehrssicherheitsbeeinträchtigend bewertet wurden.

Zu begrüßen ist durchaus die Aufnahme von Verstößen gegen die Gefahrgutverordnung in das Punkteregister sowie die Ausklammerung nicht verkehrssicherheitsrelevanter Verstöße aus dem Punktebereich. Aus welchem Grunde dann aber Verstöße gegen das Fahrpersonalgesetz (Lenk- und Ruhezeitverstöße) weiterhin punktefrei sind, verwundert, zumal doch eine wesentliche Unfallursache eine oft

1690 BGBl I 2013, 3920.

damit verbundene Übermüdung am Steuer sein soll. Auch von einer eher moderaten Erhöhung der Geldbußen, für die bislang ein Punkt verhängt wurde, kann keine abschreckende Wirkung ausgehen.

Kapitel 19
Eignungszweifel oder Ungeeignetheit zum Führen von Kraftfahrzeugen nach Begehung von Verkehrsverstößen

A. Einführung in die Problematik

Die Verteidigung in einer Verkehrsbußgeldsache kann gelegentlich ein unerfreuliches Nachspiel haben, wenn der Mandant nach rechtskräftigem Abschluss Post von der Führerscheinstelle erhält.[1691] Eine auf den ersten Blick erfolgreiche Vertretung kann so zum „Pyrrhus-Sieg“ werden. Kann sich der Rechtsanwalt für seinen Mandanten etwa gegen Anordnungen zur wehr setzen, wenn die Verwaltungsbehörde ihn nach milder Ahndung einer Ordnungswidrigkeit zur Beibringung ärztlicher beziehungsweise medizinisch-psychologischer Gutachten zur Klärung von Eignungszweifeln auffordert? Und wie verhält es sich, wenn der Betroffene „nur“ wegen Ordnungswidrigkeiten verurteilt worden ist, bei der lediglich Punkte im FAER in Flensburg nach §4 StVG aufgebaut wurden, ohne dass die Grenze zur Entziehung der Fahrerlaubnis erreicht wurde. Hier muss überprüft werden, ob das Punktesystem ohne weiteres verlassen werden darf. Weiter muss untersucht werden, ob weiter gehende Risiken bestehen nach abgeschlossenen Verkehrs-Ordnungswidrigkeiten, die zahlreich vorgekommen sein mögen, aber nicht ins FAER beim Kraftfahrtbundesamt in Flensburg eingetragen werden. Dies soll am Beispiel von Verstößen gegen die Sozialvorschriften im Fahrpersonalrecht erörtert werden. Ferner soll geklärt werden, in welcher Reihenfolge die Fahrerlaubnisbehörde bei einem Zusammentreffen mit einem strafrechtlich relevanten Vorwurf oder einer Verfehlung nach OWiG vorgehen darf und inwieweit sie an dortige Vor-Entscheidungen gebunden ist. Letztlich sollen die Konsequenzen eines Beweisverwertungsverbots im OWi-Verfahren auf das Führerscheinentziehungsverfahren thematisiert werden.

B. Gesetzliche Grundlagen

Ermächtigungsgrundlage für die Entziehung der Fahrerlaubnis ist §3 I 1 StVG i.V.m. §46 I 1 FeV. Danach hat die Fahrerlaubnisbehörde die Fahrerlaubnis zu ent-

---

1691 Nach Nr. 45 Anordnung über Mitteilungen in Strafsachen sind „Tatsachen, die in einem Strafverfahren – gleichgültig, gegen wen es sich richtet – bekannt werden, ...der nach §73 Abs. 1 bis 3 FeV zuständigen Verwaltungsbehörde mitzuteilen, wenn ihre Kenntnis für die Beurteilung erforderlich ist, ob die Inhaberin oder der Inhaber einer Fahrerlaubnis zum Führen von Fahrzeugen ungeeignet ist.“

ziehen, wenn sich ihr Inhaber als ungeeignet zum Führen von Kraftfahrzeugen erweist. Dies gilt nach § 46 I 2 FeV insbesondere dann, wenn Erkrankungen oder Mängel nach den Anlagen 4, 5 oder 6 vorliegen und dadurch die Eignung zum Führen von Kraftfahrzeugen ausgeschlossen ist. Daneben kann die Fahrerlaubnisbehörde zur Klärung von Eignungszweifeln die Beibringung eines medizinisch-psychologisches Gutachtens anordnen, wobei sie gem. § 46 III i.V.m. § 11 VIII FeV bei ihrer Entscheidung über die Entziehung der Fahrerlaubnis von der Nichteignung ausgehen kann, wenn sich der Betroffene weigert, sich untersuchen zu lassen oder das geforderte Gutachten nicht fristgerecht beibringt.[1692] Voraussetzung ist allerdings insoweit, dass die Untersuchungsanordnung rechtmäßig, insbesondere anlassbezogen und verhältnismäßig war[1693] und die Weigerung ohne ausreichenden Grund erfolgt.[1694]

C. Eignungsmängel nach Verkehrs-Ordnungswidrigkeiten im Punktebereich?

§ 11 FeV führt in den Absätzen 2 und 3 bestimmte Sachverhalte an, die eine Anordnung eines fachärztlichen oder eines medizinisch-psychologischen Gutachtens erlauben. Eine mögliche Berechtigung, vom Verkehrsteilnehmer die Vorlage eines Fahreignungsgutachtens zu verlangen, ergibt sich insbesondere aus § 11 III 1 Nr. 4 FeV. Danach kann die Fahrerlaubnisbehörde zur Klärung von Eignungszweifeln bei einem erheblichen Verstoß oder wiederholten Verstößen gegen verkehrsrechtliche Vorschriften, unterhalb der Strafbarkeitsschwelle,[1695] eine medizinisch-psychologische Begutachtung anordnen.

I. Konflikt mit Punktesystem

Darf die Fahrerlaubnisbehörde nun beispielsweise schon bei drei in kurzen Zeitabständen begangenen Geschwindigkeitsverstößen auf die Nichteignung des Fahrerlaubnisinhabers schließen, auch wenn der Betroffene hierfür nur insgesamt 3 (3x1) Punkte in Flensburg erhalten hätte? Hier ergeben sich im besonderen Maße Abgrenzungsschwierigkeiten zu anderen fahrerlaubnisrechtlichen Instrumenten wie dem Punktsystem. Nach § 4 StVG gilt der Betroffene erst dann als ungeeignet zum Führen von Kraftfahrzeugen, wenn sich 8 oder mehr Punkte ergeben.

1692 VG München, Urt. v. 4.8.2005 – M 6A S 05/2486, ADAJUR Dok.Nr. 65286.
1693 BVerwG, Urt. v. 13.11.1997 – 3 C 1/97 – BayVBl 1998, 634.
1694 Hentschel, Straßenverkehrsrecht, § 11 FeV, Rn 22 u. 24, m.w.N.
1695 VG Karlsruhe, Beschl. v. 26.7.2007 – 9 K 1913/07, BeckRS 2007, 27009.

Das Gesetz sieht einen Automatismus vor, nach der auf die Ungeeignetheit geschlossen werden muss, ohne dass weitere Gesichtspunkte hinzukommen müssten. Allerdings findet nach § 4 I 2 StVG das Punktsystem keine Anwendung, wenn sich die Notwendigkeit früherer oder anderer Maßnahmen aufgrund anderer Vorschriften, insbesondere der Entziehung der Fahrerlaubnis nach § 3 I StVG ergibt. Die Rechtsprechung[1696] vertritt die Auffassung, dass die Fahrerlaubnis gem. § 3 I StVG zu entziehen sei, wenn sich ein Fahrerlaubnisinhaber etwa durch Zuwiderhandlungen, die der Punktebewertung unterliegen, als charakterlich ungeeignet zum Führen von Kraftfahrzeugen erweise, und zwar ohne dass es darauf ankäme, welche Maßnahme im Hinblick auf die erreichte Punktzahl nach § 4 III StVG zu ergreifen wäre. Damit sei ein Schutz der Allgemeinheit vor den von Mehrfachtätern im Straßenverkehr ausgehenden Gefahren auch dann gewährleistet, wenn nach dem Punktsystem die Voraussetzungen für eine Fahrerlaubnisentziehung (noch) nicht gegeben seien.[1697] Bei der Entziehung der Fahrerlaubnis außerhalb des Punktsystems wegen der diesem unterfallenden Verkehrsverstöße bedürfe es in jedem Falle zusätzlich der positiven Feststellung, dass aufgrund dieser Verstöße die Eignung aus charakterlichen Gründen ausgeschlossen sei. Lasse sich die Ungeeignetheit unmittelbar aus den Verkehrsverstößen ableiten, sei die Fahrerlaubnis wegen erwiesener Nichteignung zu entziehen.

Praxistipp **!**

Im Einzelnen muss erwiesen sein, dass sich der Fahrerlaubnisinhaber von allen anderen „Punkttätern" negativ abhebt. Die lediglich pauschale Bewertung der Verkehrsverstöße als „wiederholt und schwerwiegend" (hier: 7 Punkte im Verkehrszentralregister) lässt jedenfalls nicht hervortreten, worin sich bestimmte Verstöße von denen aller anderen Kraftfahrer unterscheiden, die nach dem Punktesystem behandelt werden. Die wiederholte Begehung von Verkehrsverstößen ist nicht ungewöhnlich, sondern rechtfertigt das Punktesystem erst.[1698]

II. Meinungsstand

Ordnungswidrigkeiten allein, auch wenn sie nach Art und Zahl Eignungsbedenken begründen sollten, berechtigen in Anwendung von § 11 III 1 Nr. 4 FeV nicht zur Anordnung eines Gutachtens.[1699] Anderes soll „in besonders krassen Fällen" gelten.[1700]

1696 VG Karlsruhe, Beschl. v. 26.7.2007 – 9 K 1913/07, BeckRS 2007, 27009, OVG Mecklenburg-Vorpommern, Beschl. v. 7.11.2003 – 1 M 205/03.

1697 *OVG Nordrhein-Westfalen,* SVR 2011, 199; VG Karlsruhe, a.a.O., OVG Mecklenburg-Vorpommern, a.a.O.

1698 *OVG Nordrhein-Westfalen,* SVR 2011, 199.

1699 Bouska/Laeverenz, Fahrerlaubnisrecht, 3. Aufl. 2004, zu § 11 FeV, Anm. Anm. 19, Buchst. a.

1700 OVG Lüneburg, NJW 2000, 685.

Jedenfalls eine Überschreitung der zulässigen Höchstgeschwindigkeit in einer Ortschaft um mehr als 100% begründe aber für sich genommen (massive) Eignungszweifel noch nicht.[1701]

So habe der Gesetzgeber Höchstgeschwindigkeitsüberschreitungen in den Katalog der Taten, bei deren Vorliegen der Strafrichter nach § 69 II StGB im Regelfall die Fahrerlaubnis wegen mangelnder Eignung zum Führen von Kraftfahrzeugen zu entziehen habe, nicht aufgenommen, der Katalog beschränke sich vielmehr auf Verkehrs*straftaten*, erfasse also Verkehrs-Ordnungswidrigkeiten wie Höchstgeschwindigkeitsüberschreitungen gerade nicht.

Träten jedoch weitere Umstände, wie etwa andere dem Fahrerlaubnisinhaber vorzuhaltende Verstöße gegen Verkehrsvorschriften oder die konkrete Gefährdung anderer Verkehrsteilnehmer bei der (isolierten) Höchstgeschwindigkeitsüberschreitung hinzu, so könnten diese zusätzlichen Umstände zusammen mit der (erheblichen) Höchstgeschwindigkeitsüberschreitung Eignungszweifel oder – nach den Umständen des Einzelfalls – sogar Eignungsmängel begründen.[1702]

D. Eignungsmängel nach Verkehrs-Ordnungswidrigkeiten ohne Punkte?

Verstöße gegen das Fahrpersonalgesetz werden nicht ins Punktekonto eingetragen. Mit der Begleichung der Geldbuße nach Rechtskraft der Entscheidung war die Angelegentlich bisher erledigt. Weitergehende Risiken bestanden für den Verkehrsteilnehmer nicht. Selbst bei Serienverstößen ergab sich nicht die Gefahr des Führerscheinentzugs. Die Verwaltungsbehörden gehen neuerdings zur Abschreckung parallel einen neuen härteren Weg: sie wollen die Verkehrsteilnehmer auffordern, innerhalb einer Frist ein medizinisch-psychologisches Gutachten (MPG) vorzulegen (§ 11 III 1 Nr. 4 FeV).

I. Falschparker-Entscheidungen

Die Fahrerlaubnisbehörden meinen, dass sich auch aus eher geringfügigen Ordnungswidrigkeiten und solchen im Bereich unterhalb der Punkte-Eintragungsgrenze Eignungszweifel ergeben könnten, wenn der Fahrerlaubnisinhaber damit zu erkennen gibt, dass er diese Vorschriften nicht anerkennt und nicht willens ist, diese einzuhalten. Grundsätzlich haben aber bei der Prüfung der Kraftfahreignung gering-

1701 OVG Lüneburg, a.a.O.
1702 OVG Lüneburg, a.a.O.

fügige Verkehrsordnungswidrigkeiten, insbesondere Verstöße gegen Vorschriften des ruhenden Verkehrs, mit Blick auf ihr geringes Gefährdungspotential außer Betracht zu bleiben haben.[1703] Die Behörden können aber mit den Falschparker-Entscheidungen der Verwaltungsgerichte argumentieren. Hier wurde bereits entschieden, dass zur Klärung von Eignungszweifeln bei erheblichen oder wiederholten Verstößen gegen verkehrsrechtliche Vorschriften die Beibringung eines MPG angeordnet werden durfte.[1704] Diese Voraussetzung wurde bejaht, wenn mit den auf die Person zugelassenen Fahrzeugen eine Vielzahl von Verstößen gegen Parkvorschriften registriert wurde. Denn wenn ein Kraftfahrer die Rechtsordnung über den ruhenden Verkehr nicht anerkenne und sie bewusst immer wieder verletze, sei von ihm ein Beachten der Rechtsvorschriften im fließenden Verkehr nicht zu erwarten.[1705] Aus den Falschparker-Entscheidungen könnte geschlussfolgert werden, dass auch Eignungszweifel bei Verstößen etwa gegen die Lenk- und Ruhezeiten aufkommen können.

Ob die Anzahl der geringfügigen Verstöße und der Zeitraum, in dem sie begangen wurden, für sich schon Eignungszweifel rechtfertigen, bedarf der Prüfung des Einzelfalles. So entschied das OVG Berlin[1706], dass bei 68 Verstößen in 2½ Jahren noch keine Eignungszweifel vorliegen sollen.[1707]

II. Das FAER als alleinige Erfassungsstelle für die Belange der Verkehrssicherheit

Dieser eingeschlagene Weg der Behörden widerspricht jedoch der Entscheidung des Gesetzgebers, dass bei Verstößen gegen das Fahrpersonalgesetz keine Punkte im Flensburger FAER anfallen. Das FAER ist auch die alleinige Erfassungsstelle für die für die Belange der Verkehrssicherheit bedeutsamen deutschen Entscheidungen. Daher werden anderweitige Listen, neben dem FAER, generell für unzulässig gehalten.[1708] Nur das kurzfristige Aufbewahren von Unterlagen über gebührenpflichtige Verwarnungen, etwa um den Eingang des Verwarnungsgeldes zu überwachen, wird als Maßnahme sachlicher Verwaltungstätigkeit für zulässig gehalten.[1709]

1703 OVG Berlin-Brandenburg, Beschl. v. 10.12.2007 – OVG 1 S 145.07, 1 S 145/07, BeckRS 2008, 36300.

1704 BVerwG, DÖV 1977, 602.

1705 VG Berlin, Beschl. v. 27.7.2005 – VG 11 A 544.05.

1706 Beschl. v. 10.12.2007 – OVG 1 S 145.07, 1 S 145/07, BeckRS 2008, 36300.

1707 Davon lag nur eine erhebliche Geschwindigkeitsüberschreitung (innerorts um 21 km/h) und zwei unerlaubte Benutzungen eines Mobiltelefons vor.

1708 Beck/Berr, OWi-Sachen im Straßenverkehrsrecht, Rn 237.

1709 OVG Münster, VRS 57 156.

III. Sozialvorschriften des Fahrpersonalgesetzes kein klassisches Verkehrsrecht

Die Anordnung der Beibringung eines medizinisch-psychologisches Gutachtens rechtfertigt ein Verstoß „gegen verkehrsrechtliche Vorschriften“. Diese Voraussetzung ist keineswegs unproblematisch, wenn Sozialvorschriften verletzt werden. Es handelt sich bei Lenk- und Ruhezeitverstößen nicht um klassische Verkehrsordnungswidrigkeiten, vielmehr dienen die Sozialvorschriften in erster Linie der Verbesserung der Arbeitsbedingungen. Jedenfalls regeln die Vorschriften des Fahrpersonalgesetzes nicht oder nicht in erster Linie die Sicherheit und Ordnung des Verkehrs und haben eine andere Zielrichtung.[1710]

E. Reihenfolge von Maßnahmen der Fahrerlaubnisbehörde

Gemäß § 3 III StVG darf die Fahrerlaubnisbehörde einen Sachverhalt, der Gegenstand des Strafverfahrens ist, in einem Entziehungsverfahren nicht berücksichtigen, solange gegen den Inhaber der Fahrerlaubnis ein Strafverfahren anhängig ist, in dem die Entziehung der Fahrerlaubnis nach § 69 StGB in Betracht kommt. Erst wenn das Strafverfahren durch Verurteilung abgeschlossen ist oder eingestellt wurde, kann die Fahrerlaubnisbehörde „starten“. § 3 III StVG umfasst übrigens nur das Verhältnis zu Strafverfahren;[1711] ein noch nicht rechtskräftig abgeschlossenes Ordnungswidrigkeitenverfahren dagegen soll die Entziehung der Fahrerlaubnis nicht hindern, zumal hier nicht „die Entziehung der Fahrerlaubnis nach § 69 des Strafgesetzbuchs in Betracht kommt“.

F. Konsequenzen eines Beweisverwertungsverbots im OWi-Verfahren auf das Führerscheinentziehungsverfahren

Die Rechtsprechung hatte sich damit zu befassen, ob etwa eine im Strafrecht unter Verstoß gegen den Richtervorbehalt gewonnene Blutprobe im Führerscheinentziehungsverfahren verwertbar ist.[1712]

Selbst wenn diese Zwangsmaßnahme im Strafrecht objektiv rechtswidrig war, sei im Fahrerlaubnisentziehungsverfahren auch das Untersuchungsergebnis einer unter Verstoß gegen den Richtervorbehalt nach § 81a StPO entnommenen Blutprobe

---

1710 Maier, in Harbauer, ARB-Kommentar, § 4 ARB 75 Rn 209.

1711 Janker, in Burmann/Heß/Jahnke/Janker, § 3 StVG Rn 10; vgl. hierzu Fromm/Schmidt, NZV 2007, 217.

1712 OVG Lüneburg, NJW 2010 629.

zu berücksichtigen.[1713] Das strafrechtliche Ermittlungs- und nachfolgende Strafverfahren sowie das behördliche Fahrerlaubnisentziehungsverfahren hätten völlig unterschiedliche Zielsetzungen. Während es im strafprozessualen Verfahren – repressiv – um die Ahndung kriminellen Unrechts gehe, diene das Tätigwerden der Fahrerlaubnisbehörde – präventiv – der Abwehr von Gefahren, die anderen Verkehrsteilnehmern durch die Teilnahme fahrungeeigneter Kraftfahrzeugführer am Straßenverkehr drohten. Für die Sachverhaltsaufklärung in diesen Rechtskreisen habe der Gesetzgeber gänzlich unterschiedliche Regelungen getroffen. Die Informationsgewinnung im Strafverfahren sei aus rechtsstaatlichen Gründen in besonderem Maße formalisiert (z.B. richterliche Anordnung nach § 81a StPO für die Entnahme von Blutproben). Dagegen sei die Fahrerlaubnisbehörde bei hinreichenden Anhaltspunkten für eine Fahrungeeignetheit wegen des Konsums von Alkohol oder anderer berauschender Mittel gehalten, von dem Fahrerlaubnisinhaber die Beibringung eines – regelmäßig mit der Entnahme einer Blutprobe verbundenen – ärztlichen oder medizinisch-psychologischen Gutachtens zu verlangen (§§ 13 und 14 FeV) – ohne dass es dazu mit Blick auf die Blutentnahme einer richterlichen Anordnung bedürfte. Diese Anordnung könne zwar – anders als eine Anordnung gemäß § 81a StPO – nicht zwangsweise durchgesetzt werden. Dem Fahrerlaubnisinhaber sei jedoch zwingend die Fahrerlaubnis zu entziehen, wenn er das ihm zu Recht abverlangte Gutachten nicht beibringe (§ 11 VIII FeV). Im Falle eines Verwertungsverbots für den Befund zu einer unter Verstoß gegen den Richtervorbehalt des § 81a StPO gewonnenen Blutprobe ergäbe sich mithin ein Wertungswiderspruch, denn es würde für die Rechtmäßigkeit der Fahrerlaubnisentziehung darauf ankommen, ob sich die mangelnde Fahreignung wegen des Konsums von Alkohol oder Betäubungsmitteln aus dem Ergebnis eines vorangegangenen repressiven polizeilichen Vorgehens ergebe oder ob die Fahrerlaubnisbehörde auf der Grundlage anderweitig erlangter Erkenntnisse eigene Ermittlungen zur Fahreignung des betreffenden Verkehrsteilnehmers anstelle. Dieser Gesichtspunkt rechtfertige es, auch eine unter Verstoß gegen § 81a StPO entnommene Blutprobe bei der Entscheidung über die Entziehung der Fahrerlaubnis zu berücksichtigen, wenn die toxikologische Untersuchung den Betäubungsmittelkonsum eindeutig ausweise. Ein Verbot, diese Tatsache für die Entscheidung über die Fahrerlaubnisentziehung zu verwerten, ergäbe sich weder aus den Vorschriften der Straßenverkehrszulassungsordnung noch aus dem sonstigen Recht. Ihm stehe auch das Interesse der Allgemeinheit, vor ungeeigneten Kraftfahrern geschützt zu werden, entgegen.[1714]

1713 OVG Lüneburg, NJW 2010, 629.

1714 OVG Koblenz, Beschl. v. 29.1.2010, Az. 10 B 11226/09; OVG Berlin-Brandenburg, Beschl. v. 3.11.2009, Az. 1 S 25.09; OVG Nds., Beschl, v. 16.12.2009, Az. 12 ME 234/09; OVG Mecklenburg-Vorpommern, Beschl. v. 20.3.2008, Az. 1 M 12/08; VG Bremen, Beschl. v. 2.2.2011 – 5 V 44/11, BeckRS 2011, 46681.

G. Verfahrensfragen

Nach Ansicht der Rechtsprechung ist die Anordnung einer medizinisch psychologischen Untersuchung (MPU) als unselbstständige Verfahrenshandlung im Sinne des § 44a VwGO anzusehen.[1715] Dies hat die Konsequenz, dass diese ebenso wie die Anordnung einer ärztlichen Untersuchung nicht isoliert anfechtbar ist. Der Betroffene kann sich also gegen die Maßnahme der Führerscheinstelle nicht wehren, sondern erst nach Ergehen des Führerscheinentziehungsbescheides. Hiergegen kann er Widerspruch einlegen oder vor den Verwaltungsgerichten Antrag auf Gewährung vorläufigen Rechtsschutzes stellen. Die Entziehung der Fahrerlaubnis und die Verpflichtung zur Ablieferung des Führerscheins sind regelmäßig aufgrund der entsprechenden Anordnung in der Verfügung sofort vollziehbar (§ 80 II 1 Nr. 4 VwGO). Das Begehren des Betroffenen lautet daher, die aufschiebende Wirkung des Widerspruchs gegen die Verfügung wiederherzustellen (§ 80 II 1 Nr. 4, V VwGO). Hier findet eine summarische Prüfung der Sach- und Rechtslage statt.

Wurde die Fahrerlaubnis wegen der vorangegangenen OWi entzogen, muss der Betroffene die Wiedererteilung einer Fahrerlaubnis beantragen. Wird dies abgelehnt, zumal ein medizinisch-psychologisches Gutachten nicht beigebracht wurde, muss Verpflichtungsklage zum Verwaltungsgericht und zugleich der Antrag nach § 123 VwGO gestellt werden, um dem Antrag auf Neuerteilung der Fahrerlaubnis bis zum rechtskräftigen Abschluss des Hauptsacheverfahrens vorläufig stattzugeben.

H. Fazit

1. Schon im Rahmen der Verteidigung im OWi-Verfahren sollten spätere Risiken nach Rechtskraft der Angelegenheit einkalkuliert werden. Da eine umfassende Mandatsbetreuung ein rechtsgebietsübergreifendes Wissen erfordert, sollten die Auswirkungen der Verfehlung des Betroffenen auf weitere Gesetze, wie die Konsequenzen auf die Fahreignung des Fahrerlaubnisinhabers (Straßenverkehrsgesetz und Fahrerlaubnisverordnung) mitbedacht werden. In einigen Fällen kann die Fahrerlaubnisbehörde berechtigt sein, zur Klärung von Eignungszweifeln die Beibringung eines medizinisch-psychologisches Gutachtens anzuordnen. Dies ist nach Abschluss von Verkehrs-Ordnungswidrigkeiten im Punktebereich möglich. Ein einmaliger Verstoß rechtfertigt allerdings noch nicht die Maßnahme der Führerscheinstelle. Dagegen kann es schon gefährlicher werden bei Ordnungswidrigkeiten mit konkreter Gefährdung anderer Verkehrsteilnehmer. Das Punktesystem nach dem Straßenverkehrsgesetz steht diesen Anordnungen

---

1715 *BVerwGE* 34, 248; *BVerwG* BayVBl 1995, 59.

jedenfalls nicht grundsätzlich entgegen, wie § 4 I 3 StVG zeigt. Selbst Verkehrs-Ordnungswidrigkeiten ohne Punkte (Parkverstöße, Fahrpersonalgesetz) können in eng begrenzten Ausnahmefällen Eignungsmängel hervorrufen, allerdings nur bei sog „Dauerübertretern“, die die Vorschriften hartnäckig missachtet haben. Der Verhältnismäßigkeitsgrundsatz ist zu beachten.

2. Die Verteidigung in verwaltungsrechtlichen Fahrerscheinsachen wird zusätzlich dadurch erschwert, dass nach derzeitiger herrschender Rechtsprechung (nicht einmal) ein Beweisverwertungsverbot im vorangegangenen OWi-Verfahren eine Unverwertbarkeit von Beweismitteln für das Führerscheinentziehungsverfahren zur Folge hat.
3. Wer gegen die Maßnahme der Fahrerlaubnisbehörde vorgeht, muss den für verkehrsrechtlich spezialisierte Anwälte eher ungeliebten Verwaltungsrechtsweg beschreiten. Dabei kann die Anordnung einer medizinisch psychologischen Untersuchung nicht isoliert angefochten werden. Stattdessen muss gegen den Entziehungsbescheid Anfechtungsklage erhoben werden oder um die aufschiebende Wirkung des Widerspruchs gegen die Verfügung wiederherzustellen nach § 80 V VwGO vorgegangen werden. Im Falle der Ablehnung eines Wiedererteilungsantrags ist die Verpflichtungsklage zum Verwaltungsgericht bzw. ein Antrag nach § 123 VwGO statthaft.

Kapitel 20
Bußgeldverfahren im Ausland

In den letzten Jahren hat die Anzahl der Ordnungswidrigkeiten mit Auslandsbezug mit der zunehmenden Mobilität der Verkehrsteilnehmer und weggefallenen Grenzkontrollen im Schengen-Raum zugenommen. Entsprechend dazu wachsen die Mandatsanfragen wegen bußgeldrechtlicher Vorwürfe in anderen Staaten. Das Kapitel befasst sich mit dem Vorgehen des Rechtsanwalts, dem ein solches verkehrsrechtliches Mandat angetragen wird. Bei der Annahme einer im Ausland begangenen Verkehrsverfehlung sind sich manche Verteidiger weder bewusst, welcher Aufwand hiermit verbunden sein kann, noch, ob die anwaltliche Tätigkeit angemessen honoriert wird. Demnach soll zunächst untersucht werden, ob die Vertretung in einer ausländischen Bußgeldsache gebührentechnisch lukrativ ist und welche Gründe für bzw. gegen eine eigene Beratung bzw. Annahme des Mandats sprechen. Dazu werden praxisrelevante Fallbeispiele gebildet. Ferner soll dargestellt werden, ob Erfolgsaussichten bei der Verteidigung bestehen und welche Konsequenzen Ordnungswidrigkeiten für deutsche Verkehrsteilnehmer registerrechtlich haben können und unter welchen Voraussetzungen gar die Entziehung der Fahrerlaubnis droht. Darüber hinaus soll thematisiert werden, welche Folgen ein Fehlverhalten, welches mit einem Fahrverbot im Ausland geahndet wird, für den Betroffenen hat. Zuletzt sollen die gesetzlichen EU-Regelungen zur Vollstreckung von ausländischen Geldbußen dargestellt werden.

A. Rechtsunterschiede

Nicht nur die materielle Rechtslage unterscheidet sich in den Mitgliedstaaten der EU erheblich, auch die Verfahrensregelungen bei Verfehlungen im Straßenverkehr sind stark abweichend. Zwar muss aus Platzgründen auf eine abschließende Darstellung der unterschiedlichen gesetzlichen Regelungen verzichtet werden. Die fundamentalen Rechtsunterschiede sind bereits daran zu erkennen, dass es in einigen Rechtsordnungen der Mitgliedstaaten kein Ordnungswidrigkeitenrecht gibt und sie Verkehrsübertretungen als Strafsachen bzw. „Verwaltungsstrafsachen" einordnen.

Prozessual ist dem deutschen Bußgeldrecht ein abgekürztes Verfahren, welches mit einem Rabatt von 50% bei rascher Zahlung der Geldbuße innerhalb einer Frist von 15–20 Tagen verbunden ist, wie in Spanien, fremd. Völlig unterschiedlich gestalten sind auch die verschiedenen Rechtsmittel gegen Aufforderungen zur Zahlung der Geldbuße sowie die einzuhaltenden Fristen.[1716] Auch entscheidet nicht in

1716 *Beck/Berr*, OWi-Sachen im Straßenverkehrsrecht, 6. Aufl., 2012, Rn 1194; *Hering*, SVR 2008 174, 176.

jedem EU-Mitgliedstaat auf ein Rechtsmittel gegen einen Bußgeldbescheid bzw. ihm gleich gestellte behördliche Schreiben im Begehungsstaat sofort ein Richter. Zuständig sind teilweise nur Verwaltungsbehörden (in Österreich: Bundespolizeidirektion/Bezirkshauptmannschaft).

Auch materiell-rechtlich bestehen grundlegende Differenzen. Stark abweichend gestaltet sich die Halterhaftung in den Mitgliedstaaten der EU.[1717] Zwar sehen die deutsche Straßenverkehrs-Zulassungs-Ordnung und der Bußgeldkatalog durchaus eine Halterverantwortlichkeit vor.[1718] Eine Verhängung von Geldbußen wegen Geschwindigkeits-, Rotlicht-, oder Abstandsverstößen dagegen ist jedoch hierzulande nur gegen den Fahrzeugführer möglich. Wegen des strafrechtlichen Charakters des deutschen Ordnungswidrigkeitenrechts wird eine verschuldensunabhängige Haftung in diesem Bereich als unvereinbar mit dem Schuldgrundsatz angesehen.[1719] Die Handlungsbegriffe des deutschen Kriminalstrafrechts knüpfen nur an menschliches Verhalten an.[1720] In anderen EU-Ländern ist eine Bestrafung des Halters üblich. In Italien, Frankreich und den Niederlanden wird generell gegen den Halter des Fahrzeuges eine Geldbuße verhängt, auch wenn er bei dem Verkehrsverstoß nicht selbst der Fahrer war. In Spanien und Österreich wird zwar der Fahrer für die von ihm begangenen Verkehrsverstöße verantwortlich gemacht. Der Halter hat jedoch auf Verlangen der Behörde den Fahrer zu benennen. In § 103 Abs. 2 des österreichischen Kraftfahrgesetzes heißt es: „Die Behörde kann Auskünfte darüber verlangen, wer zu einem bestimmten Zeitpunkt ein nach dem Kennzeichen bestimmtes Kraftfahrzeug gelenkt oder einen nach dem Kennzeichen bestimmten Anhänger verwendet hat bzw. zuletzt vor einem bestimmten Zeitpunkt an einem bestimmten Ort abgestellt hat.“ Kommt er dieser Aufforderung nicht nach, so wird er auch hier mit einer Buße belegt. Hierzulande wäre etwa eine Sanktionierung einer juristischen Person als Halter eines Fahrzeugs, mit dem eine Geschwindigkeitsüberschreitung begangen wurde, undenkbar. Auch die Voraussetzungen, unter denen ein Führen eines Kraftfahrzeugs im Straßenverkehr unter Alkohol geahndet werden kann, differieren innerhalb der EU Mitgliedstaaten. In einigen Mitgliedstaaten, wie Tschechien, Slowakei, Estland und Litauen, gelten die 0,0 Promille-Grenzen für Kraftfahrer, in anderen Staaten sind die Grenzwerte bei 0,2‰, (Schweden, Polen, Norwegen), in anderen erst bei 0,5‰ (Italien, Slowenien, Niederlande, Österreich, Spanien, Dänemark, Portugal, Frankreich), und in weiteren wiederum erst bei 0,8‰ (Großbritannien, Luxemburg). Eine Regelung wie in Frankreich, einen Alkohol-Schnelltester

---

1717 *Hering*, SVR 2010, 17; *Neidhart*, SVR 2010, 80.

1718 § 31 II StVZO.

1719 Entwurf eines 5. Gesetzes zur Änderung des Straßenverkehrsgesetzes und anderer Gesetze, BT-Drs. 17/13026, vom 10.4.13, S. 21.

1720 *Karitzky/Wannek*, NJW 2010, 3393 (3395); *Milke*, NZV 2010, 17; *Lenckner/Eisele*, in: Schönke/Schröder, Strafgesetzbuch, Kommentar, Vorbem. §§ 13 ff., Rn 23 ff.

im Auto mitführen, ist in übrigen Mitgliedstaaten nicht bekannt. Auch Geldbußen auf die Missachtung der Lichtpflicht am Tag existiert hierzulande grundsätzlich nicht. Auch die Höhen der angedrohten Geldbußen für dieselben Verkehrsverstöße sind nicht einheitlich geregelt. Einheitliche Bußgeldkataloge und Regelgeldbußen gibt es nicht in allen Mitgliedstaaten. Die Verfolgungsverjährung tritt anders als in Deutschland (§ 26 III StVG: 3 Monate) in vielen Mitgliedstaaten wesentlich später ein (Niederlande: 2 Jahre).

B. Fahrverbot im Ausland

Zwar kennen nicht alle Mitgliedstaaten Fahrverbote im Bußgeldverfahren. Hat aber der Betroffene in einem Lande eine Ordnungswidrigkeit begangen, die dort mit einem Fahrverbot geahndet wird, so enthält der Bußgeldbescheid aus dem Begehungsland neben der Geldbuße zusätzlich das Verbot, dort für eine bestimmte Dauer im Straßenverkehr Kraftfahrzeuge jeder oder einer bestimmten Art zu führen. In diesem Falle wird der Führerschein des nicht im Inland lebenden Ausländers nicht amtlich verwahrt. Wie es auch die deutsche Regelung des § 25 III StVG vorsieht, wird in ausländischen Führerscheinen das Fahrverbot (nur) vermerkt. Es wird also in den Führerschein ein auf den Begehungsstaat beschränktes Fahrverbot eingetragen. Zu diesem Zweck kann der Führerschein beschlagnahmt werden. Im Wohnsitzland darf der Betroffene von seiner Fahrerlaubnis Gebrauch machen. Da das Fahrverbot erst wirksam wird, wenn der Führerschein nach Rechtskraft der Bußgeldentscheidung bzw. einer zusätzlichen Abgabefrist (wie § 25 IIa StVG) in amtliche Verwahrung gelangt ist, riskiert der Betroffene bei einer Einreise in das Begehungsland eine Anzeige wegen des Straftatbestandes des Fahrens ohne Fahrerlaubnis, wenn er der Übersendung des Führerscheins zum Zwecke der Eintragung eines Vermerks nicht nachkommt.

C. Mandatierung des Rechtsanwalts im Ausland

Angesichts diverser rechtlicher Besonderheiten in den ausländischen Rechtsordnungen sollte der deutsche Rechtsanwalt, dem ein Mandat mit Auslandsbezug angetragen wird, für den Mandanten den Kontakt zu einem Verteidiger im Land der Begehung der Ordnungswidrigkeit herstellen. (Nur) dieser ist für die Rechtsordnung im Begehungsland ausgebildet. Zwar muss der Bußgeldbescheid in die Sprache des Empfängers nach Art. 52 Abs. 2 des Schengener Durchführungsübereinkommens vom 19. Juni 1990 (SDÜ)[1721] übersetzt werden, wenn Anhaltspunkte dafür

1721 BGBl. II 1993 S. 1013.

vorliegen, dass der Zustellungsempfänger der Sprache, in der die Urkunde abgefasst ist, unkundig ist. Daran halten sich die Behörden oftmals nicht. Unabhängig davon sind Rechtsbehelfe dann wieder in der Landessprache des Begehungsstaates einzulegen. Hierbei und bei der Begründung des Einspruchs ergeben sich oftmals nicht zu bewältigende sprachliche Schwierigkeiten. Bei der Auswahl des ausländischen Rechtsanwalts sollte zusätzlich darauf geachtet werden, dass dieser deutschsprachig ist und im Verkehrs- bzw. Bußgeldrecht spezialisiert. Praktische Erfahrungen belegen, dass diese Suche nicht immer unproblematisch ist. Den Weg zur geeigneten Kanzlei ebnet eine Mitgliedschaft in einem europäischen Anwaltsnetz oder eine Suche über das Internet. Mit dem Rechtsanwalt vor Ort sollten vorab die finanziellen Konditionen seines Tätigwerdens abgeklärt werden. Nicht selten überraschen Kollegen aus Nachbarländern – wenn das Mandat erst erteilt ist – mit horrenden Stundensätzen. Hier riskiert der Mandant mit Verkehrs-Rechtsschutzversicherung, dass er auf einem Teil der Anwaltsgebühren sitzen bleibt, zumal die Versicherungen eine Regulierung oberhalb der gesetzlichen Gebühren teilweise ablehnen.

D. Vergütung der anwaltlichen Tätigkeit

Im Rahmen der Rechtsanwaltsvergütung sind folgende Fallvarianten denkbar, die zum Entstehen unterschiedlicher Honorarhöhen führen.

I. Beratungsgebühr

Oftmals will der Betroffene einer im Ausland begangenen Ordnungswidrigkeit (zunächst) nur beraten werden und erkundigt sich nach den Erfolgsaussichten eines Vorgehens gegen den Bescheid aus dem Land der Begehung. Hier fällt die Beratungsgebühr nach § 34 RVG an.[1722] Ist der Auftraggeber Verbraucher, beträgt die Gebühr für eine Erstberatung höchstens 190,00 EUR. Prüft der Rechtsanwalt die Erfolgsaussicht eines Rechtsmittels in einer Angelegenheit nach Teil 5 des Vergütungsverzeichnisses (Bußgeldsachen), kann der Rechtsanwalt Gebühren von 30,00 bis 320,00 EUR berechnen (Nr. 2102 VV RVG). Zwar lassen sich einzelne Fragen, z.B. nach der Verjährungsfrist im Ausland, recherchieren. Angesichts der erheblichen Rechtsunterschiede in den EU-Staaten bzw. der Schweiz sollten insgesamt jedoch keine abschließenden Empfehlungen ausgesprochen werden. Auch hier gilt, dass

1722 Nr. 4302 Nr. 3 VV RVG ist bei reinen Beratungen nicht anwendbar, dazu *Burhoff*, in Gerold/Schmidt, RVG Nr. 4302 VV RVG Rn 11.

die Angelegenheit besser an einen spezialisierten Rechtsanwalt vor Ort abgegeben werden sollte.

II. Entstehen der Verfahrensgebühr nach Nr. 5200 VV RVG

Die Verfahrensgebühr nach Nr. 5200 VV RVG entsteht für einzelne Tätigkeiten, ohne dass dem Rechtsanwalt sonst die Verteidigung übertragen ist.[1723] Dem deutschen Rechtsanwalt, der nur den Kontakt zum ausländischen Verteidiger herstellt, wurde die Verteidigung nicht übertragen, weshalb nur eine Gebühr für eine Einzeltätigkeit für die Korrespondenz mit dem Bevollmächtigten vor Ort abgerechnet werden kann. Der Gebührenrahmen für den Wahlverteidiger beträgt nur 20,00 bis 110,00 €. Der gesetzliche Gebührenrahmen für die Einzeltätigkeit ist erkennbar zu niedrig, wenn man sich vergegenwärtigt, dass die Korrespondenz zwischen dem Mandanten und dem Bevollmächtigten vor Ort regelmäßig über den deutschen Rechtsanwalt erfolgt. Für den Mandanten ist oftmals zunächst nur der deutsche Rechtsanwalt der Bezugspunkt. Ferner obliegt die Fristenkontrolle jedenfalls vor Abgabe an den ausländischen Kollegen dem deutschen Verteidiger. Der Gesetzgeber ist aufgefordert, den Gebührenrahmen im Zuge der RVG-Reform deutlich anzuheben.[1724] Trotz der unangemessenen Vergütung, von der der Mandant nichts weiß, erwartet er von seinem Anwalt ein professionelles Vorgehen. An eine Ablehnung der Weitervermittlung der Bußgeldsache ist bei Stamm-Mandanten nicht zu denken bzw. wird als unfreundlich angesehen. Allein aus gebührentechnischen Gründen sollte der Rechtsanwalt auch nicht das Mandat selbst bearbeiten.

III. Abrechnungsweise bei Mandatsübernahme

Übernimmt der deutsche Rechtsanwalt – was die Ausnahme sein sollte – den Fall selbst, etwa weil er sich aufgrund der Lage der Kanzlei in Grenznähe zum Nachbarstaat Kenntnisse der Rechtsordnung im Land der Begehung der Ordnungswidrigkeit angeeignet hat, so fallen die Gebühren nach Teil 5 – Bußgeldsachen – des Vergütungsverzeichnisses des Rechtsanwaltsvergütungsgesetzes (RVG) an (Nr. 5100 ff. VV-RVG). Das RVG gilt auch bei einem Tätigwerden eines Rechtsanwalts mit Sitz in Deutschland im Ausland.[1725] Dabei sollte bedacht werden, dass er mit der Mandatsüber-

---

1723 *Burhoff*, in Gerold/Schmidt, RVG Nr. 5200 VV RVG Rn 1.

1724 Die Anhebung auf einen Rahmen von „20,00 bis 110,00 €" durch das 2. Gesetz zur Modernisierung des Kostenrechts (2. Kostenrechtsmodernisierungsgesetz – 2. KostRMoG) ist bei Weitem nicht ausreichend. (2. Kostenrechtsmodernisierungsgesetz – 2. KostRMoG)

1725 *Jungbauer*, RVG Kommentar, S. 3, 5. Aufl., 2010.

nahme grundsätzlich auch Ladungen zu ausländischen Gerichtsterminen Folge zu leisten hat. Die Fahrtkosten zu Auslandsprozessen werden von deutschen Rechtsschutzversicherungen in Bußgeldsachen nicht übernommen.[1726]

IV. Gebührenbildende Merkmale (§ 14 Abs. 1 RVG)

Die Gebühren in Bußgeldverfahren sind auch im Falle von Auslandsbezügen sog. Rahmengebühren. Hier bestimmt sich die Gebührenhöhe nach § 14 I RVG. Diese richtet sich nach dem Umfang und der Schwierigkeit der anwaltlichen Tätigkeit, der Bedeutung der Angelegenheit sowie den Einkommens- und Vermögensverhältnissen des Auftraggebers. Es ist gerechtfertigt, die Mittelgebühr deutlich zu überschreiten oder die Höchstgebühr zu berechnen, wenn Fremdsprachenkenntnisse bei der Mandatsbearbeitung erforderlich sind[1727] oder der Fall umfangreich und schwierig war. Für eine deutliche Anhebung der Mittelgebühr spricht insbesondere die Notwendigkeit, sich in eine ausländische Rechtsordnung einzuarbeiten. Eine besonders hohe Geldbuße im Begehungsland spricht für eine bedeutende Angelegenheit.[1728]

V. Vergütungsvereinbarung

Wegen des oft überdurchschnittlichen zeitlichen Engagements sei empfohlen, jedenfalls für die Einzeltätigkeit eine Stundenhonorarvereinbarung (§ 3a RVG) mit dem Mandanten abzuschließen, wenn dies die finanziellen Verhältnisse des/der Betroffenen erlauben. Dies ermöglicht ein Tätigwerden oberhalb der gesetzlichen Gebühren, welches die Bemühungen angemessen vergütet. Es ist eine ausdrückliche schriftliche und individuelle Vereinbarung erforderlich. Die Stundenhonorarvereinbarung kann auch der Rechtsschutzversicherung weitergeleitet werden mit der Bitte um Genehmigung des vorgeschlagenen anwaltsüblichen Stundensatzes. Je nach Kulanz stimmt der Sachbearbeiter bei der Rechtsschutzversicherung dem Stundensatz zu.

1726 *Böhme*, ARB Kommentar, § 2 (1) a Rn 16, 12. Aufl., 2007.

1727 *Winkler*, in Mayer/Kroiß, Rechtsanwaltsvergütungsgesetz, 5. Aufl. 2012, RVG § 14, Rn 21.

1728 LG Deggendorf, DAR 2006 655; *Winkler*, a.a.O., Rn 25.

VI. Praxisbeispiele

Fall a.)
Der deutsche Rechtsanwalt F. legitimiert sich für einen Betroffenen, der einen Bußgeldbescheid aus Frankreich erhalten hat. Dagegen legt er Einspruch ein. Nachdem in Frankreich ein Gerichtstermin anberaumt wurde, nimmt er den Einspruch zurück. Dadurch erledigt sich der Verhandlungstermin. Es ist wie bei einer Ordnungswidrigkeit in Deutschland nach Nr. 5100 ff. VV RVG abzurechnen:

1.	Grundgebühr	Nr. 5100 VV-RVG	100 EUR
2.	Verfahrensgebühr vor der Verwaltungsbehörde	Nr. 5103 VV-RVG	160 EUR
3.	Verfahrensgebühr im gerichtlichen Verfahren	Nr. 5109 VV-RVG	160 EUR
4.	Zusätzliche Gebühr	Nr. 5115 Abs. 1 Nr. 4 VV-RVG	160 EUR
Nettoanwaltshonorar bei Zugrundelegung der Mittelgebühr			580 EUR

Fall b.)
Der Betroffene wurde in der Schweiz geblitzt. Er sucht den deutschen Rechtsanwalt D. auf, der ihn an seinen schweizerischen Kollegen S. vermittelt, der den Fall übernimmt und als Verteidiger für den Betroffenen fortan auftritt. Rechtsanwalt D. erhält nur die Verfahrensgebühr nach Nr. 5200 VV RVG i.H.v. 65,00 € (Mittelgebühr). Der schweizerische Kollege rechnet den Fall nach der schweizerischen Gebührenordnung ab.

Fall c.)
Der deutsche Rechtsanwalt D. wird von seinem Mandanten mit der Vertretung in einer niederländischen Ordnungswidrigkeit betraut. Gegen den Bußgeldbescheid legt Rechtsanwalt D. zunächst Frist wahrend Einspruch ein und beantragt Akteneinsicht. Zur Vertretung in der Hauptverhandlung mandatiert er den Unterbevollmächtigten Kollegen aus Amsterdam. Der deutsche Rechtsanwalt kann für eine Tätigkeit Nr. 5100 VV-RVG (Grundgebühr), Nr. 5103 VV-RVG (Verfahrensgebühr vor der Verwaltungsbehörde) sowie Nr. 5109 VV-RVG (Verfahrensgebühr vor dem Amtsgericht) in Ansatz bringen. Der niederländische Terminsvertreter erhält (nur) die Hauptverhandlungsgebühr.

Fall d.)
Gegen den Betroffenen wurde wegen einer Geschwindigkeitsüberschreitung in Österreich eine Geldstrafe in Form einer Strafverfügung verhängt. Der deutsche Anwalt A. legt hiergegen Einspruch ein. Vor der Verwaltungsbehörde bleibt der Rechtsbehelf erfolglos (Straferkenntnis), so dass er den Fall nach Rücksprache mit dem Man-

danten an einen österreichischen Kollegen abgibt, der Berufung einlegt. Hier findet eine mündliche Verhandlung vor der zweitinstanzlichen Strafbehörde statt, den der Anwalt vor Ort wahrnimmt.

Der deutsche Verteidiger kann eine Grundgebühr nach Nr. 5100 VV-RVG sowie eine Verfahrensgebühr vor der Verwaltungsbehörde abrechnen. Der österreichische Kollege kann ebenfalls die bei ihm entstandenen Gebühren als Verfahrensbevollmächtigter abrechnen. Da der Betroffene hier die Hilfe von zwei Anwälten im Verfahren vor der Verwaltungsbehörde in Anspruch genommen hat, riskiert der Betroffene, dass sich eine Rechtsschutzversicherung darauf beruft, dass nur Kostendeckung für einen Rechtsanwalt nach den Allgemeinen Versicherungsbedingungen besteht.

Fall e.)
Der Betroffene, der im Urlaub in Italien wegen einer Überschreitung der zulässigen Höchstgeschwindigkeit im letzten Sommer auffällig geworden ist, meldet sich bei seinem Hausanwalt und bittet um Mitteilung der Erfolgsaussichten eines Einspruchs gegen den Bußgeldbescheid. Insbesondere interessiert ihn, ob die Ordnungswidrigkeit schon verjährt ist. Der deutsche Rechtsanwalt D. recherchiert und teilt dem Mandanten mit, dass im Land der Begehung eine Verjährungsfrist von 360 Tagen für Betroffene mit Wohnsitz außerhalb Italiens besteht.[1729] Daraufhin bezahlt der Betroffene die Geldbuße. Es entsteht eine Beratungsgebühr nach Nr. 2102 VV RVG (Mittelgebühr: 175,00 EUR).

E. Besonderheiten der registerrechtlichen Erfassung

I. Differierende Systeme der Verkehrszentralregister

Es gibt zurzeit weder ein gesamteuropäisches Punkteregister noch eine Vernetzung.[1730] In Europa verfügen zwölf Länder über ein Zentralregister für Verkehrsdelikte mit unterschiedlichen Punktelimits.[1731] Die Verkehrssünderkartei heißt in Österreich „Vormerksystem". Im Detail unterscheiden sich die „Kontosysteme": Wie in Deutschland addiert werden die Punkte in Dänemark, Griechenland, Großbritannien, Irland, Polen, Slowenien und Tschechien. Beim anderen System hat der Betroffene ein Guthaben, von dem je nach Schwere der Delikte Punkte abgezogen werden. So wird es in Spanien, Italien, Frankreich oder Luxemburg gehandhabt. In Italien wurde z.B. ein Punktesystem im Jahr 2003 eingeführt, dort besteht

1729 Art. 201 I 4 Codice della Strada.
1730 *Nissen*, DAR 2007, 564.
1731 www.stern.de v. 19.2.2008 („Punktesysteme – Die vereinigten Knöllchen von Europa").

ein „Startkapital" von 20 Punkten, beim Stand Null wird der Führerschein eingezogen. Die Tilgungsfristen sowie die Regelungen zum Abbau von Punkten weichen wiederum in den Verkehrssünderregistern der Staaten erheblich voneinander ab.

II. Erfassung von Ordnungswidrigkeiten mit Auslandsbezug

Zwar werden die Punkte, die ein Deutscher im Ausland kassiert hat, nicht im FAER in Flensburg eingetragen.[1732] Dafür kann im Tatland für den betreffenden Kraftfahrer allerdings ein Punktekonto angelegt werden, auf das dann weitere Verkehrsverstöße in diesem Land eingehen. Hat man auf seinem Punktekonto das Punktelimit erreicht, kann ihm das Recht aberkannt werden, von der Fahrerlaubnis dort Gebrauch zu machen. Eine Entziehung der von einer deutschen Behörde erteilten Fahrerlaubnis durch eine ausländische Stelle ist rechtlich nicht möglich, da anderenfalls der Staat in fremde (deutsche) Hoheitsrechte eingreifen würde.[1733]

III. Verwertung von Erkenntnissen ausländischer Behörden

Erfährt das Kraftfahrt-Bundesamt von im Ausland bekannt gewordenen Tatsachen, die Zweifel an der Fahreignung des Betroffenen rechtfertigen können, so sind diese auch im Inland von der Straßenverkehrsbehörde zu berücksichtigen. Wenn erheblich oder wiederholt gegen verkehrsrechtliche Vorschriften verstoßen wurde, kann die Fahrerlaubnisbehörde die Eignung des Betroffenen zum Führen von Fahrzeugen prüfen.[1734] Verwertet werden vor allem Erkenntnisse ausländischer Behörden und Gerichte über Drogen- und Alkoholauffällige.[1735] Bei der Verwertung der aus dem Ausland übermittelten Erkenntnisse haben die deutschen Behörden zu überprüfen, ob ihre Gewinnung inländischen Standards entspricht, z.B. für die Bestimmung von Blut- oder Atemalkoholwerten.[1736] Ist dem so, kann bei wiederholten Zuwiderhandlungen im Straßenverkehr, z.B. unter Alkoholeinfluss die Beibringung eines ärztlichen Gutachtens oder die Vorlage eines medizinisch-psychologischen Gutachtens

---

1732 *Janker*, in Burmann/Heß/Jahnke/Janker, StVR, StVG § 28, Rn 5, 22. Auflage 2012,

1733 *Fromm*, in Ferner (Hrsg.), Straßenverkehrsstrafrecht, Teil 8/2.4.13, S. 3, 69. Ergänzungslieferung.

1734 *Janker*, a.a.O., § 28, Rn 5.

1735 *Janker*, a.a.O.,§ 3, Rn 7.

1736 *OVG Greifswald* NJW 2008, 3016, 3018.

verlangt werden oder die Entziehung der deutschen Fahrerlaubnis ausgesprochen werden (vgl. § 28 III Nr. 10 StVG).[1737]

F. Beitreibung ausländischer Geldbußen

Wird der Betroffene im Ausland unmittelbar nach der ihm vorgeworfenen Ordnungswidrigkeit angehalten, so wird regelmäßig angeordnet, dass der Betroffene eine angemessene Sicherheit für die zu erwartende Geldbuße und die Kosten des Verfahrens leistet, wenn der Betroffene im Geltungsbereich dieses Gesetzes keinen festen Wohnsitz hat. Vergleichbare Vorschriften zu § 46 I OWiG i.V.m. § 132 I StPO existieren auch in anderen EU-Staaten. Es ist bekannt, dass Polizeibeamte in Nachbarländern rigoros nach festgestellten Ordnungswidrigkeiten vorgehen und die Zahlung exorbitanter Geldbußen (z.B. nach Lenk- und Ruhezeitverstößen) vom Fahrzeugführer verlangen und zuvor eine Weiterfahrt untersagen. Ist der Betroffene mit einem Leihwagen im Ausland unterwegs gewesen, so sollte er sich nicht über eine Abbuchung des Bußgelds von der Kreditkarte inkl. Bearbeitungsgebühr durch den Auto-Vermieter wundern.

Es fragt sich, ob die Behörde im Begehungsstaat eine Handhabe hat, die Geldbuße nach Rechtskraft einer Entscheidung zwangsweise beizutreiben. Durch den Rahmenbeschluss 2005/214/JI vom 24.2.2005[1738] hat die Europäische Union ihre Mitgliedstaaten grundsätzlich verpflichtet, in anderen Mitgliedstaaten verhängte Geldstrafen und Geldbußen anzuerkennen und zu vollstrecken. Am 8.7.2010 wurde vom Bundestag das Gesetz verabschiedet, das den Rahmenbeschluss in deutsches Recht umgesetzt hat.[1739] Das Gesetz sieht die Verpflichtung vor, Geldstrafen und Geldbußen, die in anderen EU-Mitgliedstaaten verhängt wurden, in Deutschland anzuerkennen und zu vollstrecken, wenn deren Höhe mehr als 70,00 EUR beträgt.[1740] Allerdings zählen auch die Verfahrenskosten mit (§ 87 III Nr. 2 IRG),[1741] so dass selbst unter Umständen ein 60 EUR-Verstoß in Deutschland vollstreckt werden kann. Die zuständigen Behörden des ersuchenden Staates müssen die betroffene Person zunächst erfolglos ersucht haben, die verhängte Sanktion zu entrichten. Die Entscheidung darf nach dem Recht des ersuchenden Staates nicht verjährt sein. Die Vollstreckung der Geldsanktion ist ferner nur zulässig, wenn auch nach deutschem Recht für die Tat, wie sie der Entscheidung zugrunde liegt, eine Geldbuße hätte verhängt werden können (§ 87b I IRG). Das Bundesamt für Justiz wird die Vollstreckung daher

1737 *Fromm*, in Ferner (Hrsg.), Straßenverkehrsstrafrecht, Teil 8/2.4.13, S. 3.
1738 RbGeld; ABlEU Nr. L 76 v. 22.3.2005, S. 16.
1739 BT-Drs. 17/1288.
1740 § 87b III Nr. 2 IRG.
1741 *Karitzky/Wannek*, NJW 2010, 3393 (3394).

nicht genehmigen, wenn der Halter belangt wurde, der nach deutschem Rechtsverständnis für fremde Verfehlungen nicht verantwortlich gemacht werden kann.[1742] Dies setzt allerdings voraus, dass der Fahrzeughalter fristgerecht im Ausland Einspruch eingelegt hat (Erkenntnisverfahren) und dort geltend gemacht hat, er sei nicht gefahren. Vor der Bewilligung wird der Betroffene vom Bundesamt für Justiz angehört. Spätestens hier sollten Einwendungen gegen die Vollstreckung einer Entscheidung erhoben werden. Wenn gleichwohl die Vollstreckung durch das Bundesamt für Justiz bewilligt wird, kann gegen diese Bewilligung allerdings nochmals innerhalb von zwei Wochen ab Zustellung Einspruch eingelegt werden (§ 87f IV 1 IRG). Über die Zulässigkeit und Begründetheit des Einspruchs entscheidet das Amtsgericht durch Beschluss. Gegen die Entscheidung der Amtsgerichte kann der Betroffene die Zulassung der Rechtsbeschwerde beim Oberlandesgericht beantragen (§ 87j I IRG).

Vor dem Inkrafttreten der EU Vorschrift bestand für österreichische Behörden bereits die Möglichkeit, Verfügungen, z.B. wegen Zuwiderhandlungen gegen ihre Verkehrsvorschriften, in der Bundesrepublik Deutschland zuzustellen bzw. zustellen und vollstrecken zu lassen.[1743]

Nicht unüblich ist auch die Beitreibung der Geldbuße mittels ausländischer Inkassobüros. Dem braucht jedoch keine Folge geleistet zu werden, da die Vollstreckung ausschließlich dem Bundesamt für Justiz obliegt. Inkassobüros haben keine Legitimation für die Vollstreckung.

Sehr praxisrelevant sind Bußgeldbescheide aus der Schweiz, die als Nicht-EU-Land nicht vom Rahmenbeschluss umfasst ist. Zwar sieht der 2002 in Kraft getretene Vertrag zwischen der Bundesrepublik Deutschland und der Schweizerischen Eidgenossenschaft über die grenzüberschreitende polizeiliche und justitielle Zusammenarbeit (deutsch-schweizerischer Polizeivertrag)[1744] grundsätzlich auch die Vollstreckung von Geldbußen (ab einem Betrag von 70 Schweizer Franken bzw. 40 EUR) vor, doch sind diese Bestimmungen über die Geldbußeneintreibung bislang noch nicht in Kraft gesetzt.[1745] Dem Mandanten ist jedoch vor Augen zu führen, dass eine erneute Einreise in die Schweiz mit dem Risiko der Vollstreckung im Rahmen einer Verkehrskontrolle behaftet ist, zumal der Betroffene im ausländischen Computersystemen oft über Jahre registriert ist.

1742 *Trautmann*, NZV 2011, 57.

1743 Vertrag zwischen der Bundesrepublik Deutschland und der Republik Österreich über Amts- und Rechtshilfe in Verwaltungssachen vom 31.5.1988 (BGBl. 1990 II S. 357).

1744 BGBl. 2001, Teil II Nr. 29, S. 958.

1745 *Beck/Berr*, OWi-Sachen im Straßenverkehrsrecht, 5. Aufl., Rn 838.

G. Fazit

1. Europaweit bestehen im Verkehrsbußgeldrecht erhebliche Rechtsunterschiede. Abweichungen bestehen nicht nur in den Prozessordnungen, sondern auch hinsichtlich der materiell-rechtlichen Rechtslage.
2. Bußgeldverfahren mit Auslandsbezug sollten vom deutschen Rechtsanwalt nicht selbst angenommen und verteidigt werden. Um sich nicht dem Vorwurf auszusetzen, einen Fall übernommen zu haben, für den er nicht (ausreichend) qualifiziert ist, sollte der deutsche Rechtsanwalt, dem ein Mandat mit Auslandsbezug angetragen wurde, den Vorgang an einen geeigneten Verteidiger im Land der Begehung der Ordnungswidrigkeit weitergeben.
3. Für diese Einzeltätigkeit erhält der deutsche Anwalt nur eine Gebühr nach Nr. 5200 VV RVG. Dass die Mittelgebühr der Verfahrensgebühr nur 65,00 EUR beträgt, sollte den Rechtsanwalt nicht davon abhalten, in vorgeschlagener Weise professionell vorzugehen.
4. Entschließt sich der deutsche Anwalt gleichwohl zu einer Annahme des Mandats, etwa weil er seine Juristenausbildung im Begehungsland absolviert hat oder aufgrund der Anzahl der Mandate erfahren ist oder sich hier besonders fortgebildet hat, kann er das Bußgeldverfahren nach Teil 5 des Vergütungsverzeichnisses des RVG abrechnen. Bleibt es bei einer Beratung, so fällt die Gebühr nach § 34 RVG, Nr. 2102 VV RVG an.
5. Für den Betroffenen kann auch eine Verfehlung im ausländischen Straßenverkehr erhebliche negative Konsequenzen haben. Ein Ignorieren eines ausländischen Bescheides würde womöglich zu Unrecht zu einer rechtskräftigen Entscheidung führen, die im Ausland ins Punkteregister eingetragen würde. Hinzu kann neben einer vergleichsweise exorbitanten Geldbuße ein Fahrverbot im Begehungsstaat kommen.
6. Bei Geldbußen über 70,00 EUR droht eine Vollstreckung der Geldbuße nach dem EU-Rahmenbeschluss oder eine Realisierung der Geldbuße bei einer erneuten Einreise, z.B. anlässlich einer zufälligen Verkehrskontrolle im fremden Staat.
7. Die europaweite Vollstreckung der Geldsanktion steht unter dem Vorbehalt, dass auch nach deutschem Recht für die Tat, wie sie der Entscheidung zugrunde liegt, eine Geldbuße hätte verhängt werden können. Ausgeschlossen ist eine Inanspruchnahme nach deutschem Verständnis hingegen bei einem Betroffenen, der nur als Halter für eine Überschreitung der Höchstgeschwindigkeit im Ausland verantwortlich gemacht wird.
8. Der Schwerpunkt der anwaltlichen Tätigkeit kann im Vollstreckungsverfahren der ausländischen Geldbuße liegen, welches vom Bundesamt für Justiz ausgeht. Gegen die Bewilligung der Vollstreckung kann innerhalb von zwei Wochen bei der Bewilligungsbehörde Einspruch eingelegt werden.

9. Erfolgsaussichten im Hinblick auf eine Abwehr der zwangsweisen Beitreibung bestehen, wenn der Halter für eine Verkehrsverfehlung im Ausland verantwortlich gemacht wird, dem hierzulande die Fahrereigenschaft nachzuweisen gewesen wäre.

Kapitel 21
Fahrtenbuchauflagen gem. § 31a StVZO

Die Verwaltungsbehörde kann gem. § 31a StVZO einem Fahrzeughalter für ein oder mehrere Fahrzeuge die Führung eines Fahrtenbuchs auferlegen, wenn die Feststellung eines Fahrzeugführers nach einer Zuwiderhandlung gegen Verkehrsvorschriften nicht möglich war. Die Maßnahme soll dafür Sorge tragen, dass künftig die Feststellung eines Fahrzeugführers nach einer Zuwiderhandlung gegen Verkehrsvorschriften ohne Schwierigkeiten möglich ist. Die Anordnung richtet sich an den Fahrzeughalter, weil dieser die Verfügungsbefugnis und die Möglichkeit der Kontrolle über sein Fahrzeug besitzt.[1746] Insbesondere bei Firmenfahrzeugen hat die Bußgeldstelle Probleme, die Person zu ermitteln, welche zu einem bestimmten Zeitpunkt ein bestimmtes Fahrzeug benutzt hat. Es ergeht dann eine Fahrtenbuchauflage, die eine erhebliche Belastung mit sich bringt, da der Halter oder sein Beauftragter über jede Fahrt unverzüglich Rechenschaft abzulegen hat. Die Voraussetzungen für die Fahrtenbuchauflage sind in der Rechtsprechung alles andere als abschließend geklärt. Es ist eine Tendenz der Obergerichte erkennbar, die Anordnung einer Fahrtenbuchauflage im Ergebnis abzusegnen. Im Folgenden soll – ohne Anspruch auf Vollständigkeit – ein Überblick über die immer wiederkehrenden Streitpunkte sowie die Auffassung der Rechtsprechung hierzu gegeben werden.

A. Unmöglichkeit der Ermittlung des Fahrers oder Ermittlungsdefizit?

Es genügt nach ständiger Rechtsprechung, dass die Behörde nach den Umständen des Einzelfalles nicht in der Lage war, den Täter zu ermitteln, obwohl sie alle angemessenen und zumutbaren Maßnahmen ergriffen hat. Für die Beurteilung des nach dieser Regelung erforderlichen Ermittlungsaufwandes kommt es wesentlich darauf an, ob die Behörde in sachgerechtem und rationellem Einsatz der ihr zur Verfügung stehenden Mittel nach pflichtgemäßem Ermessen die Maßnahmen getroffen hat, die der Bedeutung des aufzuklärenden Verkehrsverstoßes gerecht werden und erfahrungsgemäß Erfolg haben können.[1747] Es ist zu fragen, ob konkrete Ansatzpunkte für weitere Ermittlungen zur Verfügung standen. Ein Ermittlungsdefizit soll vorliegen, wenn trotz des Schweigens des Fahrzeughalters ausnahmsweise gute Chancen auf rechtzeitige Ermittlung des Fahrzeugführers bestehen, jedoch vorschnell das Ver-

1746 BVerwG, NJW 1989, 2704.
1747 VGH Kassel, NJW 2005, 2411.

fahren eingestellt wird.[1748] War die Halterin eine Firma, ist insbesondere an eine Internetrecherche zu denken, oft sind die Geschäftsführer auf der Web-Seite des Unternehmens abgebildet.

I. Mitwirkungshandlung des Halters

§ 31a StVZO, der seinem Wortlaut nach lediglich davon ausgeht, dass die Feststellung eines Fahrzeugführers nach einer Zuwiderhandlung gegen Verkehrsvorschriften objektiv nicht möglich war, hat im Übrigen in der Rechtsprechung die rechtstaatlich gebotene einschränkende Auslegung dahin erfahren, dass nicht schon jeder Misserfolg bei den polizeilichen Ermittlungen dem Halter eines Kfz zuzurechnen ist, sondern nur ein solcher, für den sein Verhalten ursächlich war. Demgemäß ist die Auferlegung eines Fahrtenbuches dann nicht gerechtfertigt, wenn der Fahrzeughalter seinerseits das ihm Zumutbare und Mögliche zur Aufklärung des Sachverhalts beigetragen hat.[1749]

Eine Mitwirkungshandlung ist schon gegeben, wenn der Halter im Bußgeldverfahrenverfahren die angeblich schlechte Qualität des Lichtbildes rügt und die Bußgeldbehörde gebeten hat, ein Hochglanzfoto zuzusenden.[1750] Bei einem Firmenfahrzeug wird von der Halterin eines Kraftfahrzeugs verlangt, den möglichen Kreis der Fahrzeugbenutzer gegenüber der ermittelnden Straßenverkehrsbehörde anzugeben. Juristische Personen müssten die notwendigen organisatorischen Vorkehrungen dafür treffen, dass festgestellt werden könne, welche Person zu einem bestimmten Zeitpunkt ein bestimmtes Geschäftsfahrzeug benutzt habe.[1751] Die Auferlegung eines Fahrtenbuches soll auch nicht automatisch ausscheiden, wenn der Fahrzeughalter an der Feststellung sogar aktiv mitgewirkt hat, z.B. wenn die gebotenen Ermittlungsbemühungen der Behörde jedoch gleichwohl erfolglos geblieben sind.[1752]

Oft findet man in der Akte polizeiliche Vermerke über einen persönlichen Besuch bei einem Halter, die den Eindruck vermitteln sollen, dass der Fahrzeughalter zum Ausdruck gebracht habe, dass er nicht gewillt sei, zur Aufklärung der Fahrerverantwortlichkeit beizutragen und der wirkliche Fahrer nicht identifizierbar gewesen sei. In Wahrheit jedoch wird in der Praxis häufig vergleichsweise nicht mit hoher Intensität ermittelt.

1748 VG Oldenburg, Urt. v. 1.10.2008 – 7 B 2577/08, ZAP 2009 FACH 1 52 (LS); Koehl, NZV 2008, 169.

1749 VGH Mannheim, NZV 1992, 46.

1750 VG Saarlouis: Urt. v. 26.2.2009 – 10 K 495/08, BeckRS 2009, 32707.

1751 OVG Lüneburg: Urt. v. 10.8.2000 – 6 A 296/99, BeckRS 2005, 21102.

1752 OVG NW, SVR 2008, 359.

II. Aussageverweigerungsrecht des Halters

Da ein Aussageverweigerungsrecht den Zweck verfolgt, die Person vor einer Selbstbezichtigung zu schützen und nicht an seiner (eigenen) Überführung mitwirken zu müssen, schließt das Gebrauchmachen hiervon mit der Konsequenz der Nichtüberführung des Fahrers eine Anordnung einer Fahrtenbuchauflage aus. Ansonsten würde es ausgehebelt.[1753] Das BVerwG[1754] argumentiert hiergegen, dass mit der Auferlegung der Führung eines Fahrtenbuches das Recht des Betroffenen gewahrt bleibe, sich selbst nicht bezichtigen zu müssen. Das Recht zur Aussageverweigerung hindere daher nicht eine Fahrtenbuchauflage.

III. Anhören des Halters als Zeuge

Zur Erfüllung ihrer Verpflichtung zu angemessenen und zumutbaren Schritten zur Ermittlung des Täters einer Zuwiderhandlung gegen Verkehrsvorschriften muss die Bußgeldbehörde den Halter eines Kraftfahrzeugs im Ordnungswidrigkeitenverfahren als Zeugen und nicht als Betroffenen anhören, wenn feststeht (z.B. auf Grund des Geschwindigkeitsmessfotos), dass der Kraftfahrzeughalter keinesfalls der verantwortliche Fahrzeugführer sein kann. Denn im Gegensatz zur Anhörung als Betroffener wegen des dann bestehenden Aussageverweigerungsrechts ist der Halter bei der Anhörung als Zeuge grundsätzlich zur Aussage und damit zur Mitwirkung an der Aufklärung der Täterschaft verpflichtet.[1755] Das BVerfG[1756] hat diese Auffassung jedoch relativiert, es hänge von den Umständen des Einzelfalls ab, ob dies eine der Behörde noch zuzumutende Maßnahme sei. Im Übrigen steht in den wenigsten Fällen wirklich „zweifelsfrei fest", dass der Kraftfahrzeughalter keinesfalls der verantwortliche Fahrzeugführer sein kann.

IV. Nicht ausreichende Überzeugung von Täterschaft

Die Feststellung des Fahrzeugführers soll im Sinne des § 31a StVZO auch dann unmöglich sein, wenn die Ermittlungen zwar auf einen bestimmten Täter hindeuten, die Behörde jedoch keine ausreichende Überzeugung von der Täterschaft des Verdächtigen gewinnen konnte.[1757]

1753 Burmann/Heß/Jahnke/Janker, § 23 StVO Rn 45a.
1754 NZV 2000, 385.
1755 VGH Mannheim, NZV 2010, 53; VG Würzburg, SVR 2011, 116.
1756 NJW 1988, 1104.
1757 OVG NRW, NZV 2008, 536.

V. Unverzügliches In-Kenntnis-Setzen

Dem Erfordernis des angemessenen Ermittlungsaufwands, den § 31a StVZO verlangt, wird allerdings grundsätzlich nur dann genügt, wenn die ermittelnde Behörde den Kraftfahrzeughalter unverzüglich (vorbehaltlich besonderer Umstände des Einzelfalls regelmäßig innerhalb von zwei Wochen) von der mit seinem Kraftfahrzeug begangenen Zuwiderhandlung in Kenntnis setzt, damit dieser die Frage, wer zur Tatzeit sein Fahrzeug geführt hat, noch zuverlässig beantworten und der Täter Entlastungsgründe vorbringen kann.[1758] Auf dieses Erfordernis ist besonderes Augenmerk zu richten. Eine Überschreitung der bei der Anhörung des Fahrzeughalters regelmäßig einzuhaltenden Zwei-Wochen-Frist steht der Anordnung zum Führen eines Fahrtenbuchs nach ständiger Verwaltungsrechtsprechung aber nicht entgegen, wenn sie für die Nichtermittlung des Fahrzeugführers *nicht ursächlich* war, etwa, wenn der Halter sich während des laufenden Ordnungswidrigkeitsverfahrens zu keinem Zeitpunkt darauf berufen hat, dass er sich aufgrund Zeitablaufs nicht mehr an den Fahrzeugführer erinnern könne[1759], oder er von vorneherein jede Mitwirkung an der Feststellung des Fahrzeugführers abgelehnt hat. Die Zweiwochenfrist stellt nach der einschränkenden Rechtsprechung keine starre Grenze dar.[1760] Eine verzögerte Anhörung soll für die unterbliebene Feststellung des Fahrers auch dann nicht ursächlich sein, wenn dem Halter ein zur Identifizierung des Fahrers ausreichendes Geschwindigkeitsmessfoto vorgelegt worden ist, da eine Identifizierung des Fahrers anhand des Geschwindigkeitsmessfotos keine Anforderungen an das Erinnerungsvermögen, sondern an das Erkenntnisvermögen des Kfz-Halters stelle.[1761]

Unabhängig davon will das OVG Münster[1762] die im Zusammenhang mit der Auferlegung eines Fahrtenbuches entwickelte Zweiwochenfrist für die Benachrichtigung des Fahrzeughalters von der mit seinem Fahrzeug begangenen Verkehrsordnungswidrigkeit nicht gelten lassen, wenn die Verkehrszuwiderhandlung mit dem Firmenfahrzeug eines Kaufmanns im Sinne des Handelsrechts im geschäftlichen Zusammenhang begangen worden ist. Er sei nämlich etwa nach §§ 238 I, 257 HGB verpflichtet, Bücher zu führen und über lange Zeit aufzubewahren, aus denen sich die Geschäftsvorfälle „in ihrer Entstehung und Abwicklung verfolgen lassen". Es entspreche sachgerechtem kaufmännischem Verhalten, auch die Geschäftsfahrten längerfristig zu dokumentieren.

Die analoge Anwendung von Vorschriften des Handelsrechts auf das verkehrsrechtliche Verwaltungsrecht weckt jedoch erhebliche Bedenken. So erkennt auch

---

1758 BVerwG, NJW 1979, 1054.

1759 VGH Mannheim, NZV 1999, 396.

1760 VGH München, Beschl. v. 7.11.2008 – 11 CS 08.2650.

1761 VGH Mannheim, NZV 1999, 224.

1762 NJW 1995, 3335.

das OVG, dass sich aus §§ 238 I, 257 HGB keine unmittelbare Pflicht ergibt, Fahrtenbücher oder Einsatzpläne vorzuhalten; wenn das OVG aber dennoch die Bestimmungen als Argument für eine unterbliebene Mitwirkungshandlung anführt, so lässt es außer Acht, dass der Zeitpunkt der angeblich unzureichenden Mithilfe des Halters zu Unrecht vorverlegt wird. Eine Mitwirkungsverpflichtung kann doch frühestens erst dann einsetzen, wenn der Halter Kenntnis vom Verkehrsverstoß bekommen hat. Zum Zeitpunkt angeblich mangelnder organisatorischer Vorkehrungen zur Feststellung des verantwortlichen Fahrers war noch keine Verfehlung begangen. Im Übrigen erscheint die Auffassung des OVG auch praxisfern und nicht praktikabel, zumal Firmenfahrzeuge regelmäßig auch privat genutzt werden dürfen. Hier bestehen die handelsrechtlichen Verpflichtungen nicht.

VI. Wiederholungsgefahr

Die Tatsache, dass es sich bei dem Betroffenen um einen verkehrsrechtlich bislang nicht auffällig gewordenen Kraftfahrer handelt, zwingt nicht dazu, von einer Fahrtenbuchauflage unter Verhältnismäßigkeitsgesichtspunkten Abstand zu nehmen. Die Anordnung, ein Fahrtenbuch zu führen, setzt als Maßnahme der vorbeugenden Gefahrenabwehr nicht die Besorgnis voraus, dass künftig gerade der Fahrzeughalter als Führer seines Kraftfahrzeugs Verkehrszuwiderhandlungen begehen könnte.[1763]

C. Erheblichkeit der Verkehrsübertretung und Dauer der Fahrtenbuchauflage

In ständiger Rechtsprechung ist geklärt, dass bereits eine einmalige Geschwindigkeitsüberschreitung von mehr als 20 km/h regelmäßig eine so erhebliche Verkehrsübertretung darstellt, dass eine Androhung nicht ausreichend, sondern die Anordnung einer Fahrtenbuchauflage mit einer Dauer von zumindest sechs Monaten geboten ist, selbst wenn durch die Geschwindigkeitsübertretung, die eine der hauptsächlichen Unfallursachen ist, eine konkrete Gefährdung nicht eingetreten ist. Für die erforderliche Gewichtung des betreffenden Verkehrsdeliktes ist regelmäßig das Punktsystem des § 4 StVG i.V.m. der Anlage 13 zur FeV heranzuziehen, weil in ihm in rechtlich verbindlicher Weise (vgl. § 4 III StVG) eine typisierende Bewertung von Verkehrsverstößen nach dem Maße ihrer Gefährlichkeit vorgegeben wird.[1764]

Es ist ermessensgerecht, sich bei der Geltungsdauer der Fahrtenbuchanordnung an der Schwere des Verkehrsverstoßes zu orientieren und dabei auf die Bewertun-

---

1763 BVerwG, NJW 1989, 2704.
1764 VG Saarlouis, Urt. v. 29.2.2008 – 10 K 63/07.

gen nach dem Punktsystem der Anlage 13 zu § 40 FeV und die Vorschriften der Bußgeldverordnung abzustellen.[1765] Die Dauer der Fahrtenbuchauflage bei erstmaliger Anordnung ist umstritten. Einerseits wird vertreten, die Dauer solle ohne erschwerende Umstände sechs Monate nicht überschreiten.[1766] Andererseits wird auch die Meinung vertreten, der Zeitraum von sogar einem Jahr sei ausreichend, aber auch erforderlich, und stehe dem Grundsatz der Verhältnismäßigkeit nicht entgegen.[1767]

D. Bestimmung eines/mehrerer Ersatzfahrzeuge

Nach § 31a StVZO kann die Verwaltungsbehörde ein oder mehrere Ersatzfahrzeuge bestimmen. Ziel dieser Bestimmung sei es nach der Rechtsprechung des OVG Berlin[1768] zu verhindern, dass sich der Halter durch den Verkauf des mit der Auflage versehenen Fahrzeugs der bestehenden Verpflichtung zu entziehen versucht.[1769] Diese Verpflichtung des Halters, zur Abwehr von Gefahren für die Sicherheit und Ordnung des Straßenverkehrs ein Fahrtenbuch zu führen, anhand dessen die Feststellung des für einen Verkehrsverstoß verantwortlichen Fahrzeugführers künftig sichergestellt werden kann, solle nicht umgangen werden können, indem der Halter das mit der Fahrtenbuchauflage belastete Fahrzeug veräußert oder stilllegt; vielmehr solle die Straßenverkehrsbehörde die mit der Fahrtenbuchauflage verbundene Verpflichtung bei Veräußerung des „Tatfahrzeugs" ersatzweise auf ein oder mehrere andere Fahrzeuge desselben Halters erstrecken können. Durch die Regelung des § 31a StVZO solle nämlich nicht der Umgang mit einem bestimmten Fahrzeug, sondern die Beachtung der einem Kfz-Halter obliegenden Aufsichtspflicht über die von ihm in Verkehr gebrachten Fahrzeuge sichergestellt werden. Vor dem Hintergrund dieses Zwecks der Fahrtenbuchauflage sei der Begriff „Ersatzfahrzeug" in § 31a I 2 StVZO weitgreifend zu verstehen. Deshalb sei nach der Rechtsprechung „Ersatzfahrzeug" nicht nur das (vor oder während der Fahrtenbuchauflage an Stelle des veräußerten) neu angeschaffte Fahrzeug. Vielmehr zählen auch alle anderen Fahrzeuge des Halters, die im Zeitpunkt der Veräußerung des „Tatfahrzeugs" von ihm betrieben werden und demselben Nutzungszweck zu dienen bestimmt sind, zu den Ersatzfahrzeugen. Dabei kommt es hinsichtlich des Zwecks der Nutzung auf die objektive Zweckbestimmung, nicht aber darauf an, welcher individuelle Fahrer das Fahrzeug für den Halter im Rahmen seines Geschäftsbetriebs nutzt. Denn gerade der

1765 VG Braunschweig, NVwZ-RR 2003, 686.
1766 Heß, in Burmann/Heß/Jahnke/Janker, Straßenverkehrsrecht, § 23 StVO, Rn. 47.
1767 VGH Mannheim, NJW 1992, 132.
1768 NJW 2003, 2402.
1769 VG Braunschweig, Urt. v. 4.6.2008 – 6 A 281/07.

Umstand, dass im Bußgeldverfahren der Fahrzeugführer nicht ermittelt werden konnte, habe die Anordnung eines Fahrtenbuchs zur Folge gehabt.[1770]

E. Verwaltungsrechtsweg

Gegen die Anordnung einer Fahrtenbuchauflage kann seitens des Betroffenen (nur) auf dem Verwaltungsrechtsweg vorgegangen werden. Gegen den Verwaltungsakt ist der Widerspruch gem. § 69 VwGO statthaft, danach ist Anfechtungsklage beim zuständigen Verwaltungsgericht zu erheben.

F. Gegenstand der Eintragung, § 31a II StVZO

Der Fahrzeughalter oder sein Beauftragter hat in dem Fahrtenbuch für ein bestimmtes Fahrzeug und für jede einzelne Fahrt 1. vor deren Beginn a) Name, Vorname und Anschrift des Fahrzeugführers, b) amtliches Kennzeichen des Fahrzeugs, c) Datum und Uhrzeit des Beginns der Fahrt und 2. nach deren Beendigung unverzüglich Datum und Uhrzeit mit Unterschrift einzutragen. Die Eintragung des Kilometerstands sieht die Verordnung übrigens nicht vor.[1771]

G. Bußgeldrechtliche Relevanz von Zuwiderhandlungen

Eine Ordnungswidrigkeit begeht, wer entgegen § 31a II StVZO als Halter oder dessen Beauftragter im Fahrtenbuch nicht vor Beginn der betreffenden Fahrt die erforderlichen Angaben einträgt oder nicht unverzüglich nach Beendigung der betreffenden Fahrt Datum und Uhrzeit der Beendigung mit seiner Unterschrift einträgt, § 69a V Nr. 4 StVZO.

H. Fazit

1. Ein Fahrtenbuch darf gem. § 31a StVZO angeordnet werden, wenn die Feststellung eines Fahrzeugführers nach einer Zuwiderhandlung gegen Verkehrsvorschriften nicht möglich war.
2. Im Rahmen der Ermittlung des Fahrers ist es der Polizei regelmäßig nicht zuzumuten, wahllos zeitraubende und kaum Aussicht auf Erfolg bietende Ermittlun-

---

1770 OVG Berlin, NJW 2003, 2402.
1771 VG Stuttgart, NJW 2006, 793.

gen zu betreiben. Oftmals wird der Sachverhalt in der Praxis jedoch nicht ausreichend durchermittelt.

3. Der Auferlegung eines Fahrtenbuches steht entgegen, wenn der Fahrzeughalter seinerseits das ihm Zumutbare und Mögliche zur Aufklärung des Sachverhalts beigetragen hat, etwa wenn er im Bußgeldverfahren die schlechte Qualität des Lichtbildes gerügt hat und die Bußgeldbehörde gebeten hat, ein Hochglanzfoto zuzusenden. Gelingt es dann aber nicht den Fahrer zu ermitteln, so darf dennoch nach höchstrichterlicher Rechtsprechung ein Fahrtenbuch angeordnet werden.
4. Da der Halter bei der Anhörung als Zeuge grundsätzlich zur Aussage und damit zur Mitwirkung an der Aufklärung der Täterschaft verpflichtet ist, soll es nach teilweise Auffassung einer Fahrtenbuchauflage entgegen stehen, wenn der Halter nur als „Betroffener" angehört wurde, nicht dagegen als „Zeuge". Dies soll aber nur gelten, wenn feststeht, dass der Kraftfahrzeughalter keinesfalls der verantwortliche Fahrzeugführer sein kann.
5. Dem Erfordernis des angemessenen Ermittlungsaufwandes ist grundsätzlich nur dann Rechnung getragen, wenn der Fahrzeughalter unverzüglich regelmäßig innerhalb von zwei Wochen von der mit seinem Fahrzeug begangenen Zuwiderhandlung in Kenntnis gesetzt wird, damit er die Frage, wer zur Tatzeit sein Fahrzeug geführt hat, noch zuverlässig beantworten kann. Allerdings muss sich der Halter während des laufenden Ordnungswidrigkeitsverfahrens darauf berufen, dass er sich aufgrund Zeitablaufs nicht mehr an den Fahrzeugführer erinnern könne.
6. § 31a StVZO setzt eine Zuwiderhandlung gegen Verkehrsvorschriften voraus. In Betracht kommen verkehrsrechtliche Straftatbestände, wie Straßenverkehrsgefährdung und Nötigung. Grundsätzlich reicht auch ein lediglich mit einem Punkt bewerteter Verkehrsverstoß für die Anordnung einer Fahrtenbuchauflage aus, ohne dass es auf die Feststellung der näheren Umstände der Verkehrsordnungswidrigkeit ankommt.
7. Als Kriterium für die Bemessung der Dauer der Fahrtenbuchauflage wird vor allem das Gewicht der festgestellten Verkehrszuwiderhandlung zu würdigen sein. Je schwerer das mit dem Kraftfahrzeug des Betroffenen begangene Verkehrsdelikt wiegt, desto eher wird es gerechtfertigt sein, dem Fahrzeughalter eine nachhaltige Überwachung der Nutzung seines Fahrzeugs zuzumuten. Nicht einheitlich beantwortet wird, wie lange die Fahrtenbuchauflage bei erstmaliger Anordnung sein darf. Von der Rechtsprechung wird eine Dauer von einem Jahr nicht für unverhältnismäßig gehalten.
8. Die Anordnung eines Fahrtenbuchs für ein Ersatzfahrzeug gem. § 31a I 2 StVZO, ist mit dem Verhältnismäßigkeitsprinzip grundsätzlich vereinbar. Nur hiermit kann sichergestellt werden, dass die Regelungen in § 31a StVZO nicht leerlaufen und sich der Halter seiner Verpflichtung nicht durch den Verkauf der von der Fahrtenbuchanordnung unmittelbar erfassten Fahrzeuge entzieht.

J. Musterwiderspruchsbegründung gegen die Anordnung der Führung eines Fahrtenbuches gegenüber dem Fahrzeughalter

An die
Kreisverwaltung

23.09.2014

B. GmbH/M.

Aktenzeichen: 3.37
hier: Auflage zum Führen eines Fahrtenbuches, Widerspruch gegen den Bescheid vom 14.6.2011

Sehr geehrte Damen und Herren,

in der vorbezeichneten Angelegenheit begründen wir den Widerspruch gegen den Bescheid vom 14.6.2011 wie folgt:

Der angefochtene Bescheid ist rechtswidrig und verletzt die Mandantschaft in ihren Rechten.

§ 31a StVZO lässt das Anordnen der Führung eines Fahrtenbuchs nur unter den dort genannten Voraussetzungen zu. Es ist in Literatur und Rechtsprechung anerkannt, dass die Bußgeldstelle/Polizei alles Zumutbare, im Rahmen der Feststellung eines Fahrzeugführers nach einer Zuwiderhandlung gegen Verkehrsvorschriften unternommen haben muss.

Dieser Wortlaut hat in der Rechtsprechung die rechtsstaatliche gebotene einschränkende Auslegung dahingehend erfahren, dass nicht schon jeder Misserfolg bei den polizeilichen Ermittlungen dem Halter eines Kfz zuzurechnen ist, sondern nur ein solcher, für den sein Verhalten ursächlich war (VGH Mannheim, NZV 1992, 46).

Die Unmöglichkeit der Ermittlung des Fahrzeugführers liegt nicht schon dann vor, wenn die Behörde nicht in der Lage war, den Fahrer zu ermitteln.

Im vorliegenden Fall erschöpfen sich die Ermittlungsversuche des Fahrers in einem achtzeiligen Vermerk der Polizeiinspektion M., POK S. Schon die Wortwahl lässt offen, ob im Rahmen des Aufsuchens der Halteranschrift der Name des Fahrers nicht genannt werden konnte oder wollte. Darauf kommt es jedoch im Rahmen der Anordnung einer Fahrtenbuchauflage entscheidend an. Es kann nicht unterstellt werden, dass der Name des Fahrers nicht genannt werden wollte. Es handelt sich hierbei allein um eine Mutmaßung des Sachbearbeiters S. Es bleibt auch offen, wen der POK S. im Rahmen seiner Ermittlungsversuche befragt hat. Für den Fall, dass er mit dem tatsächlichen Fahrer gesprochen hätte, so muss berücksichtigt werden, dass dieser hätte belehrt werden müssen und ein Schweigerecht besaß.

Das Gebrauchmachen von einem Aussageverweigerungsrecht mit der Konsequenz der Nichtüberführung des Fahrers schließt die Anordnung der Führung eines Fahrtenbuchs aus (Heß, in Burmann/Heß/Jahnke/Janker, Straßenverkehrsrecht, § 23 StVO, Rnr. 45 a, 21. Auflage 2010).

Entscheidend vorzuwerfen ist der Bußgeldstelle/Polizei im Rahmen der Ermittlungsversuche des Fahrers jedoch, dass nicht – wie allgemein üblich – ein Passbild des verantwortlichen Geschäftsführers der Firma B. beigezogen wurde. Derartige Maßnahmen gehören zum Standard und werden ohne besondere Belastungen regelmäßig zur Ermittlung des Fahrzeugführers durchgeführt. Auch lassen sich der Akte keine weiteren nahe liegenden Ermittlungsmaßnahmen entnehmen, wie eine Internetrecherche bei der Firma B. GmbH usw.

Insgesamt ergibt sich hierbei, dass die Polizei bzw. die Verwaltungsbehörde nicht alles Zumutbare getan hat, um den Fahrer zu ermitteln.

Auch der Zeitpunkt der Durchführung von „Ermittlungsmaßnahmen", hier: 7.4.2011, spricht für sich. Nach ständiger Rechtsprechung und Literatur müssen die Ermittlungen soweit durchgeführt werden, dass sich diese Person an den Vorfall noch erinnern kann (BVerwG, VRS 42, 61). Hier waren jedoch seit dem Vorfall am 17.2.2011 bereits sechs Wochen vergangen.

Äußerst hilfsweise ist auszuführen, dass die Dauer der Führung des Fahrtenbuchs unverhältnismäßig lang ist. Bei einer erstmaligen Fahrtenbuchauflage darf diese auf höchstens sechs Monate befristet werden (OVG NRW, VRS 75, 384; VGH BW, DAR 1991, 433, 435).

Rechtsanwalt

Kapitel 22
Kostentragungspflicht im Bußgeldverfahren

A. Einführung in die Problematik

Bei Beendigung des Ordnungswidrigkeitenverfahrens bedarf die Frage, wer die Kosten und Auslagen des bisherigen Bußgeldverfahrens zu tragen hat, einer genauen Klärung. Dabei müssen im Folgenden zum einen die verschiedenen Abschnitte der verfahrensabschließenden Entscheidung auseinander gehalten werden, zumal sich auch die kostenrechtlichen Folgen unterschiedlich gestalten. Ferner wird bei nicht verurteilten Betroffenen zwischen Freisprüchen und Einstellungen differenziert.

B. Die Kosten des Bußgeldverfahrens

Die Definition der Kosten des Bußgeldverfahrens befindet sich in § 464a StPO, auf den § 105 I OWiG verweist. Man versteht hierunter die im Verfahren der Verwaltungsbehörde (§ 107 OWiG) und des Gerichts entstandenen Gebühren und Auslagen der Staatskasse. Nach § 464a II StPO i.V.m. § 105 I OWiG gehören zu den notwendigen Auslagen eines Beteiligten auch die Entschädigung für eine notwendige Zeitversäumnis nach den Vorschriften, die für die Entschädigung von Zeugen gelten (Nr. 1), und die Gebühren und Auslagen eines Rechtsanwalts, soweit sie nach § 91 II ZPO zu erstatten sind (Nr. 2). Zu erstatten sind nur die gesetzlichen Gebühren und Auslagen des Rechtsanwalts nach dem Rechtsanwaltsvergütungsgesetz (RVG); wenn der Betroffene mit dem Rechtsanwalt eine Stundenhonorarvereinbarung geschlossen hat, die über die gesetzlichen Gebühren hinausgehen, werden letztere ihm nicht von der Staatskasse erstattet.

Die Kosten für einen Verteidiger sind nur in Bagatellsachen bis zu zehn Euro (§ 109 a I OWiG) keine notwendigen, es sei denn für den Betroffenen war die Beauftragung eines Rechtsanwalts wegen der schwierigen Sach- oder Rechtslage oder der Bedeutung der Sache geboten.

C. Kostentragungspflicht bei Nichtverurteilung

I. Freisprüche (im gerichtlichen Verfahren)

1. Grundsatz

Wird der Betroffene im gerichtlichen Verfahren freigesprochen, so trägt die Staatskasse die Kosten des Verfahrens und die notwendigen Auslagen des Betroffenen. Das OWiG selbst enthält keine Regelungen über die Kosten im gerichtlichen Verfahren. Die strafprozessuale Vorschrift des § 467 StPO, der für Freisprüche Anwendung findet, lässt sich i.V.m. § 46 I OWiG anwenden.[1772] Die Kosten- und Auslagenfolgen müssen in der gerichtlichen Entscheidung ausdrücklich ausgesprochen werden.[1773]

2. Ausnahmen

Ausnahmen von der Kostenerstattungspflicht ergeben sich aus § 467 II, III StPO i.V.m. § 46 I OWiG sowie aus §§ 109a OWiG, § 25a StVG.

a) Schuldhafte Säumnis, § 467 II StPO i.V.m. § 46 I OWiG

Die Kosten des Verfahrens, die der Betroffene durch eine schuldhafte Säumnis verursacht hat, werden nach § 467 II StPO i.V.m. § 46 I OWiG ihm auferlegt. Die ihm insoweit entstandenen Auslagen werden der Staatskasse auch dann nicht auferlegt, wenn er freigesprochen wird. Hierunter sollen etwa die Fahrtkosten des Betroffenen zu einem von der Verwaltungsbehörde anberaumten Termin fallen, der wegen einer Verspätung des Betroffenen verlegt werden musste.[1774]

b) Unwahre Selbstanzeige, § 467 III 1 StPO i.V.m. § 46 I OWiG

Erstattet werden dem Betroffenen die notwendigen Auslagen gem. § 467 III StPO i.V.m. § 46 I OWiG nicht, wenn der Betroffene das Verfahren dadurch veranlasst hat, dass er in einer Selbstanzeige vorgetäuscht hat, die ihm zur Last gelegte Tat begangen zu haben. Es soll keine Überbürdung der notwendigen Auslagen erfolgen, wenn sich der Betroffene gegenüber der Bußgeldbehörde oder den Strafverfolgungsorganen zu Unrecht der Ordnungswidrigkeit selbst bezichtigt hat und deshalb ein Bußgeldverfahren erst gegen ihn eingeleitet worden ist. Die Einleitung des Verfahrens ist dann selbstverschuldet. Nach dem Veranlasserprinzip[1775] erscheint es nicht gerechtfertigt, in derartigen Fällen die Staatskasse mit Kosten zu belasten.

c) Wahrheitswidrige Selbstbelastung, § 467 III 2 Nr. 1 StPO i.V.m. § 46 I OWiG

Das Gericht kann ferner davon absehen, die notwendigen Auslagen des Betroffenen der Staatskasse aufzuerlegen, wenn er die Erhebung der öffentlichen Klage dadurch veranlasst hat, dass er sich selbst in wesentlichen Punkten wahrheitswidrig oder im Widerspruch zu seinen späteren Erklärungen belastet oder wesentliche entlastende

---

1772 Bohnert, Ordnungswidrigkeitenrecht, Rn 701.
1773 Gürtler, in Göhler, OWiG, vor § 105 Rn 92.
1774 Gürtler, in Göhler, OWiG, vor § 105 Rn 94.
1775 BVerfG NStZ-RR 1996, 45.

Umstände verschwiegen hat, obwohl er sich zur Beschuldigung geäußert hat. Diese Umstände lassen es unbillig erscheinen, die Staatskasse mit den Auslagen des Betroffenen zu belasten. Hat der Betroffene wahrheitswidrig etwa im Anhörungsbogen erklärt, das Fahrzeug geführt zu haben und hat er dadurch eine andere Person gedeckt, so soll er später keine Erstattung seiner notwendigen Auslagen aus der Staatskasse erhalten. Hat er seine Angaben nachträglich berichtigt, und benennt er den richtigen Fahrer, so hat er den Erlass des Bußgeldbescheides nicht veranlasst, wenn gegen ihn gleichwohl ein Bußgeldbescheid erlassen wird.[1776]

d) Spätes Vorbringen entlastender Umstände, § 109a II OWiG

Gem. § 109a II OWiG riskiert der Betroffene bzw. sein Rechtsanwalt ferner bei spätem Vorbringen entlastender Umstände, dass davon abgesehen werden kann, die dem Betroffenen entstandenen Auslagen der Staatskasse aufzuerlegen.[1777] Die Regelung in § 109 a II OWiG soll Rechtsmissbräuchen vorbeugen und ist heranzuziehen, wenn ein nicht rechtzeitiges Vorbringen als missbräuchlich oder unlauter anzusehen ist, das heißt keinen vernünftigen oder billigenswerten Grund für sich anzuführen vermag.[1778] Es handelt sich insoweit um eine Ermessensvorschrift.[1779] Hat sich der Betroffene – der sich im Nachhinein nicht als Fahrzeugführer herausstellt – auf den Anhörungsbogen zu den Vorwürfen nicht geäußert, versuchen die Amtsgerichte regelmäßig hieraus herzuleiten, dass der Betroffene die notwendigen Auslagen selbst tragen müsse. Umstritten ist, ob sich verzögernde Einlassungstaktiken kostenrechtlich nachteilig auswirken.[1780] Es handelt sich bei der Tatsache, dass ein anderer das Fahrzeug geführt hat, zwar um einen wesentlichen Umstand[1781] i.S. von § 109a II OWiG.[1782] Nach vorzugswürdiger Meinung führt dies jedoch nicht dazu, dass ihm seine notwendigen Auslagen aufzubürden sind.[1783] Wurde gegen den falschen Fahrzeugführer ein Bußgeldbescheid erlassen, so muss berücksichtigt werden, dass der Erlass eines Bußgeldbescheids voraussetzt, dass die Verwaltungsbehörde nach Aufklärung des Sachverhaltes die Ordnungswidrigkeit für erwiesen erachtet; bleiben Zweifel, ob der Betroffene den Bußgeldtatbestand verwirklicht hat, darf ein Bußgeldbescheid nicht erlassen werden[1784]; die Bußgeldstelle hätte entlas-

1776 Gürtler, in Göhler, vor § 105 Rn 88.
1777 Dazu Krumm, SVR 2010, 295.
1778 LG Berlin, Beschl. v. 8.09.2008 – 534 Qs 156/08, BeckRS 2009, 87162.
1779 Sandherr, NZV 2009, 327.
1780 Graalmann-Scheerer, in LR-StPO, § 467, Rn 67.
1781 Bei Rechtsmeinungen, die keine „entlastende Umstände" sein können, ist § 109a Abs. 2 OWiG nicht anwendbar, Krumm, VRR 2008, 289 ff.
1782 Schmehl, in Karlsruher Kommentar, OWiG, 109a Rn 10.
1783 AG Leverkusen, ZfS 1997, 308.
1784 Seitz, in Göhler, OWiG, Vor § 65 Rn 1.

tende Umstände bei der ihr obliegenden Sachaufklärung selbst feststellen müssen (z.B. durch EMA-Anfrage nebst Fotoabgleich).[1785] Dass dem Betroffenen in Verbindung mit dem Erlass des Bußgeldbescheides Auslagen entstanden sind, ist somit nicht diesem, sondern der Verwaltungsbehörde anzulasten.[1786] Es liegt auch keine tragfähige Begründung vor, dem Betroffenen die Kosten des Verfahrens und die notwendigen Auslagen des Betroffenen der Staatskasse aufzuerlegen, wenn er den Fahrzeugführer nicht namentlich benannt hat. Darauf komme es ersichtlich nicht an, denn das Gericht kann den Betroffenen bereits nach vergleichender Inaugenscheinnahme mit dem Lichtbild freisprechen, ohne dass es eines Vergleichs mit dem wahren Fahrzeugführer bedurft hätte.[1787] Ferner kommt eine Anwendung dann nicht in Betracht, wenn die konkrete Benennung des Fahrzeugführers das Verfahren nicht abgekürzt hätte.[1788] Dasselbe soll gelten, wenn dem Betroffenen nicht nachgewiesen werden kann, dass er entlastende Umstände kannte oder die Belastung naher Angehöriger gedroht hätte.[1789]

Wird dem Betroffenen zum Vorwurf gemacht, dass er seinen entlastenden Einwand, er sei nicht der verkehrsordnungswidrig handelnde Fahrzeugführer gewesen, bereits vor Erlass des Bußgeldbescheides hätte geltend machen müssen, so ist ihm – unabhängig davon – nachzuweisen, dass er von dem gegen ihn eingeleiteten Ordnungswidrigkeitenverfahren durch Erhalt eines Anhörungsbogens Kenntnis und damit überhaupt die Möglichkeit hatte, seinen Einwand vor Erlass des Bußgeldbescheides vorzubringen.[1790]

e) Kostentragungspflicht des Halters eines Kraftfahrzeugs, § 25a StVG

Eine Einschränkung für die Kostenerstattungspflicht folgt aus § 25a StVG. Kann bei Halt- oder Parkverstößen der Fahrzeugführer nicht vor Eintritt der Verfolgungsverjährung ermittelt werden oder würde seine Ermittlung einen unangemessenen Aufwand erfordern, so werden dem Halter des Kraftfahrzeugs oder seinem Beauftragten die Kosten des Verfahrens auferlegt; seine Auslagen hat er dann auch zu tragen.[1791] Davon wird nur abgesehen, wenn es unbillig wäre, den Halter des Kraftfahrzeugs oder seinen Beauftragten mit den Kosten zu belasten.

1785 AG Aschaffenburg DAR 2002, 136.

1786 AG Düren, Beschl. v. 16.2.2008 – 11 OWi 218/08.

1787 LG Cottbus NZV 2007, 536.

1788 LG Freiburg, Beschl. v. 14.5.12 – 3 Qs 142/11 OWi.

1789 Bergmann, in Beck/Berr, OWi-Sachen im Straßenverkehrsrecht, 2012, S. 20; Krumm, SVR 2010 295 ff.

1790 AG Meldorf, Beschl. v. 27.5.2010 – 25 OWiE 171/10, BeckRS 2010, 13105; dazu Krumm, VRR 2008, 289 ff.

1791 P. Schwacke, Recht der Ordnungswidrigkeiten, 2006, 131.

3. Praktische Handhabung und Beschwerdemöglichkeit des Betroffenen

Deutet sich in Ordnungswidrigkeitenverfahren vor Amtsgerichten an, dass die Verfehlung nicht nachweisbar ist, so bieten viele Bußgeldrichter die Reduzierung der Geldbuße unterhalb der Eintragungsgrenze an, obwohl der Betroffene hier freizusprechen wäre.[1792] Da hier kostenrechlich eine Verurteilung i.S. von § 465 I StPO i.V.m. § 46 I OWiG erfolgt, werden die Kosten des Verfahrens dem Betroffenen auferlegt. Eine derartige fragwürdige Praxis hat sich eingebürgert, sie bietet dem Betroffenen aber den Vorteil, das Risiko von Punkten im FAER abgewendet zu haben. Die zusätzliche Übernahme der Verfahrenskosten einschließlich des Anwaltshonorars schmerzt im Verhältnis weniger, zumal oftmals eine Verkehrsrechtsschutzversicherung vorhanden ist. Erkennt der Richter, dass es sich nicht um den Fahrzeugführer handelt und an einem Freispruch nicht vorbeizukommen ist, oder ist die Angelegenheit aus anderen Gründen freispruchreif, so scheuen sich viele Bußgeldrichter wie der Teufel das Weihwasser, die notwendigen Auslagen des Betroffenen der Staatskasse aufzuerlegen. Man hat den Eindruck, dass sie sich zum Retter der Staatskasse vor Anwaltsgebühren stilisieren. Dass sich dies, angesichts einer Quote von geschätzten 70%[1793] rechtsschutzversicherten Betroffenen im Verkehrsrecht, zulasten der Versichertengemeinschaft auswirkt, übersehen Richter oftmals.

Die Kostenentscheidung ist für den Betroffenen mit der sofortigen Beschwerde nach § 464 III StPO i.V.m. § 46 I OWiG anfechtbar. Dem steht nicht entgegen, dass der Freispruch als Hauptentscheidung keine Beschwer beinhaltet.[1794]

II. Einstellungen (im gerichtlichen Verfahren)

1. Grundsatz

Stellt der Bußgeldrichter das Bußgeldverfahren ein, so trägt die Staatskasse die Kosten des Verfahrens und die notwendigen Auslagen des Betroffenen grundsätzlich wie beim Freispruch.[1795] Die strafprozessuale Vorschrift des § 467 I StPO findet wiederum i.V.m. § 46 I OWiG Anwendung. Die Kostenentscheidung ist im Einstellungsbeschluss enthalten.[1796] Die Entscheidung über die Kosten bedarf keiner Begründung.[1797]

1792 Verfassungsgericht des Landes Brandenburg, Beschl. v. 5.10.02 – VfGBdg 75/02.
1793 Schäpe, in Buschbell, Verkehrsrecht, § 3 Rn 64.
1794 OLG Hamm StraFo 2005, 347 f; LG Koblenz StraFo 2006, 515 f.
1795 Verfassungsgericht des Landes Brandenburg, Beschl. v. 5.10.02 – VfGBdg 75/02.
1796 Seitz, in Göhler, OWiG, § 47 Rn 43 ff.
1797 Bohnert, in Karlsruher Kommentar, OWiG, § 47 Rn 139.

2. Ausnahmen

a) §§ 467 II–IV StPO i.V.m. § 46 I OWiG, § 109a II OWiG, § 25a StVG

Allerdings wird dieser Grundsatz eingeschränkt durch §§ 467 II-IV StPO i.V.m. § 46 I OWiG, § 109a II OWiG, § 25a StVG. Im Wesentlichen kann hierzu auf die obigen Ausführungen verwiesen werden.

b) Verfahrenshindernis, § 467 III 2 Nr. 2 StPO i.V.m. § 46 I OWiG

Stellt das Gericht das Bußgeldverfahren wegen eines Verfahrenshindernisses ein (§206a I StPO i.V.m. §46 I OWiG), z.B. aufgrund eingetretener Verfolgungsverjährung (§§31 OWiG, 26 III StVG), kann es davon absehen, die notwendigen Auslagen des Betroffenen der Staatskasse aufzuerlegen.[1798] Unter welchen Umständen die für diese gerichtliche Ermessensentscheidung notwendigen Tatbestandsvoraussetzungen bejaht werden können, ist umstritten. Nach einer Auffassung sind die tatbestandlichen Voraussetzungen für die Versagung einer Auslagenerstattung nach §467 III 2 Nr. 2 StPO nur dann gegeben, wenn der Betroffene allein wegen des bestehenden Verfahrenshindernisses nicht verurteilt wird.[1799] Nach dieser Auffassung muss bei Hinwegdenken des Verfahrenshindernisses mit Sicherheit von einer Verurteilung des Betroffenen auszugehen sein; bleiben Zweifel an der Schuld des Betroffenen, so soll es bei der Regelung des §467 I StPO sein Bewenden haben.[1800] Folgt man dieser Auffassung, dass eine Auslagenerstattung nur versagt werden kann, wenn bei Hinwegdenken des Verfahrenshindernisses eine Verurteilung mit Sicherheit zu erwarten wäre, so muss wegen der mit der Auslagenentscheidung verbundenen Feststellung und Zuweisung strafrechtlicher Schuld im Hinblick auf den mit Verfassungsrang ausgestatteten Grundsatz der Unschuldsvermutung zuvor die Hauptverhandlung bis zur Schuldspruchreife durchgeführt worden sein; vor Erreichen dieses Verfahrensstadiums ist von diesem Standpunkt aus für eine Auslagenentscheidung nach § 467 III Nr. 2 StPO kein Raum.

Demgegenüber können nach einer weiteren in Rechtsprechung und Literatur vertretenen Auffassung im Rahmen der gemäß § 467 III 2 StPO zu treffenden Ermessensentscheidung Verdachtsmomente, die nach dem letzten Verfahrensstand einen zumindest hinreichenden Tatverdacht gegen den Betroffenen fortbestehen lassen, einer Auslagenerstattung entgegen stehen.[1801] Auch eine solche Auslegung der Aus-

1798 Wenn das Verfahrenshindernis allerdings vor Erlass des Bußgeldbescheides eingetreten ist und damit von vornherein einer Verfolgung entgegenstand, kommt eine Anwendung der Ausnahmevorschrift des § 467 III 2 Nr. 2 StPO i.V.m. § 46 I OWiG nicht in Betracht, OLG Düsseldorf, NZV 2002, 521 m.w.N.

1799 BGH NJW 2000, 1427; AG Gladbeck, ZfS 1995 469.

1800 OLG Hamm, NStZ-RR 1997, 127; OLG Hamm, NJW 1986, 734; KG, NJW 1994, 600 = NStE Nr. 11 zu § 467 StPO; OLG Köln, NStE Nr. 7 zu § 467 StPO; OLG München, NStE Nr. 2 zu § 467 StPO; OLG Zweibrücken, NStE Nr. 1 zu § 467 StPO; BayObLG, NJW 1970, 875; OLG Hamburg, NJW 1969, 945.

1801 BGH NStZ 2000, 330 ff.; OLG Hamm, Beschl. v. 26.10.2000 – 5 Ws 216/00.

nahmevorschrift des § 467 III 2 StPO ist, wie das Bundesverfassungsgericht festgestellt hat, verfassungskonform, denn die Unschuldsvermutung schließt nicht aus, in einer das Strafverfahren ohne förmlichen Schuldspruch beendenden Entscheidung einen verbleibenden Tatverdacht festzustellen und zu bewerten und dies bei der Entscheidung über die kostenrechtlichen Folgen zu berücksichtigen; Rechtsfolgen, die keinen Strafcharakter haben, können darum auch in einer das Verfahren abschließenden Entscheidung an einen verbleibenden Tatverdacht geknüpft werden.[1802] Es ist demnach eine nur nach geständiger Einlassung oder sonst vollständig durchgeführter Beweisaufnahme in einer Hauptverhandlung zu erwartende sichere Annahme, dass der Betroffene bei hinweg gedachtem Verfahrenshindernis wegen Schuldspruchreife zu verurteilen gewesen wäre, nicht zu fordern.[1803]

Nach beiden Auffassungen dürfen dem Betroffenen nicht die notwendigen Auflagen auferlegt werden, wenn der Tatverdacht nicht ausreichend hinreichend war, z.B. das Radarfoto von recht schlechter Qualität ist,[1804] der Betroffene die Richtigkeit des Messergebnisses gerügt hat und das Amtsgericht hierzu hätte Feststellungen treffen müssen. Hier kann das Gericht die Richtigkeit der Messung nicht abschließend beurteilen, wenn Messprotokoll, Eichschein und Wartungsberichte nicht bei der Akte sind.[1805]

Kann aufgrund des bisherigen Verfahrensgangs nicht die Prognose getroffen werden, dass der Betroffene ohne das Vorliegen des Verfahrenshindernisses mit Sicherheit verurteilt worden wäre, fallen die notwendigen Kosten des Betroffenen und der Staatskasse letzterer zur Last.[1806]

Wenn die Verjährung nur eingetreten ist, da die Akte abhanden gekommen ist, also auf Grund eines Umstandes, der außerhalb der Sphäre der Betroffenen liegt, ist es nicht gerechtfertigt, ausnahmsweise die notwendigen Auslagen nicht der Staatskasse aufzuerlegen.[1807] Ferner kommt eine (analoge) Anwendung des § 467 III 2 Nr. 2 StPO in Fällen, in denen eine Verurteilung infolge einer Gesetzesänderung ausscheidet, nicht in Betracht.[1808]

c) Einstellung nach Opportunitätsgrundsätzen, § 467 IV StPO i.V.m. § 46 I OWiG

Nach § 467 IV StPO i.V.m. § 46 I OWiG kann das Gericht davon absehen, die notwendigen Auslagen des Betroffenen der Staatskasse aufzuerlegen, wenn es das Ver-

---

1802 BVerfG, NJW 1992, 1612, 1613; OLG Frankfurt NStZ-RR 2002, 246.

1803 AG Dillenburg, Beschl. v. 22.3.2012 – 3 OWi 25/12.

1804 OLG Hamm, SVR 2009, 338.

1805 AG Tostedt, Beschl. v. 24.1.12, Az. 8 OWi 21/12; AG Frankfurt a.M., Beschl. v. 7.10.2008 – 902 OWi 12/08, BeckRS 2008, 21799.

1806 OLG Hamm, SVR 2009, 338; LG Düsseldorf , AGS 2009, 556; LG Duisburg, Beschl. v. 15.2.2008 – 34 Qs (OWi).

1807 AG Bielefeld, NStZ 2005, 712.

1808 LG Koblenz, SVR 2008 79.

fahren nach einer Vorschrift einstellt, die dies nach seinem Ermessen zulässt. Große praktische Relevanz hat die Vorschrift bei der Einstellung des Bußgeldverfahrens nach § 47 II OWiG. Nach dem Opportunitätsprinzip kann das Gericht das Verfahren mit Zustimmung der Staatsanwaltschaft in jeder Lage einstellen, wenn es eine Ahndung nicht für geboten hält. Höchstrichterlich ungeklärt ist, welche Entscheidungskriterien für das Gericht für oder gegen eine Überbürdung der Kosten auf den Betroffenen sprechen.[1809] Diese sollen sich im Wesentlichen aus der Verfahrensveranlassung ergeben.[1810] Für eine Kostenüberbürdung soll u.a. die Sicherheit einer Verurteilung sprechen.[1811] Im Rahmen der Kriterien für eine Kostenüberbürdung können Parallelen zur Rechtsprechung zu § 467 III 2 Nr. 2 StPO i.V.m. § 46 I OWiG gezogen werden.[1812] Hat der Betroffene die Ordnungswidrigkeit begangen, hält der Richter eine Ahndung – etwa wegen seines nachträglichen Verhaltens[1813] – aber gleichwohl nicht für geboten, so spricht dies gegen eine Erstattung außergerichtlicher Auslagen durch die Staatskasse. Bestehen dagegen erhebliche Zweifel, ob dem Betroffenen die ihm zur Last gelegte Tat nachgewiesen werden könnte (Messprotokoll ist fehlerhaft, die Eichung eines Messgerätes kann nicht festgestellt werden oder keine Befähigungsnachweise der Messbeamten bei der Akte), so ist die Erstattung notwendiger Auslagen des Betroffenen anzuordnen. Es wird auch für zulässig erachtet, dem Betroffenen die notwendigen Auslagen aufzuerlegen, wenn er die Einstellung nach § 47 OWiG beantragt hat und sich dafür – im Gegenzug – dazu bereit erklärt hat, die eigenen Anwaltsgebühren zu übernehmen.[1814] Es ist auch der Rechtsgedanke von §§ 5, 6 des Strafverfolgungsentschädigungsgesetzes (StrEG) heranzuziehen, nach denen die Entschädigung für Strafverfolgungsmaßnahmen in bestimmten Fällen ausgeschlossen ist.[1815]

3. Zulässigkeit einer sofortigen Beschwerde gegen Kostenentscheidung

Regelmäßig beschließen Gerichte, dass der Betroffene bei Verfahrenseinstellungen seine notwendigen Auslagen selbst zu tragen hat.[1816] Gegen derartige amtsrichterliche Beschlüsse stehen dem Betroffenen grundsätzlich keine Rechtsmittel zu.[1817] Die Unanfechtbarkeit der Hauptentscheidung, hier: Einstellungsbeschluss, hat auch die

1809 Dazu Krumm, SVR 2011, 332ff.
1810 Bohnert, in Karlsruher Kommentar, OWiG, § 47 Rn 133.
1811 AG Heilbronn, Beschl. v. 8.1.2007 – 32 OWi 8183/06; Bohnert, in Karlsruher Kommentar, OWiG, § 47 Rn 133.
1812 Bohnert, in Karlsruher Kommentar, OWiG, § 47 Rn 133.
1813 Seitz, in Göhler, OWiG § 47 Rn 48.
1814 Seitz, in Göhler, OWiG § 47 Rn 51.
1815 Seitz, in Göhler, OWiG § 47 Rn 50.
1816 Dazu Krumm, SVR 2011, 332ff.
1817 LG Darmstadt, DAR 1993, 37; LG Karlsruhe, NJW 1976, 121.

Unanfechtbarkeit der Auslagenentscheidung zur Folge, vgl. § 464 III S. 1 Hs. 2 StPO i.V.m. § 46 I OWiG.[1818] Dies soll selbst dann gelten, wenn der Richter eine Kostenentscheidung über die notwendigen Auslagen des Betroffenen im Einstellungsbeschluss nicht getroffen hat,[1819] etwa weil er sie schlicht vergessen hat. Die sofortige Beschwerde ist daher im Grundsatz nicht statthaft. Ausnahmsweise kann sich jedoch die Zulässigkeit der sofortigen Beschwerde daraus ergeben, dass die angefochtene Entscheidung an einer greifbaren Gesetzwidrigkeit leidet,[1820] etwa wenn das Amtsgericht das Verfahren einstellt, ohne dem Betroffenen rechtliches Gehör dazu gewährt zu haben, dass es hinsichtlich der Auslagenentscheidung möglicherweise von der Ausnahmevorschrift des § 467 IV StPO Gebrauch zu machen beabsichtigte.

III. Kostentragungspflicht bei Einstellungen (vor der Verwaltungsbehörde)

Bei der Einstellung des Bußgeldverfahrens zum frühen Stadium vor der Verwaltungsbehörde muss differenziert werden.

1. Einstellung vor Zustellung des Bußgeldbescheides

Erfolgt die Einstellung vor Zustellung des Bußgeldbescheides, wird eine Kostenentscheidung nicht getroffen.[1821] Auch in der vergleichbaren Lage im Strafverfahren wird im Ermittlungsverfahren nicht über die Kosten entschieden. Dem Betroffenen stehen gegen die Staatskasse keine Ansprüche zu.[1822]

2. Einstellung nach Erlass des Bußgeldbescheides

Eine Kostenentscheidung zugunsten des Betroffenen kommt nur in Betracht, wenn ein Bußgeldbescheid ergangen ist und die Verwaltungsbehörde diesen danach zurücknimmt und das Verfahren durch die Verwaltungsbehörde eingestellt wird.[1823] Dies ergibt sich aus § 105 I OWiG, der auf § 467a I StPO verweist. Hiernach sind dem Betroffenen die ihm entstandenen notwendigen Auslagen von der Staatskasse bei Einstellungen durch die Verwaltungsbehörde zu erstatten. Die Ausnahmen nach

---

1818 *Schäfer*, in: *Löwe/Rosenberg*, StPO, 23. Aufl., § 464 Rn 55, 56, 58ff., 64; Ferner, Strategie und Taktik im verkehrsrechtlichen Ordnungswidrigkeitenverfahren, Rn 33.

1819 Seitz, in Göhler, OWiG § 47 Rn 54.

1820 LG Kleve, NJW 1978, 1393.

1821 LG Wiesbaden NZV 1999, 485; AG Heidelberg, NZV 1993, 85; Mitsch, Recht der Ordnungswidrigkeiten, 2. Aufl., S. 302; Hilger, in Rieß, Kommentar zur StPO und GVG, 2001, § 467a StPO Rn 8, S. 147.

1822 P. Schwacke, Recht der Ordnungswidrigkeiten, 2006, S. 131.

1823 Bohnert, OWiG, § 105 OWiG, Rn 60, 3. Aufl. 2010.

§§ 467 II-IV StPO gelten über § 467a I 2 StPO i.V.m. § 105 I OWiG wiederum sinngemäß, weshalb auf obige Ausführungen verwiesen werden kann.

Es sind Einstellungen des Verfahrens aus zwei unterschiedlichen rechtlichen Erwägungen denkbar: Bei fehlendem hinreichenden Tatverdacht, der Einstellung des Bußgeldverfahrens nach §§ 170 II StPO i.V.m. § 46 I OWiG, bleibt es im Grundsatz bei der Pflicht zur Überbürdung der notwendigen Auslagen der Betroffenen auf die Staatskasse nach § 105 I OWiG, § 467a I StPO,[1824] wenn keiner der in § 467 III StPO genannten Ausnahmegründe vorliegt. Die Bußgeldstelle kann aus Gründen der Opportunität das Verfahren gem. § 47 I 2 OWiG einstellen. In diesem Fall kann gem. § 105 I OWiG, der auf § 467a I 1 StPO, § 467 IV StPO verweist, davon abgesehen werden, die notwendigen Auslagen des Betroffenen der Staatskasse aufzuerlegen. Die Auslagenentscheidung steht hier im Ermessen der Verwaltungsbehörde. Insoweit kann auf obige Ausführungen verwiesen werden.

3. Antrag auf gerichtliche Entscheidung, §§ 108, 62 OWiG

Sieht die Verwaltungsbehörde nach Einstellung des Bußgeldverfahrens zu Unrecht davon ab, die notwendigen Auslagen des Betroffenen der Staatskasse aufzuerlegen, steht dem Betroffenen der Rechtsbehelf nach §§ 108 I 1 Nr. 1, 62 OWiG zu. Er kann innerhalb von zwei Wochen nach Zustellung des selbständigen Kostenbescheides, der die Entscheidung dazu trifft, wer die Kosten und notwendigen Auslagen zu tragen hat, gerichtliche Entscheidung beantragen. Die auf Grund dieses Antrags ergehende gerichtliche Entscheidung ist unanfechtbar. Das ergibt sich aus § 108 I 2, 2. Hs. OWiG. Denn danach ist eine sofortige Beschwerde nur gegen eine Entscheidung des Gerichts in dem Fall einer Entscheidung über einen Kostenfestsetzungsbescheid zugelassen.[1825]

IV. Kostentragungspflicht bei Einstellungen (durch die Staatsanwaltschaft)

Stellt die Staatsanwaltschaft nach Einspruch gegen den Bußgeldbescheid das Verfahren ein, bevor sie die Akten dem Gericht vorlegt (§ 69 IV 2 OWiG), so sind dem Betroffenen die ihm entstandenen notwendigen Auslagen von der Staatskasse ebenfalls zu erstatten. Der insoweit einschlägige § 108a I OWiG verweist auf § 467a I StPO. Die Ausnahmen nach §§ 467 II-IV StPO gelten über § 467a I 2 StPO wiederum sinngemäß, weshalb auf obige Ausführungen verwiesen werden kann. Gegen die Entscheidung der Staatsanwaltschaft kann der Betroffene nach § 108a II OWiG wiederum innerhalb von 2 Wochen gerichtliche Entscheidung beantragen. Über den Antrag entscheidet das nach § 68 OWiG zuständige Gericht.

1824 AG Hechingen, Urt. v. 7.8.2006 – 6 OWi 439/06, ADAJUR Dok.Nr. 73733 (Ls.).

1825 LG Arnsberg, AGS 2006 357.

V. Kostentragungspflicht nach erfolgreicher Rechtsbeschwerde (vor dem OLG)

Wurde der Betroffene erstinstanzlich zu einer Ordnungswidrigkeit verurteilt und hat er sich gegen die amtsrichterliche Entscheidung erfolgreich im Wege der Rechtsbeschwerde (§§ 79 ff. OWiG) gewehrt, so findet § 473 III StPO i.V.m. § 46 I OWiG Anwendung. Bei vollem Erfolg ist er wie ein Freigesprochener zu behandeln.[1826] Hat der Betroffene das Rechtsmittel auf bestimmte Beschwerdepunkte beschränkt und hat ein solches Rechtsmittel Erfolg, so sind die notwendigen Auslagen des Betroffenen der Staatskasse aufzuerlegen. War der Erfolg nur vorläufiger Natur und wird die Sache zur anderweitigen Verhandlung und Entscheidung an das Amtsgericht zurückverwiesen, so ist mit dieser Entscheidung eine Kostenentscheidung nicht zu verbinden.[1827] Letztere wird dem neuen Tatrichter mit übertragen, zumal sich das endgültige Obsiegen oder Unterliegen noch nicht vorhersehen lässt.

Stellt das Oberlandesgericht das Verfahren nach § 47 II 1 OWiG ein,[1828] so ist § 467 I 1 StPO i.V.m. § 46 I OWiG anwendbar, der nichtverurteilte Betroffene trägt keine Kosten des Verfahrens. Allerdings können sich Abweichungen nach Ermessensgrundsätzen ergeben, § 467 IV StPO i.V.m. § 46 I OWiG, s.o.

VI. Zusammenfassung und Fazit

Kommt es zu freisprechenden Entscheidungen, was viele Richter trotz Freispruchreife gern durch angebotene Verfahrenseinstellungen oder Geldbußen unterhalb der Punktegrenze gegen Rechtsmittelverzicht zu vermeiden versuchen, wollen oftmals Richter die Staatskasse vor Anwaltsgebühren schonen und sehen davon ab, Auslagen der Staatskasse aufzuerlegen. Zu beachten ist, dass es sowohl beim Freispruch als auch bei gerichtlichen Verfahrenseinstellungen im Grundsatz nach § 467 I StPO i.V.m. § 46 I OWiG bei der Pflicht zur Überbürdung der notwendigen Auslagen der Betroffenen auf die Staatskasse bleibt. Bei einer Kostenentscheidung nach einem Freispruch ist die sofortigen Beschwerde nach § 464 III StPO i.V.m. § 46 I OWiG statthaft. Der Verteidiger sollte nicht zögern und unrichtige Entscheidungen der Gerichte anfechten. Selbst für den Fall, dass die Anwaltsgebühren durch eine Rechtsschutzversicherung finanziell abgefedert werden, lohnt sich ein Rechtsmittel, zumal dort für das Beschwerdeverfahren Deckung beantragt werden kann.

Zwar sind für den Betroffenen Kostenentscheidungen in gerichtlichen Einstellungsbeschlüssen grundsätzlich unanfechtbar, Ausnahmen gelten jedoch bei Verstößen gegen das rechtliche Gehör. Bei der Einstellung des Bußgeldverfahrens

1826 Gürtler, in Göhler, vor § 105 Rn 128a.
1827 Senge, in Karlsruher Kommentar, OWiG, § 79 Rn 165.
1828 OLG Karlsruhe NZV 2011, 95 f.

durch die Verwaltungsbehörde kommt eine Kostenentscheidung zugunsten des Betroffenen nur in Betracht, wenn sie das Verfahren einstellt, nachdem sie den erlassenen Bußgeldbescheid zurückgenommen hat. Gegen fälschliche Entscheidungen kann gerichtliche Entscheidung beantragt werden, §§ 108, 62 OWiG.

D. Kostentragungspflicht bei Festsetzung einer Geldbuße/ Verurteilung des Betroffenen

I. Kostentragungspflicht bei voller Verurteilung

1. Grundsatz

Die Kosten des Bußgeldverfahrens hat – wie im Strafrecht – grundsätzlich der Betroffene nach § 465 I StPO i.V.m. § 46 I OWiG zu tragen,[1829] unabhängig davon, ob dies im Wege des Urteils oder Beschlusses (§ 72 IV OWiG) erfolgt. Das soll auch dann gelten, wenn wegen einer Straftat angeklagt und nur wegen einer Ordnungswidrigkeit verurteilt wurde.[1830] Neben den im Verfahren der Verwaltungsbehörde (§ 107 OWiG) und des Gerichts entstandenen Gebühren und Auslagen der Staatskasse hat er auch seine notwendigen Auslagen (§ 464a II StPO), Anwaltsgebühren, zu tragen. Die Kosten des gerichtlichen Verfahrens trägt der Betroffene nach § 109 II OWiG auch, wenn sein Einspruch gegen den Bußgeldbescheid verworfen (§§ 70, 74 II OWiG) wird.

2. Ausnahmen

a) Freistellung von besonderen Auslagen

Nach § 465 II 1 StPO i.V.m. § 46 I OWiG hat das Gericht allerdings die entstandenen Auslagen teilweise oder auch ganz der Staatskasse aufzuerlegen, wenn durch Untersuchungen zur Aufklärung bestimmter belastender oder entlastender Umstände besondere Auslagen entstanden sind und diese Untersuchungen zugunsten des Betroffenen ausgegangen sind und es unbillig wäre, den Betroffenen damit zu belasten. So kommt § 465 II 1 StPO i.V.m. § 46 I OWiG zur Anwendung, wenn der Betroffene im Bußgeldverfahren wegen einer Geschwindigkeitsüberschreitung geltend gemacht hat, die Geschwindigkeitsmessung sei zu hoch ausgefallen, und er ein Sachverständigengutachten beantragt hat, welches seine Darstellung bestätigt.[1831] Tenoriert werden müsste hier etwa: „Der Betroffene hat die Kosten des Verfahrens mit Ausnahme der Kosten des Sachverständigen zu tragen; diese fallen der Staatskasse zur Last". Dem Betroffenen nicht auferlegt werden dürfen die Auslagen der

---

1829 Mitsch, Recht der Ordnungswidrigkeiten, 2. Aufl., 301.
1830 Bohnert, Ordnungswidrigkeitenrecht, 4. Aufl., 2010, Rn 700.
1831 LG Wuppertal, VRR 2010 158.

Staatskasse für ein Sachverständigengutachten, dessen Einholung nach Einspruchseinlegung vom Bußgeldrichter angeordnet wurde, ohne dass der Betroffene dies beantragt hat oder von der beabsichtigten Beweiserhebung in Kenntnis gesetzt worden wäre.[1832] Dies ist eine falsche Sachbehandlung, da die Verfahrenskosten so unverhältnismäßig erhöht werden und der Betroffene keine Möglichkeit erhält, um auf einen solchen Verfahrensschritt zu reagieren.[1833] Die Regelung des § 465 II 1 StPO i.V.m. § 46 I OWiG erstreckt sich nach Satz 3 auch auf die notwendigen Auslagen des Betroffenen. Die Regelung ist etwa anzuwenden, wenn der Bußgeldbescheid auf den Einspruch zurückgenommen und durch einen günstigeren, weniger belastenden ersetzt worden ist.[1834]

b) Ordnungswidrigkeiten durch Jugendliche/Heranwachsende, § 74 JGG

Nicht all zu selten werden Ordnungswidrigkeiten von Jugendlichen und Heranwachsenden begangen. Hier kann gem. § 74 JGG (i.V.m. § 109 II JGG), der im Bußgeldrecht entsprechende Anwendung findet,[1835] davon abgesehen werden, dem Betroffenen die Kosten und Auslagen aufzuerlegen. Allerdings können die dem Betroffenen selbst erwachsenen notwendigen Auslagen nicht ganz oder teilweise der Staatskasse auferlegt werden.[1836] Maßstab der Ermessensentscheidung gem. § 74 JGG soll wegen des vorherrschenden Erziehungsgedankens des Jugendgerichtsgesetzes einerseits sein, eine wirtschaftliche Gefährdung des Verurteilten zu vermeiden, ihm andererseits aber durch die Auferlegung der Kosten zu zeigen, dass er für die Folgen seines Tuns einzustehen hat.[1837] Wurde in einem Bußgeldverfahren gegen einen Heranwachsenden ein Sachverständigengutachten angeordnet, kann von der Auferlegung der daraus entstehenden Auslagen abgesehen werden, da die Erstattung dieser Kosten eine solche Belastung darstellen würde, dass dies einer weiteren Ahndung der Tat gleichstünde.[1838]

3. Rechtsbehelf gegen Kostenentscheidung

Hat das Amtsgericht gegen den Betroffenen zu Unrecht bei Verurteilung die Kosten des Verfahrens auferlegt, so ist die Kostenentscheidung für den Betroffenen mit der

---

1832 LG Freiburg, MDR 1993 911.
1833 AG Mayen, Urt. v. 5.6.2008 – 3 OWi 70/08, ADAJUR Dok.Nr. 92156.
1834 LG München I, NStZ-RR 1999, 384; Schmehl, in Karlsruher Kommentar zum OWiG, § 105 Rn 83.
1835 Mollik, Jugendstrafrecht, 2012, 78.
1836 Schmehl, in Karlsruher Kommentar zum OWiG, § 105 Rn 143, im Einzelnen str.
1837 KG NStZ-RR 2007, 64.
1838 AG München, zfs 2009 596.

sofortigen Beschwerde nach § 464 III StPO i.V.m. § 46 I OWiG anfechtbar. Es steht der Zulässigkeit des Rechtsmittels nicht entgegen, dass gegen die Hauptsacheentscheidung Rechtsbeschwerde eingelegt wurde.[1839] Allerdings wird die sofortige Beschwerde im Falle einer positiven Entscheidung des Rechtsbeschwerdegerichts gegenstandslos; bleibt die Rechtsbeschwerde allerdings erfolglos, so entfaltet die Kostenbeschwerde eigenständige Bedeutung.[1840]

II. Kostentragungspflicht bei Teilverurteilung

Bei teilweiser Verurteilung und Freispruch in einer gerichtlichen Entscheidung ergeht eine Kosten- und Auslagenentscheidung nach §§ 465 I, 467 StPO i.V.m. § 46 I OWiG. Dem Betroffenen werden die Kosten des Verfahrens nur insoweit auferlegt, als sie durch das Verfahren wegen einer Tat entstanden sind, wegen derer er verurteilt wird. Soweit er freigesprochen wird, fallen die Auslagen der Staatskasse und die notwendigen Auslagen des Betroffenen der Staatskasse zur Last. Nach § 464d StPO i.V.m. § 46 I OWiG kann auch eine Verteilung der Auslagen der Staatskasse und der notwendigen Auslagen nach Bruchteilen erfolgen,[1841] also eine Quotelung, z.B. 1/3 zu 2/3.

III. Kostentragungspflicht vor der Bußgeldbehörde

1. Grundsatz

Der Bußgeldbescheid hat eine Entscheidung über die Kostentragungspflicht zu enthalten, § 464 I StPO i.V.m. § 46 I OWiG.[1842] § 465 I StPO wird über § 105 I OWiG auch im Verfahren vor der Bußgeldbehörde angewandt. Die Kosten des Verfahrens hat der Betroffene einschließlich seiner notwendigen Auslagen auch hier nur insoweit zu tragen, als sie durch das Verfahren wegen einer Tat entstanden sind, wegen derer gegen ihn eine Geldbuße festgesetzt wurde (§ 107 I OWiG). Sie umfasst alle Kosten im Verfahren vor der Verwaltungsbehörde bis zur Rechtskraft des Bußgeldbescheides. Die Kostenentscheidung der Bußgeldbehörde wird aufgehoben durch eine neue Kostenentscheidung des Amtsgerichts nach Einspruch gegen den Bußgeldbescheid.[1843] Der Betroffene eines Bußgeldverfahrens braucht allerdings keine Kosten

1839 BGHSt 25, 77–81.
1840 Gürtler, in Göhler, OWiG, vor § 105 Rn 21.
1841 Gürtler, in Göhler, OWiG, vor § 105 Rn 71.
1842 Mitsch, Recht der Ordnungswidrigkeiten, 301.
1843 Gürtler, in Göhler, OWiG, vor § 105 Rn 61.

für eine Untersuchung zu tragen, deren Gegenstand in keinem sachlichen Zusammenhang mit dem Tatvorwurf steht.[1844]

2. Ausnahmen

a) § 105 I OWiG i.V.m. §§ 465 II StPO, 74 JGG

Da § 105 I OWiG auf §§ 465 II StPO sowie § 74 JGG verweist, gelten die o.g. Ausnahmen von der Kostentragungspflicht des Betroffenen auch für das Verfahren vor der Bußgeldbehörde.[1845] Auf obige Ausführungen kann daher verwiesen werden.

b) Verwarnung, § 56 III 2 OWiG

Kosten (Gebühren und Auslagen) werden bei Verwarnungsgeldern (fünf bis fünfundfünfzig Euro) gem. § 56 III 2 OWiG ausnahmsweise nicht erhoben. Zahlen muss der Betroffene, der von der Bußgeldstelle ein Verwarnungsgeldangebot erhält, dann nur die Nettogeldbuße. Allerdings fallen Verfahrenskosten an, wenn der Betroffene das Angebot auf Zahlung einer Verwarnung ablehnt und daraufhin ein Bußgeldbescheid erlassen wird.

3. Rechtsbehelf gegen Kostenentscheidung, §§ 108, 62 OWiG

Setzt die Verwaltungsbehörde zu Unrecht Gebühren und Auslagen an, steht dem Betroffenen der Rechtsbehelf nach §§ 108 I 1 Nr. 3, 62 OWiG zu. Er kann gerichtliche Entscheidung beantragen. Die auf Grund dieses Antrags ergehende gerichtliche Entscheidung ist unanfechtbar. Das ergibt sich aus § 108 I 2, 2. Hs. OWiG. Denn danach ist eine sofortige Beschwerde nur gegen eine Entscheidung des Gerichts in dem Fall einer Entscheidung über einen Kostenfestsetzungsbescheid zugelassen.[1846]

IV. Kostentragungspflicht für die Rechtsbeschwerdeinstanz

Hat der Betroffene Rechtsbeschwerde eingelegt, so hat er gem. § 473 I StPO i.V.m. § 46 I OWiG auch die Kosten des erfolglos gebliebenen Rechtsmittels zu tragen. Hat das Rechtsmittel teilweise Erfolg, so hat das Gericht gem. § 473 IV StPO i.V.m. § 46 I OWiG die Gebühr zu ermäßigen und die entstandenen Auslagen teilweise oder auch ganz der Staatskasse aufzuerlegen, soweit es unbillig wäre, den Betroffenen damit zu belasten. Dies gilt entsprechend für die notwendigen Auslagen des Betroffenen.

1844 AG Berlin-Tiergarten, Beschl. v. 5.12.2002 – 327 OWi 633/02, LSK 2003, 230665.
1845 Schmehl, in Karlsruher Kommentar zum OWiG, § 105 Rn 77.
1846 LG Arnsberg, AGS 2006 357.

V. Art und Höhe der Verfahrenskosten

1. Gerichtsgebühren erster Instanz

Nach Vorbemerkung 4.1 des Kostenverzeichnisses, Anlage 1 zum GKG, bemessen sich in Bußgeldsachen die Gerichtsgebühren für alle Rechtszüge nach der Höhe der rechtskräftig festgesetzten Geldbuße (vgl. auch § 3 GKG). Mehrere Geldbußen, die in demselben Verfahren gegen denselben Betroffenen festgesetzt werden, sind bei der Bemessung der Gebühr zusammenzurechnen. Nach dem Kostenverzeichnis zum GKG beträgt der Satz für eine Hauptverhandlung mit Urteil oder Beschluss ohne Hauptverhandlung (§ 72 OWiG) übrigens 10% des Betrags der Geldbuße – mindestens 40,00 EUR – höchstens 15.000,00 EUR (Nr. 4110).

2. Gerichtsgebühren für die Rechtsbeschwerdeinstanz

Wurde gegen die erstinstanzliche Entscheidung Rechtsbeschwerde bzw. Antrag auf Zulassung (§§ 79, 80 OWiG) eingelegt, fallen weitere Gebühren nach Nr. 4120/4121 KV GKG für die zweite Instanz an. Die Höhe der Gebühr richtet sich danach, ob mit oder ohne Urteil bzw. Beschluss entschieden wird (§ 79 V OWiG). Mit Urteil oder mit Beschluss fällt eine 2,0 Gebühr an,[1847] ohne Urteil oder ohne Beschluss eine 1,0 Gebühr. Die Gebühr entfällt bei Rücknahme der Rechtsbeschwerde vor Ablauf der Begründungsfrist. Wird ein Antrag auf Zulassung der Rechtsbeschwerde in Bagatell-Ordnungswidrigkeiten verworfen (§ 80 III, IV 4 OWiG), so wird argumentiert, es würde keine Gerichtsgebühr für die 2. Instanz ausgelöst.[1848] Dieser Fall sei einer Rücknahme des Rechtsmittels gleichzustellen. Hierfür spricht der Wortlaut des § 80 IV 4 OWiG, nach dem die Rechtsbeschwerde als zurückgenommen gilt. Allerdings handelt es sich nur um eine gesetzliche Fiktion,[1849] zudem hat sich das Gericht auch hier – anders als bei der Rechtsbeschwerderücknahme – inhaltlich schon mit der Rechtsbeschwerdebegründung befasst, so dass eine Gerichtsgebühr für die 2. Instanz als nicht ungerechtfertigt erscheint.

3. Auslagen für das dem gerichtlichen Verfahren vorausgegangene Bußgeldverfahren sowie die Pauschale für Zustellungen

Die Höhe der Gebühren im Verfahren der Verwaltungsbehörde ergibt sich aus § 107 OWiG. Die Gebühr bemisst sich nach der Geldbuße, die gegen den Betroffenen im Bußgeldbescheid festgesetzt ist. Als Gebühr werden bei der Festsetzung einer Geld-

1847 Der Höhe nach fällt das Doppelte der Gebühr gem. Anlage 1 Nr. 4110 zu § 3 Abs. 2 GKG an, also 80 EUR bei Geldbußen bis 400,00 EUR.

1848 D. Meyer, Kommentar zum Gerichtskostengesetz (GKG), 564, 13. Aufl.

1849 Senge, Karlsruher Kommentar zum OWiG, § 80 Rn 57.

buße fünf vom Hundert des Betrages der festgesetzten Geldbuße erhoben, jedoch mindestens 25,00 Euro und höchstens 7.500,00 Euro. Die Erhebung der Auslagen bestimmt sich nach dem abschließenden Katalog des § 107 III OWiG. Nach § 107 III Nr. 2 OWiG werden für jede Zustellung mit Zustellungsurkunde, Einschreiben gegen Rückschein oder durch Bedienstete der Verwaltungsbehörde pauschal 3,50 Euro erhoben (Nr. 9016 KVGKG).

4. Auslagen für die Entschädigung von Sachverständigen

Im Verkehrsbußgeldrecht hat ein Sachverständigenauftrag zur Überprüfung der Geschwindigkeit, einschließlich der Überprüfung des eingesetzten Messgerätes, des gesamten Messvorganges, sowie die Prüfung, ob es bei der konkreten Messung zu Fehlerquellen gekommen sein könnte, hohe praktische Bedeutung. Der frühere Meinungsstreit,[1850] welcher Honorargruppe diese Gutachtenform unterfällt, hat sich durch die Einfügung des neuen Sachgebiets der „Verkehrsregelungs- und -überwachungstechnik“ (Nr. 38) durch das 2. Kostenrechtsmodernisierungsgesetz (2. KostRMoG) in Anlage 1 zum JVEG erübrigt. Das Honorar pro Stunde hat sich für den Gutachter damit von 80,00 EUR auf 85,00 EUR (neue Honorargruppe 5) erhöht. Im Vergleich dazu erhält er für ein Gutachten zur Ursachenermittlung und Rekonstruktion bei Fahrzeugunfällen pro Stunde 120,00 EUR pro Stunde.

Ist die Leistung auf einem Sachgebiet zu erbringen, das in keiner Honorargruppe genannt wird, ist sie unter Berücksichtigung der allgemein für Leistungen dieser Art außergerichtlich und außerbehördlich vereinbarten Stundensätze einer Honorargruppe nach billigem Ermessen zuzuordnen, vgl. § 9 Abs. 1 S. 3 JVEG.

5. Vergütung von Zeugen

Abschnitt 5 des JVEG regelt die Entschädigung von Zeugen und Dritten (§§ 19–23 JVEG). Zeugen erhalten hiernach als Entschädigung Fahrtkostenersatz (§ 5), Entschädigung für Aufwand (§ 6), Ersatz für sonstige Aufwendungen (§ 7), Entschädigung für Zeitversäumnis (§ 20), Entschädigung für Nachteile bei der Haushaltsführung (§ 21) sowie Entschädigung für Verdienstausfall (§ 22). Dies gilt auch bei schriftlicher Beantwortung der Beweisfrage.

6. Auslagen für Übersetzer

Dolmetscher werden wie Sachverständige entschädigt. Das Honorar des Dolmetschers beträgt für jede Stunde 70,00 Euro, § 9 III JVEG. In gerichtlichen Bußgeldver-

---

1850 LG Schwerin, Beschl. v. 19.1.2005 – 33 Qs 51/04, BeckRS 2005, 10511; LG Neuruppin, Beschl. v. 14.2.2006 – 13 Qs 3/06.

fahren werden Übersetzungskosten für einen der deutschen Sprache nicht mächtigen Betroffenen nur auferlegt, soweit er diese durch schuldhafte Säumnis oder in sonstiger Weise schuldhaft unnötig verursacht hat, § 464c StPO gilt über § 46 I OWiG entsprechend.[1851] Die Bußgeldbehörde soll sich dagegen nach § 107 III Ziff. 5 OWiG die entstandenen Ausgaben vom Betroffenen über den Kostenansatz im Bußgeldbescheid zurückerstatten lassen können. Mit Blick auf die Rechtssprechung des EGMR sowie die Bestimmung des Art. 6 Abs.3 lit.e EMRK muss die Garantie, unentgeltlich durch einen Dolmetscher unterstützt zu werden, sowohl im Verfahren vor Gericht als auch vor der Bußgeldstelle gelten.

VI. Praxisbeispiel

Gegen den Betroffenen war ein Bußgeldbescheid in Höhe einer Geldbuße von 80,00 EUR ergangen. Hiergegen ließ er durch seinen Verteidiger Einspruch einlegen. Nachdem ein Sachverständigengutachten im gerichtlichen Verfahren eingeholt wurde (Gutachter beziffert sein Honorar auf 962,00 EUR), wurde im Hauptverhandlungstermin die Geldbuße unterhalb der Eintragungsgrenze im Fahrerlaubnisregister abgesenkt, da sich – der Einlassung der Verteidigung folgend – tatsächlich eine nur geringfügige Verfehlung herausstellte. Bei einer – rechtskräftig festgesetzten Geldbuße – von 55,00 EUR betragen die Verfahrenskosten nach Nr. 4110 des Kostenverzeichnisses, Anlage 1 zum GKG, 50,00 EUR (die Geldbuße richtet sich – auch wenn das Ergebnis gleich wäre, da die Mindestgebühr anfällt – nicht nach der Geldbuße im angefochtenen Bußgeldbescheid, sondern nach der rechtskräftig festgesetzten). Hinzu kommen nach Nr. 9016 Auslagen für das dem gerichtlichen Verfahren vorausgegangene Bußgeldverfahren, pauschal 3,50 EUR für die Zustellung des Bußgeldbescheids (§ 107 III OWiG). Darüber hinaus wird die Pauschale für Zustellungen i.H.v. 3,50 EUR nach Nr. 9002 erhoben (Ladung zum Gerichtstermin). Für die Einholung des Sachverständigengutachtens kommt eine Gebühr nach Nr. 9005 hinzu. Der Betroffene muss für die an den Sachverständigen nach dem JVEG zu zahlende Beträge grundsätzlich in voller Höhe aufkommen. Die notwendigen Auslagen (Anwaltsgebühren) gestalten sich bei Ansetzen der Mittelgebühr wie folgt:

1.	Grundgebühr	Nr. 5100 VV-RVG	100 EUR
2.	Verfahrensgebühr vor der Verwaltungsbehörde	Nr. 5103 VV-RVG	160 EUR
3.	Verfahrensgebühr im gerichtlichen Verfahren	Nr. 5109 VV-RVG	160 EUR
4.	Terminsgebühr	Nr. 5110 VV-RVG	255 EUR
5.	Netto-Anwaltshonorar		675 EUR

1851 Schmehl, in Karlsruher Kommentar zum OWiG, § 107 Rn 21.

Nicht zu vergessen sind daneben noch die Kopiekosten aus Behörden- und Gerichtsakten nach Nr. 7000 VV-RVG und die Pauschale für Post- und Telekommunikationsdienstleistungen, wofür nach Nr. 7002 VV-RVG 20,00 EUR anzusetzen sind. Hinzu kommen die Fahrtkosten bei auswärtigen Gerichtsterminen nach Nr. 7003–7004 VV-RVG sowie das Tage- und Abwesenheitsgeld, welches sich nach Nr. 7005 VV-RVG nach der Zeit der Abwesenheit staffelt, die Umsatzsteuer auf die Vergütung gem. Nr. 7008 VV-RVG sowie die Akteneinsichtspauschale von regelmäßig 12,00 EUR.

Mit Blick auf die o.g. Rechtsprechung zur Unbilligkeit der Auferlegung der Verfahrenskosten und der notwendigen Auslagen bei Ersetzung eines ungünstigen Bußgeldbescheids durch eine weniger belastende Entscheidung kann hier eine sofortige Beschwerde nach § 464 III StPO i.V.m. § 46 I OWiG mit dem Ziel Sinn machen, eine Quotenentscheidung zulasten der Staatskasse zu erreichen.

VII. Fazit und Auswirkungen auf die Praxis

Bedauerlicherweise wird anwaltlicherseits kein großer Wert auf die genaue Verteilung und Zusammensetzung der Verfahrenskosten im Bußgeldverfahren gelegt. Dies liegt in erster Linie daran, dass in der überwiegenden Zahl der Fälle eine Verkehrsrechtsschutzversicherung vorhanden ist, die die Kosten des Verfahrens einschließlich der notwendigen Auslagen des Betroffenen übernimmt. Der Überblick hat jedoch gezeigt, dass die Verfahrenskosten oft weit über die eigentliche Geldbuße hinausgehen können und somit finanziell stark belastend – für die Versichertengemeinschaft oder den Betroffenen – sind. So liegen die Verfahrenskosten im Beispielsfall trotz einer vergleichsweise geringen Geldbuße bei ca. 1.000,00 EUR. Anwaltskosten kommen in ähnlicher Höhe dazu. Zudem sind Ausnahmen von der grundsätzlichen Kostentragungspflicht des Betroffenen bei Verurteilung weit gehend unbekannt. Es sollten jedoch keine Mühen gescheut werden, die Höhe der Kosten und Auslagen genauestens zu überprüfen und ggf. mithilfe der genannten Rechtsbehelfe anzufechten.

Kapitel 23 Rechtsanwaltsvergütungsfragen

Für die einzelnen Tätigkeiten kann der Anwalt Gebühren beziffern. Diese werden nach dem Rechtsanwaltsvergütungsgesetz (RVG) berechnet. Der Rechtsanwalt kann die Angelegenheit vorschussweise gem. § 9 RVG oder am Ende der Vertretung in einer Bußgeldsache auf unterschiedlichem Wege abrechnen. Auch im Bußgeldrecht sind Honorarvereinbarungen, sowohl mit dem Mandanten als auch Rechtsschutzversicherungen, üblich und zulässig.[1852] Werden die notwendigen Auslagen des Betroffenen nicht der Staatskasse auferlegt, so muss sich der Rechtsanwalt an den Mandanten oder an – oft im Verkehrsbußgeldrecht vertretene – Rechtsschutzversicherungen halten. Bei der Abrechnung mit einer Rechtsschutzversicherung richtet sich der Umfang der Eintrittspflicht nach den unterschiedlichen Allgemeinen Rechtschutzbedingungen (ARB). Für verkehrsrechtliche Ordnungswidrigkeiten drohen nach keiner ARB Einschränkungen bzw. rückwirkend eine Rückzahlung des Honorars an den Rechtsschutzversicherer, wenn dem Versicherungsnehmer mit dem Abschluss des Verfahrens eine vorsätzliche Begehung zur Last gelegt wird. Dahin gehende Risiken bestehen bei der ARB 1994 nur bei „sonstigen Ordnungswidrigkeiten". Im Fall der Bestellung als Pflichtverteidiger muss der Rechtsanwalt mit der Staatskasse ebenso abrechnen wie bei Freisprüchen oder eher seltenen Fällen der Auferlegung der notwendigen Auslagen zulasten der Staatskasse bei Verfahrenseinstellungen. Hier beantragt er die Erstattung der notwendigen Auslagen beim Gericht.

A. Die Gebührentatbestände

Die Gebührenhöhe richtet sich nach der Höhe der Geldbuße. Nach Vorbemerkung 5.1 ist maßgebend die zum Zeitpunkt des Entstehens der Gebühr zuletzt festgesetzte Geldbuße. Ist eine Geldbuße nicht festgesetzt, richtet sich die Höhe der Gebühren im Verfahren vor der Verwaltungsbehörde nach dem mittleren Betrag der in der Bußgeldvorschrift angedrohten Geldbuße. Sind in einer Rechtsvorschrift Regelsätze bestimmt, sind diese maßgebend. Mehrere Geldbußen sind zusammenzurechnen. Im verkehrsrechtlichen Bußgeldverfahren fallen regelmäßig folgende Gebühren an:

1852 Ein Stundensatz von 250,00 EUR eines Strafverteidigers ist dabei angemessen, vgl. OLG Koblenz, RVG professionell 7/2010, 114.

I. Grundgebühr

Die Grundgebühr nach Nr. 5100 VV-RVG, die für den Wahlanwalt zwischen 30,00 und 170,00 EUR liegt, entsteht für die erstmalige Einarbeitung in den Rechtsfall, übrigens unabhängig davon, in welchem Verfahrensabschnitt sie erfolgt. Die Gebühr entsteht nicht, wenn in einem vorangegangenen Strafverfahren für dieselbe Handlung oder Tat die Gebühr Nr. 4100 VV-RVG entstanden ist.[1853]

II. Verfahren vor der Verwaltungsbehörde

Hat der Rechtsanwalt bereits vor der Bußgeldstelle bis zum Eingang der Akten bei Gericht Tätigkeit entfaltet, kommt die Verfahrensgebühr hinzu. Für Geldbußen zwischen 40,00 und 5.000,00 EUR liegt der Gebührenrahmen nach Nr. 5103 VV-RVG zwischen mindestens 30,00 EUR und höchstens 290,00 EUR. Die Verfahrensgebühr bei einer Geldbuße von weniger als 40,00 EUR entsteht nur in dem Rahmen nach Nr. 5101 VV-RVG. Bei einer Geldbuße von mehr als 5.000,00 EUR erhöht sich die Verfahrensgebühr auf den Rahmen 40,00 bis 300,00 EUR. In den seltenen Fällen der Vertretung des Mandanten im Rahmen einer Vernehmung entsteht daneben die Terminsgebühr bei der Verwaltungsbehörde je nach der angedrohten Geldbuße (Nr. 5102, 5104, 5106 VV-RVG).

III. Gerichtliches Verfahren im ersten Rechtszug

1. Verfahrensgebühr

Im Verfahren vor dem Amtsgericht verdient sich der Verteidiger eine weitere Verfahrensgebühr hinzu. Für Geldbußen zwischen 40,00 und 5.000,00 EUR nach Nr. 5109 VV-RVG liegt der Gebührenrahmen bei 30,00–290,00 EUR. Die Verfahrensgebühr bei einer Geldbuße von weniger als 40,00 EUR ist entsprechend niedriger (Nr. 5107 VV-RVG), bei Geldbußen oberhalb von 5.000,00 am höchsten (Nr. 5111 VV-RVG).

2. Terminsgebühr

Für die Teilnahme an der Hauptverhandlung erhält der Verteidiger eine Terminsgebühr, diese beträgt die Geldbuße zwischen 40,00 und 5.000,00 EUR nach Nr. 5110

1853 Die (strafrechtliche) zusätzliche Gebühr nach Nr. 4141 VV RVG fällt neuerdings an, wenn ein strafrechtliches Ermittlungsverfahren durch die anwaltliche Mitwirkung eingestellt und die Sache zur Verfolgung der Tat als Ordnungswidrigkeit an die Verwaltungsbehörde abgegeben wird, dazu Schneider, AnwBl. 2013, 286, 290.

VV-RVG 40,00–470,00 EUR. Die Terminsgebühr bei einer Geldbuße von weniger als 40,00 EUR ist niedriger (Nr. 5108 VV-RVG), bei Geldbußen oberhalb von 5.000,00 am höchsten (Nr. 5112 VV-RVG). Nach höchstrichterlicher Rechtsprechung und Literatur löst allein die „körperliche Anwesenheit des Anwaltes" die Terminsgebühr aus.[1854] Nach Vorbemerkung 5 Abs. 3 erhält der Rechtsanwalt die Terminsgebühr auch, wenn er zu einem anberaumten Termin erscheint, dieser aber aus Gründen, die er nicht zu vertreten hat, nicht stattfindet. Dies gilt nicht, wenn er rechtzeitig von der Aufhebung oder Verlegung des Termins in Kenntnis gesetzt worden ist. Die Terminsgebühr fällt auch dann an, wenn der Rechtsanwalt nur für einen Teil der Hauptverhandlung oder zu Fortsetzungsterminen abschnittsweise erscheint.[1855] Dies gelte sowohl in dem Falle, in dem der Rechtsanwalt erst verspätet erscheint,[1856] als auch wenn er nicht bis zum Schluss der Verhandlung bleibt.[1857] Die Höhe der Gebühr muss aber bei der Wahlverteidigung für den Anwalt, der nur abschnittsweise im Termin anwesend sei, reduziert werden,[1858] zumal ein wesentliches Bemessungskriterium für die Höhe einer Terminsgebühr die zeitliche Dauer des Termins ist. War der Rechtsanwalt nur 20 Minute einer insgesamt 2-stündigen Hauptverhandlung anwesend, kann insofern die Mindestgebühr angemessen sein.

IV. Verfahren über die Rechtsbeschwerde

Im Rechtsbeschwerdeverfahren, welche auch die Zulassung der Rechtsbeschwerde beinhaltet (§ 16 Ziff. 13 RVG), wird das Anwaltshonorar nicht mehr nach der Höhe der verhängten Geldbuße berechnet. Es fällt gem. Nr. 5113 VV-RVG eine Verfahrensgebühr i.H.v. 80,00 EUR bis 560,00 EUR an und für seltene Fälle einer Hauptverhandlung eine Terminsgebühr in selbiger Höhe nach Nr. 5114 VV-RVG je Hauptverhandlungstag. Wird der Rechtsanwalt erstmalig in der 2. Instanz tätig, so fällt daneben die Grundgebühr nach Nr. 5100 VV-RVG an. Die Gebühren des gerichtlich bestellten oder beigeordneten Rechtsanwalts sind Festgebühren in der rechten Spalte des Vergütungsverzeichnisses. Zur Tätigkeit erster Instanz gehört allerdings noch die Einlegung von Rechtsmitteln, § 19 Abs. 1 Nr. 10 RVG.

1854 OLG München, Beschl. v. 13.11.2007 – 1 Ws 986/07, BeckRS 2008, 00305; Kotz, Widmaier, Münchener Anwaltshandbuch Strafverteidigung, 2006, Rn 182.

1855 Burhoff, in Gerold/Schmidt, 4108-4111 VV-RVG Rn 8.

1856 Kotz, Widmaier, Münchener Anwaltshandbuch Strafverteidigung, 2006, Rn 188

1857 OLG München, NStZ-RR 2008, 159.

1858 Kotz, Widmaier, Münchener Anwaltshandbuch Strafverteidigung, 2006, Rn 188.

V. Fallbeispiel

Wie hoch die Gebühren des Verteidigers bei durchschnittlich schwierig gelagerten Bußgeldverfahren unter Zugrundelegung der Mittelgebühr im Bereich des Bußgeldrahmens 40,00–5.000,00 EUR liegen, zeigt folgendes Fallbeispiel. Der Verteidiger war bereits gegenüber der Bußgeldstelle mandatiert. Gegen das erstinstanzliche Urteil wurde Rechtsbeschwerde eingelegt.

Nr. 5100 VV-RVG	100,00 EUR
Nr. 5103 VV-RVG	160,00 EUR
Nr. 5109 VV-RVG	160,00 EUR
Nr. 5110 VV-RVG	255,00 EUR
Nr. 5113 VV-RVG	320,00 EUR
Nettoanwaltshonorar	995,00 EUR

Nicht zu vergessen sind daneben noch die Kopiekosten aus Behörden- und Gerichtsakten nach Nr. 7000 VV-RVG und die Pauschale für Post- und Telekommunikationsdienstleistungen, wofür nach Nr. 7002 VV-RVG 20,00 EUR anzusetzen sind. Hinzu kommen die Fahrtkosten bei auswärtigen Gerichtsterminen nach Nr. 7003–7004 VV-RVG sowie das Tage- und Abwesenheitsgeld, welches sich nach Nr. 7005 VV-RVG nach der Zeit der Abwesenheit staffelt, die Umsatzsteuer auf die Vergütung gem. Nr. 7008 VV-RVG sowie die Akteneinsichtspauschale von regelmäßig 12,00 EUR.

B. Die Gebührenhöhe

Der Verteidiger reibt sich regelmäßig verwundert die Augen, welche Kürzungen die Rechtsschutzversicherung oder der Bezirksrevisor an seiner Honorarrechnung vornimmt. Tatsächlich können die Kürzungen des Bezirksrevisors oder des Sachbearbeiters bei der Rechtsschutzversicherung im Einzelfall bei 50% liegen. Regelmäßig wird argumentiert, dass der Rechtsfall – wie Verkehrsordnungswidrigkeiten generell – unterdurchschnittlich gewesen sei. Man will auf der Gegenseite zur Begründung seiner Absetzungen den Eindruck erwecken, die Ordnungswidrigkeit habe Bagatellcharakter, es handele sich um ein alltägliches Massengeschäft.[1859] Auch mit der gänzlichen Streichung zu Recht angesetzter Gebühren muss der Rechtsanwalt rechnen. Er wird so um den verdienten Lohn gebracht. Zu allem Ärgernis kommt dann hinzu, dass die Rechtsschutzversicherung oder der Bezirksrevisor oft versucht,

1859 *Sermond*, NZV 2004, 389.

ihre/seine Rechtsauffassung teilweise durch amtsrichterliche Rechtsprechung zu belegen, die häufig nicht einmal veröffentlicht und damit für die Verteidigung nicht überprüfbar ist. Auch lässt es der Bezirksrevisor/die Rechtsschutzversicherung häufig an Hinweisen fehlen, ob die zitierten untergerichtlichen Entscheidungen rechtskräftig geworden sind. Der Abschnitt befasst sich mit den regelmäßig wiederkehrenden Argumenten der Bezirksrevisoren/Rechtsschutzversicherungen bei der Absetzung der Gebühren und beleuchtet, in welcher Höhe der Verteidiger seine Gebühren beziffern darf, wann er mit Kürzungen zu rechnen hat und welche Konsequenzen die Praxis der rigorosen Kürzungen hat.

I. Die gebührenbildenden Merkmale

Bei den Gebühren nach Teil 5 „Bußgeldsachen" des VV-RVG handelt es sich um Rahmengebühren, die der Rechtsanwalt innerhalb des Gebührenrahmens im Einzelfall unter Berücksichtigung aller Umstände, insbesondere des Umfangs und der Schwierigkeit der anwaltlichen Tätigkeit, der Bedeutung der Angelegenheit sowie der Vermögens- und Einkommensverhältnisse des Auftraggebers nach billigem Ermessen zu bestimmen hat (§ 14 I 1 RVG). Auch ein besonderes Haftungsrisiko des Rechtsanwalts kann bei der Bemessung herangezogen werden.

Angesichts der Ausrichtung der Höhe des Honorars an den gebührenbildenden Merkmalen nach § 14 RVG ist in jedem Falle zu empfehlen, dass der Verteidiger im Kostenfestsetzungsantrag die Höhe seiner Gebühren gesondert begründet.[1860] Dies sollte je nach der angesetzten Höhe umfassend und stichhaltig erfolgen. Eine Honorarrechnung ohne nähere Erläuterungen zur Bemessung der Gebührenhöhe gibt sowohl für die Rechtsschutzversicherung als auch den Bezirksrevisor geradezu Anlass, ihre bzw. seine Schriftblöcke abzudrucken und – unabhängig vom konkreten Fall – zu argumentieren, alles wäre nicht so schwierig und umfangreich gewesen. Die Rechtsschutzversicherung bzw. den Bezirksrevisor in einer anwaltlichen Stellungnahme nachträglich vom Gegenteil zu überzeugen, erscheint schwieriger als von Anfang an die Gebührenhöhe im Einzelnen zu erläutern.

II. Ausgewählte Reibungspunkte

Der Rechtsanwalt muss damit rechnen, dass seine Honorarrechnungen drastisch gekürzt wird und sich der Empfänger seiner Rechnung mit jeder einzelnen Position, seien es nur Kopiekosten oder die Auslagenpauschale, akribisch befasst. Im Zu-

1860 *Schneider*, AGS 2006 130.

sammenhang mit der Höhe der Gebühren in Verkehrsordnungswidrigkeiten hat sich hierzu eine komplexe Einzelfallrechtsprechung entwickelt, deren umfassende Wiedergabe den Rahmen des Kapitels sprängen würde. Es sollen im Folgenden einige ausgewählte Reibungspunkte thematisiert werden. Nachfolgend sollen exemplarisch einige pauschale Behauptungen von Bezirksrevisoren und Rechtsschutzversicherungen im Rahmen von Verfahren zur Kostenerstattung auf ihre Richtigkeit hin überprüft werden:

1. „Gebühren in verkehrsordnungsrechtlichen Bußgeldverfahren sind stets unterdurchschnittlich"

Regelmäßig wird argumentiert, durchschnittliche Bußgeldverfahren seien mit einer unter der Mittelgebühr liegenden Gebühr abzugelten. In dieser Allgemeinheit lässt sich die Behauptung jedoch nicht aufrecht erhalten. Nach der Rechtsprechung ist in Verfahren wegen durchschnittlichen Ordnungswidrigkeitensachen grundsätzlich die Mittelgebühr angemessen.[1861] Jedenfalls ist sie Ausgangspunkt beim Wahlverteidiger. Durch die Einführung des RVG und des damit verbundenen Vergütungsverzeichnisses kann an der Ansicht, dass Gebühren in Verfahren über Geldbußen wegen Verkehrsordnungswidrigkeiten im unteren Bereich des Betragsrahmens angemessen sind, nicht weiter festgehalten werden.[1862] Jedoch kann auch im Fall einer durchschnittlichen Ordnungswidrigkeit im Ergebnis einmal ein Betrag über oder auch unter dem Mittelwert des einschlägigen Rahmens angemessen sein.[1863]

Im Einzelnen richtet sich die Gebührenhöhe eines Rechtsanwalts in verkehrsordnungsrechtlichen Bußgeldverfahren in erster Linie nach dem Umfang der anwaltlichen Tätigkeit. Bewertungskriterium ist damit zum einen eine nach Aktenlage feststellbare Verteidigertätigkeit.[1864] Der vom Rechtsanwalt in der Sache betriebene Aufwand ist vergleichsweise gering, wenn die Verfahrensgebühr ausschließlich durch das Einlegen eines Einspruchs ohne jegliche schriftliche Begründung ausgelöst wurde.[1865] Indizien für eine Schwierigkeit der anwaltlichen Tätigkeit sind etwa erforderliche Überprüfungen, ob die Richtigkeit der Messung widerlegt werden kann oder das Erfordernis, die Reichweite der gerichtlichen Aufklärungspflicht unter Berücksichtigung der Bedeutung der Sache einzuschätzen.[1866] Der zeitliche Aufwand des Anwalts wird in Bußgeldverfahren als erheblich eingestuft, wenn der Anwalt nicht nur das Messprotokoll auf sein Vorliegen, auf Richtigkeit und Voll-

1861 *LG Köln*, NJW 1976, 2225; *Hansens*, RVG REPORT 2007 25; *Chemnitz*, ARGE MITT 1996, 67.
1862 *LG Stralsund*, DAR 2006, 655.
1863 *LG Flensburg*, JurBüro 76, 641; *LG Göttingen*, JurBüro 02, 418; *LG Stralsund*, JurBüro 00, 201.
1864 *LG Deggendorf*, DAR 2006, 655.
1865 *LG Düsseldorf*, RVG PROF 2008, 137.
1866 *LG Cottbus*, SVR 2005, 314.

ständigkeit überprüfen muss, sondern auch zusätzlich die einwandfreie technische Funktion der verwendeten Messgeräte im Zeitpunkt der Messung und deren rechtzeitige Eichung untersuchen muss. Diese Ermittlungen sind bekannterweise sehr zeitaufwendig und können nicht als unterdurchschnittlich bewertet werden.[1867]

Zum anderen richtet sich die Gebührenhöhe nach der Bedeutung und der Schwierigkeit des Falles. Bei der Gebührenbestimmung ist unter Berücksichtigung der Bemessungskriterien des § 14 RVG ein unter der Mittelgebühr liegender Ansatz nur angemessen, wenn das Verfahren außer der Geldbuße für den Betroffenen keine weiteren Auswirkungen hat oder keine Schwierigkeiten aufweist.[1868] Lediglich Bußgeldverfahren mit einer Geldbuße in Höhe von weniger als 40,00 EUR – das war die Punktegrenze für Eintragungen im FAER – sollen niedriger als durchschnittlich abgegolten werden. Künftig wird sich diese Grenze wohl wegen der neuen Eintragungsgrenze ab 1.5.14 auf 60,00 € erhöhen. Auch in Bußgeldverfahren wegen Verstoßes gegen Parkvorschriften sind die anwaltlichen Gebühren regelmäßig in die untere Gebührenrahmenhälfte einzuordnen.[1869] Für das Entstehen der Mittelgebühr reicht es insoweit bereits aus, dass das im Bußgeldbescheid als Beweismittel angegebene Videoband in Augenschein genommen wurde.[1870] Bei Voreintragungen beim Kraftfahrbundesamt in Flensburg[1871] oder zivilrechtlichen Auswirkungen auf die Unfallregulierung ist der Ansatz der Mittelgebühr angemessen.[1872] Ein Bußgeldverfahren ist für den Betroffenen auch von erheblicher Bedeutung, wenn es sich bei einer Fahrerlaubnis auf Probe um den ersten Verkehrsverstoß nach dem Erwerb des Führerscheins handelt und die Gefahr der Anordnung einer Teilnahme an einem Aufbauseminar gem. § 2a II StVG besteht. Selbst wenn der Sache für den Auftraggeber wesentlich unterdurchschnittliche Bedeutung beizumessen ist, kann dieser Umstand jedenfalls kompensiert werden durch den Umfang der anwaltlichen Tätigkeit.[1873]

Anlass für einen sogar überdurchschnittlichen Tätigkeitsaufwand des Verteidigers ist bei Verkehrsordnungswidrigkeiten auch der Stellenwert der Streitsache für den Betroffenen, wie die Gefahr der Eintragung von Punkten im Fahreignungsregister. Damit ist die Höhe der Geschwindigkeitsüberschreitung bei Verkehrsordnungswidrigkeiten mit ausschlaggebend. Daneben kommt es auch auf die Schwierigkeit der Beweislage an. Eine aufwändige Bearbeitung ist auch erforderlich, wenn es für den Betroffenen von besonderem Gewicht ist, etwa weil ein Fahrverbot angeordnet

1867 *AG Darmstadt*, Urt. v. 27.6.2005, 305 C 421/04, BeckRS 2008, 02397.
1868 *LG Potsdam*, ZfS 2000, 408.
1869 *LG Mainz*, RPFLEGER 1993, 368.
1870 *Ferner*, Der Rechtsanwalt als Strafverteidiger, Anmerkungen zum Gebührenrecht, S. 26.
1871 *LG Düsseldorf*, RVG PROF 2008, 137.
1872 *LG Hagen*, AnwBl. 1983, 46.
1873 *LG Cottbus*, SVR 2005, 314.

ist,[1874] erst recht, wenn der Betroffene geltend gemacht hat, diese Nebenfolge würde zu einer wirtschaftlichen Existenzgefährdung führen, oder weil der Betroffene im Falle der Verurteilung nach § 4 Abs. 3 Nr. 3 StVG als ungeeignet zum Führen von Kraftfahrzeugen zu gelten hätte. Für den letztgenannten Fall ist daher ebenfalls die Erhebung der Mittelgebühren gerechtfertigt.[1875] Auch schriftsätzliche Einwände der Verteidigung gegen die Richtigkeit der Messung oder den Sachverständigen sprechen für einen überdurchschnittlichen Umfang der Sache.[1876]

2. „Verkehrsordnungswidrigkeiten sind Massengeschäft, welches wegen der großen Übung des Anwaltes hierin im Vergleich mit anderen Bußgeldsachen nichtalltäglicher Art unterdurchschnittlich zu bewerten ist"

Zwar muss richtigerweise davon ausgegangen werden, dass Verkehrsordnungswidrigkeiten das „tägliche Massengeschäft" allein wegen der Menge der Fälle den Regelfall der Bußgeldsache bilden. Zum einen kann jedoch die Verfolgungsdichte in verkehrsrechtlichen Bußgeldsachen dem Rechtsanwalt nicht kostenmäßig zum Nachteil gereichen. Zum anderen schwebten dem Gesetzgeber gerade die tagtäglichen Verkehrsbußgeldsachen vor, als er die neuen Gebühren des RVG festlegte.[1877] Im Übrigen verkennt die Sichtweise die individuellen, oft gravierenden Folgen der Geldbuße sowie ggf. ihrer Nebenfolgen für den Betroffenen.

3. „Die Qualifikation des Verteidigers ist gebührenneutral"

In Kostenanträgen ist der eine oder andere Kollege geneigt, seine besonderen Fähigkeiten, die etwa dokumentiert sind durch einen Fachanwaltstitel im Straf- und/oder Verkehrsrecht, gebührenerhöhend anzuführen. Dies nicht zu Unrecht. Im Zusammenhang mit Erstattungsansprüchen bei Freisprüchen hat die höchstrichterliche Rechtsprechung dem besonders versierten Rechtsanwalt in schwierigen und für den Betroffenen besonders bedeutungsvollen Verfahren Privilegien eingeräumt.[1878]

Fakt ist, dass es je nach anwaltlicher Schwerpunktbildung bei einem Detailwissen erhebliche Qualitätsunterschiede gibt, die sich regelmäßig unmittelbar auf den Ausgang des Verfahrens auswirken. Das durch die Spezialisierung gesteigerte Fachwissen der anwaltlichen Vertretung kann daher auch kostentechnisch nicht außer Betracht bleiben.[1879]

1874 *LG Gera*, JurBüro 00, 581; *Burhoff*, VRR 2008, 333.
1875 *LG Magdeburg*, ZFS 1999, 212.
1876 *LG Hamburg*, VRR 2008, 237 (LS) m. Anm. *Gübner*.
1877 *Sermond*, NZV 2004, 389.
1878 *OLG Hamm*, NStZ 1983, 284.
1879 A.A.: *LG München I*, JurBüro 2008, 249.

4. „Die Geldbußenhöhe ist im unteren Bereich des Bußgeldrahmens, welche von 40,00 bis 5.000,00 EUR geht"

Regelmäßig wird versucht in Bußgeldsachen die Gebühren zu drücken, indem bei Regelgeldbußen im Bereich 40,00–250,00 EUR argumentiert wird, die Höhe des angedrohten Bußgeldes sei im unteren Bereich des Bußgeldrahmens. Nicht von der Hand zu weisen ist, dass die Staffelung der Höhe der Gebühren im Verfahren vor der Verwaltungsbehörde und vor dem Amtsgericht nach dem Rechtsanwaltsvergütungsgesetz (RVG) mit dem dazugehörigen Vergütungsverzeichnis (VV-RVG) nach der Höhe der angedrohten Geldbußen mehr als unglücklich und zu grob erscheint. Es wird bekanntermaßen differenziert nach Geldbußen von weniger als 40,00 Euro, Geldbußen von 40,00 Euro bis 5.000,00 Euro sowie Geldbußen über 5.000,00 Euro. Nur für die Grundgebühr (Nr. 5100 VV) erfolgt keine Aufspaltung in verschiedene Stufen jeweils nach der Höhe der Geldbuße. Es hätte auf der Hand gelegen, in Anlehnung an die Zulässigkeit von Rechtsbeschwerden gem. §§ 79, 80 OWiG noch näher zu differenzieren in Geldbußen zwischen 40,00 und 250,00 EUR. All dies ändert jedoch nichts daran, dass die Bußgeldhöhe nicht maßgeblicher Anknüpfungspunkt für die Gebührenhöhe sein kann,[1880] zumal diese bereits für die Einstufung in Teil 5 VV-RVG herangezogen wird.[1881] Der Gesetzgeber hat mit dieser Unterteilung zum Ausdruck gebracht, dass der Gebührenrahmen für alle Geldbußen gelten soll.

5. „Die Dauer der Hauptverhandlung ist gering gewesen"

Regelmäßig liest man in den Stellungnahmen der Bezirksrevisoren oder Schriftsätzen der Rechtsschutzversicherungen auch, dass die Angelegenheit unterdurchschnittlichen Umfang gehabt habe, da die Hauptverhandlung nicht lange gedauert habe. Es gibt eine Reihe von Entscheidungen, die sich mit der Frage auseinandersetzen, ab welcher Länge in Minuten eine verkehrsrechtliche Bußgeldverhandlung als umfangreich und schwierig anzusehen ist. Dabei wird jedoch oft übersehen, dass es der Bußgeldrichter ist, der die Angelegenheiten oft im 15-Minuten-Takt terminiert und die Sache zur Einhaltung seines Zeitplans entsprechend oberflächlich und eilig abhandelt. Daher ist eine Hauptverhandlungsdauer von einer Stunde in verkehrsrechtlichen Verfahren eher lang und die Ausnahme. Eine durchschnittliche Hauptverhandlung dauert daher ca. 15 bis 30 Minuten an.

Im Übrigen kann die Dauer der Hauptverhandlung nicht losgelöst von der Bedeutung der Angelegenheit gesehen werden. Nach der Rspr. ist daher die angemessene Gebühr nach § 14 Abs. 1 RVG auch auf die Festsetzung der Terminsgebühr anzuwenden.[1882]

1880 *LG Potsdam*, ZFS 2000, 408.
1881 *Burhoff*, RVG REPORT 2006, 341; VRR 2008 119.
1882 *LG Stralsund*, DAR 2006, 655.

Im Teil 5 des VV-RVG sind keine zusätzlichen Gebühren für längere Termine vorgesehen, wie etwa in Teil 4 des VV-RVG (Strafsachen), z.B. Nr. 4110 VV RVG, wenn der gerichtlich bestellte oder beigeordnete Rechtsanwalt mehr als 5 Stunden an der Hauptverhandlung teilnimmt. Erreicht ein Bußgeldverfahren diese Länge, so ist die Mittelgebühr deutlich zu überschreiten.

6. „Die Akteneinsichtspauschale wird bereits durch Nr. 7002 VV-RVG abgegolten"

Wie penibel die Bezirksrevisoren/Rechtsschutzversicherungen die Gebührenrechnung des Anwalts zusammenstreichen, wird daran deutlich, dass auch der Festsetzung der Akteneinsichtspauschale im Bereich von 12,00 EUR Bedenken entgegen gebracht werden. In einigen Landgerichtsbezirken wird argumentiert, die Akteneinsichtspauschale werde bereits durch Nr. 7002 VV-RVG abgegolten. Richtig dagegen ist, dass die Auslagenpauschale für die Aktenversendung als Teil der Verfahrenskosten dem Rechtsanwalt, der sie zuvor verauslagt hat, zu erstatten ist. Ist eine mehrfache Anforderung der Bußgeldakte erforderlich, so steht dies einer Erstattung nicht entgegen. Die Aktenversendungspauschale gehört zu den Kosten des Verfahrens gem. § 464a I StPO, die dem anwaltlich vertretenen Betroffenen – sofern er sie vorher verauslagt hat – zu erstatten ist. Bei der Aktenversendungspauschale nach Nr. 9003 KV zum GKG handelt es sich um Auslagen, die dem Gericht entstehen, d.h. um Gerichtskosten i.S. von § 1 I lit. d GKG. Denn die Nr. 9003 KV zum GKG befindet sich in der Anlage 1 zum GKG in „Teil 9. Auslagen". Die Aktenversendungspauschale ist damit nicht mit der Pauschale für Entgelte für Post und Telekommunikationsdienstleistungen abgegolten. Da bei einem Freispruch die Staatskasse die Kosten des Verfahrens trägt, ist sie in einem solchen Falle vielmehr als Verfahrenskosten dem Rechtsanwalt, der sie zuvor verauslagt hat, zu erstatten.[1883]

7. „Die Terminsgebühr ist nicht notwendig gewesen. Die Anberaumung bzw. Durchführung des Hauptverhandlungstermins wäre vermeidbar gewesen, wenn der Verteidiger bereits zuvor entlastende Umstände vorgetragen hätte."

Der Bezirksrevisor/die Rechtsschutzversicherung sieht zuweilen davon ab, solche Auslagen des Betroffenen anzuerkennen, die er durch ein rechtzeitiges Vorbringen entlastender Umstände hätte vermeiden können.[1884] Im Verfahren wegen Ordnungswidrigkeiten sieht die Regelung des § 109 a Abs. 2 OWiG zwar vor, dass von der Erstattung in diesem Falle abgesehen werden kann. Diese Vorschrift trifft jedoch

---

1883 *LG Ravensburg,* AnwBl. 1995, 153; a. A.: *LG Leipzig,* Beschl. v. 29.1.96 – 3 Qs 50/96; *Enders,* Anm. zu *AG München,* JurBüro 1995, 544.

1884 *LG Koblenz,* JurBüro 1989, 842.

nur eine Regelung für die Kostengrundentscheidung.[1885] Im Übrigen handelt es sich nur um eine Kann-Vorschrift, die als Ausnahmeregelung ausgestaltet ist.

Ein allgemeiner Rechtsgedanken, dass der Betroffene prozessual oder kostenrechtlich gehalten ist, das Ordnungswidrigkeitenverfahren durch frühzeitige Benennung der zu seinen Gunsten sprechenden Gesichtspunkte zu beschleunigen bzw. abzukürzen, existiert nicht. Mag das weitere Verfahren völlig überflüssig gewesen sein, wenn der Verteidiger rechtzeitig vor dem Hauptverhandlungstermin z.B. darauf hingewiesen hätte, dass die Verfolgung der seinem Mandanten zur Last gelegten Ordnungswidrigkeit bereits verjährt war, so verkennt eine derartige Sichtweise, dass die durch ein Schweigen des Betroffenen entstandenen Auslagen vermeidbar waren, die prozessuale Garantie, von seinem Schweigerecht Gebrauch zu machen. Unstrittig gilt das strafprozessuale Schweigerecht (§§ 136 Abs. 1 S. 2; 163a Abs. 3, 4; 243 Abs. 4 S. 1 StPO) über § 46 Abs. 1 OWiG auch im Bußgeldrecht. Der Betroffene ist auch nicht verpflichtet, an dem Prozess mitzuwirken und auf formelle Verfahrenshindernisse hinzuwirken. Hieraus kann ihm auch kein kostenrechtlicher Nachteil erwachsen.

8. „Reisekosten eines Rechtsanwalts, der nicht in dem Bezirk des Prozessgerichts niedergelassen ist, sind nicht erstattungsfähig. Der Betroffene hätte einen Anwalt am Gerichtsort beauftragen können."

Auch in punkto Fahrtkosten zu Gerichtsterminen ist sich der Bezirksrevisor (Rechtsschutzversicherungen haben diese Position regelmäßig in Bußgeldsachen ausgeschlossen) nicht zu schade, Kürzungen an der anwaltlichen Honorarrechnung vorzunehmen. Der Bezirksrevisor argumentiert diesbezüglich oft, dass Fahrtkosten nicht erstattungsfähig seien, da sich der Betroffene im Vorverfahren und in dem Verfahren außerhalb der Hauptverhandlung durch einen Verteidiger an seinem Wohnort hätte vertreten lassen können und für den Hauptverhandlungstermin durch einen Verteidiger mit Kanzleisitz im Bezirk des Amtsgerichts. Die Hinzuziehung eines Verteidigers, der am Wohnort des Betroffenen seinen Kanzleisitz hat und zur Hauptverhandlung die Reise zum Amtsgericht und zurück antritt, sei zur zweckentsprechenden Verteidigung nicht erforderlich gewesen. Aus diesem Grunde seien geltend gemachte Auslagen für Fahrtkosten und Abwesenheitsgelder nicht zu erstatten.

Diese Auffassung ist mit der höchstrichterlichen Rechtsprechung nicht in Einklang zu bringen, da die Kosten eines am Wohn- oder Geschäftsort der Partei oder in dessen Nähe ansässigen Anwalts für erstattungsfähig gehalten werden.[1886] Im Übrigen sind Fahrtkosten und Abwesenheitsgelder, die durch die Einschaltung eines

1885 *Schmehl*, in Karlsruher Kommentar zum OWiG, 3. Auflage 2006, § 109 a Rn 2.
1886 *LG Frankfurt/M.*, 3–12 O 183/04.

auswärtigen Verteidigers entstanden sind, in entsprechender Anwendung von § 464 II StPO i.V.m. § 91 II ZPO wegen des Grundsatzes der Kostenminimierung nur zu erstatten, wenn die Zuziehung des auswärtigen Rechtsanwalts zur zweckentsprechenden Rechtsverteidigung notwendig war.[1887] Zur Frage, wann Reisekosten eines auswärtigen Anwalts notwendig und damit erstattungsfähig sind, gibt es eine unüberschaubare Anzahl von Entscheidungen weit über das Straf- und Ordnungswidrigkeitenrecht hinaus. Grundsätzlich sind derartige Mehrkosten in anderen Rechtsgebieten nur bei Vorliegen besonderer Gründe erstattungsfähig.[1888] Solche besonderen Gründe liegen nach der Rechtsprechung etwa vor, wenn der beauftragte Anwalt über besondere Fachkenntnisse verfügt und der Streitfall Fragen aus dem betreffenden Fachgebiet von solcher Schwierigkeit aufwarf, dass eine verständige Partei zur angemessenen Wahrnehmung ihrer Rechte die Hinzuziehung eines solchen Anwalts für ratsam halten durfte. Ein weiterer besonderer Grund für die ausnahmsweise Erstattungsfähigkeit liegt vor, wenn zu einem Rechtsanwalt auf Grund bestimmter, mit der Streitsache zusammenhängender Umstände ein besonderes Vertrauensverhältnis besteht, das einen Anwaltswechsel zum Zweck der Kostenersparnis unzumutbar erscheinen lässt.[1889] Auch die Tatsache, dass vor Ort kein Fachanwalt für Strafrecht zugelassen ist, führt zur Erstattungsfähigkeit.[1890] Entsprechend des gebührenbildenden Merkmals der „Bedeutung der Angelegenheit" in § 14 RVG sind die Aspekte, die für eine hohe Bedeutung der Ordnungswidrigkeit sprechen, analog als Argument für eine ausnahmsweise Erstattungsfähigkeit des auswärtigen Anwalts anzuführen.

III. Anwaltlicher Ermessensspielraum

Die von dem Rechtsanwalt getroffene Bestimmung der Höhe der Gebühren ist nur dann nicht verbindlich, wenn sie unbillig ist (§ 14 I 4 RVG). Bei der Höhe der Honorarrechnung ist dem Rechtsanwalt allerdings ein Ermessensspielraum von 20% zuzubilligen. Weicht die von einem Wahlverteidiger getroffene Gebührenbestimmung um nicht mehr als 20% von der angemessenen Gebühr ab, so ist sie nicht unbillig und daher bindend. Für die Berechnung der Toleranzgrenze ist auf die zur Festsetzung angemeldete Gesamtgebührenforderung abzustellen, auch soweit diese mehrere Instanzen betrifft. Nach welcher Gebührenbestimmung die Gesamtforderung begehrt wird, spielt keine Rolle.[1891]

1887 *LG Hamburg*, ZfS 2006, 470.

1888 *VG Bremen*, NVwZ-RR 2004, 231.

1889 *OVG Weimar*, NVwZ 1996, 812; *VGH Mannheim*, NVwZ-RR 1996, 238.

1890 *Niesler*, in Graf (Hrsg.), Beck'scher Online-Kommentar StPO § 464 a, Rn 17 m.w.N.

1891 *LG Köln*, StV 2001, 637; *Gerold/Schmidt*, RVG, § 14 Rn 12.

Das Ergebnis der Ermessensanwendung durch den Rechtsanwalt bei der Ermittlung der angemessenen Gebühr innerhalb des zur Verfügung stehenden Gebührenrahmens ist danach zu beurteilen, ob die bestimmte Gebühr noch oder nicht mehr hinnehmbar ist. Letzteres ist nicht schon dann der Fall, wenn der Kostenbeamte/Sachbearbeiter bei der Rechtsschutzversicherung selbst eine andere Gebührenhöhe als der Rechtsanwalt für angemessen hält. Denn nicht dem Kostenbeamten oder dem Gericht/der Rechtsschutzversicherung räumt das Gesetz die Ausübung billigen Ermessens ein, sondern dem Rechtsanwalt.[1892] Die Beweislast für unangemessen hohe Gebühren liegt beim Erstattungsschuldner. Die Staatskasse/Rechtsschutzversicherung ist somit darlegungs- und beweispflichtig in Bezug auf die Unbilligkeit der beantragten Kostenerstattung.[1893]

IV. Pauschalierte Vergütungsvereinbarungen mit Rechtsschutzversicherungen

1. Einführung in die Problematik

So genannte „Rationalisierungsabkommen" zwischen Rechtsschutzversicherungen und Rechtsanwaltskanzleien, die die Höhe des Honorars abweichend vom Rechtsanwaltsvergütungsgesetz vertraglich pauschal für eine Vielzahl von Mandaten festlegen, sind mittlerweile Gang und Gäbe. Während sie anfangs nur vereinzelt von Rechtsschutzversicherungen verwendet wurden, haben soweit ersichtlich inzwischen nahezu alle Versicherungen mit ihrem Kreis von Vertrauensanwälten Kooperationsvereinbarungen abgeschlossen. Rationalisierungsabkommen sind in allen versicherten Rechtsgebieten vorzufinden. Am Beispiel der Verkehrsordnungswidrigkeiten, für die in etwa 70% der Fälle eine Rechtsschutzversicherung besteht,[1894] soll nachfolgend ein Überblick gegeben werden, welche unterschiedlichen Modelle von Kooperationsvereinbarungen im Umlauf sind und in welchem Verhältnis sie zu den gesetzlichen Gebühren nach dem Rechtsanwaltsvergütungsgesetz stehen.

2. Modelle von pauschalierten Abkommen

Gemeinsam ist Rationalisierungsabkommen eine festgelegte pauschale Vergütung des Falles abweichend vom Vergütungsverzeichnis des RVG. Im Detail weichen derartige pauschalierte Vereinbarungen mit Rechtsschutzversicherungen erheblich voneinander ab:

1892 *OLG Karlsruhe,* StV 1989, 402ff.; *LG Karlsruhe* NZV 1995, 331.
1893 *Schneider,* AGS 2006, 130.
1894 Schäpe, in Buschbell, MAH Straßenverkehrsrecht, 3. Aufl. 2009, § 3 Rn 64.

a) Von Systematik des RVG abweichende individuelle Vereinbarungen

Manche Abrechnungsvereinbarungen unterscheiden nur danach, ob der Rechtsanwalt in einer Bußgeldsache mit bzw. ohne Hauptverhandlung tätig war. Bei Stattfinden eines Termins ist das Honorar pauschal 400,00 EUR, ohne Termin 200,00. Für die Grundgebühr ist regelmäßig ausdrücklich festgelegt, dass diese daneben nicht anfällt.

Andere Abkommen treffen genaue Regelungen über die Höhe der Gebühr, etwa ob der Rechtsanwalt im Bußgeldverfahren schon im Vorverfahren und/oder erst im gerichtlichen Verfahren tätig war. Teilweise legen einzelne Klauseln einen höheren Gebührensatz fest bei einer zusätzlichen Einstellung des Verfahrens in Anlehnung an die gesetzliche Zusatzgebühr nach Nr. 5115 VV-RVG.

Ferner sehen derartige Vereinbarungen eine Unterteilung der Gebühr nach der verhängten Höhe des Bußgeldes vor, z.B. ab bzw. bis 40,00 EUR. Teilweise wird als Grenze für eine höhere Vergütung auch erst eine höhere Geldbuße (250,00 EUR) festgelegt, wieder andere orientieren sich an der gesetzlich vorgesehenen Dreiteilung in Geldbußen bis 40,00 EUR, Geldbußen von 40,00 EUR bis 5.000 EUR und Geldbußen oberhalb von 5.000 EUR.

Für eine ausschließliche Tätigkeit im Vorverfahren verdient der Rechtsanwalt 180,00–250,00 EUR netto je nach Rechtsschutzversicherung. Wirkt der Rechtsanwalt vor der Bußgeldstelle an einer Einstellung des Verfahrens mit, so erhält er 280,00 EUR pauschal pro Fall. Für eine Bearbeitung des Mandats im Vor- und Hauptverfahren mit Hauptverhandlung erhält er 460,00 – 550,00 EUR. Wird der Rechtsanwalt erst später mandatiert und ist er nur im gerichtlichen Verfahren tätig und auch im Hauptverhandlungstermin anwesend, so erhält er pauschal 360,00. Für jeden weiteren Hauptverhandlungstermin fallen pauschal weitere 175,00 bis 200,00 EUR an. Legt der Rechtsanwalt Rechtsbeschwerde gegen das erstinstanzliche Urteil des Bußgeldrichters ein, erhält er für eine Tätigkeit ohne Termin vor dem Oberlandesgericht pauschal 200–220,00 EUR bzw. mit Termin 400,00 EUR, in anderen Rationalisierungsabkommen ist zu lesen, dass für die 2. Instanz eine individuelle Abrechnung erfolgt.

b) Orientierung der Sätze am Vergütungsverzeichnis des RVG

Ein gegenläufiges Modell von pauschalierten Rationalisierungsabkommen beinhaltet, zunächst von der gesetzlich angefallenen Gebühr auszugehen, allerdings reduziert um einen prozentualen Anteil unterhalb der sich aus dem Vergütungsverzeichnis des RVG ergebenden Mittelgebühr.

3. Vergleich der Gebührenhöhe in Rationalisierungsabkommen zur gesetzlichen Vergütung

Vergleicht man nun das Anwaltshonorar, welches für eine durchschnittliche Verkehrsbußgeldsache unter Zugrundelegung der gesetzlichen Gebühren zu erzielen ist, mit den pauschalierten Sätzen von 460,00–550,00 EUR für eine Tätigkeit im Vor- und Hauptverfahren mit Hauptverhandlung, so erweisen sich letztere insgesamt nicht als unangemessen, sondern sind mit der gesetzlichen Vergütung der Höhe nach vergleichbar. Dasselbe gilt auch für ein Tätigwerden nur vor der Verwaltungsbehörde. Hier stehen pauschal vereinbarten 180,00–280,00 EUR netto je nach Rechtsschutzversicherung bei Anwendung des RVG 208,00 EUR bzw. bei Anfall der Zusatzgebühr (Nr. 5115 VV-RVG) 336,00 EUR gegenüber (exemplarisch hier 20% unterhalb der Mittelgebühr).

4. Vorteile vereinbarter Festsätze

Die Vorteile derartiger pauschalierter Absprachen liegen für beide Vertragsparteien auf der Hand. Die Rechtsschutzversicherungen sparen zusätzlich Personalkosten ein, zumal es bei festgelegten Sätzen nicht zu aufwändigem Schriftwechsel zwischen dem Rechtsanwalt und der Rechtsschutzversicherung über die Höhe des zu erstattenden Honorars kommt. Es muss also weder über die Höhe jeder einzelnen Gebühr gestritten werden, noch ob der Rechtsanwalt sein dahin gehendes Ermessen nach § 14 RVG richtig ausgeübt hat. Bei Klauseln, die von vornherein Streitigkeiten vermeiden, wird auch das Mandatsverhältnis nicht belastet. Dadurch, dass die Rechtsschutzversicherung einem „Pool" von Anwälten vertraut, die bestimmte Vorgaben erfüllen, z.B. eine Zertifizierung oder Fachanwaltschaften, stellt das Versicherungsunternehmen die Qualität der Bearbeitung der Mandate sicher.

In der Vergangenheit sind derartige pauschalierte Absprachen vor allem von Rechtsanwaltskammern scharf kritisiert worden.[1895] Es bestehe die Gefahr, dass der Rechtsanwalt zu „Dumpingpreisen" arbeite und sich zum „Büttel von Versicherungsunternehmen" und seine Mandanten zu „Kassenmandanten" mache.[1896] Dagegen muss aber berücksichtigt werden, dass auch die Vertrauensanwälte, die den Rechtsschutzversicherten empfohlen werden,[1897] von pauschalierten Absprachen nicht unerheblich profitieren. Durch die Vereinbarungen wird den Vertragsanwälten, die die Kooperation mit der Rechtsschutzversicherung eingegangen sind, eine größere Anzahl von Fällen verschafft, womit ein „Grundumsatz" sichergestellt werden kann. Zwar büßen Rechtsanwälte durch festgelegte Sätze möglicherweise gegenüber der Mittelgebühr nach dem Vergütungsverzeichnis pro Fall 20–30% an Ho-

---

1895 Dombeck, An alle Rechtsanwältinnen und Rechtsanwälte: „Rationalisierungsabkommen" der Rechtsschutzversicherer – Gefahr der Gebührenunterschreitung. In: BRAK-Mitt. 4/2004: 162; Schönemann, RVG professionell 2004, 181.

1896 Schons, NJW 2004, 2952.

1897 Gleichwohl darf der Mandant den Anwalt frei wählen, vgl. dazu OLG Bamberg, NJW 2012, 2282.

norar ein, andererseits konnte belegt werden, dass die Mittelgebühr bei massenhaft vorkommenden Bußgeldsachen regelmäßig nicht zu erzielen ist. Die Abrechnung nach pauschalen Gebührenvereinbarungen kann daher bei nicht aufwändigen Bußgeldsachen unter dem Strich lukrativ sein, zumal auf den Rechtsanwalt, dem eine größere Zahl gleichartiger Mandate vermittelt wird, keine rechtlichen oder tatsächlichen Schwierigkeiten zukommen.

5. Berufsrechtliche Bedenken

Rationalisierungsabkommen bewegen sich in einer vergütungsrechtlichen Grauzone. Pauschalierten Einheitsvergütungen steht der Wortlaut der Regelung des § 14 I RVG insofern entgegen, als der Rechtsanwalt bei Rahmengebühren die Gebühr „im Einzelfall“ zu bestimmen hat. Es liegt in der Natur von Pauschalvereinbarungen, dass es dem Rechtsanwalt versagt ist, im konkreten Fall die angemessene Gebühr festzustellen. Da aus Platzgründen im Rahmen dieses Abschnitts keine abschließende Erörterung der berufsrechtlichen Zulässigkeit erfolgen kann, darf an dieser Stelle auf ausführliche Beiträge im Schrifttum verwiesen werden.[1898]

6. Notwendige Anpassung an gestiegenen Gebührenrahmen (RVG-Reform 2013)

Pauschalierte Abkommen dürfen nicht dazu führen, dass gesetzlich vorgesehenen Erhöhungen der Anwaltsvergütung[1899] ignoriert werden. Daher sind die Sätze mit den Änderungen durch das 2. Kostenrechtsmodernisierungsgesetz anzupassen, dem Vertrauensanwalt sei daher empfohlen, mit den Rechtsschutzversicherungen – soweit dies noch nicht geschehen ist – über eine angemessene Anhebung der Pauschalsätze nachzuverhandeln. Entsprechend der gesetzlichen Erhöhung der Gebühren in Straf- und Bußgeldsachen um durchschnittlich 20% erscheint in paralleler Höhe eine Anpassung der Rationalisierungsabkommen angebracht.

7. Fazit

a) In Rationalisierungsabkommen verpflichten sich Rechtsanwälte gegenüber der Rechtsschutzversicherung, für bestimmte anwaltliche Tätigkeiten grundsätzlich nur nach vorher festgelegten Gebühren abzurechnen.
b) Es werden je nach Versicherungsunternehmen verschiedene Arten von pauschalierten Abkommen verwendet. Es existieren sowohl Modelle von Abkom-

---

1898 Henssler NJW 2005, 1537; Dombeck (a.a.O.), Kilian, AnwBl 2012, 209, 212; Eggert/Oberlander, Auswirkungen des Rechtsanwaltsvergütungsgesetzes auf das Verhältnis von Rechtsanwälten und Rechtsschutzversicherern, Aus der BRAK-Reihe: Studien zum RVG, S. 4, http://rak-muenchen.de.
1899 Dazu: Schneider, NJW 2013, 1553.

men, die an das Tätigwerden in bestimmten Verfahrensabschnitten anknüpfen und honorieren, ob der Rechtsanwalt einen Termin wahrgenommen hat, als auch Vereinbarungen, die das RVG zugrunde legen und hiervon einen pauschalen prozentualen Abschlag vornehmen.

c) Vergleicht man die Gebührenhöhe für massenhaft vorkommenden Bußgeldsachen in Rationalisierungsabkommen mit den Gebühren nach dem Rechtsanwaltsvergütungsgesetz, so fallen diese ähnlich hoch aus.

d) Der Rechtsanwalt, der ein Rationalisierungsabkommen abgeschlossen hat, hat die realistische Aussicht, dass ihm eine größere Anzahl von Mandaten seitens der mit ihm kooperierenden Rechtsschutzversicherung zugeleitet wird. Das Tätigwerden auf Grundlage von pauschalierten Abkommen kann sich mithin auch als umsatztechnisch interessant darstellen.

V. Gesonderte Entstehung der Gebühren in jeder Angelegenheit

Nach § 15 II 1 RVG kann der Rechtsanwalt die Gebühren in derselben Angelegenheit nur einmal fordern. Werden gegen einen Betroffenen aber mehrere Bußgeldverfahren geführt, so stellt jedes Verfahren eine eigene Angelegenheit dar, solange die Verfahren nicht miteinander verbunden worden sind.[1900] Damit stellt jedes Ermittlungsverfahren auch eine eigene gebührenrechtliche Angelegenheit dar, mit der Folge, dass der Rechtsanwalt gesondert abrechnen darf. Für unterschiedliche Angelegenheiten sprechen insbesondere jeweils unterschiedliche Geschäftsnummern. Ohne Belang ist insoweit, ob der Rechtsanwalt nicht in jedem Bußgeldverfahren gleichlautende Schreiben verfasst und eingereicht hat, sondern seine Ausführungen unter Bezugnahme auf die anderen Bußgeldverfahren in jeweils einem Schriftsatz zusammenfasste.

VI. Formularschreiben an Rechtsschutzversicherung

An die XY
Rechtsschutzversicherung

23.09.2014 –

Schaden-Nr.: SR071386490-00008-RSLB2L-BA

1900 LG Bonn, NJW-Spezial 2012, 253.

Sehr geehrte Damen und Herren,

in der oben genannten Angelegenheit nehme ich Bezug auf Ihre Deckungszusage vom 18.5.2011.

Gegenstand des vorliegenden Bußgeldverfahrens ist ein Bußgeld von mehr als EUR 10.000,00. Angesichts des Umfangs und der Bedeutung der Angelegenheit für den Betroffenen können wir den Fall nicht auf Grundlage der Allgemeinen Bedingungen bzw. des Rechtsanwaltsvergütungsgesetzes weiter bearbeiten.

Wir bitten daher im vorliegenden Fall ausnahmsweise um Ihre Deckungszusage auf Grundlage eines Stundenhonorars in Höhe von EUR 230,00.

Mit freundlichen Grüßen

Rechtsanwalt

C. Zusätzliche Gebühren

I. Die Befriedungsgebühr gem. Nr. 5115 VV-RVG

Nach Nr. 5115 VV-RVG erhält der Rechtsanwalt eine sog „Befriedungsgebühr", wenn durch die anwaltliche Mitwirkung das Verfahren vor der Verwaltungsbehörde erledigt oder die Hauptverhandlung entbehrlich wird. Der Gesetzgeber wollte Anreize für die außergerichtliche Streitbeilegung schaffen, was der Entlastung der Gerichte dienen sollte.

1. Die fünf Alternativen der Nr. 5115 VV-RVG

Der Gesetzgeber hat im Vergütungsverzeichnis abschließend fünf Alternativen aufgezählt, durch die der Rechtsanwalt belohnt wird. Zum einen entsteht die Gebühr, wenn das Verfahren nicht nur vorläufig eingestellt wird. Hierzu kann es schon im vorbereitenden Verfahren vor der Verwaltungsbehörde kommen oder auch im gerichtlichen Verfahren oder auch erst im Rechtsbeschwerdeverfahren. Wird die Bußgeldsache in der Hauptverhandlung eingestellt, so fällt Nr. 5115 VV-RVG nicht zusätzlich neben Nr. 5110 VV-RVG an. Abs. 1 Nr. 2 VV-RVG sieht vor, dass die Zusatzgebühr auch dazu verdient werden kann, wenn der Einspruch gegen den Bußgeldbescheid im vorbereitenden Verfahren vor der Verwaltungsbehörde zurückgenommen wird. Darüber hinaus wird der Rechtsanwalt gebührentechnisch bevorzugt, wenn der Bußgeldbescheid nach Einspruch von der Verwaltungsbehörde zurückgenommen und gegen einen neuen Bußgeldbescheid kein Einspruch eingelegt wird (Nr. 3). Auch, wenn sich das gerichtliche Verfahren durch Rücknahme des

Einspruchs gegen den Bußgeldbescheid oder der Rechtsbeschwerde des Betroffenen oder eines anderen Verfahrensbeteiligten erledigt, entsteht die Gebühr; ist bereits ein Termin zur Hauptverhandlung bestimmt, entsteht die Gebühr nur, wenn der Einspruch oder die Rechtsbeschwerde früher als zwei Wochen vor Beginn des Tages, der für die Hauptverhandlung vorgesehen war, zurückgenommen wird, Nr. 4. Das Entstehen dieser zusätzlichen Gebühr für den Fall der Rücknahme des Einspruchs setzt voraus, dass die Rücknahme früher als zwei Wochen vor dem Tag der Hauptverhandlung erfolgt. Ist die Hauptverhandlung auf einen Freitag terminiert, so muss der Einspruch spätestens an dem Donnerstag, zwei Wochen zuvor, beim Amtsgericht zurückgenommen worden sein.

Die Gebühr nach Nr. 5115 Abs. 1 Nr. 4 VV-RVG entsteht auch, wenn sich das gerichtliche Verfahren durch Rücknahme der Rechtsbeschwerde des Betroffenen oder eines anderen Verfahrensbeteiligten erledigt.

Es wird vertreten, dass die zusätzliche Gebühr nur entsteht, wenn nach Begründung der Revision oder Rechtsbeschwerde konkrete Anhaltspunkte für die Anberaumung einer Revisionshauptverhandlung bestehen.[1901] Die vom Gesetzgeber gewollte Honorierung sei dort nicht angezeigt, wo der Anfall der Hauptverhandlungsgebühr nicht zu erwarten stehe. Wird die von der Staatsanwaltschaft eingelegte Rechtsbeschwerde vor Begründung zurückgenommen, so ist umstritten, ob die insoweit ausgeübte Verteidigertätigkeit einen Erstattungsanspruch des Betroffenen auslöst. Nach der für den Verteidiger ungünstigen Rechtsprechung soll allein aufgrund der Revisions- oder Rechtsbeschwerdeeinlegung der Staatsanwaltschaft für eine zweckentsprechende, das heißt sinnvolle und sachgerechte, das Revisionsverfahren in irgendeiner Weise fördernde Tätigkeit eines Verteidigers in aller Regel kein Raum sein. Erst mit Kenntnis der Revisionsbegründung soll sich dies ändern, da der Verteidiger und sein Mandant erst danach erkennen können, in welchem Umfang und wie im Einzelnen das vorangegangene Urteil angefochten wird. Erst mit dieser Kenntnis könne eine sach- und zielgerichtete Verteidigungsstrategie gegen das Rechtsmittel der Staatsanwaltschaft aufgebaut werden. Jede zuvor entwickelte Verteidigertätigkeit erweise sich demgegenüber als sinn-, nutz- und zwecklos, so dass sie überflüssig und somit nicht notwendig im Sinne des Gesetzes ist.[1902] Diesen Argumenten folgend fällt auch die Gebühr nach Nr. 5113 für die Rechtsbeschwerde nicht an.

Letztlich wird die zusätzliche Gebühr auch dadurch ausgelöst, dass das Gericht nach § 72 I 1 OWiG durch Beschluss entscheidet, Nr. 5. Eine Entscheidung des Gerichts durch Beschluss kann gem. § 72 I OWiG nur nach vorheriger Zustimmung des Betroffenen erfolgen. Durch die Entscheidung im Beschlusswege wird die Hauptverhandlung entbehrlich, was zum Entstehen der zusätzlichen Gebühr führt.

1901 OLG Hamm NStZ-RR 2007, 160.

1902 LG Koblenz, NStZ-RR 1998, 159; a.A.: BayObLG, MDR 1983, 155.

Nicht einheitlich beantwortet wird die Frage, ob der Rechtsanwalt die zusätzliche Gebühr auch dann verdient, wenn bereits ein Hauptverhandlungstermin stattgefunden hat, dann aber ausgesetzt wurde, z.B. weil im ersten Termin ein Zeuge nicht geladen/erschienen war und die Einstellung durch Beschluss erst danach erfolgte. Für das Entstehen spricht der Zweck der Vorschrift, da in dieser Konstellation ein (Fortsetzungs-)Termin entbehrlich wird. Die Gebühr soll die Mitwirkung an dem Entfallen der sonst notwendig werdenden Hauptverhandlung und damit das Entfallen auch eines weiteren Termins honorieren. Diese Auffassung entspricht der dem gesamten RVG innewohnenden Tendenz, eine Mithilfe zu einer Vereinfachung, Verkürzung, Einigung usw. zu belohnen. Die Zusatzgebühr entsteht deshalb auch, wenn das Gericht wegen der Mitwirkung des Verteidigers im Beschlussweg nach § 72 I 1 OWiG entschiedet und damit ein weiterer Hauptverhandlungstermin entbehrlich wurde.[1903]

2. Erforderliche Mitwirkung des Rechtsanwalts

Nach einhelliger Ansicht in Rechtsprechung und Schrifttum bedeutet Mitwirkung im Sinne der Nr. 5115 VV-RVG, dass der Verteidiger durch seine Tätigkeit die endgültige Einstellung des Verfahrens zumindest gefördert haben muss, vgl. auch insoweit Abs. 2 Nr. 5115 VV-RVG. Es genügt hierfür jede Tätigkeit, die zur Förderung der Verfahrenserledigung geeignet ist.[1904] Daran sind keine überspannten Anforderungen zu stellen. Im Einzelnen kann strittig sein, ob eine auf die Förderung des Verfahrens gerichtete Tätigkeit des Rechtsanwalts ersichtlich ist. Rechtsschutzversicherungen und Bezirksrevisoren argumentieren regelmäßig, dass dies nicht der Fall sei. Oft wird das Verfahren eingestellt, ohne dass der Einspruch gegen den Bußgeldbescheid näher begründet wurde und nachdem der Rechtsanwalt (lediglich) Akteneinsicht beantragt hat und allgemein darauf hingewiesen hat, dass der Mandant vorläufig von seinem Schweigerecht Gebrauch machen werde. Dies kann nach richtiger Auffassung eine Entbehrlichkeitsgebühr nach Nr. 5115 VV-RVG auslösen. Die nach Beratung mit dem Mandanten abgegebene Erklärung des Rechtsanwalts ist objektiv geeignet die endgültige Einstellung des Verfahrens zu fördern. Hierin kann ein „gezieltes Schweigen" gesehen werden.[1905]

! **Praxistipp**

Erfolgen verfahrensbeendende Absprachen mit dem Sachbearbeiter bei der Bußgeldstelle mündlich, so sind diese im eigenen Interesse des Rechtsanwalts durch Aktenvermerke festzuhalten. Ansonsten kann gegenüber der Rechtsschutzversicherung oder dem Bezirksrevisor eine Förderung des Verfahrens nicht belegt werden.

1903 *LG Cottbus*, RVG PROF 2008 137; *AG Dessau*, AGS 2006, 240.

1904 *BGH*, NJW 2009, 368; *LG Stralsund*, AGS 2005, 442.

1905 *AG Charlottenburg*, RVGreport 2007, 273.

3. Höhe der Erledigungsgebühr

Die Gebühr entsteht „in Höhe der jeweiligen Verfahrensgebühr", je nachdem, in welchem Verfahrensabschnitt, bzw. in welcher Instanz die Erledigung erfolgt. Nimmt der Rechtsanwalt den Einspruch früher als 2 Wochen vor der Hauptverhandlung zurück, so entsteht sie in Höhe der Verfahrensgebühr nach Nr. 5109 VV-RVG. Nimmt der Rechtsanwalt eine Rechtsbeschwerde zurück, so wird er mit der zusätzlichen Gebühr in Höhe der Nr. 5113 VV-RVG belohnt. Strittig ist, ob es sich bei der Gebühr um eine Festgebühr handelt. Nach einer Auffassung soll sie immer in Höhe der Mittelgebühr entstehen. In der Begründung zu den Einzelvorschriften sei im Gesetzgebungsverfahren ausdrücklich darauf hingewiesen worden, dass die Mittelgebühr als Erledigungsgebühr deshalb in das RVG aufgenommen worden sei, weil die ansonsten bei Rahmengebühren notwendige Bestimmung der konkreten Gebühr gem. § 14 RVG nur schwer möglich sei.[1906] Dagegen wird vertreten, dass bei der Berechnung der zusätzlich anfallenden Gebühr nach Nr. 5115 VV-RVG die in § 14 RVG aufgezählten Bemessungspunkte mit einzubeziehen seien. Diese Gebühr sei nicht als eine fixe Gebühr zu betrachten.[1907]

II. Verfahrensgebühr nach Nr. 5116 VV-RVG

Das Rechtsanwaltsvergütungsgesetz hat dem Verteidiger mit Nr. 5116 VV-RVG eine zusätzliche „Verfahrensgebühr bei Einziehung und verwandten Maßnahmen" beschert. Mit der zusätzlichen Berücksichtigung der Wertgebühr wollte der Gesetzgeber dem Umstand Rechnung tragen, dass die Abschöpfung von Vermögenswerten oder die Einbehaltung von Gegenständen in der Regel erhebliche wirtschaftliche Bedeutung für den Betroffenen hat.[1908] Damit einher sollte eine bessere Honorierung der anwaltlichen Tätigkeit durch das RVG gehen. Die vom Gesetzgeber aufgehobene Vorgängervorschrift des § 88 BRAGO erlaubte nur eine Überschreitung des Gebührenrahmens, wenn die anwaltliche Tätigkeit sonst nicht angemessen vergütet wird. Die Vergütungsnummer wird bei anwaltlicher Tätigkeit in Verfallsverfahren und bei Einziehungen bedauerlicherweise oft übersehen, was zum einen daran liegen mag, dass sie recht versteckt – noch hinter den Vorschriften über das Rechtsmittel in Ordnungswidrigkeitenverfahren – platziert wurde und zum anderen den Verfall nicht wörtlich im Vergütungsverzeichnis erwähnt.

Dem Rechtsanwalt können so wertvolle Gebühren verloren gehen, die je nach Höhe des Verfalls weit mehr als die Hälfte seiner Gesamtrechnung ausmachen können. Gerichtliche Entscheidungen zum Anfall dieser Gebühr sind selten, was dem Umstand widerspricht, dass aktuell Verfallsverfahren gem. § 29a OWiG in der Praxis

1906 *AG Hamburg*, AGS 2006 439; *Burhoff*, RVGreport 2005, 401.
1907 *LG Deggendorf*, AGS 2005, 504.
1908 *Madert*, in Gerold/Schmit, RVG, Nr. 4142 VV RVG, Rn 1.

Hochkonjunktur haben. Dies rechtfertigt es, sich mit der zusätzlichen Verfahrensgebühr einmal ausführlicher zu befassen.

1. Verfall als verwandte Maßnahme, Nr. 5116 VV-RVG, §§ 442 I StPO, 46 I OWiG

Nach dem Vergütungsverzeichnis entsteht die zusätzliche Verfahrensgebühr nicht nur im Falle einer Einziehung, sondern auch bei „verwandten Maßnahmen". Nach dem Kontext handelt es sich bei der Einziehung und den verwandten Maßnahmen um die Abschöpfung von Vermögenswerten oder um die Einbehaltung von Gegenständen, die aus Straftaten oder Ordnungswidrigkeiten hervorgebracht wurden, oder für solche verwendet worden sind.[1909] Die einer Einziehung gleichstehenden Rechtsfolgen werden in §442 I StPO aufgeführt. Hierzu zählt neben der Vernichtung, Unbrauchbarmachung, Beseitigung eines gesetzeswidrigen Zustands auch der Verfall. Über die Verweisungsvorschrift des §46 I OWiG, die sinngemäß die Vorschrift über das Strafverfahren anwendbar erklärt, ist Nr. 5116 VV-RVG damit auch bei Verfallsverfahren anwendbar. Dies hat die höchstrichterliche Rechtsprechung nunmehr anerkannt.[1910]

2. Anfall der zusätzlichen Verfahrensgebühr nach Nr. 5116 VV-RVG

Unproblematisch ist der Anfall der Verfahrensgebühr nach Nr. 5116 VV-RVG bei selbstständigen Verfallsverfahren gem. § 29a IV OWiG, bei dem eindeutig die Abwendung des Verfalls Gegenstand des Auftrags ist. Ergeht die Anordnung des Verfalls gegen den Täter oder einen anderen zugleich im Bußgeldverfahren, so reicht nach h.M. für das Entstehen der Gebühr jede Tätigkeit des Rechtsanwalts aus, die der Abwehr einer Ahndung seines Mandanten dient;[1911] nicht erforderlich sei eine besondere Tätigkeit in Bezug auf die Einziehung oder den Verfall.[1912] Im Einzelnen muss allerdings im Bußgeldverfahren differenziert werden: Wird der Rechtsanwalt ausschließlich vom Täter mandatiert und ergeht ein Verfall gegen die Nebenbeteiligte, so fällt die zusätzliche Verfahrensgebühr nach Nr. 5116 VV-RVG nicht an, da ihn die Mandantschaft schlicht nicht trifft. Nur sein Kollege, der sich für die Nebenbeteiligte legitimiert hat, kann dieses Honorar für sich beanspruchen.

3. Wertgebühr in Höhe von 1,0

Neben den üblicherweise im Bußgeldverfahren anfallenden gesetzlichen Gebühren nach Nr. 5100 ff. VV-RVG fällt zusätzlich eine Wertgebühr in Höhe von 1,0 an, wo-

---

1909 *AG Nürnberg*, NJOZ 2006, 2021.

1910 LG Kassel, NZV 2008, 420 f.

1911 *Kotz*, Beck'scher Online-Kommentar, Hrsg: Lutje, RVG 5116, Rn 6–8.

1912 *OLG Bamberg*, JurBüro 2007, 201; *Hartung/Römermann*, RVG, 4142 VV Rn 9.

bei unerheblich ist, ob es sich um ein Wahlmandat oder Pflichtverteidigung handelt. Die Höhe des Anwalthonorars richtet sich bei der Wahlverteidigung wie im Zivilverfahren nach dem Gegenstandswert, also der Höhe des im Verfallsbescheid abgeschöpften Betrages,[1913] sowie der degressiv steigenden Gebührentabelle gem. § 13 RVG. Der Gebührenbetrag für den beigeordneten oder gerichtlich bestellten Anwalt ergibt sich aus § 49 RVG.[1914] Bei einem Verfallsbetrag von 400.000,00 EUR entsteht zusätzlich immerhin ein Zusatzhonorar von netto 2.853,00 EUR, was über 50% der anwaltlichen Gesamthonorarrechnung bei Zugrundelegung der Mittelgebühr ausmacht. Unter 30,00 EUR entsteht die Wertgebühr allerdings nicht, vgl. Anm. Abs. 2 zu Nr. 5116 VV-RVG. Im Bagatellbereich ist die Wertgebühr in Höhe von 1,0 damit ausgeschlossen, hier reichen die für Bußgeldverfahren geltenden Sätze aus.

Den parallelen Anfall der Gebühren gem. Nr. 5100–5114 VV-RVG neben Nr. 5116 VV-RVG setzte das LG Kassel[1915] als selbstverständlich voraus. Hierfür spricht in der Tat die wörtliche Auslegung (Unterabschnitt 5 „zusätzliche Gebühren") sowie die Systematik. Teilweise wird dagegen vertreten, die Gebühren könnten beim selbstständigen Verfall nicht nebeneinander anfallen.[1916] Die Gebühr nach Nr. 5116 VV-RVG könne nur dann verlangt werden, wenn es neben dem Verfall auch um die Verfolgung einer Ordnungswidrigkeit im subjektiven Verfahren gehe.

4. Gesonderte Entstehung der Verfahrensgebühr in jeder Instanz

Anm. Abs. 3 zu Nr. 5116 VV-RVG bestimmt, dass die zusätzliche Verfahrensgebühr vor der Verwaltungsbehörde und dem Amtsgericht nur einmal entsteht. Im Rechtsbeschwerdeverfahren entsteht sie erneut. Da nur die Beschwer für den Gegenstandswert maßgeblich sein kann, richtet sich die Wertgebühr nur nach der Verfallshöhe in der angefochtenen Entscheidung.

5. Berechnungsbeispiel[1917]

Das Nettoanwaltshonorar errechnet sich für einen Rechtsanwalt, der einen Verfallbescheid in Höhe von 90.000,00 EUR anficht und der im Rechtsbeschwerdeverfahren mit Hauptverhandlungstag tätig wird, wie folgt:

1913 OLG Oldenburg, StRR 2012, 199 zu Nr. 4142 VV-RVG.

1914 *Mayer/Kroiß*, Rechtsanwaltsvergütungsgesetz, RVG, Nr. 5100–5200 VV RVG, Rn 20.

1915 NZV 2008, 420 f.; ebenso: LG Oldenburg, VRR 2013, 159 f.

1916 *LG Heidelberg*, Beschl. v. 1.9.2009, 11 Qs 30/09 OWi.

1917 Auslagen nach Teil 7 des VV RVG bleiben aus Gründen der Vereinfachung hier außer Betracht.

1.	Grundgebühr	Nr. 5100 VV-RVG	100 EUR
2.	Verfahrensgebühr bei einer Geldbuße von mehr als 5.000 EUR	Nr. 5105 VV-RVG	170 EUR
3.	Verfahrensgebühr bei einer Geldbuße von mehr als 5.000 EUR	Nr. 5111 VV-RVG	200 EUR
4.	Terminsgebühr bei einer Geldbuße von mehr als 5.000 EUR	Nr. 5112 VV-RVG	320 EUR
5.	Zusätzliche Verfahrensgebühr für 1. Instanz	Nr. 5116 VV-RVG	1.418 EUR
6.	Verfahrensgebühr für die Rechtsbeschwerde	Nr. 5113 VV-RVG	320 EUR
7.	Terminsgebühr für die Rechtsbeschwerde	Nr. 5114 VV-RVG	320 EUR
8.	Zusätzliche Verfahrensgebühr für die Rechtsbeschwerde	Nr. 5116 VV-RVG	1.418 EUR
Summe			4.266 EUR

In dem Berechnungsbeispiel wurde jeweils nur die Mittelgebühr zugrunde gelegt. In der Regel hat der Verteidiger allerdings bei einer exorbitanten Geldbuße, die für die Mandantschaft regelmäßig mit einer Existenzgefährdung verbunden ist, Ermessensspielraum, und wird unter Berücksichtigung der gebührenbildenden Merkmale (§ 14 RVG) eine deutliche Überschreitung der Mittelgebühr vertreten können. Im Einzelfall erscheint sogar die Höchstgebühr angemessen, wenn rechtliche Schwierigkeiten oder eine Komplexität des Sachverhalts hinzukommen. Bei besonderem zeitlichen Aufwand empfiehlt sich eine Honorarvereinbarung, die im Einzelfall auch von der Rechtsschutzversicherung abgesegnet wird.

6. Ausschluss einer Pauschgebühr gem. § 51 I 2 RVG

Wer nach Durchführung einer aufwendigen Verteidigung auf die Idee kommt, einen Antrag gem. § 51 I RVG zu stellen, muss enttäuscht werden. Zwar sieht § 51 I RVG auch in Bußgeldsachen die Bewilligung einer Pauschgebühr wegen des besonderen Umfangs oder der besonderen Schwierigkeit grundsätzlich vor. Eine Pauschgebühr kommt selbst unter diesen Voraussetzungen jedoch nicht in Betracht, soweit nach dem RVG Wertgebühren entstehen, vgl. § 51 I 2 RVG. Die Pauschgebühr ist demnach bei anwaltlicher Tätigkeit in Verfallsverfahren ausgeschlossen.[1918]

1918 *Hartmann*, Kostengesetze, § 51 VV RVG, Rn 24.

7. Versicherungsfall

Fraglich ist, ob die Verteidigung gegen einen Verfallbescheid vom Versicherungsschutz umfasst ist. In aller Regel erteilen Rechtsschutzversicherungen unproblematisch Deckungszusage, eher selten verweigern sie diese mit der spitzfindigen Argumentation, dem Nebenbeteiligten werde bei einem Verfallbescheid keine Ordnungswidrigkeit vorgeworfen (§ 2j ARB). Die Streitfrage knüpft an obige Meinungsstreitigkeit (3.) an, ob die Gebühren gem. Nr. 5100–5114 VV-RVG neben Nr. 5116 VV-RVG anfallen. Für das Vorliegen eines versicherten Rechtsgebiets spricht, dass das Gesetz neben der Geldbuße zwei mögliche Nebenfolgen als Rechtsfolge (Verfall/Einziehung) bestimmt und diese daher auch im Leistungsumfang inbegriffen sein müssen.

8. Fazit

Bei anwaltlicher Tätigkeit in Bußgeldverfahren, in denen ein Verfall gem. § 29a OWiG angeordnet wird, entsteht die zusätzliche Verfahrensgebühr nach Nr. 5116 VV-RVG. Daneben kommen die Gebühren im Bußgeldverfahren (Nr. 5100–5114 VV-RVG) zur Anwendung. Die Höhe des Anwaltshonorars richtet sich gleich doppelt nach dem Verfallsbetrag, der gegen die Mandantschaft verhängt wurde. Zum einen variieren die Gebühren für das Bußgeldverfahren. Zum anderen entsteht zusätzlich eine Wertgebühr in Höhe von 1,0. Da die Verwaltungsbehörde in der Regel mehrere Verstöße sammelt und „ein großes Verfahren" durchführt, werden oft sehr hohe Beträge abgeschöpft. Die Verteidigung in Verfallsverfahren erweist sich demnach nach Einführung des RVG als äußerst lukratives Betätigungsfeld. Umso sträflicher erscheint es, die recht versteckte Vergütungsvorschrift zu übersehen.

D. Abrechnung in Verbundverfahren

I. Einführung in die Problematik

Massenhaft vorkommende Ordnungswidrigkeiten gehören bei den Amtsgerichten zum alltäglichen Tagesgeschäft. Ein erheblicher Anteil der Verfehlungen wird seit jeher von Mehrfachtätern begangen, seien es Verkehrsordnungswidrigkeiten von Vielfahrern und besonders jungen Führerscheininhabern oder bußgeldrechtliche Verstöße gegen das Fahrpersonalgesetz von Berufskraftfahrern. Während Verkehrsordnungswidrigkeiten in der Praxis trotz wiederholter Verstöße derselben Person getrennt verhandelt werden, ist in anderen Bereichen (Lenk- und Ruhezeitverstöße) das Zusammenfassen mehrerer Vorwürfe in einem Verfahren üblich, was auch der Entlastung der Verwaltungsbehörden und Gerichte dient. Der Abschnitt befasst sich mit den gebührentechnischen Besonderheiten derartiger Verfahren und zeigt auf, dass sie vergütungsmäßig lukrativ sein können. Dies setzt aber die genaue Kenntnis des Entstehens des Umfangs des Gebührenanspruchs voraus. Ein Schwerpunkt wird darauf gelegt, darzustellen, unter welchen Voraussetzungen Anwaltsgebühren bei der Verteidigung gegen mehrere Geldbußen ausgelöst werden und in welcher Höhe das Honorar beziffert werden darf. Da der Rechtsanwalt auch in Bußgeldverfahren als Pflichtverteidiger bestellt werden kann (§ 48 V RVG), soll nachfolgend der Umfang des Vergütungsanspruchs gegen die Staatskasse untersucht werden.

II. Gebührenrechtliche Angelegenheit

1. Anzahl der Angelegenheiten i.S. von §§ 15ff. RVG

Eine gesetzliche Definition des Begriffs der Angelegenheit fehlt, es befinden sich in §§ 15ff. RVG lediglich Definitionshilfen zur Frage, ob dieselbe oder verschiedene Angelegenheiten vorliegen. Die Frage, ob von einer oder von mehreren Angelegenheiten auszugehen ist, kann nach höchstrichterlicher Rspr. nicht allgemein, sondern nur im Einzelfall unter Berücksichtigung der jeweiligen Lebensverhältnisse beantwortet werden. Zum einen ist der Inhalt des erteilten Auftrags maßgebend.[1919] Oftmals lautet der Auftrag des Betroffenen nur, ihn allgemein zu vertreten. Selbst wenn – ohne Konkretisierung – ein einheitlicher Auftrag vorliegt, so liegen gleichwohl unterschiedliche Angelegenheiten vor, wenn zwischen den einzelnen Gegenständen der Vorwürfe keine inneren Zusammenhänge vorliegen.[1920] Eine unterschiedliche Angelegenheit liegt jedenfalls vor, wenn verschiedene Taten nach §§ 264, 155 StPO i.V.m. § 46 I OWiG vorliegen.

Beispiel 1

Der Betroffene hat am 14.2.12 eine Lenkzeitüberschreitung in Frankfurt a.M., am 15.2.12 in Gießen, im weiteren Tagesverlauf des 15.2.12 eine weitere Verfehlung nach dem Fahrpersonalgesetz in Limburg und am 16.2.12 eine Tagesruhezeitunterschreitung in Darmstadt begangen. In jedem Verfahren ist der Rechtsanwalt vom Betroffenen gesondert mandatiert worden. Im Hauptverhandlungstermin erfolgt eine Verbindung.

Ist der Rechtsanwalt von seinem Mandanten in Bezug auf mehrere bußgeldrechtliche Vorwürfe mandatiert, so liegen grundsätzlich verschiedene Angelegenheiten (§ 17 RVG) vor; hier enthält er die anwaltlichen Gebühren – auch die Grundgebühr – für jedes Verfahren gesondert. Dies ergibt sich aus dem Umkehrschluss aus § 15 II RVG, nach dem er die Gebühren in derselben Angelegenheit nur einmal fordern kann, sowie aus Anm. 1 zu Nr. 5100 VV RVG, die bestimmt, dass die Grundgebühr in

1919 BGH NJW-RR 2008, 656.
1920 Winkler, in Mayer/Kroiß, RVG, 5. Aufl. 2012, § 15 Rn 6.

dem „Rechtsfall“ nur einmal entsteht. Der Begriff ist mit dem der „Angelegenheit“ gleichzusetzen.

Bleiben mehrere Angelegenheiten selbständig nebeneinander bestehen, so handelt es sich um ein finanziell für den Rechtsanwalt sehr lohnendes[1921] Betätigungsfeld. Bei vier Verstößen gegen die Sozialvorschriften des Fahrpersonalgesetzes entsteht bei der Zugrundelegung der Mittelgebühr bei Geldbußen von 40,00 EUR bis 5.000,00 EUR pro Fall ein Gebührenanspruch von 675,00 EUR (netto)[1922], also insgesamt 2.700,00 EUR.

2. Rechtslage nach Verbindung

Werden Verfahren zueinander verbunden, so verlieren sie ihre gebührenrechtliche Selbstständigkeit.[1923] Aus den vor der Verbindung vorliegenden mehreren Angelegenheiten nach RVG werden durch die Verbindung eine Angelegenheit. Bis zur Verfahrensverbindung liegen eigene Angelegenheiten vor.

Beispiel 2

Der Betroffene hat am 14.2.12 eine Lenkzeitüberschreitung in Frankfurt a.M., am 15.2.12 in Gießen, tags darauf eine weitere Verfehlung nach dem Fahrpersonalgesetz in Limburg und am 18.2.12 eine Tagesruhezeitunterschreitung in Darmstadt begangen. Im Verfahren vor der Verwaltungsbehörde erfolgt eine Verbindung, es wird nur ein Bußgeldbescheid erlassen. Danach mandatiert der Betroffene den Rechtsanwalt.

Es fällt nur einmal die Grundgebühr nach Nr. 5100 VV RVG an, es liegt nach der Verbindung nur noch eine Angelegenheit vor.[1924]

III. Gebührenhöhe nach Verbindung

Der anwaltliche Gebührenanspruch richtet bei der Wahlverteidigung sich nach der Höhe der Geldbuße. Es sind in Teil 5 des Vergütungsverzeichnisses drei Gebüh-

---

1921 Fromm, NJW 2012, 1131.

1922 Nicht berücksichtigt werden im Beispielsfall aus Gründen der Übersichtlichkeit die Kopiekosten aus Behörden- und Gerichtsakten nach Nr. 7000 VV-RVG, die Pauschale für Post- und Telekommunikationsdienstleistungen, wofür nach Nr. 7002 VV-RVG 20,00 EUR anzusetzen sind, Fahrtkosten bei auswärtigen Gerichtsterminen nach Nr. 7003–7004 VV-RVG, das Tage- und Abwesenheitsgeld, welches sich nach Nr. 7005 VV-RVG nach der Zeit der Abwesenheit staffelt, die Umsatzsteuer auf die Vergütung gem. Nr. 7008 VV-RVG sowie die Akteneinsichtspauschale von regelmäßig 12,00 EUR.

1923 OLG Hamm, NStZ-RR 2005, 285.

1924 Burhoff, in Gerold/Schmidt, RVG, Nr. 4100, 4101 VV RVG Rn 15.

renrahmen bestimmt: Es wird differenziert zwischen Geldbußen von weniger als 40,00 EUR, Geldbußen zwischen 40,00 und 5.000,00 EUR und Geldbußen von mehr als 5.000,00 EUR. Je höher die Geldbußen, desto höher sind die Anwaltsgebühren. Werden mehrere Geldbußen, die tatmehrheitlich verwirklich wurden, verbunden, so sind sie nach Vorbem. 5.1 Abs. 2 S. 4 des VV RVG zusammenzurechnen.

Beispiel 3
Der Betroffene hat am 14.2.12 eine Lenkzeitüberschreitung in Frankfurt a.M. und am 15.2.12 in Gießen begangen. Im Verfahren vor der Verwaltungsbehörde erfolgt eine Verbindung. Danach, im Verfahren vor dem Amtsgericht, mandatiert der Betroffene den Rechtsanwalt. Die Geldbuße beträgt laut Bußgeldbescheid bezüglich des Verstoßes in Frankfurt a.M. 800,00 EUR und bzgl. der Verfehlung in Gießen 200,00 EUR.

Die Geldbußen sind nach Vorbem. 5.1 Abs. 2 S. 4 des VV RVG zu addieren. Der Gebührenrahmen beträgt mithin 1.000,00 EUR. Der Rechtsanwalt verdient neben der Grundgebühr nach Nr. 5100 VV RVG, die Verfahrensgebühr nach Nr. 5109 VV RVG (Geldbuße von 40,00 EUR bis 5.000,00 EUR) sowie die Terminsgebühr nach Nr. 5110 VV RVG. Bei der Wahlverteidigung hat der Rechtsanwalt ferner die Möglichkeit, den Umstand, dass mehrere Tatvorwürfe Gegenstand eines Mandatsauftrags sind, gebührenerhöhend zu berücksichtigen (§ 14 I RVG), wenn dies eine umfangreiche oder/und schwierige anwaltliche Tätigkeit zur Folge hat.

IV. Umfang der Bestellung oder Beiordnung in Angelegenheiten nach Teil 5 VV RVG

Obgleich über § 46 I OWiG sinngemäß auch die Regelungen der notwendigen Verteidigung nach §§ 140, 141 StPO im gerichtlichen Bußgeldverfahren anwendbar sind,[1925] fristet die Pflichtverteidigung im Ordnungswidrigkeiten ein Schattendasein. Das Rechtsanwaltsvergütungsgesetz (RVG) enthält jedoch ausführliche Regelungen über den Umfang der Bestellung des Verteidigers und Bezahlung aus der Staatskasse. Die Mitwirkung eines Verteidigers ist wegen der Schwere der Tat (§ 140 II 1 StPO) etwa geboten wegen der Höhe der zu erwartenden Geldbuße, wenn diese nicht im Verhältnis zur wirtschaftlichen Situation des Betroffenen übersteigt.[1926] Die Beantragung/Bestellung eines Pflichtverteidigers für fahrpersonalrechtliche Bußgeldver-

1925 OLG Köln, NZV 1999, 96; Seitz, in Göhler, OWiG § 60 Rn 23; vgl. auch §§ 60 S. 1 OWiG, 140 II 1 StPO.

1926 LG Stuttgart, Beschl. v. 13.12.2012 – 19 Qs 154/12 OWi, zit. b. www.burhoff.de; Burhoff, Verkehrsrecht Aktuell (VA) 2001, 191; Seitz, in Göhler, OWiG § 60 Rn 25.

fahren liegt angesichts der oftmals astronomischen Höhe von Geldbußen[1927] nahe.[1928] Im Gegensatz zur Wahlverteidigung sind die Gebühren bei der notwendigen Verteidigung Festgebühren.

1. Rückwirkung in einer Angelegenheit

Wird der Rechtsanwalt im ersten Rechtszug bestellt oder beigeordnet, so erhält er gem. § 48 V 1 RVG die Vergütung auch für seine Tätigkeit vor dem Zeitpunkt seiner Bestellung. Vor diesem Zeitpunkt muss er natürlich in dem bestimmten Verfahrensabschnitt eine Tätigkeit tatsächlich erbracht haben.[1929] Wird der Rechtsanwalt erst im Verfahren vor dem Amtsgericht beigeordnet, so erhält er die Gebühr nach Nr. 5101[1930]/5103[1931]/5105[1932] VV-RVG nur unter der Voraussetzung, dass er im Verfahren vor der Verwaltungsbehörde bereits für die Mandantschaft tätig war.[1933]

Beispiel 4

Der Betroffene hat am 15.3.12 gegen die Sozialvorschriften des Fahrpersonalgesetzes verstoßen. Der Rechtsanwalt hat sich für den Betroffenen bereits im Verfahren vor der Verwaltungsbehörde legitimiert. Erst im gerichtlichen Verfahren wird der Rechtsanwalt als Pflichtverteidiger beigeordnet. Später wird das Verfahren gem. § 47 OWiG eingestellt.

Angefallen ist sowohl die Verfahrensgebühr im gerichtlichen Verfahren (Nr. 5107/5109/5111[1934] VV RVG) als auch die Grund- und Verfahrensgebühr (Nr. 5100, 5101/5103/5105 VV-RVG). Der Rechtsanwalt erhält letztere auch für seine Tätigkeit vor dem Zeitpunkt seiner Bestellung, in Bußgeldsachen einschließlich seiner Tätigkeit vor der Verwaltungsbehörde. Zusätzlich fällt die Gebühr gem. Nr. 5115 VV RVG an, wenn er an der Einstellung des Verfahrens mitgewirkt hat. Ohne die Vorschrift des § 48 V 1 RVG würde der Rechtsanwalt nur die Gebühr nach Nr. 5107/5109/5111 VV RVG und Nr. 5115 VV RVG erhalten.[1935]

1927 OLG Frankfurt a.M., Beschl. v. 13.7.2010 – 2 Ss-OWi 17/10, 2 Ss – OWi 17/10, BeckRS 2010, 17483.

1928 Verneinend hierzu Seitz, in Göhler, OWiG § 60 Rn 26.

1929 LG Koblenz, RPfleger 2005, 278.

1930 Bei Geldbußen von weniger als 40,00 EUR.

1931 Bei Geldbußen zwischen 40,00 und 5.000,00 EUR.

1932 Bei Geldbußen von mehr als 5.000,00 EUR.

1933 Burhoff, RVGreport 2004, 411 ff.

1934 Je nach Höhe der Geldbuße, s.o.

1935 Schneider, in Hansens/Braun/Schneider, Praxis des Vergütungsrechts, Rn 126.

2. Rückwirkung und Erstreckung auf verbundene Verfahren

Verbundverfahren gegen Mehrfachtäter zeichnen sich dadurch aus, dass schon im Verfahren vor der Verwaltungsbehörde oder später im gerichtlichen Verfahren unterschiedliche Bußgeldverfahren miteinander gem. § 237 StPO i.V.m. § 71 I OWiG zur gemeinsamen Verhandlung und Entscheidung verbunden werden, so dass bis zur Hauptverhandlung oder zum Ende der Hauptverhandlung nur noch ein führendes Aktenzeichen verbleibt. Derartige Verbindungen können die Rechtspflege entlasten, allein wenn man sich den zeitlichen Umfang von nur einem Prozess mit mehreren Vorwürfen im Vergleich zu zehn Hauptverhandlungen an zehn verschiedenen Verfahren vor Augen führt.

a) Beiordnung im gerichtlichen Verfahren vor Verbindung

Ordnet das Gericht den Rechtsanwalt in den Ursprungsverfahren noch vor einer Verbindung der Verfahren als Pflichtverteidiger bei, so muss sich der Rechtsanwalt hier keine Gedanken um seine (volle) Vergütung machen.

Beispiel 5

Es liegen drei Lenkzeitüberschreitungen unter verschiedenen Aktenzeichen vor. In allen Verfahren vertrat der Rechtsanwalt den Betroffenen schon im Verfahren vor der Verwaltungsbehörde. Alle Verfehlungen sind zwischenzeitlich bei einem Amtsgericht anhängig. Eine Woche *vor* Verbindung aller Verfahren zu einem Aktenzeichen ordnet der Bußgeldrichter den Rechtsanwalt in allen Verfahren bei. Im führenden Verfahren wird sodann terminiert.

Der Rechtsanwalt erhält nach § 48 V 1 RVG in allen drei Bußgeldverfahren die Vergütung auch für seine Tätigkeit vor dem Zeitpunkt seiner Bestellung, d.h. angefallen sind 3x gesondert Nr. 5100; 5101/5103/5105; 5107/5109/5111 VV-RVG. Die Problematik des § 48 V 3 RVG stellt sich in diesem Falle nicht. Zusätzlich entsteht für eine Hauptverhandlung die Terminsgebühr nach Nr. 5108/5110/5112[1936] VV RVG.

b) Beiordnung im gerichtlichen Verfahren nach Verbindung

Beispiel 6

Es liegen wiederum drei Lenkzeitüberschreitungen unter verschiedenen Aktenzeichen vor. In allen Verfahren vertrat der Rechtsanwalt den Betroffenen schon im Verfahren vor der Verwaltungsbehörde. Alle Verfehlungen sind zwischenzeitlich bei einem Amtsgericht anhängig. Eine Woche *nach* Verbindung aller Verfahren zu einem Aktenzeichen ordnet der Bußgeldrichter den Rechtsanwalt im führenden Verfahren bei. Im führenden Verfahren wird sodann terminiert.

1936 Je nach der Höhe der Geldbuße.

Die Frage, ob der Rechtsanwalt für Leistungen vor seiner Bestellung aus der Staatskasse zu bezahlen ist, wird hier in Rechtsprechung und Literatur unterschiedlich bewertet.

aa) Anwendung von § 48 V 1 RVG

Die erste anwaltsfreundlichere Auffassung[1937] wendet § 48 V *1* RVG an mit der Folge, dass eine Erstattung aus der Staatskasse erfolgt, und zwar nicht nur im führenden Bußgeldverfahren, sondern auch in den hinzu verbundenen. § 48 V 3 RVG, nach dem eine Erstreckung notwendig ist, sei hier nicht anwendbar. Die Vorschrift gelte nur für diejenigen Fälle, in denen der Verteidiger in dem führenden Verfahren bereits vor der Verbindung bestellt, in dem hinzuverbundenen Verfahren hingegen ausschließlich als Wahlverteidiger tätig gewesen sei.

bb) Anwendung von § 48 V 3 RVG

Die andere Meinung spricht dem Rechtsanwalt in den hinzu verbundenen Verfahren keinen Gebührenanspruch zu, wenn – wie hier – keine gesonderte Erstreckung im Beiordnungsbeschluss gem. § 48 V 3 RVG auf diejenigen Verfahren ausgesprochen wurde, in denen vor der Verbindung keine Beiordnung oder Bestellung erfolgt war,[1938] obwohl er auch dort anwaltliche Tätigkeit vornimmt und natürlich auch diese Verfahren vorbereiten muss. Die in den Ursprungsverfahren vor der Verbindung angefallenen Wahlverteidigergebühren könne der Rechtsanwalt allein gegenüber seinem Mandanten geltend machen.

cc) Stellungnahme

Der zweiten Auffassung ist zu folgen. Nach seinem Wortlaut gilt § 48 V 3 RVG für alle Fälle der Verfahrensverbindung, unabhängig davon, ob die Beiordnung als Pflichtverteidiger vor oder nach der Verbindung erfolgt.[1939] Hierfür spricht auch die Gesetzesbegründung, nach der durch Satz 3 klargestellt werden sollte, dass sich die

---

1937 KG Berlin NStZ-RR 2009, 360; OLG Hamm NStZ-RR 2005, 285 f.; Hartmann, Kostengesetze, 4. Aufl. 2012, § 48 Rn 101; Hartung in: ders./Schons/Enders, RVG, 2011, § 48 Rn.70, 74; Burhoff, in: Gerold/Schmidt, RVG, 19. Aufl. 2010, § 48 Rn 149; Kotz NStZ-RR 2007, 333, 334.

1938 OLG Oldenburg NStZ-RR 2011, 261 f.; Mathias, in: Bischof/Innigbauer/Bräuer/Curkovic/Mathias/Uher, RVG, 4. Aufl. 2011, § 48 Rn 39; Schnapp, in: Schneider/Wolf, RVG, 3. Aufl. 2006, § 48 Rn 65.

1939 OLG Koblenz, NStZ-RR 2012, 295.

Rückwirkung von § 48 V 1 RVG nicht automatisch auf verbundene Verfahren erstreckt, in denen bisher kein Pflichtverteidiger bestellt war.[1940]

c) Verbindung zu Pflichtverteidigungs-Verfahren

Beispiel 7
Es liegen wiederum drei Lenkzeitüberschreitungen unter verschiedenen Aktenzeichen vor. In allen Verfahren vertrat der Rechtsanwalt den Betroffenen schon im Verfahren vor der Verwaltungsbehörde. Die erste Verfehlung wird ans Amtsgericht abgegeben, hier wird der Rechtsanwalt vom Bußgeldrichter zum Pflichtverteidiger bestellt. Es folgen später die weiteren zwei Verfahren. Letztere werden zum führenden Verfahren, in dem der Rechtsanwalt schon Pflichtverteidiger ist, hinzuverbunden. Im führenden Verfahren wird sodann terminiert.

Der Verteidiger wurde hier in dem führenden Verfahren bereits vor der Verbindung bestellt. Nach beiden Auffassungen tritt die Wirkung des § 48 V 1 RVG nicht automatisch, sondern nach § 48 V 3 RVG nur dann ein, wenn das Gericht sie auf Antrag oder von Amts wegen auch auf diese Verfahren erstreckt hat. Gegenüber der Staatskasse kann der Pflichtverteidiger mithin nur seine (vollen) Gebühren im führenden Verfahren abrechnen.

3. Verbindung in einem späteren Rechtszug, § 48 V 2 RVG

Selten sind im Bußgeldverfahren Beiordnungen in zweiter Instanz (vor dem Oberlandesgericht), diese Fälle werden durch § 48 V 2 RVG geregelt. Der Rechtsanwalt, der erst in zweiter Instanz zum Pflichtverteidiger bestellt wird, z.B. weil er zuvor kein Antrag auf Beiordnung gestellt hat bzw. das Wahlmandat später niedergelegt hat, erhält seine Vergütung in *diesem* Rechtszug auch für seine Tätigkeit vor dem Zeitpunkt seiner Bestellung, § 48 V 2 RVG. Die Vorschrift sieht damit keine Erstreckung auf Tätigkeiten, die der Rechtsanwalt als Wahlanwalt in früheren Rechtszügen, also z.B. in der ersten Instanz, erbracht hat, vor.

4. Voraussetzung der Erstreckung nach § 48 V 3 RVG

Die rückwirkende Beiordnung gem. § 48 V 3 RVG sollte verteidigerseits gesondert beantragt werden. Dem Antrag ist jedenfalls zu entsprechen, wenn auch in dem hinzu verbundenen Verfahren als solchem bereits eine Verteidigerbestellung angestanden hätte.[1941] Wenn keine Verbindung erfolgt wäre, müsste eine Verteidigerbe-

1940 BT-Drucks. 15/1971, S. 201.
1941 Burhoff, in Gerold/Schmidt, RVG § 48 Rn 151.

stellung unmittelbar bevorgestanden sein. Nach st. Rspr. ist umgekehrt von der Erstreckung abzusehen, wenn diese zu einem sachlich nicht gerechtfertigten Gebührenanspruch gegen die Staatskasse führte, insbesondere bei isolierter Durchführung – wenn für die einzelne Angelegenheit für sich genommen nicht die Voraussetzungen der notwendigen Verteidigung gem. § 140 StPO i.V.m. § 46 I OWiG vorliegen – keine Verteidigerbestellung erfolgt wäre, und nicht einzusehen sei, warum allein wegen einer Verbindung mit einem anderen Verfahren Gebührenansprüche für frühere Anwaltstätigkeiten gegen die Staatskasse entstehen sollten.[1942] Gegen den ablehnenden Beschluss ist gem. § 304 I StPO die Beschwerde zulässig.

5. Anspruch auf Pauschvergütung gem. § 51 RVG

Der Rechtsanwalt, der mit Blick auf die fehlende Erstreckung gebührenrechtlich benachteiligt worden ist, kann einen Antrag auf Pauschvergütung gem. § 51 RVG stellen, die über die Gebühren nach dem Vergütungsverzeichnis hinausgeht. Die gesetzliche Vergütung kann in den Fällen, in denen erst seine entfaltete Tätigkeit nach Verfahrensverbindung den Anspruch gegen die Staatskasse auslöst,[1943] nicht zumutbar sein. Zusätzlich ist im Antrag gem. § 51 RVG vorzutragen, dass die Angelegenheit besonders umfangreich und schwierig war/ist.

6. Wirkung der Bestellung für die Zukunft

Ab dem Zeitpunkt der Bestellung erhält der Rechtsanwalt die Vergütung aus der Staatskasse für das Verfahren, für welches er bestellt wurde. Die Pflichtverteidigung wirkt dabei für die Zukunft, also bis zur Rechtskraft des Urteils.[1944]

Beispiel 8

Der Rechtsanwalt vertrat den Betroffenen wegen zahlreicher Lenkzeitverstöße vor dem Amtsgericht. Hier wurde er als Pflichtverteidiger beigeordnet. Da sein Mandant verurteilt wurde, legt er Rechtsbeschwerde ein, das Oberlandesgericht hebt das angefochtene Urteil auf und verweist die Sache zur neuen Verhandlung und Entscheidung ans Amtsgericht zurück. Ein Termin vor der Rechtsbeschwerdeinstanz hat nicht stattgefunden. Vor dem Ausgangsgericht wird der Betroffene erneut zu einer – etwas milderen – Geldbuße verurteilt, die erneute Rechtsbeschwerde bleibt erfolglos.

Der Rechtsanwalt erhält alle Gebühren, inklusive der Vergütung für die Tätigkeiten in den Rechtsbeschwerdeverfahren (2x Nr. 5113 VV RVG) sowie die Tätigkeiten im zurückverwiesenen Verfahren vor dem Amtsgericht aus der Staatskasse.

1942 OLG Oldenburg, NStZ-RR 2011, 261.
1943 OLG Rostock, Beschl. v. 27.4.2009, I Ws 8/09, BeckRS 2009, 11189.
1944 Bendtsen, in Poller/Teubel, Gesamtes Kostenhilferecht, 2012, StPO § 141, Rn 64; § 140 Rn 26.

V. Fazit

I. Bei der Gebührenabrechnung nach Verteidigungen in Verbundverfahren sollten keine Gebühren „verschenkt“ werden. Grundsätzlich hat der Rechtsanwalt für jede Angelegenheit einen gesonderten Gebührenanspruch.

II. Die Verteidigung von Mehrfachtätern im Bußgeldrecht macht einen erheblichen Anteil der Verteidigertätigkeit aus. Zu unterschiedlichen Stadien des Bußgeldverfahrens erfolgen aus verfahrensökonomischen Gesichtspunkten regelmäßig Verbindungen zu einem Verbundverfahren.

III. Werden Verfahren zueinander verbunden, so verlieren sie ihre gebührenrechtliche Selbstständigkeit, so dass aus den vor der Verbindung vorliegenden mehreren Angelegenheiten durch die Verbindung eine Angelegenheit wird.

IV. Auf das Bußgeldrecht sind die Vorschriften der StPO über die Pflichtverteidigung anzuwenden, so dass insbesondere eine überdurchschnittliche hohe Geldbuße eine „Schwere der Tat“ nach § 140 II StPO rechtfertigt. Im Rahmen der Abrechnung von Pflichtmandaten mit der Staatskasse ist eine genaue Überprüfung des Zeitpunkts der Verbindung und der Beiordnung des Verteidigers vonnöten. Insbesondere bedarf es der sorgsamen Überprüfung des Aktenzeichens des Beiordnungs- und Verbindungsbeschlusses.

V. Die Rückwirkung des § 48 V 1 RVG gilt immer nur für die Angelegenheit, in der der Rechtsanwalt beigeordnet wurde. Dies ergibt sich aus dem Umkehrschluss aus § 48 V 3 RVG. Für Angelegenheiten, für die der Verteidiger nicht ausdrücklich beigeordnet wurde, die also nur hinzu verbunden worden sind, kann nur eine Erstreckung der Vergütung erfolgen.

VI. Die Ungerechtigkeit, dass der Rechtsanwalt, der den Betroffenen gegen mehrere Tatvorwürfe verteidigt, unter Umständen falls keine Erstreckung ausgesprochen wird, dieselben Gebühren erhält wie wegen der Verteidigung gegen nur einen Tatvorwurf, wird durch die Vorschrift des gem. § 51 RVG (Pauschvergütung) ausgeglichen. Diese muss gesondert beantragt und begründet werden.

E. Vorschuss gem. § 9 RVG

Der Rechtsanwalt kann von seinem Auftraggeber für die entstandenen und die voraussichtlich entstehenden Gebühren und Auslagen gem. § 9 RVG einen angemessenen Vorschuss fordern. Dies gilt gegenüber dem Rechtsschutzversicherer und der Staatskasse. Die Berechnung eines Vorschusses ist teilweise verpönt, zumal der Anwalt damit den Anschein setzt, hierauf finanziell angewiesen zu sein und nicht einmal den Abschluss der Rechtssache abwarten zu können. Die Rechtsprechung hatte sich damit zu befassen, ob der Rechtsanwalt im Vorverfahren berechtigt ist, schon die Gebühr nach Nr. 5115 VV-RVG zu beziffern. Zwar setzt Nr. 5115 VV-RVG voraus, dass die Berechnung der Gebühr für die Erledigung des

Verfahrens vor der Hauptverhandlung dem Rechtsanwalt erst dann zusteht, wenn die Erledigung oder Entbehrlichkeit durch seine Mitwirkung erzielt wurde. Der Regelung des § 9 RVG wird jedoch durch Nr. 5115 VV-RVG nicht eingeschränkt. Der Sinn der Vorschrift besteht nämlich gerade darin, erst zu erwartende und im späteren Verlauf des Verfahrens entstehende Kosten bereits im Zeitpunkt der Auftragserteilung geltend machen zu können.[1945] Im Rahmen der Gebührenhöhe kann auch bei der Vorschussrechnung die Festlegung einer Mittelgebühr gerechtfertigt sein.[1946]

F. Praxis der Gebührenerstattung bei Freisprüchen

Freisprüche in verkehrsordnungsrechtlichen Bußgeldverfahren haben Seltenheitswert. Dies ist jedoch nicht etwa darauf zurückzuführen, dass die Bußgeldstellen den vorgeworfenen Sachverhalt besser ausermittelt hätten als die Staatsanwaltschaften im Strafverfahren. Deutet sich in Ordnungswidrigkeitenverfahren vor Amtsgerichten an, dass die Verfehlung nicht nachweisbar ist, so bieten viele Bußgeldrichter entweder die Reduzierung der Geldbuße auf nicht eintragungspflichtige 35,00 EUR an oder ziehen wegen des bei Verkehrsordnungswidrigkeiten geltenden Opportunitätsgrundsatzes gern eine Einstellung gem. § 47 II OWiG vor.[1947] Wird der Betroffene dagegen vom Vorwurf einer Ordnungswidrigkeit freigesprochen, so ergibt sich grundsätzlich die Kostenfolge nach § 467 I StPO i.V.m. § 46 I OWiG. Hiernach fallen die gesamten Verfahrenskosten, einschließlich der notwendigen Auslagen des Betroffenen der Staatskasse zur Last.

I. Aufgaben des Bezirksrevisors

Dem Bezirksrevisor obliegt die „Vertretung der Staatskasse". Genauer wird ihm auch die Dienstaufgabe übertragen, aus der Staatskasse Vergütungen der Rechtsanwältinnen oder Rechtsanwälte zu gewähren. Er ist ein Beamter des gehobenen Justizdienstes und Teil der Justizverwaltung. Den Schwerpunkt der Tätigkeit der

---

1945 *AG Darmstadt*, Urt. v. 27.6.2005, 305 C 421/04, BeckRS 2008, 02397.

1946 *AG Darmstadt*, a.a.O.

1947 Die notwendigen Auslagen des Betroffenen erlegt der Bußgeldrichter hier regelmäßig der Staatskasse nicht auf. Gegen diesen amtsrichterlichen Beschluss stehen dem Betroffenen keine Rechtsmittel zu, *LG Darmstadt*, DAR 1993, 37: Die Unanfechtbarkeit der Hauptentscheidung, hier: Einstellungsbeschluss, hat auch die Unanfechtbarkeit der Auslagenentscheidung zur Folge, vgl. § 464 III S. 1 Hs. 2 StPO i.V.m. § 46 OWiG; dazu *Ferner*, Strategie und Taktik im verkehrsrechtlichen Ordnungswidrigkeitenverfahren, Rn 33.

Bezirksrevisorinnen und Bezirksrevisoren wird in Landesgesetzen[1948] regelmäßig wie folgt vielsagend beschreiben: „... *Sie* [die Bezirksrevisorinnen und dem Bezirksrevisoren] *wirken auf eine allgemeine Stärkung des Kostenbewusstseins in der Justiz und darauf hin, dass wirtschaftlich und sparsam verfahren wird.*"

II. Verfahrensgang

Der Rechtsanwalt beantragt beim Amtsgericht die Festsetzung seiner notwendigen Auslagen zulasten der Staatskasse, nachdem feststeht, dass die nicht im Termin anwesende Staatsanwaltschaft gegen den Freispruch keine Rechtsbeschwerde (§ 79 I Nr. 3 OWiG) eingelegt hat. Einige Zeit nach Eingang bei Gericht wird der Bezirksrevisor hierzu angehört.[1949] Der Rechtsanwalt erhält Gelegenheit, hierauf zu replizieren. Das Amtsgericht bietet im Falle des Einverständnisses des Anwalts mit den reduzierten Gebühren eine unkomplizierte Lösung an: Das vereinfachte Festsetzungsverfahren, d.h. Auszahlungsanordnung ohne förmlichen Kostenfestsetzungsbeschluss, sei möglich, wenn sich der Verteidiger mit dem Festsetzungsvorschlag der Staatskasse begnügt. Sodann ist oft zu beobachten, dass sich der – für den Kostenfestsetzungsbeschluss zuständige – Rechtspfleger bei dem Amtsgericht im Kosteninteresse des Staates der Stellungnahme des Bezirksrevisors anschließt. Gerade in Zeiten hoher Staatsdefizite und eines strikten Sparkurses der Regierung sind Verteidiger die letzten, die mit einer großzügigen Auszahlung von Anwaltsgebühren rechnen könnten. Wird im Rahmen der Entscheidung des Amtsgerichts für die Tätigkeit des Verteidigers eine zu niedrige Gebühr für angemessen und erstattungsfähig erachtet, so hat der Betroffene gegen den amtsgerichtlichen Kostenfestsetzungsbeschluss binnen einer Woche das Recht der sofortigen Beschwerde gem. § 46 OWiG, § 464b Abs. 3 StPO i.V.m. § 11 Abs. 1 RPflG, § 104 Abs. 3 ZPO, §§ 304 Abs. 2, 311 StPO. Hilft der Rechtspfleger der sofortigen Beschwerde nicht ab, legt er sie dem Landgericht zur Entscheidung vor.

III. Erstattungsfähigkeit mehrerer Verteidiger im Bußgeldverfahren

In Bußgeldverfahren mit hoher Bedeutung kann eine Mandatierung von zwei oder drei Verteidigern[1950] geboten sein. In diesen Fällen stellt sich die Frage, ob die Ge-

1948 Allgemeine Verfügung des MJF vom 20. August 2002, II 421/2332 – 6 – (SchlHA 2002 S. 205), Gl.Nr. 2332-1, Bestellung und Aufgaben der Bezirksrevisorinnen und Bezirksrevisoren bei den Landgerichten in Schleswig-Holstein, Ziff. 3.

1949 Vgl. Nr. 145 RiStBV.

1950 „*Die Zahl der gewählten Verteidiger darf drei nicht übersteigen*", vgl. § 137 I 2 StPO, § 46 OWiG.

bühren aller Anwälte von der Staatskasse zu erstatten sind. Die Kosten für einen oder zwei weitere Verteidiger des Betroffenen gehören nach st. Rspr. nicht zu den nach § 464a II StPO zu erstattenden notwendigen Auslagen, oder umständlicher formuliert „werden die Kosten mehrerer Verteidiger nur insoweit erstattet, als sie die Kosten eines Rechtsanwaltes nicht übersteigen“.[1951] Dies gelte grundsätzlich auch in umfangreichen und schwierigen (Bußgeld-)Verfahren.[1952] Daran soll sogar der Umstand nichts ändern, wenn es bei Bußgeldverfahren um eine größere Buße geht und deswegen die wirtschaftliche Existenz auf dem Spiel steht. Denn § 464a II Nr. 2 StPO i.V.m. § 91 II ZPO mache insoweit keine weiteren Ausnahmen und auch ansonsten lägen in der Regel keine besonderen Gründe vor, wonach selbst aus verständiger Sicht des Betroffenen ein Verteidiger allein zur ordnungsgemäßen Verteidigung nicht ausreichend gewesen sei.

Diese Auslegung der § 464a II Nr. 2 StPO i.V.m. § 91 II ZPO verstößt jedoch, soweit die Erstattung der Kosten für mehrere Wahlverteidiger auf die Kosten begrenzt wird, die bei der Vertretung durch einen Verteidiger angefallen wären, gegen das Recht des Beschuldigten auf ein faires, rechtsstaatliches Verfahren.[1953] Wenn Art. 2 I GG i.V.m. dem Rechtsstaatsprinzip des Grundgesetzes den Anspruch umfasst, sich im Bußgeldverfahren von bis zu drei Anwälten seines Vertrauens verteidigen zu lassen,[1954] so kann es nicht angehen, dass der Betroffene im Falle eines Freispruchs auf den Kosten nur eines Verteidigers sitzen bleibt. Soll dem Betroffenen faktisch nicht das Recht, sich mehrerer Verteidiger zu bedienen, genommen werden, müssen dem nicht verurteilten Betroffenen in jedem Fall auch die gesamten Auslagen seiner Wahlverteidiger erstattet werden. Das Recht, bis zu drei Verteidiger zu wählen, ist dem Betroffenen zwar auch dann nicht verwehrt, wenn nicht alle Aufwendungen hierfür als erstattungsfähig anerkannt werden,[1955] es erscheint jedoch als Wertungswiderspruch und würde einem rechtsstaatlich fairen Verfahren entgegen stehen, wenn die Einschaltung mehrerer Anwälte im Falle des Freispruchs letztlich zu seinem eigenen Schaden wäre.

IV. Auslagen des Freigesprochenen

Punkten kann der Verteidiger, wenn er nach dem Freispruch nicht nur an die Erstattung des eigenen Honorars denkt, sondern auch die finanziellen Interessen der Freigesprochenen im Auge behält und für ihn einen dahin gehenden ergänzenden

---

1951 *LG Kassel*, NZV 2008, 420.
1952 *Meyer-Goßner*, StPO, § 464a Rn 13 m.w. Nachw.; KK-*Franke*, StPO, § 464a Rn 13 m.w. Nachw.
1953 A.A.: *BVerfG*, NJW 2004, 3319.
1954 *BVerfG*, NJW 2004, 3319; BVerfGE 39, 156, 163.
1955 *BVerfG*, NJW 2004, 3319; BVerfGE 68, 237, 255.

Kostenerstattungsanspruch stellt. Für die Berechnung der Auslagen verweist § 464a Abs. 2 Nr. 1 StPO, 91 Abs. 1 Satz 2, 2. Halbsatz ZPO auf die Vorschriften des Justizvergütungs- und -entschädigungsgesetzes (JVEG). Die Einzelheiten der Entschädigung richten sich nach dem JVEG, das am 1. Juli 2004 in Kraft getreten ist und das bisherige Gesetz über die Entschädigung von Zeugen und Sachverständigen (ZSEG) ersetzt.

In der Regel fallen für den Freigesprochenen §§ 5, 6, 7 und §§ 19–23 JVEG an. Der Freigesprochene kann in der Regel Fahrtkosten (§ 5 JVEG) geltend machen, die aus Anlass seiner Teilnahme an der Hauptverhandlung entstanden sind. Hierfür sieht § 5 Abs. 2 Nr. 1 JVEG die Erstattung von (nur) 0,25 EUR pro gefahrenen Kilometer vor. Ebenfalls erstattungsfähig sind die Fahrtkosten zu Informationsgesprächen mit dem Verteidiger.

Weiterhin kann eine Aufwandsentschädigung (§ 6 JVEG) für jeden Hauptverhandlungstermin geltend gemacht werden. Die Entschädigung für Zeitversäumnis richtet sich nach § 20 JVEG. Die Entschädigung für Zeitversäumnis beträgt grundsätzlich nur 3,00 Euro je Stunde. Nach § 22 JVEG erhält der Freigesprochene, dem ein Verdienstausfall glaubhaft darlegt, darüber hinaus eine Entschädigung, die sich nach dem regelmäßigen Bruttoverdienst einschließlich der vom Arbeitgeber zu tragenden Sozialversicherungsbeiträge richtet und für jede Stunde höchstens 17,00 Euro beträgt.

G. Fazit

Im Kostenfestsetzungsverfahren nach Freispruch oder im Zuge der Abrechnung bei Rechtsschutzversicherungen muss der Verteidiger damit rechnen, dass seine Gebühren rigoros gekürzt werden. Selbst in Bußgeldverfahren mit verhängten Nebenfolgen will der Bezirksrevisor/die Rechtsschutzversicherung durchsetzen, dass – „mangels Aufwand oder Bedeutung der Angelegenheit" – nur ein Satz unterhalb der Mittelgebühr anerkannt wird. Dem Anwalt wird unterstellt, die von ihm bestimmten Gebühren seien als unbillig hoch zu bewerten. Behauptungen wie „Gebühren in verkehrsordnungsrechtlichen Bußgeldverfahren seien stets unterdurchschnittlich", werden jedoch von der Rechtsprechung in dieser Pauschalität nicht getragen. Oft übersehen wird zudem, dass dem Rechtsanwalt ein Ermessensspielraum in der Gebührenhöhe von 20% zusteht. Der Verteidiger sollte sich bei Auferlegung der notwendigen Auslagen zulasten der Staatskasse gegen die unberechtigten Kürzungen durch Einlegung der sofortigen Beschwerde gegen den Kostenfestsetzungsbeschluss zur Wehr setzen. Wer die Mühen der Begründung des Festsetzungsantrages scheut und keine Rechtsmittel gegen die Kostenfestsetzungsbeschlüsse des Rechtspflegers einlegt, kann wertvolle Gebühren verschenken. Im Einzelfall kann auch gegenüber der Rechtsschutzversicherung die Einreichung einer Zivilklage Aussicht auf Erfolg haben.

Kapitel 24
Steuer- und sozialversicherungsrechtliche Aspekte

Gerade aus der Erwägung heraus, das Arbeitsklima unter den Angestellten nicht zu vergiften, sehen sich einige Arbeitgeber des Speditionsgewerbes dazu veranlasst, Verwarnungs- und Bußgelder, die gegen die bei ihnen beschäftigten Disponenten und Fahrer wegen des Verstoßes gegen güterverkehrsrechtliche Bestimmungen verhängt worden sind, zu bezahlen. Arbeitgeber erkennen zumeist, dass der hinter den Verstößen stehende Zweck von Verkehrsordnungswidrigkeiten in der Regel betrieblich ist, insbesondere um bei den Kunden die vereinbarten Lieferungstermine einzuhalten (Lenkzeitverstöße, Geschwindigkeitsübertretungen), wobei das Risiko von bußgeldpflichtigen Verstößen der Disponenten oft von der Firmenleitung des Arbeitgebers in Kauf genommen worden ist. Darüber hinaus werden die fraglichen Verstöße von den Fahrern begangen, um letztlich den eigenen Arbeitsplatz nicht zu gefährden. Die Bezahlung fremder Geldbußen erfolgt dann oft unüberlegt, stellet sich doch die Folgeproblem, ob Sozialversicherungsbeiträge nachgefordert werden können.

A. Sozialversicherungsrechtliche Risiken

Zur Frage, ob es sich bei den übernommenen Verwarnungs- und Bußgeldern um beitragspflichtiges Arbeitsentgelt handelt, sind in der Vergangenheit Gerichtsentscheidungen mit unterschiedlichen Urteilen ergangen.

I. Urteil des LSG Nordrhein-Westfalen vom 16.10.2008

Das LSG Nordrhein-Westfalen hat im Urteil vom 16.10.2008[1956] ein übernommenes Verwarnungsgeld als beitragspflichtiges Arbeitsentgelt angesehen. Die Freistellung von dieser Forderung stelle eine Einnahme des Arbeitnehmers aus dem Arbeitsverhältnis, mithin Arbeitsentgelt im Sinne des § 14 SGB IV, dar. Der Arbeitgeber habe durch die Hingabe des Schecks eine Verpflichtung des Kraftfahrers, nicht eine eigene, erfüllt. Ein überwiegend eigenbetrieblicher Zweck an der Übernahme des Bußgeldes sei nur dann denkbar gewesen, wenn die Klägerin ihr Unternehmen nur wettbewerbsfähig hätte führen können, wenn ihre Fahrer fortlaufend Verkehrsverstöße begehen.

1956 L 16 R 2/08.

II. Urteil des LSG Rheinland-Pfalz vom 20.1.2010

Anderer Auffassung ist jedoch das LSG Rheinland-Pfalz. Einer viel beachteten Entscheidung vom 20.1.2010[1957] lag ebenfalls die Ausgangsproblematik zugrunde, dass ein Transportunternehmen Geldbußen von Fahrern und Disponenten beglichen hatte. Der Rentenversicherungsträger hatte die von der Spedition übernommenen Bußgelder als beitragspflichtigen Arbeitslohn eingeordnet und eine Beitragsnachforderung in fünfstelliger Höhe erlassen. Hiergegen hatte sich das Transportunternehmen mit Widerspruch und später mit der Klage gewendet.

Das Landessozialgericht Rheinland-Pfalz gab letztlich dem Unternehmen Recht und hob die angefochtenen Bescheide und das erstinstanzliche Urteil des Sozialgerichts auf und meinte, dass diese Zuwendung kein beitragspflichtiges Arbeitsentgelt darstellten, wenn aufgrund einer Gesamtbetrachtung das eigenbetriebliche Interesse des Arbeitgebers ganz im Vordergrund gestanden habe und er deswegen die Anweisung an seine Beschäftigten gegeben habe, entsprechende güterverkehrsrechtliche Vorschriften außer Acht zu lassen. Solche Vorteile seien nicht als Arbeitslohn anzusehen, welche sich bei objektiver Würdigung aller Umstände nicht als Entlohnung, sondern lediglich als notwendige Begleiterscheinung betriebsfunktionaler Zielsetzungen erwiesen. Vorteile besäßen danach keinen Arbeitslohncharakter, wenn sie im ganz überwiegend eigenbetrieblichen Interesse des Arbeitgebers gewährt worden seien. Das sei der Fall, wenn sich aus den Begleitumständen wie Anlass, Art und Höhe des Vorteils, Auswahl der Begünstigten, freie oder nur gebundene Verfügbarkeit, Freiwilligkeit oder Zwang zur Annahme des Vorteils und seiner besonderen Geeignetheit für den jeweils verfolgten betrieblichen Zweck ergebe, dass diese Zielsetzung ganz im Vordergrund steht und ein damit einhergehendes eigenes Interesse des Arbeitnehmers, den betreffenden Vorteil zu erlangen, vernachlässigt werden könne. Nur vordergründig habe der Arbeitgeber die durch ein individuelles Fehlverhalten der Beschäftigten auferlegten Bußgelder übernommen. Denn Anlass für die Übernahme der Bußgelder sei nicht ein aus Eigenverschulden des Fahrers oder Disponenten verhängtes Bußgeld gewesen, denn Buß- und Verwarnungsgelder, die z.B. wegen Überfahrens einer roten Ampel, seien nicht von ihr getragen worden.

Bei der Beurteilung der betriebsfunktionalen Zielsetzung sei ohne Belang, ob dieses Verhalten des Arbeitgebers bzw. der Angestellten von der Rechtsordnung zu missbilligen ist, oder ob die Anweisung des Unternehmens an ihre Disponenten und Fahrer, derartige Handlungen zu begehen, vom Weisungsrecht des Arbeitgebers überhaupt erfasst ist. Zu berücksichtigen sei allein, ob es diese Anweisungen aus betriebsfunktionalen Zielsetzungen heraus gab und die Beschäftigten sich diesen unterworfen haben.

1957 Az.: L 6 R 381/08.

III. Neue Rechtsprechung des BFH

Der BFH stellte mit Urt. v. 14.11.2013[1958] klar, dass es sich bei übernommenen Bußgeldern um Arbeitslohn handelt, wenn der eine Spedition betreibende Arbeitgeber die Bußgelder, die gegen bei ihm angestellte Fahrer wegen Verstößen gegen die Lenk- und Ruhezeiten verhängt worden sind, übernimmt. Vorteile haben keinen Arbeitslohncharakter, wenn sie sich bei objektiver Würdigung aller Umstände nicht als Entlohnung, sondern lediglich als notwendige Begleiterscheinung betriebsfunktionaler Zielsetzung erweisen. Das ist der Fall, wenn sie aus ganz überwiegend eigenbetrieblichem Interesse des Arbeitgebers gewährt werden. Ein rechtswidriges Tun sei keine beachtliche Grundlage einer solchen betriebsfunktionalen Zielsetzung.

B. Gezahlte Bußgelder absetzbar nach EStG?

Fraglich ist weiter, ob der Unternehmer die für seine Angestellten gezahlten Bußgelder absetzen darf. Nach der Vorschrift des § 4 Abs. 5 Satz 1 Nr. 8 Satz 1 EStG dürfen Geldbußen, Ordnungsgelder und Verwarnungsgelder, die von einem Gericht oder einer Behörde in der Bundesrepublik Deutschland oder von Organen der Europäischen Gemeinschaften festgesetzt werden, den Gewinn auch dann nicht mindern, wenn sie betrieblich veranlasst sind.[1959] Bei Erstattungen von Geldbußen, die gegen Angestellte verhängt wurden, durch den Arbeitgeber wird im Schrifttum die Ansicht vertreten, das Abzugsverbot greife nicht.[1960] Dagegen wird vertreten, dass die Auffassung übersehe, dass der Wortlaut des Nr. 8 auch den Erstattungsfall erfasst und das demnach gegebene Abzugsverbot, auch mit der Zielsetzung der Regelung übereinstimmt, nach der staatliche Sanktionen „den Täter oder das Unternehmen, für das der Täter gehandelt hat, in der vollen Höhe treffen" sollten.[1961]

§ 12 Nr. 4 EStG enthält für die Überschusseinkünfte eine vergleichbare Regelung, die zum gleichen Ergebnis führt (z.B. Besteuerung beim Arbeitnehmer).

C. Rechtsanwaltskosten als Betriebsausgaben/Werbungskosten absetzbar

Auch die im Bußgeldverfahren angefallenen Rechtsanwaltskosten können als Betriebsausgaben bzw. Werbungskosten absetzbar sein. Aufwendungen für die Man-

1958 SVR 2014, 148 f.
1959 *Wied*, in Blümich, EStG, KStG, GewStG, Nebengesetze, 104. Auflage 2009, § 4 EStG Rn 881 ff.
1960 *Saller*, DStR 96, 534.
1961 BT-Drs. 10/1314, S. 5 sowie BT-Drs. 10/1634, S. 7.

datierung eines Rechtsanwalts sowie für einen Prozess vor Gericht sind als Betriebsausgaben/Werbungskosten absetzbar, wenn sie beruflich veranlasst sind. Beruflich veranlasst sind Anwalts- und Gerichtskosten, wenn die dem Steuerpflichtigen zur Last gelegte Tat in Ausübung der beruflichen Tätigkeit begangen worden ist.[1962] Die dem Steuerpflichtigen vorgeworfene Tat muss ausschließlich und unmittelbar aus seiner betrieblichen oder beruflichen Tätigkeit heraus erklärbar sein und nicht auf privaten, den betrieblichen oder beruflichen Zusammenhang aufhebenden Umständen beruhen.[1963] Für Ordnungswidrigkeiten, die mit einem Lastkraftwagen oder im Zusammenhang mit dem Unternehmen begangen wurden, ist die Absetzbarkeit anzunehmen. Die auf Grundlage einer Stundenhonorarvereinbarung aufgelaufene anwaltliche Vergütung, die über den Gebührensätzen des RVG liegt, wird jedoch nicht anerkannt. Die Vereinbarung eines derartigen Anwaltshonorars beruht regelmäßig auf dem freien Willen des Steuerpflichtigen und ist nicht unabdingbare Voraussetzung für eine effiziente und qualifizierte Strafverteidigung. Zur Verteidigung notwendig und angemessen sind nämlich nur Gebühren und Auslagen eines Rechtsanwalts, soweit sie nach den Vorschriften des Kostenrechts zu erstatten sind.[1964]

D. Fazit

1. Die Frage, ob es sich bei den übernommenen Verwarnungs- und Bußgeldern um beitragspflichtiges Arbeitsentgelt handelt, ist unter den Gerichten zurzeit noch stark umstritten. Nach der für den Arbeitgeber freundlicheren Rechtsprechung stellt der gewährte Vorteil kein Arbeitsentgelt dar, da der Verstoß gegen straßenverkehrsrechtliche Ruhensvorschriften im eigenbetrieblichen Interesse des Arbeitgebers gestanden hat.
2. Uneinig wird auch die Frage beantwortet, ob der Unternehmer die für seine Angestellten gezahlten Bußgelder absetzen darf. Zwar dürfen grundsätzlich Geldbußen den Gewinn auch dann nicht mindern, wenn sie betrieblich veranlasst sind. Das Abzugsverbot gilt aber nach gut vertretbarer Auffassung im Schrifttum dann nicht, wenn die Geldbuße gar nicht gegen den Arbeitgeber ergangen ist.
3. An den Rechtsanwalt gezahltes Honorar und Verfahrenskosten sind als Betriebsausgaben/Werbungskosten absetzbar, wenn sie beruflich veranlasst sind.

1962 *BFH*, Urteil vom 13.12.1994 – VIII R 34/93, BFHE 176, 564 m.w.N.
1963 *BFH*, Urteil vom 12.6.2002 – XI R 35/01, BFH/NV 2002, 1441, m.w.N.
1964 *BFH*, Urt. v. 18.10.2007 – VI R 42/04, BeckRS 2007, 24003128.

Kapitel 25
Öffentlich-rechtliche Erstattungsansprüche

Das vorliegende Kapitel untersucht, ob Verwaltungsbehörden, die dem Empfänger zugleich mit einem „Zeugenfragebogen“ nach Verfehlungen im Straßenverkehr (meist: Geschwindigkeitsüberschreitungen) die Zahlung einer Geldbuße anbieten, zu späterer Zeit einem Rückforderungsanspruch des Zahlenden ausgesetzt sein können. Bei massenhaft auftretenden Bußgeldverfahren wegen einfacher Verkehrsordnungswidrigkeiten bieten die Bußgeldstellen scheinbar verfahrensökonomisch einem erkennbar nicht verantwortlichen Halter die Zahlung einer Geldbuße zur endgültigen Erledigung der Angelegenheit an.

A. Einführung in die Problematik

Bei geringfügigen Ordnungswidrigkeiten bis 55,00 Euro hat es sich bei einigen Bußgeldstellen eingebürgert, kombinierte Zeugenfragebögen mit Verwarnungsgeldangebot an den Fahrzeughalter zu übersenden. Diese Praxis findet man immer dann vor, wenn Halter eine juristische Person ist oder der Halter laut Radarbild offenkundig nicht der Fahrer gewesen sein kann (weibliche Person war Fahrzeugführerin, Halter dagegen ein Mann), mit dem eine Ordnungswidrigkeit begangen worden sein soll. Mit der Überweisung der Geldbuße hat es für den Halter sein Bewenden, die Person des tatsächlichen Fahrzeugführers kann dahinstehen. Wesentliche Rechtsnachteile drohen für den Halter nicht bei einer Zahlung, Punkte werden nicht ins Fahreignungsregister eingetragen (erst ab 60,00 EUR). Die Motive der Verwaltungsbehörden für die Versendung von „Zeugenfragebögen“ mit Verwarnungsgeldangeboten liegen klar auf der Hand. Viele Behörden scheuen die Kosten weiterer Fahrerermittlungen. Sie hoffen auf Zahlung der Geldbuße ohne weitere Mühen durch den – nicht verantwortlichen – Halter oder den nicht bekannten Fahrer. Einigen Behörden erscheint eine weitere Aufklärung der Bagatell-Ordnungswidrigkeit im Nicht-Punktbereich auch nicht mehr angemessen.

Die folgenden Überlegungen zeigen auf, dass sich die Verwaltungsbehörde im Falle der Zahlung der Geldbuße einem Erstattungsanspruch des Zahlenden ausgesetzt sieht. Ihr Ziel, Kosten zu ersparen, kann sich damit in das Gegenteil verkehren.

B. Nichtigkeit von Zeugenfragebogen mit Verwarnungsgeldangebot

Ein Zeugenfragebogen mit Verwarnungsgeldangebot enthält die neutrale Einleitung: *„Sehr geehrte/er Kraftfahrzeughalter/in, ... mit dem Fahrzeug xxx wurde am xxx* *in xxx nachstehende Verkehrsordnungswidrigkeit begangen...Der/Dem Fahrzeugführer wird folgendes zur Last gelegt...*" Weiter heißt es dann regelmäßig: „*Sie werden gebeten, die Personalien des Fahrzeugführers mitzuteilen...*" Auf die Rücksendung des Fragebogens kann allerdings – so heißt es weiter unten – verzichtet werden, wenn *der/die verantwortliche Fahrzeugführer/in innerhalb einer Woche das vorgesehene Verwarnungsgeld in Höhe von ... mit dem beiliegenden Zahlungsvordruck bezahlt.*

Es handelt sich bei derartigen Bögen nicht um Verwarnungen durch die Verwaltungsbehörde gem. § 56 OWiG, die nur wirksam werden, wenn „der Betroffene" nach Belehrung über sein Weigerungsrecht mit ihnen einverstanden ist und die Verwarnungsgelder entsprechend der Bestimmung der Verwaltungsbehörde entweder sofort zahlt oder innerhalb einer Frist, die eine Woche betragen soll, bei der hierfür bezeichneten Stelle oder bei der Post zur Überweisung an diese Stelle einzahlt. Zwar soll die Verwaltung durch das Verwarnungsverfahren entlastet werden,[1965] die Verwarnung setzt demzufolge keine gründliche Erforschung und Aufklärung des Sachverhalts voraus. Nach § 56 Abs. 1 OWiG kann die Verwaltungsbehörde bei geringfügigen Ordnungswidrigkeiten nach dem ausdrücklichen Wortlaut der Vorschrift nur „den Betroffenen" verwarnen. Der Betroffene steht aber gerade – wie die Behörde erkannt hat – nicht fest. Die Ordnungswidrigkeit kann nicht durch einen kombinierten Zeugenfragebogen mit Verwarnungsgeldangebot geahndet werden. § 65 OWiG bestimmt, dass die Verwaltungsbehörde die Ordnungswidrigkeit, soweit nichts anderes vorgeschrieben ist, nur in Form eines Bußgeldbescheids ahndet, ihm gleichgestellt ist die Ahndung von Bagatellen bis zu fünfundfünfzig EUR durch die Verwarnung.[1966] Fehlt es sowohl an einer eindeutigen Verwarnung als auch einem Bußgeldbescheid, so mangelt es an einer Verfahrensvoraussetzung.[1967] Da kombinierte Zeugenfragebögen mit Verwarnungsgeldangeboten offen lassen, gegen wen sich ein Bußgeldverfahren richtet, sind sie insgesamt unvollstreckbar und nichtig,[1968] da sich ein Ordnungswidrigkeitenverfahren immer nur gegen eine bestimmte verdächtige Person richten kann. Diese steht aber gerade noch nicht fest bzw. wurde nicht ermittelt.

C. Rechtsgrundlage eines Rückforderungsanspruchs

Zahlt jedoch eine Person die Geldbuße an die Bußgeldstelle auf Grundlage eines nichtigen Bescheides, könnte die Bußgeldstelle zur Rückzahlung der Geldbuße verpflichtet sein.

1965 BVerwG NJW 1973, 1992.
1966 *Kurz*, in Karlsruher Kommentar zum OWiG, § 65 Rn 1.
1967 *Kurz*, in Karlsruher Kommentar zum OWiG, § 65 Rn 28.
1968 *Kurz*, in Karlsruher Kommentar zum OWiG„§ 66 Rn 77.

I. Ordentlicher Rechtsweg

Rechtsgrundlage für einen Rückforderungsanspruch könnte § 62 OWiG sein. Eine Verwarnung mit Verwarnungsgeld soll nach h.M. grundsätzlich durch Antrag auf gerichtliche Entscheidung im ordentlichen Rechtsweg nach § 62 OWiG anfechtbar sein.[1969] In diesem Fall soll nachträglich das in der Zahlung gesehene Einverständnis des Betroffenen entfallen. Die Verwarnung wird durch die Anfechtung unwirksam. Voraussetzung der Anfechtung ist, dass förmliche Voraussetzungen fehlen oder sonstige Mängel des Verwarnungsverfahrens vorliegen. Wie oben dargelegt hat man es bei kombinierten „Zeugenfragebögen mit Verwarnungsgeldangeboten" nicht mit Verwarnungsverfahren gem. § 56 OWiG zu tun, so dass kein Rechtsweg über § 62 OWiG eröffnet sein kann.

II. Verwaltungsrechtsweg

Die Bußgeldstelle könnte zur Rückzahlung des Verwarnungsgeldes unter dem Aspekt einer ungerechtfertigten Bereicherung verpflichtet sein. Im öffentlichen Recht stellt das Pendant zu §§ 812ff. BGB der öffentlich-rechtliche Erstattungsanspruch dar. Die Voraussetzungen entsprechen jedenfalls grundsätzlich denen des § 812 BGB.[1970] Beide Ansprüche sind Ausdruck eines althergebrachten Rechtsgrundsatzes und dienen dem Ausgleich einer rechtsgrundlosen Vermögensverschiebung. Hierzu dient der allgemeine öffentlich-rechtliche Erstattungsanspruch, der seit langem anerkannt ist, so dass in Rechtsprechung und Schrifttum bereits von einem Gewohnheitsrecht gesprochen wird.[1971] Allerdings ist auch im Zivilrecht nicht ausdrücklich geregelt, wann eine Bereicherung ungerechtfertigt ist. Es lässt sich deshalb keine einheitliche Formel für das Vorliegen oder Fehlen eines die Vermögensverschiebung rechtfertigenden Grundes aufstellen.[1972] Allgemein anerkannt ist jedoch, dass Leistungen zum Zwecke der Erfüllung einer Verbindlichkeit, die in Wirklichkeit nicht besteht, grundsätzlich zurückgefordert werden können. Das Institut des öffentlich-rechtlichen Erstattungsanspruchs ist auch im Bereich der ohne Rechtsgrund erhobenen Geldbußen anerkannt.[1973]

Auf den allgemeinen öffentlich-rechtlichen Erstattungsanspruch braucht jedoch nur zurückgegriffen werden, sofern es an ausdrücklichen Regelungen für die Rück-

1969 *Wache*, in Karlsruher Kommentar zum OWiG, § 56 Rn 26.
1970 *Maurer*, Allgemeines Verwaltungsrecht, § 28 Rn 20ff.
1971 BVerwG NJW 1985, 2436.
1972 *Palandt/Sprau*, BGB, § 812 Rn 68.
1973 *Mitsch*, in Karlsruher Kommentar zum OWiG, § 89 Rn 16.

gewähr des rechtsgrundlos Erlangten fehlt.[1974] Ausdruck hat der Rechtsgedanke der Rückgewähr des rechtsgrundlos Erlangten in § 13 der Einforderungs- und Beitreibungsanordnung (EBAO)[1975] gefunden, wonach die Vollstreckungsbehörde die Zurückzahlung zu Unrecht vereinnahmter Geldbeträge anordnet. Die Einforderungs- und Beitreibungsanordnung bezieht sich in § 1 I Nr. 2 auch auf Geldbußen und Nebenfolgen einer Ordnungswidrigkeit, die zu einer Geldzahlung verpflichten. Dabei müssen diese jedoch „gerichtlich erkannt" sein. Es bedarf daher eines Rückgriffs auf den allgemeinen öffentlich-rechtlichen Erstattungsanspruch, die Voraussetzungen sind jedoch dieselben.

D. Anspruchsvoraussetzungen des allgemeinen öffentlich-rechtlichen Erstattungsanspruchs

Voraussetzung ist das Vorliegen einer Vermögensverschiebung in einem öffentlich-rechtlichen Leistungsverhältnis ohne Rechtsgrund und ohne Vertrauensschutz des Empfängers.[1976]

I. Vermögensverschiebung

Die Vermögensverschiebung liegt im Überweisen der Geldbuße auf das Konto der Bußgeldstelle.

II. Ohne Rechtsgrund

Die Vermögensverschiebung müsste auch ohne Rechtsgrund erfolgt sein. Zeugenfragebögen mit Verwarnungsgeldangebot beinhalten keine wirksame Rechtsgrundlage für die Zahlung des Verwarnungsgeldes, sie sind nichtig. Der Zahlende leistet auf eine nicht bestehende Verpflichtung, der Staat erhält einen Vermögenszuwachs eines Unschuldigen und damit etwas ohne Rechtsgrund.

1974 BVerwG NJW 1985, 2436.
1975 Vom 1. August 2011, BAnz. Nr. 112a S. 1, 22.
1976 *Kopp/Ramsauer*, Verwaltungsverfahrensgesetz, § 49a Rn 28; BVerwG NJW 1985, 2436.

III. Kenntnis des Fehlens des Rechtsgrundes

Der Erstattungsanspruch wird durch Treu und Glauben (§ 242 BGB) begrenzt.[1977] Wieweit dieser einer Rückforderung entgegensteht, hängt von den besonderen Umständen des Einzelfalls ab. Dem Bürger ist es in Ausnahmefällen verwehrt, sich auf die Rechtsgrundlosigkeit zu berufen. Dem öffentlich-rechtlichen Erstattungsanspruch könnte der Rechtsgedanke des § 814 1. Alt. BGB entgegenstehen. Die Vorschrift beruht auf dem allgemeinen Gedanken der Unzulässigkeit widersprüchlichen Verhaltens.[1978] Das zum Zwecke der Erfüllung einer Verbindlichkeit Geleistete kann nicht zurückgefordert werden, wenn der Leistende gewusst hat, dass er zur Leistung nicht verpflichtet war. Ohne dass dies zum Tatbestandsmerkmal erhoben worden wäre, soll die Gewährung von Bereicherungsansprüchen einen Irrtum des Leistenden über seine Verpflichtung zur Leistung voraussetzen. Allerdings sind präzise juristische Kenntnisse nicht erforderlich; ausreichend ist es vielmehr, wenn sich die Kenntnis aus einer Art „Parallelwertung in der Laiensphäre" ergibt.[1979] Das Recht zur Geltendmachung eines Erstattungsanspruchs soll auch entfallen, wenn der Berechtigte in seine Rechtsposition unter Verletzung eigener Rechtspflichten gelangt ist.[1980] Letzteres ist dem Zahlenden nicht zum Vorwurf zu machen. Eine Verletzung einer Rechtsposition kann nicht darin gesehen werden, auf ein Schreiben einer Behörde die angebotene Überweisung vorgenommen zu haben.

Ein gewisses widersprüchliches Verhalten eines überweisenden Halters könnte darin liegen, dass er ggf. – wenn ein Radarfoto beigefügt war – im Zeitpunkt der Zahlung gewusst hat, nicht gefahren zu sein und trotzdem überwiesen zu haben. Zahlt der verantwortliche Fahrzeugführer, so könnte man ihm entgegenhalten, weiteren Ermittlungen (z.B. Befragungen in der Nachbarschaft oder am Arbeitsplatz) entgangen zu sein. Dass aber bis auf wenige Ausnahmen (z.B. Halterhaftung bei Halt- oder Parkverstoß, § 25a StVG) – im Gegensatz zu anderen EU-Staaten – nur der Fahrer wegen der Ordnungswidrigkeit zur Verantwortung zu ziehen ist, ist nicht jedermann bekannt. Bußgeldrechtlich geahndet werden kann bei Geschwindigkeitsüberschreitungen nur das persönliche Handeln des Fahrzeugführers.[1981] Auf ein widersprüchliches Verhalten des Gegners kann sich im Übrigen derjenige nicht berufen, der sich selbst gesetzeswidrig verhalten hat und durch die Versendung von zweideutigen Bögen geradezu einen Irrtum beim Empfänger hervorruft. Mit

1977 BVerwG NJW 1998, 3135.
1978 Schwab, in Münchener Kommentar zum BGB, § 814 Rn 2.
1979 Schwab, in Münchener Kommentar zum BGB, § 814 Rn 12.
1980 OVG Münster NJW 1992, 2245.
1981 Normadressat der für den Fahrzeugverkehr maßgebenden Verkehrsregeln ist hierzulande grundsätzlich nur der Fahrzeugführer, nicht dagegen der Fahrzeughalter, BayObLG, NJW 1977, 2323.

der Übersendung der „Zeugenfragebögen mit Verwarnungsgeldangebot" wird geradezu der Eindruck erweckt, dass die Fahrzeugführereigenschaft dahin stehen kann, zumal die Verfehlung jedenfalls mit dem Fahrzeug des Empfängers begangen wurde.

Man kann ihm aufgrund des nichtigen Verwaltungsvorgehens auch keinen Vorwurf daraus machen, einen Bußgeldbescheid nicht abgewartet zu haben, wogegen er sich gegen den Einspruch hätte wehren können.

E. Ausschluss eines Erstattungsanspruch wegen § 85 OWiG?

§ 85 OWiG gibt dem Betroffenen die Möglichkeit der Wiederaufnahme des Verfahrens. Er kann nach Abschluss eines Verfahrens durch rechtskräftige Bußgeldentscheidung seine Unschuld auf neue Tatsachen oder Beweismittel stützen. Im Bußgeldbereich unter zweihundertfünfzig Euro ist § 85 OWiG jedoch unanwendbar, § 85 II Nr. 1 OWiG. Es könnte sich bei Bußgeld- und Strafsachen beim Wiederaufnahmeverfahren um eine spezielle Form eines Erstattungsanspruchs handeln, der seine Anwendung ausschließt. Ist der Betroffene nicht der Verantwortliche gewesen, so sind ihm gezahlte Sanktionen selbstverständlich nach dem erfolgreichen Durchlaufen des Wiederaufnahmeverfahrens zurück zu erstatten. Auf das Wiederaufnahmeverfahren muss sich der Anspruchsinhaber des Erstattungsanspruchs nicht verweisen lassen, da es an einer rechtskräftigen Bußgeldentscheidung mangelt (keine Ahndung durch Zeugenfragebögen nach § 65 OWiG).

F. Zeitliche Begrenzung des Erstattungsanspruchs

Die Geltendmachung des öffentlich-rechtlichen Erstattungsanspruchs könnte zeitlich begrenzt sein. Das OVG Weimar[1982] wendete § 195 BGB (Regelverjährungsfrist von drei Jahren) auf öffentlich-rechtliche Erstattungsansprüche entsprechend an. Verjährungsregelungen verfolgen (auch) im öffentlichen Recht im Wesentlichen das Ziel, Rechtsfrieden und Rechtssicherheit herbeizuführen. Dies legt es nahe, die Verkürzung der Regelverjährung von 30 auf drei Jahre im Zivilrecht auch im öffentlichen Recht nachzuvollziehen. Für diese Auslegung spricht auch das Verwaltungskostengesetz (§ 21), wonach der Erstattungsanspruch für überzahlte oder zu Unrecht erhobene Kosten ebenfalls nach 3 Jahren erlischt.

1982 LKV 2011, 520.

G. Fazit

1. Verwaltungsbehörden, die dem Empfänger in „Zeugenfragebögen" die Zahlung einer Geldbuße anbieten, sehen sich dem Risiko eines Erstattungsanspruchs des Zahlenden ausgesetzt. Zeugenfragebögen sind nichtig, sie verpflichten den Empfänger nicht zur Zahlung. Geldbußezahlungen erfolgen ohne Rechtsgrund. Der Zahlende hat gegen die Verwaltungsbehörde einen allgemeinen öffentlich-rechtlichen Erstattungsanspruch.
2. Da die Behörde den Empfänger im Ungewissen lässt, gegen wen sich das Bußgeldverfahren richtet, kann sie sich nicht auf eine unzulässige Rechtsausübung des Zahlenden berufen. Dem Anspruch steht nicht § 814 1. Alt. BGB im Wege (Kenntnis des Fehlens des Rechtsgrundes). Nicht auszuschließen ist, dass der Anspruchsteller eines Erstattungsanspruchs bei der Zahlung der Geldbuße einem Irrtum unterlag, zur Bezahlung verpflichtet zu sein.
3. Der allgemeine öffentlich-rechtliche Erstattungsanspruch ist auch nicht durch die Vorschriften über die Wiederaufnahme des Verfahrens gem. § 85 OWiG ausgeschlossen.
4. Der allgemeine öffentlich-rechtliche Erstattungsanspruch verjährt nach 3 Jahren (§ 195 BGB entsprechend).
5. Das Rückforderungsrisiko der in Form von „Zeugenfragebögen" vorgehenden Verwaltungsbehörden beläuft sich in Zahlen ausgedrückt im Massengeschäft Bußgeldsachen auf mehreren Millionen Euro.
6. m dieses Rückforderungsrisiko zu beseitigen, müssen die Verwaltungsbehörden auch bei Bagatell-Ordnungswidrigkeiten den Sachverhalt zunächst aufklären und dürfen erst Verwarnungsgeldangebote oder Anhörungsbögen versenden, wenn feststeht, gegen wen sich die Ermittlungen mit Tatverdacht richten. Die Tatsache, dass nur Geldbußen von fünfundfünfzig EUR verhängt werden, taugt nicht als Begründung, die Fahrereigenschaft offen zu lassen.

Sachregister

Printed and bound by CPI Group (UK) Ltd, Croydon, CR0 4YY

30/09/2026

14973066-0001